2026
유통관리사 2급 한권합격

합격필수구성
무료 제공!

최근 기출문제
해설 강의
무료 수강

실전모의고사
해설 1회
무료 공개

기초 & 핵심
용어해설집
무료 다운

기출 지문
OX 문제
무료 다운

머리말

유통관리사 자격시험과 관련해서 최근 출제기준이 변경되어 신 목차(항목)가 제시되었습니다. 이에 따라 시범적인 신유형 문제들이 등장하기도 했으므로 향후 그 추이는 주의 깊게 관찰하되, 80% 이상은 기존 기출문제를 변형하는 추세로 그대로 유지되고 있습니다.

변경된 출제기준의 주요 내용을 살펴보면, 제1과목인 유통·물류일반관리는 전통적인 내용으로 재구성하여 목차 편제를 심플하게 하였으며, 물류경영관리의 주요 내용인 공급사슬관리(Supply Chain Management)가 유통정보로 이전하였습니다. 제2과목 상권분석은 큰 변화가 없으나 제3과목인 유통마케팅과 4과목인 유통정보는 가장 큰 변화가 있었습니다. 유통마케팅은 목차 정리와 함께 디지털 마케팅(Digital Marketing) 분야가 새롭게 추가되어 앞으로 중요한 출제 포인트가 될 것입니다. 또한 유통정보도 목차정리와 더불어 공급사슬관리(SCM)의 추가, 신융합 기술의 개념 및 활용, 전자상거래 등의 내용들이 크게 강화됨으로 인하여 유통관리사 자격시험에 대한 만반의 준비가 필요할 것으로 보입니다.

이에 따라 저자들은 수험생분들의 혼란을 최소화하고 합격이라는 목표를 달성하기 위해, 수험생분들 입장에 서서 가장 효율적인 방법으로 최단기 합격에 적합한 수험서를 쓰기에 이르렀습니다. 새로운 목차와 새로운 내용 그리고 새로운 편집을 통해 완전히 탈바꿈하는 산고와 같은 고통이 있었습니다. 수험생분들의 편의성을 고려하여 중요 포인트별로 가장 출제가 많이 되었던 빈출 주제를 간략하게 출제되는 지문 위주로 정리하였고, 이에 해당하는 기출문제들을 선별함으로써 실제 시험장에서 쉽게 익숙할 수 있도록 배려하였습니다.

아울러 유통관리사 자격시험 14년 강의 경험으로 새롭게 저술한 본 수험서를 선택하신 수험생분들이 최단 시간 합격이라는 지상과제를 달성할 수 있도록 충분한 콘텐츠를 제공하고자 노력을 경주하였으며, 이하에서는 본 수험서의 활용을 간략히 전하고자 합니다.

본 수험서는 최근 10여 년간 출제되었던 내용을 중심으로 주제를 분류하고, 주제에 맞는 키워드를 하나하나 정리해서 1과목 32개 테마, 2과목 15개 테마, 3과목 28개 테마, 4과목 18개 테마로 구성하였습니다. 각 테마에는 출제 포인트를 3~4개씩 넣어 실제 출제되는 지문과 유사하게 만들어 단기 합격을 지향하는 수험생의 니즈에 맞도록 하였습니다. 학습 시에는 강의를 빠른 시간 내 1회 수강한 후 수강내용을 토대로 해당 테마별 기출문제를 풀어보고, 틀린 부분을 정리하는 형식으로 공부하면 됩니다. 틀린 부분에 대한 암기가 어느 정도 된 이후에는 실전모의고사를 통해 시간 내 푸는 연습을 하면 합격증은 여러분 손안에 있을 것입니다.

마지막으로 본 수험서를 선택하신 수험생 여러분들의 빠른 합격을 바라며, 본 수험서가 목표하신 바에 한 발짝 더 다가갈 수 있는 작은 단초가 되길 기대합니다.

공편저 전표훈 · 변달수 드림

시험안내
유통관리사 국가자격

1 유통관리사

대한상공회의소에서 시행하는 국가공인 유통관리사 자격시험에 합격하여 소비자와 생산자 간의 커뮤니케이션, 소비자 동향 파악 등 판매 현장에서 활약하는 전문가로, 백화점이나 대형할인점, 대형전문점 등에서 유통실무와 유통관리, 경영지도, 판매관리, 판매계획의 수립 및 경영분석 등의 업무를 담당한다.

2 검정기준

자격명칭		검정기준
유통 관리사	1급	유통업 경영에 관한 전문적인 지식을 터득하고 경영계획의 입안과 종합적인 관리업무를 수행할 수 있는 자 및 중소유통업의 경영지도능력을 갖춘 자
	2급	유통에 관한 전문적인 지식을 터득하고 관리업무 및 중소유통업의 경영지도의 보조업무 능력을 갖춘 자
	3급	유통실무에 관한 기본적인 지식과 기술을 터득하고 판매업무를 직접 수행할 수 있는 능력을 갖춘 자

3 시험과목 및 합격기준

등급	시험방법	시험과목	출제형태	시험시간	합격기준
1급	필기시험	유통경영 물류경영 상권분석 유통마케팅 유통정보	객관식 100문항 (5지선다형)	100분	매 과목 100점 만점에 과목당 40점 이상, 평균 60점 이상
2급	필기시험	유통·물류일반관리 상권분석 유통마케팅 유통정보	객관식 90문항 (5지선다형)	100분	
3급	필기시험	유통상식 판매 및 고객관리	객관식 45문항 (5지선다형)	45분	

4 2026년도 시험일정

회차	구분	등급	인터넷 접수	시험일자	합격발표일
1회	필기	2 · 3급	4. 16~4. 22	5. 9	6. 9
2회	필기	1 · 2 · 3급	7. 30~8. 5	8. 22	9. 22
3회	필기	2 · 3급	10. 22~10. 28	11. 14	12. 15

5 응시자격

① 1급
- 유통분야에서 7년 이상의 실무경력이 있는 자
- 유통관리사 2급 자격을 취득한 후 5년 이상의 실무 경력이 있는 자
- 경영지도사 자격을 취득한 자로서 실무경력이 3년 이상인 자

② 2급 : 제한 없음

③ 3급 : 제한 없음

6 과목별 출제항목(2급)

구분	평가 항목		문항수
〈1과목〉 유통 · 물류 일반관리	• 유통의 이해 • 유통경영관리 • 유통기업의 윤리와 법규	• 유통경영전략 • 물류경영관리	25
〈2과목〉 상권분석	• 유통상권조사 • 개점전략	• 입지분석	20
〈3과목〉 유통마케팅	• 유통마케팅 전략기획 • 점포관리 • 유통마케팅 조사와 평가	• 디지털 마케팅전략 • 상품판매와 고객관리	25
〈4과목〉 유통정보	• 유통정보의 이해 • 유통정보의 관리와 활용 • 유통혁신을 위한 정보자원관리	• 주요 유통 정보화기술 및 시스템 • 전자상거래 • 신융합기술의 유통분야에서의 응용	20

7 가점혜택(2급)

유통산업분야에서 3년 이상 근무한 자로서 산업통상부가 지정한 연수기관에서 40시간 이상 수료 후 2년 이내 2급 시험에 응시한 자에 대해 10점 가산

1 제1과목 유통·물류일반관리

구분	1회	2회	3회	합계	비율(%)
유통의 이해	6	6	7	19	25.3%
유통경영전략	4	4	4	12	16%
유통경영관리	6	6	4	16	21.3%
물류경영관리	7	7	8	22	29.3%
기업윤리와 법규	2	2	2	6	8%
총계(문항수)	25	25	25	75	100%

＊ 유통·물류일반관리는 유통관리사의 다른 과목에 영향을 미치는 중요 과목입니다. SCM파트가 유통정보로 옮겨가면서 유통경영전략, 유통경영관리 파트의 출제가 점차 증가하고 있습니다. 2026년에는 기출문제를 중심으로 이에 대한 대비가 필요하다고 판단됩니다.

2 제2과목 상권분석

구분	1회	2회	3회	합계	비율(%)
유통상권조사	8	9	11	28	46.7%
입지분석	8	8	7	23	38.3%
출점 및 개점전략	4	3	2	9	15%
총계(문항수)	20	20	20	60	100%

＊ 상권분석은 매년 그랬듯이 유통관리사 2급의 고득점 과목에 해당합니다. 유통상권조사 및 입지분석이 전체 출제비중의 80~90%를 차지하므로, 이에 대한 집중적인 학습과 문제풀이가 필수적입니다. 개점전략 관련해서는 법규 측면의 이해가 요구된다고 할 수 있습니다.

3 제3과목 유통마케팅

구분	1회	2회	3회	합계	비율(%)
유통마케팅전략기획	12	12	12	36	48%
유통점포관리	3	3	2	8	10.7%
상품판매와 고객관리	4	3	4	11	14.7%
마케팅조사와 평가	2	3	2	7	9.3%
디지털마케팅 전략	4	4	5	13	17.3%
총계(문항수)	25	25	25	75	100%

＊ 유통마케팅은 유통마케팅전략기획 파트에서 마케팅믹스(4P)에 대한 이해 및 마케팅원론 중 소비자구매행동, STP전략에 대한 집중적인 학습이 요구됩니다. 또한 최근 디지털마케팅에 대한 문제가 4∼5문제 출제되므로 이론을 중심으로 기출문제를 잘 분석해야 합니다.

4 제4과목 유통정보

구분	1회	2회	3회	합계	비율(%)
유통정보의 이해	2	2	4	8	13.3%
주요 유통정보화기술 및 시스템	4	5	2	11	18.3%
유통정보의 관리와 활용	3	2	1	6	10%
전자상거래	1	1	4	6	10%
유통혁신을 위한 정보자원관리	5	6	5	16	26.7%
신융합기술의 유통분야에서의 응용	5	4	4	13	21.7%
총계(문항수)	20	20	20	60	100%

＊ 유통정보는 정보자원관리와 신융합기술의 비중이 컸으며, 생소한 AI 및 IT 용어 등 신조어가 지속적으로 출제되어 수험생을 당혹스럽게 만들었습니다. 그럼에도 불구하고 SCM이나 ERP 같은 빈출개념을 숙지하고 꾸준히 공부하였다면 합격점까지는 무난히 득점할 수 있는 난이도였습니다. 향후에는 역시나 전통적인 빈출이론을 완벽히 소화하면서 IT, AI, 블록체인, 자율주행, 보안 등 최신 트렌드 용어들을 눈에 익혀두는 꼼꼼한 학습이 합격의 열쇠가 될 수 있습니다.

구성과 특징

1 핵심테마로 구성된 이론 + 문제를 한 권에 수록!

테마별 이론과 문제를 2권으로 분권화하여 학습 집중력과 효율성 Up!

[테마별 이론편]
10개년 기출의 정밀 분석을 통해 시험 빈출 용어 및 내용을 엄선하여 테마별 이론을 과목별, 단원별로 정리

[테마별 문제편]
10개년 기출문제를 테마별로 정리하여 대표기출문제를 추출, 수록

* 테마별 학습의 장점

- **학습 집중력** : 정보의 구조화를 통해 특정 테마에 집중함으로써 학습자의 주제에 대한 깊은 이해를 통해 학습 집중이 용이합니다.
- **효율적인 학습** : 테마별로 내용을 정리하면 학습과 이해가 더욱 효율적입니다. 관련 정보를 한데 모아 놓음으로써 학습과정이 보다 일관되고 효율적으로 이뤄집니다.
- **심층적 이해** : 학습자가 특정 주제에 대해 심층적인 이해를 할 수 있어 표면적인 지식뿐 아니라 해당 주제의 원리나 개념에 대한 깊이 있는 이해가 가능합니다.
- **기억과 이해 촉진** : 테마별로 내용을 정리하고 구조화함으로써 해당 주제에 대한 기억과 이해를 촉진할 수 있습니다.

2 실전모의고사 3회분 수록!

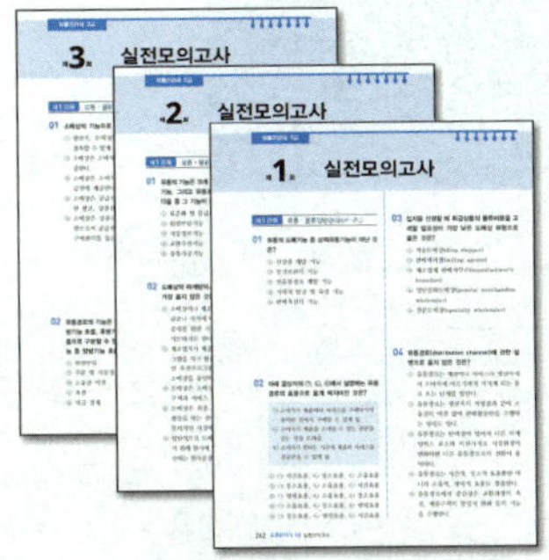

최종 실력점검 및 실전대비를 위한 실전모의고사 수록으로 실전감각 Up!

- 최종 마무리 학습과 함께 실력점검을 위해 기출과 동일한 유형의 실전모의고사 3회분 수록
- 최근 출제경향과 유형을 완벽 반영한 문제들로 구성
- 정답과 함께 상세한 해설을 수록하여 보충학습 진행

3 최신 출제기준 완벽 반영!

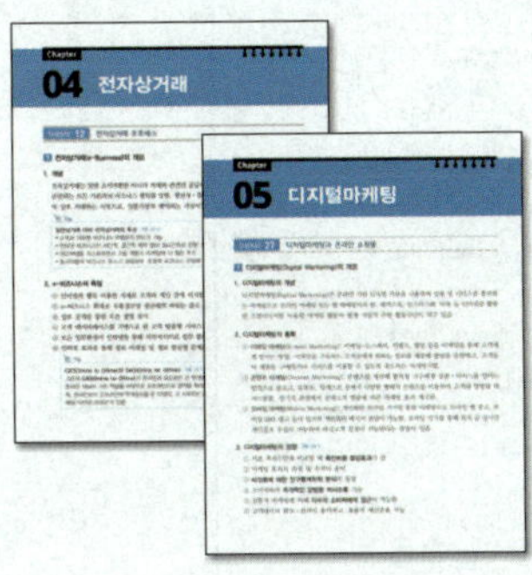

새로운 출제기준에 맞춘 학습 내용 재구성 및 신규 추가 · 강화 등의 내용 보완으로 학습 만족도 Up!

- 제1과목 유통 · 물류일반관리 : 전통적인 내용으로 재구성하여 목차를 단순화
- 제2과목 상권분석 : 큰 변화 없음
- 제3과목 유통마케팅 : 출제기준에 맞춰 목차를 재정리하고, 새롭게 추가된 디지털마케팅 분야 추가
- 제4과목 유통정보 : 공급사슬관리(SCM)를 추가하고, 신융합기술의 개념 및 활용 · 전자상거래 등의 내용을 강화

미리보기

Chapter

01 유통상권조사 ❶

❷ THEME 01 상권의 개념

1 상권의 개념과 상권영향인자

1. 상권의 정의

① 상권의 개념 기출 25-3, 24-1, 23-3, 21-3 ❸
  ㉠ 상권이란 상업지역의 영역이 미치는 범위 내지, 한 점포 또는 점포들의 집단이 고객을 흡인할
    수 있는 지역적 범위로, 도·소매상권을 모두 포함하는 개념을 의미
  ㉡ **상권**은 교환을 통한 상거래의 힘이 미치는 **범위(Range)**이며 거래의 대상이 정주하는 **배후지**와
    도 같은 개념. 반면 **입지(Location)**는 상권 내에서 특정 부지, 즉 한 **지점(Point)**을 의미
  ❹ ㉢ 상권은 **매출액 및 고객흡인력**에 따라 1차 상권, 2차 상권, 3차 상권(한계상권)으로 구분
  ㉣ 상권의 형태는 **원형이 아니라, 아메바와 같은 부정형** 형태가 일반적임
  ㉤ 일반적으로 상권과 행정구역은 일치하지 않음

❺ **Tip**

> **상권과 유사한 개념들**
> • **상권**: 한 점포 또는 점포집단이 고객을 흡인할 수 있는 지리적 범위
> • **상세권**: 어느 특정 상업집단(시장 혹은 상점가)의 상업세력이 미치는 범위
> • **판매권**: 소매점이 판매대상으로 삼고 있는 지역을 뜻함
> • **거래권**: 소매업 등에서 사용하는 것으로 거래의 대상이 되는 고객이 거주하고 있는 지역적 범위

② 상권에 영향을 주는 요인들(상권영향인자) 기출 25-3, 24-1, 23-3
  ㉠ 상권은 지리적·공간적 범위뿐만 아니라 사회적·행정적·경제적 여건에 따라 영향을 받는
    가변적이고 신축적인 개념이므로, 현재뿐만 아니라 장래 후보지도 고려해야 함
  ㉡ 상권의 범위는 점포의 크기, 점포의 업종·업태, 상가밀집도, 접근성뿐만 아니라 상품의 구색·
    가격대, 고객의 라이프 스타일(Life Style) 등에 영향을 받음
  ㉢ 경쟁 상권의 위치와 규모, 지역의 인구밀도, 교통 여건 등도 상권의 범위에 영향을 미침
  ㉣ 소비재를 기준으로 한 상권의 범위: 전문품 > 선매품 > 편의품의 순으로 나타남
  ㉤ 상권 크기의 결정요인

> • 상권 내 점포밀집도   • 상권 내 점포들의 업종연관성
> • 상권 배후지의 인구밀도   • 점포의 주력 판매상품

❶ 최신 출제기준 완벽 반영
❷ THEME : 과목별 10개년 기출분석을 통해 테마(THEME)로 정리하여 효율성 제고
❸ 기출 표시 : 실제 시험에 출제된 이론에 대한 빈출 패턴 파악
❹ 강조 표시 : 핵심 개념을 굵게 표시해 암기 효율 극대화
❺ Tip : 핵심개념에 대한 추가 용어 정리

유통관리사 2급

제1과목
유통 · 물류일반관리

대표기출문제

❶ THEME 01　유통의 개념과 기능

❷ **01** 유통에 관련된 내용으로 옳지 않은 것은?

① 제품의 물리적 흐름과 법적 소유권은 반드시 동일한 경로를 통해 이루어지고 동시에 이루어져야 한다.
② 유통경로는 물적 유통경로와 상적 유통경로로 분리된다.
③ 물적 유통경로는 제품의 물리적 이전에 관여하는 독립적인 기관이나 개인들로 구성된 네트워크를 의미한다.
④ 물적 유통경로는 유통목표에 부응하여 장소효용과 시간효용을 창출한다.
⑤ 상적 유통경로는 소유효용을 창출한다.

❸ 🔒해설
① 제품의 물리적 흐름인 물류와 법적 소유권과 관련된 상류는 반드시 동일한 경로를 통해 이루어지거나 동시에 이루어지는 것은 아니다.

02 유통산업의 다양한 역할 중 경제적, 사회적 역할로 가장 옳지 않은 것은?

① 생산자와 소비자 간 촉매역할을 한다.
② 고용을 창출한다.
③ 물가를 조정한다.
④ 경쟁으로 인해 제조업의 발전을 저해한다.
⑤ 소비문화의 창달에 기여한다.

🔒해설
④ 유통은 상적 유통기능 및 물적 유통기능, 유통조성기능 등을 통해 사회적 효용을 창출하고, 고용을 증가시키는 등 제조업을 발전시키는 데 일조하고 있다.

03 아래 글상자는 유통의 어떤 효용에 관한 내용인가?

> 유통이 이루어지지 않는다면 소비자는 생산자를 일일이 방문하여 제품을 구매해야 한다. 이를 대신하여 중간상들은 적절한 곳에 물류센터와 도 · 소매상을 설치하여 운반의 효율성, 신속성 등을 강화하고 소비자가 편의에 맞는 장소에서 쉽게 제품을 구매할 수 있도록 시스템을 갖춘다.

① 존재효용　　　② 형태효용
③ 소유효용　　　④ 시간효용
⑤ 장소효용

🔒해설
⑤ '장소효용'은 생산자와 소비자가 멀리 떨어져 있기 때문에 발생하는 장소적 또는 공간적 장애를 해소시켜주는 역할을 한다.

· 정답　01 ①　02 ④　03 ⑤

---

❶ **THEME** : 10개년 기출문제를 테마별로 분리하여 정리
❷ **대표기출문제** : 대표기출문제를 추출하여 과목별, 테마별 구성
❸ **해설** : 문제별 상세해설을 첨부하여 정답의 핵심 포인트 및 오답 요인 제시

미리보기

유통관리사 2급

제 **1** 회 **실전모의고사** ❶

❷ 제1과목 유통·물류일반관리(01~25)

01 유통의 도매기능 중 상적유통기능이 아닌 것은?
① 신상품 개발 기능
② 장기보관의 기능
③ 신유통경로 개발 기능
④ 거래처 발굴 및 육성 기능
⑤ 판매촉진의 기능

❸ 02 아래 글상자의 ㉠, ㉡, ㉢에서 설명하는 유통경로의 효용으로 옳게 짝지어진 것은?

> ㉠ 소비자가 제품이나 서비스를 구매하기에 용이한 곳에서 구매할 수 있게 함.
> ㉡ 소비자가 제품을 소비할 수 있는 권한을 갖는 것을 도와줌.
> ㉢ 소비자가 원하는 시간에 제품과 서비스를 공급받을 수 있게 함.

① ㉠ 시간효용, ㉡ 장소효용, ㉢ 소유효용
② ㉠ 장소효용, ㉡ 소유효용, ㉢ 시간효용
③ ㉠ 형태효용, ㉡ 소유효용, ㉢ 장소효용
④ ㉠ 소유효용, ㉡ 장소효용, ㉢ 형태효용
⑤ ㉠ 장소효용, ㉡ 형태효용, ㉢ 시간효용

03 입지를 선정할 때 취급상품의 물류비용을 고려할 필요성이 가장 낮은 도매상 유형으로 옳은 것은?
① 직송도매상(drop shipper)
② 판매대리점(selling agents)
③ 제조업체 판매사무소(manufacturer's branches)
④ 일반잡화도매상(general merchandise wholesaler)
⑤ 전문도매상(specialty wholesaler)

04 유통경로(distribution channel)에 관한 설명으로 옳지 않은 것은?
① 유통경로는 제품이나 서비스가 생산자에서 소비자에 이르기까지 거치게 되는 통로 또는 단계를 말한다.
② 유통경로는 생산자의 직영점과 같이 소유권의 이전 없이 판매활동만을 수행하는 형태도 있다.
③ 유통경로는 탄력성이 있어서 다른 마케팅믹스 요소와 마찬가지로 시장환경이 변화하면 다른 유통경로로의 전환이 용이하다.
④ 유통경로는 시간적, 장소적 효용뿐만 아니라 소유적, 형태적 효용도 창출한다.
⑤ 유통경로에서 중간상은 교환과정의 촉진, 제품구색의 불일치 완화 등의 기능을 수행한다.

❶ 기출과 동형의 실전모의고사 3회분 수록
❷ 과목별로 10개년 기출 분석을 통해 빈출이론과 빈출유형 중심의 문제 출제
❸ 최근 출제 패턴을 완벽 반영한 제시문 및 선지 구성으로 실전 적응력 제고

정답 및 상세 해설

유통관리사 2급

제 1 회 실전모의고사 정답 및 해설

제1과목 유통 · 물류일반관리(01~25)

① ✎ 정답

01	②	02	②	03	①	04	③	05	①
06	③	07	④	08	①	09	⑤	10	②
11	③	12	②	13	④	14	⑤	15	①
16	③	17	⑤	18	⑤	19	②	20	⑤
21	⑤	22	④	23	⑤	24	⑤	25	③

②

01 도매상의 상류기능은 소유권 이전과 관련된다. 한편, 보관기능은 물적유통기능에 해당한다.

02 ㉠ **장소효용** : 소비자가 제품이나 서비스를 구매하기에 용이한 곳에서 구매할 수 있게 함.
㉡ **소유효용** : 소비자가 제품을 소비할 수 있는 권한을 갖는 것을 도와줌.
㉢ **시간효용** : 소비자가 원하는 시간에 제품과 서비스를 공급받을 수 있게 함.

03 직송도매상(drop shipper)은 제조업자로부터 제품을 구매하여 도매상이 제품의 소유권을 가지고 있지만 구매하여 유지하지 않는 도매상이다.

04 ③ 유통경로는 비탄력적이어서 한번 결정되면 다른 유통경로의 전환이 용이하지 않다. 따라서 제품, 가격, 프로모션 등 탄력성이 큰 다른 마케팅믹스 요소와는 달리 처음부터 신중하게 결정하여야 한다.

05 다양한 공급원으로부터 제공된 이질적인 제품들을 상대적으로 동질적인 것으로 구분하는 것은 등급 또는 분류(sorting out)라고 한다.

③ ✓ 구색형성 과정

구분	산개(나눔)	집중(모음)
이질적 생산물	1. 등급 또는 분류(sorting out) : 이질적인 것을 동질적 단위로 나누는 과정. 생산자의 표준화 기능	4. 구색(assortment) : 이질적인 것을 모두 다시 모으는 단계
동질적 생산물	3. 배분(allocation) 또는 분배 : 동질적으로 쌓여진 것을 다시 나누는 과정	2. 집적(accumulation) 또는 수합 : 동질적인 것끼리 다시 모으는 수집 기능

06 생산자의 소품종 소량생산에 대해 중간상인들의 수합, 분류 및 구색맞춤 기능을 통해 소비자의 다품종 소량 구매 니즈를 충족시켜 구색 및 수량 불일치를 해소할 수 있다.

07 ① 적어도 2단계 이상의 유통경로를 통합하는 것을 말한다.
② 두 가지 이상의 기능을 동시에 수행하므로 관리비용이 많이 드는 단점이 있다.
③ 수직적 통합의 장점으로 관리통제의 용이함이 있다.
⑤ 경로구성원이 소품종 대량생산의 제품을 취급할 경우에 주로 실시한다.

08 선택적(selective) 유통은 일정한 자격(점포규모, 경영능력, 평판)을 갖춘 소수의 중간상에게만 자사의 제품을 취급하게 하는 것이다. 주로 의류 · 가구 및 가전제품의 경우에 적용되고 있다.
②, ④, ⑤는 전속적 유통, ③은 개방적 유통(집중적 유통)에 대한 설명이다.

09 ⑤ 내부화비용이 시장거래비용보다 높아지면 경로구성원들을 통합하여 내부화하는 것보다는 통합하지 않고 유통경로의 길이를 가능한 길게 설계하는 것이 유리하다.

❶ 문제에 대한 정답을 채점이 편리하도록 도표형식으로 정리
❷ 개념 이해를 위한 상세 해설을 통해 정답 및 오답에 대한 명쾌한 가이드 제시
❸ 반드시 보충학습이 필요한 주요 내용에 대해 별도의 자료 추가

차례

Contents

제4과목   유통정보

유통관리사 2급 대표기출문제

유통관리사 2급 실전모의고사

유통관리사

2급 한권합격

유통관리사 2급 핵심이론

제1과목 유통 · 물류일반관리

제2과목 상권분석

제3과목 유통마케팅

제4과목 유통정보

유통 · 물류 일반관리

01 유통의 이해

THEME 01 유통의 개념과 기능

1 유통의 개념

1. 유통의 의의 `기출 22-2`

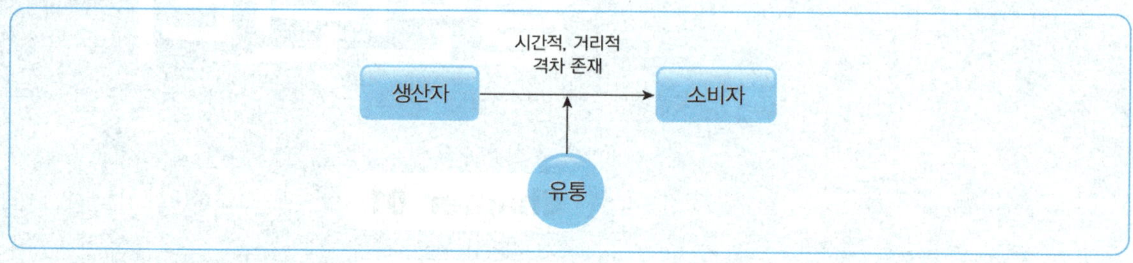

▍유통의 개념 ▍

① 유통의 개념
- ㉠ 유통(Distribution)이란 생산단계부터 소비단계까지 상품 및 서비스의 사회적 이전에 관련된 모든 인간 활동을 의미하며, **생산과 소비를 연결**하는 역할 담당
- ㉡ 유통은 생산자와 소비자 간 시간적, 거리적(공간적) 장애를 해소하여 사회적 효용(Utility)을 창출하는 매개역할을 말함
- ㉢ **유통산업**: 유통산업은 농산물·임산물·축산물·수산물(가공물 및 조리물 포함) 및 공산품의 도매·소매 및 이를 경영하기 위한 보관·배송·포장과 이와 관련된 정보·용역의 제공 등을 목적으로 하는 산업을 말함(유통산업발전법 제2조 제1호)

② **유통관리**(Distribution Management): 소유권 흐름과 관련된 상적 유통과 운송·보관·포장·하역 등 물적 유통을 효율적으로 관리하여 고객에 대한 서비스 향상과 유통비용 절감, 매출의 증대와 가격안정성 등의 조화를 이루어내는 데 있음

2. 유통의 흐름 및 기능적 분류

① 유통의 흐름 `기출 24-3, 24-1, 23-2`
- ㉠ **전방 흐름**: 생산자로부터 최종 소비자의 방향으로 상품과 소유권 등이 이전되는 유통흐름
  - 예 물적 소유권, 촉진도 최종 소비자를 대상으로 하므로 전방 흐름에 해당
- ㉡ **후방 흐름**: 주문(Order)이나 판매대금의 결제와 같이 최종 소비자로부터 '소매상 → 도매상 → 생산자'로 이동하는 유통의 흐름

ⓒ **양방향 흐름**: 생산자로부터 소비자의 방향으로, 동시에 소비자로부터 생산자의 방향으로 이루어지는 유통흐름

　　예 협상과 금융, 위험부담기능 등

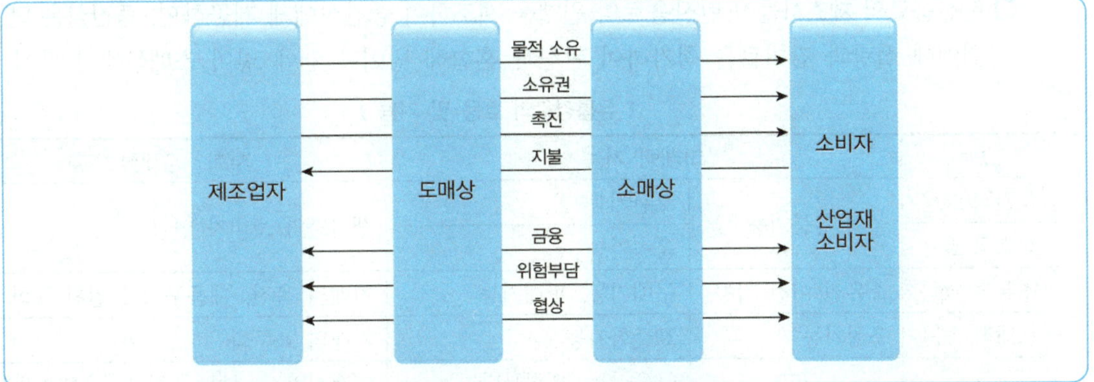

② **유통의 기능적 분류**(유통 = 상적 유통 + 물적 유통) `기출 24-3, 24-2`

　ㄱ **상적 유통(상류)**: 상품과 서비스의 매매 및 소유권 이전과 관련되는 마케팅 등 상거래 활동을 의미

　ㄴ **물적 유통(물류)**: 상적 유통과정 전·후에서 발생하는 제품의 운송, 보관, 하역, 포장 등과 이에 부가하는 가치를 창출하는 가공, 조립, 분류 등과 같은 물자의 흐름을 원활하게 하는 활동

　ㄷ **유통조성기능**: 유통환경을 조성하는 표준화 및 등급화 기능, 금융기능, 보험기능, 위험부담기능, 시장정보기능 등을 뜻함

 **Tip**

표준화 `기출 23-3` : 유통경로상에서 수행되는 유통의 기능 중 거래 및 물적 유통이 원활히 이루어지도록 보조하는 것으로 상품을 품질 수준에 따라 분류하거나 규격화함으로써 거래 및 물류가 원활히 되도록 하는 기능

2 유통의 역할과 창출 효용(Utility)

1. 유통의 역할 `기출 25-3, 25-2`

① **사회적 불일치 극복**: 유통은 생산과 소비 사이의 매개 역할을 하여 사회적인 간격을 해소

② **수요와 공급의 일치**: 생산자는 규모의 경제 실현을 위해 대량으로 생산하는 반면, 소비자는 소량으로 구매하므로 유통은 수요와 공급 간 양적 조정을 통해 물가안정 및 가격·품질조정 역할을 수행

③ **시간적 불일치 극복**: 유통의 보관과 재고관리는 제품의 생산시기와 소비시기의 차이를 해소

④ **장소적(공간적) 불일치 극복**: 유통의 운송기능은 생산자와 소비자 사이의 장소적 불일치를 해소

2. 유통이 창출하는 효용 `기출 24-2, 22-2`

① **시간적 효용**: 유통의 **보관**(재고관리)기능을 통해 제품의 생산시기와 소비시기의 차이를 해소

② **장소적 효용**: 유통의 **운송기능**을 통해 생산자와 소비자 사이의 장소적 불일치를 해소

③ **소유적 효용**: 제조업체를 대신하여 신용판매나 할부판매를 통해 소유권 이전 기능 수행

④ **형태적 효용**: 대량으로 생산되는 상품의 수량을 소비지에서 요구되는 적절한 수량 또는 형태로 분배함으로써 창출되는 효용

> 예 탄산음료의 **제조사**들이 탄산음료의 원액을 제조하여 중간상에게 제공하면, **중간상**은 탄산음료 원액에 설탕과 감미료를 첨가하여 탄산과 혼합해 병이나 캔에 넣어 **소매상**에게 판매

▎유통경로의 효용 및 기능 ▎

효용	마케팅 기능		사회·경제적 역할
시간적 효용	물적 유통기능	보관기능	생산자와 소비자 연결
장소적 효용		운송기능	
소유적 효용	소유권 이전 기능	구매기능, 판매기능	거래의 촉진, 제품구색 불일치 완화
형태적 효용	조성기능	표준화기능	거래의 표준화
기타 효용	조성기능	금융기능, 위험부담기능, 시장정보기능	고객서비스 향상, 상품·유행·생활정보 제공, 쇼핑의 즐거움 제공

3. 유통산업의 경제적·사회적 역할 │ 기출 25-3, 25-2 │

① 유통산업은 국민경제적 측면에서 생산과 소비를 연결해 주는 기능을 수행

② 유통산업은 국민들로 하여금 상품이나 서비스 소비를 가능하게 함으로써 생활수준을 유지·향상시켜 줌

③ 유통산업은 국가 경제를 순환시키는 데 중요한 역할을 담당

④ 유통산업은 생산과 소비의 중개를 통해 제조업의 경쟁력을 높이고 소비자 후생의 증진에 큰 기여

⑤ 고용 창출 및 물가조절의 역할을 담당

⑥ 유통을 통해 생산자는 부가가치를 더 높일 수 있고, 소비자에게는 폭넓은 선택의 기회 부여

⑦ 유통산업은 신업태의 등장, 유통단계의 축소 등과 같은 유통구조 개선을 통해 국가 경제에 이바지함

THEME 02 │ 유통기관의 종류 – 도매상의 분류와 기능

1 도매상(Wholesaler)

1. 도매상의 의의

① 도매상은 제조업자로부터 제품을 구입하여 소매상 및 다른 중간상인 또는 B2B 형태로 산업체 등에 재판매하는 상인을 뜻함

② 도매상은 최종 소비자에게는 직접 판매하지 않는 것을 원칙으로 함

2. 도매상의 종류 〔기출 23-3, 21-3, 21-2, 20-3〕

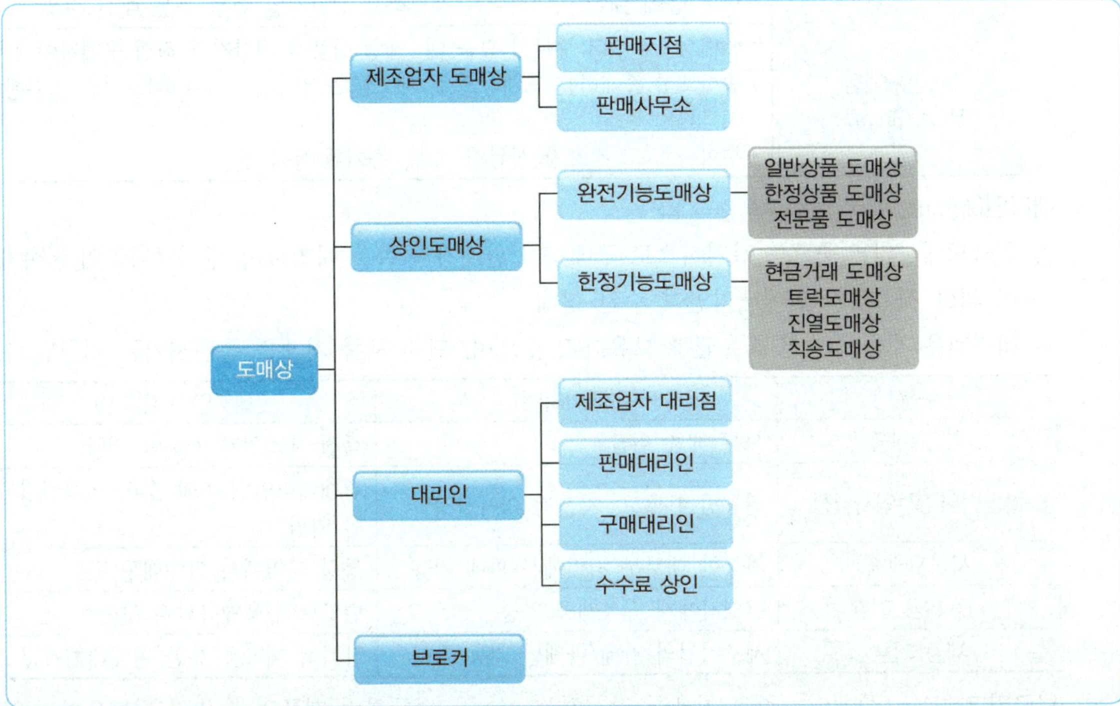

① **상인도매상**: 자신이 취급하는 제품에 대해 소유권을 가지는 독립된 사업체로서 가장 전형적인 형태의 도매상

㉠ **완전기능도매상**

ⓐ **개념**: 제품 소유권을 소유하고 판매촉진, 시장정보제공, 금융기능, 운송·보관, 수급조절, 구색맞춤 등 유통과 관련된 거의 모든 기능을 수행하는 상인

ⓑ **유형**

일반상품 도매상	거래 기업 상호 간에 관련성이 없는 다양한 제품을 취급
한정상품 도매상	거래 기업 간에 관련성이 있는 몇 가지 제품들을 동시에 취급
전문품 도매상	불과 몇 가지의 전문품 라인만을 취급

ⓒ **산업재 유통업자**: 소매상보다는 제조업자에게 제품을 판매함. 재고유지, 신용제공, 배달 등의 여러 가지 서비스를 제공하며, 여러 종류의 상품을 취급하거나 일반적인 상품계열 또는 전문 상품계열을 취급

㉡ **한정기능도매상**: 유통기능 중 소수의 기능에 전문화되어 있고 고객에게 제한된 서비스만을 제공

현금(거래) 도매상	• 현금지불을 거래조건으로 하고, 배달은 하지 않는 반면 저가격으로 공급
트럭도매상	• 한정된 제품을 취급하며 판매와 배달기능을 트럭을 이용하여 직접 수행 • 고객들의 주문에 의해 구매와 보관, 배송을 담당

진열도매상	• 식료품과 잡화류를 취급하는 도매상, 소매상에 재고수준에 대한 조언, 저장 방법 등에 대한 아이디어를 제공하고 선반진열 업무 등을 대신 수행
직송도매상 (Drop Shipper)	• 소매상으로부터 주문이 왔을 때, 해당 상품을 생산자가 직접 구매자에게 배송하도록 중개하는 도매상으로, 재고를 보유하거나 운송하는 기능을 수행하지 않음 • 부피가 크고 무포장 상품인 목재, 중기계 등을 취급

② 대리인(Agent, 대리점) 기출 24-3, 23-3

　㉠ 위탁도매상의 일종으로 장기적으로 구매자나 판매자 한쪽을 대리하며 제조업체와의 전속계약에 의한 제조업자 판매대리인이 주된 형태

　㉡ 대리인은 제품에 대한 소유권을 보유하지 않으며, 단지 제품 거래를 촉진시키는 역할만 수행

구분	판매대리인	제조업자 대리인
취급 제품	모든 제품 취급	특정 제조업자 제품만 취급
활동범위 및 의사결정	활동범위 넓고, 자율적 의사결정	판매대리인에 비해 좁고, 의사결정 권한 약함
시장지배력	가능한 대부분 지역에서 판매 가능	특정 지역에서 판매대행
신용제공 여부	구매자에게 신용제공 가능	별도로 신용제공하지 못함
제공 기능	제조기업의 판매/마케팅 기능 수행	장기적 계약을 통한 판매대행기능

③ 브로커(Broker, 중개인): 주로 거래를 알선하는 기능을 수행하며 제품의 소유권을 보유하지 않는 제3자로, 구매자와 판매자를 찾아서 거래를 성사시킨 뒤에 거래의 양 당사자로부터 수수료를 받는 도매상

2 도매상의 기능 기출 24-2, 24-1, 20-추가

1. 생산자를 위한 도매상의 기능

① 제품에 대한 판매기능: 도매상이 제조업자를 대신하여 판매 접촉점으로 기능함으로써 판매원 유지관리 비용 절감

② 제품 재고관리기능: 도매상들이 일정량의 재고를 보유함으로써 제조업자의 재무 부담을 절감시키고 재고 보유에 따른 제조업자의 Risk를 감소시킴(집중저장의 원리)

③ 시장의 정보수집 및 전달기능: 도매상이 소매상을 통하여 수집한 고객 정보가 제조업자에게 전달되어 제조업자의 생산 및 마케팅전략 수립에 유용하게 이용

④ 주문처리 및 생산업자를 대신한 서비스 제공: 다수 제조업자들의 제품을 구비한 도매상들은 고객들의 소량 주문을 보다 효율적으로 처리가 가능하고 생산자를 대신하여 소비자에게 다양한 서비스를 제공하는 역할 수행

⑤ 시장커버리지 제공기능: 미국의 경우 도매상은 광범위한 지역에 퍼져있는 시장을 커버리지하여 고객과 생산자를 연결하는 매개역할을 수행

2. 소매상에 대한 도매상의 기능

① 소매상에게 제품을 공급하는 기능: 생산자와 소매상 간의 연결점 역할을 통해 제품을 공급하는 역할 수행

② 제품 구색맞춤(Assortment) 등의 편의성 제공기능: 소매상의 경우 다양한 제품의 구색을 갖추기를 원하므로 다수 기업의 제품구색을 제공

③ 신용 및 금융 편의성 제공기능: 도매상은 소매상에게 외상판매와 할부판매를 통해 쉽게 제품을 구매할 수 있는 기회 제공

④ 조언 및 기술지원 등 소매상 지원기능: 소매상들이 필요로 하는 제품사용에 대한 기술적 지원 및 컨설팅 기능 제공

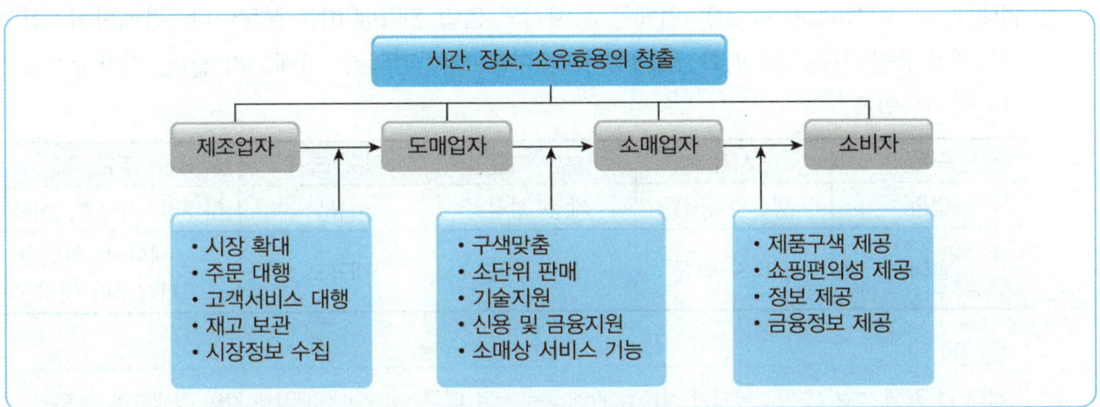

▮ 유통기관의 기능 ▮

 **Tip**

도매업과 소매업의 차이
- **도매업**: 유통과정에서 다른 사업자(기업, 소매상 등)에게 물건을 판매하는 업종
- **소매업**: 비사업자인 최종 소비자에게 물건을 판매하는 업종

THEME 03 유통기관의 종류 – 소매상의 기능과 종류

1 소매상의 개념 및 기능

1. 업종과 업태 `기출 25-2`

소매업을 분류하는 기준으로, 업종은 '무엇을 파는가(What to sell)'의 관점에서 분류하는 것이고, 업태는 '어떻게 파는가(How to sell)'의 관점에서 분류하는 것을 말함

① **업종(Kind of Business)**: 업종이란 소매상이 판매하는 상품의 종류에 따른 분류로 의류점, 가전 제품점, 가구점, 식품점 등을 말함

② **업태(Type of Management)**: 업태는 소매점의 **영업 전략에 따른 분류**이다. 판매방식, 영업시간, 가격전략 등을 기준으로 백화점, 대형마트, 슈퍼마켓, 편의점, 카테고리 킬러, 전자상거래 등으로 구분할 수 있음

구분	시각	분류 기준	점포 크기	주요 유형
업종	생산자 중심	제품 성격	소규모	의류점, 가구점, 식품점 등
업태	소비자 중심	소매 전략	대규모	백화점, 할인점, 카테고리 킬러 등

 **Tip**

> **업태 간 경쟁** `기출 25-1` : 유사한 상품을 판매하는 서로 다른 형태의 소매업체 간의 경쟁으로, 슈퍼와 편의점 간 경쟁, 가전제품 전문점이나 할인점 가전코너 간의 경쟁이 대표적임

2. 소매상의 개념

소매상은 최종 소비자를 대상으로 제품 및 서비스를 판매하는 것을 업으로 하는 상인을 뜻하며, 소비자와 직접 접촉하는 B2C를 담당

3. 소매상의 기능 `기출 25-3, 25-1`

소비자에 대한 기능	• 신용판매 및 할부판매를 통한 금융기능 제공 • 광고, 디스플레이 등을 통해 고객에게 상품 관련 정보제공기능 • 애프터서비스를 제공하거나 사용 방법을 안내하는 서비스 제공기능 • 제품 선택비용과 시간 절감을 가능하게 하는 구색 제공기능
생산자에 대한 기능	• 생산자가 제공해야 할 고객서비스 대행기능 • 제품의 배송 및 설치를 통한 정보제공기능 • 합리적인 비용으로 재고를 보유하는 재고유지기능

2 소매업의 종류

1. 점포 소매업 〔기출 24-1, 23-2, 22-3〕

① **백화점**: 다양한 상품을 구매할 수 있도록 현대적 판매시설과 소비자 편익시설이 설치된 점포로서 직영의 비율이 30% 이상인 점포의 집단으로 매장면적 **3,000㎡ 이상**인 소매점포

② **대형마트**: 식품·가전 및 생활용품을 중심으로 점원의 도움 없이 소비자에게 소매하는 점포의 집단으로 매장면적 3,000㎡ 이상인 소매점포

③ **슈퍼슈퍼마켓(SSM)**: 대형 또는 기업형 슈퍼마켓. 일반 슈퍼마켓의 매장면적이 1,000㎡ 이하인 데 비해, SSM은 1,700~3,000㎡의 규모로 생선류나 가공식품 등 풍부한 상품구색을 갖추는 것이 특징 〔예〕 이마트 에브리데이, 홈플러스 익스프레스, 롯데슈퍼 등

④ **하이퍼마켓**: 대형화된 슈퍼마켓에 할인점 및 창고소매업 방식을 접목해 저가격으로 판매하는 업태로 취급상품 중 상당수가 PB제품(자사 브랜드 제품)으로 구성되어 있는 것이 특징. 식품, 비식품 등을 다양하게 취급하고 대규모 주차장을 보유한 매장면적 2,500㎡ 이상의 소매점포

⑤ **전문점**: 특정 범위의 상품군만을 전문으로 취급하는 소매업태로 품질·가격 면에 있어 다양한 종류의 상품을 보유하고 있고, 상품회전율이 높고 고객에게 풀서비스를 제공

⑥ **편의점(CVS)**: 고마진·고회전율 소매업태로 편의품이나 조리된 식료품에 이르기까지 소비자의 일상생활에 밀접한 비교적 폭넓은 상품을 취급. 고객이 언제든지 상품을 구매할 수 있도록 24시간 영업하는 등의 시간적인 편의성을 갖고 있을 뿐만 아니라 주택지 안이나 주택지에 밀접한 지역에 점포가 있어 공간적인 편의성을 갖추고 있음

⑦ **할인점**: 저가 대량판매의 영업방식을 토대로 하여 특정 제품을 상시적으로 저렴한 가격으로 판매하는 소매업태로 저가격, 저수익, 고회전율, 저비용 경영을 추구

　㉠ **종합형 할인점**: 광범위한 상품을 한 점포에서 취급하고 할인뿐만 아니라 쇼핑의 편리함까지도 강조하는 업태

　㉡ **전문형 할인점**: 카테고리 킬러, 아웃렛 스토어, 오프 프라이스 스토어 등과 같이 특정 상품군에 한정하여 할인해 주는 업태로 제품믹스의 깊이가 깊음

⑧ **아웃렛**: 제조업자가 백화점의 비인기상품, 재고상품, 사용상에는 아무 문제가 없는 하자상품, 이월상품 등을 자신의 회사명의로 대폭적인 할인가격으로 판매하는 상설할인매장으로, 제조업체가 직접 운영하는 재고처리점인 **팩토리아웃렛**(Factory Outlet)과 일반 소매점의 재고처리점인 **리테일아웃렛**(Retail Outlet)으로 구분

⑨ **카테고리 킬러**: 일종의 전문품 할인점 또는 전문양판점을 의미함. 다른 소매업태나 백화점보다는 훨씬 **좁은 범위**의 상품을 다루며, **깊은 상품구색**을 갖추고 싸게 판매하는 소매업태

⑩ **드럭스토어(Drug Store)**: 일반의약품은 물론 화장품, 생활용품, 음료 및 건강기능식품 등까지 함께 판매하는 점포형태. 우리나라에서는 드럭스토어보다는 H&B 스토어(Healthy & Beauty Store)라는 용어를 사용 〔예〕 올리브영, 랄라블라 등

⑪ **복합쇼핑몰**: 쇼핑을 하면서 여가도 즐길 수 있도록 의류 및 잡화를 판매하는 매장은 물론 영화관, 식당 등을 포함한 대규모 상업시설을 의미하는 소매업태

2. 무점포 소매업

① **직접마케팅**: e-마케팅(인터넷 소매업 또는 인터넷 쇼핑몰), 카탈로그 판매, 텔레마케팅, TV홈쇼핑 등을 통한 소매방식

② **인터넷 쇼핑몰**: 인터넷 공간에 상품을 제시하고 판매하는 소매형태. 시간과 공간의 편의성이 극대화될 수 있고, 유통경로가 짧고 단순하기 때문에 저렴한 가격으로 제품 공급이 가능

③ **텔레마케팅**: 직접 전화를 통해 제품과 서비스를 판매하는 아웃바운드 텔레마케팅(O/TM)과 TV 및 카탈로그 등에 기재된 주문 전화를 통해 고객의 주문을 유도하는 인바운드 텔레마케팅(I/TM)으로 구분

④ **카탈로그 판매**: 우편을 통하여 고객들이 필요하다고 예상되는 제품을 카탈로그를 이용하여 소개하고 판매계약을 접수한 뒤 제품을 우편으로 전달하는 전통적인 무점포 소매방식

THEME 04 유통경로

1 유통경로(Distribution Channel)의 필요성

1. 유통경로

① **개념** 기출 25-1, 24-1, 23-2

㉠ 유통경로(Distribution Channel)는 생산물이 최초의 생산자(제조업자)로부터 최종 소비자에게 이동되는 과정에 참여하는 개인 및 조직의 집합체를 의미함(생산자 → 도매상 → 소매상 → 소비자)

㉡ 유통경로에는 제조업체, 도·소매상 등의 조직이 참여하고 있으며, 이들은 상호 의존관계에 있음

㉢ 유통경로는 구매자의 수요를 충족시키기 위해 판매자가 보유한 제품과 서비스를 공급하는 과정에서 필요한 하나의 연결고리로 이해할 수 있음

㉣ 유통경로는 제품이나 서비스가 생산자에서 소비자에 이르기까지 거치게 되는 통로 또는 단계를 의미하지만, 사회적으로 상품을 유통시키는 유통기관과 동일시되는 것은 아님

㉤ 유통경로는 다른 마케팅믹스(4P) 요소와는 달리 **경직적**이고, 전환비용이 크며, 쉽게 변화하지 않는 **비탄력성**을 지님

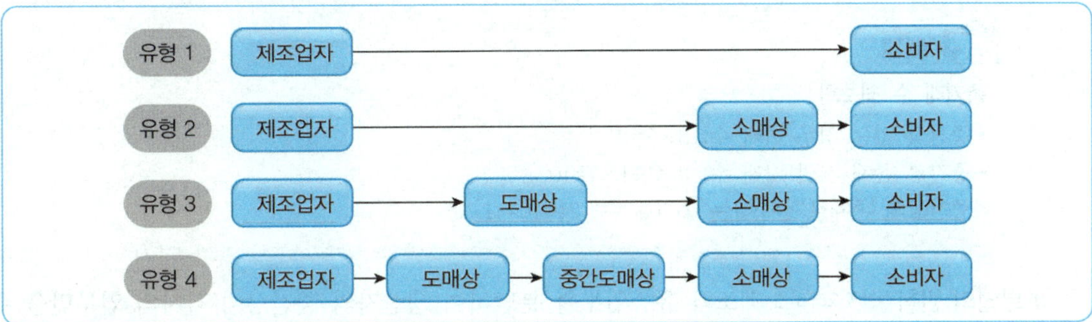

② 기능　기출 25-2, 23-1

- ㉠ 교환 과정의 촉진: 중간상의 개입으로 교환 과정을 단순화시킬 수 있으므로 보다 많은 거래가 효율적으로 이루어짐
- ㉡ 생산자와 소비자를 연결하는 기능: 생산자들은 중간상을 이용하면 적은 비용으로 더 많은 잠재 고객에게 도달할 수 있으며 소비자들도 제품 탐색비용 등의 감소 가능
- ㉢ 제품구색의 불일치 완화: 생산자는 소수의 제품라인을 대량생산하고자 하며 소비자는 소수의 다양한 제품을 구매하고자 하는데, 양자의 욕구 차이에서 발생하는 제품구색과 생산·구매량의 불일치를 유통경로가 완화시켜주는 기능을 함
- ㉣ 정보제공: 유통기관 특히 소매업은 유형재인 상품의 판매뿐만 아니라 소비자에게 상품정보, 유행정보를 제공하는 기능까지 수행
- ㉤ 고객서비스 제공: 유통경로는 제조업자를 대신하여 소비자에게 A/S를 제공하고 제품의 배달, 설치, 사용방법 교육 등의 서비스를 제공

2. 유통경로의 필요성　기출 25-3, 25-2, 25-1, 24-3, 23-2, 21-3, 21-1

① 총거래 수 최소화의 원칙: 유통경로에서 유통기관(중간상)이 없다면 생산자와 소비자가 직접 거래하여야 하므로 거래 수가 많아지지만, **중간상이 개입하면 거래 수가 감소하므로 거래비용도 감소**

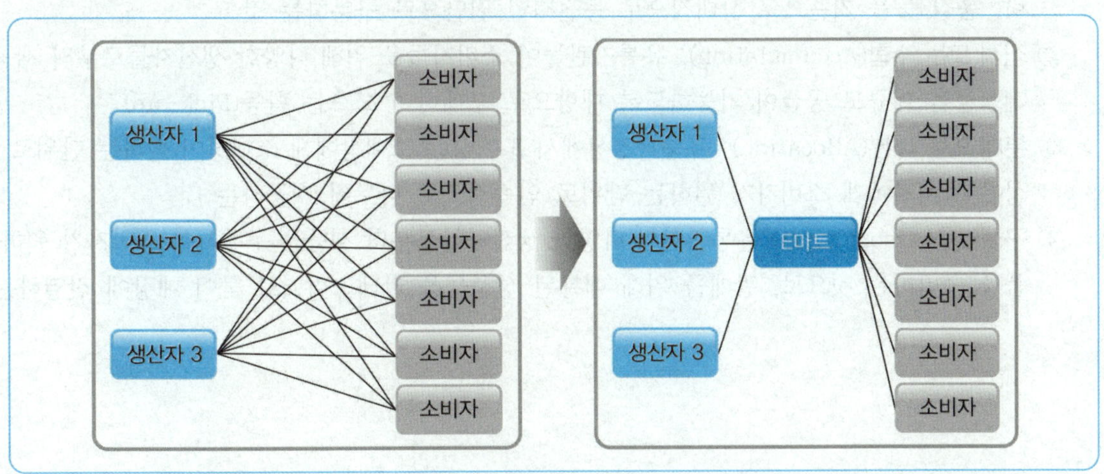

예제

총거래 수 최소화
- 중간상 없는 경우 거래 수: 3×7=21
- 중간상 존재 시의 거래 수: 3×1+1×7=10
- 중간상의 존재로 감소하는 총거래 수: 21−10=11

② **분업의 원칙** 기출 25-3 : 제조와 유통업무를 분담하여 생산자와 중간상이 각자의 업무만을 수행하면 숙련도 및 노하우의 증진으로 일의 전문화가 이루어져 효율성이 높아지는 것으로, 이로 인해 유통기능의 효율성이 높아져 전체 유통비용은 감소하고 상품의 가격도 낮아질 수 있게 됨

③ **변동비 우위의 원칙**
  ㉠ 제조업의 경우 고정비 비중이 크기 때문에 시설규모와 생산량이 증가할수록 단위당 고정비가 하락하여 단위당 비용이 감소하는 **규모의 경제(Economies of Scale)**가 크게 나타남
  ㉡ 반면 유통업은 제조업에 비해 변동비의 비중이 크기 때문에 **제조와 유통을 분리**하여 기능을 분담하는 것이 비용 측면에서 효율적임

④ **집중준비(저장)의 원칙** 기출 24-3, 23-2
  ㉠ 중간상이 존재함으로써 사회 전체가 원활한 소비를 위해 저장해야 할 제품의 총량을 줄일 수 있다는 것(소매상의 필요품목을 도매상이 대량으로 저장 → 소매상의 저장부담을 줄여줌)
  ㉡ 집중준비(저장)의 원칙은 **도매상의 존재 이유를 설명**하는 원리가 됨

2 유통경로의 구색형성 기능

1. 유통경로의 구색형성 기능 기출 22-3, 22-1, 21-2, 21-1

① **분류 또는 등급분류(Sorting out)**: 다양한 생산자들로부터 공급된 이질적 제품들의 색, 크기, 용량, 품질 등을 기준으로 상대적으로 동질적인 집단으로 구분하는 것
② **집적 또는 수합(Accumulation)**: 유통기관들이 소비자들을 위해 다양한 생산자들로부터 제공되는 제품들을 대규모 공급이 가능하도록 대량으로 구매하여 모으는 활동(Pick-up)
③ **분배 또는 배분(Allocation)**: 유통과정상에서 도매상은 소매상에게 소매상이 원하는 단위로, 소매상은 소비자에게 소비자가 원하는 단위로 연속적으로 나누어 제공하는 것
④ **구색맞춤(Assortment)**: 유통기관이 다양한 생산자들로부터 제품을 구매하여 소비자가 원하는 제품을 구비하는 것으로, 판매를 위해 배분된 상품들을 카테고리별로 묶어 매장에 진열하는 것

2. 구색형성 과정

구분	산개(나눔)	집중(모음)
동질적 생산물	분배(Allocation): 동질적으로 쌓여진 것을 다시 나누는 과정(배분)	집적(Accumulation): 동질적인 것끼리 다시 모으는 수집기능
이질적 생산물	분류(Sorting out): 이질적인 것을 동질적 단위로 나누는 과정, 생산자의 표준화 기능	구색(Assortment): 이질적인 것을 모두 다시 모으는 단계

3. 유통경로관리

① 관리의 필요성: 유통경로상의 경로구성원들은 상호 의존적 관계에 있으며, 경로구성원들은 교환 과정에서 전체 유통경로의 효율성(Efficiency)보다는 자신의 목적 달성을 중시하는 기회주의적 행동을 하는 경우가 많기 때문에 경로 전체의 목표달성을 위해 유통경로관리가 필요

② 유통경로시스템 내의 거래관계 유형

  ㉠ 단속형 거래(Discrete Transaction): 유통경로 내의 거래당사자들이 현재의 일시적 거래를 통해 최대의 이윤을 올리고자 하는 관계를 말하며, 거래당사자 간 협상이나 교섭과 같은 경쟁적 메커니즘을 통해 거래의 효율성을 높임

  ㉡ 관계형 교환(Relational Exchange): 유통경로 내 거래당사자들이 현재뿐만 아니라 미래의 장기적인 경로 성과에 관심을 가지며 연속적 거래를 통해 이윤극대화를 추구하는 거래 형태에 해당

4. 유통기구의 유형 기출 24-3

① 분산형: 대규모 생산과 소규모 소비를 하는 일반적인 소비용품인 공산품에 적합한 상품군별 유통기구

② 수집·중개·분산형: 최종소비용 농산물 및 수산물과 같은 소규모 생산과 소규모 소비에 적합한 유통기구

THEME 05　수직적 유통경로

1 수직적, 수평적 유통경로

1. 수직적 유통경로(VMS; Vertical Marketing System)　기출 25-3, 24-1, 23-2, 22-3, 20-추가

① 수직적 유통경로의 개념

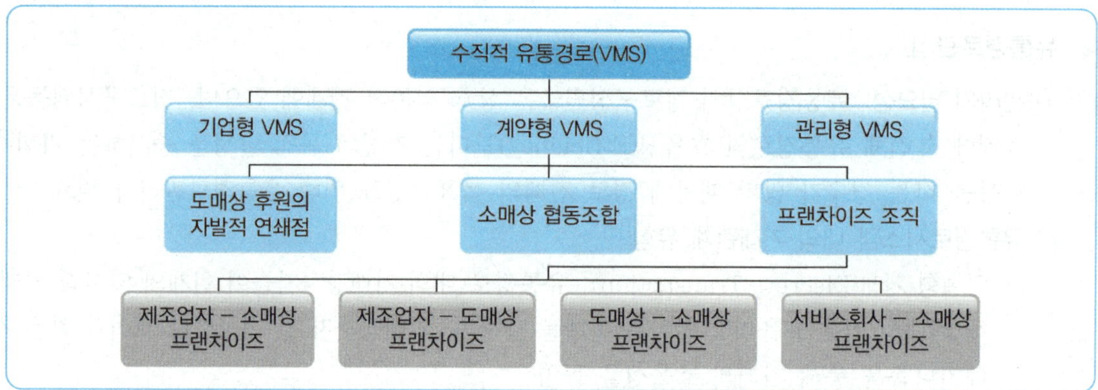

  ㉠ 의의: 수직적 유통경로는 중앙에서 계획된 프로그램에 의해 수직적 유통경로상의 경로구성원들을 전문적으로 관리·통제하는 네트워크 형태의 경로조직을 뜻함

  ㉡ 수직적 유통경로의 장·단점

장점	단점
• 규모의 경제 발생으로 인한 유통비용의 절감 • 자원 및 원재료 등을 안정적으로 확보 가능 • 높은 진입장벽으로 새로운 기업의 진입 어려움	• 초기에 막대한 자금의 소요 • 시장이나 기술변화에 민감한 대응 곤란 • 각 유통단계에서의 분업에 따른 전문화 상실

② 수직적 유통경로의 유형　기출 24-1, 23-2, 22-3

  ㉠ 기업형 VMS: 기업형 VMS는 한 경로구성원이 다른 경로구성원들을 경제적, 법률적으로 소유·관리하는 유형으로, 전방통합과 후방통합, M&A, 컨소시엄 등의 유형이 있음

전방통합		제조회사가 유통기관을 소유하거나 도매상이 소매업체를 소유하는 유형
후방통합		유통기관이 제조업체를 소유하거나 제조업체가 공급업체를 소유하는 유형
수직적 통합 장·단점	장점	• 안정적인 원료 공급 및 유통망 확보가 가능 • 유통경로 전반에 걸친 지배력이 강화되며, 규모의 경제 발생 • 생산에서 판매에 이르는 시간 단축으로 시장환경에 신속하게 대응
	단점	• 조직 규모의 비대화로 환경변화에 대한 유연성이 떨어짐 • 초기투자비용이 많이 발생

  ㉡ 계약형 VMS: 계약형 VMS는 경로구성원들이 각자 수행해야 할 마케팅 기능들을 계약(Contract)에 의해 합의함으로써 공식적인 경로관계를 형성하는 경로조직

> • 도매상 후원의 자발적 연쇄점
> • 소매상 협동조합
> • **프랜차이즈 시스템**: 기업 본사(Franchiser)가 계약에 의해 가맹점에게 일정기간 동안 자신들의 브랜드·사업운영방식 등을 사용하여 제품이나 서비스를 판매할 수 있는 권한을 허가하고, 가맹점은 이에 대한 대가로 가입비와 로열티 등을 지급하는 형태

ⓒ **관리형 VMS**: 경로구성원들의 마케팅 활동이 소유권이나 명시적인 계약에 의하지 않고 상호 이익을 바탕으로 맺어진 협력시스템으로, 어느 한 경로리더의 규모나 파워, 또는 경영지원에 의해 조정되는 경로유형. 본부의 통제력을 기준으로 보면 세 가지 유형 중 통제력이 가장 낮은 형태

③ **경로구성원에 대한 통제력의 강도**

> 기업형 VMS > 계약형 VMS > 관리형 VMS

2. 수평적 유통경로(HMS; Horizontal Marketing System) 기출 24-1

수평적 유통경로(HMS)는 공생적(Symbiotic) 유통경로라고도 하며, 동일한 유통경로상에 있는 2개 이상의 기관들이 각기 독자성을 유지하면서 기업이 가지고 있는 자본, 노하우, 마케팅, 유통망 등의 자원 등을 결합하여 '**시너지효과**'를 얻기 위해 통합하는 것

2 프랜차이즈 시스템

1. 프랜차이즈의 개념

① **개념**: 프랜차이저(Franchiser, 본사)가 프랜차이지(Franchisee, 가맹점)에게 본사의 상호, 상표, 노하우 등의 운영방식을 사용하여 제품이나 서비스를 판매할 수 있도록 허가하는 것
② **프랜차이저**: 프랜차이지를 모집하여 사업을 수행하는 역할을 하며, 프랜차이지를 선정하여 특정 지역마다 사업의 동반자 혹은 대리인으로 영업할 권한을 허용
③ **프랜차이지**: 프랜차이저의 상호 등을 사용하는 권한을 갖기 위해 가입금, 보증금, 로열티 등을 지불하고, 프랜차이저의 경영지도와 지원으로 양자 간의 계속적인 관계가 유지

2. 프랜차이저와 프랜차이지의 장·단점 기출 23-2, 22-3

구분	프랜차이저(가맹본사)	프랜차이지(가맹점)
장점	• 사업확장을 위한 자본조달 용이 • 규모의 경제를 달성할 수 있음 • 높은 광고효과 • 사업상품 개발에 전념 가능 • 노사문제에 신경 쓸 필요 없음	• 프랜차이즈 본부의 경영노하우, 상품 등 제공으로 실패의 위험성(Risk)이 적음 • 비교적 소액 자본으로 시작이 가능 • 소비자의 신뢰 획득 용이 • 개별 점포의 판매촉진활동 가능

단점	• 지속적인 가맹점 지도와 원조로 비용과 노력이 소모되기 쉬움 • 가맹점 수가 급격히 증가할 경우 통제가 어려움	• 표준화된 운영을 하기 때문에 특정 점포의 개별성을 고려할 수 없음 • 본사의 실패가 프랜차이즈시스템 전체와 가맹점에 영향을 미침

THEME 06　유통커버리지

1 유통커버리지(Distribution Coverage)

1. 유통커버리지의 개요

① 개념: 유통커버리지(Distribution Coverage) 전략이란 자사제품을 판매할 소매점의 수를 몇 개로 정할 것인가(=얼마나 많은 수의 중간상을 둘 것인가)에 대한 의사결정으로, 이는 기업이 커버하려는 시장의 범위가 어느 정도인가에 따라 결정됨

② 결정과정: 유통경로전략은 '유통범위(커버리지)를 결정 → 유통길이를 결정 → 통제수준을 결정'하는 프로세스를 거침

  • 1단계 선택

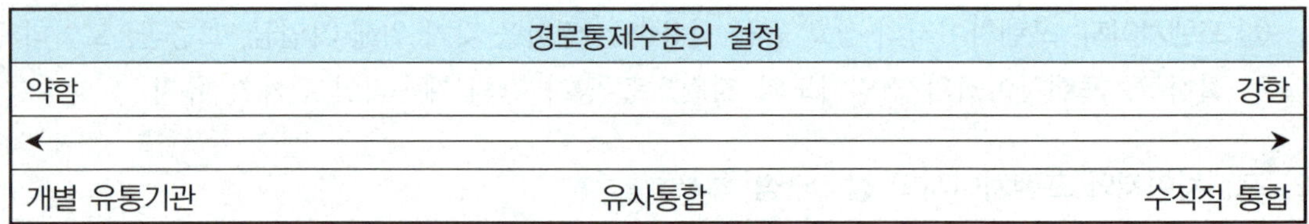

  • 2단계 선택

경로통제수준의 결정		
약함		강함
←	→	
개별 유통기관	유사통합	수직적 통합

▎유통경로전략의 결정과정▎

2. 유통범위(커버리지)의 결정 [기출 25-2, 24-2, 23-3, 23-2, 22-3, 22-1]

① 개방적 유통경로(집약적 유통경로)

  ㉠ 의의: 개방적 유통경로는 **가능한 한 많은 점포가 자사제품을 취급**하도록 하는 마케팅전략으로 집중적 유통경로라고도 함

ㄴ 적용 및 문제점: 개방적 유통경로는 제품이 소비자에게 충분히 노출되어 있고, 제품판매의 체인화에 어려움이 있는 **편의품** 등에 적용할 수 있으나 유통비용이 증가하고, 특히 경로통제가 어렵다는 문제점이 있음

② 선택적 유통경로

ㄱ 의의: 선택적 유통경로는 경영능력, 평판, 점포규모 등의 **일정 자격을 갖춘 소수의 중간상**에게만 자사의 제품을 취급하게 하는 것

ㄴ 적용 및 특징: 일반적으로 의류·가구 및 가전제품 등 **선매품**에 적용할 수 있음. 개방적 유통경로에 비하면 중간상의 수가 적기 때문에 유통비용이 절감되며, 전속적 유통경로에 비하면 제품의 노출이 확대됨

③ 전속적 유통경로(배타적 유통경로)

ㄱ 의의: 전속적 유통경로는 일정한 지역에서 **자사의 제품을 한 점포가 배타적·독점적으로 취급**하게 하는 것으로 유통경로 계열화의 가장 강력한 형태에 해당

ㄴ 적용 및 특징: 주로 고급 자동차·귀금속·명품 등 **전문품**이나 고관여도 제품 등의 경우에 적용이 가능하며, 제조업체가 도매상이나 소매상을 강하게 통제할 수 있음

④ 다중 유통경로 정책

ㄱ 소비자 욕구의 다양화로 2개 이상의 유통경로를 동시에 사용하는 유통경로전략

ㄴ 유통경로 간의 갈등이 심화될 수 있고, 이중가격 형성 등의 부작용 등이 발생

⑤ 옴니채널(Omni-Channel) `기출 25-2, 24-2, 22-2` : 소비자가 Online, Offline, Mobile 등 다양한 유통경로를 넘나들며 상품을 검색하고 구매할 수 있도록 한 서비스를 의미하며, 각 유통채널의 특성들을 결합하여 어떤 채널에서든 같은 매장을 이용하는 것처럼 느낄 수 있도록 한 쇼핑환경을 의미

예 쇼루밍(Showrooming) `기출 25-2, 25-1, 23-1` : 오프라인을 통해 제품을 체험한 뒤 실제 구매는 좀 더 저렴한 온라인을 통해 구매하는 현상

 **Tip**

> 유통채널의 발전 순서
> 하나의 유통채널만 사용(**싱글채널**) → 2개 이상의 오프라인 점포 활용(**듀얼채널**) → 경쟁관계인 2개 이상인 온, 오프라인을 활용(**멀티채널**) → 온, 오프라인의 융·복합(**크로스채널**) → 온, 오프라인상의 다양한 채널이 고객경험 관리를 중심으로 통합(**옴니채널**)

3. 제품유형별 커버리지전략

범주		경로목표
편의품	필수상품	최대의 노출을 필요로 하므로 낮은 비용으로 광범위하게 유통
	충동상품	필수상품과 유사하지만, 특히 효과적인 진열을 구사
	긴급상품	사용이 있을 법한 시간과 장소에서 가용하도록 함

선매품	동질적 선매품	가격비교가 용이하도록 노출
	이질적 선매품	주요 쇼핑지역에 있어서 유사한 다른 선매품 가까이에 노출
전문품	전문품	제품의 경로는 다소 제한적일 수도 있으나, 전문품으로 인식하지 않고 있는 고객에게 도달하기 위해서는 편의품 및 선매품들과 함께 취급

2 유통경로 길이의 결정

1. 결정요인 `기출 25-2, 23-1, 20-1`

유통경로의 길이를 결정할 경우에는 유통되는 제품의 종류 및 시장의 특징, 수요, 공급의 특성, 유통비용구조 등을 고려해야 함

❙ 유통경로 길이의 결정요인 ❙

요인 \ 경로	짧은 경로	긴 경로
제품특성	• 부패성 상품 • 비표준화된 중량품 • 기술적으로 복잡한 제품, 전문품	• 비부패성 상품 • 표준화된 경량품 • 기술적으로 단순한 제품, 편의품
수요특성	• 구매단위가 큰 제품 • 구매빈도가 낮고 비규칙적인 제품	• 구매단위가 작은 제품 • 구매빈도가 높고 규칙적인 제품
공급특성	• 생산자 수가 적고, 진입이 제한적 • 지역적 집중생산	• 생산자 수가 많고, 진입이 자유로움 • 지역적 분산생산
유통비용구조	• 장기적으로 불안정 → 최적화 추구	• 장기적으로 안정적

🔖 **Tip**

직접유통(D2C) `기출 25-3, 25-2` : 직접유통은 기업이 소비자에게 제품을 직접 판매하는 것으로, 시간과 장소의 제약을 극복할 수 있는 온라인 쇼핑 증가와 파워 리테일러의 성장에 기인해 성장하고 있음

2. 통제수준의 결정(수직적 통합)

① 유통경로에 대한 통제력이 클수록 수직적 통합이 강하게 발생하는데, 이는 유통경로 간 구성원들의 결속력과 통제력에 영향을 미치게 됨

② 수직적 통합의 이론적 근거는 윌리엄슨(O. Williamson)의 **시장거래비용이론**(Market Transaction Cost Theory)을 바탕으로 하며, 시장에서 유통경로상의 거래비용이 수직적 통합비용보다 큰 경우 수직적 통합의 타당성이 인정됨

3. 산업재(B2B)의 유통경로 길이 `기출 22-3`

일반적으로 산업재(B2B)는 완제품 생산을 위해 직·간접적으로 필요한 원자재, 부품, 반제품, 설비 등을 말하며, 소비재(B2C)에 비해 **경로가 짧은 직접유통경로**를 활용

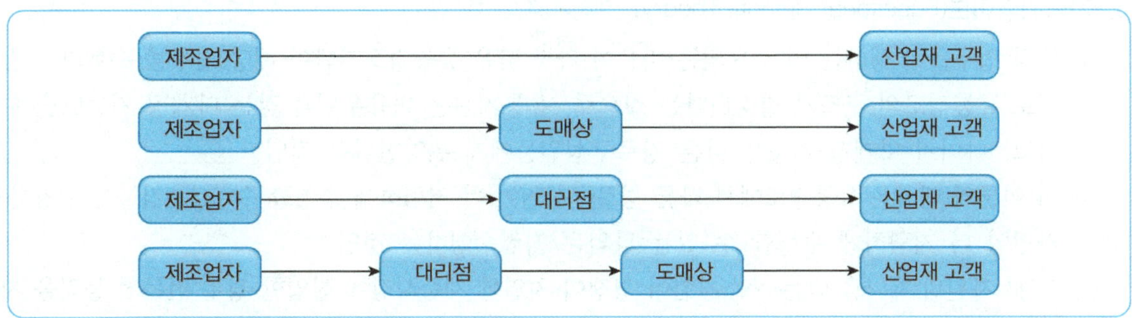

4. 유통경로 설계 시 고려사항 기출 25-1

① 고객의 욕구와 선호하는 유통경로와 같은 최종소비자에 대한 이해
② 생산자로부터 소비자까지의 물리적인 거리 차이인 시장지리
③ 기업의 제품을 실제로 구매하는 구매자
④ 시장을 구성하는 소비자의 수에 의해 결정되는 시장 크기

THEME 07 유통경로 결정이론

1 관련 중요이론 기출 25-3, 25-1, 24-2, 23-3, 23-2, 22-1, 21-3, 21-2

1. 연기−투기이론(Postponement−Speculation Theory)

경로구성원들 중 누가 재고보유에 따른 **위험을 부담하는가**에 따라 경로구조가 결정된다는 이론으로, 경로구성원들은 재고의 부담을 가능한 한 연기하거나 또는 투기에 의해 적극적으로 재고를 부담하는 방법 중의 하나를 선택해야 하는데, 이에 따라 경로길이가 달라진다는 것

① **연기**(Postponement): 재고보유에 따른 리스크와 불확실성을 다른 구성원에게 전가. 생산자는 도매상의 제품취급이 연기됨에 따라 소매상이나 최종 소비자에게 직접 판매하기 때문에 경로가 짧아짐
② **투기**(Speculation): 최초의 생산단계부터 차별화 전략 추구. 제품의 이익이 높을 경우, 중간단계에서 제품을 취급하려는 유통업자들이 많아지기 때문에 경로가 길어짐
   ㉠ 연기의 반대 개념으로 재고를 중간상이 보유하는 현상을 의미함. 결과적으로는 재고를 전방으로 떠넘기는 유통방식
   ㉡ 최초의 생산단계부터 차별화 전략 추구. 제품의 이익이 높을 경우, 중간단계에서 제품을 취급하려는 유통업자들이 많아지기 때문에 경로가 길어짐
③ **유통경로의 길이**: 재고보유를 연기하면 경로길이가 짧아지고, 투기적으로 재고를 보유하면 경로길이가 길어짐

2. 기능위양이론(Functional Spinoff Theory) `기출 25-3`

① 특정 업무를 수행하는 데 소요되는 비용이 가장 낮은 유통경로기관이 해당 업무를 수행하는 방향으로 유통경로의 구조가 결정된다는 것으로, 유통기관은 비용우위를 갖는 마케팅 기능만을 수행하고, 나머지 마케팅 기능은 다른 경로구성원들에게 위양한다는 것임

② 이 이론의 핵심은 유통경로에서 다른 경로구성원이 더 저렴하게 수행할 수 있는 기능은 위양하고, 자신이 더 저렴하게 수행할 수 있는 과업은 직접수행하는 것임

③ 사례: 자원의 제약을 받는 중소기업이 경쟁이 치열한 제품시장에 진입할 경우 전문적 능력을 지닌 중간상에게 마케팅 기능의 일부를 위임하는 것이 바람직하지만, 기업의 규모가 커지게 되면 중간상을 이용하는 것보다 직접유통기능을 수행하는 것이 더 효과적임

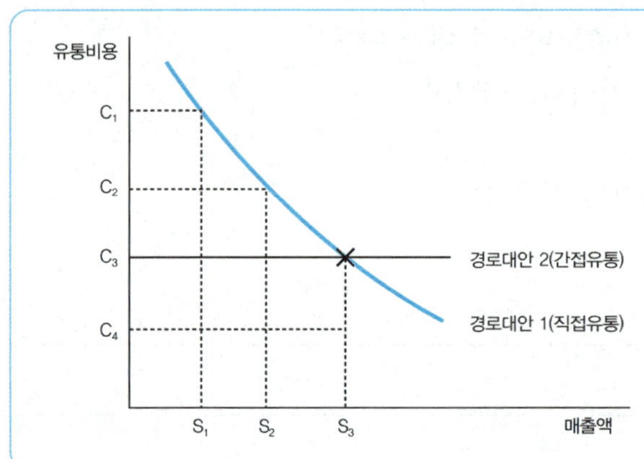

- 제조업자에게 있어서 대안 2의 평균비용은 모든 기능을 위양함으로써 판매량과 상관없이 일정하게 나타나고 있음

- 대안 1의 경우에는 자사의 판매사원과 물류창고를 이용하기 때문에 판매단위당 비용은 매출액이 증가함에 따라 감소하고 있음

3. 시장거래비용이론(Market Transaction Cost Theory) `기출 25-3, 24-2`

① 거래비용에 따른 유통경로 결정

   ㉠ 윌리엄슨(O. Williamson)의 시장거래비용이론에 의하면 수직적 계열화에 드는 비용과 시장거래에서 발생되는 거래비용 간의 상대적 크기에 따라 유통경로 길이의 범위가 결정된다고 봄

   ㉡ **중간상의 존재 이유**: 일반적으로 시장을 통한 거래비용이 내부조직 구축에 의한 생산비용에 비해 낮으며, 기업의 수직적 계열화 비용이 큰 경우 경로길이는 길어짐. 반면 수직적 계열화에 의해 마케팅 기능을 직접 수행하는 것이 적은 비용이 드는 경우에 유통경로의 수직적 통합이 이루어지고, 짧은 유통경로를 선택함

   ㉢ 거래비용에 의한 시장의 실패 때문에 **기업내부화(수직적 통합)가 이루어진다**는 것

 **Tip**

- 긴 유통경로 형성 이유: 수직적 통합(내부화)비용 > 시장거래비용
- 짧은 유통경로 형성 이유: 수직적 통합(내부화)비용 < 시장거래비용

거래비용을 감소시키는 경우	거래비용을 증가시키는 경우
• 거래자의 수가 많아 거래빈도가 높은 경우	• 거래환경의 불확실성이 높은 경우
• 거래당사자 간 정보대칭성이 높은 경우	• 거래특유자산이 많은 경우
• 수직적 계열화가 일어난 경우	• 시장의 수요변동이 큰 경우

② **거래비용이론의 기본가정**: 거래비용이론에서 시장의 실패를 설명하는 주요 개념으로는 거래 관련 변수인 ㉠ 자산의 특수성 존재, ㉡ 거래빈도, ㉢ 불확실성을 들고 있고, **인간행동에 대한 기본 가정으로는 ㉣ 제한된 합리성, ㉤ 기회주의적 행동**을 제시함. 거래비용이론의 경우 거래당사자 간 신뢰가 낮을 때 거래비용은 커지게 됨

4. 게임이론(Game Theory)

① 수직적인 경쟁관계에 있는 제조업자와 중간상이 각자 자신의 이익을 극대화하기 위해 자신과 상대방의 행위를 조정하는 과정에서 유통경로의 구조가 결정된다는 이론

② 게임이론에서는 중간상의 기능을 수직적으로 통합하여 생산과 유통기능을 제조업자가 동시에 수행할 것인가, 아니면 독립적으로 중간상을 이용하여 생산과 유통기능을 분리시킬 것인가 등의 경쟁업체들 간 힘의 구조를 토대로 설명

5. 대리인이론(Agency Theory)

① **의의**: 의뢰인이 대리인의 결정과 행동에 의존한다는 개념을 배경으로, 유통경로에 개별 경로구성원(의뢰인)에게 가장 큰 성과를 주는 경로구성원(대리인)을 찾아 계약을 맺게 됨에 따라 경로구조가 결정된다는 이론

② **정보 불균형과 유통경로 길이**
  ㉠ 대리인이론에서는 대리인과 의뢰인 사이에 계약 전과 계약 후의 **정보 비대칭이 존재**한다고 봄. 이때 계약 전의 정보 불균형이란, 대리인이 과연 의뢰인이 원하는 능력을 제대로 갖고 있는가 하는 것이고, 계약 후의 정보 불균형이란, 대리인이 의뢰인을 위해 제대로 일을 수행하고 있는가 하는 것임
  ㉡ 따라서 의뢰인이 대리인을 선정할 때는 이러한 정보 불균형을 극복하는 데 소요되는 비용, 즉 정보수집, 감시 및 평가와 관련된 비용이 적게 드는 대리인을 선택하게 된다는 것임

6. 체크리스트(Checklist)법 [기출 21-3]

경로구조 결정 시 경로구성원들의 마케팅 능력 및 소비자의 유통서비스에 대한 요구(Needs)를 구체화한 요인들(시장요인, 제품요인, 기업요인, 경로구성원요인 등)을 고려하여 경로의 길이를 결정

❙ 체크리스트법에서 고려할 요인들 ❙

시장요인	시장규모, 지역적 집중도, 구매빈도
기업요인	규모, 재무적 능력, 경영전문성, 통제에 대한 욕망
경로구성원요인	마케팅기능 수행의지, 수행하는 서비스의 수와 품질, 구성원 이용비용
환경요인	환경적 고려요인의 수
제품요인	기술적 복잡성, 제품의 크기와 중량 등

2 유통경로상 공급업자 평가방법

1. 평가방법 [기출 23-3]

① **가중요인 모형(Weighted Factor Model)**: 각각의 경로 대안들의 성과를 예측하여 가장 훌륭한 성과를 낼 수 있는 대안적 경로를 발견하는 방법

경로목표/제약점	상대적 중요도	대안적 경로 평가		
		경로1	경로2	경로3
경로목표				
판매	.15	3	6	3
수익성	.3	5	4	7
유연성	.1	8	5	8
통제가능성	.1	9	4	10
제약점				
투자비	.2	10	7	4
위험	.15	10	8	6
계	1.0	7.15	5.6	6.05

② **순차적 결정 모형(Lexicographic Model)**: 대안적 경로를 상정하여 각각의 경로의 목표와 제약점을 평가하는 과정은 가중요인 모형과 같은 과정을 거침

③ **최소기준 모형(Minimum Requirement Model)**: 각각의 평가 부분마다 최소한으로 요구하는 평가 수준을 미리 결정한 후 각각의 대안이 이 최소 요구점에 도달하는지를 보고 그 대안의 선택 여부를 결정하는 방식

2. 공급업자 세분화기법(크랄직 매트릭스)

Kraljic Portfolio (Purchasing) Model은 공급망 관리의 핵심 부분을 공급업체를 기반으로 하여 세분화하는 모형으로, 공급업체 관리전략을 공급업체의 포트폴리오와 일치시킬 수 있으며, Kraljic의 Matrix는 정확한 공급업체 세분화를 제공하는 가장 효과적인 방법 중 하나임

THEME 08 유통 경제의 이해

1 시장의 분류

1. 시장의 개념

① 교환이 이루어지는 장소를 시장이라 하며, 개별 경제주체들이 시장에서 형성되는 가격을 지표로 시장에서 만나 생산·교환·소비 활동을 영위하는 과정에서 유통이 존재하게 됨

② 시장에서 결정되는 가격에 의해 경제문제가 자연스럽게 해결되는데, 가격의 이러한 기능을 가격의 자동조절기능이라고 함

2. 경쟁에 따른 시장의 구분

① 완전경쟁시장의 성립조건

  ㉠ 가격 수용자(Price Taker)로서의 수요자와 공급자

  ㉡ 동질적인 상품

  ㉢ 진입과 탈퇴의 자유

  ㉣ 완전한 정보

② 경쟁 정도에 따른 시장의 구분 기출 25-3

유형	시장구조의 규정요인			사례
	기업 수	상품 유사성	진출입 난이도	
완전경쟁시장	무수히 많음	완전 동질	지극히 쉬움	주식시장이 유사함
독점적 경쟁시장	무수히 많음	약간씩 다름	매우 쉬움	음식점, 미용실 등
과점시장	소수	완전 동질 또는 차이가 있음	조금 어려움	이동통신사, 4대 정유사
독점시장	하나	완전 동질	매우 어려움	전기, 수도, 철도 등 공기업

2 수요의 가격탄력도

1. 수요의 가격탄력도 개념 기출 23-1, 22-3, 21-3

재화의 가격변화에 대한 수요량의 변화 정도를 나타내는 개념으로, 가격이 1% 변화할 때 수요량이 몇 %나 변화하는가를 나타내는 개념

$$수요의 \ 가격탄력도(E) = \frac{수요량의 \ 변화율(\%)}{가격의 \ 변화율(\%)}$$

- $E = 1$ (단위 탄력적)
- $E > 1$ (탄력적): 수요가 가격탄력적인 경우, 소비자들은 가격변화에 아주 민감하게 반응하며, 주로 사치재에 해당
- $E < 1$ (비탄력적): 수요가 가격비탄력적인 경우, 소비자들은 가격변화에 민감하게 반응하지 않으며, 일반적으로 생필품에 해당

2. 수요의 가격탄력도에 영향을 주는 요인

① 상품의 성질: 일반적으로 생필품에 대한 수요의 가격탄력도는 작고, 사치품에 대한 탄력도는 큼

② **대체재의 유무**: 대체재의 수가 많아질수록 탄력도는 커짐

③ **가격이 소득에서 차지하는 비중**: 상품의 가격이 가계소득에서 차지하는 비중이 클수록 탄력도는 커짐

④ **기간의 장단**: 장기는 단기보다 가격변화에 대응할 수 있는 대안이 많아지므로, 수요의 탄력도가 더 커짐

⑤ **용도의 다양성**: 재화의 용도가 다양할수록 가격탄력성이 커짐

3. 수요와 공급의 균형

① **시장의 균형**: 해당 상품 및 서비스에 대해 수요와 공급이 균형된 상태로 수요와 공급에 영향을 주는 외부요인들이 작용하지 않는다면 시장의 균형은 유지

② **초과공급**: 특정 상품 및 서비스의 가격이 시장에서의 균형가격보다 높아 그 가격에 공급하고자 하는 양이 수요하고자 하는 양보다 많은 상태를 의미

③ **초과수요**: 어떤 상품의 가격이 시장에서의 균형가격보다 낮아 그 가격에 수요하고자 하는 양이 공급하고자 하는 양보다 많은 상태를 뜻함

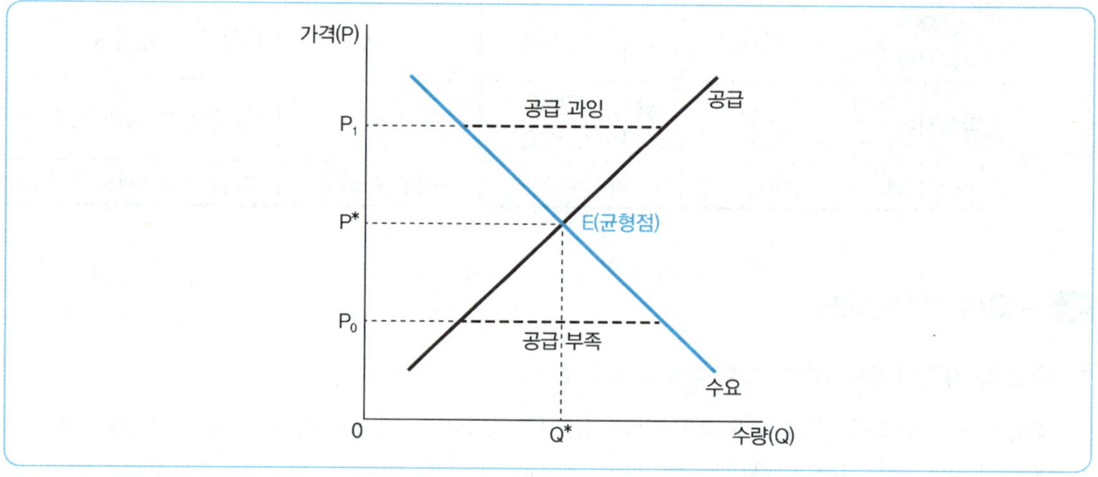

3 손익분기점

1. 손익분기점과 조업중단점

① 완전경쟁시장의 개별기업은 총수입(TR) = 총비용(TC)인 생산량 수준에서는 초과이윤도 손실도 없는 상황

② P(가격) = ATC(또는 AC, 평균비용)에서 결정되는 생산량을 손익분기점이라고 함

③ $BEP(판매량) = \dfrac{총고정비}{단위당\ 가격 - 단위당\ 변동비}$

④ **조업중단점**: 개별기업은 P<ATC(또는 AC)가 되어 손실을 보더라도 생산을 계속하는 것이 유리함. ATC(또는 AC)에 포함된 고정비용(FC)은 생산을 중단하더라도 지출되는 매몰비용이므로 고

려할 필요가 없음. 따라서 P>AVC인 한 생산을 계속하는 것이 유리하며, P = AVC가 되면 생산을 중단해야 하는데, 이때의 생산량을 생산중단점(조업중단점)이라 함

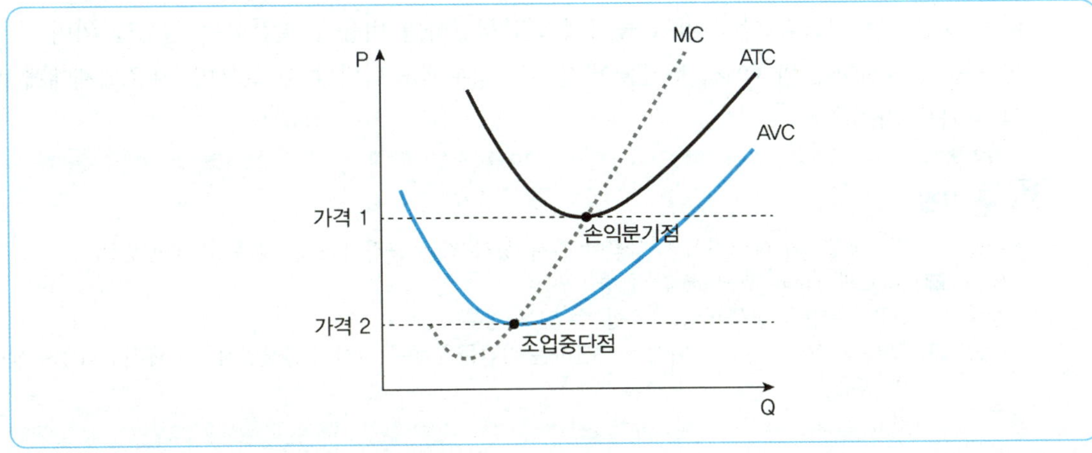

2. 손익분기점 [기출 25-3, 25-2, 25-1]

① 손익분기점(BEP; Break-Even Point)은 일정 기간의 총수익(매출액)이 당해 기간의 총비용과 일치하는 시점의 생산량 또는 매출액을 의미

② 총수익이 총가변비용보다 더 크다면 기업은 여전히 생산을 계속할 것이며, 반대의 경우 생산을 중단함. 이런 이유로 평균가변비용곡선(AVC)의 최하점을 '조업중단점'이라고 함

▌ 손익분기점 공식 ▌

- 손익분기점 판매량 $= \dfrac{\text{총고정비}}{\text{단위당 가격} - \text{단위당 변동비}}$

- 손익분기점 매출액 $= \dfrac{\text{총고정비}}{1 - \text{변동비율}}$

- 손익분기점 목표판매량 $= \dfrac{\text{고정비용} + \text{목표이익}}{\text{가격} - \text{단위당 변동비}}$

4 규모의 경제와 범위의 경제

1. 규모의 경제(Economies of Scale)

① **개념**: 기업이 생산설비를 확대하여 생산량을 대량으로 증가시킬 때 장기평균비용의 하락으로 전체 생산비용이 감소하는 현상을 의미

② **발생 원인**: 규모의 경제가 나타나는 가장 큰 이유는 분업 및 전문화, 기술적 요인의 발전을 통해 '대량생산'이 가능해져 비용절감이 가능해짐

③ **사례**: 제품을 대량생산하거나 대량의 물동량을 운송하는 경우, 단위당 제조원가 및 단위당 물류비용이 감소하는 경우가 대표적인 예에 해당

2. 범위의 경제(Economies of Scope) [기출 23-2, 22-1, 21-2]

① 범위의 경제는 사업다각화와 관련성이 있으며, 두 가지 이상의 생산물을 별개의 독립된 기업에서 따로 생산하는 것보다 한 기업이 동시에 결합생산하여 비용을 절감하는 경우를 의미

② 한 제품을 생산하는 과정에서 부산물이 생기는 경우에도 나타날 수 있으며, 제조업체에게 비용절감 효과를 가져옴

> **사례**
>
> • 버스와 트럭, 냉장고와 에어컨처럼 성격이 유사 성격 또는 공정이 있는 제품 간 결합생산
>   (기출 예) AOL과 Time Warner 간 합병
> • 생산시설이나 유통망을 공동으로 사용할 수 있는 경우
>   (기출 예) P&G와 같이 다양한 소비재를 생산하는 기업들은 종종 자사의 공장입지를 소매기업의 물류센터와 공유

THEME 09 유통환경의 변화

1 우리나라 유통환경의 변화

1. 우리나라 유통산업의 환경변화 [기출 25-3, 25-2, 24-3, 24-2, 24-1, 23-1]

① 글로벌 유통시장 개방의 가속화

② 유통기업의 변화

  ㉠ 주요 소매업체들의 해외 신규출점 증대 및 M&A를 통한 초대형화 추진

  ㉡ 선진국 시장이 포화되어 감에 따라 시장 잠재성이 높은 신규시장 발굴에 노력

  ㉢ 대형유통업체들은 해외시장 진출 확대를 통해 성장을 도모

③ 소비자의 변화

  ㉠ 소비자의 소득 수준 향상 및 레저화된 상품과 서비스를 요구

  ㉡ 핵가족화 현상, 야간 및 휴일 쇼핑이 증가, 해외 직접 구매하는 경향 증가

  ㉢ 소비자의 생활 수준이 올라감에 따라 소비자의 구매 패턴이 삶의 질을 중요시하고 우선시하는 방향으로 변화

  ㉣ 소비자의 욕구에도 점차 다양성과 개성이 나타남

  ㉤ 합리적인 가치 중심 소비형태 확산으로 가격이 저렴한 인터넷쇼핑이 각광을 받게 됨

④ 업태 간 경쟁의 심화 및 O2O의 발달로 온·오프라인 간 융합현상 [기출 25-3]

  ㉠ 대형할인점과 인터넷 쇼핑·TV홈쇼핑 등 무점포판매의 급속한 성장으로 백화점의 성장세는 둔화되었고, 재래시장의 쇠퇴가 가속화되고 있음

  ⓛ O2O(Online to Offline) 커머스의 발달로 **온·오프라인 간 경계가 모호**해지고 있음

  ⓒ 최근 플랫폼(Flatform) 기반의 유통비즈니스가 주목받고 있음

⑤ IT 환경의 변화와 이에 따른 전자상거래의 급성장

⑥ 유통 소매기업(Retailer)의 **영향력 강화**

  ㉠ 소비자의 원스톱 쇼핑(One-Stop Shopping) 추구에 따른 유통업의 **대형화와 집중화** 현상

  ⓛ 정보처리기술의 발달에 따른 대형 유통업체들의 정보수집능력 증대에 기인

  ⓒ 유통업체가 지닌 강력한 데이터를 기반으로 공급업체 및 소비자들과의 우호적 관계 구축

> **📋 Tip**
>
> **멀티채널과 옴니채널** [기출 25-2]
> - **멀티채널**: 소비자 입장에서 온라인과 오프라인의 다양한 채널에서 각각 구매가 가능하나 각 채널은 경쟁관계에 있음
> - **옴니채널**: 온, 오프라인상의 다양한 채널이 고객의 경험관리를 중심으로 하나로 통합된 서비스가 이루어짐
>
> **새로운 유통시장 전략** [기출 25-3, 25-2, 25-1, 24-2, 21-3]
> - **O2O**(Online to Offline) **전략**: e-커머스가 유통의 중심으로 확대됨에 따라 기존 오프라인 유통기업들이 지속가능경영을 위해 오프라인 유통을 온라인으로 연결시키는 전략
> - **O4O**(Online for Offline) **전략**: 온라인 데이터를 활용해 오프라인 매장에서의 경험을 극대화하고 혁신하는 전략
> - **D2C**(Direct to Consumer) **전략**: 기업이 온라인 플랫폼을 통해 최종 소비자와 직접적으로 거래하고 판매하는 방식으로, 예컨대 나이키가 대리점을 거치지 않고 온라인 직영 판매 전략(D2C)을 통해 소비자와 직접 소통하고 제품을 판매하는 것을 의미

2. 소매업의 최근 추세

① 강력한 소매상(Power Retailer)의 등장

② 소매업의 양극화 현상: 하이테크 → 하이터치

하이테크(Hi-Tech)	하이터치(Hi-Touch)
→ 고회전율, 저마진율, Push Marketing	→ 저회전율, 고마진율, 고서비스, Pull Marketing
• 고회전율, 저마진율에 적합한 업태로 첨단기술을 이용한 규모의 경제 실현 • 디스플레이를 통한 셀프서비스 강화 • 대형마트, 슈퍼마켓 등에서 활용 예 월마트, 코스트코 등의 초대형점포	• 다양한 욕구충족을 위한 고서비스의 풀-서비스전략 • 고품질의 제한된 제품라인을 통해 상표 충성도를 높이는 전략 • 백화점, 전문점 등에 적합한 전략 예 갭(GAP), 토이저러스 등의 전문점 체인

3. 소비자의 변화

① **프로슈머**(Prosumer)**의 등장**: 생산자(Producer) + 소비자(Consumer)의 합성어로, 소비자가 소비만 하는 수동적인 입장에서 벗어나 제품의 개발과 유통과정에도 참여하는 능동적인 소비자를 의미

② **큐레이슈머**(Curasumer): 전시회 기획자(Curator) + 소비자(Consumer)의 합성어로, 전시회의 큐레이터처럼 기존의 제품을 꾸미고 다양하게 활용하는 편집형 소비자를 의미

③ **트랜슈머**(Transumer): 이동하면서 스마트폰을 이용해 상품이나 서비스를 구매하는 소비자

④ **크로스쇼퍼**(Cross-Shopper): 온라인과 오프라인을 자유롭게 넘나들며 쇼핑을 즐기는 소비자들을 쇼루밍(Showrooming)족, 역쇼루밍(Reverse Showrooming)족이라고도 함

 **Tip**

> **쇼루밍**(Showrooming) `기출 25-2, 23-1` : 쇼루밍이란 매장에서 제품을 살펴본 뒤 온라인과 같은 다른 유통경로를 사용해 제품을 구매하는 사람들의 행동을 의미. 오프라인 매장이 온라인 쇼핑몰의 전시장(Showroom)으로 변했다 하여 쇼루밍이라 일컬으며, e-커머스 시장이 활성화되면서 등장한 개념임

⑤ **스마트쇼퍼**(Smart-Shopper): 구매하려는 제품의 가격과 기능, 품질 등을 꼼꼼히 비교하여 가장 합리적인 구매를 하는 소비자를 의미하며, 인텔리슈머(Intelligent + Consumer)라고도 함

⑥ **크리슈머**(Cresumer): 앨빈 토플러(Alvin Toffler)가 창안한 용어로, 기업의 신상품 개발과 디자인, 판매 등의 활동에 창의성을 가지고 적극적으로 개입하는 소비자를 의미

4. 유통산업 변화에 따른 대응전략

① **AI, 빅데이터, AR/VR, 드론, 블록체인 등 최신 IT 기술 수용**: 고객정보를 능동적으로 활용하여, 소비자의 행동 패턴을 정밀하게 분석함으로써 업태의 효율성을 증대시키고, 사업다각화를 달성해야 함

② **옴니채널, O2O 커머스 등을 활용한 서비스 확대**: 세계적으로 온라인과 오프라인 커머스의 경계가 사라지고 융·복합된 새로운 유통업태들이 등장하고 있어 이에 대한 전략적 대응이 중요

③ **사회·문화적 환경변화에 대처**: 1인 또는 2인 가구의 급증, 워라밸 중시현상, MZ세대 성장 및 고령화 사회로의 진입, 다문화 인구증가 등 급격한 사회구조적 환경변화에 대처해야 함

④ **국내 유통기업의 해외진출 및 해외기업의 국내 진출**: 글로벌 한류현상에 기인한 국내 유통기업의 동아시아, 중앙아시아 진출, 해외 거대 프랜차이즈 기업들의 국내 진출에 대한 대응 필요

⑤ **유통산업의 글로벌 소싱의 강화** 및 정부의 신규 행정적 규제에 대한 대비가 필요

⑥ **직접유통(D2C)의 증가 현상**: ICT 기술 및 유통 관련 시설의 발달로 제조업자와 구매자가 쉽게 만날 수 있는 직접 거래환경이 조성됨. 또한 시간과 장소의 제약을 극복할 수 있는 온라인 쇼핑의 증가에 따라 D2C가 증가하는 추세에 있음

02 유통경영전략

 유통경영 환경분석

1 거시적 환경과 미시적 환경

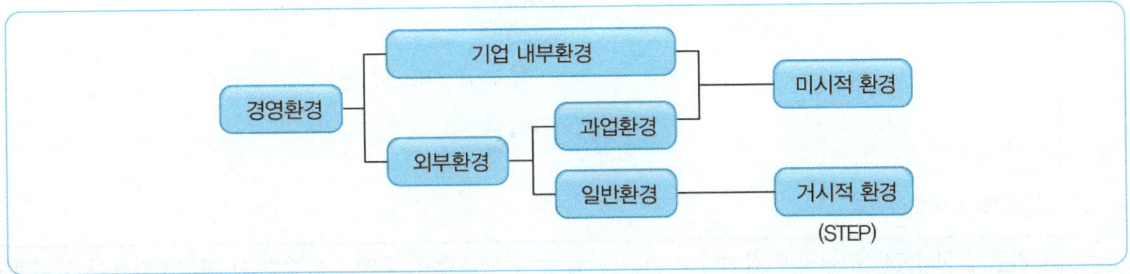

1. 거시적 환경(Macro Environment): **STEP** 기출 25-3, 24-1, 22-2, 21-3, 21-2, 21-1

① **사회 · 문화적 환경**(Social & Culture Environment): 인구구조의 변화와 지역별 · 성별 · 연령별 인구구조 등 인구통계학적 환경요인, 생활양식 등 기초적 분석사항

② **기술적 환경**(Technical Environment): 최근에 급격한 기술발전으로 인해 제품생산을 위한 고성능 설비의 구축, 신속한 물류 · 유통 혁신을 위한 IT 및 정보시스템 발전 등

③ **경제적 환경**(Economic Environment): 국민소득(GDP), 임금, 세금, 이자율, 임대료 등과 원재료 가격, 글로벌 경제환경 변화 등

④ **정치 · 법률적 환경**(Political Environment): 정부나 공공기관에 의한 법률적 규제 및 법 제정을 통한 정치적 환경을 의미

2. 미시적 환경(Micro Environment) 기출 21-2

① **내부적 환경**: 기업 내부의 통제 가능한 요인들로서 기업문화, 마케팅 목표 설정, 자사의 마케팅능력, 목표시장의 선정, 핵심역량, 경영자원 등

② **과업환경**: 유통기업의 미시적 마케팅환경 중에 과업환경은 기업에 제약을 주는 소비자, 공급업체의 공급능력, 경쟁자, 대체재, 정부기관, 대중 등

2 유통경영의 외부적 · 내부적 요인분석

1. 경영의 외부환경 분석 `기출 25-1, 24-3, 23-1, 22-3, 22-2, 22-1, 21-2`

① 포터의 5세력 모델: 경영전략 전문가인 마이클 포터(Michael E. Porter)는 산업과 경쟁을 결정짓는 5세력 모델(Five-Force Model)을 제시함. 포터의 5세력 모델의 목적은 궁극적으로 산업의 수익 잠재력에 영향을 주는 주요 경제 · 기술적 세력을 분석하는 것

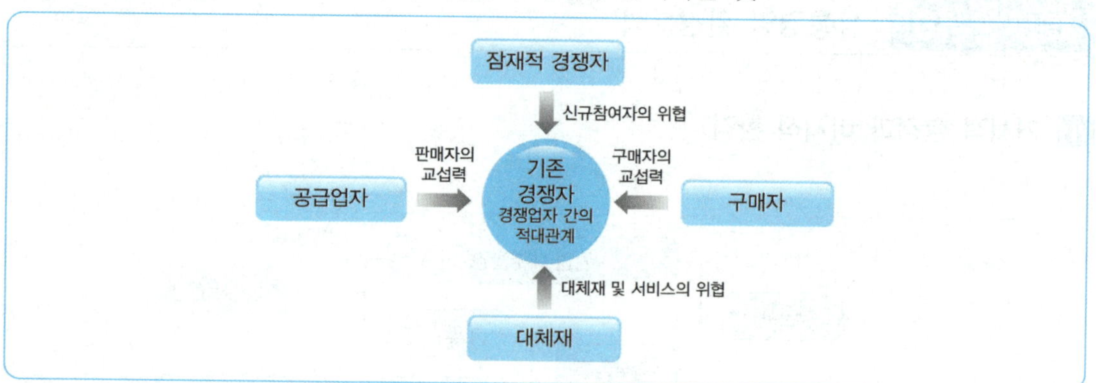

② 5세력의 분석

기존 경쟁자 간 경쟁	산업에 참여하고 있는 기업 수가 많을수록(경쟁이 심할수록) 산업수익률은 상대적으로 낮아지게 되며, 경쟁 정도가 낮을수록 산업의 수익률은 높아짐
잠재적 진입자의 위협	진입장벽이 낮아 새로운 기업의 진입이 용이하다면, 그 산업 내에서 높은 가격을 받을 수 없기 때문에 수익률은 낮아짐
대체재의 위협	대체가능성이 높고, 가격이 낮고, 성장성이 클수록 이윤 폭이 제한되고 시장침투의 위험이 크므로 산업의 수익률은 낮아짐
구매자의 교섭력(협상력)	구매자집단의 교섭능력이 클수록 기업의 제품에 대한 소비자들의 지속적인 구매력이 낮아지기 때문에 산업의 수익률은 낮아짐
공급자의 교섭력(협상력)	공급자의 교섭능력이 클수록 제품가격에 영향력을 미침으로써 소비자들의 지속적인 구매력이 낮아지기 때문에 산업의 수익률은 낮아지게 됨

2. 경영의 내부환경 분석 `기출 25-3, 20-3, 20-추가`

• 포터의 가치사슬 분석(Value Chain Analysis)

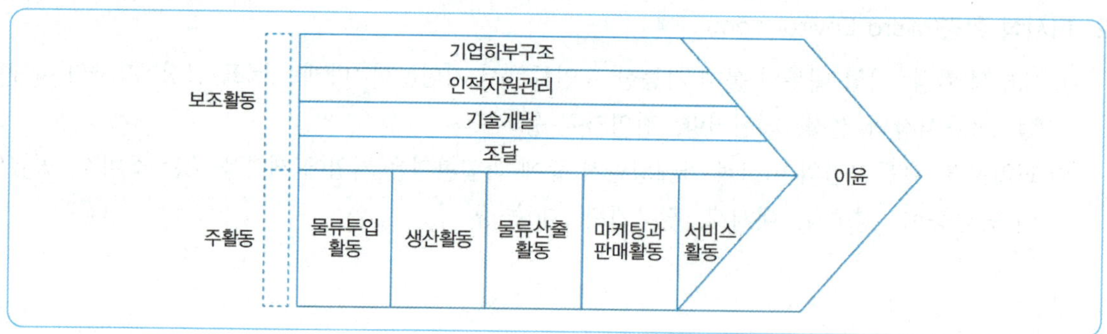

주된 활동(본원적 활동, Primary Activities)	제품의 생산, 운송, 마케팅, 판매, 물류, 서비스 등과 같은 현장업무활동
지원활동(보조활동, Support Activities)	조달, 기술개발, 인사, 기업하부구조(재무·기획·회계) 등 주된 활동을 지원하는 업무활동

3. SWOT 분석 기출 24-1, 23-1

① SWOT 분석의 의의: SWOT 분석의 목적은 기회를 최대화하고 위협을 최소화하여 기업의 자원을 가장 효율적으로 사용하려는 것

내부요인 외부요인	강점(Strength)	약점(Weakness)
기회(Opportunity)	기회활용을 위해 강점을 사용할 수 있는 상황	기회활용을 위해 약점을 보완해야 하는 상황
위협(Threat)	위협을 극복하기 위해 강점을 사용할 수 있는 상황	위협을 극복하기 위해 약점을 보완해야 하는 상황

② 각 상황에서의 전략

SO 상황	• 시장의 기회를 활용하기 위해 강점을 적극 활용하는 공격적 전략 • 시장기회 선점전략, 시장·제품 다각화 전략
ST 상황	• 시장의 위협을 회피하거나 극복하기 위해 강점을 활용하는 안정성장 전략 • 시장침투전략, 제품확장전략
WO 상황	• 약점을 극복하거나 제거함으로써 시장의 기회를 활용하는 전략 • 핵심역량 강화전략, 전략적 제휴 등의 전략
WT 상황	• 시장의 위협을 회피하고 약점을 최소화하거나 없애는 전략 • 철수, 핵심역량 개발, 전략적 제휴, 벤치마킹 등의 전략

THEME 11 유통경영의 경쟁전략

1 경영전략의 수준

1. 경영전략(Channel Strategy)

① 비즈니스 환경의 제약하에서 목표달성을 위해 조직이 사용하는 주요 수단, 즉 조직의 목표를 세우고 기업활동의 제약조건이 되는 환경을 분석하고 환경에 대해 조직이 대응해 나가는 과정을 의미

② 경쟁우위 획득 방안을 찾는 경영활동으로서 기업의 경영목표를 정의하고 사명을 확인함으로써 그 목표를 달성하기 위한 광범위한 프로그램 혹은 환경변화에 적응하는 조직의 능동적 반응패턴으로 정의

2. 비즈니스 수준별 경영전략 〔기출 23-1, 21-2, 20-추가〕

기업수준전략	• 경쟁하는 시장과 산업의 범위를 결정하는 가장 상위의 경영전략 예 사업다각화, 수직적 통합, 인수합병(M&A), 해외사업진출 활용, 시장침투전략, 시장개발전략, 제품개발전략 등
사업부전략	• 기업이 각각의 시장에서 경쟁하는 구체적인 방법 결정, 기업전략의 하위전략 예 원가우위, 차별화, 집중화 전략 활용
기능별 전략(운영)	• 기업전략과 사업전략에 종속된 하위전략 • 생산·마케팅·재무·인사조직·회계·연구개발 등 경영관리의 기능을 결정

3. 경영전략의 수립절차 〔기출 25-3〕

> 기업 사명의 정의 → 기업 목표의 설정 → 사업 포트폴리오 분석 → 성장전략의 수립 → 전략의 실행

① **기업 사명의 정의**: 기업 사명(Mission)은 사업영역의 규정, 시장지향성, 실현가능성, 동기부여적인 내용 등을 포함함

② **기업 목표의 설정**

  ㉠ 기업 사명은 구체적인 경영 목표(Goals)로 전환되어서 목표에 의한 경영이 수행되어야 함

  ㉡ 목표를 설정하기 위해서는 환경분석이 선행되어야 함

  ㉢ 목표는 기업 전체의 목표와 연계하여 구체적(Specific)이고, 측정 가능(Measurable)하며, 계층화(Hierarchy)시켜 설정하여야 함

  ㉣ 목표달성의 효과를 높이기 위해 목표달성과 보상 간의 체계적인 연계관계를 구축하여 실행함

③ **사업 포트폴리오**(Business Portfolio) **분석**: 기업 목표를 설정한 후에는 기존 사업에 대한 평가를 위해 BCG 또는 GE – 맥킨지 매트릭스 등을 통해 사업 포트폴리오 분석을 하여야 하며, 이는 기업이 가진 한정된 자원을 기업의 각 사업부에 어떻게 배분하여 어떤 사업 포트폴리오를 갖는 것이 가장 효율적인가를 결정하는 것에 해당

④ **성장전략의 수립**

  ㉠ 신규사업에 대한 평가를 통해 성장전략을 수립

  ㉡ 신규사업을 통한 기업 성장전략은 집약적 성장, 통합적 성장, 다각화 성장의 3가지 방법을 통해 이루어짐

2 경쟁우위전략과 시장대응전략

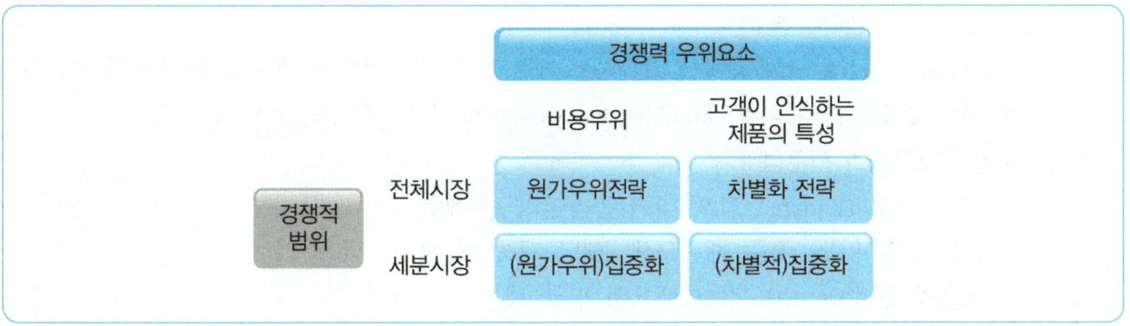

1. 경쟁우위전략 기출 24-2

① **원가우위전략**(Cost Leadership Strategy): 동일한 제품을 경쟁자보다 싸게 만들어서 판매하는 방법을 의미

 **Tip**

> 원가우위 결정요인: 규모의 경제(Economies of Scale), 학습효과(Study Effect), 생산능력의 이용(Capacity), 사업단위 간 상호 연계성, 수직적 통합(Vertical Integration)의 정도, 시장진입 타이밍, 원가(비용) 또는 차별화에 대한 기업의 방침, 법적·행정적 규제

② **차별화 전략**(Differentiation Strategy): 차별화는 상대적으로 고가이더라도 경쟁자에 비해 차별성 있는 제품을 우수하게 만들고 높은 마진을 통해 목표를 달성하는 프리미엄전략에 해당

③ **집중화 전략**(Focusing Strategy): 집중적 전략은 경쟁영역의 범위가 좁은 경우에 사용할 수 있는 전략. 기업의 자원이 제한되어 있고 경쟁영역의 범위가 좁은 경우, 즉 세분시장을 대상으로 하는 전략에 해당하고 원가우위 집중화, 차별적 집중화 전략이 가능

2. 시장대응전략

경쟁우위전략과 대응되는 시장대응전략에는 제품/시장믹스전략, 제품수명주기전략 및 포트폴리오전략 등이 있음

3. 소매업의 경쟁전략

① 소매점포 믹스전략

 ㉠ **입지 선정**: 경쟁우위를 점하기 위한 점포입지 선정이 중요함. 접근가능성, 유동인구, 배후지의 규모와 질, 소득 수준, 경쟁상황 등을 고려해야 함

 ㉡ **머천다이징 전략**: 타깃 고객의 욕구에 맞는 마케팅믹스(4P)를 개발·관리하는 과정으로, 점포의 상품구색은 점포 포지션과 일관성을 가지면서 표적시장의 기호 및 선호도를 충족시킬 수 있도록 구성되어야 함

  ⓒ 마진율과 회전율 전략: 마진율은 소매점이 상품을 판매해서 얻을 수 있는 이익의 크기이며, 회전율은 일정 기간 동안 재고가 판매되는 횟수로 소매업태와 업종에 적합한 전략을 취해야 함

② 다양성과 전문성 전략 `기출 22-3`

  ㉠ 다양성과 전문성은 소매상에서 취급하는 제품과 관련된 것으로 제품을 얼마나 취급할 것인지에 대한 결정기준이 되며, MD(Merchandiser)의 상품기획능력에 의해 결정

  ㉡ 계열의 다양성과 전문성

    ⓐ 상품의 넓이(Width): 점포 내 상품라인의 수(계열 수)

    ⓑ 상품의 길이(Length): 제품구색, 해당 제품 내 브랜드의 총 수

    ⓒ 상품의 깊이(Depth): 각 브랜드의 평균 재고보유 단위

THEME 12   시장대응전략 - 사업 포트폴리오 전략

1   BCG 매트릭스: 성장-점유율 매트릭스

1. BCG 매트릭스기법(제품 포트폴리오 전략) `기출 19-3, 19-2`

① 제품 포트폴리오 전략(PPM; Product Portfolio Management)

  ㉠ 각 전략적 사업단위(SBU; Strategic Business Unit)가 속해 있는 시장성장률과 각 사업단위가 시장 내에서 차지하는 상대적 시장점유율을 기준으로 사업 포트폴리오를 평가하는 기법

  ㉡ 보스턴 컨설팅 그룹(BCG)에 의해 개발되어 BCG 기법이라 함

  ㉢ 기업의 진행 사업을 전략적 사업단위(SBU)로 파악하여 어느 사업을 성장시킬 것인지 또는 포기할 것인지를 전략적으로 결정할 때 활용

② BCG 기법의 가정

  ㉠ BCG 기법(PPM 격자)은 시장성장률과 상대적인 시장점유율은 기업의 현금흐름(Cash Flow)과 깊은 관계가 있다고 가정

  ㉡ 시장성장률이 높으면 시설 및 운전자본에 대한 투자가 많이 필요하므로 현금유출이 증가하고, 상대적인 시장점유율이 높으면 수익성이 높아지므로 현금유입이 증가함을 가정

③ 단계별 전략

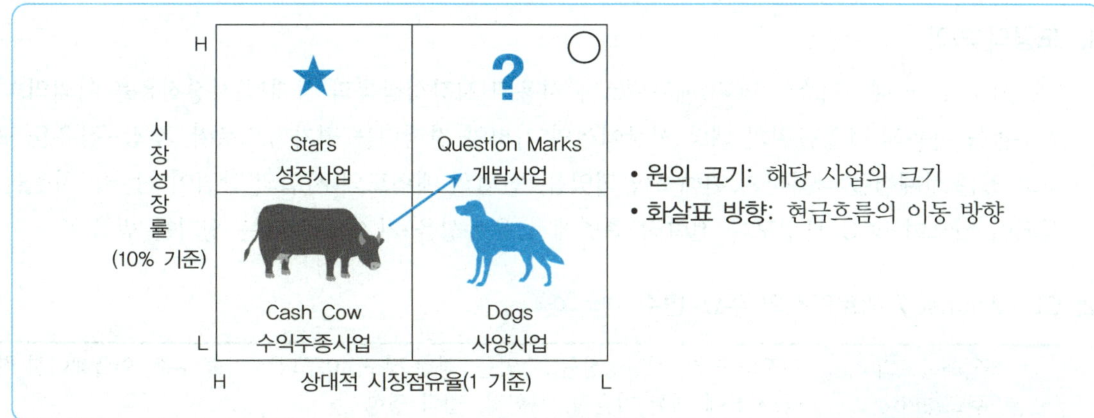

㉠ Question Mark: 제품의 수명주기상 **도입기**에 해당하는 단계. 상대적 시장점유율이 낮으나 성장률은 높아 시장점유율 유지와 확대를 위하여 많은 자금 투자를 요함. 적기에 투자를 성공적으로 하면 성장사업으로 진행되나, 반대의 경우에는 사양사업(Dog)으로 진행될 수 있음

㉡ Star: 수명주기상 **성장기**에 해당하며 시장성장률과 상대적 시장점유율이 모두 높은 사업단계. 수익률과 성장률이 높아 **경쟁이 치열**하여 현금흐름 상황은 중립적인 단계에 해당

㉢ Cash Cow: 시장성장률은 낮으나 상대적 시장점유율은 높은 사업부문으로 기업의 자금줄 역할을 담당함. 수명주기상 **성숙기**에 해당하며, 시장점유율이 크기 때문에 판매량이 많아 많은 이익을 갖다 줄 수 있어 Question Mark에 현금흐름을 공급해 줄 수 있음

㉣ Dog: 상대적 시장점유율과 시장성장률이 낮기 때문에 수익성이 낮고 자금의 유출도 적음. 수명주기상 **쇠퇴기**에 해당하며, 장래성이 없는 사업으로서 남아 있는 부분은 최대한 회수(Harvest)하고 매각·처분·퇴출 등의 조치

2. BCG 매트릭스에 대한 평가

① BCG는 바람직한 사업의 이동 방향으로 '물음표 → 별 → 현금젖소'의 방향을 제시

② Cash Flow는 '현금젖소 → 물음표 → 별'의 순으로 이동하며, 사업부전략은 현금젖소에서 발생하는 잉여자금으로 성장가능성이 있는 문제아와 초기 Star(별) 단계의 사업부를 지원하여 이를 Star로 육성하는 것이라고 함

③ **한계**: BCG 기법은 지나친 단순화와 재무적인 현금흐름에 의한 평가만을 강조하고 있는 점 등이 문제점으로 지적됨

2 GE-Mckinsey 매트릭스

1. 모형의 의의

GE-Mckinsey 매트릭스는 BCG 매트릭스에 사용된 시장성장률과 상대적 시장점유율 이외의 다양한 변수들을 사용해 사업단위의 해당 시장에서의 기회와 경쟁력을 평가함으로써, 성장-점유율 모형이 갖고 있는 한계점을 극복하기 위해 고안되었음. 산업의 매력도와 사업의 강점이라는 두 차원들로 구성되어 있으며 BCG 모형보다 전략적 측면에서 유용성을 가지고 있다는 평가를 받음

2. GE-Mckinsey 매트릭스의 주요 변수 기출 20-2

산업매력도의 주요 변수	시장의 크기, 시장성장률, 수익률, 경쟁 정도, 요구되는 기술 수준, 인플레이션 취약성과 시장에 대한 기술적, 사회적, 법적 영향 등
사업강점(경쟁력)의 주요 변수	시장점유율, 점유율의 성장률, 제품품질, 브랜드 평판, 유통망, 촉진 효과성, 생산능력, 생산성, 단위당 비용, 원자재공급의 확보 등

 **Tip**

중간상 포트폴리오 분석
1. **개념**: 중간상의 특정 제품군에서의 **매출성장률**과 그 제품군에 대한 중간상 매출액 중 **자사제품의 시장점유율**이라는 두 개의 차원상에서 거래 중간상들의 상대적 위치를 토대로 각 중간상에 대한 투자전략을 결정하는 기법
2. **중간상 포트폴리오의 전략**
   - **공격적 투자전략**: 특정 제품군에 급속한 매출성장을 보이지만 자사제품의 점유비율이 낮은 중간상
   - **방어전략**: 특정 제품군에 대한 점포매출액이 급성장하고 자사제품의 점유율이 높은 중간상
   - **전략적 철수**
   - **포기 전략**

THEME 13 다각화 전략과 아웃소싱전략

---

1 앤소프(I. Ansoff)의 제품 – 시장확장그리드 전략

1. 성장전략(신사업전략)의 개발

① 다각화 성장(Diversification Growth)

ㄱ **개념**: 기업이 속한 산업 밖에서 기회를 발견하고자 하는 전략으로, 기업이 속한 산업이 성장기회를 제공하지 못하는 경우나 산업 외부의 기회가 우수한 경우에 유용

ㄴ **형태**

ⓐ **집중적 다각화**: 현재의 제품계열에 기술이나 마케팅에서 시너지를 갖고 있는 신제품을 추가해서 고객에게 호소하는 성장전략

ⓑ **수평적 다각화**: 현재의 제품계열과 관련이 없는 신제품으로 현재의 고객에게 호소하는 성장전략

ⓒ 복합적 다각화: 현재의 기술, 시장, 제품과 관련이 없는 신제품을 추가해서 새로운 고객에게 호소하는 성장전략(비관련 다각화)

ⓒ 기업다각화의 목적

ⓐ 시너지효과 창출, 범위의 경제 실현(관련 사업)

ⓑ 기업 성장의 추구 및 새로운 기회 포착

ⓒ 위험의 분산 목적: 경기상황 및 사업 수명주기의 변화에 따른 위험을 분산

ⓓ 시장지배력의 확보: 규모의 경제 또는 범위의 경제 실현에 따른 시장지배력 강화

② 성장전략(신사업전략)의 개발

통합적 성장 (Integrative Growth)	집약적 성장 (Intensive Growth)	다각화 성장 (Diversification Growth)
후방통합	시장침투	집중적 다각화
전방통합	시장개발	수평적 다각화
수평적 통합	제품개발	복합적 다각화

 **Tip**

> **통합적 성장**(Integrative Growth)
> 1. **개념**: 관련 산업 내 사업부 간 통합기회를 확인하려는 전략으로, 기업이 속한 산업의 성장전망이 좋을 때나 기업이 산업 내에서 전방·후방 또는 수평적으로 이동함으로써 얻는 것이 많을 경우에 유용
> 2. **통합적 성장의 형태**
>   - **후방통합**: 마케팅 경로상의 공급시스템에 대한 소유나 통제를 강화하는 것
>   - **전방통합**: 마케팅 경로상의 유통시스템에 대한 소유나 통제를 강화하는 것
>   - **수직적 통합**: 전방통합과 후방통합을 합쳐서 수직적 통합이라 함
>   - **수평적 통합**: 동일 마케팅 경로상의 일부경쟁자에 대한 소유나 통제를 강화

2. 앤소프(I. Ansoff)**의 제품 – 시장확장그리드** 기출 25-2, 25-1, 24-3, 23-3, 22-3, 22-2, 21-3

전략적 관리의 대가인 Igor Ansoff 교수가 하버드 비즈니스리뷰에 발표한 기업의 성장에 관한 4가지 방법을 소개한 내용으로, 기업의 제품과 시장의 복합적인 경쟁상황을 바탕으로 기업이 진출하고자 하는 사업에의 접근방향과 미래를 예측하기 위한 마케팅 도구로서 유용한 기법이라 할 수 있음

	기존제품(기존업태)	신제품(신업태)
기존시장	시장침투	제품개발(업태개발)
신시장	시장개발	다각화

① **시장침투전략**: 기존시장에서 현재 제품의 시장점유율을 증가시키는 전략으로, 기존고객의 구매를 증가시키고 경쟁기업의 고객을 유인하며, 미사용 고객층을 설득하는 방법을 사용

② **시장개발전략**: 기존제품으로 충족시킬 수 있는 욕구를 가진 새로운 시장을 개발하는 전략으로, 새로운 판매지역의 탐색과 잠재소비자집단 발견이 중요

③ **제품개발(또는 업태개발)전략**: 기존제품을 대체할 신제품의 개발가능성을 고려

④ **다각화 전략**: 기업이 속한 산업 밖에서 기회를 발견하고자 하는 전략으로, 기업이 속한 산업이 성장기회를 제공하지 못하는 경우나 산업 외부의 기회가 우수한 경우에 유용

　㉠ **관련 다각화**: 제품·지역 차원에서 서로 관련되는 산업에 집중하는 다각화로, 범위의 경제, 시장지배력 획득, 수직적 통합을 목적으로 함

　㉡ **비관련 다각화**: 제품·지역 차원에서 서로 관련되지 않는 산업에 참여하는 방식의 다각화로, 기업재무적 측면에서 위험분산 효과가 발생함

2 아웃소싱전략 `기출 24-3, 23-3, 22-2, 21-3`

1. 아웃소싱(Outsourcing)의 개념 및 효과

한 기업이 자사가 수행하는 다양한 경영활동 중 핵심역량을 지닌 분야에 기업의 인적·물적 자원을 집중시키고, 이외의 분야는 기획에서부터 운영까지 일체를 해당 분야의 전문업체에 위탁함으로써 기업의 경쟁력을 높이려는 전략

① 아웃소싱을 운영하는 경우 기업은 주력사업에 집중할 수 있음

② 관련 시설, 장비 등에 대한 중복 투자로 인한 리스크 회피가 가능

③ 기업의 경쟁우위 확보 및 사회적 비용의 절감과 국가경쟁력 강화에 기여할 수 있음

2. 아웃소싱의 장·단점

장점	• 상호 간 제휴를 통한 상호 Win-Win 효과 • 비용절감 및 핵심역량에 대한 집중 가능 • 인력 채용 및 노동조합의 문제해결 가능	• 규모의 경제효과 • 전문화에 따른 이익 • 직접 투자비용 감소
단점	• 근로자의 고용 불안 및 근로조건 악화 우려 • 이직률 상승 및 서비스의 질적 저하 • 소속감 결여 및 충성도 하락	• 통제력의 약화 • 해외아웃소싱 – 부정적 원산지효과

3. 아웃소싱의 발전단계

아웃소싱은 '비용절감형 단계 → 네트워크형 단계 → 핵심역량 자체의 아웃소싱 단계'로 발전해 옴

① **비용절감형 아웃소싱**: 하청·용역과 유사한 개념에 해당

② **네트워크형 아웃소싱**: 유통경로 전체의 공급사슬관리(SCM)를 효율적으로 지원하기 위한 것으로, 전문업체와의 전략적 제휴를 통한 기업역량 강화전략에 해당

③ **핵심역량 자체의 아웃소싱**: 현재 ICT 첨단 분야에서 주로 활용되고 있는 아웃소싱 전략

4. 아웃소싱과 3PL의 비교

구분	아웃소싱	3PL(제3자 물류)
운영기간	단기	장기
관계적 특징	일시적 관계	협력적 관계(파트너)
결정권자	중간관리자	최고경영자
관리 형태	분산관리	통합관리
서비스 범위	기능별 서비스	종합물류서비스

THEME 14　해외진출전략과 경영혁신전략

1　해외진출전략

1. 수출(Export)

가장 기본적인 해외시장 진출방법으로 단기적인 일회성 거래의 형태이며, 위험성(Risk)이 낮은 글로벌 진출방식에 해당

유형	개념	장점	단점
간접수출	• 국내외의 전문 무역업체나 해외 바이어를 통한 수출	• 전문 무역업체의 경험, 지식 활용 • 인력과 자본 부담 경감	• 경험축적 기회 상실 • 해외시장 정보습득 기회 제한 • 통제력 약화
직접수출	• 자체 수출 부서(계열 무역회사)를 통한 수출 • 판매대리인을 통한 수출	• 글로벌 경험 및 지식축적 • 유리한 계약조건 가능 • 통제력 강화	• 자금 및 인력 부담 • 시장정보 수집 및 적극적 마케팅 노력 필요

2. 계약(Contract) 　기출 25-1, 24-3, 23-3, 23-2

① **라이선싱(Licensing)**: 라이선싱은 공여기업이 자사의 제조공정, 등록상표, 특허권 등을 수여기업에게 제공하고 로열티 혹은 수수료를 받는 형태로, **공여기업**은 낮은 위험부담으로 해외시장에 진출할 수 있다는 장점이 있으며, 반면 라이선스 **수여기업**은 생산의 전문성 혹은 브랜드를 자체 개발 없이 사용할 수 있다는 이점이 발생

② **프랜차이즈(Franchise)**: 본사가 상호, 상표, 기술 등의 사용권을 가맹점(Franchisee)에게 허락해주고 조직, 마케팅 및 운영과 관련한 지원을 지속적으로 제공하는 해외진출 시스템, 진입업체의 위험은 낮지만 통제력이 제한적임

③ **계약생산(위탁제조방식)**: 라이선싱과 해외직접투자의 중간적인 성격을 지닌 계약. 제품에 주문자의 상표를 붙이되, 생산은 제3국에서 다른 기업에 의해 이루어지는 주문자 상표부착방식(OEM)이 대표적

④ **턴키 방식(Turnkey Operation)**: 해외에 시설물이나 프로젝트, 산업시스템을 수입하는 현지에서 정상적으로 가동하여 사용할 수 있도록 관련된 설비, 노동력, 기술 등을 총체적으로 수출하는 방식

3. 합작투자(Joint Venture)

2개 이상의 회사들이 공동으로 소유하는 회사를 설립하는 것으로, 파트너가 지닌 경쟁환경, 문화, 언어, 비즈니스환경에 대한 지식을 얻을 수 있고 위험부담을 나눌 수 있다는 장점이 있음

4. 해외직접투자

투자자의 해외 통제권 강도가 가장 큰 형태의 해외시장 진출방식. 많은 자금과 인력이 투입되고, 투자를 통한 사업 성공 여부에 따른 리스크가 큼. 브라운필드, 그린필드 방식이 있음

5. 기업인수 · 합병(M&A) 기출 25-1

경영환경의 변화에 대응하기 위해 기업의 업무 재구축의 유효한 수단으로 행해지는 기업의 매수 · 합병으로, 시너지효과, 경영합리화, 제품의 다양화, 기술적인 know-how의 획득, 리스크 분산과 시장점유율 확대, 규모의 경제실현 등을 목적으로 함

2 지역경제통합의 유형

1. 경제통합의 개요

경제통합은 통합의 정도에 따라 '자유무역협정 → 관세동맹 → 공동시장 → 경제동맹 → 완전경제통합'의 5개 유형으로 구분

2. 경제통합의 유형 기출 24-2

① **자유무역협정(FTA)**: 회원국 간에는 관세 및 무역장벽을 철폐하고, 비회원국에 대해서는 각국이 독자적인 관세 및 비관세장벽을 유지하는 형태
② **관세동맹**: 자유무역협정에서 더 나아가 비회원국에 대해서도 공동의 관세정책을 시행
③ **공동시장**: 관세동맹에 회원국 사이에서 생산요소(노동 · 자본)의 이동이 자유롭다는 점이 추가되는 형태
④ **경제동맹**: 생산요소의 자유로운 이동뿐만 아니라 회원국 간 재정 · 금융 등의 정책에 유기적인 협조와 조정을 추구
⑤ **완전경제통합**: 회원국 간의 경제정책을 통일하자는 것으로 EU가 이에 해당

3 경영전략의 통제수단

1. 균형성과표(BSC; Balanced Score Card) 기출 22-2

① 의의
- ㉠ 캐플란과 노튼에 의해 제시된 조직의 목표와 전략을 효율적으로 실행 및 관리하기 위한 경영관리기법
- ㉡ 기존 회계나 재무적 관점으로만 경영성과를 평가하는 계량적 성과평가 방식을 탈피하여 재무, 고객, 내부 프로세스 및 학습·성장 등의 네 가지 관점에서 정성적인 부분, 미래지향적 부분, 외부적 관점에서도 성과평가를 진행하는 경영기법에 해당

② 특징: 비재무적 성과까지 고려하고 성과를 만들어 낸 동인을 찾아내 관리하는 것이 특징

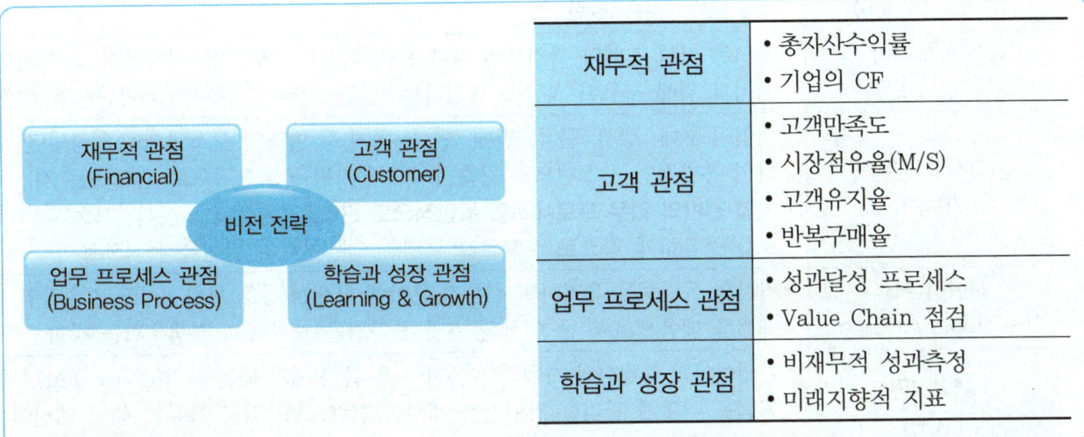

재무적 관점	• 총자산수익률 • 기업의 CF
고객 관점	• 고객만족도 • 시장점유율(M/S) • 고객유지율 • 반복구매율
업무 프로세스 관점	• 성과달성 프로세스 • Value Chain 점검
학습과 성장 관점	• 비재무적 성과측정 • 미래지향적 지표

③ 지표 간 균형
- ㉠ 단기적 성과지표와 장기적 성과지표 사이의 균형
- ㉡ 과거 지표와 미래지향적 지표 사이의 균형
- ㉢ 선행 성과지표와 후행 성과지표 사이의 균형
- ㉣ 내부적 성과지표와 외부적 성과지표 사이의 균형
- ㉤ 재무적 성과지표와 비재무적 성과지표 사이의 균형

4 경영혁신전략 기출 22-3, 21-1, 20-3

고객관계관리 (CRM)	• 기업이 고객과 관련된 Data를 분석해 고객생애가치를 극대화하고 이를 토대로 고객의 특성에 맞는 1 : 1 마케팅 활동을 계획·지원·평가하는 과정 • 신규고객의 창출보다는 기존고객의 관리에 초점
벤치마킹 (Benchmarking)	• 경쟁우위를 쟁취하기 위해서 선도적 기업들의 기술 혹은 프로세스를 지속적으로 측정, 비교함으로써 얻어진 유용한 정보를 자사의 업무개선 수행에 반영하는 것
리엔지니어링 (Reengineering)	• 기업의 비용·품질·서비스·속도와 같은 핵심적 분야에서 극적인 향상을 이루기 위해 **기존의 업무수행 방식을 원점에서 재검토**하여 업무처리절차를 근본적으로 재설계하는 것으로, BPR이라고 함
리스트럭처링 (Restructuring)	• 조직의 효율성을 높이고 성과를 개선하기 위하여 조직의 규모나 사업구조 운용내용을 바꾸는 것을 말함
경제적 부가가치 (EVA)	• EVA는 기업 전체와 사업부의 성과측정방식으로, 세후영업이익에서 그 이익을 발생시키기 위해 사용된 자금을 형성하는 데 들어간 비용(총자본비용)을 뺀 값을 의미
전사적 자원관리 (ERP)	• 기업이 구매, 생산, 물류, 판매, 인사, 회계 등 별도의 시스템으로 운영되던 것을 하나의 통합적인 시스템으로 구축하여 경영자원을 효율적으로 관리하는 것 • **기업 전반의 업무 프로세스를 통합적으로 관리**, 경영상태를 실시간으로 파악하고 정보를 공유하게 함으로써 빠르고 투명한 업무처리의 실현을 목적으로 함
전략적 제휴 (Strategic Alliance)	• 각자의 독립성을 유지하면서 특정 분야에 한해서 상호 보완적이고 지속적인 협력적 제휴를 맺음으로써 둘 이상의 기업이 약점을 보완하고 경쟁우위를 강화
제약이론 (TOC)	• 기업이익의 극대화와 자원의 효율적 사용 간 장애가 되는 제약(Constraint), 즉 **병목공정**을 어떻게 관리할 것인가를 제시한 전략으로, 최근 물류의 핵심 엔진이론으로 각광받고 있음
전략적 지연 (Postponement Strategy)	• 다양한 제품들에 대한 수요변화에 대응할 수 있도록 제품 구조, 제조 및 공급사슬 프로세스를 적절히 설계하여 **제품의 완성시점을 연기하여 유연성을 높이려는 전략**을 말하며 시간지연, 장소지연, 형태지연 등의 유형이 있음

 **Tip**

전략적 제휴(Strategic Alliance) 기출 22-1
특별한 관계를 갖고 있지 않았던 기업들이 각자의 독립성을 유지하면서 특정 분야에 한해서 상호 보완적이고 지속적인 협력관계를 위한 제휴를 맺음으로써 둘 또는 그 이상의 기업들이 각각의 약점을 서로 보완하고 경쟁우위를 강화하고자 하는 방법으로 다음의 형태를 지님
• 비지분 제휴(계약): 라이선싱, 조달 및 유통협정
• 조인트벤처(지분 소유): 독립적 기업이 설립됨

03 유통경영관리

---

1 유통경영관리의 개요

1. 유통경영관리

유통경영관리란 경영에서 업무 수행을 효과적으로 행하고 경영조직을 체계적으로 운영하기 위해 '계획화 → 조직화 → 지휘 → 통제'하는 일련의 모든 과정을 말함. 제2장 유통경영전략에서는 계획화에 대해 학습하였고, 제3장에서는 조직화와 지휘활동에 대해 학습함

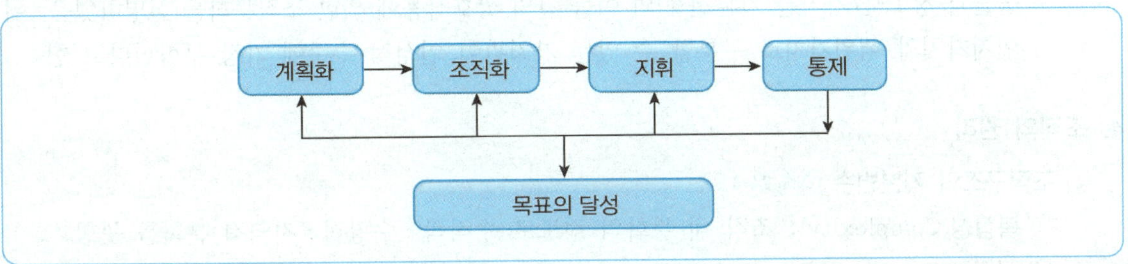

① **계획화(Planning)**: 유통기업의 사명과 목표를 달성하고 기업의 경쟁우위를 확보하기 위해 필요한 활동들을 거시적으로 개관하는(Overview) 활동
② **조직화(Organizing)**: 조직의 목표를 효과적으로 달성하기 위해 수행해야 할 직무 내용과 인적자원 간의 상호관계를 설정하는 경영활동
③ **지휘(Directing)**: 기업구성원들을 계획에 따라 적극적으로 직무를 수행할 수 있도록 동기부여하고 리더십을 발휘하는 경영활동
④ **통제(Control)**: 최종적으로 전략수행의 성과를 측정하고 바람직한 결과를 달성하게 하는 활동

2. 조직의 변천과정 기출 25-2

① **생산성 강조 시대**: Taylor의 과학적 관리론(생산성 향상을 위한 차별적 성과급제)과 Fordism(경영의 목적은 사회에 대한 봉사), Fayol의 경영관리론(계획, 조직, 지휘, 조정, 통제)
② **인간성 중시 시대**: Mayo의 호손실험(인간관계의 중요성 인식, 비공식집단 중요성 강조)
③ **행동과학(생산성, 인간성 동시추구)**: 조직에서 인간행위에 영향을 미칠 수 있는 다양한 요소 관심

3. 조직문화 `기출 24-1, 23-3, 23-2, 21-1`

① 개념
- ㉠ 조직문화란 한 조직의 구성원들이 공유하는 가치관, 신념, 이념, 지식 등을 포함하는 종합적인 개념에 해당
- ㉡ 특정 조직구성원들의 사고판단과 행동의 기본전제로 작용하는 비가시적인 지식적, 정서적, 가치적 요소
- ㉢ 조직구성원들이 공통적으로 생각하는 방법, 느끼는 방향, 공통의 행동 패턴의 체계
- ㉣ 조직 외부 자극에 대한 조직 전체의 반응과 임직원의 가치의식 및 행동을 결정하는 요인을 포함

② 학자별 이론
- ㉠ **로버트 퀸(Robert Quinn)의 경쟁가치모형**: 조직문화의 연구에서 모순적이고 배타적인 다양한 조직문화의 가치요소들을 포괄적으로 분석할 수 있는 모형으로 공동체형 조직문화(관계형), 혁신지향적 조직문화, 위계형 조직문화, 시장지향형 조직문화로 구분
- ㉡ **샤인(Schein)의 모형**: 조직문화에 대한 조직구성원의 일반적인 인식 수준에 대한 구성요소(가공물과 창조물/가치관/기본전제)와 이들 간의 상호작용에 의한 조직문화를 설명하였음. 이 중 인지가치와 행위가치로 구분할 수 있는 가치관이 인식적 수준에 가장 부합한다고 함

4. 조직의 원리

① 조직구조의 기본변수 `기출 24-1`
- ㉠ **복잡성(Complexity)**: 조직 내 분화의 정도로 수직적·수평적·지역적 분화를 뜻함
- ㉡ **집권화(Centralization)와 분권화(Decentralization)**
  - ⓐ 조직의 의사결정권이 어디에 존재하느냐에 관한 것으로 권한의 분산 정도를 의미함
  - ⓑ 업무 특성이 정적이고 유동성의 정도가 낮은 경우 집권화가 유리하며, 반대로 업무 특성이 동적이고(Dynamic) 유동성이 큰 경우 분권화 조직이 적합
- ㉢ **공식화(Formalization)**: 조직 내에서 누가, 어떤 업무를, 언제, 어떻게 수행할 것인가와 같이 표준화되어 있는 정도를 말함
  - **cf** **조직구조의 상황변수**: 규모, 기술, 환경, 전략

② 조직의 원리 `기출 22-2`
- ㉠ 조직의 원리는 조직을 합리적으로 구성하고, 그것을 능률적으로 운영하는 데 필요한 원리를 의미함
- ㉡ 조직의 원리에는 전문화/분업화의 원리, 조정의 원리, 통제범위의 원리, 계층제의 원리, 명령통일의 원리, 조직목표 우선의 원리 등이 있음

③ **파욜(H. Fayol)의 14가지 관리원칙**: 권한과 책임의 원칙, 규율의 원칙, 분업의 원칙, 명령통일의 원칙, 명령일원화의 원칙, 공익우선의 원칙, 집권화의 원칙, 보상의 원칙, 계층화의 원칙, 질서의 원칙, 공정성의 원칙, 고용안정의 원칙, 주도권의 원칙, 단합의 원칙 등

 **Tip**

> 조정의 원칙(Principle of Coordination): 조직의 공통목적을 달성하기 위하여 각 부문이나 각 구성원의 충돌을 해소하고 조직의 제 활동의 내적 균형을 꾀하며, 조직의 느슨(Slack)함을 조절하려는 원칙

5. 조직몰입 [기출 25-2]

조직몰입(Organizational Commitment)은 개인이 조직의 목표와 가치에 동조하고, 조직의 구성원으로 남고자 하는 강한 의지와 헌신을 보이는 심리적 상태를 말하며, 정서적·규범적·지속적 몰입의 3가지로 구성

① **정서적 몰입**: 조직에 대한 애정, 소속감, 긍정적 감정으로 인해 조직에 남고 싶어 하는 상태

② **규범적 몰입**: 조직에 대한 의무감이나 책임감으로 인해 조직에 남으려는 상태

③ **지속적 몰입**: 조직을 떠날 경우 발생하는 손실이 큰 경우 조직에 남아 있으려는 의지

2 목표에 의한 관리(MBO)

1. MBO의 개념 [기출 21-2]

MBO(Management by Objectives)는 드러커 & 맥그리거가 주장, 측정 가능한 비교적 단기 목표 설정 과정에 상급자와 하급자가 협의를 통하여 목표를 설정하고 설정된 목표달성을 위해 주기적으로 평가하는 관리기법

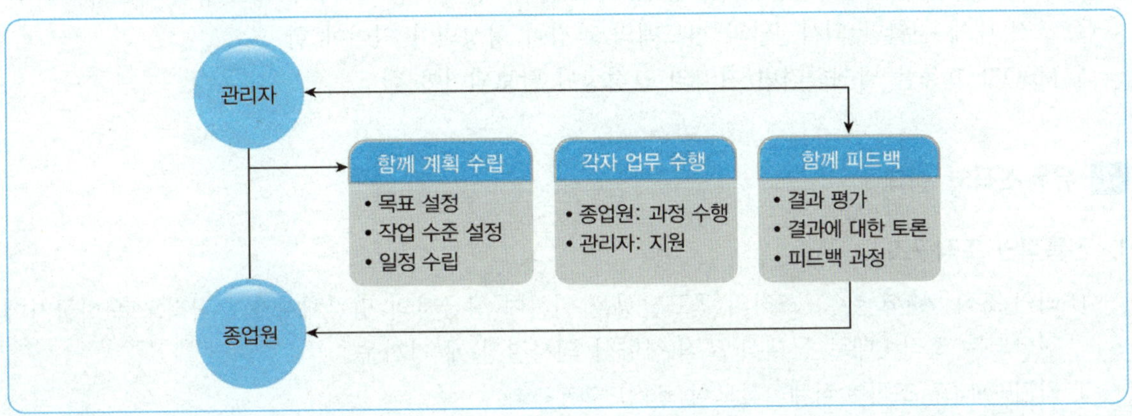

2. 구성요소

목표의 설정	측정 가능하고 비교적 단기적인 목표를 설정하는 것(결과지향적)
참여	하급자를 목표 설정에 참여시키는 것
피드백	상급자와 하급자 사이의 주기적인 상호작용이 있어야 함

3. MBO 설정의 SMART 원칙

① S(Specific): 목표는 세밀하고 구체적이어야 함

② M(Measurable): 목표는 측정 가능해야 함

③ A(Achievable): 목표는 달성 가능한 정도여야 함

④ R(Results-oriented): 목표는 결과지향적이어야 함(과정지향 ×)

⑤ T(Time-bounded): 평가기간 내에 달성 가능한 정도여야 함

4. MBO의 특징 및 한계

특징	한계점
• 목표 설정과 관리 과정을 동시에 강조 • 종업원의 동기부여에 큰 효과가 있음 • 조직은 구성원과 능동적으로 상호작용 • 의사소통이 원활해짐 • 목표의 질보다 양을 중요시	• 단기적 목표를 강조하는 경향이 있음 • 모든 구성원의 참여가 현실적으로 쉽지 않음 • 부문 간에 과다경쟁이 일어날 수 있음 • 신축성 또는 유연성이 결여되기 쉬움 • 계량화할 수 없는 성과가 무시될 수 있음

5. MBO의 성공요건

① 최고경영자의 MBO 실시에 대한 지지와 솔선수범이 필요

② MBO를 수용하기 위한 조직구조의 구축과 절차가 마련되어야 함

③ MBO와 기업 내 관리기능(예산, 훈련, 보수관리, 인사평정 등)과의 상호 통합이 요구

④ 조직 내에 원활한 의사전달과 피드백의 과정이 형성되어 있어야 함

⑤ MBO가 효용을 발휘하려면 기업의 안정성이 담보되어야 함

3 유통조직의 형태

1. 전통적인 조직구조

① 라인 조직 `기출 20-추가`: 조직의 목표달성을 위하여 상급자의 명령체계가 수직적으로 하급자에게 전달되는 조직형태로 군대식 조직(하향식 의사결정)에 가까움

② 라인-스태프 조직(= 직계·참모식 조직) `기출 23-2`

ㄱ 조직에서 주된 역할을 수행하는 라인과 라인을 지원하고 최고경영자를 보좌하는 스태프를 결합한 조직

ㄴ 라인조직의 '명령일원화의 원칙'에 전문적 지식을 지닌 스태프의 지원을 결합한 조직형태

ㄷ 명령체계와 조언, 권고적 참여가 혼동되기 쉽고, 집행 부문의 종업원과 스태프(Staff) 부문의 직원 간에 불화를 가져올 우려가 있음

③ 기능식 조직(직능별 조직) `기출 23-1, 22-2`

ㄱ 개념: 전체 조직을 인사·생산·재무·회계·마케팅 등의 공통된 경영기능 중심으로 부문화

한 형태. 인사·생산·재무·회계·마케팅 등 각 기능별로 성과를 비교·측정할 수 있으며, 이는 기능식 조직의 장점에 해당

ⓛ 장·단점

장점	단점
• 유사업무 결합으로 전문화의 이점 • 각 기능별 활동의 표준화 • 각 기능별 성과 비교·측정 가능 • 조직의 효율성 강화	• 기능과 업무의 중복 가능성 • 다른 기능과의 협업 또는 의사소통의 문제 • 명령통일이 곤란, 책임소재 불명확 • 최고경영자에게 과도한 업무 집중

2. 현대적인 조직구조

① 사업부제 조직(Divisional Organization) 기출 24-3, 20-2

개념	• 제품별·시장별·지역별로 사업부를 분화하여, 각 사업부별로 독립 경영을 하도록 하는 조직구조
특징	• 기업 전체의 전략적 결정과 관리적 결정기능을 분화시켜 각 사업부에 전략적 결정 부분을 분권화시킴 → 최고경영층은 일상적인 업무결정에서 해방되어 기업 전체의 전략적 결정에 몰두 가능 • 의사결정에 대한 책임이 일원화되고 명확해짐 • 사업부는 하나의 이익 단위로 독립성을 갖고, 독자적인 책임을 갖게 됨
문제점	• 각 사업부가 독자적인 경영활동을 수행하므로 전체적으로 손해를 미치는 부문은 이기주의적 경향을 나타냄 • 사업부문 상호 간 조정이나 기업 전체로서의 통일적인 활동이 어려움 • 자원의 중복투자로 인한 자원이용의 효율성이 저하됨

② 프로젝트 조직(Project Organization) 기출 24-3, 22-3

개념	• 기업환경의 동태적 변화, 기술혁신의 급격한 진행에 따라 구체적인 특정 프로젝트(Project)별로 형성된 조직형태
특징	• 특정 과업 수행을 위해 여러 부서에서 파견된 사람들로 구성되어 과업해결 시까지만 존재하는 임시적·탄력적 조직, 기동성과 환경적응성이 높은 조직 • 전문가들 간의 집단문제 해결방식(수평적 의사결정)을 통한 임무 수행, 목표지향적인 특징을 지님 • 전문가로 구성된 일시적인 조직이므로 그 조직 관리자의 지휘능력이 중요 • 해당 조직에 파견된 사원의 우월감이 조직 단결을 저해하기도 함

③ **행렬조직(Matrix Organization)** `기출 25-3, 18-2`

개념	• 급변하는 환경변화에 대처하기 위해 시도된 조직으로, 전통적인 **기능식 조직**과 **프로젝트 조직**(또는 사업부조직)의 장점, 즉 전문성과 제품혁신과 같은 목표를 동시에 달성하고자 하는 의도에서 발생
특징	• 인적자원을 기업상황에 맞게 공유하거나 활용할 수 있음 • 매트릭스 조직에서 작업자는 **이중 명령체계**로 인해 **역할갈등** 발생 • 고도로 복잡한 임무를 수행하는 우주산업·기술개발사업·건설 등 대규모 사업 사용 • 프로젝트 조직과는 달리 영구적인 조직에 해당

④ **네트워크 조직(가상조직)**

개념	• 자사가 지닌 핵심역량의 강화에 주력하고, 비핵심역량은 네트워크상의 다른 기업들과 전략적 제휴 또는 아웃소싱을 통해 유지되는 모듈식 기업조직
등장배경	• 경쟁의 심화에 따른 전략적 제휴의 필요성(비용절감) • 정보통신 및 IT 기술의 비약적인 발전 • 수평적이고 신축적인 운영방식의 중요성 인식 • 효율적인 생산·운영방식의 등장

THEME 16 유통조직 갈등

1 유통조직의 갈등관리

1. 조직의 갈등관리 `기출 25-3, 25-1, 23-2, 23-1, 22-1, 20-3`

① **갈등의 개념**: 조직갈등이란 구성원 간 심리적 대립상태 및 이의 행동적 표출을 의미하며, 잠재적 갈등에서 표출된 갈등으로 커짐

ㄱ **잠재적 갈등**: 구성원 간의 갈등 발생 환경은 조성되어 있으나 아직 드러나지 않은 상태

ㄴ **지각된 갈등**: 상대방에 대해 적대감이나 긴장감을 지각하는 상태

ㄷ **감정적 갈등**: 상대방에 대해 적대감이나 긴장을 감정적으로 느끼는 것

ㄹ **표출된 갈등**: 상대방의 목표달성을 방해할 정도의 심각한 갈등 상황

② **갈등의 원인**: 조직에 있어 갈등은 필연적, 이는 외부적으로 부정적 기능이 강하지만 내부적으로는 구성원 간 의사소통 기회를 늘림으로써 정보교환을 활발하게 하고, 갈등해결의 공식창구와 표준절차를 마련하는 등 순기능도 크기 때문에 경영자는 갈등을 **적정한 수준으로 관리**하는 것이 중요함

ㄱ **목표의 불일치**: 경로구성원들 사이의 목표가 서로 다르고 이들 목표는 동시에 달성할 수 없을 때 발생하는 갈등

ㄴ **역할·영역의 불일치**: 경로구성원 간 각자의 역할과 영역이 합의되지 않아 제품, 시장, 기능 3가지 영역 면에서 생기는 불일치를 의미

© 지각의 불일치: 동일한 상황이나 실체에 대하여 구성원 간 서로 다르게 지각하여 발생

② 경영이념 및 힘의 불균형: 상호 의존성이 커질수록 서로의 목표달성이 방해될 가능성이 커지고 거래당사자 사이의 불균형이 발생

③ 조직 내 갈등의 해소 방안

  ⊙ 리더의 힘에 의한 갈등 해소: 합법력, 강권력(강압성), 보상력, 준거력, 전문력을 이용

  ⓒ 상호 공동의 목표 설정

  ⓒ 협의회 등 의사결정기구 설립

  ② 중재자에 의한 분쟁해결: 컨설턴트, 전문가, 소속협회

  ⑩ 지속적인 교육을 통한 갈등 발생의 예방

④ 토마스 & 킬만의 갈등관리 방안: 토마스(Kenneth W. Thomas)와 킬만(Ralph H. Kilmann)은 갈등 상황에 처했을 때 대처하는 방식을 크게 회피형, 순응형, 경쟁형, 타협형, 협력형의 5가지 유형으로 구분

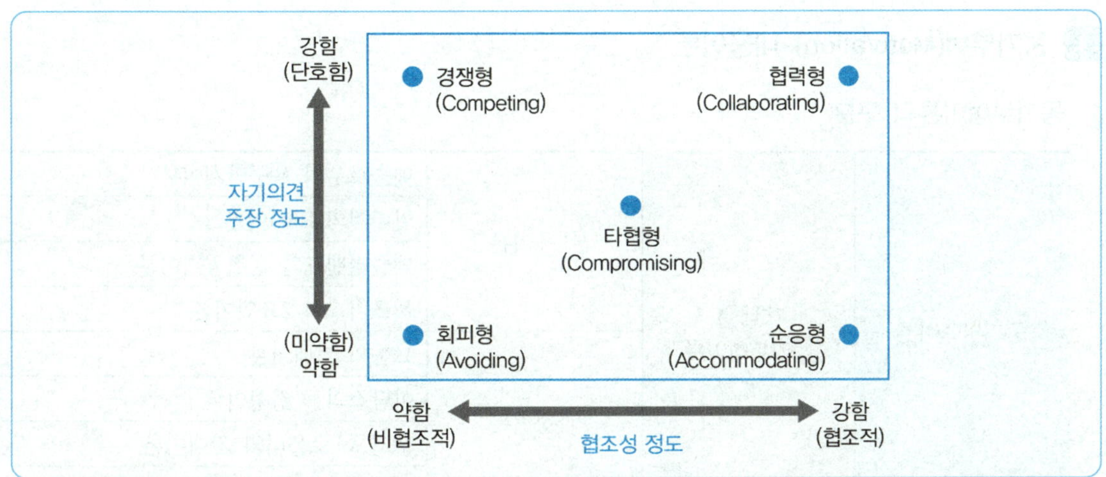

  ⊙ 경쟁: 공식적 지위를 사용해 복종을 유도하며, 자신에 대한 관심이 높아 자기중심적인 행동을 선호하는 경우

  ⓒ 순응(수용): 상대방의 관심 부분을 충족시키기 위해 자신의 관심 부분을 양보·포기

  ⓒ 타협: 갈등을 해결하기 위해 양 당사자가 최초의 주장을 어느 정도 양보하는 협조적 문제해결 방법

  ② 협력: 당사자는 문제해결 과정에 공동으로 참여하며 협조하려는 의도와 조직 전체의 복리를 증진하는 데 기여하겠다는 상호 이해가 필요

  ⑩ 회피: 갈등을 취급하기 위해 흔히 회피(무관심)를 이용. 회피는 잠재적 갈등이 실제 해결될 수 없거나 그것을 해결하기 위해서 시간과 자원을 소비할 만큼 중요하지 않을 경우에 유용

2. 수직적 갈등과 수평적 갈등 `기출 21-1`

① 수직적 갈등: 경로갈등에서 유통경로(단계)상의 전·후방에 위치한 기업들 간의 갈등을 수직적 갈등이라고 함(다른 레벨에 있는 구성원 간에 발생하는 갈등)

  예 유통업자와 제조업자와의 관계(NB제품과 PB제품과의 관계)

② 수평적 갈등: 같은 수준의 유통경로상에 있는 구성원 간에 발생하는 갈등

  예 대형마트와 재래시장 간의 경쟁관계

③ 복수경로갈등: 제조업자가 두 개의 다른 경로를 이용하는 경우 발생하는 경우의 경로갈등

THEME 17 동기부여이론

1 동기부여(Motivation) 내용이론

1. 동기부여이론의 구분

동기부여이론	현대적 동기부여이론	내용이론	매슬로우의 욕구단계이론
			알더퍼의 ERG이론
			맥클리랜드의 성취동기이론
			허츠버그의 2요인이론
		과정이론	브룸의 기대이론
			아담스의 공정성이론
			포터 & 로울러의 기대이론
			로크의 목표설정이론

2. 동기부여 내용이론 `기출 23-1, 21-3, 20-2`

① Maslow의 욕구단계이론

  ㉠ **'생리적 욕구 → 안전욕구 → 사회적 욕구**(소속감) **→ 존경욕구 → 자아실현욕구' 단계별 발생**

  ㉡ 2가지 이상의 욕구를 동시에 작용할 수 없고, 상위욕구가 동기유발되려면 하위욕구가 반드시 충족되어야 함

  ㉢ 매슬로우의 이론은 하위욕구가 충족되어야만 상위욕구를 추구하는 **'만족 – 진행모형'**임

② Alderfer의 ERG이론

  ㉠ 매슬로우의 욕구단계이론이 지닌 한계를 수정하여 현실적인 대안을 제시한 이론

ⓒ 알더퍼의 3가지 욕구(ERG)

존재욕구 (Existence)	매슬로우의 생리적 욕구와 일부의 안전욕구에 해당하는 것으로 경제적 보상과 안전한 작업조건 등에 대한 욕구
관계욕구 (Relatedness)	매슬로우의 소속욕구와 일부의 존경욕구에 해당되는 것으로 개인 간의 사교, 소속감 및 자존심 등을 나타냄
성장욕구 (Growth)	매슬로우의 자아실현욕구와 일부의 존경욕구에 해당되는 것으로 개인의 능력개발, 창의성 및 성취감 등을 의미

ⓒ ERG이론은 저차원의 욕구가 충족되면 다음 단계의 욕구로 이행하는 '만족–진행'뿐만 아니라 좌절되면 퇴행하기도 한다는 '**좌절–퇴행**' 과정을 강조

ⓔ ERG이론은 2가지 이상의 욕구가 동시에 유발될 수 있다는 점을 강조, 즉 하위욕구가 반드시 충족되어야 상위욕구를 추구하는 것은 아니라는 것을 의미

③ McClelland의 성취동기이론

㉠ 맥클리랜드의 성취동기이론은 매슬로우의 욕구 5단계설의 상위 욕구인 사회적 요구, 존경욕구, 자아실현의 욕구와 유사함. 매슬로우가 욕구 간 순위를 중요시한 반면, 맥클리랜드는 3가지 요인의 순위보다는 개인 간 차이가 있음을 주장하였음

㉡ 성취동기요인

성취욕구	높은 기준을 설정하고, 이를 달성하고자 하는 욕구
권력욕구	다른 사람에게 영향력을 미치며, 통제하려는 욕구
친화욕구	대인관계에서 밀접하고 친밀한 관계를 맺고자 하는 욕구

④ Herzberg의 2요인이론

㉠ 허츠버그는 인간에게는 상호 독립적인 두 종류의 욕구범주가 존재하고, 이들이 인간의 행동에 각기 다른 방법으로 영향을 미친다고 주장

㉡ 동기요인과 위생요인 구분: 직무불만족과 관련한 요인을 **위생요인**, 직무만족을 유발시키는 요인을 **동기요인**으로 구분

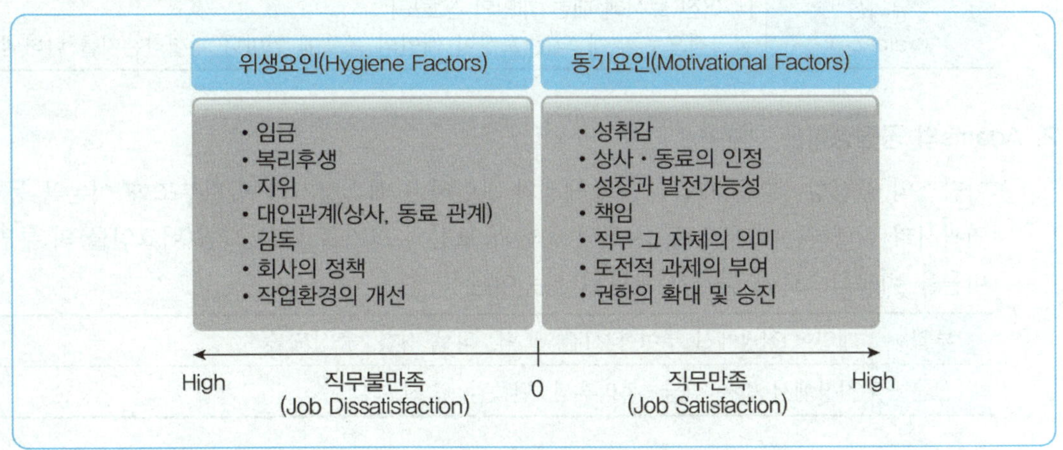

⑤ McGregor의 X-Y이론

　㉠ 맥그리거의 X-Y이론은 인간관을 동기부여의 관점에서 분류한 이론으로, 전통적 인간관을 X이론, 새로운 인간관을 Y이론으로 지칭함

　㉡ X-Y 인간관

X형 인간관	• 인간은 본래 일하기를 싫어하고 수동적으로 지시받은 일만 수행함 • 금전적 보상, 엄격한 감독, 상세한 명령 및 통제가 필요함
Y형 인간관	• 인간은 자발적이고, 자신의 능력을 통해 자아를 실현하고자 함 • 경영자는 자율적이고 창의적으로 일할 수 있는 여건을 제공해야 함

2 동기부여 과정이론

1. Vroom의 기대이론

① 기대이론은 수단성 이론 또는 기대-유의성 이론이라고도 불리며, 모티베이션의 정도는 주관적 확률인 **기대감**과 성과와 보상 간의 관계인 **수단성**, 행위가 가져다주는 보상의 정도인 **유의성**에 의해서 결정

② 동기부여의 원리: 기대이론에 따르면 동기부여는 다음 공식으로 표현될 수 있으며, 높은 수준의 동기부여를 위해서는 기대감, 수단성, 유의성 중 어느 하나라도 0의 값을 가져서는 안 된다는 것임

$$동기부여(M) = 기대감(E) \times 수단성(I) \times 유의성(V)$$

기대감 (Expectancy)	[노력과 성과 간의 관계] 일정한 노력을 기울이면 일정 수준의 성과를 올릴 수 있으리라 믿는 가능성(주관적 확률)
수단성 (Instrumentality)	[성과와 보상 간의 관계] 어떤 성과를 올리면 그것이 바람직한 보상으로 연결된다고 믿는 가능성을 의미함
유의성 (Valence)	[주어진 보상에 대한 개인의 선호도] 궁극적으로 얻게 되는 보상이 개인의 목표에 얼마나 부합하는지를 나타냄

2. Adams의 공정성이론 　기출 25-1, 22-2

① 아담스의 공정성이론은 개인의 보상체계와 관련하여 페스팅거의 '인지부조화' 이론을 동기부여와 연관시켜 설명하는 이론으로, 자신의 공헌과 보상의 크기를 다른 사람(비교인물)의 투입과 산출 비율을 비교함으로써 동기가 유발된다는 이론

투입	개인이 직장에서 투여한 시간, 노력, 직무 경험, 충성도 등
산출	직장에서 받는 임금, 복리후생, 만족감, 승진

② 공정성이론의 시사점
　㉠ 공정성은 분배적, 절차적, 상호작용적 정의 중 '분배적' 정의에 관한 것
　㉡ 조직구성원들을 응대하는 경우 형평의 원칙을 지키는 것이 중요

3. 직무특성이론

① **의의**: 해크먼(J. R. Hackman)과 올드햄(G. Oldham)의 직무특성이론(Job Characteristic Theory)은 직무특성이 직무 수행자의 성장욕구 수준(Growth Need Strength)에 부합될 때 긍정적인 동기유발 효과를 초래하게 된다는 동기부여이론에 해당

② **직무특성요소**: 특정 직무가 갖는 잠재적 동기지수(MPS; Motivating Potential Score)에는 기술다양성(Skill Variety), 과업정체성(Task Identity), 과업중요성(Task Significance), 자율성(Autonomy), 피드백(Feedback)의 다섯 가지 직무특성이 모두 영향을 미치며, 그 가운데서도 자율성과 피드백이 중요한 영향을 미친다고 강조

기술다양성	종업원이 다른 기량과 재능을 활용할 수 있도록 직무가 요구하는 여러 활동의 다양성 정도
과업정체성	직무가 요구하는 업무 전체의 완성단계와 인식 가능한 업무단위 정도
과업중요성	다른 사람들의 삶과 일에 직무가 영향을 미치는 정도
자율성	직무가 제공할 수 있는 자유, 독립성 그리고 종업원이 작업을 수행함에 있어 계획 및 절차를 정할 수 있는 재량 등의 정도
피드백	일을 수행함에 있어 종업원이 그의 실적에 대해 정확하고 직접적으로 정보를 전달받는 정도

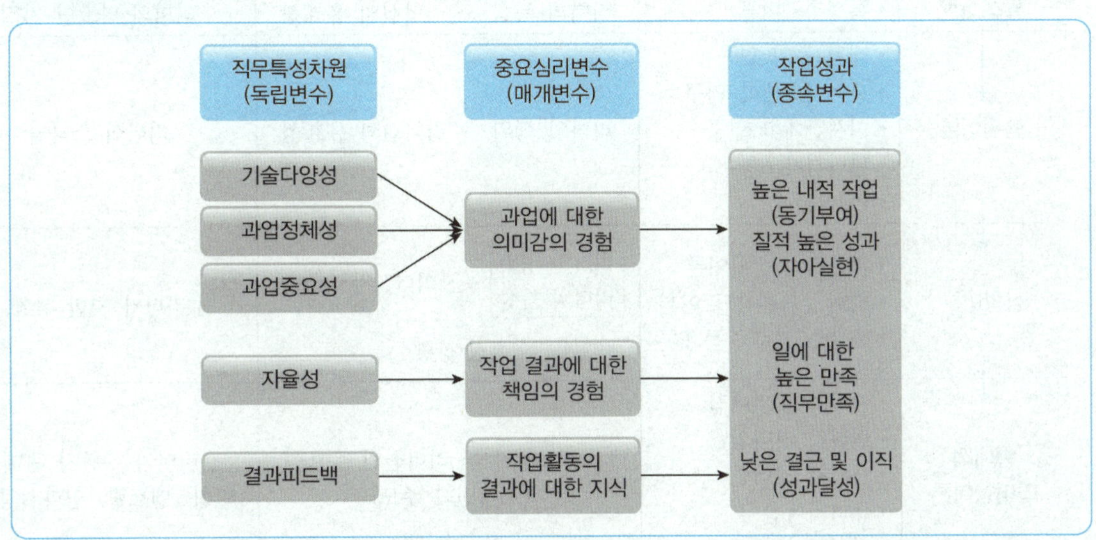

THEME 18 리더십이론

1 유통경로 리더의 힘 기출 23-3, 22-3, 20-2

프렌치(J. R. P. French)와 레이븐(B. H. Raven)은 개인이 갖는 권력의 원천을 5가지로 분류

권력의 파생	권력의 원천	내용
공식적 지위	보상적 권력	보상적 권력(Reward Power)은 권력행사자가 권력수용자에게 보상을 줄 수 있다는 인식에 기초한 권력
	강압적 권력	강압적 권력(Coercive Power)은 해고나 징계, 작업시간의 단축 등을 지시할 수 있는 능력에서 기인하는 권력
	합법적 권력	합법적 권력(Legitimate Power)은 권력행사자의 정당한 영향력 행사권(권한)을 추종해야 할 의무가 있다는 사고에 기초한 권력
개인적 특성	준거적 권력	준거적 권력(Referent Power)은 리더가 바람직한 특별한 자질을 가지고 있어 다른 사람들이 그를 따르고 일체감을 느끼고자 할 때 생기는 권력
	전문적 권력	전문적 권력(Expert Power)은 권력자가 특정 분야나 상황에 대해서 높은 지식이나 경험을 가지고 있다고 느낄 때 발생

2 리더십이론

이론의 분류	리더십이론	연구모형	강조점
특성이론	• 특성추구이론	리더의 특성 → 리더십의 유효성	리더의 타고난 자질
행위이론	• 레윈 등의 연구 • 오하이오대학 연구 • 미시간대학 연구 • 관리격자모형 • PM이론	리더의 행위 → 리더십의 유효성	리더십 스타일
상황이론	• 피들러의 상황이론 • 허쉬 – 블랜차드 이론 • 하우스 경로 – 목표론	리더의 행위 / 리더의 특성 → 리더십의 유효성 ↑ 특정 상황	리더가 처한 상황
현대적 리더십이론	• 카리스마 리더십 • 변혁적 리더십 • 서번트 리더십 • 슈퍼리더십 • 진성리더십	리더의 행위 → 리더십의 유효성 (조직변화 주도)	리더와 추종자 관계 (변혁, 멘토링, 임파워링 등)

1. 전통적 리더십

① 전통적 리더십: 보상의 제공 및 예외적 관리를 통한 이해타산적 인간관을 전제로 하여 가치 있는 무엇인가를 교환함으로써 추종자에게 영향력을 행사하는 리더십을 뜻함

② 리더십 특성이론: 효과적인 리더는 남과 다른 개인적인 특성(신체, 성격, 능력 등)이 있다고 생각하고 그 특성을 찾아내려고 노력하였음. 이를 리더십의 특성추구이론이라고 함

2. 리더십 행위이론 기출 23-2

① 오하이오대학의 연구

  ㉠ 개념: 리더의 행동을 크게 종업원에 대한 **배려(사람 중심: Y론)**의 많고 적음과 **구조주도(과업 중심: X론)**의 많고 적음으로 분류하여 4가지 형태의 리더십 유형을 제시하고 있음

  ㉡ 연구 결과: 배려와 구조주도 모두 높은 수준의 행위를 보이는 리더는 그렇지 못한 리더보다 더 자주 부하의 높은 과업성과와 만족을 보이는 것으로 나타났으나, 두 차원에서 높은 수준을 나타내는 리더가 어떤 상황에서나 항상 긍정적인 결과를 나타낸 것만은 아니었음

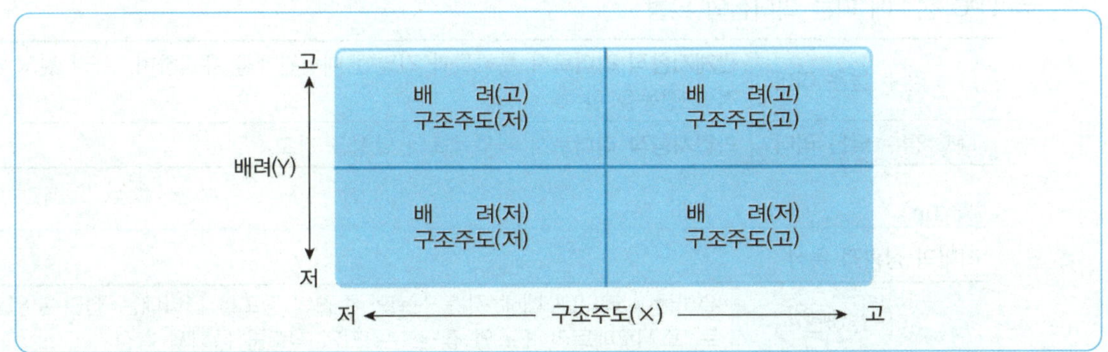

② **관리격자모형**: 관리격자모형은 블레이크(Blake)와 머튼(Mouton)에 의해 개발된 것으로, 리더의 행위를 생산에 대한 관심과 인간에 대한 관심의 2차원으로 구성하여 5가지의 리더십 유형을 제시함

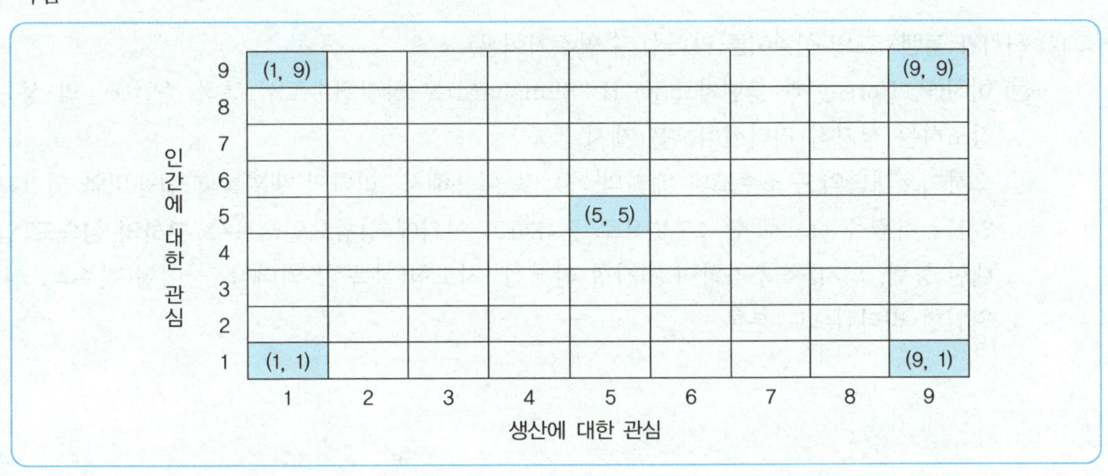

(1, 1) 무관심형	리더의 역할을 수행하는 데 최소한의 노력을 기울이는 무관심형
(9, 1) 과업형	과업지향형으로 인간관계의 유지에는 낮은 관심을 보이지만, 생산에 대해서는 높은 관심을 보이는 유형
(1, 9) 인기형	인기형은 생산에 대한 관심은 낮으나 인간관계에 대해서는 높은 관심을 보이는 인간관계형으로, '**컨트리클럽형**'이라 함
(5, 5) 중간형	생산과 인간관계의 유지 모두에 적당한 정도의 관심을 보이는 중간형
(9, 9) 팀형	생산과 인간관계의 유지 모두에 높은 관심을 보이는 이상형 또는 팀형

3. 리더십 상황이론 기출 24-1, 23-2

① 피들러의 상황이론(상황적합성이론)

　㉠ 피들러(F. Fiedler)는 LPC 점수를 통해 기업 상황에 적합한 리더십 유형을 분류

　㉡ 과업지향적인 리더는 호의적이거나 또는 비호의적인 상황에서 효과적이며, 상황의 호의성이 중간 정도인 경우 관계지향적인 리더가 효과적임을 규명

　㉢ LPC 점수에 따른 리더십의 유형

LPC 점수 높은 리더	**관계지향적 리더**로서 부하들과 긴밀한 대인관계를 유지하며, 사려 깊고 지원적인 행동을 함
LPC 점수 낮은 리더	**과업지향적 리더**로서 과업목표의 달성을 강조

> **Tip**
>
> | 리더의 상황적 특성 | |
> |---|---|
> | 리더－부하관계 | 부하들이 리더에 대해 갖는 신뢰와 존경의 정도를 나타내는 집단 분위기로, 소시오메트리 구조와 집단 분위기의 척도를 통해서 측정 |
> | 과업구조 | 과업의 목표가 분명하게 명시되어 있고 그것을 달성하는 수단 또한 명확하게 설정되어 있는 정도 |
> | 직위권력 | 리더의 직위에 의해 부하들에게 행사할 수 있는 영향력의 정도 |

② **허시와 블랜차드의 상황이론**(리더십 수명주기이론)

　㉠ 허시(P. Hersey)와 블랜차드(K. H. Blanchard)는 상황변수로서 특히 종업원들의 성숙도를 강조하는 상황적 리더십이론을 제시

　㉡ 오하이오대학의 구조주도와 배려의 개념을 이용해서, 리더의 행위를 과업행위와 인간관계의 2가지 차원을 축으로 한 4분면으로 분류하고 여기에 상황요인으로서 '**부하의 성숙도**'(업무에 대한 능력, 의지)를 추가하여 지시형 리더십, 지도형(설득형) 리더십, 참여형(민주적) 리더십, 위임형 리더십으로 분류

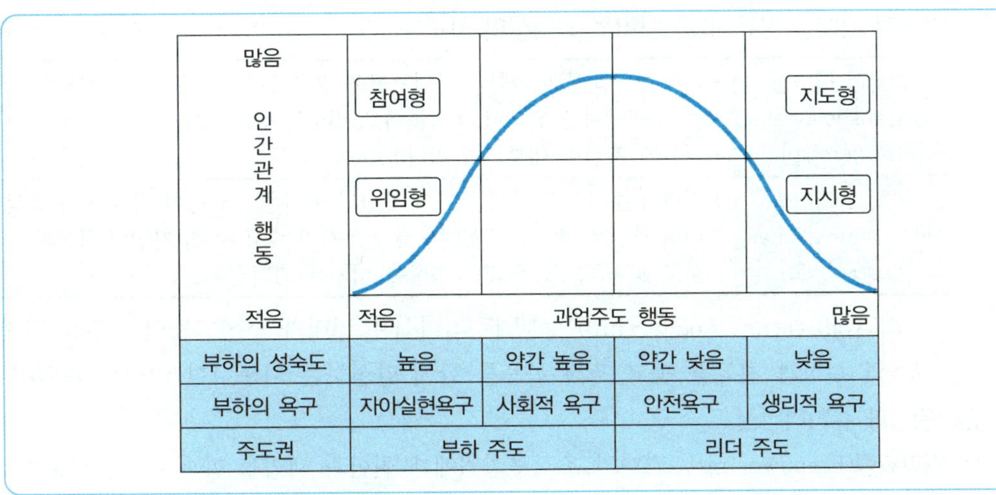

부하의 성숙도	높음	약간 높음	약간 낮음	낮음
부하의 욕구	자아실현욕구	사회적 욕구	안전욕구	생리적 욕구
주도권	부하 주도		리더 주도	

4. 현대적 리더십이론 〔기출 25-3, 24-2, 23-3, 22-1〕

① 변혁적 리더십(Transformational Leadership)

ㄱ 개념

ⓐ 변혁적 리더십은 리더가 부하들로 하여금 자기 자신의 이익을 초월하여 더 나아가 조직의 이익에 대해 관심을 가지고 공헌하도록 고무시켜 주고, 부하 자신의 성장과 발전을 위해서도 노력하도록 중대한 영향을 미치는 리더십을 뜻함

ⓑ 구성원들의 기본적 가치, 믿음, 태도 등을 변화시켜 조직이 기대하는 것보다 더 높은 수준의 성과를 스스로 추구하도록 만드는 리더십으로, 리더와 구성원은 공동의 목표를 추구한다는 특징을 지님

ⓒ 리더는 구성원들 간의 원활한 상호작용을 통해 구성원을 긍정적으로 변화시켜 성과를 내는 데 집중함

ㄴ 리더는 부하들에게 자신의 관심사를 조직 발전 속에서 찾도록 영감을 불러일으킬 수 있게 하고 비전을 제시함. 구성요소는 카리스마, 지적 자극, 개별적 배려, 영감적 동기부여임

카리스마	변혁적 리더는 조직에 대하여 강한 비전과 사명감을 제공
지적 자극	변혁적 리더는 구성원들이 문제를 인식하고, 그 해결책을 만들어 내도록 도움
개인별 자상한 배려	변혁적 리더는 구성원들이 일을 잘 수행하는 데 필요한 지원, 격려, 그리고 관심을 제공
영감적 동기부여	변혁적 리더는 조직사명의 중요성을 분명히 전달하고, 리더의 노력에 초점을 맞추는 데 도움이 되는 상징에 의존

ⓒ 교환적 리더십(전통적)과 변혁적 리더십의 비교

교환적 리더십 (Transactional Leadership)	• 리더가 부하들의 역할과 과업요건을 명확하게 함으로써, 기존에 잘 정립되어 있는 목표달성을 위해서 부하들이 노력하도록 동기화시키는 리더십 • 기존에 출현한 대부분의 리더십이론
변혁적 리더십 (Transformational Leadership)	• 리더가 부하들로 하여금 자기 자신의 이익을 초월하여 더 나아가 조직의 이익에 대해 관심을 가지고 공헌하도록 고무시켜 주고, 부하 자신의 성장과 발전을 위해서도 노력하도록 중대한 영향을 미치는 리더십

② 서번트 리더십(Servant Leadership): 서번트 리더십은 리더가 구성원들의 의견을 경청·공감하며, 그들의 성장과 치유를 돕고 조직 목표를 함께 달성하는 파트너형 리더십을 의미

③ 임파워링과 슈퍼리더십

ㄱ 임파워링(Empowering): 리더가 조직구성원에게 권한과 책임을 함께 위임함으로써 그들이 조직과 맡은 직무에 대해 주인의식과 자기통제감을 경험하도록 하는 리더십을 의미

ㄴ 슈퍼리더십(Super Leadership): 리더가 구성원들로 하여금 스스로 판단하고 행동에 옮기며 그 결과도 책임질 수 있는 셀프리더로 만드는 리더십을 의미

④ 윤리적 리더십(Ethical Leadership): 대인관계와 활동을 통하여 규범적으로 적합한 리더의 행동이 구성원들에게 모범으로 작용하며, 상호 간 명확한 도덕적 기준과 의사소통, 공정한 평가 등을 통해 부하들로 하여금 규범에 적합한 행동을 지속하도록 촉진하는 리더십을 뜻함

⑤ 경로–목표이론 기출 25-3

ㄱ 이 이론은 부름의 기대이론을 리더십에 접목시킨 것으로, 리더의 행동이 부하의 직무만족과 동기화 정도에 어떤 영향을 미치는가를 설명

ㄴ 리더십 유형: 하우스(R. House)는 지시적 리더십, 지원적 리더십, 참여적 리더십, 성취지향적 리더십 등 4가지 유형의 리더십을 제시

THEME 19 인적자원관리

1 직무분석

1. 인적자원관리(Human Resource Management)의 개념모형 기출 20-3

인적자원관리는 인적자원관리 조직의 목표달성을 위한 '**인적자원의 확보(모집/선발) → 개발(교육) → 활용(배치) → 보상(평가/임금) → 유지**'를 계획·조직·통제하는 관리체계를 뜻함

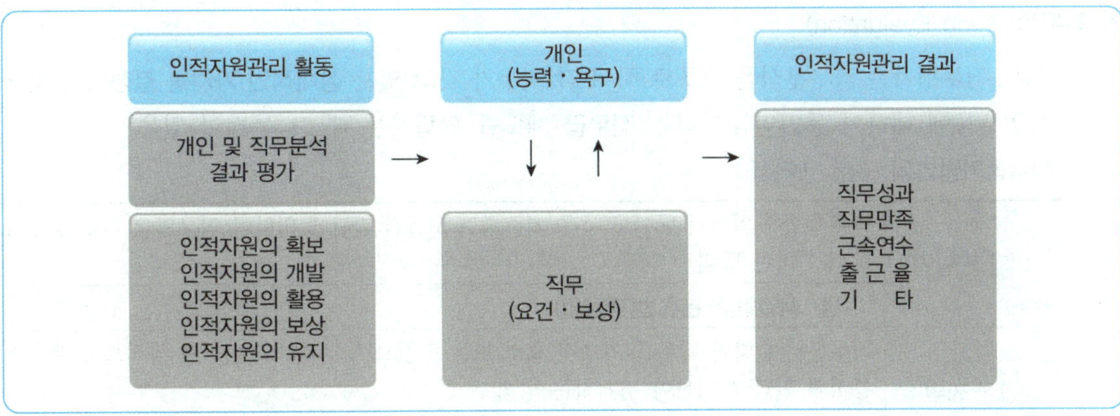

> **Tip**
>
> 인사관리 패러다임의 변화 [기출 24-3]
> • 연공 중심 → 능력 중심으로 변화
> • 표준형 인재관 → 이질적 인재관으로 변화
> • 내부 노동시장 → 외부 노동시장으로 변화
> • 반응적 인사 → 대응적 인사로 변화

2. 직무분석(Job Analysis)

① **의의**: 직무분석이란 특정 직무의 내용(또는 성격)을 분석해서 그 직무가 요구하는 조직구성원의 지식·능력·숙련·책임 등을 명확히 하는 과정을 말함

② **직무분석 방법**: 관찰법, 면접법, 질문지법, 중요사건기록법, 워크샘플링법 등

③ **직무기술서와 직무명세서** [기출 23-3, 21-3]

㉠ **직무기술서(Job Description)**: 직무기술서는 직무분석을 통해 얻어진 직무의 성격과 내용, 직무의 이행방법과 직무에서 기대되는 결과 등을 과업요건을 중심으로 정리해 놓은 문서

㉡ **직무명세서(Job Specification)**: 직무명세서는 직무를 만족스럽게 수행하는 데 필요한 작업자의 지식·기능·능력 및 기타 특성 등을 정리해 놓은 문서로 직무수행자의 인적 요건에 초점을 맞춘 것임

구분	직무기술서	직무명세서
목적	인적자원관리의 일반목적을 위해 작성	인적자원관리의 구체적이고 특정한 목적을 위해 세분화하여 작성
작성 시 유의사항	직무내용과 직무요건에 동일한 비중을 두고, 직무 자체의 특성을 중심으로 정리	직무내용보다는 직무요건을, 또한 직무요건 중에서도 인적 요건을 중심으로 정리
포함되는 내용	직무명칭, 직무개요, 직무내용, 장비·환경· 작업활동 등 직무요건	직무명칭, 직무개요, 작업자의 지식·기능· 능력 및 기타 특성 등 인적 요건
특징	속직적 기준, 직무행위의 개선점 포함	속인적 기준, 직무수행자의 자격요건명세서

3. 직무평가(Job Evaluation)

① 의의: 직무평가는 직무분석을 기초로 하여 각 직무가 갖고 있는 **상대적인 가치를 결정**하는 것으로, '동일노동에 대하여 동일임금'이라는 **직무급** 제도를 확립하는 데 그 목적이 있음

② **직무평가방법의 구분** [기출 21-1]

비양적 방법	직무수행에 있어서 난이도 등을 기준으로 포괄적 판단에 의하여 직무의 가치를 상대적으로 평가하는 방법
	(기법) **서열법**과 **분류법(등급법)**
양적 방법	직무분석에 따라 직무를 기초적 요소 또는 조건으로 분석하고 이들을 양적으로 계측하는 분석적 판단에 의하여 평가하는 방법
	(기법) **점수법**과 **요소비교법**

㉠ 서열법: 전체적인 관점에서 평가자가 종업원의 직무수행에 있어서 요청되는 지식, 숙련도, 책임 정도 등에 비추어 상대적으로 가장 단순한 직무를 최하위에 배정하고, 가장 중요하고 가치가 있는 직무를 최상위에 배정함으로써 순위를 결정하는 방법

㉡ 분류법: 분류법은 서열법이 좀 더 발전한 것으로, 일정한 기준에 따라 사전에 직무등급을 결정해 놓고, 각 직무를 적절히 판정하여 맞추어 넣는 직무평가방법으로 '등급법'이라고도 함

㉢ 점수법: 직무를 평가요소로 분해하고, 각 요소별로 그 중요도에 따라 숫자에 의한 점수를 준 후, 이 점수를 총계하여 각 직무의 가치를 평가하는 방법으로, 평가요소는 숙련요소·노력요소·책임요소·작업조건요소 등으로 구분

㉣ 요소비교법: 그 기업이나 조직에 있어서 가장 핵심이 되는 몇 개의 기준직무를 선정하고 각 직무의 평가요소를 기준직무의 평가요소와 결부시켜 비교함으로써 모든 직무의 가치를 결정하는 방법

2 직무설계(Job Design)

1. 직무순환(Job Rotation)

직무 자체의 내용은 그대로 둔 상태에서 작업자들로 하여금 여러 직무를 돌아가면서 번갈아 수행하게 하는 것을 의미

2. 직무확대(Job Enlargement)

한 직무에서 수행되는 과업의 수를 증가시키는 것으로 직무의 다양성을 증대시키기 위한 **직무의 수평적 확대**를 뜻함

3. 직무충실화(Job Enrichment) [기출 19-3]

① 의의: 직무충실화는 직무성과가 경제적 보상보다도 개인의 심리적 만족에 달려 있다는 전제하에 직무수행의 내용과 환경을 재설계하는 방법으로 **직무의 수직적 확대에 해당**

② 이론적 근거: 동기유발이론에서 찾아볼 수 있는데, 허츠버그(Herzberg)의 2요인이론 중 동기유발요인, 해크먼과 올드햄의 직무특성모형 등이 그 이론적 기초가 됨

3 인적자원 관리활동

1. 모집선발

① 모집방법 [기출 19-3]

구분	장점	단점
내부모집	• 지원자에 대한 정확한 평가 가능 • 재직자 동기부여, 장기근속 토대 • 적응시간 단축 • 신속한 충원 및 비용절감	• 과다경쟁 유발 가능 • 조직 내 위험요소 존재(불합격자의 불만)
외부모집	• 조직 분위기 쇄신 • 자격자의 선발로 훈련비용 절감	• 기존 종업원과의 갈등 • 많은 적응시간 소요 • 충원기간 및 비용 발생

② 선발도구의 조건
　㉠ 신뢰성(Reliability): 신뢰성은 동일한 사람이 동일한 환경에서 어떤 시험을 반복적으로 보았을 때 그 측정 결과가 서로 일치하는 정도를 뜻하는 것으로 평가의 일관성, 안정성을 뜻함
　　[평가방법] 시험-재시험법, 양분법, 대체형식법, 크론바흐알파
　㉡ 타당성(Validity): 타당성은 시험이 당초에 측정하려고 의도하였던 것을 얼마나 정확히 측정하고 있는가를 밝히는 정도를 뜻함. 시험에서 우수한 성적을 얻은 사람이 근무성적 또한 예상대로 우수할 때 그 시험은 타당성이 인정됨. 기준타당성, 내용타당성, 구성타당성으로 구분

2. 교육훈련

직장 내 교육훈련 (OJT; On the Job Training)	직장 외 교육훈련 (Off-JT; Off the Job Training)
• 직장에서 구체적인 직무를 수행하는 과정에서 직속상사가 부하에게 직접적으로 개별지도하고 교육훈련을 시키는 방식 • 이와 같이 OJT는 현장의 직속상사를 중심으로 하는 라인(line)담당자를 중심으로 해서 이루어짐	• 교육훈련을 담당하는 전문스태프의 책임하에 집단적으로 교육훈련을 실시하는 방식 • 이 훈련은 기업 내의 특정한 교육훈련시설을 통해서 실시되는 경우도 있고, 기업 외의 전문적인 훈련기관에 위탁하여 수행되는 경우도 있음

3. 지각의 오류 [기출 20-2]

후광효과(Halo Effect), 상동적 태도(Stereotyping), 분포적 오류(관대화, 중심화, 가혹화), 대비효과, 투사효과(주관의 객관화), 피그말리온효과(로젠탈효과)

4. 인사평가기법 `기출 24-1, 22-1`

전통적 기법	서열법	피고과자의 능력과 업적에 대하여 서열 또는 순위를 매기는 방법으로 쌍대비교법, 교대서열법 등이 효과적 방법에 해당
	강제할당법	사전에 정해 놓은 비율에 따라 피고과자를 강제로 할당하는 방법으로, 피고과자의 수가 많을 때 서열법의 대안으로 주로 사용
	평정척도법	피고과자의 능력과 업적을 각 평가요소별로 연속척도 또는 비연속척도에 의하여 평가하는 방법으로, 일반적으로 가장 많이 사용되고 있는 인사고과방법
	대조표법	직무상의 표준행동을 구체적으로 표현한 문장을 체크리스트로 만들어 평가자가 해당 사항을 체크하여 피고과자를 평정하는 방법
현대적 기법	중요사건서술법	피고과자의 효과적이고 성공적인 업적뿐만 아니라 비효과적이고 실패한 업적까지 구체적인 행위와 예를 기록하였다가 이 기록을 토대로 평가하는 방법
	인적평정센터법	평가를 전문으로 하는 평가센터(AC)를 만들고 여기에서 합숙을 하면서 각종 의사결정게임과 토의 등 다양한 자료를 활용하여 평가하는 방법
	행위관찰평가법	행위기준척도법(BARS)보다 최근에 개발된 방식, 평가자는 업적의 수준을 표시할 필요는 없고 평가문항의 발생빈도, 즉 평가대상자가 어떤 구체적인 행동을 얼마나 자주하는지를 근거로 피평가자를 평가
	다면평가법 (360도 평가)	전통적인 상사의 하향식 평가에서 벗어나 자신, 동료, 상급자, 하급자, 고객에 의한 평가 등 다양한 평가자에 의해 이루어지는 객관적인 평가
	목표에 의한 관리법 (MBO)	상급자와 협의하여 조직목표와 비교·수정하여 목표를 확정하고, 업무를 수행한 후 기말에 결과를 목표와 비교·평가하며, 문제점 및 개선점을 공동으로 재검토하는 방법

4 인적자원 보상활동

1. 임금수준

① **개념**: 임금수준이란 종업원들에게 제공하는 임금의 크기와 관련된 것으로, 적정한 임금수준은 종업원의 생계비 수준, 기업의 지불능력, 노동시장의 수요와 공급, 사회일반의 임금수준, 경쟁사의 임금수준 등을 충분히 고려해야 함

② **임금수준의 결정요인**

내적 요인	기업규모, 경영전략, 노동조합 조직 여부, 기업의 지급능력
외적 요인	생계비, 사회일반의 임금수준

③ **임금수준 결정의 3요소**: 생계비, 기업의 지불능력, 사회일반의 임금수준 + 행정적 요인

2. 임금체계 기출 21-2

연공급	개념	• 임금이 개인의 근속연수·학력·연령 등 인적 요소를 중심으로 변화하는 제도로 종신고용을 전제로 함
	장점	• 고용의 안정화 및 노동력의 정착화 • 노동자의 생활보장으로 기업에 대한 귀속의식 제고 • 동양적인 기업풍토에서 질서확립과 사기유지에 유리
	단점	• 동일직무에 대한 동일임금의 지급이 불가능, 인건비 부담이 높아짐 • 전문기술인력의 확보가 곤란, 무사안일주의적인 근무태도 야기
직능급	개념	• 직무수행능력에 따라 임금의 사내격차를 만드는 체계이며, 능력급 체계의 대표적인 제도 • 당사자의 능력이 어떤 수준으로 평가되느냐에 따라 개인의 임금이 결정
	장점	• 능력에 따른 임금 결정으로 종업원의 불평 해소 • 능력 자극으로 유능한 인재 확보
	단점	• 직무수행능력이 떨어지는 노동자의 근로의욕 상실 • 직무수행에 치우쳐 노동자가 일상업무를 소홀히 하는 경향
직무급	개념	• 직무의 중요성과 난이도에 따라 직무들 간 상대적 가치를 평가하고, 그 결과에 의해 임금을 결정하는 체계
	장점	• **동일직무에 동일임금**을 지급, 개인별 임금격차에 대한 불만 해소 • 전문기술인력의 확보가 용이 • 능력 위주의 인사풍토 조성
	단점	• 불합리한 노무비 상승을 방지 • 공정하고 철저한 직무분석과 직무평가의 실시 곤란

3. 임금형태 기출 22-2

① 개념
  ㉠ 임금의 계산 및 지불방법에 관한 것
  ㉡ 임금지불의 산정기준에 대한 개념임
  ㉢ 시간급제와 성과급제가 있으며, 성과급제는 개인별 성과급과 집단 성과급 등으로 구분함

② 시간급제

| 단순시간급 | 임금 = 근무시간 × 시간당 임률 |
| 복률시간급 | 작업능률에 따라 다단계 시간당 임률을 정하여 임금을 산정 |

③ 성과급제(개인)
  ㉠ **개념**: 성과급은 종업원이 달성한 업무성과를 기초로 임금수준을 결정하는 방식으로 단순성과급, 차등성과급, 할증성과급제가 있음
  ㉡ **장·단점**: 종업원의 노력과 생산량과의 관계가 명확할 경우 적합하며, 우수인력의 확보 및 유지에 도움이 되는 반면, 시간급제에 비해 종원업의 수입이 불안정해질 수 있다는 단점이 있음

4. 복리후생관리

① 의의: 종업원의 생활수준 향상을 위하여 시행하는 임금 이외의 간접적인 제 급부

② 카페테리아식 복리후생: 종업원들에게 가치가 없고 종업원들의 만족을 충족시켜 주지 못하는 복리후생제도는 상대적으로 비용에 대한 효율이 떨어지는데, 이와 같은 문제점을 해결하기 위하여 고안

THEME 20 구매 및 조달관리

1 구매관리

1. 구매관리의 개념

① 구매관리: 구매관리(Purchase Management)는 제품생산에 필요한 원재료 및 부품을 될수록 유리한 가격으로, 필요한 시기에, 적당한 공급자로부터 구입하기 위한 체계적인 관리를 의미

② 구매관리의 집중화와 분권화에 따른 장·단점 [기출 22-2]

구분	집중구매(집중화)	분산구매(분권화)
장점	• 대량구매로 가격과 거래조건이 유리 • 주문비용 절감 및 구매단가 인하 • 자금흐름 통제가 용이 • 품목의 표준화 및 구매의 전문화가 용이	• 개별부서의 구매 니즈에 부합 • 긴급수요가 있는 경우 유리 • 납품업자가 공장과 가까운 거리에 있음 • 구매절차가 간단하고 신속
단점	• 자재의 긴급조달이 어려움 • 구매의 자주성이 없고 수속과정이 복잡 • 납품업자가 멀리 떨어져 있는 경우, 조달기간과 운임이 증가됨	• 구입경비가 많이 들고, 구입단가가 비쌈 • 본사방침과 다른 자재를 구입할 수 있음 • 구입처와 멀리 떨어진 공장에서는 적절한 자재를 구입하기가 어려움

③ 원가계산

 ㉠ 제품생산에 소요되는 원가를 집계하는 것으로 궁극적으로는 제품의 원가를 상정하는 것

 ㉡ 제조원가는 재료비, 노무비, 경비를 기본으로 하여 산출

 ㉢ 재료비와 노무비는 직접비와 간접비로 구분되며 사용량에 단위당 가격을 곱하여 산출. 감가상각비와 같은 경비는 다양하며 일정 기준에 따라 부과

 ㉣ 가격은 판매관점, 이윤관점, 경쟁관점, 사회적 책임관점 등에 의해 결정

2. 적정한 구매거래처 확보를 위한 평가기준

① 구매관리: 용도에 따라 가장 적정하고 적합한 것을 찾아 구입할 것

② 납기관리: 납기에 늦지 않도록 구입할 것

③ **적정재고관리**: 일정한 재고를 필요로 하는 제품과 자재에 대해서는 재고를 될 수 있는 대로 최소한도로 하면서 특히 재고고갈의 위험도 없앨 것

④ **납품업자의 선정·외주관리**: 우량업체 또는 업자로부터 구입할 것

⑤ **운송관리**: 적절한 운송수단으로 구입할 것

⑥ **구매비용관리**: 최저의 구매비용으로 구입할 것

⑦ **잔재관리**: 사용 중 발생된 잔재(남은 자재)의 유효적절한 활용

3. 제품 구매방법

① **사전매입**: 제조업자가 판매촉진 제품을 계획된 판매촉진 기간 안에 큰 폭으로 할인된 가격으로 판매를 계획하는 경우, 필요한 제품과 수량을 미리 구매하여 보관하는 방식

② **위탁매입**: 제조업자나 도매업자가 자기상품의 노출을 확대하고 판매를 촉진하기 위한 방법의 하나. 소매점에 대하여 반품 허용조건하에 소매 매장에 상품을 진열·전시해 두고 소비자에게 판매된 부분에 대해서만 소매점에서 매입하는 것으로, 상품에 대한 소유권은 제조업자(공급자)에게 있는 계약방식

③ **당용매입**: 매입 당시에 필요한 양만을 구매하는 것으로 상품의 회전이 빠르고, 재고로 인한 손실부담이 적은 방법

④ **약정매입**: 소매업자가 납품받은 상품에 대한 소유권을 보유하되 일정기간 동안에 팔리지 않은 상품은 다시 납품업자에게 반품하든지, 혹은 다 팔린 후에 대금을 지급하는 권리를 보유하는 조건으로 구매하는 방식

⑤ **인정매입**: 소매점포에서 구매결정이 나기 전에 공급자로부터 미리 상품이 배송되어 소매점포 기업이 이를 인정하는 경우에 실질적인 매입이 성립하는 형태로, 소매점포는 재고비용을 절감할 수 있는 장점이 있는 구매방법

 **Tip**

MRO(Maintenance, Repair, Operation) 기출 22-1
- MRO는 생산시설의 유지·보수 및 운영 등에 필요한 모든 소모성 자재와 간접 재화, 서비스 등을 말함(대형장비, 기계 등 제품을 생산하는 데 필요한 핵심 설비는 MRO에 해당하지 않음)
- 인력과 비용의 효율성을 위해 구매대행업체를 이용하며, 임의적 구매가 많아 이에 대한 통제가 곤란

2 조달물류

1. 조달물류의 개념 기출 24-1, 21-1

기업에서의 구매관리, 자재관리 및 재고관리 분야를 의미함. 즉, 원재료나 부품을 주문해서 제조업자의 자재창고로 운송·입하되어 생산공정에 투입되기 이전까지의 물류활동

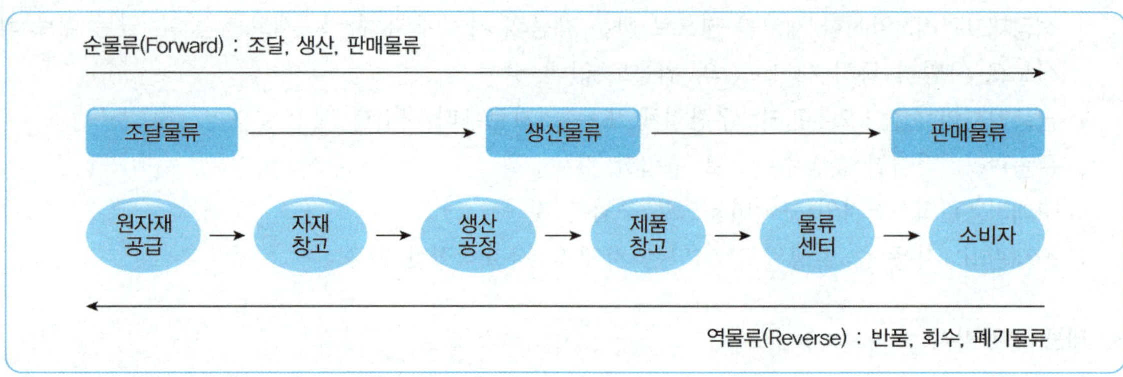

2. 조달물류의 합리화

① **조달비용의 절감**: 조달물류는 전체 물류활동의 출발점이 되는 것으로, 조달물류의 원활화 여부는 이어지는 모든 물류활동에 영향을 미치므로 신중하게 관리되어야 함

② **생산부서의 니즈와 공급자의 제약 고려**: 조달물류는 생산부서의 니즈(자재 감축, 다빈도 납입, 조달비용 절감, 다품종화 대응 등)와 협력업체의 제약을 고려하여 수행되어야 함

③ **조달물류 합리화의 과제**: 리드타임, 재고관리, 운송체제 정비, 품질과 정확성 유지 등

3. 조달물류의 효율성 달성방안 　기출 24-1

조달물류는 원료 또는 부품 공급자로부터 물자의 조달 또는 구매과정에서 발생하는 물류활동으로, 효율성 측면에서 비용절감과 서비스개선을 위해 다음의 활동이 요구됨

① 포장(파렛트 및 용기)의 표준화 추진

② 수·배송루트의 최적화 도출

③ 협력업체와의 공동화 추진

④ 공차율 감소 및 차량의 회전율 증대 추진

THEME 21　품질관리와 6시그마

---

1 품질관리

1. 품질비용 　기출 23-1

① **예방비용**: 제품이 생산되기 전 불량품질의 발생을 방지하기 위하여 발생하는 비용

② **평가비용**: 생산이 되었지만 고객에게 인도되지 않은 제품 가운데서 불량품을 제거하기 위해 검사하는 데 소요되는 비용

③ 실패비용: **내적 실패비용**은 제품이 고객에게 인도되기 전 품질조건이 충족되지 못해서 발생하는 비용이며, **외적 실패비용**은 판매 후 클레임이나 반품 등에 의해 발생하는 비용

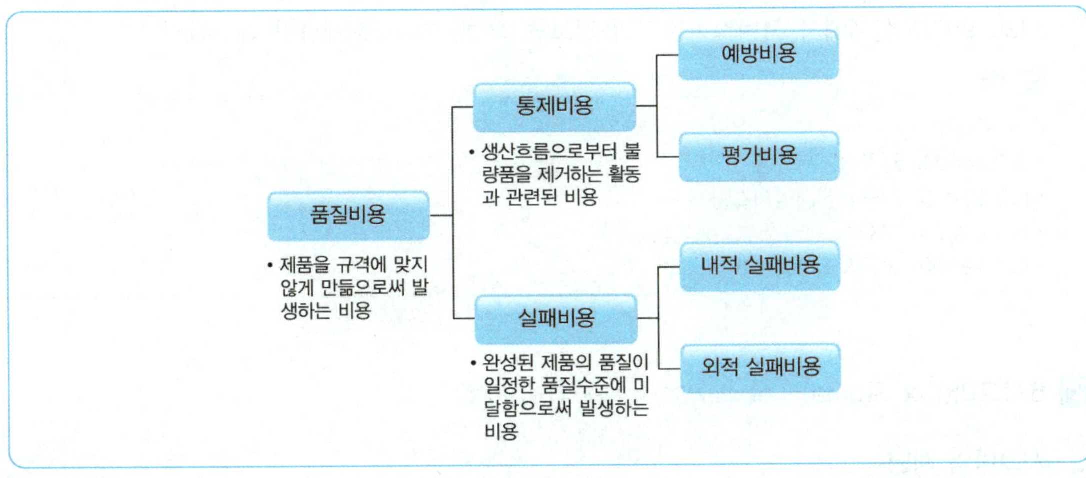

2. 종합적 품질관리(TQC; Total Quality Control)

종합적 품질관리(TQC)는 고객에게 최대의 만족을 주는 가장 경제적인 품질을 생산하고 서비스할 수 있도록 사내 각 부문의 활동을 품질의 개발·유지·향상을 위해 전사적으로 통합·조정하는 시스템을 뜻함

3. 전사적 품질관리(TQM; Total Quality Management)

① **TQM의 의의**: 전사적 품질관리는 종합적 품질경영이라고도 하며, 경영자가 소비자지향적인 품질방침을 세우고 최고경영진은 물론 모든 종업원들이 전사적으로 참여하여 품질향상을 추구하는 활동을 말함. 즉, 제품과 서비스품질, 고객만족 그리고 기업의 수익성 사이의 관계를 적극적으로 고려한 조직체 전체의 접근방법으로서 제품 및 서비스 전부의 품질을 지속적으로 향상하기 위한 품질관리시스템

② **TQM의 원칙**: TQM의 운영에는 고객 중심, 공정개선, 전원참가라는 원칙이 필수적임

❙ TQC와 TQM의 비교 ❙

종합적 품질관리(TQC)	종합적 품질경영(TQM)
• 공급자 위주 • 단위(Unit) 중심 • 생산현장 근로자의 공정관리 개선에 초점 • 기업이익 우선의 공정관리	• 구매자 위주(고객만족 중시) • 시스템 중심 • 제품설계에서부터 제조·검사·판매 전사적으로 품질향상을 위해 노력 • 고객의 만족을 위한 최고경영자의 품질방침에 따라 실시하는 모든 부문의 총체적 활동

4. ISO(국제표준화기구) 9000 시리즈 〔기출 23-2〕

① ISO 9000: 품질경영과 품질보증 규격 구분, 사용방법 안내
② ISO 9001: 설계에서 서비스까지의 품질보증 모델, 가장 종합적인 품질관리

 **Tip**

ISO 시리즈
- ISO 14000: 환경경영시스템
- ISO 22000: 식품안전경영시스템
- ISO 26000: 사회적 책임경영(지속가능경영)
- ISO 28000: 공급사슬 보안경영시스템

2 6시그마(Six Sigma) 〔기출 24-2, 23-1, 22-3, 21-1, 20-2〕

1. 6시그마의 개념

① 6시그마는 1980년대 미국의 모토로라에서 제품 및 업무의 불량수준을 측정하고, 이를 무결점 수준으로 줄이자는 차원에서 출발한 전사적 품질혁신 운동을 뜻함
② 경영혁신 수단으로서 6시그마는 제품의 설계, 제조, 서비스품질의 표준편차를 최소화해 상한~하한이 품질 중심으로부터 6σ(99.9996%) 이내에 있도록 한다는 것
③ 3.4 PPM: 품질규격을 벗어날 불량확률은 1백만 개 중 3.4개(3.4 PPM) 수준이 됨을 의미

2. 6시그마의 도입절차

6시그마 도입절차는 '**필요성(needs)의 구체화 → 비전의 명확화 → 계획수립 → 계획실행 → 이익평가 → 이익유지**'의 순으로 진행됨

3. 6시그마의 수행단계

단계	내용
정의(Define)	고객들의 요구사항과 품질의 중요영향요인(CTQ; Critical To Quality), 즉 고객만족을 위해 개선해야 할 중요부분을 인지하고 이를 근거로 개선작업을 수행할 프로세스를 선정하는 단계
측정(Measure)	CTQ에 영향을 미치는 프로세스 측정방법을 결정하고, 그 업무과정에서 발생하는 결함을 측정하는 단계
분석(Analyze)	결함의 형태와 발생원인을 조사하여 중요한 직접적 및 잠재적 변동원인을 파악하는 단계
개선(Improve)	결함의 원인을 제거하여 문제나 프로세스를 개선하는 단계
통제(Control)	개선효과 분석, 개선프로세스의 지속방법을 모색하는 단계

4. 6시그마 벨트제도

구분	주요 인력	역할
챔피언	사업부 책임자	6시그마 추진에 필요한 자원을 할당하고, 블랙벨트의 개선 프로젝트 수행을 지원, 보상 실시
마스터 블랙벨트	교육 및 지도전문요원 (6시그마 전임)	블랙벨트와 같은 품질요원의 양성교육을 담당하고 블랙벨트를 지도, 지원하는 역할
블랙벨트	개선 프로젝트 추진자	6시그마 개선 프로젝트의 실무책임자로 활동
그린벨트	현업 담당자	6시그마 개선 프로젝트의 파트타임으로 참여

5. 6시그마의 특징

구분	기존 품질운동(QC)	6시그마
측정지표	%(불량률)	시그마
목표	제조공정	고객만족
품질 수준	현상의 품질	경영의 질
개선기법	임기응변적 대처	경영 Process 총체적 Design
추진방법	Bottom-up	Top-down
적용범위 (개선대상)	제조공정 (miss, error의 발생 장소)	전사적 업무 Process (구매, marketing, service 등 전 부문)
추진자	제조현장 담당자 중심	사내 전문가 중심
기본적 관점	기업 측의 관점	고객만족도

THEME 22 재무관리 및 재무비율분석

1 재무관리의 기능 및 자본조달방법

1. 재무관리의 기능

투자 의사결정	• 기업이 어떤 종류의 자산을 어느 정도로 보유할 것인가에 대한 의사결정 • 투자의사결정의 결과는 재무상태표상의 차변항목으로 표시 • 기업의 영업현금흐름과 영업위험을 결정짓게 됨
자본조달 의사결정	• 투자에 소요되는 자본을 어떻게 효율적으로 조달할 것인가에 대한 의사결정 • 자본조달 의사결정의 결과는 재무상태표상의 대변항목으로 표시 • 기업의 재무위험을 결정짓게 됨
배당 의사결정	• 투자의사결정에 의해 자금을 운용한 결과 얻게 되는 이익을 어떻게 배분할 것인가에 관한 의사결정

2. 자본조달방법

① 직접금융을 통한 자본조달

    ㉠ 회사채: 발행기관이 계약기간 동안 일정 이자를 지급하고 만기에 원금을 상환하기로 한 증서로, 기업이 일반 대중으로부터 대규모 자금을 장기간 조달하기 위하여 발행

    ㉡ 보통주: 주식회사가 보통주주에게 발행한 주권으로, 주주는 소유하고 있는 지분에 대한 권리(지분권)를 행사할 수 있으며, 회사를 정리할 때 잔여재산 처분의 최종적 참여자가 됨

    ㉢ 우선주: 보통주보다 배당금을 지급받는 순위에서 우선권을 가지지만 투표권이 없으며, 보통주보다 투자의 안전성이 크기 때문에 보수적 투자자에게 인기가 높음

② 간접금융을 통한 자본조달: 기업이 자본을 조달함에 있어 일반투자자로부터 직접 투자받지 않고 금융기관을 통해 간접적으로 자본을 조달하는 것으로, 은행차입, 매입채무, 팩터링 등이 있음

    <u>예</u> 팩터링(Factoring): 판매기업과 구매기업 간에 발생한 매출채권에 대해 판매기업의 단기적인 현금유동성을 위해 금융기관에서 매출채권을 매입하여 현금을 지급하고 금융기관은 구매기업으로부터 매출채권을 상환하는 금융방식을 의미

2 투자안의 경제성 분석

1. 투자안의 평가방법

자본예산, 즉 투자안의 평가방법은 크게 할인방식과 비할인방식으로 구분할 수 있음

할인방식	• 미래 현금수지의 현재가치, 즉 화폐의 시간가치를 고려하여 투자안을 평가하는 방식 • 순현가(NPV)법, 내부수익률(IRR)법, 수익성지수법 등
비할인방식	• 화폐의 시간가치를 고려하지 않는 방식 • 회수기간법, 회계적 이익률법(ARR) 등

2. 투자안의 경제성 평가방법

① 할인모형(Discounted Model): 할인모형은 화폐의 시간적 가치를 고려하는 모형으로, 순현재가치법, 내부수익률법, 수익성지수법, 동적 DCF법 등이 있음

    ㉠ 순현재가치법(NPV; Net Present Value) `기출 22-1`

        ⓐ 순현재가치(NPV)의 의미: 순현재가치(Net Present Value)는 투자의 결과 발생하는 현금유입의 현재가치에서 현금유출의 현재가치를 뺀 값

        ⓑ 투자의사결정

> • 독립 투자안: NPV>0이면 투자안을 채택하고, NPV<0이면 투자안을 기각
> • 상호 배타적 투자안: NPV>0인 투자안 중 NPV가 가장 높은 투자안을 채택
> • 평가: 순현가법은 주주의 부의 극대화라는 기업의 목표에 부합되는 가장 합리적인 투자안의 평가방법

예제

시장조사 결과 1년 후에 3,000,000원, 2년 후에 4,000,000원, 3년 후에 5,000,000원의 현금유입의 발생이 예상된다(시장이자율: 10%). 순현재가치를 구하시오. (단, 계산한 값은 만원 자리에서 버림하시오.)

해설

$$NPV = \frac{3,000,000}{(1+0.1)} + \frac{4,000,000}{(1+0.1)^2} + \frac{5,000,000}{(1+0.1)^3} ≒ 9,700,000원$$

정답 약 9,700,000원

ⓛ 내부수익률법(IRR; Internal Rate of Return)

   ⓐ 내부수익률(IRR): 내부수익률은 순현가(NPV)를 0으로 만드는 할인율로, 내부수익률은 예상된 현금수입과 지출의 합계를 서로 같게 만드는 할인율

   ⓑ 투자결정: IRR ≥ 요구수익률이면 그 투자를 채택하고, IRR < 요구수익률이면 그 투자를 기각

ⓒ 수익성지수법(PI; Profit Index)

   ⓐ 수익성지수(PI): 수익성지수는 사업기간 중의 현금유입의 현재가치를 현금유출의 현재가치로 나눈 상대지수로서, 순현가(NPV)가 같은 두 개 이상의 사업을 비교 검토할 때 유효한 지표로 사용

   ⓑ 투자결정: PI > 1인 경우 투자안을 채택하고, PI < 1인 경우 투자안을 기각

② 비할인모형(Undiscounted Model) 기출 25-1

   ㉠ 비할인모형은 화폐의 시간적 가치를 고려하지 않고 명목가치만을 고려하는 방법으로, 회수기간법, 회계적 이익률법(ARR) 등이 있음

   ㉡ 회수기간법: 투자안의 회수기간이 기업 자체에서 결정한 목표회수기간보다 짧을 경우 투자안을 채택하고, 상호 배타적인 투자안의 경우 회수기간이 가장 짧은 투자안을 채택

3 재무비율분석

1. 전략적 이익모형(Strategic Profit Model)

미국 Dupont에서 개발한 이익모델로 다양한 재무비율들 간의 상호 관련성을 분석하며, 자기자본이익률(ROE)을 통하여 순이익률, 자산회전율, 레버리지비율을 고찰한 모형

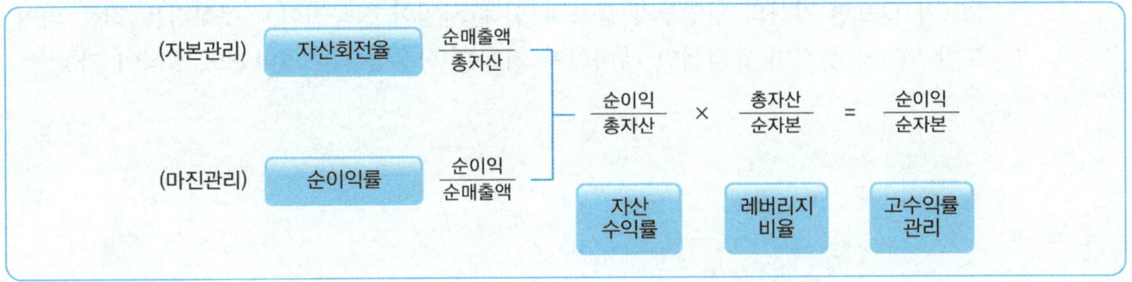

2. 재무비율의 종류 `기출 25-2, 25-1, 24-3, 24-1, 22-3`

① 재무비율 개관

유동성비율	유동비율, 당좌비율
레버리지비율	부채비율, 이자보상비율, 고정재무비보상비율
활동성비율	매출채권회전율, 재고자산회전율, 총자산회전율
수익성비율	매출액순이익률, 총자산순이익률, 자기자본순이익률

② 유동성비율: 기업의 단기채무지급능력을 평가하는 데 사용되는 것으로, 유동비율과 당좌비율이 있음

   ㉠ 유동비율 = 유동자산 / 유동부채

   ㉡ 당좌비율 = 당좌자산 / 유동부채

③ 레버리지비율: **기업의 타인자본에 대한 의존도**를 나타내는 비율로서, 부채비율과 이자보상비율이 있음

   ㉠ 부채비율 = (유동부채 + 고정부채) / 자기자본

   ㉡ 이자보상비율 = 영업이익 / 지급이자

④ 활동성비율: **기업의 자산이 얼마나 효율적으로 활용되고 있는가**(자산의 물리적 이용도)를 나타내는 비율로 매출채권회전율, 재고자산회전율, 유형고정자산회전율, 총자산회전율 등이 있음

   ㉠ 재고자산회전율 = 매출액 / 재고자산

   ㉡ 총자산회전율 = 매출액 / 총자산

⑤ 수익성비율: 일정기간 동안의 경영성과를 종합적으로 측정하는 비율로 매출액순이익률, 매출액영업이익률, 총자본순이익률, **매출액 대비 매출원가율 등이 있음**

   ㉠ 매출액순이익률 = (당기순이익 / 매출액)×100

   ㉡ 매출액영업이익률 = (영업이익 / 매출액)×100

   ㉢ **투자수익률**(ROI; Return On Investment)

$$\text{ROI} = \frac{\text{순이익}}{\text{투자액}} = \frac{\text{순이익}}{\text{매출액}} \times \frac{\text{매출액}}{\text{투자액}} = \text{매출액순이익률} \times \text{회전율}$$

   ⓐ ROI는 투자에 대한 이익률로, 순자본(소유주의 자본, 주주의 자본)에 대한 순이익의 비율을 뜻함

   ⓑ 'ROI가 높다'는 것은 투자한 자본에 대비한 총이익이 일정 수준 이상 달성했음을 의미하며, ROI가 낮으면 자산의 과잉투자 등으로 인해 사업이 성공적이지 못하다는 것을 의미

   ⓒ 또한 ROI가 높으면 효과적인 레버리지 기회를 활용했다는 의미로도 해석이 가능

4 재무제표

1. 재무상태표(B/S; Balance Sheet) [기출 23-3]

① 재무상태표(B/S)는 일정시점(Stock)의 기업의 재무상태를 보여주는 재무보고서로, 재무상태는 차변의 자산과 대변의 (부채 + 자본)으로 나타남

② 대차평균의 원리: 자산 = 부채 + 자본

차변	대변
자산의 증가 비용의 발생 부채의 감소 자본의 감소	자산의 감소 수익의 발생 부채의 증가 자본의 증가
×××	×××

③ 재무상태표의 구성항목

자산	유동자산 (1년 내 현금화 가능)	당좌자산	현금, 매출채권, 유가증권, 정기예금, 기업어음(CP), 대여금, 선급금 등
		재고자산	상품이나 원료, 재공품, 반제품 등 기업이 판매 목적으로 보유하고 있는 자산
	비유동자산 (1년 내 현금화 불능)	투자자산	장기대여금, 장기금융상품 등
		유형자산	토지, 건물, 기계, 차량운반구 등
		무형자산	특허권, 상표권 등 지식재산권, 라이선스 등
부채	유동부채	상환기간 1년 이내	외상매입금, 단기차입금, 예수금, 지급어음, 단기미지급금, 단기임대보증금, 단기선수금 등
	비유동부채	상환기간 1년 이상	사채, 전환사채, 신주인수권부사채, 퇴직급여채무, 장기제품보증충당금, 공사손실충당부채 등
자본	자본	납입자본	소유주나 투자자들의 투자금
		이익잉여금	기업이 벌어들인 이익의 누적 치로 아직 배당으로 분배되지 않고 남아있는 잔여액
		기타 포괄손익	재평가잉여금처럼 아직 이익으로 확실하게 실현되지는 않아 이익과 구분해서 표시하기 위한 기타 자본 구성요소

2. 포괄손익계산서(CIS; Comprehensive Income Statement) 기출 25-1, 22-2

포괄손익계산서는 일정기간(Flow)의 기업의 경영성과를 나타내는 재무보고서

매출액
− 매출원가
―――――――
매출총이익

− 판매비와 관리비
―――――――
영업이익

+ 영업외수익
− 영업외비용
―――――――
세전순이익

− TAX(세금)
―――――――
당기순손익

3. 자본변동표와 현금흐름표

① **자본변동표**: 자본의 크기와 그 변동에 관한 보고서로 자본금, 자본잉여금, 자본조정, 이익잉여금, 기타포괄손익누계액의 변동사항이 표시되는 재무제표

② **현금흐름표**(C/F; Statement of Cash Flows)
  ㉠ 현금흐름표는 일정기간 중의 현금의 유입과 유출에 관한 정보를 제공하는 재무보고서
  ㉡ 영업활동, 투자활동, 재무활동에 관한 정보를 제공함으로써 현금변동의 원인을 설명함

4. 재무통제(Financial Control)를 위한 필요조건 기출 24-2

① 재무책임의 소재가 명확할 것
② 시정조치를 유효하게 행할 것
③ 업적의 측정이 정확하게 행해질 것
④ 업적 평가에는 적절한 기준을 선택할 것
⑤ 계획목표를 피드백할 수 있을 것

5 유통경로 성과평가 측정지표 기출 24-3, 24-2, 24-1, 22-1

1. 효율성(Efficiency)

일정한 비용으로 가능한 한 많은 산출물을 획득하거나, 일정한 산출량을 얻기 위해 소요되는 비용을 가능한 한 줄이는 것을 말함

2. 효과성(Effectiveness)

목표지향적인 성과측정치로서, 유통기업이 표적시장이 요구하는 서비스 성과를 얼마나 제공하였는가를 나타냄(**목표달성 여부**가 중요)

3. 형평성(Equity)

혜택이 골고루 배분되었는지의 문제로, 개별 기업이 해결하기 어려우므로 정부의 정책에 의한 해결이 더 바람직할 수 있으며, 측정성과 분배에 있어서 형평성과 효율성은 상충관계에 있음

04 물류경영관리

THEME 23 물류의 중요성과 영역별·기능별 분류

1 물류의 중요성

1. 물류의 개념

① 물류란 재화가 공급자로부터 조달·생산되어 수요자에게 전달되거나 소비자로부터 회수되어 폐기될 때까지 이루어지는 운송·보관·하역 등과 이에 부가되어 가치를 창출하는 가공·조립·분류·수리·포장·상표부착·판매·정보통신 등을 말한다(물류정책기본법 제2조 제1항 제1호).

② **물적 유통 → 로지스틱스(Logistics) → SCM(Supply Chain Management)**으로 발전

2. 물류관리의 중요성 기출 24-3

① 물류는 '**제3의 이익원**'으로 물류관리의 중요성이 커지고 있음. 물류관리의 목표는 **물류비용의 절감과 고객서비스의 향상**이라 할 수 있으나, 이 두 가지는 **상충관계(Trade-off)**에 있으므로 이들 간의 조화가 중요

> **Tip**
>
> 물류활동 간 상충관계(Trade-off) 기출 22-1, 21-3
> - 재고수준을 낮추게 되면 보관비용이 감소되고 고객서비스 수준도 낮아짐
> - 높은 고객서비스 수준을 지향하는 경우 재고비용과 재고운반비가 증가함
> - 배송을 신속하게 해서 고객서비스 수준을 증가시키는 것은 수송비용 증가를 초래함
> - 빠른 운송수단의 이용은 재고관리비용의 감소를 가져옴

② 고객서비스의 향상은 물류비용의 증가를 가져오고, 물류비용의 절감 역시 고객서비스 수준을 하락시키게 됨

    예 거점 물류센터 수의 증가 → 재고유지비용 등 물류비용 증가 & 고객서비스 수준 증가

③ 물류의 중요성이 강조되는 이유

    ㉠ 물류비 절감 및 서비스 개선을 통하여 기업은 고객서비스 수준을 높일 수 있으며, 이를 통해 높은 수요를 창출할 수 있기 때문

    ㉡ 소비자의 다양한 욕구는 재고 증대를 필요로 하며, 재고불균형의 문제를 발생시키기 때문

    ㉢ 재고비용 절감을 위해 주문횟수를 증가시킬 경우, 증가된 주문횟수를 처리할 새로운 시스템의 도입이 필요하기 때문

3. 물류관리의 방향

최근 물류는 제3의 이익원으로 중요성이 커지고 있으며, 전자상거래 이용에 따른 다품종·소량생산과 다빈도·소량배송이 증가하고 있어 **비용절감과 서비스 향상**의 물류합리화 추구가 그 핵심임

4. 물류관리의 원칙 `기출 23-2, 21-2, 19-1`

① 7R 원칙: 물류의 7R(Right)은 **적절한** 상품(Right Commodity), 적절한 가격(Right Price), 적절한 품질(Right Quality), 적절한 양(Right Quantity), 적절한 인상(Right Impression), 적절한 시간(Right Time), 적절한 장소(Right Place)를 의미

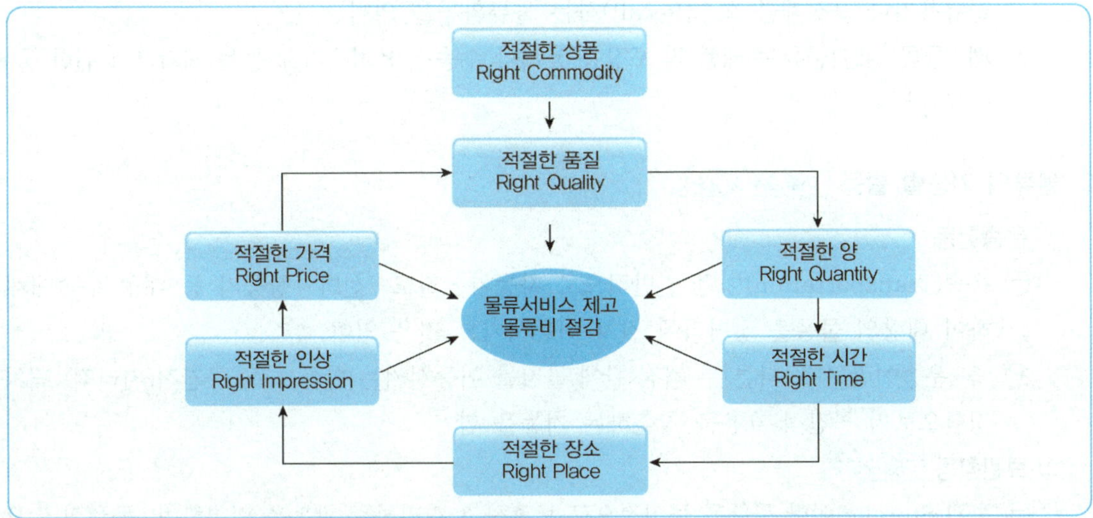

② 3S 1L 원칙: 3S 1L은 신속하게(Speedy), 확실하게(Surely), 안전하게(Safely), 저렴하게(Low)를 의미함

2 물류의 영역별·기능별 분류

1. 물류의 영역별 분류 `기출 24-2, 22-2, 21-3, 21-1`

① 순물류(Forward): 조달물류, 생산물류, 판매물류

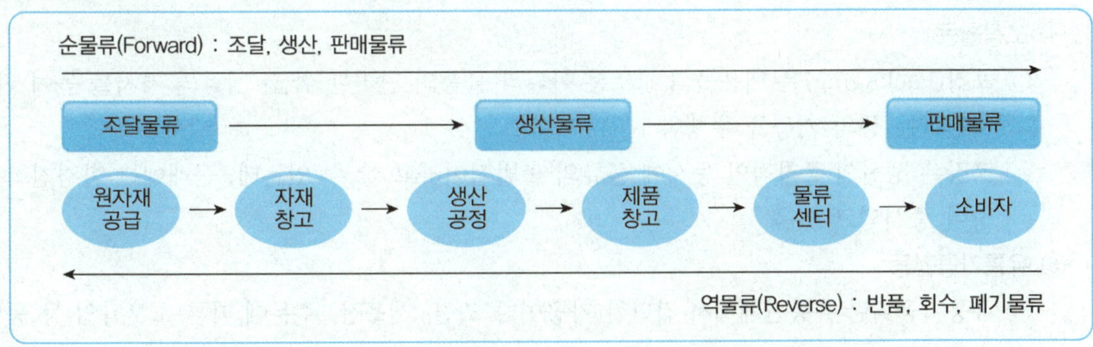

　　　㉠ **조달물류**: 원재료 등이 공급자로부터 제조업자의 자재창고로 운송되어 생산공정에 투입되기 직전까지의 물류활동을 의미

　　　㉡ **생산물류**(= 사내물류): 자재창고에서의 출고로부터 제품창고에 입고되기까지의 과정상의 물류

　　　㉢ **판매물류**: 제품창고에서 지역거점 및 소비자에게로 전달되는 과정상의 물류

　② **역물류**(Reverse): 친환경 물류가 중시되면서 반품, 회수, 폐기물류도 물류의 영역에 포함

　　　㉠ **반품물류**: 판매된 제품의 반품에 따른 물류활동을 의미하며, 반환된 물품의 회수·운반·분류·정리·보관·처리업무가 물류활동의 핵심을 이룸

　　　㉡ **회수물류**: 회수물류는 제품의 판매물류에 부수적으로 발생하는 파렛트, 컨테이너 등과 같은 물류용기나 포장재를 회수(Recall)하는 물류활동을 의미

　　　㉢ **폐기물류**: 폐기물류는 제품 및 포장용 용기나 수송용 용기·자재 등을 폐기하기 위한 물류활동을 의미

2. 물류의 기능별 활동 `기출 24-3, 23-2`

　① **운송활동**

　　　㉠ 운송(Transportation)이란 일반적으로 자동차·철도·선박·항공기 등 대형 수송매체를 통하여 대량의 물품을 장거리에 걸쳐 이동시키는 것을 의미

　　　㉡ 즉, 운송이란 서로 다른 두 지점 간에 물자를 이동시키는 활동으로, 공간적(지리적) 격차를 조정함으로써 공간적 효용을 창출하는 기능을 함

　② **보관활동** `기출 25-2`

　　　㉠ 보관(Storage)이란 물품을 물리적으로 보존하고 관리하는 활동을 의미하며, 물품의 수요와 공급의 시간적인 격차를 조정하여 시간적 효용을 창출하는 기능을 함

　　　㉡ 보관은 단지 물품을 저장하는 기능뿐만 아니라 유통의 최전선으로 고객서비스의 기능을 담당

　③ **하역활동** `기출 19-2`

　　　㉠ 하역(Material Handling)은 운송과 보관 사이에서 이루어지는 물품의 취급활동을 말함. 물품의 취급활동에는 싣고 내리기, 운반 및 적재, 피킹(Picking)과 소팅(Sorting)이 포함

　　　㉡ 하역은 직접적으로 창출하는 효용은 없지만 장소적 효용과 시간적 효용의 창출을 지원하는 역할을 함

　④ **포장활동**

　　　㉠ 포장(Packaging)은 내용물의 보호뿐 아니라 물품의 편리한 취급, 상품의 가치를 높여 판매를 촉진하는 등의 기능을 수행함

　　　㉡ 포장은 생산의 종착점인 동시에 물류의 출발점이라고 할 수 있는데, 근래에는 환경친화적 포장이 중시되고 있음

　⑤ **유통가공활동**

　　　㉠ 유통가공이란 유통단계에서 간단한 가공이나 조립, 재포장, 주문에 따른 소분작업 등 동일 기

　능의 형태 이전을 위한 작업을 의미

　　ⓒ 유통가공은 물자유통상의 가동률을 향상시키고, 고객의 요구에 보다 부합되기 위한 활동으로 부가가치와 직결됨

⑥ **유통정보활동**: 유통정보활동이란 유통을 촉진시키기 위한 무형의 물자인 정보를 유통시키는 활동을 의미

THEME 24 　물류합리화 및 물류의 고객서비스 요소

1 물류의 합리화

1. 물류합리화 　기출 23-2, 20-3

① **물류합리화의 개념**: 물류합리화는 ㉠ 물류 프로세스 합리화를 통해 비용절감 및 고객이 만족할 수 있는 적절한 가격과 서비스를 제공하는 동시에, ㉡ 기업이 이익을 얻을 수 있는 비용으로 재화와 서비스를 제공할 수 있도록 물류기능을 원활하게 하여, ㉢ 물류차별화를 통해 경쟁우위를 확보함을 뜻함

② **물류합리화가 필요한 이유**

　㉠ 물류비와 인건비의 상승(생산비 절감의 한계)

　㉡ 시장경쟁의 심화로 물류 측면에서 우위확보가 중요

　㉢ 교통체증의 심화

　㉣ 제품수명주기의 단축

　㉤ 수요의 다양화 및 고도화

③ **물류의 상충관계(Trade-off)**

　㉠ 물류비용 절감과 서비스 수준 간의 상충관계는 부분최적화가 아닌 물류합리화 측면에서 접근할 문제에 해당

　㉡ Trade-off는 상충관계 또는 이율배반적 관계라고 하며, 물류와 관련하여 재고수준을 높이면 재고 관련 비용은 증가하지만 고객서비스 수준은 향상됨

　㉢ 신속한 수·배송이 이루어지는 경우 운송비는 많이 발생하지만 고객서비스는 상승하는 관계, 물류창고 수(거점)를 늘리면 재고유지비용은 증가하지만 고객서비스 수준은 높아짐

　㉣ 창고 수 또는 재고수준을 낮추면 보관비용이 감소되고 고객서비스 수준도 함께 낮아짐

2. 물류표준화 　기출 25-3, 24-2, 23-3

① '물류표준화'란 원활한 물류를 위하여 다음 사항을 물류표준으로 통일하고 단순화하는 것을 말함 (물류정책기본법 제2조 제1항 제7호)

> ㉠ 시설 및 장비의 종류·형상·치수 및 구조
> ㉡ 포장의 종류·형상·치수·구조 및 방법
> ㉢ 물류용어, 물류회계 및 물류 관련 전자문서 등 물류체계의 효율화에 필요한 사항

② 물류의 효율화를 위해서는 물류표준화가 선행되어야 하고, 물류표준화를 통해 물류공동화가 가능해짐

    cf 표준화를 통한 공동화는 효율성을 강조하므로 차별적 서비스 제공에는 한계가 있음

③ 유닛로드시스템(ULS; Unit Load System): 포장, 하역, 보관, 운송 등의 물류기능 및 물동량 단위를 규격화하고 이에 사용되는 설비, 용기 등을 대상으로 규격, 강도, 재질 등을 표준화하여 상호 간의 호환성을 구축하는 것을 말함

④ 표준화의 대상 `기출 24-2, 23-1`

> • **운송표준화**: 트럭 적재함 크기, 파렛트풀, 철도궤도(표준궤)
> • **보관표준화**: 물류창고 및 랙(Rack), 파렛트
> • **하역표준화**: 컨베이어, 지게차, 분류기 등
> • **포장표준화**: 파렛트, 컨테이너, 박스단위 등(재질, 강도, 규격, 기법 등)
> • **정보표준화**: EDI, POS, SCM 시스템

3. 물류공동화 `기출 24-1, 23-1, 20-3`

① **물류공동화의 개념과 전제조건**: 동일지역·유사업종을 중심으로 하여 2 이상의 화주기업이 물류의 효율을 높이고, 수·배송 비용 절감의 이익을 추구하기 위해 물류활동을 공동으로 수행하는 협력관계를 의미

    Tip

> **물류공동화 전제조건**
> • 일정 지역 내 유사영업과 배송을 실시하는 복수기업 존재
> • 대상기업 간 이해가 일치
> • 대상기업 간 상품특성, 보관특성, 수·배송 조건 등의 유사성 존재
> • 공동화 기업 중 책임회사의 존재
> • 공동보관 및 공동하역을 위한 공동집배송센터가 존재

② **물류공동화의 필요성**

  ㉠ **외부요인**: 친환경물류 강화, 도로정체 및 교통혼잡, 교차운송 급증에 따른 운송효율 저하, 인력구인 심화

  ㉡ **내부요인**: 업체 간 경쟁 심화, 유가 인상에 따른 수익성 저하, 서비스요구 다양화에 따른 물류비용 상승

  ㉢ **물류공동화의 목적**

    ⓐ 물자를 대량으로 처리하여 물류비 절감

ⓑ 인력 부족에 대한 대응

ⓒ 수·배송 효율의 향상

ⓓ 중복투자의 감소

③ 물류공동화의 장·단점 〔기출 24-1〕

장점	단점(장애요인)
• 중복투자 억제로 물류비용 절감 • 수·배송 효율 및 생산성 향상 • 화주기업은 핵심역량에 집중 • 물류서비스 안정화 및 안정적 화물 확보 • 녹색물류(친환경물류)에 공헌	• 물류서비스의 차별화 한계 • 배송 순서 조절 어려움 • 기업 비밀 유출 우려 • 비용 배분에 대한 분쟁

2 물류 고객서비스 요소

고객서비스의 중요도: **거래 시 요소 > 거래 후 요소 > 거래 전 요소** 〔기출 25-3, 25-1〕

거래 전 요소	거래 시 요소	거래 후 요소
• 명문화된 고객서비스 정책 • 고객에게 정책선언문 제공 • 고객의 접근용이성 • 고객서비스의 조직구조 • 시스템의 유연성 • 경영관리 서비스 • 기술적 서비스	• 재고 품절수준(재고가용률) • 주문주기의 일관성(신뢰성) • 주문정보의 입수가능성 • 주문의 용이성(편리성) • 미납주문의 처리능력 • 정보시스템의 정확성 • 제품교환 선적, 특별취급 선적	• 설치, 보증, 수리, 서비스부품 • 고객불만의 처리 • 제품추적 및 보증 • 수리기간 동안의 제품대체

THEME 25 수요예측

1 수요예측(Forecasting)의 개념

1. 수요예측의 개념

기업활동에 관한 여러 가지 장·단기계획을 수립하는 데 필요한 기초자료를 토대로 시장조사 등 각종 예측조사 결과 및 수요분석을 종합하여 장래의 수요를 예측하는 일

2. 수요예측에 영향을 미치는 주요 요인

① **경기변동**: 수요는 회복기, 호황기, 후퇴기, 불황기 등의 4국면을 거치는 경기변동에서 현재 경제가 어떤 국면에 있느냐에 따라 영향을 받음

② 제품수명주기(PLC): 제품이나 서비스는 시장에 처음 도입되어 시간이 지남에 따라 제품수명주기를 거치는데, 제품이 이 주기의 어느 단계에 와 있느냐에 따라 그 수요가 영향을 받음
③ 기타 요인: 광고, 판매활동, 품질, 신용정책, 경쟁업체의 가격, 고객의 신뢰와 태도 등

2 수요예측방법

1. 정성적 기법(질적 기법) 기출 22-1

① 개념: 개인의 주관이나 판단 또는 여러 사람의 의견에 입각하여 수요를 예측하는 방법으로, 주로 과거의 자료가 충분치 않거나 신뢰할 수 없는 경우에 특히 유용하며, 주로 중·장기 예측에 많이 활용
② 종류: 델파이법(Delphi Method), 시장조사법, 패널동의법, 역사적 유추법, 경영자판단법, 판매원추정법 등

2. 정량적 기법(양적 기법) 기출 23-2, 22-1

정량적 기법은 다시 인과형 모형과 시계열분석으로 나눌 수 있음

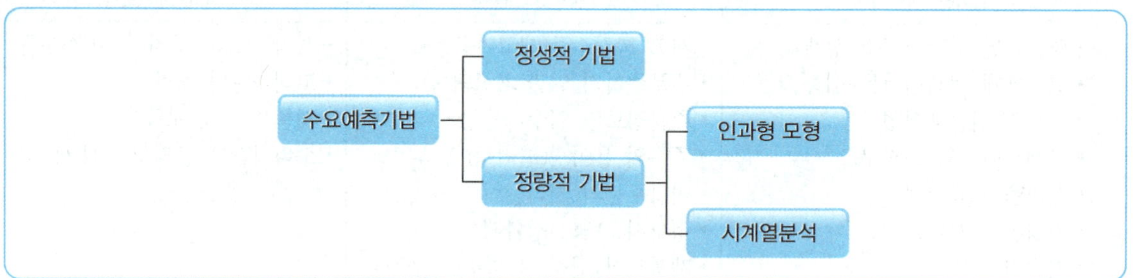

① 인과형 모형
　㉠ 개념: 인과형 모형은 과거자료에서 수요와 밀접한 관련이 있는 변수들을 찾아내 수요와 이들 간의 인과관계를 분석하여 미래수요를 예측하는 기법
　㉡ 종류: **회귀분석**, 계량경제모형, 투입–산출모형, 시뮬레이션모형 등

 **Tip**

회귀분석(Regression Analysis)
- **의의**: 회귀분석은 한 개 또는 다수의 독립변수(원인)가 종속변수(결과)와 상관관계를 가질 때, 독립변수의 변화에 따라 종속변수가 어떻게 변화하는가를 규명하는 방법
- **종류**: 회귀분석은 독립변수의 개수에 따라 단순회귀분석과 다중회귀분석으로 나뉨
- **다중공선성의 문제**: 독립변수가 여러 개인 다중회귀모형에서 독립변수들 간에 상관관계가 낮아야만 '다중공선성' 문제가 해결되어 신뢰성 높은 결과를 도출할 수 있음

② 시계열분석(Time Series Analysis)
　㉠ 개념: 과거의 역사적 수요에 입각하여 미래의 수요를 관측하는 수요예측방법
　㉡ 종류: **이동평균법, 지수평활법,** 추세분석법 등이 있으며, 단기예측에 많이 활용

ⓒ 이동평균법

  ⓐ **단순이동평균법**: 최근 몇 기간 동안의 시계열 관측치를 산술평균

  ⓑ **가중이동평균법**: 최근의 값에 가중치를 좀 더 주어 그 값을 예측치로 사용하는 방법

ⓓ **지수평활법**(Exponential Smoothing)

  ⓐ **의의**: 지수평활법은 가장 최근의 값에 가장 많은 가중치를 주고, 오래된 자료일수록 가중치를 지수적으로 감소시키면서 예측하는 방법

  ⓑ **평활상수의 이용**: 가중이동평균법의 단점을 해소하기 위해 평활상수(α)를 이용해 현재에서 과거로 갈수록 더 적은 비중을 주는 방법을 채택하고 있음

  ⓒ **지수평활법에 의한 예측치(C)**

> 다음 기의 예측치 $= \alpha \times$ 전기의 실제치 $+ (1-\alpha) \times$ 전기의 예측치
> $\qquad\qquad\qquad = $ 전기의 예측치 $+ $ (전기의 실제치 $-$ 전기의 예측치) $\times \alpha$

예제

다음은 어떤 회사의 월별 텔레비전 판매량을 나타낸 것이다. 4월의 텔레비전 판매량은 44만 대였다. 이동평균법, 가중이동평균법, 지수평활법을 이용하여 4월의 수요를 예측한 (ㄱ), (ㄴ), (ㄷ)의 적절한 값은? (단, 계산한 값은 반올림하여 천 단위까지 구하시오)

기간	실제 판매량	예측 판매량		
		이동평균법	가중이동평균법	지수평활법
1월	40만 대			
2월	43만 대			
3월	42만 대			45만 대
4월	44만 대	(ㄱ)	(ㄴ)	(ㄷ)

- 이동평균법의 경우, 이동기간 $n=3$을 적용
- 가중이동평균법의 경우, 가중치는 최근 월로부터 각각 0.5, 0.3, 0.2를 적용
- 지수평활법의 경우, 지수평활상수 $\alpha=0.8$을 적용

해설

(ㄱ) 이동평균법: $\dfrac{40\text{만 대} + 43\text{만 대} + 42\text{만 대}}{3} = 41.7$만 대

(ㄴ) 가중이동평균법: $\dfrac{42\text{만 대} \times 0.5 + 43\text{만 대} \times 0.3 + 40\text{만 대} \times 0.2}{1} = 41.9$만 대

(ㄷ) 지수평활법: 예측치(C) $= 0.8 \times 42$만 대 $+ (1 - 0.8) \times 45$만 대 $= 42.6$만 대

THEME 26 재고관리

1 재고의 개념 및 재고비용

1. 재고관리(Inventory Management)

① 재고의 개념: 재고(Inventory)란 미래의 생산에 사용하거나 또는 판매를 하기 위해 보유하는 원자재, 재공품, 완제품, 부품 등

② 재고의 종류 `기출 22-1`

    ㉠ 수송 중 재고: 물류 흐름을 통해 한 지점에서 다른 지점으로 이동 중인 재고로 시간적인 효용을 창출

    ㉡ 안전재고: 갑작스러운 수요 변동 또는 리드타임 및 부품공급 등의 불확실성으로 인해 발생할 수 있는 결품 방지를 위해 비축하는 예비적 목적의 완충재고를 말함

    ㉢ 순환재고: 연속적인 재고보충 시점 간의 평균수요를 충족시키는 데 필요한 재고를 말함

    ㉣ 투기성 재고: 가격의 변동이 큰 물품을 가격이 쌀 때 재고를 보유하였다가 가격이 올라가면 출하하여 차익을 얻을 목적으로 보유하는 재고를 의미

    ㉤ 주기재고: 총재고 중 로트의 크기에 따라 변하는 부분을 충당하는 재고

    ㉥ 예상재고: 성수기와 비수기의 수요공급 차이에 대응하기 위한 재고

③ 재고관리의 중요성

    ㉠ 소비자가 원하는 상품을 적시에, 적량을, 적절한 장소에 제공하기 위해

    ㉡ 재고가 지나치게 많을 경우, 재고관리비용 증가 및 처분손실이 발생하기 때문

    ㉢ 재고가 너무 적은 경우 소비자의 수요에 대응할 수 없는 기회손실 발생 방지

2. 재고관리비용 `기출 24-1`

① 주문비용: 주문비용(발주비용)은 주문과 관련해서 직접적으로 발생되는 비용으로 구매처 및 가격의 결정, 주문에 관련된 서류작성, 물품수송, 검사, 입고 등의 활동에 소요되는 비용

② 재고유지비용: 재고를 유지·보관하는 데 소요되는 비용. 재고유지비용 중 가장 큰 비중을 차지하는 항목은 이자비용으로, 재고 형태로 자금이 묶임으로써 지출하는 비용으로 창고사용료, 보험, 세금, 진부화 및 파손 등 재고감소 등에 따른 비용도 포함

③ 재고부족비용: 재고부족비용은 재고부족으로 인해 발생하는 판매손실 또는 고객상실 등을 의미

2 경제적 주문량(EOQ)

1. 경제적 주문량(EOQ) 모형 `기출 25-2, 24-3, 24-1, 23-3, 22-3, 22-2, 21-3, 21-1`

① EOQ(Economic Order Quantity) 모형의 의의: Harris가 고안한 EOQ 모형은 재고유지비용과 재고주문비용을 더한 연간 재고비용의 최적화를 위한 1회 주문량을 결정하는 데 사용되는 모형

② EOQ의 기본가정

    ㉠ 계획기간 중 해당 품목의 **수요량**은 항상 일정하며, 알려져 있음

    ㉡ 단위당 **구입비용**이 주문수량에 관계없이 일정(할인은 인정하지 않음)

    ㉢ 연간 단위당 **재고유지비용**은 일정

    ㉣ 1회 **주문비용**은 수량에 관계없이 일정

    ㉤ **조달기간**(Lead Time)은 없거나 일정

    ㉥ 재고부족은 허용되지 않음

③ EOQ 모형

    ㉠ 상기 가정하에 연간 총비용(ATC; Annual Total Cost)은 1회 주문량(Q)에 의해 결정되며, 이를 식으로 나타내면 아래와 같이 나타남

$$\text{연간 총비용(ATC)} = \underbrace{C_h \cdot \frac{Q}{2}}_{\text{연간 재고비용}} + \underbrace{C_o \cdot \frac{D}{Q}}_{\text{연간 주문비용}}$$

C_h: 연간 단위재고비용

C_o: 주문당 소요비용

D: 연간 수요량

Q: 1회 주문량(결정변수)

    ㉡ 여기서 ATC를 최소화하는 1회 주문량(Q), 즉 EOQ를 최종 도출하면 다음과 같음

$$\bullet \ \text{EOQ} = \sqrt{\frac{2 \times D \times C_o}{C_h}}$$

$$\bullet \ \text{연간 주문횟수} = \frac{\text{연간 수요량}}{\text{경제적 주문량}}$$

$$\bullet \ \text{평균재고량} = \frac{\text{경제적 주문량}}{2}$$

    ㉢ EOQ 모형의 평가: EOQ 모형의 기본가정들은 현실적이지 못하다는 비판에도 불구하고 EOQ 모형은 간편하다는 장점으로 인해 현실적으로 많이 활용. 또한 현실을 감안한 보다 복잡한 모형을 설계하기 위한 기본모형의 역할을 해오고 있음

2. 재주문점(ROP; Re-Order Point) 모형 `기출 24-2, 22-2, 20-3`

$$\text{재주문점(ROP)} = \text{조달기간 동안의 평균수요량} + \text{안전재고}$$

조달기간 = 도달기간 + 재고점검주기

조달기간 동안의 평균수요량 = 평균수요/일 × 조달기간

안전재고량 = 안전계수 × 수요의 표준편차 × $\sqrt{\text{조달기간}}$

3 정량발주법(Q시스템)과 정기발주법(P시스템)

1. ABC 재고관리법 `기출 20-추가`

ABC 분석기법은 파레토(V. Pareto) 법칙 또는 **20-80 법칙**에 기초하여 재고자산관리 및 상품관리를 하는 방법. 각 품목이 기업의 이익에 미치는 영향을 고려하여 품목의 가치와 중요도를 분석하는 방법

2. 정량발주법(Q시스템)과 정기발주법(P시스템)의 비교 `기출 25-2, 22-3, 21-1, 20-2`

① 정량발주법(Q시스템): 재고수준이 재주문점에 오면 일정량(Q)을 발주하는 방식으로, 이는 B그룹 품목이나 수요 변동의 폭이 작은 품목의 관리에 적합한 기법

② 정기발주법(P시스템): 재고량을 정기적으로 파악하여 기준 재고량과 현재 재고와의 차이를 발주하는 방식으로, 중요도가 높은 품목(A그룹), 수요 변동의 폭이 큰 계절상품 등의 관리에 적합한 기법

구분	정량발주모형(Q시스템)	정기발주모형(P시스템)
주문시기	재고수준이 재주문점에 도달 시(부정기적)	미리 정해진 주문시기(정기적)
주문량	일정	변함
표준화	표준부품이 좋다.	전용부품이 좋다.
품목 수	많아도 된다.	적을수록 좋다.
구매금액	적은 편이 좋다.	큰 편이 좋다.
수요정보	과거의 실적에 의존	장래의 예측정보에 의존
재고조사	계속실사(재고의 출고가 있을 때마다 실시)	정기실사(재주문기간이 되었을 때 실시)
특징	• 재고가 적음 • 품절가능성이 낮음 • B급 품목 • 수요 변동이 적은 품목	• 재고가 많음 • 운영비용이 낮음 • A급 품목 • 수요 변동이 큰 품목

THEME 27 MRP(자재소요계획)와 JIT(적시생산시스템)

1 MRP와 ERP `기출 25-3, 25-1, 24-3, 21-1`

1. MRP(자재소요계획) 시스템

① 개념 및 특징

㉠ MRP(Material Requirement Planning)는 제품의 생산수량 및 일정을 토대로 제품생산에 필요한 **원자재, 부품 등의 소요량과 소요시기를 역산**해서 자재조달계획 수립 및 일정관리를 수행

하는 효율적인 재고관리시스템(Push 시스템)

　　ⓛ 제조기업은 최종 제품의 독립적 수요를 추정하고, 이 수요에 따라 각 구성부품들의 종속적 수요(Dependent Demand)인 MRP를 계산하여 필요한 때 필요한 양만큼 재고를 보유

　　ⓒ 컴퓨터를 이용하므로 상위 생산계획이 변경되면 부품 수요량과 재고보충시기 변경이 용이

② 목적: 적시에, 적량의 제품을, 적합한 장소에 물자를 공급함으로써 과잉재고와 재고부족 현상을 해결하여 재고비용을 극소화시키는 데 그 목적이 있음

③ MRP의 유용성: MRP 시스템은 계획생산에 입각한 '푸시(Push) 방식'을 적용하는 것으로, 조립생산이나 부품생산 시간이 짧고 신뢰가 가능할 때, 확고한 기준일정이 수립되어 있을 경우 등에 유용

④ MRP의 구성요소

　　㉠ Master Production Schedule(MPS): 주일정계획

　　㉡ Bill of Materials(BOM): 자재명세서

　　㉢ Inventory Record File(I/R): 재고기록철

2. MRPⅡ(생산자원계획)

① MRP(Manufacturing Resource Planning)Ⅱ 시스템은 원자재뿐만 아니라 생산에 필요한 모든 자원을 효율적으로 관리하기 위한 재고통제시스템으로 MRP가 확대된 개념

② MRPⅡ는 재고관리, 생산현장관리, 자재소요관리 등의 생산자원계획과 통제과정에 있는 여러 기능들이 하나의 단일시스템에 통합되어 생산관련 자원투입의 최적화를 추구

3. ERP(Enterprise Resource Planning, 전사적 자원관리)

① 기업 내의 설계, 생산, 물류, 재무, 영업, 회계, 인사 등 여러 시스템을 유기적으로 연결하여 정보를 공유하고 자원의 활용을 높이는 기업통합 정보시스템을 의미

② 전사적 자원계획(ERP; Enterprise Resource Planning) 시스템은 1960년대의 MRP와 1980년대의 MRPⅡ의 개념을 바탕으로 하여 구축

2 JIT(적시생산시스템)

1. JIT(적시생산시스템) 기출 21-2, 20-추가

① JIT의 개념

　　㉠ JIT(Just In Time) 시스템, 즉 적시생산시스템은 단위시간당 필요한 자재를 소요량만큼 조달하여 재고를 최소화하고, 다양한 **낭비의 최소화**를 전개함으로써 비용절감, 품질개선, 작업능률 향상 등을 통해 생산성을 높이는 생산시스템을 의미

　　㉡ 도요타 자동차에서 개발한 JIT(Just In Time)는 낭비요인들을 제거하고, 공급업자와의 장기적 협력관계를 통해 고객주문이 들어옴과 동시에 생산이 시작되는 Pull 시스템

 **Tip**

> 린 생산시스템(Lean Production System): 미국에서 JIT를 수용한 개념. Lean이란 얇은 혹은 마른의 뜻을 가지고 있으며, 생산관리에서는 낭비 없는 생산을 의미하고 생산과정에서 발생할 수 있는 어떤 유형의 낭비도 철저히 제거하겠다는 것을 뜻함

② **JIT의 목표**: 재고의 감소, 제조준비시간의 단축, 리드타임의 단축, 불량품의 최소화, 자재취급노력의 경감

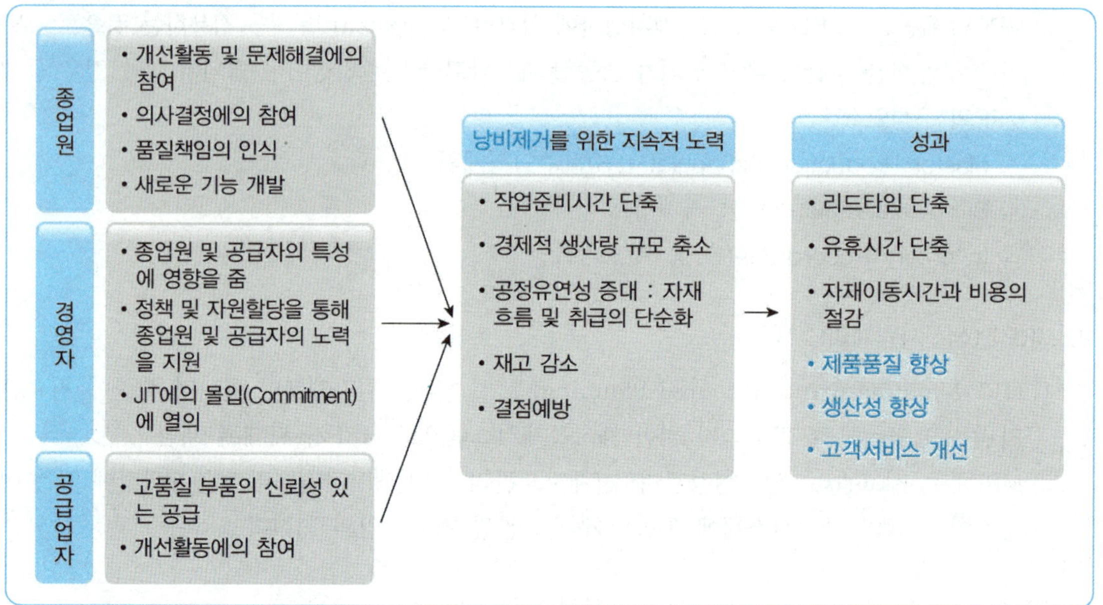

③ **JIT 시스템의 구성요소**

　㉠ 소로트 생산과 제조준비시간 단축

　㉡ 생산의 평준화

　㉢ 작업자의 다기능화(Multi-Functions Player)

　㉣ **품질관리**: 품질분임조(QC)와 제안제도

　㉤ 칸반시스템(Kanban System) 운용

　㉥ **공급자 네트워크**: 장기적이고 긴밀한 협력관계 구축

　㉦ 생산자동화(Jidoka)

2. JIT와 JITⅡ와의 비교 기출 22-3, 22-2, 20-추가

JIT	JITⅡ
원부자재를 공급받는 데 중점	원부자재, 설비공구 등 모든 분야 공급에 중점
개별적인 생산현장의 연결	SCM상의 파트너들과 연결, 프로세스를 변화시킴
공장 내 무가치한 활동 제거	기업 간의 중복업무, 무가치한 활동 제거
Pull 방식	Pull 방식과 MRP의 Push 방식을 동시 수용
물동량의 흐름이 주된 개선대상	기술, 영업, 개발을 동시화하여 물동량을 강력히 통제함

3. MRP와 JIT의 비교

구분	MRP 시스템	JIT 시스템
관리시스템	계획대로 추진하는 Push 시스템	요구(주문)에 따라가는 Pull 시스템
관리목표	계획과 통제(필요시 확보)	낭비 제거(무재고 시스템)
관리도구	컴퓨터 처리	눈으로 보는 관리(간판)
생산계획	변경이 잦은 MPS 적용 가능	안정된 MPS 필요
자재소요판단	자재소요계획	간판
발주(생산)로트	경제적 주문량	소로트(Small Lot)

THEME 28 물류관리 - 화물운송

1 화물운송

1. 운송의 개념 기출 20-2

① 운송(Transportation)은 이러한 장소적(거리적)인 부분의 문제를 원활히 연결시켜 주는 재화의 이동행위로 재화의 **장소적 효용**(Place Utility)을 창출하는 경제행위임

② 중요 운송수단으로는 철도, 트럭, 해상운송, 파이프라인, 항공 등이 있음. 우리나라의 경우 화물 자동차운송이 전체의 90% 이상을 차지하고 있고, 철도운송과 해상운송이 그 뒤를 잇고 있음

③ 화물운송 관련 중요 용어

   ㉠ **배송**: 화물을 물류거점에서 화물수취인에게 보내는 행위

   ㉡ **수송**: 화물을 자동차, 선박, 항공기, 철도 등 기타의 기관에 의해 어떤 지점에서 다른 지점으로 이동시키는 행위

   ㉢ **일관운송**: 물류의 효율화 목적으로 화물을 발송지에서 도착지까지 해체하지 않고 연계하여 수송하는 것으로 파렛트와 컨테이너를 이용

  ㉣ **복합일관운송**: 수송단위 물품을 재포장하지 않고 철도차량, 트럭, 선박, 항공기 등 2 이상의 운송기관을 연계하여 운송하는 것

  ㉤ **유닛로드시스템**: 복합일관운송을 위해 컨테이너를 이용한 일관운송체계인 유닛로드시스템(Unit Load System), 즉 **단위적재시스템의 구축**이 중요

2. 운송체계의 3대 요소

① **운송수단**(Mode): 트럭, 선박, 항공기 등 화물운송을 직접 담당하는 운송수단을 말함

② **운송연결점**(Node): 물류터미널, 항만, 공항, 물류센터 등 화물운송을 효율적으로 처리하기 위해 필요한 장소 또는 시설을 의미

③ **운송경로**(Link): 운송수단에 의해서 형성되는 경로이며, 운송연결점을 연결한 것을 뜻함

3. 운송수단 간 비교   `기출 24-1, 23-3, 21-2, 20-추가`

항목	화물자동차	철도	해상	항공
화물량	소중량화물	대량화물	대량화물	소중량화물
운송거리	단·중거리	중·장거리	장거리	장거리
운송비용	비교적 고가	저렴	저렴	고가
운송속도	빠름	느림	매우 느림	매우 빠름
일관운송	용이함	어려움	어려움	어려움

※ 트럭 혼적화물운송: LTL(Less than Truck-Load) → FTL(Full Truck-Load)
  컨테이너 혼적화물운송: LCL(Less than Container-Load) → FCL(Full Container-Load)

 **Tip**

해상운송(정기선과 부정기선)   `기출 24-1`

구분	정기선	부정기선
수요특성	• 비교적 고운임 • 신속성, 정확성, 규칙성, 정시성 • 수요가 일정하고 안정적	• 비교적 저운임 • 신속성과 규칙성이 낮음 • 수요가 불규칙적·불안정적
대상화물	운임부담력이 큰 고가품, 컨테이너	**벌크(Bulk)화물**: 연료, 광물 등
선박의 종류	주로 정기선(특정 항로 운항), 컨테이너선	주로 부정기선(불특정 항로 운항, 전용선은 정기적), Bulk선
운임	Tariff Rate(운임표상의 고정운임)	시장의 수급상황에 따라 변동

4. 화물운송시스템의 합리화 방안

① 동일지역의 동종업종을 대상으로 화주들의 공동수·배송 유도

② 도로 중심 운송을 철도와 연안운송으로 전환(Modal Shift) 및 거점 간 복합운송으로 전환

③ 운송업체 간 제휴와 M&A를 통하여 운송업체의 대형화·전문화 유도

④ 최단운송루트 개발 및 최적운송수단의 선택

⑤ 화물자동차의 회전율을 높일 수 있도록 상하차 소요시간 감소

⑥ 화물운송시스템은 재고관리비와 운송비의 Trade-off 측면을 고려하여 설계

5. 운송수단 결정 시 검토해야 할 사항 　기출 24-2

① 운송할 화물이 일반 화물인지 냉동 화물인지 등의 화물의 종류

② 운송할 화물의 중량과 용적

③ 화물의 출발지, 도착지와 운송거리

④ 운송할 화물의 가격, 운송의 신속성, 복합운송 여부 등

⑤ 제품의 경제적 진부화

6. 최신 물류 관련 용어 　기출 24-3, 24-2, 21-3

① 풀필먼트(Fulfillment): '주문 이행'을 뜻하는 전자상거래 관련 용어로, **물류센터에서 제품 포장부터 최종 목적지까지 배송하는 일련의 유통과정을** 의미

② 라스트 마일 배송(Last Mile Delivery): 고객에게 상품을 전달하기 직전의 마지막 거리 또는 순간으로, 최종배송단계를 뜻함

2　공동수·배송과 복합운송

1. 공동수·배송

① **공동수·배송의 개념**: 공동수·배송이란 하나의 차량에 다양한 화주의 화물을 혼적(Consolidation)하여 운송함으로써 운송의 대형화(적재율 향상 및 규모의 경제)와 순회배송을 가능하게 하는 운송기법. 물류효율화의 강조, 소량 다빈도 수·배송과 JIT 수·배송의 필요성 증대, 고객지향적 수·배송 서비스가 요구되는 현실에 있어서 중요성이 더욱 커지고 있음

② **공동수·배송시스템의 전제조건**

㉠ 일정 지역 안에 유사영업과 공동수·배송을 실시하는 다수의 기업(화주)이 존재

㉡ 대상화물이 공동화에 적합한 품목

㉢ 대상기업 간에 공동수·배송에 대한 이해가 일치

㉣ 공동수·배송에 참여하는 기업 간의 경제성 및 물류서비스 수준의 향상이라는 목적이 일치

㉤ 공동수·배송을 주도(주관)하는 책임기업이 존재

③ 공동수·배송의 기대효과

물류기업 측면	• 운송 횟수의 감소로 수·배송 비용의 절감 • 수·배송 업무의 효율화 • 차량 및 시설투자 증가의 억제 • 교통량의 감소에 의한 환경보전
고객(화주) 측면	• 납품빈도 증가로 상품구색의 강화 및 식료품의 경우 신선도 향상 • 재고보유의 감소 • 검사 등 일선업무의 효율화

④ 공동수·배송의 유형

공동수·배송 유형	공동수·배송 내용
배송공동형	• 배송은 공동화하고 화물거점시설까지의 운송은 개별화주가 행하는 형태
집배(집화·배송)공동형	• 물류센터에서의 배송뿐만 아니라 화물의 보관 및 집화업무까지 공동화하는 방식으로서 주문처리를 제외한 거의 모든 물류업무에 관해 협력하는 형태
노선집화공동형	• 노선의 집화망을 공동화하여 화주가 지정한 노선업자에게 화물을 넘기는 형태, 즉 각 노선사업자가 집화해 온 노선화물의 집화부분을 공동화하는 방식
공동납품대행형	• 착화주의 주도에 의해 공동화하는 것으로 유통가공, 상품내용 검사 등의 작업대행이 이루어지는 형태 • 백화점, 할인점 등에서 공동화하는 유형으로 참가 도매업자가 선정한 운송사업자가 배송거점을 정하여 납품상품을 집화, 분류, 포장 및 레이블을 붙이는 작업 등을 한 후 배달, 납품하는 형태
공동수주·공동배송형	운송업자가 협동조합을 설립하여 공동수·배송을 하는 유형

2. 복합운송 [기출 25-1, 22-3, 21-2, 21-1]

① **복합운송의 의의**: 복합운송은 트럭과 철도·선박·항공기 등 2가지 이상의 운송수단에 의한 연계운송 형태를 말함

② **복합운송의 종류**

　　㉠ **피기백 방식(Piggy Back System)**: 운송수단으로 트럭과 철도가 결합되는 경우

　　㉡ **피시백 방식(Fishy Back System)**: 운송수단으로 트럭과 선박이 결합되는 경우

　　㉢ **버디백 방식(Birdy Back System)**: 운송수단으로 항공기와 트럭이 결합되는 경우

③ **복합운송인**

　　㉠ **개념**: 복합운송인은 자기의 명의와 계산으로 화주를 상대로 복합운송계약을 체결한 계약당사자이며, 실제운송인과 복합운송계약을 체결하고 운송 전반을 계획하고 조정하는 자를 뜻함

　　㉡ **기능**

　　　　ⓐ 화주와 운송계약을 체결하고 사전에 선복을 예약하여 화주의 운송을 책임질 수 있는 운송역량 확보

　　　　ⓑ LCL의 집화, 분류 및 혼재를 통해 FCL로 만들어 화물운송의 효율성 제고

ⓒ 화주를 대리하여 선복예약서, 선적허가서 등 운송 관련 서류 작성

ⓓ 복합화물운송을 위한 포장, 통관, 보관부보 등 운송과 관련된 부대 서비스 제공

ⓔ 화물운송에 대한 전문적인 지식과 노하우로 송화인 및 수화인에게 컨설팅 제공

3. 택배운송(Courier Service 포함) 기출 19-1

① 택배운송은 개인 또는 기업의 화주로부터 소형·소량의 화물운송을 의뢰받아 Door to Door로 물품의 집하·포장·운송·배송에 이르기까지 신속·정확하게 운송 서비스를 제공하는 운송체계를 뜻함

② 택배운송의 등장배경

   ㉠ 소비자 욕구(needs)의 다양화 및 고급화

   ㉡ 다품종 소량생산·다빈도 배송시대로의 전환 및 확산

   ㉢ COVID-19 이후 전자상거래 확대에 따른 택배의 필요성 증대

   ㉣ 일관운송시스템에 대한 필요성 증대 및 물류전문기업의 성장

3 화물운송정보시스템

1. 운송관리시스템(TMS; Transportation Management System)

공급체인 전반의 운송계획을 최적화하는 솔루션으로 운송주문에서 운임정산까지 경로계획, 배차계획, 차량관리, 배송추적, 운임정산, 운송예약 등의 업무처리와 당사자 간 데이터를 교환·분석하여 상황을 파악할 수 있게 하는 등의 기능을 제공

2. 지능형교통시스템(ITS; Intelligent Transport System)

전기, 전자, 통신, 제어기술 등 첨단기술을 도로, 차량, 화물 등 교통시설물에 접목시켜 실시간 교통정보를 수집, 관리, 제공함으로써 교통시설의 이용효율을 극대화하고 교통이용 편의와 안전을 제고하며 환경친화적 교통체계를 구현하는 21세기형 교통체계에 해당

3. 화물운송정보시스템(CVO; Commercial Vehicle Operation)

구차구화시스템이라고 하며, 화물 및 화물차량에 대한 위치를 실시간으로 추적·관리하여 각종 부가정보를 제공함으로써 생산성 향상을 도모하려는 물류정보화 기술

4. 위성위치추적시스템(GPS; Global Positioning System)

인공위성과 통신망을 이용하여 지구 어느 곳에서도 리얼타임으로 위치파악이 가능하도록 구축된 시스템

5. 주파수공용통신시스템(TRS; Trunked Radio System)

주파수공용통신이라고 하며, 중개국에 할당된 여러 개의 채널을 공동으로 사용하는 무전기시스템으로 운송수단에 탑재하여 이동 간의 정보를 실시간으로 송·수신할 수 있음

6. 적재관리시스템(VMS; Vanning Management System)

화물의 특징에 따라 적정한 화물차에 화물이 효율적으로 적재될 수 있도록 차량의 소요, 배차, 적재 위치 등을 지정해 주는 적재관리 최적화 시스템

7. 라우팅 시스템(Routing System)

화물자동차의 최종 배송지에 대한 최적 운송경로를 설정하여 주는 운송경로시스템

THEME 29   물류관리 – 보관활동과 포장 및 하역활동

1 보관활동

1. 보관활동의 개념

① 보관(Storage)이란 물품을 물리적으로 보존하고 관리하는 활동을 의미하며, 시간적 장애를 해소시켜 '**시간적 효용**'을 창출
② 보관은 물품의 수요와 공급의 시간적인 격차를 조정하여 시간적 효용을 창출함으로써 경제생활을 안정시킬 뿐만 아니라, 촉진시키는 역할을 함

2. 보관의 원칙   `기출 25-3, 24-3, 23-1, 21-3`

① **통로대면 보관의 원칙**: 통로를 서로 마주 보게 보관함으로써 창고 내의 흐름을 원활히 하기 위한 기본원칙. 제품 입·출고를 용이하게 하고 효율적 보관을 위해 접근성을 강조
② **높이쌓기의 원칙**: 제품을 높게 쌓는 것으로서 높이 쌓게 되면 창고의 용적효율, 충전효율, 보관효율을 높일 수 있음. 용도에 맞는 랙(Rack) 등 보관설비의 설치를 고려해야 함
③ **선입선출의 원칙**: 먼저 입고된 물품을 먼저 출고한다는 원칙으로, 일반적으로 물품의 재고회전율(Life Cycle)이 낮은 경우에 많이 적용
④ **회전대응 보관의 원칙**: 보관할 물품의 장소를 물품의 회전율 정도에 따라 정하는 원칙으로서 입·출하 빈도의 정도에 따라 보관장소를 결정하는 것을 말함. 입·출고 빈도가 높은 화물은 출입구와 가까운 장소에 보관하고 낮은 경우에는 먼 장소에 보관함이 원칙

⑤ **동일 · 유사성의 원칙**: 동일품종은 동일장소에 모아서 보관하고, 유사품은 근처 가까운 장소에 모아서 보관해야 한다는 원칙

⑥ **중량특성의 원칙**: 제품의 중량에 따라 보관장소의 출입구를 기준으로 한 거리와 높낮이를 결정해야 한다는 원칙으로, 제품의 하역작업 시 중량물과 대형물은 하부 및 출구 쪽으로 배치

⑦ **형상특성의 원칙**: 화물의 형상특성에 부응하여 보관한다는 원칙. 표준화된 제품은 랙에 보관하고 비표준화 제품은 형상에 따라 보관장소의 효율 등을 고려하여 보관

⑧ **위치표시의 원칙**: 보관 및 적재된 제품의 랙의 위치와 상황에 맞는 특정한 기호를 사용하여 위치를 표시함으로써 입 · 출고의 단순화, 재고파악 및 정리작업 등 효율성 제고 가능

⑨ **명료성의 원칙**: 창고 내 작업원이 시각적으로 보관장소나 보관품 자체를 쉽게 파악할 수 있도록 해야 한다는 원칙

⑩ **네트워크 보관의 원칙**: 관련 계통의 상품을 한 장소에 모아 보관하는 원칙

3. 자가창고와 영업창고　기출 24-2, 23-3, 21-1

① **자가창고**: 기업이 장기간 직접소유 및 운영하며, 자사상품을 보관하는 창고를 말함

장점	• 자사상품의 보관특징에 맞는 보관이 가능 • 입 · 출고 시간 등의 제약이 적음 • 높은 전문성, 낮은 변동비
단점	• 높은 투자비(고정비), 입지변경의 유동성이 작고, 수요 변동에 대한 보관공간의 탄력적 대응이 곤란함

② **영업창고**: 원하는 기간 동안 보관료를 받고 공간과 설비, 운영을 임차하는 것을 의미

장점	• 낮은 투자비, 입지변경의 용이성, 수요 변동에 대한 보관공간의 탄력적 대응 가능
단점	• 자사상품의 보관특징에 맞추기 곤란 • 입 · 출고 시간과 요일의 제약 • 낮은 전문성, 높은 비용

③ **자가창고와 영업창고 비교**

구분	자가창고	영업창고
세금혜택	감가상각 허용	특정 지역 세금 혜택
위험	기술적 진부화에 따른 위험 높음	기술적 진부화에 따른 위험 낮음
통제	직접 자가책임	창고주가 책임
초기투자	설비, 장비 등 초기투자비 큼	설비, 장비 등 초기투자비 없음
영업비용	충분한 물량 확보 시 상대적 저렴	자가창고 대비 고비용

4. 공공창고 유형 `기출 24-1, 23-3`

① 공립창고: 창고 부족 문제를 해결하기 위해 정부와 지방자치단체가 항만지역 등에 설립하여 민간에게 그 운영을 위탁한 창고

② 관설상옥: 정부나 지방자치단체가 부두 또는 안벽에 설치하고 민간업자나 일반에 제공하는 창고

③ 관설보세창고: 관세법에 따라 세관장의 허가를 받아 세관의 감독하에 수출입세를 미납한 상태의 화물을 보관하는 창고

2 포장 및 하역활동

1. 포장의 종류와 원칙 `기출 25-2, 23-1`

① 포장의 표준화: 물류비 절감을 위해 포장의 규격화가 중요, 컨테이너·파렛트의 규격에 맞춰 가장 효율적으로 제품이 적재될 수 있는 겉포장 규격을 정하고, 이에 따라 속포장과 낱포장의 크기를 정함

② 공업포장과 상업포장

ㄱ 공업포장: 물품을 운송, 보관하는 것을 주목적으로 시행하는 포장을 총칭함. 공업포장의 주기능은 **물품의 보호**기능과 운송하역에서 **물품취급의 편의성**에 있음

ㄴ 상업포장: 상거래 과정에서 상품화 또는 판매단위의 포장으로, 주로 **판매촉진 기능**을 함

③ 포장합리화의 원칙: 대형화·대량화 원칙, 집중화·집약화 원칙, 규격화·표준화 원칙, 사양변경의 원칙, 재질변경의 원칙, 시스템화·단위화의 원칙

④ 포장 표준화 5대 요소: **강도**의 표준화, **재료**의 표준화, **치수**의 표준화, **기법**의 표준화, **관리**의 표준화

2. 하역활동

① 하역의 개념

ㄱ 하역(Material Handling)은 보관과 운송의 앞뒤에 있는 물품의 취급활동으로 물자를 싣고 내리기(상하차하는 행위), 운반 및 적재, 제품을 창고 등에서 꺼내는 것(Picking) 또는 분류(Sorting)하는 것을 말함

ㄴ 하역은 시간적 효용 및 장소적 효용의 창출을 지원하는 역할을 하지만 자체적으로 창출하는 효용은 없음

② 하역합리화의 원칙 `기출 25-3`

ㄱ 하역경제성의 원칙: 불필요한 하역작업을 줄이고 가장 경제적인 하역 횟수로 하역

ㄴ **활성화의 원칙**: 운반활성지수를 **최대화**하는 원칙으로 지표와 접점이 작을수록 활성지수는 높아지며 하역작업의 효율이 증가

ㄷ 이동거리 및 시간최소화의 원칙: 하역작업의 이동거리를 최소화하여 작업 효율성 증대

ㄹ 유닛로드 원칙(단위화의 원칙): 화물을 어떤 특정 단위(중량, 부피)로 단위화하는 것

ㅁ 시스템화의 원칙: 종합인 관점에서 시스템 전체의 균형을 염두에 두고, 시너지효과 제고

ⓑ 기계화의 원칙: 자동화를 통해 하역작업의 효율성과 경제성을 증가

ⓢ 인터페이스의 원칙(호환성 원칙): 하역작업 공정 간 접점이 원활하도록 소통함을 의미

3. 철도운송 시 하역방식 〔기출 21-2〕

① COFC(Container on Flat Car): 컨테이너만을 화차에 싣는 방식으로 대량의 컨테이너를 신속히 취급

ㄱ 세로–가로방식(지게차 이용): 탑핸들러 또는 리치스태커 등을 이용하는 방식

ㄴ 매달아 싣기(크레인 이용): 컨테이너를 신속히 처리하는 방법으로 매달아 싣는 방식

ㄷ 플렉시 밴(Flexi–Van): 트럭이 화물열차에 대해 직각으로 후진하여 무개화차에 컨테이너를 바로 싣고, 화차에는 회전판(Turn Table)이 달려 있어 컨테이너를 90° 회전시켜 고정시킴

② TOFC(Trailer on Flat Car): 화차 위에 고속도로용 트레일러를 동시에 적재하는 방식

ㄱ 피기백 방식: 화차 위에 화물을 적재한 트럭 등을 적재한 상태로 운송을 하는 형태

ㄴ 캥거루 방식: 트레일러 바퀴가 화차에 접지되는 부분을 경사진 요철형태로 만들어 트레일러의 적재높이가 낮아지도록 하여 운송하는 형태

4. 일관파렛트화 〔기출 25-1〕

① 개념: 파렛트화는 파렛트를 기본도구로 유닛로드시스템을 구축하여 하역을 기계화하고, 운송·보관·포장의 각 기능을 합리화하는 것이며, **일관파렛트화**란 발송지로부터 최종 도착지까지 파렛트에 적재된 화물을 운송, 보관, 하역하는 물류활동과정 중 환적하지 않고 이동시키는 것으로, 하역의 기계화를 통한 보관 효율성 향상을 위한 것

② 경제적 효과

ㄱ 수송의 편의성 증가

ㄴ 트럭 회전율의 향상

ㄷ 제품파손의 감소와 포장비의 절감

ㄹ 하역시간 단축에 따른 작업 인원의 감소

THEME 30 　물류비 분류와 물류 아웃소싱

1 기업물류비

1. 물류비를 산정하는 목적

① 물류활동의 계획, 통제 및 평가를 위한 정보 제공

② 물류 원가관리를 위한 자료 제공

③ 물류활동에 관한 문제점 파악

④ 물류활동의 규모 파악

2. 물류비 분류체계 `기출 24-1, 23-1`

기업물류비 산정지침(국토교통부 고시) 및 물류 실무에 따른 분류

분류	영역별	기능별	지급형태별 (자가·위탁별)	세목별	관리항목별	조업도별
비목 분류	• 조달물류비 • 사내물류비 • 판매물류비 • 역물류비 – 반품, 회수, 폐기	• 운송비 • 보관비 • 포장비 • 하역비 • 물류정보비	• 자가물류비 • 위탁물류비 : 2PL~4PL	• 재료비 • 노무비 • 경비 • 이자비용	• 조직별 • 제품별 • 지역별 • 고객별 • 운송수단별	• 고정물류비 • 변동물류비

※ 운송비 > 보관비 > 포장비 > 하역비 등의 순으로 '운송비'가 가장 큰 비중 차지

① **영역별 물류비**

  ㉠ **조달물류비**: 물자(원자재, 부품, 제품 등 포함)의 조달처로부터 운송되어 매입자의 보관창고에 입고·관리되어 생산공정에 투입되기 직전까지의 물류활동에 따른 물류비

  ㉡ **사내물류비**: 매입물자의 보관창고에서 완제품 등의 판매를 위한 장소까지의 물류활동에 따른 비용(다만, 재료의 생산이나 제품의 제조공정 내에서 발생하는 비용은 제외)

  ㉢ **판매물류비**: 생산된 완제품 또는 매입한 상품을 판매창고에서 보관하는 활동부터 고객에게 인도될 때까지의 물류비

  ㉣ **역물류비**: 회수물류비, 폐기물류비, 반품물류비로 세분화

    ⓐ **회수물류비**: 공용기와 포장자재 등이 회수되어 재사용 가능할 때까지의 물류비

    ⓑ **폐기물류비**: 제품이나 상품, 포장용 또는 수송용 용기나 자재 등을 회수하여 폐기할 때까지의 물류비

    ⓒ **반품물류비**: 판매한 제품·상품 또는 위탁판매한 제품·상품의 취소, 위탁의 취소 등의 물류활동에 따른 물류비

② **기능별 물류비** `기출 24-1`

  ㉠ **운송비**: 물자를 물류거점 간 및 고객에게 이동시키는 활동에 따른 물류비

    ⓐ **수송비**: 기업의 필요에 따라 물자를 물류거점까지 이동시키는 물류비

    ⓑ **배송비**: 물자를 고객에게 배달시키는 물류비

  ㉡ **보관비**: 물자를 창고 등의 물류시설에 보관하는 활동에 따른 물류비

  ㉢ **하역비**: 유통가공 및 운송, 보관, 포장 등의 업무에 수반하여 상차 및 하차, 피킹, 분류 등 물자를 상하·좌우로 이동시키는 물류비

　　ⓔ 포장비: 물자 이동과 보관을 용이하게 하기 위하여 실시하는 상자, 골판지, 파렛트 등의 물류 포장활동에 따른 물류비

　　ⓜ 물류정보·관리비: 물류활동 및 물류기능과 관련된 정보처리와 관리에 따른 물류비

3. 물류비 산정절차

물류관리 목표 설정 → 현황 파악 및 분석 → 물류비 자료의 식별과 입수(물동량 파악) → 물류계획의 검토 → 물류예산 편성 → 물류비 계산 및 보고

4. 물류채산분석과 물류원가분석　기출 24-2, 24-1, 22-3, 22-1

① 개념: 물류채산분석은 현재 실시하고 있는 물류업무에 대한 타당성 분석이나 신규 물류시설에 대한 경제성 분석, 물류개선안에 대한 의사결정 분석기법에 해당, 반면 물류원가분석은 물류활동에서 발생하는 원가를 분석하고 성과를 측정하는 반복적인 분석

② 물류채산분석기법

　　㉠ 총비용접근법(Total Cost Approach): 물류 개선에 관해서 요구되는 모든 비용 중에서 각 비용의 부분적인 절감이 아닌 비용총액의 관점에서 어떻게 비용을 절감할 것인가에 대한 종합적 분석방법(전체적 관점)

　　㉡ 비용상충분석법(Cost Trade-off Analysis): 물류업무를 추진할 때 이율배반적인 관계가 발생하는 경우 **원가의 비교를 중심**으로 하여 채산성을 분석하는 방법(부분적 관점)

③ 비교

구분	물류채산분석	물류원가분석
계산목적	물류활동의 의사결정	물류활동의 업적평가
계산대상	**특정**의 개선안, 투자안	**물류업무의 전반**
계산기간	개선안의 전(특정) 기간	예산기간(월, 분기, 연도별)
계산시기	의사결정 시 실시	각 예산기별로 실시
계산방식	**상황**에 따라 상이	**항상 일정**
계산의 계속성	임시적으로 계산	반복적으로 계산
물류원가의 종류	미래원가, 실제원가	표준원가, 실제원가
할인계산의 유무	할인계산함	할인계산 안 함

2 물류 아웃소싱과 제3자 물류

1. 물류 아웃소싱

① 물류 아웃소싱의 개념: 아웃소싱은 한 기업이 보유한 **핵심역량** 분야에 기업의 인적·물적 자원을 **집중**시키고, 비핵심부분에 대해서는 일체를 해당 분야의 전문업체에 위탁함으로써 기업경쟁력을 높이려는 전략

② 물류 아웃소싱의 장·단점 [기출 23-2, 22-2, 21-2]

장점	• 고정비용 절감 및 환경대응의 유연성 획득 가능 • 규모의 경제 효과를 향유(비용절감 및 서비스 수준 상승) • 분업의 원리를 통한 이득
단점	• 아웃소싱업체에 대한 통제력이 없어 리드타임 조절이 곤란 • 자사물류보다 컴플레인에 대한 대처가 미흡 • 외주물류 기능에 대한 통제력 낮음

③ 물류 아웃소싱의 효과
  ㉠ 제조업체가 물류 아웃소싱을 추구할 때, 그 업체는 전문화의 이점을 살려 고객 욕구의 변화에 대응하여 주력사업에 집중할 수 있음
  ㉡ 물류공동화와 물류표준화가 가능
  ㉢ 물류시설 및 장비를 이중으로 투자하는 데 따르는 투자위험의 회피가 가능
  ㉣ 기업의 경쟁우위 확보 및 사회적 비용의 절감과 국가경쟁력 강화에 기여 가능

④ 팬먼 & 와이즈의 물류 아웃소싱 성공전략 [기출 21-1, 20-2]
  ㉠ 물류 아웃소싱은 기업 전체의 전략과 일치해야 함
  ㉡ 물류 아웃소싱의 성공은 최고경영자(CEO)의 관심과 지원이 필요
  ㉢ 물류 아웃소싱의 목표는 비용절감 및 고객만족에 있음
  ㉣ 인원감축에 대한 저항이 있으므로 적절한 인력관리전략으로 구성원들의 사기저하를 방지
  ㉤ 지출되는 물류비용을 정확히 파악하여 아웃소싱 시 비용절감 효과를 측정해야 함

2. 제3자 물류(3PL) [기출 21-3, 21-1, 20-3]

① 제3자 물류의 개념
  ㉠ 물류정책기본법: 제3자 물류란 화주가 그와 대통령령으로 정하는 특수관계에 있지 아니한 물류기업에 물류활동의 일부 또는 전부를 위탁하는 것을 의미
  ㉡ 3PL: 화주기업과 물류전문기업이 장기적인 계약에 기초하여 전략적 제휴를 맺고, 화주기업이 물류활동의 전부 또는 일부를 물류전문기업에 위탁하는 것을 의미

② 자가·위탁별 물류의 분류

제1자 물류	자가물류 형태, 제조기업이 물류를 동시에 진행
제2자 물류	자회사물류, 우리나라 대기업의 물류형태 **예** 현대글로비스
제3자 물류	전문 물류기업에 위탁, 타회사 물동량 비중이 60%를 상회할 경우
제4자 물류	제3자 물류 + IT 기술 + 글로벌 컨설팅 기능

 **Tip**

> 4PL: "화주기업에게 포괄적인 공급사슬 솔루션을 제공하기 위해, 물류서비스 제공기업이 자사의 부족한 부문을 보완할 수 있는 타사의 경영자원, 능력 및 기술과 연계하여 보다 완전한 공급사슬 솔루션을 제공하는 공급사슬 통합"이라고 정의

③ 제3자 물류의 기대효과

　㉠ 물류시설에 대한 고정비 감소로 규모의 경제 효과를 얻을 수 있어 물류의 합리화 실현

　㉡ 물류비 절감과 동시에 물류서비스의 향상으로 제조기업의 경쟁력을 강화

　　ⓐ 핵심역량에 대한 집중력 강화

　　ⓑ 유연성(Flexibility)의 향상

　㉢ 정보공유에 의한 효율적인 업무개선

　㉣ SCM 도입 및 확산을 촉진하는 매개역할 수행

④ 제3자 물류와 물류 아웃소싱의 비교

구분	제3자 물류	물류 아웃소싱
화주와의 관계	전략적 제휴, 계약 기반	수·발주관계, 거래 기반
관계의 특징	협력적 관계	일시적 관계
서비스의 범위	종합물류서비스 지향	수송, 보관 등 기능별 서비스 지향
정보 공유	필수적	불필요
도입결정 권한	최고경영자	중간관리자
관리형태	통합관리형	분산관리형
운영기간	중장기	단기, 일시

3. 제4자 물류(4PL)

제4자 물류(4PL)는 제3자 물류업체가 IT 기술을 기반으로 물류 컨설팅업을 수행하는 것을 의미함. 공급사슬 전체의 운영 및 관리에 목표를 두고, 물류비 절감과 서비스를 극대화하기 위해 물류회사, 컨설팅회사 및 IT회사가 컨소시엄을 구성하여 참여하는 방식을 취함

THEME 31 기업윤리

1 기업윤리 기출 25-3

1. 기업윤리의 의의 및 중요성 기출 25-3, 25-2, 23-3, 22-2, 21-1

① 의의: 기업경영 상황에서 나타나는 행동이나 태도의 옳고 그름을 구분하는 판단기준으로 지속가능경영의 본질적인 요소

② 중요성
- ㉠ 기업윤리는 기업을 지속시키는 원동력으로 기업이 사회 속에서 **계속기업으로 건전성을 지속**시키는 기초를 제공
- ㉡ 기업은 이윤극대화를 추구하는 경제적 조직체이나, 점차 이해관계자가 확대되고 기업의 사회적 책임이 대두되면서 기업이 윤리적인 **사회적 책임**을 다하는 경영이 중요해짐
- ㉢ 기업윤리는 기업의 건전한 **경쟁력을 강화**시키는 전략적 요소로써 환경기업, 사회적 기여, 투명한 기업지배구조 구축을 통해 지속가능경영의 토대가 되고 있음
- ㉣ 기업의 사회적 책임에는 경제적, 법적, 윤리적, 자선적 책임뿐만 아니라 이익을 사회에 공유·환원하는 것도 포함
- ㉤ 기업의 활동이 윤리성을 바탕으로 이루어지면 기업 이미지가 좋아지고 장기적으로 성장과 발전에 도움을 줌

2. 기업윤리의 기본원칙 기출 24-2, 23-2, 23-1

구분	지켜야 할 기본윤리
주주에 대한 윤리	투명한 경영, 자금횡령, 부당한 배당 금지, 내부거래, 분식회계
사회에 대한 윤리	공해발생과 오염물질 배출 금지, 분식회계 금지
종업원에 대한 윤리	성차별대우, 부당노동 강요행위 금지, 프라이버시 침해
거래처에 대한 윤리	부당한 반품, 리베이트 요구 금지
경쟁사에 대한 윤리	부당한 인력 유출, 기술노하우 유출행위 금지
고객에 대한 윤리	유해상품판매, 허위과장광고, 가짜상표

3. 유통기업의 사회적 책임(CSR) 기출 25-3, 24-1, 22-2

① 사회적 책임의 개념
- ㉠ CSR의 개념: 유통기업의 사회적 책임(CSR)은 기업이 성장뿐만 아니라 환경적, 사회적, 윤리적 문제에 대해 균형을 갖지 못하면 결코 '지속가능경영'을 갖출 수 없다는 것을 의미하며, 기업의 사회적 책임에는 **경제적 책임, 법적 책임, 윤리적 책임, 자선적 책임**이 있음
- ㉡ CSR이 요구되는 이유
  - ⓐ 기업 종업원부터 지역사회나 정부에까지 미치는 막대한 영향력에 상응하는 책임이 요구
  - ⓑ 기업의 경제활동으로 인해 발생하는 외부불경제 효과가 발생
  - ⓒ 규모의 경제를 추구하려 대형화되는 과정에서 발생하는 기업의 영향력 증대
  - ⓓ 정보통신기술과 산업고도화 등과 같은 환경요인 간의 상호작용이 증대

② 사회적 책임의 국제표준(ISO 26000)
- ㉠ ISO 26000은 국제표준화기구(ISO)가 제정한 기업의 사회적 책임(CSR)에 대한 국제표준
- ㉡ CSR의 표준은 환경경영, 정도경영 및 사회공헌 등 3분야로 구분
  - ⓐ **환경경영**: 환경보호 및 관리를 포함한 지속 가능한 발전
  - ⓑ **정도경영**: 주주권한·노사관계·법령준수와 함께 임직원의 윤리성
  - ⓒ **사회공헌**: 자선활동에 더하여 전략적 사회공헌활동까지 포함

③ ESG: 현재 세대의 필요를 충족시키기 위해 미래 세대가 사용할 환경, 사회, 지배구조 등의 자원을 낭비하거나 여건을 저하시키지 아니하고 조화와 균형을 이루는 지속 가능한 기업 경영을 의미

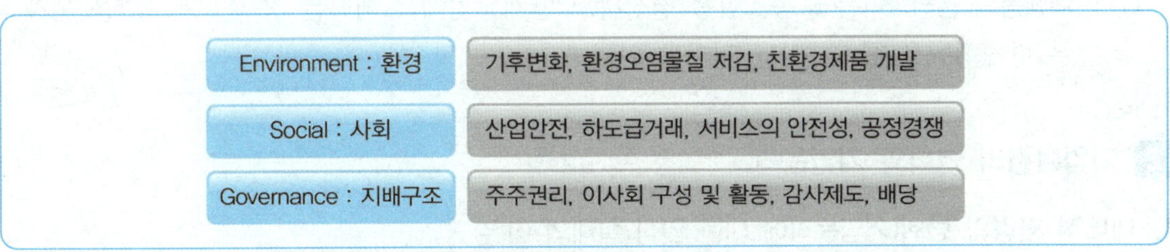

❚ ESG 경영: 기업의 비재무적 성과측정 기준 ❚

4. 공급자와의 거래에서 발생하는 비윤리적 문제 기출 23-2, 21-3

① **역매입**: 입점비와 마찬가지로 점포에 입점하기 위해 공급업체와 소매유통기업이 암묵적 합의하에 사용하는 전략
  - 예 유통기업이 공급업체에게 경쟁자의 상품을 역매입하게 하여 경쟁자의 상품을 제거하고 그 공간에 공급업체 상품을 진열하게 하는 경우
② **역청구**: 소매상이 공급업체로부터 발생한 상품 수량의 차이에 대해 대금을 공제하는 것
③ **구속적 계약**: 사고자 하는 상품을 구입하기 위해서 사고 싶지 않은 상품까지도 소매업체가 구입하도록 하는 공급업체와 소매업체 간에 맺는 협정을 의미

④ **회색시장(Gray-Market)**: 유통업자가 제조업자나 공식 수입업자 동의 없이 외국에서 적법하게 제조된 물품을 직접 구매해서 국내에 저가로 판매하는 시장을 의미함. **병행수입시장**을 총칭해서 회색시장이라 칭함

장점	• 대형 유통업체 등에 의한 병행수입 확대는 공식 수입업체가 가격을 인하하는 긍정적 효과
단점	• 공식 수입업체와는 달리 A/S 및 보증 등 서비스품질에 문제 소지가 있음 • 제조업체와 유통업자, 소비자 간의 신뢰관계 문제 발생

5. 종업원의 권리 기출 23-1

① **일할 권리**: 고용계약에 따라 일할 권리, 즉 부당하게 해고당하지 않으며, 부당하게 승진을 거부당하지 않아야 함
② **정당한 보수를 받을 권리**: 일한 만큼 그에 대한 대가로 정당한 보수와 함께 정당한 대우를 받아야 함
③ **프라이버시(사생활 보호)의 권리**: 종업원은 근무시간 이외의 시간을 자유롭게 이용할 권리가 있으며, 근무시간 중에도 프라이버시를 가질 권리가 있음
④ **안전한 작업장에서 일할 권리**: 종업원은 안전한 작업장을 요구할 권리가 있고, 기업은 건강에 해가 없는 작업장을 제공할 권리가 있음
⑤ **근로생활의 질을 바랄 권리**: 종업원은 근로생활의 질을 바랄 권리가 있음
⑥ **외부활동을 할 권리**: 종업원은 근무시간 이외의 시간은 자유의사에 따라 회사의 간섭을 받지 않고 정치활동을 포함한 외부활동을 자유롭게 할 권리가 있음
⑦ **단체행동의 권리**: 이는 노동조합을 결성하고 단체교섭에 실패하는 경우 노동조합을 통해 파업과 같은 단체행동을 할 수 있는 권리를 의미

2 기업환경의 변화와 기업윤리

1. 대내적 환경의 변화(기업윤리에 대한 인식 확대의 이유)

① 기업의 영업관행과 사회적 가치관의 차이 확대
② 기업에 대한 사회적 신뢰의 위기
③ 뇌물방지법의 영향
④ 기업지배구조에 대한 인식의 변화
⑤ 삶의 질을 중시하는 경향
⑥ 여론과 시민단체의 영향력 증대

2. 국제적 환경의 변화 기출 23-2

① 부패라운드
② 윤리라운드
③ 업계의 자율과 정부의 장려

3. 기타의 윤리문제

① **이해상충**: 소매업체의 의사결정자가 공급업자와의 사적인 관계로 인하여 정상적이고 합리적인 의사결정을 내릴 수 없을 때 발생

② **정보누설**: 회사의 업무와 관련된 내용 중에서 기밀에 속하는 내용은 종업원들이라면 누구나 배우자에게 유출해서는 안 됨

③ **회사 자산의 개인적 사용**: 사적인 장거리 전화 이용, 근무시간 중에 업무와 상관없는 인터넷 검색, 상사의 개인적인 일에 종업원 동원, 회사의 비품 부당취득, 고객 사은품 절취 등

④ **직장 이동**: 개인이 회사에서 습득한 주요 노하우나 기밀 등을 경쟁회사에 제공하고 더 나은 대우를 받는 것은 윤리적으로 정당한 일이라 할 수 없음. 회사는 종업원들이 이러한 유혹에 빠지지 않도록 종업원들에게 충분한 급여와 복지후생 등을 제공해야 함

4. 윤리문제의 대상이 되는 정보

① **지식재산권**: 저작권, 특허권, 상표권 등의 지적재산권은 보호되어야 하며, 이를 허가 없이 복사하거나 도용하는 것은 불법일 뿐만 아니라 비윤리적 행위가 됨

② **사생활 정보**: 사생활의 권리는 자신의 사생활에 대한 내용을 공개당하지 않고 사생활에 대해 간섭받지 않을 권리로, 기업에서도 사생활은 보호되어야 함

③ **사이버 공간의 윤리문제**: 사이버 공간의 윤리문제는 정보의 무차별적인 도달, 정보의 손쉬운 복사, 정보의 익명성, 언어사용 문제 등

④ **정보비대칭 문제** 기출 22-1, 20-추가

   ㉠ **도덕적 해이(Moral Hazard)**: 상대방의 행동을 관측할 수 없을 때 바람직하지 않은 행위를 하는 것을 말함. 원래 보험시장에서 사용하던 용어로, 제도적 허점을 이용하여 윤리적으로나 법적으로 자신이 해야 할 책임을 소홀히 하는 행동(감추어진 행동)

   ㉡ **대리인비용**: 대리인비용은 주인이 대리인에게 자신을 대신하도록 할 때 발생하는 비용으로, 주인과 대리인의 이해불일치와 정보비대칭 상황 등의 요인 때문에 발생

THEME 32　유통 관련 법규

1 유통산업발전법

1. 유통산업 관련 정책

① **유통산업발전법의 목적**: 유통산업의 효율적인 진흥과 균형 있는 발전을 꾀하고, 건전한 상거래질서를 세움으로써 소비자를 보호하고 국민경제의 발전에 이바지함을 목적으로 한다.

② 유통산업발전법의 기본방향과 계획
  ㉠ 유통산업시책의 기본방향
    ⓐ 유통구조의 선진화 및 유통기능의 효율화 촉진
    ⓑ 유통산업에서의 소비자 편익의 증진
    ⓒ 유통산업의 지역별 균형발전의 도모
    ⓓ 유통산업의 종류별 균형발전의 도모
    ⓔ 중소유통기업의 구조개선 및 경쟁력 강화
    ⓕ 유통산업의 국제경쟁력 제고
    ⓖ 유통산업에서의 건전한 상거래질서의 확립 및 공정한 경쟁여건의 조성
  ㉡ **유통산업발전기본계획의 내용**: 산업통상부장관은 유통산업의 발전을 위해 유통산업 발전의 기본방향 등이 포함된 유통산업발전기본계획을 5년마다 세우고, 기본계획에 따라 매년 시행계획을 세워야 한다.
    ⓐ 유통산업 발전의 기본방향
    ⓑ 유통산업의 국내외 여건 변화 전망
    ⓒ 유통산업의 현황 및 평가
    ⓓ 유통산업의 지역별·종류별 발전 방안
    ⓔ 산업별·지역별 유통기능의 효율화·고도화 방안
    ⓕ 유통전문인력·부지 및 시설 등의 수급 변화에 대한 전망
    ⓖ 중소유통기업의 구조개선 및 경쟁력 강화 방안
    ⓗ 대규모점포와 중소유통기업 및 중소제조업체 사이의 건전한 상거래질서의 유지 방안
    ⓘ 그 밖에 유통산업의 규제완화 및 제도개선 등 유통산업의 발전을 촉진하기 위하여 필요한 사항

2. 유통산업발전법의 주요 내용

① 용어의 정의 기출 23-2, 22-2, 21-2
  ㉠ **유통산업**: 농산물·임산물·축산물·수산물(가공물 및 조리물을 포함) 및 공산품의 도매·소매 및 이를 영위하기 위한 보관·배송·포장과 이와 관련된 정보·용역의 제공 등을 목적으로 하는 산업을 말한다.
  ㉡ **대규모점포**: 다음의 요건을 모두 갖춘 매장을 보유한 점포의 집단으로서 별표에 규정된 것을 말한다.
    ⓐ 하나 또는 대통령령이 정하는 둘 이상의 연접되어 있는 건물 안에 하나 또는 여러 개로 나누어 설치되는 매장일 것
    ⓑ 상시 운영되는 매장일 것
    ⓒ 매장면적의 합계가 $3,000\text{m}^2$ 이상일 것
  ㉢ **임시시장**: 다수의 수요자와 공급자가 일정한 기간 동안 상품을 매매하거나 용역을 제공하는 일정한 장소를 말한다.

  ㉣ **체인사업**: 같은 업종의 여러 소매점포를 직영하거나 같은 업종의 여러 소매점포에 대하여 계속적으로 경영을 지도하고 상품·원재료 또는 용역을 공급하는 사업을 말한다.

  ㉤ **상점가**: 일정 범위 안의 가로 또는 지하도에 대통령령으로 정하는 수 이상의 도매·소매점포 또는 용역점포가 밀집하여 있는 지구를 말한다.

  ㉥ **전문상가단지**: 같은 업종을 경영하는 여러 도매업자 또는 소매업자가 일정 지역에 점포 및 부대시설 등을 집단으로 설치하여 만든 상가단지를 말한다.

  ㉦ **공동집배송센터**: 여러 유통사업자 또는 제조업자가 공동으로 사용할 수 있도록 집배송시설 및 부대업무시설이 설치되어 있는 지역 및 시설물을 말한다.

  ㉧ **유통표준코드**: 상품·상품포장·포장용기 또는 운반용기의 표면에 표준화된 체계에 따라 표기된 숫자와 바코드 등으로서 산업통상부령으로 정하는 것을 말한다.

② **법규의 주요 내용**

  ㉠ 매장면적의 합계가 **3,000m²** 이상인 대규모점포를 개설하려는 자는 시장·군수·구청장에게 등록해야 한다.

  ㉡ 산업통상부장관은 유통표준코드의 보급에 관한 사항 등이 포함된 유통정보화시책을 세워 시행해야 한다.

  ㉢ 물류공동화를 촉진하기 위해 시·도지사의 추천을 받아 공동집배송센터로 지정할 수 있다.

  ㉣ 유통에 관한 분쟁을 조정하기 위해 특별시·광역시·특별자치시·도·특별자치도 및 시·군·구에 각각 유통분쟁조정위원회를 둘 수 있다.

  ㉤ **기타**: 대규모점포의 등록취소, 대규모점포 개설자의 업무 및 지위승계, 체인사업자의 경영개선사항, 체인사업자 지정, 상점가진흥조합, 전문상가단지, 유통전문인력의 양성, 유통관리사 제도 등에 관한 규정이 있다.

③ **대규모점포의 종류**(법 제2조 제3호 관련: 별표 1)

  ㉠ **대형마트**: 대통령령으로 정하는 용역의 제공장소(이하 '용역의 제공장소'라 한다)를 제외한 매장면적의 합계가 3,000m² 이상인 점포의 집단으로서 식품·가전 및 생활용품을 중심으로 점원의 도움 없이 소비자에게 소매하는 점포의 집단

  ㉡ **전문점**: 용역의 제공장소를 제외한 매장면적의 합계가 3,000m² 이상인 점포의 집단으로서 의류·가전 또는 가정용품 등 특정 품목에 특화한 점포의 집단

  ㉢ **백화점**: 용역의 제공장소를 제외한 매장면적의 합계가 3,000m² 이상인 점포의 집단으로서 다양한 상품을 구매할 수 있도록 현대적 판매시설과 소비자 편익시설이 설치된 점포로서 직영의 비율이 30% 이상인 점포의 집단

  ㉣ **쇼핑센터**: 용역의 제공장소를 제외한 매장면적의 합계가 3,000m² 이상인 점포의 집단으로서 다수의 대규모점포 또는 소매점포와 각종 편의시설이 일체적으로 설치된 점포로서 직영 또는 임대의 형태로 운영되는 점포의 집단

     ⑩ **복합쇼핑몰**: 용역의 제공장소를 제외한 매장면적의 합계가 3,000m² 이상인 점포의 집단으로서 쇼핑, 오락 및 업무 기능 등이 한 곳에 집적되고, 문화·관광 시설로서의 역할을 하며, 1개의 업체가 개발·관리 및 운영하는 점포의 집단

④ **체인사업의 구분**(법 제2조 제6호) `기출 22-3, 22-2`

     ㉠ **직영점형 체인사업**: 체인본부가 주로 소매점포를 직영하되, 가맹계약을 체결한 일부 소매점포에 대하여 상품의 공급 및 경영지도를 계속하는 형태의 체인사업

     ㉡ **프랜차이즈형 체인사업**: 독자적인 상품 또는 판매·경영 기법을 개발한 체인본부가 상호·판매방법·매장운영 및 광고방법 등을 결정하고, 가맹점으로 하여금 그 결정과 지도에 따라 운영하도록 하는 형태의 체인사업

     ㉢ **임의가맹점형 체인사업**: 체인본부의 계속적인 경영지도 및 체인본부와 가맹점 간 협업에 의하여 가맹점의 취급품목·영업방식 등의 표준화사업과 공동구매·공동판매·공동시설활용 등 공동사업을 수행하는 형태의 체인사업

     ㉣ **조합형 체인사업**: 같은 업종의 소매점들이 「중소기업협동조합법」 제3조에 따른 중소기업협동조합 등을 설립하여 공동구매·공동판매·공동시설활용 등 사업을 수행하는 형태의 체인사업

⑤ **유통관리사의 직무**(법 제24조 제1항) `기출 25-2`

     ㉠ 유통경영·관리 기법의 향상

     ㉡ 유통경영·관리와 관련한 계획·조사·연구

     ㉢ 유통경영·관리와 관련한 진단·평가

     ㉣ 유통경영·관리와 관련한 상담·자문

     ㉤ 그 밖에 유통경영·관리에 필요한 사항

⑥ **유통정보화시책**(법 제21조 제1항) `기출 25-3` : 산업통상부장관은 유통정보화의 촉진 및 유통부문의 전자거래 기반을 넓히기 위하여 다음의 사항이 포함된 유통정보화시책을 세우고 시행하여야 한다.

     ㉠ 유통표준코드의 보급

     ㉡ 유통표준전자문서의 보급

     ㉢ 판매시점 정보관리시스템의 보급

     ㉣ 점포관리의 효율화를 위한 재고관리시스템·매장관리시스템 등의 보급

     ㉤ 상품의 전자적 거래를 위한 전자장터 등의 시스템의 구축 및 보급

     ㉥ 다수의 유통·물류기업 간 기업정보시스템의 연동을 위한 시스템의 구축 및 보급

     ㉦ 유통·물류의 효율적 관리를 위한 무선주파수 인식시스템의 적용 및 실용화 촉진

     ㉧ 유통정보 또는 유통정보시스템의 표준화 촉진

     ㉨ 그 밖에 유통정보화를 촉진하기 위하여 필요하다고 인정되는 사항

⑦ **상점가진흥조합에 대한 지원**(법 제19조) `기출 24-2` : 지방자치단체의 장은 상점가진흥조합이 다음의 사업을 하는 경우에는 예산의 범위에서 필요한 자금을 지원할 수 있다.

     ㉠ 점포시설의 표준화 및 현대화

ⓛ 상품의 매매·보관·수송·검사 등을 위한 공동시설의 설치

ⓒ 주차장·휴게소 등 공공시설의 설치

ⓔ 조합원의 판매촉진을 위한 공동사업

ⓜ 가격표시 등 상거래질서의 확립

ⓗ 조합원과 그 종사자의 자질향상을 위한 연수사업 및 정보제공

ⓢ 그 밖에 지방자치단체의 장이 상점가 진흥을 위하여 필요하다고 인정하는 사업

⑧ 대규모점포등에 대한 영업시간의 제한(법 제12조의2) 기출 23-3

　　㉠ 특별자치시장·시장·군수·구청장은 건전한 유통질서 확립, 근로자의 건강권 및 대규모점포 등과 중소유통업의 상생발전을 위하여 필요하다고 인정하는 경우 대형마트와 준대규모점포에 대하여 다음의 영업시간 제한을 명하거나 의무휴업일을 지정하여 의무휴업을 명할 수 있다. 다만, 연간 총매출액 중 「농수산물 유통 및 가격안정에 관한 법률」에 따른 농수산물의 매출액 비중이 **55% 이상**인 대규모점포등으로서 해당 지방자치단체의 조례로 정하는 대규모점포등에 대하여는 그러하지 아니하다.

　　　　ⓐ 영업시간 제한

　　　　ⓑ 의무휴업일 지정

　　㉡ 특별자치시장·시장·군수·구청장은 **오전 0시부터 오전 10시**까지의 범위에서 영업시간을 제한 할 수 있다.

　　㉢ 특별자치시장·시장·군수·구청장은 매월 **이틀**을 의무휴업일로 지정하여야 한다. 이 경우 의 무휴업일은 공휴일 중에서 지정하되, 이해당사자와 합의를 거쳐 공휴일이 아닌 날을 의무휴업 일로 지정할 수 있다.

　　㉣ 위 ㉠부터 ㉢까지의 규정에 따른 영업시간 제한 및 의무휴업일 지정에 필요한 사항은 해당 지 방자치단체의 **조례**로 정한다.

2 전자문서 및 전자거래 기본법과 소비자기본법

1. 전자문서 및 전자거래 기본법

① 용어의 정의 기출 25-3, 25-1

　　㉠ 전자문서: 정보처리시스템에 의하여 전자적 형태로 작성·변환되거나 송신·수신 또는 저장된 정보

　　㉡ 정보처리시스템: 전자문서의 작성·변환, 송신·수신 또는 저장을 위하여 이용되는 정보처리 능력을 가진 전자적 장치 또는 체계

　　㉢ 작성자: 전자문서를 작성하여 송신하는 자

　　㉣ 수신자: 작성자가 전자문서를 송신하는 상대방

　　㉤ 전자거래: 재화나 용역을 거래할 때 그 전부 또는 일부가 전자문서 등 전자적 방식으로 처리되 는 거래

② 전자문서

    ㉠ 전자문서는 다른 법률에 특별한 규정이 있는 경우를 제외하고는 전자적 형태로 되어 있다는 이유로 문서로서의 효력이 부인되지 아니한다.

    ㉡ 전자문서는 작성자 또는 그 대리인이 해당 전자문서를 송신할 수 있는 정보처리시스템에 입력한 후 해당 전자문서를 수신할 수 있는 정보처리시스템으로 전송한 때 송신된 것으로 본다.

    ㉢ 작성자가 전자문서를 송신하면서 명시적으로 수신 확인을 요구하였으나 상당한 기간 내에 수신 확인 통지를 받지 못하였을 때에는 작성자는 그 전자문서의 송신을 철회할 수 있다.

2. 전자거래사업자의 일반적 준수사항(법 제17조) 기출 19-3

전자거래사업자는 전자거래와 관련되는 소비자를 보호하고 전자거래의 안전성과 신뢰성을 확보하기 위하여 다음의 사항을 준수하여야 한다.

① 상호(법인인 경우에는 대표자의 성명을 포함한다)와 그 밖에 자신에 관한 정보와 재화, 용역, 계약조건 등에 관한 정확한 정보의 제공

② 소비자가 쉽게 접근·인지할 수 있도록 약관의 제공 및 보존

③ 소비자가 자신의 주문을 취소 또는 변경할 수 있는 절차의 마련

④ 청약의 철회, 계약의 해제 또는 해지, 교환, 반품 및 대금환급 등을 쉽게 할 수 있는 절차의 마련

⑤ 소비자의 불만과 요구사항을 신속하고 공정하게 처리하기 위한 절차의 마련

⑥ 거래의 증명 등에 필요한 거래기록의 일정기간 보존

3. 소비자기본법

① 용어의 정의

    ㉠ **소비자**: 사업자가 제공하는 물품 또는 용역을 소비생활을 위하여 사용하는 자 또는 생산활동을 위하여 사용하는 자

    ㉡ **사업자**: 물품을 제조(가공 또는 포장을 포함)·수입·판매하거나 용역을 제공하는 자

    ㉢ **소비자단체**: 소비자의 권익을 증진하기 위하여 소비자가 조직한 단체

    ㉣ **사업자단체**: 둘 이상의 사업자가 공동의 이익을 증진할 목적으로 조직한 단체

② 소비자의 기본적 권리와 책무 기출 22-3

    ㉠ 소비자의 기본적 권리(법 제4조)

        ⓐ 물품 또는 용역으로 인한 생명·신체 또는 재산에 대한 위해로부터 보호받을 권리

        ⓑ 물품 등을 선택함에 있어서 필요한 지식 및 정보를 제공받을 권리

        ⓒ 물품 등을 사용함에 있어서 거래상대방·구입장소·가격 및 거래조건 등을 자유로이 선택할 권리

        ⓓ 소비생활에 영향을 주는 국가 및 지방자치단체의 정책과 사업자의 사업활동 등에 대하여 의견을 반영시킬 권리

ⓔ 물품 등의 사용으로 인하여 입은 피해에 대하여 신속·공정한 절차에 따라 적절한 보상을 받을 권리

ⓕ 합리적인 소비생활을 위하여 필요한 교육을 받을 권리

ⓖ 소비자 스스로의 권익 증진을 위해 단체를 조직하고 이를 통해 활동할 수 있는 권리

ⓗ 안전하고 쾌적한 소비생활 환경에서 소비할 권리

ⓛ **소비자의 책무**(법 제5조)

　ⓐ 소비자는 사업자 등과 더불어 자유시장경제를 구성하는 주체임을 인식하여 물품 등을 올바르게 선택하고, 소비자의 기본적 권리를 정당하게 행사하여야 한다.

　ⓑ 소비자는 스스로의 권익을 증진하기 위해 필요한 지식과 정보를 습득하도록 노력하여야 한다.

　ⓒ 소비자는 자주적이고 합리적인 행동과 자원절약적이고 환경친화적인 소비생활을 함으로써 소비생활의 향상과 국민경제의 발전에 적극적인 역할을 다하여야 한다.

ⓒ **사업자의 책무**(법 제19조)

　ⓐ 사업자는 물품 등으로 인하여 소비자에게 생명·신체 또는 재산에 대한 위해가 발생하지 아니하도록 필요한 조치를 강구하여야 한다.

　ⓑ 사업자는 물품 등을 공급함에 있어서 소비자의 합리적인 선택이나 이익을 침해할 우려가 있는 거래조건이나 거래방법을 사용하여서는 아니 된다.

　ⓒ 사업자는 소비자에게 물품 등에 대한 정보를 성실하고 정확하게 제공하여야 한다.

　ⓓ 사업자는 소비자의 개인정보가 분실·도난·누출·변조 또는 훼손되지 아니하도록 그 개인정보를 성실하게 취급하여야 한다.

　ⓔ 사업자는 물품 등의 하자로 인한 소비자의 불만이나 피해를 해결하거나 보상하여야 하며, 채무불이행 등으로 인한 소비자의 손해를 배상하여야 한다.

③ **국가의 위해방지 기준설정**(법 제8조 제1항) 기출 22-2 : '국가'는 사업자가 소비자에게 제공하는 물품 등으로 인한 소비자의 생명·신체 또는 재산에 대한 위해를 방지하기 위하여 물품 등의 성분·함량·구조 등 안전에 관한 중요한 사항, 물품 등을 사용할 때의 지시사항이나 경고 등 표시할 내용과 방법, 그 밖에 위해방지를 위하여 필요하다고 인정되는 사항에 관하여 사업자가 지켜야 할 기준을 정하여야 한다.

④ **표시의 기준**(법 제10조 제1항): 국가는 소비자가 사업자와의 거래에 있어서 표시나 포장 등으로 인하여 물품 등을 잘못 선택하거나 사용하지 아니하도록 물품 등에 대하여 다음 사항에 관한 표시기준을 정하여야 한다.

ㄱ 상품명·용도·성분·재질·성능·규격·가격·용량·허가번호 및 용역의 내용

ㄴ 물품 등을 제조·수입 또는 판매하거나 제공한 사업자의 명칭 및 물품의 원산지

ㄷ 사용방법, 사용·보관할 때의 주의사항 및 경고사항

ㄹ 제조연월일, 부품보유기간, 품질보증기간 또는 식품이나 의약품 등 유통과정에서 변질되기 쉬운 물품은 그 유효기간

ㅁ 표시의 크기·위치 및 방법

ⓑ 물품 등에 따른 불만이나 소비자피해가 있는 경우의 처리기구 및 처리방법

ⓢ 「장애인차별금지 및 권리구제 등에 관한 법률」에 따른 시각장애인을 위한 표시방법

⑤ **광고의 기준**(법 제11조): 국가는 물품 등의 잘못된 소비 또는 과다한 소비로 인하여 발생할 수 있는 소비자의 생명·신체 또는 재산에 대한 위해를 방지하기 위하여 다음의 어느 하나에 해당하는 경우에는 광고의 내용 및 방법에 관한 기준을 정하여야 한다.

   ㉠ 용도·성분·성능·규격 또는 원산지 등을 광고하는 때에 허가 또는 공인된 내용만으로 광고를 제한할 필요가 있거나 특정 내용을 소비자에게 반드시 알릴 필요가 있는 경우

   ㉡ 소비자가 오해할 우려가 있는 특정 용어 또는 특정 표현의 사용을 제한할 필요가 있는 경우

   ㉢ 광고의 매체 또는 시간대에 대하여 제한이 필요한 경우

⑥ **소비자의 능력 향상**(법 제14조)

   ㉠ 국가 및 지방자치단체는 소비자의 올바른 권리행사를 이끌고, 물품 등과 관련된 판단능력을 높이며, 소비자가 자신의 선택에 책임을 지는 소비생활을 할 수 있도록 필요한 교육을 하여야 한다.

   ㉡ 국가 및 지방자치단체는 경제 및 사회의 발전에 따라 소비자의 능력 향상을 위한 프로그램을 개발하여야 한다.

   ㉢ 국가 및 지방자치단체는 소비자교육과 학교교육·평생교육을 연계하여 교육적 효과를 높이기 위한 시책을 수립·시행하여야 한다.

   ㉣ 국가 및 지방자치단체는 소비자의 능력을 효과적으로 향상시키기 위한 방법으로 「방송법」에 따른 방송사업을 할 수 있다.

   ㉤ 소비자교육의 방법 등에 관하여 필요한 사항은 대통령령으로 정한다.

⑦ **소비자의 권익증진 관련 기준의 준수**(법 제20조)

   ㉠ 사업자는 국가가 정한 기준에 위반되는 물품 등을 제조·수입·판매하거나 제공하여서는 아니 된다.

   ㉡ 사업자는 국가가 정한 표시기준을 위반하여서는 아니 된다.

   ㉢ 사업자는 국가가 정한 광고기준을 위반하여서는 아니 된다.

   ㉣ 사업자는 국가가 지정·고시한 행위를 하여서는 아니 된다.

   ㉤ 사업자는 국가가 정한 개인정보의 보호기준을 위반하여서는 아니 된다.

⑧ **소비자중심경영의 인증**(법 제20조의2)

   ㉠ 공정거래위원회는 물품의 제조·수입·판매 또는 용역의 제공의 모든 과정이 '소비자중심경영'을 하는 사업자에 대하여 '소비자중심경영인증'을 할 수 있다.

   ㉡ 소비자중심경영인증을 받으려는 사업자는 대통령령으로 정하는 바에 따라 공정거래위원회에 신청하여야 한다.

   ㉢ 소비자중심경영인증을 받은 사업자는 대통령령으로 정하는 바에 따라 그 인증의 표시를 할 수 있다.

ㄹ 소비자중심경영인증의 유효기간은 그 인증을 받은 날부터 **3년으로** 한다.

ㅁ 공정거래위원회는 소비자중심경영을 활성화하기 위하여 대통령령으로 정하는 바에 따라 소비자중심경영인증을 받은 기업에 대하여 포상 또는 지원 등을 할 수 있다.

⑨ **분쟁의 조정**(법 제65조, 제66조, 제67조)

ㄱ 소비자와 사업자 사이에 발생한 분쟁에 관하여 규정에 따라 설치된 기구에서 소비자분쟁이 해결되지 아니하거나 합의권고에 따른 합의가 이루어지지 아니한 경우 당사자나 그 기구 또는 단체의 장은 조정위원회에 분쟁조정을 신청할 수 있다.

ㄴ 조정위원회는 분쟁조정을 신청받은 때에는 그 신청을 받은 날부터 **30일 이내**에 그 분쟁조정을 마쳐야 한다.

ㄷ 조정위원회는 정당한 사유가 있는 경우로서 30일 이내에 그 분쟁조정을 마칠 수 없는 때에는 그 기간을 연장할 수 있다.

ㄹ 조정위원회의 위원장은 분쟁조정을 마친 때에는 지체 없이 당사자에게 그 분쟁조정의 내용을 통지하여야 한다.

ㅁ 통지를 받은 당사자는 그 통지를 받은 날부터 15일 이내에 분쟁조정의 내용에 대한 수락 여부를 조정위원회에 통보하여야 한다. 이 경우 15일 이내에 의사표시가 없는 때에는 수락한 것으로 본다.

유통관리사 한권합격

2과목 상권분석

01 유통상권조사

THEME 01 상권의 개념

1 상권의 개념과 상권영향인자

1. 상권의 정의

① 상권의 개념 `기출 25-3, 24-1, 23-3, 21-3`

ㄱ 상권이란 상업지역의 영역이 미치는 범위 내지, 한 점포 또는 점포들의 집단이 고객을 흡인할 수 있는 지역적 범위로, 도·소매상권을 모두 포함하는 개념을 의미

ㄴ **상권**은 교환을 통한 상거래의 힘이 미치는 **범위(Range)**이며 거래의 대상이 정주하는 **배후지**와도 같은 개념. 반면 **입지(Location)**는 상권 내에서 특정 부지, 즉 한 **지점(Point)**을 의미

ㄷ 상권은 **매출액 및 고객흡인력**에 따라 1차 상권, 2차 상권, 3차 상권(한계상권)으로 구분

ㄹ 상권의 형태는 **원형이 아니라, 아메바와 같은 부정형** 형태가 일반적임

ㅁ 일반적으로 상권과 행정구역은 일치하지 않음

 **Tip**

> 상권과 유사한 개념들
> • **상권**: 한 점포 또는 점포집단이 고객을 흡인할 수 있는 지리적 범위
> • **상세권**: 어느 특정 상업집단(시장 혹은 상점가)의 상업세력이 미치는 범위
> • **판매권**: 소매점이 판매대상으로 삼고 있는 지역을 뜻함
> • **거래권**: 소매업 등에서 사용하는 것으로 거래의 대상이 되는 고객이 거주하고 있는 지역적 범위

② 상권에 영향을 주는 요인들(상권영향인자) `기출 25-3, 24-1, 23-3`

ㄱ 상권은 지리적·공간적 범위뿐만 아니라 사회적·행정적·경제적 여건에 따라 영향을 받는 가변적이고 신축적인 개념이므로, 현재뿐만 아니라 장래 후보지도 고려해야 함

ㄴ 상권의 범위는 점포의 크기, 점포의 업종·업태, 상가밀집도, 접근성뿐만 아니라 상품의 구색·가격대, 고객의 라이프 스타일(Life Style) 등에 영향을 받음

ㄷ 경쟁 상권의 위치와 규모, 지역의 인구밀도, 교통 여건 등도 상권의 범위에 영향을 미침

ㄹ **소비재를 기준으로 한 상권의 범위**: 전문품 > 선매품 > 편의품의 순으로 나타남

ㅁ **상권 크기의 결정요인**

> • 상권 내 점포밀집도
> • 상권 배후지의 인구밀도
> • 상권 내 점포들의 업종연관성
> • 점포의 주력 판매상품

③ **상권분석의 중요성**: 상권분석은 점포의 성공적인 출점을 위한 타당성분석 사항으로서 출점지역 및 상대적인 경쟁지역의 업종, 업태의 믹스상태, 배후지 소비자들의 구매력 추정과 라이프 스타일, 경제적·행정적인 규제의 정도 등을 파악할 수 있음

> • 특정 지점에서의 상권분석 및 입지선정은 사업의 성공과 실패를 좌우하는 가장 중요한 전략적 과제가 됨
> • 판촉홍보 효과 제고 및 경쟁업체의 입점에 대비
> • 도소매업의 경우 좋은 상권입지의 분석 및 선정이 사업성공을 좌우

2. 상권분석의 목적 `기출 25-3, 23-3`

① 상권분석을 통한 특정 지점에서의 입지선정계획 및 임대료 수준 파악
② 마케팅 광고·홍보 전략수립 및 잠재경쟁자의 입점가능성(**경쟁자 분석**)
③ 배후지 소비자들의 구매력 분석을 통한 예상 매출액 추정 및 라이프스타일 분석
④ 경쟁점포의 양립성 및 차별성 분석
⑤ 업종선택의 기준 마련 목적
⑥ 경제적·행정적인 규제 검토를 통한 점포 입지가능성 확인

3. 최근 상권분석의 환경적 특징

① 핵심상권의 시장점유율 확보가 매우 중요해짐
② 업체 간 경쟁 격화로 출점비용이 증가
③ 온라인 거래 증가로 인한 도심 내 물류시설에 대한 투자비중 점차 증가
④ 온라인 거래 증가로 소매점포 수가 감소

2 상권의 유형과 특징

구분	상권의 유형 분류
상권의 범위(규모)	도심상권 > 부도심상권 > 근린주거상권
계층구조별 범위	지역상권(총상권, 광역상권) > 지구상권 > 개별점포상권
영업의 범위	상세권, 판매권, 거래권
점포매출액 규모	1차 상권, 2차 상권, 3차 상권(한계상권)
경쟁의 정도	과다상권, 포화상권, 과소상권
소비자 특성	목적형 상권, 비목적형 상권

1. 상권의 범위에 따른 분류 [기출 24-3, 24-2, 24-1, 23-3, 22-1, 21-1]

① **도심상권**: 도시의 핵심을 이루며 상권의 범위가 넓고 중심상업지역(CBD)을 포함하는 도시의 중심상권으로, 역이나 터미널 등 대중교통의 중심지로 접근성이 가장 좋은 상권이 보편적임

② **부도심상권**: 도시 규모의 확장에 따라 여러 지역으로 인구가 분산·산재되어 생긴 지역으로, 근린형 소매중심지이며, 주된 소매업태는 슈퍼마켓, 일용잡화점, 소규모 소매점 등이 있음

③ **근린상권**: 근린상권(Neighborhood)은 주거지 근처에 있고, 사람들이 일상적으로 자주 쇼핑하거나 외식을 즐기는 상업지로, 생활 밀착형 업종의 점포들이 입지하는 경향이 큼

④ **역세권상권**: 지하철이나 철도역을 중심으로 형성되며 유동인구가 많고 지상과 지하 부지를 입체적으로 연계하여 개발

⑤ **아파트상권**: 인근 아파트 거주 고객의 비중이 높아 안정적인 수요 확보가 가능하지만 외부고객 유인은 어려움. 아파트상권은 중대형 면적이 많은 가구일수록 단지 내 상가이용률은 낮음

⑥ **포켓상권**: 독립상권이라고도 부르며, 상권 내 고객이 외부로 유출되지 않아 외부 상권의 영향을 거의 받지 않고 상권의 이익을 누릴 수 있음. 도로, 산 등 경계로 둘러싸인 상권이 전형적 포켓상권에 해당

2. 상권의 계층성

① **상권의 계층구조별 구분** [기출 25-3, 25-2, 24-1, 22-2, 21-2]

  ㉠ **지역상권(총상권지역 = 광역상권)**: 가장 포괄적인 상권 범위로, 도시의 행정구역과 거의 일치하여 시 또는 군을 포함하는 범위

  ㉡ **지구상권**: 집적된 상업시설이 갖는 상권의 범위로, 행정구역상 구를 포함하기 때문에 하나의 지역상권 내에는 여러 지구상권이 포함

  ㉢ **개별점포상권**: 지역상권과 지구상권 내 각각의 개별점포들이 형성하는 상권

② **매출액 및 고객흡인력에 따른 계층성 분류**: 상권의 분류방법 중 1차 상권, 2차 상권, 3차 상권(한계상권) 및 영향권으로 구분하는 것은 고객매출액 및 고객의 흡인력에 따른 분류방법으로, 이는 매출액을 향유하는 판매자 측면의 분류방법에 해당

  ㉠ **1차 상권**: 상권조사 시 분석의 중요성이 가장 큰 상권으로서, 도보로 10분 내외의 거리에 위치하고 점포매출액의 60~75%를 담당함. 개별점포로의 접근성이 좋고 고객들이 지리적으로 밀집되어 분포하고 있는 곳을 말함(편의품 위주)

  ㉡ **2차 상권**: 점포매출액의 15~20% 정도를 차지하며 1차 상권 외곽에 위치하는 상권으로서, 지역적으로는 1차 상권보다 넓게 분포함(선매품 위주)

  ㉢ **3차 상권(한계상권)**: 1·2차 상권에 포함되지 않는 상권으로서, 상권의 경계부분이 되는 지역으로 포괄적이고 광범위하게 분포되어 있으며, 매출액의 10% 이내를 차지함(전문품 또는 선매품 위주)

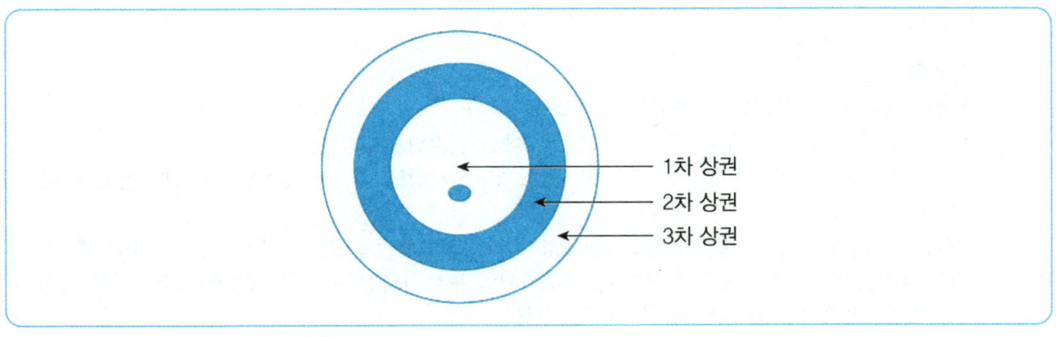

3. 개별점포상권의 특징

① 점포의 규모가 클수록 그 상권은 큼

② 전문품, 선매품을 취급하는 점포의 상권이 편의품을 취급하는 점포의 상권보다 큼

③ 교통편이 좋은 곳이나 집심성 점포들이 밀집하여 위치한 점포일수록 상권이 큼

④ 지명도가 높은 상점이거나, 개성이 강한 상품을 취급하는 점포일수록 멀리서라도 찾아오므로 상권의 범위가 넓음

⑤ 운송비, 판매비 등의 제반 비용이 적을수록 상권의 범위는 넓어짐

⑥ 오래 보존할 수 있는 내구재일수록 상권의 규모는 넓어짐

4. 구매습관에 의한 상권의 구분　기출 24-2, 22-3, 21-1

① **소매상점의 분류**: 상품의 종류에 따라서도 입지조건이 달라짐. 상품의 종류는 분류기준표에 따라 몇 가지로 나뉘는데, 구매주체에 따라 도매상과 소매상으로, 판매규모나 방법에 따라 시장·백화점·슈퍼마켓 등으로 나눌 수 있고, 구매습관에 따라 편의품점·선매품점·전문품점으로 구분

　㉠ **편의품점**(Convenience Store): 편의품, 즉 일상의 필수품을 판매하는 상점으로, 주로 저차원 중심에 입지

　㉡ **선매품점**(Shopping Goods Store): 선매품, 즉 여러 상점들을 통해 상호 비교 후에 구매하게 되는 상품을 취급하는 상점

　㉢ **전문품점**(Specialty Store): 좋은 상업지는 투자한 자본과 노력에 대하여 충분한 이익을 주지만, 이러한 대가는 개점과 더불어 즉각적으로 나타나는 것은 아니고 충분한 시간적 여유를 가져야 한다는 점에 유의해야 함(상권의 밀도는 낮고 범위는 넓음)

② **구매습관에 의한 상점의 상권 범위**: 편의품점은 저차 중심지에 위치하므로 동네 근린상권 범위가 적당하고, 선매품점은 중차 중심지에 위치하는 경우에 적정입지라 할 수 있으며, 전문품점은 고객의 제품에 대한 충성도에 따르는 경향이 강하므로 상권의 범위가 가장 광역적으로 형성될 수 있음

 **Tip**

상권의 범위
- 전문품점 > 선매품점 > 편의품점의 순으로 형성
- 운송비, 판매비 등의 제반 비용이 적을수록 상권의 범위는 넓어짐
- 대형점포일수록 상권의 범위는 커지고, 중소점포일지라도 유명 전문점일수록 개별상권은 상대적으로 넓어짐
- 상권의 범위와 관련해 레일리의 소매인력법칙이나 Huff의 확률모형 등의 수학적 모델에 의하면 인구가 많은 대도시일수록, 점포의 규모가 클수록, 점포까지의 도달거리(또는 소요시간)가 가까울수록 특정 소매점포의 고객흡인력(중력, Gravitation), 즉 상권은 커짐
- 오래 보존할 수 있는 내구재일수록 상권의 규모는 넓어짐

THEME 02　상권조사와 상권분석의 기초이론

1 상권조사의 개요

1. 상권조사의 개념

상권조사란 출점을 위한 특정 입지(Site)의 선정을 위해 선행되는 절차로, 상권분석의 기초가 되는 1·2차 데이터를 조사하는 일련의 절차를 뜻함

2. 상권조사의 내용　[기출 25-2, 25-1]

① **인구통계학적 자료**: 인구수, 세대수, 가족구성원 수, 주거 형태(단독주택, 아파트, 복합형). 인구통계학적 자료는 문헌, 기초통계자료 등 **2차 자료를 이용**하여 용이하게 조사 가능함

② **상권 형태 및 규모 파악**: 1차 상권, 2차 상권, 한계상권, 주간·야간상권, 고정·유동상권

③ **유동인구 조사**: 성별, 연령별, 시간대별, 요일별 통행객 수를 관찰하고 통행성격과 통행객의 수준을 파악

④ **통행차량 조사**: 통행차량의 수와 어느 시간대에 많이 지나가는지 파악

⑤ **경쟁점포 조사**: 예상되는 경쟁점포의 이용객 수, 계층, 제품의 가격대, 매장구성 장단점을 파악

⑥ **고객내점률 조사**: 상권조사 시 점포예정지의 고객내점률을 조사해야 하는데 이는 매출액을 추정하기 위한 조사사항으로, 경쟁점포나 유사업종의 매출액 조사를 통해 매출액을 추정할 수 있음

⑦ 집중 구매품목과 가격대 조사

⑧ **상권의 장래 전망**: 상권이란 사회적, 행정적 요인에 따라 변화의 과정 중에 있으므로 변화가능성을 파악하고 대형 집객시설의 개발정보를 수집, 그리고 지역의 도시계획 등을 조사해야 함

 **Tip**

> **경쟁점포 분석** [기출 25-2, 23-3] : 경쟁점포에 대한 분석은 상권 내 경쟁점포의 수와 분포뿐만 아니라 향후 잠재경쟁자 분석을 위해 업태 내 경쟁분석과 업태별 경쟁분석, 위계별 경쟁구조 분석, 경쟁·보완관계 분석이 모두 시행되어야 함

3. 상권의 질(質) [기출 23-3]

① 상권의 질을 평가하는 정량적 요소: 통행량, 야간 인구, 연령별 인구, 남녀 비율 등

② 상권의 질을 평가하는 정성적 요소: 통행객의 복장, 소지 물건, 보행 속도, 거리, 분위기 등

③ 특정 지역에 단일 목적 방문객보다는 서로 다른 목적으로 방문하는 통행객이 많을수록 상권의 질은 높아짐

④ 오피스형 상권은 목적성이 너무 강하므로 통행량이 많더라도 상권의 매력도가 높지 않을 수 있음

2 상권조사방법

1. 전수조사와 표본조사 [기출 24-1]

전수조사는 표본조사에 비해 표본 오차가 없다는 장점이 있지만, 조사대상 상권의 규모가 클수록 시간과 비용이 많이 소요되므로 모집단이 큰 경우 실시할 수 없음

2. 상권의 조사절차

> 지역분석 → 상권분석 → 입지분석 → 점포개점계획 → 소매믹스설계

3. 상권정보의 조사방법 [기출 24-3]

① **경쟁점포조사**: 경쟁점포의 업태 및 업종, 경쟁자의 수, 상권 내 시장점유율, 영업규모 등

② **현지조사법**: 도보 또는 교통수단을 이용하여 유동인구, 시간대별 통행량 및 교통량, 점포 예정지로의 접근성, 수요층의 연령대 등

③ **자료조사**: 2차 자료를 선행 수집하고, 목표고객 설정에 따른 1차 자료를 전략적으로 수집·조사

④ **점두조사(Instore Survey)**: 소비자를 지도로 분포할 수 있도록 주소단위로 조사, 쇼핑을 마친 내점객들 대상으로 직접 면접을 통해 주소를 물어 자사점포의 상권 범위를 알아내는 방법

⑤ **방문조사**: 상권 내에 거주하는 고객들을 CST Map에 의해 분류한 후에 표본집단을 선발하여 호별 방문을 통해 필요조사 사항을 수집

4. 상권조사를 위한 경계 설정

① **물리적(자연적) 경계**: 물리적 경계란 상권을 구분하는 실체적인 사물에 의한 구분으로 자연적인 경계물인 산, 강, 하천 등을 의미하고, 자연적인 경계 이외에 도로, 철도, 다리 등의 인공적인 경

계물에 의한 구분으로 경계를 기준할 수 있음
② 인문적(경제적) 경계
　㉠ 대중교통을 이용한 접근의 편리성
　㉡ 유통점포 매장에서 취급하는 상품의 넓이와 깊이
　㉢ 상권 내에서 파악되는 기존경쟁 및 대체경쟁의 정도

3 회귀분석　기출 25-1, 24-1, 23-3, 20-2

1. 회귀분석방식(Regression Analysis)

상권 범위 예측을 위해 점포 관련 독립변수와 종속변수를 찾아낸 다음, 회귀방정식을 도출하여 미래의 상권 예측 및 점포성과를 예측하는 데 활용하는 인과모형

2. 회귀분석법의 특징

① 회귀모형을 통해 점포 특성, 상권 내 경쟁수준 등 다양한 변수들이 점포성과에 미치는 상대적 영향을 측정할 수 있음
② 회귀분석모형에 포함되는 독립변수들은 서로 상관관계가 높지 않고 독립적이어야 함. 즉 상관관계가 많은 경우 신뢰성 있는 결과 도출이 어려움(다중공선성 문제)
③ 과거의 연구 결과를 토대로 여러 변수를 선택하여 회귀모형을 도출할 수 있음
④ 대상과 유사한 특성을 지닌 표본을 충분히 확보하기 어려운 경우 예측력이 낮아짐
⑤ 성과에 영향을 미치는 독립변수에 점포의 입지적 특성과 상권 내 경쟁 수준 등 포함 가능
⑥ 인구수, 소득 수준, 성별, 연령 등 상권 내 소비자들의 특성을 독립변수로 포함 가능

4 상권분석 기초이론

1. 농업지 입지론(튀넨의 고립국이론)

튀넨(J. von Thünen)의 고립국이론, 즉 농업입지론은 농업입지론뿐만 아니라 이후 공업지, 소매입지, 도심형성이론 중 동심원이론 등에 응용되었음. 특히 버제스(E. Burgess)의 동심원이론(지역공간구조이론)은 규범적 모형 중 크리스탈러(W. Christaller)의 중심지이론의 근거 배경이 되었다는 점에서 의미가 큼

2. 공업지 입지론

① 베버(A. Weber)의 최소비용이론
　㉠ 베버는 "공업지는 생산과 판매에 있어 운송비가 최소인 지점에서 입지한다."는 최소비용이론을 주장

ⓛ 원료지향형 입지와 시장지향형 입지의 비교

원료지향형 입지	시장지향형 입지
시멘트 제조업 등에 적합	식료품업, 맥주공장 등에 적합
부패하기 쉬운 원료생산업	부패하기 쉬운 제품생산업
국지적 원료 사용공장	보편원료 사용공장
원료수송비 > 제품수송비	제품수송비 > 원료수송비
공급자 중심적 시장 입지가 중요	소비자 접촉이 많은 입지가 중요
재고확보의 중요성이 상대적으로 낮음	재고확보의 중요성이 높음

② 뢰쉬(A. Lösch)의 최대수요이론

   ⓐ 뢰쉬는 베버의 입지론이 너무 생산비에만 치우쳐 있음을 지적하며 이의를 제기

   ⓛ 공업지는 이윤극대화를 위해 시장확대가능성이 가장 풍부한 곳에 입지해야 함을 주장

3. 상업지 이론

① 레일리(W. Reilly)의 소매인력법칙: 소매인력법칙은 두 개의 상권 사이에 존재하고 있는 소비자에 대한 영향력을 중력관계로 설명한 이론. 영향력의 크기는 중심의 크기에 비례하고 거리의 제곱에 반비례

② 넬슨(R. Nelson)의 소매입지이론: 최대의 이익을 얻을 수 있는 매출고를 확보하기 위하여 점포가 어디에 위치하고 있어야 하며, 어디에 입지해야 하는지를 알기 위하여 8가지 평가원칙을 제시

4. 지역공간구조이론 기출 23-3

도시 내부의 기능지역의 공간적 배열의 공통된 패턴 또는 규칙성에 대해 규명한 이론으로 동심원이론(Concentric Zone Theory), 선형이론(Sector Theory), 다핵심이론(Multiple Nuclei Theory) 등이 제시됨

① 버제스(E. Burgess)의 동심원이론(Concentric Zone Theory)

   ⓐ 동심원이론은 1925년 시카고 대학의 사회학자인 버제스에 의해서 발전, 튀넨의 고립국의 동심원이론 개념을 응용한 것으로, 버제스의 모델은 폭이 일정하지 않은 5개의 동심원지대로 구성되어 있음

   ⓛ 도시는 중심지에서 원을 그리면서 멀어질수록 도시문제, 접근성, 지대, 인구밀도가 낮아짐. 토지이용은 중심지인 '중심업무지구(CBD) → 전이지대 → 근로자 주택지구 → 중산층 주택지구 → 통근자 지대'로 형성된다고 함

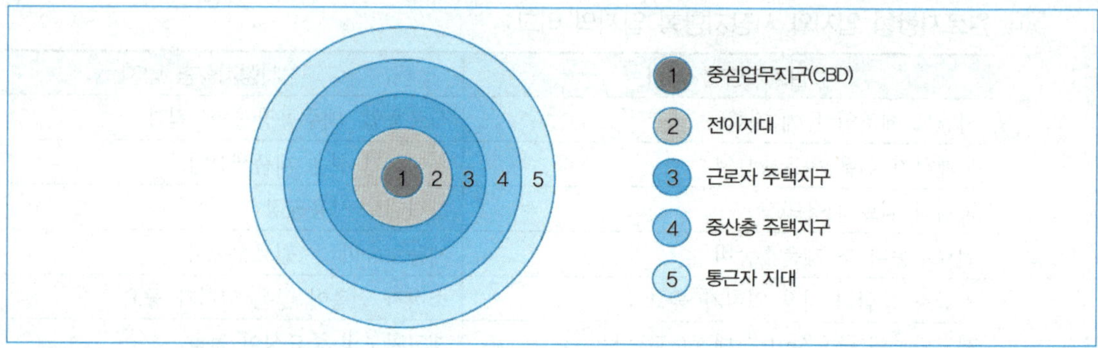

② 호이트(H. Hoyt)의 선형이론(Sector Theory)

　㉠ 선형이론은 호이트에 의하여 발전된 이론으로, 도시가 **교통망 축에 따라 성장·확대되는 현상**을 중시한 이론

　㉡ 선형이론은 CBD의 교통망을 따라 외곽으로 도매·경공업지구, 저소득층 주거지구, 중산층 주거지구, 고소득층 주거지구와 같은 순서로 각 지대가 선형(Fan)으로 확대하여 배치된다고 함

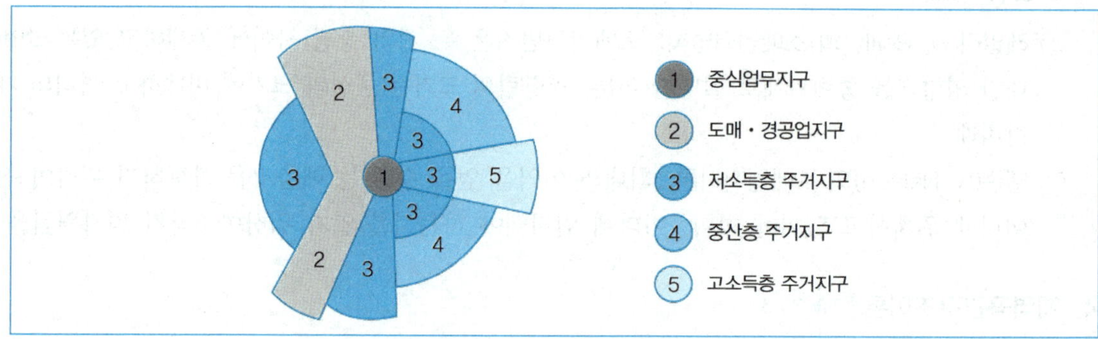

③ 해리스(C. Harris)와 울만(E. Ullman)의 다핵심이론(Multiple Nuclei Theory)

　㉠ 이 이론은 토지이용 배치를 설명하는 데 있어서 동심원이론과 선형이론을 결합했고, 이 밖에도 다양한 요소를 부가하여 이론을 전개

　㉡ 한 도시의 토지이용 배치는 동심원이론이나 선형이론과 같이 단일한 중심의 주위에 형성되는 것이 아니고 몇 개의 핵심과 그 중위에 형성된다고 하였음

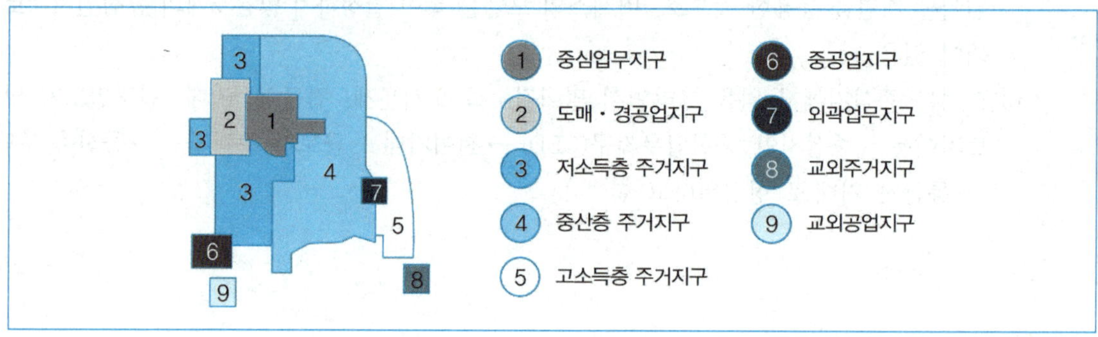

THEME 03 상권분석방법 – 서술적 기법

1 상권분석의 개념과 목적

1. 상권분석의 의의 및 목적 `기출 25-3, 25-2, 23-3, 23-1`

① 의의: 상권분석이란 출점을 하기 위한 입지선정에 선행되는 상권조사를 통한 자료의 분석과정으로서 목표고객에 대한 인구통계적인 요인 및 사회, 경제, 행정적인 요인들의 구체적인 분석을 통해 안정적인 출점의 성공과 수익성을 극대화하기 위해 실행되는 절차

② 목적

　㉠ 상권분석의 목적은 목표고객에게 고객가치를 제공하여 수익성을 극대화하기 위한 것

　㉡ 상권분석은 핵심 수요층을 파악하여 그들에 맞는 의미 있는 서비스를 제공하기 위한 것

　㉢ 상권범위의 파악을 통해 출점지역의 경쟁 업종, 업태의 파악 및 정보수집

　㉣ 상품구성, 가격대 설정의 중요한 기초자료 수집

　㉤ 고객의 라이프사이클 파악을 통해 구매력 추정과 매출액 설정의 기초자료 수집

　㉥ 판촉활동 범위 결정에 필수적인 자료수집

2. 상권분석의 장점

① 소비자의 인구통계적·사회경제적 특성을 파악할 수 있음

② 마케팅 및 촉진활동의 방향을 명확히 할 수 있음

③ 제안된 점포의 위치가 신규 소비자나 기존 점포의 소비자 흡인가능성 판단에 유용

④ 현재 상황뿐만 아니라 장래 상권의 변화추이를 판단할 수 있음

3. 상권분석 절차 `기출 23-3, 22-1`

상권분석의 절차는 출점지역 선정 후 최종 출점부지를 선택하기 위한 시장세분화(Segmentation) 차원에서 ① 지리적 분석(Geographic Analysis)을 선행 → 입지에 영향을 미치는 요인으로서 ② 인구통계분석 수행 → ③ 상권의 상권구조 및 취급할 제품의 종별을 분석 → ④ 개별점포의 상권 내 경쟁자분석을 통해 최종 상권분석 절차를 마무리함

2 기존점포에 대한 상권분석방법

① 점포 내부 자료와 각종 2차 자료를 이용하여 측정이 가능

② 인구통계자료, 유통기관 및 연구소에서 기발표된 2차 자료들을 수정·보완하여 이용 가능

③ 차량조사법이나 소비자조사법을 이용하여 상권 범위 설정이 가능

④ 기존 신용카드 이용 고객과 현금 사용 고객의 주소를 이용하여 상권 추정이 가능

3 신규점포에 대한 상권분석방법(서술적 기법)

> 신규점포의 상권분석방법　기출 25-3, 23-2, 22-3
> - 서술적 방법: 체크리스트법, 유추법, 현지조사법, 비율법 등
> - 규범적 모형: 중심지이론, 소매인력법칙
> - 확률적 모형: 허프 모형, Luce 공리모형, MNL 모형, MCI 모형

1. 체크리스트(Checklist)법　기출 25-3, 24-3, 24-2, 24-1, 23-2, 22-3

① **개념 및 장·단점**: 특정 상권의 특성들을 여러 항목으로 구분하여 조사하고, 이를 바탕으로 신규점포의 개설가능성 여부를 평가하는 방법. 상권분석의 결과는 신규점포의 개설은 물론 마케팅전략에도 반영

장점	• 체크리스트 내용을 이해하기가 쉽고 사용이 용이함 • 비용이 상대적으로 적게 들며 체크리스트를 수정할 수 있는 유연성이 있음
단점	• 체크리스트 작성, 변수 선정, 해석하는 과정에서 조사자의 주관성이 개입 • 점포의 상대적 매력도를 파악할 수는 있으나, 예상 매출액을 구체적인 수치로 추정 곤란 • **상권의 범위추정 및 예상매출액 산정에는 적용 곤란**

② **체크리스트법의 조사내용**

상권 내 입지적 특성조사	• 행정구역 상황 및 행정구역별 인구통계적 특성 • 도로 및 교통 특성, 대형건축물 및 교통유발시설 • 도시계획 및 법적·행정적 특기사항 • 산업구조 및 소매시설 변화 패턴
상권 내 고객들의 특성조사	• 배후지 정주고객: 상권 내 거주하는 가구 수 또는 인구수 • 직장(학생)고객: 점포 주변에 근무하는 직장인(학생) 고객 수 • 유동고객: 기타의 목적으로 점포 주변을 왕래하던 중 흡인되는 고객 수
상권의 경쟁구조 분석	• 현재 그 상권에서 영업 중인 경쟁업체 분석 • 현재 경쟁점은 아니지만 점포 개설을 준비하고 있는 업체 역시 경쟁업체로 분석

2. 유추법(Analog Method)

① **유추법의 개요**　기출 25-1, 24-2, 24-1, 22-3, 22-2, 22-1, 21-3

　㉠ 유추법은 새로운 점포가 위치할 지역에 대한 판매 예측에 많이 활용되는 방법 중 하나가 애플바움(W. Applebaum)이 개발한 상권분석기법으로 **유사점포법**이라 함

　㉡ 유추법은 당해 예정 점포와 상권의 규모 및 특성 등이 유사한(Analog) 점포를 선정하여 그 점포의 상권 범위를 추정함으로써 궁극적으로 당해 **점포의 예상 매출액을 추정**하는 데 이용

　㉢ CST(Customer Spotting Technique) 지도를 이용하여 고객들의 거주지를 그림으로 표시함으로써 상권규모를 가시화시키기도 함

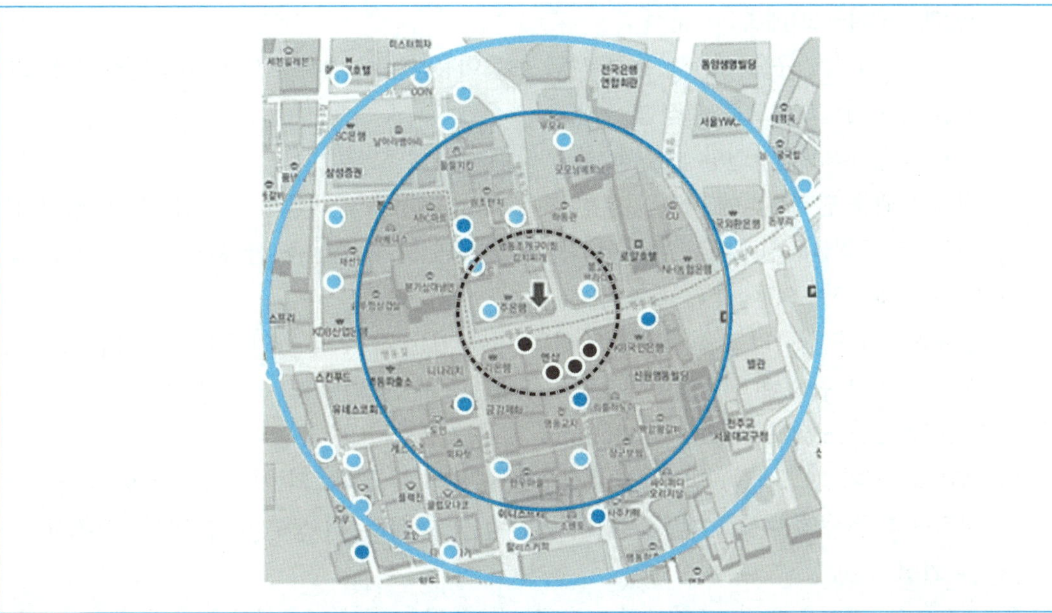

② 유추법의 활용

  ㉠ **상권의 규모 파악**: 상권에 포함된 사람들의 거주 지역과 숫자를 파악하는 데 사용 가능하고, 1~3차 상권의 경계 설정이 가능

  ㉡ **경쟁 정도를 측정하고 파악**: 유사·동종업종 간의 경쟁관계 파악을 통해 차별화 및 우위전략을 도모할 수 있음

  ㉢ **점포의 확장계획에 유용하게 활용**: CST Map 기법을 통해 설정된 상권경계를 통해 향후 잠재적인 점포의 확장계획에 활용 가능

  ㉣ **고객특성 파악이 가능**: 상권규모가 추정되면 상권 내에 거주하는 고객집단의 라이프사이클(Life-cycle) 및 이를 통한 AIO 분석이 가능

  ㉤ **광고 및 촉진전략에의 활용**: 고객특성 파악 및 상권의 경계설정, 목표고객들의 성향을 통해서 맞춤형 촉진전략(Promotion)에 활용 가능

  ㉥ 신규점포뿐만 아니라 기존점포의 상권분석에도 적용 가능

③ 유추법에 의한 상권분석 절차

  ㉠ **1단계**: 자사(신규)점포의 입지조건 파악 및 비교대상 유사점포의 선정

  첫 번째로 자사(신규)점포의 입지조건을 파악하고, 이를 토대로 신규점포와 유사점포의 특성, 고객의 쇼핑 유형, 고객의 사회·경제·인구통계학적 특성에서 대상과 유사한 점포(Analog Store)를 선정함

  ㉡ **2단계**: 유사점포의 상권범위 결정

  유사점포의 상권범위는 매출액을 기준으로 매출액의 60% 정도를 차지하는 범위를 1차 상권으로, 나머지 지역을 2차 상권으로 획정함

  ⓒ 3단계: 상권규모(매출액) 분석
   유사점포의 상권규모(매출액)는 유사점포를 이용하는 소비자들과의 직접 면접이나 실제 리서치를 통해서 그 규모를 추정함
  ⓔ 4단계: 유사점포의 1인당 매출액 산정
   전체 상권을 단위거리에 따라 구분한 후(Zoning) 각 구역 내에서 유사점포가 발생시키는 매출액을 그 구역 내 인구수로 나누어 각 구역별 1인당 매출액을 산정
  ⓜ 5단계: 대상점포의 예상 총매출액 추정
   신규점포가 입점하려고 설정된 상권범위 내에 있는 각 구역별 인구수에 유사점포의 1인당 매출액을 각각 곱하여 신규점포의 예상 총매출액을 산정함

④ **CST Map**(Customer Spotting Technique, 고객점표법)
  ⓐ CST Map 기법(고객점표법)은 자사점포를 이용하는 고객들의 거주지를 지도에 표시한 후 자사점포를 중심으로 서로 다른 거리의 동심원을 그림으로써 상권의 규모를 시각적으로 파악하는 기법
  ⓑ CST Map 기법은 1차 자료와 2차 자료를 이용하여 고객의 거주지역 분포를 파악함. 이미 존재하고 있는 2차 자료보다는 현재의 과제를 해결하기 위해 수집한 1차 자료를 이용하는 경우 정확도가 더 높음

 **Tip**

> CST Map을 통해 얻을 수 있는 정보
> • 상권의 공간범위
> • 고객의 인구특성
> • 효과적 매체의 도달범위
> • 기존점포와의 상권 중첩 정도

3. 현지조사법

① 현지조사법은 실제로 현지실사를 통해 자료를 수집하고 그에 따른 결과를 분석하는 방법
② 현지조사의 내용은 대상점포나 판매제품, 조사 성격에 따라 상이하며, 조사자의 주관으로 조사될 가능성이 높다는 단점이 존재

4. 비율법 기출 21-3

① 몇 가지 비율을 사용하여 상권을 선정하거나 특정 상권을 평가하고, 가능한 매출액을 추정하는 방법
② 사용되는 비율로는 지역비율과 상권비율이 있음. 지역비율은 입지가능성이 큰 지역이나 도시를 선정하는 데 사용하며, 상권비율은 주어진 점포에 대한 가능 매상고를 산정하는 데 사용
③ 비율법의 가장 큰 장점은 간단하다는 것이며, 비율법에 사용되는 자료는 손쉽게 구할 수 있고, 분석비용도 다른 어떤 것보다 저렴함
④ 상권 확정에 분석자의 주관성이 많이 개입되며, 가능 매상고에 대한 예측력이 떨어진다는 단점이 있음

THEME 04　상권분석방법 – 규범적 기법

1 규범적 모형 – 소매인력모형

1. 레일리(W. Reilly)의 소매인력법칙 [기출 25-3, 25-1, 24-1, 22-2, 22-1]

① 소매인력법칙의 개요

　ⓐ **의의**: Reilly의 소매인력법칙은 만유인력법칙이라는 물리학이론을 원용한 이론으로, 이웃한 두 도시의 사이에 위치한 지역에 대해서 두 도시의 상권이 미치는 범위(상권의 흡인력)는 두 도시의 크기(인구수)에 비례하고 두 도시로부터의 거리의 제곱에 반비례한다는 이론을 통해 상권의 매출액을 산정

　ⓑ **상권의 경계설정** [기출 25-3] : 소매인력법칙은 두 경쟁도시 사이에 위치한 소도시로부터 두 경쟁도시가 끌어들일 수 있는 **상권의 경계를 결정**하는 데 활용

② Reilly의 소매인력법칙의 공식

$$\frac{R_a}{R_b} = \left(\frac{P_a}{P_b}\right) \times \left(\frac{D_b}{D_a}\right)^2$$

R_a: A시의 상권영역(중간도시로부터 도시 A가 흡인하는 소매흡인량)

R_b: B시의 상권영역(중간도시로부터 도시 B가 흡인하는 소매흡인량)

P_a: A시에 거주하는 인구

P_b: B시에 거주하는 인구

D_a: A시로부터 분기점까지의 거리

D_b: B시로부터 분기점까지의 거리

③ 시사점과 한계점

시사점	• 최초로 중력모형을 활용한 이론을 제시하였다는 점에 의미가 큼. 다만, 흡인력 산정 시 편의품·선매품·전문품 등의 상품 유형별 차이를 고려하지 않았음 • 계산이 용이하고 이론이 실증적임. 소비자들은 거리가 가깝고 보다 많은 인구를 가진 규모가 큰 도시에서 소비할 기회가 더 많다는 것을 증명 • 소매인력법칙은 컨버스(Converse)에 의해 상권의 분기점설정모형으로 발전
한계점	• 소비자 선택 대안이 2개로 한정되는 경우 적합하지만, 소비 가능한 구매(도시)가 다수 존재하는 경우에는 적용의 한계 → Huff의 확률모형이 개발 • 거리와 도시의 크기라는 두 가지 변수만을 이용했다는 점, 소비자의 심리와 같은 구매에 영향을 미치는 여러 요인들을 고려하지 못한다는 한계

④ 소매인력법칙의 정리

　ⓐ 특정 도시(A, B)가 끌어들일 수 있는 상권 범위는 해당 도시의 인구에 비례하고 도시 간의 거리의 제곱에 반비례함

ⓛ 소매인력법칙은 개별 점포의 상권 파악보다는 이웃한 도시 간 상권의 경계를 결정하는 데 주로 이용됨

ⓒ Reilly는 만유인력의 법칙을 이용해 도시의 인구수(크기)에 비례하고 거리(제곱)에 반비례함을 통해서 이론을 전개하였고, 이를 계승한 Converse는 상권의 경계는 두 도시의 상대적 매력도가 같은 지점인 분기점(Breaking Point)을 고려한 모형으로 나타남

ⓔ Reilly가 제시한 이론은 편의품, 선매품, 전문품 등의 상품 유형별 차이를 고려하지 않아 실제 상황에 적용할 때에는 이에 대한 고려가 필요

예제   Reilly의 소매인력이론

A도시의 인구는 20만 명, B도시의 인구는 40만 명, 중간에 위치한 C도시의 인구는 6만 명이다. A도시와 C도시의 거리는 5km, C도시와 B도시의 거리는 10km인 경우 Reilly의 소매인력이론에 의하면 C도시의 인구 중에서 몇 명이 A도시로 흡수되는가?

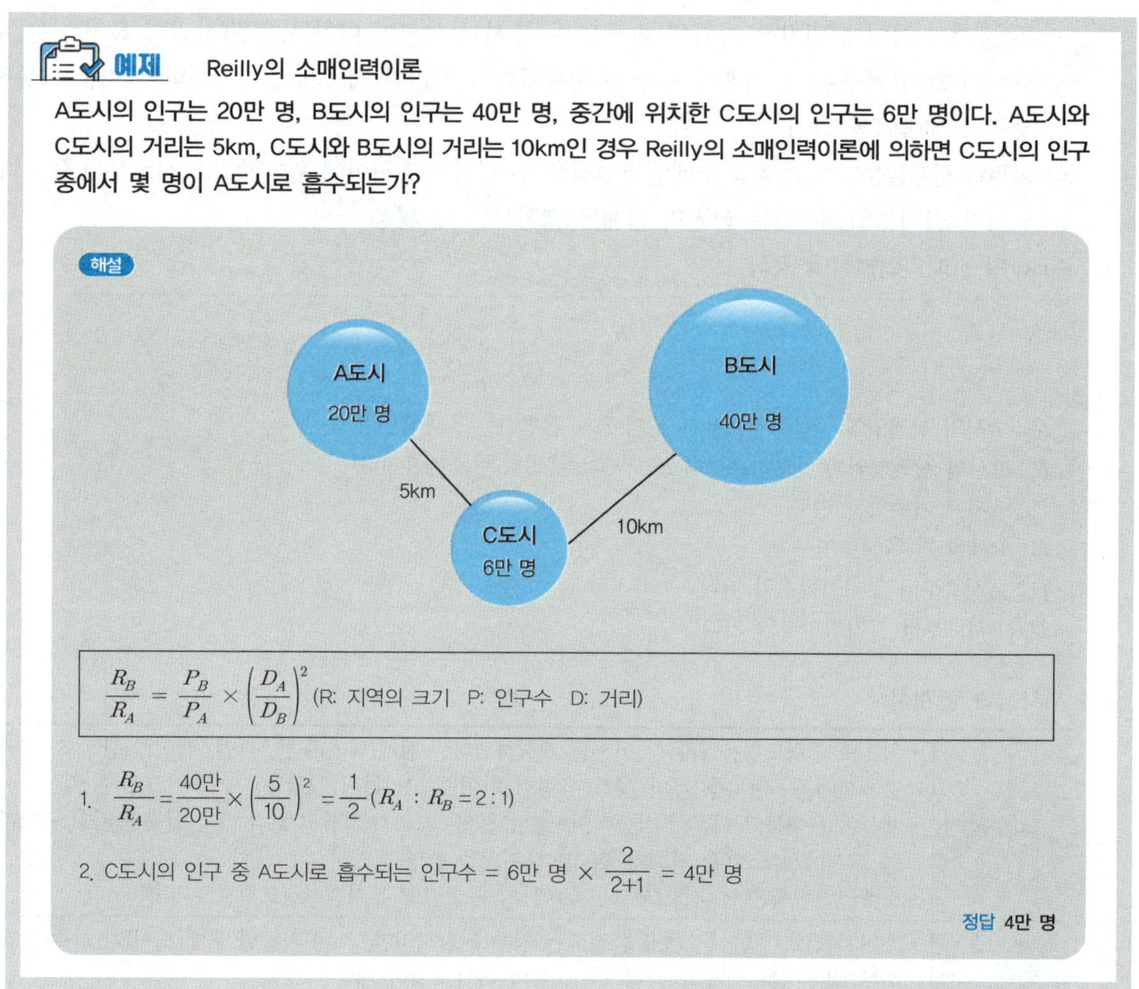

$$\frac{R_B}{R_A} = \frac{P_B}{P_A} \times \left(\frac{D_A}{D_B}\right)^2 \quad (R: \text{지역의 크기} \quad P: \text{인구수} \quad D: \text{거리})$$

1. $\dfrac{R_B}{R_A} = \dfrac{40만}{20만} \times \left(\dfrac{5}{10}\right)^2 = \dfrac{1}{2} \ (R_A : R_B = 2 : 1)$

2. C도시의 인구 중 A도시로 흡수되는 인구수 = 6만 명 $\times \dfrac{2}{2+1}$ = 4만 명

정답 4만 명

2. 컨버스(P. Converse)의 분기점모형   기출 24-1, 23-3, 22-3, 22-2, 22-1

① 분기점모형의 개요: 컨버스의 분기점모형은 레일리의 소매인력법칙을 이용하여 두 도시 간 상권의 경계를 동일하게 하는 상권의 분기점(Breaking Point)을 산정하는 기법으로, 인구수와 거리를 이용해 두 도시 사이의 거래가 동일하게 나눠지는 중간 지점의 정확한 위치를 결정하는 방법

② 분기점모형의 종류

　㉠ 컨버스의 제1모형: 경쟁도시인 A와 B에 대해서 어느 도시로 소비자가 상품을 구매하러 갈 것인가에 대한 상권분기점을 찾아내는 것으로, 주로 선매품과 전문품에 적용되는 모델

$$D_a = \frac{D_{ab}}{1 + \sqrt{\dfrac{P_b}{P_a}}} \quad 또는 \quad D_b = \frac{D_{ab}}{1 + \sqrt{\dfrac{P_a}{P_b}}}$$

　　D_a: A시로부터 분기점까지의 거리　　　　D_b: B시로부터 분기점까지의 거리

　　D_{ab}: A, B 두 도시(지역) 간의 거리　　　P_a: A시의 인구

　　P_b: B시의 인구

　㉡ 컨버스의 제2법칙: 소비자가 소매점포에서 지출하는 금액이 거주도시와 경쟁도시 중 어느 지역으로 흡수되는가에 대한 것으로 중소도시의 소비자가 선매품을 구입하는 데 있어 인근 대도시로 얼마나 유출되는지를 설명해 주는 이론

$$\frac{Q_a}{Q_b} = \left(\frac{P_a}{H_b}\right)\left(\frac{4}{d}\right)^2$$

　　Q_a: 외부의 대도시로 유출되는 중소도시 X의 유출량(%)

　　Q_b: 중소도시 X에서 소비되는 양(%), 즉 X의 체류량

　　P_a: 외부 대도시 Y의 인구

　　H_b: 당해 중소도시 X의 인구

　　d: 대도시 Y와 중소도시 X와의 거리(mile)

　　4: 관성인자로 상수에 해당(고정)

 **예제**

A도시의 인구는 80,000명이고 B도시의 인구는 20,000명이다. 이때 두 도시 간의 거리가 30km라고 한다면 두 도시 간 상권의 경계가 되는 지점을 구하면? (컨버스 모형 이용할 것)

해설

컨버스 제1법칙을 적용하여 A, B 두 도시 간 경계가 되는 무차별 지점을 구하면 B도시로부터 10km, A도시로부터는 20km되는 지점이 된다.

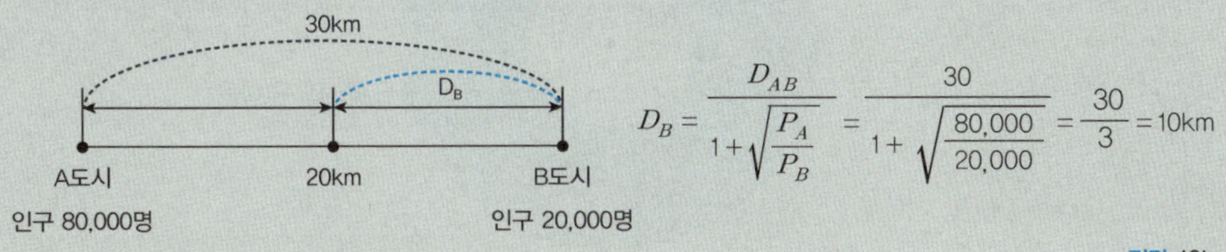

2 규범적 모형 – 중심지이론(모형)

1. 크리스탈러(W. Christaller)의 중심지이론의 개요 기출 25-3, 25-2, 24-3, 24-2, 23-3, 23-1, 22-3

① 중심지이론의 의의

    ㉠ 중심지이론은 Christaller에 의해 제시된 도시분포이론으로, 이론에서 명시한 상업중심지의 이상적 입지와 이들의 분포관계를 이해하기 위해서는 중심지 기능의 최대도달거리, 최소수요 충족거리, 배후지의 형태, 중심지계층의 포섭원리 등 개념을 이해해야 함

    ㉡ 중심지이론은 인간의 여러 활동공간이 어떤 핵(중심지)을 중심으로 배열되어 있다는 인식에서 비롯되었음

    ㉢ 중심지이론은 일정한 지리적 공간 안에서 경쟁점포들이 분산해서 입지하는 이유를 설명함

② 중심지이론의 가정

> • 인간은 합리적인 사고에 따라 의사결정을 하는 합리적 경제인(Economic Man)
> • 지표공간은 균질하고, 인구는 동질공간의 평야에 균일하게 분포되어 있음
> • 지역 내의 교통수단은 오직 하나이며, 운송비는 거리에 비례
> • 각 지역에서 중심지까지 이동하는 노력의 정도는 거리에 비례
> • 중심지에 거주하는 주민들은 동일한 구매력과 소비행태(기호)를 지님

③ 중심지이론의 중요 개념 기출 25-2

    ㉠ **중심지의 개념**: 중심지를 둘러싸고 있는 배후지역인 보완구역에 재화와 서비스를 제공하는 기능을 하는 곳을 의미

    ㉡ **최소수요 충족거리**: 중심지 기능이 유지되기 위해 필요한 최소한의 고객 수 또는 상권의 범위를 말함. 중심지의 정상이윤 확보에 필요한 최소한의 수요를 발생시키는 상권 범위를 의미

    ㉢ **최대도달거리**: 소비자가 상품구매를 위해 중심지까지 기꺼이 이동하려는 최대거리로, 중심지 기능이 주변 지역에 미치는 최대한의 공간 범위를 의미

    ㉣ **중심지 성립조건: 최대도달거리 > 최소수요 충족거리**

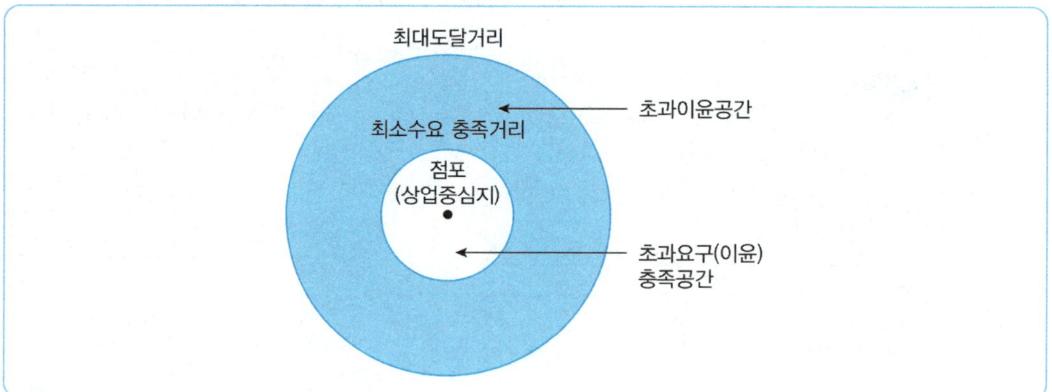

　　ⓜ 배후지의 형태: 중심지의 수가 하나인 경우 배후지의 형태는 원형, 중심지의 수가 다수인 경우 이상적인 배후지의 형태는 **정육각형 구조**를 띠게 됨(최대도달거리 = 최소수요 충족거리)

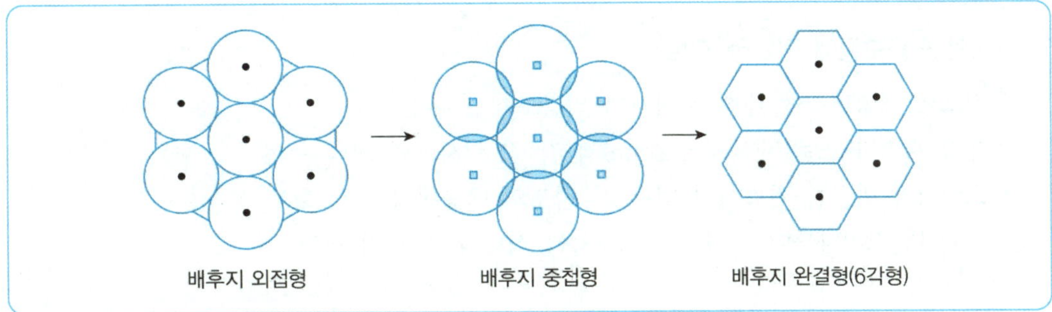

④ 중심지이론의 정리 〔기출 25-3, 25-2〕

　　㉠ 고차중심지일수록 상권의 범위 및 거리가 멀고 저차중심지일수록 가깝다.

　　㉡ 고차중심지일수록 상권의 규모가 더 크고 다양한 중심기능을 갖는다.

　　㉢ 교통이 발달할수록 저차중심지는 줄어들고 고차중심지가 발달한다.

　　㉣ 경제활동이 활발해지고 인구밀도가 높아질수록 중심지 간의 거리는 좁혀진다.

　　㉤ 중심기능의 수행 정도는 그 도시의 인구 규모에 비례한다.

　　㉥ K-Value: 고차중심지 안에 k개의 저차중심지가 포함됨을 의미함. k=3일 때 시장원리, k=4일 때 교통원리, k=7일 때 행정원리가 적용됨

THEME 05　상권분석방법 – 확률적 기법

1　허프(D. Huff)의 확률모형 〔기출 25-3·2·1, 24-3·2·1, 23-3·2·1, 22-3·2·1, 21-3·2·1〕

1. 확률모형의 개요

① **확률모형의 의의**: 기존의 중력법칙들이 단순히 거리 – 감소함수 관계만을 가지고 이웃하는 두 도시 간의 상권경계를 설정하는 데 그칠 뿐, 개별점포단위 선택의 문제와 소비자들이 왜 특정 점포를 선택하는지에 대한 이유를 설명하지 못하였다는 인식에서 비롯됨

② 확률모형은 루스(R. Luce)의 공리선택모형을 기초로 하여 Huff 모형, MNL 모형, MCI 모형 등이 있음. 이때 사용되는 확률은 불확실성을 의미하므로, 확정된 모수를 적용하는 것이 아니라 상황 및 조건에 따라 다양한 모수를 적용하는 것이 가능함

2. 허프의 확률모형 가정

소비자의 특정 점포에 대한 효용(매력도)은 상업시설의 **매장면적(크기)**과 **점포까지의 거리(시간)**에 의

해 좌우됨. 즉, 소비자의 점포에 대한 효용(매력도)은 점포의 매장면적이 클수록 증가하고, 점포까지의 거리가 멀수록 감소함수로 가정

3. 허프의 확률모형에 필요한 정보

① 점포의 매장면적에 대한 소비자의 민감도계수 추정

② 개별 소비자 또는 세분지역(Zone)과 각 점포 사이의 거리 측정

③ 소비자가 방문할 가능성이 있는 각 점포의 매장면적 자료 확보

④ 상권 내 소비자들이 고려하는 점포들(분석대상 점포)의 파악

4. 허프의 확률모형 장점과 한계

① 장점

    ㉠ 신규점포의 예상 매출액 산정에 활용하는 기법

    ㉡ 최적 매장면적에 대한 유추 및 상업시설 간 경쟁구조 파악이 가능

    ㉢ 상권지도 작성이 가능하고 점포에 방문할 수 있는 고객 수에 대한 산정이 가능

    ㉣ 허프 모형의 변수인 점포까지의 시간과 점포 크기는 소비자 선택에 있어 중요한 변수

    ㉤ 도시단위로 행해졌던 소매인력론을 소매상권의 개별점포단위로 전환하여 전개한 이론으로 점포의 크기와 거리에 대한 고객 **민감도(중요도)**를 반영할 수 있음

② 한계: 점포매력도가 점포 크기 이외에 가격, 서비스, 소비자 행동 등 다른 요인들로부터 영향을 받을 수 있다는 점을 고려하지 않음

③ 허프의 확률모형

    ㉠ 지역별 또는 상품의 잠재수요 = 지역별 인구(세대수) × 업종별(점포별) 지출액

    ㉡ 신규점포의 예상 매출액 = 특정 지역의 잠재수요의 총합 × 특정 지역으로부터의 흡인율(확률)

    ㉢ 예상매출액 추정절차

> 대상 지역의 점포 수와 규모 파악(상권범위 설정) → 대상 지역을 몇 개 구역(Zone)으로 구분 → 각 구역에서 개별 점포까지의 거리 측정 → 점포 크기 및 거리에 대한 민감도계수 추정 → 구역(Zone)별 이용확률 계산 → 신규점포의 예상매출액 산정

5. 허프의 확률모형 정리

① 소비자의 특정 상업시설에 대한 효용(매력도)은 상업시설의 규모(매장면적)와 점포까지 거리(또는 시간)에 좌우된다는 가정하에 이론이 전개(※ 수정 허프 모형의 경우 거리 또는 시간의 모수는 제곱으로 고정됨)

② 허프 모형은 이전에 도시단위로 행하여졌던 소매인력이론을 소매상권의 개별 단위(상업시설)로 전환하여 전개한 이론에 해당

③ 소비자가 이용하고자 하는 점포의 선택은 점포의 크기와 거리에 의해 결정되고, 소비자가 매장의 크

기와 이동시간을 고려하여 여러 점포를 선택할 수 있는 상황에서 특정 점포를 선택할 가능성을 계산
④ 점포의 크기와 거리에 대한 고객민감도(모수)를 반영할 수 있음
⑤ 소비자는 일반적으로 점포의 크기가 클수록, 그리고 점포까지 소요되는 시간이 적게 소요될수록
(또는 거리가 가까울수록) 구매효용이 증가

예제

A도시의 I존에 거주하는 주민이 선택대안으로 검토하는 쇼핑시설은 다음과 같다. I존에 거주하는 주민들이 C쇼핑센터에서 지출할 것으로 예상되는 월간 의류구매액을 Huff 모델을 적용하여 계산한 것으로 맞는 것은? (단, I존의 인구는 1,000가구이고, 해당 상품은 의류이며, 가구당 월평균 의류비지출은 120,000원이다. 모수값(λ)은 점포규모에 비례하고, 거리의 제곱에 반비례한다)

쇼핑센터	쇼핑센터 규모	거리
A	$250,000m^2$	5km
B	$90,000m^2$	3km
C	$360,000m^2$	6km

① 15,000천원   ② 20,000천원   ③ 30,000천원
④ 40,000천원   ⑤ 50,000천원

해설

Huff의 확률 모형 계산문제 풀이 해법
1. 확률을 구하고자 하는 대상점포를 확인한다.
2. 거리에 대한 모수 및 매장면적에 대한 **모수**가 얼마인지 체크한다.

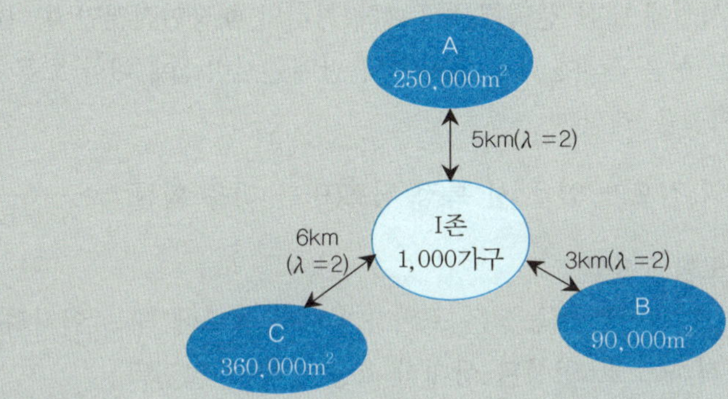

- 확률의 계산

$$C쇼핑센터\ 이용확률(흡인율) = \frac{\dfrac{360,000}{6^2}}{\dfrac{250,000}{5^2} + \dfrac{90,000}{3^2} + \dfrac{360,000}{6^2}} = \frac{1}{3}$$

- C쇼핑센터에서 지출할 것으로 예상되는 월간 의류구매액 $= \dfrac{1}{3} \times 120,000 \times 1,000 = 40,000$천원

정답 ④

>  **Tip**
>
> **수정 허프 모형** `기출 25-2, 24-2, 23-2, 21-3` : 점포면적과 거리에 대한 소비자의 민감도계수를 각각 '1'과 '−2(제곱)'로 고정
>
> $$P_{ij} = \frac{\dfrac{S_j}{D^2_{ij}}}{\displaystyle\sum_{j=1}^{n} \dfrac{S_j}{D^2_{ij}}}$$
>
> P_{ij} : i지점의 소비자가 j 점포에 구매하러 가는 확률
> S_j : j상업집적의 매장면적
> D_{ij} : i지점에서 j까지의 거리

6. 기타의 확률모형

① MNL 모형(다항로짓모형) `기출 24-1, 22-3, 22-1`

　㉠ 개념: 상권 내 소비자들의 각 점포에서 개별적인 쇼핑에 대한 관측 자료를 이용하여 각 점포에 대한 선택확률은 물론, 각 점포의 시장점유율 및 상권의 크기를 추정, 점포이미지와 입지특성을 반영한 상권분석 가능

　㉡ 가정: 소비자의 특정 점포 안에 대한 효용은 결정적 요소와 무작위 요소로 구성, 확률적 효용 극대화 이론에 근거하여 소비자는 고려 중인 점포 대안들 중에서 가장 효용이 높은 점포를 선택, 무작위 요소는 서로 독립적임

② MCI 모형: 허프 모형을 발전시킨 것으로서, 허프 모형이 거리와 매장면적만을 고려했다면 MCI 모형은 소비자의 구매시설에 대한 선택행동에 대해 거리와 매장면적뿐만 아니라 정량적·정성적인 여러 요인을 고려함. 상품구색에 대한 효용치와 판매원서비스에 대한 효용치, 거리에 대한 효용치를 곱한 값으로 확률을 계산

　例 A, B, C, D의 4개의 점포가 있을 시 특정 점포(B)를 찾을 확률 $= \dfrac{B}{A + B + C + D} \times 100$

③ 루스(R. Luce)의 공리모형 `기출 25-3`

　㉠ 소비자가 특정 점포를 선택할 가능성은 소비자가 해당 점포에 대해 인지하는 접근가능성, 매력 등 소비자 행동적 요소로 형성된 상대적 효용에 따라 결정됨

　㉡ 소비자가 어느 점포에 대해 느끼는 효용이 가장 크더라도 항상 그 점포를 선택하지 않을 수도 있다고 인식함

　㉢ 특정 점포의 효용이 클수록 소비자는 그 점포를 선택할 확률이 높음

　㉣ 확률모형에서 사용되는 거리와 점포매력도에 대한 민감도는 확정된 것이 아니라, 상황에 따라 가장 적합한 것을 적용함

　㉤ 어떤 대안이 선택될 확률 $= \dfrac{특정\ 대안이\ 갖는\ 효용}{전체\ 대안들의\ 효용\ 총계}$

2 공간상호작용모델 기출 22-1, 21-1

1. 개념

① 공간상호작용모델(SIM; Spatial Interaction Model)은 소비자 구매행동의 결정요인에 대한 이해를 통해 상권 또는 입지를 결정하는 기법을 말하며, 대표적인 공간상호작용모델에는 Huff 모형, MNL 모형, MCI 모형 등이 있음

② 해당 상권 내의 경쟁점포들에 대한 소비자의 지출패턴이나 점포방문을 위한 소비자의 쇼핑여행 패턴을 반영하여 특정 점포의 매출액과 상권규모에 대한 정확한 예측을 가능케 함

2. 특징

① 한 점포의 상권 범위 또는 점유율은 거리에 반비례하고 점포의 유인력(매력도)에 비례한다는 원리를 토대로 함, 즉 특정 점포의 효용(Utility) 또는 매력도가 다른 경쟁점포보다 높을수록 그 점포가 선택될 확률이 높음을 나타냄

② 접근성과 매력도를 교환하는 방식으로 대안점포들을 비교하고 선택한다고 가정

③ 소비자의 실제 선택자료를 활용하여 점포매력도와 통행거리와 관련한 모수(민감도) 값을 추정

④ Huff 모델과 MNL 모델은 상권 특성을 세밀하게 반영하는 공간상호작용모델(SIM)에 해당

THEME 06 | GIS 상권분석과 티센의 다각형모형

1 GIS(지리정보시스템)

1. GIS의 개념 기출 25-3

지리정보시스템(GIS; Geographical Information System)이란 컴퓨터를 이용한 지도작성체계와 데이터베이스 관리체계의 결합이라고 정의되며, 특정지점을 둘러싸고 있는 주변지역의 특성을 평가하는 근접분석 기능이 중요함

2. GIS 관련 용어의 정의 기출 25-3, 25-2, 25-1, 24-3, 23-3

① 지도레이어(Map Layer): 점, 선, 면을 포함하는 개별 지도형상으로 구성되며 주제도를 표현할 수 있음. 여러 겹의 지도레이어를 활용하여 상권의 중첩(Overlay)을 표현할 수 있음

② 버퍼(Buffer)

　㉠ 버퍼란 어떤 지도형상, 즉 점이나 선 혹은 면으로부터 특정한 거리 이내에 포함되는 영역을 의미하며, 면의 형태로 나타나 상권 혹은 영향권을 표현함

ⓛ 버퍼는 일정한 거리를 두고 있는 범위를 추출할 때 아주 편리한 기능으로, 역에서 떨어진 일정 거리에 따라 역세권 범위를 추정하거나 할 때 유용하게 활용

📑 Tip

양자의 관계: 버퍼는 설정된 범위 형태로 나타나고, 레이어는 이를 지도형상으로 구체화하여 선을 통해 폴리곤(다각형) 형태로 표현하는 것이라 할 수 있음
특정 지점들(①)이 있고, 이를 연결하고 연결된 선분을 중심으로 일정 거리 내의 영역을 표시하여 그 상권의 경계(범위), 즉 Buffer(②)를 설정하게 됨. 지도레이어와 관련해서는 점, 선, 면 객체로부터 일정 거리 내의 영역을 표시하여 버퍼를 수행하게 되면 레이어(③)가 생성

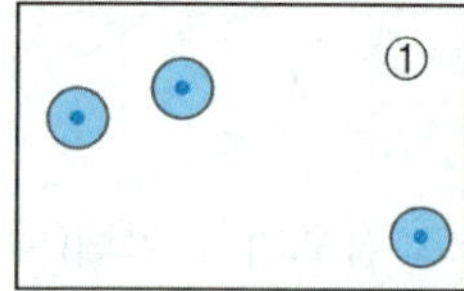
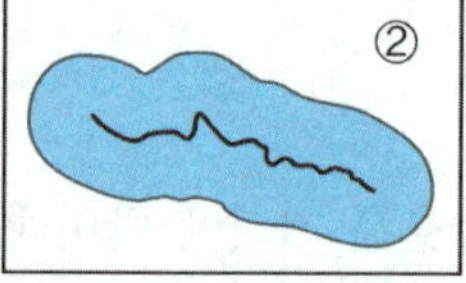
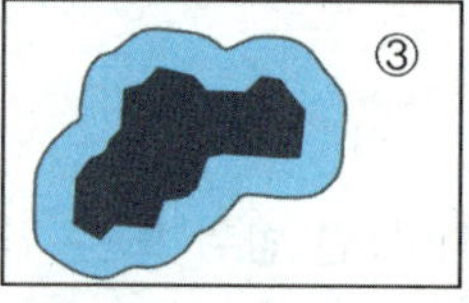

③ **중첩(Overlay)**: 공간적으로 동일한 경계선을 가진 레이어를 겹쳐 놓고 지도형상과 속성들을 비교하는 기능을 말함. 중첩기능에는 결합, 교차, 동일성, 절단 등의 기능이 있음

④ **위상(Topology)**

　㉠ 지도지능(Map Intelligence)의 일종이며, 이는 개별 지도형상에 대해 경도와 위도 좌표체계를 기반으로 다른 지도형상과 비교하여 상대적인 위치를 알 수 있는 기능을 부여하는 역할

　㉡ GIS를 이용한 상권분석에서 각 점포에 대한 속성값 자료는 점포 명칭, 점포 유형, 매장면적, 월매출액, 종업원 수 등을 포함할 수 있음

⑤ **주제도(Thematic Map)**

　㉠ GIS를 이용하여 Database를 조회하고, 속성정보를 요약하여 표현한 지도

　㉡ 주제도는 속성정보를 요약하여 표현한 지도를 작성하는 것이며, 면, 선, 점의 형상으로 구성

⑥ **벡터(Vector)**: 벡터는 점, 선, 다각형과 같은 기하학적인 요소를 사용하여 지리적인 개체를 표현하며, 지리적인 개체의 위치, 형상, 속성 등을 정확하게 기록할 수 있음

　예 도로망, 하천, 토지 경계 등은 벡터 데이터로 표현될 수 있음

⑦ **래스터(Raster)**: 격자 또는 그리드 형태로 지리적인 개체를 표현하며, 래스터 데이터는 픽셀이라고 불리는 작은 셀로 구성되어 있음

　예 위성 이미지나 항공영상과 같은 데이터를 표현하는 데에 많이 사용됨

3. GIS의 상권분석에의 활용　`기출 25-3, 25-2`

① 지도상에 지리적인 형상을 표현하는 프레젠테이션 지도 작업

② 대량의 인구통계정보, 지역정보 등의 데이터베이스를 정리할 수 있는 도구 기능

③ 지역의 중심점과 경쟁점포들 간의 거리측정(점, 선, 면을 포함한 공간분석)

④ 상권의 경계추정 및 표적고객집단의 파악

⑤ 여러 겹의 지도레이어를 활용하여 상권의 중첩(Overlay)된 부분 표현 가능

⑥ GIS를 이용한 상권분석에서 각 점포에 대한 속성값 자료는 점포 명칭, 점포 유형, 매장면적, 월매출액, 종업원 수 등을 포함할 수 있음

⑦ 상권분석에서는 GIS를 통해서 상권 내 고객의 분포도와 인구통계학적인 데이터들을 전략적으로 자유롭게 활용할 수 있으며, 최근 IT 기술의 발전으로 GIS를 통해 매출액 추정과정을 시스템화하여 점차 확대

2 티센의 다각형모형(근접구역법)

1. 다각형모형의 개념 기출 24-2, 22-2, 20-추가

① 의의: 상권구획 기법으로 근접구역법은 소비자들이 유사점포 중에서 선택을 할 때 자신들에게 가장 가까운 점포를 선택한다는 가정을 토대로 소매점포의 매출액을 추정하는 기법

② 근접구역: 당해 점포가 다른 경쟁점포보다 공간적인 이점을 가진 구역을 의미. 이러한 근접구역의 경계를 설정하는 모형이 티센 다각형(Thiessen Polygon)에 해당

2. 다각형모형의 기본가정

① 소비자들은 유사점포들 중에서 점포를 선택 시 가장 가까운 점포를 선택한다고 가정(최근접 선택 가설)

② 소매점포들이 규모나 매력도에 있어서 유사하다고 가정

③ 경쟁 정도 파악이 가능하며, 다각형의 크기는 **경쟁 수준과 반비례**함을 가정

④ 하나의 상권을 하나의 매장에만 독점적으로 할당함을 가정

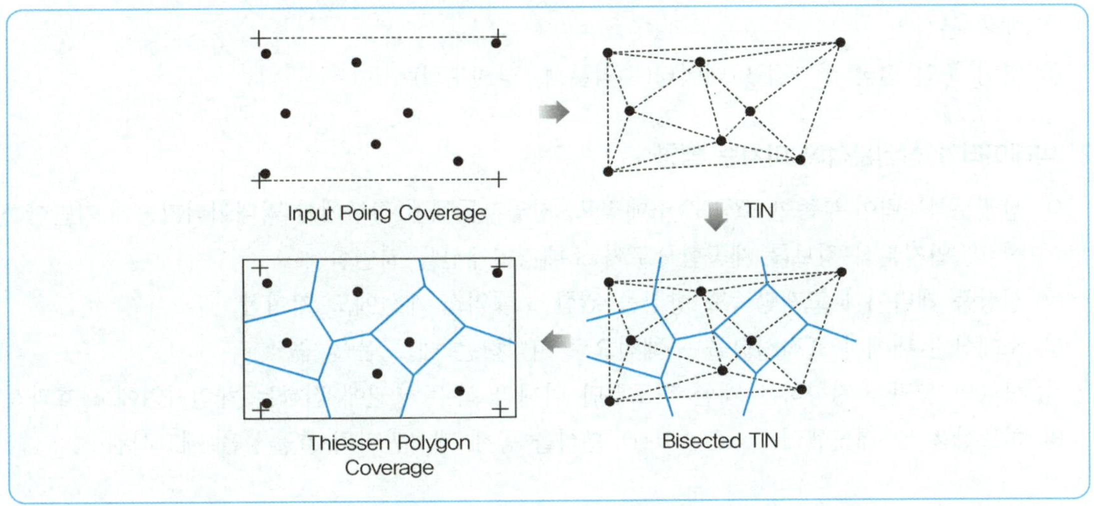

3. 다각형모형의 주요 내용

① 티센 다각형(Thiessen Polygon)은 상권에 대한 기술적이고 예측적인 도구로 사용될 수 있고, 시설 간 경쟁 정도를 쉽게 파악할 수 있음

② 티센 다각형으로 경쟁수준을 알 수 있는데, 경쟁수준이 높으면 다각형이 작아짐

③ 티센 다각형은 점으로부터 연산에 의해 생성되는 다각형으로, 이 다각형은 다각형 내의 어떠한 위치에서도 다각형 내부에 위치한 한 점까지의 거리가 다른 다각형 내에 위치한 거리보다 가깝도록 다각형의 경계가 설정

④ 두 다각형의 공유 경계선상에 위치한 부지를 신규점포 부지로 선택할 경우 이곳은 두 곳의 기존점포들로부터 최대의 거리를 둔 입지가 됨

⑤ 소매점포들이 규모나 매력도에 있어서 유사하다고 가정하며 각각의 티센 다각형에 의해 둘러싸인 면적은 다각형 내에 둘러싸인 점포의 상권을 의미

⑥ 다각형의 꼭짓점에 있는 부지는 기존점포들로부터 멀리 떨어져 있는 위치로 신규점포 부지로 선택하는 것이 유리

3 상권정보시스템과 빅데이터기술

1. 상권정보시스템

소상공인시장진흥공단은 소상공인 및 소규모 창업자를 위하여 빅데이터를 활용한 상권정보시스템을 운영하고 있으며, 이 상권정보시스템을 통한 다음의 정보를 제공하고 있음

① 지역 내 소득 및 소비 분석

② 유동인구 및 경쟁상황

③ 지역 내 부동산 정보

④ 매출 분석

⑤ 영업 중인 전국 상가점포 데이터(수익분석, 상권분석)

2. 빅데이터가 상권분석에 미치는 영향

① 상권분석능력이 부족한 소규모 소매점포, 창업자들에게 정부에서 빅데이터기술에 기반한 상권분석 및 입지분석 정보를 제공함으로써 소매경영개선을 지원함

② 신상품 개발이나 고객만족도 향상을 위한 소매믹스 개선에도 기여함

③ 소매상권 내에서 표적시장을 구체적으로 파악하는 데 도움을 줌

④ 하나의 상권을 지향하는 개별 점포뿐만 아니라 복수 상권에 접하는 체인사업에도 효과적임

⑤ 히트상품 및 데드셀러(Dead Seller) 분석을 통해 재고관리의 효율성을 제고시킴

---

1 입지의 개요

1. 입지(Location)의 개념 기출 25-3, 24-1, 23-1, 22-3, 21-2

① 입지의 개념
- ㉠ 입지(Location)란 부지나 점포가 소재하고 있는 자연적, 인문적인 위치 조건을 말함
- ㉡ 입지는 일정한 위치를 나타내는 주소나 좌표를 가지는 **점(Point)으로 표시**되고, 상권은 일정한 공간적 **범위(Boundary)로 표현**
- ㉢ 입지를 강화한다는 것은 점포가 더 유리한 조건을 갖출 수 있도록 점포의 속성들을 개선하는 것을 의미
- ㉣ 입지의 평가항목: 점포의 면적, 형태, 층수, 층고, 주차장, 도로와 교통망, 임대조건 등

② 도·소매입지의 중요성: 기업이 일단 점포의 입지를 결정하게 되면 이를 바꾸기 어렵고, 부적합 입지로 불이익 발생
- ㉠ 도매업의 입지: 도매업의 입지는 교통이 양호한 도심 외곽이 적합, **상권 범위**가 중요
- ㉡ 소매업의 입지: 도매업과 달리 매장방문의 접근성이 중요하므로 **입지** 자체가 중요

③ 입지선정절차: '**지역 → 상권 → 특정 입지**'의 단계적 분석을 거쳐 결정

④ 지역, 상권, 특정 입지 등 세 수준 가운데 소매점포들 사이의 경쟁관계를 분석하는 데 가장 적합한 수준은 상권수준에 해당

❙ 입지와 상권의 비교 ❙ 기출 24-1

구분	입지	상권
개념	점포가 소재하고 있는 위치 그 자체	점포에 미치는 영향권(거래권)의 범위
물리적 특성	평지, 도로변, 상업시설, 도시계획지구 등 물리적 시설	대학가, 역세권, 아파트단지, 시내중심가, 먹자상권 등 비물리적인 상거래 활동공간
등급구분	1급지, 2급지, 3급지	1차 상권, 2차 상권, 한계상권
분석방법	점포분석, 통행량 분석	업종 경쟁력 분석, 구매력 분석
선후관계	후행적	선행적
분석범위	부지가 있는 지점(Point)	상권의 영향력 범위(Range)

2. 입지의 평가기준 `기출 22-2`

① 잠재부지의 성장성, 규모 확대의 가능성

② **테넌트믹스**(업태 및 업종믹스)

③ 주변 **도로로부터의 가시성**: 건물 외관, 심벌타워 등

④ 부지의 규모와 형태

⑤ 수익성 및 접근성

⑥ **도로와의 관계**(장방형이 정방형보다 좋음)

3. 입지와 도로와의 관계 `기출 25-1, 24-3, 24-1`

① **도로와의 접면**: 가로의 접면이 넓을수록 유리

② **곡선형 도로**: 곡선형 도로의 커브 안쪽보다는 바깥쪽이 유리

③ **도로의 경사**: 경사진 도로에서는 상부보다 하부가 유리

④ **4거리 교차로**: 가시성과 접근성 면에서 유리

⑤ **중앙분리대**: 중앙분리대가 있는 도로는 건너편 고객의 접근성이 떨어지기 때문에 불리

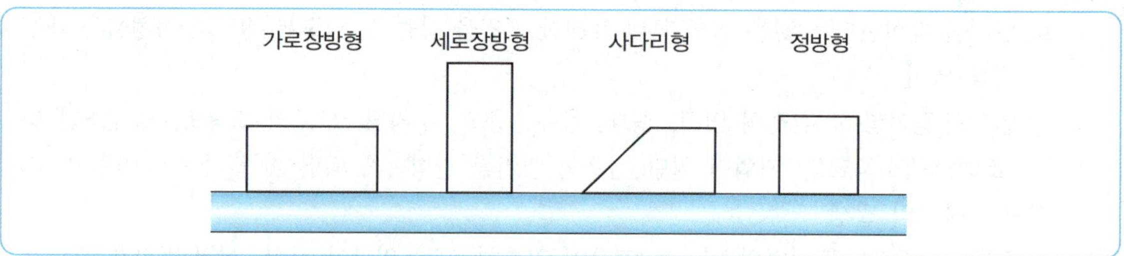

▎ 도로와 부지와의 관계 ▎

⑥ **각지**: 2개 이상의 가로각(街路角)에 접하는 토지인 획지의 형상을 '각지'라고 하며, 접하는 도로 수에 따라 2면 각지, 3면 각지 등으로 구분할 수 있음

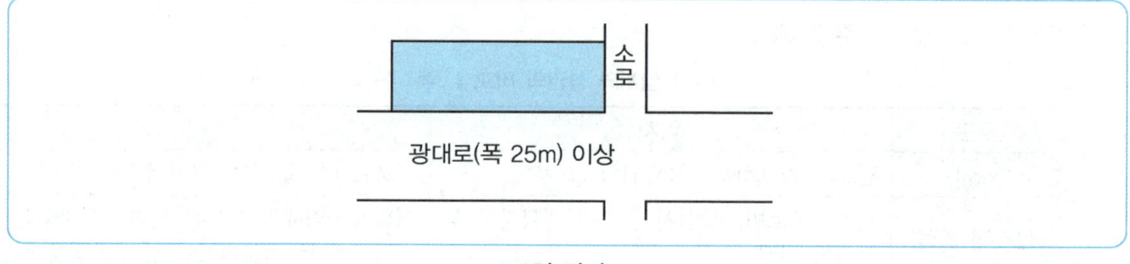

▎ 2면 각지 ▎

4. 입지선정요인

상권분석을 통해 고객수요와 발전 가능성이 충분하다는 판단이 섰다면 상권 내 가장 적합한 입지선정이 뒤따라야 함. 좋은 입지에는 기본적인 조건이 필요

① 접근성의 법칙: 접근성(Accessibility)은 고객들이 상권 내 점포에 얼마나 수월하게 진입하여 흡인될 수 있는지의 가능성을 말함

② 가시성의 법칙: 가시성(Visibility)은 개별점포가 고객들의 시야에 잘 띄느냐에 관한 것으로, 이를 통해 얼마나 고객들이 흡인될 수 있는지를 뜻함

③ 인지성의 원칙: 인지성(Recognition)은 고객들이 특정 점포의 위치를 잘 알고 있느냐에 관한 것으로, 인지성이 좋은 점포의 경우에는 **가시성의 문제를 상쇄**시킬 수도 있음

④ 입지성의 법칙: 입지성(Location)은 점포가 점하고 있는 위치의 효용성을 의미하며, 상권분석은 입지에 대한 분석이라 할 정도로 가장 중요한 요인에 해당

 **Tip**

입지선정 단계별 입지영향요인 분석
• **지역요인**: 지역 내 산업의 동향 및 수명주기, 경기변동 사이클, 고용의 변동
• **상권요인**: 상권 내 인구수, 통행량 규모, 경쟁의 상태와 정도, 법적·행정적 규제, 지역주민의 구매력 등
• **특정 입지요인**: 가시성, **접근성**, 인지성, 점포의 위치, 주변 도로상태, 점포면적 등

5. 입지선정을 위한 통행량(유동인구) 조사 시 유의사항

① 요일이나 날씨 등을 바꾸어 가며 세밀히 조사함

② 해당 업종에 고객이 가장 많이 몰리는 시간대의 통행량 조사에 특히 집중을 요함

③ 통행량은 위치별, 오전·오후·저녁 등 시간대별, 일별, 주차별, 월별 분석을 요함

④ 점포 앞 통행량은 각 방향에서 오는 통행량을 분리하여 조사해야 함

6. 점포의 영업성과에 영향을 미치는 입지조건 〔기출 25-1, 24-2〕

① 시장규모에 따라 점포는 적정한 크기가 있어서 **면적이 일정 수준을 넘게 되면** 규모의 증가에도 불구하고 매출은 증가하지 않는 경향이 있음

② 특정 점포의 '**건축선 후퇴**'는 자동차를 이용하는 소비자에게 가시성이 낮아져 매출에 부정적인 영향을 미침

③ 도로에 접하는 점포의 정면 너비가 건물 안쪽으로의 깊이보다 큰 **가로장방형** 형태의 점포는 가시성 확보에 유리

④ 점포의 출입구에 **높낮이 차이(단차)**가 있으면 출입을 방해하는 장애물로 작용하게 됨

⑤ 점포의 형태가 직사각형에 가까우면 집기나 진열선반 등을 효율적으로 배치하기 쉽고, 이용할 수 없는 공간(Dead Space)이 발생하지 않는 장점이 있음

 **Tip**

건축선 후퇴: 「건축법」상 도로와 건축물 사이의 거리 규정을 지키기 위해 건축물을 일정 거리만큼 뒤로 물러서서 짓는 것을 말함. 건축물의 안전성, 보행자와 차량의 통행 안전, 도시미관 등을 고려하여 필수적으로 지켜야 하는 규정에 해당

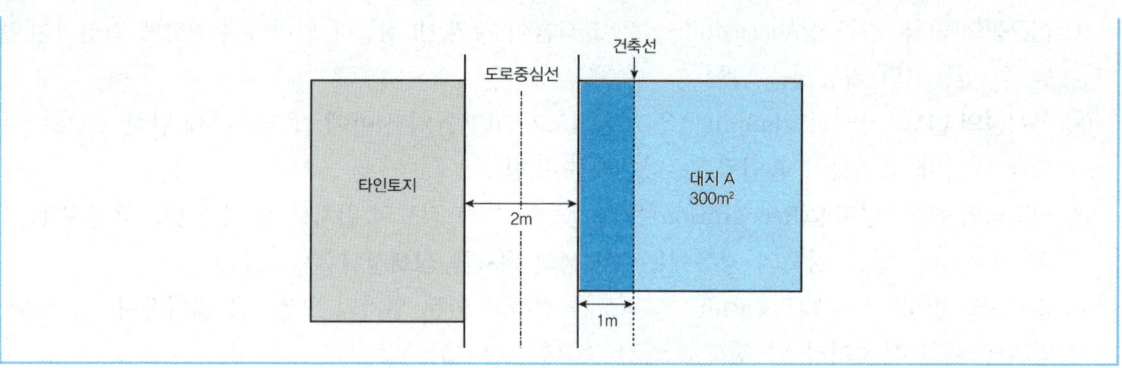

2 이용목적에 따른 입지 유형

1. 적응형 입지 [기출 24-3, 23-2, 20-3]

① 해당 위치를 통행하는 **유동인구에 의해 영업이 좌우**되는 입지를 의미함. 도보자의 접근성이 우선 시되어야 하므로 대중교통 시설과의 연계성, 가시성 등의 요소가 중요

② 비목적형 입지라고도 하며, 역세권과 같이 사전에 구매의사를 정하지 않고 우연한 구매가 일어나는 상권. 유동 인구수에 따라 점포의 성패가 결정

　예 김밥전문점, 편의점, 화장품전문점 등이 비목적형 상권에 적합한 대표적인 업종

2. 목적형 입지

① 고객이 특정한 목적을 가지고 이용하는 입지로서, 주도로에서 해당 점포로의 접근성이 좋아야 하므로 이용의 편의상 점포 전면에 넓은 주차장이 위치하면 유용한 입지에 해당

② 고객의 기대소비에 따라 목적을 정하여 구매하는 상권을 의미하며, 구매빈도는 높지 않지만 목적 방문에 따른 구매율이 높기 때문에 새로운 경쟁자의 진입이 용이하지 않음

　예 로데오 상권, 신림역 순대촌, 귀금속전문점이 몰려 있는 종로 상권이 대표적

3. 생활형 입지

아파트, 주택가의 지역주민들이 주로 이용하는 식당 등 생활형 점포들이 입지하는 형태로서, 도보 접근성이 양호한 입지에 위치하는 것이 좋음

4. 도매업의 입지

① 일반적으로 최종 소비자에게 서비스를 제공하기 위해 소매업과 달리 교통이 양호한 외곽지역에 위치

② 최근에는 비용절감 및 신속한 서비스의 향상 측면에서 생산구조와 소비구조의 특징에 따라 도매업의 입지 유형이 다음과 같이 분화되고 있음

> 1. 유통기능의 분화에 따른 분류
>   - 직접 유통 경로: 중간상의 개입 배제, 유통비 절감
>   - 간접 유통 경로: 수집기관과 분산기관 개입
> 2. 사회 · 경제적 관점에 따른 분류
>   - 소량생산 → 소량소비: 수집 · 중개 · 분산조직 개입(양곡, 식료품)
>   - 소량생산 → 대량소비: 수집 · 중개조직 개입(농 · 임산물의 생산재료)
>   - 대량생산 → 소량소비: 중개 · 분산조직 개입(생필품, 일용소비재)
>   - 대량생산 → 대량소비: 직접 유통(공업용 원료 · 부품)

5. 좋은 여건의 입지 기출 24-3, 23-2

① 지형상 고지대보다는 낮은 저지대 중심지

② 동일 동선에서 출근길 방향보다는 퇴근길 방향에 있는 곳

③ 일반적으로 권리금이 형성되어 있는 상가지역

④ 대형 평형보다 중소형 평형 아파트단지 상가

⑤ 버스정류장이나 지하철역을 끼고 있는 입지

⑥ 주변에 노점상이 많은 경우 유동인구가 많은 곳이 좋은 입지에 해당

THEME 08 유형별 입지

1 도심입지(CBD; Central Business District)

1. 도심입지의 개념

도심입지는 중심상업지역(CBD: Central Business District)이라고도 하며, 「국토의 계획 및 이용에 관한 법률」상 지정된 용도지역 중 도시지역으로서, 대도시나 소도시의 전통적인 도심시설이 집적된 상업지역을 의미

2. 도심입지(CBD)의 특징 기출 23-2, 22-2, 21-3

① 계획적으로 조성된 것이 아니고 **자연발생적**으로 형성되어 입지구조가 불규칙적

② 많은 유동인구와 심각한 주차문제로 교통체증 등이 발생

③ 높은 지가로 인해 토지이용이 집약화되어 건물이 고층화 · 과밀화

④ 도시의 기능적 측면에서 효율적 집중화로 관공서, 백화점, 기업 등이 밀집

⑤ 주말과 야간에는 **도심공동화** 현상이 나타나 유동인구의 감소로 매출이 저조

 **Tip**

아파트단지 내 상가 입지 기출 24-3
- 공급면적 변화가 어려워 일정한 고정고객의 확보를 통한 꾸준한 매출이 가능
- 수요·공급 측면에서 아파트단지 가구 수와 가구당 상가면적을 고려해야 함
- 아파트상권은 고정고객의 비중이 높아 안정적인 수요 확보가 가능하지만, 외부고객을 유치하기는 어렵다는 단점 존재
- 편의품 소매점의 경우 대형평형보다는 중형평형의 단지가 일반적으로 더 유리
- 관련 법규에서는 단지 내 상가를 근린생활시설로 분류하여 관련 내용을 규정하고 있음
- 아파트상권은 대형이나 중형 등 평형이 큰 가구일수록 단지 내 상가이용률은 낮아지는 특징이 있음

2 독립입지(노면독립입지)

1. 독립입지의 개념

노면독립입지(Freestanding Sites)는 상권의 입지형태 중에서 다른 소매업태들과 도심지에서 지리적으로 멀리 떨어져서 독립적으로 존재하는 입지를 의미

2. 노면독립입지가 적합한 경우 기출 24-2

① 상표충성도가 높고 상품에 대한 차별화된 기술과 노하우를 지닌 광역형 전문품점
② 독립적으로 고객을 유인할 수 있는 마케팅 능력을 지닌 소매업태
③ 물류네트워크상 비용절감 및 신속성을 위해 특정한 위치가 요구되는 물류센터
④ 대형할인점처럼 저가격·저비용 정책을 실시해야 하는 경우
⑤ 쇼핑몰이나 쇼핑센터의 중앙중심적 운용체제와 달리 독립적 점포운영이 필요한 경우
⑥ 점포디자인과 주차장 등을 자유롭게 활용할 필요가 있는 경우

3. 장·단점 기출 25-3, 24-2, 23-2, 22-3

장점	• 임대료가 싸고 가시성(Visibility)이 좋다. • 넓은 주차공간 등 고객 이용의 편리성이 좋으며 접근성이 우수하다. • 지리적으로 떨어져 있으므로 확장의 용이성이 좋고 경쟁에서 자유롭다. • 쇼핑몰과 달리 전체적인 관점에서의 통제적인 관리가 자유롭다.
단점	• 독립적으로 입지하므로 업체 간 보완관계나 시너지효과를 기대하기 어렵다. • 독립입지의 장점을 유지하기 위해서는 촉진비용(광고, 홍보)이 많이 든다.

3 쇼핑센터

1. 개념

쇼핑센터는 하나의 개발업자(Developer)가 도시 근교에 광대한 토지를 확보하여 백화점, 대형할인

점 등 대규모 소매업체를 중심으로 다양한 업종 및 업태의 소매업체들이 밀집될 수 있도록 개발한 집단판매시설을 말함

2. 쇼핑센터의 특징

① 주로 도심중심지(CBD)에 상권의 형성
② 개별점포의 영업시간 등 운영에 대한 간섭
③ 다양한 유형의 많은 점포들을 집적
④ 입점업체 구성(Mix)의 계획적 조정 필요
⑤ 높은 임대료와 관리비용

3. 쇼핑센터의 유형 기출 22-1

① 네이버후드센터: 동네쇼핑센터라고도 하며, 소비자와 가장 가까운 지역에서 일상의 욕구 충족을 위해 편리한 쇼핑장소를 제공하도록 설계된 근린형 쇼핑센터
② 커뮤니티센터: 지역쇼핑센터라고도 하며, 지구 중심에 위치하여 의류와 일반상품에 대해 네이버후드센터보다는 다양한 상품을 제공
③ 파워센터: 전문센터라고도 하며, 할인점·할인백화점·창고형 클럽 등을 포함하는 대형점포들로 구성

┃ 스트립 쇼핑센터의 비교 ┃ 기출 20-3

유형	특징 및 콘셉트	핵점포(Anchor Store)의 종류
네이버후드SC	근린형, 편의품 중심	슈퍼마켓, 편의점
커뮤니티SC	지역형, 다양한 카테고리	양판점, 할인점, 편의품 및 일부 선매품점
파워센터	광역형, 대형점포 및 전문센터로 구성	카테고리 킬러, 할인백화점, 대형할인점, 백화점, 창고형 클럽, 전문품점

 **Tip**

쇼핑센터 테넌트(Tenant) 관련 용어 기출 25-3, 25-2, 24-3, 22-3
- 앵커스토어(Anchor Store, 핵점포): 백화점과 같은 큰 규모의 임차인으로서 상업시설 전체의 성격이나 경제성에 가장 큰 영향력을 가짐
- 테넌트(Tenant): 상업시설의 일정한 공간을 임대하는 계약을 체결하고 해당 상업시설에 입점하여 영업을 하는 임차인
- 트래픽 풀러(Traffic Puller): 전문점 빌딩 등의 스페셜리티 센터(Speciality Center)에 배치되어 고객흡인력이 높은 임차인
- 일반테넌트(General Tenant): 트래픽 풀러(Traffic Puller)가 흡인시킨 고객을 수용하기 때문에 트래픽 유저(Traffic User)로 불리기도 함

4. 쇼핑센터의 주요 공간구성요소 [기출 24-3, 23-1, 21-2]

① **지표**(Landmark): 길찾기를 위한 방향성 제공

② **선큰**(Sunken): 지하공간의 쾌적성과 접근성을 높임

③ **결절점**(Node): 교차하는 통로의 접합점

④ **구역**(District): 공간과 공간을 분리하여 영역성을 부여

⑤ **에지**(Edge): 경계선이며 건물에서 꺾이는 부분에 해당

⑥ **보이드**(Void): 홀이나 계단 등 주변에 동선이 집중하는 공간에 설치하는 오픈된 공간

5. 쇼핑몰(Mall)

① 쇼핑몰의 개념

㉠ 과거의 도로를 중심으로 한 직선적 상가 배치에서 벗어나, 원형 등 면 중심으로 상가를 배치한 형태의 상가단지를 말함

㉡ Mall의 전체적 관점에서 쇼핑몰 본부가 임차인 혼합(Tenant Mix)을 계획하고 통제. 이와 함께 입점업체들의 매장경영 전반에 대해 계획·실행·관리를 해주기 때문에 개별업체들 입장에서는 투자의 위험성이 상대적으로 낮음

㉢ 유통산업발전법령상 쇼핑몰의 정의: 복합쇼핑몰이란 용역의 제공장소를 제외한 매장면적의 합계가 $3,000m^2$ 이상인 점포의 집단으로서 쇼핑, 오락 및 업무기능 등이 한 곳에 집적되고, 문화·관광시설로서의 역할을 하며, 1개의 업체가 개발·관리 및 운영하는 점포의 집단을 의미

② 쇼핑몰의 유형

유형	특징 및 콘셉트	유형별 업태의 종류
지역센터	일반식료품 및 의류, 다양한 업태의 소매점포 입주	대형할인점, 양판점 등
패션, 전문센터	고급의류 및 전문품(Specialty)	패션, 의류 전문점
아웃렛센터	상설할인매장	팩토리아웃렛 및 리테일아웃렛
테마·페스티벌센터	다양한 구색, 쇼핑과 오락의 결합을 통한 원스톱 쇼핑	레스토랑, 테마공원, 놀이동산

③ 쇼핑몰의 장·단점 [기출 25-2, 24-2]

장점	• 쇼핑몰 본부에서 모든 입점업체들의 매장경영 전반에 대해 계획, 실행, 관리를 해주기 때문에 개별 업체들 입장에서 투자위험성이 낮음 • 쇼핑몰은 영업시간, 외부환경 등이 동질적으로 관리되므로 개별 점포 입장에서 별도의 관리가 불필요
단점	• 쇼핑몰 내부 점포의 임대료는 주변 시세에 비해 높은 편에 해당 • 쇼핑몰 내부 점포 간, 동종 업종 간 경쟁의 정도가 높으므로 적절한 임차인 혼합(Tenant Mix)이 필요 • 관리단의 강력한 통제로 개별 점포의 **독립적인 광고나 영업시간의 자유가 제한**됨

6. 목적점포와 기생점포 [기출 25-1, 21-1]

① **목적점포**(Destination Stores): 소비자가 그 점포만을 방문하기 위하여 이동할 용의가 있는 점포로서 그 점포매장 자체가 독립적으로 상권을 형성할 수 있는 목적지가 되는 점포
② **기생점포**(Parasite Store): 그 자체가 소비자의 이동을 유도하지도 못하고 자체로 상권을 형성할 수 없는 의존적인 형태의 점포
　　예 쇼핑몰 혹은 쇼핑센터에 입점해 있는 다양한 종류의 음식점, 편의점, 수선점

4 복합용도개발

1. 개념

주거·상업·업무활동 등 3가지 이상의 활동이 함께 이루어지도록 계획되어, 편리성과 쾌적성을 높인 복합용도의 건축물로 개발하는 것이며, 하나의 건물에 쇼핑센터, 오피스텔, 호텔, 주상복합건물, 시민회관, 컨벤션센터 등 다양한 용도를 결합시키는 것을 의미

2. 복합용도개발의 특징 [기출 19-3]

① 주로 도심에 입지(CBD)하며 쇼핑센터, 오피스타워, 호텔, 주상복합건물, 컨벤션센터 등 3가지 이상의 용도가 다양하게 결합된 형태
② 토지의 집약적·입체적 이용으로 공간의 활용률이 다른 유형의 입지에 비해 높음
③ 다양한 목적을 가진 고객을 유인하여 비업무시간대의 활용도가 높음
④ 상업·업무기능 이외에 주거기능을 결합시킴으로써 도심공동화 현상 완화 가능
⑤ 도심의 상업기능의 급격한 증가현상을 피하고 도시의 균형적 발전을 도모 가능

3. 복합용도개발의 장·단점

장점	• 높은 시너지효과 • 업무의 효율성 향상 • 획일적 기능 완화 • 도심공동화 현상 완화
단점	• 쾌적성 문제 • 공간 확보의 어려움(공공, 문화시설)

THEME 09 공간균배의 원리와 넬슨의 입지 8원칙

1 공간균배의 원리(소재 위치에 따른 분류)

1. 개념

① 공간균배의 원리란 페터(R. M. Fetter)가 주장한 이론으로, 경쟁관계에 있는 점포 상호 간에는 공간을 서로 균등하게 나누려 하는 성질이 존재한다는 이론
② 한 점포가 입지한 이후 또 경쟁관계에 있는 다른 점포가 입지하는 경우에 각각의 점포들은 어느 위치에 입지하는 것이 유리한가를 설명하려는 이론

2. 종류 `기출 25-1, 24-2, 24-1, 23-3, 23-2, 22-1, 21-2`

① **집심성 상점**: 배후지의 중심지 입지가 유리한 점포의 유형으로 도매상, 백화점, 고급음식점, 보석상, 귀금속점, 미술품점, 피복점, 의류상, 장식품점, 화장품점, 약국, 시계점, 서점, 영화관 등이 주로 입지
② **집재성 상점**: 같은 업종은 서로 모여 입지해야 유리한 점포의 유형으로 의류점, 가구점, 음식점, 은행, 보험회사, 증권회사 등이 있는데, 이러한 집재성 상점은 넬슨의 소매입지이론(입지 8원칙) 중에서 누적적 흡인력(Cumulative Attraction)과 그 맥을 함께 하는 개념
③ **산재성 상점**: 같은 업종은 분산 입지해야 유리한 점포의 유형. 산재성 점포는 수요가 한정된 상품을 판매하게 되므로 수가 많으면 고객이 나누어지는 경향이 있기 때문에 서로 멀리 위치할수록 매상이 높고 지역적으로 산재됨이 바람직함
  예 슈퍼마켓, 편의점, 제과점, 대형마트, 대형병원 등
④ **국부적 집중성 상점**: 동종의 점포끼리 국부적 중심지에서 입지해야 유리한 점포의 유형
  예 **화훼도매점, 종묘상, 농기구상**, 석재상, 철공소, 비료상, 어구상, 기계·기구상점 등

2 넬슨의 입지 8원칙과 소매매력도 평가원칙

1. 넬슨의 입지 8원칙 `기출 25-3·2·1, 24-3·2·1, 23-3·2·1, 22-3·2·1, 21-3·2·1`

① **상권의 잠재력**: 상권의 크기와 수익창출력의 정도를 말하며, 개별점포들이 가진 상권 내 소비지출 총액에 대비한 자사점포의 점유율을 통해 상권의 잠재력을 평가. 잠재력은 현재 관할 상권 내에서 취급하는 상품, 점포 또는 유통단지의 수익성 확보가능성을 분석
② **상권의 접근가능성(Accessibility)**: 점포를 방문하는 고객의 심리적, 물리적 특성과 관련된 원칙으로 점포의 지리적 인접성, 교통의 편리성, 점포이용의 시간적 편리성 등은 접근성에 따른 입지의 매력도에 해당함

    ㉠ **고객창출형 점포**: 독자적 고객흡인이 가능한 백화점, 대형할인마트, 쇼핑센터, 전문품점

    ㉡ **근린고객의존형 점포**: 가까운 점포에 의해 흡인된 고객이 물건을 구입하고 그 인근에서 관련 재화를 구입하는 형태로 슈퍼마켓, 생활용품점, 잡화점 등

    ㉢ **통행량의존형 점포**: 쇼핑을 목적으로 하지 않는 통근자나 불특정 다수의 유동인구에 의해 구매되는 형태의 점포

③ **성장가능성**: 인구, 소득수준 증가로 시장규모나 유통상권의 매출액이 성장할 가능성을 분석하는 것으로, 지역시장의 인구 증가와 소득 수준의 향상으로 상권의 확장 및 성장을 평가

④ **중간저지성(Interception)**: 경쟁점포나 상점군(群)의 중간에 위치하여 상권에 진입하는 고객을 중간에서 분리·흡수할 수 있는 입지인지의 여부를 평가

⑤ **누적적 흡인력(Cumulative Attraction)**: **동일 또는 유사상품**을 취급하는 소매점들이 밀집되어 있는 경우 고객 흡인력이 더 커지는 것을 말하며, **동반유인의 원리**라고도 함. 집재성 점포의 경우 누적적 흡인력의 고려가 중요

⑥ **양립성(Compatibility)**: 상호 **보완관계**에 있는 재화(보완재)를 판매하는 두 개의 점포가 근접하여 입지하는 경우 양 점포를 함께 이용하는 고객의 수와 매출액이 증가하는 성질을 의미하며, 넬슨이 가장 중요시한 입지원칙에 해당

⑦ **경쟁의 회피**: 경쟁점의 입지, 규모, 형태 등을 감안하여 고려대상 점포가 기존점포와 경쟁에서 우위를 확보할 수 있는 가능성을 분석하는 것

⑧ **용지의 경제성**: 출점 시 진입할 상권의 입지비용(Cost)과 그로 인한 수익성 및 생산성을 관련하여 분석·평가

2. 소매입지의 매력도 평가원칙   `기출 25-3, 25-1, 24-1`

① **보충 가능성의 원칙(Principle of Compatibility)**: 양립하는 두 개의 업체가 상호 간에 고객을 교환 또는 공유할 수 있는 가능성으로 인접지역에 위치한 사업들 간에 **양립성(Compatibility)**이 높을수록 점포의 매출액이 높아짐을 말함

② **동반유인의 원칙(Principle of Cumulative Attraction)**: **누적적 흡인력**과 유사하며, 상호 유사 또는 보충성을 지닌 소매점들이 군집하고 있는 경우, 산재 또는 독립되어 있는 경우보다 고객흡인력이 더 커질 수 있음을 의미

③ **점포밀집의 원칙(Principle of Store Congestion)**: 동반유인의 원칙과 대별되는 개념으로, 지나치게 유사한 점포나 보충성이 있는 점포들이 많이 밀집되어 있는 경우 상권으로 **고객의 흡인력이 감소되는 현상**을 뜻함

④ **고객차단의 원칙(Principle of Interception)**: 고객이 특정 지역 내에서 이동하는 경우에 고객이 자사점포를 방문하도록 흡인하는 입지적 특성을 말함

⑤ **접근가능성의 원칙(Principle of Accessibility)**: 고객이 자사점포를 편히 방문할 수 있는 거리적·심리적·물리적 특성을 말함. 입지가 고객이 정주하는 장소와의 지리적 근접성, 교통의 편리성 등이 있는 경우에 점포의 매출이 증대됨을 의미

THEME 10 소매입지의 평가(IRS, MEP, BPI, CI)

1 소매포화지수(IRS) 기출 25-3·2·1, 24-3·2·1, 23-3·2·1, 22-3·2·1, 21-3·2·1

1. 소매포화지수의 개념

① 수요잠재력 측정을 위해 주로 사용되는 소위 소매포화지수(IRS; Index of Retail Saturation)는 한 시장지역 내에서 특정 소매업태의 단위면적당 잠재수요를 나타냄

② 소매포화지수 값이 클수록 시장의 포화 정도가 낮아 시장의 매력도는 높아지고 시장기회가 커지므로 신규점포 개설에 유리하다고 판단할 수 있음

2. 소매포화지수의 활용

① 소매포화지수(IRS) 공식

$$IRS = \frac{\text{잠재수요}}{\text{특정 업태의 총매장면적}} = \frac{\text{총가구 수} \times \text{가구당 지출액}}{\text{특정 업태의 총매장면적}}$$

예제

소매포화지수(IRS)는 지역시장의 수요매력도를 총체적으로 측정할 수 있는 지표로서 많이 이용된다. 다음의 자료를 이용하여 소매포화지수(IRS)를 계산하라.

1. 지역시장의 총가구 수 = 100가구
2. 특정 업태의 총매장면적 = 330.58m²(100평)
3. 가구당 특정 업태에 대한 지출 = 50만원
4. 수요 = 5,000만원

해설

$$IRS = \frac{\text{수요}}{\text{특정 업태의 총매장면적}} = \frac{\text{총가구 수} \times \text{가구당 지출액}}{\text{특정 업태의 총매장면적}}$$

$$= \frac{5,000만원}{100평} = 500,000원/평$$

정답 500,000원/평

② 소매포화지수의 활용 기출 25-2

㉠ IRS가 크다는 것은 지역시장에서 공급보다는 수요가 크다는 것(초과수요 지역)을 의미함. 즉, 이 지역은 초과수요 상태이므로 신규점포를 공급하기에 적합한 상권 상태임(= 이 지역은 점포가 부족하므로 외부에서의 쇼핑이 많은 지역임)

   ㉡ IRS는 다른 지역 또는 평균적인 수치와 비교할 경우 의미가 있으며, 그 수치가 클수록 지역의 잠재적인 수요가 큰 지역임을 암시

③ 소매포화지수의 특징

   ㉠ IRS는 지역시장의 **현재 시점** 수요잠재력(매력도)을 총체적으로 평가할 수 있는 지표로, 지역시장 내의 특정 소매업태의 단위면적당 잠재수요를 나타냄

   ㉡ 지역의 경쟁의 정도를 정량적으로만 평가할 뿐 질적(Quality)인 측면은 고려하지 못함

   ㉢ IRS는 현재 특정 지역의 수급상태를 반영하는 지수로, 지역의 시장성장잠재력을 반영하지 못하는 단점이 있으며, MEP(시장확장잠재력지수)로 보완해야 함

   ㉣ 특정 지역상권 내에서 해당 제품에 대한 미래 신규고객의 잠재수요를 반영하지 못함

2 시장확장잠재력지수(MEP)   기출 25-3·2·1, 24-3·2·1, 23-3·2·1, 22-3·2·1, 21-3·2·1

1. 시장확장잠재력지수의 개념

① 지역시장이 미래에 신규수요를 창출할 수 있는 잠재력을 반영하는 지표인 시장확장잠재력지수(MEP; Market Expansion Potential)는 미래의 시장확장잠재력을 나타냄

② MEP 값이 크다는 것은 거주자들의 다른 지역에서의 쇼핑 정도가 높다는 것을 의미하고, 시장확장잠재력이 높다는 것을 나타냄

$$MEP = \frac{해당\ 상품의\ 예상수요}{총매장면적}$$

③ MEP는 IRS의 단점을 보완해주는 도구로 다른 지역으로부터의 쇼핑 정도(쇼핑지출액) 등을 추정할 수 있음

④ 어느 지역에서 다른 지역으로의 쇼핑의 정도가 높다는 것은 현재 이 지역의 점포포화도는 과소상권이라는 것. 즉, 미래에 MEP(시장확장잠재력)가 크다는 것이며, 출점할 지역으로서 매력도가 높음을 나타냄

⑤ 출점을 위한 상권분석 시 신규점포가 입점할 지역의 포화성을 측정하는데 기존점포들에 대한 시장포화성뿐만 아니라 미래를 위한 시장확장잠재력도 함께 고려해야 함

2. IRS와 MEP의 활용   기출 24-2, 24-1, 23-3

① 지역시장의 매력도는 현재의 시장매력도를 나타내는 IRS와 미래의 시장매력도를 나타내는 MEP를 함께 사용하여 평가될 수 있음

② 각 상황별 매력도 판단

- 1사분면: 현재 경쟁 정도는 낮고 확장잠재력은 높은 경우로 신규점포가 출점하기에 가장 매력도가 높은 시장지역
- 2, 3사분면: 지역시장의 포화상태가 중간상태인 경우로서 자사점포의 경쟁우위 여부에 따라서 출점 여부를 판단할 수 있음
- 4사분면: 현재 경쟁 정도는 높고 확장잠재력은 낮은 경우로서 출점하기에 적합하지 않은 과다상권 시장지역이라 판단

Tip

둥지 내몰림 또는 젠트리피케이션(Gentrification) 현상 [기출 23-2, 20-3] : 젠트리피케이션은 낙후된 도심지역의 재건축·재개발·도시재생 등 대규모 도시개발에 부수되는 현상으로, 인근 도시개발로 부동산가격이 급등하고 임대료가 상승함에 따라 지역사회의 원주민들의 재정착비율이 매우 낮은 현상을 말함

3 구매력지수(BPI)와 중심성지수(CI)

1. 구매력지수(BPI; Buying Power Index) [기출 25-1, 23-2, 22-3, 22-1]

① 소매점포의 입지를 분석할 때 해당 지역시장의 구매력을 측정하는 기준으로, 구매력은 그 지역시장의 거주자들이 상품을 구매할 수 있는 능력을 나타냄

② BPI가 높을수록 시장의 구매력이 크다는 것을 의미하고, 그 지역은 신규점포를 내기에 매력적이라는 것을 의미

$$BPI = 0.5X + 0.3Y + 0.2Z$$

X: 전체 가처분소득 중에서 차지하는 그 지역의 가처분소득 비율
Y: 전체 소매매출액에서 차지하는 그 지역의 소매매출액 비율
Z: 총인구에 대한 그 지역인구의 비율
상수: 각 요인의 구매력에 대한 기여도에 따라 부여한 가중치

2. 중심성지수(CI; Centralization Index) 기출 23-2, 20-2

① 소매업의 공간적 분포를 설명하는 지표로, 인구유출입지수를 중심성지수라고 함

$$상업인구 = \frac{특정\ 지역의\ 소매판매액}{1인당\ 평균구매액}\ ,\ 중심성지수 = \frac{상업인구}{거주인구}$$

② 중심성지수가 1이라는 것은 소매판매액과 그 지역 내 거주자의 소매구매액이 동일하다는 것으로, 해당 지역의 구매력 유출과 유입이 동일함을 나타냄

③ 소매판매액의 변화가 없어도 해당 지역의 인구가 감소하면 중심성지수는 높아짐

3. 판매활동지수(SAI; Sales Activity Index) 기출 22-3

① SAI는 다른 지역과 비교한 특정 지역의 1인당 소매매출액을 측정하는 방법으로 인구를 기준으로 소매매출액의 비율을 계산

② 기본적으로 SAI가 크다는 것은 지역의 구매력이 크다는 것을 판단할 수 있는 근거가 되지만, 당해 지역 거주민들의 구매력을 측정할 수 있을 뿐 비거주자들의 구매력은 측정할 수 없는 문제점이 있음

$$SAI = \frac{총소매매출액에서\ 해당\ 지역이\ 차지하는\ 비율}{총인구에서\ 해당\ 지역이\ 차지하는\ 비율}$$

THEME 11 입지에 영향을 미치는 요인들

1 다점포경영 성향

1. 개념

다점포경영은 각 지역에 자사의 지점포를 분산 입지시키는 체인식 경영전략으로서 대량구매와 대량판매를 통한 규모의 경제와 효율을 실현함으로써 이윤극대화를 취하는 경영방식. 이는 유통시장 전면 개방에 대한 대응책으로 기존 소매점포들은 유통망의 경쟁력 강화와 경쟁우위 확보의 필요성에 의해 강조되고 있음

2. 유용성과 한계점

유용성	• 본사의 경험과 노하우를 전수함으로써 시행착오를 줄여 실패확률이 낮음 • 대량구매를 통한 비용절감으로 저렴하게 물품을 공급할 수 있음 • 본사의 브랜드 이미지를 직접적으로 영업에 활용하여 광고, PR 등 유리 • 외상매입이 가능하여 지점의 자금부담이 감소 • 본사와의 협조체계로 시장의 변화에도 빠르게 대처할 수 있음
한계점	• 본사의 운영방침에 따라야 하므로 영업의 독립성이 침해됨 • 본사의 표준적 운영방식으로 지역 체인점들의 특성을 반영한 차별적 영업이 곤란 • 계약에 따른 로열티 지급의 부담 및 체인점의 매매 시 제한을 받음 • 최근 동일상호를 쓰는 타 점포의 잘못으로 선의의 피해를 보는 사례가 증가 • 특정 지역에 다점포를 개설하는 경우 자기잠식현상이 발생할 수 있음

 **Tip**

> **자기잠식현상**(Cannibalization): 단어의 정의는 보통은 제살깎기라고도 표현하며, 기존에 출시됐던 제품이 같은 기업에서 출시된 새로운 제품에 의해 판매량이 감소하거나 시장점유율이 감소하는 것을 말함
>
> **예** 우유회사가 새로운 맛의 우유를 개발하면 기존의 우유에 영향을 미칠 수 있다. 즉, 기존 우유 소비자들이 새로운 맛의 우유를 선택함으로써 동일회사의 기존 우유 판매량의 감소를 가져올 수 있는데, 이를 '자기시장잠식'이라고 함

2 접근성(Accessibility)

1. 접근성의 개념

입지에 대한 진출입의 용이성을 의미하며, 고객이 상권에 도달하는 데 걸리는 시간적, 공간적, 거리적 부담을 의미. 이러한 접근성 개념은 거시적 관점의 정의이며, 미시적으로는 교통량, 도로정체(혼잡도), 진출입의 문제, 주차의 문제, 가시성(Visibility), 쇼핑센터 내부의 개별점포로의 접근성 등도 포함

2. 접근성의 내용 `기출 25-2`

① 주차시설의 양과 질은 쇼핑센터, 쇼핑몰 및 주차시설을 개별적으로 갖춘 단독매장들에 대한 접근성을 평가하기 위한 중요한 요인의 하나이며, 주차시설의 위치를 평가할 때는 고객 쇼핑동선의 일반적 길이를 고려해야 함

② 혼잡도가 일정 수준을 넘어 너무 혼잡하면 쇼핑속도가 떨어지고 고객불만을 야기하여 매출이 하락하나, 적정수준의 혼잡도는 오히려 고객에게 쇼핑의 즐거움을 더해줌

③ 독립점포 입지평가에서와 마찬가지로 쇼핑몰, 쇼핑센터의 입지평가에 있어서도 접근성이 중요하며, 쇼핑센터 및 쇼핑몰 내부의 입지평가에 있어서도 접근성은 평가의 대상

④ 접근성을 평가할 때는 길에서 점포가 눈에 잘 띄는 가시성도 고려해야 함

⑤ 고객의 충성도가 높거나 역사적으로 오래된 유명 점포의 경우에 있어서 가시도는 큰 문제가 되지 않음

⑥ 고가의 전문품의 경우 가시도보다는 교통의 접근성이 편리한 곳이 좋으나 저가의 편의품과 같은 생활용품 등의 경우는 가시성이 중요

3 동선(Traffic Line)의 원리

1. 동선

① 동선의 개념과 종류 [기출 22-1]

　㉠ 개념

　　ⓐ 상점가에 있어서 고객유입시설을 통하여 불특정 다수의 소비자를 상점으로 유도하는 흐름을 의미

　　ⓑ 동선이란 사람들이 집중하는 자석(Anchor)과 자석을 연결하는 흐름을 말함

　㉡ 종류

　　ⓐ 주동선: 고객유도시설인 지하철역, 백화점 등 대규모점포, 대형 교차점 등을 연결하는 선을 주동선이라고 말함

　　ⓑ 부동선(=이동동선): 주동선 이외에 동선과 관계있는 이용객의 흐름이 있는 동선을 부동선이라 함. 이 부동선을 중시하는 유형으로 소규모 체인점, 개인점포 등

　　ⓒ 복수동선: 복수의 자석이 있는 경우의 동선을 복수동선(유희동선)이라고 함. 이는 여러 동선이 복합적으로 혼재하고 있는 경우로 '지하철역 → 대형 교차점 → 대규모점포 등 → 다시 지하철역'에 이르는 경우 복수의 고객유도시설이 혼재해 있는 경우

② 동선의 원리 [기출 25-2, 24-3, 22-2, 22-1, 21-3]

　㉠ 안전 중시의 법칙: 인간은 본능적으로 신체의 안전을 지키기 위해 위험하거나 모르는 길, 다른 사람이 잘 가지 않는 장소는 가려고 하지 않는다는 심리를 의미

　㉡ 최단거리 실현의 법칙: 사람들은 최단거리로 목적지에 가려는 심리를 말함. 예컨대 멀리 돌아가거나 쓸데없는 일, 손해는 보지 않으려고 함, 부동선(후면동선)이 발생하는 원인이 됨

　㉢ 보증 실현의 법칙: 인간은 득실을 따져 득이 되는 쪽을 선택한다는 동선 심리로, 길을 건널 때도 최초로 만나는 횡단보도를 이용하려는 성향이 있음

　㉣ 집합의 법칙: 대부분의 사람들은 군중 심리에 의해 사람이 모여 있는 곳에 모이는 성향이 있어 이를 상권의 입지분석에 이용

2. 상업성 고객유도시설 [기출 25-2, 25-1, 22-2]

고객유도시설은 고객을 모으는 자석과 같은 역할을 한다고 하여 소매자석(CG; Customer Generator)이라고 함. 고객을 유입시킬 수 있는 점포 주변의 상업시설, 백화점, 지하철역 등에는 사람들이 모이며, 사람들이 모이는 곳에 출점하면 그만큼 성공률이 높음

① **도시형점포 유도시설**: 지하철역, 대규모 소매점(백화점, 대형마트), 대형 교차로, 기타(대형상점가의 입구, 버스정류장, 고속버스터미널, 경기장, 공원, 관공서, 오락시설, 유원지, 관광지의 관광시설 등)

② **교외형점포 유도시설**: 대규모 소매점, 간선도로 교차점, 간선도로, 대형 레저시설[어린이대공원, 서울대공원, 용인자연농원(에버랜드) 등], 기타(공원, 관공서, 경기장, 경마장, 경륜장, 유원지, 관광시설)

③ **인스토어형점포(Instore) 유도시설**: 건물의 주 출입구, 에스컬레이터, 엘리베이터, 계단 앞, 기타(휴식공간, 식품매장, 대형매장, 푸드코트 등)

4 라이프스타일(Life-style)

1. 라이프스타일의 개념

입지에 영향을 주는 요인들 중 하나인 라이프스타일(Life-style)은 시장세분화 기준 중 심리적(Psychographics) 기준에 해당하며, 소비자의 라이프스타일은 AIO 분석을 통해 파악할 수 있음

2. AIO 분석 `기출 24-3`

AIO 분석은 소비자의 관심, 신념, 활동 등에 관한 조사를 통해 소비자들의 라이프스타일을 측정하는 방법에 해당함

① A(Activity, 행동): 소비자의 활동유형으로 외면적으로 드러나는 행동 및 소비 방식으로 표현됨

② I(Interest, 관심사): 소비자가 어떤 대상에 대해 관심을 갖는 정도

③ O(Opinions, 의견): 소비자가 어떤 대상에 대해 갖는 개인적인 의견

THEME 12 업태 및 업종별 입지

1 백화점 `기출 24-2`

1. 개념

① 의류·가정용품·신변잡화류·가구 등의 상품을 부문별로 구성하여 일괄구매(One Stop Shopping)할 수 있도록 하고, 대부분의 매장을 직영 형태로 운영하는 대형소매점포

② 우리나라의 백화점은 매장면적이 $3,000m^2$ 이상이고 30% 이상이 직영으로 운영되어야 하며, 판매장 이외에도 주차시설, 문화시설 등 서비스시설에 대한 다양한 규제가 가해지고 있음

2. 입지선정

① 도심 및 교통망의 결절점에 입지하며, 유동인구, 인근 지역 소비자의 소비형태 등을 고려해야 함
② 입지의 지리적, 환경적 요인을 분석하여 소비자의 흡인률을 높일 뿐만 아니라 강한 집객력을 배경으로 제품구색의 폭이 넓으며 점포 건물의 층별 제품구색 차별화를 구현하는 MD 구성 및 문화레저 산업과의 연계 등을 통한 차별화된 전략이 요구
③ 백화점은 소비자가 가장 편리하게 접근할 수 있도록 주차의 편리성을 우선 고려해야 함. 또한 소비자의 흡인력에 따라 성과가 좌우되므로 사람이 많이 모일 수 있는 곳에 입지를 선정해야 함

3. 동선계획

① 백화점은 각 층의 매장 효율을 높이기 위해 계획적 구매상품, 충동적 구매상품 등을 고려하여 배치 동선은 매장 내의 고객이 가능한 많은 매장을 거치도록 고려해야 함
② 계획적인 구매를 하는 상품판매장으로 가는 중간에 충동적인 구매를 하는 상품을 배치
③ 식료품은 혼잡한 장소에 배치하고, 귀금속은 한산한 장소에 배치하는 방법을 이용
④ 고객과 점원의 동선, 그리고 상품의 교통로는 주변 환경에 따라 분리

2 의류패션전문점

1. 개념

① 경기변동에 많은 영향을 받고 충동구매가 많으며 브랜드를 선호함. 또한 가족단위 구매가 많이 이루어지므로 서로 다른 연령층 고객을 표적으로 삼는 전략이 필요
② 의류 및 패션 관련 소매업은 고가의 브랜드 제품과 보세 및 수입품 위주의 중가제품 그리고 저렴한 시장제품이 고루 공존했으나, 외환위기를 겪으면서 중산층이 적어지고 또한 소비가 줄어들면서 중간 가격대의 제품들이 많이 사라지고 대신 저렴한 가격대의 상품을 선호하는 계층이 많아짐

2. 입지선정

① 도심의 중심상업지구(CBD)나 쇼핑센터들의 밀집지역과 그 지역 전체를 포함한 형태로, 의류패션전문센터 또는 테마 의류센터 등의 형태로 입지하는 것이 일반적
② 도심이나 쇼핑몰 등에 다수 위치하고 있으며 고객을 유인하기 위해 상품진열 전략에 매우 신경을 쓰고 있음. 특히 고급 의류패션전문점은 CBD에 입지하여 통행인구를 유인하기 위하여 항상 좋은 상품들을 진열하는 전략이 필요
③ 백화점보다 더 인기 있는 곳이라고 생각되는 곳에 입지하며, 그 위치들은 소비자들을 위한 볼거리와 레크리에이션 기회를 제공하고 많은 사람들이 구매하도록 하는 능력을 발휘

3 패션잡화점 및 생활용품점

① 충동구매 성향이 높으므로 접근성이 뛰어난 점포가 유리
② 패션잡화점에 대한 입지선정에 있어서 목표고객 선정이 중요 영향요인에 해당
③ 선매품(Shopping Goods) 성격이 강하므로 상호 보완적인 상품을 판매하는 다양한 점포들이 함께 모여 있는 경우에 유리
④ 패션잡화점은 선매점(또는 전문점)으로서 유동인구의 집중이 중요하므로, 임대료가 상대적으로 비싸고, 입지가 좋은 곳에 위치하는 것이 유리
⑤ 선매품점인 동시에 집재성 점포에 해당하므로 서로 같은 연령층 고객을 타깃으로 삼는 점포들이 함께 모여 있는 곳이 최적입지에 해당

4 제조직매형 전문점(SPA)

1. 개념

① SPA(Specialty retailer of Private label Apparel)란 1986년에 미국의 청바지 회사인 갭(Gap)이 도입한 개념으로, 전문점과 자사 상표(PB) 및 의류(Apparel)의 앞 문자를 딴 합성어로, 제조직매형 의류전문점이라고 할 수 있음
② 우리나라에서도 그동안 ZARA, Uniqlo, Forever21 등의 SPA 업체들이 대형매장을 개설하여 영업을 해왔고, H&M과 SPAO 등이 새로 SPA 매장을 개설함

2. SPA의 장점

① SPA는 기획부터 디자인·생산·유통·판매 등 모든 공정이 일괄적으로 이루어짐으로써 저렴하고 트렌디한 제품을 소비자에게 공급할 수 있음
② 급변하는 유행에 맞춰 새로운 아이템을 빠르게 선보여 패스트패션(Fast Fashion)이라고도 함

THEME 13 개점 점포의 법률적 검토

1 상권분석과 관련된 건축 관련 법규 Ⅰ

1. 건폐율과 용적률 `기출 25-3, 24-2, 23-2, 22-2, 21-3, 21-2, 20-3`

① **건축면적**: 건축면적이란 수평투영면적 중 가장 넓게 보이는 층의 면적을 말함
② **건폐율**: 건폐율이란 대지면적에 대한 건축면적(대지에 건축물이 둘 이상 있는 경우에는 이들 건축면적의 합계)의 비율을 말함(건축법 제55조)

> 건폐율(%) = (건축면적 / 대지면적) × 100

③ **연면적**: 연면적이란 건물 전체 층 바닥면적의 합계. 여기서 전체 층이란 지하와 지상의 모든 층을 말함
④ **용적률**: 용적률이란 대지면적에 대한 연면적(대지에 건축물이 둘 이상 있는 경우에는 이들 연면적의 합계로 함)의 비율을 말함(건축법 제56조)

> 용적률(%) = (지상층 연면적 / 대지면적) × 100

2. 용적률 산정 시 연면적에서 제외되는 부분

① 지하층의 면적
② 지상층의 주차용(해당 건축물의 부속용도인 경우만 해당)으로 이용되는 면적
③ 초고층 건축물과 준초고층 건축물에 설치하는 피난안전구역의 면적
④ 건축물의 경사 지붕 아래에 설치하는 대피공간의 면적

예제

甲이 매입하려는 상가건물이 지하 1층~지상 4층으로 대지면적은 250m²이다. 층별 바닥면적은 각각 200m²로 동일하며 주차장은 지하 1층에 150m²와 지상 1층 내부에 100m²로 구성되어 있다. 이 건물의 용적률은 얼마인가?

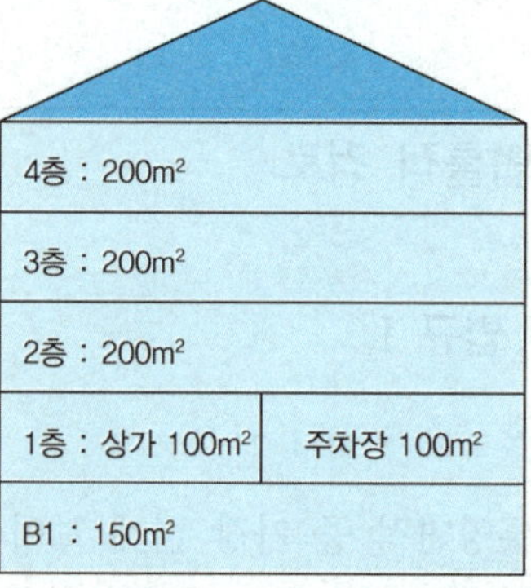

해설

용적률이란 대지면적에 대한 전체 건축면적의 비율로서 전체 건축면적에는 부속시설인 주차장 공간과 지하층의 면적은 제외된다.

$$\therefore 용적률 = \frac{(200 + 200 + 200)m^2 + 100m^2}{250m^2} \times 100\% = 280\%$$

정답 **280%**

3. 국토계획법상 용도지역(상업지역) 기출 22-3, 22-2

① 「국토의 계획 및 이용에 관한 법률」에서는 우리나라의 모든 토지를 도시지역, 관리지역, 농림지역, 자연환경보전지역으로 구분하고 있음

② 이 중 상권분석과 관련성이 있는 상업지역은 중심상업지역, 일반상업지역, 근린상업지역, 유통상업지역으로 세분하고 있음(시행령 제30조)

③ 상업지역에서 업종변경 또는 점포 확장 시 용도변경 신청절차

용도변경 신청 → 신고필증 교부 → 공사 착수 → 사용승인 → 건축물대장 변경

4. 부지와 획지, 각지의 개념 기출 24-3, 24-1, 23-3, 21-3

① 부지: 건물이나 구조물이 차지하고 있는 일정 용도로 사용되는 토지를 말하며, 건부지와 도로부지 등이 있음

② 획지: 건축용으로 구획정리를 할 때 한 단위가 되는 땅을 말함

③ 각지: 각지는 획지 중 두 개 이상의 도로가 교차하는 곳에 있는 경우를 말하며, 각지에는 1면 각지, 2면 각지, 3면 각지, 4면 각지 등이 있고 접근성과 출입이 편리하여 광고효과가 높음

2 상권분석과 관련된 건축 관련 법규 Ⅱ

1. 개점입지의 법률적 검토(임차상가의 권리분석)

임대차관계를 명확히 하기 위해서는 공인중개사를 통해 계약을 진행하고, 계약 시에는 반드시 건축물대장, 상가등기부등본의 갑(甲)구 및 을(乙)구를 통하여 임차하려는 매장의 담보설정 여부, 제세공과의 체납 여부 등 제반 사항을 확인해야 함

2. 등기부등본 및 도시계획확인원과 건축물대장 [기출 24-1, 23-1, 21-3]

① 점포 계약 시 등기부등본상 소유권과 저당권설정 유무 확인 필요, 건축물대장, 도시계획확인원 등을 발급받아 해당 점포의 용도나 개발계획 등을 반드시 확인해야 함
② 도시계획확인원을 열람함으로써 자신이 입주하려는 곳의 상권 변화를 예측할 수도 있음

 **Tip**

점포의 매매와 임대차 시 확인해야 하는 공적 서류와 그 내용
- **등기사항전부증명서**: 현 소유자의 인적사항, 취득일과 매매과정, 압류·저당권 등의 권리설정 내용 등
- **건축물대장**: 건축물의 위치, 면적(건축면적, 연면적, 전용면적, 대지면적 등), 구조, 용도, 건폐율과 용적률, 건축연도, 층수 등
- **토지대장**: 토지의 소재, 지번, 지목, 면적, 소유자의 주소, 주민등록번호, 성명 등
- **토지이용계획확인원**: 용도지역·용도지구 등의 지정 여부, 토지거래 규제(용도지역·지구 등에서의 행위제한), 도로개설 여부, 확인도면 등
- **지적도**: 토지의 소재, 지번, 지목, 인근 토지와의 경계, 토지의 모양, 토지등급 등

3 상가건물 임대차보호법

1. 임대차기간(법 제9조)

① 기간을 정하지 아니하거나 기간을 1년 미만으로 정한 임대차는 그 기간을 1년으로 본다. 다만, 임차인은 1년 미만으로 정한 기간이 유효함을 주장할 수 있다.
② 임대차가 종료한 경우에도 임차인이 보증금을 돌려받을 때까지는 임대차관계는 존속하는 것으로 본다.

2. 계약갱신 요구(법 제10조 제1항, 제2항) [기출 23-2, 21-3, 20-3]

① 임대인은 임차인이 임대차기간이 만료되기 6개월 전부터 1개월 전까지 사이에 계약갱신을 요구할 경우 정당한 사유 없이 거절하지 못한다. 다만, 다음의 어느 하나의 경우에는 그러하지 아니하다.

> 1. 임차인이 **3기의 차임액**에 해당하는 금액에 이르도록 차임을 연체한 사실이 있는 경우
> 2. 임차인이 거짓이나 그 밖의 부정한 방법으로 임차한 경우
> 3. 서로 합의하여 임대인이 임차인에게 상당한 보상을 제공한 경우

4. 임차인이 임대인의 동의 없이 목적 건물의 전부 또는 일부를 전대한 경우
5. 임차인이 임차한 건물의 전부 또는 일부를 고의나 중대한 과실로 파손한 경우
6. 임차한 건물의 전부 또는 일부가 멸실되어 임대차의 목적을 달성하지 못할 경우
7. 임대인이 다음의 어느 하나에 해당하는 사유로 목적 건물의 전부 또는 대부분을 철거하거나 재건축하기 위하여 목적 건물의 점유를 회복할 필요가 있는 경우
   • 임대차계약 체결 당시 공사시기 및 소요기간 등을 포함한 철거 또는 재건축 계획을 임차인에게 구체적으로 고지하고 그 계획에 따르는 경우
   • 건물이 노후 · 훼손 또는 일부 멸실되는 등 안전사고의 우려가 있는 경우
   • 다른 법령에 따라 철거 또는 재건축이 이루어지는 경우

② 임차인의 계약갱신요구권은 최초의 임대차기간을 포함한 전체 임대차기간이 **10년**을 초과하지 아니하는 범위에서만 행사할 수 있다.

3. 차임 등의 증감청구권(법 제11조 제1항, 제2항) 기출 25-2, 23-3, 21-2

① 차임 또는 보증금이 임차건물에 관한 조세, 공과금, 그 밖의 부담의 증감이나 「감염병의 예방 및 관리에 관한 법률」에 따른 제1급감염병 등에 의한 경제사정의 변동으로 인하여 상당하지 아니하게 된 경우에는 당사자는 장래의 차임 또는 보증금에 대하여 증감을 청구할 수 있다. 그러나 증액의 경우에는 청구 당시의 차임 또는 보증금의 **100분의 5의 금액에 따른 비율을 초과하지 못한다.**
② 증액 청구는 임대차계약 또는 약정한 차임 등의 증액이 있은 후 **1년** 이내에는 하지 못한다.

4. 환산보증금 규정 기출 24-1, 22-3

① 환산보증금 규정은 「상가건물 임대차보호법」에서 영세상인을 보호하기 위해 제정된 보호규정으로, 환산보증금 기준은 영세상인의 범위를 규정하기 위해 정한 보증금 수준을 의미
② 보증금액을 정할 때에는 해당 지역의 경제 여건 및 임대차 목적물의 규모 등을 고려하여 지역별로 구분하여 규정하되, 보증금 외에 차임이 있는 경우에는 그 차임액에 「은행법」에 따른 은행의 대출금리 등을 고려하여 대통령령으로 정하는 비율(100/1)을 곱하여 환산한 금액을 포함하여야 한다(법 제2조 제2항 및 시행령 제2조 제3항).
③ 환산 산식: 보증금 + (월임차료 × 100)

5. 권리금 기출 25-3, 25-2, 22-2, 21-2, 21-1

① 권리금의 정의(법 제10조의3)
   ㉠ 권리금이란 임대차 목적물인 상가건물에서 영업을 하는 자 또는 영업을 하려는 자가 영업시설 · 비품, 거래처, 신용, 영업상의 노하우, 상가건물의 위치에 따른 영업상의 이점 등 유형 · 무형의 재산적 가치의 양도 또는 이용대가로서 임대인, 임차인에게 보증금과 차임 이외에 지급하는 금전 등의 대가를 말한다. → 시설권리금 + 영업권 + 바닥권리금
   ㉡ 권리금 계약이란 신규임차인이 되려는 자가 임차인에게 권리금을 지급하기로 하는 계약을 말한다.

② 권리금 회수기회 보호(법 제10조의4 제1항): 임대인은 임대차기간이 끝나기 6개월 전부터 임대차 종료 시까지 다음의 어느 하나에 해당하는 행위를 함으로써 권리금 계약에 따라 임차인이 주선한 신규임차인이 되려는 자로부터 권리금을 지급받는 것을 방해하여서는 아니 된다.

> 1. 임차인이 주선한 신규임차인이 되려는 자에게 권리금을 요구하거나 임차인이 주선한 신규임차인이 되려는 자로부터 권리금을 수수하는 행위
> 2. 임차인이 주선한 신규임차인이 되려는 자로 하여금 임차인에게 권리금을 지급하지 못하게 하는 행위
> 3. 임차인이 주선한 신규임차인이 되려는 자에게 상가건물에 관한 조세, 공과금, 주변 상가건물의 차임 및 보증금, 그 밖의 부담에 따른 금액에 비추어 현저히 고액의 차임과 보증금을 요구하는 행위
> 4. 그 밖에 정당한 사유 없이 임대인이 임차인이 주선한 신규임차인이 되려는 자와 임대차계약의 체결을 거절하는 행위

6. 사업자 등록 　기출 25-2, 24-3, 24-2

「부가가치세법」 제8조 규정에 따르면, 사업자는 사업장마다 대통령령으로 정하는 바에 따라 사업 개시일부터 **20일 이내**에 사업장 관할 세무서장에게 사업자등록을 신청하여야 한다. 다만, **신규로 사업을 시작하려는 자는 사업 개시일 이전이라도 사업자등록을 신청**할 수 있다.

🆑 편의점, 의류점, 문구점 등은 사업자등록 후 영업을 시작하면 됨. 다만 약국의 경우 면허 취득 후 시·군·구청에 개설등록이 필요함

THEME 14　출점을 위한 점포의 투자형태 및 출점전략

1　출점을 위한 점포의 투자

1. 투자(Investment)의 개념

① 의의: 투자란 미래의 수익을 향유하기 위해서 현재의 소비를 미래로 이연시키고 시간이나 자본을 제공하는 경제행위를 의미함. 개점을 위한 출점전략에 있어서도 점포 창업자는 점포를 임차할 것인지 매매로 투자할 것인지에 대한 의사결정이 필요

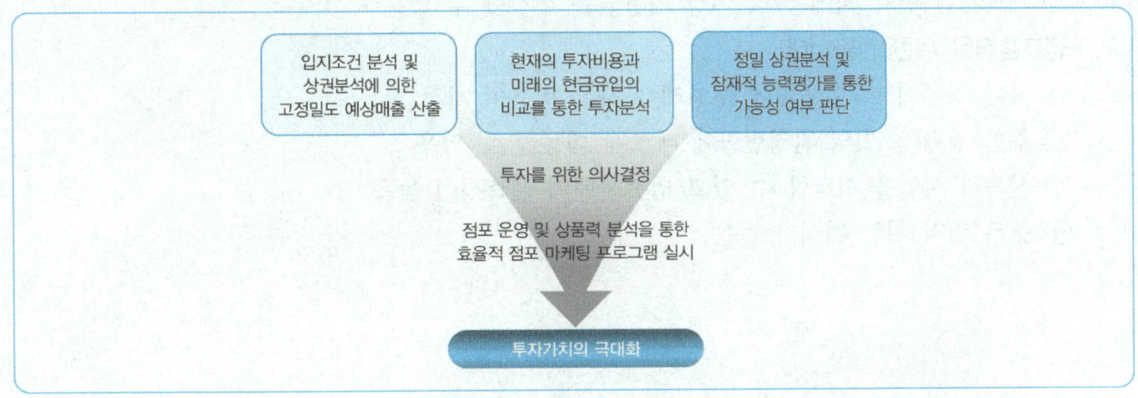

② **투자분석방법** 기출 25-1

  ㉠ NPV법(순현재가치법)과 IRR법(내부수익률법)

순현재가치법	현금유입의 현가 – 현금유출의 현가 > 0인 경우에 투자의 타당성이 인정되며, 순현재가치가 0보다 작은 경우에는 타당성이 없다고 판단
내부수익률법	현금유입의 현가와 유출의 현가가 같아지는 수익률을 구하는 방법, IRR > 시장이자율(투자로 인한 최소요구수익률)인 경우 투자의 타당성이 인정

  ㉡ **투자수익률법**(ROI; Return on Investment): ROI법은 미국 듀퐁사에 의해 개발된 경영성과를 종합적으로 측정하는 데 이용되는 대표적인 투자분석법으로 순이익을 총투자액으로 나누어 산출하며, **매출액순이익률**과 **회전율**의 곱으로 이를 나타낼 수 있음

$$투자수익률(ROI) = 순이익 / 총투자액(총자본) \times 100$$
$$= \frac{순이익}{매출액} \times \frac{매출액}{총투자액}$$
$$= 매출액순이익률 \times 자산회전율$$

  ㉢ **회수기간법**(Payback Period): 회수기간법은 여러 투자안 중에서 회수기간이 가장 짧은 대안을 선택하는 방법으로, 화폐의 시간적 가치를 고려하지 않는 비할인방식

2. 점포의 투자 형태 기출 23-3, 23-1

① **점포신축을 위한 부지매입**

  ㉠ 일반적으로 자산가치가 상승하는 경우가 많음

  ㉡ 점포 형태, 진입로, 주차장, 구조 등 하드웨어에 대한 계획을 새롭게 세울 수 있음

  ㉢ 다른 경우에 비해 초기에 투자해야 하는 비용이 많은 편에 속함

  ㉣ 주변 지역(상권)의 환경변화에 빠르게 대응하기가 어려움

② **점포신축을 위한 부지임대**

  ㉠ 초기투자비용이 적은 대신 자산가치의 상승을 누릴 수 없음

  ㉡ 점포형태, 진입로, 주차장, 구조 등 하드웨어에 대한 계획을 새롭게 세울 수 있음

  ㉢ 계약기간 만료 시에는 더 이상 지상권을 주장할 수 없음

③ **점포출점을 위한 건물임대**

  ㉠ 다른 경우에 비해 초기에 투자해야 하는 비용이 가장 적음

  ㉡ 주변 지역(상권)의 환경변화에 빠르게 대응할 수 있음

  ㉢ 신속히 사업을 시작할 수 있고 업종선택의 신축성이 높음

  ㉣ 좋은 입지 획득 기회가 높음

> **Tip**
>
> 기존 점포건물 임대차 시 주의사항
> • 임차 계약기간
> • 점포 임차 시 소요되는 비용
> • 점포의 전용면적과 형태
> • 점포의 인계사유

④ 점포출점을 위한 건물매입

  ㉠ 초기에 투자해야 하는 비용이 많은 편에 속함

  ㉡ 기존건물을 인수하는 경우이므로 감가상각에 대한 고려가 필수적임

  ㉢ 기존상권에 진입하는 경우이므로 영업권에 대한 이점을 향유할 수도 있으나, 업종전환에 어려움이 있을 수 있음

3. 입지할당모형(Location-Allocation Model) `기출 24-1`

① 개념

  ㉠ **'입지배정모형'**이라고도 하며, 두 개 이상의 점포 네트워크를 구축하려는 경우 각 점포가 동일 기업 내 점포 네트워크에 미치는 영향과 점포입지 상호작용에 대한 체계적인 평가에 활용

  ㉡ 이 모형은 소비자들의 구매 통행 패턴을 기초로 소비자들을 그 점포들에 배정하게 됨

② **활용**: 점포 네트워크의 구축은 소매점의 광고, 유통, 노동력 등을 절약할 수 있고, 가능한 넓은 지역에 흩어져 있는 소비자들을 흡인할 수 있는 장점이 있으므로 점포 확장을 계획하고 있는 소매 경영자들에게 있어 중요 고려사항으로 활용

③ **적용모형**: ㉠ 시설입지분석에 있어 가장 많은 논의가 있는 P-메디안모형이 있고, ㉡ 부지선정 과정에서 경쟁자들의 입지를 고려할 목적으로 개발된 시장점유율모형, ㉢ 서비스센터의 네트워크를 계획하는 데 특히 유용한 커버링모형 등이 있음

2 출점전략

1. 점포의 출점절차 및 출점 의사결정

① 점포의 출점절차

> 출점방침의 결정 → 출점지역(Region) 결정 → 시장지역 내 상권(Trade Area) 결정 → 입지 선정 → 구체적인 출점부지(Site) 또는 점포의 물색 → 계획의 수립 및 출점(개점)

② 소매점포의 개점계획 `기출 25-1, 24-3, 23-3`

  ㉠ **사업전략**: 점포의 업태선정, 차별화, 프랜차이즈전략 등

  ㉡ **출점계획**: 점포입지 및 규모, 출점방식, 점포확보 등을 위한 자금조달계획, 수익 및 비용계획

③ 출점 의사결정 사안
  ㉠ 상권 및 입지분석을 통한 출점점포의 결정
  ㉡ 점포의 확보(계약) 및 사용과 관련된 행정적 처리(인·허가 또는 영업신고)
  ㉢ 점포의 층별 배치 결정
  ㉣ 최종 점포의 머천다이징(MD) 결정

2. 출점전략 `기출 25-3, 24-3, 20-3`

① **도미넌트 출점전략**(Dominant Strategy): 일정 지역에 다수의 점포를 동시에 출점시켜서 경쟁자의 진입을 억제하는 다점포전략으로, 물류비 절감과 매장구성의 표준화를 통해서 경쟁력을 유지하는 전략에 해당하며, **지역집중전략**이라고도 함
② **시장력 선택전략**: 상권의 집적이 비교적 높고 경쟁이 있음에도, 충분한 시장력이 있다고 판단되는 경우의 출점전략
③ **다각화 전략**: 도미넌트전략 이후 점포 수를 최적화하고 업종·업태의 변화를 통해 고객의 다양한 욕구를 수용하는 전략

3 프랜차이즈 출점전략

1. 특징

프랜차이저(Franchiser, 가맹본사)는 가맹점에 대해 일정 지역 내에서의 독점적 영업권을 부여하는 대신 가맹점으로부터 로열티(특약료)를 받고 상품구성이나 점포·광고 등에 관하여 직영점과 똑같이 관리하며 경영지도·판매촉진 등을 담당함. 투자의 대부분은 가맹점주(Franchisee)가 부담하기 때문에 프랜차이저는 자기자본의 많은 투하 없이 연쇄점 조직을 늘려나가며 시장점유율 확대 가능

2. 장·단점 `기출 25-1, 24-2`

장점	• 영업 초보자도 본사의 경영노하우, 기술을 이전받아 쉽게 창업이 가능 • 독립점포에 비해 실패의 확률이 적음 • 본사의 브랜드와 마케팅 홍보효과를 누릴 수 있음 • 점포 개점 시 본사와의 협조체계로 시장의 변화에도 빠르게 대처 가능
단점	• 본사의 운영방침에 따라야 하므로 영업의 독립성이 침해됨 • 본사의 표준적 운영으로 각 체인점들의 특성을 반영한 차별적 영업이 곤란 • 동종업계 간의 경쟁 악화가 심화

3. 체인점의 유형

① 레귤러 체인(Regular Chain): 체인 본점이 다수의 체인 지점을 지닌 형태의 체인형 조직으로, 규모의 경제를 실현하여 매출액 및 이윤을 창출하며 기업형 체인이라고 함

② 볼런터리 체인(Voluntary Chain): 개별적인 상호를 가진 독립된 점포이지만 같은 업종에 있는 소매업자들이 공동의 목표를 가지고 공동구매, 공동판매 등의 형태를 가지는 조직으로 본점에 종속성이 낮은 특징을 가짐. 이는 경영의 독립성이라는 측면과 체인화를 통한 이득을 모두 취할 수 있는 형태의 체인조직이라 할 수 있음

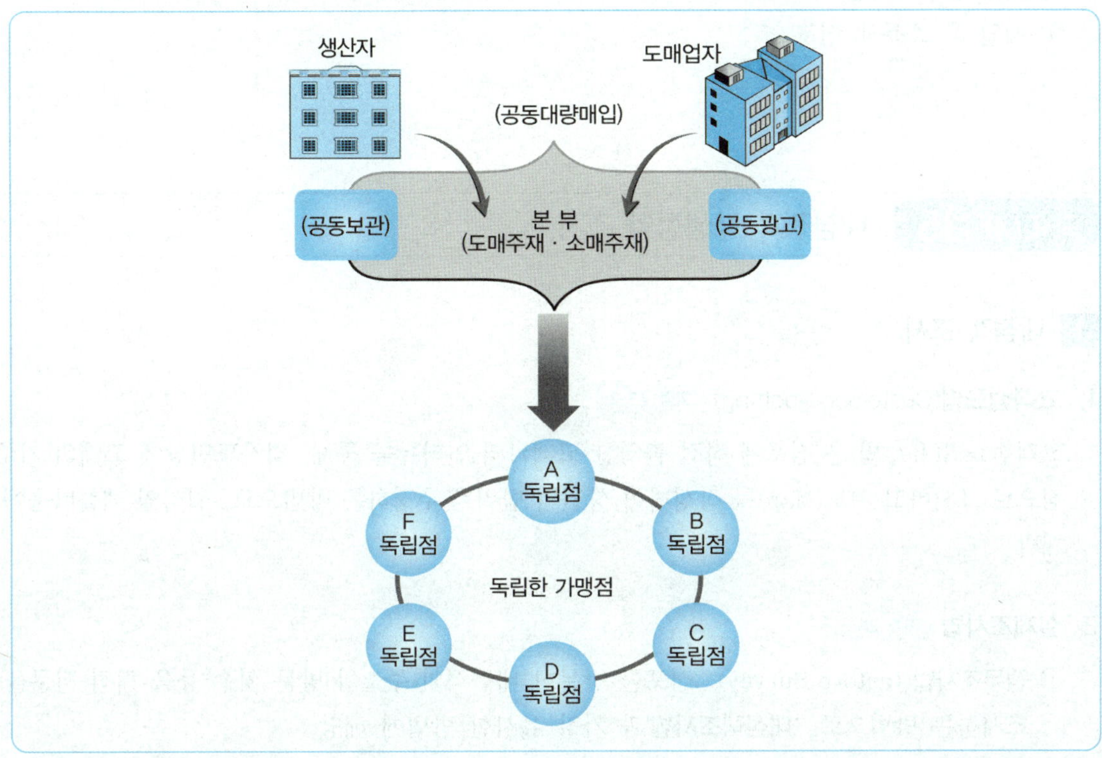

 **Tip**

> **입지할당모형**: 입지배정모형이라도 하며, 체인점의 최적입지와 관련된 모형으로, 2개 이상의 점포를 체인 형태로 운영하는 경우 소매점포 네트워크의 설계, 신규점포 개설 시 기존 네트워크에 대한 영향분석, 기존점포의 재입지 또는 폐점 의사결정 등에 활용

4 폐점전략 기출 24-3, 24-1

1. 폐점 전 상황별 전략

① 지역상권의 수명주기가 쇠퇴기인 경우: 상권의 재개발, 재마케팅 등의 가능성 검토

② 업종이 상권에 적합하지 않게 된 경우: 업종전환 또는 점포매각 검토

③ 경쟁점포가 신규로 출현한 경우: 판촉활동 등 마케팅 활동 강화

④ 상권 내 유사점포와 비교했을 때 경쟁력이 떨어지는 경우: 상권분석 및 벤치마킹을 통한 경쟁력 제고

⑤ 비용 상승으로 인한 자금관리 위기: 손익분기점 낮추기

2. 폐업 시 준수 절차

① 직원 4대 보험 상실 신고

② 폐업 후 부가가치세 신고

③ 지급명세서 제출

④ 폐업 후 소득세 신고

THEME 15 내점객과 경쟁점의 조사

1 내점객 조사

1. 고객점표법(Customer Spotting) 기출 25-1

고객점표법(유추법)은 점포에 직접 출입한 고객과의 인터뷰를 통해, 격자도면상에 고객의 거주지를 점으로 표시하고 지도(Map)를 작성하여 상권의 범위를 추정하는 방법으로, 윌리엄 애플바움에 의해 개발

2. 실제조사법 기출 24-3

① 점두조사법(Instore Survey): 점포를 방문한 내점객의 주소와 방문 횟수 등을 직접 질문을 통해 조사하는 방법으로, '**내점객조사법**'과 가장 유사한 방법에 해당

② 직접면접조사법: 조사원이 배후지의 가정을 가가호호 방문하여 조사하는 방법

③ 드라이브 테스트법: 조사원이 도보나 차량 등을 이용하여 지리적 조건이나 교통상태를 실제로 파악하여 상권을 조사하는 방법

3. 2차 자료 이용법

① 타임페어(Time Fare)법: 점포에서 역이나 버스노선별 소요시간과 요금을 조사하는 방법

② 2차 자료에 의한 방법: 판매기록, 고객명부, 카드전표 등을 이용해 상권을 추정하는 방법

4. 유동 인구수의 조사 기출 25-1

① 점포 전면의 유동인구를 반드시 체크해야 함. 매출을 결정하는 가장 중요한 요인으로, 도로를 도보로 이동하고 있는 전체 인구수가 아닌 점포 전면을 통행하는 인구수만을 체크해야 한다는 점

② 유동인구의 조사는 남녀별, 연령 및 계층별로 이루어져야 함

③ 주말 통행인구 및 주중 통행인구를 나누어 조사해야 하며, 원칙적으로 매시간 조사해야 하나, 출·퇴근시간, 점심시간, 오후 2~4시, 퇴근 이후의 저녁시간대 등 나눠서 측정

5. 객단가와 매출액의 조사

① 객단가: 고객 1인당 평균구매액을 말하며, 일반적으로 매출액을 고객 수로 나눠 산출

② 월매출액 산정 공식 기출 24-2, 22-1

> 월매출액 = 객단가 × 1일 평균 내점객 수 × 월간 영업일수
> = 객단가 × 좌석 수 × 좌석점유율 × 회전율 × 영업일수

2 경쟁점의 조사

1. 경쟁점의 조사

경쟁점 조사에서는 먼저 경쟁에 대한 개념을 정립해야 함. 경쟁은 점포 간에 서로 이익을 많이 차지하려는 것이지만, 양립은 상권 내에 유사업종이 함께 모여 있음으로써 서로의 이익을 증대시킴. 이러한 경쟁과 양립관계를 명확히 파악하는 것이 중요

2. 경쟁점 대책을 위한 필요사항

① 상대적인 경쟁적 지위를 판단하여 자기점포의 주력상품은 경쟁점과 동일할 수도 있고, 차별화할 수도 있음

② 상품을 세분화하여 경쟁점과 상생할 수 있도록 차별성과 양립성을 동시에 추구해야 함

③ 가격은 전략에 따라서 시장침투전략의 경우에는 저가로, Skimming Pricing의 경우에는 고가로 설정

유통관리사 한권합격

3 과목

유통마케팅

THEME 01 　마케팅 개념과 관리철학

1 마케팅의 개념

1. 마케팅의 정의

① 미국 마케팅학회(AMA) 정의: 마케팅이란 개인과 조직의 목적을 충족시켜 주는 교환을 창출하기 위해 아이디어, **제품 및 서비스, 가격결정, 촉진 및 유통**을 계획하고 실행하는 과정

② 마케팅믹스(Marketing Mix)는 고객 욕구를 충족시키고 고객과의 관계를 구축하기 위해 사용되는 마케팅 도구들의 집합을 말하며, 제품(Product), 가격(Price), 유통(Place), 촉진(Promotion)을 의미

2. 마케팅관리 철학

① **전통적 마케팅**(기업 중심적 마케팅 철학): 푸시(Push) 마케팅

　㉠ **생산개념**(Production Concept): 가장 오래된 마케팅 철학으로서 공급보다 수요가 많은 시장 상황의 경우, 기업이 대량생산을 통한 **규모의 경제**를 실현함에 따라 생산의 효율성을 극대화한다는 마케팅 철학. 따라서 생산개념에서는 제품 차별화보다는 공급 자체가 중요함

　㉡ **제품개념**(Product Concept): 소비자는 차별화된 최고의 품질 및 특성을 지닌 제품에 관심을 가지므로 제품혁신이 중요하다는 것으로, 소비자 욕구를 제대로 파악하지 못하는 경우에는 **마케팅 근시안**이 발생할 수 있음

　㉢ **판매개념**(Selling Concept): 경쟁이 치열해지는 상황의 경우 기업은 제품의 차별화뿐만 아니라 충분한 정도의 **판매 및 촉진활동**이 중요하다는 인식

② **현대적 마케팅**(고객 중심적 마케팅 철학): 풀(Pull) 마케팅

　㉠ **마케팅 개념**: 기업이 목표시장의 욕구를 파악하고 경쟁사보다 그들의 욕구를 더 잘 충족시켜야만 조직의 목표가 달성될 수 있다고 보는 마케팅 철학·관점을 의미

　㉡ **소비자지향(사회적) 마케팅 개념**: 소비자의 욕구와 기업의 목표, 고객과 사회의 장기적인 복리 이윤 사이의 균형을 고려한 마케팅전략이 중요하다는 인식으로, 서브개념에는 고객관계관리(CRM), 내부마케팅, 통합적 마케팅, 전사적 마케팅, 사회적 책임마케팅 등이 있음

> **Tip**

고압적 마케팅과 저압적 마케팅

고압적 마케팅	• 기업 입장에서 생산 가능한 제품을 생산하여 고압적으로 판매하는 형태 • 제품을 보다 잘 판매하기 위한 판매자 중심의 시장 형태에 기반 • 기업과 소비자와의 관계가 피드백 과정이 없는, 즉 직선형의 관계를 갖는 선형 마케팅 • 판매활동이나 촉진활동 등의 후행적 마케팅에 초점
저압적 마케팅	• 소비자 욕구를 고려해 판매될 수 있는 제품을 생산하여 판매하는 활동 • 순환적 마케팅 • 마케팅 조사활동 등의 선행적 마케팅에 초점 • 구매자 중심의 시장 형태에 기반

2 마케팅관리

1. 마케팅관리 요소 기출 23-1, 20-추가

① 마케팅믹스(4P): 제품(Product), 가격(Price), 유통(Place), 프로모션(Promotion)

② 서비스마케팅 요소(7P): 4P + People(사람), Process(절차), Physical Evidence(물리적 증거)

③ 최근 경향(4C): 고객(Customer Value), 비용(Cost), 편의성(Convenience), 커뮤니케이션(Communication)

❙ 마케팅믹스(4P)와 4C ❙

기업 중심적 개념의 마케팅믹스(4P)	고객 중심적 개념의 마케팅믹스(4C)
제품(Product)	고객(Customer Value)
가격(Price)	비용(Cost)
장소(Place)	편의(Convenience)
촉진(Promotion)	의사소통(Communication)

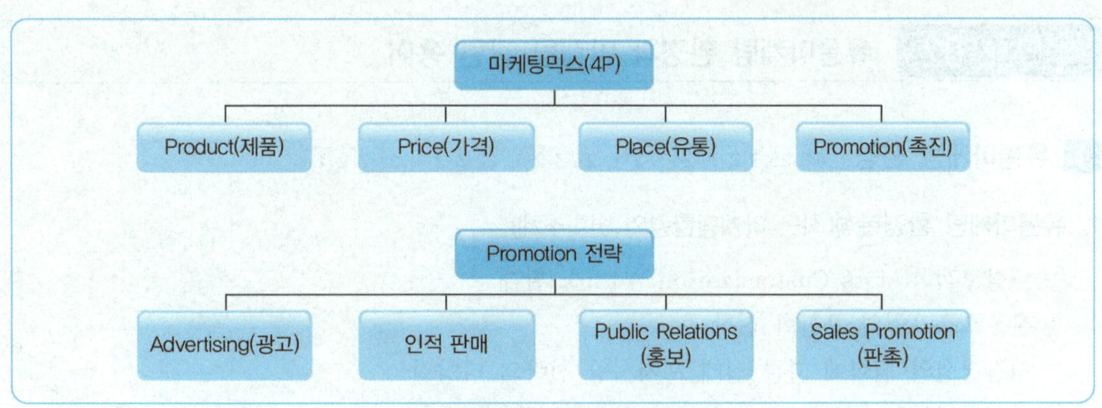

2. 마케팅관리의 과제

구분		수요상황	마케팅의 과업	명칭
수요가 적은 경우	부정적 수요	잠재적 시장의 대부분이 구매를 꺼리거나 회피하려는 상황	부정적 수요를 긍정적 수요로 전환시켜 공급수준과 동일한 수준까지 수요를 끌어올림	전환적 마케팅
	무수요	잠재적 시장의 대부분이 지식이나 기호 또는 관심이 전혀 없는 상황	환경의 변화나 제품에 관한 충분한 정보제공을 통해 수요를 창조	자극적 마케팅
	잠재적 수요	아직 존재하지 않는 제품이나 서비스에 대해 소비자들이 강한 욕구를 가지고 있는 상황	잠재적 수요가 실제수요가 될 수 있도록 수요를 개발	개발적 마케팅
	감퇴적 수요	수요가 점차로 하락하거나 침체되어 가는 상황	소비자의 욕구나 관심을 다시 불러일으키는 마케팅 계획을 수립	**재마케팅**
수급시기가 안 맞는 경우	불규칙적 수요	수요시기가 계절성을 띠거나 현재의 공급시기와 차이가 심한 상황	불규칙적 수요의 평준화를 모색하여, 수요와 공급의 시기를 일치시키도록 함	동시화 마케팅
수요와 공급이 비슷한 경우	완전수요	현재의 수요수준과 시기가 기업이 기대하는 수요시기와 수준에 일치하는 상황	수요의 유지: 일상적 마케팅 활동의 효율적 수행으로 수요수준의 유지	유지적 마케팅
수요가 많은 경우	초과수요	수요수준이 공급자의 공급능력이나 기대공급수준을 초과하는 상황	수요의 감소: 가격인상이나 마케팅 활동의 감소를 통해 수요를 일시적 또는 영구적으로 억제	**디마케팅**
	불건전한 수요	수요가 소비자, 사회, 기업의 복지 면에서 볼 때 바람직하지 않다고 여겨지는 상황	수요의 파괴: 이러한 제품이나 서비스에 대한 수요를 파괴	대항적 마케팅

THEME 02 유통마케팅 환경과 마케팅 관련 용어

1 유통마케팅 환경 `기출 25-3·2·1, 24-3·2·1, 23-3·2·1, 22-3·2·1, 21-3·2·1`

1. 유통마케팅 환경분석(최근 마케팅환경의 변화추세)

① 대량고객화(Mass Customization) 서비스 확대
② 온·오프라인의 융합화 현상
③ 시장경쟁의 심화에 따른 업태 포지셔닝 전략의 다양화
④ 파워소매업자에 의한 소매시장 지배력의 심화

⑤ 소매업태의 양극화 현상 확대

⑥ 기술을 통한 하이테크형에서 고객 감성에 호소하는 마케팅인 하이터치형으로 변화, 글로벌화와 IT를 통한 디지털마케팅 기술의 도입

⑦ 비영리기업의 마케팅 도입

⑧ 권한의 이양 및 분권화

2. 기업의 마케팅환경 분석

① 거시적 환경(STEP) 기출 25-3, 22-2, 21-1

    ㉠ **사회·문화적 환경(S)**: 인구구조의 변화와 지역별·성별·연령별 인구구조 등 인구통계학적 환경요인, 생활양식 등 기초적 분석사항

    ㉡ **기술적 환경(T)**: 기술적 환경은 최근에 급격한 기술발전으로 인해 제품생산을 위한 고성능 설비의 구축, 신속한 물류·유통 혁신을 위한 운송기술, 통합적 마케팅 실현을 가능하게 하는 뉴미디어의 도입 등을 의미

    ㉢ **경제적 환경(E)**: 경제적 환경에 영향을 미치는 요인들은 일반적으로 국내경제 요인인 임금, 세금, 이자율, 임대료 등과 원재료 가격, 글로벌 경제환경 변화 등의 외부충격

    ㉣ **법적·정치적 환경(P)**: 기업의 영리활동인 이윤극대화 행위는 법적·행정적인 영향에 매우 민감한 영향을 받게 되는데, 정부나 공공기관에 의한 법률적 규제 및 법 제정을 통한 정치적 환경은 기업에 직접적인 영향을 미침

    ㉤ **생태적 환경**: 천연자원의 고갈, 에너지의 공급동향, 환경오염 및 공해규제의 강화 등

② 미시적(과업) 환경

    ㉠ **과업환경**: 유통기업의 미시적 마케팅환경 중에 과업환경은 기업에 제약을 주는 소비자, 공급업체의 공급능력, 경쟁자, 대체재, 정부기관, 대중 등

    ㉡ **내부적 환경**: 기업 내부의 통제 가능한 요인들로서 기업문화, 마케팅 목표 설정, 자사의 마케팅 능력, 목표시장의 선정, 핵심역량, 경영자원 등

3. SWOT 분석을 통한 전략

구분	강점(S)	약점(W)
기회(O)	SO 최적의 전략	WO 약점을 보완하고 기회이용
위협(T)	ST 강점으로 위협 제거	WT Mini-Mini 전략

① **SO 상황**: 시장의 기회를 활용하기 위해 강점을 적극 활용하는 전략으로, 시장기회 선점전략, 시장·제품 다각화전략 활용

② **ST 상황**: 시장의 위협을 회피하거나 극복하기 위해 강점을 활용하는 전략으로, 시장침투전략, 제품확장전략을 활용

③ **WO 상황**: 약점을 극복하거나 제거함으로써 시장의 기회를 활용하는 전략으로, 핵심역량 강화전략, 전략적 제휴 등의 전략을 적용
④ **WT 상황**: 시장의 위협을 회피하고 약점을 최소화하거나 없애는 전략으로, 시장철수, 벤치마킹 등의 전략을 적용하는 것이 유리

2 마케팅 관련 용어

1. O2O(Online to Offline) 마케팅 `기출 25-3, 25-2, 25-1, 22-1`

최신 마케팅 용어로 온라인으로 상품이나 서비스 주문을 받아 오프라인으로 해결해 주는 서비스행위를 의미하며, 마케팅 관점에서는 "온라인 쇼핑몰 마케팅을 오프라인으로 돕는 모든 활동이며 온라인에서 소비자의 구매를 유도하고, 오프라인 상점으로 불러내는 것"을 의미
① **쇼루밍**: 일반적으로 오프라인 매장에서 상품을 보고 온라인에서 더 저렴한 가격으로 상품을 찾는 경우를 지칭
② **역쇼루밍(웹루밍)**: 쇼루밍과 반대로 제품 정보는 온라인에서 얻고, 구매는 오프라인 매장에서 하는 것을 의미

2. 옴니채널(Omni-Channel) `기출 25-3`

라틴어의 모든 것을 뜻하는 '옴니(Omni)'와 상품의 유통경로인 '채널(Channel)'이 합성된 단어로, 옴니채널 전략은 인터넷, 모바일, 카탈로그, 오프라인 매장 등 다양한 유통채널을 유기적으로 결합해 고객 경험을 극대화하는 판매촉진전략을 뜻함

3. 바이러스 마케팅

구전(Word of Mouth) 또는 온라인 구전으로 소비자들로 하여금 온라인을 통해 다른 사람에게 제품 정보 또는 기업이 개발한 제품이나 서비스를 전달하도록 자극하는 마케팅기법

4. 대량 마케팅(Mass Marketing)

특정 기업이 모든 구매자를 대상으로 하나의 제품을 대량생산하여 대량유통하고 대량촉진하고자 하는 형태, 즉 최소의 원가로 최대의 잠재시장을 현실시장으로 창출해 낼 수 있다고 판단될 경우 취할 수 있는 최적의 마케팅기법

5. 공생 마케팅(Symbiotic Marketing)

마케팅 부분에서의 기업 간 협력, 즉 전략적 제휴를 공생 마케팅이라고 함

6. 틈새 마케팅

니치 마케팅(Niche Marketing)이라고 하며, 대량적이고 표준화된 마케팅 개념인 매스마케팅에 대립되는 개념

7. CRM(Customer Relationship Management) 마케팅

고객과의 장기적이고 지속적인 관계를 형성·유지·확대시키고자 하는 마케팅기법. 종전의 기업 중심적인 마케팅사고에서 벗어나 데이터를 기초로 개별고객의 욕구를 파악하여 맞춤형 서비스를 제공함으로써 고객생애가치(CLV)를 극대화시키려는 마케팅전략

8. 멀티채널(Multi Channel) 마케팅 기출 25-3, 24-3

오프라인 스토어, 온라인 쇼핑, 모바일 등 다양한 유통경로를 이용하는 전략으로, 소비자 구매선택에 유용하나 채널 간 갈등발생 및 자기잠식의 문제 발생

 **Tip**

> 멀티채널은 통합적인 이용이 아닌 개별적으로 다양성을 추구하는 반면, 옴니채널은 다양한 유통채널들을 통합적으로 활용

9. 고객경험관리(Customer Experience Management) 기출 21-1

기업이 재화 및 서비스와 관련한 고객 경험을 체계적으로 관리하는 과정으로 정보 탐색, 구매, 사용, 사용 후 평가 단계에 이르기까지 고객과 브랜드가 만나는 모든 접점에서 차별화된 고객 경험을 제공하는 마케팅전략

10. D2C(Direct to Customer) 마케팅 기출 25-3, 25-2

제조기업이 유통단계를 최소화하거나 없애고, 자사의 온라인 쇼핑몰(Mall) 등 디지털 채널을 통해 고객과 직접 접촉하며 판매하는 방식의 온라인 마케팅기법

11. 페르소나(Persona) 마케팅 기출 24-2

① 개념: 페르소나(Persona)는 심리학에서 타인에게 비치는 외적 성격을 나타내는 용어로, 마케팅에서 특정 타깃시장에서 실제 소비자를 대표하는 가상의 인물(페르소나)을 만들어 내고, 이를 기반으로 마케팅전략을 개발하는 방식을 뜻함

② 장점

효율적인 타깃팅	타깃고객에 대한 깊은 이해를 바탕으로 정확하고 효율적인 타깃팅이 가능
개인화된 커뮤니케이션	개별 고객 니즈와 관심사에 맞는 맞춤형 메시지를 전달함으로써 고객 참여도와 만족도 제고
제품 및 서비스 개선	고객의 요구와 문제점을 잘 이해함으로써 제품 및 서비스의 질적 개선 가능
마케팅 ROI(MROI) 증대	보다 효과적인 마케팅 전략으로 인해 마케팅 비용 대비 높은 수익 창출 가능

12. 상호작용 마케팅 기출 25-1

① 개념: 서비스 삼각형(Service Triangle) 이론에서 종업원이 고객과 직접 접촉을 통해 기업이 고객에게 제공하기로 약속한 제품 및 서비스를 실제로 제공하는 마케팅을 의미

② 내용: 서비스 삼각형의 아래쪽은 서비스를 제공하는 종업원과 고객 간의 상호작용 마케팅 또는 접점마케팅이라 하며, 삼각형의 오른쪽은 기업이 고객의 기대를 설정하고 고객에게 제공하는 약속과 관련된 외부마케팅, 삼각형의 왼쪽은 종업원이 고객들에게 했던 약속을 지킬 수 있게 해주는 것과 관련된 내부마케팅으로 구성됨

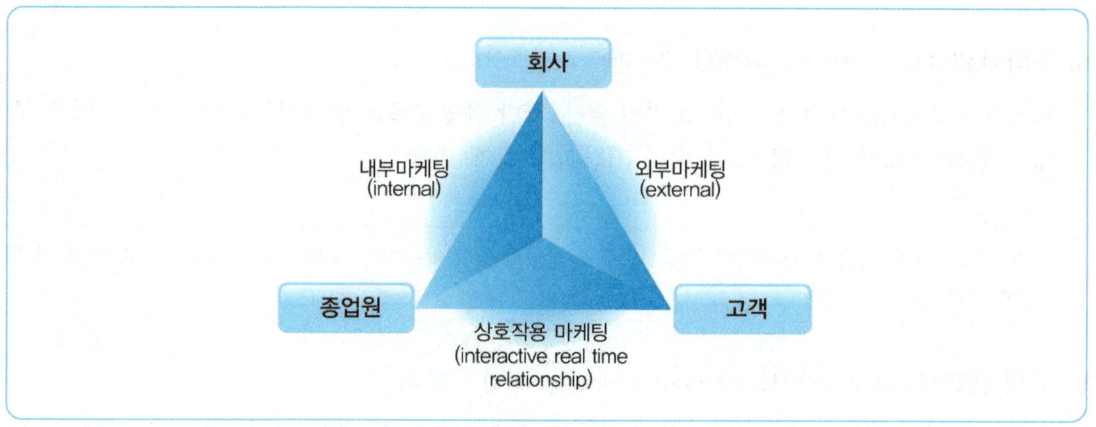

THEME 03 소비자의 구매행동 분석

1 소비자의 구매행동

1. 구매의사결정 5단계 [기출 25-3, 25-2, 24-3]

> 필요의 인식(문제인식) → 정보의 탐색 → 대안의 평가 → 구매행동 → 구매 후 행동

① **필요의 인식(문제인식)**: 구매욕구의 동인이 발생하는 단계로, 매슬로우의 욕구5단계설, 알더퍼의 ERG이론, 허츠버그의 2요인이론 등 적용

② **정보의 탐색**
  ㉠ 환기상표군(Evoked Set): **내적 탐색**을 하여 머릿속에 떠오르는 상표들
  ㉡ 고려상표군(Consideration Set): 환기상표군에 속한 상표와 **외적 탐색**을 통해 추가된 상표를 통틀어 칭함

③ **대안의 평가**: 정보의 탐색으로 수집된 브랜드들에 대한 평가 및 선택과정
  ㉠ 보완적 모형: 피시바인(Fishbein)의 다속성모형이 대표적이며, 대안의 여러 속성들을 평가할 때 가중치를 곱하고 더하는 과정에서 약점이 강점에 의하여 보완될 수 있기 때문에 이를 보완적 모형이라고 함
  ㉡ 비보완적 모형: 대안 선택 시 속성의 특정한 일부분만을 비교하여 평가하는데, 약점이 강점에

의하여 커버되지 않을 수 있기 때문에 이를 비보완적 모형이라고 함. 비보완적 모형에는 사전 편집식, 순차적 제거식, 결합식, 분리식 등이 있음

 **Tip**

> **결합식 모형**: 상품을 구매할 때, 자신이 고려하는 모든 속성이 정해 놓은 최소한의 기준치를 충족하는가의 여부를 한꺼번에 평가하여 대안을 선택하는 방법에 해당

④ **구매 후 행동 단계에서의 '인지부조화'**: 소비자는 구매 후에 구매행동의 만족 여부를 평가하는데, 구매성과에 대한 만족과 불만족은 기대수준과 지각된 성과와의 차이에서 발생함. 이러한 과정에서 소비자의 행동과 인지 사이에 조화를 이루지 못하는 심리적인 긴장상태

 **Tip**

> 인지부조화가 발생하는 경우
> - 소비자의 관여도가 높은 제품을 구매할 때 주로 발생
> - 구매 후 결과에 대하여 위험부담이 높은 제품에서 빈번하게 발생
> - 주로 고가의 제품이나 전문품을 구매할 때 빈번하게 발생
> - 부정기적으로 구매해야 하는 제품을 구매할 때 빈번하게 발생
> - 각 상표 간 차이가 미미한 제품을 구매할 때 빈번하게 발생

2 관여도와 충성도에 따른 구매행동의 유형

1. **관여도**(Involvement) 　기출 24-1, 22-1

① **개념**: 관여도란 특정 제품에 대한 구매상황에서 제품에 대한 중요성이나 관심의 정도를 의미하며, 소비자 행동을 이해하기 위해서는 관여도 개념에 대한 이해가 필수적임

② **관여도에 따른 구매행동 및 마케팅관리** 　기출 24-1

　㉠ 제품특성의 차이에 따른 구분

구분	고관여 수준	저관여 수준
제품 간 큰 차이가 있는 경우	복잡한 구매행동	다양성 추구 구매행동
제품 간 차이가 별로 없는 경우	부조화 감소 구매행동	습관적 구매행동

　㉡ 마케팅믹스에 따른 구분

구분	고관여 수준	저관여 수준
관련 제품	선매품 또는 전문품	편의품
가격전략	고가격전략	저가격전략
광고전략	• Pull 마케팅 • 광고의 도달범위는 좁게, 폭넓은 정보 캠페인에 집중	• Push 마케팅 • 광고의 도달범위는 넓게, 몇 가지 중요한 포커스에 집중
유통전략	• 선매품(선택적 유통) • 전문품(전속적 유통)	개방적(집약적) 유통

2. 충성도(Loyalty) `기출 21-2, 21-1`

① **개념**: 충성도(Loyalty, 로열티)란 경쟁기업과 차별화되는 브랜드의 특성 또는 서비스로 인하여 고객이 지속적으로 재구매 또는 재이용하고자 하는 구매몰입의 정도를 의미

② **종류**(애착·반복구매의 정도)

　㉠ **초우량 로열티**: 자사의 제품브랜드나 서비스에 대해 높은 심리적인 애착과 지속적인 반복구매가 이루어지는 고객에게서 보이는 강한 충성도를 의미

　㉡ **잠재적 로열티**: 브랜드에 대한 소비자의 애착의 정도는 높으나 지속적인 반복구매는 이루어지지 않는 유형

　㉢ **타성적 로열티**: 잠재적 로열티와는 반대로 브랜드에 대한 심리적 애착의 정도는 낮으나 반복구매의 정도는 높은 경우를 의미

　㉣ **비로열티**: 브랜드에 대한 심리적 애착의 정도와 지속적 반복구매 정도가 낮은 유형으로, 상표전환이 빠른 고객층이라고 할 수 있음

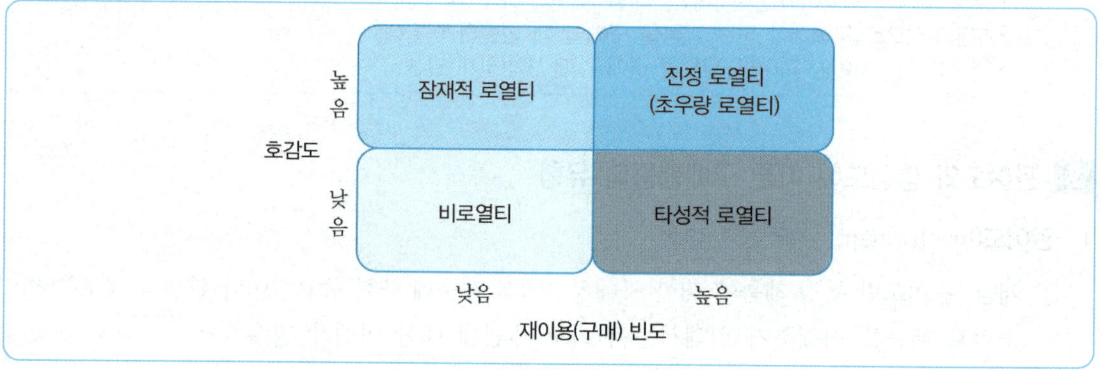

③ **특징**

　㉠ 충성도는 상호성과 다중성이라는 두 가지 속성을 가지고 있음

　㉡ 충성도는 기업이 고객에게 물질적·정신적 혜택을 제공하고, 고객이 긍정적인 반응을 해야 발생

　㉢ 고객만족도가 높아지면 재구매 비율이 높아지고, 이에 따라 충성도도 높아짐

　㉣ 충성도가 높다는 것이 곧 고객생애가치가 높다는 것을 가리키는 것은 아님

 **Tip**

> **강제적 로열티와 자발적 로열티**
> - **강제적 로열티**(Compulsive Loyalty): 경쟁이 거의 없는 독점적 상태로 브랜드 전환에 있어 높은 전환비용(Switching Cost)이 존재할 때 만들어지는 로열티로, 고객들이 어쩔 수 없이 로열티를 보이는 경우
> - **자발적 로열티**(Voluntary Loyalty): 경쟁이 심한 산업에서 고객들이 인지적인 전환비용이 낮음에도 불구하고, 특정 기업의 제품이나 서비스를 지속적으로 사용하는 경우를 말함

④ 로열티 프로그램

로열티(Loyalty)는 제품브랜드에 대한 고객충성도를 의미하는 용어로, 다음은 고객충성도를 높이기 위한 프로모션에 해당함

㉠ 구매액에 따라 보너스 점수 부여 또는 방문 수에 따라 스탬프를 모으게 하는 스탬프 제도

㉡ 상품 구매자를 대상으로 여러 혜택을 얻을 수 있는 프로그램에 가입하게 하는 회원제도

㉢ 상위 20%의 우량고객에 집중해 핵심고객에게 많은 혜택이 부여되는 마케팅 프로그램 기획 및 운영

㉣ 기업 내 다수 브랜드의 통합 또는 이종기업 간 제휴를 통한 통합 포인트 적립 프로그램

THEME 04 · 마케팅관리전략

1 기업 마케팅목표의 설정

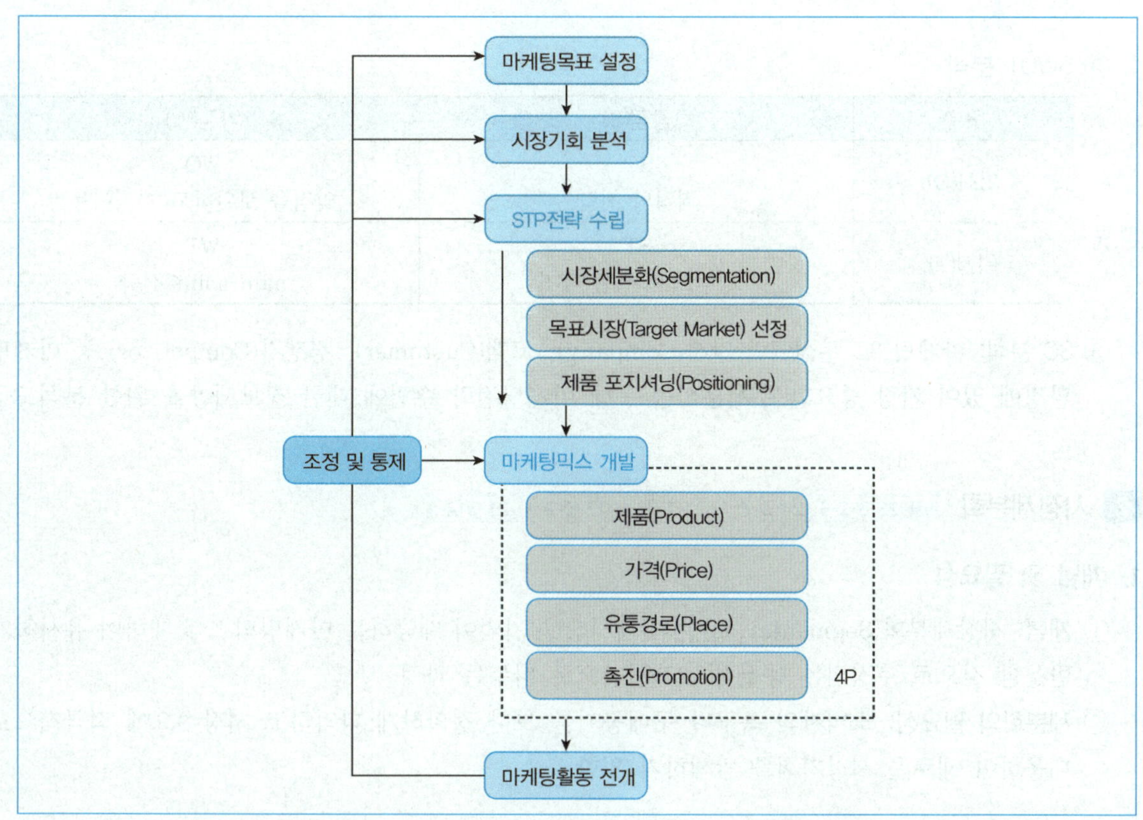

1. 기업의 마케팅목표 설정

① 기업 목표는 기업 사명(Mission)을 달성하기 위해 가장 중요한 역할을 하는 기준점으로 성과평가의 잣대가 됨

② 기업의 마케팅목표는 추상적 단계에서 구체적인 단계에 이르기까지 계층화(Hierarchy)되고, 실현가능성이 있어야 하며, 수치로 계량화가 가능해야 함

구분	세부목표	비고
시장성과목표	매출액 달성, 시장점유율(M/S) 달성 등	**효과성**(Effectiveness)에 근거
재무성과목표	생산성, 수익성, 투자수익률 등	**효율성**(Efficiency)에 근거
사회적 목표	기업의 사회적 책임과 관련된 목표들	Green 마케팅, 사회적 마케팅

2. 시장기회의 분석

① **마케팅조사**: 마케팅기회를 분석하기 위해서는 우선적으로 마케팅조사가 필요함. 마케팅조사는 관련이 있는 사실들을 찾아내고, 분석하며, 가능한 조치를 제시함으로써 마케팅 의사결정을 지원하는 활동

② SWOT 분석

구분	강점(S)	약점(W)
기회(O)	SO 최적의 전략	WO 약점을 보완하고 기회이용
위협(T)	ST 강점으로 위협 제거	WT mini-mini 전략

③ **3C 분석**: 마케팅 3C 분석이란 자사(Company), 고객(Customer), 경쟁자(Competitor) 등 마케팅 환경에 있어 가장 중요한 주체분석을 통해 마케팅전략 수립에 대한 정보제공을 위한 분석도구

2 시장세분화 `기출 25-3·2·1, 24-3·2·1, 23-3·2·1, 22-3·2·1, 21-3·2·1`

1. 개념 및 필요성

① **개념**: 시장세분화(Segmentation)는 전체시장을 기업이 제공하는 마케팅믹스에 대하여 유사하게 반응할 것으로 추정되는 동질적 고객집단으로 나누는 과정

② **세분화의 필요성**: 소비자의 욕구나 구매동기를 보다 정확하게 파악하고 시장수요에 적극적으로 대응하여 새로운 시장기회를 탐색하기 위함

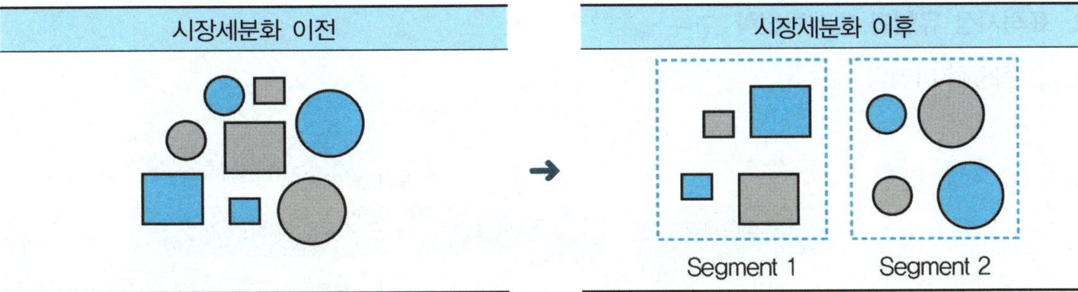

2. 시장세분화 기준 기출 25-3, 24-2, 23-1, 22-2

지리적 변수	지역, 인구밀도, 도시의 크기, 기후 등
인구통계학적 변수	연령, 성별, 지역, 소득, 종교, 직업, 가족생애주기 등
심리분석적 변수	라이프스타일, 개성, 관심사 등
구매행동적 변수	사용 경험, 사용량(사용률), 충성도, 추구하는 편익, 구매동기 등

3. 효과적인 시장세분화 요건 기출 25-2, 25-1, 24-1, 23-2, 22-2, 21-2

① **측정가능성**(Measurability): 세분화된 시장의 규모와 구매력 및 세분화 특성이 측정 가능해야 함
② **충분한 규모의 시장**(Size): 세분된 시장이 충분한 시장성이 있어야 의미 있는 세분화가 될 수 있음
③ **접근가능성**(Accessibility): 소비자가 세분시장에 효과적으로 도달해 이들에 대한 서비스가 가능해야 함
④ **세분시장 간 차별화가능성**(외부적 이질적, 내부적 동질적): 세분시장 간에는 외부적 관계로 이질적이어야 하며, 세분시장 내에서는 동질성이 있어야 함
⑤ **실행가능성**(Feasibility): 세분시장을 공략하기 위한 효과적 마케팅 프로그램을 개발할 수 있어야 함
⑥ **신뢰성 및 유효타당성**: 그 밖에 효과적인 시장세분화를 위해서는 세분시장에 대한 신뢰성과 유효타당성이 인정되어야 함

3 표적시장 선정

1. 표적시장 선정(Targeting)의 개념

표적시장 선정(Targeting)이란 여러 개 세분시장들 중 경쟁제품보다 고객의 욕구를 더 잘 충족시킬 수 있는 세분시장을 선정하는 과정

2. 표적시장 유형과 마케팅전략 기출 24-2, 22-3, 22-1

① 집중적 마케팅

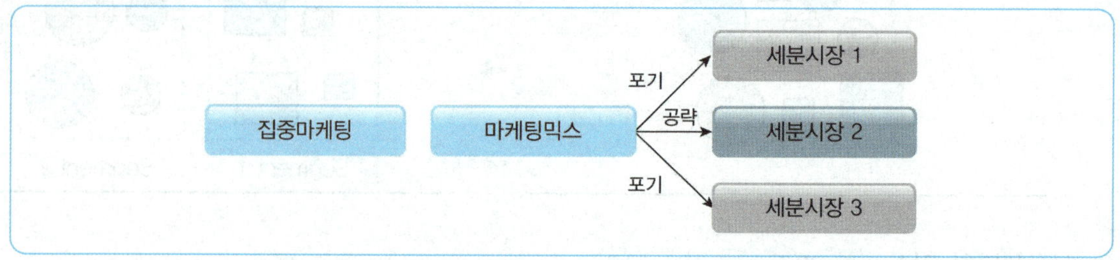

㉠ 중소기업과 같이 기업의 자원과 역량이 한정되어 있는 경우, 1개 시장에서 높은 시장점유율을 늘리기 위해 하나의 카테고리에 집중하는 전략

㉡ 특정 시장에 속한 소비자의 특성과 욕구를 파악한 경우 성공 가능성이 큰 전략이나 세분시장 소멸에 따른 리스크 부담을 피할 수 없다는 단점이 있음

② 전체시장 공략 마케팅: 어떤 기업은 전체시장을 목표시장으로 선정하여 동일한 제품을 시장에 공급하는 마케팅전략(무차별적 마케팅)을 펼 수도 있고, 어떤 기업은 전체시장을 대상으로 마케팅을 하되 세분시장마다 다른 제품과 서비스를 제공하여 고객을 확보하는 전략(차별적 마케팅)을 펴기도 함

㉠ **무차별적 마케팅**

ⓐ 제품 도입기 또는 성장기에 규모의 경제를 통한 원가우위를 바탕으로 세분시장 간의 차이를 무시하고, 하나의 제품으로 전체시장을 무차별적으로 공략하는 전략

ⓑ 소비자들 간의 차이보다는 공통점에 중점을 두며, 대량유통 방식을 채택하는 Push 마케팅을 의미

㉡ **차별적 마케팅**

ⓐ 여러 개의 표적시장을 선정하고 각각의 표적시장에 적합하고 차별화된 제품 및 마케팅믹스 전략을 개발하는 형태의 마케팅전략으로, 주로 성숙기에 적용

ⓑ 마케팅믹스의 다양성을 통해 각 세분시장 안에서 높은 매출액과 시장점유율 구축이 가능한 반면, 여러 세분시장의 고객을 표적으로 하므로 비용이 많이 지출되는 단점이 있음

4 포지셔닝

1. 포지셔닝 전략의 개념 [기출 25-1, 22-2]

소비자의 마음속에 경쟁상표와 비교하여 경쟁우위를 제공하는 위치에 자사 상표를 구축하려는 노력. 기업의 경쟁력 및 소매점의 업태선정과 관련하여 매우 중요

2. 포지셔닝의 유형

① 유형 [기출 20-추가]

    ㉠ **효익/속성 포지셔닝**: 자사제품이 경쟁제품과 비교하여 상대적으로 지니는 차별적인 속성이나 특징으로 소비자에게 차별화를 부여하는 포지셔닝

    ㉡ **사용상황 포지셔닝**: 제품이나 점포의 적절한 사용상황을 묘사하거나 제시함으로써 소비자에게 부각시키는 방식

    ㉢ **경쟁제품 포지셔닝**: 소비자의 지각 속에 위치하고 있는 경쟁사와 명시적 혹은 묵시적으로 비교하게 하여 자사제품이나 점포를 부각시키는 방식

    ㉣ **품질 및 가격 포지셔닝**: 제품 및 점포를 일정한 품질과 가격수준으로 포지셔닝하여 최저가격 홈쇼핑이나 고급전문점과 같이 차별적 위치를 확보하는 방식

② 서비스 포지셔닝 유형 [기출 20-2]

    ㉠ **서비스 용도**: 서비스를 제공하는 궁극적인 용도가 무엇인지를 강조하여 포지셔닝하는 방법

    ㉡ **서비스 등급**: 서비스 등급이 높기 때문에 높은 가격을 매길 수 있다는 측면을 강조

    ㉢ **서비스 속성**: 차별화된 특정 서비스 속성이나 분야로 포지셔닝하는 방법

    ㉣ **경쟁자**: 경쟁자의 서비스와 직접 비교해 자사의 서비스가 더 나은 점이나 특출난 점을 부각시켜 포지셔닝하는 방법으로, 동종업계 1위임을 부각시킴

    ㉤ **서비스 이용자**: 비즈니스 전용 호텔 또는 백화점의 여성 전용 주차장 등 서비스 이용자를 기준으로 한 포지셔닝

    ㉥ **가격 대 품질 포지셔닝**: 최고의 품질 또는 가장 저렴한 가격으로 서비스를 포지셔닝하는 것

3. 포지셔닝 분석방법

① **다차원척도법**(MDS; Multi-Dimensional Scaling): 제품의 특성에 대하여 소비자들이 인지하고 있는 상태를 그래프상의 여러 차원으로 표시해 시각적으로 포지션을 파악하는 기법으로, 그래프 공간 내의 각 차원은 소비자가 구매할 경우 기준하는 가장 중요한 속성을 의미

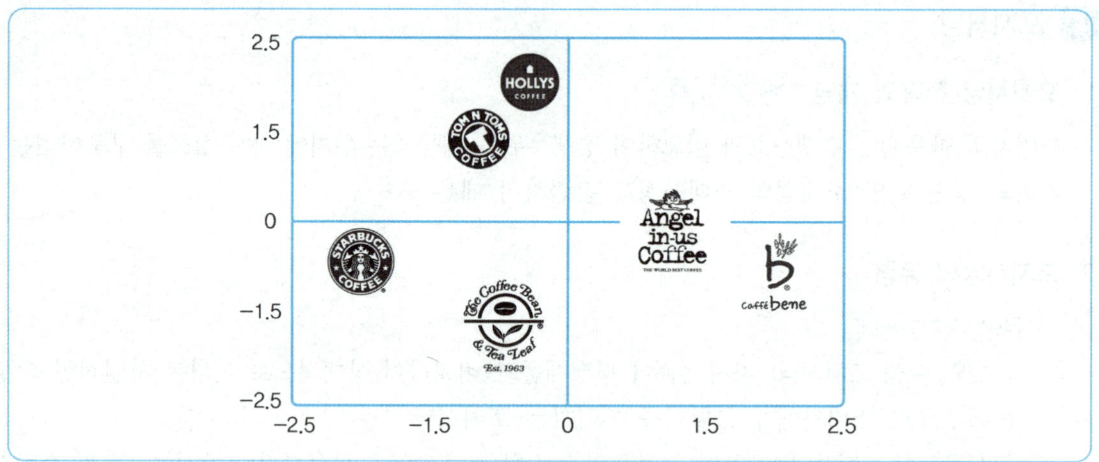

┃ MDS의 예: 커피전문점들의 Positioning Map ┃

② **컨조인트분석**(Conjoint Analysis)

　㉠ **개념**: 제품이 갖고 있는 속성에 대해 고객 선호도를 측정함으로써 그 고객이 어떤 제품을 선택할 것인지 예측하는 기법으로, 소비자가 각 제품 속성에 부여하는 상대적 중요도와 각 속성수준의 효용을 측정하여 자사제품의 위치 및 신제품 아이디어 도출 등에 활용

　㉡ **컨조인트분석의 목적**

　　ⓐ 제품 속성의 중요도 파악 및 시장세분화에 의한 고객 특성 파악을 통해 신제품 아이디어를 도출하기 위해 실시

　　ⓑ 각 세분시장별로 제품에 대한 시뮬레이션을 통하여 시장점유율(Market Share)을 예측하고, 가장 선호도가 높은 제품을 결정하기 위해 실시

4. 재포지셔닝(Repositioning) 기출 24-1

마케팅환경의 변화로 제품의 포지션이 소비자의 욕구와 경쟁제품에 비추어 보아 적절하지 않은 경우, 자사제품의 목표 포지션을 재설정하고 기존 위치를 적정 포지션으로 이동시키는 것을 말함

THEME 05 　유통경쟁전략

---

1 **유통경쟁의 형태** 기출 25-3, 25-2, 25-1, 24-1, 21-2, 21-1

1. 수직적 경쟁(Vertical Competition)

유통경로상의 **다른 경로** 위치에 있는 경로구성원들 간의 경쟁(갈등)을 말함

　예 유통업체의 자체 브랜드(PB)와 제조업체의 브랜드(NB) 간 경쟁, 제조업자와 유통기관 간 경쟁

① 하나의 유통경로 안에서 서로 다른 수준에 위치한 경로구성원 간의 경쟁을 의미
② 수직적 경쟁이 치열해질수록 횡적·수평적 관계로 경쟁을 완화하려는 욕구가 커짐

2. 수평적 경쟁(Horizontal Competition)

유통경로 단계가 같은 기업 간의 경쟁으로, 주로 도·소매상들보다는 생산자나 제조업자들과 관련됨
예 대형마트 간의 경쟁, 백화점 간의 경쟁

3. 업태 간 경쟁(Intertype Competition)

동일한 경로수준상의 서로 다른 유형을 가지는 기업들 간 경쟁으로, 최근 유통환경의 변화에 따른 경쟁 양상이라고 할 수 있음. 같은 소매 유통라인에 있는 대형마트와 재래시장 또는 대형마트와 백화점, 백화점과 프리미엄아웃렛과의 경쟁관계가 대표적임
예 슈퍼마켓과 편의점 간 경쟁 또는 가전제품 전문점과 대형할인마트 가전매장 간 경쟁

4. 경로시스템 간 경쟁(VMS 또는 HMS) 기출 24-1

유통경로시스템 간 경쟁은 수직적 마케팅시스템(VMS) 또는 수평적 마케팅시스템(HMS)과 같은 시스템 간의 경쟁을 의미

2 경쟁우위전략(마이클 포터의 본원적 우위전략)

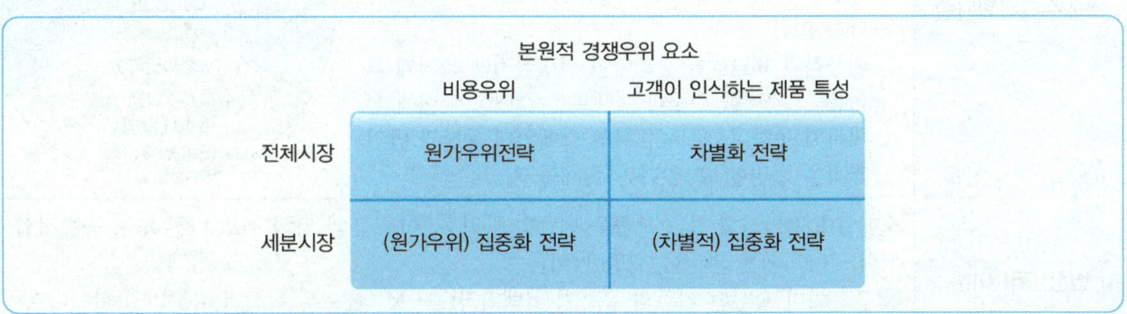

① **원가우위전략**: 특정 산업 내에서 비용상의 우위를 목표로 하는 여러 가지 정책을 이용하여 기업이 시장에서 전체적으로 경쟁적 비용우위를 확보하려는 전략
② **차별화 전략**: 고객에게 경쟁사들과 구별되는 독특한 자사의 제품이나 서비스를 제공함으로써 고객들에게 자사의 제품을 인식시키는 프리미엄전략
③ **집중화 전략**
　㉠ 기업의 자원이나 기술이 제한적일 때 특정 수요자층이나 또는 지역시장을 집중적으로 공략하는 마케팅전략으로, 한정된 목표시장만을 공략함으로써 보다 효율적으로 목표달성 가능
　㉡ 기업의 집중적 경쟁우위 창출을 위해 원가우위 집중화 또는 차별적 집중화 전략을 취할 수 있음

THEME 06 소매업태 발전이론 기출 25-3·2·1, 24-3·2·1, 23-3·2·1, 22-3·2·1, 21-3·2·1

소매아코디언이론	① 소매점 업태의 진화과정을 소매점에서 취급하는 상품계열 또는 제품구색의 수 변화로 설명하는 이론. 다양한 제품을 취급하는 점포 유형에서 소수의 전문제품에 집중하는 전문업체 유형으로 변했다가 다시 다양한 제품을 취급하는 종합점포로 전환(확대 → 수축 → 확대) ② 저관여상품 소매업태와 고관여상품 소매업태의 발전과정을 구분하지 못한다는 한계점 지님 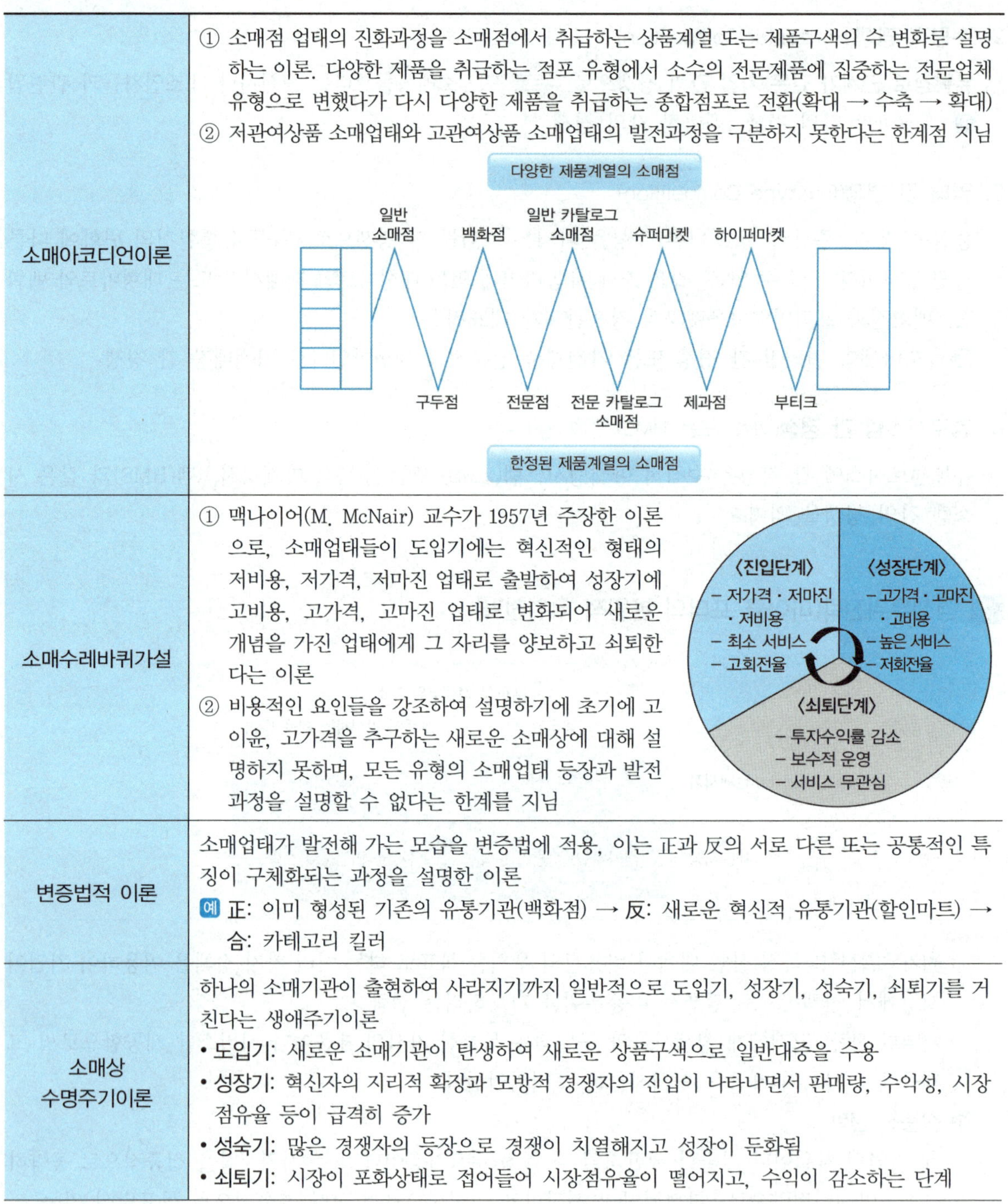
소매수레바퀴가설	① 맥나이어(M. McNair) 교수가 1957년 주장한 이론으로, 소매업태들이 도입기에는 혁신적인 형태의 저비용, 저가격, 저마진 업태로 출발하여 성장기에 고비용, 고가격, 고마진 업태로 변화되어 새로운 개념을 가진 업태에게 그 자리를 양보하고 쇠퇴한다는 이론 ② 비용적인 요인들을 강조하여 설명하기에 초기에 고이윤, 고가격을 추구하는 새로운 소매상에 대해 설명하지 못하며, 모든 유형의 소매업태 등장과 발전과정을 설명할 수 없다는 한계를 지님
변증법적 이론	소매업태가 발전해 가는 모습을 변증법에 적용, 이는 正과 反의 서로 다른 또는 공통적인 특징이 구체화되는 과정을 설명한 이론 예 正: 이미 형성된 기존의 유통기관(백화점) → 反: 새로운 혁신적 유통기관(할인마트) → 合: 카테고리 킬러
소매상 수명주기이론	하나의 소매기관이 출현하여 사라지기까지 일반적으로 도입기, 성장기, 성숙기, 쇠퇴기를 거친다는 생애주기이론 • 도입기: 새로운 소매기관이 탄생하여 새로운 상품구색으로 일반대중을 수용 • 성장기: 혁신자의 지리적 확장과 모방적 경쟁자의 진입이 나타나면서 판매량, 수익성, 시장점유율 등이 급격히 증가 • 성숙기: 많은 경쟁자의 등장으로 경쟁이 치열해지고 성장이 둔화됨 • 쇠퇴기: 시장이 포화상태로 접어들어 시장점유율이 떨어지고, 수익이 감소하는 단계

빅미들이론	대규모의 소매업체들이 장기간 경쟁하고 있는 시장상황에 있어서 시장에 새롭게 진입하려는 신규 소매업태는 **시장침투가격**(Penetration Price)전략을 쓰거나, 아이템에 있어 **혁신성**(Innovation)이 있을 때만 시장진입이 가능하다는 이론
진공지대이론	닐센(O. Nielsen)이 주장한 이론으로 특정 제품계열의 상품을 판매하는 복수의 소매점이 있고, 이들 소매점이 제공하는 서비스 정도는 각각 상이한 수준에서 행해지고 있다고 가정함. 이 경우 경쟁은 A와 C 그리고 동시에 B와 C 간에 행하여지는데, 이들 경쟁은 A와 B로 하여금 선호분포도상의 중심(C)을 향하여 이동시키는 결과를 초래함. 결국 A와 B 모두 중립적인 C점포에 가까워지려고 노력한다는 이론 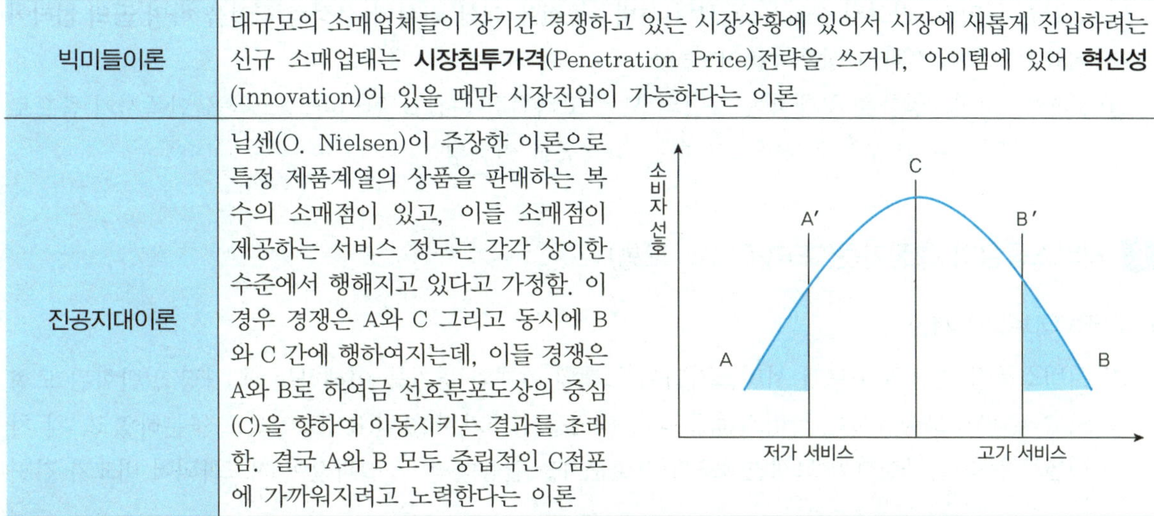

유통·물류일반관리 제1과목
제2과목 상권분석
제3과목 유통마케팅
제4과목 유통정보

THEME 07 　서비스 마케팅

1 서비스의 개념

1. 서비스의 개념 및 특징

① 서비스의 개념: 판매 목적으로 제공되거나 또는 상품판매와 연계되어 제공되는 모든 활동으로 고객에게 편익, 만족을 제공하는 행위를 의미

② 서비스의 특징 [기출 24-1, 20-2]

　㉠ **무형성**: 서비스를 제공받기 전에는 서비스의 형태나 가치를 파악하거나 평가하기가 어렵다는 것으로, 서비스품질 평가를 가장 어렵게 하는 요인에 해당

　㉡ **비분리성**: 서비스는 생산과 소비가 동시에 일어나므로 유형 제품과 달리 누리거나 즐길 뿐 가질 수는 없다는 것(생산과 소비의 동시성)

　㉢ **소멸성**: 서비스는 제공 시 즉시 사용되지 않으면 존재하지 않으므로, 재고 형태로 저장할 수 없는 성질을 가진다는 것(비저장성)

　　예 예약시스템을 활용한 예약제도, 비수기 할인 등 시즌별 가격 차등화

　㉣ **이질성**: 서비스는 제공주체마다 상이하고 비표준적이며 가변적이므로 표준화가 어려움

　　예 고객 후기 및 추천을 활용한 서비스 표준화

2. 진실의 순간(MOT; Moment of Truth) [기출 25-3]

① MOT는 고객이 종업원 또는 특정 서비스와 처음 대면하고 서비스품질에 대한 인식을 하는 짧은

순간을 의미함. 진실의 순간은 고객의 서비스품질에 대한 인식에 결정적 역할을 하며 **곱의 법칙**이 적용되므로 고객과의 상호작용이 중요

② MOT는 서비스상품을 구매하는 동안의 모든 고객접점 순간을 관리하고 고객을 만족시켜 줌으로써 지속적으로 고객을 유지하고자 하는 고객접점 마케팅

2 서비스품질의 측정기준(SERVQUAL 모형)

1. SERVQUAL의 개념

① 서비스품질 측정 도구로서 서비스기업이 고객의 기대와 평가를 이해하는 데 가장 일반화된 모형
② SERVQUAL 모형에서는 서비스품질 평가 영역을 총 5가지 차원(RATER)으로 구분하였고, 각 차원별로 문항을 구성하여 고객만족도 평가설문지를 활용하면 그 결과값이 척도화되어 비교가 간편

2. SERVQUAL 모형의 구성요소(RATER) 기출 23-2, 22-1

① 개념: PZB(파라슈라만, 자이다믈, 베리)는 서비스의 특징 중 무형성으로 인한 서비스품질 측정의 어려움을 5개 차원으로 축소하여 모형화하였음

신뢰성	고객에게 약속된 서비스를 정확히 수행하는 능력(Reliability)
확신성	보장성이라고도 하며, 서비스 직원의 지식과 예절, 신뢰성과 자신감을 전달하는 능력과 안정성을 의미(Assurance)
유형성	물리적 시설, 직원, 장비 등 외관으로 확인 가능한 유형의 설비(Tangibles)
공감성	고객에게 제공하는 개별적인 배려와 관심, 원활한 의사소통, 고객에 대한 충분한 이해 등으로 구성(Empathy)
응답성	고객에 대한 대응성 또는 반응성으로, 신속한 서비스를 제공하는 종업원의 태세(Responsiveness)

② SERVQUAL 적용 시 유의점
ㄱ 고객의 기대와 지각 간의 차이점수를 이용하여 서비스품질을 측정하는 것으로, 이는 측정도구로서 신뢰성과 타당성에 한계를 가져올 수 있음
ㄴ SERVQUAL 모형은 서비스 접촉의 결과보다는 과정에 초점을 맞추고 있어 기술적 품질부분의 측정이 결여되어 있음

3. 서비스의 회복과정

① 서비스 회복과정상의 3가지 차원의 공정성
ㄱ **절차공정성**: 서비스 회복과정에서 나타난 기업의 정책, 규정이 공정한가를 나타내는 개념
ㄴ **상호작용공정성**: 서비스 회복 담당직원이 고객에게 나타내는 행동과 태도에 관련된 공정성 개념. 서비스 실패와 문제원인에 대해 상세히 설명해 주고 고객은 공정한 대우를 받았는지 느끼는 것
ㄷ **결과공정성**: 서비스 실패로 인한 경제적 손실과 심리적 불편함에 대해서 고객이 실제로 보상받은 것처럼 느껴지는 개념

② 서비스 회복요건

    ㉠ 서비스 회복에 있어서 환불, 보상, 서비스 재이용 같은 물질적 보상뿐만 아니라, 고객의 심리적인 불평도 충족시켜주는 서비스 회복이 중요

    ㉡ 서비스 실패를 회복하기 위해서는 ⓐ 문제가 발생된 현장에서 신속하고 효과적인 해결이 선행되어야 하며, ⓑ 이를 위해 일정 정도의 직원에 대한 재량권이 인정되어야 함, ⓒ 재발방지 차원에서 직원 훈련과 보상이 이루어져야 하며, ⓓ 근본적인 원인을 규명하여 사전적으로 차단하는 것이 중요

4. 서비스 프로세스

슈메너(R. Schmenner)는 서비스 프로세스를 분류하기 위해 노동집약도(집중도)와 고객과의 상호작용, 고객화의 정도를 변수로 정하여 다음과 같은 서비스 매트릭스를 개발

① **노동집약도(집중도)**: 시설 및 장비의 가치에 대한 노동비용의 비율

② **고객과의 상호작용 및 고객화**(Customization): 고객이 서비스와 상호작용하는 정도의 비율

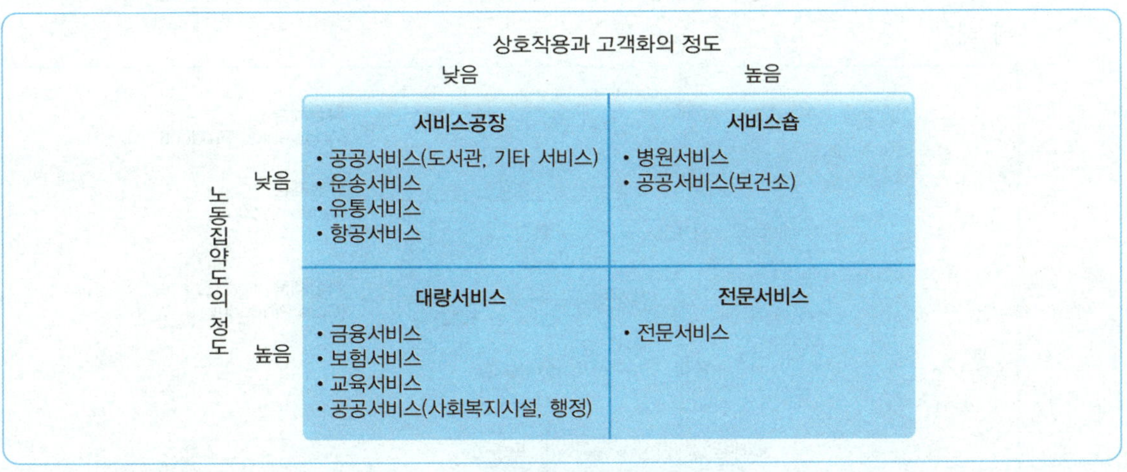

┃ 서비스 프로세스 ┃

5. 서비스 품질관리 접근법 〔기출 24-3〕

① **선험적 접근**: 품질은 정신도 물질도 아닌 원천적인 우월성으로, 경험을 통해서만 알 수 있는 분석이 어려운 개념임

② **가치중심적 접근**: 서비스품질은 만족스러운 가격에서 적정하게 제공되는 상품가치와 가격으로 정의할 수 있음

③ **상품중심적 접근**: 품질은 정밀하고 측정 가능한 것으로, 개인적 취향과 욕구 선호는 고려치 않음

④ **사용자중심적 접근**: 품질은 보는 관점에 따라 달라지며, 고객의 다양한 욕구를 반영하여 서비스품질 연구에 이용함

⑤ **제조중심적 접근**: 공학적 접근법으로, 품질은 요구에 대한 합치의 정도로 정의함

THEME 08　마케팅믹스(Product) – 제품의 분류

1 　상품관리(Product)의 개요

1. 코틀러(P. Kotler)의 제품분류와 개발절차 [기출 22-1, 20-3]

① 코틀러의 상품 정의: 코틀러가 제시하는 상품의 3가지 차원에서 핵심상품(Core Product)은 소비자가 그 상품으로부터 얻기를 원하는 다음의 편익을 의미함

　　㉠ 핵심제품(Core Product): 가장 기초적인 차원으로 소비자들이 제품을 구매할 때 추구하는 편익으로 소비자 욕구(needs)를 충족시키는 본질적 요소

　　㉡ 유형제품(Actual Product): 핵심제품을 구체화한 제품으로서 가시적인 성격을 지닌 제품을 의미. 물리적 원자재들의 결합, 포장(Package), 상표명, 디자인, 스타일 등이 여기에 속함

　　㉢ 확장제품(Augmented Product): 증폭제품이라고도 하며, 유형적 제품 속성 이외의 부가적인 서비스가 포함된 제품을 의미함. 운반과 설치, 보증(Warranty), 대금지불방식, A/S 등이 이에 해당

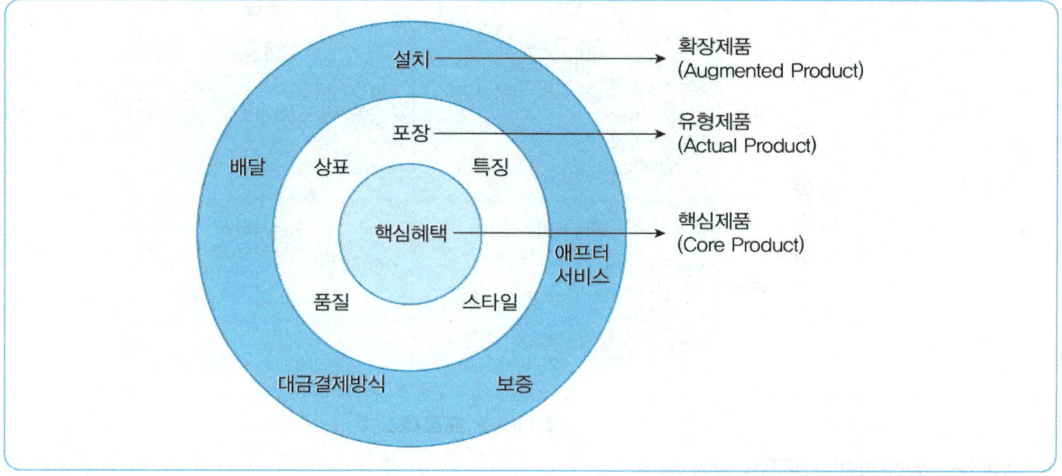

2. 신제품 개발전략과 과정

① 신제품 개발전략

　　㉠ 선제전략(Proactive Strategy): 신제품을 경쟁자보다 먼저 개발하는 전략

　　㉡ 대응전략(Reactive Strategy): 경쟁기업의 신제품 개발에 대응하여 벤치마킹하거나 더 진보한 제품을 개발하는 전략

② 신제품 개발과정

> 아이디어 창출 → 아이디어 평가 → 제품개념 개발 → 사업성 분석 → 제품개발 → 시험마케팅 → 신제품 출시

2 소비재(B2C)와 산업재(B2B)

1. 소비재(B2C) 기출 25-1

① **편의품**: 제품 구매 시 많은 시간이나 노력이 들지 않고, 쉽고 편리하게 구매할 수 있는 일상생활용품으로, 필수품, 충동품, 긴급품 등으로 구분

② **선매품**: 소비자가 온·오프라인 쇼핑을 통해 가격, 품질, 스타일 등에 대한 정보를 수집한 후에 최종 비교·구매하는 제품을 의미, 상권분석과 관련해 집재성 점포와 관련성이 큼

③ **전문품(Specialty Goods)**: 강한 브랜드 충성도 및 관여도가 높은 상품으로 소비자가 구입을 위해서 많은 시간과 노력을 투자하는 상품을 의미

 **Tip**

전문품의 특징
- 특정 상표에 대해 가장 강한 상표충성도(애호도)를 보임
- 전속적 유통경로의 구축이 더욱 바람직
- 제품차별성과 소비자 관여도가 매우 높은 특성을 지님

④ **비탐색품(Unsought Goods)**: 보험이나 정신과치료처럼 소비자가 잘 모르는 제품이나 서비스로 누군가 필요성을 알려주어야 비로소 욕구가 발생하는 제품을 의미

구분	편의품	선매품	전문품
구매빈도	높음	중간	낮음
관여도 수준	낮음	비교적 높음	매우 높음
문제해결 방식	일상적 문제해결 과정	포괄적 문제해결 과정	상표충성도에 의한 구매
제품 종류	치약, 세제, 비누, 껌, 과자류	패션 의류, 승용차, 가구, 가전	고급시계, 고급오디오, 보석류
가격	저가	고가	매우 높은 가격
유통	집중적 유통	선택적 유통	전속적 유통
촉진	높은 광고지출, 빈번한 판매촉진	제품의 차별성 강조	구매자의 지위 강조

2. 산업재(B2B) 기출 22-3

① 산업재는 소비재를 생산하기 위한 원재료, 부품, 설비 등의 산업 재화를 의미

② 산업재의 특징

   ㉠ 최종 소비재를 만들기 위해 소비되는 **파생수요**에 해당

   ㉡ 생산자와 소비자 간의 **직접거래**가 많음(짧은 유통경로)

   ㉢ 산업재 시장의 구매자는 **전문적 구매**를 하며 대량으로 거래

   ㉣ 산업재 수요는 소비재 수요에 비해 **가격비탄력적** 특성을 지님

   ㉤ 산업재 구매는 소비재 구매의 경우보다 더욱 계획적·합리적 구매가 이루어짐

③ 산업재의 일반적인 마케팅경로

> • 원료공급업자 → 산업사용자(생산자)
> • 원료공급업자 → 도매상 → 산업사용자(생산자)

3. 국제표준상품 분류기준

국제표준상품 분류기준에 따라 상품을 체계적으로 분류할 때 가장 포괄적인 개념에서 가장 협소한 개념을 다음과 같이 배열

> Group → Department → Classification → Category → SKU

THEME 09 마케팅믹스(Product) – 단품관리전략과 제품믹스전략

1 단품관리전략

1. 단품관리전략 `기출 25-1, 21-3`

① **단품(SKU)의 개념**: 상품의 최소 관리단위이며, 고객이 구입하게 되는 단위 또는 묶음으로서 상품 주문 및 판매의 최소단위를 의미

② **단품관리의 기대효과**: 단품관리(Unit Control)는 소매점포에서 취급하는 모든 제품의 가장 최소단위인 SKU(Stock Keeping Unit)를 기준으로, 상품의 입고·판매·재고관리를 수행하는 것을 의미

　㉠ 단품별 판매수량, 재고, 발주수량 관리로 품절(결품) 방지

　㉡ 인기상품 발견 및 재고비용이 발생하는 비인기상품 제거

　㉢ 적정 매장면적 관리에 따른 매장 생산성 향상

　㉣ 책임소재의 명확성

　㉤ 단품별 판매실적 계산으로 상품군 구성 개선

2. 욕조마개이론 `기출 21-1`

① 욕조마개는 욕조의 물이 빠지지 않고 욕조 안의 물을 수평적으로 유지시키는 역할을 함에 착안하여, 품목별 진열량을 판매량에 비례하게 하면 상품의 회전율이 일정하게 되어 품목별 재고의 수평적인 감소가 같아지는 원리를 뜻함

② 품목별 진열량을 판매량에 비례하게 하면 상품의 회전율이 일정화되어 품목별 재고의 수평적인 감소가 같아진다는 이론

3. 단품관리: 상품 로스의 발생원인 `기출 25-3, 25-2, 24-1`

상품 로스란 장부상 재고금액(수량)과 실사 재고금액(수량)의 차이를 말함

① 상품 운영상의 문제: 매입 및 반품에 대한 오류

② 로스 관리상의 문제: 로스 다빈도 상품에 대한 방지대책 미흡

③ 장비 및 시설문제: 노화된 창고로 인한 상품의 감모손실

④ 인간에 따른 문제: 고객 및 직원으로부터 발생하는 도난사고

2 제품믹스전략

1. 제품믹스(Product Mix)

① 제품믹스의 개념

　㉠ 제품믹스 또는 제품구색은 특정 판매업자가 판매용으로 시장에 제공하는 제품라인(제품계열)의 품목을 합한 것을 뜻함

　㉡ 제품라인 또는 제품계열은 서로 밀접하게 관련된 제품들의 집합. 이들은 비슷한 기능을 수행하거나, 동일한 고객집단에게 판매되거나, 동일한 유통경로를 통해 판매되거나, 비슷한 가격대에서 판매되기 때문에 하나의 제품라인에 포함될 수 있음

② 제품믹스의 차원 `기출 24-3, 23-1, 22-2, 21-1, 20-2`

　㉠ 제품믹스의 넓이(=폭, 다양성, Width): 기업이 보유한 제품라인의 수 또는 기업이 생산하는 총제품계열의 수를 의미함

　㉡ 제품믹스의 깊이(=전문성, Depth): 제품라인 내의 각 제품이 제공하는 세분화된 품목(Item)들의 수를 말함

　㉢ 제품믹스의 길이(Length): 각 제품라인을 구성하는 품목의 총수를 말함

　㉣ 제품믹스의 일관성(Consistency): 다양한 제품라인의 최종 용도, 생산요건, 유통경로 등과 얼마나 밀접하게 관련되어 있는지를 말함

　㉤ 제품계열(=제품라인): 기업이 생산하는 제품 중 동일한 소비자에게 판매되거나 동일한 유통경로를 이용하는 비슷한 용도의 제품집단으로, 서로 밀접하게 관련된 제품들의 집합을 의미

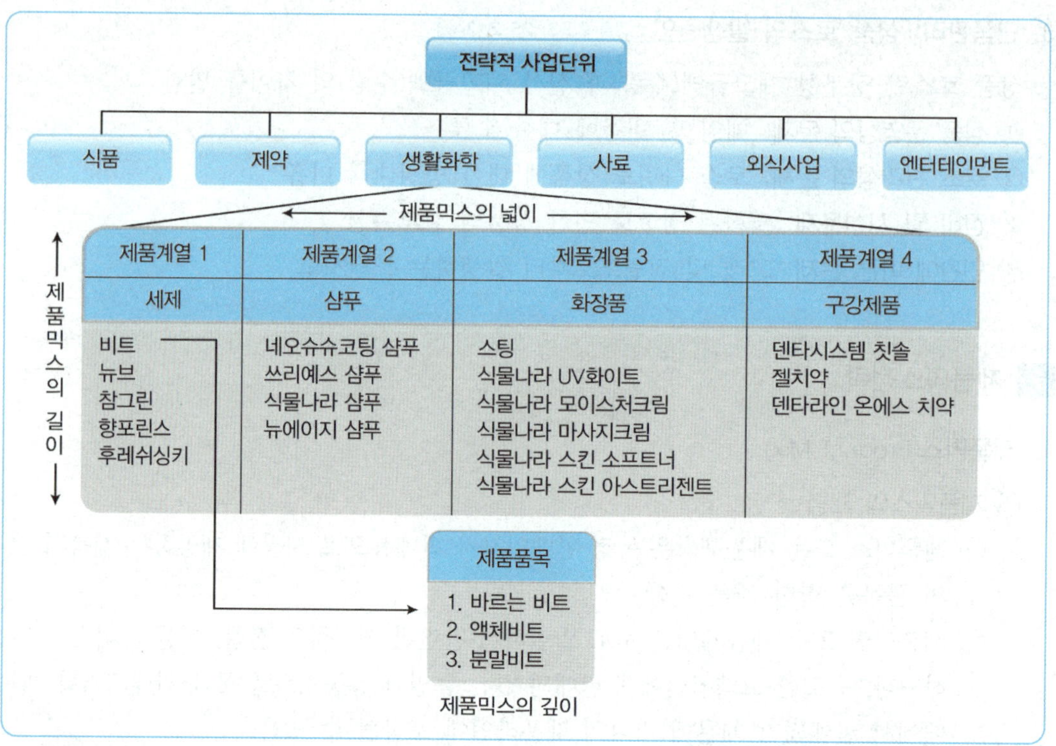

출처: 안광호, 『마케팅원론』, 학현사, 2011.

 **예제**

다음 기업의 제품믹스의 깊이(제품의 전문성), 넓이(제품의 다양성), 길이(제품믹스의 총합)를 설명하시오.

세숫비누	세탁비누	화장품	휴지	치약
솔로 서퍼	크린업 화이트	세시봉 소렌토	콤보	후라보노 하이진
핸디	파워큐	멜로시		
	슈퍼앨 클로라	레녹스		

해설

- 제품믹스의 깊이(전문성, Depth): 특정 제품에 대한 선택의 다양성으로 각 계열별 세로에 해당하며 세숫비누 3, 세탁비누 5, 화장품 4, 휴지 1, 치약 2이다. 즉, 다양한 제품을 생산하는 이 기업은 세탁비누의 전문성이 가장 크며(가장 깊다), 휴지의 전문성이 가장 낮다(가장 얕다).
- 제품믹스의 넓이(폭, 다양성, Width): 각 계열별 가로에 해당하며 세숫비누, 세탁비누, 화장품, 휴지, 치약 등 넓이는 5이다.
- 제품의 길이(제품믹스의 총합): 각 계열별 넓이 및 깊이의 총계 3 + 5 + 4 + 1 + 2 = 15

2. 제품구색의 결정

소매점포는 점포별, 업태별 특성에 따라 적합한 상품구색의 폭(좁음, 넓음)과 깊이(얕음, 깊음)를 결정해야 함

① 편의점: 좁은 폭(넓이)과 얕은(다양한) 구색

② 전문점/카테고리 킬러: 좁은 폭(넓이)과 깊은(전문적) 구색

③ 소규모 종합점: 넓은 폭(넓이)과 얕은(다양한) 구색

④ 백화점: 넓은 폭(넓이)과 깊은(전문적) 구색

3. 제품라인의 길이 확대 전략

① 라인확장전략 `기출 25-3`

  ㉠ 상향확장: 고급품 시장의 성장률이 높거나 고급품의 마진이 높아서 회사가 현재의 품목보다 더 높은 품질과 가격의 품목을 제품계열에 추가하는 것을 말함

  ㉡ 하향확장: 고급품만을 생산하던 회사가 현재의 품목보다 낮은 품질과 가격의 품목을 제품계열에 추가하는 것을 말함

  ㉢ 쌍방확장: 회사가 현재의 제품계열 시장을 고급품 시장과 저가품 시장의 양면으로 연장하는 것을 말함

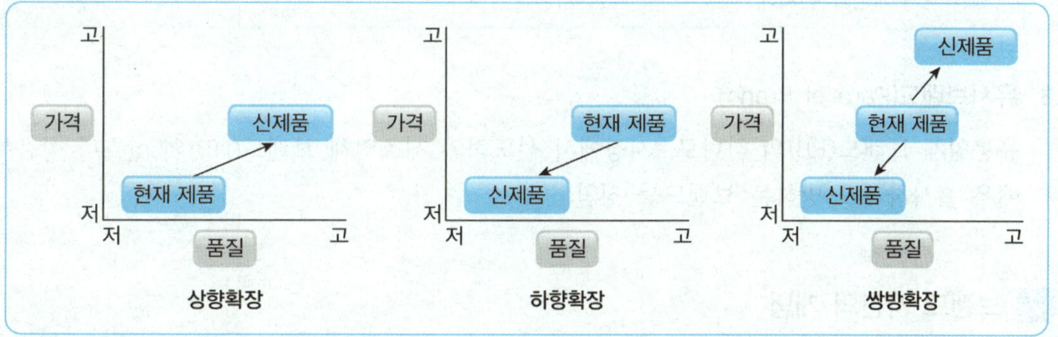

② 라인충원전략

  ㉠ 라인확장전략 이외에 라인을 늘리기 위해 고려할 수 있는 대안이 라인충원전략임. 이는 현재의 취급품목 범위 안에서 새로운 품목을 추가하는 것

  ㉡ 라인충원전략은 과잉생산능력을 활용하여 추가 이익을 얻거나, 완전제품라인을 갖춘 시장 선도자가 되거나, 경쟁사의 진입을 봉쇄하기 위해 도입

  ㉢ 라인충원전략은 품목 간 자기잠식현상을 가져올 수 있고, 고객에게 혼란을 줄 수 있음

 **Tip**

> 자기잠식현상(Cannibalization) `기출 24-3, 24-2` : 한 기업의 신제품이 기존 주력제품의 시장을 잠식하는 현상을 가리키는 용어로, 자사의 신제품이나 새로운 유통점이 기존 판매제품이나 기존 유통점들로부터 매출과 고객을 빼앗아 불필요한 경쟁을 유발하는 현상을 뜻함

THEME 10　마케팅믹스(Product) – 브랜드전략

1　NB제품과 PB제품　기출 22-3, 22-1, 21-3, 20-2

1. NB제품(National Brand)

제조업체 자신이 상표명을 소유하며, 생산된 제품의 마케팅전략을 제조업자 자신이 직접 통제하는 상표전략을 의미

2. PB제품(Private Brand)

편의점, 대형마트 등 유통업자가 생산자에게 제품생산을 의뢰하고 생산된 제품에는 **유통업체**의 상표를 부착하는 전략. PB는 제네릭 브랜드(Generic Brand)와 하우스 브랜드로 구분

> 📑 **Tip**
>
> 강력한 유통업체 브랜드(PB)의 장점
> - 고객애호도(충성도)를 높여 단골고객 확보에 유리
> - 가격 측면에서 합리적인 상품을 선호하는 고객그룹의 확보가 용이
> - 총마진(수익성)을 증대시킬 수 있음
> - 점포 이미지 개선 및 차별화 수단
> - 소비자 구매성향 변화에 적극적으로 대응 가능

3. 유사브랜드(Parallel Brand)

유통업체 브랜드(PB)의 하나로, 시장에서 선도적인 제조업체 브랜드(NB)의 상호나 상품특성 등을 매우 흡사하게 모방하는 브랜드를 칭함

2　브랜드 자산의 개념

1. 브랜드 자산(Brand Equity)　기출 25-2, 25-1, 22-3

브랜드 자산(Brand Equity)이란 특정 브랜드를 가진 제품이 브랜드가 없는 제품에 비하여 획득할 수 있는 차별적인 마케팅 효과를 의미함. 이는 브랜드의 네이밍 및 상징과 관련하여 형성된 브랜드 관련 자산총액에서 부채를 뺀 것으로, 브랜드 인지도와 브랜드 연상으로 구성

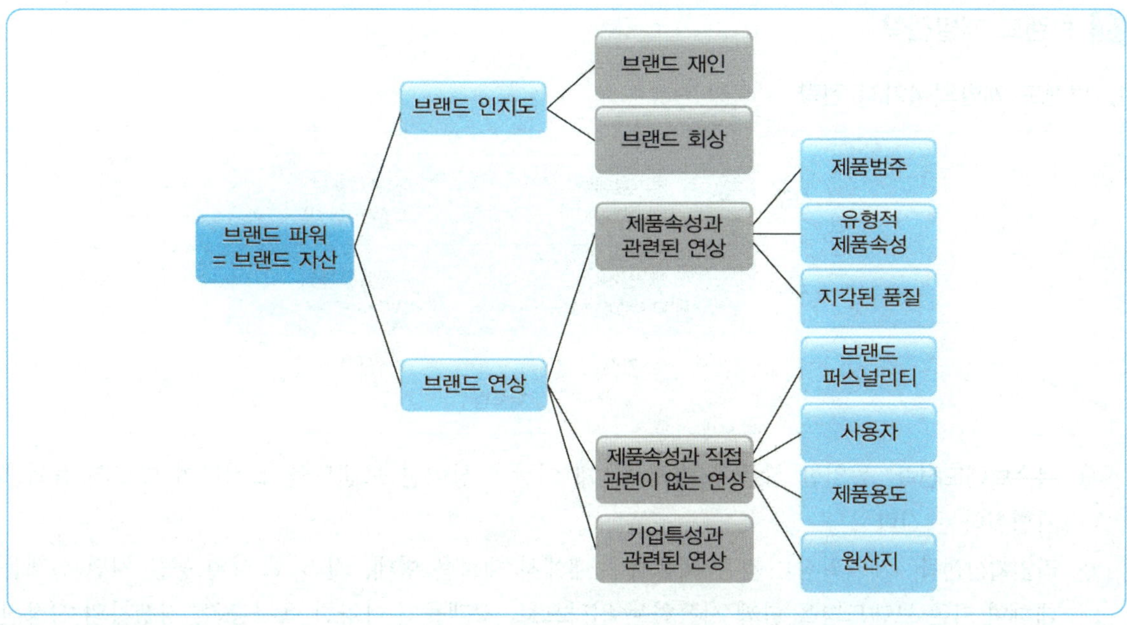

2. 브랜드 자산의 구성

① 브랜드 인지도 [기출 25-2] : 소비자가 한 제품범주에 속한 특정 브랜드를 재인(Recognition)하거나 회상(Recall)할 수 있는 능력을 의미

  ㉠ 브랜드 재인: 특정 카테고리에서 여러 브랜드를 제시하고 이에 대한 인지 여부의 조사를 통해 측정

  ㉡ 브랜드 회상: 특정 브랜드를 기억 속에서 정확히 추출할 수 있는 능력으로 가장 먼저 떠오른 브랜드 순위에 따라 측정 가능

② 브랜드 연상: 브랜드와 관련하여 기억으로부터 떠오르는 모든 것을 의미하며 특정 브랜드에 대한 노출, 사용 경험 등이 많을수록 브랜드 연상이 강해짐. 바람직한 브랜드 연상이 되기 위해서는 브랜드가 소비자의 마음속에서 호의적이고, 강력하면서, 독특한 이미지 형성이 요구

③ 최초 상기도(Top-of-Mind Awareness) [기출 25-1] : 특정 제품 카테고리에서 소비자가 가장 먼저 떠올리는 브랜드를 의미. 소비자가 특정 제품군을 생각할 때 머릿속에 가장 먼저 떠오르는 브랜드가 무엇인지 측정하는 지표에 해당함

3 브랜드 개발전략

1. 브랜드 개발의 4가지 전략

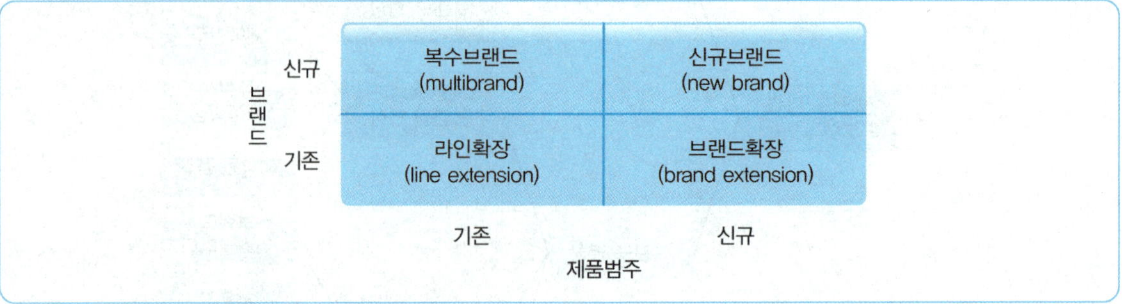

① **복수브랜드전략**: 동일한 상품에 대해 두 개 이상의 상이한 브랜드를 설정하여 별도의 품목으로 차별화하는 전략

② **라인확장전략**(=계열확장): 기존 제품범주 내에서 새로운 형태, 컬러, 스타일 등을 지닌 신제품에 대하여 기존 브랜드명을 함께 사용하는 전략으로, 고객들의 다양한 욕구충족, 경쟁자의 시장진입 저지 등의 장점 있음. 추가된 신제품이 해당 기업의 기존제품의 점유율을 빼앗아 '**자기잠식현상**'이 발생할 우려도 있음

③ **신규브랜드전략**: 기존 브랜드명의 파워가 약해지고 있다고 판단되는 경우 새로운 브랜드명을 도입하는 전략

④ **브랜드확장전략** 〔기출 24-3, 24-2〕

  ㉠ 개념: 높은 브랜드 가치를 갖는 특정 기존 브랜드의 네임을, 다른 제품군에 속하는 신제품 브랜드에 확장하여 사용하는 전략

  ㉡ 장·단점

장점	• 신제품에 대한 소비자의 지각된 위험을 줄여줌으로 인한 긍정적 분위기 유도 • 신규브랜드 출시에 따른 초기 마케팅비용 절감, 동일 포장을 통한 원가절감 • 신제품이 호의적인 평가를 받게 되면 기존 브랜드의 이미지 강화 가능
단점	• 소비자의 혼란이 가중된다는 점 • 확장된 브랜드 성공이 오히려 모브랜드의 정체성을 희석시켜 **자기잠식현상**을 나타낼 수도 있음

> **사례 1**
>
> 브랜드확장의 성공적인 예로는 시리얼 제조회사인 켈로그가 스페셜K를 시리얼 전체 제품라인, 스낵 및 영양바, 아침식사용 쉐이크 등의 다른 영양식품라인으로 확장

> **사례 2**
>
> 애플사가 브랜드 아이덴티티와 혁신적인 디자인으로 성공을 거둔 아이맥, 아이팟, 아이패드, 아이폰에 이르기까지 다른 범주의 제품군에 브랜드 제품계열을 확장

유통·물류일반관리 제1과목 / 제2과목 상권분석 / 제3과목 유통마케팅 / 제4과목 유통정보

THEME 11 제품의 수명주기(PLC) 전략

1 로저스(E. Rogers)의 혁신수용이론

1. 신제품 수용자별 단계 [기출 23-3]

① 혁신 수용자: 교육 및 소득 수준이 높고, 사회적 활동 활발

② 조기 수용자: **의견 선도자**로 유행에 민감하고 가치표현적 성격이 강하며 관여도 높음

③ 전기다수 수용자: 신중한 소비자들로 기술 자체에는 관심이 없고 실제적인 문제에 집중

④ 후기다수 수용자: 신제품 수용에 의심이 많은 집단으로 가격에 민감하고 위험회피형 집단

⑤ 최후 수용자: 최후 소비자층으로 신제품이 완전히 소비자에 의해 수용되어야만 제품 구매

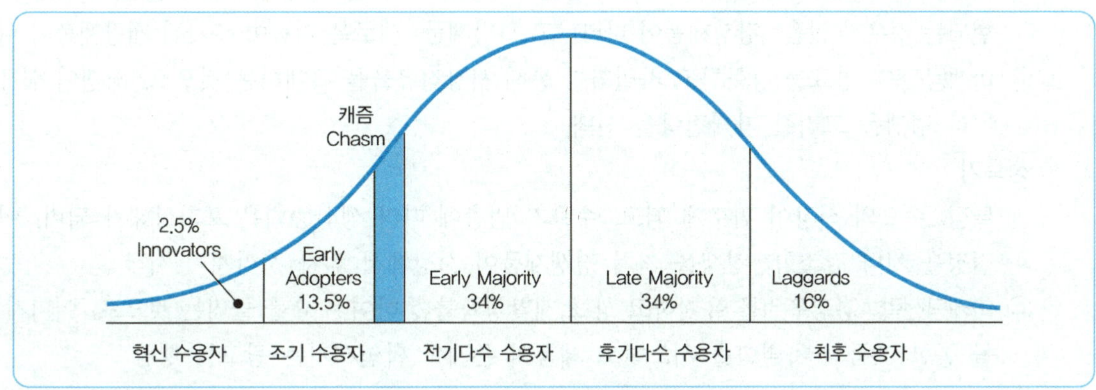

2. 캐즘(Chasm)현상

캐즘은 원래 지리학 용어로 대단절을 의미하며, 마케팅에서는 개발된 신제품이 시장 진입 초기(도입기)에서 대중화되기 전(성장기)까지 소비자들에게 선택받지 못해 일시적으로 수요가 정체되는 Time-Lag 현상을 의미

2 제품의 수명주기(PLC)이론

1. 제품수명주기(PLC; Product Life Cycle)

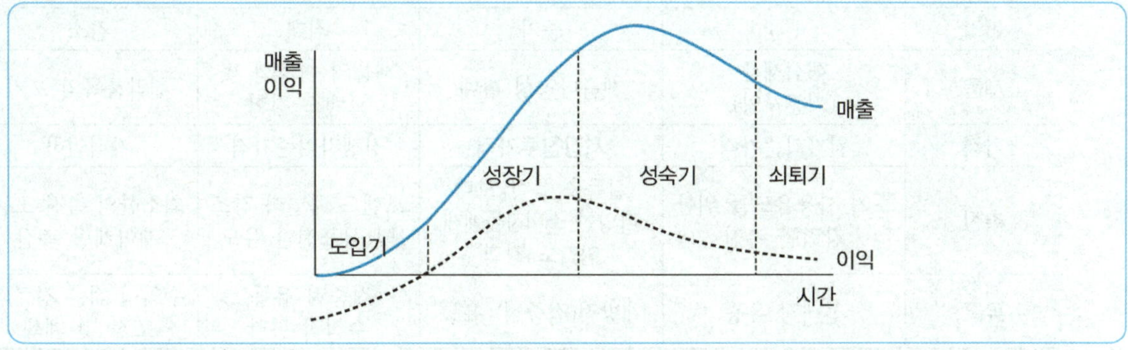

2. PLC 단계별 특징 〔기출 25-1, 24-3, 23-2, 21-3, 21-2〕

① 도입기
- ㉠ 특징: 기본적 형태의 제품이 생산되고, 소비자가 제품 정보를 가지고 있지 않으며, 판매가 완만하게 상승하나 제품개발비용, 광고 및 판매촉진 등의 비용이 많이 들어가 적자를 벗어나지 못함. 수요가 적기 때문에 생산량도 적고, 제품의 원가도 높으며, 전반적인 제품의 수요가 적어 경쟁도 적은 편
- ㉡ 마케팅전략: 제품을 널리 인지시켜 판매를 늘리는 것으로, 제품의 품질을 향상시키고 새로운 특성과 서비스를 추가한 변형제품, 개량제품을 출시함으로써 경쟁제품과 차별화

② 성장기
- ㉠ 특징: 수요가 급속히 늘어나고, 이익이 발생하기 시작하며, 대체로 성장기 말에 최다 이익이 실현되는 경우가 많음. 경쟁제품이 나타나고 모방제품, 새로운 기능이 추가된 개량제품이 나타남
- ㉡ 마케팅전략: 상표를 강화하고 차별화를 통해 시장점유율을 확대하는 것으로, 경쟁이 심해짐에 따라 경쟁을 고려한 가격전략을 선택

③ 성숙기
- ㉠ 특징: 수요의 신장이 멈추게 되고, 수요가 멈춤에 따라 생산능력은 포화상태가 되며, 이익은 절정을 지나 감소함. 경쟁을 거쳐 경쟁제품이 시장에서 점차 사라지기 시작
- ㉡ 마케팅전략: 경쟁우위를 유지하고 상표 재활성화를 통하여 수요를 늘리는 것으로, 이미지 광고를 통한 제품의 차별화를 시도하고 제품의 존재를 확인시키는 광고를 행함

④ 쇠퇴기
- ㉠ 특징: 매출이 감소하고 이익이 매우 적어지며, 경쟁제품들이 시장에서 철수하게 되어 경쟁사의 수는 감소
- ㉡ 마케팅전략: 단기수익을 극대화하는 방안을 찾는 것으로, 가능한 비용을 줄이고 매출을 유지하여 수익을 극대화함

구분	도입기	성장기	성숙기	쇠퇴기
마케팅목표	제품의 인지도 제고	시장점유율 극대화	시장점유율 방어 및 이윤극대화	철수를 위한 회수 또는 재마케팅
매출액	낮음	급성장	최대매출액	감소
이익	(−)	증가	최대	감소
제품	핵심제품 (기본사양)	제품다양성 확대	제품의 다양화 및 브랜드 강화	취약품목의 포기
가격	원가기준가격	**시장침투가격**	경쟁자기준가격	가격인하
촉진	초기 사용유도를 위한 강력한 촉진	설득을 통한 보다 다양한 소비자들에게 인지도 강화	브랜드 차별화 강조 및 상표전환 유도	최소한의 촉진 또는 재마케팅 촉진
유통	선택적 유통	개방적(집중적) 유통	집중적 유통, 수직적 통합	수익성 적은 경로의 조정 및 폐쇄

THEME 12 머천다이징(MD)

1 머천다이징 개념

1. 머천다이징 개념 기출 25-2, 23-1, 21-2

① 머천다이징(MD; Merchandising)은 수요에 적합한 상품 또는 서비스를 알맞은 시기와 장소에서 적정가격으로 유통시키기 위한 일련의 방법 또는 '**상품화 계획**'으로, 이는 상품의 시장성을 향상시키는 활동을 의미함

② 또한 소비자들의 특성에 적합한 제품들을 잘 선정해서 매입하고 진열하는 것을 포함함

 **Tip**

소매점 머천다이징(MD)의 매입계획에 포함되는 내용
- 매입자금의 확보
- 공급업체의 선정
- 매입조건의 검토
- 영업수행방식의 준비

2. 머천다이징 정책(기획)

① **완전 종합형 상품정책**: 백화점처럼 종합화와 전문화를 동시에 실현하는 것

② **불완전 종합형 상품정책**: 양판점처럼 종합화를 우선적으로 실현하는 것

③ **완전 한정형 상품정책**: 전문점처럼 종합화보다는 전문화를 우선적으로 실현하는 정책

④ **불완전 한정형 상품정책**: 근린점처럼 종합화, 전문화 모두를 단념하는 정책

3. 머천다이징 상품관리 성과측정

① 총자산수익률(Return On Asset)

② 총재고투자마진수익률(Gross Margin Return On Investment)

③ 재고회전율(Inventory Turnover)

cf 상품기획성과의 측정방법: ABC분석, 판매추세분석(Sell-through Analysis)이 널리 사용

2 머천다이징 전략 기출 24-1, 22-1, 21-3, 20-2

① **가격 중심 머천다이징**: 적정가격으로 유통함에 있어서 전략적으로 저가격을 수단으로 표적고객을 공략하는 전략으로, 대형마트·카테고리 킬러 등에서 비용절감으로 저가 제공에 중점을 두는 방식. 상품계획, 구매, 재고관리에 이르기까지 집중적인 관리가 요구

② **스크램블드 머천다이징(Scrambled Merchandising)**: 소매상에서 상품품목을 소비자 입장에서 취급상품을 조합하여 재편성하는 것을 말함. 취급상품의 재편성에 적용하는 관점은 제품용도, 고객층, 가격대, 브랜드, 구매동기, 구매습관별 등을 고려하여 고객의 원스톱 쇼핑을 위해 다종다양의 상품을 제공

③ **계획적 머천다이징(Programed Merchandising)**: 생산자와 소매점포 간에 제품계획을 통합, 조정해 나가는 상품화 계획을 의미함

④ **리스크 머천다이징(Risk Merchandising)**: 고객의 욕구를 충족시킨다는 목표 아래 유통업체와 제조업체가 서로 위험(리스크)을 분담해 상품을 개발하고, 유통업체는 이를 반품 없이 전량 판매하는 것을 뜻함

⑤ **인스토어 머천다이징(Instore Merchandising)**: 소매점포가 자신의 독자적인 콘셉트를 토대로 하여 상품을 구색하고 판매하는 것을 말함

⑥ **크로스 머천다이징(Cross Merchandising)**: 상품의 분류에 구애받지 아니하고 관련성이 있는 상품들을 한데 모아 진열함으로써 판매액을 향상시키는 머천다이징 방법을 의미

⑦ **세그먼트 머천다이징(Segment Merchandising)**: 동일한 고객층을 대상으로 하되, 경쟁업체와 다르게 그들 고객이 가장 원하는 제품과 서비스에 중점을 두거나 고객에게 제시되는 가격대에 대응하는 상품이나 품질을 차별화하는 방향을 전개하는 머천다이징을 말함

⑧ **선별적 머천다이징(Selective Merchandising)**: 소매업, 2차상품 제조업자, 가공업자 및 소재메이커가 수직적으로 연합하여 상품계획을 수립하는 머천다이징 방식으로, 이는 시장을 세분화하여 파악한 한정된 세분시장을 타깃고객으로 하여 이들에 알맞은 상품화 전략을 전개하는 형태를 띰

3 소매믹스전략과 카테고리 캡틴

1. 소매믹스전략(Retailing Mix Strategy) [기출 25-3]

① **개념**: 소매믹스(Retailing Mix)는 고객의 구매욕구를 만족시키고, 구매의사결정에 영향을 주기 위해 소매상이 활용하는 전략

② **구성요소**: 소매믹스에는 입지(Location), 상품, 커뮤니케이션, 제품가격, 인적자원 등이 해당

2. 카테고리 캡틴(Category Captain) [기출 22-1]

① **개념**

㉠ 카테고리 캡틴(Category Captain)은 리테일러가 특정 카테고리 내에서 선호하는 특정 공급업체를 의미

㉡ 카테고리 내의 다른 브랜드나 벤더를 대신하여 소매업체를 위한 카테고리 전문가의 역할을 하며, 소매업체와 일종의 파트너 관계를 확보, 유지하는 역할을 수행

② **소매점의 이점**: 카테고리 캡틴을 통하여 소매점은 구매협상의 노력이 절감되고, 고객정보 획득을 통한 소비자 욕구의 이해 증대로 해당 카테고리 전반의 수익이 증진

3. 카테고리 관리(Category Management)

① 카테고리 매니지먼트(CM; Category Management)는 특정 제품군을 중심으로 유통업체와 제조업체가 협력을 통해 공동의 수요를 창출해 내는 과정을 의미
② 제품 카테고리의 효율 극대화를 위한 전반적인 머천다이징 전략과 계획을 수행
③ 소매업체와 벤더, 제조업체를 포함하는 유통경로 구성원들 간 제품 카테고리에 대한 사전 합의가 필요
④ 카테고리 관리를 통해 고객니즈 변화에 대한 신속한 대응 및 재고와 점포운영비 절감 가능

THEME 13 마케팅믹스(Price) - 가격결정과 가격차별화

1 제품의 가격결정

1. 가격(Price)의 개념

가격(Price)이란 마케팅믹스 4P 중에서 유일하게 기업의 이익과 관련이 있는 요인이며, 가장 통제가 어려운 경직적 요소인 유통(Place)과 반대로, 탄력성이 가장 높은 요인에 해당

2. 가격설정방법 기출 25-3, 24-3, 22-3, 20-추가

① **소비자기준 가격결정(지각가치 가격결정)**: 소비자의 지각된 가치에 중점을 두고 제품의 가격을 책정하는 방식
    ㉠ **부가가치 가격결정**: 제품의 부가적인 특성과 서비스 등의 추가로 제품을 차별화함으로써 경쟁자보다 더 높은 가격을 정당화하는 방법으로, Skimming Pricing이 이에 해당
    ㉡ **우수한 가치에 상응하는 가격결정**: 제품의 우수한 품질과 서비스를 잘 결합하여 적정가격을 제공하는 가격결정방법으로, EDLP와 High-Low Price가 대표적인 가격에 해당
② **경쟁자기준 가격결정**
    ㉠ 경쟁자기준 가격결정은 원가와 상관없이 경쟁자의 경쟁 강도에 따라 가격이 결정되는 방식으로, 입찰(Biding) 가격방식, 모방가격 결정방식이 있음
    ㉡ 경쟁자기준 가격결정은 다른 가격결정방법에 비해 가격경쟁을 최소화할 수 있다는 장점과 고객 측면을 전혀 고려하지 않는다는 단점이 동시에 지적됨
③ **원가기준 가격결정**: 원가기준 가격결정은 많은 경우에 적용되는 방식으로, 가격변화가 판매량에 큰 영향을 미치지 않거나 기업이 가격을 통제할 수 있는 경우에 효과적임. 여기에는 ㉠ 사전에 확정된 원가에 마진[마크업(Markup) $= \dfrac{가격-원가}{가격}$]을 가산하는 마크업방식과 ㉡ 사전에 원가결정

이 어려워 사후적으로 원가를 계산하여 일정 마진을 고려하는 원가가산 결정방식이 있으며, ⓒ 손익분기점(Break Even Point)법과 ⓔ 목표이익을 고려하는 방식이 있음

- ⊙ **가산이익률에 따른 결정(마크업방식):** 제품 한 단위당 생산·구매비용에 대해 판매비용을 충당하고도 적정이익을 남길 수 있는 수준의 가산이익률을 결정하여 가격을 책정

$$\text{가격} = \frac{\text{단위당 원가}}{1 - \text{가산이익률}}$$

$$\text{가산이익률(Mark-up)} = \frac{\text{판매가격} - \text{제품원가}}{\text{판매가격}}$$

- ⓒ **원가가산 가격결정법:** 사전에 결정된 목표이익을 총비용에 가산하여 가격을 결정함

$$\text{가격} = \frac{(\text{총고정비용} + \text{총변동비용} + \text{목표이익})}{\text{총생산량}}$$

Tip

원가 계산구조
1. 직접원가 = 직접재료비 + 직접노무비 + 직접경비
2. 제품제조원가 = 직접원가(1) + 제조간접원가
3. 총원가 = 제품제조원가(2) + 판매비 및 일반관리비(판관비)
4. 제품가격 = 총원가(3) + 희망(목표)이익

- ⓒ **손익분기점(BEP; Break Even Point)법** 기출 25-3·2·1, 24-3·2·1, 23-3·2·1, 22-3·2·1, 21-3·2·1

  손익분기점(BEP) 분석은 손익분기점을 파악하기 위해 비용 및 매출액 수준과 이익 사이의 관계를 분석하는 기법으로, 총수익과 총비용이 일치하게 되는 판매수량 혹은 매출액을 의미

$$\text{손익분기점(판매량)} = \frac{\text{총고정비}}{\text{단위당 가격} - \text{단위당 변동비}}$$

$$\text{손익분기점(매출액)} = \frac{\text{총고정비}}{1 - \text{변동비율}}$$

$$\text{손익분기점 목표판매량} = \frac{\text{고정비} + \text{목표이익}}{\text{가격} - \text{단위당 변동비}}$$

예제

㈜인하는 모바일을 유통하는 기업이다. 모바일 한 대의 판매가는 150만원이고, 단위당 변동비는 120만원이다. 그리고 ㈜인하가 모바일을 유통하는 총고정비는 6억원이라고 할 때 ㈜인하의 손익분기점 판매량은 얼마인가?

해설

$$\text{손익분기점 매출수량} = \frac{\text{총고정비}}{\text{가격} - \text{단위당 변동비}} = \frac{6억원}{150만원 - 120만원} = 2,000대$$

정답 **2,000대**

ㄹ **목표이익률법**: 기업이 목표로 하는 수익률을 달성할 수 있도록 가격을 책정하는 방법

$$가격 = \frac{투자비용 \times 목표이익률(\%)}{표준생산량} + 단위비용$$

2 가격차별화

1. 가격차별화(Price Differentiation) 기출 25-3

기업이 수요의 가격탄력성을 이용하여 동일상품에 대하여 세분시장 간 다른 가격을 설정하는 것을 의미하며, **가격탄력도**에 따라서 서로 다른 세분시장에 상이한 가격을 책정하여 이익을 극대화하는 가격전략

2. 가격차별화의 전제조건

① 시장 간의 분리가 가능해야 함

② 각 세분시장의 가격탄력도(E)는 상이해야 함

→ $E > 1$: 경쟁자가 많으므로 저가격전략

$E < 1$: 가격비탄력적인 시장으로 경쟁이 적으므로 고가격전략

③ 기업이 수요에 대한 독점력을 가지고 있어야 함

④ 각 세분시장 간에는 재판매가 불가능해야 함

3. 변동가격(Dynamic Pricing)

① **개념**: 동일한 제품 및 서비스에 대한 가격을 시장 상황에 따라 탄력적으로 변화시키는 가격전략을 의미함. 이는 기업들이 이익극대화를 위해 사용해온 가격책정방식으로 일반적으로 e-커머스 시장에서 활발히 활용되어 왔음

② **최적화된 개인화 가격으로 발전**: 최근 디지털화, 클라우드, 빅데이터 분석, 인공지능 등 ICT 기술 발달로 인해 단순 가격차별화를 넘어 개별 소비자의 상황과 취향을 고려한 최적화된 개인화 가격(Personalized Pricing)도 가능하게 하고 있음

THEME 14 마케팅믹스(Price) - 가격설정방법

1 신제품 가격설정전략

1. 신제품 가격정책 `기출 25-2, 24-2`

① **시장침투가격전략**: 도입기에 매출 및 시장점유율 극대화를 위해서 신제품의 가격을 낮게 책정하여 신속히 시장에 침투하고자 하는 초기 저가격전략
  ㉠ 소비자들이 가격에 대한 민감도가 높을 때(수요의 가격탄력도가 높은 경우)
  ㉡ 저가격으로 빠른 시장점유를 실현할 수 있을 때
  ㉢ 저가격전략이 경쟁사들의 시장진입을 방지할 수 있을 때
② **초기 고가격전략(Skimming Price)**: 신제품 도입기에 상대적으로 고가격을 책정하고 시간이 지남에 따라 가격을 내리는 가격전략
  ㉠ 독점력에 의해 당분간 경쟁사의 시장진입이 어려울 때
  ㉡ 소비자가 제품가격이 비싸면 제품품질도 높을 것으로 생각할 때
  ㉢ 고가격에도 상당수의 혁신 소비층이 그 제품을 구매하고자 할 때
  ㉣ 초기 고가격이 소량생산으로 인한 단위당 높은 생산비용을 상쇄할 수 있을 때

2. 항시저가전략과 고저가격전략 `기출 25-2, 23-2, 20-3`

① **항시저가전략(EDLP)**: 규모의 경제 및 전략적인 물류비의 감소 및 상품의 빠른 회전율을 통해 가능한 가격전략
  ㉠ 경쟁자들과의 지나친 가격경쟁에서 다소 자유로울 수 있음
  ㉡ 가격변동이 적고 예측가능성이 있기 때문에 촉진비용이 절감됨
  ㉢ 안정적인 수요의 예측으로 평균재고를 감소시켜 회전율이 향상되고 이익이 커짐
② **고저가격전략(High-Low Price)**: 촉진용 상품을 대량구매하여 일부는 가격인하 판매하여 저가격 이미지를 구축하고, 일부는 정상가로 판매하여 높은 이윤을 달성하고자 하는 가격정책
  ㉠ 동일한 상품으로 다양한 특성의 고객층에게 소구(Appeal) 가능
  ㉡ 기대하지 않았던 가격인하는 고객을 유인하는 요인으로 작용
  ㉢ 고가격 및 저가격제품 판매촉진을 위한 프로모션 비용 및 재고관리비용 증가

3. 재판매가격유지전략 `기출 21-1`

① 재판매가격유지(Resale Price Maintenance)는 생산자가 소매상이 판매하는 소매가격을 강제적으로 통제하는 행위로, 소매상이 가격을 결정하는 판매가격표시제(Open Price)와 상반되는 가격제도. 즉, 재판매가격유지행위는 생산자가 소매상이 판매하는 소매가격을 강제적으로 통제하는 행위를 말함

② 이는 시장경제의 기본원칙인 보이지 않는 손(Invisible Hands)에 의한 가격결정을 저해하는 불공정행위에 해당

4. 오픈 프라이스(Open Price) 제도 [기출 25-2]

오픈 프라이스 제도란 제품에 제조업체가 권장소비자가격 혹은 희망소비자가격 같은 기준가격을 표시하지 않고, 대신 최종 판매업자가 가격을 결정하는 방식을 말함

2 심리가격전략 [기출 25-3·2·1, 24-3·2·1, 23-3·2·1, 22-3·2·1, 21-3·2·1]

① **단수가격(Odd Pricing)**: 화폐단위 이하로 가격을 책정함으로써 상대적으로 가격을 저렴하게 지각시키는 방법 [예] 100,000원보다는 99,999원으로 표기
② **관습가격(Customary Pricing)**: 비용 상승에도 불구하고 오랜 기간 동안 소비자들이 습관적으로 일정금액을 지불해 왔기 때문에 기업들이 그에 따라 책정하는 가격
　　[예] 생수 1병 500원, 컵라면 1개 1,000원 등 경쟁가격이 유사한 경우
③ **선도가격전략(Leader Pricing)**: 상품흐름이나 판매를 증진시키기 위해 정상가보다 낮은 가격으로 결정하는 전략을 말하며, 로스 리더와 로우 리더 가격전략이 있음
　　㉠ **로스 리더(Loss Leader)**: 원가 이하로 판매하는 상품(**미끼상품, 특매상품, 유인상품**)으로 고객의 점포방문을 늘리기 위한 것이 주목적
　　㉡ **로우 리더(Low Leader)**: 원가 이상이지만 정상이윤 이하로 판매하면서 고객을 점포로 유인하기 위한 것이 주목적
④ **명성가격정책(Prestige Pricing)**: 고가의 제품은 고품질을 지닐 것이라는 **가격 – 품질연상 효과**를 이용하는 고가격전략

> 🛒 **Tip**
>
> **심리가격전략** [기출 24-2]
> - **유보가격**: 구매자가 어떤 상품에 대하여 지불할 용의가 있는 최고가격을 의미
> - **준거가격**: 구매자가 가격이 저가인지 고가인지를 판단하는 데 기준으로 삼는 가격
> - **최저수용가격**: 구매자들이 품질을 의심하지 않고 구매할 수 있는 최저가격
>
> 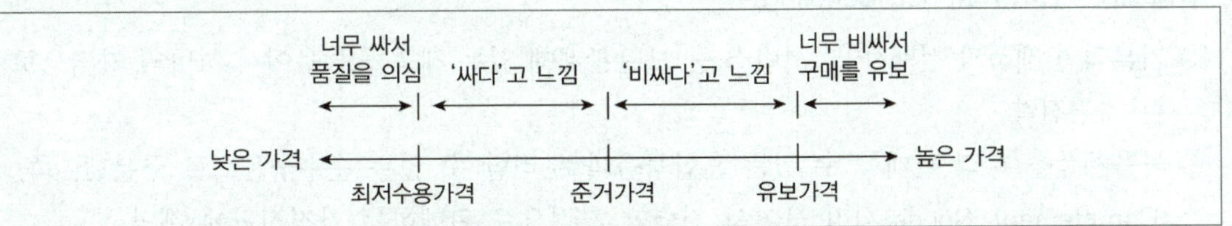
>
>
> - **손실혐오**: 구매자들이 가격인하보다 가격인상에 더 민감하게 반응하는 현상
> - **차등적 문턱**(JND; Just Noticeable Difference): 가격변화를 느끼게 만드는 최소한 가격변화폭을 뜻함
> - **수요점화 가격 수준**: 소비자의 **소득 수준**에 따라 최하 얼마 이상 최고 얼마 미만의 가격이라면 사겠다고 생각하는 가격 범위

- **베버의 법칙**: 소비자의 가격변화에 대한 지각은 가격 수준에 따라 달라진다는 법칙. 제품크기 축소 등의 부정적 변화는 소비자들이 분간할 수 없게 JND 범위 내에서 인상하여야 하고, 낮아진 가격이나 새로운 포장지, 제품크기 확대 등 긍정적 변화는 소비자들이 분간할 수 있게 JND 범위 이상으로 결정해야 한다는 것

$$K = \frac{S_2 - S_1}{S_1}$$

K: 주관적으로 느낀 가격변화의 크기
S_1: 원래가격
S_2: 변화된 가격

---

3 제품믹스(결합) 가격전략 기출 25-3, 25-2, 22-3, 22-1, 21-2, 21-1

1. 이분가격결정방식(Two-Part Tariff)

소비자가 재화를 구매하는 경우 1차적으로 기본비용을 지불하고 추가적인 사용량에 따라 2차적인 가격을 지불하도록 하는 가격결정법

예 수도·전기·지하철요금, 놀이공원 이용료 등

2. 가격계열화전략(Price Lining Strategy)

① 동일 상품군에 속하는 상품들에 다양한 가격대를 설정하는 전략으로, 소비자가 디자인, 색상, 사이즈 등을 다양하게 비교하는 선매품, 특히 의류품의 경우 자주 활용되는 가격전략

② 몇 개의 구체적인 가격만이 제시되므로 복잡한 가격비교를 하지 않아도 되어 소비자의 상품선택 과정이 단순화된다는 장점을 가짐

3. 종속제품 가격전략(Captive Pricing, 포획가격)

종속제품 가격결정방식은 본체와 함께 사용해야 하는 보완재의 가격을 책정하는 가격전략으로, 주제품을 저렴하게 판매하고, 반복구매하는 종속제품을 비싸게 판매하는 전략

예 면도기와 면도날, 프린터와 토너, 카메라와 필름

4. 묶음제품 가격전략(Price Bundling)

① 기본적인 제품과 선택사양, 서비스 등 보완관계에 있는 제품들을 묶어서 하나의 가격으로 제시하는 가격전략

② 묶음제품을 분리 판매할 수 있는 혼합묶음과 분리할 수 없는 순수묶음으로 구분함. 즉, 보완재(Complement Goods)끼리 묶어서 저렴한 가격으로 판매하는 가격전략에 해당

③ 유형

ㄱ 순수묶음가격(Pure Price Bundling): 상품을 **묶음으로만 구매**할 수 있고 개별적으로는 구매할 수 없는 방법으로, 항공, 숙박, 식사, 입장권 등이 포함된 여행패키지 상품

ⓛ 혼합묶음가격(Mixed Price Bundling): 상품을 개별적으로 구입할 수도 있고 묶음으로도 구매 가능한 방법으로, 햄버거 세트 메뉴가 대표적 사례

4 가격조정전략 [기출 25-3, 21-1]

1. 할인전략

① 현금할인: 유동성 확보를 위해서 대금을 외상이나 어음이 아닌 현금으로 지불하는 경우 가격을 깎아주는 제도

② 수량할인: 대량으로 구매하는 소비자에게 가격을 할인해 주는 가격전략

③ 거래할인: 판매, 보관, 장부정리 등과 같이 소매업자가 할 일을 대신 수행하는 중간상에 대한 보상으로 할인해 주는 전략

④ 계절할인: 계절이 지난 제품이나 서비스를 구매하는 소비자에 대해 할인해 주는 것

2. 공제(Allowance)

공제는 기존제품을 신제품으로 교환할 때 기존제품 가격을 정산하여 신제품 가격에서 공제해 주거나 보상해 주는 것을 의미

3. 판매촉진지원금(Promotion Allowances)

중간상이 제조업자를 위해 지역광고를 하거나 판촉을 실시할 경우 이를 지원하기 위해 지급되는 보조금으로, 중간상 물품대금을 지불할 때 그 금액만큼 공제하는 방식으로 행해짐

THEME 15 마케팅믹스(Promotion) – 4가지 촉진방법

1 촉진전략(광고와 PR)

1. 촉진전략의 개요 [기출 25-2, 24-1, 21-1, 20-3]

① 프로모션(Promotion)이란 제품에 대한 정보를 고객에게 알리고, 구매하도록 설득하며, 구매를 유도하는 인센티브를 제공하여 판매를 촉진하는 마케팅 활동을 뜻함

구분	비용	장점	단점
광고	보통	• 신속한 메시지 전달 • 도달범위가 넓고, 효과가 지속적	• 광고효과 측정이 곤란 • 정보의 양이 제한
PR (홍보)	무료	• 신뢰성이 높음 • 비용적인 부담 없음	• 통제가 어려움 • 효과가 간접적

판매촉진	비교적 고가	• 즉각적 효과 • 충동구매 유발 가능	• 효과의 지속성이 짧음 • 경쟁사 모방이 쉬움
인적판매	고가	• 고객 대면으로 피드백 높음 • 탄력적인 대응 가능, 정보수집	• 높은 비용부담 • 촉진의 속도가 다소 느림

② 통합적 커뮤니케이션(IMC; Integrated Marketing Communication)

　㉠ IMC는 광고, 판매촉진, PR, 인적판매, 다이렉트 마케팅 등 다양한 촉진믹스를 활용해 명확하고 설득력 있는 메시지를 일관되게 전달하는 것을 뜻함

　㉡ 동일한 표적고객에 대한 커뮤니케이션은 서로 동일한 메시지를 전달함

　㉢ 다양한 촉진믹스들이 수행되므로 차별적 커뮤니케이션 역할들을 신중하게 조정해야 함

2. 광고(Advertisement)와 PR(Public Relations)

① 광고매체의 선정기준

　㉠ 도달범위와 노출빈도　기출 24-2, 23-1

　　ⓐ 도달범위(Reach): '접촉범위' 또는 '도달률'이라고도 하며, 광고의 효과와 관련된 개념으로 잠재고객 가운데서 적어도 1회 이상 광고에 접촉한 세대나 개인의 비율

　　　예 구독 고객 100명 중 50명이 자사 광고를 접했다면 도달률은 50%

　　ⓑ 노출빈도(Frequency): '접촉빈도'라고도 하며, 소비자에게 특정 제품의 광고에 대해서 반응을 유발하기 위해 필요한 광고의 접촉빈도

　　　예 광고가 100명의 고객 중 50명에게는 1번 노출되었고, 30명에게는 2번, 20명에게 3번 노출되었다면 노출빈도는 $\dfrac{(50 \times 1 + 30 \times 2 + 20 \times 3)}{100} = 1.7$

> 총접촉비율(GRP) = 도달범위(Reach) × 노출빈도(Frequency)
> (=총접촉점수) = 50% × 1.7 = 85%

　㉡ 광고비용: TV광고는 고가의 광고인 반면, 잡지나 신문의 경우에는 상대적으로 저렴함. 이때 비용의 기준은 총비용보다는 1,000명당 노출비용을 기준으로 함

> 🔖 **Tip**
>
> CPM(Cost Per Mille)　기출 24-2 : **1,000회** 노출에 따른 광고비를 의미

② 광고의 장·단점　기출 21-3

장점	• 다수의 대중을 상대로 신속하게 접근이 가능함 • 다른 매체와 비교해 고객 1인당 비용도 저렴한 편에 해당 • 접촉범위(Reach)가 넓고 광고효과의 지속성이 높음
단점	• 광고효과의 측정이 곤란하고 제공하는 정보의 양이 제한적 • 광고의 신뢰성이 낮음

③ **광고의 목적별 유형**

ㄱ **정보전달형 광고**: 고객가치의 전달, 시장에 신제품 소개, 이용 가능한 서비스에 대한 설명을 하는 광고

ㄴ **설득형 광고**: 고객관계 유지, 소비자에게 제품을 구매할 수 있는 장소에 대하여 상기시키고, 비수요기에 소비자가 브랜드를 인지하도록 함

ㄷ **상기형 광고**: 고객에게 가까운 미래에 자사제품이 필요할지 모른다고 상기시켜 주고, 브랜드 및 기업 이미지를 구축하여 제품 속성에 관한 소비자 지각의 변화를 유도

ㄹ **비교광고(Comparative Advertising)**: 자사의 브랜드를 다른 브랜드들과 직접 또는 간접적으로 비교하여 자사브랜드의 우월함을 입증시키려는 광고

④ **PR(Public Relations)과 홍보(Publicity)**

ㄱ **PR(Public Relations, 공중관계)**

ⓐ 기업이 고객뿐만 아니라 직·간접적으로 관련이 있는 대중과의 좋은 관계를 유지함으로써 좋은 기업이미지를 구축하고 나아가서 제품의 판매를 촉진하는 마케팅 커뮤니케이션

ⓑ PR은 홍보(Publicity)를 포함하는데 홍보보다는 넓은 의미로 사용되는 개념

ㄴ **홍보(Publicity)** `기출 25-3, 24-2`

ⓐ 기업의 활동이나 상품에 관한 정보를 신문이나 방송의 기사의 내용으로 다루게 하는 활동을 의미하며, PR보다 범위가 좁음

ⓑ 홍보는 비용을 들이지 않고 기업이나 제품을 매체의 기사나 뉴스로 소비자들에게 알리는 것을 말함

ⓒ 홍보는 고객과의 관계에서 소매업체의 이미지를 높이는 등 장기적인 효과를 발생시키는 역할을 함

⑤ **광고와 PR(공중관계)의 비교** `기출 25-3`

구분	광고	PR(공중관계)
비용 여부	유료	무료
신뢰성	낮음	높음
통제성	통제 가능	통제 곤란
장점	신속하고 강력한 효과	신뢰성이 높음
단점	• 효과측정의 어려움 • 정보제공의 양이 제한	• 통제가 어려움 • 효과가 간접적

⑥ **인터넷광고** `기출 24-1, 23-3, 21-3`

ㄱ **리치미디어 광고(Rich Media Advertisement)**: 말 그대로 풍부하다는 의미로, 가장 일반적인 인터넷광고 형태인 배너광고에 비해 풍부한 내용을 담을 수 있는 멀티미디어형 광고임을 나타내는 인터넷광고의 용어임. 리치미디어를 표현하는 방법은 배너, 인터액티브 멀티미디어 등이 있음

     ⓛ **인터액티브 배너광고(Interactive Banner)**: 웹사용자들이 배너광고를 클릭하여 광고주의 사이트로 이동할 필요 없이 그 배너광고 안에서 필요한 상품정보를 검색하여 바로 구매가 가능하도록 하는 광고형태로서, 인터넷의 가장 큰 장점인 거래당사자 간의 즉각적인 상호작용(Interactive)인 쌍방향성을 이용한 인터넷광고에 해당

     ⓒ **액세스형 광고(Access Advertisement)**: 웹사이트를 무료로 개방하는 대신 관련된 광고창을 검색하게 하는 스폰서형 인터넷광고로, 많은 인터넷광고가 액세스형 광고를 활용하고 있음

     ⓔ **배너광고(Banner Advertisement)**

       ⓐ 인터넷에 접속된 최초의 화면이나 정보검색 화면의 한 부분에 나와 있는 띠 형태의 광고로, 유저들의 유입이 잦은 장소에 넣어 관심 있는 사람들이 클릭하도록 유도함

       ⓑ 광고의 크기가 제한적이나 노출도가 높고, 클릭을 통해 자사 홈페이지나 광고 페이지에 접속하도록 유도함

       ⓒ 클릭하거나 마우스를 올리면 큰 화면의 광고가 동영상으로 제공되는 방식으로도 나타나며, 웹페이지의 상하좌우 또는 중간에서도 볼 수 있음

     ⓜ **팝업 광고(Pop-up)**: 팝(Pop)하고 튀어나오는(Up) 웹페이지 표시방법인 팝업은 특정한 웹페이지에 접속하였을 때 새롭게 생성되어 여러 가지 사항을 안내하는 팝업창을 통하여 광고하는 기법. 팝업창은 주로 웹사이트의 트래픽을 증가시키거나 이메일 주소를 수집하기 위한 온라인 광고의 일종으로 사용

     ⓗ **삽입광고(Insertional Advertising)**: 웹사이트 화면이 바뀌고 있는 동안에 출현하는 온라인 전시광고

     ⓢ **검색관련광고(Search-based Advertising)**: 포털사이트에 검색엔진 결과와 함께 나타나는 링크와 텍스트를 기반으로 하는 광고

     ⓞ **바이럴광고(Viral Advertising)**: 인터넷상에서 소비자가 직접 입소문을 퍼트리도록 유도하는 광고

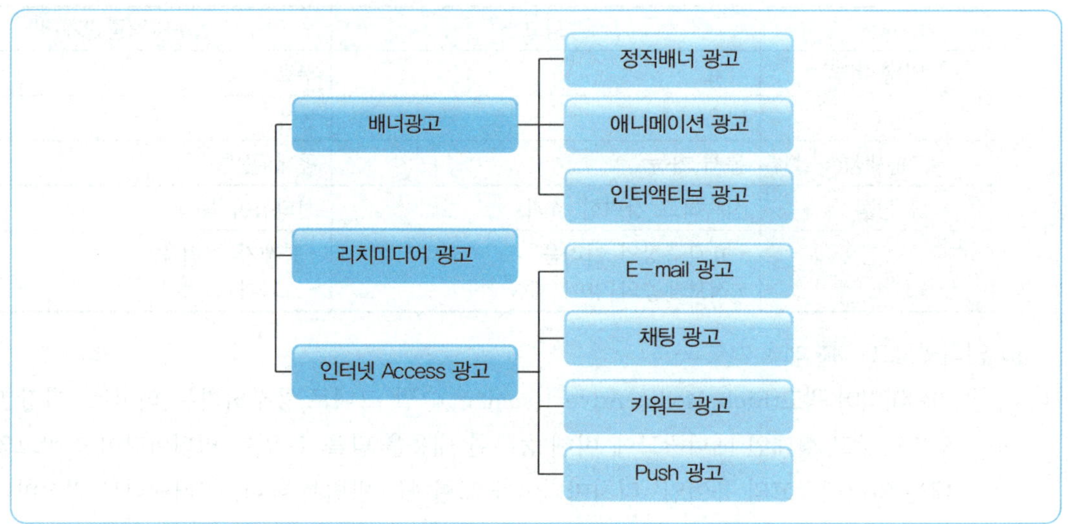

⑦ 미디어믹스(Media Mix) [기출 25-1] : 미디어믹스란 다양한 미디어를 혼합해서 전략을 도출하는 것을 뜻하며, 기업이 비용을 지불하고 사용하는 매체인 페이드 미디어를 비롯해 언드미디어, 온드미디어 등이 있음

구분	진행방법	주요 미디어
페이드 미디어 (Paid Media)	비용을 지불하고 구매하여 집행하는 미디어를 활용	배너광고, 검색광고 등
언드 미디어 (Earned Media)	고객이 자발적으로 공유, 확산하는 미디어채널과 연계	소셜미디어, 커뮤니티, 인플루언서 등
온드 미디어 (Owned Media)	기업이나 브랜드가 직접 소유하고 관리하는 채널과 자산을 의미	웹사이트, 블로그, 소셜미디어 페이지, 이메일 뉴스레터 등

2 판매촉진전략

1. 판매촉진(SP; Sales Promotion)

① 판매촉진은 광고, PR, 인적판매를 제외한 모든 마케팅 활동으로, 잠재고객에게 제품에 대한 정보 및 그 편익을 제공하고 감성적 구매를 유인하며 설득하는 마케팅 수단에 해당

② 판매촉진은 상품의 판매를 촉진시키기 위해 단기적으로 수행되는 방법을 말하며, 일반적으로 광고와 인적판매를 보완하는 역할을 함

2. 판매촉진의 효과

① **상표전환**: 판매촉진이 없었다면 A상표를 구매할 소비자가 판매촉진이 실행 중인 B상표로 구매하게 되는 현상

② **구매 가속화**: 판매촉진의 효과로 소비자가 재고가 있음에도 불구하고 판매촉진 기간 중 선호하는 제품을 미리 구매하거나 구매시점을 앞당기는 현상 또는 판매촉진에 의해 대량으로 구매하는 현상을 의미

③ **제품군 확장**: 제품에 대한 폭이나 깊이를 모두 확장하는 것으로, 일종의 신제품의 출시에 의하여 성취 가능

3. 판매촉진의 유형 [기출 25-3·2·1, 24-3·2·1, 23-3·2·1, 22-3·2·1, 21-3·2·1]

① 소비자에 대한 판매촉진 [기출 25-3, 24-1, 23-2, 22-3, 22-1, 21-2]

　㉠ 비가격형 판매촉진

프리미엄	소비자에게 혜택을 주는 판매촉진활동의 하나로, 무엇인가 가치 있는 것을 추가적으로 소비자들에게 사은품으로 제공하는 활동
시연	고객에게 상가나 쇼핑몰 같은 장소에서 제품을 직접 작동해 보게 하거나 경험할 수 있게 해줌으로써 고객의 소비욕구를 높이는 판촉

콘테스트	소비자가 추첨이나 추가적인 노력을 통해 상품이나 현금 등을 취득할 수 있는 기회를 제공하는 것
샘플링	상품에 대한 대가를 지불하지 않고 제공되는 시제품

ⓛ 가격형 판매촉진

쿠폰	소비자들이 어떤 특정 상품을 구매할 때 절약할 수 있도록 해주는 하나의 징표로 소비자에게 가격혜택을 제공하기 위한 수단 ※ **쿠폰의 효과** • 가격인하 효과 • 구매유발 효과 • 미래수요 조기화 효과 • 판매촉진 효과
리베이트	상품을 구매하는 시점이 아니라 **구매 이후** 가격을 환불해 주는 제도
현금환불	Cash Refunds: 고객이 구매하는 장소에서 **즉시** 가격할인이 제공되는 제도
컨튜니어티	단골고객 보상제도로, 애호도가 높은 고객을 대상으로 마일리지, 적립금액 등을 적립해 주는 판매촉진수단

Tip

> 공제(Allowances): 중고품을 반납하고 신제품을 구매한 고객에게 가격을 할인해 주거나 판매촉진 행사에 참여한 거래처에게 구매대금의 일부를 깎아주는 형식의 할인

② 유통기관(중간상인)에 대한 판매촉진 기출 25-2, 24-1

협력광고	유통업체의 광고를 지원하기 위해 공급업체가 수행하는 프로그램
중간상공제	유통업자가 제조업자를 위하여 어떤 일을 해주는 대가로 제조업자가 상품 대금에서 일부를 공제해 주는 것 • **입점 공제**(Slotting Allowances): 입점 장려금, 입점 수수료 • **구매 공제**(Buying Allowances): 가격인하 또는 물량할증 • **광고 공제**(Advertising Allowances) • **진열 공제**(Display Allowances): 진열 장려금, 매대 수수료
가격할인	• 중간상이 일시에 대량구매를 하는 경우 구매량에 따라 주어지는 현금할인 • 가격할인(Price-off)이나 정가할인(Off-list) 가능
판촉지원금	중간상이 제조업자를 대신하여 지역광고 및 판촉을 실시할 경우 이를 지원하기 위한 보조금 지급
리베이트	진열위치, 판촉행사, 매출실적 등 소매상의 협력 정도에 따라 판매금액의 일정률에 해당하는 금액을 반환해 주는 것
대금지급조건 완화	유통기관(중간상인)에게 외상거래 기간을 연장해 주거나 대금지급에 대해 할인 등을 실시하는 것을 의미

3 **인적판매(Personal Selling)** 기출 25-3, 24-2, 22-3, 20-2

1. 개념

인적판매(Personal Selling)는 제품이나 서비스의 판매를 목적으로 기존의 또는 잠재고객에 대한 판매 프레젠테이션 또는 대화 등의 개인적 커뮤니케이션 판매직원이 직접 고객과 만나 제품에 대한 정보를 제공하고 구매하도록 설득하는 촉진방법을 말함

2. 인적판매의 장점

① 고객과 쌍방향 커뮤니케이션을 통해 다양한 정보제공이 가능

② 고객의 대응상황에 따라 유연하고 탄력적인 응대가 가능

③ 고객서비스 제공 및 시장·고객에 대한 정보수집 가능

④ 산업재(B2B) 촉진수단으로 적합하며, Push 방식의 대표적인 촉진방법

3. 인적판매의 단점

① 촉진수단 중 비용적인 부담이 가장 큼

② 도달범위가 좁은 한계가 있어서 촉진의 효과가 다소 느리게 나타남

THEME 16 마케팅믹스(Promotion) – 풀전략과 푸시전략

---

1 **마케팅 커뮤니케이션 구성의 9요소**

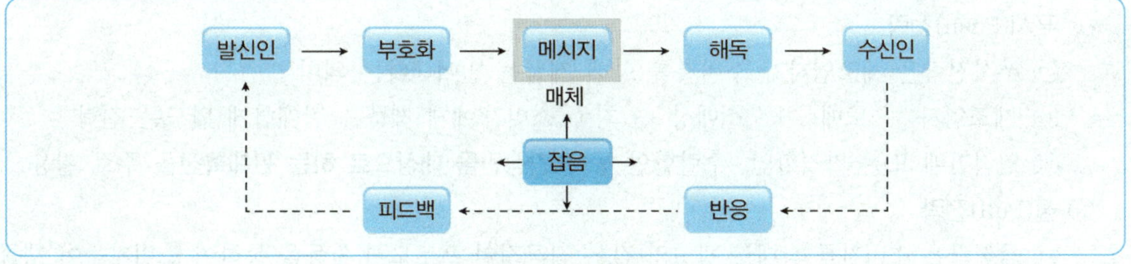

┃ 마케팅 커뮤니케이션 ┃

① **발신인**: 다른 개인 또는 단체에게 메시지를 보내는 당사자를 의미

② **부호화(Encoding)**: 전달하고자 하는 생각을 문자, 그림, 말 등으로 상징화하는 과정

③ **메시지**: 발신인이 전달하고자 하는 내용의 조합

④ **해독(Decoding)**: 발신인이 부호화하여 전달한 의미를 수신인이 해석하는 과정

⑤ 매체: 발신인으로부터 수신인에게 메시지를 전달하는 데 사용되는 의사전달 경로

⑥ 수신인: 메시지를 전달받는 당사자

⑦ 반응: 메시지에 노출된 후에 일어나는 수신인의 행동

⑧ 피드백: 수신인의 발신인에 대한 반응의 한 부분

⑨ 잡음(Noise): 의사전달 과정에서 계획되지 않은 왜곡이 일어나는 것으로, 수신인은 발신인이 전달하고자 하는 내용을 수신하지 못하거나 발신인의 의도와는 다른 메시지를 획득하는 것

2 Pull-Push 전략과 촉진예산의 책정

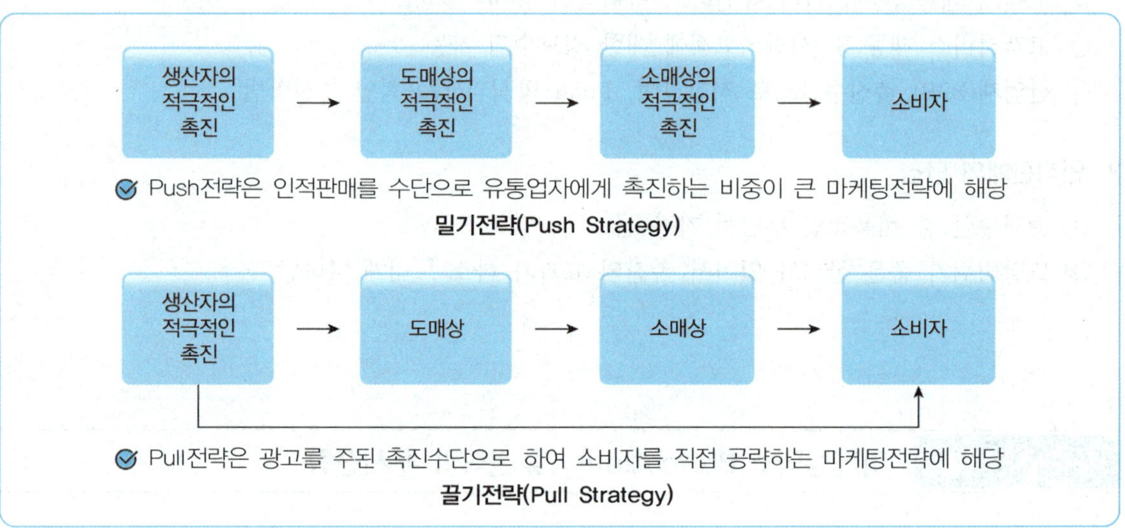

1. 촉진전략의 방향성　기출 25-1, 24-3, 23-2

① 푸시(Push)전략

　㉠ 푸시전략은 제조업자가 소비자를 향해 제품을 밀어낸다는 의미

　㉡ '제조업자 → 도매상 → 소매상 → 최종 소비자'에게 제품을 판매하게 만드는 전략

　㉢ 인적판매 또는 가격할인, 수량할인 등 **중간상인을 대상으로 하는 판매촉진**을 주로 활용

② 풀(Pull)전략

　㉠ 풀전략은 소비자를 상대로 광고와 같은 적극적인 프로모션 활동을 통하여 소비자들이 제품을 직접 찾게 만드는 촉진전략, 최종 구매자를 대상으로 제품에 대한 정보를 제공하는 촉진활동

　㉡ 광고를 주로 사용, 쿠폰, 샘플, 경품제공 등 **소비자를 대상으로 하는 판매촉진**을 활용

구분	푸시(Push)전략	풀(Pull)전략
전략의 대상	중간상인(도·소매상)	최종 소비자
전략의 진행방향	생산자 → 중간상인 → 소비자	소비자 → 중간상인 → 생산자
프로모션 방법	인적판매, 인센티브	광고, 이벤트행사
관여도 및 브랜드 충성도	낮음	높음
적용시장	산업재	소비재

2. 업태별 촉진예산 책정방식 기출 24-1, 23-2, 22-2

① **목표과업법**: 커뮤니케이션 목표를 달성하기 위해 특별한 업무수행에 요구되는 예산을 결정짓는 방법으로 가장 합리적인 방법이며 상향식 접근법에 해당

② **매출액 비례(기준)법**: 예상 매출액 중 고정비율로 고객 커뮤니케이션 예산을 설정하는 방식

③ **가용예산할당법(가용자금법)**: 운영비용과 이익을 산출한 후에 사용 가능한 금액이 얼마인지에 따라 고객 커뮤니케이션 예산을 설정하는 방법

④ **경쟁사기준법**: 경쟁업체의 고객 커뮤니케이션 비용 비율과 시장점유율이 같도록 결정하는 방식

⑤ 기타의 방법으로 어림셈법(Rule of Thumb)이 있음

3. 마케팅통제 기출 22-1, 21-3

① **개념**

   ㉠ 마케팅통제(Marketing Control)는 마케팅절차 중 마지막 단계로 마케팅전략과 계획의 실행결과를 측정 및 평가하고 피드백하는 통제절차

   ㉡ 마케팅전략 및 계획의 실행결과를 평가하고, 마케팅목표가 성취될 수 있도록 시정조치하는 절차를 의미

② 마케팅계획의 실행과정에서 예상치 않은 일들이 발생하기 때문에 지속적인 마케팅통제가 필요

③ **운영통제(Operational Control)**는 연간 마케팅계획에 대비한 실제 성과를 지속적으로 확인하고 필요할 때마다 시정조치하는 것에 해당

④ **전략통제(Strategic Control)**는 기업의 기본전략들이 시장기회에 잘 부응하는지를 검토하는 절차에 해당

02 유통점포관리

THEME 17　점포설계와 점포 내·외부 환경관리

---

1 점포의 구성과 설계

1. 점포구성의 개념 및 목표 기출 22-2, 20-2

① 개념
- ㉠ 점포란 소비자에게 제품과 서비스를 판매 또는 제공하는 상업시설물을 의미하며, 제품 및 서비스의 판매와 판매에 필요한 지원시설을 포함하는 개념
- ㉡ 점포구성은 이러한 제품과 서비스를 수익성과 경쟁자와의 관계, 점포 콘셉트 등을 고려하여 매출액을 높일 수 있도록 배치·배열·구성하는 과정을 의미

② 목표
- ㉠ **점포 이미지 구축**: 점포설계는 점포 이미지를 연상시킬 수 있도록 해야 함. 소비자들은 점포의 외장 및 내부 인테리어를 보고 취급하는 품목들이 무엇인지에 대한 이미지가 연상될 수 있어야 함
- ㉡ **점포의 공간생산성 제고**: 점포는 판매와 구매가 이루어지는 공간이므로 공간의 생산성 및 객단가를 향상시키기 위한 점포의 레이아웃(Layout)과 점포에서의 광고 등이 중요

2. 점포의 구성요소 기출 24-2, 23-2

① 상품의 구성과 적합한 가격대
② 점포의 입지조건
③ 점포 외관 이미지 및 내부 인테리어
④ 점포의 기본설비와 시설
⑤ 매장 배치(Layout)
⑥ 진열 및 판매수단(진열 집기, 곤돌라, 계산대 등)
⑦ 점포 및 판매원들이 풍기는 분위기

3. 점포디자인 설계

① 점포디자인 시설 기출 24-2
- ㉠ **전방시설**: 소비자 유도기능과 선전기능을 담당하는 점포의 외관과 간판, 점두시설 및 쇼윈도 등을 의미

> **Tip**
>
> 쇼윈도(Show-Window) [기출 21-3]
> - 소비자 구매의사결정 과정상 AIDMA 원칙을 이끌어내는 시설로 고객의 시선을 외부에서 점내로 유도하는 기능을 담당
> - 형태에 따라 폐쇄형, 개방형, Shadow Box형 등이 있으며, 구매욕구 자극과 점포 이미지 표현에도 활용
> - 폐쇄형 쇼윈도는 고가의 전문품을 대상으로 고급스런 분위기를 연출하는 데 활용

    ⓒ **중앙시설**: 점포의 주요 판매시설인 쇼케이스, 진열대, 진열용구, 선반대, 조명시설 등
    ⓒ **후방시설**: 점포의 관리와 운영을 위한 지원시설로서 사무실, 작업장, 창고, 휴게실 등

② **점포디자인의 4대 요소** [기출 24-3, 22-1, 20-2]

    ㉠ **외장디자인(Exterior)**: 점두, 윈도, 간판시설, 출입구의 숫자와 크기 등
    ㉡ **내부디자인(Interior)**: 벽, 천장, 바닥, 파이프, 빔, 진열장, 창고 등의 매장 설비물
        ⓐ 벽, 천장 등의 인테리어는 고객의 구매욕구를 적극적으로 유발할 수 있도록 구성
        ⓑ 내부 인테리어 중 향기와 음악, 조명시설 등은 고객의 구매욕구에 영향을 미침
    ㉢ **진열부분**: 디스플레이, VMD, POP 광고물, 선반, 쇼케이스, 포스터, 게시판 등
    ㉣ **레이아웃**: 고객 동선, 종업원 동선, 휴게공간, 사무실 및 지원시설 등

2 점포 내·외부 환경관리

1. 점포 내부 환경관리 [기출 24-2]

① 고객들의 쇼핑을 돕는 한편 구매욕구를 높이기 위해 점포의 이미지 및 취급하는 품목의 종류에 맞게 설계하고, 제품구색을 두드러지게 하기 위한 효율적인 배치가 중요
② 점포 내부는 고객의 구매심리를 적극적으로 유발할 수 있도록 구성해야 함
③ 용도에 맞는 조명 설치도 점포 분위기 및 매출액에 중요한 영향을 미침에 유의
    예 대형할인점 같은 경우에는 밝은 조명이 매출액을 높이는 데 비해, 백화점 의류·패션 매장의 경우에는 너무 밝은 조명은 매출액을 감소시킬 수도 있음
④ 시각적인 요소 이외에도 음악의 종류 및 후각을 자극하는 향기도 목표고객의 구매량에 영향을 줄 수 있으므로 유의를 요함
⑤ 간판, 포스터, 게시판, POP 등의 진열이 고객의 동선을 방해하지 않도록 관리

2. 점포 외부 환경관리

① 고객이 점포를 쉽게 인지하고 찾을 수 있도록 점포의 이미지는 상징적(Symbolic)이고 대표성 있게 디자인되어야 함
② 점포의 외관은 고객을 흡인하는 효과도 있지만, 목표고객이 아닌 고객이 방문하지 못하게 하는 역기능도 있음

③ 점포의 외관은 일반적으로 점두(Store Front)와 진열창(Show-Window)으로 구성
④ 매장의 입·출구와 주차시설은 외부환경에 해당함

3. 소매점포의 공간 분류와 용도　기출 25-3, 24-2

구분	용도
고객존	고객용 출입구, 통로 계단, 고객 휴게실과 화장실
상품존	상품매입, 보관장소
직원존	사무실, 종업원을 위한 식당과 휴게실
매장존	매장, 계산대, 비상구
후방존 (= 백룸, back room)	물류 공간, 작업 공간

4. 점포를 구성하는 물리적 환경의 역할　기출 24-3

① 패키지: 제품의 패키지가 소비자의 감각적 반응에 호소하도록 고안된 것처럼, 물리적 환경은 점포의 첫인상을 만들거나 고객의 기대를 설정하는 역할을 함
② 편의제공: 환경 내에서 활동하는 사람들의 성과를 돕는 역할을 함
③ 사회화: 잘 갖춰진 물리적 환경은 고객과 직원으로 하여금 기대된 역할과 행동을 하도록 지원
④ 차별화: 물리적 환경을 통해 기업은 차별화할 수 있고, 이를 통해 의도된 고객 세분화가 가능

3　온라인 쇼핑몰 관리

1. 온라인 쇼핑몰 구성과 설계　기출 23-2

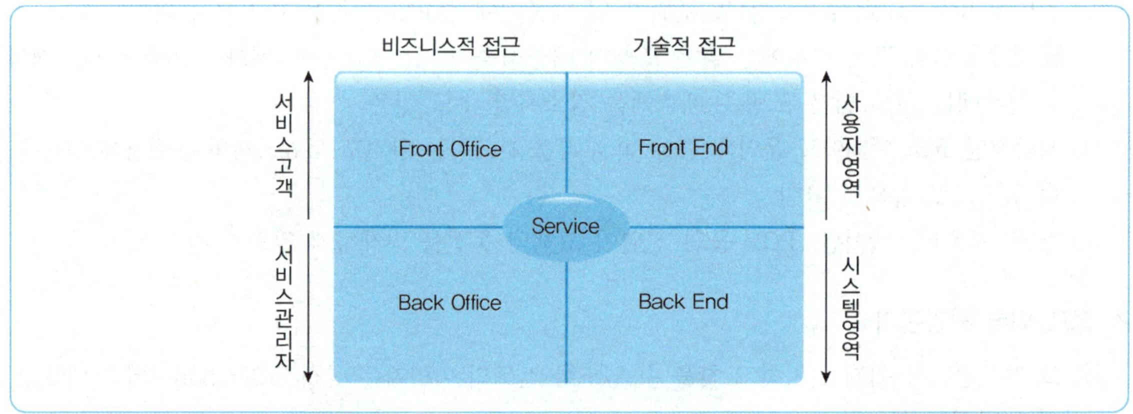

① 비즈니스 관점의 온라인 쇼핑몰 설계: 온라인 쇼핑몰은 전자상거래에서 발전된 개념으로 인터넷을 통해 전문적으로 판매하는 온라인 상점, 경매를 통해 판매하는 경매사이트 등을 의미

㉠ 프론트 오피스(Front Office, 프론트 페이지): 고객이 웹사이트에 접속하면 **고객이 보게 되는 사이트 화면**을 말하며, 인터넷 쇼핑몰에서 고객이 물건을 검색하고 장바구니에 담고 구매하는 모든 페이지를 뜻함

㉡ 백 오피스(Back Office): 웹사이트를 통해 이루어지는 비즈니스를 보다 효과적으로 운영할 수 있도록 동작하는 일련의 **운영 관리시스템**을 지칭하는 것으로, 상품을 등록하고 마케팅을 설정하며 결제와 매출, 수익 등을 관리하는 서비스를 제공하는 페이지를 뜻함

> 예 고객관리, 트래픽관리, 거래처리, 광고관리, 콘텐츠관리, 내부시스템의 통합 등

② 기술적 관점의 온라인 쇼핑몰 설계

㉠ 프론트 엔드(Front End): 서비스를 개발하는 기술적인 측면에서 뷰, 프레젠테이션 레이어를 말함. 백 엔드로부터 데이터와 기능을 제공받아서 사용자가 직접 화면(페이지)을 보고 개발할 수 있는 인터페이스를 개발함. 앱 스토어에서 구매한 디바이스에 설치해서 사용하는 앱이나 브라우저에서 접속한 페이지를 구현하는 측임

㉡ 백 엔드(Back End): 프레젠테이션 레이어에 서비스를 제공하기 위하여 서버, 미들웨어, WAS, DBMS, RESTful API 등을 개발하는 측을 말함

2. 온라인 쇼핑몰 UI, UX

① 온라인 쇼핑몰 UI

㉠ UI(User Interface)의 개념: 온라인 쇼핑몰 사용자들의 사용성과 편의성 지원을 목적으로 설계하고 배치하는 것, 즉 사용자 인터페이스(UI)는 사용자와 온라인 시스템 간 의사소통을 할 수 있도록 만들어진 물리적, 가상적 매개체를 의미

㉡ UI 디자인의 구성요소: 화면의 레이아웃, 색상, 아이콘, 버튼, 서체 등

② 온라인 쇼핑몰 UX: UI가 컴퓨터와 사람을 연결하는 요소라면, UX(User Experience)는 사용자가 제품이나 서비스를 체험할 때 느낄 수 있는 감정을 말하는 사용자 경험을 의미함. 즉, 인간이 느낄 수 있는 여러 가지 감각이나 행동을 말함

③ UI · UX의 발전

㉠ UI · UX 1.0: 1990년대 인터넷 웹브라우저의 발전으로 UI의 중요성이 대두되었고, 텍스트 위주의 문자적 연결고리에서 그래픽요소를 접목한 GUI를 시작으로 사용자 중심의 인터페이스가 시작

㉡ UI · UX 2.0(2세대 웹표준): 웹은 본래 보편적 접근이 목적이기 때문에 동일한 언어와 규칙을 동반하기 위한 국제적 표준이 필요했으며, 웹기술의 발전을 위한 HTML, CSS 등을 도입하여 웹 접근성을 높임

㉢ UI · UX 3.0(3세대 스마트폰 보급화): 모바일 웹은 휴대성, 이동성, 개인화 등의 장점이 있음. 모바일에서 UI와 UX는 SNS 확대로 단순 시각적 디자인뿐 아니라 인지적, 감성적, 사업적, 기술적인 결합이 매우 중요해짐

ⓡ UI·UX 4.0(4세대 웹 3.0 인공지능): AI, 빅데이터, 반응형 웹, IOT 등 웹 3.0 시대가 도래하면서 UX를 패턴화하고 분석하여 사용자에게 필요한 정보를 제공해 주는 시맨틱 웹 기술과, 연관 단어로 검색범위를 좁혀갈 수 있도록 스마트 파인더로 검색기능 등 알아서 반응해 주는 AI 형태로 UI·UX가 변화하고 있음

THEME 18   점포 레이아웃

1 점포 레이아웃(Layout) 설계의 기본원칙

1. 점포 레이아웃의 개념

① 레이아웃(Layout)은 매장과 통로, 진열장 및 상품 등과 점포의 시설들이 적절한 연관성을 갖도록 배치하는 것을 말함
② 고객의 심리를 파악하고 무의식적으로 점포 안을 많이 걷게 함으로써 보다 많은 상품을 보여주고 구매하도록 하는 기술

2. 점포 레이아웃 설계의 기본원칙 [기출 25-3, 25-1]

① 매장 레이아웃을 위해 점포 콘셉트를 우선적으로 확립
② 여유 있는 동선을 확보하고, 매장 모두를 연결하여 단절이 없고 고객 동선을 극대화하도록 설계
③ 고객의 동선과 상품이동 및 종업원의 동선은 교차하지 않도록 구성
④ 종업원의 동선은 가급적 보행거리가 짧도록 구성
⑤ 점포 공간의 생산성이 높도록 설계
⑥ 충동구매 성격이 높은 상품은 고객유인을 위해 매장 전면에 배치, 매장의 안쪽에는 전문품·고가품을 배치하여 쇼핑의 쾌적성을 제공하도록 설계
⑦ 주통로와 부통로, 소비자의 동선을 설정하고 각 부문별 및 상품군별로 적절한 면적 배분

3. 레이아웃의 설계 및 관리를 위한 의사결정 [기출 25-3]

① 상품 및 집기의 배치와 공간 결정
② 계산대(카운터) 배치 및 공간 결정
③ 통로의 배치와 공간 결정
④ 쇼핑 공간 및 고객 동선의 결정
⑤ 상품품목을 구분한 보조통로의 배치와 공간 결정

4. 점포 내 레이아웃 관리를 위한 의사결정 순서

상품배치 결정 → 고객동선 결정 → 판매방법 결정 → 진열용 기구배치

2 점포 레이아웃(Layout)의 유형

1. 격자형(Grid형) 기출 24-3, 24-2, 23-2, 21-3, 21-2, 20-2

① **격자형 레이아웃의 개념**: 설비나 통로를 반복적인 패턴의 사각형으로 배치하고, 상품은 직선형으로 병렬 배치하여 판매 공간을 효율적으로 사용 가능하며, 재고 및 안전관리를 쉽게 할 수 있는 점과 함께 비용 측면에서도 장점이 있음

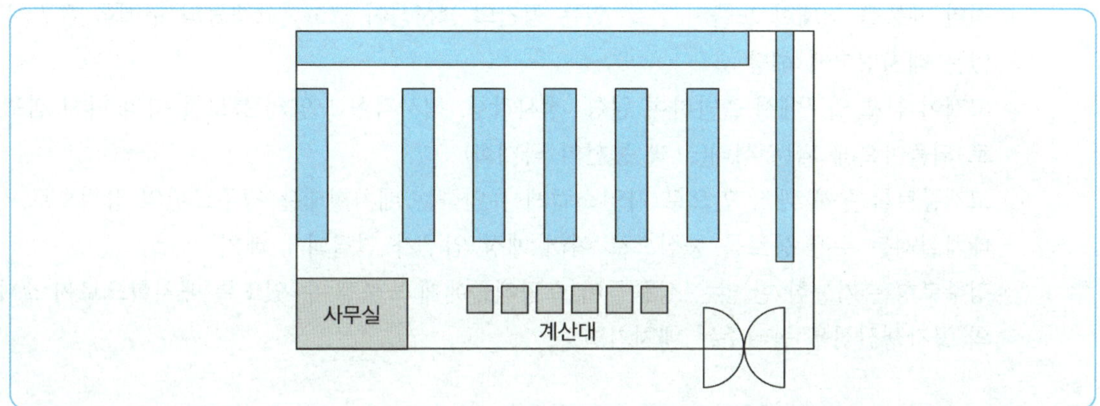

② **특징**
  ㉠ 효율적으로 공간을 활용해야 하는 **슈퍼마켓, 편의점, 드럭스토어** 등에서 활용
  ㉡ 동일하게 규격화된 내부 비품들을 사용하기 때문에 **비용절감**이 가능한 형태의 반복적인 직사각 형태의 배치를 통해 '공간의 효율성 극대화' 가능
  ㉢ 기둥이 많고 기둥 간격이 좁은 상황에서도 설비비용을 절감할 수 있으며, 통로 폭이 동일하므로 필요 면적이 최소화됨
  ㉣ 쇼케이스, 진열대, 곤돌라 등 진열기구가 직각 상태로 배치
  ㉤ 고객의 동일제품에 대한 반복구매 빈도가 높은 소매점에서 주로 활용

2. 경주로형(Racetrack) 기출 24-3, 24-1, 23-1, 21-3

① **경주로형 레이아웃의 개념**: 부티크 레이아웃(Boutique Layout) 또는 **Loop형**이라 함. 주된 통로를 중심으로 여러 매장 입구가 연결되어 있어 고객들이 여러 매장들을 손쉽게 둘러볼 수 있도록 배치된 Layout 형태의 매장

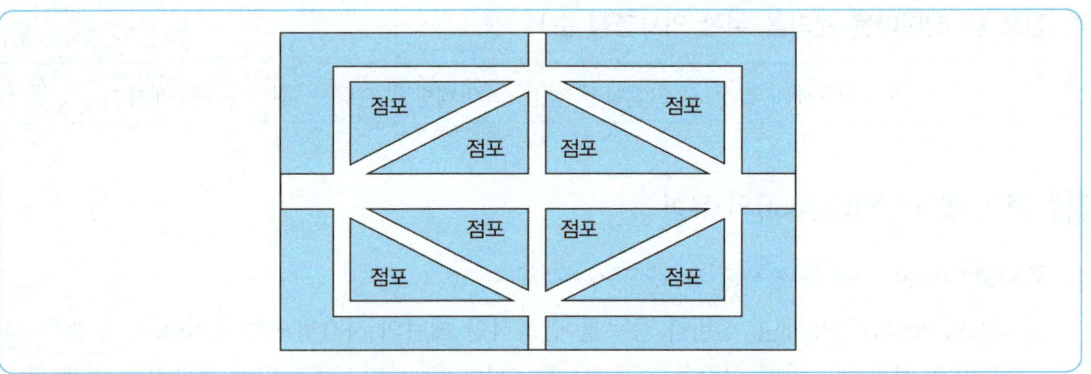

② 특징

    ㉠ 진열 제품을 최대한 노출시킬 수 있는 **공간의 생산성**이 크고, 고객들의 구매를 유발시킬 수 있는 배치형태에 해당

    ㉡ 고객이 점포 입구에서 출발하여 원형, 정사각형, 직사각형 모양의 통로를 따라 다시 점포 입구로 되돌아오게 되는 형태(고객 동선의 극대화)

    ㉢ 고객통로를 통해 매장 안으로 자연스럽게 유인하는 배치형태는 경주로형의 장점으로 경주로 배치설계는 주된 통로를 중심으로 여러 매장 입구가 연결되게 배치

    ㉣ 경주로형은 가능한 한 많은 상품들이 쇼핑객들에게 노출될 수 있도록 배치함으로써 소매점포의 공간생산성을 높여주는 배치기법

3. 자유형(Free Form) 기출 25-2, 24-3, 24-1, 23-2, 22-3

    ① **자유형 레이아웃의 개념**: 프리 플로우형(Free Flow Type)이라고 하며, 원형, 타원형 등 비품과 통로를 비대칭으로 배치하여 흥미롭고도 자유로운 쇼핑을 유도하여 고객의 시선을 끄는 배치형태로, 규모가 작은 전문매장이나 여러 개의 작은 매장들이 있는 대형점포에 주로 사용

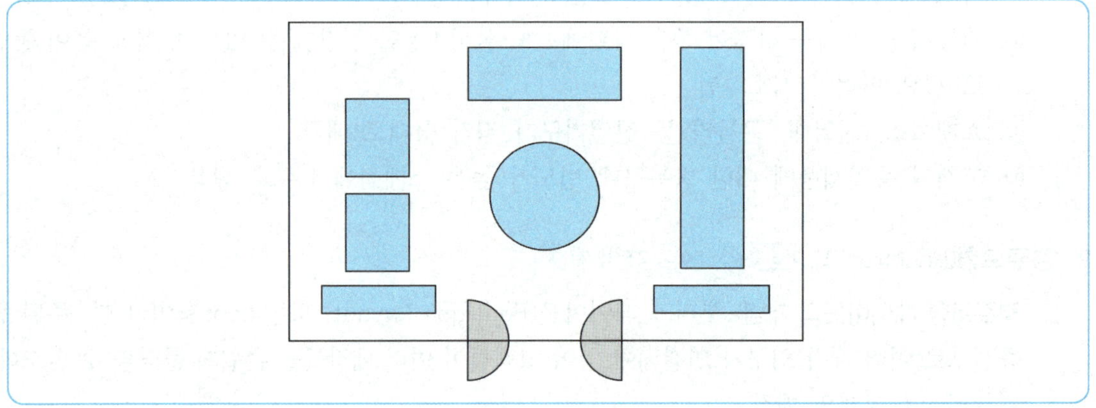

    ② 특징

    ㉠ 자유로운 쇼핑 분위기 속에서 고객의 시선을 끌어 **충동구매**를 유도하는 배치형태

ⓒ 소규모 전문매장이나 여러 개의 매장들이 있는 대형점포에서 주로 활용되고, 고객들에게 가장 편안히 둘러볼 수 있도록 배치하는 방법

ⓒ 고객이 자유롭게 이동하면서 모든 상품을 구경할 수 있는 백화점, 전문점, 고급의류점 같은 점포에 적합한 배치형태

ⓔ 상품이 고객에게 많이 노출되지만, 격자형(Grid형)에 비해 공간생산성은 낮음

예제

소매업체의 점포나 상품배치 방법에 대한 설명으로 가장 적절하지 못한 것은?

① 격자형(grid) 배치는 주로 식료품과 드럭스토어(drug store)에서 배치하는 유형이다.
② 경주로형(racetrack) 배치설계는 주된 통로를 중심으로 여러 매장 입구가 연결되게 배치하는 방법이다.
③ 자유형(free form) 배치는 비품과 통로를 비대칭으로 배치하는 방법으로, 이 배치방법은 규모가 작은 전문매장이나 여러 개의 작은 매장들이 있는 대형점포에 주로 사용한다.
④ 격자형(grid) 배치는 고객들이 매장 안을 자연스럽게 둘러볼 수 있다.
⑤ 경주로형(racetrack) 배치는 고객의 동선을 극대화하고 구매를 유도하는 배치방법이다.

해설
격자형 배치의 최대 장점은 공간의 효율성을 극대화시킬 수 있고, 이에 따라 공간활용 및 배치비용을 절감할 수 있다는 데 있다. → 생산의 효율성(×)
④ 고객을 매장 안으로 자연스럽게 유인하는 배치형태는 경주로형의 장점에 가깝다.

정답 ④

3 점포매장의 공간계획

1. 버블계획과 블록계획

① 버블(Bubble)계획: 블록(Block)계획을 세우기 전에 버블 다이어그램(Bubble Diagram)을 통하여 전반적으로 매장 공간 내에 배치되어야 할 구성요소들(매장 공간, 고객서비스 공간, 창고)을 간략하게 그려보는 계획

② 블록(Block)계획: 버블 다이어그램이 그려지면 이를 토대로 매장 공간을 평면도에 구체적으로 그려 점포의 주요 기능을 담당하는 공간의 위치와 구역을 명확히 배치하는 계획

2. 플래노그램(Planogram)   기출 25-1, 22-1

점포매장 내 상품의 종류 및 상품별 배치방법을 통하여 매장의 수익성을 극대화시킬 수 있도록 시스템으로 만든 매장 내 **진열관리 프로그램(지침서)**을 의미. 플래노그램은 점포의 선반마다, 통로마다 어디에 어떻게 제품들을 진열해야 사람들이 더 많이 사가게 만들 수 있을지 정의해 줌

3. 골든존(황금구역)

① 의의: 상품이 잘 팔리는 황금구역은 수직형 곤돌라의 경우 약 70~140cm 범위로, 이곳은 고객의 시야에 잘 띄고 상품을 구매하기 쉬운 높이이며, 매출액이 가장 높은 진열장소

② 특징

 ㉠ **황금구역에 배치하는 상품**: 중점판매상품, 계절상품, 캠페인상품, 광고상품

 ㉡ 판매수량 측면이나 매출액, 그리고 수익성 측면에서 기여도가 높은 상품

 ㉢ PB상품보다는 브랜드 인지도가 높은 NB상품이 집중 진열되는 공간

4. 매장의 공간 배치 [기출 25-3, 22-3]

① 고가의 전문매장, 가구매장 등은 고층이나 고객혼잡도가 낮은 건물 안쪽에 배치하는 것이 바람직함

② 충동구매를 일으키는 상품은 점포 전면에 진열, 배치하는 것이 좋음

③ 층수가 높은 점포는 층수가 높을수록 그 공간가치가 낮아짐(층별 효용비 낮음)

④ 넓은 바닥면적이 필요한 상품은 통행량이 적은 곳에 배치하는 것이 타당함

 **Tip**

> 고객의 인식관리 [기출 24-1] : 매장 혼잡성 관리전략 중 하나로 서비스 혼잡장소나 대기시간이 있는 곳에 고객이 무료하게 기다리는 경우 더 길게 느껴지므로 이를 관리하기 위한 프로그램이 '고객 인식관리'라 할 수 있음

5. 점포에서의 활동 역할에 따른 공간구성 [기출 23-3, 19-1]

① 매장 공간: 소비자에게 상품정보 전달 및 판매와 결제를 도와주는 공간

② 인적판매 공간: 판매원이 상품을 보여주고 상담을 하기 위한 공간

③ 서비스 공간: 휴게실, 탈의실과 같이 소비자의 편익을 위하여 설치되는 공간

④ 판촉 공간: 판촉 상품을 전시하거나 보호하는 공간

⑤ 진열 판매 공간: 상품을 진열하여 셀프 판매를 유도하는 곳

⑥ 판매 예비 공간: 판매를 지원하기 위해 마련한 공간을 의미

THEME 19 · 점포 디스플레이

1 디스플레이(Display)의 개념

1. 진열(Display)의 의의

점포 내 판매설비 및 조명, 쇼윈도의 위치에 따라 상품을 배치하여 고객으로 하여금 구매욕구를 자극시키는 기법으로, 상품 이미지의 차별화는 고객의 수와 매출액을 증가시키고, 점포 내 종업원의 판매의욕을 증진시키는 기능을 담당

2. 진열의 효과 `기출 22-1`

① 다른 점포와 차별화 효과가 있음
② 점포와 상품의 이미지를 높임
③ 고객으로 하여금 상품을 선택하기 쉬운 매장으로 만듦
④ 진열상품에 대한 구매욕구를 향상시킴으로써 보다 충동적인 소비를 유발

3. 진열의 기본조건(상품진열의 품목 구성절차) `기출 21-2, 20-2, 20-추가`

> 레이아웃(Layout) → 그룹핑(Grouping) → 조닝(Zoning) → 페이싱(Facing)

① **레이아웃**(Layout, 공간의 배치): 고객과 종업원의 동선, 공간의 효율성과 생산성 등을 고려하여 공간적으로 알맞은 장소에 배치
② **그룹핑**(Grouping, 연관 상품의 묶음): 개별 상품 중에서 공통점이 있는 품목이나 관련 상품끼리 묶는 과정. 고객의 쇼핑관점에서 상품 탐색과 선택 시의 의사결정 기준을 고려해서 구성하며, 그 후에 상품의 배치를 결정
③ **조닝**(Zoning, 그룹핑한 품목의 공간 설정): 그룹핑(Grouping)한 품목을 어느 위치에 배치할 것인가를 결정하고, 그룹핑한 제품군을 매출액과 연관성 등에 따라 공간 할당을 정하는 절차
④ **페이싱**(Facing, 페이스 수와 진열 위치 결정)
  ㉠ 페이스(Face): 상품이 진열을 통해 소비자에게 보여지는 정면 부분으로, 상품의 얼굴을 소비자에게 정면으로 향하도록 진열
  ㉡ 페이싱(Facing): 특정 상품을 가로로 몇 개 진열하는가를 의미하며, 그 진열량 모두를 페이스의 수, 혹은 페이싱이라고 함

2 상품 디스플레이 원칙

1. 광고의 원칙

① 광고의 기본원칙(AIDA, 소비자의 심리작용 순서)

> A(Attention, 주의) → I(Interesting, 흥미) → D(Desire, 욕구) → A(Action, 행동)

② 광고의 원칙(AIDMA)

> A(Attention, 주의) → I(Interesting, 흥미) → D(Desire, 욕구) → M(Memory, 기억) → A(Action, 행동)

2. 상품진열의 원칙(AIDCA)

A(Attention)	중점 제품을 효과적으로 진열하여 주목을 끌게 함
I(Interesting)	상품의 세일즈 포인트를 강조하여 소비자의 흥미를 유발
D(Desire)	상품을 구매해서 소유하고 싶다는 욕망을 불러일으킴
C(Conviction)	구매에 대한 확신을 부여하고 구입으로 인한 만족감을 강화
A(Action)	충동적인 구매행위를 일으키게 하여 클로징함

3 상품 디스플레이 종류

1. 상품진열의 종류 [기출 24-1, 23-1, 22-2, 21-3, 20-3, 20-2, 20-추가]

① **분류 진열**(Classification Display): 상품들을 상품계열에 따라 **품목별로 분류**하여 진열하는 방식으로, 특히 슈퍼마켓이나 대형할인점에서 주로 채택하는 진열방식

② **수직적 진열**(Vertical Display): 점포의 벽이나 곤돌라를 이용하여 상품을 수직으로 진열하는 방식. 고객 시선의 흐름을 수직화하여 상품을 효과적으로 보이게 하며, 고객의 눈에 띄기 쉬움

③ **아이디어지향적 진열**: 시범적으로 실제 사용처와 유사하게 배치했을 때 어떻게 보일지를 상호 보완되는 품목들과 함께 진열하여 고객들의 구매욕구를 높이는 진열방식

④ **전면 진열**: 소매업체가 상품을 효과적으로 진열하는 동시에 효과적인 보관까지 하기는 어려울 때 고객의 시선을 끌기 위해 상품 전체를 노출시키는 진열방식

⑤ **적재 진열**: 창고형 마트에서 주로 사용하며 통조림, 라면 같은 제품을 높이 쌓아 놓고 파는 진열방식

⑥ **수평 진열**: 가로 방향의 진열이며 파노라마식 진열이라고도 함

⑦ **점블 진열**(Jumble Display, 벌크 진열): 점블이란 상품을 아무렇게나 너저분하게 뒤섞는다는 뜻으로, 할인점이나 슈퍼의 한 편에 상품들을 아무렇게나 쌓아 놓아 특가품이라는 인식을 주어 충동구매를 조장하는 진열방법. 주로 저가격, 저마진 상품에 적용

⑧ 섬 진열(Island Display): 사방이 고객을 향하게 배치하는 진열법으로 매장 내에 하나의 진열대만을 독립되게 진열하는 방법. 주 통로와 인접한 곳 또는 통로 사이에 징검다리처럼 쌓아 두는 진열 방식으로, 주로 정책상품을 판매하기 위해 활용

⑨ 쇼케이스 진열: 쇼케이스란 진열을 목적으로 상점 내에 설치하는 상자형 구조물로 쇼케이스에 판매상품을 진열하여 구매욕구를 유발시키는 진열방법. 윈도형, 카운터형, 섬형 등이 있음

⑩ 개방형 진열(Open Display): 고객이 상품을 자유롭게 선택할 수 있도록 진열

⑪ 주제별 진열(=**테마별 진열**)

   ㉠ 제품을 계절별, 행사별, 테마별로 특별한 분위기 및 콘셉트에 맞추어 진열하는 방식

   ㉡ 계절(바캉스나 스키 시즌 등)이나 특별한 이벤트(발렌타인데이나 크리스마스 등)에 따라 제품을 진열

   ㉢ 판매를 촉진하고 쇼핑을 더욱 즐겁게 함

⑫ 라이프스타일별 진열(Lifestyle Display): 상품을 사용하는 주체의 특정 상황이나 환경을 설정하여 진열하는 방식

2. 선반진열의 종류 기출 25-2

① 샌드위치 진열: 진열대 내에서 잘 팔리는 상품 곁에 이익은 높으나 잘 팔리지 않는 상품을 진열해서 판매를 촉진하는 진열방식

② 라이트업(Right up) 진열: 좌측보다 우측에 진열되어 있는 상품에 시선이 머물기 쉬우므로 우측에 고가격, 고마진, 대용량의 상품을 진열하는 방식

③ 전진입체 진열: 상품 인지가 가장 빠른 페이스 부분을 가능한 한 고객에게 정면으로 향하게 하는 진열방식으로, 적은 양의 상품을 갖고도 풍부한 진열감을 연출 가능

④ 브레이크업(Break up) 진열: 진열라인에 변화를 주어 고객 시선을 유도하여 상품과 매장에 주목률을 높이고자 하는 진열방식

⑤ 트레이팩 진열: 하단 부분을 파렛트 또는 받침대로만 처리하고 진열 상품의 박스 하단 부분을 트레이 형태로 커트해 박스째 쌓아 올려 진열하는 방식

3. 페이싱 관련 진열 종류 기출 24-1

① 페이스 아웃(Face out): 고객들에게 상품의 전면 디자인이 잘 보이도록 진열하는 방식

② 슬리브 아웃(Sleeve out): 의류를 집어 들기 쉽게 상품의 옆면이 잘 보이도록 진열하는 방법

③ 쉘빙(Shelving): 종적인 공간효율을 개선시키고 진열선반의 높이가 낮을 때는 위에서 아래로 시선을 유도하는 페이싱

④ 폴디드 아웃(Folded out): 동일한 품목이지만 색상과 원단 패턴이 다양한 상품에 주로 적용되며, 접은 부분이 정면에 보이도록 진열하는 방법

4. 엔드매대(End Cap) 진열 [기출 21-2, 20-2, 20-추가]

① 개념

- ㉠ 고객들이 이동하는 통로에 직접 매대를 노출시켜 충동구매를 유도하는 전략을 뜻함
- ㉡ 테마 상품 또는 소비자들에게 인지도가 있는 상품을 진열하여 매출액을 극대화시키는 진열방법
- ㉢ 계산대에서 정면으로 보이는 곤돌라 엔드로 매장 내 최고의 위치이며, 쇼핑을 마치고 계산하기 위해 출구 쪽으로 가려는 고객을 멈추게 하여 다시 통로로 유도

② 특징

- ㉠ 고객이 3면에서 상품을 보는 것이 가능한 매대로 노출의 장점 극대화
- ㉡ 매장에서 가장 눈에 잘 띄며 손으로 집기 편함
- ㉢ 커트 진열을 통해 질량감 있는 연출이 가능

③ 엔드매대의 활용

- ㉠ 신학기, 명절, ○○데이, 계절행사, 테마행사를 제안하는 공간으로 활용
- ㉡ 관심 상품을 곤돌라에 진열하여 주 판매대인 곤돌라로 고객 유인
- ㉢ 전단, 광고상품, 행사상품 등을 진열하여 판매촉진수단으로 활용
- ㉣ 인지도가 높은 고마진 상품을 진열하여 매출액 상승 유도 가능

THEME 20   비주얼 머천다이징과 POP 광고

1 비주얼 머천다이징(VMD; Visual Merchandising)

1. VMD의 개념 [기출 23-1, 21-3]

① 비주얼 머천다이징(VMD)은 점포에서는 상품진열의 시각적인 호소력이 매출에 크게 영향을 준다는 사실을 전제로 상품을 보다 효과적으로 표현해 소비자의 구매를 자극하려는 전략

② 상품의 진열이나 장식을 연구하여 매장을 연출하고, 소비자에게 시각적으로 어필하는 것으로 인스토어 머천다이징(Instore Merchandising) 방법 중 하나에 해당

③ 상품의 기획의도, 상품의 잠재적 이윤뿐만 아니라, 포장형태나 인테리어와의 전체 조화 등을 중점적으로 고려하여 이루어짐(일관성과 전체적인 조화가 가장 중요함)

④ 비주얼 머천다이징은 기업의 독자성을 표현하고 타 경쟁점과의 차별화를 위해 상품 진열에 관해 시각적 요소를 반영하여 연출하고 관리하는 전략적인 활동

⑤ 비주얼 머천다이징은 상업 공간에 적합한 특정 상품이나 서비스를 조합하고, 판매증진을 위한 시각적 연출계획으로 기획하고 상품·선전·판촉 기능을 수행

⑥ 시각적 머천다이징의 요소로는 색채, 재질, 선, 형태, 공간 등이 중요함

2. VMD의 구성요소 기출 23-3, 23-2, 23-1, 22-3, 22-2, 20-2

비주얼 머천다이징의 구성요소인 VP(Visual Presentation)는 상점의 콘셉트를 부각시키기 위해 쇼윈도 또는 테마 공간 연출을 통해 브랜드 이미지를 표현하기 위해 활용되며, VP(Visual Presentation), PP(Point of sale Presentation), IP(Item Presentation)로 구분됨. VP는 보여주기, PP는 판매유도, IP는 판매의 기능이라고 할 수 있음

VP (Visual Presentation)	• VP는 상점의 콘셉트를 부각시키기 위해 쇼윈도 또는 테마 공간 연출을 통해 브랜드 이미지를 표현 • VP는 점포나 매장 입구에서 유행, 인기, 계절상품 등을 제안하기 위한 진열 • 고객의 시선이 닿기 쉬운 곳에 구성하여 고객의 무의식적인 구매충동을 자극하도록 구성
PP (Point of sale Presentation)	• 상품진열계획의 포인트 전략으로, 고객의 시선이 머무르는 곳에 볼거리를 제공하여 고객이 상품에 관심을 갖도록 유도하는 것 • PP는 어디에 어떤 상품이 있는가를 알려주는 진열
IP (Item Presentation)	• IP는 개개의 상품을 분류하고 정리하여 보기 쉽고 쇼핑하기 쉽게 진열하여 상품에 대한 새로운 정보를 지속적으로 제공함으로써 판매촉진을 도모하는 작업 • IP는 고객이 하나의 상품에 대한 구입 의사결정을 돕기 위한 진열

3. 컬러 머천다이징에서의 색채 배열 기준 기출 20-추가

① 맑은 색에서 탁한 색 순으로, 밝은 색에서 어두운 색 순으로, 엷은 색에서 짙은 색 순으로 배열
② 왼쪽에서 오른쪽으로 배열, 왼쪽에서 오른쪽으로 품목별·디자인별·스타일별 순서로 정리하고 진열

4. 점포의 비주얼 머천다이징 요소

① 점두, 출입구, 건물 외벽 등의 점포 외장
② 매장 인테리어, 조명, 현수막 등의 점포 내부
③ 진열 집기, 트레이, 카운터 등 각종 집기
④ 종업원의 복장, 머리카락, 청결 등의 위생상태

2 POP(Point of Purchase) 광고

1. POP 광고의 개념 기출 21-3

① POP 광고는 소비자들이 구매시점에 구매욕구에 영향을 미치는 표지판, 모빌, 장식판, 현수막, 선반광고, 제품의 모조품, 전시나 진열, 포스터, 바닥광고, 점포 내 음성광고 등을 말함
② POP는 소비자가 구매하는 시점에서 판매를 촉진하는 수단으로서, 소비자에게 보다 직접적인 커뮤니케이션 메시지를 전할 수 있다는 장점이 있음

2. POP 광고의 역할 [기출 20-2, 20-추가]

① POP 광고는 소비자에게 이성적인 구매욕구가 아닌 **충동구매** 욕구를 자극하는 역할

② 소매점포 내에서 자사제품이 다른 제품과 비교해 가능한 유리한 조건을 제시하여 고객들에게 흥미를 유발시키고 최종적으로 구매와 연결되도록 함

③ POP 광고는 점포 내 진열의 일부로서 판매촉진을 위해 실시하기도 하지만 점포 이미지 형성에도 영향을 미침

④ POP는 소비자를 유인하는 수단이 될 뿐만 아니라 광고를 상기시키는 역할을 수행

3. POP 광고 시 유의점

① 광고 POP물은 사인(Sign)물처럼 단기간 사용되기에 강렬한 인상을 줄수록 바람직함

② 판촉 POP의 메시지는 알기 쉽고 명확해야 하며, 디자인도 복잡하지 않아야 함

③ 상품 POP는 헤드라인, 보디 카피, 그리고 그래픽으로 구성

Chapter 03 상품판매와 고객관리

THEME 21 상품판매기법

1 상품구색계획

1. 상품구색계획 기출 23-3

① 카테고리(상품군): 고객들이 서로 대체할 수 있다고 생각하는 상품품목들을 모아 놓은 것을 의미
② 카테고리 관리(CM; Category Management)
  ㉠ 개념: 유통업체와 공급업체 간 분리되어 있는 머천다이징과 재고관리 등의 기능을 모두 통합하는 것
  ㉡ 목적: 특정 브랜드나 특정 제품이 아닌, 전체 상품 카테고리의 판매와 이익을 극대화하기 위한 관리로, 특정 카테고리 관리의 성패는 매입담당자가 책임

2. 카테고리 캡틴(Category Captain) 기출 22-1

리테일러가 특정 카테고리 내에서 선호하는 특정 공급업체(Vendor)를 의미. 이를 통해 소매점은 구매협상의 노력이 절감되고, 고객에 대한 이해 증대로 해당 카테고리 전반의 수익이 증진됨

2 판매관리

1. 판매관리의 개념

① 최근 고객관계를 중시하는 고객지향적 관점에서의 판매가 중시되고 있음
② 고객지향적 관점의 판매란 판매자와 소비자 모두 만족할 수 있도록 잠재고객의 요구와 욕구를 발견하여 활성화시키고, 그것을 효과적으로 충족시키도록 도와주는 커뮤니케이션 기술

2. 판매원의 판매활동 유형 기출 25-3, 25-1, 22-3, 22-1

판매원의 판매활동은 상품과 대금의 교환을 실현시키는 활동이며, 고객이 상품과 서비스를 구매하도록 설득하는 활동으로 다음의 2가지 행동으로 구분 가능
① 고객지향적 판매행동
  ㉠ 고객지향적 판매행동(=**관계지향적**)은 판매원이 제품을 판매할 때 고객과 장기적 관계를 유지하기 위해 고객의 필요와 욕구에 초점을 두고 고객이 만족스러운 구매결정이 가능하도록 마케

      팅 콘셉트를 수행하는 판매활동

    ⓛ 판매보다는 고객 요구 이해가 우선이므로 단기적인 매출은 낮아질 수 있으나, 장기적인 매출은 높아지는 것이 일반적임

② **판매지향적 판매행동**: 제품을 구매함으로써 얻게 되는 여러 이점을 설명하고 고객이 어느 정도 사고 싶은 마음이 있는지 파악하는 행동

③ **고객화(Customization) 접근법**: 개별 소비자의 구매성향에 맞게 차별화된 고객서비스를 조정하는 방법. 다양한 제품과 서비스 제공을 통해 고객을 설득시킬 수 있는 직접적 판매활동

④ **표준화(Standardization) 접근법**: 전체 고객집단에 대하여 동일한 고객서비스를 제공하는 판매활동

3. 판매원의 역할 [기출 21-3]

① **정보전달 기능**: 판매종업원은 소비자에게 상품에 대한 정보를 제공하는 역할을 함. 이를 위해서는 대상 상품 및 기업에 대한 정보전달 능력이 요구

② **커뮤니케이션 기능**: 상품판매원들은 고객과의 접점에 있는 동시에 기업의 이미지를 전달하는 커뮤니케이션 기능을 담당

③ **정보취득 기능**: 고객에게 상품에 대한 정보 전달 및 고객을 설득하는 동시에 고객의 다양한 욕구를 파악하고 이를 기업에 전달하는 기능

④ **고객상담 기능**: 고객의 라이프스타일을 파악하여, 고객생애가치를 향상시키는 역할을 담당

⑤ **클로징 기능**: 최종적으로 고객의 구매욕구를 충족시키면서 판매가 만족스럽게 잘될 수 있도록 하는 마무리 기능을 담당

4. 상품판매 과정의 7단계

> 가망고객 발견 → 사전 준비 → 고객접촉 → 설명과 시연 → 이의처리 → 계약 → 후속조치

 **Tip**

> **롱테일 법칙** [기출 20-추가]: 크리스 앤더슨이 주장한 롱테일(Long Tail)이란 파레토 법칙을 그래프에 나타냈을 때 꼬리처럼 긴 부분을 형성하는 하위 20%의 부분을 일컫는다. 종전 파레토 법칙은 80 : 20 중 상대적으로 중요성이 적은 20% 부분을 무시하는 경향이 있었다. 그러나 인터넷과 새로운 유통·물류 기술의 발달로 인해 이 부분도 경제적으로 의미가 있을 수 있게 되었다. 예컨대, 롱테일 법칙을 경제적으로 잘 활용한 사례로 아마존의 다양한 서적 판매가 있다.

5. 판매서비스의 구분 [기출 23-3]

① **거래계약의 체결을 지원하는 거래**: 거래계약의 체결 또는 완결을 지원하는 거래 지원서비스를 뜻함

    ㉠ 상품의 구매와 사용방법에 관한 정보 제공

    ㉡ 충분한 재고 보유와 안전한 배달을 보장하는 주문처리

    ㉢ 명료하고 정확하며 이해하기 쉬운 청구서를 발행하는 대금청구

    ㉣ 고객이 단순하고 편리한 방식으로 대금을 납부하게 하는 대금지불

② **고객가치 증진 서비스**

    ㉠ 구매과정에서 고객이 지각하는 가치를 향상시키는 서비스를 뜻함

    ㉡ 친절한 접객서비스와 쾌적한 점포 분위기 제공

6. 판매원의 행동기법

① 고객이 몇 가지 대안 중 어느 한쪽을 선택하도록 유도

② 고객이 제품 또는 서비스를 구매함으로써 얻게 되는 다양한 장점을 설명

③ 고객이 어느 정도 사고 싶은 마음이 있는지 파악할 수 있는 질문을 통해 파악

④ 고객에게 어필할 수 있는 주요 이익을 요약 설명

7. 셀프서비스를 활용한 상품판매의 특징

① 판매원 감소에 따른 소매점의 판매비 절감(고객에게 전달되는 상품정보 면에서 문제가 됨)

② 소매점의 영업시간 유연성 증가

③ 직원의 숙련도와 상관없는 비교적 균일한 서비스 제공

④ 구매과정에 대한 고객의 자기통제력 향상

8. 다단계판매 〔기출 24-3, 23-1〕

① **개념**: 다단계판매란 판매업자에 속한 판매원이 특정인을 해당 판매원의 하위 판매원으로 가입하도록 권유하는 모집방식이 있고, 판매원의 가입이 3단계 이상 단계적으로 이루어지며, 판매업자가 판매원에게 후원수당을 지급하는 방식을 가지고 있는 다단계판매조직을 통하여 재화 또는 용역을 판매하는 것을 말함(「방문판매 등에 관한 법률」 제2조 제5호)

② **특징**

    ㉠ 다단계판매의 상품구색은 다양하나, 일반적으로 양호한 품질의 중저가 소비재를 중심으로 구성

    ㉡ 다단계판매에서 판매원의 수입은 자신 및 하위 판매원의 판매액을 기초로 책정됨

    ㉢ 강제적인 재고 부담이 없고, 공제조합에 소비자피해보상보험 가입을 의무화하고 있음

    ㉣ 고객 대면접촉을 통한 인적판매의 일종으로 고정 인건비가 발생하지 않으며, 유통마진 절감이 가능

    ㉤ 개인 단위의 네트워크 조직으로 구성되므로 조직이 비대해지는 단점은 발생하지 않음

THEME 22 **고객관계관리(CRM) – CRM의 개념 및 기대효과**

1 고객관계관리(CRM)의 개념 `기출 25-3·2·1, 24-3·2·1, 23-3·2·1, 22-3·2·1, 21-3·2·1`

1. 고객관계관리의 개념 및 특징 `기출 25-3, 25-1, 24-2, 22-2`

① 개념
- ㉠ 고객관계관리(CRM; Customer Relationship Management): 마케팅인식에 있어서 종전의 기업 중심적인 마케팅사고에서 벗어나 **Data를 기초**로 한 개별 고객의 욕구를 파악하여 **맞춤형 서비스**를 제공함으로써 고객의 생애가치를 극대화시킬 수 있는 마케팅전략
- ㉡ 고객과의 장기적 관계 구축을 바탕으로 하여 **고객의 평생가치**(CLV; Customer Lifetime Value)**의 극대화** 제고를 위한 전략에 해당
- ㉢ 데이터베이스에 의한 1 : 1 마케팅(고객 맞춤형)이라는 개별고객의 관리를 통하여 기존고객의 이탈을 방지하고 충성도(Loyalty)를 높임
- ㉣ RFM 분석, MCIF 분석, LTV 분석, 고객실적 평가법(HPM) 등의 데이터 마이닝 기법 활용

② CRM의 특징
- ㉠ 신규고객 창출도 중요하지만 이에 앞서 기존고객이 이탈하지 않도록 유지관리에 중점
- ㉡ 단기적인 이익창출보다는 장기적인 고객의 생애가치 극대화를 통한 이익창출에 중점
- ㉢ 기업의 마케팅 성과지표가 시장점유율 향상보다는 고객점유율(이용률) 향상
- ㉣ 기존고객과의 관계를 충성도 높은 옹호자 관계에서 동반자 관계로 확장
- ㉤ 고객충성도의 향상으로 애호고객의 구전을 통한 신규고객을 창출
- ㉥ CRM의 관심영역의 확장내용으로 고객 확보와 고객을 발굴(교차판매, 상향판매)

2. 고객관계관리 도입의 기대효과 `기출 25-2, 24-1`

① 기존사업의 수익 향상
- ㉠ 기존고객 유지 및 신규고객 확보(고객 수 증대)
- ㉡ 고객생애가치 제고
- ㉢ 고객 확보비용 감소: 데이터 분석을 통해 우량 잠재고객을 탐색하여 마케팅 자원낭비 예방
- ㉣ 고객 유지비용 감소: 수익성 낮은 고객의 유지비용을 절감 → 매출액당 유지비용 감소

② CRM을 통한 신규사업 진출

구분	CRM 도입의 기대효과
마케팅 기회분석	• 수익 및 고객생애가치(CLV) 증대 • 신규고객 유치 및 기존고객 활성화 • 고객생애주기상 결정적 시점에 효과적 마케팅 활동 진행 가능

마케팅관리	• 시장 변화 및 고객의 니즈에 맞는 상품 개발 • 고객 니즈 변화에 대한 신속한 파악 및 대응
고객서비스	• 고객충성도(Loyalty) 증대 • 고객유지율 및 고객만족 증대 • 교차판매와 상향판매의 기회 증대 및 활용

3. 고객관계관리의 발전단계

시장경쟁이 심화되고 고객의 욕구가 다변화됨에 따라 시장을 세분화해 목표고객을 공략하는 마케팅의 시대가 도래

구분	매스마케팅	고객만족	Database 마케팅	CRM
고객에 대한 기업의 관점	수동적 구매자	선택적 구매자	개별화, 다양화된 욕구 지닌 구매자	파트너 관계
고객과의 관계	전체 시장에 일방적 관계	고객만족도 중시, 일방적 관계	그룹화된 고객과의 일방적 관계	개별 고객과 쌍방향 의사소통

📋 Tip

매스마케팅과 CRM의 비교

구분	매스마케팅	CRM
마케팅 대상	불특정 다수	개별 고객
마케팅 특징	대량 마케팅	1:1 맞춤형 마케팅
추구하는 목적	단기적 이익극대화	장기적 고객생애가치 극대화
의사소통 방향	일방적 의사소통	쌍방향 의사소통
성과평가 지표	시장점유율	고객점유율
촉진수단	Push 마케팅	Pull 마케팅

2 고객관계관리(CRM)의 구축절차 및 고객의 발전단계

1. CRM의 구축절차 및 실행단계 [기출 24-2, 23-2]

① CRM의 구축절차

> 고객관계 구축 → 고객관계 강화 → 고객관계 활용 → 고객 이탈방지 → 관계 해지

② CRM의 실행단계 및 고객관리단계

> 대상고객 선정 → 고객 니즈 분석 → 가치창조 → 가치제안 → 성과평가

㉠ 1단계(신규고객 획득): 세분화 이후 마케팅믹스를 통해 잠재고객을 신규고객으로 확보

  ⓒ 2단계(기존고객 유지): 확보된 고객은 유지관리 정책을 통해 이탈을 방지하고 단골고객으로
   발전시키는 노력
  ⓒ 3단계(기존고객의 충성도 향상): 단골고객 차원을 넘어 자사의 교차판매와 상향판매 등 자사
   의 다른 제품들도 이용할 수 있는 단계의 옹호자고객, 더 나아가 파트너십 구축

2. 고객의 발전단계

> 불특정 다수(Suspect) → 잠재고객(Potential Customer) → 구매고객(Customer) → 단골고객(Client)
> → 옹호자고객(Advocator) → 동반자고객(Partnership)

 **Tip**

> 신규고객 창출 과정: 잠재고객 → 선별고객 → 가능고객 → 최상가능고객 → 신규고객

3. 핵심고객(Key Account)의 특징

① 대량구매를 하거나 구매점유율이 높음
② 구매과정에서 기능적으로 다양한 분야(생산, 배송, 재고 등)의 사람이 관여됨
③ 지리적으로 분산된 조직단위(상점, 지점, 제조공장 등)를 위해 구매
④ 전문화된 지원과 특화된 서비스(로지스틱스, 재고관리 등)가 필요
⑤ 효과적이고 수익성 높은 거래의 수단으로 구매자와 판매자 간의 장기적 협력관계를 요구

4. 전략적 고객관리

전략적 고객관리(Strategic Account Management)란 고객과의 관계를 장기적으로 구축하고 유지관
리하기 위한 것으로, 이를 통해 고객 충성도를 제고시킬 수 있음. 고객과의 장기적 관계 형성 및 고객
생애가치(CLV) 극대화를 달성하기 위해 데이터베이스를 구축하고 다양한 온·오프 유통채널을 활용
하는 전략을 의미함
① 전략적 고객관리는 지속 가능한 경쟁우위의 원천임
② 전략적 고객관리의 관점에서 모든 종업원의 활동과 팀워크가 정렬되는 경우, 종업원의 만족이 증
  가하고 기업의 생산성과 수익성이 높아질 수 있음

THEME 23 고객관계관리(CRM) - 운영단계 및 성과척도

1 CRM의 운영단계 및 CRM의 구현

1. CRM의 프로세스에 따른 운영단계 기출 22-2

① CRM의 분석적 단계: CRM의 분석적 단계에서는 데이터 웨어하우스나 데이터 마트로부터 유용한 CRM 정보를 가지고 데이터 마이닝 기술을 통해서 수집·분석하여 모델을 설정하는 단계

② CRM의 운영적 단계: 운영적 단계에서는 전사적 자원관리(ERP)의 고객접촉 관련 기능을 강화시키고 CRM의 데이터 웨어하우스나 데이터 마트가 지닌 요소들을 통합함으로써, 고객과의 접점에서 종업원들이 서비스를 수행할 수 있도록 지원하는 기능에 중점을 단계

③ CRM의 협업적 단계: 활용적 단계라고도 하며, 데이터 웨어하우스나 데이터 마트에 해당하는 것으로서 개별고객 및 고객그룹의 특성에 따라 효과적인 유통경로 등의 최적의 서비스를 제공. 우수고객에 대한 서비스상품을 선정하여 주고 상품의 Cross-Selling, Up-Selling 기회를 활용하며 고객접촉 후 평가 및 기록을 하는 단계

CRM 시스템의 종류	특징
분석적 단계의 CRM	Data Mart로부터 Data Mining을 통해 OLAP 등을 이용하는 백오피스 지향적인 CRM
운영적 단계의 CRM	고객과의 접점에서 영업 및 마케팅 서비스를 수행할 수 있도록 지원하는 프론트 오피스 지향적인 CRM
협업적 단계의 CRM	분석 CRM과 운영 CRM을 통합한 의미이면서, 인터넷과 콜센터, 모바일 등 고객과의 다양한 접점을 지원하는 CRM

 **Tip**

> 분석적 단계의 CRM: CRM의 기반이 되는 데이터의 효과적인 분석을 다루는 영역으로 데이터 웨어하우스, 데이터 마트, 데이터 마이닝, OLAP와 같은 요소를 고려

2. CRM의 구현 기출 25-1, 24-3, 23-2, 22-2, 21-3, 21-1, 20-2

① 고객생애가치(CLV)

ㄱ 한 고객이 한 기업의 고객으로 존재하는 전체 기간 동안 기업에게 제공할 것으로 추정되는 미래 현금흐름의 현재가치 또는 재무적인 공헌도의 총합계. 매출액이 아니고 이익을 의미

ㄴ 고객의 생애가치는 고객의 이용실적, 고객당 비용, 고객의 이탈가능성 및 거래기간 등을 통해 추정할 수 있음

② Cross-Selling: 교차판매전략이라 하며, 기존고객과의 지속적이고 장기적인 관계를 유지하고 나아가 확대시키는 마케팅 활동으로서, 특정 상품 구매 이외의 보완관계에 있는 관련 상품도 구매하도록 유도하는 전략

③ Up-Selling: 확장판매 또는 상향판매전략이라고 하며, 기존고객에게 특정 품목에 대해 기존 구매한 제품보다 고급화된 신상품을 홍보하여 구매하도록 유도하는 마케팅전략

④ 고객점유율: 특정 고객이 하나의 제품 카테고리에서 구매하는 총량 중 자사제품이 차지하는 비율을 의미

> **예** 甲이 아이스크림을 평생 1,000개를 먹는다는 가정하에, 그중에 A회사 제품을 100개 구입한다면 A회사의 고객점유율은 10%가 된다.

⑤ RFM 분석: 고객이 최근에(Recency), 얼마나 자주(Frequency), 얼마치의 금액(Monetary)을 구매했는가를 분석

⑥ **고객실적평가법**(HPM; Historical Profitability Measurement): 과거로부터 현재까지 고객의 구매실적을 분석하여 기업의 수익에 어느 정도나 기여해 왔는가를 평가

3. 고객생애가치(CLV)의 특징

① 고객생애가치는 관계 마케팅의 여러 가지 효익을 계량적으로 정리한 개념

② 한 시점에서의 가치가 아니고 고객과 기업 간에 존재하는 관계의 전체적인 가치

③ 매출액이 아닌 이익을 의미

④ 고객의 이탈률이 낮을수록 고객생애가치는 증가

⑤ 고객생애가치를 산출함에 있어서 기업은 어떤 고객이 기업에게 이롭고 유리한 고객인가와, 그 고객과 앞으로 어떤 관계를 가지도록 하는 것이 합리적인가를 파악 가능

2 CRM의 성과척도 및 CRM의 구축효과

1. CRM의 성과척도

① 신규고객 획득 및 기존고객 유지비율

② 고객생애가치의 증감

③ 교차판매(Cross-Selling)를 통한 고객획득비율

2. 유통기업의 CRM 구축효과 기출 25-3, 25-1, 23-2

① OLAP(Online Analytical Processing) 활용: 데이터 웨어하우스(DWH)에 축적되어 있는 고객정보를 적시에 사용 가능

② 데이터 마이닝 기법 활용: 빅데이터로부터 사업부별 필요정보를 추출하여 다양한 자료를 분석함. 또한 기업활동 및 고객행동의 특정 규칙을 발견하여 매출액 향상에 기여함

③ 개별고객의 대량고객화(Mass Customization): 고객별 마케팅 수행 및 효과적인 고객관리가 가능

④ 효과적인 마케팅 프로그램 개발로 인한 프로모션의 적시성 향상

3. CRM 적용을 통한 수행성과 개선 가능 분야 〔기출 22-1〕

① 고객이탈에 대한 조기경보시스템 운영
② 다양한 접점의 고객정보의 수집 및 분석
③ 서비스 차별화를 위한 표적고객의 계층화
④ 영업 인력의 영업활동 및 관리의 자동화

THEME 24 마케팅조사 - 조사설계 및 조사방법

1 마케팅조사의 개념

1. 마케팅조사의 개념

마케팅조사(Marketing Research)는 관련이 있는 사실들을 찾아내고, 분석하며, 가능한 조치를 제시함으로써 마케팅 의사결정을 지원하는 활동을 의미

2. 마케팅조사의 방법과 절차 〔기출 25-3, 25-2, 24-3, 24-2, 24-1, 22-3, 20-1〕

① 마케팅조사의 절차

> 조사목적 정의(문제 정의) → 조사 설계 → 조사 실시 → 자료분석 및 결과해석 → 전략수립 및 실행 → 실행결과 평가

 **Tip**

> **조사목적의 정의**: 마케팅조사·문제를 정의하고 문제를 해결하는 데 필요한 정보를 결정하는 마케팅조사의 첫 번째 절차로, 조사의 목적, 관련 배경 정보, 필요한 정보, 의사결정 시 마케팅관리자에 의해 어떻게 사용될지 여부를 고려

② **마케팅조사의 설계**: 마케팅조사 목적 달성을 위한 자료를 수집·분석하는 기본지침으로, 조사 문제의 성격을 규명하고 해결을 위하여 수집되어야 할 자료의 종류, 수집방법 및 분석방법, 표본설정 및 표본추출에 관한 계획을 수립

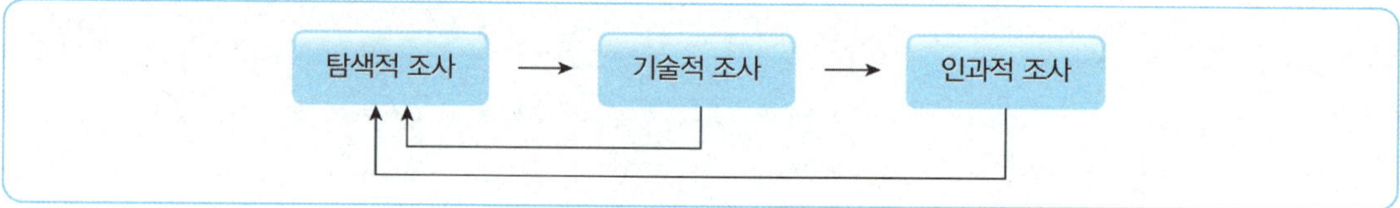

▍ 마케팅조사의 진행절차 ▍

분류	특징
탐색조사	• 조사하는 문제가 별로 알려지지 않은 경우, 조사자가 통찰과 아이디어를 얻거나 마케팅 의사결정과 관련된 변수를 파악하기 위해 사용 • 특정 조사설계를 확정하기 전에 예비적으로 수행되는 경향이 많으므로 탄력성이 있어야 하며, 상세한 조사설계가 요구되지는 않음 예 문헌조사, 전문가 의견조사, 케이스스터디
기술조사	가장 널리 이용되고, 주로 서베이법, 패널조사법 등을 이용함 • 특정 집단의 특성을 묘사하는 것 • 마케팅 현상에 대한 예측 • 특정 상황의 발생빈도 조사 예 특정 제품 소비자의 인구통계적 특성, 신규 판매원의 채용을 위한 향후 3년간 매출액 예측, 특정 상권 내 거주자의 제반 구매특성
인과조사	• 마케팅 현상에 대한 이해와 여건의 변화가 미치는 영향을 파악하기 위하여 인과관계의 규명이 중요하며, 실험법을 활용함 • 인과관계를 분석하는 데 필요조건은 인과관계와 직접 관련된 원인변수 이외의 다른 변수들이 결과변수에 영향을 주지 않도록 통제하는 것 예 제품의 가격을 10% 인상할 경우 판매에 미치는 영향, 광고가 판매에 미치는 영향

3. 마케팅조사 시 유의할 외생변수 기출 25-1

① **역사적 오염**: 실험기간 중 외부에서 발생한 사건이나 변화가 실험 결과에 영향을 미치는 현상

　예 금연 캠페인 효과를 측정하는 실험 중, 정부에서 대대적인 금연 홍보를 시작한 경우

② **성숙효과**: 시간의 흐름에 따라 연구대상자의 특성이 자연스럽게 변화하는 현상

　예 아동의 독서능력을 향상시키는 프로그램을 평가할 때, 시간이 지나면서 아이가 자연스럽게 성장해 독서력이 향상될 수 있음

③ **측정의 편향**: 측정 도구나 방법이 일관되지 않거나 부정확하여 결과가 왜곡되는 현상

　예 설문조사에서 질문 방식이 응답자의 특정 반응을 유도하거나, 면접관마다 질문을 다르게 해 응답 결과가 달라지는 경우

④ **통계적 회귀**: 극단적인 점수를 가진 대상이 시간이 지나면서 평균에 가까운 값으로 회귀하는 경향

　예 시험 성적이 매우 낮은 학생들이 다음 시험에서 평균에 가까운 점수를 받는 경우

⑤ **시험효과**: 실험대상자에게 반복되는 측정을 했을 때 처음에 측정을 받았다는 사실이 실험대상자의 반응에 변화를 주는 현상으로, 주시험효과와 상호작용시험효과로 구분됨

　㉠ **주시험효과**: 첫 번째 측정이 두 번째 측정에 영향을 주는 것으로, TOEIC 시험의 경우 첫 번째 시험 후 두 번째 시험을 보는 경우 상황에 익숙해져 점수가 더 잘 나오는 현상으로 설명 가능

　㉡ **상호작용시험효과**: 실험변수에 노출되기 전 실시된 측정이 실험참가자들로 하여금 실험변수에 더욱 민감하게 반응하게 하는 경우

2 자료수집방법

1. 자료의 수집 순서

① 자료의 종류 〔기출 24-3, 24-2, 22-2, 21-3〕

1차 자료	당면하고 있는 조사를 위해 직접 수집된 자료. 관찰조사, 설문조사, 실험조사 등
2차 자료	다른 목적을 위해 수집된 자료이기 때문에 목적에 맞게 수정·보완하여 사용해야 함 예 회사의 회계자료, 판매기록, 정부기관 발표자료, 연구기관 보고서

② 수집 순서: 2차 자료 → 1차 자료

Tip

디지털 마케팅의 자료수집 〔기출 24-1〕

1자 데이터	디지털 마케팅에서 기업 웹사이트나 모바일 앱 등 다양한 고객과의 접점에서 직접적 상호작용을 통해 자체적으로 수집한 자사 데이터
2자 데이터	다른 기업이 보유한 데이터로서, 직접적인 경쟁관계가 아닌 경우 파트너십을 통해 고객데이터를 공유하는 경우를 뜻함
3자 데이터	고객데이터를 수집·가공하여 대중에게 공개적으로 판매하는 데이터를 말함, 1·2자 데이터에 비해 매우 큰 규모의 고객데이터에 접근할 수 있음

2. 자료수집방법 〔기출 25-1, 24-2, 20-3〕

① **표적집단면접법(FGI)**: 6~12명 정도의 면접대상자들을 한자리에 모이도록 하고 주제에 숙련된 진행자를 중심으로 그 주제와 관련된 토론을 하도록 함으로써 자료를 수집하는 방법

② **패널조사법(Panel Research)**: 관련 패널(전문가)들로 회의를 반복적으로 소집하고 의견을 수렴하는 자료조사 방법으로, 비용이 적게 들고 이용이 용이하나 의견이 편중될 가능성이 있음

③ **투사법(Projection)**: 조사의 목적을 숨기고 조사하는 간접적인 방법으로서, 응답자의 내면의 세계에 숨겨진 어떤 관심사에 대한 동기, 신념, 태도, 감정 등을 나타내도록 질문하는 비체계적이고 간접적인 방법. 연상기법(단어연상), 어떤 단서 자극을 보고 그림이나 이야기를 산출하도록 하는 구성기법, 미완성된 자극을 제시하여 완성하도록 하는 완성기법(문장완성), 특정 사진이나 그림 등을 선택하도록 하는 선택기법, 피실험자의 최종적 결과보다 산출하는 과정을 중요시하는 표현기법(인형놀이) 등이 활용

④ **갱서베이(Gang Survey/Hall Survey)**: 자료조사자가 직접 신제품 또는 광고카피 등과 같은 보조물(시제품, 사진, PPT)을 이용하여 조사목적에 대해 상세한 설명을 하며, 자료수집 과정에서도 환경통제가 가능하여 질 높은 자료수집이 가능하고 정보유출을 방지할 수 있음

⑤ **민족지학적 연구(Ethnographic Research)**: 마케팅 관련하여 지역 소비자들이 실제로 제품이나 서비스를 활용하는 방식에 관하여 생생하고 구체적인 직접 관찰을 통해, 어떤 제품을 선호하고, 어떤 제품에 대해 효용을 느끼는지를 연구하는 정성적인 조사방법

⑥ **A&U 조사(Attitude and Usage Research)**: A&U 조사 또는 서베이(Survey) 조사는 가장 널리 이용되는 마케팅조사의 하나로, 조사원들이 표본으로 선정된 응답자들로부터 설문지 등을 이용해 정보를 수집·분석하는 것

⑦ **심층면접법(Depth Interview)**: FGI에 비해 마케팅 조사자와 응답자가 자유롭고 심도 있는 질의응답을 진행하는 면접조사법

THEME 25 마케팅조사 – 조사자료의 분석

1 표본의 추출

1. 표본추출방식 [기출 25-3, 25-2, 23-3, 22-3, 22-1, 20-2]

① 비확률 표본추출

표본추출방법	개념	사례
할당표본추출	모집단의 특성(나이, 성별 등)을 기준으로 이에 비례하여 표본을 추출함으로써 모집단의 구성원들을 대표하도록 하는 추출방법으로, 비확률 표본추출방법 중 가장 정교한 기법	10대, 20대, 30대, 40대, 50대 이상으로 구분하고 각 집단의 구성비율에 대해 사전적인 정보를 가지고 있는 경우 그 비율에 따라 표본을 추출
판단표본추출	표본의 조사목적에 가장 적합하다고 판단되는 특정 집단을 표본으로 선정하는 방법	신제품을 출시하기 전 제품의 시장잠재력을 가장 잘 반영할 것으로 판단되는 특정 도시를 선택하는 것
편의표본추출	조사자의 편의 또는 임의대로 표본을 선정하는 방법	신제품을 테스트하기 위해서 지원자를 대상으로 조사

② 확률 표본추출

표본추출방법	내용
단순무작위 표본추출	일정수의 표본을 난수표를 이용해 무작위 추출
체계적무작위 표본추출	모집단이 주기적으로 변동가능성이 있는 경우 처음에는 무작위로 추출하다가 그 이후에는 일정한 체계를 가지고 추출하는 방식
층화표본추출	모집단을 통제변수에 의해 배타적이고 포괄적인 소그룹으로 구분한 다음 각 소그룹별로 단순무작위로 추출하는 방식
군집표본추출	모집단을 동질적인 여러 소그룹으로 나눈 다음 특정 소비 그룹을 표본으로 선택하고 그 소그룹 전체를 조사하거나 일부를 표본추출하는 방식

2 조사자료의 측정

1. 척도(Scale) 기출 23-1

① 척도의 종류

- ㉠ **명목척도**: 단순히 측정대상의 특성을 분류하거나 확인할 목적으로 숫자를 부여하는 경우로 정보의 제공량은 가장 적음

  - 예 남자 1, 여자 2 또는 서울 1, 인천 2, 경기 3, 부산 4와 같이 양적인 크기와는 무관하게 범주를 구분하는 척도

- ㉡ **서열척도**: 측정대상의 특성이나 속성에 대한 정도에 등급을 부여하는 척도로 정확하게 정량화하기 어려운 소비자의 태도, 선호도 등의 측정에 이용

  - 예 좋아하는 브랜드: 1 스타벅스, 2 투썸플레이스, 3 마호가니, 4 이디야

- ㉢ **등간척도**: 속성에 대한 순위를 부여하되 순위 사이의 간격이 동일한 척도를 의미하며, 측정의 기본단위가 일정한 간격을 갖는 온도계 눈금, 학년, 각종 지수에 활용

  - 예 제품만족도에 대해 매우 만족 5, 만족 4, 보통 3, 불만족 2, 매우 불만족 1로 평가

- ㉣ **비율척도**: 등간척도가 갖는 특성에 추가적으로 측정값 사이의 비율계산이 가능한 척도로 소비자의 구매확률, 충성고객의 구매액, 시장점유율, 매출액 등 **사칙연산이 가능**하고, **정보의 수준이 가장 높음**

② 여러 척도의 종류

- ㉠ **어의차이척도**(Semantic Differential Scale): '의미차별화척도'라고도 하며, 척도의 양 끝에 특정 대상의 속성을 나타내는 상호 상반되는 형용사를 제시하고 대상의 특성에 대해 응답자가 가지고 있는 생각을 측정하는 척도측정방법

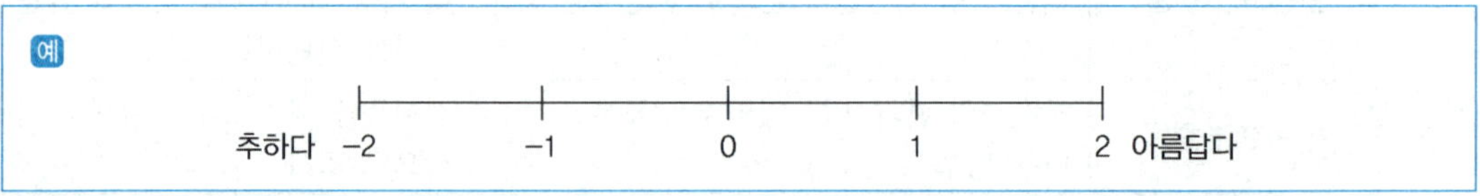

- ㉡ **리커트척도**(Likert Scale): 마케팅 설문조사 등에 많이 활용되는 척도법의 하나로, 5점 척도가 많이 쓰이며 7점, 9점 척도도 사용

2. 자료의 분석기법 기출 25-1, 23-1, 22-2, 21-1, 20-추가

① **회귀분석**(Regression Analysis): 하나 또는 두 개 이상의 독립변수(원인변수)가 특정한 하나의 종속변수(결과변수)에 미치는 영향의 정도와 방향을 파악하기 위해서 사용되는 분석방법. 다중공선성에 주의를 요함

$$y = a + b_1 x_1 + b_2 x_2 + \cdots\cdots + b_k x_k + e$$

② **분산분석(ANOVA)**: 어떤 독립변수의 값을 서로 다른 3 이상의 세분시장 또는 목표집단에 대해 서로 다르게 했을 때, 집단들 간에 특정 변수의 평균값에 서로 차이가 있는지를 검정하는 통계기법

> **Tip**
>
> t-검증: t-검증(Test)은 두 집단 간 평균을 비교하는 통계방법으로, 표본이 정규분포, 등분산성, 독립성을 만족할 경우 적용

③ **요인분석(Factor Analysis)**: 변수들 간의 상관관계를 고려하여 추출된 다양한 요인들을 내재된 유사요인으로 구분해 적은 수의 차원으로 축소시키는 분석방법

　　예 **교통사고 원인분석**: [눈, 비, 안개, 빙판길] → 날씨요인, [유튜브 시청, 전화하기, 졸음] → 운전태만, [초보운전, 낯선 지역 운행] → 운전미숙

④ **컨조인트분석(Conjoint Analysis, 결합분석)**: 제품을 구매할 때 소비자가 중요시하는 제품 속성의 선호도를 측정하고 각 속성 수준에 대해 소비자들이 부여하는 효용을 파악하여 최상의 신제품을 개발하는 데 사용하는 방법

⑤ **군집분석(Cluster Analysis)**: 개인 또는 여러 개체 중에서 유사한 속성을 지닌 대상을 몇 개의 집단으로 그룹화한 다음 각 집단의 성격을 파악함으로써 데이터 전체의 구조에 대해 이해하고자 하는 탐색적 분석기법이며, 유사한 특성을 갖는 조사대상자들을 묶어주는 통계기법으로 '시장세분화'에 사용하는 효용을 파악하여 최상의 신제품을 개발하는 데 사용하는 방법

⑥ **상관관계 분석(Correlation Analysis)**: 가격 변화와 이에 따른 수요량 변화 등의 관계와 같이 상호 영향을 미칠 수 있는 두 변수들 간의 연관성의 정도를 측정하는 기법

THEME 26　마케팅 성과평가방법

1 유통마케팅 성과평가

1. 유통업 성과측정 도구　기출 24-3, 24-2, 24-1, 22-1

① **효율성**: 투입 대비 산출 비율로, 일정한 비용으로 가능한 한 많은 산출물을 획득하거나, 일정한 산출을 얻기 위해 소요되는 비용을 가능한 한 최소로 하는 것을 의미

② **효과성**: 목표지향적 성과측정치로, 목표시장이 요구하는 서비스 성과를, 기업이 얼마나 제공하였는가를 나타냄. 효과성은 비용이 얼마나 투입되었는가보다는 목표로 하는 서비스 성과가 얼마나 달성되었는가를 평가의 기준으로 함

③ **수익성**: 재무적 효율성을 나타내는 지표로서 투자수익률, 유동성, 영업레버리지, 이익증가율 등이 포함

 **Tip**

유통마케팅 성과평가방법
일반적으로 유통마케팅 성과평가도구에는 크게 재무적 방법과 마케팅적 방법 등을 사용하고 있으며, 재무적 방법
과 마케팅적 방법을 상호 보완적으로 사용하는 경우 신뢰성 있는 결과도출이 가능
• **재무적 방법**: 회계자료를 기초로 한 평가방법으로 재무제표를 이용하여 과거의 성과를 평가할 수 있는 기법
• **마케팅적 방법**: 고객들로부터 수집된 과거 성과데이터를 토대로 미래의 성과를 예측하는 기법

2. 유통업의 성과평가 [기출 25-3·2·1, 24-3·2·1, 23-3·2·1, 22-3·2·1, 21-3·2·1]

① 재무비율분석(전략적 수익모형)

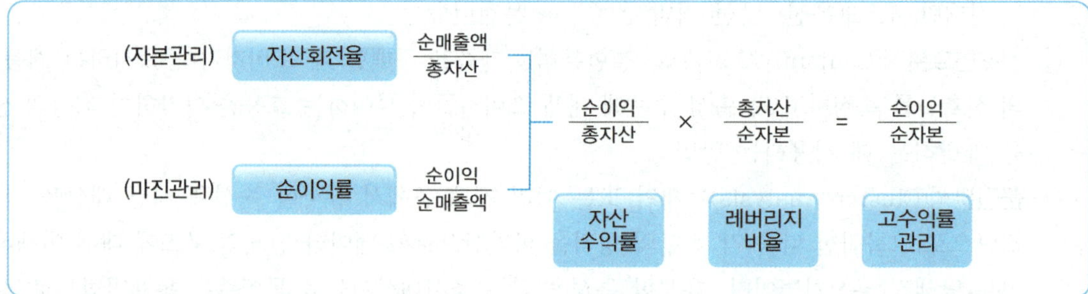

② 주요 재무비율 [기출 25-2]

㉠ **유동성비율**: 기업의 재무적 위험을 측정하는 비율로 기업의 단기채무에 대한 지급능력을 나타내는 비율을 의미(기업의 안정성 측정 → 유동성비율이 높을수록 기업의 안정성 높음)

$$유동성비율 = \frac{유동자산}{유동부채} \times 100$$

㉡ **레버리지비율**: 기업의 타인자본에 대한 의존도를 나타내는 비율. 유동성비율과 함께 기업의 재무적 위험을 측정하는 대표적인 비율에 해당하며, '안정성비율'이라고 함

구분	개념	공식
부채비율	일반적으로 타인자본인 총부채를 자기자본으로 나눈 비율을 의미	$부채비율 = \dfrac{유동부채 + 고정부채}{자기자본} \times 100$
이자보상 비율	영업이익을 지급이자로 나눈 비율	$이자보상비율 = \dfrac{영업이익}{지급이자} \times 100$

㉢ **활동성비율**: 매출액을 해당 자산의 가치로 나눈 회전율로서 자산의 현금화 속도를 의미하며, 자산의 이용도라고도 함

구분	개념	공식
매출채권 회전율	매출액을 매출채권으로 나눈 회전수로서, 기말의 매출채권 잔액이 1년간의 영업활동을 통하여 매출액으로 회전되는 속도를 의미	$매출채권회전율 = \dfrac{매출액}{매출채권}$
평균 회수기간	매출채권을 1일 평균매출액으로 나눈 것(매출채권회전율의 역수)	$평균회수기간 = \dfrac{매출채권}{1일\ 평균매출액}$
재고자산 회전율	1년 기간 동안에 발생한 상품의 매입·판매의 순환 횟수를 의미	$재고자산회전율 = \dfrac{매출액}{평균재고자산}$

㉣ 수익성비율: 기업 경영활동에 따른 종합적인 영업의 결과로 나타난 성과를 측정하는 비율

구분	개념	공식
매출액 순이익률	당기순이익을 매출액으로 나눈 비율로서, 당기순이익이 매출액에서 몇 %를 차지하는가	$매출액순이익률 = \dfrac{당기순이익}{매출액} \times 100$
총자산 순이익률	당기순이익을 총자산 또는 총자본으로 나눈 비율로서, 총자본순이익률 또는 투자수익률(ROI)이라고도 함	$총자산순이익률 = \dfrac{당기순이익}{총자산} \times 100$
자기자본 순이익률	당기순이익을 자기자본으로 나눈 비율(ROE)로서, 자기자본의 효율적 이용도를 측정	$자기자본순이익률 = \dfrac{당기순이익}{자기자본} \times 100$

③ **GMROI(재고투자총이익률)와 기타 수익률 공식**: GMROI는 매출액이익률과 재고자산회전율의 산정을 통해 기업 전반의 영업성과를 측정

㉠ GMROI를 통하여 각 척도의 구성요소를 분석함으로써 상품계열의 수익성을 향상

㉡ 상이한 이익과 마진구조를 가진 상품 간 성과 비교가 가능

㉢ 기업의 단기뿐만 아니라 장기적인 투자의 수익성 및 수익회수에 대한 지표로 활용

㉣ 매장의 진열대에서 제거 또는 추가되어야 할 상품에 대한 의사결정의 기준 제공

- 재고투자총이익률(GMROI) $= \dfrac{총이익}{평균재고자산} \times 100 = \dfrac{총이익}{매출액} \times \dfrac{매출액}{평균재고자산} \times 100$
  $= 매출액이익률 \times 재고자산회전율$
- 판매면적당 매출총수익률(GMROS) $= GMROI \times 재고밀도$
  $= \dfrac{총이익}{평균재고자산} \times \dfrac{평균재고자산}{판매공간면적} \times 100 = \dfrac{총수익}{판매공간면적} \times 100$
- 순이익률(= 매출액순이익률) $= \dfrac{당기순이익}{매출액} \times 100$
- 자산수익률(ROA) $= \dfrac{순이익}{총자산} \times 100$

> **예제**
>
> 어느 소매점은 지난 한 해 동안 2억 7천만원의 순매출 실적을 기록했다. 이 소매점의 지난 해 총자산은 9천만원, 취득원가로 계산한 연평균 재고액은 3억 6천만원, 매출원가는 1억 8천만원이었다. 이 소매점의 지난 해 재고총이익률(GMROI; Gross Margin Return on Inventory Investment)은 얼마인가?
>
> **해설**
>
> $$\text{재고자산투자수익률(GMROI)} = \frac{\text{총이익}}{\text{평균재고자산}} \times 100 = \frac{\text{총이익}}{\text{매출액}} \times \frac{\text{매출액}}{\text{평균재고자산}} \times 100$$
>
> $$= \frac{2억7{,}000 - 1억8{,}000}{3억6{,}000} \times 100 = 25\%$$
>
> **정답 25%**

2 유통경로의 평가척도

1. 제품별 직접이익(DPP; Direct Product Profit)의 개념 기출 24-3

① 소매업체의 제품 수익성을 평가하는 중요한 측정도구 중의 하나로 회계상 손익계산서를 유통기업에 맞추어 수정하는 평가방법

② 각 경로 대안의 제품 수익성(직접 제품 이익)을 평가하여 직접 제품 이익이 가장 높은 경로 대안을 선택

③ **구매자 입장**에서 특정 공급자의 개별 품목 혹은 재고관리단위(SKU; Stock Keeping Unit) 각각에 대해 평가하는 방법

④ 제품평가에 있어서 고정비용을 제외하는 반면, 제품별 영업활동이나 상품머천다이징활동에 의해 발생하는 직접비용만을 분석대상으로 함

2. 온라인(Online) 유통마케팅 성과지표 기출 25-3, 25-2, 24-3, 24-2

① 클릭 수(Clicks): 광고가 클릭된 횟수

② 노출 수(Impressions): 광고가 사용자에게 표시된 횟수

③ CPC(Cost Per Conversion): 전환 건수당 비용으로, 총지급가격을 전환 수로 나눈 값

④ CPM(Cost Per Mille): 1,000건당 노출비용으로, 광고를 1,000번 표시하기 위해 지급하는 가격

⑤ CTR(Click Through Ratio): 클릭률, 광고가 발생한 클릭 수를 광고가 게재된 횟수로 나눈 값

⑥ CPA(Cost Per Action): 행동당 비용을 말하며, 사용자가 광고를 클릭한 후 특정 행동(구매, 회원가입 등)을 완료할 때 광고주가 지불하는 비용

⑦ CVR(Conversion Rate): '전환율'이라고 하며, 웹사이트 방문자 중에서 원하는 목표를 달성한 비율을 말함. 측정방법 → (전환 수 / 방문자 수) × 100

⑧ 히트(Hit) 수: 사용자가 웹페이지에 접속할 때마다 서버에 발생하는 요청 수

⑨ 페이지 뷰(Page View): 방문자(Visitor)가 조회한 페이지의 수

⑩ 세션(Session): 웹사이트 로그 분석에 있어서 사이트 내에서 일정 시간 동안 있었던 지속적인 움직임을 하나의 단위로 정해 그 수를 측정한 것

3. 유통경로의 정성적 및 정량적 평가척도 `기출 24-2, 24-1, 22-2`

정성적 평가척도	정량적 평가척도
• 경로조정 및 갈등의 정도 • 경로역할에 대한 의견의 차이 정도 • 경로리더십의 개발 정도 • 경로에 대한 몰입의 정도 • 신기술의 유입 정도 • 새로운 시장의 개척 정도 • 정보의 획득 정도 • 상표 간 경쟁의 정도 • 기업과 고객집단과의 관계 정도	• 단위당 총유통비용 • 단위당 총운송비용 • 재고부족 방지비용 • 재고부족비율 • 주문처리의 오류 횟수 • 거래중단 유통업체의 수와 비율 • 부실채권비율 • 주문의 크기 • 고객컴플레인 횟수

 **Tip**

성과평가 지표
- **효과성**(Effectiveness): 목표의 달성 여부에 중점을 둠. 하나의 경로시스템이 표적시장에서 요구하는 서비스 산출을 얼마나 제공하였는가를 측정하는 것에 중점을 두는 목표지향적 성과기준
- **형평성**(Equity): 유통시스템에 의해 제공되는 혜택이 여러 세분시장에 어느 정도 골고루 배분되는지를 측정하는 성과기준
- **효율성**(Efficiency): 투입 대비 산출의 관계에 중점을 둠. 일정한 비용에 의해 얼마나 많은 산출이 발생하였는가를 측정하는 기준

3 유통경로의 갈등관리

1. 유통경로 갈등의 개요 `기출 24-1, 21-2`

경로갈등에는 유통경로 내의 다른 레벨에 있는 구성원 간에 발생하는 수직적 갈등과, 같은 수준의 경로상에 있는 구성원 간에 발생하는 수평적 갈등(대형마트와 재래시장 간의 경쟁관계), 제조업자가 두 개의 다른 경로를 이용하는 경우 발생하는 복수경로갈등이 발생할 수 있음

 **Tip**

수직적 갈등 `기출 21-2` : 유통경로상의 전·후방에 위치한 구성원 간의 갈등관계로, 예를 들면 제조업자가 만든 NB상품과 유통업자 상품인 PB상품 간의 경쟁관계를 수직적 갈등이라 할 수 있음

2. 유통경로 갈등의 원인 기출 25-1, 23-1

① 유통경로구성원 간의 서로 상반된 목표
② 경로구성원 간의 역할과 권리의 불일치
③ 경제전망에 대한 인식의 차이
④ 중간상들의 제조업자에 대한 지나친 의존도

3. 갈등 해결을 위한 방법

① 경로구성원 공동의 추구목표 설정
② 제3자의 중재, 조정에 맡기는 방법
③ 경로구성원들이 상대에게 인력을 상호 교환하는 방법
④ 거래상대방의 의사결정에 자신의 대표를 참여시키는 호선

4. 공급업체에 대한 평가

① ABC분석: 파레토법칙에 의해 관리대상을 A, B, C그룹으로 나누고, 매출액 또는 기여도 등이 가장 높은 A그룹을 최중점 관리대상으로 선정하여 집중관리함으로써 관리효과를 제고
  ㉠ 개별 단품에 대해 안전재고 수준과 상품가용성 정도를 결정하는 데 사용
  ㉡ 상품성과의 척도로는 공헌이익, GMROI(마진수익률), 판매량 등이 많이 활용
  ㉢ 소매업체들이 기여도가 높은 상품관리에 집중해야 한다는 시사점 제공
  ㉣ 소매업체 매출의 80%는 대략 상위(A등급) 20%의 상품에 의해 창출됨을 의미
② 다중속성방식: 다중속성방식은 공급업체들의 계열별 공헌이익을 가중평균 계산하여 성과를 측정하는 방법으로 정량적 객관성을 특징으로 함

예제

다중속성방식 사례: 가장 우수한 공급업체를 선정하시오.

점검사항	점검사항 중요도	A업체	B업체	C업체	D업체
납기준수	0.4	5	6	7	8
상품품질	0.6	7	4	6	3

해설

업체별로 점검사항에 대한 가중치에 업체별 평점을 고려해 평가한 결과 평점이 가장 높은 C업체가 선정됨
• A업체＝0.4×5+0.6×7＝6.2　　• B업체＝0.4×6+0.6×4＝4.8
• C업체＝0.4×7+0.6×6＝6.4　　• D업체＝0.4×8+0.6×3＝5.0

정답 C업체

THEME 27   디지털마케팅과 온라인 쇼핑몰

1 디지털마케팅(Digital Marketing)의 개요

1. 디지털마케팅의 개념

디지털마케팅(Digital Marketing)은 온라인 기반 디지털 기술을 사용하여 상품 및 서비스를 홍보하는 마케팅으로 온라인 마케팅 또는 웹 마케팅이라 함. 페이스북, 인스타그램, 틱톡 등 인터넷을 활용한 소셜미디어를 이용한 마케팅 활동이 현재 기업의 주된 활동수단이 되고 있음

2. 디지털마케팅의 종류

① **이메일 마케팅(E-mail Marketing)**: 이메일-뉴스레터, 이벤트, 할인 등을 이메일을 통해 고객에게 알리는 방법. 이메일을 구독하는 고객들에게 원하는 정보를 제공해 관심을 유발하고, 고객들이 제품을 구매하거나 서비스를 이용할 수 있도록 유도하는 마케팅기법
② **콘텐츠 마케팅(Content Marketing)**: 콘텐츠를 제작해 불특정 다수에게 상품·서비스를 알리는 방법으로 블로그, 유튜브, 팟캐스트 등에서 다양한 형태의 콘텐츠를 이용하여 고객과 양방향 의사소통함. 장기적 관점에서 잠재고객 발굴에 따른 마케팅 효과 제고됨
③ **모바일 마케팅(Mobile Marketing)**: 개인화된 모바일 기기를 통한 마케팅으로 모바일 앱 광고, 모바일 SMS 광고 등이 있으며 개인화된 메시지 전달이 가능함. 모바일 기기를 통해 위치 등 실시간 개인정보 수집이 가능하여 타깃고객 설정이 가능하다는 장점이 있음

3. 디지털마케팅의 장점   기출 25-2

① 기존 촉진수단과 비교할 때 **촉진비용 절감효과**가 큼
② 마케팅 효과의 측정 및 추적이 용이
③ **타깃층에 대한 인구통계학적 분석**의 장점
④ 소비자와의 **즉각적인 양방향 의사소통** 가능
⑤ 전통적 마케팅에 비해 **다수의 소비자에게 접근**이 가능함
⑥ 고객데이터 확보·분석이 용이하고, 효율적 예산운용 가능

4. 온라인 구매결정과정

① 기존 구매결정과정(AIDA)

> 인지(Attention) → 흥미(Interest) → 욕구(Desire) → 행동(Action)

② 온라인 구매결정과정: 일본의 광고대행사 '덴츠'사가 구축한 모델로 'AISAS'라 함

> 인지(Attention) → 흥미(Interest) → 검색(Search) → 행동(Action) → 공유(Share)

5. 디지털마케팅 시장의 환경적 특징

① 시장 참가자의 다양성과 역동성 및 새로운 가치의 창출
② 소비로 인한 즉각적인 만족감이 지연
③ 시장세분화 심화 및 강력한 네트워크 효과 발생
④ 중개상을 거치지 않고 소비자들에게 직접 판매할 수 있는 기회 제공
⑤ 시장 참가자들 간 협력과 경쟁의 공존

 **Tip**

> 중개 소멸(Disintermediation): 가치사슬상의 유통을 담당하는 조직들이나 비즈니스 단계들이 점차 제거

6. 온라인 기반 비즈니스 모델 [기출 24-2]

① 공동구매(Group Buy): 소셜커머스의 한 유형으로서 관심지역의 서비스 혹은 온라인상의 상품 및 서비스를 일정 인원 이상이 공동구입 시 상품가격 할인 폭이 높아지는 형태의 비즈니스 모델
② 플래시 세일(Flash Sale): 한정된 수량을 일정 시간 동안만 선착순 할인 판매하는 것으로 항상 세일을 하되 입고된 상품이 소진되면 자동적으로 세일이 종료되는 비즈니스 모델

2 웹사이트 및 온라인 쇼핑몰 구축

1. 웹사이트 구축절차

웹사이트 구축 시 순차적으로 ① 적절한 웹사이트 주소등록, ② 웹호스팅 서비스에 등록, ③ 사이트 디자인, ④ 사이트 홍보 수행이 진행

2. 웹사이트 사용자 경험에 대한 이해(UI/UX)

① UI(User Interface)
  ㉠ UI(사용자 환경)는 사용자 화면(환경)이라는 의미로, 사용자와 모바일, 컴퓨터 간 상호작용하는 환경을 뜻함. User들이 IT 기기를 작동하기 위해 접촉하는 매개체인 컴퓨터 조작 시 나타나는 아이콘 디자인, 모양 및 텍스트 등의 구동화면도 이에 해당

ⓒ UI의 설계방향

직관성	컨트롤, VIEW 부분을 나누어 첫 사용에도 사용법을 쉽게 인지할 수 있음
일관성	다양한 부분에 걸쳐 사용편의성이 일관적이라면 학습하기가 용이
효율성	사이트에 익숙해진 다음에 더 효율적으로 사용할 수 있다면 가장 좋음

② UX(User Experience)

㉠ UX(사용자 경험)는 사용자가 제품이나 서비스를 체험할 때 느낄 수 있는 감정으로, 사이트 방문자의 전반적인 경험을 뜻함

ⓒ 사용자 경험(UX)은 사용자 인터페이스(UI)에 의해 발전된 것으로 단순히 아름답게 보이는 것이 아니라 인간이 인지하지 못하는 Needs를 발견하고 공감하기 위한 수단을 말함

3. 온라인 쇼핑몰의 개념 및 장·단점

① 개념: 온라인 쇼핑몰(Online Shopping Mall)은 인터넷 등을 이용하여 상품을 매매할 수 있도록 만든 가상의 매장으로, 다수의 제3자로부터 상품이나 서비스의 정보를 제공받는 일종의 전자상거래 사이트를 의미

② 장·단점

구분	소비자 측면	기업 측면
장점	• 다양한 제품구색에 따른 선택의 용이성 • 구매활동의 시간 및 비용 절감 • 저렴한 가격으로 구매 가능 • 구매행위의 편의성 증대 • 제품의 비교 및 선택 용이 • 다양한 검색 및 활용 가능	• 무한한 제품 전시 공간 • 효율적 경영, 전 세계 소비자를 대상 • 광고, 유통, 물류비(단계생략) 등 절감 • 고객의 소비성향 파악이 용이 • 고객서비스의 개선 • 새로운 마케팅전략 수립 가능
단점	• 보안과 신뢰 수준 한계 • 판매자와 고객 간의 직접적 접촉이 불가능 • 배송, 보증 등의 문제점 • 정보의 지나친 홍수에 따른 제품 선택의 어려움	

4. 온라인 쇼핑몰의 기능과 결제시스템

① 온라인 쇼핑몰의 기능

㉠ 제품 카테고리화: 원하는 제품을 찾기에 용이하게 설계

ⓒ 검색기능(상세페이지): 제품 정보, 가격, 리뷰 등을 알 수 있음

ⓒ 장바구니: 선택한 제품을 결제 전 정리하고 모아봄

ⓔ 주문 및 결제기능: 제품의 주문서를 작성 후 결제를 함

ⓜ 회원가입 및 로그인: 개인정보를 관리하고 과거 주문기록 추적

ⓗ 리뷰 및 평가기능: 다른 사용자들이 제품을 선택할 때 참고

    &Ⓐ 배송 추적기능: 주문한 제품의 발송 후 상태를 추적
    &Ⓞ 고객 지원기능: 문의사항이나 문제해결을 할 수 있는 서비스 제공
② 온라인 쇼핑몰의 결제시스템
    ㉠ PG사: PG(Payment Gateway)는 일반적인 전자결제 서비스를 의미하며, 인터넷 쇼핑몰에서 상품 및 서비스를 구매하는 고객들의 신용카드 및 기타 결제수단을 중계하는 서비스를 뜻함

> **📖 Tip**
>
> **PG사 결제시스템 장·단점**
>
> | 장점 | • 보안성이 뛰어남
• 플랫폼과 쉬운 통합이 가능
• 시간과 공간의 제약이 없음 |
> | --- | --- |
> | 단점 | • 수수료 외 부가세 발생
• 모든 업종에 적용이 어려움(진입장벽이 높음)
• 특정 카드사와 제휴가 어려움 |

    ㉡ 에스크로(Escrow)
       ⓐ 에스크로는 상거래 시 판매자와 구매자의 사이에 신뢰할 수 있는 중립적인 제3자가 중개하여 금전 또는 물품 거래를 하도록 하는 서비스를 말함
       ⓑ 에스크로는 보통 거래의 안전성을 확보하기 위해 이용되며, 사기 방지 및 안전성 보장이라는 장점이 있기 때문에 보통 사기가 많이 일어나는 중고거래 플랫폼에서 에스크로 기반의 결제시스템을 구축하고 있음
    ㉢ 간편결제: 간편결제는 카드와 은행 계좌에서 돈을 꺼내 간편결제 서비스 계좌에 돈을 충전해놓고 온라인으로 결제하는 방식으로 네이버페이, 카카오페이, 삼성페이 등이 이에 해당

5. 검색엔진 마케팅과 검색엔진 최적화 [기출 25-3, 25-2, 24-3, 24-2]

① 검색엔진 마케팅(SEM; Search Engine Marketing)
    ㉠ 검색엔진 마케팅(SEM)은 네이버, 구글, 야후 등의 검색엔진을 활용해 광고를 집행하는 마케팅기법으로 검색엔진 광고와 검색엔진 최적화를 통해 실행
    ㉡ 검색엔진 결과 페이지에 자사 사이트의 가시성(Visibility)을 증가시켜 사이트를 홍보하는 온라인 마케팅방법으로, **'키워드 광고'**가 대표적임. 검색엔진 광고를 통해 상품이나 서비스를 검색 결과 사이트 상단에 노출할 수 있음
    ㉢ PPC(Pay-Per-Click) 검색광고 [기출 25-3] : 클릭당 유료로 비용을 지불하는 인터넷 광고방식으로, 고객유도 및 광고집행이 간단하고, 광고효과 분석이 용이하며, 검색엔진 최적화(SEO)에 비해 **광고효과가 즉각적**이라는 장점이 있음
② 검색엔진 최적화(SEO; Search Engine Optimization)
    ㉠ 검색엔진 최적화(SEO)는 검색엔진을 사용자 편의성 최적화에 집중하여 **검색엔진 상단에 자사의 웹사이트를 효과적으로 노출**시키는 기법임

ⓒ SEO를 통해 자사 사이트를 상단에 노출시켜 마케팅 효과 및 매출액 제고를 꾀할 수 있음

ⓒ 특정 소비자가 궁극적으로 검색하고자 하는 키워드를 파악해야 하며, 경쟁사 분석도 중요함

ⓐ SEO는 '**특정 키워드**' 검색에 대한 필요성을 느끼는 사용자들이 대상이 된다는 점에서 불특정 다수를 대상으로 하는 일반 검색과는 차이점이 있음

③ 검색엔진 최적화 성과지표

ⓐ **오가닉 트래픽(Organic Traffic)**: 유료 광고가 아닌 사용자가 검색엔진을 통해 직접 검색하여 자연스럽게 웹사이트에 유입된 방문자의 수(자발적으로 사이트를 방문한 고객이 얼마나 많은가)

ⓑ **페이드 트래픽(Paid Traffic)**: 검색결과의 가장 상단이나 하단에 노출되는 구글검색광고 등의 포스트를 통해 웹사이트로 들어온 방문자의 수(유료 광고 트래픽)

ⓒ **SEO 긍정적 성과지표 확인**: 키워드 검색순위 상승, 오가닉유저 및 세션(Session) 증가, 이탈율(Bounce rate) 감소, 평균 세션시간 증가

6. 웹사이트 보안

우수한 보안기능의 웹 디자인은 모든 디지털 자산의 일관된 브랜딩을 촉진할 수 있으며, 웹사이트의 검색엔진 최적화 설계, 뛰어난 UX 제공, 전환율 향상(클릭 수, 등록)에 도움을 줌

 **Tip**

> 보안 관련 참조
> 유통정보 THEME 11. **2** 전자상거래의 안전과 개인정보 보호
> THEME 12. **2** 전자상거래 보안원칙

THEME 28 소셜미디어 마케팅과 성과측정

1 소셜미디어 마케팅

1. 소셜미디어 플랫폼의 개요

① 소셜미디어 플랫폼(Social Media Platform)

ⓐ **개념**: 소셜미디어 플랫폼은 사용자가 콘텐츠를 만들고 공유하면서 온라인 네트워크에 연결하는 온라인 환경을 뜻하며 페이스북, 트위터, 인스타그램, 유튜브 등이 대표적임

ⓑ **기대효과**: 커뮤니케이션의 연결, 정보제공과 업데이트, 자기표현과 개인 브랜딩, 비즈니스 관계의 형성, 사회적 운동과 영향력 표출

② **소셜커머스(Social Commerce)**

ⓐ 최근 인스타그램, 유튜브, 틱톡과 같은 소셜미디어 플랫폼에는 소비자가 앱에서 나가지 않고

도 제품을 검색하고 쇼핑할 수 있는 쇼핑 기능이 있으며, 이를 소셜커머스라고 함
ⓛ 소셜커머스는 소셜미디어와 온·오프라인 미디어를 포함한 소셜네트워크를 활용한 전자상거래의 일종
ⓒ 대표적인 형태는 공동구매형으로 일정 인원 이상이 구매할 것을 전제로 판매자와 가격에 대해 협상을 한 후 소셜 네트워크 서비스(SNS)를 통해 홍보하고 구매자를 모집하는 형태로 이루어짐

2. 소셜미디어 마케팅

① 개념: 페이스북, 인스타그램 등의 소셜미디어를 통해 소셜미디어 사용자들의 반응과 관심을 받을 수 있도록 각 채널에 최적화된 다양한 콘텐츠를 기획·제작하고, 잠재고객 또는 고객들과 활발하게 소통하며 상품이나 서비스를 알리고 정보를 공유하는 온라인 마케팅을 의미

② 소셜미디어 마케팅 절차

> 최적 플랫폼 선정 → 적합한 콘텐츠 기획 → 콘텐츠 제작 → 캠페인 추적 → 캠페인 결과 평가

③ 소셜미디어의 유형

SNS 플랫폼	가장 일반적 유형으로 사용자들이 프로필을 생성하고 친구, 동료 등과 연결할 수 있는 플랫폼. 페이스북이 대표적임
마이크로블로킹 플랫폼	유저들이 짧은 글이나 업데이트를 작성하고 공유하는 플랫폼. 트위터가 대표적이며 글자 수 제한이 있음
이미지 공유형 플랫폼	유저들이 사진·이미지를 업로드하고 공유할 수 있는 플랫폼. 인스타그램이 대표적임
비디오 공유형 플랫폼	동영상을 업로드하고 공유할 수 있는 플랫폼. YouTube가 대표적임. 시청자들은 동영상을 시청하고 구독, 좋아요, 댓글 등으로 상호작용
전문 네트워크 플랫폼	비즈니스·직장 관련 정보를 공유하고 커뮤니티와 네트워킹을 할 수 있는 플랫폼. Linked-in이 대표적임

④ 소셜미디어의 장점 [기출 25-2, 25-1, 24-3]
㉠ 소셜미디어는 **표적화**(Targeting)되고, **개별화**(Customizing)되어 있음
㉡ 소셜미디어는 **상호작용적**이어서 소비자의 의견 및 피드백을 얻는 데 이상적임
㉢ 소셜미디어는 브랜드의 근황 및 활동에 관한 마케팅 콘텐츠를 **적시성** 있게 제공함
㉣ 소셜미디어 마케팅의 유료 소셜광고를 통해 광고주는 광고의 **도달범위 확장**이 가능함
㉤ 소셜미디어는 고객의 **경험을 형성하고 공유**하는 데 적합함

3. 소셜미디어 광고

소셜미디어 광고는 소셜미디어 플랫폼을 통해 광고를 기획하여 제작하고 이를 페이스북, 트위터, 인스타그램 등을 통해 송출하는 광고방식을 의미

4. 인바운드 마케팅과 아웃바운드 마케팅 [기출 25-1]

① 인바운드 마케팅(Inbound-Marketing)
  ㉠ **개념**: 인바운드 마케팅은 잠재고객이 관심을 가질 만한 콘텐츠를 제공하여, 고객이 자사 사이트나 전화를 통한 문의를 하거나 영업소를 방문하게 하여 신규고객을 창출하는 기법
  ㉡ **사용방법**: 블로그 게시물 작성, 소셜미디어 마케팅, 유튜브 마케팅, 콘텐츠 마케팅 등을 통해서 고객의 구매욕구를 자극하는 방법 활용

② 아웃바운드 마케팅(Outbound-Marketing)
  ㉠ **개념**: 아웃바운드 마케팅은 잠재고객의 관심을 끌기 위해 기업이 먼저 소비자에게 e-메일, 텔레마케팅 등을 통해 적극적이고 설득적인 메시지를 전달하는 마케팅기법
  ㉡ **사용방법**: e-메일 마케팅, 텔레마케팅, 광고, 직접 마케팅 등을 통해 정보를 적극적으로 전달하고 마케팅조사에도 활용할 수 있음

③ 양자의 비교

구분	인바운드 마케팅	아웃바운드 마케팅
고객니즈	명확함	불명확함
방향성	**고객이 먼저 접촉**(고객 → 기업)	**기업이 먼저 접촉**(기업 → 고객)
구매가능성	높음	낮음
고객예측	어려움	용이함
일정관리	어려움	용이함

2 데이터 분석과 성과측정

1. 디지털마케팅의 효과적인 분석도구

① Google Analytics
  ㉠ 웹사이트 트래픽 및 사용자 행동을 모니터링하고 분석하는 데 사용
  ㉡ 페이지뷰, 이탈률, 유입경로, 변환율 등을 추적하여 마케팅 캠페인의 성과측정 가능

② 소셜미디어 분석도구
  ㉠ 페이스북, 트위터 등 소셜미디어 플랫폼의 성과추적, 소셜미디어 전략을 평가에 활용
  ㉡ 좋아요, 공유, 댓글 등의 상호작용을 분석하고, 타깃 고객들의 통계 제공

③ 이메일 마케팅 분석도구
  ㉠ 이메일 마케팅 캠페인의 성과를 추적하고 이메일 수신자의 행동 분석
  ㉡ 이메일 전송 후 열람률, 링크클릭률, 구독행동 등 모니터링하여 전략 최적화에 활용

2. 효과적인 분석도구와 측정지표 [기출 25-3, 25-2, 25-1, 24-2]

① **전환율**(Conversion Rate, **CVR**): 디지털마케팅에서 방문자 중 실제로 원하는 행동(전환)을 완료

한 비율을 의미하는 핵심 성과지표
- **측정방법**: (전환 수 / 방문자 수) × 100
- **활용**: 구매, 가입, 다운로드 등의 목표달성 여부를 평가

② **마케팅 투자수익률(MROI)**: 마케팅에 투자된 비용 대비 이로 인해 발생한 이익의 비율
- **측정방법**: (발생이익 / 마케팅투자액) × 100
- **활용**: 특정 마케팅 캠페인의 효과를 평가하고 수익성을 확인

③ **경로분석**: 고객이 상품이나 서비스를 찾아 구매하는 과정을 이해하기 위한 분석
- **활용**: 마케팅 채널 중 가장 효과적인 수단을 결정하고, 고객의 경로를 최적화

④ **이메일 마케팅**
- **전송률**: 전송된 이메일 중 실제로 받은 이메일 비율
- **열람률**: 이메일을 열어본 사용자의 비율
- **클릭률**: 이메일 내 링크를 클릭한 사용자의 비율

⑤ **트래픽 및 사용자 행동 측정**
- **페이지 뷰**: 웹사이트 페이지 조회 횟수
- **이탈률(Bounce Rate)**: 반송률이라고도 하며, 웹사이트를 떠난 사용자의 비율을 뜻함
- **세션(Session)**: 사이트 내에서 일정 시간 동안 있었던 지속적인 움직임을 하나의 단위로 정하고 측정한 수, 즉 사람들이 해당 사이트에 얼마나 자주, 그리고 얼마나 오래 머물렀는지를 나타내는 지표에 해당함
- **평균 세션시간**: 사용자의 평균 방문시간

⑥ **콘텐츠 효과**
- **컨버전율**: 원하는 목표를 달성한 사용자의 비율
- **임프레션(Impression)**: 임프레션(노출)은 콘텐츠가 소비된 '횟수'를 의미
- **도달률(Reach)**: 특정 광고 및 콘텐츠가 전체 목표 대상자 중 실제로 노출된 숫자나 비율
- **소비자 피드백**: 댓글, 평가, 리뷰 등을 통한 사용자 의견

3 마케팅 퍼널(Funnel) 모형

1. 개념 `기출 25-1, 24-1`

① 퍼널은 **'깔때기'**를 뜻하며, 마케팅 퍼널은 상품을 인지하고 구매까지 나아가는 과정 중에서 실제 유입자 수가 줄어드는 현상이 깔때기 모양을 닮은 데서 기인한 용어
② 온라인상의 고객이 웹이나 앱 서비스에 접속한 후 상품을 구매하기까지의 일련의 경로를 단계별로 나누어 시각화한 모델을 뜻함
③ 온라인상에서 설계된 퍼널을 통해 기업은 각 단계마다 고객의 전환 및 이탈을 확인할 수 있기 때문에 해당 단계에 적합한 전략들을 수립하는 것이 가능

④ 온라인상의 마케팅 퍼널은 기존 소비자의 구매 여정을 새롭게 설계하는 것이 아니라 신규고객의 유입시점부터 구매, 재구매까지의 고객행동을 단계별로 세분화함으로써 어느 단계에서 이탈자가 많은지 파악하고, 그에 대한 개선방안을 피드백함에 있음

2. 마케팅 퍼널 모델(TOFU-MOFU-BOFU 전략)

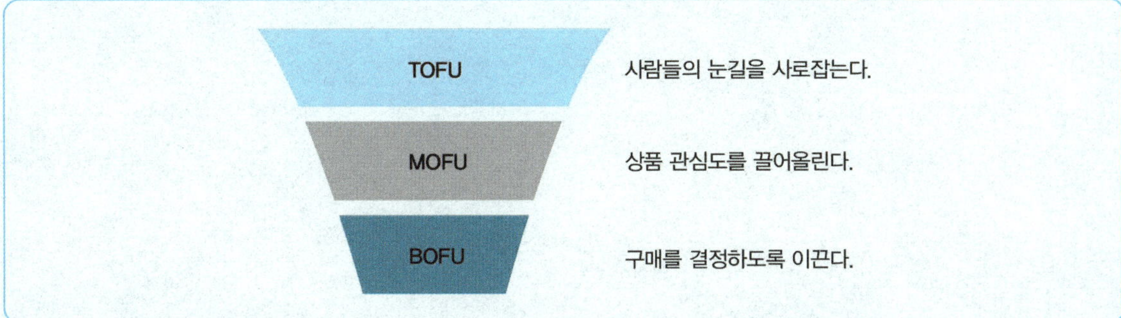

① TOFU(Top of the Funnel): 퍼널 상단, 브랜드를 발견하는 단계
  ㉠ 마케팅 채널(인스타, 유튜브 등)에서, 어떤 광고 소재에 대해 고객들이 열광하는지, 잠재고객 한 명을 유입하는 비용이 효율적인지 등 고려하는 단계
  ㉡ 지표: 일간(월간) 방문자 수, 광고조회 수 대비 클릭률(CTR), 마케팅비용 대비 유입 수 등
② MOFU(Middle of the Funnel): 방문자가 구매자가 되기 직전까지의 단계
  ㉠ 자사 브랜드(사이트)에 방문한 고객의 관심대상, 구매 니즈를 경청하고 질문하는 것이 중요
  ㉡ 지표: 프로모션 진행 시 전환율(Conversion Rate), 실험별 전환율 개선도 등
③ BOFU(Bottom of the Funnel): 구매자가 충성고객이 되는 단계
  ㉠ 이 단계의 주요 목표는 구매를 완료하고 브랜드 충성도를 끌어올리는 것으로, 자사 브랜드를 구매하고, 더 나아가 재구매 및 지인 추천을 하는 정도까지 나아가는 것이 중요
  ㉡ 지표: 상세페이지에서 구매 단계까지의 전환율, 마케팅비용 대비 매출 등

유통관리사 한권합격

4 과목 유통정보

1 정보와 자료, 지식과의 관계

1. 정보와 자료, 지식 개념

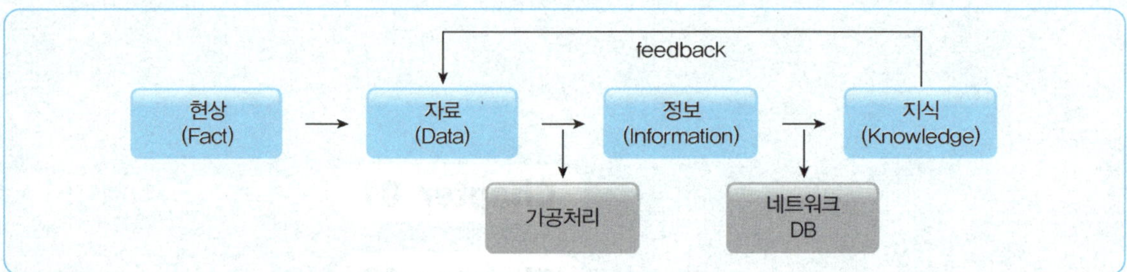

① 정보(Information)의 개념
　㉠ 개념: 정보란 관찰이나 측정을 통해 수집된 자료(Data)를 실제 문제해결에 도움이 될 수 있도록 해석하고 정리한 것을 뜻함
　㉡ 피터 드러커(Peter Drucker)는 관련성과 목적성이 부여된 사실들을 정보라고 하였음
　㉢ 일반적으로 정보는 이전에 수집한 데이터를 재가공한 특성을 갖고 있음
　㉣ 정보의 효용

시간효용 (Time Utility)	정보는 의사결정자가 필요로 하는 시기에 제공되어야 정보의 효용은 높아짐
장소효용 (Place Utility)	정보에 쉽게 접근할 수 있을 때에 정보의 효용은 높아짐. 인터넷과 온라인 시스템은 시간효용과 장소효용을 최대화하는 정보시스템
소유효용 (Possession Utility)	정보소유자는 다른 사람에게 정보가 흘러가는 것을 통제할 수 있을 때 정보의 가치를 높게 인식
형태효용 (Form Utility)	정보형태가 의사결정자의 요구에 보다 밀접하게 부합될수록 정보의 효용은 높아짐

② 자료(Data)의 개념　기출 22-1
　㉠ 개념: 자료는 수, 영상, 단어 등의 형태로 된 단위로, 연구나 조사 등의 바탕이 되는 재료를 말하며, 특정 사실을 나타내는 수치라 할 수 있음
　㉡ 1차 자료와 2차 자료: **1차 자료는 현재 당면한 문제를 해결하기 위해 직접 조사한 자료**를 뜻하며,

2차 자료는 비용과 시간 단축을 위해 기존자료를 간접적으로 수집한 것을 말함

③ 지식(Knowledge)의 개념

　㉠ 개념: 어떤 특정 목적의 달성에 유용하도록 정보를 추상화하고 일반화한 것으로, 정보가 동종의 정보끼리 집적되고 일반화된 형태로 정리되면 지식으로 발전

　㉡ 지식은 상황정보, 경험, 규칙, 가치가 포함되어 체계화된 결과로 인과, 원인관계를 형성하여 새로운 가치를 창출해 낸 또 다른 사실임

　㉢ 일반적으로 데이터에서 정보를 추출하고, 정보에서 지식을 추출

　㉣ 형식지와 암묵지: 형식지(Explicit Knowledge)란 문서화, 매뉴얼로 데이터베이스화된 지식을 말하며, 암묵지(Tacit Knowledge)는 개인이 경험과 노력으로 체화된 지식을 말함

▌ 자료와 정보, 지식과의 관계 ▌ 기출 24-3, 22-3, 21-2

구분	자료	정보	지식
구조화	쉬움, 낮은 구체성	단위 필요, 통합된 구체성	어려움, 높은 추상성
부가가치	적음	중간	많음
객관성	객관적	가공 필요	주관적
적용범위	협소함	특정 상황에 적합	가장 넓음

2. 바람직한 데이터가 갖추어야 할 특성

① **정확성**: 정보는 정확한 자료에 근거하여 실수나 오류가 개입되지 않아야 하고, 자료의 의미를 편견의 개입이나 왜곡 없이 정확하게 전달해야 함

② **관련성**: 정보는 의사결정과 관련성이 있어야 함. 즉, 목적에 정보가 부합되어야 함. 관련성은 양질의 정보를 취사선택하는 기준이 됨

③ **경제성**: 정보 산출 비용이 적정하여, 정보 획득 비용보다 정보로 인한 가치창출이 커야 함

④ **신뢰성**: 신뢰성은 원천자료의 수집방법과 관련이 있는 것으로, 정보는 신뢰할 수 있어야 함

⑤ **완전성**: 정보는 그 내용에 필요한 것이 충분히 내포되어 있어야 함. 완전성은 문제해결에 필요한 정보가 완비된 정도를 의미하는 것으로, 정성적 가치판단 기준의 하나

⑥ **단순성(간편성)**: 정보는 가급적 복잡하지 않고 단순해야 함. 정보가 지나치게 복잡하거나 상세하면 불필요한 정보에 불과

⑦ **적시성**: 아무리 양질의 정보라도 필요한 시간에 이용자에게 제공되어야 함. 즉, 정보는 필요로 하는 시간에 제공될 때 비로소 그 진가를 발휘하게 되는데, 이는 정보가 그 자체에 시간적 효용이 더해짐으로써 그 가치가 높아짐을 의미

⑧ **입증가능성**: 정보는 입증할 수 있어야 하는데, 이는 같은 정보에 대해 여러 정보원을 체크함으로써 살펴볼 수 있음. 입증 가능성은 증거성이라고도 하는데, 정보의 정확성을 확인할 수 있는 정도를 의미

⑨ **통합성(Integration)**: 동일한 데이터는 조직의 전체에서 한 번만 정의되고, 이를 여러 다른 영역에서도 참조·활용할 수 있어야 한다는 속성을 의미

2 정보화 사회

1. 정보혁명의 특징

① **디지털과 인터넷의 보급**: 현재의 정보기술의 혁명은 디지털과 네트워크(또는 인터넷)라는 두 가지 요소를 통해 대량의 정보를 처리하는 것으로 규정할 수 있음. 그리고 그 배경으로 지적할 수 있는 것은 정보이론·사이버네틱스 또는 정보과학이라는 새로운 종합적 학문영역의 발전과 컴퓨터의 발달임

② **IT 기술의 발달**: 컴퓨터의 등장과 발전으로 계산과 제어, 통신의 기술은 ITC 분야의 큰 발전을 가져왔고, 최근 AI를 기반한 산업 전반으로 확대되고 있음

③ **지식기반 경제의 등장**: OECD의 정의에 의하면 지식기반 경제는 '지식과 정보의 생산·분배·소비에 직접적으로 기초하고 있으면서, 고기술 투자와 고기술 산업, 고숙련 노동 및 그와 연관된 생산성 이득 등이 증가하는 추세를 보이는 경제'를 의미

④ **빅데이터**: 전 세계적으로 몇 년간 페이스북 등 소셜 네트워크 서비스나 기기 간 통신을 이용한 센서 네트워크, 그리고 기업의 IT 시스템에서 발생하는 대량 데이터의 수집과 분석, 즉 이른바 빅데이터의 활용이 활발해지고 있음

2. 산업혁명 기출 23-2, 22-1

① **1차 산업혁명**

　㉠ 18세기 중엽 영국에서 시작된 기술혁신과 사회·경제구조의 변화

　㉡ 노동에서 분업이 이루어지기 시작하였고, 전문성이 강조되기 시작

② **2차 산업혁명**: 19세기 말 미국과 독일을 중심으로 진행된 기술혁신으로 전력을 활용해 대량생산 체계를 구축하기 시작

③ **3차 산업혁명**: 20세기 중반 컴퓨터, 인터넷의 발명으로 촉진되어 일어난 정보혁명

 **Tip**

> 3차 산업혁명의 특징
> - 컴퓨터와 같은 전자기기 활용을 통해 업무 프로세스 개선을 달성
> - 업무 프로세스에 대한 부분 자동화가 이루어졌고, 네트워킹 기능이 프로세스 혁신을 위해 활성화되기 시작
> - 노동에서 분업이 이루어지기 시작하였고, 전문성이 강조되기 시작

3. 제4차 산업혁명 기출 23-1

① 2016년 세계경제포럼(WEF; World Economic Forum)에서 화두로 등장하였으며 **인공지능, 사물인터넷, 빅데이터, 모바일 등 첨단 정보통신기술이 경제·사회 전반에 융합**되어 혁신적인 변화가 나

타나는 차세대 산업혁명

② 디지털 혁명에 기반하여 물리적 공간, 디지털적 공간 및 생물학적 공간의 경계가 더욱더 모호해지게 되어 이들 간의 기술 융합을 통한 새로운 공간 생성 시대 도래

③ 과학기술적 측면에서 '모바일 인터넷', '클라우드(Cloud) 기술', '빅데이터', '사물인터넷(IoT)' 및 '인공지능(AI)', '옴니채널' 등이 주요 변화 동인으로 꼽힘

④ 초연결(Hyper Connectivity)과 초지능(Super Intelligence)을 특징으로 하기 때문에 기존 산업혁명에 비해 더 넓은 범위(Scope)에 더 빠른 속도(Velocity)로 크게 영향(Impact)을 끼침

⑤ 생산요소인 토지, 노동, 자본 중 **노동의 가치가 토지와 자본에 비해 중요도가 작아지는 특징**이 있음

4. 정보화 사회에서 기업환경의 변화

① 글로벌 시장체제로의 전환으로 인해 기업 간 경쟁 심화

② 소비패턴의 다양화·고급화(다품종, 소량생산, 다빈도배송)

③ 제품수명주기(PLC) 단축

④ 지식집약 사회로의 전환

⑤ 글로벌화에 따른 기업 간 전략적 제휴의 증대

5. 정보화 사회의 문제점

① 소수의 정보독점(집중화)에 의한 독재

② 정보과잉 현상의 발생

③ 정보범죄 증가 및 프라이버시의 침해

④ 정보격차로 인한 국가 간의 불평등 심화

THEME 02 정보와 유통혁명

1 유통혁명의 개요

1. 유통혁명의 개념

전통적인 '생산자 → 도매상 → 소매상 → 소비자'로 이어지는 유통경로가, 소매상의 지배력이 강화되어 도매상은 본래의 존재 이유를 점차 잃어가고 있다고 보는 도매상 무용론이 이러한 변화를 유통혁명이라고 표현

유통·물류일반관리 제1과목 / 상권분석 제2과목 / 유통마케팅 제3과목 / 유통정보 제4과목

2. 유통혁명 시대의 특징

구분	유통혁명 이전의 시대	유통혁명 시대
관리핵심	개별 기업관리	공급체인관리(SCM)
경쟁우위요소	비용, 품질	정보, 시간, 유연성
기술우위요소	신제품 개발	정보, 네트워크
고객·시장	불특정 다수	특화 고객
조직체계	독립적·폐쇄적 조직	유연하고 개방적인 팀 조직 (애드호크라시)
이익의 원천	수익 제고	가치창출

3. 유통혁명 시대의 유통업체 발전전략 `기출 24-1`

① 불특정 다수를 위한 고객전략에서 **특화된 고객전략으로의 전환**

② 비용중심의 운영전략에서 시간중심의 운영전략으로의 전환

③ 개별 기업중심의 경영체제에서 통합 공급체인 경영체제로의 전환

④ 유통업의 기본개념을 제품유통 위주에서 정보유통 위주의 전략으로의 전환

⑤ 기술우위의 기본개념을 신제품 개발 위주에서 정보시스템 및 네트워크 위주의 전략으로의 전환

2 디지털 경제하에서의 유통업 패러다임 변화

1. 디지털 경제의 개념

전통적 2차 산업인 제조업에서 컴퓨터 및 정보통신기술을 이용한 정보화 산업으로 산업의 혁신적 변화를 주도하여 사회 전체의 효율성과 생산성을 극대화하는 경제구조를 뜻함

2. 디지털 경제하 유통업의 패러다임 변화 `기출 23-1, 21-3`

① 수확체증의 법칙: 생산요소의 투입을 늘렸을 때 생산량이 생산요소의 증가율보다 큰 비율로 증가하는 것을 말함. 정보화 시대에 수확체증의 법칙이 적용되는 전형적인 분야는 지식집약적 산업이 대표적임

 **Tip**

> 수확체증의 법칙 관련 용어 `기출 23-1`
> - **메트칼프(Metcalfe)의 법칙**: 수확체증의 법칙으로 인하여 일정 숫자 이상의 사람이 해당 네트워크를 이용하면, 그 네트워크의 효용은 기하급수적으로 상승한다는 법칙
> - **티핑 포인트**: 일정 수준 이상의 플랫폼에 참여하는 이용자를 확보하게 될 경우, 막강한 경쟁력을 확보해서 승자독식의 비즈니스가 가능하게 되는 현상

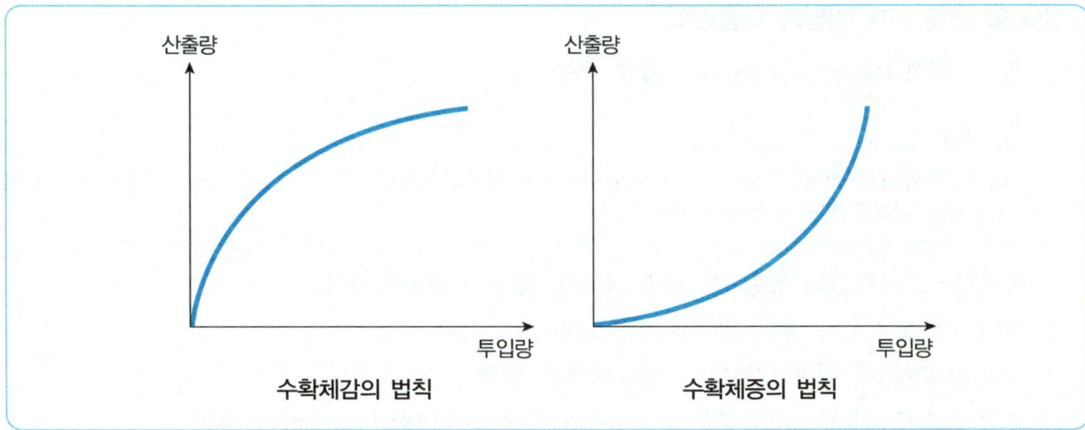

② **무형자산의 중요성 부각**: 자산의 의미도 유형자산(Tangible Assets)에 국한하지 않고 무형자산 (Intangible Assets)으로까지 확대되고 있음

③ **네트워크 시대**: "네트워크의 가치는 가입자 수에 비례해 증대하고, 어떤 시점에서부터 그 가치는 비약적으로 높아진다."는 메트칼프(Metcalfe)의 법칙이 적용

④ **구매자 주도 시장**: 인터넷의 양방향성이라는 특성으로 인해 구매자는 복수의 판매자를 비교하고 가격협상까지 할 수 있는 구매자 주도 시장으로 변화하고 있음

⑤ **지식기반 경쟁**: 유형의 제품이 창출하는 가치에서 **무형의 콘텐츠 또는 지식·아이디어가 중요 경쟁 원천**으로 자리하고 있음

⑥ **거래비용의 감소**: 제품단위당 이윤은 감소할 수 있으나, 거래비용이 낮아져 소비자 수요가 확대되 고, 제품의 판매량이 증가함으로써 오히려 전체적으로는 이윤이 증가

⑦ **퓨전 유통 확산**: 유통업태 간의 컨버전스(Convergence)를 의미하는 퓨전 유통이 확산추세를 보임

3. 디지털 경제 법칙

① **무어의 법칙**: 18개월마다 반도체의 성능은 2배로 증가하나 가격은 불변이라는 법칙

② **메트칼프의 법칙**: 수확체증의 법칙으로 인하여 일정 숫자 이상의 사람이 해당 네트워크를 이용하 면, 그 네트워크의 효용은 사용자 수의 제곱에 비례하여 기하급수적으로 상승한다는 법칙

③ **서프의 법칙**: 데이터베이스가 인터넷에 연동되어 조회 및 입력이 가능할 때 데이터베이스의 가치 가 급증한다는 것을 나타내는 디지털 경제 법칙

④ **단절의 법칙(Chasm)**: 무어의 법칙, 메트칼프의 법칙, 서프의 법칙 등이 결합되어 기존의 사회와 는 전혀 다른 모습의 사회가 대두되는 상황

⑤ **코스(Coase)의 법칙**: 디지털 경제 시대에서는 인터넷 활용으로 거래비용이 감소하여 기업 내부의 기능이 통합 및 축소되어 조직의 복잡성이 감소하고 기업 규모가 감소한다는 이론

⑥ **롱테일 법칙**: 파레토 법칙에 반하여 하위 80%가 상위 20%보다 더 큰 가치를 만든다는 것으로, 2004년 크리스 앤더슨이 주장한 이론(역파레토 법칙)

4. 디지털 경제 시대 기업의 대응전략

① 대량고객화(Mass Customization)에 대응

 **Tip**

> 대량고객화: 데이터베이스를 기초로 개별 맞춤화된 상품과 서비스의 대량생산을 통해 비용을 낮춰 경쟁력을 창출하는 새로운 생산과 마케팅 방식

② 온라인·오프라인의 융합 및 고객 니즈에 맞는 콘텐츠의 통합

③ 리얼타임 고객만족 제공 및 가시성(Visibility) 강화

④ 고객관계관리를 위한 양방향 커뮤니케이션 강화

⑤ 고객 스스로 원하는 가치창출이 가능하도록 프로슈머화(Prosumer) 지원

⑥ 크라우드소싱(Crowd-Sourcing) 확대

 **Tip**

> 크라우드소싱(Crowd-Sourcing)
> - 기업활동의 전 과정에 소비자들이 참여할 수 있도록 일부를 개방하고 참여자의 기여로 기업활동능력이 향상되면 그 수익을 참여자와 공유하는 집단지성 참여전략
> - 이전에는 해당 업계의 전문가들이나 내부자들에게만 접근을 허용하였던 지식을 대중에게 공유하고, 제품이나 서비스의 새로운 개발 혹은 업그레이드 과정에 전문가뿐만 아니라 비전문가나 외부전문가들의 적극적인 참여를 유도하는 것을 의미

5. 디지털 경제사회에서의 비즈니스 사고방식 전환 〔기출 25-1〕

① **기업 지배에서 시장 지배**로 전환

② **지역 경제에서 글로벌 경제**로 전환

③ **대량 시장에서 개별고객 시장**으로 전환

④ **자산의 소유에서 사용권의 획득**으로 전환

⑤ **수익체감의 경제에서 수익체증의 경제**로 전환

6. **파괴적 혁신**(Disruptive Innovation)

기존의 제품이나 서비스를 혁신적으로 개선하여 새로운 시장을 창출하는 혁신을 말함. 기존제품이나 서비스를 혁신적으로 개선함으로써 새로운 고객층을 확보하거나, 새로운 수익원을 창출하는 것

〔예〕 넷플릭스, 우버, 에어비앤비 등

THEME 03 정보와 의사결정시스템

1 의사결정의 이해

1. 의사결정의 개념과 절차

① 개념: 의사결정이란 조직의 특정한 문제를 해결하기 위한 여러 가지 대체적 행동과정 중에서 가장 바람직한 행동과정을 선택하는 논리적 과정으로, 의사결정은 조직의 모든 계층에서 이루어짐

② 절차: 문제에 대한 인식 → 대체안의 탐색 → 대체안의 평가 → 대체안의 선택

2. 의사결정 수준에 따른 분류 `기출 23-2, 21-2`

① 전략적 의사결정

　㉠ 전략(Strategy): 거시적, **비일상적, 비정형적, 비구조적, 장기적**인 계획으로 기업의 미래와 직결된 의사결정으로 최고관리층에서 이루어짐

　㉡ 주로 기업의 외부문제에 관련된 것으로, 시장상황에 따라 '어떤 제품을 어느 정도 생산할 것인가', '어느 제품에 어느 정도의 자원을 투입할 것인가' 하는 데 대한 기본적인 의사결정

　㉢ 전략계층은 조직 외부 및 범산업적 영역에서 발생하는 정보를 수집하고 분석하여 의사결정을 내려야 하는 경우가 많음

② 관리적 의사결정

　㉠ 관리(Management): 운영 결과에 의해 수집된 정보를 포괄적으로 분석한 사항에 대한 의사결정(기업의 주요 활동)

　㉡ 최대의 과업능력을 산출하기 위해서 기업의 자원을 조직화하는 문제에 대한 의사결정으로, 조직기구에 관한 결정과 자원의 조달과 개발에 관한 결정을 포함

　㉢ 관리계층은 중간관리자, 임원 등이 속하며, 의사결정 유형은 준구조적인 형태로 간헐적으로 우발적인 형태의 의사결정을 수행해야 할 때가 있음

③ 운영적(업무적) 의사결정

　㉠ 운영(Operation): **미시적, 일상적, 반복적, 정형적, 구조적**이며 단기적인 기업활동에 관한 의사결정(일상적 업무절차)

　㉡ 기업자원의 효율성 극대화를 위한 의사결정으로 현행 업무의 수익성을 최대로 하는 것을 목적으로 하고, 각 기능 및 제품라인에 대한 자원 배분, 일정계획화, 통제 등을 그 내용으로 함

　㉢ 운영계층의 의사결정은 대부분 단기적이고, 그날그날의 운영정보를 주로 다룸

Tip

계층별 의사결정의 유형과 특징

계층	의사결정의 유형	특징
최고관리층	전략적 의사결정	총자원의 제품시장 기회 할당, 예산결정 등의 중요 장기 계획
중간관리층	관리적 의사결정	자원의 조직화·조달·개발
하위관리층	운영적 의사결정	주요 기능 분야에 자원을 할당하고 일정계획을 수립하는 단기 결정

3. 전략적 의사결정의 오류

① **정박효과(Anchoring Effect)**: 어떤 고정관념에 사로잡혀 상황을 제대로 인식하지 못한 나머지 제대로 된 판단을 하지 못하는 현상을 의미

② **확증편향**: 사실의 진위를 가리거나 문제를 해결할 때 자신의 신념과 일치하는 정보만을 취하고 상반되는 정보는 무시하는 무의식적 사고 성향

③ **멘탈 어카운팅**: 사람들이 돈의 원천이 어디인지, 돈이 어디에 쓰이는지에 따라 같은 돈이라도 그 크기나 가치를 다르게 여기는 현상을 의미

④ **매몰비용 오류**: 투자에 소요되는 기간이나 금액이 예정보다 훨씬 초과해서 경제적 가치가 없어졌는데도 계속해서 투자하는 경우를 의미

⑤ **현상유지 선호**: 대부분의 기업은 기존사업의 매각이 가치창출의 중요한 수단임을 인식하면서도 매각을 꺼리게 되는데, 이러한 현상유지 선호가 항상 나쁜 것은 아니지만 보다 좋은 기회를 놓치게 되는 경우가 많음

2 유통정보시스템의 중요성

1. 유통정보시스템(DIS; Distribution Information System)의 개요

① **개념**: 기업의 유통활동 수행에 필요한 정보의 흐름을 통합하는 기능을 통해 전사적 유통 또는 통합유통을 가능하게 하는 동시에 유통계획, 관리, 거래처리 등에 필요한 데이터를 처리하여 유통관련 의사결정에 필요한 정보를 적시에 제공하는 정보시스템

Tip

물류정보시스템(LIS; Logistics Information System): 고객의 주문이 발생하는 시점부터 고객이 주문한 상품을 전달받는 과정에서 발생하는 총체적인 업무처리과정을 통합하는 정보시스템

② **정보시스템의 구성요소**: David and Olson이 제시한 정보시스템을 구성하는 요소에 따르면 하드웨어, 소프트웨어, 데이터베이스, 네트워크, 사람이 필수적 구성요소에 해당

　㉠ **하드웨어**: 물리적인 컴퓨터 장비로 입력장치(키보드, 마우스, 스캐너, 마이크 등)와 처리장치(연산장치와 제어장치), 출력장치(프린터, 모니터), 기억장치로 구성

   ⓛ **소프트웨어**: 컴퓨터 작업을 통제하는 프로그램들로, 운영체제와 유틸리티 등 시스템 소프트웨어는 컴퓨터의 운영을 통제하고, 워드나 엑셀 등 응용 소프트웨어는 특정 업무를 지원

   ⓒ **데이터베이스**: 체계화된 메타 데이터의 집합체로 고객·시장·제품 등의 필수적인 기초정보들이 수집되어 있음

   ⓔ **네트워크**: 시스템·고객·기업 간의 사이를 연결시켜 주는 역할을 함. 즉, 연결역할로 다양한 정보수집, 신속한 의사결정, 전 세계시장으로의 진출을 가능하도록 함

   ⓜ **인적자원(사람)**: 시스템을 관리·운영·유지하는 모든 사람들을 포함하며, 시스템의 성패를 결정하는 주체로 시스템 분석가, 프로그래머, 컴퓨터 운용요원, 데이터 준비요원, 정보시스템 관리요원, 데이터 관리자 등으로 구성

2. 유통정보시스템이 유통경로에 미치는 영향

① **재고관리의 용이**: 정보기술을 이용한 재고관리는 제조업체의 생산계획과 도·소매상의 구매계획에 도움을 줌으로써 고객들의 대기시간을 단축하고 재고의 절대량과 안전재고량 등 재고량을 줄이는 데 기여

② **물류관리(운송)의 용이**: 주문 및 처리시간의 단축뿐만 아니라 신속하고 저렴한 운송방법을 제시함으로써 고객서비스의 향상과 물류비용의 절감을 가져옴

③ **머천다이징 관리의 향상**: 소비자의 구매성향과 구매습관을 쉽게 파악할 수 있게 됨에 따라 소비자들이 쉽고 편리하게 구매할 수 있도록 최적의 제품구색을 갖출 수 있게 됨

④ **촉진관리의 용이**: 촉진활동의 성과가 객관적인 자료에 의해 과학적으로 평가할 수 있게 되었으며, 새로운 촉진기술을 제공해 줌으로써 더 효과적인 촉진관리가 가능해짐

3. 유통정보시스템 도입의 이점

① 고객과 공급업체 간 정확한 정보교환을 통해 효율성 제고

② 주문으로부터 배달까지의 시간을 단축시킬 수 있어 고객서비스 수준 향상

③ 주문, 선적, 수취의 정확성을 꾀할 수 있음

④ 주문이 빠르게 전송·처리되므로 리드타임 단축

⑤ 인건비의 절감을 꾀할 수 있음

⑥ 유통망 가시성 확보를 통한 불확실성 감소

⑦ 가시성 문제를 최소화하여 시장 수요와 공급을 조절

4. 유통정보시스템의 설계 및 구축과정

① 유통정보시스템의 설계단계

> 경로시스템에 있어 핵심 의사결정 영역의 확인 → 의사결정이 이루어지는 각 수준(제조, 도매, 소매)의 확인 → 의사결정을 내리기 위해 필요한 정보(매장, 재고, 인력)의 확인 → 유통정보를 제공하는 방법과 시스템 운영환경의 확인 및 설계 → 잡음 요소 규명 및 유통정보를 보완할 수 있는 프로그램 확인

② **유통정보시스템의 구축과정** `기출 24-1` : 유통정보시스템은 '기획단계 → 개발단계 → 기술적 구현단계 → 적용단계'를 거쳐 구축

　　㉠ **기획단계**: 유통정보시스템이 효율적으로 개발되고 현업에 적용될 수 있는 환경을 조성하며, 지침을 제공하는 단계

　　㉡ **개발단계**: 기획단계에서 조성된 환경을 중심으로 사용자요구사항을 분석하고 사용자 인터페이스를 반영하여 유통정보시스템을 설계하는 단계

　　㉢ **기술적 구현단계**: 유통정보시스템이 추구하는 목표와 제시된 시스템 설계를 컴퓨터 시스템으로 실현하는 단계로, 데이터베이스 구축, 소프트웨어와 하드웨어 수요의 결정, 연계 네트워크의 결정, 시스템 통제수단의 결정, 사용자 환경의 구현, 시범서비스의 개발, 시스템 구축 등의 순서로 이루어짐

　　㉣ **적용단계**: 사용자를 위한 사용지침서(매뉴얼)의 개발은 마지막 적용단계에서 이루어짐

③ **유통정보시스템의 개발단계**: 주요 유통기능 및 유통기능 수행자의 결정 → 각 유통기능 수행에 필요한 마케팅 정보의 결정 → 정보 수집자, 사용자 및 전달방법의 결정 → 잡음(Noise) 요소의 규명 및 이의 제거 방안 결정 순으로 수행

④ **유통정보시스템의 개발절차**

　　㉠ 정보 활용목적에 대한 검토

　　㉡ 정보 활용주체에 대한 결정

　　㉢ 필요정보에 대한 정의

　　㉣ 정보제공 주체 및 방법에 대한 결정

　　㉤ 유통정보시스템 개발

5. 유통정보시스템을 위한 데이터베이스 구축 시 필요 데이터

① **조달물류 관련 데이터**: 원자재, 부자재, 입찰, 외상, 매입 등의 데이터

② **상품/생산 관련 데이터**: 생산계획, 비용, 공정, 품질관리, 상품 디자인 데이터

③ **판매물류 관련 데이터**: 재고, 출하, 창고관리, 운송, 하역 등 관련 데이터

④ **판매/영업 관련 데이터**: 수요예측, 판매수당, 주문 및 견적, 외상매출 데이터

⑤ **고객서비스 관련 데이터**: 고객 불만처리대장, 고객성향 및 고객서비스 기록

3　의사결정지원시스템(DSS; Decision Support System)

1. 개념 `기출 21-1`

① DSS는 기업경영에서 당면하는 여러 가지 의사결정 문제를 해결하기 위해 복수의 대안을 개발하고, 비교·평가하며, 최적안을 선택하는 의사결정 과정을 지원하는 정보시스템을 말함

② **의사결정을 위한 정보를 제공해주는 시스템**으로 의사결정권이 있는 사용자가 빠르게 판단할 수 있게 도움

③ 의사결정지원시스템의 의사결정 품질 개선을 위해 딥러닝(Deep Learning)과 같은 고차원적 알고리즘(Algorithm)이 활용

2. 의사결정지원시스템의 분류 〔기출 22-2〕

① **중역정보시스템**(EIS; Executive Information System): 중역(또는 임원)들이 자신들의 경영기능을 수행하고 경영목적을 달성하는 데 필요한 주요 정보를 인식하고, 신속하고 신뢰 있게 조회할 수 있도록 지원되는 컴퓨터 정보전달 및 통신시스템

② **전문가시스템**(ES; Expert System): 기획 및 상위 관리계층의 의사결정지원(DSS)을 구성하는 시스템으로, 특정 영역의 지식을 체계적으로 컴퓨터에 저장함으로써 많은 사람이 적은 비용으로 전문가의 지식을 이용할 수 있도록 만든 소프트웨어

③ **거래처리시스템**(TPS; Transaction Process System): 실무를 담당하는 하위 운영관리자를 지원하는 시스템으로, 컴퓨터를 통해 기능적이고 구조적이며 반복적인 업무처리를 수행하는 데 활용

 **Tip**

> **그룹의사결정지원시스템**(GDSS; Group Decision Support System): 그룹 의사소통 및 집단 의사결정을 보다 효과적으로 지원하기 위해 구축되는 시스템을 말하며, 같은 시간에 다른 장소에서 3인 이상이 하는 전화회담(Conference Calls)을 이용

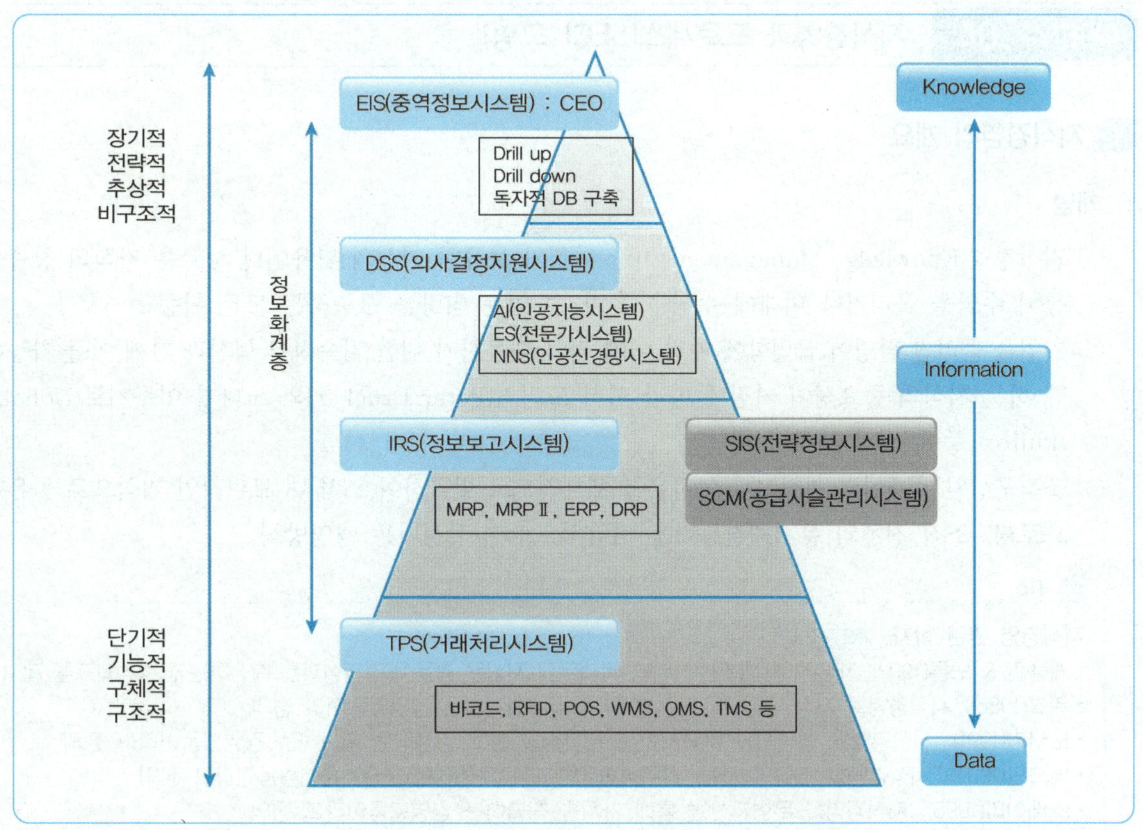

 **Tip**

> **의사결정지원기법 유형** `기출 25-1`
>
> 1. **AHP**(Analytical Hierarchy Process)
>   - 의사결정의 목표, 또는 평가기준이 다수이며, 복합적인 경우 상호 배반적인 대안들의 체계적인 평가를 지원하는 의사결정지원기법
>   - 정성적(Qualitative) 요소를 포함하는 다기준 의사결정(Multi Criteria Decision Making)에 널리 사용
>   - 문제를 해결할 때 계층적 구조의 설정과 상대적 중요도의 설정, 그리고 논리적 일관성 유지라는 세 가지 원칙을 따른다는 것을 이론적 근간으로 함
> 2. **PEST 분석**(거시환경분석/외부환경분석 프레임워크): 정치(Political), 경제(Economic), 사회(Social), 기술(Technological) 요인을 분석하는 외부환경분석 프레임워크를 의미
> 3. **SWOT 분석**: 기업의 내외부 요인을 강점(Strength), 약점(Weakness), 기회(Opportunity), 위협(Threat)으로 정성적으로 나누어 전략 수립에 활용하는 도구
> 4. **시나리오 분석**: 미래 상황에 대한 불확실성(수익과 잠재적 손실 등)을 고려하여 다양한 가설을 세우고 시뮬레이션하여 대안을 검토하는 방법
> 5. **피시본 다이어그램**(원인-결과도): 문제의 원인을 분류하여 도식화하면서 체계적으로 분석할 때 사용하는 인과분석 도구

THEME 04 지식경영과 프로세스(SECI 모형)

---

1 지식경영의 개요

1. 개념

① 지식경영(Knowledge Management)이란 사회가 보유한 지식의 활용이나 새로운 지식의 창출을 통해 수익을 올리거나 미래에 수익을 올릴 수 있는 역량을 구축하는 모든 활동

② 기업을 둘러싼 환경이 급변함에 따라 이에 적극 대응하기 위한 지속적인 혁신과 함께 이를 가능하게 하는 지식의 중요성이 커짐에 따라 피터 드러커(Peter Drucker)와 노나카 이쿠지로(Nonaka Ikujiro) 등에 의해 제창된 개념

③ 조직구성원 개개인의 지식이나 노하우를 체계적으로 발굴하여 조직 내 보편적인 지식으로 공유함으로써, 조직 전체의 문제해결능력을 비약적으로 향상시키는 경영방식

 **Tip**

> **지식경영 관련 학자** `기출 23-3`
> - **캐플란 & 노튼**(1992): 재무적 지식뿐만 아니라 비재무적 지식을 활용해 경영성과를 측정하는 균형성과표를 제시
> - **위그**(1986): 지식경영을 지식 및 지식 관련 수익을 극대화시키는 경영활동이라 정의
> - **노나카**(1991): 지식경영을 형식지와 암묵지의 순환과정을 통해 경쟁력을 확보하는 경영활동이라고 정의
> - **베크만**(1997): 지식경영을 조직의 역량, 업무성과 및 고객가치를 제고하는 경영활동이라고 정의
> - **스베이비**(1998): 지식경영을 무형자산을 통해 가치를 창출하는 경영활동이라고 정의

2. 지식경영의 중요성

① 지식경영은 프로젝트 지식을 재활용할 수 있도록 유지하는 기회를 제공하고 있음
② 복잡하고 중요한 의사결정을 빠르고, 정확하고, 반복적으로 수행할 수 있도록 지원
③ 조직의 효율성과 효과성 향상을 위해 지식을 기반으로 혁신하여 경쟁할 수 있기 때문
④ 대화와 토론을 장려하여 효과적 협력과 지식공유를 위한 단초를 제공하기 때문
⑤ 지식노동자 **개인의 암묵적 지식을 형식지로 변환시켜** 조직의 구성원이 공유해야 빠르게 변화하는 경쟁환경에 대응할 수 있기 때문

3. 학습조직이론

① 개념: 학습조직이란 정보와 지식을 창조하고, 습득하고 전달하는 데 익숙하여 이 새로운 지식과 통찰을 바탕으로 조직의 행동을 변화시키는 데 능숙한 조직을 말함
② 구축 조건
　㉠ 학습 결과에 대한 측정이 가능해야 함
　㉡ 학습조직을 구축할 때 지식관리는 자신의 업무와 관련하여 수행되어야 함
　㉢ 아이디어 교환을 자극할 수 있도록 조직 내의 장벽을 없애야 함
　㉣ 학습목표를 명확히 하고 학습포럼 등의 프로그램이 활성화되도록 지원 필요
　㉤ 자율적인 환경을 만들어 창의력을 개발하고 학습에 도움이 되는 환경 조성 필요
③ 학습조직에서 추구하는 학습목표의 속성
　㉠ 미래의 기회를 창출할 수 있어야 함
　㉡ 기업목표 및 직무와 연계되어야 함
　㉢ 업무의 전체 흐름을 파악하는 데 기여해야 함
　㉣ 학습목표는 미래지향적이고 구체적이어야 함

 **Tip**

> 피터 센게(P. Senge)의 학습조직이론의 핵심적 5요소
> - 시스템적 사고　　　　　• 개인의 지적 숙련　　　　　• 사고모형
> - 비전의 공유　　　　　　• 팀 학습

④ 지식경영자
　㉠ 지식경영자(CKO)의 개념: 조직의 지식경영과 지식관리를 책임지는 경영자
　㉡ 지식경영자의 역할
　　ⓐ 기업과 구성원들에게 새로운 지식을 전달하고 분배하여 지식을 기업경영에 효율적으로 활용
　　ⓑ 지식경영과 관리에 대한 학습을 장려하여 조직의 경쟁력을 근본적으로 늘리고 전략과 비전 제시

ⓒ 조직 내 지식경영과 지식관리를 총지휘하는 고급 임원으로, 조직 내부 구성원들이 보유한 전문지식을 발굴하여 효과적으로 활용

ⓓ 지식경영을 위한 지식공유시스템의 기반을 구축하여 사내 지식 활용을 위한 지식문화 조성 등의 업무를 총괄지휘하며, 각종 정보수집부터 어떤 종류의 지식이 조직의 경쟁우위 강화에 필요한지 등을 결정

4. 경쟁우위와 지능화 수준에 따른 지식경영 분석기술의 발전단계

리포트 → 스코어카드와 대시보드 → 데이터 마이닝 → 빅데이터

2 지식경영 프로세스

1. 지식의 변환과정

① SECI 모형의 개념

㉠ 노나카 이쿠지로는 1990년대 중반 '지식창조이론'을 최초로 제시하였고, 이는 기업조직 내에서 지식이 창출되는 과정 및 창조적 지식개발 능력을 제고하는 조직형태와 적용방향 등을 설명하는 데 유용한 이론

㉡ 지식변환과정은 개인, 집단, 조직의 차원으로 나선형으로 회전하면서 공유되고 발전해 나가는 창조적 프로세스로, 지식변환과정은 순차적으로 진행되며 밀접하게 연결되어 있음

㉢ 지식변환은 암묵지와 형식지의 상호작용으로 원천이 되는 지와 변환되어 나온 결과물로서의 지의 축을 이루는 매트릭스로 표현

㉣ 지식변환과정은 직선적이 아닌 복합상승 작용이 나타나는 나선형 프로세스로 진행

㉤ 지식변환은 지식 획득, 공유, 표현, 결합, 전달하는 창조 프로세스 메커니즘을 지칭

② **형식지와 암묵지** 기출 22-3, 21-1 : 1960년대 과학철학자인 폴라니(Michael Polanyi)는 지식을 형식적 지식(Explicit Knowledge)과 암묵적 지식(Tacit Knowledge)으로 구분하였고, 이로부터 지식경영의 개념이 등장하기 시작함. 형식적 지식(형식지)이란 말, 즉 언어로 표현할 수 있는 명시적・객관적・논리적인 지식을 의미함. 반면, 암묵적 지식(암묵지)은 개인적인 경험에 의해 얻어지는 지식으로, 말로 표현하기 어려운 직감적인 지식을 말하며 노하우, 체화된 경험 등을 의미

암묵지 (Tacit Knowledge)	• 개인의 머릿속에 체화되어 있는 지식으로 지적 자본이라고도 함 • 비구조적이며 고착성 지식에 해당 • 매우 개인적이며 형식화가 어려움 • 주관적, 인지적, 경험적 학습에 관한 영역에 존재 • 조직에서 명시적 지식보다 강력한 힘을 발휘하기도 함 • 경쟁기업이 쉽게 모방하기 어려운 지식으로 **경쟁우위 창출에 기반**이 됨
형식지 (Explicit Knowledge)	• 구체적이거나 체계화된 것으로 **공식적이고 체계적인 문서, 언어, 매뉴얼**로 전달 가능한 지식 • 구조적이며 유출 가능한 지식에 해당 • 암묵지보다 이성적(객관적)이며 기술적인 지식에 해당 • 논리적 추론 및 계산에서 생기는 인식

③ 지식의 변환과정 〔기출 24-3, 22-2, 21-2〕 : 지식의 창조는 암묵지를 어떻게 활성화, 형식지화하여 활용할 것인가의 문제라고 볼 수 있음. 암묵지와 형식지를 활용한 지식창조 프로세스 순서는 다음과 같음

　㉠ **사회화(공동화)**: 경험을 통해 말로 설명하기 어려운 지식을 생각 속에 공유하는 과정으로, 이 과정을 통해 창출되는 지식(**암묵지 → 암묵지**)

　㉡ **표출화(외재화)**: **암묵지를 형식지로 표출**하는 과정으로, 이 과정을 통해 창출되는 지식은 개념지로, 개인이나 집단의 암묵지가 공유되거나 통합되어 그 위에 새로운 지식이 만들어지는 단계에 해당(**암묵지 → 형식지**)

　㉢ **연결화(종합화)**: 개인과 집단이 각각의 형식지를 합쳐서 새로운 지식을 창출하는 과정으로, 이 과정을 통해 창출되는 지식은 시스템지에 해당(**형식지 → 형식지**)

　㉣ **내면화(내재화)**: 형식지가 암묵지로 변화되는 과정으로, 이 과정을 통해 창출되는 지식은 일상지로 문화, 노하우, 기능적 스킬 등이 있음(**형식지 → 암묵지**)

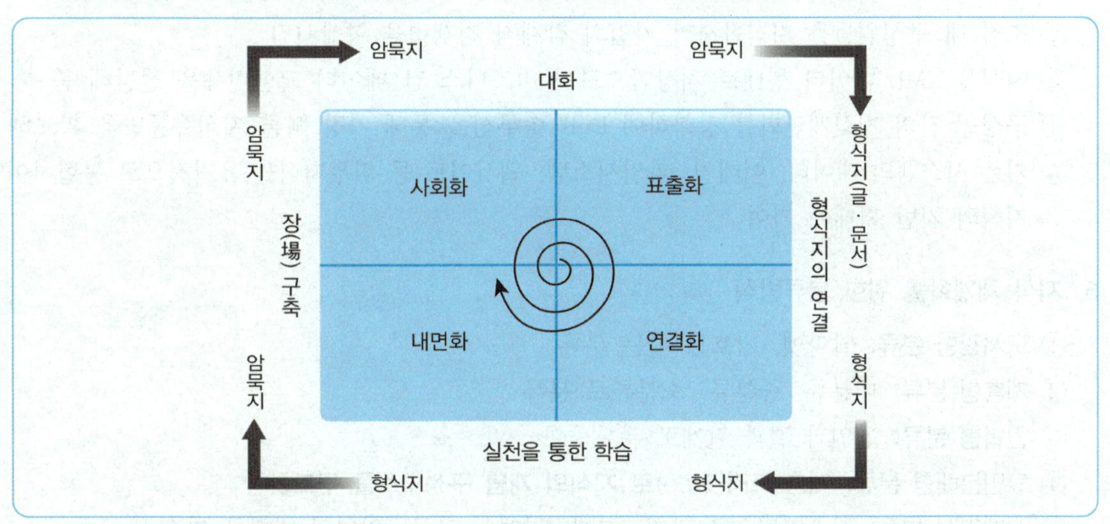

2. 지식 포착 기법

① **인터뷰**: 개인의 암묵적 지식을 형식적 지식으로 전환하는 데 사용하는 기법

② **현장관찰**: 관찰대상자가 문제를 해결하는 행동을 할 때 관찰, 해석, 기록하는 프로세스

③ **브레인스토밍**: 비판을 허용하지 않는다는 가정으로 둘 이상의 구성원들이 자유롭게 아이디어를 생산하는 비구조적 접근방법

④ **스토리**: 조직학습을 증대시키고, 공통의 가치와 규칙을 커뮤니케이션하며, 암묵적 지식의 포착, 코드화, 전달을 위한 뛰어난 도구

⑤ **델파이 방법**: 다수 전문가의 지식 포착 도구로 사용되며, 일련의 질문서가 어려운 문제를 해결하는 데 대한 전문가의 의견을 수렴하기 위해 사용

3. 지식경영시스템의 효과

① 시장정보의 축적, 제품·서비스 향상, 지식의 활용성 증대, 그리고 지식의 공유 등을 통해 기업의 경쟁력을 강화할 수 있음

② 공간과 시간을 뛰어넘는 Click and Mortar 유형의 기업 기반이 될 수 있음

③ 지식공유가 활성화됨에 따라 사내 전문가 그룹이 형성되고 관심 분야 토론 등을 통한 새로운 지식의 창조능력이 증대

④ 지식베이스를 중심으로 축적된 지적 자산이 기업의 자산평가에 반영되어야 할 핵심 무형자산이 됨

⑤ 학습효과의 향상, 지속적인 지식창조활동 등을 통해 조직의 지식능력을 높일 수 있음

4. 지식경영시스템의 역할

① 조직 내 구성원들의 지식을 집약하고, 이를 바탕으로 새로운 지식 창출을 유도

② 조직 내 구성원들을 지식화시켜 기업의 잠재적 경쟁력을 향상시킴

③ 지식을 XML 데이터 형태로 저장함으로써 비즈니스 간 데이터 교환비용을 절감해 줌

④ 구성원 간의 지식개인화를 강화하여 Pull 솔루션을 통해 가장 빠른 지식유통망을 확보해 줌

⑤ 기존 시스템의 데이터, 이메일, 파일시스템, 웹사이트 등 외부지식을 유기적으로 통합하여 기업 지식의 기반 확대에 기여

5. 지식 체계화를 위한 분류방식 `기출 21-3`

① **도서관형 분류**: 알파벳, 기호로 하는 분류

② **계층형 분류**: 대분류, 중분류, 소분류로 분류

③ **인과형 분류**: 원인과 결과 관계로 분류

④ **요인분해형 분류**: **계층 트리(Tree)로 지식의 개념 구성요소를 구조화**한 것

⑤ **시계열적 분류**: 시계열적으로 과거, 현재, 미래의 사상·의의의 변화를 기술

⑥ **네트워크형 분류**: 의미 네트워크에 기반하여 공간적으로 의미를 구성

THEME 05 지식관리시스템

1 지식관리시스템의 개요

1. 지식관리시스템의 개념

① 지식관리시스템(KMS; Knowledge Management System)은 조직 내의 인적 자원들이 축적하고 있는 개별적인 지식을 체계화하여 공유함으로써 기업경쟁력을 향상시키기 위한 기업정보시스템

② 지식관리시스템 구축으로 기업 간 협업이 가속화되어 경쟁우위를 구축할 수 있음

> **Tip**
>
> **스튜어트(Stewart)의 지식자산 특성**
> 1. **개념**: 지식자산의 유형으로 고객 자산, 구조적 자산, 인적 자산 등이 있음
> 2. **지식자산 유형**
>   - **고객 자산**: 고객브랜드 가치, 기업이미지 등
>   - **구조적 자산**: 조직의 경영시스템, 프로세스 등
>   - **인적 자산**: 구성원의 지식, 경험 등, 특히 구조적 자산으로 외재적 존재 형태를 갖고 있는 것은 형식지라 할 수 있음

2. 지식관리시스템과 지식경영과의 관계

① 지식관리시스템은 지식의 저장과 검색을 위한 기능을 제공

② 지식관리시스템의 도입은 조직 운영의 효율성과 효과성 측면에서 업무성과를 개선해 줌

③ 기업에서는 지식관리 중요성이 대두됨에 따라 최고지식관리책임자(CKO)를 선임하고 있음

④ 기업에서 지식경영을 통한 경쟁력 확보를 위해서는 SECI 모델이 제시하는 것처럼 지식을 사회화하고 결합하여 공유해야 함

⑤ 기업에서 이용하는 지식관리시스템의 이용성을 높이기 위해서는 동기부여 측면에서 보상시스템을 구축해야 함

3. 지식관리시스템 구축의 이유

① 기업들은 최선의 관행(Best Practice)을 공유할 수 있음

② 기업들은 노하우 활용을 통해 제품과 서비스의 가치를 개선할 수 있음

③ 기업들은 경쟁우위를 창출하기 위한 지식을 용이하게 활용할 수 있음

④ 기업들은 경영혁신을 위한 적절한 지식을 적절히 포착할 수 있음

⑤ 기업들은 기업과 기업 간 협업이 증가되어 경쟁우위 구축에 유리함

2 지식관리시스템의 구축

1. 지식관리시스템의 구축 프로세스

> 지식의 창출 → 지식의 공유 → 지식의 저장 → 지식의 활용

① **지식의 창출(획득)**: 지식은 그 특성상 지식 창출의 명확한 경로를 밝혀낼 수 없는 한계를 지니고 있기 때문에 단순하고 보편적인 방법을 통해 지식을 창출할 수 있는 가능성을 높이는 것이 지식의 창출과정에서 가장 중요한 성공요건이 됨

② **지식의 공유**: 민주적이며 열린 조직문화가 선행되어야 하고, 수직적인 조직구조보다는 수평적 조직구조가 지식경영을 위해 바람직하며, 성과측정을 통해 개인을 평가할 수 있는 성과시스템이 연공서열에 의한 제도보다 바람직한 모델이 됨

③ **지식의 저장**: 정보기술의 발전과 함께 지식을 저장하고 활용할 수 있는 다양한 도구들이 선보이고 있으며 그 성능에 있어서도 이전에는 불가능해 보이던 수준의 업무까지 가능하게 됨

④ **지식의 활용(전달)**: 아무리 가치 있는 지식이라도 사용하지 않고, 새롭게 가치를 부여하지 않으면 쉽게 진부화되며, 지식은 사용할수록 그 가치가 증폭되는 특성을 지니고 있으므로 조직구성원들의 지식 사용을 적극 권장하고 지원해야 함

2. 지식관리시스템의 6단계 사이클 기출 22-3

> 지식의 생성(생산) → 지식의 포착 → 지식의 정제 → 지식의 저장 → 지식의 관리 → 지식의 유포

① **지식 생성**: 사람들이 일하는 방식을 새롭게 바꾸고 노하우를 개발하는 과정에서 창조
② **지식 포착**: 개인으로부터 창출된 암묵지 중 조직 전체에 공유될 만한 지식을 탐색
③ **지식 정제**: 지식 포착으로 획득한 지식 중 공유할 지식을 추출 후 정제
④ **지식 저장**: 유용한 지식은 사람들이 접근할 수 있도록 합리적인 형태로 저장
⑤ **지식 관리**: 잘 보관되어야 하고 적절성과 정확성을 입증하기 위한 검토가 수행되어야 함
⑥ **지식 유포**: 필요로 하는 사람이 언제 어디서든지 유용한 형태로 사용할 수 있도록 제공

3. 지식관리시스템의 구현 절차

목표 설정 및 문제 정의 → 지식관리 프로세스 구축 → 지식기반 창출 및 지식관리시스템에 저장 → 지식 활용 증대를 위한 업무처리 프로세스 구축

4. 효율적 지식베이스 시스템이 되기 위한 조건

① 대량의 지식의 고속 탐색 및 갱신이 요구
② 추론 기능과 유연한 지식 조작 기능이 요구

③ 지식의 표현은 이해하기 쉬운 표현법이 요구

④ 고도의 인간-기계 인터페이스(Man-Machine Interface) 기능이 요구

⑤ 분석과 결합, 통합을 위하여 정량적 데이터뿐만 아니라 정성적 데이터들 또한 구조화하는 변환과정을 거쳐 저장·유통되어야 함

5. 유통업체에서 지식관리시스템 활용을 통해 얻을 수 있는 효과

① 동종업계의 다양한 우수 사례를 공유할 수 있음

② 지식을 획득하고, 이를 보다 효과적으로 활용함으로써 기업 성장에 도움이 됨

③ 중요한 지식을 활용해 기업 운영에 있어 경쟁력 확보 가능

④ 지식 네트워크를 구축할 수 있고, 이를 통해 새로운 지식을 얻을 수 있음

⑤ 지식관리시스템이 구축되면 기업과 기업 간 협업이 가속화되어 경쟁우위 구축 가능

THEME 06　바코드

1 바코드(Bar Code)의 개요

1. 개념 및 역사

① 개념

　㉠ 바코드(Bar Code)는 스캐너가 판독할 수 있도록 고안된 굵기가 다른 흑백 막대를 조합시켜 만든 코드로, 주로 제품의 포장지에 인쇄되며 표준형과 비표준형으로 구분

 **Tip**

> 바코드를 인쇄할 때 흑백 색상뿐만 아니라 컬러 색상으로 할 수 있음

　㉡ 바코드는 굵기가 다른 흑색의 바와 공간으로 상품의 정보를 표시하고 광학적으로 판독할 수 있도록 부호화한 것으로, POS 시스템의 효과적인 이용을 위한 중요한 구성요소

② 바코드의 발전사: 1973년 미국에서 **UPC 도입** → 1988년 영국·프랑스·독일 등 **EAN코드 도입** → 1988년 한국 EAN 가입(KAN 880코드 부여받음) → 2002년 UPC 사용국들이 EAN에 가입 → 2005년 **GS1(국제표준코드) 통합**: GTIN(Global Trade Item Number, 국제거래단품식별코드) 적용

③ GS1(국제표준코드)

　㉠ 현재 사용 중인 GS1 시스템은 제품, 운송 단위, 위치, 서비스를 고유하게 식별함으로써 글로벌 다업종 공급사슬을 효율적으로 관리하게 해주는 일체의 표준을 의미

　㉡ 식별(Identify), 인식(Capture), 공유(Share)는 GS1 국제표준기구의 3대 사상임

　㉢ 공유표준

　　ⓐ GDSN(Global Data Synchronization Network): 거래파트너 간의 표준화된 제품 정보 전송 및 정보의 지속적인 동기화를 도와주는 정보망

　　ⓑ GPC(Global Product Classification): 속성에 따라 제품을 그룹화할 수 있도록 도와주는 표준화된 분류체계

　　ⓒ GDM(Global Data Model): 전 세계의 제품 데이터 거래를 단순화하고 조화시켜 원활한 제품 구매를 위해 제품 콘텐츠를 활용하도록 도움

　　ⓓ GS1 Digital Link: 바코드에 입력된 상품 식별코드를 숫자들의 배열형태가 아닌 웹 주소 형식으로 표시하여 소비자들이 온라인으로 상품정보를 확인할 수 있도록 함

ⓔ GS1 Web Vocabulary: 검색 결과에서 더 정확하고 상세한 제품정보를 보여줌으로써 제품 판매를 재고할 수 있도록 도와줌

ⓕ GS1 Mobile Ready Hero Images: 웹사이트, 특히 모바일기기에 제품 이미지를 배치하는 가이드라인을 제공

2. 바코드의 구조

① Quiet Zone: 바코드의 시작문자의 앞과 멈춤문자의 뒤에 있는 공백부분을 가리키며, 바코드의 시작 및 끝을 명확하게 구현하기 위한 필수요소

② 시작·멈춤문자(Start·Stop Character)

㉠ 시작문자는 심벌의 맨 앞부분에 기록된 문자로 데이터의 입력 방향과 바코드의 종류를 스캐너에 알려주는 역할을 함

㉡ 멈춤문자는 바코드의 심벌이 끝났다는 것을 알려줌

③ Interpretation Line: 바코드가 인식되지 않으면 수동으로 입력할 수 있도록 육안으로 식별 가능한 숫자·문자 등이 적혀 있는 바코드의 위아래 부분을 말함

④ 검증코드(Check Digit): 바코드에는 결제 시에 스캔이 잘못되어 엉뚱한 값을 치르지 않도록 방지하는 장치인 '체크숫자(Check Digit)'가 있음. 메시지가 정확하게 읽혔는지 검사하는 기능을 담당

⑤ Bar/Space: 바코드는 가장 간단한 넓고 좁은 바와 스페이스로 구성되어 있으며, 이들 중 가장 좁은 바/스페이스를 'X'디멘션이라 함

3. 바코드의 장·단점 `기출 23-3, 22-1`

장점	단점
• 제작이 용이하고 도입비용이 저렴 • 데이터 입력 간소화 가능 • 인건비와 관리유지비 절감 가능 • 표시가 용이하고 응용범위가 광범위함 • 신속한 데이터 수집이 가능	• 바코드는 정보의 변경과 추가가 불가능 • 바코드는 쓰기가 불가능 • 바코드가 파손된 경우 잘 읽지를 못함 • 제품에 대한 충분한 정보수집에 한계

2 바코드의 구성 및 종류

1. 바코드의 구성

① 우리나라 KAN(Korea EAN)코드는 대한상공회의소 유통물류진흥원에서 부여

② 바코드의 일반적 특징 `기출 22-2`

㉠ 주로 제조업자나 중간상에 의해 부착

㉡ 바코드의 막대는 흑백 색상으로 구성되어 있으나, 바코드 인쇄 및 바코드 **스캐너는 다양한 색상 인식이 가능**

　　ⓒ 최대규격은 표준규격의 200%까지, 최소치에서의 세로 길이는 1.8cm까지 사용하도록 권장

　　ⓓ 최소치는 표준규격의 80%를 기준으로 하지만, 경우에 따라 그 이하로의 규격도 가능하나 계산대(POS)에서 판독 불가능한 경우를 대비해야 함

③ **코드의 구성**: 한국에서 주로 사용하는 한국의 표준코드는 KAN이며 백화점, 슈퍼마켓, 편의점 등 유통업체에서 최종 소비자에게 판매되는 상품에 사용하며, 표준형(KAN-13)과 단축형(KAN-8)이 있음

　㉠ KAN-13(표준형 바코드)

　　ⓐ KAN-13 표준형(A): 13자리로 구성되고, 우리나라의 **국가식별코드는 880(3자리), 제품 제조업체코드는 4자리, 상품품목코드는 5자리, 검증코드(체크디지트)는 1자리**로 구성

　　ⓑ KAN-13 표준형(B): 제조업체 수 증가에 따라 제조업체코드를 6자리로 늘림

 **Tip**

> **코드 설명**
> - **첫 3자리**(국가코드): GS1 본부가 각국에 부여하는 코드. 대한민국은 880
> - **업체코드**(4~6자리): 대한상공회의소 유통물류진흥원에서 유통표준코드 회원으로 가입한 업체에게 부여함. 일반적으로 6자리(B형) 코드가 부여되나, 업종에 따라 4자리(A형) 혹은 5자리 코드가 부여되는 경우 있음
>   - **의약품코드**(4자리): 의약품을 제조하거나 판매하는 업체에게 부여
>   - **의료기기코드**(5자리): 의료기기를 제조하거나 판매하는 업체에게 부여
> - **상품코드**(3자리): 일반적으로 업체코드를 소유한 기업이 자사의 상품에 부여함. 코드 부여 시 000부터 001, 002 등 번호를 순서대로 할당
> - **체크디지트**(1자리): 코드체계의 마지막에 위치하는 1자리의 숫자로 코리안넷에서 자동으로 계산됨. 체크디지트는 상품식별코드를 구성하고 있는 데이터가 올바르게 구성되었는지 확인하는 오류측정기능을 함

　㉡ KAN-8(단축형 바코드): 국가코드(3) + 제조업체코드(3) + 상품코드(1) + 검증코드(1)

　㉢ 표준형(KAN-13) 중에서, 표준형 A는 의류 등 **다품목 취급업체**에 부여하는 코드이며, 표준형 B는 식품, 화장품, 잡화 등 **소스 마킹**을 요하는 업체에 부여함

 **Tip**

> **소스 마킹과 인스토어 마킹** 〔기출 22-2〕
> - **소스 마킹**(Source Marking): 바코드 부착 방법의 하나로, 제조업체에서 직접 바코드를 붙이는 것을 말함. 해당 상품의 정보를 나타내는 바코드를 상품의 포장이나 용기에 인쇄하는데, 한국의 경우 코드관리기관인 유통물류진흥원에서 표준바코드를 부여받아 사용
> - **인스토어 마킹**(Instore Marking): 대형마트나 슈퍼마켓에서 과일이나 농산물에 주로 사용되는 것은 인스토어 마킹. 인스토어 마킹은 소매업체에서 상품 하나하나에 자체적으로 설정한 바코드 마킹을 의미. 이는 소스 마킹을 사용할 수 없는 **생선, 정육, 채소나 과일 등 청과물에 제한적으로 사용**

2. **통합된 국제바코드** 〔기출 23-3, 22-3〕

　→ **GS1 국제표준 바코드** = [GTIN: 상품식별코드(번호체계) + EAN/UPC 바코드 형태]

① GS1-13(EAN/UPC 계열)

　㉠ EAN-13(표준형 바코드)

ⓐ 표준형 상품식별코드(GTIN-13)가 GS1-13 바코드에 입력되며, '소매상품'에 가장 일반적으로 사용되는 바코드

ⓑ GS1-13 바코드는 슈퍼마켓이나 대형마트 등 일반 유통매장에서 사용

ⓒ GS1-13 바코드는 표준크기로부터 최대 200% 확대하여 출력 가능하며, 축소할 때에는 전체 배율을 고려하여 줄여야 함

ⓛ EAN-8(단축형 바코드): KAN-8과 동일, 단축형 상품식별코드(GTIN-8)를 나타낼 때 사용하는 바코드로, EAN-13 적용이 어려운 **소형 물품**의 식별에 제한적으로 사용

표준형 바코드(EAN-13) 심볼로지	단축형 바코드(EAN-8) 심볼로지

▮ EAN/UPC 심볼로지 ▮

② ITF-14(표준물류 바코드)

㉠ GTIN-14(표준물류 식별코드) + ITF-14(바코드 심벌) = ITF-14 바코드

㉡ 주로 **골판지상자**에 직접 바코드를 인쇄하여 사용되는 국제표준물류 바코드로 생산공장, 물류센터 등에서 입·출하 시 **동일상품**의 물류 단위를 인식하는 데 사용

㉢ ITF-14는 소매점 계산대를 거치지 않는 상품의 GTIN 바코드에만 사용

㉣ 표준사이즈를 기준으로 50~200%까지 축소, 확대하여 사용 가능

③ EAN-128(GS1-128): 18자리

㉠ 상대적으로 바코드 규격이 크기(大) 때문에 파렛트, 컨테이너 등 물류 단위에 사용

㉡ 주로 비소매품에 적용, GS1 응용식별자 SSCC(Serial Shipping Container Code)를 입력하면 다음과 같은 SSCC가 입력된 GS1-128 바코드가 생성

㉢ 바코드에 추가정보(일련번호, 유통기한, 단위 등)를 나타내야 할 경우 주로 GS1-128 바코드를 사용

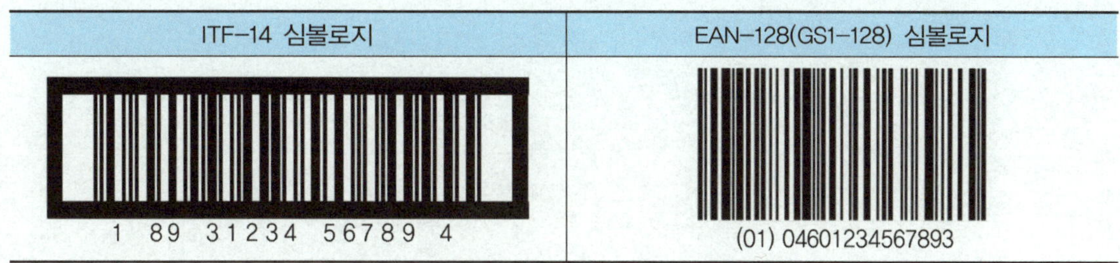

ITF-14 심볼로지	EAN-128(GS1-128) 심볼로지

 **Tip**

출판물 국제표준도서번호(ISBN)
유통분류번호(3) + 국가코드(2) + 발행자번호 및 서명식별(7) + 검증번호(1)

 **Tip**

GTIN 부여가 필요한 상황 – GTIN 관리표준 `기출 25-1`
1. 휴대전화 제조사가 새로운 기능을 갖춘 모델을 상품 구성에 추가함
2. 현재 브랜드 소유자의 상품 구성에 없는 맛이나 향을 지닌 제품을 처음으로 출시함
3. 현재 영어로 된 제품의 포장에 스페인어만으로 된 포장을 추가함
4. 계절에 맞춰 부분 변경된 제품을 선보이고 소비자/거래업체는 해당 제품을 구별해 주문할 수 있음
5. 새로운 기능(예 WiFi 및 스트리밍 기능)이 탑재된 신규 텔레비전 모델
6. 스타일과 색은 같지만 사이즈가 여럿인 청바지 신제품(30×30, 30×32, 32×30, 32×32 등). 스타일, 색, 사이즈가 다르면 서로 다른 제품으로 간주해 서로 다른 GTIN을 부여함
7. 빈티지(생산연도)가 바뀌면 소비자에게 다른 품질로 인식되고 신제품 또는 별개의 제품으로 취급되는 와인

3. 바코드의 인쇄 위치 `기출 24-1`

① 일반적인 경우 가장 최적의 바코드 인쇄 위치는 상품 뒷면의 오른쪽 아래 사분면임, 바코드 주위에 적정한 여백이 있어야 하며, Edge Rule을 따라야 함

② 하나의 포장지에 각기 다른 GTIN을 입력한 2개의 바코드를 부착해서는 안 됨. 묶음상품은 개별 상품의 **바코드가 보이지 않게 하고** 별도의 바코드를 부착해야 함

③ 바코드는 구석, 접지면, 주름진 곳, 이음매, 기타 고르지 않는 부위는 피하여야 하며, 가능한 매끄러운 표면에 인쇄

④ 형태가 원통형인 경우 해당 제품을 똑바로 세웠을 때 지면과 수직이 되도록 인쇄하는 것이 바람직함. 직경이 작은 굴곡면이라면 반드시 지면과 수직이 되도록 인쇄

⑤ **불규칙한 포장 형태인 경우**: 두꺼운 종이, 블리스터 팩 또는 오목한 상품 등은 가능한 평평한 부분을 찾아 인쇄

⑥ **대형상품**: 바코드를 앞면과 뒷면에 각각 인쇄하여 계산의 편의성을 제공

4. 2차원 바코드 QR 코드

① 개념 및 분류

  ㉠ 개념: 2차원 바코드는 데이터를 구성하는 방법에 따라 크게 매트릭스 코드(Matrix Bar Code) 와 다층형 바코드(Stacked Bar Code)로 구분된다. 매트릭스 코드에는 QR Code, Maxi Code, Data Matrix 등이 있고, 다층형 바코드에는 PDF-417, Code 49 등이 있음

  ㉡ 2차원 바코드의 종류 `기출 24-1`

Code Name	QR Code	Maxi Code	Data Matrix	PDF - 417	Code 49
바코드 모양 (Symbol)					

📖 **Tip**

QR 코드 `기출 25-1, 24-2, 23-2, 22-3, 22-1, 21-3`

1. 개념

   1994년 일본의 도요타 자동차의 자회사 **덴소 웨이브(DENSO WAVE)**에서 데이터를 빠르게 읽는 데 중점을 두고 **표준화**하여 개발 보급한 기술

2. 특징

   • 360˚ 어느 방향에서나 빠르게 데이터를 읽을 수 있음

   • 기존 바코드 기술과 비교할 때, 대용량 데이터의 저장이 가능하고, 고밀도 정보표현이 가능

   • **일부 찢어지거나 젖었을 때 오류를 복원**하는 기능이 포함

   • **QR 코드는 데이터 양에 따라 다양한 크기로 생성**될 수 있음

   • **바이너리(Binary), 제어 코드를 포함**한 모든 숫자와 문자를 처리할 수 있음

   • QR 코드의 특허는 모두에게 개방되어 있어 자유롭게 상업적 이용이 가능하게 허락하고 있음

   • 문자나 그림 등의 이미지가 중첩되는 경우에는 인식률이 낮아짐

3. 유형 `기출 21-3`

   ㉠ 고정형 QR

      • 소비자가 모바일 앱으로 가맹점에 부착된 QR 코드를 스캔하여 결제처리하는 방식

      • 고정형 QR은 가맹점 탈퇴, 폐업 즉시 QR 코드를 파기한 후 가맹점 관리자에게 신고해야 함

      • 고정형 QR 발급 시 별도 위변조 방지조치(특수필름 부착, 잠금장치 설치 등)를 갖추어야 함

   ㉡ 변동형 QR

      • 결제 앱을 통해 소비자가 QR 코드를 생성하고, 가맹점에서 QR 리더기(결제 앱 또는 POS 단말기)로 읽어서 결제처리하는 방식

      • 변동성 QR은 보안성 기준을 충족한 앱을 통해서만 발급이 가능하도록 결제표준에서 정하고 있음

② 특징

  ㉠ 한국어뿐만 아니라 외국어도 코드화 가능

  ㉡ 1차원 바코드에 비해 좁은 영역에 많은 데이터를 표현할 수 있음. 즉, QR 코드로 바코드와 동일한 양의 자료를 표현하고자 할 때 **더 작은 사각형 모양 크기**로도 가능(1차원 바코드: 30자, 2차원 바코드: 최대 3,000자)

ⓒ 2차원 바코드는 오류 정정기능이 내장되어 있어 코드가 오염된 경우 데이터 복원 가능

ⓔ 1차원 바코드의 경우 바코드가 손상·누락된 경우, 하단에 판독 가능한 문자가 있으나, 2차원 바코드에는 데이터 판독불가 시 백업 기능이 없음

ⓜ 문자, 숫자 등의 텍스트는 물론 그래픽, 사진 등 다양한 데이터를 담을 수 있음

ⓗ QR 코드는 일본이 개발했으며, 나머지는 전부 미국에서 개발

5. 마킹의 일반 규정

① **바코드의 크기**: 최소 축소치는 표준규격(가로 3.73cm, 세로 2.63cm)의 80%, 최대치는 표준규격의 200%까지 가능함. 최소 축소치에서의 세로 길이는 1.8cm까지 사용하도록 권장

② **여백**: 바코드 리더기는 바코드의 좌우 여백 부분을 통해 바코드의 시작과 종료를 알 수 있기 때문에 바코드 좌우에 반드시 밝은 여백이 있어야 판독이 가능

③ **바탕색**: 바코드의 바탕은 흰색으로 하여야 하고, Bar의 색상은 흑색, 군청색, 진한 녹색, 진한 갈색 등을 사용할 수 있음 → 붉은색, 노란색, 오렌지색 Bar는 불가

④ 제작 완료된 바코드 원판(필름 마스터)에는 항상 상하 좌우 4곳에 코너마크가 표시되어 있음

6. 바코드 인쇄 가이드라인

우리나라의 경우 현재 대한상공회의소 '유통물류진흥원'에서 바코드 부여 및 인쇄에 대한 가이드라인을 제시하고 있음

① **소매상품**: 상품의 뒷면 우측 하단에 바코드를 인쇄하는 것이 원칙

② **바코드 위치**: 일반적으로 상품의 가장자리에서 8~100mm의 거리를 유지

③ **상품이 원통형인 경우**: 가능한 바코드를 세워서 인쇄

④ **상품이 매우 얇은 경우**: 일반적으로 상품의 윗면에 바코드를 인쇄

⑤ 대형상품의 경우: 앞면과 뒷면 2개의 바코드를 인쇄

⑥ 묶음상품의 경우: 하나의 포장지에 각기 다른 GTIN을 입력한 2개의 바코드를 부착해서는 안 됨

⑦ 구석, 접지면, 주름진 곳, 이음매, 기타 고르지 않는 부위는 피하여야 하며, 가능한 매끄러운 표면에 인쇄

Tip

GS1 국제표준기구의 3대 사상 기출 25-1, 24-2

GS1 국제표준기구의 3대 사상은 식별(Identify), 인식(Capture), 공유(Share)이며, 이 중 **식별 표준**을 소개하도록 한다.

식별 코드 종류	식별에 사용되는 분야	예시	코드 자릿수
GTIN(Global Trade Item Number)	상품 및 서비스	과자, 치약, 장난감	8 · 12 · 13 · 14자리
GLN(Global Location Number)	회사 및 위치	회사, 공장, 물류창고, 매장	13자리
SSCC(Serial Shipping Container Code)	물류 단위	박스, 파렛트	18자리
GSIN(Global Shipment Identification Number)	운송(Shipment)	고객에게 함께 운송되는 물류 단위	17자리
GINC(Global Identification Number for Consignment)	컨테이너 적하물 (Consignment)	해상 컨테이너로 함께 운송되는 물류 단위	최대 30자리
GRAI(Global Returnable Asset Identifier)	재활용 또는 판매 가능한 자산	파렛트, 나무 맥주통, 가스 실린더	최대 16자리
GIAI(Global Individual Asset Identifier)	개별 자산	차량, 책상, 컴퓨터	최대 30자리
GSRN(Global Service Relation Number)	업체와 고객 사이의 서비스 관계	클럽의 우수고객, 병원의 의사, 도서관 회원	18자리
GDTI(Global Document Type Identifier)	문서	의료기록, 운송장, 운전면허증	최대 30자리
GCN(Global Coupon Number)	쿠폰	디지털 쿠폰	최대 25자리
GMN(Global Model Number)	상품 모델	의료기기	최대 25자리
CPID(Component/Part Identifier)	제품의 구성요소 또는 부품	자동차 부품	최대 30자리

THEME 07 판매시점 정보관리시스템(POS)

1 POS의 개요

1. POS의 개념

POS, 즉 판매시점(Point of Sales) 정보관리시스템은 주로 소매점포의 판매시점에서 수집한 POS 데이터를 통해 재고관리, 제품생산관리, 판매관리를 효율적으로 하려는 정보 의사소통방법을 의미

2. POS 시스템의 기능 및 도입효과 `기출 24-3`

① 기능
  - ㉠ **단품관리**: 상품을 제조회사별·상표별·규격별로 구분하여 각 상품정보를 수집·가공·처리하는 과정에서 단품(SKU)관리가 가능. 이를 위해 바코드가 상품에 부착되어 있어야 함
  - ㉡ **판매시점에서의 정보입력**: 상품에 인쇄되어 있는 바코드를 신속하고 정확하게 자동으로 판독함으로써 판매시점에서 정보를 곧바로 입력할 수 있음
  - ㉢ **정보의 집중관리**: 입력된 모든 데이터는 각종 정보로 가공되어 전략적 의사결정에 활용됨. 단품별 정보, 고객정보, 매출정보, 그 밖의 판매와 관련된 정보를 수집하여 집중적으로 관리할 수 있음

② 도입효과 `기출 21-3`

제조업체에 대한 효과	• 단위별 판매동향에 대한 정보수집과 이를 기초로 한 정보분석 • POS 자료와 기타 자료의 교차분석으로 자사제품의 시장정보 및 경쟁력을 파악 • 생산계획 및 보충계획을 효율적으로 세울 수 있음
소매업체에 대한 효과	• 체크아웃의 처리속도가 크게 빨라지고, 오퍼레이션 교육비 감소 • 오류등록을 최대한 방지할 수 있음 • ABC 재고분석이 가능하여 단품관리에 유리 • 전자주문시스템과 연계하여 신속한 주문이 가능 • 상품구색의 적정화에 따른 매출 증대

3. POS 시스템의 3요소 `기출 21-2, 21-1`

① **POS 터미널**(POS Terminal): 매장의 계산대마다 설치되어 있는 것으로 금전등록기의 기능 및 통신기능을 갖춘 컴퓨터 본체와 모니터, 그리고 스캐너로 구성됨. 영수증을 발행하고 인쇄

② **스캐너**(Scanner): 아날로그 신호를 읽을 수 있는 입력장치이며, 상품에 인쇄된 바코드를 자동으로 판독하는 장치로, 고정 스캐너(Fixed Scanner)와 핸디 스캐너(Handy Scanner)로 구분

③ **스토어 컨트롤러**(Store Controller): 매장의 호스트컴퓨터로 매장에서 판매가 이루어지면 판매자료가 스토어 컨트롤러로 전송되며, 스토어 컨트롤러는 자동으로 판매파일, 재고파일, 구매파일 등을 갱신하고 기록하여 저장

4. POS 데이터의 분류

① 상품 데이터와 고객 데이터

   ㉠ **상품 데이터**: 얼마나 많은 양의 상품이 판매되었는가에 관한 금액자료와, 구체적으로 어떤 상품이 얼마나 팔렸는가에 대한 단품자료로 구분해서 수집·분석

   ㉡ **고객 데이터**: 어떤 집단에 속하는 고객인가에 대한 고객층자료와 고객 개개인의 구매실적 및 구매성향 등에 관한 개인자료로 구분하여 수집·분석

② 점포 데이터와 패널 데이터

   ㉠ **점포 데이터(Store Data)**: 특정 점포에서 팔린 품목, 수량, 가격 그리고 판매시점의 판촉 여부 등에 관한 자료

   ㉡ **패널 데이터(Pannel Data)**: 각 가정 단위로 구매한 품목의 수량, 가격 등에 대한 자료

5. POS 데이터의 분석과 활용

① 분석 내용 `기출 24-2, 21-1`

POS 데이터의 분석 내용	POS 데이터 분석의 활용
• 매출분석 • **고객정보 분석** • 시계열분석 • 상관관계 분석	• **상품정보관리**: 매출관리, 상품구색, 판촉 등 • **고객속성정보**: 성별, 연령, 상품이력정보, RFM • **재고관리와 자동발주**: 단품관리, 재고관리 • 인력관리 활용

② 활용단계

   ㉠ **1단계**: 기본적인 보고서만 활용하는 단계로, 부문별·시간대별 매출액 보고서, 품목별·단품별 판매량 조회 등이 이루어지는 단계

   ㉡ **2단계**: 상품기획 및 판매장 효율성 제고에 활용되는 단계로, 판촉분석, 선반진열의 효율성 분석, 손실분석, 재고회전율 분석, ABC분석 등이 행해짐

   ㉢ **3단계**: CAO(Computer Assisted Ordering) 재고관리 단계로, 판매정보를 분석하여 발주량을 자동으로 추출

   ㉣ **4단계**: 마케팅 단계로, 상품정보와 고객정보를 결합해서 판매 증진을 위한 다이렉트 마케팅을 실시

   ㉤ **5단계**: 전략적 경쟁 단계로서 POS 데이터를 경쟁업자 데이터와 결합해서 전략적 경쟁수단으로 활용

 **Tip**

> CAO(Computer Assisted Ordering): CAO는 POS 데이터를 통해 얻어지는 상품정보를 분석해 자동으로 생산 및 판매를 위한 발주정보를 제공해 주는 시스템을 말함. CAO는 EDI 기반 정보시스템이기 때문에 유통업체와 제조업체가 규격화된 표준문서를 사용해야 하고, 인프라가 다를 경우 EDI 문서를 표준화해야 하며, 유통업체와 제조업체 간 데이터베이스가 다를 때도 동기화가 요구됨. 이를 위해서는 표준화된 전자문서교환이 가능하도록 EDI와 같은 소프트웨어를 통한 데이터베이스의 변환이 요구됨

THEME 08 EDI(전자문서교환)와 QR(신속대응) 시스템

1 EDI(Electronic Data Interchange)의 개요

1. EDI의 개념 기출 22-1, 21-3

① 기업 간 교환되는 서식이나 기업과 행정관청 사이에서 교환되는 행정서식을 일정한 형태를 가진 전자메시지로 변환처리하여 상호 간에 합의한 통신표준에 따라 컴퓨터와 컴퓨터 간에 교환되는 **전자문서교환시스템**을 의미

② 유통거래, 원격 교육, 원격 행정업무, 홈쇼핑 및 홈뱅킹 등 다방면에 걸쳐 이용할 수 있는 전자통신방식을 의미하며, 통신망은 보안의 취약성 보완 측면에서 VAN 통신망을 이용

③ EDI 서비스는 1986년 국제연합유럽경제위원회(UN/ECE) 주관으로 프로토콜 표준화 합의가 이루어졌고, 1988년 프로토콜의 명칭을 EDIFACT로 하였으며, 구문규칙을 **국제표준으로 채택**

2. EDI의 목적 기출 22-2

단순히 **종이서류를 추방(Paperless)**하는 데 있는 것이 아니라, 상품 수·발주에서의 착오를 줄이고 처리시간을 단축하며, 데이터의 이중 입력이나 문서작성 등의 번거로움을 줄여 유통업무 효율화를 기하는 데 그 목적이 있음

3. EDI 도입의 효과 및 문제점 기출 24-2, 24-1

① EDI 도입의 효과
　㉠ **서류 없는(Paperless) 업무환경 조성으로 오류 감소 및 비용 절감**
　㉡ 내부업무처리 절차의 개선
　㉢ 주문사이클 단축, 재고관리비의 감소
　㉣ 사무인력의 생산성 향상(업무처리시간 단축)
　㉤ 고객의 요구에 효율적으로 대응
　㉥ 물류정보의 신속한 유통에 따른 정보관리 강화
　㉦ 데이터의 입력에 소요되는 시간과 오류를 줄일 수 있음
　㉧ 주문기입 오류로 인해 발생되는 문제 및 지연을 없앰으로써 데이터 품질향상
　㉨ 웹 EDI는 사용자가 특정 문서의 구조를 만들어 사용할 수 있기 때문에 **타 업무 프로그램과의 연계가 용이**
　㉩ 웹 EDI는 **특별 접속 프로그램 없이** 웹 브라우저만 있으면 이용 가능

② EDI 시스템의 문제점 기출 23-3
　㉠ 주문내용을 변경하는 데 유연성이 떨어짐
　㉡ EDI 도입이 안 된 곳은 서류를 통해 의사소통해야 함

  ⓒ 전송되는 정보에 관한 보안·통제의 문제가 있음

  ⓔ 여러 부서 사이에 상당한 수준의 협조가 요구됨

  ⓜ EDI는 표준화된 전자문서를 활용하므로 사용자가 가공하기 어려움

2 유통과 EDI

1. 유통부문 EDI 서비스 내용

서비스	내용
거래정보	수·발주거래정보의 교환, 그 밖의 거래정보의 교환
전자결제	대금청구, 대금지급, 자동이체, 자금조회
본·지사정보	주문·판매·판매동향분석 관련 정보교환
신상품정보	유통되는 신상품의 정보수집 및 교환
기타	전자우편, 팩스, 부가서비스

2. XML/EDI

① 고객 간 발생하는 상품거래 과정에서 데이터의 전자적 교환을 활용, 영업, 수·배송 물류, 입출금, 생산연계 등의 광범위한 활동을 포함하며, XML/EDI는 이러한 활동을 통합적으로 지원하는 데이터의 교환방식 및 시스템 프레임워크(Framework)를 의미

② 데이터 전달에 초점을 둔 전통적인 EDI의 범위를 확대하여 전자상거래에 필요한 프레임워크를 제공한다는 면에서 전통적인 EDI에서 발전한 개념

 **Tip**

발전순서: Paper Document → EDI → EDI + VAN → XML/EDI

3. VAN(부가가치통신망) 기출 21-1

① VAN(Value Added Network)은 통신사업자로부터 통신회선을 임차하거나 또는 통신사업자가 직접 보유한 통신회선에 정보처리기능을 결합하여 부가가치를 부여한 정보서비스를 제공할 수 있도록 구축된 통신망을 뜻함

② 단순한 전송기능은 물론 그 이상의 정보의 축적이나 가공·변환처리 등의 부가가치를 부여한 음성 또는 데이터 정보를 제공해 주는 광범위하고 복합적인 서비스의 집합으로 보안에 강하여 EDI 적용 시 함께 활용

③ 기존 VAN 기반의 EDI에 비해 웹 EDI, 즉 최근 활용되고 있는 인터넷 기반의 EDI의 통신비용은 VAN의 경우보다 매우 낮아 기업들이 인터넷에서 EDI 역량을 구축하고 있는 추세

3 QR(Quick Response) 시스템 [기출 24-3, 21-2]

1. QR의 개념과 유용성

① 개념

　ㄱ 소비자 중심의 시장환경에 신속히 대응하기 위한 시스템으로서 생산에서 유통에 이르기까지 표준화된 전자거래체제를 구축하여, 기업 간의 정보공유를 통한 신속·정확한 납품, 생산 및 유통기간의 단축, 재고의 감축, 반품로스의 감소 등을 실현하게 됨

　ㄴ Harris 등(1999)의 연구에 의하면 JIT에서 발전해 QR의 개념이 형성되었고, QR이 발전해 ECR의 개념이 형성됨

② 유용성: QR 시스템은 정보 흐름과 상품 흐름 사이의 통합된 고리로서, 대립관계에 있는 섬유의 유통업과 제조업이 협조하여 제조와 판매 사이를 직접 연결하는 정보 네트워크를 구축하여 파트너십을 형성

2. QR 시스템의 특징

① QR 시스템은 가장 먼저 **의류 분야에 적용**된 SCM에 해당

② EAN, POS, EDI 등의 정보기술을 활용

③ 섬유, 의류산업에서 활용되고 있음

④ **생산업체와 유통업체의 유기적인 상호 협력**이 필요

⑤ 제품 공급사슬상의 효율성 극대화 및 소비자 만족 극대화 제고를 목표로 함

⑥ 소매업자와 제조업자가 시장변화를 감지할 수 있음

3. QR 시스템의 도입효과 [기출 23-1, 22-2]

① 즉각적인 고객서비스를 통해 서비스의 질 향상 및 업무의 효율성과 소비자 만족 극대화

② 제품개발의 짧은 사이클화 이룩

③ 소비자 욕구에 신속대응하는 제품을, 정량에, 적정가격으로, 적정장소로 유통 가능케 함

④ **리드타임을 단축**시키고 안전재고 감소

⑤ 상품 회전율 상승 및 상품 로스율 감소

⑥ 총프로세싱 시간 단축

4. QR의 성공요건

① 인적 요소

    ㉠ 유통채널 업체 간 상호 협력하는 파트너십 구축

    ㉡ 경영자의 고객 중심 사고로의 전환

    ㉢ 소량 다품종 생산을 위한 종업원의 다기능화

    ㉣ 생산자, 소비자, 유통업자 등의 이익 공유

② 비인적 요소

    ㉠ 생산유통 단계에서의 효율화를 통한 낭비의 제거

    ㉡ 전자문서교환(EDI), 소스 마킹, 정보 데이터베이스 등의 정보처리기술의 활용

❘ QR과 ECR의 비교 ❘

구분	QR	ECR
주체	제조업체	유통업체, 소매업체
요구사항	신속한 대응	효율적인 고객 대응
출현	1985년 섬유 및 의류업계 중심	1993년 식품, 잡화, 슈퍼마켓 중심
핵심	생산자 사이에 걸쳐 있는 유통경로상의 제약조건 및 재고를 줄임으로써 제품 공급체인의 효율성 극대화	제조업체 및 유통업체가 공급체인의 문제점을 개선하도록 협력관계 구축을 통하여 상호 이익 추구

THEME 09 데이터관리 I

1 데이터 웨어하우스(Data Warehouse)

1. 데이터 웨어하우스의 개념

① 인먼(W. H. Inmon)은 데이터 웨어하우스를 경영자의 의사결정을 지원하는 주제 중심적(Subject-Oriented)이고, 통합적(Integrated)이며, 비휘발성(Nonvolatile)이고, 시간에 따라 변화(Time-Variant)하는 데이터의 집합이라 정의

② 데이터 웨어하우스(Data Warehouse)는 기업이 다년간의 활동을 통해 축적된 기업 내부 데이터와 기업활동을 위해 축적된 외부 데이터를 의사결정에 필요한 주제 영역별로 통합하여 다양한 방법으로 데이터를 분석·활용하기 위한 통합정보시스템을 의미

③ 기업 내의 여러 부문에 널려 있는 개별 시스템들을 활용목적별로 통합하여, 마케팅이나 상품진열 방식 등의 의사결정에 유용한 정보를 보관해 놓은 대형 전자정보창고라고 할 수 있음

 **Tip**

> 파일의 데이터 계층구조: 비트(Bit) → 바이트(Byte) → 필드(Field) → 레코드(Record) → 파일(File)

2. 데이터 웨어하우스의 특징

① **주제지향성**: 데이터 웨어하우스는 고객, 제품 등과 같은 중요한 주제를 중심으로 그 주제와 관련된 데이터들로 조직

② **통합성(일관성)**: 기존 운영시스템의 대부분은 데이터의 많은 부분이 중복됨으로써 하나의 사실에 대해 다수의 버전이 존재하지만 데이터 웨어하우스에서는 이러한 데이터들이 전사적인 관점에서 통합됨

③ **비휘발성**: 데이터는 일단 적재가 완료되면 일괄처리 작업에 의한 갱신 이외에는 DB에 삽입이나 삭제 등의 변경이 수행되지 않는다는 읽기 전용의 특징이 있음

④ **시계열성**: 데이터 웨어하우스는 시계열성(시간성) 또는 역사성을 지님. 즉, 일, 월, 연 회계기간 등과 같은 정의된 기간과 관련되어 저장

⑤ **접근가능성**: 데이터 웨어하우스는 컴퓨터 시스템이나 자료구조에 대한 지식이 없는 사용자들이 쉽게 접근할 수 있음. 조직의 관리자들은 그들의 PC로부터 데이터 웨어하우스에 쉽게 연결될 수 있어야 함

3. 데이터 웨어하우징(Data Warehousing)

① **개념**: 데이터 웨어하우징은 데이터 웨어하우스에 있는 데이터들로부터 적합한 의사결정을 위한 데이터를 구축하고 활용하는 일련의 과정으로, 전사적인 아키텍처상에서 의사결정을 지원하기 위한 환경을 구축하는 것을 의미

② 데이터 웨어하우징의 특징

 ㉠ **데이터 웨어하우징의 용도**: 개방형 시스템 도입으로 여러 부문에 흩어져 있는 각종 기업정보를 최종 사용자가 쉽게 활용하여, 신속한 의사결정을 할 수 있도록 흩어져 있는 방대한 양의 데이터에 쉽게 접근하고 이를 활용할 수 있게 하는 기술

 ㉡ **데이터 웨어하우징의 특징**

  ⓐ 주체 중심적 구조, 비갱신성, 통합된 내용, 시간에 따라 변화되는 값의 유지

  ⓑ **데이터 웨어하우징의 구성요소**: 기존 데이터의 변환·추출·통합과정, 데이터 웨어하우스에 로딩(Loading) 관리과정, 미들웨어, 사용자들의 액세스 과정

  ⓒ 데이터는 의사결정지원을 위해 합리적인 정보만을 포함하는 세부 주제별로 조직화되고, 한 번 입력되면 사라지지 않으며, 데이터 웨어하우징 관련 응용프로그램들이 실시간으로 운영되진 않지만, 실시간 처리 역량은 구비되어 있음

4. 데이터 마이그레이션(Data Migration) 기출 22-1

① **개념**: 데이터 마이그레이션은 운영에 미치는 영향을 최소화하면서 안전하고 정확하게 스토리지 데이터를 선택, 준비, 추출, 변환한 후 다른 컴퓨터 저장시스템으로 이동시키는 프로세스

② 데이터 마이그레이션 기본단계: 데이터 선택 및 추출 → **데이터 변환** → 데이터 로드

2 데이터 마트(Data Mart)

1. 데이터 마트의 개념

① 소규모의 데이터를 추출하여 분석할 수 있도록 만든 부서 단위의 데이터 웨어하우스로, 데이터 웨어하우스 구축의 높은 비용 대비 낮은 비용으로 창출할 수 있음

② 주로 전략적 사업단위(SBU)나 부서를 위해 설계된 작은 규모의 데이터 웨어하우스를 말함

③ 기업 규모의 데이터 웨어하우스보다는 범위를 좁게 설정하여 구축한 시스템으로, 기업 전체보다는 특정 사업부문의 요구에 더 적합하고, 단위정보 수준의 변천과정보다는 의사결정지원 정보전달을 최적화하며, 요약하거나 샘플 데이터 관리에 초점을 맞추는 시스템

④ 관련된 기존 시스템의 정보를 추출, 변환, 저장하는 과정을 거쳐 업무 담당자 목적에 맞는 정보만을 모아 관리할 수 있도록 지원

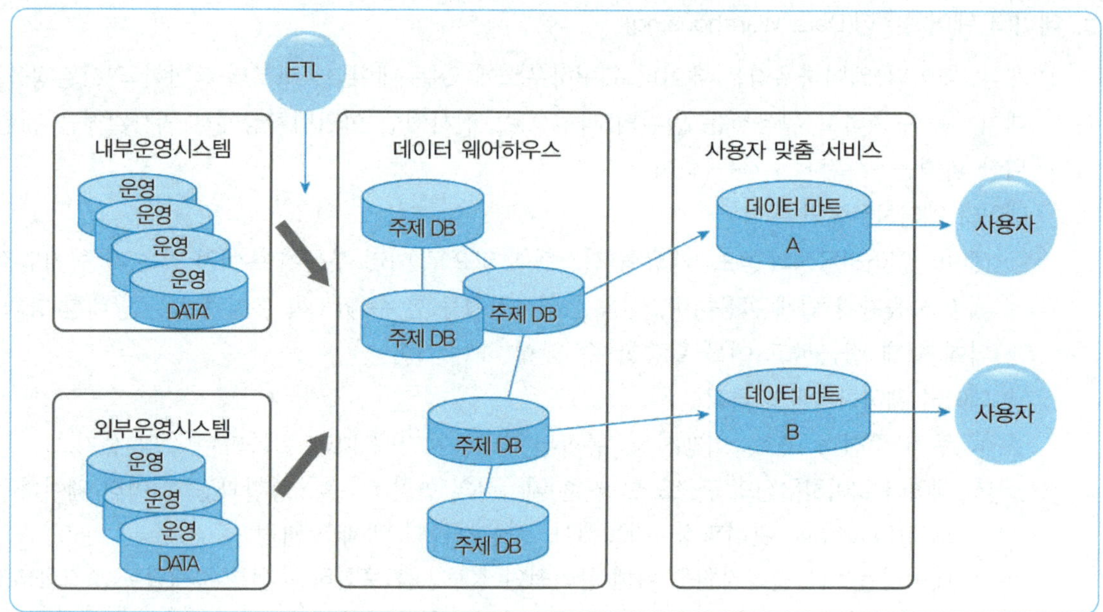

 **Tip**

> **데이터 웨어하우스와 데이터 마트의 역할**: 데이터 웨어하우스와 데이터 마트의 역할은 흔히 유통업에 비유. 거래처리시스템이 데이터라는 상품을 생산하는 곳이라면, 데이터 웨어하우스는 이를 소비자들에게 판매하기 위해 체계적으로 분류해서 저장하고 분배하는 기능을 수행하는 도매상으로, 데이터 마트는 도매상과 소비자 사이에 위치하는 소매상으로 비유할 수 있음. 소비자들은 일상적으로 필요한 대부분의 물품들을 소매상으로부터 쉽고 빠르고 간편하게 구매할 수 있음

2. ETL(Extract, Transform, Load) 기출 23-1, 21-2

① ETL은 **수집된 자료를 표준화시키거나 변환하여 목표 저장소에 저장할 수 있도록 도와주는 기술**에 해당

② 데이터 웨어하우징 시스템에서 데이터는 데이터 웨어하우스에 입력되고, 내용물은 정보로 변환되며, 정보는 사용자가 이용 가능하도록 해줌. 내·외부 원천으로부터 데이터가 수송되는 영역에서 데이터의 추출(Extract), 변환(Transform), 적재(Load) 등의 프로세스가 일어나는데, 이를 약자로 ETL이라고 함

  ㉠ **추출(Extract)**: 소스데이터 중 이행 대상 데이터를 변환 가능한 상태로 추출하는 작업

  ㉡ **변환(Transform)**: 추출된 소스데이터를 타깃에 맞도록 가공하는 작업

  ㉢ **적재(Load)**: 타깃에 맞추어 변환된 데이터를 실제 타깃에 적재함

 **Tip**

> **검증**: 추출 → 변환 → 적재된 작업이 정상적으로 완료되었는지 확인하는 작업

THEME 10　데이터관리 Ⅱ

1 데이터 마이닝(Data Mining)

1. 데이터 마이닝의 개념

① 데이터 마이닝은 데이터 속에 숨어 있는 정보를 추출하여 연관 규칙(Association Rule), 신경망(Neural Network) 등을 이용하여 분석하며, 유통정보 분석에 이용하는 과정

② 대량의 실제 데이터로부터 잠재되어 드러나지 않은 유용한 정보를 찾아내는 것

③ 특징

　㉠ 데이터 속에 숨어 있는 정보를 추출

　㉡ 인공신경망, 귀납규칙 등을 이용하여 분석

　㉢ 유통정보 분석에 많이 이용

　㉣ 숨겨진 상관관계 및 트렌드를 발견하기 위해 대규모 데이터를 분석

2. 데이터 마이닝의 기법

전통적 통계기법인 연관 규칙 분석이나, 순차적 패턴 분석과 같은 군집분석 등이 있으며, 의사결정나무 모형이나 전문가시스템 모형, 신경망과 같은 인공지능형 기법이 있음

3. 데이터 마이닝의 프로세스

① 데이터 추출(Sampling): 아무리 분석 도구가 좋아도 전체 자료를 모두 분석하는 데에 많은 시간과 비용이 소요되거나, 자료가 너무 많아 분석이 불가능할 경우에는 전체 자료를 대표할 수 있는 표본자료를 추출하여 사용

② 데이터 탐색(Exploring): 자료를 분석하기에 앞서, 추출된 자료의 전반적인 형태를 파악하는 단계로, 관심 있는 변수 특성에 따른 자료분포를 탐색하고, 시간과 연관된 자료는 시간에 따른 자료의 변화추이를 알아보는 것이 필요

③ 데이터 교정(Modifying): 전반적인 자료의 형태를 살펴본 후에 모형 개발에 필요한 변수를 선정하고, 필요한 경우 기존의 변수들을 이용하여 새로운 변수를 생성

④ 모형화(Modeling): 정보를 추출하고 모형을 개발하는(Modeling) 단계이며, 분석도구를 직접 적용하여 보는 단계로서 데이터 마이닝의 핵심단계

⑤ 모형평가(Assessing): 마이닝 도구를 이용하여 얻어진 모형의 설명력과 신뢰성 및 타당성에 관하여 평가

4. 데이터 마이닝 기법과 적용　기출 24-1

① 연관성 분석(장바구니 분석): 교차판매(Cross-Selling), 매장진열, 첨부우편, 사기적발 등에 활용

② **군집분석**: 대규모의 전체, 개인 또는 개체 중에서 서로 유사한 것들을 몇몇의 소규모의 집단(군집)으로 그룹화하여, 각 집단의 성격을 파악함으로써 **데이터 전체 구조에 대한 이해를 돕고자 하는 탐색적인 분석**방법(인구통계학적 정보수집 → 집단분류 → 군집분석)

③ **의사결정나무**: 의사결정 규칙을 도표화하여 관심의 대상이 되는 집단을 몇 개의 소집단으로 분류하거나 예측

④ **인공신경망**: AI의 딥러닝을 통해 기업의 주가지수, 기업신용평가 등 내용분류 및 예측

 **Tip**

> 인공신경망 모형
> 1. 개념
>   인간이 경험으로부터 학습해 가는 두뇌의 신경망 활동을 모방한 것
> 2. 특징
>   - 자신이 소유한 데이터로부터의 반복적인 학습과정을 거쳐 패턴을 찾아내고 이를 일반화
>   - 고객의 신용평가, 불량거래의 색출, 우량고객의 선정 등 다양한 분야에 적용
>   - 신경망 분석은 질적 변수와 양적 변수에 관계없이 모두 분석이 가능하며 예측력이 우수하지만 결과에 대한 분류와 예측 결과만 보여주고, 결과 생성의 원인과 이유를 설명하기가 어려움

Tip

> **머신러닝**: AI의 하위 집합으로, 많은 양의 데이터를 제공하여 명시적으로 프로그래밍하지 않고 신경망과 딥러닝을 사용하여 시스템이 자율적으로 학습하고 개선

⑤ **텍스트 마이닝**: 반·비정형적이고 비구조적인 대량의 텍스트 데이터에서 특징을 추출하고, 추출된 특징으로부터 유용한 정보를 발견해 내도록 하는 기술

⑥ **오피니언 마이닝**: 웹사이트와 소셜미디어에 나타난 여론과 의견을 분석하여 유용한 정보로 재가공하는 기술. 텍스트를 분석하여 네티즌들의 감성과 의견을 통계·수치화하여 객관적인 정보로 바꿀 수 있는 기술. 정보를 바꿀 수 있는 기술로, 문서에 나타난 의견의 극성을 분석하는 감성분석이 중요

⑦ **웹콘텐츠 마이닝**: 웹사이트를 구성하는 **페이지 내용 중 유용한 정보를 추출**하기 위한 기법

⑧ **세분화(Segmentation)**: 유사한 제품과 서비스 또는 유사한 고객군으로 분류하는 기법

⑨ **개별화(Personalization)**: 인구통계학적 특성, 구매기록 등과 같은 데이터에 기반해 상품판매를 위한 개인화된 시장을 만들어 판매를 지원하는 기능

5. 데이터 마이닝의 활용

① 기업들이 좀 더 효율적인 CRM을 위하여 데이터 마이닝을 통해 자사의 고객에게 가장 적합한 모형을 찾아내어 마케팅에 적용하고 있음

② 데이터 분석을 통한 판매량 예측, 원인과 결과 분석, 특성에 따른 고객분류 또는 집단화하는 데 사용

 **Tip**

> 데이터 마이닝 기법과 CRM에서의 활용 [기출 23-1]
> • 군집화 규칙 – 제품 카테고리(그룹핑)에 활용
> • 분류 규칙 – 고객이탈 수준 등급분류에 활용
> • 순차 패턴 – 로열티 강화 프로그램에 활용
> • 연관 규칙 – 매장 내 진열 및 상품 패키지 구성 정보에 활용

2 데이터 거버넌스(Data Governance)

1. 개념

① 데이터 거버넌스는 조직 내에 있는 데이터를 정확하고, 안전하고, 쉽게 사용할 수 있게 만드는 모든 사람과 절차, 기술, 시스템을 의미

② 또한 데이터가 조직 내에서 가능한 한 많은 가치를 제공하도록 하기 위한 데이터의 효과적인 획득, 관리 및 활용과 관련된 관행, 정책 및 역할의 집합을 의미

 **Tip**

> 데이터댐 [기출 21-3] : 우리나라의 유무형 자산이나 문화유산, 국가행정 정보 등의 공공정보를 데이터화하여 수집
> • 보관하고, 필요한 곳에 사용할 수 있도록 하는 것

2. 데이터 거버넌스가 필요한 이유

① 조직의 자원인 데이터를 안정적으로 보장하는 프로세스에 해당

② 조직 전체에서 고품질 정보를 사용할 수 있도록 지원

③ 데이터를 기반으로 의사결정을 내릴 수 있음

④ 데이터 거버넌스는 최근 비즈니스의 디지털 혁신을 주도

⑤ 일관되고 공통적인 절차와 책임을 통해 비즈니스가 어떤 이점을 얻을 수 있는지 제시

⑥ 데이터 거버넌스의 존재로 데이터의 신뢰성이나 효력이 유지되며, 데이터를 쉽게 찾을 수 있어 구성원들의 일상적 업무환경을 용이하게 함

3. 데이터 거버넌스 시스템 구현의 이점

① **우수한 비즈니스 의사결정지원**: 데이터 거버넌스를 통해 의사결정자는 정리되고, 안정적인 데이터에 액세스할 수 있으며, 이를 통해 일관되고 자신감 있는 결정을 내릴 수 있음

② **인력 효율성 증대**: 조직 전체에서 사용할 수 있는 표준화된 데이터를 통해 중복작업을 피할 수 있고, 조직의 전반적인 효율성을 높임

③ **데이터 보안**: 데이터 거버넌스는 데이터에 대한 더 높은 수준의 책임을 생성하며, 이를 통해 데이터 침해 또는 데이터 오용 가능성이 줄어듦

④ 데이터 수익화: 기업은 수집 및 생성된 데이터를 최대한 활용하여 신뢰성 있고 표준화되고 분류된 데이터를 새로운 수익원으로 사용할 수 있음

⑤ 데이터 관련 위반 방지: 고도로 성숙한 데이터 거버넌스 프레임워크를 통해 모든 데이터 자산을 처리, 관리 및 소유하게 됨

THEME 11 개인정보 보호와 프라이버시

1 개인정보의 보호

1. 「개인정보 보호법」상 개인정보 보호원칙

① 개인정보 보호원칙: 「개인정보 보호법」상 개인정보 보호 원칙(제3조), 개인정보 보호 중심 설계 (Privacy by Design) 원칙, AI 윤리기준(2020. 12, 과기정통부)의 핵심요건 등을 기반으로 AI 서비스 개발·운영 시 개인정보 보호의 기본이 되는 원칙을 도출

   ㉠ 목적에 필요한 최소정보의 수집 및 처리 목적의 명확화

   ㉡ 목적 범위 내에서 적법하게 처리, 목적 외 활용 금지

   ㉢ 처리 목적 내에서 정확성, 완전성, 최신성 보장

   ㉣ 권리침해 가능성 등을 고려하여 안전하게 관리

   ㉤ 개인정보 처리 내역의 공개 및 정보주체의 권리보장

   ㉥ 사생활 침해를 최소화하는 방법으로 처리

   ㉦ 익명 및 가명 처리의 원칙

   ㉧ 개인정보처리자의 책임준수, 신뢰 확보 노력

② 정보주체의 권리

   ㉠ 개인정보의 처리에 관한 정보를 제공받을 권리

   ㉡ 개인정보의 처리에 관한 동의 여부, 동의 범위 등을 선택하고 결정할 권리

   ㉢ 개인정보의 처리 여부를 확인하고 개인정보에 대한 열람 및 전송을 요구할 권리

   ㉣ 개인정보의 처리 정지, 정정·삭제 및 파기를 요구할 권리

   ㉤ 개인정보의 처리로 인하여 발생한 피해를 신속하고 공정한 절차에 따라 구제받을 권리

   ㉥ 완전히 자동화된 개인정보 처리에 따른 결정을 거부하거나 그에 대한 설명 등 요구할 권리

🖋 Tip

개인정보 오남용을 막기 위해 기업이 지켜야 할 규칙
1. 정보를 제공하는 고객에게 특정 목적 외에는 사용하지 않을 것이며, 다른 목적으로 사용 시에는 개인의 동의 없이는 사용하지 않을 것임을 알려줘야 한다.
2. 개인정보 수집의 원래 목적과 관련 없는 정보는 수집해서는 안 된다.

3. 기업은 허용된 기간만큼만 개인정보를 보관해야 한다.
4. 수집된 정보는 허용된 사람에게만 접근 가능하도록 해야 한다.

📋 Tip

정보주체가 개인정보전송을 요청할 수 있는 정보전송자(개인정보 보호법 시행령 제42조의2) `기출 25-1`
1. 보건의료 관련 기관, 법인 및 단체 중 다음의 어느 하나에 해당하는 자(이하 **"보건의료정보전송자"**라 한다)
   ㉠ **질병관리청**
   ㉡ 「국민건강보험법」 제13조에 따른 국민건강보험공단 및 같은 법 제62조에 따른 건강보험심사평가원
   ㉢ 「의료법」 제3조의4에 따른 **상급종합병원**
   ㉣ 그 밖에 「보건의료기본법」 제3조 제4호에 따른 보건의료기관 중 개인정보를 전송할 수 있는 기술적·재정적 능력과 그 개인정보가 저장·관리되고 있는 정보주체의 수 등을 고려하여 보호위원회가 보건복지부장관과 협의하여 고시하는 자
2. 통신 관련 기관, 법인 및 단체 중 다음의 어느 하나에 해당하는 자(이하 **"통신정보전송자"**라 한다)
   ㉠ 「전파법」 제10조에 따라 **주파수를 할당받아 이동통신서비스를 제공하는 자로서 정보주체와 이동통신서비스의 이용에 관한 계약을 체결한 자**
   ㉡ 그 밖에 「전기통신사업법」 제5조 제2항에 따른 기간통신사업을 경영하는 자 중 개인정보를 전송할 수 있는 기술적·재정적 능력과 그 개인정보가 저장·관리되고 있는 정보주체의 수 등을 고려하여 보호위원회와 과학기술정보통신부장관이 공동으로 정하여 고시하는 자
3. 에너지 관련 기관, 법인 및 단체 중 다음의 어느 하나에 해당하는 자(이하 **"에너지정보전송자"**라 한다)
   ㉠ 「전기사업법」 제2조 제10호에 따른 **전기판매사업자**
   ㉡ 다음의 어느 하나에 해당하는 자 중 개인정보를 전송할 수 있는 기술적·재정적 능력과 그 개인정보가 저장·관리되고 있는 정보주체의 수 등을 고려하여 보호위원회와 산업통상부장관이 공동으로 정하여 고시하는 자
      • 「도시가스사업법」 제2조 제2호에 따른 도시가스사업자
      • 그 밖의 「도시가스사업법」 제2조 제1호의2에 따른 도시가스사업 관련 기관, 법인 및 단체

2. OECD 개인정보 보호 8원칙 `기출 24-3, 23-1`

① **수집제한의 원칙**: 개인정보는 적법하고 공정한 방법을 통해 수집되어야 함
② **정보 정확성의 원칙**: 이용목적상 필요한 범위 내에서 개인정보의 정확성, 완전성, 최신성이 확보되어야 함
③ **수집목적 명확화의 원칙**: 개인정보는 수집과정에서 수집목적을 명시하고, 명시된 목적에 적합하게 이용되어야 함
④ **이용제한의 원칙**: 정보주체의 동의가 있거나, 법 규정이 있는 경우를 제외하고 목적 외 이용되거나 공개될 수 없음
⑤ **안전확보의 원칙**: 개인정보의 침해, 누설, 도용 등을 방지하기 위한 물리적, 조직적, 기술적 안전조치를 확보해야 함
⑥ **공개의 원칙**: 개인정보의 처리 및 보호를 위한 정책 및 관리자에 대한 정보는 공개되어야 함
⑦ **개인참가의 원칙**: 정보주체의 개인정보 열람·정정·삭제 청구권은 보장되어야 함
⑧ **책임의 원칙**: 개인정보 관리자에게 원칙 준수 의무 및 책임을 부과해야 함

3. AI 관련 개인정보 보호 6대 원칙

① **적법성**: 개발, 운영 시 개인정보의 처리 근거는 적법·명확해야 함
② **공정성**: 사생활 침해와 사회적 차별 등이 발생하지 않도록 유의
③ **안전성**: 개인정보는 안전하게 관리
④ **책임성**: 개인정보의 처리에 대한 책임을 명확히 함
⑤ **투명성**: 개인정보의 처리 내역을 알기 쉽게 공개
⑥ **참여성**: 개인정보 처리에 대한 정보주체의 의견을 수렴하고, 권리를 보장

2 전자상거래의 안전과 개인정보 보호

1. 에스크로(Escrow)

① **개념**: 전자상거래의 안전성을 높이기 위해 거래대금을 제3자에게 맡긴 뒤 물품배송을 확인하고 판매자에게 지불하는 제도로, 구매자의 결제대금을 공신력 있는 사업자(에스크로 사업자)가 물품배송을 확인하고 판매자에게 지불하는 제도. 전자상거래에서 발생 가능한 허위주문, 미배송 등의 피해를 방지하기 위한 매매 보호서비스
② **장점**: 구매자는 구매물품의 미배송 등에 따른 피해를 사전예방할 수 있으며, 쇼핑몰은 소비자에게 신뢰감을 줌으로써 매출 증대의 효과를 기대할 수 있음

2. SSL(Secure Sockets Layer)

① 인터넷 프로토콜이 보안 면에서 기밀성을 유지하지 못한다는 문제점을 극복하기 위해 Netscape가 개발한 것으로, 인터넷 상거래 시 요구되는 개인정보와 신용카드 정보의 보안유지에 **가장 많이 사용**되고 있는 프로토콜. 최종 사용자와 가맹점 간의 지불정보 보안을 담당
② SSL은 정보보안 소켓계층으로 신용카드의 정보도용을 방지하기 위하여 개인정보인 카드번호 등을 암호화하여 주는 기술

3. SET(Secure Electronic Transaction)

① SET는 전자결제(지불) 프로토콜로서, 사이버캐시 방식을 발전시킨 것임. 카드이용자와 신용카드회사, 상점 등이 연계하여 신용카드 결제를 효과적으로 처리하는 방식
② SET는 표준으로 인정을 받았으나 사용의 번거로움, 처리시간의 지연, 고비용 등으로 현재 **거의 활용되지 않고 있음**
③ SET는 인터넷과 같은 개방 네트워크에서 안전한 카드결제를 지원하기 위하여 개발된 전자결제 프로토콜
④ SSL은 사용자 지불정보가 상점에 노출되나, SET는 상점에 지불정보가 노출되지 않음
⑤ 조작가능성 측면에서 SSL은 상점 단독으로 가능하나, SET는 다자 간의 협력이 필요

4. 쿠키(Cookies)파일

① 쿠키는 사용자가 방문한 웹사이트에서 사용자의 브라우저에 전송하는 작은 텍스트 조각으로, 쿠키 파일에는 PC 사용자가 인터넷을 사용한 기록들이 남게 됨

② 쿠키가 있으면 웹사이트에서 사용자 방문에 관한 정보를 기억하여 다음번 사이트 방문 시 번거로운 작업을 피하고 더 유용하게 사이트를 활용할 수 있음

③ 보안에 사용되는 쿠키 및 기타 기술 덕분에 사용자를 인증하고, 사기를 방지하며, 사용자가 서비스와 상호작용할 때 사용자를 보호할 수 있음

5. 블록체인(Block Chain)

① 데이터 분산처리 기술로 모든 사용자가 모든 거래내역 등의 데이터를 분산·저장하는 기술을 통칭하며, 비트코인의 거래 보안 기술로 시작

② 누적된 거래내역 정보가 중앙기관인 은행 서버에 집중되지 않고, 온라인 네트워크 참여자의 컴퓨터에 똑같이 거래원장 저장, 추가적인 거래가 일어나면 각 참여자의 승인을 받도록 함

③ 장부 자체가 인터넷상에 개방돼 있고 수시로 검증이 이뤄지기 때문에 해킹이 원천적으로 불가능한 장점이 있음

 **Tip**

암호화 방식	
비밀키 암호화 기술	공개키 암호화 기술
암호화 속도가 빠름	암호화와 복호화 시 많은 시간이 소요
안전성을 위해 키(Key)를 자주 바꿔야 함	상대적으로 키 변화의 빈도가 적음
네트워크 사용자가 증가함에 따라 관리해야 하는 키의 개수가 증가	네트워크 사용자가 증가해도 상대적으로 관리해야 하는 키의 개수는 적음
상대적으로 키 분배가 어려움	안전한 키 분배가 용이

3 프라이버시(Privacy)

1. 개인정보 프라이버시(개인정보 자기결정권)

① 프라이버시는 개인이나 집단에 관한 정보를 다른 사람들에게 선택적으로 공개할 수 있는 권리

② 사생활의 비밀 내지는 자유와 유사한 소극적 개념으로 이해되던 프라이버시는 미연방대법원(1977)이 프라이버시에 관해 ㉠ 자신의 중요한 문제에 대해 자율적이고 독자적으로 결정을 내리고자 하는 이익 및 ㉡ 사적인 사항이 공개되는 것을 원치 않는 이익을 포괄한다고 정의하여, 개인정보에 대한 정보주체의 통제권으로서의 '정보 프라이버시(Informational Privacy)' 개념이 비로소 공식적으로 인정

2. 유통업체의 개인정보 활용 증대에 따른 소비자의 프라이버시 침해 `기출 23-3`

① 유통업체가 지나치게 많은 개인정보를 수집하는 것에 대한 우려가 나타날 수 있음

② 유통업체의 정보시스템에 저장된 개인정보에 권한이 없는 부적절한 접근에 대한 우려가 나타날 수 있음

③ 유통업체에서의 인가받지 못한 개인정보에 대한 2차적 이용에 따른 우려가 나타날 수 있음

④ 유통업체가 보유하고 있는 개인정보의 의도적 또는 사고적인 오류에 대해 적절하게 보호되고 있는지에 대한 우려가 나타날 수 있음

3. 프라이버시 관련 데이터 3법의 주요 내용 `기출 24-3`

데이터 이용을 활성화하기 위해서 개선이 필요한 「**개인정보 보호법**」, 「정보통신망 이용촉진 및 정보보호 등에 관한 법률」(이하, **정보통신망법**), 「신용정보의 이용 및 보호에 관한 법률」(이하, **신용정보법**) 등 3가지 법률을 데이터 3법이라 함

법명	주요 내용
개인정보 보호법	• 가명정보 개념 도입 및 동의 없이 사용 가능한 목적 범위 구체화 • 가명정보 이용 시 안전장치 및 통제수단 마련 • 개인정보 관리·감독을 개인정보 보호위원회로 일원화
신용정보법	• 금융 분야 빅데이터 분석 이용을 법적 근거 명확화 • 신용정보 통합 조회(마이데이터) 도입 및 금융 분야 규제 정비 • 신용 주체자의 본인정보 통제 기능 강화
정보통신망법	• 온라인 이용자들의 개인정보 규제 감독권을 개인정보 보호위원회로 이관

4. 마이데이터(My Data) `기출 22-2`

① 마이데이터는 데이터 3법 발의 이후 개인데이터의 관리와 활용 권한이 정보주체인 개인에게 있음을 강조하는, 개인데이터 활용체계의 새로운 패러다임이라 할 수 있음

② 개인이 자신의 정보를 적극적으로 관리·통제하는 것은 물론 이러한 정보를 신용이나 자산관리 등에 능동적으로 활용하는 일련의 과정을 말함

③ 마이데이터는 은행 계좌, 신용카드 내역 등의 금융데이터 주체는 금융사가 아닌 개인이며, 개인의 동의하에 여러 금융사에 흩어진 금융 내역을 통합관리할 수 있는 방안을 토대로 진행되는 사업을 말하기도 함

④ 마이데이터를 이용하면 각종 기관과 기업 등에 분산되어 있는 자신의 정보를 한꺼번에 확인할 수 있으며, 업체에 자신의 정보를 제공해 맞춤 상품이나 서비스를 추천받을 수 있음. 국내에서는 시범 서비스를 거쳐 2022년 1월 5일부터 전면 시행

⑤ 개인데이터의 관리 및 활용체계를 **기관 중심에서 사람 중심으로 전환**한 개념

04 전자상거래

---

1 전자상거래(e-Business)의 개요

1. 개념

전자상거래는 일반 소비자뿐만 아니라 거래와 관련된 공급자, 금융기관, 정부기관 등과 같이 거래에 관련되는 모든 기관과의 비즈니스 행위를 말함. 생산자·중개인·소비자가 디지털 통신망을 이용하여 상호 거래하는 시장으로, 실물시장과 대비되는 가상시장을 통칭

 **Tip**

일반상거래 대비 전자상거래의 특성 기출 22-2
- 고객과 대화형 비즈니스 모델로의 변이가 가능
- 인터넷 비즈니스는 시간적, 공간적 제약 없이 실시간으로 운영 가능
- 재고부담을 최소화하면서 기술 개발과 마케팅에 더 많은 투자
- 동시다발적 비즈니스 요소가 성립하며, 포괄적 비즈니스 모델에 의한 운영이 가능

2. e-비즈니스의 특징

① 인터넷과 웹을 이용한 거래로 조직과 개인 간에 디지털 방식으로 수행
② e-비즈니스 확대로 유통경로상 생산자의 파워는 줄고 소비자의 파워가 증대
③ 정보 공개를 통한 오픈 경영 실시
④ 고객 데이터베이스를 기반으로 한 고객 맞춤형 서비스가 가능해짐
⑤ 모든 업무환경이 인터넷을 통해 이루어지므로 업무 통합현상이 나타남
⑥ 인터넷 효과를 통해 정보 비대칭 및 정보 불균형 문제를 감소시킴

 **Tip**

O2O(Online to Offline)와 O4O(Online for Offline) 기출 25-1
기존의 O4O(Online for Offline)가 온라인과 오프라인 간 연계에 초점을 맞췄다면 O2O(Online to Offline)는 온라인 채널이 가진 역량을 바탕으로 오프라인으로 영역을 확대해 새로운 사업 기회를 창출하는 것을 의미함. 즉, 온라인보다 오프라인에 무게중심을 둔 모델로, 그 사례로는 글로벌 전자상거래 기업인 미국 아마존의 무인 매장 '아마존고(GO)'가 있음

3. 비즈니스 모델의 개발: 비즈니스 모델 캔버스

① 개념: 비즈니스 모델 캔버스(BMC; Business Model Canbas)는 비즈니스에 포함되어야 하는 9개의 주요 사업 요소를 한눈에 볼 수 있도록 만든 그래픽 템플릿을 말함

② 구성요소(9요소) [기출 23-1, 22-2]

가치전달	1. 고객 세그먼트	**고객세분화**라 하며, 기업이 도달하고 서비스를 제공하고자 하는 다양한 사람 또는 조직 그룹
	2. 가치제안	고객의 문제를 해결해 주는 것 또는 고객 니즈를 충족해 주는 것
	3. 채널	기업이 가치제안을 전달하기 위해 고객 세그먼트와 소통하고 도달하는 방식
	4. 고객관계	기업이 특정 고객 세그먼트와 맺는 관계의 유형
가치생산	5. 수익원(+ 수익모델)	회사가 각 고객 세그먼트에서 수익을 창출하는 방식으로 판매, 임대, 수수료, 특허사용 계약 등
	6. 핵심자원	비즈니스 모델을 작동시키는 데 필요한 가장 중요한 자산을 뜻함
	7. 핵심활동	회사의 가치제안을 실행하는 데 가장 중요한 활동. 생산활동, 문제해결, 플랫폼 유지 및 보수 등
	8. 핵심파트너	비즈니스 모델을 작동시키는 공급업체 및 파트너의 네트워크를 말함
	9. **비용구조**	비즈니스 모델을 운영하기 위해 발생하는 모든 비용

4. e-비즈니스 모델

① 비즈니스 모델 가치제안

　㉠ 가치제안(Value Proposition)이란 e-비즈니스를 통해 제공되는 제품 및 서비스에 대해 고객이 가질 수 있는 관심과 매력을 말함

　㉡ 가치제안은 e-비즈니스 모델의 핵심요소이며, e-비즈니스 모델을 구축하는 출발점에 해당

② 비즈니스 모델 유형: e-비즈니스 모델(e-Business Model)이란 인터넷과 웹을 기반으로 한 비즈니스 모델을 말함

　㉠ B2C(Business to Consumer): 개인 소비자들을 대상으로 제품 및 서비스 판매를 의미

　㉡ B2B(Business to Business): 기업 간의 제품 및 서비스 판매를 의미. 원자재 및 부품의 조달·유통 등을 처리하는 전자적 거래로 EDI, Extranet, 전자자금이체 등을 활용하며, e-비즈니스 유형 중 **80% 이상을 차지하는 가장 큰 규모의 전자상거래**

　㉢ C2C(Consumer to Consumer): 소비자들 간의 직접 거래를 의미

　㉣ C2B(Consumer to Business): 소비자가 개인 또는 단체를 구성하여 상품의 공급자나 생산자에게 가격, 수량, 서비스 조건을 제시하고 구매하는 역경매 형태의 비즈니스 모델

　㉤ B2G(Business to Gorvernment): 기업과 정부 간 전자상거래로, 정부조직에서 인터넷과 같은 전자적 매체를 통해 기업으로부터 필요한 물품을 조달하거나 법인세·부가가치세 등을 징수하는 것 등이 이에 해당

 **Tip**

> C2M(Consumer to Manufacturer) 기출 25-1
> C2M은 유통 플랫폼이 소비자 의견을 공장에 전달하면 공장이 이를 반영해 제품을 만드는 방식

③ 폴 티머스(Paul Timmers)의 가치사슬에 의한 비즈니스 모델 중 중요 유형

   ㉠ **전자상점**(e-Shop): 가장 기본적인 형태의 비즈니스 모델로, 기업이나 점포의 웹사이트를 이용한 마케팅 모델

   ㉡ **전자조달**(e-Procurement): 인터넷을 이용해 입찰 및 협상을 통해 재화나 용역을 구매하는 모델로, 대부분 B2B 전자상거래의 모델임. 구매자 측면 공급선 선택폭 확대, 품질개선, 구매 소요비용 절감효과

   ㉢ **전자경매**(e-Auction): 경매대상이 되는 제품·서비스 정보를 멀티미디어로 제공, 경매 입찰기능뿐만 아니라 계약, 대금결제, 배달기능 추가 가능한 사업모델

   ㉣ **중개시장형**: 다양한 모델이 존재, 기존 오프라인 기업들의 웹 마케팅 외주 경향 증가에 따라 떠오르는 모델(제3장터)

④ 라파(Rappa)의 9가지 비즈니스 모델

   ㉠ **제휴수수료 모델**: 다른 웹사이트들과 제휴하여 고객에게 언제 어디서든 구매할 수 있는 기회를 제공하는 사업모델. 주 수입원은 제휴 사이트를 통한 구매 수수료 등

   ㉡ **회비 모델**: 신문이나 잡지 '구독'과 같이 사용자들이 유료로 자사의 사이트에 가입하도록 유도, 사용자들이 콘텐츠 사용을 위해 지불하는 가입비가 주 수입원, **'콘텐츠의 품질'**이 중요

   ㉢ **중개형**: 구매자와 판매자를 한곳에 모아 시장을 창출하여 거래를 할 수 있도록 지원, 중개인은 성사된 거래에 수수료를 부과함으로써 수입을 확보

   ㉣ **정보중개형**: 고객 및 고객의 구매습관 정보를 수집하여 이를 가공 판매하는 형태. 고객 관련 정보는 무료의 인터넷 접속 및 서비스 제공을 통해 확보, 정보판매액이 수익의 원천

   ㉤ **제조형**: 제조업자가 인터넷을 통해 중간상인 없이 직접 최종 소비자에게 제품·서비스를 직접 전달하는 형태. 비용절감, 유통망관리가 핵심요인(판매이익이 수익의 원천)

   ㉥ **커뮤니티형**: 사용자들이 자사의 사이트에 커뮤니티를 생성할 수 있도록 지원하여 사업을 전개, 광고, 정보중개, 포털 서비스 등을 제공하여 수익원을 확보, 이용자의 충성도에 기초한 비즈니스 모델

   ㉦ **가격지향형**: 저렴한 가격을 강점으로 한 비즈니스 모델(대량판매, 거래비용 절감)

   ㉧ **편의지향형**: 쉽게 구매할 수 없거나 가격비교가 어려운 상품에 대한 편의성 제공을 통해 개발한 모델 예 Amazon, Barns & Noble 등의 서점

   ㉨ **맞춤지향형**: 고객 개개인의 니즈에 적합한 1대 1 마케팅을 장점으로 하여 개발한 모델

5. e-비즈니스 수익의 원천

① **개념**: e-비즈니스 수익 원천이란 비즈니스의 결과로 얻어지는 수익창출의 방법

② **수익의 원천**: 광고수수료, 서비스 수수료, 거래수수료, 판매수익, 판매중개 수수료 등이 있으며, 일반적으로 수익모델들은 하나의 웹사이트에 복합적으로 적용

　㉠ **광고수익모델**: 광고를 게재시켜 주고 광고주들로부터 광고료를 수수하는 형태

　　ⓐ 웹 사용 초기, B2C 포털 사이트에서 주로 사용하기 시작해 대부분의 웹사이트로 보편화

　　ⓑ 광고수수료 책정 기준, 광고의 크기, 웹사이트 방문자 수, 노출시간

> **배너광고**: 네트워크에 의한 수확체증 효과를 얻을 수 있는 가장 빠른 방법으로, 멀티미디어 기술을 이용해 밀접한 관련이 있거나 인지도가 높은 웹사이트에 자사의 광고를 끼워 넣은 형태

　㉡ **판매수익모델**: 제품이나 서비스를 고객에게 직접 판매하여 수익을 창출하는 형태

　　• **판매수익모델 유형**

　　　– 제품을 판매하는 유형: 인터넷 쇼핑몰

　　　– 웹사이트를 통해 서비스를 제공하는 유형: 서비스 이용료를 수익 원천으로 하는 모델. 콘텐츠 서비스, 이메일, 커뮤니티, 메신저, 홈페이지 개설, 웹하드와 같은 기능성 서비스

　㉢ **구독 모델(Subscription Model)**: 사용빈도나 양과는 관계없이, 가입하여 일정기간 단위로 콘텐츠를 비롯한 다양한 서비스를 제공하는 모델. 콘텐츠의 높은 부가가치 및 차별화 필요

　㉣ **거래수수료 수익모델**

　　ⓐ 자사의 웹사이트를 통해 거래당사자들이 거래할 수 있는 환경을 제공하고, 거래성사 시 거래금액의 일부를 수수료로 받는 모델

　　ⓑ 경매 중개업체: 옥션, 주식 중개업체: E-Trade

　㉤ **판매중개 수익모델(=제휴수익모델)**: 인터넷 업체 간에 전략적 제휴에 의한 사전계약에 의해 구현되는 수익모델. 고객이 자사의 웹사이트에 링크된 타사의 쇼핑몰에서 구매한 경우, 타사로부터 구매액의 일정 비율을 받는 방식

　㉥ **무료/유료 수익모델**: 기본적인 서비스나 콘텐츠는 무료로 제공하여 고객을 유인, 유료 서비스 구독료를 지불하는 고객으로 변환시키는 형태

> **전자상거래 판매시스템 관련 용어** [기출 24-1]
> • **상향판매(Up-Selling)**: 고객들이 구매하고자 하는 제품에 대해, 보다 고품질·고가의 상품을 고객들에게 제시해 주는 마케팅기법
> • **쇼루밍(Showrooming)**: 고객들이 오프라인에서 제품에 대한 정보를 얻고, 구매는 온라인을 통해 실행하는 행위
> • **교차판매(Cross-Selling)**: 한 기업이 여러 제품을 생산하는 경우, 고객의 데이터베이스를 이용하여 기업이 제공하는 다른 제품의 구매를 유도하는 전략
> • **옴니채널(Omni-Channel)**: 온라인과 오프라인 채널을 통합함으로써 보다 개선된 쇼핑환경을 고객들에게 제공
> • **프로슈머(Prosumer)**: 소비자 중 제조·생산과정에 영향을 미치는 자

> **Tip**
>
> U커머스(Ubiquitous Commerce) `기출 24-2`
> 1. 개념
>   유비쿼터스 환경에서 장소나 시간에 구애받지 않고 각종 전자 기기나 통신, 모바일 기기를 활용하여 이루어
>   지는 전자상거래를 일컫는 용어
> 2. 특징
>   ㉠ 이동성, 보편성, 즉시성, 개인성, 접근성, 신속성 등
>   ㉡ 이 중 **보편성**(Universal)은 상호 호환성이 보장되어 일반적인 기기로 언제, 어디서나 네트워크에 연결이
>   가능하여 이 기종의 모바일 네트워크와 서로 다른 모바일 장치가 융합되어 호환이 되는 성질을 말함

2 전자상거래 보안원칙

1. 전자상거래 보안의 4원칙 `기출 23-1, 22-2`

① **기밀성**(Confidentiality): 수신자 이외에는 데이터 보안유지를 하기 위해 특정 보안체계를 통해 데이터의 비밀성을 유지하는 것으로 인가된 사용자만 접근 가능

② **무결성**(Integrity): 데이터의 변조를 방지하여 전달하는 것으로, 인터넷을 통해 송·수신된 정보가 송·수신 과정에 승인되지 않은 다른 사람에 의한 위·변조를 방지하는 것

③ **인증**(Authentication): 송신자와 수신자의 진위를 파악하는 것으로, 통신시스템에서 서명이나 이메일이 실제로 정확한 곳에서 전송되어 오는지 확인하는 것

④ **부인방지**(Non-Repudiation): 데이터를 송·수신한 자가 송·수신 사실을 추후에 허위로 부인하는 것을 방지하기 위해 송·수신 증거를 제공하는 것을 의미

2. 인터넷 보안문제와 해결책(보안방법)

발생문제	해결책(보안방법)
처리 중인 데이터를 가로채서 허가 없이 변경하는 경우	암호화
사용자가 부정행위를 위해 자신의 신분을 위장할 경우	인증
허가받지 않은 사용자가 네트워크에 접근하는 경우	방화벽

3. 옵트 아웃과 옵트 인

① **옵트 아웃**(Opt out) `기출 23-2, 21-1`: 전자상거래 이용 고객이 기업에서 발송하는 광고성 메일에 대해 수신거부 의사를 전달하여 더 이상 광고성 메일을 받지 않을 수 있는 것

② **옵트 인**(Opt in) `기출 24-1`: 개인정보 수집을 허용하기 전까지 데이터 수집을 금지하는 것. 유통업체가 수행하는 마케팅 활동 중 소비자가 특정 유형의 개인정보 처리에 대해 구체적이고, 명시적이며, 사전적 동의를 표시하는 **별도의 조치를 취한 경우에만 개인정보를 수집해서 활용**하는 유형을 의미

4. 전자상거래 관련 용어 기출 25-1

① **피싱(Phishing)**: 개인정보를 탈취하기 위해 금융 관련 사이트나 구매 사이트 등과 동일하거나 유사한 형태의 웹사이트를 만들고 이를 사칭하여 중요정보를 남기도록 유도하는 형태의 공격기법

② **파밍(Pharming)**: 사용자들로 하여금 진짜 사이트로 오인하여 접속하도록 유도한 뒤에 개인정보를 훔치는 컴퓨터 범죄

③ **바이럴 마케팅(Viral Marketing)**: 이메일이나 다른 전파 가능한 매체(블로그, 카페 등)를 통해 자발적으로 어떤 기업이나 기업의 제품을 홍보하기 위해 널리 퍼뜨리는 마케팅기법으로, 컴퓨터 바이러스처럼 확산된다고 해서 바이러스(Virus) 마케팅이라고도 함

④ **스미싱(Smishing)**: SMS와 피싱(Phishing)의 합성어로, 휴대폰의 텍스트 메시지를 이용해 바이러스를 주입시켜 개인정보를 빼내거나 다른 휴대폰으로 바이러스를 확산시키는 새로운 해킹기법

⑤ **큐싱(Qshing)**: QR 코드(Quick Response Code)를 통해 악성 앱을 내려받도록 유도하는 금융사기. 스미싱보다 한 단계 진화된 방식으로 QR 코드를 활용해 개인정보 및 금융정보를 탈취

5. 전자상거래를 위협하는 요소 기출 22-1

① **바이러스(Virus)**: 자체 복제되며, 특정 이벤트로 트리거되어 컴퓨터를 감염시키도록 설계된 컴퓨터 프로그램

② **트로이 목마(Trojan Horse)**: 해킹 기능을 가지고 있어 인터넷을 통해 감염된 컴퓨터의 정보를 외부로 유출하는 것이 특징

③ **애드웨어(Adware)**: 인터넷 광고주들이 컴퓨터 사용자의 동의 없이 광고를 보여줄 수 있도록 하는 것

④ **웜(Worm)**: 자체적으로 실행되면서 다른 컴퓨터에 전파가 가능한 프로그램

⑤ **스파이웨어(Spyware)**: 이용자의 동의 없이 또는 이용자를 속여 설치되어 이용자 몰래 정보를 빼내거나 시스템 및 정상 프로그램의 설정을 변경 또는 운영을 방해하는 등의 악성행위를 하는 프로그램

⑥ **랜섬웨어(Ransomware)**: 사용자의 동의 없이 시스템에 설치되어서 무단으로 사용자의 파일을 모두 암호화하여 인질로 잡고 금전을 요구하는 악성 프로그램

THEME 13　ERP 시스템

1 ERP의 개념 및 효과

1. ERP의 개념　기출 24-3, 21-1

① ERP(Enterprise Resource Planning)는 회계, 인사관리, 구매, 생산, 유통 같은 **기업 내 여러 부서 간 경영정보를 통합하여 신속한 의사결정을 지원하는 시스템**. 최근 클라우드 기반의 ERP 솔루션을 통해 각 지점 및 온라인 Global 서비스가 가능하도록 발전하고 있음
② ERP는 1960년대의 자재소요계획(MRP)이 1980년대의 제조자원계획(MRPⅡ)을 거쳐 발전된 시스템
③ ERP는 기업의 목표를 달성하기 위한 일련의 활동을 한정된 자원을 이용하여 효율적으로 수행할 수 있도록 하는 경영혁신기법 중 하나에 해당

 **Tip**

> ERP 시스템의 발전순서
> 1960년대 MRP(자재소요계획) → 1980년대 MRPⅡ → 1990년대 ERP → Extended ERP

2. ERP의 효과

① 통합된 업무의 효율성으로 생산성 극대화 및 인건비와 재고관리비, 물류비 절감
② 고객 주문에 대한 빠른 회답 및 배송과 같은 고객서비스의 질적 제고
③ 수요예측, 생산계획 및 납품일정계획을 통한 고객서비스 증대
④ 의사결정 시간 단축 및 온라인 분석기능을 통해 정확한 의사결정 가능
⑤ 통계데이터에 의한 기업환경 변화에 사전 대처 가능
⑥ 여러 비즈니스 프로세스를 한데 묶어 각 프로세스 간 데이터의 흐름을 가능하게 함

2 ERP의 요소기술 및 시스템 구축

1. ERP 시스템 요소기술

① 클라이언트/서버시스템
② 객체지향기술

③ 개방형 시스템

④ 데이터 웨어하우스

⑤ 인터넷기술

2. ERP 구축 단계 `기출 24-2`

분석 단계	현재의 업무를 파악하여 요구사항을 정리(AS-IS) → 향후 진행업무의 범위 및 일정을 고려하여 세부적인 목표와 일정 도출
설계 단계	분석단계 정리 내용에 대한 개선 계획 설계 → 향후(TO-BE) 구현될 ERP 시스템의 세부 UI, 기능, 예상 결과물을 정리
구현 단계	① 설계한 ERP 솔루션을 각 모듈별 개발 → 테스트를 통해 검증 → 구현 완료 후 시험 운영을 통해 오류 검증 → 향후 유지보수 일정 수립 ② **컨피규레이션(Configuration) 결정**은 ERP 시스템에 내장된 다양한 기능 중 사용자가 원하는 특정 기능을 선택하여 시스템이 어떻게 작동할지를 결정하는 것으로, 구현 단계에 해당

• **ERP 구축 비용의 영향 요인**: ERP 시스템 구축 범위, 도입하려는 ERP 모듈 수, ERP 시스템 이용자 수, ERP 시스템 구축 프로젝트 추진 기간

3. 클라우드 ERP 시스템과 온프레미스(On-premise) ERP 시스템

① 개념

  ㉠ 클라우드 방식 ERP: 인터넷 기반 서버에 설치되어 원격으로 사용하는 ERP 시스템

  ㉡ 온프레미스 ERP: 기업 내부 서버에 직접 설치해 운영하는 ERP 시스템

② 클라우드 컴퓨팅 기반의 ERP 시스템을 선호하는 기업의 특징 `기출 25-1`

  ㉠ 구축 시간을 최소화해 상대적으로 빠른 시일 내에 운영을 원할 경우

  ㉡ 사용량이 분기별로 매우 큰 폭으로 증가하고 있어 확장성 확보가 용이해야 하는 경우

  ㉢ 지역적으로 분산된 기업이 원격접속방식으로 네트워크에 연결하는 것을 원하지 않을 경우

  ㉣ 기업이 기업 내부 자체적으로 ERP를 계속 운영하고 관리할 **기술력이 충분히 있지 않은 경우**

  ㉤ ERP 시스템을 위한 IT 인프라에 투자와 자원을 지양하고, 비용이 예측 가능한 정기사용료 지불방식을 원할 경우

THEME 14 CRM 시스템

1 CRM의 개요

1. CRM의 개념 [기출 24-3, 24-2, 21-1]

CRM(Customer Relationship Management)은 개별고객에 대한 상세한 정보를 토대로 그들과의 **장기적인 관계를 구축**하고 충성도를 높여 고객생애가치(CLV)를 극대화하여 장기적인 고객관계 형성을 위해 도입

 **Tip**

> 전통적인 CRM과 소셜 CRM의 차이점: 소셜(Social) CRM은 완전히 새로운 것이 아니고, 기존의 전통적인 CRM이 SNS의 발전에 따라 적극적인 고객의 참여정보를 기반으로 진화한 형태

구분	전통적인 CRM	소셜 CRM
역할	고객서비스 담당자	모든 직원이 참여
기능	프로세스 중심	대화 중심
접근	고객과의 접점 관리	커뮤니티 관리
가치	고객과의 주기적인 접촉	지속적인 고객 관여
모델	간단한 고객과의 거래관계	광범위하고 복잡한 관계

2. CRM 시스템을 구축하는 이유

① 고객과의 장기적인 관계 형성 및 고객이탈 방지
② 거래 업무 효율화와 수익 증대
③ 의사결정 향상을 위한 **고객에 대한 이해 활성화**
④ 우수한 고객서비스 제공 및 확고한 유통 경쟁우위 점유
⑤ 신규고객 창출 및 기존고객 유지를 통한 비용절감
⑥ 맞춤 서비스의 제공

3. CRM 고객관리 추적 지표 [기출 23-2]

판매지표	제품당 신규 판매 건수, 판매요청 건수, 유효한 판매기회 건수
고객서비스 지표	일별 평균 서비스요청 건수, 평균 고객불만 처리시간, 서비스요청 건수 등
마케팅 지표	**신규고객 유치율, 기존고객 유지율, 유지된 고객 수, 잠재적 고객 수, 마케팅 캠페인당 반응 건수, 고객만족도 수준 등**

4. CRM 구축절차

현황 파악 → 기반 구축 → 고객 이해 → 설계 → 개발 → 실행 → 검토

 **Tip**

유통업체에서의 CRM 시스템 활용 [기출 22-2]

1. 의의
   - 유통업체에서는 CRM 시스템을 활용해서 신규고객 창출, 기존고객 유지, 중성고객 개발에 활용
   - CRM 시스템은 단기적인 측면보다는 장기적인 측면에서 매출 증대를 위해 활용
2. 유통업체의 CRM 활용 장점
   - 고객 데이터에 대한 다양한 분석을 통해 고객에 대한 이해도를 향상
   - 유통업체의 경쟁우위 창출에 도움을 제공
   - 유통업체의 판매, 서비스, 영업 업무 수행에 도움을 제공

 **Tip**

신규고객 창출 프로세스 [기출 25-1, 24-2]

1. 유형 1
   - ㉠ 잠재고객 특성 파악 → ㉡ 잠재고객 확보(유치) → ㉢ 잠재고객(구매가능성) 선별 → ㉣ 니즈 파악과 가치 창조 → ㉤ 가치제안 → ㉥ 신규고객 사후관리
2. 유형 2
   - ㉠ 잠재고객 → ㉡ 선별고객 → ㉢ 가능고객 → ㉣ 최상가능고객 → ㉤ 신규고객

2 CRM의 요소기술(정보처리/관리기술)

1. 온라인 분석시스템(OLAP; Online Analytical Processing) [기출 25-1]

① 개념: 최종 사용자가 **다차원 정보**에 직접 접근하여 대화식으로 정보를 분석하고 의사결정에 활용하는 과정과 시스템을 말함. 예를 들어 사용자가 자사의 매출액을 지역별·상품별·연도별로 알고 싶을 경우 활용할 수 있는 분석도구

   ㉠ OLAP는 OLTP(Online Transaction Processing), 즉 온라인 거래처리에 상대되는 개념으로, OLAP 분석을 위해 활용되는 **정보의 형태는 다차원적**임

   ㉡ OLAP와 데이터 마이닝의 차이점: OLAP는 방대한 데이터를 다양한 관점과 차원을 통해 제시함으로써 의미 있는 형태로 해석할 수 있는 틀을 제공하는 반면, 데이터 마이닝은 한발 더 나가 군집화, 규칙추론, 최적화 분류 등 인공지능적 요소를 가미하여 특정 변수를 예측하고 변수들 간 규칙을 파악하는 데 초점이 있음

② 분석기능(Analysis Skill) [기출 22-3]

   ㉠ 피보팅: 분석 차원을 분석자의 필요에 따라 변경해서 볼 수 있는 기능

   ㉡ 필터링: 원하는 자료만을 추출하기 위해서 이용되는 기능

   ㉢ 분해(Slice and Dice): 다양한 관점에서 자료를 분석 가능하게 하는 기능

   ㉣ 드릴링: **데이터의 깊이와 분석 차원을 마음대로 조정해 가며 분석**하는 기능

   - 드릴 다운(Drill down): 요약 자료의 상세정보를 확인하게 하는 기능
   - 드릴 업(Drill up): 드릴 다운과는 반대로 사용자가 정보를 분석하는 것을 말함

ⓜ 리포팅: 리포트 작성을 지원하는 기능

 **Tip**

CRM 데이터 분석
- In-Bound 분석: 고객으로부터의 걸려온 전화 문의, 인터넷 조회, 영업소 방문 등의 내용을 바탕으로 기존고객의 피드백이나 불만제기 내용 등을 분석, 가망고객 발굴
- Out-Bound 분석: 조사대상 고객에게 피드백이나 불만제기 내용 등을 직접 문의하여 분석하는 것

③ OLAP와 OLTP의 비교

구분	OLAP	OLTP
데이터의 구조	단순(사업분석에 적합)	복잡(운영시스템 계산에 적합)
데이터의 갱신	주기적/정적	순간적/동적
데이터의 내용	배치(Batch)성 데이터	실시간 데이터
데이터의 특성	주제 중심	거래 중심
데이터의 사용법	고도로 비구조화된 분석처리	고도로 구조화된 연속처리

④ OLAP와 데이터 웨어하우스
　㉠ OLAP 서버는 데이터 웨어하우스 환경에서 **사용자에게 다차원 정보를 제공**하는 분석용 데이터 마트로 정의할 수 있음
　㉡ OLAP는 데이터 웨어하우스보다 더 상세한 데이터까지 보유할 수 있으므로 **데이터 웨어하우스를 대체하는 개념이 아니며**, 보완하는 개념
　㉢ OLAP 시스템은 사용자에게 일관되고 신속한 응답속도를 제공하기 위해 다차원 정보를 물리적인 공간에 잠시 저장할 수 있으며, 데이터 웨어하우스(혹은 데이터 마트)로부터 실시간적으로 다차원 데이터 구조를 생성할 수 있고, 또한 두 가지 기법을 병행할 수도 있음

2. 데이터 웨어하우스(Data Warehouse)

데이터 웨어하우스는 사용자의 의사결정을 지원하기 위해 기업이 축적한 많은 데이터를 사용자 관점에서 주제별로 통합하여 별도의 장소에 저장해 놓은 데이터베이스로서, 사용자들이 자신의 업무를 보다 효과적으로 수행할 수 있도록, 그리고 정확한 정보에 근거한 의사결정을 할 수 있도록, 가능한 모든 정보의 저장소를 만드는 데 목적이 있음

3. 데이터 마이닝(Data Mining)

① **개념**: 데이터 웨어하우스 등 대용량의 데이터베이스로부터 패턴이나 관계, 규칙 등을 발견하여 유용한 지식 및 정보를 찾아내는 과정이나 기술로, 데이터 분석을 통한 판매량 예측, 원인과 결과 분석, 특성에 따른 고객분류 또는 집단화하는 데 사용하는 기술
② **고객정보 분석에 활용되는 데이터 마이닝 기법** 기출 23-3
　㉠ **연관성 분석**: 데이터 안에 존재하는 품목 간의 연관성 규칙 발견

  ⓛ **회귀분석**: 하나의 종속변수가 설명(독립)변수들에 의해서 어떻게 설명 또는 예측되는지를 알아보기 위해 변수들 간의 관계를 적절한 함수식으로 표현하는 통계적 방법

  ⓒ **군집분석**: N개의 개체들을 대상으로 P개의 변수를 측정하였을 때 관측한 P개의 변수값을 이용하여 N개 개체들 사이의 유사성 또는 비유사성의 정도를 측정하여 개체들을 가까운 순서대로 군집화하는 통계적 분석방법

  ⓔ **의사결정나무**: 의사결정 규칙을 나무구조로 도표화하여 분류와 예측을 수행하는 분석방법

③ **지식발견 접근방법을 위한 데이터 마이닝의 기능** 기출 24-2, 21-3 : 분류(Classification), 예측(Prediction), 연관성(혹은 연합, Association), 순차패턴(혹은 배열, Sequence Pattern), 클러스터(혹은 군집, Cluster)로 나눌 수 있음

  ㉠ **분류**: 가장 많이 활용되는 데이터 마이닝 작업기능으로 새로운 대상의 특징들을 조사하고 이를 미리 정해진 class 중 하나로 지정하는 것을 말하며, 의사결정트리, 신경망분석, 회귀분석 등을 통해 구현

  ㉡ **예측**: 분류, 순차패턴과 유사하나 주로 어떤 흐름을 분석하고 이를 토대로 향후의 변화를 예측하는 데 이용

  ㉢ **순차패턴**: 다양한 사건들 중 어떤 규칙성을 가지고 **시차적으로 일어나는 사건의 패턴을 발견**하는 것으로, 한 상품이 **판매 후 이어서 판매될 가능성이 높은 상품을 판별**하는 데 활용

  ㉣ **연합(=연관성)**: 일반적으로 교차판매를 위해 사용되며, 다양한 사건들 중 2가지 이상의 사건이 동시에 일어날 가능성 및 연관성 있는 패턴을 발견하는 것을 말함

  ㉤ **클러스터(군집)**: 여러 가지 다른 특성을 가지는 전체 데이터를 동질성을 가진 몇 개의 하위 군집/세그먼트로 나누는 것으로 군집분석과 신경망을 통해 구현

4. 데이터 큐브(Data Cube)

① **개념**: 데이터 큐브는 일반적으로 데이터를 쉽게 해석하는 데 사용되며, 큐브의 모든 차원은 특정 특성(예 일일/월간/연간 매출액)을 나타냄. 데이터 큐브에 포함된 데이터를 사용하면 데이터상의 모든 고객, 판매대리점, 제품 등과 관련된 모든 수치를 분석할 수 있고 이를 통해 추세분석과 효율성 분석 등에 활용할 수 있음

② **유형**: 관계형 데이터베이스 모델을 사용하는 관계형 OLAP와 다차원 배열로 패턴화된 구조를 기반으로 활용되는 다차원 OLAP가 있음

 **Tip**

> **맵리듀스(MapReduce)**: Google에 의해 고안되어 대용량 데이터 처리를 위한 병렬처리 기법의 하나로, 대용량 데이터를 분산처리하기 위한 목적으로 개발된 프로그래밍 모델임. 맵리듀스는 임의의 순서로 정렬된 데이터를 분산처리(Map)하고 이를 다시 합치(Reduce)는 과정을 거침

5. BI(Business Intelligence) 기출 25-1, 22-2

① **개념**: 고객관리를 최적화하기 위해 활용되는 기술로, 의사결정자에게 데이터 마이닝이나 OLAP 등의 분석도구를 통하여 적절한 시간, 적절한 장소, 적절한 방식으로 필요한 정보를 제공해 의사결정을 지원

② **특징**

㉠ BI는 의사결정자에게 적절한 시간, 적절한 장소, 적절한 형식의 실행 가능한 방식으로 정보를 제공

㉡ BI는 발생된 사건의 내부 데이터, 구조화된 데이터, 히스토리컬 데이터 등에 대한 분석기능을 제공

㉢ BI는 분석적 도구를 활용해 경영 의사결정에 필요한 경쟁력 있는 정보와 지식을 제공

3 고객충성도 프로그램

1. 고객충성도의 개념 기출 24-1, 21-1

① 고객충성도 또는 고객애호도란 한 기업의 제품 및 서비스에 대한 고객의 재구매의 정도와 구매한 상표에 대하여 갖는 애착 또는 애정의 정도를 의미하며, 충성도에는 행동적 충성도와 태도적 충성도가 있음

② 재구매율이 높은 고객을 충성도가 높은 고객, 즉 충성고객이라고 하는데, 충성도가 높은 고객은 재구매율이 높을 뿐만 아니라 가격에 덜 민감하게 반응

③ 고객충성도가 높은 고객이 많으면 많을수록 기업은 더 많은 수익을 창출할 수 있기 때문에 기업은 고객충성도를 높이고 지속적으로 구매를 유지할 수 있도록 해야 함

④ 고객충성도 프로그램에는 마일리지 프로그램과 우수고객 우대 프로그램 등이 있음

⑤ 고객충성도 프로그램은 **단기적 측면보다는 장기적 측면에서 운영**되어야 유통업체가 고객경쟁력을 확보할 수 있음

⑥ 고객충성도 프로그램 운영에 있어 **금전적 혜택보다는 비금전적 혜택을 제공**하는 것이 유통업체 측면에서 보다 효율적임

⑦ 고객충성도 프로그램은 구매패턴 분석 후 맞춤형 혜택 제공을 통해 고객이 지속적으로 브랜드를 이용하도록 유도하려 함

⑧ 포인트 기반 프로그램은 고객이 구매할 때마다 포인트를 적립하여 혜택을 제공하는 방식

⑨ 아마존 프라임은 유료 멤버십 구독으로 무료 배송과 독점 콘텐츠를 제공하는 대표적인 구독형 방식

2. 고객충성도 프로그램의 필요성

① 기존고객의 이탈을 방지하기 위한 것으로, 고객이 원하는 제품 및 서비스의 품질, 고객의 기호 등을 파악하여 고객만족을 고려함으로써 고객과의 장기적 관계 구축을 위해 필요

② 자사의 고객에게 보상으로 특정 인센티브를 제공하거나 수익성이 높은 상품의 재구매율을 높이기 위해 고객의 기여도에 따른 인센티브 제공

③ 고객충성도 프로그램을 수행하는 이유는 충성고객을 확보하려는 것뿐만 아니라 고객과 고객의 상품구입정보를 수집하기 위함

 **Tip**

> **머천다이징(Merchandising)** `기출 24-2` : 고객충성도 프로그램 유형의 하나로 상품에 보조적인 서비스, 예를 들면 반지 구입 시 이름을 새겨주는 서비스 등을 부가시키는 방법으로, **상품 자체에 고객의 기호에 맞는 부가가치를 첨부시키는 서비스 제도**

3. 정보기술

① e-CRM

㉠ e-CRM은 웹사이트를 방문하는 고객들의 로그파일을 분석해서 고객의 성향에 맞는 제품이나 콘텐츠를 실시간으로 추천해 주는 일종의 일대일(One-to-One) 마케팅 솔루션

㉡ 이를 위해 다양한 정보를 수집하고 분석하여 활용하는데, 고객이 인터넷을 서핑하면서 만들어 내는 고객의 '웹 로그'는 고객의 성향을 파악할 수 있는 훌륭한 정보가 됨

② 웹 로그 분석(Web Log Analysis)

㉠ 웹 로그(Web Log) `기출 21-2`

ⓐ **웹사이트에 방문한 고객의 흔적(Log)인 유입자명, 유입경로 등 누가, 언제, 무엇을, 어디서, 어떤 경로로, 어떤 페이지를 방문했는지 등을 분석할 수 있는 도구**로 이를 통해 고객의 성향을 파악할 수 있음

ⓑ 웹사이트 방문자가 웹브라우저를 통해 사이트 방문 시, 브라우저가 웹서버에 파일을 요청한 기록과 시간, IP에 관련된 정보, 웹사이트에서 수행한 작업 등에 대한 기록

ⓒ e-CRM은 단 한 명의 고객까지 세분화하여 고객의 개별화된 특성을 파악하고 이들 고객에게 맞춤 서비스를 제공하는 데 목적을 두고 구현함. 이를 위해 다양한 정보를 수집하고 분석하여 활용하는데, 고객이 인터넷을 서핑하면서 만들어 내는 고객의 웹 로그(Web Log)는 고객의 성향을 파악할 수 있는 훌륭한 정보가 됨

㉡ 액세스 로그(Access Log) `기출 21-3`

ⓐ 액세스 로그란 방문자가 웹 브라우저를 통해 웹사이트에 방문할 때 브라우저가 웹서버에 파일을 요청한 기록을 시간과 IP 등의 정보와 함께 남기는 것

ⓑ 액세스 로그는 웹사이트의 트래픽에 대한 가장 기초적인 정보를 제공하며, 서버로부터 브라우저에 파일이 전송된 기록이므로 Transfer Log라고도 함

ⓒ 웹 마이닝(Web Mining): 웹사이트의 방문객이 남긴 자료인 웹 로그를 근거로 웹의 운영 및 방문 행태에 대한 정보를 분석하는 것

③ e-CRM의 성공적 도입을 위한 발전 전략

　㉠ 다양한 커뮤니케이션 수단을 활용하여 고객접촉 경로의 다양화가 필요

　㉡ 소비자의 트렌드를 분석하는 서비스 구사

　㉢ 고객의 입장에서 꼭 필요한 콘텐츠 구성

　㉣ 개인의 특성에 맞는 맞춤 서비스로 타사와의 차별화 전략

　㉤ 커뮤니티, 오락 등 콘텐츠의 다양화를 통한 활성화 전략

❙ CRM의 분류 ❙

CRM 시스템의 종류	특징
분석 CRM	Data Warehouse, Data Mining, OLAP 등의 툴을 이용하는 백오피스 지향적인 CRM
운영 CRM	고객과의 접점에서 영업 및 마케팅 서비스를 수행할 수 있도록 지원하는 프론트 오피스 지향적인 CRM
협업 CRM	분석 CRM과 운영 CRM을 통합한 의미이면서, 인터넷과 콜센터, 모바일 등 고객과의 다양한 접점을 지원하는 CRM

THEME 15　공급사슬관리(SCM)

1　SCM의 개념과 필요성

1. SCM의 개념

① SCM(Supply Chain Management)은 가치사슬 개념을 기초로 원재료 조달, 생산, 조립, 유통에 이르는 관련 집단을 하나의 단위로 보고 물류와 정보의 흐름을 체계적으로 관리하여 **공급사슬 전체 흐름을 최적화**하여 효율성을 제고하는 기법

② SCM은 원재료 구매에서 최종 고객까지 전체 물류 흐름을 계획, 실시, 통제하는 통합적 관리기법임. 경쟁력 강화를 위해 기업 내부시스템을 공급자, 고객 등 외부시스템과 통합시키는 전략에 해당

③ 공급사슬 전체, 즉 제품·부품의 생산자로부터 사용자에 이르는 공급체인에 대하여 불필요한 시간과 비용을 절감하려는 관리기법

④ 최근 SCM은 6시그마, 제약이론(TOC; Theory of Constraints) 등의 영향으로 계속 진화하고 있음

 **Tip**

제약조건이론 [기출 24-1] : 제약조건이론은 SCM의 생산스케줄링의 핵심 엔진 중 하나로 활용됨. 제약경영을 통해 공급체인 전체의 최적화를 추구하는 기법. SCM을 통한 기업의 비용절감, 시스템 최적화의 목표를 달성

2. SCM의 필요성

① 각국 간 교역 증대, 교통규제 완화에 따른 운송비 절감 등으로 인한 공급경로 확대로 리드타임이 길어지는 현상에 능동적으로 대처하기 위해서
② 채찍효과로 알려진 정보의 왜곡과 재고과잉현상을 예방하기 위해서
③ 고객의 다양한 욕구에 맞춘 다품종·소량·다빈도 공급체계를 갖추기 위해서
④ 생산과 재고관리의 불확실성을 줄이고 고객만족도를 높이기 위해서
⑤ 치열한 국제경쟁에서 살아남을 수 있는 경쟁력을 갖추기 위해서
⑥ 인터넷, EDI 및 ERP와 같은 정보통신기술의 발전으로 인해 공급망관리를 통한 기업 간의 프로세스 통합이 가능하게 됨

3. SCM의 변화 방향 `기출 22-1, 21-3`

① **공급자 중심에서 고객 중심으로**: 비용보다는 유연한 대응력, 즉 민첩성이 핵심요인
② **재고에서 정보로**: 실질 수요에 대한 더 나은 가시성(Visiblity) 확보가 중요
③ **푸시(Push)에서 풀(Pull)전략으로**: 생산자 중심에서 소비자 주문 또는 구매를 근거로 하는 풀 관행으로 이동
④ **운송과 창고관리에서 엔드투엔드 파이프라인 관리 강조**: 가시성과 시간 단축 중요
⑤ **기능에서 프로세스로**: 급변하는 환경에 다기능적이고 시장지향적인 프로세스에 초점

4. SCM 도입 효과 `기출 25-1`

① 안전재고량 감소
② 수요와 공급의 불확실성 감소
③ 공급업체에 자재 품목별로 분리하여 주문 가능
④ 수주 처리기간의 **단축**
⑤ 제조업체의 생산계획이 가시화되어 공급업체의 자재 재고 축소 가능
⑥ 채찍효과의 감소로 유통경로 전체의 효율성 제고
⑦ 정보의 가시성 증가
⑧ 공급업체와 유통파트너의 실시간 정보 공유로 협업이 강화되고 공급망 전반의 가시성 향상
⑨ 유통계획을 최적화하여 납기 준수율 향상
⑩ 불필요한 재고를 줄이고, 운영비용을 절감하여 기업의 수익성을 향상

2 SCM의 유형

1. 산업별 SCM의 유형

① **신속대응(QR; Quick Response)**: QR은 미국의 패션 산업이 공급사슬의 흐름을 개선하기 위해 소매업자와 제조업자의 정보공유를 통해 효율적인 생산과 공급사슬 재고량을 최소화시키려는 전략

㉠ QR 도입으로 기업은 **리드타임의 감소, 재고비용의 감소**, 판매 증진 등의 기대효과 증가

㉡ QR의 핵심은 유통업체가 제조업체에게 판매된 의류에 대한 정보를 매일 정기적으로 제공함으로써 제조업체로 하여금 판매가 부진한 상품에 대해서는 생산을 감축하고 잘 팔리는 상품의 생산에 주력할 수 있도록 하는 데 있음

② **효율적 소비자 대응**(ECR; Efficient Consumer Response)

㉠ ECR은 식료품 제조업체와 슈퍼마켓과 같은 유통업체가 효율적 소비자 대응 활동을 통해 보다 저렴한 가격으로 상품을 제공하고 **고객만족도**를 높이기 위한 협력

㉡ 공급사슬을 기존의 Push방식에서 Pull방식으로 변화시키고, POS 시스템 도입 등 자동적으로 제품을 충원하는 전략

 **Tip**

- 신선식품부문(EFR; Efficient Food service Response)
- 의약품부문(EHCR; Efficient Healthcare Consumer Response)

구분	QR	ECR
주체	제조업체	유통업체, 소매업체
요구사항	신속한 대응	효율적인 고객 대응
출현	1985년 섬유 및 의류업계 중심	1993년 식품, 잡화, 슈퍼마켓 중심
핵심	생산자 사이에 걸쳐 있는 유통경로상의 제약조건 및 재고를 줄임으로써 제품 공급체인의 효율성 극대화	제조업체 및 유통업체가 공급체인의 문제점을 개선하도록 협력관계 구축을 통하여 상호 이익 추구

2. 기타의 SCM 추진 유형 기출 21-3

① **크로스도킹**(CD; Cross Docking)

㉠ 크로스도킹은 1980년대 미국의 월마트(Wal-Mart)가 식품의 신선도 저하 방지를 위해 최초로 도입한 시스템으로, 창고나 물류센터에서 수령한 제품을 재고로 보관하지 않고 즉시 운송할 준비를 하는 물류시스템을 의미

㉡ 크로스도킹이 도입되면 물류센터는 보관거점의 기능에서 탈피할 수 있고, 물류센터에서 제품이 머무르는 시간을 줄여 고객서비스를 개선할 수 있는 장점이 있음

㉢ 크로스도킹을 실현하기 위해서 ASN(Advanced Shipping Notice, 사전출하지시서)과 JIT(Just in Time) 환경이 필요

② CRP(Continuous Replenishment Program)

㉠ CRP는 지속적인 상품보충 또는 연속적 재고보충으로, 유통공급망 내의 주문량에 근거한 상품의 판매 데이터를 근거로 하여 적절한 양을 항시 보충해 주는 시스템

㉡ CRP는 공급업자와 소매업자 간에 POS 정보를 공유하여 별도의 주문 없이 공급업자가 제품을 보충할 수 있음

ⓒ 연속 재고보충 계획전략(CRP)은 e-SCM 추구전략 중, 고객이 상품을 주문한 후 상품을 받을 수 있기를 기대하는 도착시간인 고객허용 리드타임이 실제로 공급업체로부터 유통경로를 거쳐 고객에게 배달되는 총시간인 공급 리드타임보다 짧은 경우에 활용할 수 있는 전략

③ CPFR(Collaborative Planning, Forecasting and Replenishment): **협력적 계획, 예측 및 보충 시스템**은 판매·재고 데이터를 소비자 수요예측과 주문관리에 이용하고, 제조업체와 공동으로 생산계획에 반영하는 등 제조와 유통업체가 예측·계획·상품보충을 공동으로 협업하는 업무 프로세스로 최근 각광받고 있는 SCM 공급 측면 응용기술

> **Tip**
>
> [활용예] 월마트는 점포가 위치한 해당 지역의 고객정보를 많이 가지고 있고, 모기약 공급사인 워너램버트사는 자사의 제품정보에 강점을 가지고 있다. 따라서 이들을 이용한 CPFR로 알려진 새로운 프로그램을 도입하여, 월마트의 수요예측 정확성이 크게 향상되었다.

④ **공급자주도 재고관리(VMI; Vendor Managed Inventory)** 기출 24-1, 22-2, 22-1

   ㄱ VMI는 지속적 상품보충(CRP) 기법의 하나로, 유통업체가 제조업체에게 판매와 재고에 관한 정보를 제공하면, **제조업체가 이를 토대로 과거 데이터를 분석하고 수요를 예측하여 상품의 적정 납품량을 결정**하는 시스템

   ㄴ POS(Point of Sales) 판매정보가 실시간으로 공급업체에 제공되어 판매, 생산정보의 동기화로 생산계획수립의 안정화와 공급의 안정화를 도모

   ㄷ VMI의 기대효과: 비즈니스 가치 증가, 고객서비스 향상, 재고 산정의 정확성 향상, **재고회전율 증가**, 공급자와 구매자의 공급사슬 운영의 원활화

⑤ **연기(Postponement)전략**: 공장에서 제품을 완성하는 대신 시장 가까이로 제품의 완성을 지연시켜 소비자가 원하는 다양한 수요를 만족시키는 전략적 지연을 의미

3 SCM의 구축

1. SCM을 위한 정보기술

SCM을 위한 정보기술로는 데이터 웨어하우스, 데이터 웨어하우징, 데이터 마이닝 등이 있고, SCM이 효율적으로 활용되기 위해서는 EDI에 기반을 둔 POS가 구축되어야 함

2. SCM 프로세스의 구축

① **고객관계관리(CRM) 프로세스**: 공급사슬에서 유통업자 또는 직판모델 보유 제조업자가 고객과 접촉하는 프로세스. 이 프로세스는 고객의 상품에 대한 반응을 즉각적으로 파악 가능

② **공급자관계관리(SRM) 프로세스**: 다양한 제품을 위한 공급자의 선정, 가격과 배송조건에 대한 협상, 공급자의 수급계획의 공유, 재고보충 주문의 발주 등 공급자와 사용기업의 정보 및 프로세스 흐름의 가시성 제고

③ 고객서비스관리 프로세스: 고객이 상품에 대한 구입계약을 할 경우, 공급사슬에서는 유통업자에서 제조업자, 원재료 공급자에 이르기까지 정보가 제공

④ 제조흐름관리 프로세스: 주문에 의한 생산방식을 이용, Push방식에서 Pull방식으로 변화된 시스템을 이용하므로 원재료 조달비 절감, 생산비 절감, 재고비 절감 등이 가능

⑤ 주문관리 프로세스: 제품이 제조업체에서 유통업체에 이르기까지의 물류관리에 관련된 프로세스로, 지속적인 제품 충족을 통해서 재고 결품을 방지하고, 상품을 적시에 조달하는 효율적인 재고관리를 통해 재고비용을 절감시키는 역할을 함

4 채찍효과(Bullwhip Effect) 기출 23-2

1. 채찍효과의 개념

채찍효과(Bullwhip Effect)는 공급사슬에서 **최종 소비자로부터 멀어져 상류로 갈수록 정보가 지연되거나 왜곡**되어 수요와 재고의 불안정이 확대되는 현상

2. 발생원인

채찍효과의 주요 원인으로는 여러 부문에서의 ① 중복적인 수요예측, ② 일괄주문(Batch Order)에 의한 주문량의 변동 폭 증가, ③ 결품에 대한 우려로 경쟁적인 주문 증대에 의한 가수요, ④ 고가 또는 저가정책에 의한 선행 구입, ⑤ 긴 리드타임 등을 들 수 있음

3. 해결 방안

① 공급사슬 전반에 걸쳐 수요 정보를 집중화하고 공유하여 불확실성 제거
② 안정적인 가격을 유지할 수 있는 상시저가(EDLP; Every Day Low Pricing)전략 활용
③ 공급사슬 구성원 간 정보의 실시간 공유
④ 주문 리드타임(Lead Time)과 주문이 처리되는 데 소요되는 정보 리드타임 단축
⑤ 정보가 공유되고 공급사슬상에서 재고가 관리되기 위한 전략적 파트너십 구축

THEME 16 | SCM 전략과 정보시스템

1 SCM 전략

1. 수요의 불확실성에 따른 공급사슬전략

① 효율적 공급사슬과 대응적 공급사슬

　㉠ 효율적 공급사슬(Efficient Supply Chain)

　　ⓐ 개념: 효율적 공급사슬은 제조기업 중 제품수명주기가 길어 수요가 안정적이고 예측 가능한 경우 비용절감 및 효율적 운영을 위해 취하는 공급사슬기법

　　ⓑ 특징: 저비용을 위한 재고의 최소화, 높은 가동률을 통한 낮은 비용

　㉡ 대응적(반응적) 공급사슬(Responsive Supply Chain)

　　ⓐ 개념: 공급사슬 유형 중 의류와 같이 제품수명주기가 짧고 고객의 수요 변동성이 큰 경우, 시장수요 변화에 대해 민감하고 유연하게 반응하도록 설계된 공급사슬

　　ⓑ 주요 목표: 재고품절, 시즌 말 가격할인 등을 최소화하기 위해 예측 불가능한 수요에 신속하게 대응하는 것

┃ 효율적 공급사슬과 대응적 공급사슬 비교 ┃

구분	효율적 공급사슬	대응적 공급사슬
주요 목표	최저가격으로 예측 가능한 수요에 효율적으로 공급	예측 불가능한 수요에 신속하게 대응
제품디자인	비용 최소화를 달성할 수 있는 제품디자인 성과극대화	제품 차별화를 달성하기 위해 모듈(Module) 디자인 활용
가격전략	저가격, 저마진	고가격, 고마진
재고전략	높은 재고회전율과 재고 최소화	부품 및 완제품 안전재고 유지
생산전략	높은 가동률	유연한 생산능력
공급자전략	비용과 품질	속도, 유연성, 신뢰성, 품질
리드타임 초점	비용 증가 없이 리드타임 단축	비용이 증가되더라도 리드타임 단축

② 리스크풀링 전략(Risk Pooling Strategy)

　㉠ 리스크풀링: 여러 지역의 수요를 한곳에서 통합적으로 관리하면 수요의 불확실성이 상대적으로 감소하게 된다는 것을 말함

　㉡ 기업은 분산 운영되던 물류거점을 통합관리함으로써 적은 양의 재고로도 수요의 불확실성에 효과적으로 대응할 수 있게 됨

　㉢ 리스크풀링 효과로 인해 기업은 안전재고가 감소하고 관련 물류비 절감효과 발생

2. 지연전략(Postponement Strategy) [기출 24-3]

① 개념

　㉠ 지연전략이란 생산 프로세스에서 제품들이 서로 차별화되는 시점을 가능한 한 판매시점에 가깝게 지연시키는 전략으로, 연기 또는 유예전략이라 함

　㉡ 제품에 대한 변동성이 큰 경우, 공장에서 제품을 완성하는 대신 시장 가까이 이동해 제품의 완성을 최대한 지연시켜 소비자가 원하는 다양한 수요를 만족시키기 위한 전략

　㉢ 지연전략은 고객의 수요를 제품설계에 반영하기 위해 완제품 형태가 아닌 반제품 형태로 제품의 완성을 최대한 지연시키는 전략

　㉣ 지연전략은 생산의 유연성이 필요하며, 이를 달성하기 위해 **중앙집중화가 아닌 모듈화된 제품설계**가 필요

② 유형

　㉠ 투기전략: 수요예측에 의해 표준화된 제품을 생산 후 시장에 가까운 입지에 보관하는 전략

　㉡ 제조지연전략: 특정된 제품으로 구체화하지 않고 범용적 사용이 가능한 상태로 유지

　㉢ 물류지연전략: 생산된 제품을 전략적 위치에 집중하여 재고로 유지, 주문 이후 완성품으로 조립하는 전략

---

2 SCM과 정보시스템

1. 공급사슬계획(SCP; Supply Chain Planning)

① 공급사슬계획(SCP)은 SCM을 구축하고 있는 소프트웨어 구성요소 중 의사결정과 계획수립을 지원하는 것으로 수요예측, 생산계획, 생산일정계획 및 재고보충계획 등이 있음

② 전략적 계획수립, 수요예측 및 자동재고보충을 위한 CPFR(Collaborative Planning, Forecasting and Replenishment), 협력업체와 생산계획을 공유하는 APS(Advanced Production Scheduling), 유통기관 수요배분을 위한 DRP(Demand Resource Planning) 등

2. 공급사슬실행(SCE; Supply Chain Execution)

공급사슬실행(SCE)은 주문처리 및 SCM을 통합적으로 실행·관리하기 위한 OMS, WMS, TMS 등으로 구성되며 공급자 선정, 수·배송 업체 선정, 재고수준 결정, 채널 간 정보공유 등의 의사결정을 담당

3. SCP와 SCE의 비교

SCP(Supply Chain Planning)	SCE(Supply Chain Execution)
• 수요계획(Demand Planning) • 생산계획(Manufacturing Planning) • 재고계획(Inventory Planning) • 재고보충계획(Replenishment Planning) • 스케줄링(Scheduling)	• 주문관리(OMS) • 창고관리(WMS) • 운송관리(TMS) • 공급자 선정 및 배송업체 선정 • 재고수준 및 채널 간 정보공유 수준

3 SCM의 성과측정

1. 공급사슬운영참조(SCOR; Supply Chain Operations Reference)

① 개념: SCOR은 공급사슬 프로세스의 모든 범위와 단계를 포괄하는 참조모델로 공급사슬의 회사 내부기능과 기업 간 공급사슬 파트너 사이의 의사소통을 위한 언어로서, 공통의 공급사슬 경영프로세스를 의미

② 기본관리 프로세스의 성과지표: SCOR 모델에서는 **계획(Plan), 조달(Source), 제조(Make), 배송(Deliver), 반품(Return)**의 5가지 기본관리 프로세스를 가지고 있음

 **Tip**

> 균형성과표의 개념과 특징 기출 23-3, 23-2, 22-3
>
> 1. **균형성과표(BSC; Balanced Score Card)**: 균형성과표(BSC)는 **재무적 지표뿐만 아니라 고객, 내부 프로세스, 학습 · 성장** 등 4분야에 대해 측정지표를 선정해 평가한 뒤 각 지표별로 가중치를 적용해 산출하며, **비재무적 성과까지** 고려하고 성과를 만들어 낸 동인을 찾아내 관리하는 것이 가장 큰 특징
> 2. 균형성과표의 특징
>   • 캐플란과 노튼에 의해 정립된 이론
>   • 재무적 관점은 정량화된 수치로 표현하는데 재무적 측정지표들을 이용
>   • 시장점유율, 고객확보율, 고객수익성 등은 대표적인 고객 관점에서 목표와 측정지표를 제시
>   • 지식경영과 가장 밀접한 관점은 학습 및 성장 관점으로 다른 관점에서 설정한 목표치를 달성할 수 있도록 중요한 기반을 제공
>   • 성과 측정을 하는 이유는 보다 나은 공급사슬을 설계하고, 잘못된 부분의 성과를 개선하기 위해서임

③ SCOR은 내부적 관점(기업 측면)에서는 비용과 자산 측면을, 외부적 관점(고객 측면)에서는 유연성, 반응성, 신뢰성을 통하여 SCM의 추진성과를 측정

4 e-SCM

1. e-SCM의 개념 기출 21-1

① IT를 활용하여 물자의 흐름을 한눈에 파악할 수 있도록 구축된 SCM으로, 공급사슬은 기업의 물자 · 정보 · 자금 등이 가치사슬을 따라 이동하면서 부가가치를 창출하는 과정

② 인터넷 기반의 e-SCM을 위해서는 SCM의 계획수립, 공급사슬 관계의 설정과 협력체제 구축, SCM 솔루션(ERP, SCP/SCE, EC 등)의 통합 등 필요

③ e-SCM을 위한 정보시스템으로 대표적인 것은 **지속적 상품보충(CRP), 자동발주시스템(CAO), 크로스도킹(Cross Docking), 전사적 자원관리(ERP)** 등

2. e-SCM의 기대효과 [기출 23-2]

① 원자재·시간·인력 등에서의 낭비요인 제거

② 적절한 상품·수량·장소·시간 등(7R)으로 서비스함으로써 물류의 품질 제고

③ 실시간 조달 및 리드타임의 단축

④ 거래·투자비용의 최소화

⑤ 자동보충을 통한 재고감축

⑥ 고객 맞춤형 서비스 제공(Customization)

⑦ 수평적 사업기회의 확대

⑧ 공급사슬의 **가시성**을 확보하여 채찍효과 감소

THEME 17　신융합기술의 개념 및 활용 Ⅰ

1 빅데이터

1. 빅데이터의 개념 [기출 22-2]

① 빅데이터는 기존 데이터베이스의 능력을 넘어서는 대량의 정형화된 자료뿐만 아니라 비정형의 데이터 집합까지 포함하는 데이터로부터 가치 있는 정보를 추출하고 결과를 분석하는 기술

② 비정형화된 데이터 분석에 더 큰 포커스를 맞추며, 타당성(Validity), 신뢰성(Veracity) 확보가 유용한 가치창출을 보장할 수 있음

③ 유통업체에서 보다 탁월한 의사결정을 위해 활용하는 **비즈니스 애널리틱스(BA; Business Analytics) 중 하나로 고차원적 의사결정을 지원**하는 기술

2. 빅데이터의 특성(3V, 7V)

① 3V [기출 23-2, 21-3]

 ㉠ **규모(Volume)**: 데이터의 크기

 ㉡ **다양성(Variety)**: 다양한 종류의 데이터를 수용할 수 있는 특성

 ㉢ **속도(Velocity)**: 데이터를 빠르게 처리·분석할 수 있는 능력

② 7V

 ㉠ **가치(Value)**: 빅데이터 분석을 통해 얻을 수 있는 비즈니스적 유용성

 ㉡ **신뢰성(Veracity)**: 분석된 데이터에 부여할 수 있는 신뢰의 정도

 ㉢ **정확성(Validity)**: 특정 의사결정을 내리는 데 타당성 있는 데이터인지 판단하는 속성

 ㉣ **휘발성(Volatility)**: 데이터가 얼마나 오래 저장되고, 타당하게 활용될 수 있는지 여부

3. 빅데이터의 형태별 분류 [기출 23-3, 23-2, 22-2]

① **정형데이터(Structured Data)**: 데이터를 다루는 사람이라면 흔하게 보게 되는 형식의 데이터로 구조화된 관계형 **데이터베이스(RDB),** 스프레드시트, CSV 등이 이에 해당

 예 고객정보, 상품 판매수량과 같이 일정한 형식에 맞춰 저장되는 자료집합

② **비정형데이터(Unstructured Data)**: 형태가 없고, 연산도 불가능한 데이터를 말하며, 소셜데이터(트위터, 페이스북), **영상, 이미지,** 음성, 텍스트(word, PDF) 등이 이에 해당

 예 트위터, 페이스북 같은 SNS 정보, YouTube 콘텐츠, 음원, **PDF 문서** 등

>  **Tip**
>
> 비정형적 데이터를 자동으로 수집하는 기술 [기출 22-2]: 웹크롤링(Web Crawling), 센싱(Sensing), RSS리더(Reader), 로그수집기

>  **Tip**
>
> RSS(Really Simple Syndication) [기출 25-1]: '**풍부한 사이트 요약**' 또는 '**간단한 배급**'을 의미하는 것으로, 뉴스나 블로그 사이트에서 주로 사용하는 콘텐츠 표현방식. 넘쳐나는 매체와 정보 속에서 자신이 원하던 정보를 손쉽게 찾을 수 있도록 사용하는 정보전달 방식의 혁신

③ **반정형데이터(Semi-Structured Data)** [기출 24-2]

 ㉠ 형태(Schema, Meta Data)가 있고, 연산이 불가능한 데이터를 말하며, **XML, HTML, JSON, LOG** 형태 등이 있음

 ㉡ 이 중 JSON(JavaScript Object Notation)은 데이터를 저장하거나 전송할 때 많이 사용되는 경량의 DATA 교환 형식으로, JSON 표현식은 사람과 기계 모두 이해하기 쉬우며 용량이 작아 최근 JSON이 XML을 대체해서 데이터 전송 등에 많이 사용

 ㉢ JSON은 웹과 컴퓨터 프로그램에서 용량이 적은 데이터를 교환하기 위해 데이터 객체를 **속성(Attribute)과 값(Value)의 쌍 형태로 나열해서 표현하는 형식**을 지칭하는 용어

  예 인터넷 기사, 서적의 텍스트파일, HTML5 등

4. 빅데이터 분석기술 `기출 22-3`

① **회귀분석**: 관찰된 연속형 변수들에 대해 두 변수 사이의 모형을 구한 뒤 적합도를 측정해 내는 방법으로, 시간에 따라 변화하는 데이터나 변수들의 어떤 영향 및 가설적 실험, 인과관계 모델링 등의 통계적 예측에 이용될 수 있음

② **기계학습**: 훈련 데이터(Training Data)를 통해 학습된 속성을 기반으로 예측 및 분류하는 알고리즘을 연구하는 분야를 머신러닝(Machine Learning, 기계학습)이라 하며, 인공신경망은 그 한 분야에 해당

③ **오피니언 마이닝(Opinion Mining)**: 웹사이트와 소셜미디어에 나타난 여론과 의견을 분석하여 유용한 정보로 재가공하는 기술. 텍스트를 분석하여 네티즌들의 감성과 의견을 통계·수치화하여 객관적인 정보로 바꿀 수 있는 기술

④ **텍스트 마이닝(Text Mining)**: 반·비정형적이고 비구조적인 대량의 텍스트 데이터에서 특징을 추출하고, 추출된 특징으로부터 유용한 정보를 발견해 내도록 하는 기술로서 자연어를 분석하고, 자연어 속에 숨겨진 정보를 파악하는 데이터 분석기법

⑤ **그로스해킹(Growth Hacking)**: 전자상거래 환경에서 다양한 고객정보, 구매정보 등 폭넓은 데이터를 정교한 빅데이터 분석을 활용해 상품과 서비스에 대한 개선사항을 지속적으로 분석하고, 분석 결과를 사업화에 반영하는 지속 가능 마케팅방법

5. 노에스큐엘(NoSQL) `기출 22-2`

① NoSQL은 Not only SQL의 약자이며, 비관계형 데이터 저장소로 **기존의 전통적인 방식의 관계형 데이터베이스와는 다르게 설계**된 데이터베이스

② 대용량 빅데이터 처리를 위한 비관계형 데이터베이스 관리시스템(DBMS)으로, 테이블-컬럼과 같은 스키마 없이 분산 환경에서 단순 검색 및 추가 작업을 위한 키 값을 최적화함

③ 데이터 항목을 클러스터 환경에 자동적으로 분할하여 적재하며, 스키마 없이 데이터를 상대적으로 자유롭게 저장

④ 간단한 API Call 또는 HTTP를 통한 단순한 접근 인터페이스를 제공

6. 빅데이터 처리절차 `기출 25-1`

> 데이터 수집 → 저장(공유) → 처리 → 분석 → 시각화 및 활용

① **데이터 수집**: 의사결정에 필요한 정보를 추출하기 위하여 다양한 데이터 원천으로부터 대량의 데이터를 수집하는 단계

② **저장(공유)**: 저렴한 비용으로 대량의 다양한 유형의 데이터를 쉽고 빠르게 많이 저장하기 위하여 대용량 저장시스템을 이용하는 단계

③ **처리**: 빅데이터를 효과적으로 분석하기 위하여 사전에 빅데이터 분산처리 기술이 필요한 단계

④ **분석**: 머신러닝, 딥러닝, 통계분석기법 등의 기술을 이용하여 처리된 빅데이터에서 가치 있는 정보를 추출하는 단계

⑤ **시각화 및 활용**: 분석 결과를 표, 그래프 등을 이용해 쉽게 시각적으로 표현하고 해석이나 의사결정에 활용하는 단계

2 비즈니스 애널리틱스

1. 개념 기출 24-1

① 기업 경영활동의 효율성을 높이기 위해 지원되는 비즈니스 도구로, **데이터 분석 위주의 비즈니스 인텔리전스(BI)에 통계 기반의 예측기능을 부가한 소프트웨어**를 말하고, 비즈니스 애널리틱스(BA)는 비즈니스 인텔리전스(BI) · 데이터 웨어하우스(DWH) · 분석 관련 SW를 총칭

② 비즈니스 애널리틱스(BA)는 웹사이트의 실적을 높이고 온라인 비즈니스의 성공을 돕는 효율적인 웹사이트 분석도구의 솔루션을 뜻함

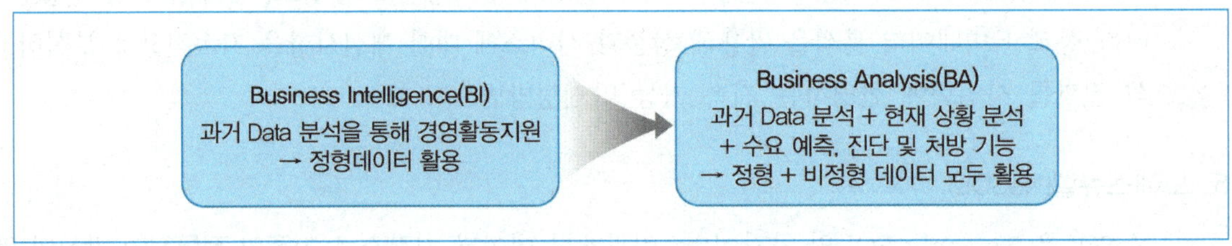

2. 발전방향 기출 22-3

① 비즈니스 애널리틱스 기술은 초기 **리포트에서 스코어카드와 대시보드를 거쳐** 데이터를 분석하여 가치 있는 정보를 찾아내는 데이터 마이닝(Data Mining) 단계에서, 2010년대 이후에는 테라바이트 이상의 크기를 가진 **빅데이터를 분석하는 수준**에 이르고 있음

② **비즈니스 애널리틱스** 분야는 데이터의 양이 엄청나게 늘어나게 되고 여기에 덧붙여 기사, 블로그, 이메일, 소셜 데이터 등을 통해 트렌드나 감성을 분석하여 기업 비즈니스 계획에 반영하기 위해 비정형데이터 분석 역시 큰 폭으로 확장되고 있음

3. 유형 기출 21-2

① **리포트(Reports)**: 비즈니스에서 요구하는 정보를 포맷화하고 조직화하기 위해 변환시켜 표현하는 것을 말함

② **스코어카드(Scorecards)**: 비즈니스 단위 또는 조직의 전략적 목표를 반영하도록 설계된 것으로, 스코어카드의 **정보는 목표를 실제 결과와 비교하여 목표의 충족도를 식별**하게 도와줌

　예 총매출, 평균이탈률, 광고노출 수, 최대대기시간 등으로 측정

③ 대시보드(Dashboards): 데이터 분석 결과에 대한 이용자 이해도를 높이기 위한 데이터 시각화 기술

 창고관리시스템(WMS)에서 창고환경과 물품별 재고현황 등을 실시간으로 한 화면에서 파악할 수 있도록 하는 사용자 인터페이스(UI) 기능을 하는 것

④ 데이터 마이닝(Data Mining): 대규모 데이터를 분석하여 숨겨진 상관관계 및 트렌드를 발견하는 기법

⑤ 알림(Alert): 특정 사건이 발생했을 때 이를 관리자에게 인지시켜 주는 자동화된 기능

⑥ 쿼리(Queries): 데이터베이스로부터 정보를 추출하는 주요 메커니즘에 해당

📋 Tip

지식경영 분석기술의 발전단계: 리포트 → 스코어카드와 대시보드 → 데이터 마이닝 → 빅데이터

4. 분석기술 기출 23-1

① **기술분석**(Descriptive Analytics): 과거에 발생한 일에 대해 소급 분석

② **예측분석**(Predictive Analytics): 애널리틱스를 이용해 미래에 발생할 가능성이 있는 일을 예측

③ **진단분석**(Diagnostic Analytics): 특정한 일이 발생한 이유를 이해하는 데 도움을 제공

④ **처방분석**(Prescriptive Analytics): 성능개선 조치에 대한 대응 방안을 제시

3 인공지능(AI)

1. 인공지능(AI; Artificial Intelligence) 기출 24-2, 23-2

① 개념

㉠ 컴퓨터 시스템이 인간의 언어나 지능을 모델링해 주는 기술을 의미하며, 인간과 유사하게 사고하는 컴퓨터 지능을 일컫는 포괄적 개념에 해당함. 2000년대 알파고(AlphaGo), 왓슨(Watson) 등이 등장하였고 최근에는 **오픈 AI에서 개발한 Chat GPT**가 이슈화되었음

㉡ 인공지능은 인간 전문가가 가지는 시간적·공간적 한계를 뛰어넘을 수 있도록 전문지식을 저장하여 상황에 적절한 의사결정을 내리도록 도움을 줌

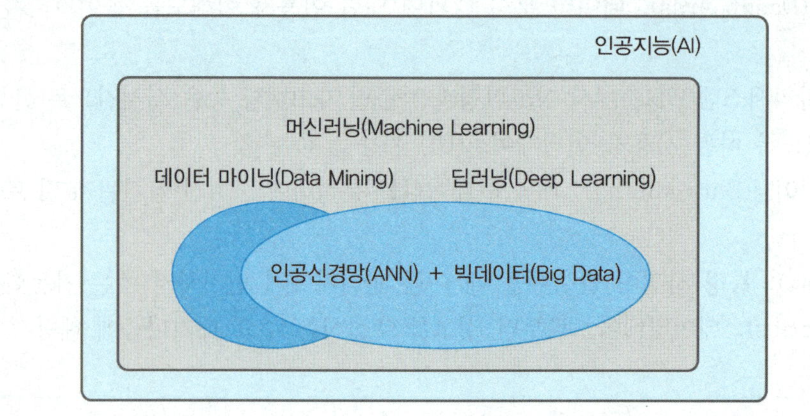

② **종류** 기출 24-3

㉠ **생성형 AI**: 비정형 딥러닝 모델을 사용하여 사용자 입력을 기반으로 콘텐츠를 생성하는 인공지능의 일종임. 이용자의 특정 요구에 따라 결과를 능동적으로 생성하는 인공지능 기술을 통칭

예 Chat GPT

 **Tip**

> **생성형 인공지능 기술활용 및 적용분야** 기출 25-1
> - 번역, 동영상 생성 등 다양한 분야에서 멀티모달 기술이 활발히 적용
> - 노코드 기반 인공지능 애플리케이션 개발로 비전문가도 쉽게 인공지능을 활용할 수 있게 됨
> - 생성형 AI가 로우코드 플랫폼과 결합되어 비전문가들도 쉽게 애플리케이션을 개발할 수 있도록 지원하기 때문에 **로우코드 기반 애플리케이션은 오히려 증가**
> - 빅테크 기업들은 대형언어모델(LLM) 개발을 통해 생성형 인공지능 기술 기반의 다양한 서비스를 출시
> - 빅테크 기업들은 **자사가 개발한 파운데이션 모델(예 Chat GPT)을 통해 생성형 AI를 활용**하는 것이 일반적

㉡ **대화형 AI**: 사용자가 대화할 수 있는 챗봇 또는 가상 상담원 등의 기술을 의미하며, 대용량 데이터, 머신러닝 및 자연어 처리를 이용하여 인간의 상호작용을 모방할 수 있도록 지원함으로써, 음성 및 텍스트 입력을 인식하고 다양한 언어로 해당 의미를 변환하는 기술

㉢ **온디바이스(on-Device) GenAI**: 인터넷 없이도 스마트폰이나 단말기 자체에서 실행되는 생성형 인공지능 기술. 클라우드상의 GenAI가 사용자 디바이스 안으로 이동한다는 것 이상의 의미를 가짐. 단기적으로는 사용자의 일상 언어를 잘 이해하는 음성 UI(User Interface), 실시간 통역과 같은 기능 관점에서 GenAI를 활용할 것으로 예상되나, 중장기적으로는 개인화·맞춤화된 GenAI Agent로 진화할 것으로 전망되기 때문임

㉣ **규칙 기반(Rule Based) AI**: 명확히 정해진 규칙과 조건에 따라 작동하는 AI(예 금융기관 챗봇, 스팸문구 필터링기술 등)

㉤ **딥러닝 기반 AI**: 뇌의 학습과정을 본 뜬 인공신경망을 활용해 데이터의 패턴을 학습하여 예측하거나 분류하는 AI(예 테슬라 오토파일럿)

ⓗ 영상 지원 AI : 영상데이터를 처리, 분석, 생성하거나 활용하는 AI 기술(예 의료영상진단)

2. 딥러닝(Deep Learning) 기출 23-3

① 개념: 컴퓨터가 여러 데이터를 이용해 마치 사람처럼 스스로 학습할 수 있도록 하기 위해 인공신경망(ANN; Artificial Neural Network)을 기반으로 구축한 기계 학습기술. 딥러닝은 인간의 두뇌가 수많은 데이터 속에서 패턴을 발견한 뒤 사물을 구분하는 정보처리 방식을 모방해 컴퓨터가 사물을 분별하도록 기계를 학습

> • 지도학습의 일종인 인공신경망 기반의 학습 모델
> • 지도 + 비지도학습(+ 강화학습)
> • 많은 양의 데이터를 학습하여 뛰어난 성능을 가진 머신러닝의 한 분야
> • 기계가 비정형데이터로부터 특징 추출 및 판단까지 가능

② 딥러닝의 종류

   ㉠ CNN(Convolutional Neural Network): 합성곱 신경망

      ⓐ 이미지 분석을 위해 기계를 학습시키는 딥러닝 알고리즘

      ⓑ 지도학습(분류 Classification) + 비지도학습

   ㉡ DBN(Deep Belief Network): 심층신뢰 신경망

      입력층과 은닉층으로 구성된 RBM을 블록처럼 여러 층으로 쌓인 형태로 연결된 신경망(딥러닝의 일종)

   ㉢ RNN(Recurrent Neural Network): 순환 신경망

      ⓐ 순서를 가진 데이터를 처리하기 위한 딥러닝 알고리즘

      ⓑ 음성, 문자 등 순차적으로 입력되는 데이터의 상태를 이용하여 결과값을 예측

      ⓒ 자연어 처리(챗봇 등)에 많이 활용

   ㉣ LSTM(Long Short-Term Memory): 장단기 메모리

      ⓐ RNN 알고리즘의 한 종류

      ⓑ 기울기 소멸 문제를 해결하여 학습성능을 향상

3. 인공지능 발전과 신뢰 기반 조성 등에 관한 기본법(이하 인공지능기본법의 주요 내용) 기출 25-1

> **제1조(목적)**
> 이 법은 인공지능의 건전한 발전과 신뢰 기반 조성에 필요한 기본적인 사항을 규정함으로써 국민의 권익과 존엄성을 보호하고 국민의 삶의 질 향상과 국가경쟁력을 강화하는 데 이바지함을 목적으로 한다.
>
> **제2조(정의)**
> 이 법에서 사용하는 용어의 뜻은 다음과 같다.
> 1. "인공지능"이란 학습, 추론, 지각, 판단, 언어의 이해 등 인간이 가진 지적 능력을 전자적 방법으로 구현한 것을 말한다.

2. "인공지능시스템"이란 다양한 수준의 자율성과 적응성을 가지고 주어진 목표를 위하여 실제 및 가상환경에 영향을 미치는 예측, 추천, 결정 등의 결과물을 추론하는 인공지능 기반 시스템을 말한다.

3. "인공지능기술"이란 인공지능을 구현하기 위하여 필요한 하드웨어·소프트웨어 기술 또는 그 활용 기술을 말한다.

4. **"고영향 인공지능"**이란 사람의 생명, 신체의 안전 및 기본권에 중대한 영향을 미치거나 위험을 초래할 우려가 있는 인공지능시스템으로서 다음 각 목의 어느 하나의 영역에서 활용되는 것을 말한다.

   가. 「에너지법」 제2조 제1호에 따른 에너지의 공급

   나. 「먹는물관리법」 제3조 제1호에 따른 먹는물의 생산 공정

   다. 「보건의료기본법」 제3조 제1호에 따른 보건의료의 제공 및 이용체계의 구축·운영

   라. 「의료기기법」 제2조 제1항에 따른 의료기기 및 「디지털의료제품법」 제2조 제2호에 따른 디지털의료기기의 개발 및 이용

   마. 「원자력시설 등의 방호 및 방사능 방재 대책법」 제2조 제1항 제1호에 따른 핵물질과 같은 항 제2호에 따른 원자력시설의 안전한 관리 및 운영

   바. 범죄 수사나 체포 업무를 위한 생체인식정보(얼굴·지문·홍채 및 손바닥 정맥 등 개인을 식별할 수 있는 신체적·생리적·행동적 특징에 관한 개인정보를 말한다)의 분석·활용

   사. 채용, 대출 심사 등 개인의 권리·의무 관계에 중대한 영향을 미치는 판단 또는 평가

   아. 「교통안전법」 제2조 제1호부터 제3호까지에 따른 교통수단, 교통시설, 교통체계의 주요한 작동 및 운영

   자. 공공서비스 제공에 필요한 자격 확인 및 결정 또는 비용징수 등 국민에게 영향을 미치는 국가, 지방자치단체, 「공공기관의 운영에 관한 법률」 제4조에 따른 공공기관 등(이하 "국가기관등"이라 한다)의 의사결정

   차. 「교육기본법」 제9조 제1항에 따른 유아교육·초등교육 및 중등교육에서의 학생 평가

   카. 그 밖에 사람의 생명·신체의 안전 및 기본권 보호에 중대한 영향을 미치는 영역으로서 대통령령으로 정하는 영역

5. "생성형 인공지능"이란 입력한 데이터(「데이터 산업진흥 및 이용촉진에 관한 기본법」 제2조 제1호에 따른 데이터를 말한다. 이하 같다)의 구조와 특성을 모방하여 글, 소리, 그림, 영상, 그 밖의 다양한 결과물을 생성하는 인공지능시스템을 말한다.

6. "인공지능산업"이란 인공지능 또는 인공지능기술을 활용한 제품(이하 "인공지능제품"이라 한다)을 개발·제조·생산 또는 유통하거나 이와 관련한 서비스(이하 "인공지능서비스"라 한다)를 제공하는 산업을 말한다.

7. "인공지능사업자"란 인공지능산업과 관련된 사업을 하는 자로서 다음 각 목의 어느 하나에 해당하는 법인, 단체, 개인 및 국가기관등을 말한다.

   가. 인공지능개발사업자: 인공지능을 개발하여 제공하는 자

   나. 인공지능이용사업자: 가목의 사업자가 제공한 인공지능을 이용하여 인공지능제품 또는 인공지능서비스를 제공하는 자

8. "이용자"란 인공지능제품 또는 인공지능서비스를 제공받는 자를 말한다.

9. "영향받는 자"란 인공지능제품 또는 인공지능서비스에 의하여 자신의 생명, 신체의 안전 및 기본권에 중대한 영향을 받는 자를 말한다.

10. "인공지능사회"란 인공지능을 통하여 산업·경제, 사회·문화, 행정 등 모든 분야에서 가치를 창출하고 발전을 이끌어가는 사회를 말한다.

11. "인공지능윤리"란 인간의 존엄성에 대한 존중을 기초로 하여, 국민의 권익과 생명·재산을 보호할 수 있는 안전하고 신뢰할 수 있는 인공지능사회를 구현하기 위하여 인공지능의 개발, 제공 및 이용 등 모든 영역에서 사회구성원이 지켜야 할 윤리적 기준을 말한다.

제7조(국가인공지능전략위원회)

① 인공지능 발전과 신뢰 기반 조성 등을 위한 주요 정책 등에 관한 사항을 심의·의결하기 위하여 대통령 소속으로 **국가인공지능전략위원회**를 둔다.

제31조(인공지능 투명성 확보 의무)

① 인공지능사업자는 고영향 인공지능이나 생성형 인공지능을 이용한 제품 또는 서비스를 제공하려는 경우 제품 또는 서비스가 해당 인공지능에 기반하여 운용된다는 사실을 이용자에게 사전에 고지하여야 한다.

② 인공지능사업자는 생성형 인공지능 또는 이를 이용한 제품 또는 서비스를 제공하는 경우 그 결과물이 **생성형 인공지능에 의하여 생성되었다는 사실을 표시**하여야 한다.

③ 인공지능사업자는 인공지능시스템을 이용하여 실제와 구분하기 어려운 가상의 음향, 이미지 또는 영상 등의 결과물을 제공하는 경우 해당 결과물이 인공지능시스템에 의하여 생성되었다는 사실을 이용자가 명확하게 인식할 수 있는 방식으로 고지 또는 표시하여야 한다. 이 경우 해당 결과물이 예술적·창의적 표현물에 해당하거나 그 일부를 구성하는 경우에는 전시 또는 향유 등을 저해하지 아니하는 방식으로 고지 또는 표시할 수 있다.

④ 그 밖에 제1항에 따른 사전고지, 제2항에 따른 표시, 제3항에 따른 고지 또는 표시의 방법 및 그 예외 등에 관하여 필요한 사항은 대통령령으로 정한다.

제36조(국내대리인 지정)

① 국내에 주소 또는 영업소가 없는 인공지능사업자로서 이용자 수, 매출액 등이 대통령령으로 정하는 기준에 해당하는 자는 다음 각 호의 사항을 대리하는 자(이하 "국내대리인"이라 한다)를 서면으로 지정하고, 이를 **과학기술정보통신부장관에게 신고**하여야 한다.

  1. 이행 결과의 제출
  2. 고영향 인공지능 해당 여부 확인의 요청
  3. 안전성·신뢰성 확보 조치의 이행에 필요한 지원

4 RFID 기술 [기출 22-1]

1. RFID(Radio Frequancy Identification): 무선주파수인식

① **개념**: RFID는 판독기를 이용하여 태그(Tag)에 기록된 정보를 판독하는 무선주파수 인식기술로, 바코드와는 달리 제품의 원산지 및 중간이동과정 등 다량의 데이터를 저장할 수 있음

② **구성요소**

    ㉠ RFID 리더: 주파수 발신 제어 및 태그로부터 수신된 데이터를 해독하는 장치

    ㉡ IC Chip: RFID 태그 내를 구성하는 요소로 정보를 기억하는 중요한 부품

    ㉢ 태그: 사물에 부착되어 사물을 인식할 수 있도록 필요한 정보를 저장하고 있는 장치

> **Tip**
>
> **태그의 종류** [기출 22-2]
>
> | | |
> |---|---|
> | 능동형 | 자체 전원(배터리) 있음. 수동형에 비해 큰 크기, 장거리 인식 가능 |
> | 수동형 | 수신된 전파 통해 전류 생성, 크기는 작은 편, **짧은 인식 거리** |
> | 반수동형 | 배터리 내장하고 있음. 판독기로부터 수신할 때까지 미작동해 장시간 사용 |

  ⓔ **호스트**: 리더로부터 발생하는 대량의 태그자료를 처리하고 분산되어 있는 리더 시스템들을 관리하는 기능

  ⓜ **컨트롤러**: 개별 컴퓨터를 제어·통제하는 컴퓨터 및 통신기기를 말하며, 본부와 통신하는 역할을 담당

③ **도입효과** [기출 21-2]

  ㉠ 재고의 가시성(Visibility) 제고 및 재고 절감

  ㉡ **입출고 리드타임의 단축** 및 검수 정확도 향상

  ㉢ 도난 등 상품 손실 절감

  ㉣ 반품·불량품 조회 및 제품 추적성 제고

  ㉤ 작업의 효율성 증가

④ **특징** [기출 21-1]

  ㉠ **바코드에 비해 가격이 비싸지만 원거리 및 고속이동 시에도 인식**이 가능

  ㉡ 이동 중에도 인식이 가능할 뿐만 아니라, 다수의 태그(Tag)를 동시에 인식 가능

  ㉢ RFID의 주파수 대역은 용도에 따라 저주파 대역과 고주파 대역이 있고, 국가별로 사용하는 주파수 상이함

  ㉣ 반영구적인 사용이 가능(수동형)하고, 데이터의 신뢰도가 높음

  ㉤ 직접 접촉하지 않아도 데이터를 인식할 수 있을 뿐만 아니라 한 번에 인식 가능한 데이터 처리량이 바코드에 비해 상대적으로 큼

  ㉥ 읽기만 가능한 바코드와 달리 읽고 쓰기가 모두 가능

  ㉦ 태그는 냉온, 습기, 열 등의 열악한 환경에서도 사용

❙ 바코드와 RFID의 비교 ❙

구분	바코드	RFID
인식방법	광학식(Read Only)	무선(Read/Write)
정보량	수십 단어	수천 단어
인식거리	최대 수십 cm	3~5m
인식속도	개별 스캐닝	수십~수백 개/초
관리레벨	상품그룹	개별 상품(일련번호)

⑤ **RFID 주파수 대역별 특징**

  ㉠ 용도 면에서 고주파수일수록 중장거리용으로 사용

      ⓛ 제작크기와 관련해 고주파수일수록 RFID 태그를 소형으로 만들 수 있음

      ⓒ 저주파수일수록 시스템 구축비용이 저렴

      ⓔ 저주파수일수록 장애물의 영향을 덜 받음

      ⓜ 인식속도 측면에서는 저주파 대역보다 고주파 대역이 빠름

      ⓗ 환경영향과 장애물에 대해서는 고주파 대역이 더 많은 영향을 받음

  ⑥ RFID의 작동원리

> IC칩 태그에 정보입력 및 대상에 부착 → 게이트, 계산대 등에 부착된 리더기에서 발사된 주파수가 태그에 접촉 → 리더기에서 데이터 해독 및 호스트 컴퓨터 전달 → 주파수에 입력된 데이터 안테나로 전송 → 안테나는 전송받은 데이터를 변조 후 리더로 전달 → 리더기는 데이터 해독 후 Host 컴퓨터로 전달

2. EPC(Electronic Product Code)

  ① RFID Tag의 IC칩에 등록되는 전자상품 식별코드. 동일한 상품이라도 모든 개체를 개별적으로 식별할 수 있는 일련번호가 추가되었다는 점이 기존 바코드 번호와 다른 점

  ② EPC 구조

      ㉠ Header: EPC코드의 전체 길이

      ㉡ EPC Manager: GS1이 할당하며 숫자(0~9)와 문자(A~F)를 조합하여 업체코드를 할당

      ㉢ Object Class(상품분류번호 – 상품품목): 사용업체가 품목단위에 부여

      ㉣ Serial Number(일련번호 – 최종 개별 제품)

  ③ EPC의 특징

      ㉠ 위조품 방지기능

      ㉡ 유효기간 관리

      ㉢ 동일품목에 포함되는 모든 개별 상품까지 식별 가능

      ㉣ 상품 추적기능

      ㉤ 상품별 재고관리 가능

5 사물인터넷(IoT)과 비콘

1. 사물인터넷(IoT) 기출 23-3

  ① 의의: 컴퓨터 및 네트워크 기술의 발전을 바탕으로 사람 간 연결(Internet of People)을 지원하던 인터넷을 확장해 실세계를 구성하는 모든 개체를 인터넷의 구성원으로 받아들여 정보를 공유

  ② 특징

      ㉠ 5G 및 기타 유형의 네트워크 플랫폼이 거의 모든 곳에서 빠르고 안정적으로 대량의 데이터 세트를 처리해 주어 IoT 연결성을 높여 주고 있음

    ⓒ 연결 상태는 24시간 Always-on 방식

    ⓔ IoT는 보안 및 개인정보 보호 위험, 기술 간 상호 운영성, 데이터 과부하, 비용 및 복잡성 등의 이슈가 관리되어야 함

    ⓕ ICT 기반으로 주위의 모든 사물을 유무선 네트워크로 연결하여 사람과 사물, 사물과 사물 간에 정보를 교류하고 상호 소통하는 지능적 환경으로 진화하고 있음

2. 비콘(Beacon) [기출 22-1]

① **개념**: 비콘(Beacon)은 블루투스 기반으로 근거리 내에 감지되는 스마트 기기에 각종 정보와 서비스를 제공할 수 있는 무선통신 장치. 좁은 의미에서는 IT 기술 기반의 위치 인식 및 통신 기술을 사용하여 다양한 정보와 데이터를 전송하는 근거리 무선통신 장치

② **활용**

    ㉠ 선박, 기차 등에서 위치를 확인하는 데 신호를 보내는 기술

    ㉡ RFID, NFC 방식으로 작동하며 원거리 통신을 지원

    ㉢ 모바일 결제 서비스와 연동하여 간편 결제 및 포인트 적립에 활용

THEME 18 　신융합기술의 개념 및 활용 Ⅱ

1 블록체인과 핀테크

1. 블록체인(Block Chain) [기출 24-1, 22-2]

① **개념**

    ㉠ 블록체인은 비트코인의 기반 기술로, 원장을 금융기관 등 특정 기관의 중앙서버가 아닌 P2P(Peer to Peer, 개인 간) 네트워크에 분산해 참가자가 공동으로 기록하고 관리하는 기술

    ㉡ 공공거래장부 또는 분산원장으로 불리는 데이터 분산처리 기술로, 네트워크에 참여하는 모든 사용자가 모든 거래내역 등의 데이터를 분산·저장하는 기술을 지칭

② **특징**

    ㉠ 신용 기반이 아니라 시스템으로 네트워크를 구성하며, **중앙시스템이 존재하지 않는 완전한 탈중앙 시스템**

    ㉡ 장부에 해당되는 블록체인은 누구에게나 공유·공개되어 투명성 보장

    ㉢ 독특한 구조적 특징에 기인하여 데이터의 무결성 보장

    ㉣ 분산된 장부는 네트워크에 참여한 각 노드들의 검증과 합의 과정을 거쳐 데이터 일치에 도달

    ㉤ 제3자가 거래를 보증하지 않고도 거래당사자끼리 가치를 교환할 수 있음

> **Tip**
>
> DID(분산 식별자) 기출 22-2
> - 블록체인 기술 기반으로 구축한 전자신분증 시스템
> - 개인정보를 중앙서버가 아니라 개인 스마트폰, 태블릿 등 개인 기기에 분산시켜 관리
> - 위·변조가 불가능한 블록체인상에는 해당 정보의 진위 여부만 기록
> - 정보를 매개하는 중개자 없이 본인 스스로 신분을 증명할 수 있음

③ 종류

　㉠ 프라이빗 블록체인(Private Block Chain): 미리 정해진 조직이나 개인들만 참여할 수 있는 폐쇄형 블록체인 네트워크. 프라이빗 블록체인은 서비스 제공자의 승인을 받아야만 참여할 수 있도록 구축되는 형태

　㉡ 퍼블릭 블록체인(Public Block Chain): 누구든지 자유롭게 참여할 수 있는 개방형 블록체인 네트워크

　㉢ 컨소시엄 블록체인(Consortium Block Chain): 허가받은 사용자만 접근이 가능한 블록체인 네트워크

④ 활용

　㉠ 신속, 간결한 국제무역 물류

　㉡ 공급사슬 내에서의 투명성과 제품의 추적가능성

　㉢ 스마트 계약으로 인한 물류업의 프로세스 자동화

　㉣ DHL 물류 분야의 블록체인 활용, Wal-Mart는 제품추적성, 안전성 확보에 활용

　㉤ 블록체인 기술에 기반하여 가상화폐인 비트코인(Bitcoin)에 활용

> **Tip**
>
> 블록체인 스마트계약 기술 기출 23-1
> 1. 의의
>   특정 요구사항이 충족되면 네트워크를 통해 실시간으로 계약이 실행되는 것
> 2. 특징
>   - 거래내역이 블록체인상에 기록되기 때문에 높은 신뢰도를 형성
>   - 블록체인 스마트계약은 중개자 없이 실행될 수 있기 때문에 상대적으로 거래비용이 낮음
>   - 높은 보안성
>   - 거래 기록에 대하여 가시성 **확보 가능**

2. 핀테크(FinTech)

① **개념**: 핀테크(FinTech)는 Finance(금융)와 Technology(기술)의 합성어로, 금융과 IT의 융합을 통한 금융서비스 및 산업의 변화를 통칭

② **활용**

　㉠ 모바일뱅킹과 앱카드: 모바일, SNS, 빅데이터 등 새로운 IT 기술 등을 활용하여 기존 금융기법과 차별화된 금융서비스를 제공하는 기술 기반 금융서비스 혁신에 활용

  ⓛ 바코드 기술은 핀테크 기술에 결합되어 다양한 모바일 앱에서도 활용되고 있음
  ⓒ 유통업체들은 고객의 온·오프라인 시장에서 구매상품 대금결제에 핀테크(FinTech)와 같은 첨단 금융기술을 도입

2 클라우드 컴퓨팅과 가상현실(VR) 및 증강현실(AR)

1. 클라우드 컴퓨팅

① 클라우드 서비스(Cloud Service): 클라우드 서비스는 영화, 사진, 음악 등 미디어 파일, 문서 주소록 등 사용자의 콘텐츠를 서버에 저장해 두고 스마트폰이나 스마트TV를 포함한 어느 기기에서든 다운로드 후 사용할 수 있는 서비스

② 클라우드 컴퓨팅(Cloud Computing)

 ㉠ 개념: 클라우드 컴퓨팅은 정보가 인터넷상의 서버에 영구적으로 저장되고, 데스크톱·태블릿 컴퓨터·노트북·넷북·스마트폰 등의 IT 기기 등과 같은 클라이언트에는 일시적으로 보관되는 컴퓨터 환경

 ㉡ 장점

  ⓐ 클라우드 컴퓨팅 도입으로 컴퓨터 시스템 유지·보수 등 관리비용 절감
  ⓑ 서버의 구매 및 설치 비용, 업데이트 비용 등 절감
  ⓒ 시간 및 비용 절감뿐만 아니라 에너지 절감으로 친환경 활동에 기여

 ㉢ 유형 `기출 24-3, 24-2` : 클라우드 서비스에는 **SaaS, PaaS, IaaS의 3가지 유형**이 있으며, 이들의 공통점은 클라우드 컴퓨팅을 기반으로 서비스를 제공한다는 것임. 기업들은 비즈니스 전략에 따라 이들 중 가장 적합한 클라우드 서비스를 선택해 효율적인 기업운영을 도모하는 데 활용할 수 있음

  ⓐ SaaS(Software as a Service): 서비스 이용자가 인터넷 연결만으로 언제 어디서나 접근 및 사용이 쉬운 소프트웨어 응용프로그램에 대한 액세스를 제공. 대표적인 SaaS는 고객관계관리(CRM) 서비스
  ⓑ PaaS(Platform as a Service): 사용자가 신속하게 **애플리케이션을 개발하고 테스트, 배포하기 위한 플랫폼(환경)을 제공**하는 클라우드로, 파이썬, 자바 등과 같은 다양한 프로그래밍언어를 지원
  ⓒ IaaS(Infra-structure as a Service): 사용자 입장에서 가장 유연한 서비스로 서버, 스토리지 및 네트워킹을 포함한 가상화된 물적 인프라(Infra)를 제공하는 클라우드로 SaaS, PaaS보다 더 넓은 확장성과 자율성을 지님

③ 그리드 컴퓨팅(Grid Computing) `기출 22-3`

 ㉠ 분산 병렬 컴퓨팅의 한 분야로 원거리 통신망(WAN)으로 연결된 서로 다른 기종의 컴퓨터들을 하나로 묶어 가상의 대용량 고성능 컴퓨터를 구성하는 기술을 지칭

ⓛ 거대 데이터 집합 분석과 날씨 모델링 같은 대규모 작업을 수행하는 네트워크로 연결된 컴퓨터 그룹을 의미

2. 가상현실(VR)과 증강현실(AR)

① **가상현실**(Virtual Reality) 기출 23-2

   ㉠ 어떤 특정한 환경이나 상황을 컴퓨터로 만들어서, 그것을 사용하는 사람이 마치 실제 주변 상황·환경과 상호작용을 하고 있는 것처럼 만들어 주는 인간-컴퓨터 사이의 인터페이스를 말하며 인공현실, 사이버 공간, 가상세계, 인공환경 등으로 불림

   ㉡ **마이론 크루거**(Myron Krueger) 박사에 의해 제시된 개념으로 인조 두뇌공간이라고도 함

   ㉢ 3차원의 가상공간에서 사용자가 원하는 방향대로 조작하거나 실행할 수 있음

   ㉣ 영상물의 실시간 렌더링이 가능하므로 원하는 위치에 원하는 모습을 즉시 생산할 수 있음

 **Tip**

> 가상화(Virtualization) 기출 24-2 : 하나의 **실물 컴퓨팅 자원을 마치 여러 개인 것처럼 가상으로 쪼개서 사용하거나, 여러 개의 실물 컴퓨팅 자원들을 묶어서 하나의 자원인 것처럼 사용**하는 것으로, 이때 컴퓨팅 자원(리소스)이란, CPU, 메모리, 스토리지, 네트워크 등 컴퓨터를 구성하는 요소들을 말함

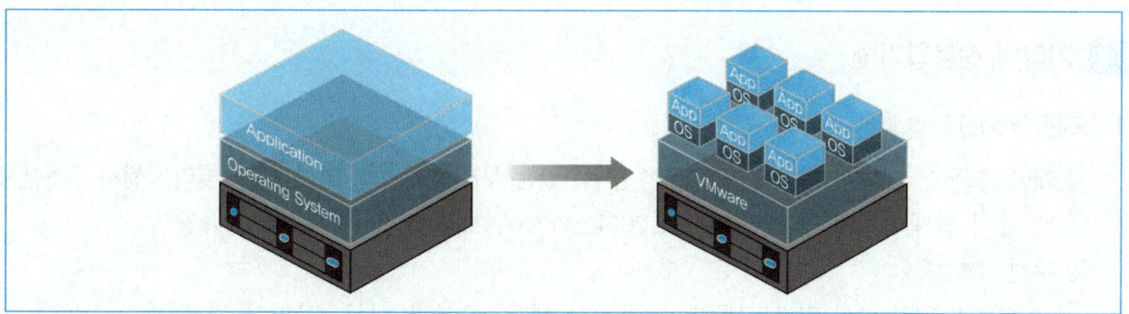

② **증강현실**(Augmented Reality)

   ㉠ 현실 세계에 3차원 가상물체를 겹쳐 보여주는 기술로, 사용자가 눈으로 보는 현실 세계에 가상의 물체를 겹쳐 보여주는 기술

   ㉡ 현실 세계에 실시간으로 부가정보를 갖는 가상세계를 합쳐 하나의 영상으로 보여주므로 혼합현실(MR; Mixed Reality)이라고도 함

3 로보틱스와 자동화

1. RPA(로보틱 처리 자동화기술) 개념 [기출 21-1]

① RPA(Robotic Process Automation)는 사람이 컴퓨터로 하는 반복적인 업무를 로봇 소프트웨어를 통해 자동화하는 기술

② 인간을 대신하여 수행할 수 있도록 단순 반복적인 업무를 알고리즘화하고 소프트웨어적으로 자동화하는 기술로, 물리적 로봇이 아닌 S/W 프로그램으로 사람이 하는 규칙 기반 업무를 기존의 IT 환경에서 동일하게 할 수 있도록 구현하는 것

2. 유통업에서 RPA의 활용 [기출 22-1]

① 유통업체에서는 판매시점 상품관리를 위한 데이터의 입력 및 작업 보고서에 대한 자동 입력을 위해서 RPA 기술을 활용

② 유통업체에서 일단위 및 월단위 업무 마감 처리를 자동화하기 위해서 RPA 기술을 활용 중

③ RPA 기술은 유통업체의 단순하고 반복적인 업무를 체계화해서 소프트웨어로 구현하여 일정한 규칙에 의해 자동화된 프로세스를 따라 업무를 수행하도록 되어 있음

4 기타의 신융합기술

1. 드론(Drone) [기출 21-1]

① 개념: 드론은 개인이 무선전파로 조종할 수 있는 무인항공기를 말하며, 카메라·센서·통신시스템 등이 탑재돼 있으며, 25g부터 1,200kg까지 무게와 크기, 용도 등이 다양

② 구성 [기출 23-3, 22-3]
   ㉠ 드론의 원격 탐사 및 사진측량: 전자광학 센서, 초분광 센서, 적외선 센서 등
   ㉡ 탑재 컴퓨터: 드론을 운영하는 브레인 역할을 하는 컴퓨터로 드론의 위치, 모터, 배터리 상태 등 확인 가능
   ㉢ 드론 모터: 드론의 움직임이 가능하도록 지원하고, 배터리는 모터에 에너지 제공
   ㉣ 드론 임무장비: 드론 비행을 하면서 특정한 임무를 하도록 관련 장비를 장착
   ㉤ 드론 프로펠러 및 프레임: 드론이 비행하도록 프레임워크를 제공
   ㉥ 드론의 항법센서: **가속도 센서, 지자기 센서, GPS 센서** 등

③ **활용**: 드론은 군사용으로 처음 제작되었으나, 최근 긴급구조 활동 지원, 고공 항공촬영, 고객이 주문한 상품의 가정배달(Home Delivery) 등으로 그 사용범위가 확대되고 있음

2. 메타버스(Metaverse) [기출 24-3, 24-2]

① 메타버스는 초월 또는 가공을 뜻하는 그리스어 메타(Meta)와 현실 세계 또는 우주를 뜻하는 유니버스(Universe)의 합성어

② 즉, 메타버스는 ICT 기술이 현실같이 구현한 가상세계로, 아바타를 이용하여 가상이 현실이 되는 가공의 환경을 의미

③ **메타버스의 구분**: 가속연구재단(ASF; Acceleration Studies Foundation)은 메타버스 서비스를 정보표현 형태(외부 환경 정보와 개인/개체 중심 정보)와 공간활용 특성(현실공간과 가상공간)에 따라 4가지로 구분

　㉠ 증강현실

　㉡ **라이프로깅**: 라이프로깅은 개인 및 개체들에 대한 현실생활의 정보를 가상세계에 증강하여 정보를 통합 제공하는 메타버스 유형

　㉢ **거울세계**: 거울세계는 가상세계에서 외부의 환경정보를 통합하여 서비스를 제공하는 메타버스 유형으로 실제 세계의 디지털화라 할 수 있음

　㉣ **가상세계**: 가상세계는 가상공간에서 다양한 개인 및 개체들의 정보를 제공하는 메타버스 유형

 **Tip**

> 메타버스를 구현하는 주요 기반 기술
> - **XR(eXtended Reality) 기술**: 현실과 가상세계를 연결하는 인터페이스로, 현실과 가상세계의 공존을 촉진하고 몰입감 높은 가상융합 공간과 디지털 휴먼 등을 구현하는 데 활용
> - **디지털트윈 기술**: 가상세계에 현실세계를 3D로 복제하고 동기화한 뒤 시뮬레이션·가상훈련 등을 통해 지식의 확장과 효과적 의사결정을 지원하는 데 활용
> - **블록체인 기술**: 메타버스 창작물에 대한 저작권 관리, 사용자 신원 확인 및 데이터 프라이버시 보호, 콘텐츠 이용 내역 모니터링 및 저작권료 정산 등을 지원하는 데 활용
> - **데이터 분석 기술**: 실세계 데이터 취득 및 유효성 검증, 데이터 저장·처리·관리 등에 활용

3. 3D프린팅(3D Printing)

① 3D프린팅이란 프린터로 입체적인 물체를 만드는 기술을 말하며, 잉크를 사용하는 통상적인 프린터와 달리 플라스틱을 비롯한 경화성 소재를 써서 입체적인 3차원 모델링 파일을 출력하는 데 활용

② 3D프린팅은 다품종 소량생산 및 개인 맞춤형 제작이 용이하도록 지원하는 신기술로 2000년대까지 단순 제품 모형 및 시제품 제작 등에 일부 활용되어 왔음

③ 최근 기술 진보 및 경제성 확보 등으로 광범위한 영향력을 가지게 되었고, 재료로는 플라스틱, 파우더, 왁스, 고무, 금속 등 기술의 발달과 더불어 다양해지고 있음

4. 챗봇(Chatbot) 기출 23-2

① 챗봇은 인공지능 로봇 프로그램을 통한 가상대화 시스템으로, 기본적으로 대화형으로 요청을 취합하고, 그에 대한 응답을 해주는 기능을 함

② 기업의 입장에서는 고객을 1대 1로 만날 수 있는 맞춤형 마케팅 채널이며 매우 효율적인 CS 처리 채널 중 하나에 해당

5. 플랫폼(Platform)

① 플랫폼은 유통데이터를 활용한 다양한 비즈니스 모델을 수행할 수 있도록 지원하기 위해 온라인에서 생산과 소비 유통이 한곳에서 이루어지는 **'양면시장(Two-Sided Market)' 개념의 장(場)**을 지칭하는 용어

② 비즈니스에서 여러 사용자 또는 조직 간의 관계를 형성하고 비즈니스적인 거래를 형성할 수 있는 정보시스템 환경으로, 자신의 시스템을 개방하여 개인은 물론 기업 모두가 참여하여 원하는 일을 자유롭게 할 수 있도록 환경을 구축하여 참여자들 모두에게 새로운 가치와 혜택을 제공해 줄 수 있는 시스템을 의미

6. BYOD(Bring Your Own Device)

① BYOD란, 개인이 보유한 스마트기기를 회사 업무에 활용하는 것을 의미하며, 회사 업무에 직원들 개인 소유의 태블릿PC, 노트북 등의 기기를 활용하는 것을 말함. 2009년 인텔이 처음 도입

② BYOD 업무환경 조성으로 직원들이 업무용과 개인용으로 구분하여 여러 기기를 가지고 다녀야 하는 불편이 없고, 회사의 기기 구입비용 절감 등의 효과가 있음

7. 시맨틱 웹(Semantic Web) `기출 23-3, 22-3`

시맨틱 웹이란, 모든 디바이스가 정보의 뜻을 이해하고 논리적인 추론까지 할 수 있는 지능형 기술로 사람의 머릿속에 있는 언어에 대한 이해를 컴퓨터 언어로 표현하고 이것을 컴퓨터가 사용할 수 있게 만드는 것임. 이 기술은 웹페이지에 담긴 내용을 이해하고 개인 맞춤형 서비스를 제공받아 지능화된 서비스를 제공하는 웹 3.0의 기반이 됨

 **Tip**

> 1. Web 3.0의 발전과정
>   - Web 1.0: 월드와이드웹(WWW)은 User가 디렉토리 검색을 통해 정보를 받는 웹 상태
>   - Web 2.0: 참여, 공유, 개방형 플랫폼 기반으로 정보를 함께 제작하고 공유하는 것
>   - Web 3.0(웹 3.0): AI와 블록체인을 기반으로 맞춤형 정보를 제공하고 데이터 소유를 개인화하는 3세대 인터넷을 지칭함. 기존에 사용하던 서비스에서 인공지능을 통해 개인 맞춤형 정보를 얻고, 블록체인을 통해 개인의 정보 소유 및 보안을 강화하는 지능형 웹 기술
> 2. Web 3.0의 목표
>   - 온라인 검색과 요청들을 각 사용자들의 선호와 필요에 따라 맞춰 재단하는 것이 웹 3.0의 목표
>   - 웹 3.0을 실현하기 위해서는 블록체인, 인공지능, AR·VR, 분산 스토리지 네트워크 등의 기반 기술이 필요, 사용성을 높여야 실효성이 있을 것으로 봄

8. 디지털 전환(Digital Transformation) `기출 23-2`

디지털 전환은 디지털과 관련된 모든 것(All Things About Digital)으로 인해 발생하는 다양한 변화를 동인으로 기업의 비즈니스 모델, 전략, 프로세스, 시스템, 조직, 문화 등을 근본적으로 변화시키는 디지털 기반 경영전략 및 경영활동을 의미

9. 소셜리스닝(Social Listening) `기출 24-2`

소셜리스닝이란, 기업들이 소셜미디어 플랫폼에서 이루어지는 브랜드, 제품, 산업, 또는 특정 주제와 관련된 **온라인 대화, 토론, 언급에 관심을 가지고 데이터 수집·분석을 통해 고객의 니즈를 파악하고 통찰력을 얻는 활동**을 수행하고 있는데, 이러한 활동을 가리키는 용어

10. 비식별화(De-identification) `기출 22-1`

① 개념 : 비식별화란, 데이터값 삭제, 총계 처리, 데이터 마스킹 등을 통해 개인정보의 일부 또는 전부를 삭제하거나 대체함으로써 다른 정보와 쉽게 결합하여도 특정 개인을 식별할 수 없도록 하는 조치

② 대상

   ㉠ 성별, 생년월일, 국적, 고향, 거주지 등 개인특성에 대한 정보는 비식별화 대상임

   ㉡ 혈액형, 신장, 몸무게, 허리둘레, 진료내역 등 신체특성에 대한 정보는 비식별화 대상임

   ㉢ 정형데이터 및 **반정형데이터** 모두 비식별화 대상임

11. LiDAR와 RADAR `기출 25-1`

① LiDAR(라이다, Light Detection And Ranging): **빛(레이저)을 이용**해 대상까지의 거리와 형태를 측정하는 원격 탐지 기술

② RADAR(레이다, Radio Detection And Ranging): **무선 주파수(전파)를 이용**해 물체의 위치, 거리, 속도 등을 탐지하는 원격 탐지 기술

③ 비교

   ㉠ 측정 거리 측면에서 RADAR는 장거리에 적합하고, LiDAR는 상대적으로 단거리 및 중거리에 적합함

   ㉡ RADAR는 LiDAR와 비교할 때 상대적으로 날씨에 강하며, LiDAR는 조명조건과 날씨에 신호가 산란되거나 약해질 수 있음

   ㉢ 일반적으로 **LiDAR(고정밀)가 RADAR보다 비용이 높고**, RADAR는 비용이 상대적으로 저렴함

12. 뉴로모픽 컴퓨팅(Neuromorphic Computing) `기출 25-1`

① 뉴로모픽 컴퓨팅이란, 0과 1로 이루어진 바이너리 코드로 작동되는 기존 컴퓨팅 시스템과 달리 **인간의 두뇌와 구조·기능을 모방하여 인공 신경망과 같은 학습 및 인식을 수행**하는 에너지 효율적인 컴퓨팅 방식

② 향후 **전력 소모 절감**과 더욱 빠른 의사결정 및 인식도 향상으로 비즈니스에 광범위한 영향을 미칠 것으로 전망

13. 디지털아카이브(Digital Archive) 기출 21-2

① 디지털 아카이브는 시간 경과에 의해 질이 떨어지거나 소실될 우려가 있는 자료를 장기 보존하는 것을 말함. 전산화된 자료라 해도 원본자료는 고유성을 띠며, 손실 시 대체가 불가능

② 디지털 아카이브 구축의 목적은 기록을 보존하는 것에서 나아가 다양한 기록정보 콘텐츠를 구축, 공유, 활용하기 위함

유통관리사 2급 한권합격

대표기출문제

실전모의고사

차례

유통관리사 2급 대표기출문제

유통관리사 2급 실전모의고사

유통관리사

2급 대표기출문제

제1과목 유통 · 물류일반관리 대표기출문제

제2과목 상권분석 대표기출문제

제3과목 유통마케팅 대표기출문제

제4과목 유통정보 대표기출문제

대표기출문제

THEME 01 유통의 개념과 기능

01 유통에 관련된 내용으로 옳지 않은 것은?

① 제품의 물리적 흐름과 법적 소유권은 반드시 동일한 경로를 통해 이루어지고 동시에 이루어져야 한다.

② 유통경로는 물적 유통경로와 상적 유통경로로 분리된다.

③ 물적 유통경로는 제품의 물리적 이전에 관여하는 독립적인 기관이나 개인들로 구성된 네트워크를 의미한다.

④ 물적 유통경로는 유통목표에 부응하여 장소효용과 시간효용을 창출한다.

⑤ 상적 유통경로는 소유효용을 창출한다.

🔓 **해설**

① 제품의 물리적 흐름인 물류와 법적 소유권과 관련된 상류는 반드시 동일한 경로를 통해 이루어지거나 동시에 이루어지는 것은 아니다.

02 유통산업의 다양한 역할 중 경제적, 사회적 역할로 가장 옳지 않은 것은?

① 생산자와 소비자 간 촉매역할을 한다.

② 고용을 창출한다.

③ 물가를 조정한다.

④ 경쟁으로 인해 제조업의 발전을 저해한다.

⑤ 소비문화의 창달에 기여한다.

🔓 **해설**

④ 유통은 상적 유통기능 및 물적 유통기능, 유통조성기능 등을 통해 사회적 효용을 창출하고, 고용을 증가시키는 등 제조업을 발전시키는 데 일조하고 있다.

03 아래 글상자는 유통의 어떤 효용에 관한 내용인가?

> 유통이 이루어지지 않는다면 소비자는 생산자를 일일이 방문하여 제품을 구매해야 한다. 이를 대신하여 중간상들은 적절한 곳에 물류센터와 도·소매상을 설치하여 운반의 효율성, 신속성 등을 강화하고 소비자가 편의에 맞는 장소에서 쉽게 제품을 구매할 수 있도록 시스템을 갖춘다.

① 존재효용   ② 형태효용
③ 소유효용   ④ 시간효용
⑤ 장소효용

🔓 **해설**

⑤ '장소효용'은 생산자와 소비자가 멀리 떨어져 있기 때문에 발생하는 장소적(또는 공간적) 장애를 해소시켜주는 역할을 한다.

정답   **01** ①   **02** ④   **03** ⑤

04 유통효용의 종류와 내용이 올바르게 나열된 것은?

① 장소효용 : 중간상을 통해 제조업자의 소유권을 소비자에게 이전하는 효용
② 시간효용 : 결제시스템을 도입하거나 현금, 신용카드, 계좌이체, 모바일결제 등 다양한 결제수단 적용
③ 시간효용 : 중간상이 시즌이 지난 의류를 재고로 보관 후 다음 해 시즌에 재판매
④ 소유효용 : 운반, 배송을 통한 구매접근성 향상
⑤ 장소효용 : 신용, 할부, 임대, 리스판매

🔓 **해설**

③ 중간상이 시즌이 지난 의류를 재고로 보관 후 다음 해 시즌에 재판매하는 것은 보관이 창출하는 효용으로 시간효용이다.
①·②·⑤는 소유효용, ④는 장소효용에 대한 내용이다.

05 유통산업의 경제적 의의에 대한 설명으로 가장 옳지 않은 것은?

① 유통산업은 국민경제적 측면에서 생산과 소비를 연결해 주는 기능을 수행한다.
② 유통산업은 국민들로 하여금 상품이나 서비스 소비를 가능하게 함으로써 생활수준을 유지·향상시켜 준다.
③ 유통산업은 국가 경제를 순환시키는 데 중요한 역할을 담당하고 있다.
④ 우리나라 유통산업은 2010년대 후반 유통시장 개방과 자유화 정책 이후 급속히 발전하여 제조업에 이은 국가 기간산업으로 성장하였다.
⑤ 유통산업은 생산과 소비의 중개를 통해 제조업의 경쟁력을 높이고 소비자 후생의 증진에 큰 기여를 하고 있다.

🔓 **해설**

④ 우리나라 유통산업은 1997년 말 IMF 외환위기로 인해 유통시장이 강제 개방되어 자유화되었고, 최근에는 자유화 정책 이후 급속히 발전하여 제조업에 이은 국가 기간산업으로 성장하였다.

06 유통경로 기능에 관한 설명으로 옳지 않은 것은?

① 교환과정의 촉진
② 소비자와 제조업체의 연결
③ 제품구색 불일치의 완화
④ 고객서비스 제공
⑤ 경로를 통한 유통기능의 제거

🔓 **해설**

⑤ 유통경로는 생산자와 소비자를 연결하는 기능을 하는 채널을 뜻한다. 따라서 경로를 통한 유통기능의 제거는 유통경로의 기능이 될 수 없다.

07 유통경로상 여러 경로 기관들의 유통 흐름 유형에 대한 설명으로 옳은 것은?

구분	유형	내용
㉠	물적 흐름	유통기관으로부터 다른 기관으로의 소유권의 이전
㉡	소유권 흐름	생산자로부터 최종 소비자에 이르기까지의 제품의 이동
㉢	지급 흐름	고객이 대금을 지급하거나, 판매점이 생산자에게 송금
㉣	정보 흐름	광고, 판촉원 등 판매촉진 활동의 흐름
㉤	촉진 흐름	유통기관 사이의 정보의 흐름

① ㉠   ② ㉡
③ ㉢   ④ ㉣
⑤ ㉤

유통·물류일반관리 제1과목 / 상권분석 제2과목 / 유통마케팅 제3과목 / 유통정보 제4과목

🔓 **해설**

㉠	상적 흐름 (상류) (소유권 흐름)	유통기관으로부터 다른 기관으로의 소유권의 이전
㉡	물적 흐름 (물류)	생산자로부터 최종 소비자에 이르기까지의 제품의 이동
㉢	촉진 흐름	광고, 판촉원 등 판매촉진활동의 흐름
㉣	정보 흐름	유통기관 사이의 정보의 흐름

08 유통경로가 창출하는 효용 가운데 아래 글상자가 설명하는 효용으로 옳은 것은?

> 소비자가 제품이나 서비스를 사용할 수 있는 권한을 갖도록 유통경로가 도와줌으로써 발생하는 효용이다. 중간상들은 제조업체를 대신하여 고객들에게 신용판매나 할부판매를 제공함으로써, 제조업자에게서 소비자에게로 사용권한이 이전되는 것을 돕는다.

① 시간효용　　　② 장소효용
③ 소유효용　　　④ 보관효용
⑤ 기술효용

🔓 **해설**

③ 소유효용(possession utility)은 특정한 소비자가 직접 구매하지 않고도 중간상의 도움으로 구매와 동일한 효용을 얻을 수 있는 있게 해주는 것을 말한다. 즉, 신용판매, 할부판매 등을 통하여 판매를 증대시키는 역할을 수행한다.

09 유통은 상류(상적 유통)와 물류(물적 유통)로 분류되는데, 이에 대한 설명으로 가장 옳지 않은 것은?

① 상류는 매매계약 등의 거래의 흐름을 의미하고, 물류는 물자의 흐름을 의미한다.
② 물류는 상류의 파생기능을 수행한다.
③ 상류와 물류는 고도의 긴밀한 협력관계를 필요로 하고, 상호보완적인 관계이므로 원활한 커뮤니케이션을 요한다.
④ 물류합리화의 일환으로 상류와 물류의 분리 운영이 제시되고 있다.
⑤ 상물분리는 배송센터나 공장에서 하고 있던 물류활동을 지점이나 영업소에서 집중적으로 수행하는 것을 말한다.

🔓 **해설**

⑤ 상물분리는 배송센터나 공장에서 하고 있던 물류활동을 지점이나 영업소에서 집중적으로 수행하는 것이 아니라, 지점이나 영업소에서 판매활동과 영역구분 없이 행해지던 물류활동을 배송센터나 공장에서는 집중적으로 물류활동(물적 유통)을, 지점이나 영업소에서는 집중적으로 판매활동(상적 유통)을 행하는 것이다.

THEME 02 유통기관의 종류 – 도매상의 분류와 기능

01 도매상에 대한 설명으로 가장 옳은 것은?

① 소매상을 대신해서 고객에게 제품 설치, 제품 교환 등의 기술지원서비스를 제공한다.
② 소매상에 비해 좁은 상권을 관리하기에 거래 규모가 작다.
③ 제조업체를 대신해서 재고를 보유해 주는 기능을 한다.
④ 제조업체를 위해 신용 및 금융기능을 제공한다.
⑤ 소매상을 위해 시장 확대 기능을 수행한다.

🔓 **해설**
① 제품 설치, 제품 교환 등의 기술지원서비스 제공은 소매상의 고객에 대한 기능에 해당한다.
② 소매상에 비해 넓은 상권을 관리하기에 거래 규모가 크다.
④ 소매상을 위해 신용 및 금융기능을 제공한다.
⑤ 제조업자를 위해 시장 확대 기능을 수행한다.

02 아래 글상자에서 설명하는 한정기능도매상으로 옳은 것은?

> • 제조업자로부터 제품을 구매한 도매상이 제조업자로 하여금 제품을 물리적으로 보유하도록 한 상태에서 고객들에게 제품을 판매하여 전달하는 역할을 함.
> • 주로 목재나 석탄과 같은 원자재를 취급함.

① 현금판매–무배달 도매상(cash and carry wholesaler)
② 트럭도매상(truck wholesaler)
③ 직송도매상(drop shipper)
④ 선반도매상(rack jobber)
⑤ 우편주문도매상(mail order wholesaler)

🔓 **해설**
③ 직송도매상은 소매상의 주문을 받으면 해당 상품을 생산자가 직접 그 소매상에게 배송하도록 한다. 한정서비스 도매상(limited–service wholesaler)은 유통기능 중 소수의 기능에 전문화되어 있고 소매상 고객에게 제한된 서비스만을 제공하는 도매상이다. 주요 형태로는 현금거래 도매상(cash and carry wholesaler) 또는 현금무배달 도매상, 트럭배달 도매상(truck jobber) 또는 트럭 중개상, 선반진열 중개인(rack jobber), 직송도매상(drop shipper) 등이 있다.

03 도매상의 기능을 '제조업자를 위한 도매상의 기능'과 '소매상을 위한 도매상의 기능'으로 구분할 때, 다음 중 성격이 다른 하나는?

① 시장정보제공
② 시장확대
③ 신용 및 금융기능
④ 재고유지
⑤ 주문처리

🔓 **해설**
③ 신용 및 금융기능은 제조업자를 위한 기능과 소매상을 위한 기능 모두에 해당한다. 도매상이 제조업자에게 상품을 주문하면서 상품대금을 미리 지급하는 경우, 소매상에게 외상으로 판매하는 경우 모두 신용 및 금융기능에 해당한다.
①·②·④·⑤는 제조업자를 위한 도매상의 기능이다.

04 주로 식료와 잡화류를 취급하는 도매상이며 재고수준에 대한 조언, 저장방법에 대한 아이디어 제공, 선반진열 업무 등을 소매상을 대신하여 직접 수행하는 도매상은?

① 현금무배달 도매상
   (cash and carry wholesaler)
② 직송도매상(drop shipper)
③ 트럭도매상(truck wholesaler)
④ 진열도매상(rack jobber)
⑤ 우편주문도매상(mail order wholesaler)

🔓 해설

④ 진열도매상(rack jobber)은 매출 비중이 높지 않은 제품을 소매상을 대신하여 소매상의 진열대에 진열하여 재고관리를 해주며, 소매상에게 판매를 위탁한다. 제품의 소유권을 도매상이 보유하고 최종 소비자에게 판매된 제품에 대해서만 소매상에게 대금을 청구한다.

05 다음 글상자에서 공통으로 설명하는 도매상으로 옳은 것은?

- 가장 전형적인 도매상
- 완전서비스 도매상과 한정서비스 도매상으로 나누어짐.
- 자신들이 취급하는 상품의 소유권을 보유하며 제조업체 또는 소매상과 관련 없는 독립된 사업체

① 브로커
② 제조업자 도매상
③ 대리인
④ 상인도매상
⑤ 수수료상인

🔓 해설

도매상은 상인도매상, 중개상과 대리상, 제조업자 영업점 등 세 가지 유형으로 구분된다.
④ 상인도매상(merchant wholesaler)은 가장 전형적인 도매상으로 완전서비스 도매상과 한정서비스 도매상으로 나뉜다.

06 상인도매상은 수행기능의 범위에 따라 크게 완전기능도매상과 한정기능도매상으로 구분한다. 완전기능도매상에 해당되는 것으로 옳은 것은?

① 현금으로 거래하며 수송서비스를 제공하지 않는 현금무배달 도매상
② 제품에 대한 소유권을 가지고 제조업자로부터 제품을 취득하여 소매상에게 직송하는 직송도매상
③ 우편을 통해 주문을 접수하여 제품을 배달해 주는 우편주문도매상
④ 서로 관련이 있는 몇 가지 제품을 동시에 취급하는 한정상품 도매상
⑤ 트럭에 제품을 싣고 이동판매하는 트럭도매상

🔓 해설

④ 서로 관련이 있는 몇 가지 제품을 동시에 취급하는 한정상품 도매상은 완전기능도매상에 해당한다. 완전기능도매상은 제품의 소유권을 획득하고 판매와 촉진 외에도 경영자문, 시장정보제공, 위험부담, 금융, 운송, 보관, 수량 조절, 구매와 구색 맞춤 등 제조업자가 도매상에게 기대하는 유통과 관련된 거의 모든 기능을 수행하는 도매상이다.
①·②·③·⑤는 한정기능도매상에 해당한다.

07 소매상을 위한 도매상의 역할로 가장 옳지 않은 것은?

① 물류비의 절감
② 신용의 제공
③ 시장의 확대
④ 컨설팅서비스 제공
⑤ 다양한 상품구색의 제공

🔓 **해설**

③ 시장의 확대는 제조업자를 위한 도매상의 역할이다. 제조업자를 위한 도매상의 기능에는 판매접촉점 창출 기능, 재고유지 기능, 주문처리 기능, 시장정보 수집 기능, 고객지원 대행 기능 등이 있다.

✅ **소매상을 위한 도매상의 역할**
• 상품 공급
• 구색편의 및 소분판매 기능
• 신용 및 금융편의 제공
• 기술지원 및 컨설팅 제공

08 도매상의 제조업체에 대한 기능으로 옳지 않은 것은?

① 시장확대 기능
② 재고유지 기능
③ 제품의 소량분할공급 기능
④ 주문처리 기능
⑤ 시장정보제공 기능

🔓 **해설**

③ 제품의 소량분할공급 기능은 도매상의 소매상에 대한 기능이다. 소매상을 위해 도매상이 담당하는 기능을 한마디로 요약하면 '구매대행' 기능이라고 할 수 있다. 제품 공급선 기능, 소매상 서비스 제공 기능, 신용 및 금융지원 기능, 구색편의 제공 기능, 소분판매 기능, 조언 및 기술지원 기능 등이 도매상의 소매상에 대한 기능이다.

09 제조업자나 생산자로부터 구매하여 판매 시까지 취급상품의 소유권을 가지고, 독립적으로 대부분의 도매기능을 수행하는 도매상의 유형에 가장 가까운 것은?

① 상인도매상
② 대리점
③ 브로커
④ 판매지점(sales branch)
⑤ 판매사무소(sales office)

🔓 **해설**

① 상인도매상은 가장 전형적인 도매상으로 제조업자나 생산자로부터 구매하여 판매 시까지 취급상품의 소유권을 가지고, 독립적으로 대부분의 도매기능을 수행한다.

10 도매상의 혁신전략과 내용 설명이 옳지 않은 것은?

구분	혁신전략	내용
㉠	도매상의 합병과 매수	기존 시장에서의 지위 확보, 다각화를 위한 전후방 통합
㉡	자산의 재배치	회사의 핵심사업 강화 목적, 조직의 재설계
㉢	회사의 다각화	유통다각화를 통한 유통라인 개선
㉣	전방과 후방통합	이윤과 시장에서의 지위강화를 위한 통합
㉤	자산가치가 높은 브랜드의 보유	창고 자동화, 향상된 재고관리

① ㉠   ② ㉡
③ ㉢   ④ ㉣
⑤ ㉤

🔓 **해설**

⑤ 창고 자동화, 향상된 재고관리와 관련된 혁신전략은 자산가치가 높은 브랜드의 보유보다는 생산관리의 효율화 측면과 연관성이 높다.

11 아래 글상자 괄호 안에 알맞은 상품군별 유통기구를 순서대로 바르게 나열한 것은?

> - (㉠)은 대규모 생산과 소규모 소비를 하는 일반적인 소비용품인 공산품에 적합한 상품군별 유통기구이다.
> - (㉡)은 최종소비용 농산물 및 수산물과 같은 소규모 생산과 소규모 소비에 적합한 유통기구이다.

① ㉠ 분산형, ㉡ 수집·중개·분산형
② ㉠ 수집·중개·분산형, ㉡ 중개형
③ ㉠ 중개형, ㉡ 수집형
④ ㉠ 수집형, ㉡ 분산형
⑤ ㉠ 분산형, ㉡ 수집형

🔓 **해설**

㉠ 분산형은 대규모 생산(생산자 소수)과 소규모 소비(수요자 다수)를 하는 일반적인 소비용품인 공산품에 적합한 상품군별 유통기구이다.

㉡ 수집·중개·분산형은 최종소비용 농산물 및 수산물과 같은 소규모 생산(생산자 다수)과 소규모 소비(수요자 다수)에 적합한 유통기구이다.

THEME 03 **유통기관의 종류 – 소매상의 기능과 종류**

01 우리나라 소매업태들의 특징으로 올바르지 않은 것은?

① 다른 업태들에 대해 편의점의 경쟁우위인 장소효용과 24시간 구매가 가능한 시간상의 편리성 등이 편의점에서 판매하는 상품의 높은 가격을 상쇄한다.
② 전문점은 취급하는 제품계열이 한정되어 있으나 해당 제품계열 내에서는 매우 다양한 품목들을 취급하며 할인점이나 대형마트보다 높은 인적 서비스수준을 제공한다.
③ 동네슈퍼(Pop & Mom)는 식료품, 세탁용품, 가정용품 등을 중점적으로 취급하는 소매점으로, 마진이 낮지만 회전율이 높은 상품을 중심으로 소량취급하고 지역 주민친화적 서비스를 특징으로 하는 소매점이다.
④ 슈퍼슈퍼마켓은 대체로 대형 유통업체의 소속인 경우가 많고, 규모 면에서는 $3,000m^2$ 이상이며, 가공식품 위주의 상품을 주로 취급하면서 마진율과 회전율이 대형마트에 비해 높은 특징을 지닌다.
⑤ 대형마트는 저렴한 가격, 잘 알려진 브랜드, 셀프서비스 등의 특징을 지니며, 여러 다양한 제품군들을 취급하지만, 각 제품군 내에서는 상품회전율이 높은 품목을 중심으로 취급한다.

🔓 **해설**

④ 슈퍼슈퍼마켓(SSM)은 대형 슈퍼마켓 또는 기업형 슈퍼마켓으로, $1,700{\sim}3,000m^2$의 규모로 생선류나 가공식품 등 풍부한 상품구색을 갖추는 것을 특징으로 한다. 대형마트가 출점규제를 피해 함께 운영하는 것이 보통이므로 마진율과 상품회전율은 대형마트와 유사하다. 한편, $3,000m^2$ 이상인 경우 대규모점포라 하며 대형마트, 백화점 등이 이에 해당한다.

02 아래 글상자의 내용 중 소비자를 위한 소매상의 기능으로 옳은 것을 모두 고르면?

> ㉠ 새로운 고객 창출
> ㉡ 상품 선택에 소요되는 비용과 시간을 절감할 수 있게 도와줌.
> ㉢ 소매 광고, 판매원 서비스, 점포 디스플레이 등을 통해 상품 관련 정보를 제공
> ㉣ 할부판매
> ㉤ 재고유지
> ㉥ 배달, 설치

① ㉠, ㉡
② ㉡, ㉢, ㉤
③ ㉢, ㉤, ㉥
④ ㉡, ㉣, ㉤, ㉥
⑤ ㉡, ㉢, ㉣, ㉥

🔓**해설**
㉠ 새로운 고객 창출, ㉤ 재고유지는 제조업자를 위해 수행하는 소매상의 기능에 해당한다.

03 소매상이 소비자에게 제공하는 기능으로 옳지 않은 것은?

① 소매상은 소비자에게 필요한 정보를 제공한다.
② 소매상은 소비자가 원하는 상품구색을 제공한다.
③ 소매상은 자체의 신용정책을 통하여 소비자의 금융부담을 덜어주는 금융기능을 수행한다.
④ 소매상은 소비자에게 애프터서비스의 제공과 제품의 배달, 설치, 사용방법의 교육 등과 같은 서비스를 제공한다.
⑤ 소매상은 제조업자 제품의 일정 부분을 재고로 보유하여 재무부담을 덜어주는 기능을 수행한다.

🔓**해설**
⑤ 소매상이 제조업자 제품의 일정 부분을 재고로 보유하여 재무부담을 덜어주는 기능은 제조업자에게 제공하는 소매상의 기능이다.

04 소매상의 주요 기능 중 그 성격이 다른 하나는?

① 시장확대 기능으로 새로운 고객을 창출한다.
② 재고유지 기능으로 고객의 욕구를 충족시키기 위해 일정량의 재고를 유지한다.
③ 금융기능으로 소비자에게 신용제공이나 할부판매를 통해 구매비용 부담을 덜어준다.
④ 정보제공 기능으로 사전 동의한 고객의 정보를 제조업자에게 제공할 수 있다.
⑤ 주문처리 기능으로 점포 내 POS 시스템을 활용하여 주문처리가 가능하도록 한다.

🔓**해설**
③ 소매상이 소비자에게 신용제공이나 할부판매를 통해 구매비용 부담을 덜어주는 것은 소비자에 대한 소매상의 기능이다.
①, ②, ④, ⑤는 제조업자에 대한 소매상의 기능이다.

05 다음에서 설명하는 소매업태는?

> • 대개 한 가지(또는 한정된 소수) 상품군을 깊게 취급하며, 선택폭을 높일 수 있도록 품목을 다양하게 다량으로 진열한다.
> • 할인점보다 훨씬 낮은 가격에 판매한다.
> • 매장면적의 대형화로 저가지역에 점포를 설치한다.

① 아웃렛점(Outlet)
② 카테고리 킬러(Category Killer)
③ 회원제 도매클럽(Membership Wholesale Club)
④ 슈퍼센터(Supercenter)
⑤ 하이퍼마켓(Hypermarket)

유통·물류일반관리 제1과목 / 상권분석 제2과목 / 유통마케팅 제3과목 / 유통정보 제4과목

🔓 **해설**
② 깊이 있는 구색을 가진 한정된 품목을 저가격·대량으로 판매하는 업태는 카테고리 킬러(Category Killer)이다. 카테고리 킬러는 '기존의 경쟁업체들보다 상대적으로 매장면적이 넓지만, 다른 소매업태나 백화점보다는 훨씬 좁은 범위의 상품을 취급하는 소매업태'라고 정의한다.

06 소매상의 분류로 옳은 것을 모두 고르면?

구분		분류기준	유형
㉠	점포 유무	일정한 형태의 점포 유무에 따라	점포 소매상, 무점포 소매상
㉡	상품 계열	상품의 다양성 및 구색에 따라	다양성 高/구색 高, 다양성 低/구색 高 등
㉢	소유권	소유 및 운영 주체에 따라	독립소매기관, 체인 등
㉣	사용 전략	마진 및 회전율에 따라	고회전-고마진, 고회전-저마진 등
㉤	서비스 수준	고객에게 제공되는 서비스 수준에 따라	완전서비스, 한정서비스, 셀프서비스 등

① ㉠
② ㉠, ㉡
③ ㉠, ㉡, ㉢
④ ㉠, ㉡, ㉢, ㉣
⑤ ㉠, ㉡, ㉢, ㉣, ㉤

🔓 **해설**
소매상은 여러 가지 분류기준에 따라 다양하게 구분할 수 있다. 문제의 5가지 분류기준과 유형 모두 옳은 지문에 해당한다.

07 소매업태의 유형에 대한 설명으로 옳지 않은 것은?

① 복합쇼핑몰은 쇼핑을 하면서 여가도 즐길 수 있게 구성된 대규모 상업시설이다.
② 팩토리 아웃렛은 제조업체가 직영체제로 운영하는 상설할인매장이다.
③ 편의점은 고객의 접근성이 높은 지역에 위치하며 고마진, 저회전율을 특징으로 한다.
④ 창고형 할인점은 고객서비스 수준은 최소로 제공하지만 넓은 매장에서 저렴한 가격으로 상품을 제공한다.
⑤ 전문할인점은 특정상품계열에 대해 깊이 있는 상품구색을 갖추고 있다.

🔓 **해설**
③ 편의점은 고객의 접근성이 높은 지역에 위치하며 고마진, 고회전율을 특징으로 한다. 고마진, 저회전율은 백화점, 전문점 등에 해당한다.

08 아래 글상자에서 설명하는 소매상 유형으로 옳은 것은?

> 일반의약품은 물론 건강기능식품과 화장품, 생활용품, 음료, 다과류까지 함께 판매하는 복합형 전문점

① 상설할인매장　　② 재래시장
③ 드럭스토어　　　④ 대중양판점
⑤ 편의점(CVS)

🔓 **해설**
③ 소매상 유형 중 일반의약품은 물론 건강기능식품과 화장품, 생활용품, 음료, 다과류까지 함께 판매하는 복합형 전문점을 드럭스토어(drug store)라 하고, 우리나라에서는 올리브영, 랄라블라 등이 이에 해당한다.

THEME 04 유통경로

01 유통경로가 필요한 이유로 가장 옳지 않은 것은?

① 분류기능을 통해 소비자에게 구색을 제공한다.
② 적절한 경쟁을 통해 생산성을 높일 수 있다.
③ 거래비용 및 총거래 횟수를 줄여준다.
④ 거래를 반복적으로 수행할 수 있게 한다.
⑤ 소비자의 탐색과정을 편리하게 한다.

🔓해설

유통경로가 필요한 이유는 중간상이 필요한 이유와 같다. 일반적으로 총거래 수 최소의 원리, 변동비 우위의 원리, 분업의 원리 및 집중준비의 원리가 제시된다.
② 적절한 경쟁을 통한 생산성 향상과 유통경로가 필요한 이유와는 전혀 관련이 없다.

02 유통경로(distribution channel)의 일반적 특성 설명으로 옳지 않은 것은?

① 유통경로는 생산물이 최초의 생산자로부터 최종 소비자에게 이동되는 과정에 참여하는 개인 및 조직의 집합체를 의미한다.
② 유통경로에는 제조업체, 도·소매상 등과 같은 많은 조직이 참여하고 있으며 이들은 상호 의존 관계에 있다.
③ 유통경로는 제품이나 서비스를 고객이 사용 또는 소비하기 위해 필요한 것이다.
④ 유통경로는 구매자의 수요를 충족시키기 위해 판매자가 보유한 제품과 서비스를 공급하는 과정에서 필요한 하나의 연결고리로 이해할 수 있다.
⑤ 유통경로는 개별 기업이 자사의 상품을 시장에 공급하기 위해 사용하는 경로라는 점에서 모든 기업이 이용할 수 있는 각각의 판매경로의 종합체라 할 수 있으며 사회적으로 상품을 유통시키는 유통기관과 동일시된다.

🔓해설

⑤ 유통경로는 제품이나 서비스가 생산자에서 소비자에 이르기까지 거치게 되는 통로 또는 단계를 의미하며, 사회적으로 상품을 유통시키는 유통기관과 동일시되는 것은 아니다.

03 유통경로의 전방흐름 기능만으로 올바르게 짝지어진 것은?

① 협상, 소유권, 주문
② 금융, 주문, 시장정보
③ 협상, 금융, 위험부담
④ 촉진, 물리적 보유, 소유권
⑤ 대금지급, 금융, 위험부담

🔓해설

전방흐름(forward flow)은 생산자로부터 최종 소비자의 방향으로 이전되는 상품의 물리적인 이동과 소유권의 흐름, 촉진(promotion)이 해당된다.
양방흐름은 협상, 금융, 위험부담 기능 등이 있고, 후방흐름은 주문, 판매대금의 결제 등이다.

04 유통경로상에 가능하면 많은 수의 도매상을 개입시킴으로써 각 경로구성원에 의해 보관되는 제품의 수량이 감소될 수 있다는 원칙으로 가장 옳은 것은?

① 분업의 원칙
② 변동비 우위의 원칙
③ 총거래 수 최소의 원칙
④ 집중준비의 원칙
⑤ 규모의 경제 원칙

🔓해설

④ 집중준비의 원칙(집중저장의 원칙)은 중간상이 제품의 보관기능을 분담함으로써 사회 전체가 원활한 소비를 위해 저장해야 할 제품의 총량을 줄일 수 있다는 원리이다.

유통·물류일반관리 제1과목

제2과목 상권분석

제3과목 유통마케팅

제4과목 유통정보

05 ( ) 안에 들어갈 용어로 올바르게 짝지어 진 것은?

> 중간상이 개입함으로써 거래 수가 결과적으로 단순화, 통합화되어 실질적인 거래비용이 감소한다는 것이 (㉠) 원리이고, 도매상이 재고를 대량으로 보관함으로써 소매상은 적정량만 재고를 보관하여, 사회 전체적으로 보관되는 제품의 총량을 감소시킬 수 있다는 것이 (㉡) 원리이다.

① ㉠ 분업, ㉡ 집중준비
② ㉠ 변동비 최소, ㉡ 분업
③ ㉠ 총거래 수 최대, ㉡ 분업
④ ㉠ 분업, ㉡ 변동비 우위
⑤ ㉠ 총거래 수 최소, ㉡ 집중준비

🔓 **해설**

㉠은 총거래 수 최소의 원리, ㉡은 집중준비(집중저장)의 원리로 유통경로가 필요한 이유, 즉 중간상의 존재 이유를 설명하는 원리이다.

06 아래 글상자의 ㉠, ㉡, ㉢에 해당하는 중간상이 수행하는 분류기준으로 옳게 짝지어진 것은?

> ㉠ 구매자가 원하는 소규모 판매단위로 나누는 활동
> ㉡ 다양한 생산자들로부터 제공되는 제품들을 대규모 공급이 가능하도록 다량으로 구매하여 집적하는 활동
> ㉢ 이질적인 제품들을 색, 크기, 용량, 품질 등에 있어 상대적으로 동질적인 집단으로 구분하는 활동

① ㉠ 분류(sorting out)
　㉡ 수합(accumulation)
　㉢ 분배(allocation)
② ㉠ 분류(sorting out)
　㉡ 구색맞춤(assorting)
　㉢ 수합(accumulation)
③ ㉠ 분배(allocation)
　㉡ 구색맞춤(assorting)
　㉢ 분류(sorting out)
④ ㉠ 분배(allocation)
　㉡ 수합(accumulation)
　㉢ 분류(sorting out)
⑤ ㉠ 구색맞춤(assorting)
　㉡ 분류(sorting out)
　㉢ 분배(allocation)

🔓 **해설**

✅ **올더슨(W. Alderson)의 구색형성 과정**

구분	산개(나눔)	집중(모음)
이질적 생산물	1. 등급 또는 분류(sorting out): 이질적인 것을 동질적 단위로 나누는 과정, 생산자의 표준화 기능	4. 구색(assortment): 이질적인 것을 모두 다시 모으는 단계
동질적 생산물	3. 배분(allocation) 또는 분배: 동질적으로 쌓여진 것을 다시 나누는 과정	2. 집적(accumulation) 또는 수합: 동질적인 것끼리 다시 모으는 수집기능

07 유통과 유통경로에 관련된 설명으로 옳은 것은?

① 유통의 상적기능에는 소유권 이전 기능, 매매기능, 장소적 조정 기능이 포함된다.

② 수직적 경로시스템이란 생산자가 제품을 최종 소비자에게 제시하는 유통구조의 통로를 말한다.

③ 유통경로에서 중간상이 생략됨으로써 유통이 단순화, 통합화되어 실질적인 거래비용이 감소되는 것을 총거래 수 최소원칙이라고 한다.

④ 제조분야는 변동비 비중이 고정비보다 커서 생산량이 증가할수록 단위당 생산비용이 감소하지만, 유통은 고정비 비중이 커서 규모의 경제가 작용하는 고정비 우위의 원리가 적용된다.

⑤ 도매상이 대량으로 보관하고 소매상은 적정량만 보관하므로 상품의 사회적 보관 총량을 감소시킬 수 있는 것을 집중준비의 원리라고 한다.

🔓 **해설**

① 장소적 조정 기능은 물적기능이다.

② 생산자가 제품을 최종 소비자에게 제시하는 유통구조의 통로는 직접 경로시스템이다.

③ 총거래 수 최소원칙은 중간상이 개입함으로써 거래 수가 결과적으로 단순화, 통합화되어 실질적인 거래비용이 감소한다는 것이다.

④ 변동비 우위의 원리에 대한 설명이다.

08 유통경로상에서 중간상의 필요성, 즉 존재가치는 다양한 측면에서 인정되고 있다. 다음 중간상의 존재가치에 대한 설명으로 올바르지 않은 것은?

① 중간상의 참여는 생산자와 소비자 간의 직접거래에 비해 거래 수 및 거래비용을 낮추는 효과가 있다. 이를 두고 총거래 수 최(감)소의 원칙이라고 한다.

② 분업의 원리에 비추어 유통경로에서 다양하게 수행되는 기능들(수급조절기능, 보관기능, 위험부담기능, 정보수집기능 등)을 제조기업보다 더욱 전문성을 갖춘 유통기업에게 맡김으로써 경제적일 수 있다.

③ 고정비 우위의 원리, 즉 제조업체의 경우 생산량이 증가할수록 변동비의 비중이 고정비보다 상대적으로 높은 반면, 유통업체의 경우 제조업에 비해 고정비가 높아 제조와 유통의 통합보다는 중간상에게 유통기능을 분담시키는 것이 비용면에서 더욱 유리하다.

④ 유통경로상에 가능하면 많은 수의 도매상을 개입시킴으로써 각 경로구성원에 의해 보관되는 제품의 수량이 감소될 수 있다는 원리를 집중준비의 원리라고 한다.

⑤ 유통경로상의 중간상은 반복적인 거래를 가능하게 함으로써 구매와 판매를 용이하게 하고, 교환과정의 효율성을 높여준다.

🔓 **해설**

③ 중간상의 존재 이유를 설명하는 것은 변동비 우위의 원리이다. 유통업은 제조업에 비해 변동비(variable cost)의 비중이 크기 때문에 생산자가 제조와 유통을 통합하여 생산된 제품을 직접 판매하는 경우 규모의 경제 효과가 오히려 적게 나타나게 된다. 따라서 이런 경우 제조와 유통을 분리하여 기능을 분담하는 것이 비용 측면에서 효율적이다. 반면, 제조업체의 경우 고정비 비중이 변동비보다 더 커서 '규모의 경제' 효과가 크게 발생한다.

09 유통경로 상에서 수행되는 분업의 원칙으로 볼 수 없는 것은?

① 보관기능
② 하역기능
③ 수급조절기능
④ 정보수집기능
⑤ 인사관리기능

🔓 **해설**

⑤ 유통경로 상 '분업'의 원칙은 상품이 생산자에서 소비자에게 전달되는 과정에서 필요한 여러 기능들을 서로 나누어 수행하는 것으로, 인사관리는 유통경로 상에서 수행되는 기능이 아니라 전체적인 '경영관리'기능에 해당한다.

10 기업이 소비자에게 제품을 직접 판매하는 직접유통이 발생하게 된 이유로 가장 옳지 않은 것은?

① 도매상이 부당한 이윤을 얻고 있다는 생산자의 불만 때문이다.
② 유통 관련 시설이 발달하여 제조업자와 구매자가 쉽게 만날 수 있기 때문이다.
③ 대형할인점처럼 자본력이 크고 보관시설도 충분히 갖춘 파워 리테일러의 성장 때문이다.
④ 시간과 장소의 제약을 극복할 수 있는 온라인 쇼핑이 증가했기 때문이다.
⑤ 유통기관의 비용은 제조업과 달리 고정비가 크고 변동비율이 높기 때문이다.

🔓 **해설**

⑤ 일반적으로 제조업체와 달리 유통기관은 제조설비가 불필요하기 때문에 변동비 비중이 큰 부분은 중간상이 필요한 이유에 해당할 뿐 제조기업이 직접유통하는 현상과는 거리가 멀다.

11 아래 글상자에서 공통적으로 설명하는 유통경로의 특성으로 옳은 것은?

> ㉠ 우리나라는 도매상이 매우 취약하고 제조업자의 유통 지배력이 매우 강하다.
> ㉡ 미국의 경우 광활한 국토를 가지고 있어 제조업자가 자신의 모든 소매업체를 관리하는 것이 어려워 일찍부터 도매상들이 발달했다.
> ㉢ 각국의 특성에 따라 고유한 형태의 유통경로가 존재한다.

① 유통경로의 지역성
② 유통경로의 비탄력성
③ 유통경로의 표준성
④ 유통경로의 집중성
⑤ 유통경로의 탈중계현상

🔓 **해설**

① 각국의 특성에 따라 고유한 형태의 유통경로가 존재하는 것은 유통경로의 지역성을 보여주는 사례가 된다.

THEME 05 수직적 유통경로

01 아래 글상자의 ㉠과 ㉡에 들어갈 용어로 가장 옳은 것은?

> 유통경로에서의 수직적 통합에는 두 가지 유형이 있다. (㉠)은/는 제조회사가 도·소매업체를 소유하거나 도매상이 소매업체를 소유하는 것과 같이 공급망의 상류 기업이 하류의 기능을 통합하는 것이다. 반면 (㉡)은 도·소매업체가 제조기능을 수행하거나 소매업체가 도매기능을 수행하는 것과 같이 공급망의 하류에 위치한 기업이 상류의 기능까지 통합하는 것이다.

① ㉠ 후방통합, ㉡ 전방통합
② ㉠ 전방통합, ㉡ 후방통합
③ ㉠ 경로통합, ㉡ 전방통합
④ ㉠ 전략적 제휴, ㉡ 후방통합
⑤ ㉠ 전략적 제휴, ㉡ 경로통합

🔓 **해설**

② 제조기업이 도매상, 소매상 등 유통기관을 통합하는 것을 전방통합이라 하고, 반대로 유통기관이 상위의 제조기업 등을 통합하는 것을 후방통합이라 한다.

02 수평적 유통경로에 비해 수직적 유통경로가 갖는 특징만을 모두 고른 것은?

> ㉠ 자원, 원재료를 안정적으로 확보 가능
> ㉡ 낮은 진입장벽으로 새로운 기업의 진입이 쉬움.
> ㉢ 막대한 자금의 소요
> ㉣ 시장이나 기술변화에 민감한 대응 가능
> ㉤ 각 유통단계에서 전문화 실현

① ㉡, ㉣　　　　② ㉠, ㉢
③ ㉢, ㉣　　　　④ ㉠, ㉤
⑤ ㉣, ㉤

🔓 **해설**

수직적 유통경로(VMS)는 ㉡ 진입장벽이 높아 새로운 기업의 진입이 어렵고, ㉣ 시장이나 기술변화에 민감한 대응이 어려우며, ㉤ 각 유통단계에서 전문화의 실현이 어렵다는 문제점이 있다. 하지만 상품의 적기적량을 공급하거나 확보할 수 있고, 생산과 유통활동을 조정함으로써 유통경로의 효율성을 높일 수 있다. 또한 제조업자가 제품의 품질 및 고객유지 등을 통제할 수 있어 일관된 서비스 제공이 가능하다는 장점이 있다.

03 다음은 무엇에 대한 설명인가?

> • 자원이 부족한 기업들이 효과적인 마케팅 활동을 수행하기 위해 같은 경로단계에 있는 다른 기업과 결합하는 것을 말한다.
> • 이러한 통합을 통해 각 기업은 서로의 목표를 달성해 나가기 위한 시너지효과를 얻게 되는데, 이를 공생적 마케팅(symbiotic marketing)이라고 한다.

① 수직적 마케팅 시스템
② 수평적 마케팅 시스템
③ 몰입형 마케팅 시스템
④ 사회적 마케팅 시스템
⑤ 체인시스템

🔓 **해설**

② 수평적 마케팅 시스템(Horizontal Marketing System)은 새로운 마케팅 기회를 개발하기 위해 동일한 경로단계에 있는 두 개 이상의 무관한 개별기업들이 재원이나 프로그램을 결합하고자 하는 시스템을 말하며, 공생적 마케팅 시스템(symbiotic marketing system)이라 한다.

04 수직적 마케팅 시스템을 경로구성원의 통합화된 정도가 낮은 수준에서 높은 수준의 순서로 나타낸 것은?

① 계약형 VMS < 기업형 VMS < 관리형 VMS
② 기업형 VMS < 계약형 VMS < 관리형 VMS
③ 계약형 VMS < 관리형 VMS < 기업형 VMS
④ 관리형 VMS < 계약형 VMS < 기업형 VMS
⑤ 기업형 VMS < 관리형 VMS < 계약형 VMS

🔓 **해설**

④ 경로구성원의 통합화된 정도가 가장 낮은 것은 관리형 VMS이고, 계약형 VMS, 기업형 VMS의 순으로 통합화의 정도가 높다.

05 수직적 유통마케팅시스템의 도입 이유로 가장 옳지 않은 것은?

① 목표이익의 확보
② 가격안정의 필요
③ 경쟁자에 대한 효과적인 대응
④ 유통경로 내에서의 지배력 획득
⑤ 같은 단계의 유통기업 간 협력으로 인한 경쟁력 강화

🔓 **해설**

수직적 유통마케팅시스템(VMS)은 제조업자 – 도매상 – 소매상이 하나의 시스템처럼 통합되어 운영되는 유통구조로, ⑤ 같은 단계의 유통기업 간 협력으로 인한 경쟁력 강화는 수평적 마케팅시스템(HMS)에 해당한다.

06 프랜차이즈 시스템에서 가맹점이 누릴 수 있는 혜택으로 볼 수 없는 것은?

① 상품개발 및 일반적 점포관리 사항을 본부에서 관리해 주기 때문에 가맹점은 판매활동에 전념할 수 있다.
② 본부의 교육프로그램과 경영방식에 대한 경영지도에 의해 가맹점은 사업 경험이 없더라도 상대적으로 쉽게 사업을 운영할 수 있다.
③ 본부가 전국적인 정보력을 바탕으로 경영지원을 하기 때문에 가맹점은 특정 상권의 개별 상황을 보다 잘 반영한 점포별 마케팅 활동이 용이하다.
④ 본부가 공동 집중구매를 통해 상품과 원재료를 공급하기 때문에 가맹점은 상품 공급 면에서 균일성과 안정성을 유지할 수 있다.
⑤ 본부에서 전국적으로 일괄적인 촉진활동을 벌이기 때문에 가맹점의 개별적 촉진활동보다 통일된 촉진활동이 가능하다.

🔓 **해설**

③ 본부가 전국적인 정보력을 바탕으로 경영지원을 하기 때문에 가맹점은 특정 상권의 개별 상황을 보다 잘 반영한 점포별 마케팅 활동을 하기가 어렵다는 것이 가맹점(franchisee)의 단점으로 지적된다.

정답　04 ④　05 ⑤　06 ③

07 다음에서 설명하고 있는 수직적 유통시스템 (VMS)은?

> 동일자본이거나 공식적이고 명문화된 계약 배경이 없어도, 점유율이 높거나 판매망이 넓은 제조업자나 유통업자가 경로리더가 되거나 경로구성원을 지원하는 형태

① 기업형 VMS   ② 리더형 VMS
③ 자유형 VMS   ④ 계약형 VMS
⑤ 관리형 VMS

🔓 **해설**

⑤ 관리형(administered) VMS는 경로구성원들의 마케팅 활동이 소유권이나 계약에 의하지 않고 상호이익을 바탕으로 맺어진 협력 시스템으로, 어느 한 경로구성원의 규모나 파워, 또는 경영지원에 의해 조정되는 경로유형이다. 명시적인 계약에 의하여 형성된 협력관계라기보다는 암묵적인 협력관계로 형성된 시스템이므로, 경로리더의 효과적인 머천다이징 프로그램의 제공에 따라 성공 여부가 결정된다.

🔓 **해설**

「유통산업발전법」에서는 체인사업을 직영점형, 프랜차이즈형, 임의가맹점형 및 조합형 4가지로 구분하고 있다(법 제2조 제6호). 문제에 제시된 내용은 임의가맹점형 체인사업에 가까운 것으로 임의형 체인점(voluntary chain) 또는 자발적 연쇄점이라고도 한다.

08 아래 글상자에서 설명하는 연쇄점(chain)의 형태로 옳은 것은?

> (가) 같은 업종의 소매점들이 공동매입을 도모하려고 결성한 체인조직
> (나) 일부 기능을 체인 본사에 위탁하여 프랜차이즈 시스템을 갖추고 영업하기도 함
> (다) 경영의 독립성과 연쇄점화로 얻는 이득을 동시에 획득

① 정규연쇄점(regular chain)
② 직영점형 연쇄점(corporate chain)
③ 임의형 연쇄점(voluntary chain)
④ 마스터 프랜차이즈(master franchise)
⑤ 조합형 체인(cooperative chain)

09 기업에서 사용할 수 있는 수직적 통합 전략의 장점과 단점에 대한 설명으로 가장 옳지 않은 것은?

① 조직의 규모가 지나치게 커질 수 있다.
② 관련된 각종 기능을 통제할 수 있다.
③ 경로를 통합하기 위해 막대한 비용이 필요할 수 있다.
④ 안정적인 원재료 공급효과를 누릴 수 있다.
⑤ 분업에 의한 전문화라는 경쟁우위효과를 누릴 수 있다.

🔓 **해설**

⑤ 전방통합(forward integration)이나 후방통합(backward integration)으로 수직적 통합을 하면 생산자가 도매상이나 소매상의 기능을 함께 수행하므로 분업에 따른 전문화의 이점을 누리기가 어려워질 수도 있다.

01 시장 커버리지 전략 중 하나인 선택적 유통과 관련된 설명으로 가장 옳은 것은?

① 가능한 한 많은 소매점에서 제품이 취급되는 것을 원하는 유통 방법이다.
② 공격적인 유통이 가능하므로 집중적 유통이라고도 한다.
③ 해당 점포는 지역 내의 독점권을 갖게 된다.
④ 집중적 유통과 전속적 유통의 중간 형태를 띠는 경로 커버리지 전략이다.
⑤ 고객이 제품이나 서비스를 탐색하는 데 많은 노력을 기꺼이 하는 경우에 적합한 방법이다.

🔓 **해설**
①과 ②는 개방적(집약적＝집중적) 유통경로에 대한 설명이고, ③과 ⑤는 전속적 유통경로에 대한 설명이다.

02 다음 글상자의 내용 중 옳은 것으로만 묶인 것은?

ㄱ 편의품의 경우 최대의 노출을 필요로 하기에 개방적 유통을 사용한다.
ㄴ 일부 의약품은 고객 편의를 위해 편의점을 통한 개방적 유통을 사용하기도 한다.
ㄷ 선매품의 경우 가격비교가 용이하도록 전속적 유통이 유리하다.
ㄹ 전문품은 구매 횟수가 정기적인 것이 특징이기에 개방적 유통을 사용한다.

① ㄱ, ㄴ ② ㄱ, ㄷ
③ ㄴ, ㄷ, ㄹ ④ ㄷ, ㄹ
⑤ ㄱ, ㄴ, ㄷ, ㄹ

🔓 **해설**
ㄷ 선매품은 선택적 유통이 적합하다.
ㄹ 전문품은 전속적 유통이 적합하다.

03 아래 글상자에서 설명하는 유통의 형태로 가장 옳은 것은?

• 각 판매지역별로 하나 또는 극소수의 중간상에게 자사제품의 유통에 대한 독점권을 부여하는 것이다.
• 소비자가 제품구매를 위해 적극적인 탐색을 하고 쇼핑을 위해 기꺼이 시간과 노력을 아끼지 않는 경우에 적합하다.

① 집중적 유통 ② 개방적 유통
③ 선택적 유통 ④ 전속적 유통
⑤ 중간적 유통

🔓 **해설**
④ 전속적 유통은 각 판매지역별로 하나 또는 극소수의 중간상에게 자사제품의 유통에 대한 배타적 독점권을 부여하는 형태의 유통커버리지 전략이라 할 수 있다.

04 유통경로구조를 결정하는 데 있어서 유통경로 커버리지(channel coverage)에 대한 설명으로 옳은 것은?

① 유통경로에서 제조업자로부터 몇 단계를 거쳐 최종 소비자에게 제품이 전달되는가와 관련이 있다.
② 제품의 부피가 크고 무거울수록, 부패 속도가 빠를수록 짧은 경로를 선택하는 것이 바람직하다.
③ 특정한 지역에서 하나의 중간상을 전속해 활용하는 전략을 집약적 유통(intensive distribution)이라고 한다.
④ 유통경로 커버리지란 특정 지역에서 자사 제품을 취급하는 점포를 얼마나 많이 활용할 것인가를 결정하는 것이다.
⑤ 유통경로를 통제하고자 하는 통제욕구가 강할수록 유통경로는 짧아진다.

🔓 해설

① 유통경로 커버리지는 자사제품을 취급하는 점포의 수가 얼마나 되는가를 의미한다.
② 일반적으로 부패 속도가 빠를수록 짧은 경로를 선택하는 것이 바람직하나, 제품의 부피 또는 무게는 유통경로 커버리지와는 무관하다.
③ 특정한 지역에서 하나의 중간상을 전속해 활용하는 전략을 전속적 유통이라고 한다.
⑤ 유통경로의 길이는 제품의 특성, 수요·공급의 특성, 유통비용 등에 따라 결정된다.

05 유통비용을 최소화시킬 수 있는 유통시스템 설계를 위한 유통경로의 길이 결정 시 파악해야 할 요소 중 상품요인과 관련된 것만으로 옳게 나열된 것은?

① 부피, 부패성, 기술적 특성, 총마진
② 고객에 대한 지식, 통제의 욕구, 재무적 능력
③ 비용, 품질, 이용 가능성
④ 지리적 분산, 고객밀집도, 고객의 수준, 평균 주문량
⑤ 단위가치, 상품표준화, 비용, 품질

🔓 해설

☑ 유통경로 길이 설계 시 결정요인

상품요인	소멸성(부패성), 부피, 표준화 정도, 서비스 정도, 가격 및 단가 등
고객요인	고객 수, 지리적 분산, 구매패턴, 판매방법에 대한 반응성 등
경쟁자요인	지역적 근접성, 판로에 따른 근접성, 재무적 강점
제조업자요인	제품믹스, 유통경로 경험, 마케팅 정책 등
유통업자요인	이용 가능성, 제품계열의 수용 정도

06 유통경로의 길이(channel length)가 상대적으로 긴 제품으로 가장 옳은 것은?

① 비표준화된 전문품
② 시장 진입과 탈퇴가 자유롭고 장기적 유통비용이 안정적인 제품
③ 구매빈도가 낮고 비규칙적인 제품
④ 생산자 수가 적고 생산이 지역적으로 집중되어 있는 제품
⑤ 기술적으로 복잡한 제품

🔓 해설

② 시장 진입과 탈퇴가 자유롭고 장기적으로 유통비용이 안정적인 제품의 경우에는 많은 중간상이 개입하므로 유통경로의 길이가 상대적으로 긴 편이다.

07 장소의 편의성이 높게 요구되는 담배, 음료, 과자류 등과 같은 품목에 일반적으로 이용되는 유통채널의 유형으로 가장 옳은 것은?

① 전속적 유통채널(exclusive distribution channel)
② 독립적 유통채널(independent distribution channel)
③ 선택적 유통채널(selective distribution channel)
④ 집중적 유통채널(intensive distribution channel)
⑤ 대리점 유통채널(agent distribution channel)

🔓 해설

④ 담배, 음료, 과자류 등과 같은 품목은 대표적인 편의품(convenience goods)으로, 편의품의 경우 유통경로정책 중 집중적(집약적, 개방적) 유통채널을 활용한다.

01 특정 업무를 수행하는 데 소요되는 비용이 가장 낮은 유통경로 기관이 해당 업무를 수행하는 방향으로 유통경로의 구조가 결정된다고 설명하는 유통경로구조이론으로 가장 옳은 것은?

① 대리인(agency)이론
② 게임(game)이론
③ 거래비용(transaction cost)이론
④ 기능위양(functional spinoff)이론
⑤ 연기–투기(postponement–speculation)이론

🔓 **해설**

④ 기능위양(functional spinoff)이론은 유통경로 결정이론 중 특정 업무를 수행하는 데 소요되는 비용이 가장 낮은 유통경로 기관이 해당 업무를 수행하는 방향으로 유통경로의 구조가 결정된다고 설명하는 이론이다.

02 유통경로구성원들 중 재고보유에 따른 위험을 누가 감수하는지에 따라 유통경로구조가 결정된다는 내용을 담고 있는 이론은?

① 대리이론(Agency theory)
② 정치–경제관점이론(Political–economy perspective)
③ 연기–투기이론(Postponement–speculation theory)
④ 게임이론(Game theory)
⑤ 거래비용이론(Transaction cost analysis)

🔓 **해설**

③ 연기–투기이론(Postponement–speculation theory)은 경로구성원들이 재고의 부담을 가능한 한 연기(또는 회피)하거나 투기에 의해 적극적으로 재고를 부담하는 방법 중 하나를 선택함에 따라 유통경로 길이가 달라진다는 것이다.

03 유통경로구조 결정이론 중 연기 – 투기이론에 대한 설명으로 옳은 것은?

① 경로구성원 중 누가 비용우위를 갖고 마케팅 기능을 수행하는지에 따라 유통경로가 결정된다는 이론이다.
② 중간상들이 재고부담을 주문 발생시점까지 연기시키려고 하면 제조업자가 재고부담을 져야 하므로 경로길이는 길어진다.
③ 산업재 제조업자는 경로길이가 긴 유통경로를 통해 경로활동을 직접 수행한다.
④ 소비재의 경우 소비자들은 다빈도 소량구매를 하므로 많은 중간상들이 재고위험을 부담한다.
⑤ 중간상들이 제조업자 대신 투기적 재고를 유지하는 경우 경로길이가 짧아진다.

🔓 **해설**

④ 연기–투기이론에 따르면 소비재의 경우 소비자들은 다빈도 소량구매를 하므로 많은 중간상들이 재고위험을 부담하고 이에 따라 경로길이가 길어진다.
① 경로구성원 중 누가 비용우위를 갖고 마케팅 기능을 수행하는지는 기능위양이론에 대한 설명이다.
② 중간상들이 재고부담을 주문 발생시점까지 연기시키려고 하면 제조업자가 재고부담을 져야 하므로 경로길이는 짧아진다.
③ 산업재는 통상 경로길이가 짧은 직접 유통경로를 통해 거래가 이행된다.
⑤ 투기적 재고를 유지하는 경우 경로길이가 길어진다.

04 유통경로구조를 결정하기 위해 '체크리스트법'을 사용할 때 고려해야 할 요인들에 대한 설명으로 옳지 않은 것은?

① 재무적 능력이나 규모 등의 기업요인
② 시장규모와 지역적 집중도 등의 시장요인
③ 제품의 크기와 중량 등의 제품요인
④ 경영전문성이나 구성원 통제 등에 대한 기업요인
⑤ 구매빈도와 평균 주문량 등의 제품요인

🔓 **해설**

체크리스트법은 유통경로구조를 결정하기 위해 여러 가지 고려해야 할 요인(시장요인, 기업요인, 제품요인 및 경로구성원요인)들을 반영하여 중간상을 결정하는 방법이다.
⑤ 구매빈도와 평균 주문량 등은 시장요인에 해당한다.

05 유통경로구조의 결정이론과 설명하는 주요 내용의 연결로서 옳지 않은 것은?

① 연기-투기이론 : 누가 재고보유에 따른 위험을 감수하는가?
② 기능위양이론 : 누가 어떤 기능을 얼마나 효율적으로 수행하는가?
③ 거래비용이론 : 기업이 어떻게 유통경로구조의 수평적 통합을 통해 경로구성원들과의 시너지효과를 창출하는가?
④ 게임이론 : 경쟁관계에 있는 구성원들이 어떻게 자신의 이익을 극대화하는가?
⑤ 대리인이론 : 의뢰인에게 최선의 성과를 가져다주는 효율적인 계약인가?

🔓 **해설**

③ 윌리엄슨(O. Williamson)의 시장거래비용이론에 의하면 마케팅 기능을 수직적 계열화에 의해 직접 수행하는 것이 시장거래에 의존하는 것(즉, 다른 경로구성원들에게 위양하는 것)보다 비용이 훨씬 저렴하기 때문에 유통경로의 수직적 통합이 이루어지고, 따라서 짧은 유통경로를 선택한다고 본다.

06 유통경로구조이론 중 거래비용분석에서 시장실패를 설명하는 가정이나 변수와 관련이 없는 것은?

① 제품고객화
② 불확실성
③ 자산특유성
④ 기회주의
⑤ 거래의 반복발생빈도

🔓 **해설**

시장거래비용이론은 기업이 시장을 통해 독립된 경로구성원들과 거래관계를 맺는 것보다 모든 경로활동을 직접 수행함으로써 시장에서의 거래비용을 줄일 수 있는 경우가 있다는 것이다. 즉 거래비용에 의한 시장실패 때문에 수직적 통합(기업내부화)이 발생한다는 주장이다.
거래비용이론에서는 시장의 실패를 설명하는 주요 개념으로 거래 관련 변수인 자산특유성, 거래빈도, 불확실성을 들고 있고, 인간행동에 대한 기본 가정으로는 제한된 합리성, 기회주의 등이 있다.

07 유통경로구조 결정을 설명하는 거래비용이론과 관련된 설명으로 가장 옳지 않은 것은?

① 수직적 통합에 의한 내부화와 시장거래 중에서 하나를 선택하는 과정을 설명하는 이론이다.
② 인간의 행동에 대해 완벽한 합리성을 전제로 하기에 모든 경제적 교환은 계약에 의해 효율적으로 이루어질 수 있다고 가정한다.
③ 거래의 빈도가 높을수록 내부화된 거래를 선호하기에 수직적 통합이 촉진된다.
④ 기업은 외부거래비용과 내부관리비용을 비교해 수직적 통합 여부를 결정한다.
⑤ 잠재적 거래 규모가 작은 경우에는 통합 구조를 유지하기 어려워진다.

🔓 **해설**

② 거래비용이론(Transaction Cost Theory)은 인간의 제한적 합리성(Bounded Rationality)과 기회주의적 행동, 불확실성 등을 전제로 한다.

 유통 경제의 이해

01 수요의 가격탄력성 크기를 결정하는 요인과 관련된 설명으로 가장 옳지 않은 것은?

① 대체재가 있는 경우의 가격탄력성은 크고, 대체재가 없으면 가격탄력성은 작다.

② 소득에서 재화의 가격이 차지하는 비중과 가격탄력성은 반비례한다.

③ 평균적으로 생활필수품인 경우 가격탄력성은 작다.

④ 평균적으로 사치품인 경우 가격탄력성은 크다.

⑤ 재화의 용도가 다양할수록 가격탄력성은 크다.

🔓 **해설**

② 소득에서 재화의 가격이 차지하는 비중이 큰 경우 이는 사치재에 해당한다. 통상 사치재는 수요의 가격탄력성이 큰 재화이므로 가격과 수요의 가격탄력성은 비례관계에 있다.

02 서로 다른 제품을 각각 다른 생산설비를 사용하는 것보다 공동의 생산설비를 이용해서 생산한다면 보다 효과적이라는 이론으로 옳은 것은?

① 규모의 경제 ② 분업의 원칙
③ 집중화 전략 ④ 범위의 경제
⑤ 변동비 우위의 법칙

🔓 **해설**

④ 범위의 경제는 2가지 이상의 생산물을 따로따로 독립된 기업에서 생산하는 것보다 한 기업이 동시에 생산하는 것이 더 유리한 경우, 즉 비용이 적게 드는 경우를 가리킨다.

✅ **범위의 경제가 나타나는 경우**
• 버스와 트럭, 냉장고와 에어컨처럼 성격이 유사한 결합 생산물의 경우
• 생산시설이나 유통망을 공동으로 사용할 수 있는 경우 등

03 아메리카 온라인(AOL)과 타임워너(Time Warner)의 합병은 유사성이 있는 종류(업종)의 기업이 결합하여 새로운 상품을 개발할 수 있는 이점이 있다. 이러한 이점을 무엇이라 하는가?

① economies of scope
② economies of scale
③ increasing returns to scale
④ constant returns to scale
⑤ mergers of scale

🔓 **해설**

① 미국의 글로벌 인터넷 서비스 및 미디어 회사인 AOL과 CNN을 보유한 종합 미디어 그룹인 타임워너(Time Warner)의 합병은, 상호 간 유사성이 있는 업종이 통합하여 새로운 제품을 개발하고 나아가 제품의 생산비용을 줄인 대표적인 사례에 해당하며, 이를 '범위의 경제(economies of scope)'라고 한다.

04 유통업이 산업 전반에 가져오는 경제적 역할에 대한 설명으로 옳지 않은 것은?

① 다양한 소비자의 욕구를 충족시켜 줄 수 있는 소비문화를 발전시킨다.

② 유통구조의 효율화를 통한 가격안정에 기여한다.

③ 다양한 유통업을 통해 고용창출 효과를 가져온다.

④ 생산자와 소비자를 연결시켜 주는 역할을 한다.

⑤ 제조업 전체의 경쟁력을 제고시키는 산업발전을 도모한다.

🔓 **해설**

유통업이 산업 전반에 가져오는 경제적 역할에는 가격안정화, 고용창출, 생산자와 소비자 간 매개역할, 제조업 발전 도모 등이 해당한다.
① 다양한 소비자의 욕구를 충족시켜 줄 수 있는 소비문화 발전은 산업 전반이 아니라 소비자에 국한된 표현에 해당한다.

05 상품에 대한 탄력성의 개념으로 가장 올바른 것은?

① 소득이 높아짐에 따라 수요량도 증가하면 수요의 소득탄력성은 0보다 작다.

② 상품 A의 가격이 상승하여 상품 B의 판매량이 증가하는 경우, 교차탄력성은 0보다 크므로 상품 A와 상품 B는 보완관계에 있다.

③ 상품이 열등재인 경우에 그 상품의 수요곡선은 음(−)의 기울기를 갖는다.

④ 수요의 가격탄력성이 탄력적일 경우, 가격이 상승하면 총매출액은 감소하고 가격이 하락하면 총매출액은 증가한다.

⑤ 수요곡선이 선형인 경우에는 수요곡선상의 위치와 관계없이 가격탄력성이 같지만, 비선형이면 수요곡선상의 위치에 따라 가격탄력성이 달라진다.

🔓 **해설**

① 소득이 높아짐에 따라 수요량도 증가하면 수요의 소득탄력성은 0보다 크다.

② 상품 A의 가격이 상승하여 상품 B의 판매량이 증가하는 경우, 교차탄력성은 0보다 크므로 상품 A와 상품 B는 대체관계에 있다.

③ 상품이 열등재인 경우에 그 상품의 수요곡선은 양(+)의 기울기를 갖는다.

⑤ 수요곡선이 선형인 경우에도 수요곡선상의 위치에 따라 가격탄력성은 달라진다.

06 손익분기점(BEP) 분석에 대한 설명으로 가장 옳지 않은 것은?

① 손익분기점에서의 손익은 0이다.

② 손익분기점 분석에서는 비용을 고정비와 변동비로 나누어 매출액과의 관계를 분석한다.

③ 손익분기점 분석을 통해 목표이익을 얻기 위한 매출액을 계산할 수 있다.

④ 손익분기점 판매량=총변동비 / (단위당 판매가 − 단위당 고정비)

⑤ 매출액이 손익분기점을 넘어서면 이익이 발생하고 손익분기점을 밑돌면 손실이 발생한다.

🔓 **해설**

④ 손익분기점 판매량=총고정비 / (단위당 판매가격 − 단위당 변동비)이다.

THEME 09 유통환경의 변화

01 아래 글상자의 유통경영환경 내용 중 거시환경에 속하는 것만을 모두 나열한 것은?

> ㉠ 정부의 규제 및 지원
> ㉡ 정보기술의 발전
> ㉢ 브랜드 인지도
> ㉣ 국민소득 증가
> ㉤ 우수한 직원

① ㉠, ㉡
② ㉠, ㉡, ㉣
③ ㉠, ㉡, ㉤
④ ㉠, ㉣, ㉤
⑤ ㉠, ㉡, ㉢, ㉣, ㉤

🔓 해설

유통경영환경 내용 중 거시환경(macro environment)은 STEP이라 불리는 사회·문화적 환경(S), 기술적 환경(T), 경제적 환경(E), 정치적·법률적·행정적 환경(P)들로 통제할 수 없는 환경을 말한다.
② ㉠은 정치적·법률적·행정적 환경(P), ㉡은 기술적 환경(T), ㉣은 경제적 환경(E)에 해당한다.

02 아래 글상자의 내용 중 글로벌 유통산업 환경변화의 설명으로 옳은 것을 모두 고르면?

> ㉠ 유통시장 개방의 가속화
> ㉡ 주요 소매업체들의 해외 신규출점 증대 및 M&A를 통한 초대형화 추진
> ㉢ 선진국 시장이 포화되어 감에 따라 시장 잠재성이 높은 신규시장 발굴에 노력
> ㉣ 대형 유통업체들은 해외시장 진출확대를 통해 성장을 도모

① ㉠, ㉡
② ㉠, ㉢
③ ㉠, ㉣
④ ㉡, ㉢, ㉣
⑤ ㉠, ㉡, ㉢, ㉣

🔓 해설

⑤ 유통시장 개방의 가속화, 해외 신규출점 증대 및 M&A를 통한 초대형화 추진, 잠재성이 높은 신규시장 발굴 노력, 대형 유통업체들의 해외시장 진출확대 등은 글로벌 유통산업의 주요 환경변화에 해당한다.

03 유통환경의 변화에 따라 발생하고 있는 현상으로 가장 옳지 않은 것은?

① 소매업체는 온라인과 오프라인 채널을 병행해서 운영하기도 한다.
② 모바일을 이용한 판매비중이 높아지고 있다.
③ 1인 가구의 증가에 따라 대량구매를 통해 경제적 합리성을 추구하는 고객이 증가하고 있다.
④ 단순구매를 넘어서는 쇼핑의 레저화, 개성화 추세가 나타나고 있다.
⑤ 패키지 형태의 구매보다 자신의 취향에 맞게 다양한 상품을 구입하는 경향이 나타나고 있다.

🔓 해설

③ 최근 1인 가구의 증가 및 전자상거래 증가 추세에 따라 다품종, 소량구매를 하는 소비자가 크게 증가하고 있다.

정답 **01** ② **02** ⑤ **03** ③

04 디지털기술의 발전으로 인한 유통산업의 환경 변화에 대한 설명으로 가장 옳지 않은 것은?

① 소매기술을 통해 온라인과 오프라인을 결합한 쇼핑 경험을 제공할 수 있다.

② 온라인과 오프라인의 경계 구분이 무의미할 정도로 온·오프 융합시대로 접어들고 있다.

③ 경쟁도구로서 첨단기술의 중요성이 증가하고 있다.

④ 플랫폼 기반의 유통비즈니스가 주목받고 있다.

⑤ 옴니채널의 등장으로 업태 간 경쟁은 해소되었지만 업태 내 경쟁은 격화되었다.

해설

⑤ 디지털기술의 발전으로 인한 유통산업의 환경변화 중 옴니채널의 등장은 업태 간 경쟁뿐만 아니라 동일 업태 내 경쟁 또한 격화시키고 있다.

05 최근 국내 유통의 변화와 그에 따른 시사점으로 옳지 않은 것은?

① 유통업의 국제화와 정보화가 진전되었고 무점포 판매가 증가하고 있다.

② 제조업체, 도매업체, 소매업체, 소비자의 관계와 역할이 변화됨에 따라 전통적 유통채널이 약화되고 있다.

③ 유통업체의 대형화로 인해 유통업체 영향력이 증가하였다.

④ 소비자들의 다양한 구매패턴에 따라 '어느 점포, 어떤 매장을 이용할 것인가'의 선택이 중요하게 부각되고 있다.

⑤ 제조업자, 도매업자, 소매업자 각각의 역할이 점점 뚜렷하게 구분되고 있다.

해설

⑤ 최근 유통에서는 온·오프라인의 융합화 현상뿐만 아니라 SCM, CPFR 및 CRP 등의 정보시스템 도입으로 제조업자, 도매업자, 소매업자의 협업과 정보공유를 통해 그 경계가 모호해지고 있다.

06 아래 글상자의 사례에서 나타난 두 소비자의 구매행동을 기술하는 가장 적절한 용어는?

> 결혼을 앞둔 김○○군과 박□□양은 새로 마련한 신혼 살림집 주변의 여러 가구점들을 돌아보며 구입할 가구들을 살펴보았다. 이들은 스마트폰을 통해 제조업체와 가격정보를 확인한 다음, 결국 구입하기로 마음먹은 가구품목들을 온라인 쇼핑몰에서 구매했다.

① 쇼루밍(showrooming)
② 역쇼루밍(reverse showrooming)
③ 웹루밍(webrooming)
④ 윈도 쇼핑(window shopping)
⑤ 오프라인 쇼핑(offline shopping)

해설

쇼루밍(showrooming)은 매장에서 제품을 살펴본 뒤 온라인과 같은 다른 유통경로를 사용해 제품을 구매하는 사람들의 행동을 말한다. 오프라인 매장이 온라인 쇼핑몰의 전시장(showroom)으로 변했다 하여 쇼루밍이라 일컫는다.
반면, 역쇼루밍(reverse showrooming)은 온라인에서 상품의 각종 정보를 검색하고 비교한 후 오프라인 매장을 직접 방문해 구매하는 방식을 말한다.

07 O2O(Online to Offline) 커머스에 대한 설명으로 옳은 것은?

① O2O 커머스는 온라인과 오프라인 사이의 경계를 사라지게 만들어서 소비자들에게 보다 편리한 쇼핑을 하도록 도움을 준다.

② O2O 커머스는 O2O 플랫폼 사업자가 소비자와 소비자를 연결함으로써 소비자들 사이의 편리한 거래에 도움을 제공해 준다.

③ O2O 커머스는 재고관리비용을 증가시키기 때문에 유통업체 입장에서 선호되지 않고 있다.

④ O2O 커머스는 사물인터넷 기술 발전에 따라 점진적으로 감소하고 있다.

⑤ O2O 커머스는 결제 분야의 핀테크 기술과의 연결성 문제로 발전하지 못하고 있다.

🔓해설

② O2O 커머스는 기존 오프라인 매장과 온라인 매장 등 다양한 유통채널을 보유한 업체가 각 채널의 효용을 소비자가 자유롭게 이용할 수 있도록 도와주는 것이다.

③ O2O 커머스는 재고관리가 통합되기 때문에 재고관리비용이 감소된다.

④ O2O 커머스는 사물인터넷 기술 발전에 따라 점차 증대되고 있다.

⑤ O2O 커머스는 결제 분야의 핀테크 기술과 연결하여 혁신적으로 발전하고 있다.

✅ 옴니채널(Omni-channel)
소비자가 온라인과 오프라인, 모바일 등 다양한 채널을 넘나들며 상품을 검색하고 구매할 수 있도록 하는 것을 말한다. 즉, 각 유통채널의 특성을 결합해 어떤 채널에서든 같은 매장을 이용하는 것처럼 느낄 수 있도록 한 쇼핑환경을 말한다.

08 온라인(모바일 포함)·오프라인을 넘나들면서 제품의 정보를 수집하여 최적의 제품을 찾아내는 소비자를 일컫는 용어로 가장 옳은 것은?

① 멀티쇼퍼(Multi-shopper)

② 믹스쇼퍼(Mix-shopper)

③ 크로스쇼퍼(Cross-shopper)

④ 엑스쇼퍼(X-shopper)

⑤ 프로슈머(Prosumer)

🔓해설

③ 온라인과 오프라인을 자유롭게 넘나들며 쇼핑을 즐기는 소비자들을 크로스쇼퍼(Cross-shopper)라고 하며 쇼루밍(showrooming)족, 역쇼루밍(reverse showrooming)족이라고도 불리기도 한다.

09 환경분석을 통해 소매업체가 추구할 수 있는 다양한 성장전략에 관한 설명으로 가장 옳지 않은 것은?

① 시장침투를 증가시키기 위해서는 표적시장에 보다 많은 점포를 개설하거나 기존 점포의 영업시간을 늘리기도 한다.

② 고객에게 드레스를 판매한 후 그에 어울릴 스카프를 판매하는 교차판매는 시장다각화 전략의 예이다.

③ 관련다각화는 현재의 표적시장과 새로운 사업기회가 공통점이 있는 경우로 동일한 물류시스템을 활용하기도 한다.

④ PB를 기획하던 소매업체가 생산 공장을 소유하는 것은 일종의 수직적 통합이다.

⑤ 소매업태 개발기회는 동일한 표적시장의 고객에게 다른 소매믹스를 가진 새로운 소매업태를 제공하는 방식이다.

🔓해설

② 교차판매전략은 한 기업이 여러 제품을 생산하는 경우, 고객의 데이터베이스를 이용하여 기업이 제공하는 다른 제품의 구매를 유도하는 것으로, 시장다각화가 아니라 고객관계관리(CRM)의 한 전략에 해당한다.

01 유통기업의 외부적 환경의 내용으로 옳지 않은 것은?

① 인공지능 및 자율주행기술 등 급격한 기술발전을 포함하는 환경

② 자사의 핵심역량, 비전, 목표, 정책 등의 전략적 환경

③ 시장의 인구증가율, 연령, 직업, 소득수준 등의 인구통계적 환경

④ 건강, 웰빙, 힐링 같은 소비자들의 가치관, 의식, 생활양식 등의 사회적 환경

⑤ 법률, 제도, 각종 규제 등의 정치적·법률적 환경

🔓 해설

거시적인 외부적 환경은 사회·문화적(Social & culture) 환경, 기술적(Technical) 환경, 경제적(Economic) 환경, 정치·법률적(Political) 환경으로 구분할 수 있다. ② 자사의 핵심역량, 비전, 목표, 정책 등의 전략적 환경 등은 유통기업의 내부적 환경이다.

02 기업의 외부환경 분석기법으로 활용되는 포터(M. Porter)의 산업구조분석에서는 산업의 수익률에 영향을 미치는 5대 핵심요인을 제시하고 있는데, 이에 해당되지 않는 것은?

① 산업 내의 경쟁

② 대체재의 위협

③ 공급자의 힘

④ 구매자의 힘

⑤ 비용구조

🔓 해설

마이클 포터(M. Porter)는 산업과 경쟁을 결정짓는 5요인 모델(5-forces model)을 제시하였다. 5-forces (세력 요인)은 신규진입자(잠재적 경쟁자)의 위협, 공급자의 교섭력, 구매자의 교섭력, 대체품의 위협 및 기존 기업 간의 경쟁이 해당한다.

경영전략 전문가인 마이클 포터(Michael E. Porter)는 산업과 경쟁을 결정짓는 5세력 모델(five-force model)을 제시하였다. 포터의 5세력 모델의 목적은 궁극적으로 산업의 수익 잠재력에 영향을 주는 주요 경제·기술적 세력을 분석하는 것이다.

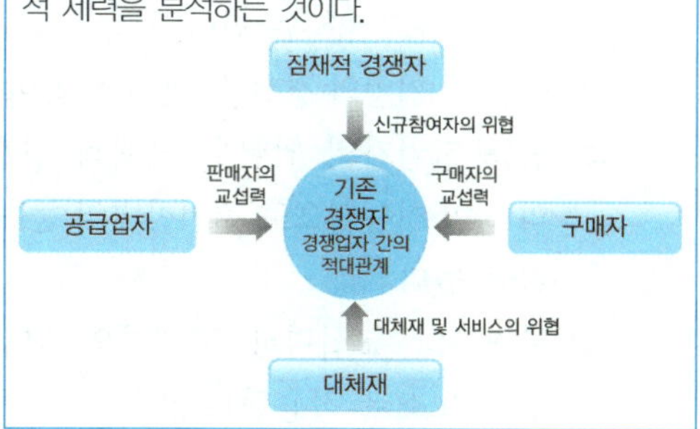

03 경영전략 수립과정에서 가치사슬(value chain)에 의해 차별화 우위를 분석할 때 기업의 다양한 활동을 주활동(primary activities)과 보조활동(support activities)으로 구분한다. 아래에 제시한 항목 중에서 보조활동에만 해당되는 것은?

① 기술연구, 영업관리

② 재무관리, 생산운영

③ MIS, 물류투입 활동

④ 인적자원관리, 기술개발

⑤ 마케팅, 고객서비스

🔓 해설

마이클 포터의 가치사슬 분석에서 가치창출활동은 주활동(primary activities)과 지원활동(support activities)으로 나눌 수 있다.

주된 활동(본원적 활동, primary activities)	제품의 생산, 운송, 마케팅, 판매, 물류, 서비스 등과 같은 현장업무활동
지원활동(보조활동, support activities)	조달, 기술개발, 인적자원관리, 기업하부구조(재무·기획·회계·법률) 등 주된 활동을 지원하는 업무활동

04 마이클 포터의 5가지 세력 모델과 관련한 설명으로 옳지 않은 것은?

① 과업환경을 분석하는 것으로 이해관계자 분석이라고 할 수 있다.
② 산업 내 기업의 경쟁강도를 파악해야 한다.
③ 신규 진입자의 위험은 잠재적 경쟁업자의 진입 가능성으로 진입장벽의 높이와 관련이 있다.
④ 구매자의 교섭력과 판매자의 교섭력이 주요 요소로 작용한다.
⑤ 상호보완재의 유무가 중요한 경쟁요소로 작용한다.

🔓 **해설**

⑤ 마이클 포터의 5가지 세력 모델과 관련하여 상호보완재의 유무가 아니라 대체재의 위협이 경쟁요소에 해당한다.

05 포터(M. Porter)의 가치사슬 분석에 의하면 기업활동을 본원적 활동과 보조적 활동으로 구분할 수 있는데, 이 중 보조적 활동에 속하지 않는 것은?

① 경영혁신
② 조달 활동
③ 인적자원관리
④ 서비스 활동
⑤ 기술개발

🔓 **해설**

보조적 활동은 조달, 기술개발, 인사, 재무, 기획 등 현장활동을 지원하는 제반 업무를 말한다.
④ 서비스 활동은 본원적 활동이다.

06 ㈜ABC 아웃렛의 산업구조분석 중 옳게 기술한 것을 모두 고르면?

> ㉠ 기존 산업 내 경쟁분석 : 백화점 업계의 산업집중도를 분석하였다.
> ㉡ 잠재적 진입자 분석 : 온라인 채널(모바일 채널 포함)이 강세를 보임에 따라, 백화점이 아닌 다른 유통기업들도 시장에 대거 진입하고 있다.
> ㉢ 구매자의 교섭력 : 백화점 자체 브랜드의 확산으로 구매자의 교섭력이 증가하고 있다.
> ㉣ 공급자의 교섭력 : 모바일 쇼핑 등 새로운 업태들이 빠르게 성장하여 위협하고 있다.
> ㉤ 대체재의 위협 : 백화점의 유통경로상 파워가 증가함에 따라 대체재의 위협은 사라지고 있다.

① ㉠, ㉡
② ㉠, ㉢
③ ㉡, ㉢
④ ㉢, ㉣
⑤ ㉣, ㉤

🔓 **해설**

㉢ 백화점 자체 브랜드가 확산되면 공급자의 교섭력이 약화된다.
㉣ 모바일 쇼핑 등 새로운 업태들이 빠르게 성장하는 것은 잠재적 진입자의 위협이다.
㉤ 백화점의 유통경로상 파워의 증가와 대체재의 위협은 관계가 없다.

07 마이클 포터(Michael Porter)의 산업구조분석모형(5-forces model)에 대한 설명으로 옳지 않은 것은?

① 교섭력이 큰 구매자의 압력으로 자사의 수익성이 낮아질 수 있다.

② 대체재의 유용성은 기존제품의 가치를 얼마나 상쇄할 수 있는지에 대한 변수이다.

③ 공급자의 교섭력이 높아질수록 시장매력도는 높아진다.

④ 진입장벽의 높이는 신규진입자 위협의 강도를 판단하는 기준이 된다.

⑤ 경쟁기업 간의 동질성이 높을수록 암묵적인 담합 가능성이 높아진다.

🔓 **해설**

③ 공급자의 교섭력이 낮을수록 수익성이 높아지므로 시장매력도는 높아진다.

08 SWOT 분석에 따른 각 상황에서의 전략 중 옳은 것은?

① SO 상황 : 소비자의 기호변화가 있을 수도 있어서 안정성장전략을 사용한다.

② ST 상황 : 정부의 새로운 규제가 생길 수도 있어서 내부강점을 이용한 전략을 사용한다.

③ SO 상황 : 새로운 시장이 발견될 수 있기에 벤치마킹을 활용한다.

④ WT 상황 : 철수하거나 시장선점전략을 사용한다.

⑤ WO 상황 : 자사의 강점을 살려 공격적 확장전략을 사용한다.

🔓 **해설**

SO 상황	• 시장의 기회를 활용하기 위해 강점을 적극 활용하는 전략 • 시장기회 선점전략, 시장·제품 다각화 전략
ST 상황	• 시장의 위협을 회피하거나 극복하기 위해 강점을 활용하는 전략 • 시장침투전략, 제품확장전략
WO 상황	• 약점을 극복하거나 제거함으로써 시장의 기회를 활용하는 전략 • 핵심역량 강화전략, 전략적 제휴 등의 전략
WT 상황	• 시장의 위협을 회피하고 약점을 최소화하거나 없애는 전략 • 철수, 핵심역량 개발, 전략적 제휴, 벤치마킹 등의 전략

유통·물류일반관리 제1과목

제2과목 상권분석

제3과목 유통마케팅

제4과목 유통정보

THEME 11 유통경영의 경쟁전략

01 최상위 경영전략인 기업수준의 경영전략으로 옳지 않은 것은?

① 새로운 시장에 기존의 제품으로 진입하여 시장을 확장하는 시장개발전략
② 기존시장에 새로운 제품으로 진입하기 위한 제품개발전략
③ 경쟁사에 비해 우수한 품질의 제품을 제공하려는 차별화 전략
④ 기존제품의 품질향상을 통해 시장점유율을 높이려는 시장침투전략
⑤ 기존사업과 연관된 다른 사업을 인수하여 고객을 확보하려는 다각화 전략

🔓해설

I. Ansoff의 제품–시장확장그리드 전략(시장침투전략, 시장개발전략, 제품개발전략, 다각화 전략), 수직적 통합 및 기업인수합병 등은 기업수준의 경영전략에 해당하며, 원가우위전략, 차별화 전략, 집중화 전략 등은 사업부수준의 전략에 해당한다.

02 유통기업의 경영전략을 계층적으로 구분할 때, 다음 중에서 사업전략(business strategy)에 해당하는 것은?

① 최근 외부적 환경을 고려하여 새로운 업태를 개발한다.
② 우리 기업과 유사한 경쟁기업을 인수한다.
③ PB상품을 안정적으로 공급받기 위해 제조기업에 지분투자를 한다.
④ 경쟁관계에 있는 기업과 경쟁하기 위해 고급화를 추구한다.
⑤ 판매원의 자질향상을 위해 교육과 근로환경을 개선한다.

🔓해설

④ 사업전략(사업부전략)은 특정 사업부문의 구체적인 경쟁방법을 결정하는 것으로 경쟁전략이라고도 한다.
①, ②, ③은 기업전략이고, ⑤는 기능전략에 해당한다.

03 유통기업의 전략에 관한 설명으로 가장 바르지 않은 것은?

① 자원(resource)과 역량(capability)은 반드시 비례관계가 성립된다고 볼 수 없다.
② 전략이란 책임자의 입장에서 본 전체적인 그림에 대해 장기적으로 적용될 지침이다.
③ 다각화 전략은 새로운 시장에 새로운 제품으로 진입할 경우로 연관사업 및 비연관사업의 다각화나 수직적 통합 등으로 이루어진다.
④ 차별화 전략은 가격경쟁력을 1차적으로 추구하며 2차적으로 품질경쟁력, 기능경쟁력, 고객서비스 경쟁력을 추구하는 것이다.
⑤ 비용우위의 원천인 규모의 경제를 달성하기 위해서는 대규모의 자본력과 시장이 있어야 가능하다.

🔓해설

④ 1차적으로 가격경쟁력을 추구하는 것은 원가우위(＝비용우위)전략이다. 차별화 전략은 1차적으로 고객서비스 경쟁력을 추구한다. 차별화 우위는 자사의 상품과 경쟁기업의 상품 간에 일관된 차이가 중요한 구매속성에 반영되어 고객에게 인식될 때 달성된다.

04 다음 중 원가나 품질상의 우위를 바탕으로 특정 세분시장에서 경쟁하려는 기업이 사용하는 전략은?

① 원가우위전략　　② 집중화 전략
③ 차별화 전략　　④ 다각화 전략
⑤ 시장침투전략

🔓해설

② 집중화 우위전략은 특정 시장이나 특정 제품계열의 일부에 집중한다는 전략으로, 특정의 고객층·제품·시장·기술 등 비교우위가 있는 부문에 기업의 노력을 집중시키는 전략이다.

05 포터(M. Porter)의 경쟁전략 유형에 대한 설명 중 틀린 것은?

① 전문화 – 정상인보다 훨씬 큰 옷만 전문적으로 파는 의류업체

② 원가집중 – 유기농 사과만을 시세보다 항상 저렴하게 파는 과일가게

③ 차별화 – 프리미엄 가격으로 다양한 명품을 파는 백화점

④ 원가우위 – 상시 염가로 파는 대형마트

⑤ 차별화 – 디자이너 브랜드의 다양한 상품을 취급하는 양판점

🔓 **해설**

포터(M. Porter)의 경쟁전략 유형에는 원가우위전략, 차별화 전략, 집중화 전략이 있다.
①은 포터의 분류에 따르면 특정 수요자층을 타기팅하는 집중화 전략에 해당한다.

06 유통경영전략의 수립단계를 순서대로 나열한 것으로 가장 옳은 것은?

① 사업 포트폴리오 분석 – 기업의 사명 정의 – 기업의 목표 설정 – 성장전략의 수립

② 기업의 목표 설정 – 사업 포트폴리오 분석 – 성장전략의 수립 – 기업의 사명 정의

③ 사업 포트폴리오 분석 – 기업의 목표 설정 – 기업의 사명 정의 – 성장전략의 수립

④ 기업의 사명 정의 – 기업의 목표 설정 – 사업 포트폴리오 분석 – 성장전략의 수립

⑤ 성장전략의 수립 – 기업의 목표 설정 – 사업 포트폴리오 분석 – 기업의 사명 정의

🔓 **해설**

✅ **경영전략의 수립절차**
기업의 사명 정의 → 기업의 목표 설정 → 사업 포트폴리오 분석 → 성장전략의 수립 → 전략의 실행

07 유통 경로의 목표를 설정할 경우, 각 특성별로 고려해야 할 사항으로 가장 옳지 않은 것은?

① 중간상 특성 : 중간상 유형별 장단점

② 기업 특성 : 인적, 물적, 재무적 자원

③ 경쟁적 특성 : 경쟁자의 유통경로 믹스

④ 환경적 특성 : 경기변동, 법적·제도적 환경요인

⑤ 제품 특성 : 판매증대, 이익증대, 소비자 만족

🔓 **해설**

유통 경로 목표설정은 고객 만족, 효율적 제품 전달, 경쟁 우위 확보 등 다양한 요소를 고려하며, 중간상 특성, 기업 특성, 경쟁 특성, 환경 특성, 제품 특성 등을 종합적으로 분석하여 결정해야 한다.
⑤ 제품의 특성 중 고려할 사항은 제품의 부패성, 가격, 부피 등의 물리적 특성과 제품의 유통 경로 등이 있다.

08 아래 글상자의 괄호 안에 알맞은 용어로 가장 옳은 것은?

> 기업 내에서 업무가 표준화되어 있는 정도를 나타내는 지표로 업무수행 절차나 방식 등이 매뉴얼이나 지침서 등으로 얼마나 명료하게 나타나 있는지에 따라 (   )의 정도가 정해진다.

① 중앙집권화　　② 부문화

③ 지휘계통　　　④ 공식화

⑤ 업무특화

🔓 **해설**

조직설계의 기본변수로 복잡성, 공식화, 집권화를 말한다. 이 중 '공식화'는 조직의 규칙이나 규정 등의 수를 뜻하는 것으로, 조직 내의 직무가 표준화되어 있는 정도를 의미한다. 공식화가 높은 조직일수록 조직의 규칙이나 규정, 직무 등이 표준화되어 있어 이를 수행하기는 용이하나 자율성이 낮아진다는 문제가 있다. 한편 복잡성은 조직의 수직적 또는 수평적 분화의 정도를 뜻하는 것으로 과업을 분할하고 통합시키는 것을 말하며, 집권화는 조직의 의사결정방식이 집중되어 있는지 여부를 의미한다.

THEME **12** 시장대응전략 – 사업 포트폴리오 전략

01 유통전략 유형을 시장대응전략과 경쟁우위 전략으로 구분할 때 시장대응전략만으로 옳게 묶인 것은?

① 제품수명주기전략, 포트폴리오 전략
② 원가우위전략, 포트폴리오 전략
③ 차별화 전략, 집중화 전략
④ 제품/시장믹스전략, 차별화 전략
⑤ 제품수명주기전략, 집중화 전략

🔓해설

시장대응전략으로는 제품수명주기전략, 포트폴리오 전략 등이 있으며, 포터(M. Porter)가 제시하는 경쟁우위전략에는 원가우위전략, 차별화 전략, 집중화 전략 등이 있다.

02 BCG 매트릭스와 관련된 설명으로 옳지 않은 것은?

① BCG 매트릭스는 시장성장률과 상대적 시장점유율의 높고 낮음을 기준으로 작성한다.
② 별(star) 영역은 시장이 급속히 성장하고 있으나 현금흐름은 중립적인 상태이다.
③ 현금젖소는 시장이 더 이상 커지지 않으므로 현상유지 전략이 필요하다.
④ 물음표의 영역은 경쟁력이 확보될 수 있는 부분에 집중투자하는 전략이 필요하다.
⑤ 개의 영역은 시장이 감소하고 있고 경쟁력이 떨어져 수익을 올리지 못하는 상태이다.

🔓해설

③ 현금젖소(cash cow)의 경우 시장성장률이 낮은 것이지 더 이상 커지지 않는 것은 아니다.

03 유통업체에서는 제품에 대한 전략으로서 제품 포트폴리오 전략(BCG)기법을 이용하여 분석하고 전략을 개발하는 경우가 많다. 다음 중 BCG 매트릭스에 대한 설명으로 가장 바르지 않은 것은?

① 기업이 취급하고 있는 사업을 전략적 사업단위로 파악하여 성장 · 포기 등의 전략결정에 유용하다.
② BCG는 해당 제품의 시장성장률과 상대적 시장점유율을 토대로 작성하게 된다.
③ BCG에서 별(star)에 해당하는 제품은 지속적인 투자전략을 구사할 것을 의미한다.
④ BCG 매트릭스에서 의문부호(question mark)에 해당하는 제품은 미래성장성이 확실한 제품을 의미하며, 이로 인해 우선적으로 관망 혹은 포기 투자하는 전략을 선택하는 것이 최적이다.
⑤ BCG 매트릭스는 지나치게 경험곡선 효과를 강조한 측면이 있다.

🔓해설

④ 제품수명주기상 도입기에 해당하는 단계로 미래성장성이 불확실하며 시장점유율 유지와 확대를 위하여 많은 자금의 투자를 필요로 하므로, 사업을 확대 또는 사업을 철수할 것인지의 신중한 의사결정이 필요하다. 즉, 관망 또는 포기는 우선적인 선택전략이 아니다.

정답 **01** ① **02** ③ **03** ④

04 다음 중 BCG 매트릭스 기법에 관한 설명으로 가장 적합한 것은?

① BCG 매트릭스 분석을 위해서는 시장성장률과 절대적 시장점유율이 필요하다.

② 시장성장률은 시장환경을 고려하여 기회와 위협의 화폐적 가치를 환산한 후, 기회를 위협으로 나눈 수치로 시장성장률의 높고 낮음을 평가한다.

③ 별(star)에 해당하는 영역에서는 현금젖소(cash cow) 영역이나 물음표(question mark) 영역으로 자금을 이동하는 투자확대전략이 바람직하다.

④ BCG 매트릭스는 제품시장에서 경험곡선효과를 지나치게 강조하고 있는 반면에 기술혁신은 간과되는 단점을 지니고 있다.

⑤ cash cow 단계는 제품수명주기 중 성장기에 해당한다.

🔒 **해설**

① 시장성장률과 상대적 시장점유율이 필요하다.

② 시장성장률은 해당 산업이 속해 있는 시장의 연간 성장률을 의미하는 것으로, 시장매력도의 대응척도로 사용되며, 보통 10%를 기준으로 하여 그 이상이면 고성장이라고 한다.

③ 현금젖소(cash cow) 영역에서 창출되는 현금은 별(star)에 해당하는 영역이나 물음표(question mark) 영역으로 이동하여 투자를 확대하는 전략이 바람직하다.

⑤ cash cow(현금젖소) 단계는 제품수명주기 중 성숙기에 해당한다.

05 사업 포트폴리오 분석 방법인 BCG 매트릭스와 GE 매트릭스에 관한 다음의 서술 중 가장 바르지 못한 것은?

① BCG 매트릭스는 시장성장률과 절대적 시장점유율을 양축으로 사업의 매력도를 평가한다.

② BCG 매트릭스 분석 결과로서 적용될 수 있는 전략에는 확대, 철수, 유지, 수확전략이 있다.

③ BCG 매트릭스상에서 수익성이 낮고 시장전망이 어두워 철수가 요망되는 영역은 개(Dog)이다.

④ GE 매트릭스는 산업매력도와 사업단위의 강점을 기준으로 9개의 영역으로 구성된다.

⑤ GE 매트릭스상에서 원의 크기는 시장의 크기, 원 내부의 부채꼴은 시장점유율을 의미한다.

🔒 **해설**

① BCG 매트릭스는 시장성장률과 상대적 시장점유율을 양축으로 하여 사업의 매력도를 평가하는 기법에 해당한다.

06 아래 글상자에서 특정 산업의 매력도를 평가하는 요인으로 옳게 고른 것은?

> ㉠ 기존 경쟁기업의 숫자
> ㉡ 고정비용과 관련된 진입장벽 높이 정도
> ㉢ 차별화의 정도
> ㉣ 철수장벽의 유무
> ㉤ 해당 산업의 성장률

① ㉠
② ㉠, ㉡
③ ㉠, ㉡, ㉢
④ ㉠, ㉡, ㉢, ㉣
⑤ ㉠, ㉡, ㉢, ㉣, ㉤

🔓 **해설**

산업의 매력도를 평가하는 요인으로는 시장규모, 성장률, 고객만족수준, 경쟁 정도, 가격수준, 수익성, 기술, 정부규제 및 경제적 트렌드에 대한 민감도 등이 포함된다.

산업매력도의 주요 변수	시장의 크기, 시장성장률, 수익률, 경쟁 정도, 요구되는 기술수준, 인플레이션 취약성과 시장에 대한 기술적·사회적·법적 영향 등
사업강점 (경쟁력)의 주요 변수	시장점유율, 점유율의 성장률, 제품품질, 브랜드 평판, 유통망, 촉진 효과성, 생산능력, 생산성, 단위당 비용, 원자재공급의 확보 등

01 유통기업들이 다각화를 추구하는 이유로 거리가 먼 것은?

① 운영적 범위의 경제(핵심역량, 공유활동)를 실현
② 규모의 경제를 실현
③ 재무적 범위의 경제(위험감소, 세금혜택)를 실현
④ 반경쟁적 범위의 경제(복수시장경쟁, 시장지배력 우위)를 실현
⑤ 종업원의 동기(경영보상 극대화)를 실현

🔓 **해설**

② 다각화(diversification) 전략은 새로운 시장에 새로운 재화나 서비스로 진출하는 것이므로, 규모의 경제를 실현하지는 못한다.

02 기업수준의 성장전략에 관한 설명으로 가장 옳지 않은 것은?

① 기존시장에서 경쟁자의 시장점유율을 빼앗아 오려는 것은 다각화 전략이다.
② 신제품을 개발하여 기존시장에 진입하는 것은 제품개발전략이다.
③ 기존제품으로 새로운 시장에 진입하여 시장을 확대하는 것은 시장개발전략이다.
④ 기존시장에 제품계열을 확장하여 진입하는 것은 제품개발전략이다.
⑤ 기존제품으로 제품가격을 내려 기존시장에서 매출을 높이는 것은 시장침투전략이다.

🔓 **해설**

① 기존시장에서 경쟁자의 시장점유율을 빼앗아 오는 것은 시장침투전략에 해당한다.

03 제품-시장확장그리드(product-market expansion grid)에서 기존제품을 가지고 새로운 세분시장을 파악해서 진출하는 방식의 기업성장전략으로 가장 옳은 것은?

① 시장침투전략(market penetration strategy)
② 시장개발전략(market development strategy)
③ 제품개발전략(product development strategy)
④ 다각화 전략(diversification strategy)
⑤ 수평적 다각화 전략(horizontal diversification strategy)

🔓 **해설**

② I. Ansoff의 제품-시장확장그리드에 따르면 시장개발전략은 기존제품(또는 서비스)을 가지고 새로운 세분시장을 파악해서 진출하는 방식의 기업성장전략을 말한다.

04 여러 성장전략 가운데서 혁신성이나 위험성이 가장 낮고 시간적으로도 가장 단기적인 성격의 성장전략이라고 볼 수 있는 것은?

① 제품개발(product development)
② 시장개척(market development)
③ 전방통합(forward integration)
④ 후방통합(backward integration)
⑤ 시장침투(market penetration)

🔓 **해설**

⑤ I. Ansoff의 제품-시장확장그리드에 따르면 성장전략 중에서 혁신성이나 위험성이 가장 낮고 시간적으로도 가장 단기적인 성격의 성장전략은 기존시장에 기존제품으로 경쟁하는 전략인 시장침투전략이라 할 수 있고, 이 경우 저가격전략을 활용하게 된다.

	기존제품(기존업태)	신제품(신업태)
기존시장	시장침투	제품개발(업태개발)
신시장	시장개발	다각화

05 다음 중 아웃소싱 추진 시 고려해야 할 사항으로 가장 옳지 않은 것은?

① 경로구성원의 가치창출을 위해서라면 모든 각각의 기능에 대한 아웃소싱 가능성을 고려할 수 있다.
② 경쟁우위에 있는 분야와 열위에 있는 분야를 주관적인 분석을 통해 알아내야 한다.
③ 아웃소싱하는 기능과 기업이 직접 수행하는 기능이 가치창출의 관점에서 효율적, 효과적인 통합이 중요하다.
④ 아웃소싱 파트너와의 긴밀한 협력이 필수적이다.
⑤ 열위에 있는 분야를 어떻게 아웃소싱할지 고민해야 한다.

🔓 **해설**

② 경쟁우위에 있는 분야와 열위에 있는 분야는 다양한 데이터를 기초로 한 객관적인 분석을 통해 알아내야 한다.

06 아래 글상자의 내용 중 아웃소싱(outsourcing)의 성공조건을 모두 고른 것은?

> ㉠ 장기발전 전략에 따라 추진해야 한다.
> ㉡ 아웃소싱은 경쟁력 강화차원이 아니라 고용조정 측면에서 접근해야 한다.
> ㉢ 핵심역량이 무엇이며 어떤 부문에 주력해야 하는지 등의 전략적 분석이 선행되어야 한다.
> ㉣ 분사형 아웃소싱은 유능한 분사장 선발과 충분한 육성기간을 거쳐 추진해야 한다.

① ㉠, ㉡
② ㉠, ㉢
③ ㉠, ㉡, ㉢
④ ㉠, ㉢, ㉣
⑤ ㉠, ㉡, ㉢, ㉣

🔒 **해설**

아웃소싱(outsourcing)은 핵심역량을 제외한 나머지 업무 프로세스를 전문성이 있는 제3자에게 위탁하여 비용을 절감하고 경쟁우위를 유지하기 위한 경영혁신 기법의 하나이다.
㉡ 아웃소싱은 고용조정 측면이 아니라 경쟁력 강화차원에서 접근해야 한다.

THEME 14 해외진출전략과 경영혁신전략

01 소매업체들이 해외시장에 진입하는 방식으로서 가장 옳지 않은 것은?

① 아웃소싱　　　② 직접투자
③ 합작투자　　　④ 전략적 제휴
⑤ 프랜차이즈

🔒 **해설**

해외시장에 대한 진입전략에는 크게 수출, 계약에 의한 진입, 합작투자 및 직접투자 등 네 가지가 있다. 가장 단순한 방법인 수출에는 간접수출과 직접수출이 있다. 계약에 의한 해외진출방식에는 라이선싱(licensing), 계약생산, 관리계약 등이 있다.

02 아래 글상자에서 설명하는 기업이 글로벌 시장에서 경쟁하기 위한 전략을 괄호 안에 들어갈 순서대로 옳게 나열한 것은?

> • (㉠)는 둘 또는 그 이상의 기업들이 맺은 파트너십으로 기술과 위험을 공유한다. 자국에서 생산된 상품만을 허용하는 국가로 진출하기 위한 전략으로 활용할 수 있다.
> • (㉡)은/는 자사의 독자적인 브랜드 이름이나 상표를 부착하여 판매하는 방식으로 제품의 생산은 다른 기업에게 의뢰한다.

① ㉠ 전략적 제휴,
　 ㉡ 위탁제조
② ㉠ 합작투자,
　 ㉡ 위탁제조
③ ㉠ 전략적 제휴,
　 ㉡ 라이선싱(licensing)
④ ㉠ 합작투자,
　 ㉡ 라이선싱(licensing)
⑤ ㉠ 해외직접투자,
　 ㉡ 프랜차이징(franchising)

🔒 해설

㉠ 합작투자는 조인트벤처(Joint venture)라고도 하며, 해외투자에 있어 독자적인 투자보다는 2 이상의 기업이 파트너십을 구축하여 리스크를 감소시키는 전략에 해당한다.

㉡ 위탁제조는 자사의 독자적인 브랜드 이름이나 상표를 부착하여 판매하는 방식으로 주문자 상표부착방식(OEM)이라고 한다.

03 아래 글상자가 설명하는 합작투자 유형으로 옳은 것은?

> 공여기업이 자사의 제조공정, 등록상표, 특허권 등을 수여기업에게 제공하고 로열티 혹은 수수료를 받는 형태이다. 이를 통해, 수여기업은 생산의 전문성 혹은 브랜드를 자체 개발 없이 사용할 수 있다는 이점이 있고, 공여기업은 낮은 위험부담으로 해외시장에 진출할 수 있다는 장점이 있다.

① 계약생산(contract manufacturing)
② 관리계약(management contracting)
③ 라이선싱(licensing)
④ 공동소유(joint ownership)
⑤ 간접수출(indirect exporting)

🔒 해설

③ 라이선싱(licensing)은 공여기업이 자사의 제조공정, 등록상표, 특허권 등을 수여기업에게 제공하고 로열티 혹은 수수료를 받는 형태로, 공여기업은 낮은 위험부담으로 해외시장에 진출할 수 있다는 장점이 있다. 반면 라이선스 수여기업은 생산의 전문성 혹은 브랜드를 자체 개발 없이 사용할 수 있다는 이점이 발생한다.

04 유통업체가 해외로 진출하기 위한 진입방식에 대한 설명으로 가장 옳지 않은 것은?

① 직접투자는 높은 수준의 투자를 요구하지만 높은 통제권을 가진다.
② 프랜차이즈의 경우 진입업체의 위험은 낮지만 통제력이 제한적일 수 있다.
③ 직접투자를 통해 진입하지 않고 전략적 제휴를 통해 현지업체의 물류와 창고 보관활동을 이용하기도 한다.
④ 합작투자는 진입업체의 위험은 높지만 현지파트너에게 시장에 대한 정보를 제공받을 수 있다.
⑤ 해외에 프랜차이즈 회사를 설립하는 경우 가맹계약 해지, 간판 교체 등과 같이 잠재적 경쟁자가 생기게 될 위험이 있다.

🔒 해설

④ 합작투자(joint venture)는 해외투자기업의 위험(risk)을 완화시키기 위한 해외투자기법으로, 이를 통해 위험부담의 축소, 규모의 경제 및 합리화 달성, 상호 보완적인 기술 및 특허 활용, 경쟁의 완화 등의 전략적 이점이 발생한다.

05 회계나 재무적 관점으로만 경영성과를 평가하는 전통적 성과평가 방식을 탈피하여 재무, 고객, 내부 프로세스 및 학습·성장 등의 네 가지 관점에서 경영성과를 평가하는 경영기법은?

① CRM   ② BSC
③ SCM   ④ KMS
⑤ ERP

🔒 해설

② BSC(Balanced Score Card)는 기존 정량적 평가에 치중했던 평가방식에서 벗어나 재무, 고객, 내부 프로세스, 학습·성장 등 4분야에 대해 측정지표를 선정해 평가한 뒤 각 지표별로 가중치를 적용해 산출하며 비재무적 성과까지 고려하여 성과를 만들어낸 동인을 찾아내 관리하는 것이 특징이다.

06 전략과 연계하여 성과를 평가하기 위해 유통 기업은 균형성과표(BSC : Balanced Score Card)를 활용하기도 한다. 다음 중 균형성과표에 관한 내용으로 옳지 않은 것은?

① 장기적 관점의 고객관계에 대한 평가를 포함한다.
② 기업의 학습과 성장 역량의 평가를 포함한다.
③ 정성적 성과는 제외하고 정량적 성과만을 포함한다.
④ 단기적 성과와 함께 장기적 성과를 포함한다.
⑤ 공급사슬 프로세스의 성과평가에 활용한다.

🔓 **해설**

③ 균형성과표(BSC)는 정량적 성과는 물론 정성적 성과를 포함하고 있는 평가방법으로, 조직의 비전과 경영목표를 각 사업부문과 개인의 성과측정지표로 전환해 전략적 실행을 최적화하는 경영관리기법이다. 기존 회계나 재무적 관점으로만 경영성과를 평가하는 계량적 성과평가 방식을 탈피하여 재무, 고객, 내부 프로세스 및 학습·성장 등의 네 가지 관점에서 정성적인 부분, 미래지향적 부분, 외부적 관점에서도 성과평가를 진행하는 경영기법에 해당한다.

07 유통 또는 물류기업의 성과측정 도구에 대한 올바른 설명으로 가장 거리가 먼 것은?

① SCOR은 비즈니스 프로세스 관점에서 해당 기업의 공급업체로부터 고객에 이르기까지 계획, 공급, 생산, 인도, 회수가 이루어지는 공급망을 통합적으로 분석한다는 데 그 기초를 두고 있다.
② SCOR에서는 공급망 성과측정을 위해 공급망의 신뢰성, 유연성, 대응성, 비용, 자산 등 크게 5가지 분야의 성과측정 분야를 제시하고 있다.
③ EVA는 기업이 영업활동을 통해 얻어 들인 세후 영업이익으로부터 자본비용을 제외한 금액으로, 투자자본과 비용으로 실제 얼마의 이익을 얻었는가를 나타낸다.
④ BSC는 비재무적 성과까지 고려하고 성과를 만들어낸 동인을 찾아내 관리하는 것이 특징이며, 이런 점에서 재무적 성과에 치우친 EVA(경제적 부가가치), ROI(투자수익률) 등의 한계를 극복할 수 있다.
⑤ BSC의 주요 성과지표로는 공급망관리, EVA(경제적 부가가치), 포괄손익계산서, 재무상태표, 성장과 학습 등이 있으며 기존의 비재무성과 중심의 측정 도구의 한계를 극복하기 위해 개발되었다.

🔓 **해설**

⑤ BSC(Balanced Score Card), 즉 균형성과표는 조직의 비전과 경영목표를 각 사업부문과 개인의 성과측정지표로 전환해 전략적 실행을 최적화하는 경영관리기법이다.

01 아래 글상자의 (   ) 안에 들어갈 조직의 유형을 순서대로 옳게 나타낸 것은?

> • (가)은 책임과 권한이 병행되고, 모든 사람들이 한 명의 감독자에게 보고하며, 조직의 상부에서 하부로 전달되는 의사소통의 흐름을 가진 조직을 말한다.
> • (나)은 임시적 개별 프로젝트와 기능식 조직을 결합한 형태로 유연성이 있다. 조직 내의 협력과 팀 활동을 촉진시킨다는 장점이 있지만, 비용이 많이 들고 복잡하다는 단점도 있다.

① (가) 라인-스태프조직,
　(나) 교차기능 자율경영팀
② (가) 라인조직,
　(나) 교차기능 자율경영팀
③ (가) 라인조직,
　(나) 매트릭스 조직
④ (가) 라인-스태프조직,
　(나) 매트릭스 조직
⑤ (가) 교차기능 자율경영팀,
　(나) 라인-스태프조직

🔓 **해설**

(가) **라인조직** : 책임과 권한이 병행되고, 모든 사람들이 한 명의 감독자에게 보고하며, 조직의 상부에서 하부로 전달되는 의사소통의 흐름을 가진 조직을 말한다.
(나) **매트릭스 조직** : 프로젝트 조직과 기능별 조직의 연합 형태로, 조직 내의 협력과 팀 활동을 촉진시킨다는 장점이 있지만, 비용이 많이 들고 복잡하다는 단점도 있다.

02 조직문화에 대한 설명으로 옳지 않은 것은?

① 한 조직의 구성원들이 공유하는 가치관, 신념, 이념, 지식 등을 포함하는 종합적인 개념이다.
② 특정 조직구성원들의 사고판단과 행동의 기본전제로 작용하는 비가시적인 지식적, 정서적, 가치적 요소이다.
③ 조직구성원들이 공통적으로 생각하는 방법, 느끼는 방향, 공통의 행동 패턴의 체계이다.
④ 조직 외부 자극에 대한 조직 전체의 반응과 임직원의 가치의식 및 행동을 결정하는 요인을 포함한다.
⑤ 다른 기업의 제도나 시스템을 벤치마킹하는 경우 그 조직문화적 가치도 쉽게 이전된다.

🔓 **해설**

⑤ 한 조직의 구성원들만이 공유하는 가치관, 신념, 이념, 지식 등을 포함하는 것이므로 다른 기업의 것을 벤치마킹한다고 해서 다른 기업의 조직문화가 쉽게 이전될 수 있는 것은 아니다.

03 조직문화에 대한 다양한 분류체계 중 로버트 퀸(Robert Quinn)의 경쟁가치모형에 포함되지 않는 것은?

① 관계지향문화
② 개인지향문화
③ 위계지향문화
④ 혁신지향문화
⑤ 과업/시장지향문화

🔓 **해설**

퀸(Robert Quinn)의 경쟁가치모형은 조직문화의 연구에서 모순적이고 배타적인 다양한 조직문화의 가치요소들을 포괄적으로 분석할 수 있는 틀을 제시한 바 있다.

이에 따르면 조직문화는 공동체형 조직문화(관계형), 혁신지향적 조직문화, 위계형 조직문화, 시장지향형 조직문화로 구분할 수 있다.

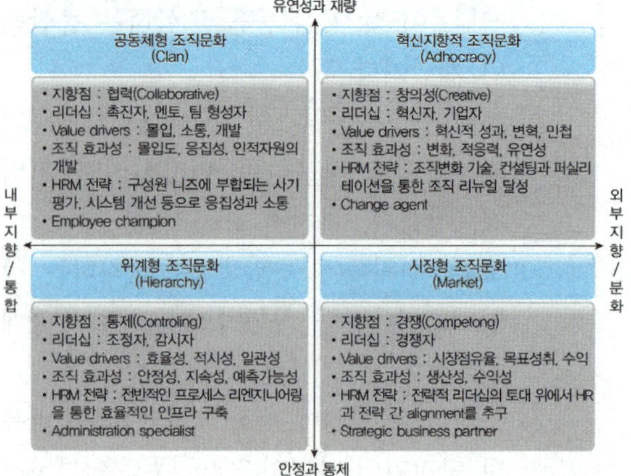

04 조직구조와 관련된 기술로서 가장 적합하지 않은 것은?

① 기능별 조직은 환경이 비교적 안정적일 때 조직관리의 효율성을 높일 수 있다.

② 기능별 조직은 각 기능별로 규모의 경제를 얻을 수 있다.

③ 라인조직은 각 조직구성원이 한 사람의 직속상관의 지휘·명령에 따라 활동하고 동시에 그 상위자에 대해서만 책임을 지는 형태이다.

④ 제품 조직은 제품을 시장특성에 따라 대응함으로써 소비자의 만족을 증대시킬 수 있다.

⑤ 매트릭스 조직은 많은 종류의 제품을 생산하는 대규모 조직에서 효율적이다.

🔓 **해설**

⑤ 많은 종류의 제품을 생산하는 대규모 조직에서는 사업부제 조직이 효율적이다. 매트릭스(matrix) 조직은 생산·마케팅·인사·재무 등과 같은 기능식 조직에, 특수한 과업을 달성하기 위해 편성하는 프로젝트 조직을 결합한 형태의 조직으로 다국적 기업이나 광고회사 등에서 효율적이다.

05 다음은 조직구조의 유형 중 매트릭스(Matrix) 조직구조에 대한 설명이다. 올바르지 않은 것은?

① 이 조직구조는 팀 우선적인 구조로 개인들에게 스스로를 개발하고, 기술적·전문적인 능력 및 인간관계능력을 강화할 기회를 제공하기 어렵다는 단점이 있다.

② 특수임무를 맡은 직원들은 높은 수준의 주인의식, 몰입도 및 높은 작업의욕을 체험할 수도 있는 장점이 있으나, 구성원들 사이의 혼란, 보고체계가 명확하지 않을 수 있는 단점이 있다.

③ 매트릭스 구조는 계층적 기능식 구조에 수평적 사업부제 조직을 결합한 부문화의 형태이다.

④ 장점으로 자원의 효율적인 활용, 즉 관리자는 유휴인력을 가진 거대집단을 구축하기보다는 오직 일을 완수하기 위해 필요로 하는 전문화된 스태프(Staff)만 활용한다는 것이다.

⑤ 고도로 복잡한 임무를 수행하는 우주산업·기술개발사업·건설 등 대규모 사업에 적용된다.

🔓 **해설**

①은 팀(team) 조직에 대한 설명이다. 팀 조직은 상호보완적인 기능을 가진 소수의 종업원들이 공동의 목표달성을 위해 상호책임을 공유하고, 문제해결을 위해 공동의 접근방법을 사용하는 조직단위이다.

06 프로젝트 조직에 대한 내용으로 가장 옳지 않은 것은?

① 과제 진행에 따라 인력 구성의 탄력성이 존재한다.

② 목적달성을 지향하는 조직이므로 구성원들의 과제해결을 위한 사기를 높일 수 있다.

③ 기업 전체의 목적보다는 사업부만의 목적달성에 더 관심을 기울이게 된다.

④ 해당 조직에 파견된 사람은 선택된 사람이라는 우월감이 조직 단결을 저해하기도 한다.

⑤ 전문가로 구성된 일시적인 조직이므로 그 조직 관리자의 지휘능력이 중요하다.

🔓 **해설**

프로젝트 조직은 특정 과업수행을 위해 여러 부서에서 파견된 사람들로 구성되어 과업을 해결할 때까지만 존재하는 임시적·탄력적 조직이다. 기동성과 환경적응성이 높은 조직형태에 해당하며, 수직적인 리더 위주의 상·하관계가 아닌 전문가들 간의 수평적 의사소통을 통해 집단적으로 문제를 해결하는 방식을 취한다.

③은 사업부제 조직의 단점에 해당한다.

07 아래 글상자에서 설명하는 유통경영조직의 원칙으로 옳은 것은?

> 조직의 공통목적을 달성하기 위하여 각 부문이나 각 구성원의 충돌을 해소하고 조직제 활동의 내적 균형을 꾀하고, 조직의 느슨한 부분을 조절하려는 원칙

① 기능화의 원칙

② 권한위양의 원칙

③ 명령통일의 원칙

④ 관리한계의 원칙

⑤ 조정의 원칙

🔓 **해설**

⑤ 유통경영조직의 원칙 중 조정의 원칙이란, 조직 공동의 목표달성을 위해 집단 전체의 노력을 질서 있게 배열하고, 분화된 여러 부서의 활동들을 통합시키는 원칙이라 할 수 있다.

08 테일러의 기능식 조직(functional organization)에 대한 단점으로 옳지 않은 것은?

① 명령이 통일되지 않아 전체의 질서적 관리가 문란해지는 경우가 있다.

② 각 관리자가 담당하는 전문적 기능에 대한 합리적 분할이 실제상 용이하지 않다.

③ 일의 성과에 따른 보수를 산정하기 어렵다.

④ 상위자들의 마찰이 일어나기 쉽다.

⑤ 각 직원이 차지하는 직능이 지나치게 전문화되어 그 수가 많아지면 간접적 관리자가 증가된다.

🔓 **해설**

기능식 조직은 부문화의 가장 기본적인 형태로 전체 조직을 인사·생산·재무·회계·마케팅 등의 경영기능을 중심으로 부문화한 조직형태이다. 이 조직의 장점은 부서별로 분업이 이루어짐에 따라 전문화를 촉진시켜 효율을 향상시키고, 관련된 활동을 부서화했기 때문에 개별부서 내의 조정이 용이하며, 직능별 전문화를 선택하여 성과측정이 편리하다는 점이다. 반면 단점은 기업의 성장으로 인하여 규모가 확대되어 구조가 지나치게 복잡해지면 기업 전체의 의사결정이 지연되고, 기업 전반의 효율적인 관리·통제가 어려워진다는 점, 최고경영자에게 과다하게 업무가 집중된다는 점 등이 있다.

09 조직에서 경영자가 목표를 설정할 때 고려해야 할 요소들에 대한 설명으로 가장 옳지 않은 것은?

① 조직의 미션과 종업원의 핵심 직무를 검토한다.
② 목표를 개별적으로 결정하거나 외부의 투입을 고려해서 정한다.
③ 목표 진척사항을 평가하기 위한 피드백 메커니즘을 구축한다.
④ 목표달성과 보상은 철저하게 분리하여 독립적으로 실행한다.
⑤ 가용한 자원을 평가한다.

🔓 **해설**

④ 목표달성의 효과성을 달성하기 위해서는 목표달성과 보상 간의 체계적인 연계관계를 구축하여 실행하는 것이 동기부여 측면에서 적합하다.

10 다음 중 제품별 영업조직(product sales force structure)의 장점으로 가장 옳지 않은 것은?

① 제품에 대한 지식과 전문성이 강화된다.
② 특히 다양한 제품계열을 가지고 있는 기업의 경우에 적합하다.
③ 제한된 지역을 순방하므로 상대적으로 영업비용을 줄일 수 있다.
④ 제품별 직접판매이익공헌을 평가하기가 용이하다.
⑤ 소비재 기업보다는 산업재를 취급하는 기업일수록 이런 형태의 조직이 유리하다.

🔓 **해설**

③ 제한된 지역을 순방하므로 상대적으로 영업비용을 줄일 수 있다는 장점은 사업부제 조직 중 지역별 영업조직에 해당한다.

11 목표에 의한 관리(MBO)에서 목표를 수립할 때 주의할 점으로 가장 옳지 않은 것은?

① 능력범위 이내라면 목표의 난이도는 약간 어려운 것이 좋다.
② 피드백은 업무가 완성된 후에 한꺼번에 하는 것이 효과적이다.
③ 목표설정 과정에서 당사자가 함께 참여할수록 좋다.
④ 목표는 기간, 범위 등이 구체적으로 정해져야 효과적이다.
⑤ 일방적으로 지시한 것보다 업무담당자가 동의한 목표가 좋다.

🔓 **해설**

피터 드러커(P. Drucker)가 제시하고 더글러스 맥그리거(D. McGregor)가 발전시킨 MBO는 개인과 조직의 목표를 명확히 규정함으로써 구성원의 목표를 상급자 및 조직 전체의 목표와 일치하도록 하기 때문에 조직목표 달성에 효과적으로 기여한다. MBO의 주요 내용은 ㉠ 측정 가능하고 비교적 단기적인 목표를 설정하는 것, ㉡ 하급자를 목표설정에 참여시키는 것, ㉢ 상급자와 하급자 사이의 상호작용(피드백) 등이다. ㉣ 목표의 달성 여부에 대한 피드백(feedback)은 여러 차례에 걸쳐 주기적으로 이루어지는 것이 효과적이다.

12 아래 글상자의 내용 중 국제기업 조직 관련 국제사업부의 장점 설명으로 옳은 것을 모두 고르면?

> ㉠ 국제경영활동과 관련된 업무들이 국제사업부에 집중되기 때문에 신속한 의사결정이 가능하다.
> ㉡ 국제경영활동에 대한 책임과 권한이 분명해진다.
> ㉢ 국제사업부와 국제사업주 간에 상충적인 목표 설정으로 인한 시너지효과가 나타날 수 있다.
> ㉣ 국제사업부 내에 있는 지역별 조직을 통하여 해당 국가 또는 지역의 시장정보를 효과적으로 습득할 수 있다.

① ㉠, ㉢
② ㉠, ㉣
③ ㉡, ㉢
④ ㉠, ㉡, ㉢
⑤ ㉠, ㉡, ㉣

🔓 해설
㉢ 상충적인 목표(trade−off goal)는 상호 당사자 간 상반된 목표설정 또는 이율배반적인 관계를 뜻하는 것으로 시너지 효과가 나타나기 어렵다.

THEME 16 유통조직 갈등

01 유통경로상의 갈등에 대한 내용으로 옳지 않은 것은?

① 상호의존적 관계가 높을수록 구성원들 간의 갈등이 발생할 가능성이 높아진다.
② 유통업체의 규모에 따른 힘이 감소하면서 유통경로 내 갈등은 거의 사라진 상태다.
③ 영역(역할) 불일치로 인한 갈등은 상권범위 혹은 각 경로구성원이 수행할 역할에 대한 구성원 간의 견해 차이에 의해 발생할 수 있다.
④ 경로구성원들이 상대방의 목표를 존중하지 않고 간섭할 때는 목표 불일치로 인한 갈등이 나타날 수 있다.
⑤ 프랜차이즈에서 가맹점이 본부에 상권보장을 요구할 때 나타나는 갈등은 영역 불일치로 인한 경로갈등이다.

🔓 해설
② 최근 유통업체의 리테일 파워가 커지면서 유통경로 내 수직적 갈등이 증폭되고 있으며, 업태 간 경쟁도 증가하고 있다.

02 조직 내에서 발생할 수 있는 갈등에 대한 대응방식과 관련된 설명으로 옳지 않은 것은?

① 양보 : 자신의 이해관계보다는 상대의 요구에 맞춰 갈등 해결을 추구한다.
② 타협 : 자신의 실익 및 상대와의 관계를 적절히 조화시키려 한다.
③ 경쟁 : 자신의 입장을 고수하기 위해 자신의 능력을 사용한다.
④ 협력 : 갈등에 대한 언급 자체를 피한다.
⑤ 회피 : 갈등상태에 있는 자신의 목표달성을 추구하지 않는다.

🔓 **해설**

④ 협력은 경로구성원이 자신의 목적달성을 중시하지만, 동시에 다른 경로구성원의 입장을 충분히 이해하기 위해 노력하는 것이다. 갈등에 대한 언급 자체를 피하는 것은 회피이다.

✅ **토마스 & 킬만의 갈등관리 방안**

토마스(Kenneth W. Thomas)와 킬만(Ralph H. Kilmann)은 갈등상황에 처했을 때 대처하는 방식을 크게 5가지 유형으로 구분하였다. 회피(avoiding), 수용(accommodating), 경쟁(competing), 타협(compromising), 협력(collaborating) 등이다.

---

03 다음에서 제시하는 것은 무엇인가?

유통경로상의 전·후방에 위치한 구성원 간의 갈등관계로 예를 들면, 제조업자가 만든 NB상품과 유통업자 상품인 PB상품 간의 경쟁관계를 (　　　)(이)라 할 수 있다.

① 대등적 갈등관계
② 수직적 갈등관계
③ 후방적 갈등관계
④ 수직적 마케팅 시스템(VMS)
⑤ 수평적 갈등관계

🔓 **해설**

② 경로갈등에는 유통경로 내의 다른 레벨에 있는 구성원 간에 발생하는 수직적 갈등과, 같은 수준의 경로상에 있는 구성원 간에 발생하는 수평적 갈등(대형마트와 재래시장 간의 경쟁관계), 제조업자가 두 개의 다른 경로를 이용하는 경우 발생하는 복수경로갈등이 발생할 수 있다. 이 중에서 경로상 전·후방에 위치한 기업 간의 갈등을 수직적 갈등이라고 한다.

---

04 다음은 유통경로상 갈등을 야기하는 한 가지 원인을 설명한 것이다. 어느 유형에 속하는가?

이는 주로 수직적 갈등으로서 경로상 제조업체와 유통업체 간 관계처럼 다른 단계에 있는 구성원들 간에 흔히 발생한다. 예를 들어, 중간상은 구입가격 인하를 통한 마진확대, 높은 재고회전율, 비용축소, 제조업체로부터의 지원금 증대 등을 통해 이익극대화를 추구하는 반면, 제조업체는 자기이익의 증대를 위해 유통업체가 완전히 반대의 경로행동을 희망한다.

① 목표 불일치
② 현실인식의 차이
③ 담당역할에 대한 의견 불일치
④ 품질요구의 불일치
⑤ 상호이념의 차이

🔓 **해설**

① 목표 불일치는 유통경로상의 다른 단계에 존재하는 기관 간의 불일치로 상호 이기주의적인 행동에 기인하여 발생하는 불일치에 해당한다.

THEME 17   동기부여이론

01 동기부여와 관련된 여러 가지 학설에 대한 설명으로 옳지 않은 것은?

① 매슬로우는 인간의 욕구를 생리적 욕구부터 자아실현의 욕구까지 총 5단계로 구분하여 설명하였다.

② 맥클리랜드는 성장, 관계, 생존의 3단계로 구분하여 설명하였다.

③ 알더퍼의 경우 한 차원 이상의 욕구가 동시에 동기부여 요인으로 사용될 수 있다고 주장하였다.

④ 허츠버그의 동기요인에는 승진 가능성과 성장가능성이 포함된다.

⑤ 허츠버그의 위생요인에는 급여와 작업조건이 포함된다.

🔓**해설**

② 동기부여이론 중 성장, 관계, 생존의 3단계로 구분하여 설명한 ERG이론을 정립한 학자는 알더퍼(Alderfer)이며, 맥클리랜드는 성취욕구이론을 주장하였다.

02 아래 글상자에서 설명하는 동기부여이론으로 옳은 것은?

> • 봉급, 근무조건, 작업 안전도와 같은 요인들은 불만을 없앨 수는 있으나 만족을 증대시키지 못한다.
> • 성취욕, 우수한 업적에 대한 인정, 문제해결 지원 등은 직원들의 만족감을 증대시킬 뿐만 아니라 우수한 실적을 계속 유지하는 데 큰 영향을 준다.

① 매슬로우(Maslow)의 욕구단계이론

② 맥그리거(McGregor)의 XY이론

③ 알더퍼(Alderfer)의 ERG이론

④ 허츠버그(Herzberg)의 2요인이론

⑤ 피들러(Fiedler)의 상황적합성이론

🔓**해설**

④ 허츠버그(Frederick Herzberg)의 2요인이론의 특징은 인간에게는 상호 독립적인 두 종류의 욕구범주가 존재하고, 이들이 인간의 행동에 각기 다른 방법으로 영향을 미친다는 것이다. 여기서 위생요인(불만족요인)은 작업환경과 관련 있고, 동기요인(만족요인)은 작업내용과 관련이 있다. 허츠버그의 2요인이론(동기-위생이론)에서 동기요인(motivation factors), 즉 만족요인은 성취감, 인정, 승진, 일 그 자체, 성장·발전 가능성 등이다. 임금이나 작업환경, 승진 등은 위생요인(hygiene factors)이다.

03 매슬로우(A. Maslow)의 욕구단계이론에 따라 하급욕구에서 고급욕구로 올바르게 나열한 것은?

① 생리적 욕구 – 소속욕구 – 안전욕구 – 자존욕구 – 자아실현욕구

② 생리적 욕구 – 소속욕구 – 자존욕구 – 안전 욕구 – 자아실현욕구

③ 생리적 욕구 – 안전욕구 – 소속욕구 – 자존욕구 – 자아실현욕구

④ 생리적 욕구 – 안전욕구 – 자존욕구 – 소속욕구 – 자아실현욕구

⑤ 생리적 욕구 – 자존욕구 – 소속욕구 – 안전욕구 – 자아실현욕구

🔓**해설**

③ 매슬로우(A. Maslow)의 욕구단계설에 따르면 인간의 욕구는 '생리적 욕구 – 안전욕구 – 소속욕구(사회적 욕구) – 자존욕구(존경욕구) – 자아실현욕구'의 순으로 진행되어 간다.

04 리차드 해크먼(J. Richard Hackman)과 그레그 올드햄(Greg R. Oldham)은 핵심 직무 특성을 5가지로 분류하였다. 이에 해당하지 않는 것은?

① 과업책임성(task responsibility)
② 자율성(autonomy)
③ 과업중요성(task significance)
④ 과업정체성(task identity)
⑤ 기술다양성(skill variety)

🔓 **해설**

해크먼(J. R. Hackman)과 올드햄(G. Oldham)의 직무특성이론(job characteristic theory)은 직무특성이 직무 수행자의 성장욕구 수준(growth need strength)에 부합될 때 긍정적인 동기유발 효과를 초래하게 된다는 동기부여이론으로 기술의 다양성, 과업의 정체성, 과업의 중요성, 자율성, 결과의 피드백을 핵심특성으로 한다.

05 아래 글상자의 동기부여이론을 설명하는 내용으로 가장 옳은 것은?

> • 맥그리거(D. McGregor)가 제시함.
> • 종업원은 조직에 의해 조종되고 동기부여되며 통제받는 수동적인 존재임.

① 위생요인에 대해 설명하는 이론이다.
② 인간의 행동을 지나치게 일반화 및 단순화하고 있다는 문제가 있다.
③ 고차원의 욕구가 충족되면 저차원의 욕구를 충족시키기 위해 노력한다.
④ Y형 인간에 대해 기술하고 있다.
⑤ 감독, 급료, 작업조건의 개선은 동기부여 자체와는 관련이 없다.

🔓 **해설**

글상자의 내용은 맥그리거의 XY이론 중 X이론에 대한 설명이다. ①, ⑤는 허츠버그의 2요인이론에 대한 설명이며, ③은 매슬로우의 욕구단계설에 대한 설명이 반대로 되었다. 욕구단계설은 하위욕구가 충족되면 상위욕구를 충족하기 위해 노력한다는 것이다.

06 종업원들에 대한 동기부여이론 중 다음 글상자의 내용과 같은 시사점을 주는 이론은?

> • 능력 보강을 통해 업적을 낼 수 있다는 자신감을 얻도록 해야 한다. 능력이 없으면 아무리 열심히 해도 업적이 오르지 않을 것이며 자신이 바라는 욕구를 채울 수 없을 것이다.
> • 업적이 높은 사람에게는 어떤 방법으로든지 보상을 하여 줌으로써 구성원들에게 노력하면 보상을 받는다는 확신을 줘야 한다.

① 욕구단계설　　② 2요인이론
③ 기대이론　　　④ 공정성이론
⑤ 성취동기이론

🔓 **해설**

③ 모티베이션 과정이론의 하나인 브룸(V. Vroom)의 기대이론(expectancy theory)에 대한 설명이다. 기대이론에 따르면 동기부여는 일정한 노력을 기울이면 일정한 수준의 업적을 올릴 수 있으리라 믿는 가능성인 기대감과 어떤 성과를 올리면 그것이 바람직한 보상으로 연결된다고 믿는 가능성인 수단성, 궁극적으로 얻게 되는 보상이 개인에게 얼마나 매력적인가를 나타내는 유의성을 곱한 것으로 나타난다.

07 종업원들이 자신과 비슷한 위치에 있는 타인과 비교하여 자기가 투입한 노력과 결과물 간의 균형을 유지하려고 하는 이론으로 가장 옳은 것은?

① 강화이론　　　② 공정성이론
③ 기대이론　　　④ 목표관리론
⑤ 목표설정이론

• 정답　**04** ①　**05** ②　**06** ③　**07** ②

🔓 **해설**

② 아담스(J. S. Adams)의 공정성이론은 개인의 보상체계와 관련하여 페스팅거의 인지부조화 이론을 동기부여와 연관시켜 설명하는 것으로, 자신의 공헌과 보상의 크기를 다른 사람(비교인물)의 투입·산출비율과 비교함으로써 동기가 유발된다는 이론이다.

08 종업원 동기부여이론에 관한 내용으로 옳은 것은?

① 욕구단계이론에서는 생리적, 안전, 사회적, 존경, 자아실현의 욕구가 존재한다고 가정했다.
② 욕구단계이론에서 생리적, 안전욕구는 고차원적 욕구에 그리고 사회적, 존경, 자아실현 욕구는 저차원적 욕구에 포함된다.
③ XY이론에서 긍정적인 관점을 X, 부정적인 관점을 Y로 구분했다.
④ 2요인이론은 동기부여-위생이론을 말하는 것으로 매슬로우에 의해 제시되었다.
⑤ 2요인이론에서는 동기부여를 하려면 위생요인, 즉 승진, 개인성장의 기회, 인정, 책임, 성취감과 관련된 요인을 강화하도록 주장하였다.

🔓 **해설**

② 욕구단계이론에서 생리적, 안전욕구는 저차원적 욕구에 그리고 사회적, 존경, 자아실현 욕구는 고차원적 욕구에 포함된다.
③ 맥그리거(D. McGregor)의 XY이론에서 부정적인 관점을 X, 긍정적인 관점을 Y로 구분했다.
④ 2요인이론은 허츠버그(F. Herzberg)에 의해 제시되었다.
⑤ 2요인이론에서는 동기부여를 하려면 동기요인(motivation factors)인 승진, 개인성장의 기회, 인정, 책임, 성취감 등과 관련된 요인을 강화하여야 한다.

---

01 경로 지배를 위한 힘의 원천으로 가장 옳지 않은 것은?

① 보상적 힘 ② 협력적 힘
③ 합법적 힘 ④ 준거적 힘
⑤ 전문적 힘

🔓 **해설**

프렌치와 레이븐은 권력(힘)의 원천을 공식적 지위에서 나오는 보상적 힘(보상력), 강압적 힘(강권력), 합법적 힘(합법력)과 개인적인 특성에서 나오는 준거적 힘(준거력), 전문적 힘(전문력)으로 구분하였다.

02 유통경로구성원 관계에서 작용하는 경로파워의 원천과 그 예들을 옳게 짝지은 것은?

① 보상적 파워 – 경영관리에 대한 조언, 종업원교육
② 강압적 파워 – 마진폭의 인하, 밀어내기, 끼워팔기
③ 합법적 파워 – 유명상표 취급에 대한 긍지, 상대방의 신뢰
④ 준거적 파워 – 판매지원, 시장정보, 특별할인
⑤ 전문적 파워 – 계약, 상표등록, 특허권, 프랜차이즈 협약

🔓 **해설**

① 경영관리에 대한 조언, 종업원교육은 전문적 파워(전문력)에 해당한다.
③ 유명상표 취급에 대한 긍지, 상대방의 신뢰는 준거적 파워(준거력)에 해당한다.
④ 판매지원, 시장정보, 특별할인은 보상적 파워(보상력)에 해당한다.
⑤ 계약, 상표등록, 특허권, 프랜차이즈 협약은 합법적 파워(합법력)에 해당한다.

03 경로파워의 원천의 하나로서, 재판매업자가 공급업자에 대해 일체감을 갖거나 일체감을 갖게 되기를 바라는 정도를 나타내는 것은?

① 강제력(coercive power)
② 보상력(reward power)
③ 합법력(legitimate power)
④ 준거력(referent power)
⑤ 전문력(expert power)

🔓해설

④ 재판매업자가 공급업자에 대해 일체감을 갖거나 일체감을 갖게 되기를 바라는 정도를 나타내는 것은 준거력에 해당한다.

04 아래 글상자 내용은 리더가 보유하는 권력 중 하나인데, 무슨 권력에 대한 설명인가?

> 리더가 전문적이고 깊이 있는 지식과 재능을 가질 때 발생하는 권력으로서 부하가 그러한 전문성과 능력을 인정할 때 수용되는 권력

① 합법적 권력(legitimate power)
② 보상적 권력(reward power)
③ 강압적 권력(coercive power)
④ 준거적 권력(referent power)
⑤ 전문적 권력(expert power)

🔓해설

⑤ 리더가 전문적이고 깊이 있는 지식과 재능을 가질 때 발생하는 권력으로서 부하가 그러한 전문성과 능력을 인정할 때 수용되는 권력은 전문적 권력(expert power)에 해당한다.

05 유통경로에 참여하는 구성원 간의 관계에서 작용하는 경로파워의 원천을 구분하여 설명할 때, (가)와 (나)에 들어갈 용어가 순서대로 옳게 나열된 것은?

> (가) 마진폭의 인하, 밀어내기, 끼워팔기
> (나) 판매지원, 시장정보, 특별할인, 리베이트

① (가) 보상적 파워, (나) 준거적 파워
② (가) 강압적 파워, (나) 보상적 파워
③ (가) 합법적 파워, (나) 강압적 파워
④ (가) 준거적 파워, (나) 전문적 파워
⑤ (가) 전문적 파워, (나) 합법적 파워

🔓해설

② (가) 마진폭의 인하, 밀어내기, 끼워팔기 등은 강압적 파워이고, (나) 판매지원, 시장정보, 특별할인, 리베이트 등은 보상적 파워이다.

보상적 파워	판매지원, 영업활동지원, 시장정보, 금융지원, 신용조건, 마진폭의 증대, 특별할인, 리베이트, 광고지원, 판촉물 지원, 신속한 배달, 지역 독점권 제공
강압적 파워	상품공급의 지연, 대리점 보증금의 인상, 마진폭의 인하, 대금결제일의 단축, 전속적 지역권의 철회, 끼워팔기, 밀어내기, 보상적 파워의 철회
합법적 파워	오랜 관습이나 상식에 따라 당연하게 인정되는 권리, 계약, 상표등록, 특허권, 프랜차이즈 협약, 기타 법률적 권리
준거적 파워	유명상표를 취급한다는 긍지와 보람, 유명업체 또는 관련 산업의 선도자와 거래한다는 긍지, 상호 간 목표의 공유, 상대방과의 관계지속 욕구, 상대방의 신뢰 및 결속
전문적 파워	경영관리에 관한 상담과 조언, 영업사원의 전문지식, 종업원의 교육과 훈련, 상품의 진열 및 전시조언, 시장정보, 우수한 제품, 신제품 개발 능력

06 리더의 행동을 생산에 대한 관심과 사람에 대한 관심을 기준으로 구분하여 연구한 블레이크(Blake)와 머튼(Mouton)의 관리격자연구에 따른 리더십 유형에 대한 설명으로 가장 옳지 않은 것은?

① 중도형(5-5) – 절충에 신경을 쓰기 때문에 때로는 우유부단하게 비칠 수 있다.

② 팀형(9-9) – 팀의 업적에만 관심을 갖는 리더로 부하를 하나의 수단으로 취급할 수 있다.

③ 컨트리클럽형(1-9) – 부하의 욕구나 동기를 충족시키면 그들이 알아서 수행할 것이라는 전제하에 나타나는 리더십이다.

④ 무관심형(1-1) – 리더는 업무에 대한 지시만 하고 어려운 문제가 생기면 회피한다.

⑤ 과업형(9-1) – 리더 혼자서 의사결정을 하고 관리의 초점도 생산성 제고에 맞춰진다.

🔓 **해설**

② 팀형(9-9)은 이상형이라고도 하며 팀의 업적과 부하에 대한 관심을 모두 추구하는 리더십 유형에 해당한다. 팀의 업적에만 관심을 갖는 리더로 부하를 하나의 수단으로 취급할 수 있는 유형은 과업지향형(9-1) 리더십에 해당한다.

07 아래 글상자에서 설명하는 현대적 리더십은?

> • 리더는 부하들에게 자신의 관심사를 조직 발전 속에서 찾도록 영감을 불러일으킬 수 있게 하고 비전을 제시한다.
> • 리더는 부하들로부터 존경받고 신뢰를 받는다.
> • 이 리더십의 구성요소는 이상적 영향, 영감적 동기부여, 지적 자극, 개별적 배려이다.

① 코칭 리더십 ② 카리스마 리더십
③ 변혁적 리더십 ④ 민주적 리더십
⑤ 상호거래적 리더십

🔓 **해설**

③ 변혁적 리더십은 조직을 재활성화시키고 변혁시키는 일을 성공적으로 해내는 리더십으로, 그 특징에는 카리스마(charisma) 리더십, 지적인 자극, 개인별 자상한 배려, 영감적 동기부여(inspiration) 등을 들 수 있다.

08 먼저 경청하며 설득과 대화로 업무를 추진하고, 조직에서 가장 가치 있는 자원은 사람이라고 생각하는 특성을 가진 리더십의 유형으로 옳은 것은?

① 변혁적 리더십
② 서번트 리더십
③ 카리스마적 리더십
④ 참여적 리더십
⑤ 성취지향적 리더십

🔓 **해설**

② 경청하며 설득과 대화로 업무를 추진하고, 조직에서 가장 가치 있는 자원은 사람이라고 생각하는 특성을 가진 리더십은 그린리프(Greenleaf)가 주장한 서번트 리더십(servant leadership)이다. 서번트 리더십은 인간존중을 바탕으로 구성원들이 업무수행에서 잠재력과 기량을 충분히 발휘할 수 있도록 도와주는 리더십이다.

09 리더십을 과업지향적인 유형과 관계지향적인 유형으로 구분하여, 리더가 어떤 유형의 리더십을 갖고 있는지를 측정하기 위해 최소 선호동료 설문지를 개발한 상황이론의 대표적인 학자는?

① 포터(M. Porter)
② 맥클리랜드(D. McClelland)
③ 알더퍼(C. Alderfer)
④ 브룸(V. H. Vroom)
⑤ 피들러(F. E. Fiedler)

🔓 **해설**
⑤ 피들러는 상황-유효성 이론에서 리더의 유형을 결정하기 위하여 LPC(Least Preferred Coworker) 척도를 개발하였고, 이를 통해 과업지향적(task-oriented) 리더와 관계지향적(relationship-oriented) 리더 유형을 제시하였다.

10 리더십 상황이론에 대한 설명으로 옳지 않은 것은?

① 대표적인 연구자는 피들러(Fiedler)이다.
② 리더와 구성원 간의 관계가 협력적 또는 지원적인지의 정도로 측정한다.
③ 과업의 구조화 정도가 높고 낮은 정도로 측정한다.
④ 생산에 대한 관심의 높고 낮은 정도로 측정한다.
⑤ 직위가 갖는 권한의 크기로 측정한다.

🔓 **해설**
피들러의 리더십 상황이론은 ㉠ 집단의 리더-구성원 관계(LMR : Leader-Member Relationship), ㉡ 과업에 대한 목표, 절차, 구체적인 지침을 명확히 하고 있는 정도인 과업구조화의 정도, ㉢ 부하의 상벌에 대해 리더에게 부여하고 있는 권한의 정도인 직위권력(PP : Position Power), 이 세 가지의 상황변수를 고려한 이론이다.
④ 생산에 대한 관심의 높고 낮은 정도로 측정한 이론은 관리격자이론에 대한 설명에 해당한다.

01 직무분석과 직무평가에 대한 설명으로 옳지 않은 것은?

① 직무분석이란 과업과 직무를 수행하는 데 요구되는 인적 자질에 의해 직무의 내용을 정의하는 공식적 절차를 말한다.
② 직무분석에서 직무요건 중 인적 요건을 중심으로 정리한 문서를 직무기술서라고 한다.
③ 직무분석은 효과적인 인적자원관리를 위해 선행되어야 할 기초적인 작업이다.
④ 직무평가는 직무를 일정한 기준에 의거하여 서로 비교함으로써 상대적 가치를 결정하는 체계적인 활동을 말한다.
⑤ 직무평가는 직무의 가치에 따라 공정한 임금지급 기준, 합리적인 인력의 확보 및 배치, 인력의 개발 등을 결정할 때 이용된다.

🔓 **해설**
② 직무분석에서 직무요건 중 인적 요건을 중심으로 정리한 문서는 직무명세서(job specification)이다. 한편, 직무기술서(job description)는 직무의 성격, 내용, 이행 방법 등과 직무의 능률적인 수행을 위하여 직무에서 기대되는 결과 등 직무요건을 중심으로 정리한 문서에 해당한다.

02 직무기술서와 직무명세서를 비교할 때 직무기술서에 해당되는 내용으로 가장 옳은 것은?

① 작업자의 특성을 평가하여 조직 전략을 효율적으로 달성하기 위한 것이다.
② 속직적 기준으로 직무의 내용을 요약하고 수행에 필요한 정보를 포함한다.
③ 직무명칭, 직무개요, 직무내용 등의 인적 요건을 포함한다.
④ 직무내용보다는 인적 요건을 중심으로 정리한다.
⑤ 작업자의 지식, 기능, 능력 등의 요소를 포함한다.

🔓 **해설**
② 직무기술서는 직무명칭, 직무개요, 직무내용 등의 직무적 요건을 포함하는 속직적 성질을 지닌다.
① 작업자의 특성을 평가하여 조직 전략을 효율적으로 달성하기 위한 것은 직무명세서에 해당한다.
③ 인적 요건을 포함하는 것은 직무명세서이며, 직무기술서는 직무명칭, 직무개요, 직무내용, 장비·환경·작업 활동 등 직무요건을 포함한다.
④ 직무기술서는 직무내용을 중심으로 정리한다.
⑤ 작업자의 지식, 기능, 능력 등의 요소를 포함하는 것은 직무명세서에 해당한다.

03 인적자원관리를 위한 직무충실(job enrichment)에 관한 내용으로 옳지 않은 것은?

① 근로자에게 과업을 수행하는 데 필요한 권한을 위임한다.
② 종업원에게 과업수행상의 유연성을 허용한다.
③ 직무내용을 고도화해 직무의 질을 높인다.
④ 종업원이 자신의 성과를 스스로 추적하고 측정하도록 한다.
⑤ 동일한 유형의 더 많은 직무로 직무량을 확대한다.

🔓 **해설**
⑤ 동일한 유형의 더 많은 직무로 직무량을 확대하는 것은 직무의 수평적 확대를 의미하는 직무확대(job enlargement)이다.

04 아래 글상자의 ㉠과 ㉡에서 설명하는 직무평가(Job Evaluation) 방법으로 옳은 것은?

> ㉠ 직무 가치나 난이도에 따라 사전에 여러 등급을 정하여 놓고 그에 맞는 등급으로 평가한다.
> ㉡ 직무등급법이라고도 한다.

① 서열법(Ranking Method)
② 분류법(Classification Method)
③ 점수법(Point Method)
④ 요소비교법(Factor Comparison Method)
⑤ 직무순환법(Job Rotation Method)

🔓 **해설**
② 분류법은 서열법이 좀 더 발전한 것으로, 일정한 기준에 따라 사전에 직무등급을 결정해 놓고, 각 직무를 적절히 판정하여 맞추어 넣는 직무평가방법으로 '등급법'이라고도 한다.

비양적 방법	직무수행에 있어서 난이도 등을 기준으로 포괄적 판단에 의하여 직무의 가치를 상대적으로 평가하는 방법
	(기법) 서열법과 분류법(등급법)
양적 방법	직무분석에 따라 직무를 기초적 요소 또는 조건으로 분석하고 이들을 양적으로 계측하는 분석적 판단에 의하여 평가하는 방법
	(기법) 점수법과 요소비교법

05 효과적인 종업원 평가시스템을 위해서는 '일을 잘하는 것이 무엇을 의미하는지' 분명히 정의되어야 한다. 이처럼 평가도구가 측정하고자 하는 것을 정확하게 측정할 수 있는지를 나타내는 용어는?

① 전략적 적합성(strategic congruence)
② 타당성(validity)
③ 신뢰성(reliability)
④ 수용성(acceptability)
⑤ 구체성(specificity)

🔓**해설**

② 평가도구가 측정하고자 하는 것을 정확하게 측정할 수 있는지를 나타내는 것은 타당성(validity)이다. 타당성은 시험이 당초에 측정하려고 의도하였던 것을 얼마나 정확히 측정하고 있는가를 밝히는 정도를 뜻하며 기준타당성, 내용타당성, 구성타당성으로 구분한다.

06 종업원 훈련과 개발에 관한 내용으로 옳지 않은 것은?

① 훈련 · 개발 방법은 전문강사의 지도로 이루어지는 직장 내 훈련(On the Job Training : OJT)과 선임자에 의해 이루어지는 직장 외 훈련(Off the Job Training : Off-JT)으로 구분된다.

② 강의와 세미나 방식은 종업원들로 하여금 필요한 지식을 습득하게 하고 자신의 개념적, 분석적 능력을 개발하는 기회를 제공한다.

③ 도제훈련방식은 특히 숙련공을 필요로 하는 금속, 인쇄, 건축 같은 업종의 기업에서 하는 훈련방식으로 고도의 기술수준이 필요한 경우에 적합하다.

④ 인턴제도는 수련훈련방식에 포함되는 것으로 졸업을 앞둔 대학생이 직무에 배치되어 배우면서 일하는 프로그램이다.

⑤ 가상훈련장 훈련방식은 실제 작업환경과 비슷한 가상의 작업환경 속에서 직무를 학습하게 하는 훈련을 말한다.

🔓**해설**

① OJT와 Off-JT의 개념이 서로 바뀌었다. 즉, 외부에서 전문강사의 지도로 이루어지는 직장 외 훈련(Off-JT)과 직장 내 작업현장에서 선임자에 의해 이루어지는 직장 내 훈련(OJT)으로 구분된다.

07 임금을 산정하는 방법에 대한 설명으로 가장 옳은 것은?

① 근로자의 성과와 무관하게 근로시간을 기준으로 보상을 지급하는 형태는 성과급제이다.

② 근로자의 성과에 따라 보상을 지급하는 형태는 시간급제이다.

③ 근로자의 입장에서는 시간당 보상액이 일정하고, 사용자 측에서는 임금산정방식이 쉬운 것은 시간급제이다.

④ 작업능률을 자극할 수 있고 근로자에게 소득 증대 효과가 있는 것은 시간급제이다.

⑤ 근로자의 노력과 생산량과의 관계가 없을 때 효과적인 것은 성과급제이다.

🔓**해설**

①, ⑤는 시간급제, ②, ④는 성과급제에 대한 설명이다.

08 인사고과와 관련된 설명으로 가장 옳지 않은 것은?

① 인사고과에는 업무수행능력, 근무성적, 자격, 태도 등이 포함된다.

② 근대적 고과방법으로는 평가법, 기록법, 서열법 등이 있다.

③ 서열법은 종업원의 능력과 업적에 대해 순위를 매기는 것이다.

④ 중요사건서술법은 기업의 목표달성에 영향을 주는 중요 사건을 중심으로 고과대상자를 평가하는 것이다.

⑤ 인사고과는 주관적인 판단이나 혈연, 지연, 학연과 같은 요소를 배제해야 한다.

🔓**해설**

② 근대적 고과방법(＝전통적 인사평가방법)에는 서열법, 강제할당법, 쌍대비교법 등이 있으며, MBO(목표기준법), 기록법(중요사건기록법), 평가척도법, 행위기준평가법(BARS) 등은 현대적 인사고과방법에 해당한다.

09 인적자원관리에 관련된 능력주의와 연공주의를 비교한 설명으로 옳지 않은 것은?

구분	능력주의	연공주의
㉠ 승진기준	직무 중심 (직무능력 기준)	사람 중심 (신분 중심)
㉡ 승진요소	성과, 업적, 직무수행 능력 등	연력, 경력, 근속연수, 학력 등
㉢ 승진제도	직계승진제도	연공승진제도
㉣ 경영 내적 요인	일반적으로 전문직종의 보편화 (절대적은 아님)	일반적으로 일반직종의 보편화 (절대적은 아님)
㉤ 특성	승진관리의 안정성/객관적 기준 확보 가능	승진관리의 불안정/능력평가의 객관성 확보가 힘듦

① ㉠ 　　　② ㉡
③ ㉢ 　　　④ ㉣
⑤ ㉤

🔓 **해설**

㉤ 능력주의는 승진관리가 불안정하고 능력평가의 객관성 확보가 힘든 반면, 연공주의는 승진관리가 안정적이며 객관적 기준 확보가 가능하다.

01 다음 중 집중구매와 분산구매에 관한 설명으로 옳지 않은 것은?

① 분산구매를 선택한 경우에는 목표시장의 요구변화에 신속하고 유연한 대응이 상대적으로 쉽다.
② 안정적인 품질관리 측면에서 보면 집중구매의 경우가 더욱 유리하다고 볼 수 있다.
③ 통합적인 경영관리시스템을 구축하는 비용 측면에서 보면 분산구매를 결정할 경우 더욱 많은 비용이 요구된다.
④ 분산구매의 경우 신제품·기술개발 및 상품공급에 대한 종속성이 더욱 강화된다.
⑤ 집중구매의 경우 주문비용 절감 및 구매단가 인하의 장점이 있다.

🔓 **해설**

④ 집중구매는 일정한 거래처로부터 지속적이고 다량을 구매하는 방식으로, 안정적인 품질관리나 통합적인 경영관리시스템을 적용할 경우에 유리하다. 반면에 분산구매는 각각 독립적으로 분산시켜 구매하는 방식으로, 정해진 목표시장의 변화에 대한 유연성이 증가되고, 기업의 제품개발이나 기술개발에 있어 상품공급 측면에서는 독립성이 강하게 작용을 한다.

02 구매관리를 위해 기능의 집중화와 분권화를 비교할 때, 집중화의 장점으로 가장 옳지 않은 것은?

① 구매절차가 간단하고 신속하다.
② 주문비용을 절감할 수 있다.
③ 자금의 흐름을 통제하기 쉽다.
④ 품목의 표준화가 용이하다.
⑤ 구매의 전문화가 용이하다.

🔒해설

① 집중화(집중구매)의 경우 구매의 자주성이 없고 수속 절차가 복잡하다는 단점이 있다.

구분	집중구매(집중화)	분산구매(분권화)
장점	• 대량구매로 가격과 거래조건이 유리 • 주문비용 절감 및 구매단가 인하 • 자금흐름 통제가 용이 • 시장조사 및 구매효과 측정 용이	• 개별부서의 구매 니즈에 부합 • 긴급수요가 있는 경우 유리 • 납품업자가 공장과 가까운 거리에 있음 • 구매절차가 간단하고 신속
단점	• 자재의 긴급조달이 어려움 • 구매의 자주성이 없고 수속과정이 복잡 • 납품업자가 멀리 떨어져 있는 경우, 조달기간과 운임이 증가됨	• 구입경비가 많이 들고, 구입단가가 비쌈 • 본사방침과 다른 자재를 구입할 수 있음 • 구입처와 멀리 떨어진 공장에서는 적절한 자재를 구입하기가 어려움

03 소매상의 구매관리에서 적정한 거래처를 확보하기 위한 평가기준으로 가장 옳지 않은 것은?

① 구매자의 목표달성에 부합되는 적정품질

② 최적의 가격

③ 적정서비스 수준

④ 납기의 신뢰성

⑤ 역청구(chargebacks) 가능성 여부

🔒해설

⑤ 역청구(chargebacks)는 소매상이 공급업체로부터 발생한 상품 수량의 차이에 대해 대금을 공제하는 것을 말한다. 상품이 판매되지 않아 송장에서 대금을 공제하는 경우도 있고, 포장이나 품목의 오류, 선적지연 등 공급업체의 잘못에 대해 대금을 공제하는 것이다. 이는 합법적이기는 하지만 공급업체는 불공정하다고 느끼기 때문에 비윤리적인 문제의 하나로 지적되고 있다. 따라서 역청구(chargebacks) 가능성 여부를 적정한 거래처를 확보하기 위한 평가기준으로 삼아서는 안 된다.

04 조달물류를 효율적으로 달성하기 위한 방안 설명으로 옳지 않은 것은?

① 포장의 표준화 추진

② 수송루트의 적정화 도출

③ 협력업체와의 공동화 추진

④ 파렛트 및 용기 등의 규격화 추진

⑤ 공차율 증대 추진과 차량회전율 감소 추진

🔒해설

조달물류(procurement logistics)는 원료 또는 부품 공급자로부터 물자의 조달 또는 구매 과정에서 발생하는 운송, 보관, 하역 등의 물류활동으로 조달물류상 비용절감과 서비스개선을 그 목표로 한다.

⑤ 조달물류를 효율화하기 위해서는 공차율(적재함이 비어 있는 비율) 감소방안 추진과 차량회전율 증가를 추진해야 한다.

05 아래 글상자에서 설명하는 매입방식으로 옳은 것은?

> • 신제품 또는 가격이 비싼 제품인 경우에 주로 이용하는 매입방식이다.
> • 백화점 등 대규모 유통업자가 일정한 기간 동안 입점(납품)업자의 제품을 진열하여 판매한 후, 판매된 상품에 대해 사전에 결정된 비율의 수수료를 가져가는 방식이다.
> • 대규모 유통업자는 판매되지 아니한 상품의 반품조건을 둔다.

① 정기매입   ② 특약매입

③ 직매입   ④ 임대을

⑤ 위탁매입

🔒해설

② 특약매입은 대규모 유통업체가 제조업체나 벤더 등의 납품업체로부터 상품을 외상으로 매입하여 판매하고 팔리지 않는 재고는 납품업체에게 반품할 수 있는 위수탁 거래 형태의 매입방식이다. 일명 반품조건부 매입(특정매입)이라고 한다.

06 매입관리에서 말하는 매입에 대한 설명으로 가장 옳지 않은 것은?

① 매입은 필요로 하는 지정된 물자 또는 용역을 그에 상당하는 일정한 대가를 지불하고 다른 경제주체로부터 획득하는 경제행위를 말한다.

② 쌍방매입은 소매업체가 잘 팔리지 않은 다른 공급업체의 상품을 일시에 해결하기 위해 상호 간 재고를 해결할 수 있는 다른 공급업체로부터 물건을 공급받는 방식이다.

③ 직매입은 일반적으로 점포가 상품을 매입하는 가장 근원적인 방법으로 상품의 독창성, 수익성을 확보하기 위한 최선의 방법을 말한다.

④ 위탁매입은 소매업자가 일정기간 동안 최종 소비자에게 제품을 판매한 후 사전에 결정된 일정 비율의 커미션만 받고 남은 제품을 공급업자에게 반품하는 방법을 말한다.

⑤ 약정구매는 소매업자가 납품받은 상품에 대한 소유권을 보유하되 일정기간 동안에 팔리지 않은 상품은 다시 납품업자에게 반품하거나 혹은 다 팔린 후에 대금을 지급하는 권리를 보유하는 조건으로 구매하는 방식이다.

🔒 해설

소매업의 매입방식은 여러 가지로 구분할 수 있다. 미국의 소매전문가인 레위슨(D. Lewison)이 제시하는 매입방식(구매방식)으로는 일반매입 또는 정기적 매입, 위탁매입 또는 특정매입, 약정매입, 사양매입, 선도매입 또는 사전매입 등이 있다.
② 쌍방매입 개념은 매입관리에서 일반적으로 사용되는 매입개념에 해당하지 않는다.

01 아래 글상자의 ㉠과 ㉡에서 공통적으로 설명하는 품질관리비용으로 옳은 것은?

> ㉠ 제품이 고객에게 인도되기 전에 품질요건에 충족하지 못함으로써 발생하는 비용
> ㉡ 재작업비용, 재검사비용, 불량부품으로 인한 생산 중단 비용

① 예방비용(prevention costs)
② 평가비용(appraisal costs)
③ 내부실패비용(internal failure costs)
④ 외부실패비용(external failure costs)
⑤ 생산준비비용(setup costs)

🔒 해설

실패비용(failure cost)은 품질이 일정 수준에 미달하여 발생하는 비용이다. 내부실패비용은 폐기물이나 등외품 등 생산공정상에서 발생하는 비용이고, 외부실패비용은 클레임이나 반품 등 제품이 출하된 후에 발생하는 비용이다.

02 조직의 품질경영시스템과 관련한 ISO 9000 시리즈에 대한 설명으로 가장 옳지 않은 것은?

① 제품 자체에 대한 품질을 보증하는 것이 아니라 제품생산과정의 품질시스템에 대한 신뢰성 여부를 판단하는 기준이다.

② 품질경영시스템의 국제화 추세에 능동적으로 대처할 수 있다.

③ 고객만족을 위한 품질경영시스템을 구축할 수 있다.

④ 품질 관련 부서의 직원을 중심으로 챔피언, 마스터블랙벨트, 블랙벨트, 그린벨트의 자격이 주어진다.

⑤ 의사결정은 자료 및 정보의 분석에 근거한다.

해설

④ ISO 9000 시리즈는 국제적인 품질경영시스템의 표준을 뜻하며, 품질 관련 부서의 직원을 중심으로 챔피언, 마스터블랙벨트, 블랙벨트, 그린벨트의 자격이 주어지는 것은 품질관리기법 중 6시그마에 대한 내용이다.

03 다음 중 전사적 품질관리시스템(TQM : Total Quality Management)을 가장 잘 설명한 것은?

① 외부의 전문물류업체에 물류업무를 위탁하는 행위이다.

② 제품과 서비스품질, 고객만족 그리고 기업의 수익성 사이의 관계를 적극적으로 고려한 조직체 전체의 접근방법으로서 제품 및 서비스 전부의 품질을 지속적으로 향상하기 위한 품질관리시스템이다.

③ 장비나 제품의 설계와 조립, 그리고 생산공정을 단축하고, 비용의 절감과 생산성 향상을 가능케 하는 시스템 공학적 활동이다.

④ 고객만족에 초점을 둔 공급사슬시스템의 효율성을 높이기 위한 수단으로 활용되는 경영관리시스템이다.

⑤ 제품 및 업무의 불량수준을 측정하고 이를 무결점 수준으로 줄이자는 차원에서 출발한 전사적 품질혁신시스템을 말한다.

해설

② 전사적 품질관리(TQM)는 고객이 만족할 수 있는 품질의 제품을, 가장 경제적으로 생산 내지 서비스를 할 수 있도록 사내 각 부문의 노력을 품질의 향상에 기울이는 시스템적 접근방법이다.
①은 제3자 물류(3PL) 또는 물류 아웃소싱, ④는 공급사슬관리(SCM), ⑤는 식스시그마 운동에 대한 설명이다.

04 제품이나 업무의 불량수준을 측정하고 이를 체계적인 방법론을 통해 무결점 수준으로 줄이자는 전사적 품질혁신 추진방법론은?

① 품질통제(QC)

② 지속적 개선

③ 식스시그마(6 Sigma)

④ ISO 9000

⑤ JIT(Just in Time)

해설

③ 제품이나 업무의 불량수준을 측정하고 이를 무결점 수준으로 줄이자는 전사적 품질혁신 추진방법은 식스시그마(6 Sigma)이다. 6시그마 운동은 제품의 설계, 제조, 그리고 서비스의 품질편차를 최소화해 그 상한과 하한이 품질 중심으로부터 6σ 이내에 있도록 한다는 것이다. 이 경우 품질규격을 벗어날 확률은 1백만 개 중 3.4개(3.4 PPM) 수준이 된다.

05 식스시그마(6 Sigma)를 추진할 경우 각 단계별 설명으로 가장 옳지 않은 것은?

① 정의 – 고객의 요구사항과 CTQ(Critical To Quality)를 결정한다.

② 측정 – 프로세스 측정방법을 결정한다.

③ 분석 – 결함의 발생원인을 규명한다.

④ 개선 – 제품이나 서비스의 공정능력을 규명한다.

⑤ 관리 – 지속적인 관리를 실시한다.

해설

④ 개선(improve)단계는 결함의 원인을 제거하여 문제나 프로세스를 개선하는 단계라 정의할 수 있다.

06 전통적 품질관리와 대조되는 식스시그마의 특징으로 가장 옳지 않은 것은?

① 고객만족을 목표로 한다.
② 측정지표로 불량률을 사용한다.
③ 전사적 업무프로세스의 전체 최적화를 적용범위로 삼는다.
④ 외부로 표출된 문제뿐만 아니라 잠재적 문제까지 중요시한다.
⑤ DMAIC의 실행절차를 활용한다.

🔓 해설

6-시그마는 정규분포에서 표준편차(시그마)를 측정지표로 하며, 6 표준편차에 해당하는 불량이 일어날 수 있는 원인을 근본적으로 제거하는 혁신기법이다. 이는 비용과 시간을 줄이고 고객에게 항시 변함없는 품질을 제공할 수 있는 기반을 마련한다는 획기적인 의미를 지닌다.

구분	기존 품질운동(QC)	6시그마
측정지표	%(불량률)	시그마
목표	제조공정	고객만족
품질 수준	현상의 품질	경영의 질
개선 기법	임기응변적 대처	경영 process 총체적 design
추진 방법	bottom-up	top-down
적용범위 (개선대상)	제조공정(miss, error의 발생 장소)	전사적 업무 Process (구매, marketing, service 등 전 부문)
추진자	제조현장 담당자 중심	사내 전문가 중심
기본적 관점	기업 측의 관점	고객만족도

07 아래 글상자의 6시그마 실행단계를 순서대로 바르게 나열한 것은?

> ㉠ 개선된 상태가 유지될 수 있도록 관리한다.
> ㉡ 핵심품질특성(CTQ)과 그에 영향을 주는 요인의 인과관계를 파악한다.
> ㉢ 현재 CTQ 충족 정도를 측정한다.
> ㉣ CTQ를 파악하고 개선 프로젝트를 선정한다.
> ㉤ CTQ의 충족 정도를 높이기 위한 방법과 조건을 찾는다.

① ㉣ - ㉡ - ㉢ - ㉤ - ㉠
② ㉤ - ㉣ - ㉢ - ㉡ - ㉠
③ ㉢ - ㉠ - ㉡ - ㉣ - ㉤
④ ㉣ - ㉢ - ㉡ - ㉤ - ㉠
⑤ ㉢ - ㉡ - ㉠ - ㉣ - ㉤

🔓 해설

6시그마는 1986년 모토로라에 의해 정립된 품질관리기법으로 1990년대 GE의 잭웰치가 이를 도입함으로써 더욱 중요한 품질관리기법으로 자리 잡았다. 6시그마를 실행하기 위한 단계로는 DMAIC가 있으며 이는 순차적으로 적용된다. 첫 단계는 핵심품질특성(CTQ)를 파악하는 단계인 Define(정의)로부터 시작하며, 현재 CTQ 충족 정도를 측정하는 Measure(측정), CTQ와 그에 영향을 주는 요인의 인과관계를 파악하는 Analyze(분석), CTQ의 충족 정도를 높이기 위한 개선단계인 Improve(개선), 개선된 상태가 유지될 수 있도록 관리하는 Control(통제) 단계를 순차적으로 적용하게 된다.

유통·물류일반관리 제1과목 / 상권분석 제2과목 / 유통마케팅 제3과목 / 유통정보 제4과목

08 아래 글상자의 품질관리와 관련된 내용 중 틀린 것으로 묶인 것은?

> ㉠ 품질관리는 통계기법을 적용하여 소비자가 요구하는 품질수준을 달성하기 위한 관리활동이다.
> ㉡ 평가비용은 제품 생산 전 불량품질을 미연에 방지하기 위해 발생하는 비용을 말한다.
> ㉢ TQM(Total Quality Management)은 고객만족, 지속적 개선, 종업원의 전원 참여를 추구한다.
> ㉣ 식스시그마는 DMAIC라 불리는 프로세스를 거쳐 3.6 PPM을 달성하고자 한다.
> ㉤ 식스시그마의 사업부 책임자 계층을 '마스터블랙벨트'라 한다.

① ㉠, ㉡
② ㉠, ㉢, ㉣
③ ㉡, ㉢, ㉣
④ ㉡, ㉣, ㉤
⑤ ㉠, ㉡, ㉣, ㉤

🔓 **해설**

㉡은 품질비용 중 예방비용에 대한 설명이다.
㉣ 3.6 PPM → 3.4 PPM(100만 개 중 3.4개의 불량품 수)
㉤ 사업부 책임자 계층은 챔피언이다.

01 출점을 위한 투자의 적절성을 평가하는 다양한 기법들이 개발되어 있다. 글상자 안에는 투자의 적절성 평가기법들이 갖추어야 할 요건들이 제시되어 있다. 다음 중 글상자 안에 제시된 모든 요건을 충족하는 평가기법은?

> • 모든 현금흐름과 투자규모를 고려함.
> • 화폐의 시간가치를 고려함.
> • 단일투자안의 경우 현금유입의 현재가치가 현금유출의 현재가치보다 큰 경우 경제성이 있음.

① 회수기간법
② 할인 회수기간법
③ 순현가법
④ 회계적 이익률법
⑤ 내부수익률법

🔓 **해설**

③ 순현가(NPV : Net Present Value)는 투자의 결과 발생하는 현금유입의 현가에서 현금유출의 현가를 뺀 것이다. 독립적인 투자안의 경우 순현가(NPV) > 0이면 투자안을 채택하고, 순현가(NPV) < 0이면 투자안을 기각한다. 순현가법은 화폐의 시간가치를 고려하여 모든 현금흐름(현금유입과 현금유출)의 현재가치를 반영하는 기법이다.

02 기업이 자금을 조달하는 각종 원천에 대한 설명으로 옳지 않은 것은?

① 단기자금 조달을 위해 신용대출을 활용하기도 한다.
② 채권발행의 경우 기업 경영진의 지배력은 유지되는 장점이 있다.
③ 주식 매각의 장점은 주주들에게 주식배당을 할 법적 의무가 없어진다는 것이다.
④ 팩토링은 대표적인 담보대출의 한 형태이다.
⑤ 채권발행은 부채의 증가로 인해 기업에 대한 인식에 악영향을 끼칠 수 있다.

🔒 **해설**
④ 팩토링은 판매기업과 구매기업 간에 발생한 매출채권에 대해 판매기업의 단기적인 현금유동성을 위해 금융기관에서 매출채권을 매입하여 현금을 지급하고 금융기관은 구매기업으로부터 매출채권을 상환하는 금융방식을 의미하므로 담보물을 맡기고 현금을 차용하는 방식인 담보대출과는 개념이 다르다.

03 자본구조(capital structure)에서 타인자본(부채)의 하나인 장기부채의 종류로 옳지 않은 것은?

① 사채
② 예수금
③ 외국차관
④ 장기차입금
⑤ 장기성지급어음

🔒 **해설**
② 예수금은 유동부채(단기부채)에 해당한다. 유동부채는 1년 이내에 상환해야 하는 채무를 말한다. 유동부채에는 외상매입금과 지급어음, 금전채무, 일반적으로 기한 1년 이내의 단기차입금, 미지급금, 미지급비용, 선수금, 예수금, 충당금 등이 포함된다. 고정부채는 국제회계기준(IFRS)에서는 비유동부채라고 한다.

04 다음 글상자 안의 경영성과를 분석하는 여러 활동성비율들을 계산할 때, 공통적으로 반영하는 요소는?

> 재고자산회전율, 매출채권회전율, 매출액순이익률, 재고투자총이익률(GMROI)

① 재고자산　　② 매출액
③ 영업이익　　④ 자기자본
⑤ 고정자산

🔒 **해설**
활동성비율(activity ratio)은 기업의 자산이 얼마나 효율적으로 활용되고 있는가를 나타내는 비율이다. 매출채권회전율, 재고자산회전율 등 활동성비율의 분자에는 공통적으로 매출액이 들어간다. 또한 매출액순이익률(당기순이익 / 매출액)과 GMROI 계산 시에도 매출액이 필요하다.

05 아래 글상자의 주요 재무지표들 중 기업의 수익성을 측정할 수 있는 비율들만으로 나열된 것은?

> ㉠ 순이익증가율　　㉡ 주가수익비율
> ㉢ 매출액순이익률　　㉣ 총자산순이익률
> ㉤ 총자산영업이익률 ㉥ 유동비율

① ㉡, ㉢
② ㉠, ㉤, ㉥
③ ㉢, ㉣, ㉤
④ ㉣, ㉤, ㉥
⑤ ㉠, ㉡, ㉢, ㉣, ㉤

🔒 **해설**
㉠ 순이익증가율은 성장성비율에 해당하고, ㉡ 주가수익비율(PER)은 주가 및 배당비율에 해당한다. 또한 ㉥ 유동비율은 유동자산을 유동부채로 나눈 값으로 안정성비율에 해당한다.

06 재무비율에 관한 내용으로 옳지 않은 것은?

① 순이익률은 '순이익 / 순매출액'으로 계산될 수 있다.

② 순이익률은 기업이 경영을 얼마나 잘하는지를 나타내지만, 주어진 매출수준에서 그 기업이 얼마나 자원을 잘 활용하고 있는지는 보여주지 않는다.

③ 자산회전율은 '순매출액 / 총자산'으로 계산된다.

④ 자산회전율은 자산을 얼마나 잘 활용하는지를 보여주는 지표가 되지만, 경영 효율성을 측정하는 적절한 수단이라고 보기는 어렵다.

⑤ 자산이익률은 ROI로서, 이것이 경영 효율성을 측정하는 적절한 수단이라고 보기는 어렵다.

🔓 해설

⑤ 자산이익률은 ROA(Return On Asset)이다. ROA는 수익성을 살펴보는 대표적인 지표로 총자산에서 당기순이익이 차지하는 비중을 나타낸다. ROA가 높다는 것은 자산에 비해 이익이 많다는 의미로서, 자산을 기준으로 볼 때 수익성이 높다고 할 수 있다. ROI(Return On Investment)는 투자수익률로 소매업의 전반적인 성과를 측정하는 가장 중요한 지표 중의 하나이다.

07 유통 소매기업의 '안정성'을 측정하는 재무지표에 해당하지 않는 것은?

① 자기자본비율

② 유동비율

③ 매출원가 대 매출액비율

④ 이자보상비율

⑤ 부채비율

🔓 해설

기업의 '안정성' 지표는 재무상태표, 손익계산서를 통하여 기업 재무상태의 안정성 정도를 판단하는 지표이다. 자기자본비율, 유동비율, 당좌비율, 부채비율, 이자보상비율, 차입금의존도, 매출채권 대 매입채무비율 등이 있다.

③ 매출원가는 매출액에 대응하는 원가로 상품에 대한 매입원가를 의미한다. 따라서 매출액－매출원가＝매출총이익이 된다. 이는 소매점의 경영지표 중 '수익성(profitability)'과 관련이 있는 지표이다.

08 손익계산서에 들어갈 내용으로 옳지 않은 것은?

① 당기순이익

② 법인세비용차감 전 순이익

③ 매출총이익

④ 필요매출액

⑤ 영업이익

🔓 해설

④ 필요매출액은 목표이익을 달성할 수 있는 매출액을 의미하는 것으로 손익계산서의 내용은 아니다.

· 정답 06 ⑤ **07** ③ **08** ④

09

대한이는 작은 가게를 인수할 것을 고려 중이다. 아래 글상자의 내용을 이용해서 3년치 현금유입에 대한 현재가치를 계산한 것으로 옳은 것은?

> • 시장조사 결과 1년 후에 3,000,000원, 2년 후에 4,000,000원, 3년 후에 5,000,000원의 현금유입이 발생할 것으로 나타났다.
> • 시장이자율은 연간 10%로 가정한다.
> • 최종 답은 10,000원의 자리에서 버림하여 구한다.

① 약 9,700,000원
② 약 10,600,000원
③ 약 12,000,000원
④ 약 13,200,000원
⑤ 약 15,000,000원

🔓 해설 ─────────────

화폐의 시간적 가치를 고려하여 현재가치를 산정하면 된다.

$$\frac{3,000,000}{(1+0.1)} + \frac{4,000,000}{(1+0.1)^2} + \frac{5,000,000}{(1+0.1)^3}$$

≒ 9,700,000원

10

재무통제를 유효하게 하기 위한 필요조건으로 옳지 않은 것은?

① 책임의 소재가 명확할 것
② 시정조치를 유효하게 행할 것
③ 업적의 측정이 정확하게 행해질 것
④ 업적평가에는 적절한 기준을 선택할 것
⑤ 계획목표가 관련자 일부에 의해 지지되고 있을 것

🔓 해설 ─────────────

⑤ 계획목표는 상위 관리자층에서 설정되어 기업 구성원들에게 전사적으로 전달되는바, 관련자 일부에 의해 지지되는 경우 재무통제의 유효성이 떨어진다.

11

경로성과의 측정을 위한 각종 차원에 대한 설명으로 옳지 않은 것은?

① 효율성은 투입 대 산출의 비율로 정의되며 서비스 성과 제공, 잠재수요 자극으로 나누어 파악한다.
② 형평성은 해당 유통경로가 제공하는 혜택이 세분시장에 얼마나 고르게 배분되었는가를 말한다.
③ 효과성은 목표지향적인 성과측정치를 나타내는 평가척도에 해당된다.
④ 생산성은 자원의 투입에 의해 생산되는 서비스 성과의 양을 말한다.
⑤ 수익성은 재무적 효율성을 나타내는 지표를 말한다.

🔓 해설 ─────────────

① 서비스 성과 제공, 잠재수요 자극 등은 투입 대비 산출의 개념보다는 설정된 목표에 대한 달성 여부와 관련되므로 효과성(effectiveness)에 가깝다.

THEME 23 물류의 중요성과 영역별·기능별 분류

01 물류 환경의 최근 변화에 대한 설명으로 가장 옳지 않은 것은?

① 적정 물류서비스에 대한 고객의 욕구가 점점 증가하고 있다.
② 빠른 배송, 짧은 리드타임 요구 등 시간단축의 중요성이 커지고 있다.
③ 조직들의 통합화보다 개별화의 움직임이 더 커졌다.
④ 아웃소싱을 통한 물류비 절감 효과가 커졌다.
⑤ 물류기업 및 물류시장의 경쟁 범위가 글로벌화되었다.

🔓해설
③ 최근 국·내외적으로 글로벌 경쟁이 치열해짐에 따라 개별 조직화되었던 유통망들이 정보화를 통해 통합화되는 경향을 보이고 있다.

02 물류활동에 관한 설명으로 옳지 않은 것은?

① 반품물류 : 애초에 물품 반환, 반품의 소지를 없애기 위한 전사적 차원에서 고객 요구를 파악하는 것이 중요하다.
② 생산물류 : 작업교체나 생산사이클을 단축하고 생산 평준화 등을 고려한다.
③ 조달물류 : 수송루트 최적화, JIT 납품, 공차율 최대화 등을 고려한다.
④ 판매물류 : 수·배송 효율화, 신선식품의 경우 콜드체인화, 공동물류센터 구축 등을 고려한다.
⑤ 폐기물류 : 파손, 진부화 등으로 제품, 용기 등이 기능을 수행할 수 없는 상황이거나 기능수행 후 소멸되어야 하는 상황일 때 그것들을 폐기하는 데 관련된 물류활동이다.

🔓해설
③ 공차율은 화물을 적재하지 않고 빈 차로 운행하는 비율을 의미한다. 따라서 공차율을 극소화해야 조달물류와 판매물류에서 수·배송의 효율성이 향상된다.

03 물류가 중요시되는 이유로 가장 옳지 않은 것은?

① 지속적으로 제품 생산비를 절감하기 위한 노력이 진행되어 한계를 인식하고 있지만, 여전히 제품원가에서 높은 비중을 차지하는 물류비 절감에 대한 기업들의 관심이 높아지고 있음.
② 유통업체가 대형화되고 소비자 요구의 변화로 인해 표준화된 상품에 대한 수요가 증가함으로써 소비자의 수발주 단위 대량화와 수발주 주기 다빈도화에 효율적으로 대응하기 위함.
③ 물류의 커버리지가 글로벌시장으로 확장되면서 글로벌 경쟁력을 갖추기 위한 효율적·효과적 물류활동의 필요성이 증대되고 있음.
④ 고객만족을 창출하고 유지하기 위한 수단의 하나로서 물류부문의 경쟁우위 확보가 최근 중요시되고 있음.
⑤ 제품의 다각화가 증가함에 따라 보다 진보된 로지스틱스 관리가 필요하며 시장의 환경변화에 대응할 수 있도록 적정재고수준을 유지하기 위함.

🔓해설
② 유통업체가 대형화되고 소비자 요구의 변화로 인해 차별화된 다양한 상품에 대한 수요가 증가함으로써 소비자의 수발주 단위 소량화와 수발주 주기 다빈도화에 효율적으로 대응하기 위해 물류가 중요시되고 있다.

• 정답　**01** ③　**02** ③　**03** ②

04 물류의 기본적 기능과 관련한 활동에 대한 설명으로 가장 옳지 않은 것은?

① 서로 다른 두 지점 간의 물자를 이동시키는 활동은 수송활동이다.

② 보관활동은 시간적 수급조절기능, 가격조정기능을 수행한다.

③ 상품의 가치 및 상태를 보호하기 위해 적절한 재료와 용기를 사용하는 것은 유통가공활동이다.

④ 수송과 보관 사이에서 이루어지는 물품의 취급활동은 하역활동이다.

⑤ 유통을 촉진시키기 위한 무형의 물자인 정보를 유통시키는 활동은 정보유통활동이다.

🔓 **해설**

③ 상품의 가치 및 상태를 보호하기 위해 적절한 재료와 용기를 사용하는 것은 포장활동에 해당한다.

05 물류관리의 목표를 표현하고 있는 물류의 7R 원칙에 해당하지 않는 것은?

① 적정 상품(right commodity)

② 적정 품질(right quality)

③ 적정 가격(right price)

④ 적정 도구(right instrument)

⑤ 적정 수량(right quantity)

🔓 **해설**

7R의 원칙은 미시간대학교의 스마이키(E. W. Smykey) 교수가 제창한 원칙으로 고객에 대한 서비스의 기본으로 적정한 제품(right commodity), 적정한 가격(right price), 적정한 품질(right quality), 적정한 양(right quantity), 적정한 인상(right impression), 적시에(right time), 적정한 장소(right place)를 의미한다. 여기서 '적정하다(right)'는 말은 고객이 요구하는 서비스의 수준을 뜻하는 것이다.

06 물류관리의 3S 1L 원칙에 해당되는 용어로 옳지 않은 것은?

① Speedy ② Surely

③ Low ④ Safely

⑤ Smart

🔓 **해설**

3S 1L 원칙은 신속하게(Speedy), 확실하게(Surely), 안전하게(Safely), 저렴하게(Low)를 의미한다.

07 물류와 고객서비스에 대한 내용으로 가장 옳지 않은 것은?

① 재고수준이 낮아지면 고객서비스가 좋아지므로 서비스 수준의 향상과 추가 재고보유비용의 관계가 적절한지 고려해야 한다.

② 주문을 받아 물품을 인도할 때까지의 시간을 리드타임이라고 한다면 리드타임은 수주, 주문처리, 물품 준비, 발송, 인도 시간으로 구성된다.

③ 리드타임이 길면 구매자는 그동안의 수요에 대비하기 위해 보유 재고를 늘리게 되므로 구매자의 재고비용이 증가한다.

④ 효율적 물류관리를 위해 비용과 서비스의 상충관계(trade-off)를 분석하고 최상의 물류서비스를 선택할 수 있어야 한다.

⑤ 동등 수준의 서비스를 제공할 수 있는 대안이 여럿 있을 때 그중 비용이 최저인 것을 선택하는 것이 물류관리의 과제 중 하나이다.

🔓 **해설**

① 재고수준이 낮아지면 재고관리비용은 감소하지만 고객 주문에 대응하는 서비스는 낮아지게 된다. 따라서 서비스 수준의 향상과 추가 재고보유비용의 관계가 적절한지 고려해야 한다.

08 아래 글상자의 ㉠, ㉡에서 설명하는 물류영역을 순서대로 나열한 것 중 가장 옳은 것은?

> ㉠ 물류의 최종단계로서 제품을 소비자에게 전달하는 일체의 수·배송 물류활동
> ㉡ 파손 또는 진부화 등으로 제품이나 상품, 또는 포장용기를 소멸시키는 물류활동

① ㉠ 판매물류, ㉡ 회수물류
② ㉠ 최종물류, ㉡ 반품물류
③ ㉠ 판매물류, ㉡ 폐기물류
④ ㉠ 생산물류, ㉡ 반품물류
⑤ ㉠ 조달물류, ㉡ 회수물류

🔓 **해설**
㉠ 생산된 제품을 소비자에게 전달하는 일체의 수·배송 물류활동은 판매물류이다.
㉡ 파손 또는 진부화 등으로 반품, 수리, 교환되는 과정에서 이루어지는 물류활동은 역물류(reverse logistics)에 속하는 폐기물류이다.

09 물류에 대한 내용으로 옳지 않은 것은?

① 수송비는 제품의 밀도, 가치, 부패 가능성, 충격 등의 민감도 등에 영향을 받는다.
② 선적되는 제품 양이 많을수록 주어진 거리 내의 단위당 운송비는 낮아진다.
③ 수송거리는 운송비에 영향을 미치는 요인으로 수송거리가 길수록 단위거리당 수송비는 낮아진다.
④ 재고의 지리적 분산 정도가 낮기를 원하는 기업은 소수의 대형 배송센터를 건설하고 각 배송센터에서 취급되는 품목들의 수와 양을 확대할 것이다.
⑤ 수송비와 재고비는 비례관계이기 때문에 이들의 비용의 합을 고려한 비용을 최소화하며 고객서비스 향상을 충족하는 것은 중요하다.

🔓 **해설**
⑤ 수송비와 재고비는 상충관계(trade-off)이기 때문에 이들의 비용의 합을 고려한 적정물류비용을 고려하는 것이 물류서비스 측면에서 중요하다.

10 물류의 상충관계(trade-off)에 대한 설명으로 가장 옳지 않은 것은?

① 기업의 물류합리화는 상충관계의 분석이 기본이 된다.
② 기업 내 물류기능과 타 기능 간의 상충관계 역시 효율적 물류관리를 위해 고려해야 한다.
③ 제조업자와 운송업자 및 창고업자 등 기업조직과 기업 외 조직 간의 상충관계 또한 고려해야 한다.
④ 상충관계에서 발생하는 문제점을 극복하기 위해서는 물류 흐름을 세분화하여 부분최적화를 달성해야 한다.
⑤ 배송센터에서 수·배송 차량의 수를 늘릴 경우 고객에게 도착하는 배송시간은 짧아지지만 물류비용은 증가하는 경우는 상충관계의 사례에 해당한다.

🔓 **해설**
④ 상충관계(trade-off)에서 발생하는 문제점을 해결하기 위해서는 부분최적화를 지양하고 전체 최적화의 관점에서 접근해야 한다. 이를 위해 등장한 것이 공급사슬관리(SCM)이다.

11 기업의 물류관리와 공급사슬관리에 대한 설명으로 옳지 않은 것은?

구분	물류관리	공급사슬관리
㉠ 총비용 접근방식	기업비용의 최소화	경로 전체의 비용효율
㉡ 정보공유	현 거래 유지에 필요한 만큼	기획과 점검과정에 필요한 만큼
㉢ 공급자의 수	소수 : 조정의 용이함 증대	다수 : 경쟁 유발
㉣ 경로리더십	불필요	조정차원에서 필요
㉤ 위험 및 보상	구성원 개별	장기적으로 전체 공유

① ㉠
② ㉡
③ ㉢
④ ㉣
⑤ ㉤

🔓 **해설**

㉢ 공급자의 수에서 전통적인 물류관리에서는 다수의 공급자를 대상으로 경쟁을 유발하여 구매가격을 인하하려고 한다. 그러나 공급사슬관리(SCM)에서는 소수의 공급자와 장기적으로 파트너십 관계를 구축하고 실시간 정보를 공유하며 협업(collaboration)을 하게 된다.

 ## 물류합리화 및 물류의 고객서비스 요소

01 다음 물류합리화를 위한 방안 중에서 가장 옳지 않은 것은?

① 포장을 간소화하고 단계적으로 모듈화한다.
② 배송경로를 조정하고 최적수송수단을 선택한다.
③ 창고 및 보관시설을 분산하여 창고운영비 및 보관비용을 최소화한다.
④ 하역기능을 전문화하고 자동화한다.
⑤ 물류합리화를 위해서는 물류의 표준화와 공동화가 선행되어야 한다.

🔓 **해설**

물류합리화는 고객서비스의 향상과 물류비용의 절감이라는 물류관리의 목표를 달성하기 위한 전제가 되는 것으로 물류표준화와 물류공동화를 그 핵심내용으로 한다.
③ 물류공동화를 통하여 물류비용을 절감하기 위해서는 창고 및 보관시설을 집중하여 배치함으로써 창고운영비 및 보관비용을 최소화해야 한다.

02 물류관리 측면의 용어에 대한 설명으로 옳은 것은?

① 물류합리화 : 물류비용과 서비스 수준 사이의 상충관계(trade-off)를 고려하여 그 수준을 적정하게 조정하여야 한다.
② 비용상쇄 : 재고유지비용을 줄이기 위해 최저 수준의 재고만 유지한다.
③ 전체최적화 : 재고수준을 낮추어 재고보관비용을 감소시킨다.
④ 총체적 시스템 : 유통경로상의 여러 기능 중 하나의 기능에 집중한다.
⑤ 최적 고객서비스 : 주문편리성, 배송시간 등 실제 거래요소에만 집중한다.

해설

① 물류합리화는 물류관리의 목표인 물류비용의 절감과 고객서비스의 개선을 달성하려는 것이다. 물류비용과 고객서비스 수준은 상충관계(trade-off)에 있으므로 적정한 수준에서 두 가지 목표를 조정하여야 한다.

03 유통기업들이 물류에 대한 높은 관심을 가지고 물류의 합리화를 적극적으로 검토 · 실행하고 있는 원인으로 옳지 않은 것은?

① 물류비가 증가하는 경향이 있기 때문이다.
② 생산부문의 합리화, 즉 생산비의 절감에는 한계가 있기 때문이다.
③ 기업 간 경쟁에서 승리하기 위해 물류 면에서 우위를 확보하여야 하기 때문이다.
④ 고객의 요구는 다양화, 전문화, 고도화되어 고객서비스 향상이 특히 중요시되기 때문이다.
⑤ 기술혁신에 의하여 운송, 보관, 하역, 포장기술이 발전되었고 정보 면에서는 그 발전 속도가 현저하게 낮아졌기 때문이다.

해설

⑤ 기술혁신에 의하여 운송, 보관, 하역, 포장기술뿐만 아니라 IT혁명에 의해 정보기술이 비약적으로 발전하고 있다.

04 물류표준화에 대한 설명으로 옳은 것은?

① 하드웨어 측면에서 수송장비, 보관시설, 포장용기 등을 규격화하여 일관물류시스템을 갖추어야 한다.
② 현재 우리나라의 표준 파렛트 사용비율은 국제적으로 선도적인 수준에 있다.
③ 각 수송수단별로 표준화되어야 하는데 이를 위해 포장의 모듈화는 중요하지 않다.
④ 제품의 형상이나 크기가 다양하더라도 포장규격은 한 가지로 표준화하여야 한다.
⑤ 효율적인 물류표준화를 위해 우선 각 기업마다 화물특성에 맞는 표준화를 선도적으로 추구하여야 한다.

해설

② 우리나라의 표준 파렛트 사용비율은 유럽국가나 미국에 비해 상당히 낮은 편이다.
③ 각 수송수단별로 표준화되기 위해서는 포장의 모듈화가 필수적이다.
④ 제품의 형상이나 크기가 다양한 점을 감안하여 포장규격은 몇 가지로 표준화하여야 한다.
⑤ 효율적인 물류표준화를 위해 우선 국가적인 차원에서 표준화가 진행되어야 한다.

05 물류공동화의 효과로 가장 옳지 않은 것은?

① 운송물의 소량화
② 정보의 네트워크화
③ 차량 유동성 향상
④ 수 · 배송 효율 향상
⑤ 다빈도 소량배송에 의한 고객서비스 확대

해설

① 물류공동화가 이루어지면 여러 화주의 화물을 혼재(consolidation)하여 운송하므로 운송물이 대량화되어 차량의 적재율은 향상된다.

06 물류공동화 추진을 어렵게 하는 요인으로 가장 옳지 않은 것은?

① 기업의 영업기밀 유지문제
② 표준적인 서비스 제공으로 인한 자사 고객서비스 우선의 어려움
③ 상품 특성에 따른 특수 서비스 제공 필요성 문제
④ 긴급한 상황에서의 대처능력 문제
⑤ 물류업체 측면에서 본 차량과 기사의 비효율문제

🔒 **해설**

⑤ 물류공동화를 추진하면 물류업체 측면에서는 차량배차와 기사 활용의 효율성을 극대화할 수 있다는 장점이 있다.

07 단위적재시스템(Unit Load System)의 단점에 해당하는 것은?

① 하역인력이 늘어난다.
② 넓은 통로를 갖춘 큰 창고가 필요하다.
③ 작업의 표준화, 규격화가 어렵다.
④ 검수가 용이하지 않다.
⑤ 하역시간이 길어진다.

🔒 **해설**

유닛로드시스템(Unit Load System)은 화물을 일정한 중량 또는 용적으로 단위화하여 기계를 이용해서 하역하는 시스템으로, 하역합리화를 도모하기 위한 것이다.
② ULS를 활용하기 위해서는 화물을 집합포장하여 단위화하여야 하는데, 이를 위해서는 넓은 통로를 갖춘 큰 창고가 필요하다는 것이 문제점으로 지적된다.

08 "경쟁은 시장에서, 물류는 공동으로"라는 물류공동화의 내용으로 옳지 않은 것은?

① 독자적으로 수송하던 기업들의 운송물량이 적어 수송 및 배송 효율성이 떨어짐에 따라 이를 개선하기 위해 대두된 개념이다.
② 현재의 교통혼잡, 주차문제, 인력난 등으로 인해 공동수송 및 공동배송을 모색하게 되었다.
③ 성공적인 수·배송 공동화를 위하여 업체마다 상품의 포장에 따른 포장규격 다양화가 적극 도입되어야 한다.
④ 제조업자, 도매상, 소매상들이 주체가 되어 실시되는 경우와 수송업자가 주체가 되어 실시되는 유형으로 구분할 수 있다.
⑤ 공동수·배송의 장점에는 물류비용의 절감, 연료비 절감 및 환경에 대한 악영향 감소 등이 있다.

🔒 **해설**

③ 성공적인 수·배송 공동화를 위해서는 참여업체의 포장규격을 표준화하여 통일하여야 한다.

09 고객서비스 구성요소를 '거래 전 요소', '거래 시 요소', '거래 후 요소'로 구분할 때 물류의 중요성이 높은 요소에서 낮은 요소의 순서로 잘 배열된 것은?

① 거래 후 요소 > 거래 시 요소 > 거래 전 요소
② 거래 시 요소 > 거래 전 요소 > 거래 후 요소
③ 거래 시 요소 > 거래 후 요소 > 거래 전 요소
④ 거래 후 요소 > 거래 전 요소 > 거래 시 요소
⑤ 거래 전 요소 > 거래 시 요소 > 거래 후 요소

🔓 **해설**

- **거래 전 요소** : 명시화된 정책, 고객의 평가, 시스템 유연성, 고객접근 용이성
- **거래 시 요소** : 재고 품절수준, 주문주기, 배송속도, 주문의 편리성, 배달의 신뢰성 등
- **거래 후 요소** : 제품보증, 제품포장, 설치 및 수리, 고객클레임 대응
- → 물류의 중요성은 '거래 시 요소 > 거래 후 요소 > 거래 전 요소'의 단계를 거친다.

10 물류서비스를 거래 전, 거래 중, 거래 후 요소로 구분할 때 거래 전 요소에 해당하는 것은?

① 정시배달
② 주문충족률
③ 제품의 대체
④ 고객서비스 정책
⑤ 선적지연 여부

🔓 **해설**

④ 고객서비스 정책이 거래 전 요소이다.

✅ **고객서비스의 중요도**

거래 시 요소 > 거래 후 요소 > 거래 전 요소

거래 전 요소	・명문화된 고객서비스 정책 ・고객에게 정책선언문 제공 ・고객의 접근 용이성 ・고객서비스의 조직구조 ・시스템의 유연성 ・경영관리 서비스 ・기술적 서비스
거래 시 요소	・재고 품절수준(재고가용률) ・주문주기의 일관성(신뢰성) ・주문정보의 입수 가능성 ・주문의 용이성(편리성) ・미납주문의 처리능력 ・정보시스템의 정확성 ・제품교환 선적, 특별취급 선적
거래 후 요소	・설치, 보증, 수리, 서비스부품 ・고객불만의 처리 ・제품추적 및 보증 ・수리기간 동안의 제품대체

01 수요예측방법 중에서 정성적 분석법에 해당하는 것은?

① 델파이분석
② 시계열분석
③ 이동평균법
④ 다중회귀분석
⑤ 지수평활법

🔓 **해설**

① 정성적 예측기법(qualitative method)은 주로 중장기 예측에 적용되는데 델파이법, 시장조사법, 패널조사법 등이 있다.

02 단순이동평균법을 이용하여 아래 표의 ( ) 안에 들어갈 판매예측치를 계산한 것으로 옳은 것은? (단, 이동평균기간은 2개월로 함)

구분	1월	2월	3월	4월
판매량	17	19	21	( )

① 17
② 18
③ 19
④ 20
⑤ 23

🔓 **해설**

최근 2개월치인 2월과 3월분 판매량을 산술평균한다.
(19+21) / 2 = 20

03 신제품의 경우 기존자료가 없어서 보완제품이나 대체제품, 경쟁제품 등의 자료를 사용하여 수요를 예측하기도 한다. 이러한 수요예측방법에 관한 용어로서 가장 옳은 것은?

① 패널동의법(panel discussion)
② 델파이법(Delphi method)
③ 역사적 유추법(historical analogy)
④ 시나리오 기법(scenario technique)
⑤ 회귀분석법(regression method)

• 정답　**10** ④ / **01** ① **02** ④ **03** ③

🔓 해설

③ 역사적 유추법(historical analogy)은 신제품과 비슷한 기존제품(보완제품이나 대체제품, 경쟁제품 등)의 제품수명주기의 도입기, 성장기, 성숙기, 쇠퇴기의 단계에서 수요변화에 관한 과거의 자료를 이용하여 수요의 변화를 유추해 보는 방법이다. '수명주기 유추법'이라고도 하며, 정성적 기법에 해당한다.

04 수요예측기법에 관한 설명으로 옳은 것은?

① 시장조사법과 지수평활법은 정량적 기법이다.

② 시장조사법과 지수평활법은 중장기적인 예측에 주로 사용하는 기법이다.

③ 패널동의법은 한 질문서에 대한 응답을 기초로 전문가의 의견을 반복적으로 반영하여 예측하는 기법이다.

④ 역사적 유추법, 회귀분석법, 선도지표법 등은 다양한 변수들을 찾아내고 그들 사이의 인과관계를 예측하는 모형이다.

⑤ 시계열분석 기법은 일정한 시간 간격에 나타나는 관측치를 가지고 분석하는 방법으로 추세, 계절적 변동, 순환요인 등으로 구성된다.

🔓 해설

① 지수평활법이나 이동평균법 등은 정량적 기법이다.
② 지수평활법은 일반적으로 단기적인 예측에 주로 사용된다.
③ 델파이법(Delphi method)에 대한 설명이다.
④ 역사적 유추법은 정성적 기법이며, 변수들 간의 인과관계를 예측하는 모형은 회귀분석법이 대표적이다.

05 수요예측에 사용하는 지수평활법(Exponential Smoothing)에 대한 설명으로 가장 적합하지 않은 것은?

① 지수평활법은 지수평활상수에 의한 가중평균방법으로 수요예측을 한다.

② 예측오차에 대해 예측치가 조정되는 순발력은 지수평활상수 α에 의해 결정된다.

③ 다음 예측치＝전기의 예측치＋α(전기의 실제치 − 전기의 예측치)

④ 예측오차가 허용할 수 없을 정도로 큰 경우, 일부 컴퓨터 패키지 프로그램은 지수평활상수를 자동으로 조정하는 기능을 갖고 있다.

⑤ 지수평활법은 계산이 복잡하고 가중치 체계인 지수평활상수의 변경이 어렵다.

🔓 해설

⑤ 지수평활법은 전기의 예측치와 실적치만을 이용하므로 계산이 간편하다. 또한 가중치 체계인 지수평활상수는 쉽게 변경할 수 있다.

06 수요예측을 위한 조사기법에 해당하지 않는 것은?

① 델파이 조사법
② 시계열분석 방법
③ 박스젠킨스 방법
④ 확산모형 방법
⑤ 상품/시장 매트릭스 기법

🔓 해설

⑤ 상품/시장 매트릭스 기법은 새로운 사업에 진출하여 기업의 성장을 이루려는 성장전략 중 집약적 성장전략 기법으로 앤소프(H. Igor Ansoff)에 의해 제시된 것이다. 앤소프는 집약적 성장전략으로, 시장침투·시장개발·제품(상품)개발 전략을 제시한다.

07 수요예측을 위해 사용하는 각종 기법 중 그 성격이 다른 하나는?

① 판매원 추정법 – 판매원들이 수요추정치를 작성하게 하고 이를 근거로 예측하는 기법
② 시장조사법 – 인터뷰, 설문지, 면접법 등으로 수집한 시장 자료를 이용하여 예측하는 기법
③ 경영자판단법 – 경영자 집단의 의견, 경험을 요약하여 예측하는 기법
④ 시계열분석 – 종속변수의 과거 패턴을 이용해서 예측하는 기법
⑤ 델파이법 – 익명의 전문가 집단으로부터 합의를 도출하여 예측하는 기법

🔓 **해설**
④ 시계열분석은 정량적 수요예측 기법이고, ①, ②, ③, ⑤는 정성적 수요예측 기법이다.

THEME **26** 　재고관리

01 다양한 재고와 관련된 설명으로 가장 옳지 않은 것은?

① 성수기와 비수기의 수요공급 차이에 대응하기 위한 재고는 예상재고이다.
② 총재고 중에서 로트의 크기에 따라 직접적으로 변하는 부분은 리드타임재고이다.
③ 안전재고는 각종 불확실성에 대처하기 위해 보유하는 여분의 재고이다.
④ 주기재고의 경우 주문 사이의 시간이 길수록 재고량이 증가한다.
⑤ 수송재고는 자재흐름체계 내의 한 지점에서 다른 지점으로 이동 중인 재고를 말한다.

🔓 **해설**
② 총재고 중에서 로트의 크기에 따라 직접적으로 변하는 부분은 주기재고에 해당한다. 리드타임(lead time)재고는 리드타임(조달기간)에 따라 변하는 것으로 로트의 크기와는 관계가 없다.

02 아래 글상자의 재고관리비용 중 재고유지비용에 해당되는 것만을 나열한 것으로 옳은 것은?

㉠ 기회비용	㉡ 서류작성비
㉢ 통관비	㉣ 창고사용료
㉤ 이자비용	㉥ 재고감손비용

① ㉠, ㉡　　　　　② ㉠, ㉢, ㉤
③ ㉡, ㉢, ㉥　　　④ ㉢, ㉣, ㉤
⑤ ㉣, ㉤, ㉥

🔓 **해설**
⑤ 재고관리비용에는 주문비용, 재고유지비용, 기회비용으로 구분할 수 있다. 이 중 재고유지비용은 재고의 유지관리를 위해 발생하는 창고사용료, 이자비용, 재고감손비용, 감가상각비 등이 있다.
㉡ 서류작성비, ㉢ 통관비는 주문비용에 해당한다.

03 연간 재고유지비용과 주문비용의 합을 최소화하는 로트 크기인 경제적 주문량을 계산하는 과정에서 사용하는 가정으로 가장 옳지 않은 것은?

① 수량할인은 없다.
② 각 로트의 크기에 제약조건은 없다.
③ 해당 품목의 수요가 일정하고 정확히 알려져 있다.
④ 입고량은 주문량에 안전재고를 포함한 양이며 시기별로 분할 입고된다.
⑤ 리드타임과 공급에 불확실성이 없다.

🔓 **해설**
④ Harris의 경제적 주문량(EOQ) 모형에서 입고되는 물량은 주문량과 동일하고 일시에 입고된다고 가정한다.

04 한 유통업체에서는 A상품을 연간 19,200개 정도 판매할 수 있을 것으로 예상하고 있다. A상품의 1회 주문비가 150원, 연간 재고유지비는 상품당 16원이라고 할 때 경제적 주문량(EOQ)은?

① 600개 　② 650개
③ 700개 　④ 750개
⑤ 800개

🔓 **해설**
경제적 주문량(EOQ)

$$= \sqrt{\frac{2 \times 연간\ 수요량 \times 1회당\ 재고주문비용}{단위당\ 연간\ 재고유지비용}}$$

$$= \sqrt{\frac{2 \times 19,200 \times 150}{16}} = 600개$$

☑ **경제적 주문량(EOQ) 모형**
주문기간 중의 수요량과 주문비용·유지비용·조달기간(lead time) 등이 확실하게 알려져 있고, 재고단위당 구입비용은 1회당 주문량에 영향을 받지 않으며, 재고준비비용과 재고부족비용은 없다는 가정하에 재고주문비용과 재고유지비용을 더한 총재고비용을 최소화하는 주문량을 구하는 모형이다.

05 아래 글상자의 자료를 토대로 계산한 경제적 주문량(EOQ)이 200이라면 연간 단위당 재고유지비용으로 옳은 것은?

> • 연간 제품 수요량 : 10,000개
> • 1회당 주문비용 : 200원

① 100 　② 200
③ 300 　④ 400
⑤ 500

🔓 **해설**
EOQ 공식에 주어진 변수를 대입하면 단위당 재고유지비용(C_h)을 구할 수 있다.

$$200 = \sqrt{\frac{2 \times 10,000 \times 200}{C_h}}$$

$$\therefore \ C_h = 100$$

06 아래 글상자의 (주)ATI 기업에서 1회 주문당 발생하는 주문비용은?

> 볼펜을 생산하는 (주)ATI는 연간 수요량이 4,500개일 때 제품 단위당 원가가 100원이고, 평균 재고유지비용이 제품원가의 25%이다. 이때 경제적 주문량(EOQ)은 120단위로 산출되었다.

① 30원 　② 40원
③ 80원 　④ 100원
⑤ 120원

🔓 **해설**
$$120 = \sqrt{\frac{2 \times 4,500 \times x}{100 \times 0.25}}$$

$$\therefore \ x = 40원$$

07 정량주문법과 정기주문법에 대한 설명으로 옳지 않은 것은?

① 수량할인을 기대하기 힘들 때는 정기주문법이 합당하다.

② 계절에 따라 수요의 변동 폭이 클 때는 정기주문법이 합당하다.

③ 재고수준을 자동적으로 유지하지 못할 때는 정량주문법이 합당하다.

④ 용도의 공통성이 높고 사용빈도가 많으며 매일 일정한 비율로 소비되는 물품인 경우에 정량주문법이 합당하다.

⑤ 경제적 재주문점을 계산하기가 용이하고 이를 활용하는 것이 재고관리에 더욱 유리할 때는 정량주문법이 합당하다.

🔓 해설

③ 재고수준을 자동적으로 유지하지 못할 때는 정기주문법이 바람직하다. 정기주문법은 주문주기를 정해 놓고 주문하는 방법으로 주문량은 재고조사 결과에 따라 매번 달라진다.

08 재고관리 관련 정량주문법과 정기주문법의 비교 설명으로 옳지 않은 것은?

구분	정량주문법	정기주문법
㉠ 표준화	표준부품을 주문할 경우	전용부품을 주문할 경우
㉡ 품목 수	많아도 된다.	적을수록 좋다.
㉢ 주문량	고정되어야 좋다.	변경 가능하다.
㉣ 주문시기	일정하지 않다.	일정하다.
㉤ 구매금액	상대적으로 고가 물품에 사용	상대적으로 값싼 물품에 사용

① ㉠   ② ㉡
③ ㉢   ④ ㉣
⑤ ㉤

🔓 해설

⑤ 정량주문법은 현재의 재고상태를 파악하여 재고량이 재주문점에 도달하면 미리 설정된 일정량을 주문하는 시스템이므로 통상적인 경우 구매금액이 적은 저가품목에 적합하다. 반면 정기주문법은 재고량이 특정수준을 유지하도록 적정량을 일정기간마다 재주문하는 방법이므로 구매금액이 큰 고가품목의 주문방법으로 적합하다.

09 지속성 상품의 경우 다음 주문이 도착하기 전에 판매 가능한 수량이 없거나 재고가 바닥이 나게 되는 최저 재고물량을 기준으로 주문점을 결정한다. 일일 예상 판매량이 5개이고, 리드타임이 7일이며, 예비재고 20개를 유지하고자 할 때 재주문점은 얼마인가?

① 15개   ② 35개
③ 55개   ④ 75개
⑤ 145개

🔓 해설

재주문점(ROP)
= 일일 예상 판매량(d) × 리드타임(l) + 안전재고(ss)
= 5개 × 7일 + 20개 = 55개

10 다음 글상자에서 재고관리에 대해서 옳게 기술한 것을 모두 고르면?

> ㉠ 재고에 관한 비용은 재고유지비용, 주문비용, 재고부족비용 등 3가지가 있다.
> ㉡ 재고 품절로 인하여 발생하는 손실을 비용화한 것이 재고유지비용이다.
> ㉢ 주문비용은 구매나 생산 주문을 하는 데 직접 소요되는 비용으로 수송비, 하역비, 검사료 등을 포함한다.
> ㉣ 파이프라인 재고는 운반 중인 제품이나 공장에서 가공하기 위하여 이동 중에 있는 재공품 성격의 재고를 의미한다.
> ㉤ 이자비용, 창고사용료, 창고유지관리비는 주문비용에 속하지만, 재고감손비용은 재고유지비용에 포함된다.

① ㉡, ㉢
② ㉢, ㉣
③ ㉠, ㉡, ㉤
④ ㉠, ㉢, ㉣
⑤ ㉠, ㉢, ㉤

🔓 **해설**

㉡ 재고 품절로 인하여 발생하는 손실을 기회비용 개념으로 비용화한 것은 판매기회 상실에 따른 기회비용인 재고부족비용이다.

㉤ 이자비용, 창고사용료, 창고유지관리비 및 재고감손비용 모두 재고유지비용에 포함된다.

11 다음 중 경제적 주문량(EOQ)에 관한 설명으로 잘못된 것은?

① 경제적 주문량(EOQ)을 이용한 재고관리의 문제점은 전체 주문 사이클에 걸쳐서 볼 때 매일 실제 필요한 양보다 더 많은 재고를 유지해야 한다는 것이다.
② 경제적 주문량(EOQ)은 간단한 수식으로 인해 제조업체나 대형도매상에 의해 널리 사용되지만 상대적으로 소매업자들이 주문의사결정을 내리는 데는 큰 도움이 되지 못하기도 한다.
③ 경제적 주문량(EOQ) 공식은 주요 구성요소인 주문비와 재고유지비는 항상 인도기간이나 수요가 일정하다는 가정하에서 성립한다.
④ 경제적 주문량(EOQ) 공식에서는 주문비와 재고유지비가 변동 가능한 것으로 가정하고 있어 비교적 유연성이 높다.
⑤ 경제적 주문량(EOQ) 이론은 조달기간이 없거나 일정하다고 가정한다.

🔓 **해설**

경제적 주문량(EOQ : Economic Order Quantity) 모형의 기본가정은 다음과 같다.
- 계획기간 중 해당품목의 수요량은 항상 일정하며, 알려져 있다.
- 단위당 구입비용이 주문수량에 관계없이 일정하다(할인은 인정하지 않음).
- 연간 단위당 재고유지비용은 수량에 관계없이 일정하다.
- 1회 주문비용은 수량에 관계없이 일정하다.
- 주문량이 일시에 입고된다.
- 조달기간(lead time)이 없거나 일정하다.
- 재고부족이 허용되지 않는다.

THEME 27   MRP(자재소요계획)와 JIT(적시생산시스템)

01 자재소요계획(MRP) 시스템에 대한 설명으로 옳지 않은 것은?

① 중간재 및 조립품 생산 공정에 적합한 기법이다.

② 생산 프로세스에서 발생하는 문제점을 파악하는 데 도움을 제공한다.

③ 생산관리에 있어 원자재 주문 프로세스를 효율화할 수 있다.

④ MRP 입력 정보에는 주일정계획, 자재명세 파일, 재고기록 파일 등이 있다.

⑤ 생산라인 중단을 방지하기 위해 재고를 최고 수준으로 유지하는 데 도움을 준다.

🔓 **해설**

⑤ MRP는 일정 정도의 재고보유를 인정하는 생산관리 및 재고관리시스템이지만 재고를 최고 수준으로 유지하려는 시스템은 아니다. 재고는 적정수준을 유지하는 것이 중요하다.

02 SCM 관리기법 중 JIT(Just in Time)에 대한 내용으로 옳은 것은?

① JIT는 생산, 운송 시스템의 전반에서 재고 부족으로 인한 위험요소를 제거하기 위해 안전재고 수준을 최대화한다.

② JIT에서 완성품은 생산과정품(Work in Process)에 포함시키지만 부품과 재료는 포함시키지 않는다.

③ 구매 측면에서는 공급자의 수를 최대로 선정하여 호혜적인 작업 관계를 구축한다.

④ 수송단위가 소형화되고 수송빈도가 증가하므로 수송과정을 효과적으로 점검, 통제하는 능력이 중요하다.

⑤ 창고 설계 시 최대 재고의 저장에 초점을 맞추는 것이지 재고 이동에 초점을 맞추는 것은 아니다.

🔓 **해설**

④ JIT는 소로트 생산에 따른 다빈도 운송이 특징이다. 따라서 수송과정을 효과적으로 통제할 수 있는 능력이 필요하다. 또한 SCM 관리기법 중 JIT(적시생산시스템)는 생산관리시스템으로 고객의 주문이 들어오면 생산이 시작되는 Pull 시스템이다.

① JIT는 무재고 시스템을 지향하므로 안전재고 수준을 최소화한다.

② JIT에서는 완성품뿐만 아니라 생산과정에 원료와 부품도 포함시킨다.

③ JIT는 공급자 수를 최소화하여 그들과 장기적이고 긴밀한 협조 체제를 구축한다.

⑤ JIT는 무재고 시스템을 지향하므로 창고 설계 시 최대 재고는 고려하지 않는다.

03 JIT(Just in Time)와 JIT(Just in Time)Ⅱ와의 차이점에 대한 설명으로 옳지 않은 것은?

① JIT는 부품과 원자재를 원활히 공급받는 데 초점을 두고, JITⅡ는 부품, 원부자재, 설비공구, 일반자재 등 모든 분야를 공급받는 데 초점을 둔다.

② JIT가 개별적인 생산현장(plant floor)을 연결한 것이라면, JITⅡ는 공급체인상의 파트너의 연결과 그 프로세스를 변화시키는 시스템이다.

③ JIT는 자사 공장 내의 무가치한 활동을 감소·제거하는 데 주력하고, JITⅡ는 기업 간의 중복업무와 무가치한 활동을 감소·제거하는 데 주력한다.

④ JIT가 푸시(push)형인 MRP와 대비되는 풀(pull)형의 생산방식인 데 비해, JITⅡ는 JIT와 MRP를 동시에 수용할 수 있는 기업 간의 운영체제를 의미한다.

⑤ JIT가 기술, 영업, 개발을 동시화(synchronization)하여 물동량의 흐름을 강력히 통제하는 데 비해, JITⅡ는 물동량의 흐름을 주된 개선대상으로 삼는다.

🔓 **해설** ________________

⑤ JIT가 물동량의 흐름을 주된 개선대상으로 삼는 데 비해, JIT Ⅱ는 기술, 영업, 개발을 동시화(synchronization)하여 물동량의 흐름을 강력히 통제하는 데 중점을 둔다.

JIT	JIT Ⅱ
원부자재 공급받는 데 중점	원부자재, 설비공구 등 모든 분야 공급에 중점
개별적인 생산현장의 연결	SCM상의 파트너들과 연결, 프로세스를 변화시킴
공장 내 무가치한 활동 제거	기업 간의 중복업무, 무가치한 활동 제거
Pull방식	Pull방식과 MRP의 Push방식을 동시 수용
물동량의 흐름이 주된 개선대상	기술, 영업, 개발을 동시화하여 물동량을 강력히 통제함

04 MRP 시스템과 JIT 시스템을 비교하여 설명한 것 중 옳지 않은 것은?

① MRP 시스템은 Push방식이며, JIT 시스템은 Pull방식이다.

② MRP 시스템은 자재의 소요 및 조달계획을 수립하여 그 계획에 의한 실행에 중점을 두며, JIT 시스템은 불필요한 부품, 재공품, 자재의 재고를 없애도록 설계된 시스템이다.

③ MRP 시스템은 품질수준에 약간의 불량을 허용하나, JIT 시스템은 무결점 품질을 유지한다.

④ MRP 시스템은 칸반(Kanban)에 의해 자재의 제조명령, 구매주문을 가시적으로 통제하며, JIT 시스템은 컴퓨터에 의한 정교한 정보처리를 한다.

⑤ MRP 시스템은 종속수요품목의 자재 수급계획에 더 적합하다.

🔓 **해설** ________________

④ 칸반(Kanban)에 의해 자재의 제조명령, 구매주문을 가시적으로 통제하는 것은 JIT(Just in Time)로 대표적인 Pull 시스템이다. 반면, MRP 시스템은 독립수요 예측에 기반한 컴퓨터에 의한 정교한 정보처리를 하는 Push 시스템에 해당한다.

05 MRP(Material Requirement Planning)에 관한 설명으로 옳은 것을 모두 고른 것은?

㉠ MRP의 입력요소는 BOM(Bill of Materials), MPS(Master Production Scheduling), 재고기록철(Inventory Record File) 등이다.

㉡ 주문 또는 생산지시를 하기 전에 경영자가 계획들을 사전에 검토할 수 있다.

㉢ 종속수요품 각각에 대하여 수요예측을 별도로 해야 한다.

㉣ 상위품목의 생산계획이 변경되면 부품의 수요량과 재고보충시기를 자동적으로 갱신하여 효과적인 대응이 가능하다.

① ㉠, ㉢

② ㉡, ㉢, ㉣

③ ㉠, ㉡, ㉣

④ ㉠, ㉢, ㉣

⑤ ㉠, ㉡, ㉢, ㉣

🔓 **해설** ________________

㉢ MRP는 자재소요계획으로 독립수요에 대한 수요예측이 끝나면 이를 토대로 부품이나 원료 등의 종속수요를 자동으로 역산하는 시스템을 말한다. 따라서 종속수요품에 대한 개별적인 수요예측이 별도로 있는 것이 아니다.

06 생산, 판매, 구매, 인사, 재무, 물류 등 기업 업무 전반을 통합관리하는 경영정보시스템을 의미하는 것으로, 모든 정보가 발생시점에서 실시간으로 데이터베이스화되고 각 부서가 공유할 수 있도록 하는 것은?

① MIS(Management Information System)
② SCM(Supply Chain Management)
③ MRP(Material Resource Planning)
④ ERP(Enterprise Resource Planning)
⑤ BPR(Business Process Reengineering)

🔓 **해설**

④ ERP(Enterprise Resource Planning)는 회계, 인사, 판매, 수·배송, 제조, 물류 등 기업운영에 필요한 핵심정보를 전사적으로 처리해 줄 수 있는 통합 정보시스템으로, 1960년대의 MRP(Material Requirement Planning)와 1980년대의 MRPⅡ(Manufacturing Resources Planning) 이후 등장하였으며, 최근에는 Extended ERP로 발전하고 있다.

THEME **28**　물류관리 - 화물운송

01 운송수단에 대한 설명으로 가장 옳지 않은 것은?

① 파이프라인의 경우 비교적 비용이 저렴하고 특정 형태의 상품만을 수송하는 데 유리하다.
② 항공수송은 부피가 작고 부패성이 높은 고가의 상품인 경우 유용하다.
③ 해상운송과 트럭을 함께 사용하는 수송방식을 피기백(piggy back) 방식이라 한다.
④ 버디백(birdy back) 방식은 트럭과 항공운송을 결합한 방식이다.
⑤ 트럭은 일반적으로 소량의 상품을 단거리 수송하는 데 효과적이다.

🔓 **해설**

③ 피기백 방식(Piggy Back)은 트레일러나 트럭으로 운송한 화물을 철도역에서 화물이 적재된 트레일러나 트럭을 화물열차의 대차 위에 실어 운송하는 방법이다. 화물적재의 단위가 클 경우 편리하게 이용할 수 있다. 한편, 해상운송과 트럭을 함께 사용하는 수송방식은 피시백(fishy back) 방식이라고 한다.

02 운송과 관련한 설명 중 가장 옳지 않은 것은?

① 해상운송의 경우 최종 목적지까지의 운송에는 한계가 있기에 피시백(fishy back) 복합운송서비스를 제공한다.
② 트럭운송은 혼적화물운송(LTL : Less Than Truckload) 상태의 화물도 긴급 수송이 가능하고 단거리 운송에도 경제적이다.
③ 다른 수송형태에 비해 철도운송은 상대적으로 도착시간을 보증할 수 있다.
④ 항공운송은 고객이 원하는 지점까지의 운송을 위해 피기백(piggy back) 복합운송서비스를 활용한다.
⑤ COFC는 철도의 무개화차 위에 컨테이너를 싣고 수송하는 방식이다.

해설

④ 철도운송은 고객이 원하는 지점까지의 운송을 위해 피기백(piggy back) 복합운송서비스를 활용하며, 항공운송의 경우에는 버디백(birdy back) 방식을 활용한다.

03 물류비를 합리화하기 위해 단일 운송수단을 이용하기보다는 두 개 이상의 운송수단을 이용하여 물류비 합리화를 추구할 수 있다. 다음 중 Fishy back은 어떠한 운송수단의 결합을 의미하는가?

① 트럭과 철도의 결합
② 트럭과 항공의 결합
③ 트럭과 선박의 결합
④ 선박과 항공의 결합
⑤ 선박과 철도의 결합

해설

③ 피시백(fishy back)은 도로운송과 해상운송의 장점을 활용한 트럭과 선박의 혼합이용 운송방법이다.

04 두 가지 이상의 운송수단을 활용하는 복합운송의 결합형태 중 화물차량과 철도를 이용하는 시스템으로 옳은 것은?

① 버디백 시스템(Birdy Back System)
② 피기백 시스템(Piggy Back System)
③ 피시백 시스템(Fishy Back System)
④ 스카이십 시스템(Sky-Ship System)
⑤ 트레인십 시스템(Train-Ship System)

해설

② 피기백(Piggy Back) 시스템은 트레일러나 트럭으로 운송한 화물을 철도역에서 화물이 적재된 트레일러나 트럭을 화물열차의 대차 위에 실어 운송하는 방법이다.
① 버디백(Birdy Back)은 복합운송에서 트럭과 항공운송을 결합한 방식이고, ③ 피시백(Fishy Back)은 해상운송과 트럭을 함께 사용하는 운송방식이다.

05 공동수·배송의 필요성에 대한 내용 중 화주 입장에서의 장점으로 보기가 가장 어려운 내용은?

① 화물운송의 소단위화에 보다 효과적으로 대응할 수 있다.
② 상대적으로 효율이 낮은 자가 화물차에 의한 배송을 배제할 수 있다.
③ 배송이 계획화되고 정확한 배송이 가능하다.
④ 수송차량의 적재효율성을 더욱 높일 수 있다.
⑤ 공동수·배송에 따른 물류비 절감이 가능하다.

해설

④ 수송차량의 적재효율성을 더욱 높일 수 있는 것은 운송업자 입장에서의 장점이다. 즉, 운송업자 측면에서는 적재효율성을 높여 1회 적재량을 높이는 것이 비용 측면에서 유리하다.

06 화물거점시설까지 각 화주 또는 각 운송업자가 화물을 운반해 오고 배송 면에서 공동화하는 유형의 공동수·배송시스템은?

① 화주 중심의 집하배송공동형
② 운송업자 중심의 집하배송공동형
③ 노선집하공동형
④ 납품대행업
⑤ 배송공동형

해설

⑤ 화물거점시설까지 각 화주 또는 각 운송업자가 화물을 운반해 오고 배송 면에서 공동화하는 유형의 공동 수·배송시스템은 거점시설로부터 배송 면에서의 공동화를 추구하므로 배송공동형이다.

07 풀필먼트(fulfillment)에 대한 설명으로 가장 옳지 않은 것은?

① 판매자 입장에서 번거로운 물류에 신경 쓰지 않고 기획, 마케팅 등 본업에 집중할 수 있도록 도와준다.

② 생산지에서 출발해 물류보관창고에 도착하는 구간인 last mile의 성장과 함께 부각되고 있다.

③ e-commerce 시장의 성장으로 소비자들의 소비패턴이 오프라인에서 온라인으로 이동하며 급격히 발달하고 있다.

④ 다품종 소량 상품, 주문빈도가 잦은 온라인 쇼핑몰에 적합하다.

⑤ 판매상품의 입고, 분류, 재고관리, 배송 등 고객에게까지 도착하는 전 과정을 일괄처리하는 시스템이다.

🔓 해설

풀필먼트(fulfillment)란 '주문 이행'을 뜻하는 전자상거래 관련 용어로, 물류센터에서 제품 포장부터 최종목적지까지 배송하는 일련의 유통과정을 의미한다.

✅ 라스트마일 배송(last mile delivery)
고객에게 상품을 전달하기 직전의 마지막 거리 또는 순간으로, 최종배송단계를 의미한다.

08 물류시설 중에서 '항만 및 내륙운송수단의 연계가 편리한 산업단지 지역에 위치하여 컨테이너 집화, 혼재를 위한 하치장을 말하며, 컨테이너 장치, 보관기능, 집화, 분류기능 및 통관기능을 담당'하는 시설물은?

① CY(Container Yard)

② 내륙컨테이너기지(ICD)

③ CFS(Container Freight Station)

④ 창고

⑤ 유통단지

🔓 해설

② 내륙컨테이너기지(ICD : Inland Container Depot)는 화물의 대부분이 컨테이너화되어 항만터미널의 화물수용능력이 한계를 보임에 따라, 항만터미널과 내륙운송수단과의 연계가 편리한 산업지역에 건설한 컨테이너 장치장(CFS)이나 컨테이너 화물의 통관기지를 말한다.

③ CFS는 컨테이너 화물취급장(Container Freight Station)으로 LCL화물을 FCL화물로 만드는 장소이다.

09 택배운송에 대한 설명으로 옳지 않은 것은?

① 택배란 운송물을 고객의 주택, 사무실 또는 기타의 장소에서 수탁하여 수하인의 주택, 사무실 또는 기타의 장소까지 운송하여 인도하는 것을 말한다.

② 일반적으로 소형, 소량화물의 배송에 적합한 운송체제이다.

③ 원칙적으로 화물운송 전 과정에 걸쳐 운송인이 일관적으로 책임을 부담한다.

④ 도시 간 지선수송과 도시 내 집배송, 간선배송을 연계시키는 운송이다.

⑤ 택배운송업의 집배송차량이 도시 내에서 화물을 집화하고 배송하기 위해서는 도심 내 권역별 화물터미널의 확보를 통한 서비스 네트워크 구축이 필요하다.

🔓 해설

④ 택배운송은 소형·소량의 운송물을 고객의 주택, 사무실 또는 기타의 장소에서 수탁하여 수하인의 주택, 사무실 또는 기타의 장소까지 운송하여 인도하는 것으로, 송하인의 문전에서 수하인의 문전까지 운송하는 단거리 운송을 뜻한다.

10 아래 글상자의 (　) 안에 들어갈 단어를 순서대로 올바르게 나열한 것은?

> (가) (　)은 공급체인 전반의 운송계획을 최적화하는 솔루션으로 운송주문에서 운임정산까지 경로계획, 배차계획, 차량관리, 배송추적, 운임정산, 운송예약 등의 업무처리와 당사자 간 데이터를 교환·분석하여 상황을 파악할 수 있게 하는 등의 기능을 제공한다.
>
> (나) (　)은 전기, 전자, 통신, 제어기술 등 첨단기술을 도로, 차량, 화물 등 교통시설물에 접목시켜 실시간 교통정보를 수집, 관리, 제공함으로써 교통시설의 이용효율을 극대화하고 교통이용 편의와 안전을 제고하고 환경친화적 교통체계를 구현하는 21세기형 교통체계이다.

① (가) 화물운송정보시스템(CVO : Commercial Vehicle Operation)
　(나) 운송관리시스템(TMS : Transportation Management System)

② (가) 운송관리시스템(TMS : Transportation Management System)
　(나) 지능형교통시스템(ITS : Intelligent Transport System)

③ (가) 운송관리시스템(TMS : Transportation Management System)
　(나) 주파수공용통신시스템(TRS : Trunked Radio System)

④ (가) 지능형교통시스템(ITS : Intelligent Transport System)
　(나) 위성위치확인시스템(GPS : Global Positioning System)

⑤ (가) 화물운송정보시스템(CVO : Commercial Vehicle Operation)
　(나) 지능형교통시스템(ITS : Intelligent Transport System)

🔓 **해설**

(가) 공급체인 전반의 운송계획을 최적화하는 솔루션은 운송관리시스템(TMS)이다.

(나) 전기, 전자, 통신, 제어기술 등 첨단기술을 도로, 차량, 화물 등 교통시설물에 접목시켜 환경친화적 교통체계를 구현하는 21세기형 교통체계는 지능형교통시스템(ITS)이다.

✓ 화물운송정보시스템(CVO) : 구차구화시스템 화물 및 화물차량에 대한 위치를 실시간으로 추적·관리하여 각종 부가정보를 제공함으로써 생산성 향상을 도모하려는 물류정보화 기술이다.

THEME 29 물류관리 – 보관활동과 포장 및 하역활동

01 보관효율화를 위한 기본원칙으로 옳지 않은 것은?

① 유사성의 원칙 : 유사품을 인접하여 보관하는 원칙이다.

② 중량특성의 원칙 : 물품의 중량에 따라 장소의 높고 낮음을 결정하는 원칙이다.

③ 명료성의 원칙 : 시각적으로 보관물품을 용이하게 식별할 수 있도록 보관하는 원칙이다.

④ 통로대면 보관의 원칙 : 보관할 물품을 입·출고 빈도에 따라 장소를 달리하여 보관하는 원칙이다.

⑤ 위치표시의 원칙 : 보관물품의 장소와 랙 번호 등을 표시함으로써 보관업무 효율화를 기하는 원칙이다.

🔓 **해설**

④는 회전대응 보관의 원칙에 대한 설명이다. 즉, 보관할 물품의 장소를 회전 정도에 따라 정하는 것으로, 입·출하 빈도의 정도에 따라 보관장소를 결정하는 원칙이다. 출입구가 동일한 창고의 경우 입·출고 빈도가 높은 화물은 출입구 가까운 장소에 보관하고 낮은 경우에는 먼 장소에 보관하는 것이 이에 해당된다.

02 아래 글상자의 괄호 안에 들어갈 보관의 원칙을 순서대로 바르게 나열한 것은?

> • (㉠)에 따르면 출입구가 동일한 창고의 경우 입출하 빈도가 높은 경우에는 출입구에 가까운 장소에 보관하고, 낮은 경우에는 출입구에서 먼 장소에 보관한다.
> • (㉡)은 식품과 같이 제품의 부패 및 노후화를 회피하기 위해 적용한다.

① ㉠ 통로대면보관의 원칙, ㉡ 선입선출의 원칙

② ㉠ 통로대면보관의 원칙, ㉡ 형상특성의 원칙

③ ㉠ 동일성, 유사성의 원칙, ㉡ 중량특성의 원칙

④ ㉠ 회전대응보관의 원칙, ㉡ 선입선출의 원칙

⑤ ㉠ 네트워크보관의 원칙, ㉡ 명료성의 원칙

🔓 **해설**

④ 회전대응보관의 원칙(㉠)은 보관할 물품의 장소를 입·출하 빈도의 정도에 따라 보관장소를 결정하는 보관원칙을 뜻하며, 선입선출의 원칙(㉡)은 먼저 입고된 제품을 먼저 출고한다는 보관원칙으로, 재고회전율이 낮은 경우와 제품의 수명주기가 짧은 경우에 주로 적용된다.

✅ **통로대면보관의 원칙**
통로를 마주 보게 보관함으로써 창고 내의 흐름을 원활하게 하는 것을 말한다.

03 물류합리화 방안의 하나인 포장 표준화에 관한 내용으로 옳지 않은 것은?

① 재료표준화 – 환경대응형 포장 재료의 개발

② 강도표준화 – 품목별 적정 강도 설정

③ 치수표준화 – 표준 파렛트(pallet)의 선정

④ 관리표준화 – 포장재 구매 기준 및 사후 관리 기준 제정

⑤ 가격표준화 – 물류여건에 대응하는 원가 절감형 포장법 개발

🔓 **해설**

물류합리화 방안의 하나인 포장 표준화의 3요소는 규격(치수), 강도, 재료(재질)이며, 최근에는 관리를 포함하여 포장 표준화의 4요소로 구분하고 있다.

04 포장(packaging)에 대한 내용으로 옳지 않은 것은?

① 상업포장은 상품의 얼굴로서 판촉기능을 담당하나 호화포장, 과잉포장, 과대포장 등은 소비자 불만을 초래하기도 한다.

② 공업포장은 물류분야에 속하며 내용상품의 보호는 물론 취급 편리성에 대한 기능도 요구된다.

③ 상업포장은 상품의 수송, 보관, 하역 등에서 물리적 요인(진동, 충격 등)과 화학적 요인(온도, 습도, 부패 등)으로 인해 물품이 변질되는 것을 방지해야 한다.

④ 파손과 감모율을 줄이기 위해 과대포장을 하면 상품 파손율을 줄일 수 있으나 포장비가 높아지므로 제품설계단계부터 이런 요인들을 검토해야 한다.

⑤ 포장은 수송수단, 보관설비와의 유기성, 점두전시, 폐기, 재활용 등의 측면과도 폭넓게 관계된다.

🔓 **해설**

③ 공업포장(물류포장)은 상품의 수송, 보관, 하역 등에서 물리적 요인과 화학적 요인으로 인해 물품이 변질되는 것을 방지하는 기능을 한다. 물류포장의 가장 중요한 기능은 물품의 보호와 취급의 편리성이다.

05 포장 표준화의 직접적인 효과로 가장 옳지 않은 것은?

① 포장재 비용이 감소한다.
② 제품의 파손율이 감소된다.
③ 매출상승으로 기업의 수익이 증가한다.
④ 인건비 및 제품의 물류비가 절감된다.
⑤ 포장공정이 단순화된다.

🔓 **해설**

③ '매출 상승으로 기업의 수익이 증가한다'는 포장 표준화의 직접적인 효과가 아닌 간접적인 효과이다. 포장 표준화로 고객 만족도나 브랜드 이미지가 향상될 수 있고, 이는 장기적으로 매출 증가와 수익 개선으로 이어질 수 있지만, 그 효과에는 시간이 필요하다.

06 복합물류단지의 여러 가지 기능 중 물류기능에 해당되지 않는 것은?

① 지역 간 화물의 수송 및 하역 거점 기능을 수행하는 환적기능

② 판매할 상품의 디자인과 기능을 잠재수요자에게 직접 보여줌으로써 구매욕구를 증진시키는 전시기능

③ 생산자가 일괄생산한 반제품을 수요자의 요구에 따라 조립 또는 가공하는 기능

④ 불특정 화주의 화물을 컨테이너에 혼재하거나 컨테이너로부터 분류하는 컨테이너 처리기능

⑤ 수출입화물의 통관업무를 수행하는 통관기능

🔓 **해설**

복합물류단지시설은 화물의 운송, 집화, 하역, 분류, 포장, 가공, 조립, 통관, 보관, 환적(transshipment), 정보처리 등을 위하여 물류단지 안에 설치된 물류터미널 및 창고, 전문유통단지, 공동집배송센터, 중소유통공동도매물류센터와 기타 화물의 운송, 하역 및 컨테이너 보관시설을 말한다.

07 영업창고를 임차하여 보관 및 하역 업무를 수행할 때의 장점이 아닌 것은?

① 운영의 전문성 제고 가능
② 고정비 투자금액의 축소
③ 창고 이용 및 생산과 판매를 연결시키는 데 시간적 결손이 적음.
④ 직접 소유보다 창고 활용의 유연성 제고 가능
⑤ 상품의 수요 변동에 유연하게 대처 가능

🔓해설

③ 영업창고 이용을 위해서는 적정 창고를 탐색하는 시간적·비용적 노력이 필요하므로 생산과 판매를 연결시키는 데 있어서 시간적 결손이 발생한다.

08 자가창고와 영업창고의 상대적 비교 설명으로 가장 옳은 것은?

구분		자가창고	영업창고
㉠	세금 혜택	특정 지역 세금 혜택	감가상각 허용
㉡	위험	기술적 진부화에 따른 위험 낮음	기술적 진부화에 따른 위험 높음
㉢	통제	종업원 및 절차에 대한 직접 책임 통제가 유리	종업원 및 절차에 대해 직접 책임
㉣	초기 투자	설비, 창업, 장비, 교육에 대한 투자 없음	설비, 창업, 장비, 교육에 투자
㉤	영업 비용	충분한 물량이면 저렴	고비용

① ㉠ ② ㉡
③ ㉢ ④ ㉣
⑤ ㉤

🔓해설

• **자가창고** : 기업의 자산으로 매년 감가상각 통해 비용처리, 창고의 기술적 진부화에 따른 리스크 부담, 종업원/절차에 창고 소유기업이 직접 책임, 설비·장비 등에 직접 투자 필요하다.
• **영업창고** : 세금혜택, 기술적 진부화 리스크 낮음, 기업의 직접적 책임이나 투자비용 낮다.

09 개개 하역활동을 유기체 활동으로 보아 종합적으로 시스템화하여 그 시너지효과까지 고려하는 원칙을 무엇이라 하는가?

① 활성화의 원칙
② 정보화의 원칙
③ 시스템화의 원칙
④ 중력이용의 원칙
⑤ 공간활용의 원칙

🔓해설

③ 하역합리화의 원칙으로서 시스템화의 원칙(systematization)은 개개의 하역활동을 유기체로서의 활동으로 간주하는 원칙이다. 종합적인 관점에서 시스템 전체의 균형을 염두에 두고, 시너지효과를 올리는 것이 시스템화의 기본원칙이다. 예를 들면 파렛트화 또는 컨테이너화를 효과적으로 실시하기 위해서는 파렛트와 컨테이너의 규격, 구조 및 품질 등이 유기적으로 연결되도록 할 필요가 있다는 것이 시스템화의 원칙이다.

10 하역활동에 대한 내용으로 옳은 것은?

① 물류과정에서 하역이 자체적으로 창출하는 효용은 없다.
② 생산품의 이동, 운반을 말하며, 제조공정 및 검사공정을 포함한다.
③ 사내하역(material handling)을 포함하나, 선적, 양하를 위한 항만하역은 포함하지 않는다.
④ 기계화, 자동화가 진행되면서 비생력화가 급속히 진행되고 있다.
⑤ 컨테이너에 물품을 넣는 것을 디배닝(devanning), 빼는 것을 배닝(vanning)이라고 한다.

🔓 **해설**

② 제조공정 및 검사공정은 하역에 포함되지 않는다.
③ 하역은 항만하역을 포함한다.
④ 기계화, 자동화로 생력화가 급속히 진행되고 있다.
⑤ 컨테이너에 물품을 넣는 것을 배닝(vanning), 빼는 것을 디배닝(devanning)이라고 한다.

11 일관팔레트화의 경제적 효과에 관한 설명으로 옳지 않은 것은?

① 수송의 편의성 증가
② 트럭 회전율의 향상
③ 제품파손의 감소와 포장비의 절감
④ 하역시간 단축에 따른 작업 인원의 감소
⑤ 하역의 기계화를 통한 보관 효율의 저하

🔓 **해설**

파렛트화는 파렛트를 기본도구로 하여 유닛로드시스템을 구축하여 하역을 기계화하고, 운송·보관·포장의 각각 기능을 합리화하는 것이며, 일관파렛트화란 발송지로부터 최종 도착지까지 파렛트에 적재된 화물을 운송·보관·하역하는 물류활동과정 중 환적하지 않고 이동시키는 것으로, ⑤ 하역의 기계화를 통한 보관 효율의 향상을 위한 것이다.

---

01 물류비를 산정하는 목적에 대한 설명으로 가장 옳지 않은 것은?

① 물류활동의 계획, 통제 및 평가를 위한 정보 제공
② 하역활동의 표준화 실현
③ 물류활동에 관한 문제점 파악
④ 물류활동의 규모 파악
⑤ 원가관리를 위한 자료 제공

🔓 **해설**

② 물류비를 산정하는 목적은 물류활동의 계획, 통제 및 평가를 위한 정보 제공과 물류 원가관리를 위한 자료 제공 등을 위한 것으로, 물류비 산정과 하역활동의 표준화는 관련이 없다.

02 아래 글상자의 ㉠, ㉡에 들어갈 용어를 순서대로 나열한 것으로 옳은 것은?

> • (㉠)란 물류활동의 범위 내에서 물류조업도의 증감과 관계없이 발생하거나 소비되는 비용이 일정한 물류비를 말한다.
> • (㉡)란 생산된 완제품 또는 매입한 상품을 판매창고에서 보관하는 활동부터 고객에게 인도될 때까지의 물류비를 말한다.

① ㉠ 자가물류비, ㉡ 위탁물류비
② ㉠ 위탁물류비, ㉡ 자가물류비
③ ㉠ 물류고정비, ㉡ 판매물류비
④ ㉠ 물류변동비, ㉡ 사내물류비
⑤ ㉠ 사내물류비, ㉡ 판매물류비

🔓 **해설**

③ 국토교통부 고시인 「기업물류비 산정지침」에 따르면 물류조업도의 증감과 관계없이 발생하거나 소비되는 비용이 일정한 물류비는 ㉠ 물류고정비이다. 또한 생산된 완제품 또는 매입한 상품을 판매창고에서 보관하는 활동부터 고객에게 인도될 때까지의 물류비는 ㉡ 판매물류비이다.

---

03 물류비를 분류하는 다양한 기준 중에서 '지급형태별' 물류비로만 옳게 나열된 것은?

① 조달물류비, 사내물류비, 역물류비
② 수송비, 보관비, 포장비
③ 자가물류비, 위탁물류비
④ 재료비, 노무비, 경비
⑤ 조업도별 물류비, 기타 물류비

🔓해설

「기업물류비 산정지침」 제7조에 따르면 기업물류비는 다음과 같이 분류하고 있다.

분류	비목 분류
영역별	• 조달물류비 • 생산물류비 • 판매물류비 • 역물류비– 반품, 회수, 폐기
기능별	• 운송비 • 보관비 • 포장비 • 하역비 • 유통가공비 • 물류정보비
지급형태별 (자가·위탁별)	• 자가물류비 • 위탁물류비 : 2PL∼4PL
세목별	• 재료비 • 노무비 • 경비 • 이자 비용
관리항목별	• 조직별 • 제품별 • 지역별 • 고객별 • 운송수단별
조업도별	• 고정물류비 • 변동물류비

04 물류비를 분류하는 다양한 기준 중에서 '영역별' 물류비로만 옳게 나열된 것은?

① 조달물류비, 사내물류비, 역물류비
② 운송비, 보관비, 포장비
③ 자가물류비, 위탁물류비
④ 재료비, 노무비, 경비
⑤ 조업도별 물류비, 기타 물류비

🔓해설

영역별 물류비(「기업물류비 산정지침」 제7조 제1항)

> 영역별로 다음과 같이 구분한다.
> 1. 조달물류비는 물재(원자재, 부품, 제품 등을 포함)의 조달처로부터 운송되어 매입자의 보관창고에 입고, 관리되어 생산공정(또는 공장)에 투입되기 직전까지의 물류활동에 따른 물류비를 말한다.
> 2. 사내물류비는 매입물자의 보관창고에 완제품 등의 판매를 위한 장소까지의 물류활동에 따른 비용을 말한다. 다만 재료의 생산이나 제품의 제조공정 내에서 발생하는 비용은 생산원가 또는 제조원가에 산입되므로 물류비에서는 제외시킨다.
> 3. 판매물류비는 생산된 완제품 또는 매입한 상품을 판매창고에서 보관하는 활동부터 고객에게 인도될 때까지의 물류비를 말한다.
> 4. 리버스(Reverse)물류비는 회수물류비, 폐기물류비, 반품물류비로 세분화한다.
>   가. 회수물류비란 공용기와 포장자재 등이 회수되어 재사용 가능할 때까지의 물류비를 말한다.
>   나. 폐기물류비란 제품이나 상품, 포장용 또는 수송용 용기나 자재 등을 회수하여 폐기할 때까지의 물류비를 말한다.
>   다. 반품물류비란 판매한 제품·상품 또는 위탁판매한 제품·상품의 취소, 위탁의 취소 등의 물류활동에 따른 물류비를 말한다.

05 기능별 물류비에 대한 설명으로 가장 옳지 않은 것은?

① 운송비는 필요에 따라서 수송비와 배송비로 분류된다.

② 영업소나 지점에서 일어나는 부품의 조립과 관련된 비용은 유통가공비다.

③ 주문처리비 중 수주에 있어서 영업이나 판매상의 계약과정에서 발생하는 비용은 제외한다.

④ 포장비의 경우 물류포장활동에 사용된 비용으로 일반적으로 생산과정에서 발생한 제품의 포장비를 포함한다.

⑤ 하역비를 별도로 구분하지 않을 경우, 물류센터에 부설된 하역설비를 이용한 상·하차비는 보관 및 재고관리비에 포함한다.

🔒 **해설**

「기업물류비 산정지침」 제7조 제2항에 따르면 "포장비는 물자 이동과 보관을 용이하게 하기 위하여 실시하는 상자, 골판지, 파렛트 등의 물류포장(최종소비자를 위한 판매포장은 제외)활동에 따른 물류비를 말한다."라고 규정되어 있다.

④ 일반적으로 생산과정에서 발생한 제품의 포장비는 제품제조원가에 포함된다.

06 부품이나 완제품의 조달에서 시작하여 완제품의 판매에 이르기까지의 모든 과정에서 발생하는 물류기능의 전체 혹은 일부를 전문물류업체가 화주업체로부터 위탁을 받아 수행하는 물류활동을 무엇이라고 하는가?

① 회수물류   ② 조달물류

③ 상적물류   ④ 제3자 물류

⑤ 통합적 로지스틱스

🔒 **해설**

④ 제3자 물류(3PL)은 화주기업과 물류전문기업이 장기적인 계약에 기초하여 전략적 제휴를 맺고, 화주기업이 물류활동의 전부 또는 일부를 물류전문기업에 위탁하는 것을 의미한다.

07 기업이 물류와 같은 비핵심역량 부문을 아웃소싱하는 이유로 옳지 않은 것은?

① 고정비용을 절감하여 기업활동의 유연성 획득이 가능하다.

② 범위의 경제 효과를 누릴 수 있다.

③ 혁신적인 기술의 혜택을 볼 수 있다.

④ 물류전문기업과 전략적 협업이 가능하다.

⑤ 분업의 원리를 통해 이익을 증대할 수 있다.

🔒 **해설**

② 아웃소싱을 통해 물류전문기업의 규모가 확대되어 물품량이 증가하면 '규모의 경제' 효과가 발생하여 비용절감의 효과를 볼 수 있다.

08 제3자 물류에 대한 설명으로 가장 옳은 것은?

① 거래 기반의 수·발주관계

② 운송, 보관 등 물류기능별 서비스 지향

③ 일회성 거래관계

④ 종합물류서비스 지향

⑤ 정보공유 불필요

🔓 **해설**

제3자 물류(3PL)는 화주가 그와 대통령령으로 정하는 특수관계에 있지 아니한 물류기업에 물류활동의 일부 또는 전부를 위탁하는 것을 말한다. 제3자 물류는 종합물류서비스를 지향한다.

09 기업이 물류 등을 아웃소싱하는 이유로 가장 옳지 않은 것은?

① 고정비용을 줄여서 유연성을 획득할 수 있다.
② 규모의 경제 효과를 누릴 수 있다.
③ 혁신적인 기술의 혜택을 볼 수 있다.
④ 제품의 원산지 효과를 누릴 수 있다.
⑤ 분업의 원리를 통해 이득을 얻을 수 있다.

🔓 **해설**

④ 제품의 원산지 효과란 개발도상국의 기업이 선진국의 상표나 디자인을 라이선싱하여 자국 내에서 생산하고 판매할 때 생기는 효과로, 선진국의 상표나 디자인을 아웃소싱했다고 비유해 볼 때, 기업이 물류를 아웃소싱하는 이유와 결부짓기는 어렵다.

10 아웃소싱을 제공받는 기업이 얻을 수 있는 효과로 가장 옳지 않은 것은?

① 아웃소싱 파트너 통제가 자회사 통제보다 용이하다.
② 아웃소싱 파트너의 혁신과 신기술 개발의 혜택을 얻을 수 있다.
③ 규모의 경제 효과를 기대할 수 있다.
④ 아웃소싱을 통하여 고정비를 변동비로 전환시킬 수 있다.
⑤ 분업의 원리를 이용하여 아웃소싱 파트너의 특화를 통해 이득을 얻을 수 있다.

🔓 **해설**

① 아웃소싱 파트너에 대한 통제가 자회사에 대한 통제보다 어렵다.

11 아래 글상자의 내용 중 물류 아웃소싱의 성공전략을 모두 고른 것은?

> ㉠ 물류 아웃소싱 목적은 기업의 전략과 일치해야 한다.
> ㉡ 물류 아웃소싱이 성공하려면 반드시 최고경영자의 관심과 지원이 필요하다.
> ㉢ 물류 아웃소싱의 궁극적인 목표는 현재와 미래의 고객만족에 있음을 잊지 말아야 한다.
> ㉣ 물류 아웃소싱은 지출되는 물류비용을 정확히 파악하여, 비용절감효과를 측정하도록 해주어야 한다.
> ㉤ 물류 아웃소싱의 주요 장애요인 중 하나는 인원감축 등에 대한 저항이므로 적절한 인력관리 전략으로 조직구성원들의 사기저하를 방지해야 한다.

① ㉠
② ㉠, ㉡
③ ㉠, ㉡, ㉢
④ ㉠, ㉡, ㉢, ㉣
⑤ ㉠, ㉡, ㉢, ㉣, ㉤

🔓 **해설**

⑤ 물류 아웃소싱은 화주기업과 물류기업이 장기적인 계약에 기초하여 전략적 제휴를 맺고, 화주기업이 물류활동의 전부 또는 일부를 물류기업에 위탁하는 것으로 제3자 물류(3PL)가 대표적이다. 제시된 내용 모두 물류 아웃소싱의 성공을 위한 전략에 해당한다.

12 다음 중 제3자 물류와 아웃소싱을 비교한 내용으로 틀린 것은?

	구분	제3자 물류	물류 아웃소싱
①	화주와의 관계	전략적 제휴, 계약 기반	수·발주관계, 거래 기반
②	관계의 특징	협력적 관계	일시적 관계
③	서비스의 범위	종합물류서비스 지향	수송, 보관 등 기능별 서비스 지향
④	도입결정 권한	최고경영자	중간관리자
⑤	정보 공유	필수사항은 아님	필수적임

🔓 **해설**
⑤ 제3자 물류(3PL)는 물류기업과 최고경영자 간의 전략적, 장기적 관계구축을 도모하는 것으로 양자 간 정보공유는 매우 중요한 협력사항에 해당한다.

13 아래 글상자의 물류채산분석 회계 내용에 대한 설명으로 가장 옳지 않은 것은?

	회계 내용	물류채산분석
㉠	계산목적	물류에 관한 의사결정
㉡	계산대상	특정의 개선안, 대체안
㉢	계산기간	개선안의 전체나 특정 기간
㉣	계산방식	상황에 따라 상이
㉤	계산의 계속성	반복적으로 계산

① ㉠　　　　② ㉡
③ ㉢　　　　④ ㉣
⑤ ㉤

🔓 **해설**
㉤ 물류채산분석은 특정의 개선안이나 대체안에 대해 의사결정을 하는 경우 필요한 절차이다. 따라서 반복적으로 계산해야 하는 것이 아니고 상황에 따라 임의적으로 행해진다.

14 제4자 물류에 대한 설명으로 올바르게 짝지어진 것은?

> ㉠ 물류비 절감과 서비스를 극대화하기 위해 물류회사, 컨설팅회사 및 IT회사가 컨소시엄을 구성하여 참여하기도 한다.
> ㉡ 그룹사의 공동이익을 위해 화주회사는 자회사를 설립하여 물류활동을 위탁한다.
> ㉢ 공급사슬 전체의 운영 및 관리에 목표를 둔다.
> ㉣ 화주회사가 직접 물류활동을 전개한다.

① ㉠, ㉡　　　　② ㉡, ㉢
③ ㉢, ㉣　　　　④ ㉠, ㉢
⑤ ㉡, ㉣

🔓 **해설**
㉣ 화주회사가 직접 물류활동을 전개하는 것은 자사물류(제1자 물류)이고, ㉡ 물류자회사를 설립하여 물류활동을 수행하는 것은 자회사물류(제2자 물류)이다.

15 물류채산분석에 대한 설명으로 가장 옳은 것은?

① 물류활동의 업적 평가를 위해 실시한다.
② 물류업무의 전반을 계산 대상으로 한다.
③ 항상 일정한 계산방식을 사용한다.
④ 각 예산시기별로 실시한다.
⑤ 임시적으로 계산하며 할인계산을 한다.

🔓 **해설**
⑤ 물류채산분석은 물류활동에 대한 의사결정을 지원하기 위한 분석으로 상황에 따른 개선안을 제시하는 임시적 활동에 해당한다.

물류원가계산과 물류채산분석의 비교

구분	물류원가계산	물류채산분석
목적	물류활동의 업적 평가	물류활동에 관한 의사결정
대상	물류업무의 전반	특정의 개선안, 대체안
산정방식	항상 일정	상황에 따라 상이
계속성	반복적	임시적
사용원가	실제원가만 대상	특수원가도 대상

THEME 31 기업윤리

01 기업이 이해당사자들에게 갖는 책임에 대한 설명으로 옳지 않은 것은?

① 투자자들을 위한 이윤을 창출하는 것
② 종업원들에게 일자리를 제공하고 안정성을 도모하는 것
③ 사회적 정의를 촉진시키며 기업의 근무 환경을 더 나은 곳으로 만들려는 노력
④ 주변 경쟁사와 상의하여 가격담합 행위를 하는 것
⑤ 가치가 있는 제품과 서비스를 통해 고객을 만족시키는 것

🔓 **해설**

기업이 이해당사자(stakeholder)들에게 갖는 책임은 기업의 사회적 책임의 하나이다.
④ 주변 경쟁사와 상의하여 가격담합 행위를 하는 것은 상거래 질서를 문란하게 하는 불공정 거래행위로 법(공정거래법)에 의해 금지된 행위이다.

02 기업이 고려해야 할 사회적 책임(CSR)은 그 대상에 따라 기업의 유지·발전에 대한 책임과 이해관계자에 대한 책임으로 나눌 수 있다. 이해관계자에 대한 책임에 해당되지 않는 것은?

① 주주에 대한 책임
② 종업원에 대한 책임
③ 정부에 대한 책임
④ 소비자에 대한 책임
⑤ 경쟁사에 대한 책임

🔓 **해설**

기업의 사회적 책임(CSR)은 크게 기업의 유지·발전에 대한 책임, 이해조정의 책임(주주·소비자·종업원·정부·거래처·금융기관 등에 대한), 사회발전에 대한 책임으로 구분할 수 있다.
⑤ 경쟁사에 대한 기업윤리는 중요하지만, 기업의 사회적 책임과 관련한 이해관계자(stakeholder)에 경쟁사가 포함되지는 않는다.

정답 **01** ④ **02** ⑤

03 기업이 윤리경영을 실천해야 하는 이유로 가장 옳지 않은 것은?

① 기업의 활동이 윤리성을 바탕으로 이루어지면 기업 이미지가 좋아지고 장기적으로 성장과 발전에 도움을 준다.

② 기업의 비윤리적 행동에 대해 사회가 지불해야 하는 사회적 비용의 규모가 커지고 있기 때문이다.

③ 기업윤리는 객관적인 윤리기준으로 업종에 상관없이 기업이 지켜야 할 구체적이고 통일된 기준이기 때문이다.

④ 기업윤리를 소홀하게 다루는 기업은 궁극적으로 기업 경영을 비효율적으로 만들기 때문이다.

⑤ 기업의 사회적 책임 중 하나인 기업윤리에 대한 사회의 기대와 요구가 점점 커지고 있기 때문이다.

🔓 **해설**

③ 기업윤리는 업종이나 상황에 따라 달라질 수 있는 상대적 개념이므로, 구체적이고 통일된 절대 기준은 아니다.

04 최고경영자(CEO)가 사원에 대해 지켜야 하는 기업윤리에 해당하는 것을 모두 고르면?

> ㉠ 차별대우 금지
> ㉡ 회사기밀 유출 금지
> ㉢ 부당한 반품 금지
> ㉣ 위험한 노동 강요 금지
> ㉤ 허위광고 금지
> ㉥ 자금 횡령 금지

① ㉠, ㉡, ㉥　　　② ㉡, ㉥
③ ㉠, ㉣　　　④ ㉠, ㉡, ㉣, ㉥
⑤ ㉢, ㉤

🔓 **해설**

최고경영자(CEO)가 사원에 대해 지켜야 하는 기업윤리는 헌법상 기본권과 관련된 차별대우 금지, 위험한 노동 강요 금지 등이다.
㉡ 회사기밀 유출 금지는 사원이 지켜야 할 의무이다.
㉢ 부당한 반품 금지는 거래처에 대하여, ㉤ 허위광고 금지는 소비자에 대하여, ㉥ 자금 횡령 금지는 주주에 대하여 지켜야 할 윤리에 해당된다.

05 경제활동의 윤리적 환경과 조건을 세계 각국 공통으로 표준화하려는 것으로 비윤리적인 기업의 제품이나 서비스를 국제거래에서 제한하는 움직임을 뜻하는 것은?

① 우루과이라운드　② 부패라운드
③ 블루라운드　　　④ 그린라운드
⑤ 윤리라운드

🔓 **해설**

⑤ 최근 ESG경영이 화두로 떠오르면서 경제활동의 윤리적 환경과 조건을 세계적으로 표준화하려는 노력들이 이루어지고 있으며, 이를 윤리라운드라고 한다.
① 우루과이라운드는 다자간 무역협상을 GATT체제로 해결하려는 노력이었고, ③ 블루라운드는 노동, ④ 그린라운드는 친환경과 관련된 세계 각국의 움직임이라 할 수 있다.

06 소매점에서 발생할 수 있는 각종 비윤리적 행동에 대한 대처 방안으로 옳지 않은 것은?

① 소매점의 경우 공적비용과 사적비용의 구분이 모호할 수 있기에 공급의 사적이용을 방지하기 위해 엄격한 규정이 필요하다.

② 과다 재고, 재고로스 발생을 허위로 보고하지 않도록 철저하게 확인해야 한다.

③ 협력업체와의 관계에서 우월적 지위 남용을 하지 않아야 한다.

④ 회사명의의 카드를 개인적으로 사용하는 행위를 사전에 방지해야 한다.

⑤ 큰 피해가 없다면 근무시간은 개인적으로 조정하여 활용한다.

🔓 **해설**

⑤ 최근 기업에서 발생하는 비윤리적 행동에 대한 사회적 공감대가 커지고 있다. 공금 또는 회사카드의 사적 유용(도덕적 해이), 허위보고, 우월적 지위의 남용(갑질) 등이 대표적이다. 반면 타당한 범위 내 근무시간의 개인적 조정은 근로자의 권리에 해당한다.

07 공급업체와 소매업체 간에 나타날 수 있는 비윤리적인 상업거래와 관련된 설명으로 옳지 않은 것은?

① 회색시장 : 외국에서 생산된 자국 브랜드 제품을 브랜드 소유자 허가 없이 자국으로 수입하여 판매하는 것

② 역청구 : 판매가 부진한 상품에 대해 소매업체가 공급업체에게 반대로 매입을 요구하는 것

③ 독점거래 협정 : 소매업체로 하여금 다른 공급업체의 상품을 취급하지 못하도록 제한하는 것

④ 구속적 계약 : 소매업체에게 구매를 원하는 상품을 구입하려면 사고 싶지 않은 상품을 구입하도록 협정을 맺는 것

⑤ 거래거절 : 거래하고 싶은 상대방과 거래하고 싶지 않은 상대방을 구분하는 경우에 발생

🔓 **해설**

② 역청구(chargebacks)는 소매상이 공급업체로부터 발생한 상품 수량의 차이에 대해 대금을 공제하는 것을 말한다. 상품이 판매되지 않아 송장에서 대금을 공제하는 경우도 있고, 포장이나 품목의 오류, 선적지연 등 공급업체의 잘못에 대해 대금을 공제하는 것이다.

08 기업윤리와 관련된 설명으로 옳지 않은 것은?

① 기업은 종업원에게 단순히 돈의 대가로 노동력을 요구하는 것이 아니라, 떳떳한 구성원으로서 헌신과 열정을 이끌어낼 수 있도록 그들에게 자긍심과 비전을 심어 주어야 한다.

② 협력사는 물품을 사오는 대상 이상의 의미를 지니는 장기적으로 협조해야 할 상생의 대상이다.

③ 거래비용의 발생 원인은 기회주의, 제한된 합리성, 불확실성 등이며 교환당사자 간에 신뢰가 부족할 때 거래비용은 작아진다.

④ 도덕적 해이는 도덕적 긴장감이 흐려져서 다른 사람의 이익을 희생한 대가로 자신의 이익을 추구하는 행위이다.

⑤ 대리인비용은 주인이 대리인에게 자신을 대신하도록 할 때 발생하는 비용으로, 주인과 대리인의 이해 불일치와 정보 비대칭상황 등의 요인 때문에 발생한다.

🔓 **해설**

③ 윌리엄슨(O. Williamson)의 거래비용이론에서 거래비용의 발생 원인은 기회주의, 제한된 합리성, 불확실성 등이며 교환당사자 간에 신뢰가 부족할 때 거래비용은 커지게 된다. 거래비용의 합이 수직적 통합비용보다 클 경우 유통경로상에서 수직적 계열화(통합)가 발생하게 된다.

09 기업윤리의 중요성을 강조하기 위해 취할 수 있는 방법으로 가장 옳지 않은 것은?

① 기업윤리와 관련된 헌장이나 강령을 만들어 발표한다.

② 기업의 모든 의사결정 프로세스에서 반영될 수 있게 모니터링한다.

③ 윤리경영의 지표로서 정성적인 지표는 적용하기 힘들므로 계량적인 윤리경영지표만을 활용한다.

④ 조직 내의 문제점을 제기할 수 있는 제도를 활성화한다.

⑤ 윤리기준을 적용한 감사 결과를 조직원과 공유한다.

🔓 **해설**

③ 윤리경영의 지표로 최근에는 정량적인 지표뿐만 아니라 질적인 지표인 정성적 윤리경영지표들을 함께 활용한다.

10 기업의 사회적 책임이 요구되는 이유로 가장 옳지 않은 것은?

① 시장실패를 가져오는 원인 중 하나인 시장의 완전경쟁성

② 기업의 경제활동으로 인해 발생하는 외부불경제효과

③ 정보통신기술과 산업고도화 등과 같은 환경요인 간의 상호작용

④ 규모의 경제를 추구하려 대형화되는 과정에서 발생하는 기업의 영향력 증대

⑤ 기업의 종업원부터 넓게는 지역사회나 정부에까지 미치는 영향력에 상응한 책임

🔓 **해설**

기업의 사회적 책임(CSR)은 기업이 성장뿐만 아니라 환경적, 사회적, 윤리적 문제에 대해 균형을 갖지 못하면 결코 영속성(지속가능경영)을 갖출 수 없다는 것을 의미한다.

① 시장의 불완전경쟁성은 시장실패(market failure)를 가져오는 이유에 해당한다.

01 「유통산업발전법」의 제2조 정의에서 기술하는 용어 설명이 옳지 않은 것은?

① 매장이란 상품의 판매와 이를 지원하는 용역의 제공에 직접 사용되는 장소를 말한다. 이 경우 매장에 포함되는 용역의 제공장소의 범위는 대통령령으로 정한다.

② 임시시장이란 다수(多數)의 수요자와 공급자가 일정한 기간 동안 상품을 매매하거나 용역을 제공하는 일정한 장소를 말한다.

③ 상점가란 일정 범위의 가로(街路) 또는 지하도에 대통령령으로 정하는 수 이상의 도매점포·소매점포 또는 용역점포가 밀집하여 있는 지구를 말한다.

④ 전문상가단지란 같은 업종을 경영하는 여러 도매업자 또는 소매업자가 일정 지역에 점포 및 부대시설 등을 집단으로 설치하여 만든 상가단지를 말한다.

⑤ 공동집배송센터란 여러 유통사업자 또는 물류업자가 공동으로 사용할 수 있도록 집배송시설 및 부대업무시설이 설치되어 있는 지역 및 시설물을 말한다.

🔓 **해설**

「유통산업발전법」상 용어의 정의를 묻는 문제로, ⑤ 공동집배송센터란 여러 유통사업자 또는 <u>제조업자가</u> 공동으로 사용할 수 있도록 집배송시설 및 부대업무시설이 설치되어 있는 지역 및 시설물을 말한다.

02 다음은 「유통산업발전법」에서 정의한 체인사업의 한 유형이다. 이에 해당하는 체인사업의 유형은?

> 독자적인 상품 또는 판매·경영 기법을 개발한 체인본부가 상호·판매방법·매장운영 및 광고방법 등을 결정하고, 가맹점으로 하여금 그 결정과 지도에 따라 운영하도록 하는 형태

① 프랜차이즈형 체인사업
② 임의가맹형 체인사업
③ 직영점형 체인사업
④ 조합형 체인사업
⑤ 카르텔형 체인사업

🔓 **해설**

「유통산업발전법」에서는 체인사업을 직영점형, 프랜차이즈형, 임의가맹점형 및 조합형 4가지로 구분하고 있다. 문제에 제시된 것은 프랜차이즈형 체인사업이다.

03 대형마트에 대한 영업시간 제한과 의무휴업일 지정에 대한 법규의 내용을 소개한 것으로 옳지 않은 것은?

① 영업시간 제한과 의무휴업일 지정은 광역시 및 도 단위로 이루어진다.

② 특별자치시장·시장·군수·구청장은 매월 이틀을 의무휴업일로 지정하여야 한다.

③ 중소유통업과의 상생발전, 유통질서 확립, 근로자의 건강권을 위한 것이다.

④ 의무휴업일은 공휴일 중에서 지정하되, 이해당사자와 합의를 거쳐 공휴일이 아닌 날도 지정할 수 있다.

⑤ 준대규모점포에 대하여도 영업시간 제한 및 의무휴업을 명할 수 있다.

해설

① 특별자치시장·시장·군수·구청장은 건전한 유통질서 확립, 근로자의 건강권 및 대규모점포 등과 중소유통업의 상생발전을 위하여 필요하다고 인정하는 경우 대형마트와 준대규모점포에 대하여 영업시간 제한을 명하거나 의무휴업일을 지정하여 의무휴업을 명할 수 있다(「유통산업발전법」 제12조의2 제1항). 따라서 광역시 및 도 단위가 아니라 특별자치시·시·군·구 단위로 이루어진다.

04 「유통산업발전법」이 정한 '전통상업보존구역'에 '준대규모점포'를 개설하려고 할 때 개설등록 기한으로서 옳은 것은?

① 영업 개시 전까지

② 영업 개시 30일 전까지

③ 영업 개시 60일 전까지

④ 대지나 건축물의 소유권 또는 사용권 확보 전까지

⑤ 대지나 건축물의 소유권 또는 사용권 확보 후 30일 전까지

해설

① 대규모점포를 개설하거나 전통상업보존구역에 준대규모점포를 개설하려는 자는 <u>영업을 시작하기 전</u>에 산업통상부령으로 정하는 바에 따라 상권영향평가서 및 지역협력계획서를 첨부하여 특별자치시장·시장·군수·구청장에게 등록하여야 한다. 등록한 내용을 변경하려는 경우에도 또한 같다(법 제8조 제1항).

05 「유통산업발전법」상 유통정보화시책의 내용으로 옳지 않은 것은?

① 유통표준코드의 보급

② 유통표준전자문서의 보급

③ 판매시점 정보관리시스템의 보급

④ 유통산업에 종사하는 사람의 자질향상을 위한 교육·연수

⑤ 점포관리의 효율화를 위한 재고관리시스템·매장관리시스템 등의 보급

해설

유통정보화시책(법 제21조 제1항)

산업통상부장관은 유통정보화의 촉진 및 유통부문의 전자거래기반을 넓히기 위하여 다음의 사항이 포함된 유통정보화시책을 세우고 시행하여야 한다.
1. 유통표준코드의 보급
2. 유통표준전자문서의 보급
3. 판매시점 정보관리시스템의 보급
4. 점포관리의 효율화를 위한 재고관리시스템·매장관리시스템 등의 보급
5. 상품의 전자적 거래를 위한 전자장터 등의 시스템의 구축 및 보급
6. 다수의 유통·물류기업 간 기업정보시스템의 연동을 위한 시스템의 구축 및 보급
7. 유통·물류의 효율적 관리를 위한 무선주파수 인식시스템의 적용 및 실용화 촉진
8. 유통정보 또는 유통정보시스템의 표준화 촉진
9. 그 밖에 유통정보화를 촉진하기 위하여 필요하다고 인정되는 사항

06 「유통산업발전법(법률 제20444호, 2024. 9. 20., 일부개정)」에 의한 유통관리사 관련 내용으로 가장 옳지 않은 것은?

① 유통관리사가 되려는 사람은 산업통상부장관이 실시하는 유통관리사 자격시험에 합격하여야 한다.

② 산업통상부장관은 거짓이나 그 밖의 부정한 방법으로 유통관리사의 자격을 취득한 사람에 대하여 그 자격을 취소하여야 한다.

③ 유통관리사의 등급, 유통관리사 자격시험의 실시방법·응시자격·시험과목 및 시험과목의 면제나 시험 점수의 가산, 자격증의 발급 등에 필요한 사항은 대통령령으로 정한다.

④ 산업통상부장관 또는 지방자치단체의 장은 유통관리사를 고용한 유통사업자 및 유통사업자단체에 대하여 다른 유통사업자 및 사업자단체에 우선하여 자금 등을 지원할 수 있다.

⑤ 산업통상부장관은 다른 사람에게 유통관리사의 명의를 사용하게 하거나 자격증을 빌려준 사람에 대하여 대통령령으로 정하는 바에 따라 3개월 이내의 기간을 정하여 자격을 정지할 수 있다.

🔓 해설

⑤ 산업통상부장관은 다른 사람에게 유통관리사의 명의를 사용하게 하거나 자격증을 빌려준 사람에 대하여 대통령령으로 정하는 바에 따라 <u>6개월 이내</u>의 기간을 정하여 자격을 정지할 수 있다(법 제24조 제6항).

※ 시험 당시에는 '산업통상자원부장관'이 옳은 표기였으나, 2025년 10월부터 '산업통상부장관'으로 변경되어 수정함

07 「소비자기본법」에서 규정하는 사업자의 책무 사항으로 옳지 않은 것은?

① 사업자는 스스로의 권익을 증진하기 위하여 필요한 지식과 정보를 습득하도록 노력하여야 한다.

② 사업자는 물품 등을 공급함에 있어서 소비자의 합리적인 선택이나 이익을 침해할 우려가 있는 거래조건이나 거래방법을 사용하여서는 안 된다.

③ 사업자는 소비자에게 물품 등에 대한 정보를 성실하고 정확하게 제공하여야 한다.

④ 사업자는 소비자의 개인정보가 분실·도난·누출·변조 또는 훼손되지 아니하도록 그 개인정보를 성실하게 취급하여야 한다.

⑤ 사업자는 물품 등의 하자로 인한 소비자의 불만이나 피해를 해결하거나 보상하여야 하며, 채무불이행 등으로 인한 소비자의 손해를 배상하여야 한다.

🔓 해설

①은 소비자의 책무에 해당된다. 소비자는 스스로의 권익을 증진하기 위하여 필요한 지식과 정보를 습득하도록 노력하여야 한다(법 제5조 제2항).

08 「소비자기본법」상 제8조에서 사업자가 소비자에게 제공하는 물품 등으로 인한 소비자의 생명·신체 또는 재산에 대한 위해를 방지하기 위해 지켜야 할 기준을 정해야 할 주체로 옳은 것은?

① 지방자치단체
② 사업자
③ 공정거래위원회
④ 대통령
⑤ 국가

🔓 **해설**

⑤ 국가는 사업자가 소비자에게 제공하는 물품 등으로 인한 소비자의 생명·신체 또는 재산에 대한 위해를 방지하기 위하여 물품 등의 성분·함량·구조 등 안전에 관한 중요한 사항, 물품 등을 사용할 때의 지시사항이나 경고 등 표시할 내용과 방법, 그 밖에 위해방지를 위하여 필요하다고 인정되는 사항에 관하여 사업자가 지켜야 할 기준을 정하여야 한다(법 제8조 제1항).

09 「소비자기본법」에 따라 국가가 광고의 내용이나 방법에 대한 기준을 제한할 수 있는 항목으로 옳지 않은 것은?

① 용도, 성분, 성능
② 소비자가 오해할 우려가 있는 특정용어나 특정표현
③ 광고의 매체
④ 광고 시간대
⑤ 광고비용

🔓 **해설**

⑤ 「소비자기본법」 제11조에 따르면 '광고비용'은 광고의 기준에 해당하지 않는다.

10 「소비자기본법」에 의한 소비자의 기본적 권리로만 바르게 짝지어진 것은?

> ㉠ 물품 또는 용역을 선택함에 있어서 필요한 지식 및 정보를 제공받을 권리
> ㉡ 합리적인 소비생활을 위하여 필요한 교육을 받을 권리
> ㉢ 사업자 등과 더불어 자유시장경제를 구성하는 주체일 권리
> ㉣ 안전하고 쾌적한 소비생활 환경에서 소비할 권리
> ㉤ 환경친화적인 자원재활용에 대해 지원받을 권리

① ㉠, ㉡, ㉢, ㉣, ㉤
② ㉠, ㉡, ㉢
③ ㉠, ㉡, ㉣
④ ㉡, ㉢, ㉤
⑤ ㉡, ㉣, ㉤

🔓 **해설**

소비자의 기본적 권리(법 제4조)

> 소비자는 다음의 기본적 권리를 가진다.
> 1. 물품 또는 용역(이하 "물품 등"이라 한다)으로 인한 생명·신체 또는 재산에 대한 위해로부터 보호받을 권리
> 2. 물품 등을 선택함에 있어서 필요한 지식 및 정보를 제공받을 권리
> 3. 물품 등을 사용함에 있어서 거래상대방·구입장소·가격 및 거래조건 등을 자유로이 선택할 권리
> 4. 소비생활에 영향을 주는 국가 및 지방자치단체의 정책과 사업자의 사업활동 등에 대하여 의견을 반영시킬 권리
> 5. 물품 등의 사용으로 인하여 입은 피해에 대하여 신속·공정한 절차에 따라 적절한 보상을 받을 권리
> 6. 합리적인 소비생활을 위하여 필요한 교육을 받을 권리
> 7. 소비자 스스로의 권익을 증진하기 위하여 단체를 조직하고 이를 통하여 활동할 수 있는 권리
> 8. 안전하고 쾌적한 소비생활 환경에서 소비할 권리

유통·물류일반관리 제1과목 / 제상권분석 2과목 / 유통마케팅 제3과목 / 유통정보 제4과목

11 「소비자기본법」에서는 조정위원회가 분쟁조정을 신청받은 때에는 신청을 받은 날부터 며칠 이내에 분쟁조정을 마치도록 정하고 있는가?

① 10일 ② 14일
③ 15일 ④ 21일
⑤ 30일

🔓 **해설**

⑤ 조정위원회는 분쟁조정을 신청받은 때에는 그 신청을 받은 날부터 30일 이내에 그 분쟁조정을 마쳐야 한다(법 제66조 제1항).

12 소비자기본법(법률 제19511호, 2023.6.20., 일부개정)에서 제시하고 있는 국가 및 지방자치단체가 소비자 능력 향상을 위해 실행하는 내용으로 옳지 않은 것은?

① 소비자의 능력을 향상시키기 위해 「방송법」에 따른 방송사업을 한다.
② 경제 및 사회의 발전에 따라 소비자의 능력 향상을 위한 프로그램을 개발한다.
③ 소비자교육과 학교교육·평생교육을 연계하여 교육적 효과를 높이기 위한 시책을 수립·시행한다.
④ 소비자가 자신의 선택에 책임을 지는 소비생활을 할 수 있도록 교육한다.
⑤ 소비자교육의 방법 등에 관하여 필요한 사항을 산업통상부령으로 정한다.

🔓 **해설**

소비자의 능력 향상(법 제14조)

> ① 국가 및 지방자치단체는 소비자의 올바른 권리행사를 이끌고, 물품등과 관련된 판단능력을 높이며, 소비자가 자신의 선택에 책임을 지는 소비생활을 할 수 있도록 필요한 교육을 하여야 한다.
> ② 국가 및 지방자치단체는 경제 및 사회의 발전에 따라 소비자의 능력 향상을 위한 프로그램을 개발하여야 한다.
> ③ 국가 및 지방자치단체는 소비자교육과 학교교육·평생교육을 연계하여 교육적 효과를 높이기 위한 시책을 수립·시행하여야 한다.
> ④ 국가 및 지방자치단체는 소비자의 능력을 효과적으로 향상시키기 위한 방법으로 「방송법」에 따른 방송사업을 할 수 있다.
> ⑤ 제1항의 규정에 따른 소비자교육의 방법 등에 관하여 필요한 사항은 대통령령으로 정한다.

13 「전자문서 및 전자거래 기본법(법률 제18478호, 2021. 10. 19., 일부개정)」에서 사용하는 용어의 뜻으로 옳지 않은 것은?

① 전자거래란 재화나 용역을 거래할 때 전부 또는 일부가 전자문서 등 전자적 방식으로 처리되는 거래를 말한다.
② 정보처리시스템이란 전자문서의 작성·변환, 송신·수신 또는 저장을 위하여 이용되는 정보처리능력을 가진 전자적 장치 또는 체계를 말한다.
③ 전자정보란 정보처리시스템에 의하여 전자적 형태로 작성·변환되거나 송신·수신 또는 저장된 정보를 말한다.
④ 전자거래사업자란 전자거래를 업(業)으로 하는 자를 말한다.
⑤ 전자거래이용자란 전자거래를 이용하는 자로서 전자거래사업자 외의 자를 말한다.

🔓 해설

③ 「전자문서 및 전자거래 기본법」 제2조 용어의 정의에 따르면, 전자정보에 대한 정의는 규정되어 있지 않다.

정의(제2조)

1. "전자문서"란 정보처리시스템에 의하여 전자적 형태로 작성·변환되거나 송신·수신 또는 저장된 정보를 말한다.
2. "정보처리시스템"이란 전자문서의 작성·변환, 송신·수신 또는 저장을 위하여 이용되는 정보처리능력을 가진 전자적 장치 또는 체계를 말한다.
3. "작성자"란 전자문서를 작성하여 송신하는 자를 말한다.
4. "수신자"란 작성자가 전자문서를 송신하는 상대방을 말한다.
5. "전자거래"란 재화나 용역을 거래할 때 그 전부 또는 일부가 전자문서 등 전자적 방식으로 처리되는 거래를 말한다.
6. "전자거래사업자"란 전자거래를 업(業)으로 하는 자를 말한다.
7. "전자거래이용자"란 전자거래를 이용하는 자로서 전자거래사업자 외의 자를 말한다.
8. "공인전자주소"란 전자문서를 송신하거나 수신하는 자를 식별하기 위하여 문자·숫자 등으로 구성되는 정보로서 등록된 주소를 말한다.
9. "공인전자문서센터"란 타인을 위하여 다음 각 목의 업무를 하는 자로서 지정받은 자를 말한다.
   가. 전자문서의 보관 또는 증명
   나. 그 밖에 전자문서 관련 업무
10. "공인전자문서중계자"란 타인을 위하여 전자문서의 송신·수신 또는 중계를 하는 자로서 인증을 받은 자를 말한다.

14 「전자문서 및 전자거래 기본법」에서 정한 전자거래사업자의 일반적 준수사항으로 옳지 않은 것은?

① 소비자가 자신의 주문을 취소 또는 변경할 수 있는 절차의 마련
② 소비자의 불만과 요구사항을 신속하고 공정하게 처리하기 위한 절차의 마련
③ 거래의 증명 등에 필요한 거래기록의 일정기간 보존
④ 소비자가 쉽게 접근할 수 있는 물리적 공간의 마련
⑤ 상호(법인인 경우 대표자의 성명 포함)와 그 밖에 자신에 관한 정보와 재화, 용역, 계약 조건 등에 관한 정확한 정보의 제공

🔓 해설

전자거래사업자는 ①, ②, ③ 및 ⑤ 이외에도 전자거래와 관련되는 소비자를 보호하고 전자거래의 안전성과 신뢰성을 확보하기 위하여 소비자가 쉽게 접근·인지할 수 있도록 약관을 제공 및 보존하고 청약의 철회, 계약의 해제 또는 해지, 교환, 반품 및 대금환급 등을 쉽게 할 수 있는 절차를 마련하여야 한다(법 제17조).

유통·물류일반관리 **제1과목**

유통상권분석 **제2과목**

유통마케팅 **제3과목**

유통정보 **제4과목**

대표기출문제

제2과목 상권분석

THEME 01 　상권의 개념

01 다음은 상권 및 상권설정과 관련된 용어에 대한 설명이다. 옳지 않은 것은?

① 상권분석 자료수집활동은 우선 1차 및 2차 자료 수집활동으로 나뉘어진다. 여기서 1차 자료 수집활동이란 각종 관련 통계자료 및 유통연구소의 발표자료 등 이미 존재하는 정보자료를 손쉽게 수집하는 활동을 의미한다.

② 상권분석은 일반적으로 기존점포에 대한 상권분석과 신규점포에 대한 상권분석으로 분리하여 실행하며, 이때 기존점포에 대한 상권분석이 신규점포에 대한 상권분석보다 더욱 상세하며 보다 정확하게 분석될 수 있다.

③ 상권이란 어느 특정 상업집단의 상업세력이 미치는 범위를 말한다.

④ 상권이란 하나의 점포 또는 점포들의 집단이 고객을 유인할 수 있는 지역적 범위를 나타내며, 매출수량 및 매출액기여도에 따라 1차, 2차, 3차 상권(영향권)으로 구분할 수 있다.

⑤ 상권은 경쟁의 정도에 따라 과다상권, 포화상권, 과소상권으로 구분할 수 있다.

🔓 해설

① 관련 통계자료 및 유통연구소의 발표자료 등 이미 존재하는 정보자료는 1차 자료가 아니라 2차 자료이다.

✅ 상권의 정의

1. 상권의 개념 : 상권이란 점포 또는 점포집단들이 고객을 흡인할 수 있는 지리적 범위를 의미하며 배후지와도 동일한 개념이다. 상권은 사회적·경제적·행정적 여건에 따라 변화 중에 있으므로 현재뿐 아니라 장래상황도 고려해야 한다.
2. 상거래의 세력이 미치는 범위
   - 지리적 상권 범위 내의 잠재적·실제적 수요
   - 고객이 흡인되는 지리적 범위
3. 상권의 분류 : 개별점포상권은 고객의 밀집도 및 구매력 정도에 따라 1차, 2차 및 3차(한계)상권으로 나누어지며, 경쟁 정도에 따라서는 포화·과소·과다상권으로 나눌 수 있다.
4. 상권분석을 위한 자료수집 : 기존자료가 존재한다면 시간과 비용절감 측면에서 간접 조사인 2차 자료조사를 통해 예비적 조사를 먼저 실시한 후 해당 조사목적에 부합하는 1차 자료를 직접 수집·조사한다.

---

02 다음 중 상권 또는 입지에 관한 내용으로 가장 옳은 것은?

① 상권은 점포의 위치나 위치적 조건을 의미하는 개념이다.

② 지점(point), 부지(site)는 상권을 표현하는 주요한 키워드이다.

③ 입지는 점포의 유효수요 분포 공간으로 인식된다.

④ 점포면적, 가시성, 주차시설은 입지의 평가항목에 포함된다.

⑤ 입지는 '어떤 지역에 밀집한 점포집단의 영향권'을 의미하기도 한다.

정답　**01** ①　**02** ④

🔓**해설**

① 점포의 위치나 위치적 조건을 의미하는 개념은 입지(location)이다.
② 지점(point), 부지(site)는 입지를 표현하는 주요한 키워드이다.
③ 점포의 유효수요 분포 공간으로 인식되는 것은 상권이다.
⑤ '어떤 지역에 밀집한 점포집단의 영향권을 의미하는 것은 상권이다.

03 상권을 규정하는 요인에 대한 설명 중 가장 옳지 않은 것은?

① 상품의 성격이나 종류가 같은 점포들 중에서는 표준화 전략을 추구하는 점포가 차별화 전략을 추구하는 점포보다 상권의 범위가 넓어진다.
② 상권을 규정하는 가장 중요한 요인은 소비자나 판매자가 감안하게 되는 시간과 비용요인이다.
③ 상품가치를 좌우하는 보존성이 강한 재화일수록 오랜 운송에도 견딜 수 있으므로 상권이 확대된다.
④ 상권이란 상거래함으로써 형성되는 시장지역을 의미한다.
⑤ 비용요인에는 생산비, 운송비, 판매비용 등이 포함되며 크기가 상대적으로 작을수록 상권은 축소된다.

🔓**해설**

상권 범위는 재화의 종류에 따라 상이한데 가격이 낮고 구매빈도가 높은 편의품은 범위가 좁으며, 가격이 높고 관여도가 크며 내구성이 큰 선매품·전문품의 경우에는 상권 범위가 넓다.
⑤ 비용요인이 작은 경우에는 총가격(제품원가＋각종 비용)이 상대적으로 작아 상권 범위가 더욱 확장될 수 있다.

04 소매점의 입지선정을 위한 공간분석의 논리적 순서로서 가장 옳은 것은?

① 개별점포(site)분석 – 지구상권(district area)분석 – 광역지역(general area)분석
② 광역지역(general area)분석 – 개별점포(site)분석 – 지구상권(district area)분석
③ 지구상권(district area)분석 – 광역지역(general area)분석 – 개별점포(site)분석
④ 광역지역(general area)분석 – 지구상권(district area)분석 – 개별점포(site)분석
⑤ 개별점포(site)분석 – 광역지역(general area)분석 – 지구상권(district area)분석

🔓**해설**

④ 입지선정을 위한 상권분석의 단계는 가장 넓은 범위의 지역상권을 분석하고 지역상권의 범위 내에서 지구상권을 분석한 후 개별점포상권을 결정하는 것이 가장 일반적인 순서이다.

구분	상권의 유형분류
상권의 범위(규모)	도심상권 ＞ 부도심상권 ＞ 근린주거상권
계층구조별 범위	지역상권(광역상권＝총상권) ＞ 지구상권 ＞ 개별점포상권

05 경쟁점포가 상권에 미치는 일반적 영향에 관한 설명으로 가장 옳은 것은?

① 인접한 경쟁점포는 편의품점의 상권을 확장시킨다.
② 인접한 경쟁점포는 편의품점의 매출을 증가시킨다.
③ 인접한 경쟁점포는 선매품점의 상권을 확장시킨다.
④ 산재성 입지에 적합한 업종일 때 인접한 경쟁점포는 매출 증가에 유리하다.
⑤ 집재성 입지에 적합한 업종은 인접한 동일업종 점포가 없어야 유리하다.

유통·물류일반관리 제1과목

제2과목 상권분석

유통마케팅 제3과목

유통정보 제4과목

🔓 **해설**

편의품점은 산재성 점포의 입지 성격을 지니므로 인접한 경쟁점포는 상권 축소 및 매출 감소에 영향을 미친다. 반면 집재성 점포는 동일 또는 유사점포가 다수 인접한 경우 매출 등에 유리한 시너지효과가 발생한다.

06 업종형태와 상권과의 관계에 대한 다음 내용 중에서 가장 옳지 않은 것은?

① 생필품의 경우 소비자의 구매거리가 짧고 편리한 장소에서 구매하고자 하므로 이런 상품을 취급하는 업태는 주택지에 근접한 입지를 취하는 것이 좋다.

② 선매품을 취급하는 소매점포는 편의품점보다 상위의 소매 중심지나 상점가에 입지하여 넓은 범위의 상권을 가져야 한다.

③ 전문품을 취급하는 점포의 경우 고객이 지역적으로 밀집되어 있으므로 상권의 밀도는 높고 범위는 좁은 특성을 갖고 있다.

④ 동일업종의 경우 점포의 규모나 품목의 구성에 따라 상권의 범위가 달라진다.

⑤ 백화점의 경우 최근 지방으로의 다점포 경영 성향이 증가하고 있는 추세이다.

🔓 **해설**

③ 전문품을 취급하는 점포의 경우 고객이 광역적으로 분포되어 있고, 상권의 밀도는 낮으며, 범위는 넓은 특성을 갖고 있다. 취급상품의 종류에 따른 구분 시 '전문품 > 선매품 > 편의품(생필품)'의 순으로 상권의 범위가 정해진다.

07 해당 크기나 정도가 증가할수록 소매점포상권을 확장시키는 요인으로서 가장 옳은 것은?

① 자연적 장애물

② 인근점포의 보완성

③ 배후지의 소득수준

④ 배후지의 인구밀도

⑤ 취급상품의 구매빈도

🔓 **해설**

② 인근점포의 보완성은 집재성 점포 입지에 따른 장점에 해당하므로 그 크기나 정도가 증가할수록 소매점포상권을 확장시키는 요인에 해당한다.

① 자연적 장애물은 상권 확장을 방해하는 축소요인에 해당한다.

③ 배후지의 소득수준이 높은 고소득 지역이라는 것만으로는 상권의 범위를 확장시키는 요인에 해당하지는 않는다.

④, ⑤ 취급상품의 구매빈도가 높거나 인구밀도가 높은 경우 일정 지역으로 상권의 범위가 좁아지는 편의품점 유형인 산재성 점포에 해당한다.

08 분석대상이 되는 점포와의 거리를 기준으로 상권 유형을 구분할 때 상대적으로 소비수요 흡인비율이 가장 낮은 지역을 한계상권(fringe trading area)이라고 한다. 일반적으로 한계상권은 다음 중 어느 것에 해당하는가?

① 최소수요 충족거리

② 분기점상권

③ 1차 상권

④ 2차 상권

⑤ 3차 상권

🔓 **해설**

⑤ 3차 상권은 1·2차 상권에 포함되지 않는 한계상권으로, 상권의 경계부분이 되는 지역으로 포괄적이고 광범위하게 분포되어 있으며, 매출액의 10% 이내를 차지한다(전문품 또는 선매품 위주).

09 상권의 유형에 대한 설명으로 가장 옳지 않은 것은?

① 도심상권은 중심업무지구(CBD)를 포함하며 상권의 범위가 넓고 소비자들의 평균 체류시간이 길다.

② 부도심상권은 간선도로의 결절점이나 역세권을 중심으로 형성되는 경우가 많으며 도시 전체의 소비자를 유인한다.

③ 근린상권은 점포 인근 거주자들이 주요 소비자로 생활밀착형 업종의 점포들이 입지하는 경향이 있다.

④ 역세권상권은 지하철이나 철도역을 중심으로 형성되며 지상과 지하의 입체적 상권으로 고밀도 개발이 이루어지는 경우가 많다.

⑤ 아파트상권은 고정고객의 비중이 높아 안정적인 수요확보가 가능하지만 외부와 단절되는 경우가 많아 외부고객을 유치하는 상권확대 가능성이 낮은 편이다.

🔓 **해설**

② 부도심상권은 간선도로의 결절점이나 역세권을 중심으로 형성되므로 지구단위상권의 소비자를 유인하지만, 광역상권과 같이 도시 전체의 소비자를 흡인하기에는 다소 부족하다.

---

01 다음 중 상권설정의 필요성과 가장 거리가 먼 것은?

① 잠재수요를 파악하기 위해

② 구체적인 입지계획을 수립하기 위해

③ 지역 내 고객 특성 파악을 통한 구색맞춤과 판촉방향을 파악하기 위해

④ 개별점포의 입지접근성과 가시성을 높이기 위해

⑤ 개별점포의 출점 시의 성공 가능성을 예측하기 위해

🔓 **해설**

④ 점포의 접근성과 가시성을 높이기 위한 설정은 점포의 출점 이후의 후행적 행위라고 볼 수 있을 뿐 상권설정과는 관계가 없다.

✅ **상권의 범위를 설정하는 이유**(필요성)
개별점포의 출점에 앞서 상권의 분석을 통해 개별점포의 성공 가능성을 예측하기 위한 선행적인 필수분석으로서 지역 내 잠재수요를 파악하고 구체적인 입지계획을 수립하며, 지역 내 고객 특성 파악을 통한 구색맞춤과 판촉방향을 파악하기 위함이다.

02 경쟁점포에 대한 조사목적에 따른 조사항목으로 가장 옳지 않은 것은?

① 시장지위 – 경쟁점포의 시장점유율, 매출액

② 운영현황 – 종업원 접객능력, 친절도

③ 상품력 – 맛, 품질, 가격경쟁력

④ 경영능력 – 대표의 참여도, 종업원 관리

⑤ 시설현황 – 점포면적, 인테리어

🔓 **해설**

② 경쟁점포에 대한 조사항목 중 운영현황에 해당하는 것은 매출액, 객단가, 종업원의 수, 방문고객 수 등이 해당한다.

03 점포입지나 상권분석을 위한 회귀분석에 관한 설명으로 가장 옳지 않은 것은?

① 점포의 성과에 대한 여러 변수들의 상대적인 영향력 분석이 가능하다.

② 상권분석에 점포의 성과와 관련된 많은 변수들을 고려할 수 있다.

③ 독립변수들이 상호관련성이 없다는 가정은 현실성이 없는 경우가 많다.

④ 분석대상과 유사한 상권특성을 가진 점포들의 표본을 충분히 확보하기 어렵다.

⑤ 시간의 흐름에 따라 회귀모델을 개선해 나갈 수 없어 확장성과 융통성이 부족하다.

🔓 **해설**

⑤ 인과형 모형인 회귀분석은 새로운 데이터가 누적적으로 추가되면 이를 바탕으로 독립변수 또는 회귀계수의 변경 등을 통해 회귀모델의 개선이 가능하므로 확장성과 융통성이 매우 뛰어난 분석이라 할 수 있다.

04 입지분석에 사용되는 각종 이론들에 대한 설명 중 가장 옳지 않은 것은?

① 공간상호작용모델은 소비자 구매행동의 결정요인에 대한 이해를 통해 입지를 결정한다.

② 다중회귀분석은 점포성과에 영향을 주는 요소의 절대적 중요성을 회귀계수로 나타낸다.

③ 유추법은 유사점포에 대한 분석을 통해 입지후보지의 예상 매출을 추정한다.

④ 체크리스트법은 특정 입지의 매출규모와 입지비용에 영향을 줄 요인들을 파악하고 유효성을 평가한다.

⑤ 입지분석이론들은 소매점에 대한 소비자 점포선택 행동과 소매상권의 크기를 설명한다.

🔓 **해설**

② 다중회귀분석은 인과형 모형으로 원인변수인 독립변수가 둘 이상인 경우의 회귀분석을 말한다. 이때 점포성과에 영향을 주는 둘 이상 요소는 절대적이 아닌 상대적 중요성을 회귀계수로 나타낼 수 있다.

05 다음 주어진 내용이 설명하고 있는 이론은?

> 사회학자인 Burgess에 의해서 발전된 이론으로, Von Thünen의 고립국의 동심원이론 개념을 응용한 이론이다. 이 이론에 따르면 토지의 이용은 중심지인 '중심상업지역 → 전이지역 → 공장지역 → 저소득지역 → 고소득지역 → 통근지역'으로 형성된다고 한다.

① 동심원이론   ② 선형이론
③ 다핵심이론   ④ 다차원이론
⑤ 소매중력이론

🔓 **해설**

① 버제스(E. Burgess)의 동심원이론에 의하면 도시는 폭이 일정하지 않은 5개의 동심원지대(중심상업지역 → 전이지역 → 저소득지역 → 고소득지역 → 통근지역)로 구성되어 있고, 또한 도시는 중심지에서 원을 그리면서 멀어질수록 도시문제, 접근성, 지대, 인구밀도가 낮아진다고 한다.

06 도심으로부터 새로운 교통로가 발달하면 교통로를 축으로 도매, 경공업 지구가 부채꼴 모양으로 확대된다는 공간구조이론으로 가장 옳은 것은?

① 버제스(E. W. Burgess)의 동심원지대이론
② 해리스(C. D. Harris)의 다핵심이론
③ 호이트(H. Hoyt)의 선형이론
④ 리카도(D. Ricardo)의 차액지대설
⑤ 마르크스(K. H. Marx)의 절대지대설

🔓**해설**

③ 도시 내부의 공간구조를 설명하는 이론 중 CBD (중심상업지)로부터 새로운 교통로가 발달하면 이를 축으로 도매, 경공업 지구가 부채꼴 모양으로 확대된다는 공간구조이론은 호이트(H. Hoyt)의 선형이론(sector theory)에 해당한다.

07 유통가공을 수행하는 도매업체의 입지선정에는 공업입지 선정을 위한 베버(A. Weber)의 '최소비용이론'을 준용할 수 있다. 총 물류비만을 고려하여 이 이론을 적용할 때, 원료지향형이나 노동지향형 대신 시장지향형 입지를 택하는 것이 유리한 조건으로 가장 옳은 것은?

① 유통가공으로 중량이 감소되는 경우
② 부패하기 쉬운 완제품을 가공·생산하는 경우
③ 제품수송비보다 원료수송비가 훨씬 더 큰 경우
④ 미숙련공을 많이 사용하는 노동집약적 유통가공의 경우
⑤ 산지가 국지적으로 몰려 있는 편재원료의 투입 비중이 높은 경우

🔓**해설**

② 베버(A. Weber)의 최소비용이론에 따르면 부패하기 쉬운 완제품을 가공·생산하는 경우에는 시장지향형 입지를 선택해야 한다.

✅ 원료지향형 입지와 시장지향형 입지의 비교

원료지향형 입지	시장지향형 입지
시멘트 제조업 등에 적합	식료품업, 맥주공장 등에 적합
부패하기 쉬운 원료생산업	부패하기 쉬운 제품생산업
국지적 원료 사용공장	보편원료 사용공장
원료수송비 > 제품수송비	제품수송비 > 원료수송비
공급자 중심적 시장 입지가 중요	소비자 접촉이 많은 입지가 중요
재고확보의 중요성이 상대적으로 낮음	재고확보의 중요성이 높음

---

01 다음 중 기존점포에 대한 상권분석 자료로 보기 가장 어려운 것은?

① 체크리스트방법
② 신용카드 고객자료
③ 차량조사법 혹은 소비자조사법을 이용한 1차 자료 수집 내용
④ 마일리지(mileage) 고객자료
⑤ 인구통계자료, 유통기관 및 연구소에서 기발표된 2차 자료 수정분

🔓**해설**

기존점포에 대한 상권분석은 주로 점포 내부자료(신용카드 고객자료, 마일리지 고객자료 등)와 회사 내의 2차 자료를 이용하여 실시한다. 반면, 신규점포에 대한 상권분석은 상권 내 제반 입지특성, 소비자의 특성, 경쟁구조를 분석하는 것으로 서술적 방법(체크리스트법, 유추법, 현지조사법, 비율법 등)과 규범적 모형(중심지이론, 소매인력법칙 등), 확률적 모형(허프 모형, MNL 모형 등) 등을 이용한다.

02 상권분석방법은 규범적 모형과 기술적 방법(descriptive method)으로 구분될 수 있다. 이 중 기술적 방법에 포함될 수 있는 것은?

① 공간적 상호작용 모델
② 중심지이론
③ 유추법
④ 레일리(Reilly)의 소매인력이론
⑤ 컨버스(Converse)의 소매분기점

🔓**해설**

✅ 상권분석방법
- 서술적 방법은 체크리스트법, 유추법, 현지조사법, 비율법
- 규범적 모형은 중심지이론, 소매인력법칙
- 확률적 모형은 허프 모형, 루스 모형, MNL 모형, MCI 모형

03 다음 중 신규점포의 상권분석 시 많이 사용되는 '체크리스트법'의 장점이라고 보기 가장 어려운 것은?

① 평가항목에 대한 이해와 사용이 용이하다.
② 다른 평가방법에 비해 비용이 적게 든다.
③ 항목의 평가가 객관적이며 변수 선정 등이 용이하다.
④ 업종에 따라 체크리스트를 달리할 수 있는 유연성이 있다.
⑤ 짧은 시간 내에 중요 체크항목들을 전체적으로 검토할 수 있다.

🔓 **해설**

✅ 체크리스트법의 장·단점
1. 장점
   • 체크리스트법은 조사자가 이해하기 쉬워 이용에 편리하다.
   • 비용이 상대적으로 적게 든다.
   • 업종에 따라 체크리스트를 달리할 수 있는 유연성이 있다.
2. 단점 : 체크리스트를 작성함에 있어 작성자의 주관적 개입이 용이해 분석 결과에 대한 신뢰성에 의문이 있을 수 있다.

04 다음 중 상권분석의 한 방법인 유추법(analog method)과 별 관련이 없는 것은?

① CST(Customer Spotting Technique)
② 애플바움(Applebaum)
③ 정성적 상권분석
④ 확률모형
⑤ 유사한 기존점포

🔓 **해설**

유추법(analog method) 또는 유사점포법은 체크리스트법, 현지조사법, 비율법과 더불어 대표적인 기술적 방법에 속한다.
④ 확률적 모형은 신규 상권분석기법 중 하나로 허프 모형, 루스 모형, MNL 모형, MCI 모형 등이 있다.

05 유추법(analog method)을 통해 신규점포에 대한 수요를 추정하는 과정에 대한 설명으로 가장 옳지 않은 것은?

① 비교점포는 통계분석 대신 주관적 판단을 주로 사용해서 선정한다.
② 신규점포의 수요는 비교점포의 상권정보를 활용해서 산정한다.
③ 비교점포의 상권을 단위거리에 따라 구역(zone)으로 나눈다.
④ 비교점포의 구역별 고객 1인당 매출액을 추정한다.
⑤ 수요예측을 위해 반드시 2개 이상의 비교점포를 선정해야 한다.

🔓 **해설**

⑤ 애플바움(W. Applebaum)의 유추법은 당해 점포와 가장 유사성이 높은 하나의 비교점포를 선정하여 신규점포에 대한 예상 매출액을 추정하는 방식으로, 반드시 2개 이상의 비교점포를 선정할 필요는 없다.

06 CST(Customer Spotting Technique) map 기법의 유용성에 관한 내용이다. 가장 거리가 먼 것은?

① 상권의 규모를 파악할 수 있도록 해준다.
② 경쟁 정도를 측정하고 파악할 수 있도록 해준다.
③ 점포의 확장계획에 유용하게 활용될 수 있다.
④ 최적상업시설 또는 최적매장면적에 대한 유추가 가능하다.
⑤ 광고 및 판촉전략 수립 시 유용성이 있다.

🔓 **해설**

④ 최적상업시설 또는 최적매장면적에 대한 유추가 가능한 방법은 허프의 확률모형이다.

✅ CST 기법의 활용분야(유용성)
상권의 규모 측정, 고객 특성 파악, 광고 및 판촉전략 수립, 경쟁의 정도 측정, 점포의 확장계획의 수립 등에 활용된다.

07 점포의 입지결정을 내리기 위한 상권분석기법 중에서 ㉠과 ㉡에 가장 옳은 것은?

> (㉠)은 점포입지의 특성이 비슷한 analog store의 자료를 구할 수 있을 만큼 충분한 점포가 있어야 하며, (㉡)도 유사한 상권을 가진 점포들의 표본을 충분히 구할 수 있어야 분석이 가능하다. 즉, (㉠)과 (㉡)은 점포 수가 많지 않아 필요한 만큼의 점포 관련 자료를 수집하기 어려운 개인 점포에서는 현실적으로 적용 가능성이 매우 낮다.

① ㉠ Huff 모델,　　㉡ MNL 모델
② ㉠ 체크리스트법,　㉡ 소매중력모형
③ ㉠ 유사점포법,　　㉡ Huff 모델
④ ㉠ 유사점포법,　　㉡ 회귀분석법
⑤ ㉠ MNL 모델,　　㉡ 소매중력모형

🔓 **해설**

㉠은 애플바움(W. Applebaum)이 개발한 유추법(analog method)에 대한 내용이다. 유사점포법 또는 아날로그법이라고도 번역한다. ㉡은 회귀분석법(regression method)에 대한 내용이다. 두 방법 모두 표본의 수가 충분하게 확보되어야 활용할 수 있다.

08 점포를 이용하는 고객 인터뷰를 통해 소비자의 지리적 분포를 확인할 수 있는 방법은?

① 컨버스(Converse)의 소매인력이론
② 아날로그(analog) 방법
③ 허프(Huff)의 소매인력법
④ 레일리(Reilly)의 소매인력모형법
⑤ 고객점표법(Customer Spotting Technique)

🔓 **해설**

⑤ 고객점표법(Customer Spotting Technique)은 점포를 이용하는 고객 인터뷰를 통해 소비자의 지리적 분포를 점으로 표시해 직관적으로 확인할 수 있는 방법으로, 애플바움(W. Applebaum)이 개발한 유추법에서 상권 규모를 측정할 때 사용하는 기법이다.

01 '뉴턴의 만유인력'을 원용한 '소매인력법칙'을 제안한 사람으로 "두 도시의 중간에 위치하는 지역에 대하여 두 도시의 상권이 미치는 영향력의 범위는 두 도시의 크기에 비례하고 두 도시까지의 거리의 제곱에 반비례한다." 라고 주장한 사람은?

① 크리스탈러(W. Christaller)
② 컨버스(P. Converse)
③ 애플바움(W. Applebaum)
④ 허프(D. Huff)
⑤ 레일리(W. J. Reilly)

🔓 **해설**

⑤ 뉴턴의 만유인력에 기초하여 소매인력법칙을 제안한 사람은 윌리엄 레일리(W. J. Reilly)이다. 레일리의 소매인력법칙(the law of retail gravitation)은 두 경쟁도시가 그 중간에 위치한 소도시의 거주자들을 끌어들일 수 있는 상권 규모(proportion of retail trade)는 인구에 비례하고, 각 도시와 중간도시 간의 거리에 제곱에 반비례한다는 것으로 거리와 인구라는 두 가지 변수를 이용하여 상권의 경계를 확정하는 모형이다.

02 A도시의 인구는 20만 명, B도시의 인구는 40만 명, 중간에 위치한 C도시의 인구는 6만 명이다. A도시와 C도시의 거리는 5km, C도시와 B도시의 거리는 10km인 경우 레일리의 소매인력이론에 의하면 C도시의 인구 중에서 몇 명이 A도시로 흡수되는가?

① 20,000명　　② 25,000명
③ 30,000명　　④ 40,000명
⑤ 45,000명

🔓 **해설**

$$\frac{R_B}{R_A} = \frac{P_B}{P_A} \times \left(\frac{D_A}{D_B}\right)^2 = \frac{40만\ 명}{20만\ 명} \times \left(\frac{5}{10}\right)^2 = \frac{1}{2}$$

따라서 C도시 인구 중 A도시에 흡수되는 인구수는

$$6만\ 명 \times \frac{2}{2+1} = 4만\ 명$$

03 두 도시 사이의 거래가 분기되는 중간지점(분기점, breaking point)의 정확한 위치를 결정하기 위한 분기점 공식을 이용한 상권분석방법은? (여기에서 분기점은 두 도시에 상대적으로 흡인되는 구매력 정도가 같은 지점이 된다)

① 허프 모델
② 컨버스의 법칙
③ 수정 허프 모델
④ 레일리의 소매인력법칙
⑤ 크리스탈러의 중심지이론

🔓 **해설**

② 컨버스의 중력법칙은 레일리의 소매중력법칙을 활용한 모형으로, 이웃하는 두 도시 사이의 거래가 분기되는 중간지점(분기점, breaking point)의 정확한 위치를 결정하기 위한 분기점을 산출하는 분기점모형이다.

04 서로 떨어져 있는 두 도시 A, B의 거리는 30km이다. 이때 A시의 인구는 8만 명이고 B시의 인구는 A시의 4배라고 하면 도시 간의 상권경계는 B시로부터 얼마나 떨어진 곳에 형성되겠는가? (Converse의 상권분기점 분석법을 이용해 계산하라)

① 6km ② 10km
③ 12km ④ 20km
⑤ 24km

🔓 **해설**

컨버스(Converse)의 제1법칙에 의하면,
규모가 작은 A도시의 상권의 한계점은

$$D_A = \frac{d}{1 + \sqrt{\frac{P_B}{P_A}}} \text{이다.}$$

여기서 d는 두 도시 간의 거리, P_A와 P_B는 각 도시의 인구이다. 주어진 자료를 대입하면,

$$D_A = \frac{30}{1 + \sqrt{\frac{320,000}{80,000}}} = 10 \text{km이다.}$$

따라서 A도시로부터 분기점까지의 거리는 10km이다. B도시로부터 분기점은 30km − 10km = 20km이다.
더 쉽게 구하면 A, B 두 도시의 인구는 $1 : \sqrt{4}$, 즉 1 : 2가 되므로 상권의 경계는 A시로부터 10km, B시로부터 20km 떨어진 곳에 형성된다.

05 상업기능이 풍부한 대도시 A와 B 사이에 존재하는 소도시 C가 있다. 소도시 C의 상업기능이 부족하여 이웃하는 두 도시의 상권을 이용해야 하는데, 레일리의 소매인력법칙을 이용하여 소도시 C로부터 대도시 A로의 인구유인비율은 얼마인가?

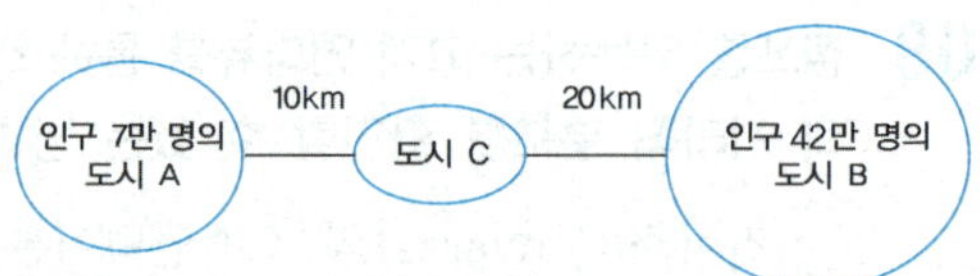

① 도시 A 30%, 도시 B 70%
② 도시 A 40%, 도시 B 60%
③ 도시 A 50%, 도시 B 50%
④ 도시 A 60%, 도시 B 40%
⑤ 도시 A 70%, 도시 B 30%

🔓 **해설**

$$\frac{R_B}{R_A} = \frac{42\text{만 명}}{7\text{만 명}} \times \left(\frac{10}{20}\right)^2 = \frac{3}{2}$$

$$\therefore R_A : R_B = 2 : 3$$

따라서 도시 A에 40%, 도시 B에 60%가 유입이 된다.

06 Christaller의 중심지이론에서 제시하는 내용으로 가장 옳지 않은 것은?

① 생산자와 소비자 모두 완전한 지식을 갖는 합리적 경제인으로 본다.

② 하나의 중심지가 있을 때 고려하는 상권은 원형의 형태로 구성된다.

③ 각 지역에서 중심지까지 이동하는 노력의 정도는 거리에 비례한다.

④ 주민의 구매력과 소비형태는 동질적인 것으로 가정한다.

⑤ 이동시간을 기준으로 고려하면 양쪽 중심지까지 무차별적인 지역이 없어지게 된다.

해설

✔ 중심지이론의 기본전제(가정)
- 지표공간은 균질적 표면(isotropic surface)으로 되어 있고, 한 지역 내의 교통수단은 오직 하나이며, 운송비는 거리에 비례한다.
- 인구는 공간상에 균일하게 분포되어 있고, 주민의 구매력과 소비행태는 동일하다.
- 인간은 합리적인 사고에 따라 의사결정을 하며, 최소의 비용과 최대의 이익을 추구하는 경제인(economic man)이다.

07 크리스탈러(W. Christaller)에 의해 제안되고 뢰쉬(A. Lösch)에 의해 발전된 중심지이론에 대한 설명으로 가장 올바른 것은?

① 도시 중심기능의 수행 정도는 그 도시의 인구 규모에 비례한다.

② 중심도시를 둘러싼 배후상권의 규모는 도시 규모에 반비례한다.

③ 상업중심지가 하나일 때 중심기능을 제공받는 이상적인 배후모양은 육각형이다.

④ 중심지기능의 도달거리는 최소수요 중심거리를 초과하는 공간구조이다.

⑤ 최대도달거리가 최소수요 충족거리보다 작아야 상업시설이 입지할 수 있다.

해설

② 도시 규모에 반비례 → 도시 규모에 비례
③ 상업중심지가 하나 → 이상적 배후모양은 원형
④ 최대도달거리는 중심지기능이 배후지에 제공할 수 있는 최대거리를 말한다.
⑤ 최대도달거리 > 최소수요 충족거리

08 다음 (   ) 안에 들어갈 학자나 내용을 올바른 순서대로 나열한 것은?

- (㉠)은/는 이웃하는 두 도시상권의 상권의 경계를 설정하는 모형을 설명하면서, 인구 규모와 도시까지의 거리를 구매할 상권을 결정하는 요소로 보았다.
- (㉡)은/는 소비자가 특정 쇼핑센터를 선택하는 확률은 점포로부터 얻을 수 있는 효용에 의해 결정되며, 거리가 가깝고 매장면적이 큰 소매기관의 효용이 더 크다고 보았다.
- (㉢)은/는 한 지역 내 소비자들의 구매 이동행위는 거리에 의해 결정되며, 소비자가 상품을 구매하기 위해 기꺼이 이동하는 최대거리가 범위가 된다고 보았다.

① 레일리 – 크리스탈러 – 루스

② 컨버스 – 루스 – 애플바움

③ 애플바움 – 허프의 수정모형(MIC) – 뢰쉬

④ 레일리 – 허프 – 크리스탈러

⑤ 크리스탈러 – 뢰쉬 – 컨버스

해설

㉠ 레일리의 소매중력법칙
㉡ 허프의 확률모형(수정 허프 모형)
㉢ 크리스탈러의 중심지이론

09 다음 중 크리스탈러(Christaller)의 중심지이론에서 전제가 되는 기본가정과 가장 거리가 먼 것은?

① 지표공간은 균질적 표면으로 되어 있다.
② 소비자의 특정 상업시설에 대한 효용은 상업시설 규모에 비례하고 점포까지의 거리에 반비례한다.
③ 인구는 공간상에 균일하게 분포되어 있고 주민의 구매력과 소비행태는 동일하다.
④ 인간은 합리적인 사고에 따라 의사결정을 하며 최소의 비용과 최대의 이익을 추구하는 경제인이다.
⑤ 한 지역 내 교통수단은 오직 하나이며 운송비는 거리에 비례한다.

🔓 **해설**
② 소비자의 특정 상업시설에 대한 효용은 상업시설 규모에 비례하고 점포까지의 거리에 반비례한다는 것은 허프의 확률모형이론에 해당한다.

10 다음 중 상권분석을 위한 중심지이론과 관련성이 가장 적은 것은?

① 정육각형 모양의 상권
② 최소수요 충족거리
③ 최대도달거리
④ 개별점포의 효용
⑤ W. 크리스탈러

🔓 **해설**
①, ②, ③, ⑤는 규범적 모형인 중심지이론과 관련된 개념이나, ④ 개별점포의 효용(utility)은 확률적 모형에서 점포를 선택하는 기준에 해당한다.

11 다음 중 크리스탈러(Christaller)의 중심지이론(the central place theory)과 거리가 먼 것은?

① 중심지들은 재화의 도달범위와 최소수요에 따라 위계구조(계층)를 형성한다.
② 동일 계층의 중심지가 단 하나라면 배후지의 형태는 원형이 된다.
③ 동일 계층의 중심지가 다수 분포할 경우에는 배후지가 정육각형 형태를 취한다.
④ 중심지를 형성하기 위해서는 최소수요(the threshold)가 재화의 도달범위(the outer range)보다 큰 경우에만 가능하다.
⑤ 중심지는 배후지라고도 하며 불특정 다수에게 다양한 재화와 서비스를 제공하고 교환의 편의성을 제공하는 밀집적인 상업공간을 의미한다.

🔓 **해설**
④ 중심지(the central place)란 배후지라고도 하며 불특정 다수에게 다양한 재화와 서비스를 제공하고 교환의 편의성을 제공하는 밀집적인 상업공간을 의미한다. 중심지가 성립하기 위해서는 반드시 최대도달거리가 최소수요 충족거리보다 커야 한다.

12 일정한 지리적 공간 안에서 경쟁점포들이 분산해서 입지하는 이유를 설명하는 이론으로 가장 옳은 것은?

① 허프(D. L. Huff)의 상권분석모형
② 허프(D. L. Huff)의 수정 상권분석모형
③ 크리스탈러(W. Christaller)의 중심지이론
④ 레일리(W. Reilly)의 소매인력법칙
⑤ 컨버스(P. D. Converse)의 분기점모형

🔓 **해설**
③ 크리스탈러(W. Christaller)의 중심지이론은 한 지역 내의 생활 거주지(취락)의 입지 및 수적 분포, 취락들 간의 거리관계와 같은 공간구조를 중심지 개념에 의해 설명하는 이론이다.

13 상권분석이론에 대한 설명 중 가장 옳지 않은 것은?

① 레일리의 소매인력법칙은 개별점포의 상권경계를 명확히 구분할 수 있는 방법을 제시하고 있으며, 두 점포의 경계는 점포 주변의 인구와 이동거리에 의해 결정된다고 보았다.

② 점유율 지표를 이용하면 도시의 전체 소매점에서 해당 점포의 출점 전·후의 매장점유율을 비교할 수 있고, 이 값과 매장의 단위면적당 매출을 비교하여 매장효율을 평가할 수 있다.

③ 수정 허프 모델의 역할은 상업시설 간의 경쟁구조 파악, 최적상업시설 또는 매장면적 유추, 매출액 추정, 상권지도 작성, 상업시설 또는 점포를 방문할 수 있는 고객 수 산정 등이다.

④ 유추법의 역할은 상권 규모, 고객 특성, 경쟁 정도 등을 파악할 수 있다는 것이다.

⑤ 컨버스의 법칙은 두 도시 간의 상권경계를 구하는 이론으로, 레일리의 소매인력법칙의 공식에서 분기점은 두 도시에 상대적으로 흡인되는 구매력 정도가 같다는 논리에서 도출된 이론이다.

🔓 해설

① 레일리의 소매인력법칙은 다양한 점포들 간의 밀집이 점포의 매력도를 증가시키는 경향이 있음을 고려하는 이론으로, 개별점포의 상권경계가 아니라 이웃 도시들 간의 상권경계를 결정하는 데 주로 이용된다.

14 중심지 상권의 계층성을 설명하는 중심지이론의 고차원 중심지와 저차원 중심지의 비교 설명으로 가장 옳지 않은 것은?

① 고차원 중심지일수록 고급상품을 취급한다.

② 교통이 발달할수록 저차원 중심지는 쇠락한다.

③ 인구가 증가할수록 중심지 간 거리는 멀어진다.

④ 고차원 중심지일수록 소비자 도달거리가 커진다.

⑤ 고차원 중심지일수록 소비자 이용 빈도가 낮아진다.

🔓 해설

③ 크리스탈러의 중심지이론에 따르면 인구가 증가할수록 사람들이 필요로 하는 상품과 서비스가 많아지므로 더 많은 중심지가 생겨나거나 기존 중심지의 기능이 강화되어서 중심지 간 거리가 더 가까워지는 경향이 있다.

01 "도시 내의 상업집적시설을 단위로 하여, 상업시설의 규모와 상업시설까지 걸리는 시간 또는 거리를 중심으로 각 상업시설을 방문할 확률을 계산하고, 이를 모두 합하여 해당 상업시설의 흡인력을 계산"한 것과 가장 관련이 깊은 사람은?

① 레일리(W. J. Reilly)
② 컨버스(P. D. Converse)
③ 허프(D. L. Huff)
④ 애플바움(W. Applebaum)
⑤ 크리스탈러(W. Christaller)

🔓 **해설**

③ 다수의 상업시설 이용 시 상업시설의 규모와 상업시설까지 걸리는 시간 또는 거리를 중심으로 상업시설의 흡인력을 계산하는 것은 데이비드 허프(D. Huff)의 확률적 모델이다. 허프의 모델은 고객이 특정 점포를 선택할 확률은 점포 크기에 비례하고 점포까지의 거리에 반비례한다는 것이다.

02 허프 모델을 활용하여 파악할 수 있는 내용에 관한 설명이다. 가장 거리가 먼 것은?

① 상업시설 간 경쟁구조의 파악이 가능하다.
② 최적상업시설 또는 최적매장면적에 대한 유추가 가능하다.
③ (각 상품별) 매출액에 대한 추정이 가능하다.
④ 상업시설(점포)을 방문하는 고객의 라이프스타일에 대한 파악이 가능하다.
⑤ 특정 점포로의 소비자 이용확률 산정이 가능하다.

🔓 **해설**

④ 허프 모델을 활용하여 상업시설(점포)을 방문하는 고객의 라이프스타일과 같은 질적(quality) 부분은 측정할 수가 없다. 라이프스타일 분석은 AIO분석을 통해서 이루어진다.

03 상권 범위 내 소비자들이 특정 점포를 선택할 확률을 근거로 예상 매출액을 추정할 수 있는 상권분석기법들로 가장 옳은 것은?

① 유사점포법, Huff 모델
② 체크리스트법, 유사점포법
③ 회귀분석법, 체크리스트법
④ Huff 모델, MNL 모델
⑤ MNL 모델, 회귀분석법

🔓 **해설**

④ 상권 범위 내 소비자들이 특정 점포를 선택할 확률을 근거로 예상 매출액을 추정할 수 있는 확률적 모형에는 Huff 모델, MNL 모델, MCI 모형, Luce의 공리모형 등이 있다.

04 상권분석에서 점포선택과 소매상권의 크기를 파악하기 위해 사용되는 허프(Huff) 모형에 대한 설명으로 볼 수 없는 것은?

① 허프(Huff) 모형은 확률적 상권분석 모형이다.
② 특정 점포에 대한 효용은 점포 크기와 점포까지의 거리에 의해 좌우된다.
③ 소비자와 점포와의 물리적 거리는 시간거리로 대체하여 계산하기도 한다.
④ 거리에 대한 민감도계수는 상권이나 소비자 개인을 불문하고 고정되어 적용된다.
⑤ 특정 점포의 효용이 경쟁점포보다 클수록 그 점포가 선택될 가능성이 높다고 가정한다.

🔓 **해설**

④ 허프(Huff) 모형을 비롯한 공간상호작용(spatial interaction) 모델에서 점포매출에 영향을 미치는 통행거리 등 영향변수의 민감도계수는 상황에 따라 변화할 수 있다고 가정한다. 점포 크기 및 이동거리에 대한 민감도계수는 상권마다 소비자의 실제 구매행동 자료를 통해 추정하므로 상황에 따라 달라진다.

05 확률적 점포선택모형 중 하나인 Huff 모형을 이용하여 각 점포에 대한 선택확률을 계산할 때 필요한 정보가 아닌 것은?

① 소비자가 고려하는 전체 점포의 수
② 소비자가 방문할 가능성이 있는 각 점포의 매장면적
③ 소비자와 각 점포까지의 이동시간 또는 거리
④ 점포의 매장면적에 대한 소비자의 민감도계수
⑤ 점포별로 추정한 거리에 대한 소비자의 민감도계수

🔓 **해설**

⑤ 허프(Huff) 모형은 특정 점포의 매력도(attraction)를 점포의 크기(매장면적)와 점포까지의 이동시간(또는 거리)를 통해 측정하기 때문에 '점포별로 추정한 거리에 대한 소비자의 민감도계수'는 각 점포에 대한 선택확률을 계산할 때 고려하지 않는다.

06 A, B, C 세 점포의 크기와 소비자의 집으로부터 점포까지의 거리는 아래와 같다. 이 경우 Huff 모델을 적용하였을 때, 이 소비자가 구매확률이 가장 높은 점포 및 그 점포를 선택할 확률은? (가정 : 이 소비자는 다음의 세 점포들에서만 상품을 구매할 수 있음. 소비자가 부여하는 점포 크기에 대한 효용은 1, 거리에 대한 효용은 −2임)

점포	거리(km)	크기(m^2)
A	4	50,000
B	6	70,000
C	3	40,000

① A, 약 12.3% ② B, 약 35.5%
③ B, 약 57.3% ④ C, 약 35.5%
⑤ C, 약 46.7%

🔓 **해설**

거리모수가 −2인 경우
• 점포 A의 효용=50,000 / 4^2=3,125
• 점포 B의 효용=70,000 / 6^2=1,944
• 점포 C의 효용=40,000 / 3^2=4,444
따라서 각 점포를 이용할 확률을 계산하면 아래 표와 같다.

점포	거리(km)	크기(m^2)	모수 −2인 경우 이용확률
A	4	50,000	3,125 / 9,513 = 32.8%
B	6	70,000	1,944 / 9,513 = 20.4%
C	3	40,000	4,444 / 9,513 = 46.7%

07 소비자 K가 거주하는 어느 지역에 아래 조건과 같이 3개의 슈퍼가 있는 경우, Huff 모델을 사용하여 K의 이용확률이 가장 높은 점포와 해당 점포에 대한 이용확률을 추정한 것으로 가장 옳은 것은? (단, 거리와 점포면적에 대한 민감도계수가 −2와 3이라고 가정함)

	A슈퍼	B슈퍼	C슈퍼
거리	10	2	3
점포면적	5	4	6

① C슈퍼, 58% ② A슈퍼, 50%
③ B슈퍼, 50% ④ A슈퍼, 44%
⑤ B슈퍼, 33%

🔓 **해설**

	A슈퍼	B슈퍼	C슈퍼
거리	10	2	3
점포면적	5	4	6
각 점포의 효용	$\frac{5^3}{10^2}$=1.25	$\frac{4^3}{2^2}$=16	$\frac{6^3}{3^2}$=24

• A슈퍼의 이용확률=1.25 / 41.25(= 1.25+16+24)
　　　　　　　　=약 3%
• B슈퍼의 이용확률=16 / 41.25=약 39%
• C슈퍼의 이용확률=24 / 41.25=약 58%
따라서 이용확률이 가장 높은 점포는 C슈퍼 58%가 정답이다.

08 신규점포의 매출액 및 상권 범위를 예측하고 점포성과와 소매환경변수 간의 관계를 평가하는 데 있어 루스 모형에 대한 설명 중 잘못된 것은?

① Luce 모형은 점포성과(매출액)와 소매환경변수 간의 관계를 확률적인 관계로 가정하여 분석하는 확률적 모형에 속한다.

② Luce 모형은 특정 점포의 효용이나 매력도가 높을수록 그 점포가 선택될 확률이 높아진다고 가정한다.

③ 확률적 모형은 거리만 고려하는 소매중력법칙보다 많은 정보를 반영하여 상권의 범위를 예측할 수 있다.

④ 점포를 선택할 확률은 거리에 의해 영향을 받기 때문에 거리에 대한 모수는 (+) 값을 가지게 된다.

⑤ Luce의 확률적 점포선택모델은 수리심리학에서 널리 알려진 선택공리(choice axiom)에 이론적 근거를 두고 개발되었다.

해설

④ 소비자가 특정 점포를 선택하게 될 확률은 그가 고려하는 점포 대안들의 개별효용(utility)의 종합에 대한 개별점포의 효용의 크기로 결정된다. 또한 거리에 대한 모수는 (−)값을 갖는다.

09 다음 중 Huff 모델에서 고려되지 않는 것은?

① 매장규모
② 종업원의 서비스 정도
③ 매장과의 거리
④ 접근제약성
⑤ 소비자 출발점

해설

허프(Huff)의 확률이론은 소비자의 구매행태를 효용(매력도)과 관련시킨 이론으로, 소비자는 효용의 상대적 크기를 상업시설의 매장면적 규모와 소비자의 거주지로부터의 거리에 따라 확률적으로 결정하고, 소비자의 특정 점포에 대한 효용은 상업시설의 매장면적과 점포까지의 거리(시간)에 의해 좌우된다. 즉, 소비자의 점포에 대한 효용(매력도)은 점포의 매장면적이 클수록 증가하고, 거주지에서 점포까지의 거리가 멀수록(접근성이 낮을수록) 감소한다고 보았다. 한편, 허프모형은 종업원 서비스와 같은 질적인 측면은 고려하지 못한다는 단점이 지적되었고, 이의 단점을 보완하는 모형으로 여러 요인을 고려한 MCI·MNL 모형이 등장하였다.

10 아래 글상자에서 제시하고 있는 최근 이사한 소비자 C의 사례에 허프(D. L. Huff)의 수정모형을 적용하였을 때, 이사 전에서 후의 소비자 C의 소매지출에 대한 소매단지 A의 점유율 변화로 가장 옳은 것은?

> • A와 B 오직 2개인 동일한 규모의 소매단지만을 이용하며, 1회 소매지출은 일정하다.
> • 이사 전에는 C의 거주지와 B 사이 거리가 C의 거주지와 A 사이 거리의 2배였다.
> • 이사 후에는 C의 거주지와 A 사이 거리가 C의 거주지와 B 사이 거리의 2배가 되었다.

① 5분의 1로 감소한다.
② 4분의 1로 감소한다.
③ 4배 증가한다.
④ 5배 증가한다.
⑤ 변화 없다.

🔓 **해설**

수정 허프 모형을 이용하므로 거리에 대한 모수는 제곱으로 고정된다는 점, 그리고 매장면적은 A와 B가 같다는 점을 인지하고 풀이하면 된다.

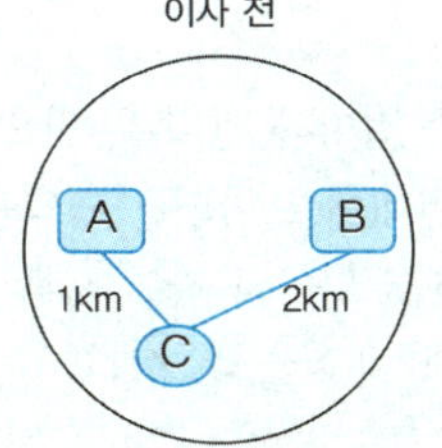

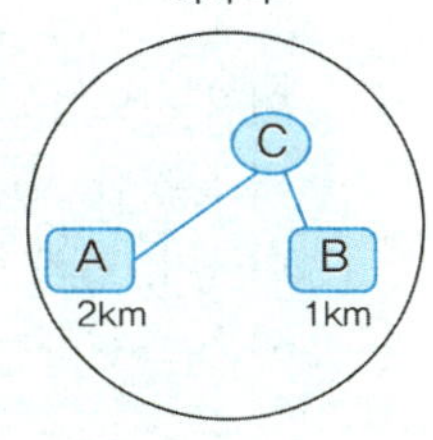

1. 이사 전 A점포의 점유율

구분	매장면적(동일)	거리(모수 2)	효용	점유율
A	100m² 가정	1km	$100/1^2$ = 100	100/125 = 0.8
B	100m² 가정	2km	$100/2^2$ = 25	25/125 = 0.2
합계			125	1

2. 이사 후 A점포의 점유율

구분	매장면적(동일)	거리(모수 2)	효용	점유율
A	100m² 가정	2km	$100/2^2$ = 25	25/125 = 0.2
B	100m² 가정	1km	$100/1^2$ = 100	100/125 = 0.8
합계			125	1

3. 이사 전후 A점포의 점유율 변화 : 이사 전 80% 점유율에서 이사 후 20% 점유율(1/4 수준)로 감소하였다.

---

01 지리정보시스템(GIS)과 관련한 내용으로 가장 옳지 않은 것은?

① 주제도 작성, 공간조회, 버퍼링(buffering)을 통해 효과적인 상권분석이 가능하다.

② 점포의 고객을 대상으로 gCRM을 실현하기 위한 기본적 틀을 제공할 수 있다.

③ 지도 레이어는 점, 선, 면을 포함하는 개별 지도형상으로 구성되며, 여러 겹의 지도 레이어를 활용하여 상권의 중첩(overlay)을 표현할 수 있다.

④ 지도상에서 데이터를 표현하고 특정 공간기준을 만족시키는 지도를 얻는 데이터 및 공간조회 기능이 있다.

⑤ 위상은 어떤 지도형상, 즉 점이나 선 혹은 면으로부터 특정한 거리 이내에 포함되는 영역을 의미하며, 면의 형태로 나타나 상권 혹은 영향권을 표현하는 데 사용될 수 있다.

🔓 **해설**

⑤ 버퍼(Buffer)는 어떤 지도형상, 즉 점이나 선 혹은 면으로부터 특정한 거리 이내에 포함되는 영역을 의미하므로 위상이라는 표현은 틀린 내용이다. 한편 위상(topology)은 지도지능(map intelligence)의 일종이며, 이는 개별 지도형상에 대해 경도와 위도 좌표체계를 기반으로 다른 지도형상과 비교하여 상대적인 위치를 알 수 있는 기능을 부여하는 역할을 한다.

02 지리정보시스템(GIS)을 이용한 상권분석과 관련한 내용으로 옳지 않은 것은?

① 각 동(洞)별 인구, 토지 용도, 평균지가 등을 겹쳐서 상권의 중첩을 표현할 수 있다.

② 주제도란 GIS 소프트웨어를 사용하여 데이터베이스 조회 후 속성정보를 요약해 표현한 지도이다.

③ 버퍼는 점이나 선 또는 면으로부터 특정 거리 이내에 포함되는 영역을 의미한다.

④ 교차는 동일한 경계선을 가진 두 지도 레이어를 겹쳐서 형상과 속성을 비교하는 기능이다.

⑤ 위상이란 지리적인 형상을 표현한 지도 상의 상대적 위치를 알 수 있는 기능을 부여하는 역할을 한다.

🔓**해설**

④ 동일한 경계선을 가진 두 지도 레이어를 겹쳐서 형상과 속성을 비교하는 기능은 중첩(overlay)에 대한 설명이다.

03 지리정보시스템(GIS)을 활용하여 보다 깊이 있는 상권분석이 가능해졌다. 지리정보시스템의 대표적 기능 중 아래의 글상자 내용에 해당하는 것은?

> 어떤 지도형상, 즉 점이나 선 혹은 면으로부터 특정한 거리 이내에 포함되는 영역을 의미하며, 면의 형태로 나타나 상권 혹은 영향권을 표현하는 데 사용할 수 있다.

① 위상(topology)

② 중첩(overlay)

③ 버퍼(buffer)

④ 주제도 작성

⑤ 데이터 및 공간조회

🔓**해설**

③ 일반적으로 버퍼(buffer)는 지도에서 특정 개체로부터 주변의 거리를 나타내는 구역으로, 근접분석에서 유용하다. 버퍼는 지도에서 관심대상을 지정한 범위만큼 경계짓는 것으로, 면으로 표시된다. 반면 지도 레이어(map layer)는 어떤 지도 형상, 즉 점이나 선 혹은 면으로부터 특정한 거리 이내에 포함되는 개별 지도 형상으로 주제도를 표현할 수 있다.

04 소비자들이 점포를 선택할 때 가장 가까운 점포를 선택한다는 가정을 하며, 상권경계를 결정할 때 티센 다각형(Thiessen polygon)을 활용하는 방법으로 가장 옳은 것은?

① 입지할당모델법

② Huff 모델법

③ 근접구역법

④ 유사점포법

⑤ 점포공간매출액비율법

해설

③ 티센 다각형(Thiessen polygon)모형은 상권구획 기법으로 근접구역법을 활용한다. 이는 소비자들이 유사 점포 중에서 선택을 할 때 자신들에게 가장 가까운 점포를 선택한다는 가정을 토대로 소매점포의 매출액을 추정하는 기법이다.

05 다음 중 상권구획모형의 일종인 티센 다각형(Thiessen polygon)에 대한 설명으로 옳지 않은 것은?

① 최근접상가 선택가설에 근거하여 상권을 설정한다.
② 상권에 대한 기술적이고 예측적인 도구로 사용될 수 있다.
③ 시설 간 경쟁 정도를 쉽게 파악할 수 있다.
④ 티센 다각형의 크기는 경쟁수준과 비례한다.
⑤ 하나의 상권을 하나의 매장에만 독점적으로 할당하는 방법이다.

해설

④ 티센 다각형을 통한 근접구역 경계 결정 시 경쟁수준이 높으면 티센의 다각형이 작아지는 경향을 보이게 된다. 티센 다각형은 상권분석에 있어서 근접구역법에서 점포 간 경쟁의 정도를 판단하는 데 활용하는 기법으로, 근접구역법에 기반하여 소비자들이 유사점포 중에서 선택할 때 자신들에게 가장 가까운 점포를 선택한다는 가정을 토대로 소매점포의 매출액을 추정하는 기법이다.

06 소비자들이 유사한 인접점포들 중에서 선택하는 상황을 전제로 상권의 경계를 파악할 때 간단하게 활용하는 티센의 다각형(Thiessen polygon) 모형에 대한 설명으로 옳지 않은 것은?

① 근접구역이란 어느 점포가 다른 경쟁점포보다 공간적인 이점을 가진 구역을 의미하며 일반적으로 티센 다각형의 크기는 경쟁수준과 역의 관계를 가진다.
② 두 다각형의 공유 경계선상에 위치한 부지를 신규점포 부지로 선택할 경우 이곳은 두 곳의 기존점포들로부터 최대의 거리를 둔 입지가 된다.
③ 소비자들이 가장 가까운 소매시설을 이용한다고 가정하며, 공간독점 접근법에 기반한 상권구획모형의 일종이다.
④ 소매점포들이 규모나 매력도에 있어서 유사하다고 가정하며 각각의 티센 다각형에 의해 둘러싸인 면적은 다각형 내에 둘러싸인 점포의 상권을 의미한다.
⑤ 다각형의 꼭짓점에 있는 부지는 기존점포들로부터 근접한 위치로 신규점포 부지로 선택 시 피하는 것이 유리하다.

해설

⑤ 다각형의 꼭짓점에 있는 부지는 기존점포들로부터 멀리 떨어져 있는 위치로 신규점포 부지로 선택하는 것이 유리하다.

유통·물류일반관리 제1과목 / 상권분석 제2과목 / 유통마케팅 제3과목 / 유통정보 제4과목

01 소매점포의 입지는 일반적으로 지역(region), 상권(trade area), 특정 입지(site) 등 세 수준의 분석을 거쳐 선정한다. 다음 중 '특정 입지 수준'에서 분석해야 하는 영향요인은?

① 산업동향
② 경쟁 정도
③ 접근성
④ 취급품목에 대한 수요
⑤ 지역의 경제동향

해설

✓ '특정 입지 수준'에서 분석해야 하는 영향요인(미시적 요인)
  1. 지역요인 : 지역 내 산업의 동향 및 수명주기, 경기변동 사이클, 고용의 변동
  2. 상권요인 : 상권 내 인구수, 통행량 규모, 경쟁의 상태와 정도, 법적·행정적 규제, 지역주민의 구매력 등
  3. 입지요인 : 가시성, 접근성, 인지성, 점포의 위치, 주변 도로상태, 동선 등

02 소매점의 매출을 결정하는 요인은 크게 입지요인과 상권요인으로 구분할 수 있다. 다음 중 입지요인에 속하지 않는 것은?

① 시계성(視界性)
② 주지성(周知性)
③ 시장의 규모
④ 고객유도시설
⑤ 동선(動線)

해설

가시성, 접근성, 인지성, 점포의 위치, 주변 도로상태, 동선 등은 대표적인 입지요인에 해당한다. 상권요인은 자연조건, 교통체계, 점포의 규모와 유통 업태 등을 들 수 있다.
③ 시장의 규모는 상권요인이다.

03 소매점포의 부지(site)를 선정할 때 고려해야 할 가장 중요한 기준으로 옳은 것은?

① 부지의 고객접근성
② 부지의 주요 내점객
③ 점포의 가시성
④ 점포의 수익성
⑤ 점포의 임대료

해설

문제에서 제시된 내용은 모두 부지를 선정할 때 고려해야 할 요인들이다. 이 중 가장 중요한 요인은 ④ 점포의 수익성이고, ①, ②, ③, ⑤는 점포의 수익성에 영향을 미치는 요인들이다.

04 입지의사결정 과정에서 점포의 매력도에 영향을 미치는 입지조건 평가에 대한 설명으로 가장 옳지 않은 것은?

① 상권단절요인에는 하천, 학교, 종합병원, 공원, 주차장, 주유소 등이 있다.
② 주변을 지나는 유동인구의 수보다는 인구특성과 이동방향 및 목적 등이 더 중요하다.
③ 점포가 보조동선보다는 주동선상에 위치하거나 가까울수록 소비자 유입에 유리하다.
④ 점포나 부지형태는 정방형이 장방형보다 가시성이나 접근성 측면에서 유리하다.
⑤ 층고가 높으면 외부가시성이 좋고 내부에 쾌적한 환경을 조성하기 유리하다.

해설

④ 점포나 부지형태는 장방형(가로장방형)이 정방형에 비해 가시성 확보 등에 유리하다.

05 다음 중 상권과 입지의 개념을 비교·설명한 것으로 옳지 않은 것은?

① 상권 – 점포를 이용하는 소비자들이 분포하는 공간적 범위를 나타낸다.
② 입지 – 점포를 경영하기 위해 선택한 장소(부지, 위치)를 말한다.
③ 상권 – 특정 지점(point)으로 표현되는 특성이 있다.
④ 입지 – 접근성, 가시성, 매장면적, 주차장 등을 평가한다.
⑤ 상권 – 한 점포 또는 다수 점포가 고객을 흡인할 수 있는 지리적 범위를 뜻한다.

🔓**해설**
③ 상권이란 한 점포 또는 점포집단이 고객을 흡인할 수 있는 지리적 범위를 뜻한다. 따라서 특정 지점이 아니라 지역 범위라 할 수 있다.

06 소매점의 입지와 상권에 대한 설명으로 가장 옳은 것은?

① 입지평가에는 점포의 층수, 주차장, 교통망, 주변 거주인구 등을 이용하고, 상권평가에는 점포의 면적, 주변 유동인구, 경쟁점포의 수 등의 항목을 활용한다.
② 상권을 강화한다는 것은 점포가 더 유리한 조건을 갖출 수 있도록 점포의 속성들을 개선하는 것을 의미한다.
③ 상권은 점포를 경영하기 위해 선택한 장소 또는 그 장소의 부지와 점포 주변의 위치적 조건을 의미한다.
④ 입지는 점포를 이용하는 소비자들이 분포하는 공간적 범위 또는 점포의 매출이 발생하는 지역 범위를 의미한다.
⑤ 상권은 일정한 공간적 범위(boundary)로 표현되고, 입지는 일정한 위치를 나타내는 주소나 좌표를 가지는 점(point)으로 표시된다.

🔓**해설**
① 주변 거주인구는 상권분석 대상이고, 점포의 면적은 입지분석 대상에 해당한다.
② 점포의 속성들을 개선하는 것은 입지를 강화하는 것에 대한 설명이다.
③은 입지의 개념에 대한 설명이고, ④는 상권에 대한 설명이다.

구분	입지(location)	상권(trading area)
개념	점포가 소재하고 있는 위치 그 자체	점포에 미치는 영향권(거래권)의 범위
물리적 특성	평지, 도로변, 상업시설, 도시계획지구 등 물리적 시설	대학가, 역세권, 아파트단지, 시내중심가, 먹자상권 등 비물리적인 상거래 활동공간
등급 구분	1급지, 2급지, 3급지	1차 상권, 2차 상권, 한계상권
분석 방법	점포분석, 통행량 분석	업종 경쟁력 분석, 구매력 분석
분석 범위	부지가 있는 지점(point)	상권의 영향력 범위(range)

07 다음 중 점포의 입지조건 평가에 대한 내용으로 옳지 않은 것은?

① 부지가 접하는 도로의 특성과 구조 등 '도로조건'을 검토해야 한다.
② 차량이 다니는 도로가 굽은 경우 커브 안쪽보다는 바깥쪽 입지가 유리하다.
③ 점포의 면적이 같다면 일반적으로 도로의 접면이 넓은 경우가 유리하다.
④ 경사진 도로에서는 일반적으로 하부보다는 상부 쪽에 점포가 위치하는 것이 유리하다.
⑤ 중앙분리대가 있는 경우 건너편 소비자의 접근성이 떨어지므로 불리하다.

🔓**해설**
④ 접근성(accessibility) 측면에서 경사진 도로에서는 일반적으로 하부 쪽에 위치하는 것이 상부 쪽에 입지하는 것보다 유리하다.

08 소매점포의 입지는 도로조건, 즉 해당 부지가 접하는 도로의 성격과 구조에 따라 영향을 받는다. 도로조건에 대한 일반적 평가로서 가장 옳지 않은 것은?

① 도로와의 접면 – 가로의 접면이 넓을수록 유리함.

② 곡선형 도로 – 곡선형 도로의 커브 안쪽보다는 바깥쪽이 유리함.

③ 도로의 경사 – 경사진 도로에서는 상부보다 하부가 유리함.

④ 일방통행 도로 – 가시성과 접근성 면에서 유리함.

⑤ 중앙분리대 – 중앙분리대가 있는 도로는 건너편 고객의 접근성이 떨어지기 때문에 불리함.

🔓 **해설**
④ 가시성과 접근성 면에서 유리한 도로 형태는 일방통행 도로보다는 양방향 또는 여러 방향으로 오픈되어 있는 4거리 교차로가 이에 해당된다.

09 입지의 시계성(視界性)은 점포의 매출과 밀접한 관련이 있다. 시계성에 관한 설명으로 가장 옳지 않은 것은?

① 입지의 시계성은 기점, 대상, 거리, 주체의 4가지 관점에서 평가한다.

② 시계성이 양호한 정도는 어디에서 보이는가에 따라 달라진다.

③ 점포의 위치와 함께 간판의 위치와 형태도 시계성 확보에 중요하다.

④ 차량의 속도가 빨라질수록 내측(인커브) 점포의 시계성은 더 나빠진다.

⑤ 차량으로부터의 시계성은 외측(아웃커브)보다 내측(인커브)의 경우가 더 좋다.

🔓 **해설**
⑤ 입지와 도로와의 관계에 따르면 점포의 경우 차량으로부터의 시계성은 내측(인커브)보다 외측(아웃커브)의 경우가 더 좋다고 할 수 있다.

10 구체적인 입지조건을 평가하는 과정을 통해 점포의 입지결정이 이루어진다. 점포의 입지조건에 대한 일반적 평가로 그 내용이 가장 옳은 것은?

① 점포 출입구 부근에 단차가 없으면 사람과 물품의 출입이 불편해진다.

② 건축선 후퇴(setback)는 직접적으로 가시성에 부정적인 영향을 미친다.

③ 점포의 형태는 점포의 정면너비에 비해 깊이가 더 크면 바람직하다.

④ 점포면적이 커지면 매출도 증가하는 경향이 있어 규모가 클수록 좋다.

⑤ 점포의 형태는 데드 스페이스(dead space) 발생가능성이 큰 직사각형이 좋다.

🔓 **해설**
① 점포 출입구 부근에 단차(평지와의 높낮이 차이)가 있는 경우 사람과 물품의 출입이 불편해진다.
③ 점포의 형태는 점포의 정면 너비가 넓은 것이 바람직하다.
④ 점포면적은 업종/업태별로 적정면적이 다를 수 있다.
⑤ 점포의 형태는 데드 스페이스(dead space) 발생가능성이 적은 장방형이 좋다.

11 소비행태별 상권의 분류에 대한 설명으로 옳지 않은 것은?

① 목적형 상권은 기대소비에 따라 목적을 정하여 구매하는 상권을 말한다.

② 목적형 상권의 경우 구매빈도가 적지만 방문 시 구매율이 높아 유사점포가 주변에 없는 독립점포가 유리하다.

③ 목적형 상권의 경우 원거리에서 오는 고객의 수가 많기 때문에 입지에 대한 고민은 적은 편이다.

④ 우연하게 구매가 발생하는 상품의 경우에는 비목적형 상권으로 분류하게 된다.

⑤ 김밥전문점, 편의점, 화장품전문점 등이 비목적형 점포의 주된 유형이다.

🔒 **해설**

② 목적형 상권의 경우 구매빈도가 적지만 방문 시 구매율이 높기 때문에 신규 경쟁자들의 진입은 용이하지 않으나, 동일업종이 아닌 유사업종으로 진입하는 경우에는 양립 가능성이 있는 상권에 해당한다.

✅ **적응형 상권**

유동인구에 의해 영업력이 좌우되는 비목적형 상권을 의미한다. 김밥전문점, 편의점, 화장품전문점 등이 비목적형 점포의 주된 유형이다.

THEME 08 유형별 입지

01 소매업의 입지 유형 중 독립입지(Freestanding sites)에 관한 설명으로 옳지 않은 것은?

① 독립입지의 경우 도심지에 주로 위치하며, 독립입지의 소매점포를 방문하는 고객들은 특정 점포에서의 쇼핑을 목적으로 방문하는 경우가 일반적이다.

② 중·소형소매업체보다 오히려 창고형 대규모 소매점이나 하이퍼마켓, 카테고리전문점 등 주로 대형소매업체들에 더욱 알맞은 입지 유형의 하나이다.

③ 시너지효과를 창출할 수 있는 다른 점포들의 부재 등으로 쇼핑몰이나 쇼핑센터에 입점해 있는 점포들에 비해 고객유인효과가 상대적으로 저조한 편이다.

④ 독립입지의 장점으로는 낮은 임대료, 넓은 주차공간, 고객을 위한 보다 높은 편의성, 확장의 용이성 등을 들 수 있다.

⑤ 취급상품에 대한 차별화된 기술과 노하우를 지닌 전문품점의 입지에 적합하다.

🔒 **해설**

① 독립입지의 경우 교통 및 접근성이 양호한 도심지의 외곽지역에 주로 위치한다.

✅ **노면독립입지**

1. 개념 : 노면독립입지(freestanding sites)는 상권의 입지형태 중에서 다른 소매업태들과 도심지에서 지리적으로 멀리 떨어져서 독립적으로 존재하는 입지를 의미한다.

2. 노면독립입지가 적합한 경우
   - 취급상품에 대한 차별화된 기술과 노하우를 지닌 대형 전문품점
   - 독립적으로 고객을 유인할 수 있는 마케팅 프로모션 능력을 지닌 소매업체
   - 물류네트워크상 비용절감을 위해 특정한 위치가 요구되는 경우
   - 대형할인점처럼 저가격·저비용 정책을 실시해야 하는 경우

02 다음 중 중심상업지역(Central Business Districts)에 대한 설명과 가장 거리가 먼 것은?

① 중심상업지역은 대도시나 소도시의 전통적 도심상업지역을 말한다.
② 도심입지지역으로서 많은 사람을 유인한다.
③ 중심상업지역은 대중교통의 중심지역이고 도보통행량도 많다.
④ 중심상업지역은 일반적으로 계획성에 의하여 조성되므로 보다 체계적인 입지구조를 가지게 된다.
⑤ 유동인구가 많으며 도심공동화 현상이 일어나는 특징이 있다.

🔓 **해설**
④ 중심상업지역은 계획적으로 조성된 것이 아닌 자연발생적인 입지로서, 입지구조가 불규칙적인 특징이 있다.

03 중심지체계에 의한 상권 유형 구분에서 전통적인 도심(CBD) 상권의 일반적 특징으로 가장 옳지 않은 것은?

① 고객흡인력이 강해 상권 범위가 상대적으로 넓다.
② 교통의 결절점으로 대중교통이 편리하다.
③ 전통적 도시의 경우에는 주차문제가 심각하다.
④ 소비자들의 평균 체류시간이 상대적으로 짧다.
⑤ 상대적으로 거주인구는 적고 유동인구는 많다.

🔓 **해설**
④ 전통적인 도심(CBD)은 다양한 유형의 점포들이 입지하고 있으며, 특정 목적을 위한 비즈니스인구 및 유동인구 등 소비자들의 평균 체류시간이 다른 지역에 비해 상대적으로 길다.

04 다음 소매업의 입지 유형에 관한 설명 중 옳지 않은 것은?

① 소매입지의 유형은 우선 중심상업지역, 쇼핑센터, 독립입지 및 기타의 유형으로 1차적인 분류를 해볼 수 있다.
② 소위 복합용도개발(Mixed-use Developments : MXDs)은 쇼핑센터, 오피스타워, 호텔, 주상복합건물, 시민회관, 컨벤션센터 등 하나의 복합건물에 다양한 용도를 결합시킨 형태를 의미한다.
③ 쇼핑센터는 대도시나 소도시의 전통적인 도심상업지역을 의미하며, 대중교통의 중심지일 뿐만 아니라 도보통행량 또한 많은 지역이다.
④ 독립입지의 장점은 보다 큰 가시성, 낮은 임대료, 넓은 주차공간, 직접 경쟁업체의 부재, 고객을 위한 보다 큰 편의성, 제품에 대한 규제완화 및 확장의 용이성 등을 들 수 있다.
⑤ 복합쇼핑몰은 오락과 쇼핑기능을 한곳에서 집적하도록 구성된 대규모점포이다.

🔓 **해설**
③ 대도시나 소도시의 전통적인 도심상업지역을 의미하며, 대중교통의 중심지일 뿐만 아니라 도보통행량 또한 많은 지역은 중심상업지역(CBD)이다.

✅ **쇼핑센터(shopping center)**
단일의 개발업자가 의도적인 개발계획하에 원스톱 쇼핑이 가능하도록 소매업을 비롯한 다양한 업종 및 업태들을 하나의 지역에 대규모로 형성한 집단판매시설을 의미한다. 쇼핑센터는 도심형 쇼핑센터 및 교외형 쇼핑센터 등이 있다.

05 가장 다양한 업태의 소매점포를 입주시키는 쇼핑센터 유형으로 옳은 것은?

① 파워 쇼핑센터
② 아웃렛 쇼핑센터
③ 쇼핑몰 지역센터
④ 네이버후드 쇼핑센터
⑤ 패션/전문품 쇼핑센터

🔒 해설
③ 가장 다양한 업태의 소매점포를 입주시키는 쇼핑센터 유형은 쇼핑몰 지역센터 또는 복합쇼핑몰이라 할 수 있다.

06 대형 쇼핑센터의 주요 공간구성요소에 대한 설명으로서 가장 옳은 것은?

① 지표(landmark) – 경계선이며 건물에서 꺾이는 부분에 해당
② 선큰(sunken) – 길찾기를 위한 방향성 제공
③ 결절점(node) – 교차하는 통로의 접합점
④ 구역(district) – 지하공간의 쾌적성과 접근성을 높임.
⑤ 에지(edge) – 공간과 공간을 분리하여 영역성을 부여

🔒 해설
① **지표**(landmark) : 길찾기를 위한 방향성 제공
② **선큰**(sunken) : 지하공간의 쾌적성과 접근성을 높임.
④ **구역**(district) : 공간과 공간을 분리하여 영역성을 부여
⑤ **에지**(edge) : 경계선이며 건물에서 꺾이는 부분에 해당

07 다양한 소매점포 유형들 중에서 광범위한 상권 범위를 갖는 대형상업시설인 쇼핑센터의 전략적 특성은 테넌트믹스(tenant mix)를 통해 결정된다고 한다. 상업시설의 주요 임차인으로서 시설 전체의 성격을 결정하는 앵커점포(anchor store)에 해당하는 것으로 가장 옳은 것은?

① 마그넷 스토어
② 특수테넌트
③ 핵점포
④ 일반테넌트
⑤ 보조핵점포

🔒 해설
③ 앵커스토어(anchor store)는 우리 용어로 핵점포를 말한다. 이는 쇼핑센터 가운데서도 매장면적을 최대로 점유하여 간판역할을 하는 핵심 점포를 뜻한다.

유형	특징 및 콘셉트	핵점포(anchor store)의 종류
네이버후드SC	근린형, 편의품 중심	슈퍼마켓, 편의점
커뮤니티SC	지역형, 다양한 카테고리	양판점, 할인점, 편의품 및 일부 선매품점
파워센터	광역형, 대형점포 및 전문센터로 구성	카테고리 킬러, 할인백화점, 대형할인점, 백화점, 창고형 클럽, 전문품점

08 대표적 복합상업시설인 쇼핑센터에서는 다양한 업종과 서비스를 조합하는 테넌트 믹스(tenant mix)전략이 중요하다. 여기서 말하는 '테넌트(tenant)'의 의미로서 가장 옳은 것은?

① 앵커스토어　　② 임차점포
③ 자석점포　　④ 부동산 개발업자
⑤ 상품 공급업자

🔓 **해설**

② 테넌트(tenant)는 복합상업시설인 쇼핑센터의 일정한 공간을 임차하는 계약을 체결하고 해당 상업시설에 입점하여 영업을 하는 임차인을 뜻한다.
① 앵커스토어(anchor store)는 복합상업시설에서 고객을 흡인하는 역할을 하는 핵점포를 의미한다.

09 다음 복합용도개발(Mixed-use Developments : MXDs)의 특징을 설명한 것 중 가장 옳지 않은 것은?

① 상권을 조성하기 위한 단순한 개발방법이 아닌 상권과 함께 생활에 필요한 여러 편의시설을 복합적으로 개발하기 위한 방법이다.
② 주거, 업무, 여가 등 다수의 용도가 물리적·기능적으로 복합된 건물을 말한다.
③ 도심지 내 주거생활에 필요한 근린생활시설, 각종 생활편의시설의 설치가 가능해 도심지 활성화의 수단으로 활용되기도 한다.
④ 쇼핑몰의 형태로 구성되기 때문에 쇼핑몰에 입점 가능한 다양한 업태를 모두 포함하는 점포 위주로 건물 내부가 구성된다.
⑤ 도심지역의 도심공동화 현상을 완화할 수 있는 방편의 하나이다.

🔓 **해설**

④ 복합용도개발은 3가지 이상의 다양한 용도로 이용되는 건축물을 의미하므로, 쇼핑몰 형태의 상업용 점포 위주의 건축물로 이용되는 것만을 의미하지는 않는다.

✔ **복합용도개발**

1. 개념 : 복합용도개발(Mixed-use Developments)은 하나의 복합건물에 주거, 상업, 업무활동 등 3가지 이상의 다양한 용도로 이용될 수 있도록 개발하는 것을 의미한다.
2. 특징
   • 주로 도심에 입지(CBD)하며 쇼핑센터, 오피스타워, 호텔, 주상복합건물, 시민회관, 컨벤션센터 등이 다양하게 결합된 형태이다.
   • 공간의 활용률이 다른 유형의 입지에 비해 높다.
   • 다양한 목적을 가진 고객을 유인하여 비업무 시간대의 활용도가 높다.
   • 상업·업무기능 이외에 주거기능을 결합시킴으로써 도심공동화 현상을 완화시킬 수 있다.

10 소매입지 유형과 아래 글상자 속의 입지특성의 올바르고 빠짐없는 연결로서 가장 옳은 것은?

> ㉠ 고객흡인력이 강함.
> ㉡ 점포 인근에 거주인구 및 사무실 근무자가 많음.
> ㉢ 점포 주변 유동인구가 많음.
> ㉣ 대형 개발업체의 개발계획으로 조성됨.

① 백화점 – ㉠, ㉢, ㉣
② 독립입지 – ㉠, ㉡, ㉣
③ 도심입지 – ㉠, ㉢, ㉣
④ 교외 대형쇼핑몰 – ㉡, ㉢, ㉣
⑤ 근린쇼핑센터 – ㉠, ㉡, ㉣

🔓 **해설**

점포 주변 유동인구가 많은 것은 도심입지(CBD)에 해당하며, 교외 대형쇼핑몰은 (노면)독립입지에 해당하고 다른 업체들과 지리적으로 떨어져서 교외 지역에 독립하여 입지하는 것을 말한다. 한편 근린쇼핑센터는 소비자와 가장 가까운 지역에서 일상의 욕구 충족을 위한 편리한 쇼핑장소를 제공하도록 설계된 주거지역 인근 쇼핑센터를 뜻한다.

정답　**08** ②　**09** ④　**10** ①

11 소매점 입지 유형 가운데 아파트단지 내 상가의 일반적 특성으로 가장 옳지 않은 것은?

① 공급면적 변화가 어려워 일정한 고정고객의 확보를 통한 꾸준한 매출이 가능하다.

② 수요·공급 측면에서 아파트단지 가구수와 가구당 상가면적을 고려해야 한다.

③ 주변 지역 거주자의 상가 이용과 같은 활발한 외부고객 유입이 장점이다.

④ 편의품 소매점의 경우 대형평형보다는 중형평형의 단지가 일반적으로 더 유리하다.

⑤ 관련 법규에서는 단지 내 상가를 근린생활시설로 분류하여 관련 내용을 규정하고 있다.

🔓 **해설**

③ 아파트상권은 단지 내 거주고객의 단지 내 상가 이용 비중이 높아 안정적인 수요 확보는 가능하지만, 전문상가단지에 비해 외부고객을 유치하기는 어렵다는 단점이 존재한다.

12 아래 글상자의 항목 가운데 쇼핑몰 입지의 장점들만을 모두 포함한 내용으로 가장 옳은 것은?

> ㉠ 상품 구색의 다양성
> ㉡ 입점업체의 계획적 구성
> ㉢ 가장 낮은 임대료
> ㉣ 점포 외부환경 관리 부담의 완화
> ㉤ 점포 운영의 자율성

① ㉠, ㉡, ㉢   ② ㉠, ㉡, ㉣
③ ㉠, ㉡, ㉤   ④ ㉡, ㉢, ㉣
⑤ ㉡, ㉣, ㉤

🔓 **해설**

다양한 유형의 많은 점포와 다양한 구색의 상품, 그리고 쇼핑과 오락을 결합하여 원스톱 쇼핑을 가능하게 하는 쇼핑몰은 최적의 업종 및 테넌트 믹스가 쇼핑몰 전체에 중요한 영향을 미치므로 중앙 운영본부에 의해 쇼핑몰 입점업체들에 대한 통제가 이루어진다. 따라서 개별 점포는 영업의 자율성이 상실되고 높은 임대료를 부담한다는 한계가 있다.

13 입지 유형에 따른 일반적 상권특성에 대한 설명으로 옳지 않은 것은?

① 중심지체계에서 도심상권은 상대적으로 소비자들의 평균 체류시간이 길다.

② 중심업무지구(CBD)는 주간과 야간의 인구차이가 뚜렷하다.

③ 아파트단지 상권의 경우, 개별점포의 면적을 아파트 세대수로 나누어 점포 입지의 적정성을 판단할 수 있다.

④ 아파트단지 상권의 외부에서 구매하는 소비성향은 소형평형단지보다 대형평형단지의 경우가 더 높다.

⑤ 역세권상권은 대중교통이 집중되는 연결점이기 때문에 입체적 고밀도 개발이 이루어지는 경우가 많다.

🔓 **해설**

③ 아파트단지 상권의 경우, 단지 내 상가의 규모가 협소하므로 일반적인 경우 단지 외부에서 구매하는 성향이 강하기 때문에 개별점포의 면적을 아파트 세대수로 나누어 점포 입지의 적정성을 판단하지는 않는다.

정답 **11** ③ **12** ② **13** ③

THEME 09 공간균배의 원리와 넬슨의 입지 8원칙

01 유형별 상업입지에 관한 설명 중 옳지 않은 것은?

① 집심성 상점은 동일업종이 서로 모여 입지해야 유리하다.
② 산재성 상점은 동일업종이 분산 입지해야 유리하다.
③ 국부적 집중성 상점은 동일업종끼리 국부적 중심지에 입지해야 유리하다.
④ 산재성 상점으로는 이발소, 목욕탕 등이 있다.
⑤ 집재성 상점은 동일·유사업종이 서로 모여 입지해야 유리하다.

🔒 해설

① 집심성 상점은 배후지의 중심지에 입지하는 경우가 유리한 점포의 유형으로 백화점, 고급음식점, 귀금속점, 미술품점, 장식품점, 화장품점, 서점, 영화관 등이 주로 입지한다.

02 다음 소매업종 중에서 매장면적당 지대가 가장 싸고, 최고가 지대에서 가장 멀리 떨어져 입지하는 업종은?

① 고급가구점
② 숙녀복점
③ 종묘상, 화훼도매상
④ 신사복점
⑤ 백화점, 전문품점

🔒 해설

③ 최고가 지대에서 가장 멀리 떨어져 입지하는 업종은 종묘상, 화훼도매상으로 이는 국부적 집중성 점포에 해당한다. 따라서 도심에서 가장 멀리 떨어져 입지한다.

03 아래 글상자의 업종들에 적합한 점포의 입지 조건을 공간균배의 원리에 의해 구분할 때 일반적으로 가장 적합한 것은?

> 백화점, 고급음식점, 고급보석상, 미술품점, 영화관

① 집심(集心)성 점포
② 집재(集在)성 점포
③ 산재(散在)성 점포
④ 국부(局部)적 집중성 점포
⑤ 국부(局部)적 집재성 점포

🔒 해설

페터(R. M. Fetter)의 공간균배의 원리에 따르면, 글상자의 백화점, 미술품점, 영화관 등은 대표적인 집심성 점포에 해당한다. 집심성 점포는 도시의 중심(CBD)이나 배후지의 중심지에 입지해야 유리한 점포이다.

04 넬슨(R. L. Nelson)의 입지선정 원칙과 그에 관한 설명으로 옳지 않은 것은?

① 누적적 유인력 : 동일업종의 집적에 의한 유인효과
② 성장 가능성 : 상업환경, 주거환경, 소득환경, 교통환경의 변화 가능성
③ 중간저지성 : 상호보완되는 점포들이 근접하여 얻게 되는 시너지효과
④ 경제성 : 부지비용, 임대료, 권리금 등의 입지비용 정도
⑤ 상권의 잠재력 : 시장점유율이 확대될 가능성

🔒 해설

③ 넬슨(R. L. Nelson)의 입지선정 원칙에서 상호보완되는 점포들이 근접하여 얻게 되는 시너지효과는 양립성이다. 중간저지성(interception)은 경영자가 속한 상권지역 내의 기존점포나 상권지역이 고객과 중간에 위치하여 경쟁점포나 기존의 상권으로 접근하려는 고객을 중간에서 저지할 수 있는 가능성을 말한다.

05 입지분석 시 입지 주변의 업종을 조사하여 상호 보완업종 또는 상호 경합 또는 피해업종이 배치되어 있는지를 파악하여야 한다. 다음 항목 가운데서 상호 경합 또는 피해업종이라고 볼 수 있는 것은?

① 의류점과 액세서리점
② 야채가게와 정육점
③ 문구점과 서점
④ 제과점과 화원
⑤ 슈퍼마켓과 잡화점

해설

⑤ 슈퍼마켓과 잡화점은 수평적 경쟁관계에 있는 상호 경합업종이라 할 수 있고, ①, ②, ③, ④는 양립관계(양립성)에 있다.

06 넬슨(R. L. Nelson)이 제시한 입지선정에 있어 8가지 원칙에 대한 설명 중 가장 옳지 않은 것은?

① 잠재력은 현재 관할 상권 내에서 취급하는 상품, 점포 또는 유통단지의 수익성 확보 가능성을 분석하는 것이다.
② 누적흡인력은 점포, 학교, 문화시설, 행정기관 등이 많이 몰려 있어 고객을 끌어들일 수 있는 가능성을 분석하는 것이다.
③ 경쟁회피성은 경쟁점의 입지, 규모, 형태 등을 감안하여 고려대상 점포가 기존 점포와 경쟁에서 우위를 확보할 수 있는 가능성을 분석하는 것이다.
④ 상권접근성은 접근 가능성이라고도 하며, 상호 보완관계가 있는 점포가 근접하고 있어 고객이 자기점포로 흡인될 가능성을 분석하는 것이다.
⑤ 성장 가능성은 인구증가, 소득수준 향상으로 시장 규모나 점포, 유통단지의 매출액이 성장할 가능성을 분석하는 것이다.

해설

④ 상호 보완관계가 있는 점포가 근접하고 있어 고객이 자기점포로 흡인될 가능성은 양립성(compatibility)에 대한 설명이다.

상권의 접근 가능성
상권 내의 잠재적 수요를 어느 정도 자사점포로 흡인할 수 있느냐의 문제로, 이는 점포로의 접근 가능성(accessibility)에 의존하게 된다.

07 다음은 입지의 매력도를 평가하기 위한 어떤 원칙에 대한 설명인가?

> 귀금속상점이나 떡볶이 가게들이 몰려 있어 엄청난 집객력을 갖는 경우에 해당하는 입지원칙을 말한다.

① 고객차단의 원칙(principle of interception)
② 동반유인의 원칙
  (principle of cumulative attraction)
③ 점포밀집의 원칙
  (principle of store congestion)
④ 보완 가능성의 원칙
  (principle of compatibility)
⑤ 양립성의 원칙(principle of compatibility)

해설

동반유인의 원칙(principle of cumulative attraction)
누적적 흡인력이라고도 하며, 동일 또는 유사상품을 취급하는 소매점들이 밀집되어 있는 경우 고객 흡인력이 더 커지는 것을 의미한다. 집재성 점포의 경우 누적적 흡인력의 고려가 중요하다.

08 식당이 많이 몰려 있는 곳에 술집이나 커피숍이 모여 있다든지, 극장가 주변에 식당들이 많이 밀집해 있는 것은 어느 입지원칙이 적용된 것이라 할 수 있는가?

① 고객차단의 원칙
② 동반유인의 원칙
③ 보충 가능성의 원칙
④ 점포밀집의 원칙
⑤ 경제성의 원칙

🔓 **해설**

✅ 보충 가능성의 원칙(principle of compatibility) 양립하는 두 개의 업체가 상호 간에 고객을 교환 또는 공유할 수 있는 가능성을 말한다. 이는 인접 지역에 위치한 사업들 간에 양립성(compatibility)이 높을수록 점포의 매출액이 높아짐을 말한다.

09 넬슨의 입지 8원칙 중에서 고객의 크기(상권) 결정이 해당 점포에서 제공되는 상품 외에도 다른 점포에서 판매되는 상품의 종류에 의해서도 영향이 있다고 판단하는 원칙이 아닌 것은?

① 접근용이성의 원칙
② 중간저지성의 원칙
③ 동반유인의 원칙
④ 보충 가능성의 원칙
⑤ 점포밀집의 원칙

🔓 **해설**

자사점포에서 판매되는 제품이 다른 점포에서 판매되는 상품에 영향을 받는 경우는 상호 보완관계(동반유인의 원칙, 보충 가능성의 원칙)가 있거나, 그 반대의 경우(점포밀집의 원칙, 중간저지성의 원칙)에 해당한다.

THEME **10** 소매입지의 평가
(IRS, MEP, BPI, CI)

01 지역시장의 소매포화지수(Index of Retail Saturation)에 대한 설명으로 가장 옳은 것은?

① 해당 지역시장의 구매력을 나타낸다.
② 다른 지역과 비교한 해당 지역시장의 1인당 소매매출액을 나타낸다.
③ 해당 지역시장의 특정 소매업태에 대한 수요와 공급의 현재 상태를 나타낸다.
④ 해당 지역시장 거주자들이 다른 지역시장에서 구매하는 쇼핑지출액도 평가한다.
⑤ 해당 지역시장의 특정 제품이나 서비스에 대한 가계소비를 전국 평균과 비교한다.

🔓 **해설**

③ 소매포화지수(IRS)는 한 지역시장 내 특정 소매업태에 대한 잠재수요를 매장면적의 합으로 나누어 계산한 것이다. 이는 현재 주어진 상황하에서 공급에 대한 수요수준을 나타내며 IRS 값이 클수록 신규점포 개설의 매력도가 높다는 것을 뜻한다.

02 다음 중 중심성지수(CI : Centralization Index)에 대한 설명으로 옳지 않은 것은?

① 중심성지수는 소매업의 공간적 분포를 설명하는 데 도움을 주는 지표이다.
② 중심성지수는 소매업이 균등하게 분포되어 있다는 것을 기본 가정으로 하고 있다.
③ 특정 지역의 총소매판매액을 일인당 구매액으로 나눈 값과 거주인구를 비교한 값이다.
④ 중심성지수의 값이 1이 되는 경우는 외부 유동인구가 없는 고립된 지역일 수도 있다.
⑤ 일반적으로 주위에 점포가 많이 없는 지역은 1보다 작은 값을 갖게 된다.

🔓 **해설**

② 중심성지수(Centralization Index)는 소매업의 공간적 분포를 설명하는 지표로서, 어떤 지역의 소매판매액을 1인당 평균구매액으로 나눈 값을 상업인구라 하고, 상업인구를 거주인구로 나눈 값을 말하며, 이론 전개에 있어서 소매업이 균등하게 분포하고 있음을 가정으로 하지는 않는다.

03 상권수요와 시장잠재력에 대한 설명으로 가장 옳지 않은 것은?

① IRS의 수치를 판단할 때 값이 클수록 공급보다 수요가 상대적으로 더 많다는 것을 의미한다.
② IRS에서는 주변 상권의 질적 수요를 활용한다는 장점을 지니고 있지만, 상권의 미래수요를 반영하지 못한다는 단점이 있다.
③ MEP는 지역시장이 미래에 신규수요를 창출할 수 있는 잠재력을 반영하는 지표이다.
④ 특정 시장의 MEP 값과 IRS 값이 모두 높은 경우라면 점포가 입점하기에 가장 좋은 상황이라 볼 수 있다.
⑤ MEP를 활용하면 IRS의 한계성을 보완할 수 있으므로 이 두 가지 지표를 보완적으로 사용하면 좋다.

🔓 **해설**

소매포화지수(IRS) = 수요 / 특정 업태의 총매장면적, 이는 지역시장의 수요잠재력을 측정할 수 있는 산술적인 지표로서, 상권 내 경쟁의 수량(quantity)적인 측면만 고려될 뿐 질(quality)적인 면은 고려하지 못한다는 단점이 있다.

04 특정 지역상권의 전반적인 수요를 평가하는 도구로 활용되는 구매력지수(BPI)에 대한 설명으로 옳지 않은 것은?

① 지역상권 수요에 영향을 미치는 핵심변수를 선정하고, 이에 일정한 가중치를 부여하여 지수화한 것을 의미한다.
② 전체 인구에서 해당 지역 인구가 차지하는 비율이 반영된다.
③ 전체 매장면적에서 해당 지역의 매장면적이 차지하는 비율이 반영된다.
④ 전체 가처분소득(또는 유효소득)에서 해당 지역의 가처분소득(또는 유효소득)이 차지한다.
⑤ 전체 소매매출액에서 해당 지역의 소매매출액이 차지하는 비율이 반영된다.

🔓 **해설**

시장구매력을 측정하는 BPI(Buying Power Index)는 인구와 소매매출, 유효소득 등에 대해 전체 규모와 특정 지역의 규모를 이용하여 계산하는 방법이다.
$BPI = 0.5X + 0.3Y + 0.2Z$
- X : 지역의 가처분소득 비율
- Y : 전체 소매매출액 대비 지역의 소매매출액 비율
- Z : 총인구 대비 지역의 인구 비율

05 비교적 넓은 공간인 도시, 구, 동 등의 상권분석 상황에서 특정 지역의 개략적인 수요를 측정하기 위해 사용되고 있는 구매력지수(BPI : Buying Power Index)를 계산하는 과정에서 필요한 자료로 가장 옳지 않은 것은?

① 부분 지역들의 인구수(population)
② 전체 지역의 인구수(population)
③ 부분 지역들의 소매점면적(sales space)
④ 부분 지역들의 소매매출액(retail sales)
⑤ 부분 지역들의 가처분소득(effective buying income)

🔓 **해설**

③ 구매력지수(BPI)에 매장면적은 반영되지 않는다.

BPI = 0.5X + 0.3Y + 0.2Z

- X : 지역의 가처분소득 비율
- Y : 전체 소매매출액 대비 지역의 소매매출액 비율
- Z : 총인구 대비 지역의 인구 비율

06 소매입지를 선정하기 위해 활용되는 각종 지수(index)에 대한 설명으로 가장 옳지 않은 것은?

① 시장포화지수(IRS)는 특정 시장 내에서 주어진 제품계열에 대한 점포면적당 잠재매출액의 크기이다.

② 구매력지수(BPI)는 주로 통계자료의 수집단위가 되는 행정구역별로 계산할 수 있다.

③ 시장확장잠재력지수(MEP)는 지역 내 소비자들이 타지역에서 쇼핑하는 비율을 고려하여 계산한다.

④ 판매활동지수(SAI)는 특정 지역의 총면적당 점포면적총량의 비율을 말한다.

⑤ 구매력지수(BPI)는 주로 인구, 소매매출액, 유효소득 등의 요인을 이용하여 측정한다.

🔓 **해설**

④ SAI는 다른 지역과 비교한 특정 지역의 1인당 소매매출액을 측정하는 방법으로, 인구를 기준으로 소매매출액의 비율을 계산하며, 공식은 아래와 같다.

SAI(Sales Activity Index)

$$= \frac{\text{총소매매출액에서 해당 지역이 차지하는 비율}}{\text{총인구에서 해당 지역이 차지하는 비율}}$$

07 점포 입지 후보지에 대한 매력도 분석과 관련한 내용으로 가장 옳지 않은 것은?

① 소매포화지수(IRS; Index of Retail Saturation)는 지역시장 소매점들의 공급대비 수요잠재력을 측정할 수 있는 지표이다.

② 시장성장잠재력(MEP; Market Expansion Potential)은 지역시장이 미래에 신규수요를 창출할 수 있는 잠재력을 반영하는 지표이다.

③ 소매포화지수(IRS)는 특정 지역시장의 현재 상태를 나타내지만, 시장성장잠재력(MEP)을 반영하지 못하는 단점이 있다.

④ 시장성장잠재력(MEP)이 높을수록 소매포화지수(IRS)도 높게 나타난다.

⑤ 신규점포가 입지할 지역시장의 매력도를 평가할 때 기존 점포들에 의한 시장포화 정도뿐만 아니라 시장성장잠재력(MEP)을 함께 고려해야 한다.

🔓 **해설**

④ 시장성장잠재력(MEP)이 높다고 해서 반드시 현재의 시장의 매력도를 나타내는 지표인 소매포화지수(IRS)가 높은 것은 아니다. 다만, MEP를 활용하면 IRS의 한계성을 보완할 수 있으므로 이 두 가지 지표를 보완적으로 사용하는 경우 입지평가의 신뢰도를 높일 수 있다.

08 다음 그림은 신규점포 개설 시에 신규점포의 시장잠재력을 측정하는 IRS와 MEP의 매트릭스이다. A~D까지의 각 영역에 대한 시장매력도를 평가한 설명으로 옳지 않은 것은?

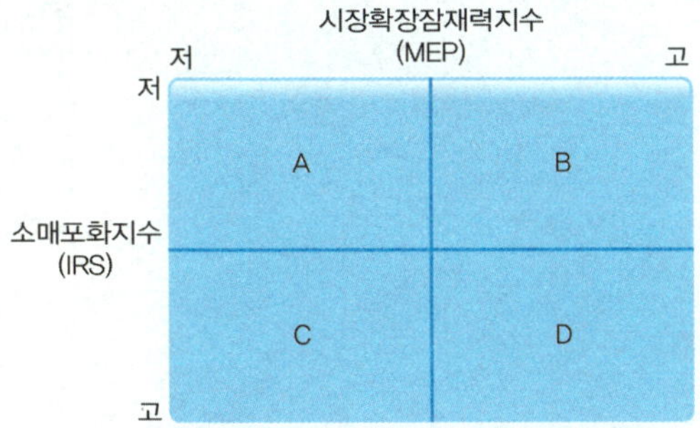

① A영역은 IRS와 MEP가 모두 낮은 지역으로 검토대상이 되지 않는다.

② B영역은 IRS가 낮고 MEP가 높으므로 향후에 유망한 지역으로 적절한 시기에 개발한다.

③ C영역은 IRS가 높고 MEP는 낮은 지역으로 당장 점포를 개설할 수 있는 지역이다.

④ D영역은 IRS와 MEP가 높은 지역으로 부지가격만 적정하다면 아주 좋은 지역이다.

⑤ B영역과 C영역은 출점의 상황 및 전략에 따라 선택적으로 판단할 수 있다.

🔒 **해설**

③ C영역은 IRS가 높고 MEP는 낮은 지역으로 현재 시장상황은 수요잠재력이 있다고 판단되나, 미래 확장잠재력은 낮으므로 점포를 개설하는 경우 신중하게 접근해야 한다. 즉, 상권 또는 입지라는 부동산 요소는 주변상황에 따라 늘 변동의 위치에 있는 위치재이므로 현재 상황뿐만 아니라 미래 상황도 중요한 판단사항이다.

01 다음은 한 유통기업이 특정 상권 내에서 다점포전략을 추구하는 경우에 대한 설명이다. 가장 거리가 먼 것은?

① 유통기업이 특정 상권에 다점포전략을 사용하는 것은 자사점포들 사이에 경쟁을 유발하여 전체적 성과를 높임과 동시에 경쟁점포의 출점에 대한 장벽을 구축하기 위한 목적이다.

② 유통기업이 특정 상권에 다점포전략을 사용할 경우 경쟁점포가 출점할 수 있는 입지를 미리 선점할 수 있고, 고객충성도 향상과 불량고객의 퇴출에 기여한다.

③ 다점포경영의 발생요인은 유통업계의 대형화와 집중화 현상, 소비자행동의 변화 및 정보기술 발달 등의 환경적 변화에서 비롯된다.

④ 특정 상권 내에서 다점포경영은 점포들 간의 경쟁을 촉진하고, 자사점포들의 개별 이익을 보장하지 못하는 단점을 지닌다.

⑤ 다점포경영으로 인하여 점포 간 자기잠식현상이 발생할 수도 있다.

🔒 **해설**

② 경쟁점포가 출점할 수 있는 입지의 선점과 고객충성도 향상은 다점포경영이 추구하는 목표이나, 불량고객의 퇴출은 추구하는 목표가 아니다.

02 해당 입지의 상권 발전에 긍정적인 영향을 미칠 가능성이 가장 높은 것은?

① 도보로 접근하기에 약간 먼 거리에 대형 할인점이 개점한다.
② 도보로 접근하기에 약간 먼 거리에 중심 상업지역이 개발된다.
③ 해당 지역의 용도가 전용공업지역으로 바뀐다.
④ 인근에 지하철역이 새로 들어선다.
⑤ 사람들이 걸어 다니던 주변 도로에 새로 마을버스가 통과한다.

🔓 **해설**
④ 지하철은 버스정류장과는 비교가 되지 않을 정도로 유동인구가 많은 곳이다. 인근에 지하철역이 새로 들어서면 해당 입지의 상권 발전에 매우 긍정적인 영향을 미치게 된다.

03 다음 입지선정 및 입지의 '접근성'과 관련된 설명으로 옳지 않은 것은?

① 독립점포 입지평가에서와 마찬가지로 쇼핑몰이나 쇼핑센터의 입지평가에 있어서도 접근성이 중요하나, 쇼핑센터 및 쇼핑몰 내부에서의 입지평가에 있어서 접근성은 평가의 대상이 될 수 없다.
② 주차시설의 양과 질은 쇼핑센터, 쇼핑몰 및 주차시설을 개별적으로 갖춘 단독매장들에 대한 접근성을 평가하기 위한 중요한 요인의 하나이다.
③ 혼잡도는 사람들이 밀집되어 복잡한 정도뿐만 아니라 자동차의 밀집에 따른 복잡한 정도를 모두 포함하고 있는 개념이다.
④ 혼잡도가 일정 수준을 넘어 혼잡하면 쇼핑속도가 떨어지고 고객불만을 야기한다.
⑤ 적정수준의 혼잡도는 고객의 쇼핑 즐거움을 더해주고 매출액을 높이기도 한다.

🔓 **해설**
① 쇼핑센터 및 쇼핑몰 내부에서의 입지평가에 있어서도 접근성은 중요성이 크다. 예컨대, 고객이 많이 다니는 동선에 위치한 매장이나 출입구 앞 등은 우수한 접근성을 지녔다고 볼 수 있다.

04 입지선정을 위해서는 도시공간구조상에서의 동선(動線)에 대한 이해가 필요하다. 동선에 대한 아래 글상자의 설명 중에서 옳지 않은 설명들만을 바르게 짝지은 것은?

㉠ 화물차 통행이 많은 도로는 자석(anchor)과 자석을 연결하는 동선상에 있다고 할 수 있다.
㉡ 동선이란 사람들이 집중하는 자석(anchor)과 자석을 연결하는 흐름을 말한다.
㉢ 주동선이란 자석(anchor)과 자석을 잇는 가장 기본이 되는 선을 말한다.
㉣ 경제적 사정으로 많은 자금이 필요한 주동선에 입지하기 어려운 점포는 부동선(副動線)을 중시한다.
㉤ 복수의 자석(anchor)이 있는 경우의 동선을 부동선(副動線)이라 한다.

① ㉠, ㉡   ② ㉠, ㉤
③ ㉡, ㉣   ④ ㉢, ㉣
⑤ ㉢, ㉤

🔓 **해설**
㉠ 화물차 통행이 많은 도로는 동선이 연결되지 않으므로 동선상에 있다고 할 수 없다.
㉤ 부동선은 주동선 이외에 동선과 관계있는 이용객의 흐름이 있는 동선을 말하며, 복수의 자석이 있는 경우의 동선은 복수동선(유희동선)이라고 한다.

• 정답 **02** ④ **03** ① **04** ②

05 고객 동선에 대한 설명 중에서 가장 옳지 않은 것은?

① 고객이 주로 승용차로 내점하는 점포의 경우에는 주 주차장에서 주 출입구까지가 동선이 된다.

② 올라가는 에스컬레이터의 경우에는 올라가기 전, 내려가는 에스컬레이터의 경우에는 내려가기 전이 최적의 입지가 된다.

③ 대규모 소매점은 고객이 각 층별로 돌아보기 때문에 각층이 자석이 되고 이를 연결하는 에스컬레이터가 동선이 된다.

④ 인스토어형의 동선의 경우, 주 출입구에서 에스컬레이터까지가 주동선이 된다.

⑤ 고객의 내점 수단이 도보인 경우 주 출입구에서 에스컬레이터까지가 주동선이 된다.

🔓 **해설**
② 올라가는 에스컬레이터의 경우에는 올라간 후, 내려가는 에스컬레이터의 경우에는 내려간 후가 동선 관련한 최적의 입지가 된다.

06 점포를 도시형점포, 교외형점포, 인스토어형점포로 구분할 때, 인스토어형점포의 고객유도시설에 일반적으로 해당하지 않는 것은?

① 지하철역
② 주 출입구
③ 주차장 출입구
④ 에스컬레이터
⑤ 엘리베이터

🔓 **해설**
① 주 출입구, 주차장 출입구, 에스컬레이터, 엘리베이터 등은 인스토어형점포 고객유도시설에 해당하지만, 지하철역은 도시형점포 고객유도시설에 해당한다.

07 입지유형에 따라 소매점포를 도시형점포, 교외형점포로 구분할 수 있다. 관련된 입지유형이 나머지들과 다른 고객유도시설로 가장 옳은 것은?

① 지하철역
② 철도역
③ 버스터미널역
④ 인터체인지
⑤ 학교 또는 관공서

🔓 **해설**
④ 인터체인지는 교외형점포(유도시설)에 해당하며, 나머지는 도시형점포(유도시설)에 속한다.

✅ **상업성 유도시설**
- **도시형점포(유도시설)** : 철도역(지하철역), 대규모 소매점(백화점, 대형마트), 대형 교차로, 기타(대형상가점의 입구, 버스정류장, 고속버스터미널, 경기장, 공원, 관공서, 오락시설, 유원지, 관광지의 관광시설 등)
- **교외형점포(유도시설)** : 인터체인지, 간선도로 교차점, 간선도로, 대형 레저시설(어린이공원, 서울대공원 등), 기타(공원, 학교, 관공서, 경기장, 경마장, 유원지, 관광시설)
- **인스토어형점포(유도시설)** : 건물의 주 출입구, 에스컬레이터, 엘리베이터, 계단 앞, 기타(휴식공간, 식품매장, 대형매장, 푸드코트 등)

08 소비자들이 상품을 구매하기 위해 거주지 등 특정 장소에서 점포로 향하는 동선을 파악할 때 활용하는 원리 중에서 아래 글상자의 내용에 해당하는 것은?

> 원하는 상품을 구매하기 위해 방문하려는 점포를 사전에 정하고 이동하는 상황이라고 가정하자. 이때 길을 건너야 하는 상황에서 선택할 수 있는 복수의 횡단보도가 있다면 사람들은 일단 최초로 만나는 횡단보도를 이용하려는 성향이 있다.

① 안전 중시의 법칙
② 최단거리 실현의 법칙
③ 보증실현의 법칙
④ 집합의 법칙
⑤ 직진선호의 법칙

🔓 **해설**

③ **보증실현의 법칙** : 인간은 먼저 득을 얻는 쪽을 택하는바 길을 건널 때에도 최초로 만나는 횡단보도를 이용하려는 성향이 있다.
① **안전 중시의 법칙** : 인간은 본능적으로 신체의 안전을 지키기 위해 위험하거나 모르는 길, 다른 사람이 잘 가지 않는 장소는 가려고 하지 않는다는 심리를 의미한다.
② **최단거리 실현의 법칙** : 인간은 최단거리로 목적지에 가려는 심리가 있음을 의미한다.
④ **집합의 법칙** : 대부분의 사람들은 군중 심리에 의해 사람이 모여 있는 곳에 모이는 성향이 있어 이를 상권의 입지분석에 이용한다.

THEME **12**　업태 및 업종별 입지

01 백화점은 의식주에 대한 다양한 상품 및 서비스를 판매하는 각 부문별로 전문화된 대규모 소매점을 말한다. 이에 대한 특징을 설명한 것 중 가장 옳은 것은?

① 다양한 상품구색이 필요하지만 편의품, 선매품, 전문품, 고급품 중 하나에 집중하여 제품을 구성하게 된다.
② 대규모 경영이기 때문에 규모의 경제가 중요하게 되어 점차 도심지역과 떨어진 곳에서 넓은 부지를 확보하여 운영하기 시작하였다.
③ 최근 소비자의 성향에 맞게 자동차의 접근 가능성이 높고 대중교통을 쉽게 활용할 수 있는 교통이 편리한 지역을 선호하게 된다.
④ 다양한 서비스와 제품을 구성함으로써 항상 상품구색에 있어 전문점을 뛰어넘는 만족을 제공해 줄 수 있다.
⑤ 가격은 비교적 높으며 제품의 회전율은 높은 업태에 해당한다.

🔓 **해설**

① 백화점은 의식주에 대한 다양한 상품 및 서비스를 판매하는 각 부문별로 전문화된 대규모 소매점을 말하므로, 하나의 카테고리에만 집중하여 제품을 구성하지는 않는다.
② 최근 백화점 운영 추세가 다점포경영에 의한 규모의 경제를 추구하고 있으며, 이에 따라 출점지역은 도심지 외곽이나 부도심, 신도시 등에 위치하고 있다.
④ 소비자의 욕구변화에 따라 쇼핑과 오락을 겸할 수 있는 다양한 서비스와 제품을 구성함으로써, one stop 쇼핑이 가능하도록 하고 있으나 전문성은 전문품점이 더 높다.
⑤ 제품의 회전율은 낮으며 마진율은 높은 업태에 해당한다.

02 다음 중 패션잡화점의 입지로 적합한 내용을 모두 고른 것은?

> ㉠ 여러 층으로 구성된 매장에서 고객의 주된 출입구가 있는 층
> ㉡ 쇼핑몰 내부입지에서 핵점포(anchor store)의 통로·출입구 근처에 입지
> ㉢ 상호보완적인 상품을 판매하는 다양한 점포들이 함께 모여 있는 입지
> ㉣ 경쟁자로부터 멀리 떨어져서 독점적 지위를 확보할 수 있는 입지

① ㉠, ㉢
② ㉠, ㉡
③ ㉠, ㉡, ㉢
④ ㉠, ㉡, ㉣
⑤ ㉠, ㉡, ㉢, ㉣

🔓 해설

㉣ 경쟁자로부터 멀리 떨어져서 독점적 지위를 확보할 수 있는 입지는 독립입지에 대한 설명이다.

✓ 패션잡화점의 입지
- 충동구매 성향이 높으므로 접근성이 뛰어난 점포가 유리하다.
- 패션잡화점에 대한 입지선정에 있어서 목표고객그룹 또한 중요하게 영향을 미친다.
- 유동인구가 많은 1층에 입점하는 것이 유리하지만 전문상가건물 내에 입점할 경우 상가의 활성화와 흡인력이 좋다면, 2·3층에 입점하는 것도 경제성 측면에서 무방하다.
- 선매품(shopping goods) 성격이 강하므로 상호보완적인 상품을 판매하는 다양한 점포들이 함께 모여 있는 경우에 유리하다.

03 쇼핑몰의 소매입지로서의 상대적 장점으로 가장 옳지 않은 것은?

① 계획에 의한 입점점포 구성의 강력한 통제
② 입점점포 간 영업시간 등 영업방침의 동질성
③ 강력한 핵점포의 입점이 유발하는 높은 고객흡인력
④ 구색과 기능의 다양성이 창출하는 높은 고객흡인력
⑤ 관리를 통해 유지되는 입점점포들 사이의 낮은 경쟁

🔓 해설

⑤ 쇼핑몰은 의류점, 가구점, 푸드코트 등과 같은 집재성 점포들뿐만 아니라 일반적으로 적정 수의 경쟁자가 입점해야 고객흡인력이 커지는 성향을 가지므로 입점점포들 사이의 적정 경쟁수준을 관리하는 것이 중요하다.

04 소매업태들의 입지에 대한 설명으로 가장 옳은 것은?

① 카테고리 킬러는 도시 외곽에서 한 개의 점포를 넓게 입지하는 것보다는 도심에서 소규모의 다점포전략을 사용하는 것이 적합하다.
② 백화점의 경우 제품구색이 중요하므로 점포의 넓이를 크게 할 수 있는 도시 외곽에서 입지하는 것이 필요하다.
③ 팩토리아웃렛의 경우 회사 직영으로 운영하고 상품을 직접 제조기업에서 제공받을 수 있어, 도심의 다양한 지역에 점포를 위치시켜 다양한 상품을 소량으로 판매할 수 있도록 하는 것이 필요하다.
④ 회원제 도매클럽의 경우 자가용보다는 대중교통이 편리한 도심지역에 입지함으로써 접근성을 높이려는 노력이 필요하다.
⑤ 독립적 상권을 형성하기 어려운 소규모 점포의 경우 점포가 소재한 모점포의 상권형성 능력에 의해 상권의 규모가 결정된다.

🔓 **해설**

① 카테고리 킬러는 전문품을 대량으로 저렴한 가격에 제공하는 업태에 해당하며, 도심에서 소규모보다는 도심 외곽에서 대규모로 입지하는 것이 유리하다.
② 제품의 구색이 중요한 업태는 백화점이 아니라 대형마트에 해당한다.
③ 아웃렛 중에서 리테일아웃렛에 대한 설명이다.
④ 회원제 도매클럽은 넓은 부지와 대형주차장을 갖추어야 하므로, 도심에서 교통이 편리한 외곽지역에 주로 위치한다.

05 해당 지역의 지역형 백화점뿐만 아니라 부도심 및 도심 백화점까지 포함하여 특정 지역에 위치한 백화점의 상권 경쟁구조를 분석하는 방법으로 옳은 것은?

① 업태별 경쟁구조 분석
② 업종 내 경쟁구조 분석
③ 잠재경쟁구조 분석
④ 경쟁 보완관계 분석
⑤ 위계별 경쟁구조 분석

🔓 **해설**

⑤ 위계별 경쟁구조 분석은 대도시의 상권을 도심, 부도심, 지역중심, 지구중심 등으로 분류하고 각 수준별 및 수준 간 경쟁관계의 영향을 함께 고려하는 것을 말한다.

06 임대료의 차이를 무시할 때, 여러 층으로 구성된 쇼핑몰에서 여성의류 전문점의 입지로서 가장 적합한 곳은?

① 쇼핑센터 밖에 위치한 인근 스트립센터 안의 점포
② 주요 앵커스토어의 하나인 백화점에 근접한 점포
③ 남성의류 전문점들이 주로 입점한 층의 중앙에 위치한 점포
④ 다른 여성의류 전문점들과 멀리 떨어져 있는 점포
⑤ 여성의류 전문점은 여러 층으로 구성된 쇼핑몰에는 입점하면 안 되는 점포유형이다.

🔓 **해설**

② 여성의류는 선매품(shopping goods)의 성격을 띠고 있으므로, 여러 점포를 통해 가격과 디자인을 비교한 후 구매하므로 다른 여성의류 전문점과 가까이 위치하거나 여성의류를 판매하는 백화점에 가깝게 입지하는 것이 가장 적합하다고 할 수 있다.

01 신규점포의 개설과정에서 소매점포의 일반적인 전략수립 과정을 올바르게 나열한 것은?

① 점포계획 → 입지선정 → 상권분석 → 소매믹스설계
② 점포계획 → 상권분석 → 입지선정 → 소매믹스설계
③ 상권분석 → 입지선정 → 점포계획 → 소매믹스설계
④ 상권분석 → 점포계획 → 입지선정 → 소매믹스설계
⑤ 입지선정 → 상권분석 → 점포계획 → 소매믹스설계

🔓 **해설**

✅ 신규점포의 개설을 위한 절차
지역분석 → 상권분석 → 입지선정 → 점포계획 → 소매믹스설계

02 상점을 신축할 때는 용적률(容積率, Floor Area Ratio) 기준을 고려해야 한다. 용적률 산정에서 제외되는 면적이 아닌 것은?

① 지하층 면적
② 그 건물의 부속용도인 지상층 주차 면적
③ 경사지붕 아래에 설치하는 대피공간 면적
④ 초고층 및 준초고층 건축물의 피난안전구역 면적
⑤ 하나의 대지에 건축물이 둘 이상 있는 경우 별도 건물의 면적

🔓 **해설**

건축법 시행령(제119조 제1항 제4호)

> 용적률을 산정할 때에는 다음 각 목에 해당하는 면적은 제외한다.
> - 지하층의 면적
> - 지상층의 주차용(해당 건축물의 부속용도인 경우만 해당)으로 쓰는 면적
> - 초고층 건축물과 준초고층 건축물에 설치하는 피난안전구역의 면적
> - 건축물의 경사 지붕 아래에 설치하는 대피공간의 면적

03 매입하려는 상가건물이 지하 1층, 지상 4층으로 대지면적은 250m²이다. 층별 바닥면적은 각각 200m²으로 동일하며 주차장은 지하 1층에 150m²와 지상 1층 내부에 100m²로 구성되어 있다. 이 건물의 용적률은?

① 260%
② 280%
③ 300%
④ 320%
⑤ 340%

🔓 **해설**

용적률이란 대지면적에 대한 전체 건축면적의 비율로서 전체 건축면적에는 부속시설인 주차장 공간과 지하층의 면적은 제외된다.

$$용적률 = \frac{(200+200+200)+100}{250} \times 100 = 280\%$$

04 면적 300m²인 대지에 지하 2층, 지상 5층으로 소매점포 건물을 신축하려 한다. 층별 바닥면적은 각각 250m²로 동일하며 주차장은 지하 1, 2층에 각각 200m²와 지상 1층 부속용도에 한하는 주차장 면적 50m²로 구성되어 있다. 이 건물의 용적률을 계산하면 얼마인가?

① 300% ② 333%

③ 400% ④ 450%

⑤ 533%

🔓 **해설** ________________

「건축법」상 용적률은 대지면적에 대한 연면적(대지에 건축물이 둘 이상 있는 경우에는 이들 연면적의 합계로 함)의 비율을 말한다.

$$용적률 = \frac{(250m^2 \times 5) - 50m^2}{300m^2} \times 100 = 400\%$$

✅ **용적률 산정 시 연면적에서 제외되는 부분**
- 지하층의 면적
- 지상층의 주차용(해당 건축물의 부속용도인 경우만 해당)으로 이용되는 면적
- 초고층 건축물과 준초고층 건축물에 설치하는 피난안전구역의 면적
- 건축물의 경사 지붕 아래에 설치하는 대피공간의 면적

05 출점할 점포에 대한 부지조사의 기본항목과 가장 거리가 먼 것은?

① 소유권, 소유자의 신용, 거래당사자의 법적 자격

② 토지대장, 실제 측정도, 도시계획도, 등기부등본 등의 면적 · 형태 · 지목

③ 수로, 고압선, 마을길 등의 장애물

④ 점포를 건설할 건설회사

⑤ 상 · 하수도, 전력, 가스 등 공공시설 현황

🔓 **해설** ________________

④ 부지조사 항목 중 등기부등본, 건축대장의 내용은 중요하나 건설회사는 포함되지 않는다.

06 입지선정과정 중 점포의 부지평가과정에서 관련 법규를 검토할 때 알아야 할 기본적 개념들이다. 그 내용이 옳지 않은 것은?

① 용적률은 대지 내 건축물의 건축 바닥면적을 모두 합친 면적(연면적)의 대지면적에 대한 백분율이다.

② 건폐율은 대지면적에 대한 건축면적의 비율로 건축물의 과밀을 방지하고자 설정된다.

③ 도시지역은 토지이용의 목적에 따라 주거지역, 상업지역, 공업지역, 녹지지역으로 구분된다.

④ 상업지역은 중심상업지역, 일반상업지역, 근린상업지역, 유통상업지역으로 세분할 수 있다.

⑤ 관련 법률에서 허용하는 용적률의 기준은 상업지역의 유형에 따라 다르지만, 건폐율은 동일하다.

🔓 **해설** ________________

⑤ 관련 법률에서 허용하는 용적률과 건폐율의 기준은 상업지역의 유형, 즉 용도지역에 따라 다르다. 예컨대, 도시지역 상업지역의 건폐율은 중심상업지역 90%, 일반상업지역 80%, 근린상업지역 70%이다. 용적률은 각각 1,500%, 1,300% 및 900%이다.

① 용적률 산정 시 연면적은 지하층의 연면적, 지상층의 주차장용 면적 등은 제외한다.

07 점포의 매매나 임대차 시 필요한 점포 권리 분석을 위해서 공부서류를 이용할 수 있다. 이들 공부서류와 확인 가능한 내용의 연결이 옳지 않은 것은?

① 지적도 – 토지의 모양과 경계, 도로 등을 확인할 수 있음.

② 등기사항전부증명서 – 소유권 및 권리관계 등을 알 수 있음.

③ 건축물대장 – 건물의 면적, 층수, 용도, 구조 등을 확인할 수 있음.

④ 토지초본 – 토지의 소재, 지번, 지목, 면적 등을 확인할 수 있음.

⑤ 토지이용계획확인서 – 토지를 규제하는 도시계획 상황을 확인할 수 있음.

🔓 **해설**

④ 토지의 소재, 지번, 지목, 면적 등을 확인할 수 있는 공부서류는 토지대장에 해당한다.

08 「상가건물 임대차보호법」 제10조 제1항은 "임대인은 임차인이 임대차기간이 만료되기 6개월 전부터 1개월 전까지 사이에 계약갱신을 요구할 경우 정당한 사유 없이 거절하지 못한다."라고 규정하고 있다. 이 규정 적용의 예외로서 옳지 않은 것은?

① 임차인이 3기의 차임액에 해당하는 금액에 이르도록 차임을 연체한 사실이 있는 경우

② 임차인이 거짓이나 그 밖의 부정한 방법으로 임차한 경우

③ 서로 합의하여 임대인이 임차인에게 상당한 보상을 제공한 경우

④ 임차인이 임대인의 동의하에 목적 건물의 전부 또는 일부를 전대(轉貸)한 경우

⑤ 임차인이 임차한 건물의 전부 또는 일부를 고의나 중대한 과실로 파손한 경우

🔓 **해설**

계약갱신 요구(법 제10조 제1항)

> 임대인은 임차인이 임대차기간이 만료되기 6개월 전부터 1개월 전까지 사이에 계약갱신을 요구할 경우 정당한 사유 없이 거절하지 못한다. 다만, 다음의 어느 하나의 경우에는 그러하지 아니하다.
>
> 1. 임차인이 3기의 차임액에 해당하는 금액에 이르도록 차임을 연체한 사실이 있는 경우
> 2. 임차인이 거짓이나 그 밖의 부정한 방법으로 임차한 경우
> 3. 서로 합의하여 임대인이 임차인에게 상당한 보상을 제공한 경우
> 4. 임차인이 임대인의 동의 없이 목적 건물의 전부 또는 일부를 전대(轉貸)한 경우
> 5. 임차인이 임차한 건물의 전부 또는 일부를 고의나 중대한 과실로 파손한 경우
> 6. 임차한 건물의 전부 또는 일부가 멸실되어 임대차의 목적을 달성하지 못할 경우
> 7. 임대인이 다음의 어느 하나에 해당하는 사유로 목적 건물의 전부 또는 대부분을 철거하거나 재건축하기 위하여 목적 건물의 점유를 회복할 필요가 있는 경우
>   가. 임대차계약 체결 당시 공사시기 및 소요기간 등을 포함한 철거 또는 재건축 계획을 임차인에게 구체적으로 고지하고 그 계획에 따르는 경우
>   나. 건물이 노후·훼손 또는 일부 멸실되는 등 안전사고의 우려가 있는 경우
>   다. 다른 법령에 따라 철거 또는 재건축이 이루어지는 경우

09 「상가건물 임대차보호법」에서 규정하는 환산보증금의 계산식으로 가장 옳은 것은?

① 보증금＋(월임차료×24)

② 보증금＋(월임차료×36)

③ 보증금＋(월임차료×60)

④ 보증금＋(월임차료×100)

⑤ 보증금＋(월임차료×120)

🔓 **해설**

④ 보증금액을 정할 때에는 해당 지역의 경제 여건 및 임대차 목적물의 규모 등을 고려하여 지역별로 구분하여 규정하되, 보증금 외에 차임이 있는 경우에는 그 차임액에 「은행법」에 따른 은행의 대출금리 등을 고려하여 대통령령으로 정하는 비율(100/1)을 곱하여 환산한 금액을 포함하여야 한다(법 제2조 제2항 및 시행령 제2조 제3항).

10 권리금에 대한 설명으로 가장 옳지 않은 것은?

① 때로는 권리금이 보증금보다 많은 경우도 있다.

② 시설 및 상가의 위치, 영업상의 노하우 등과 같은 다양한 유무형의 재산적 가치에 대한 양도 또는 사용료로 지급하는 것이다.

③ 권리금을 일정기간 안에 회복할 수 있는 수익성이 확보될 수 있는지를 검토해야 한다.

④ 신축건물인 경우 주변 상권의 강점을 반영하는 바닥 권리금의 형태로 나타나기도 한다.

⑤ 권리금은 영업시설, 신용, 위치에 따른 영업상의 이전과 보증금의 일부 등으로 구성된다.

🔓 **해설**

⑤ 「상가건물 임대차보호법」에 따르면 권리금은 임대차 목적물인 상가건물에서 영업을 하는 자 또는 영업을 하려는 자가 영업시설·비품, 거래처, 신용, 영업상의 노하우, 상가건물의 위치에 따른 영업상의 이점 등 유형·무형의 재산적 가치의 양도 또는 이용대가로서 임대인, 임차인에게 보증금과 차임 이외에 지급하는 금전 등의 대가를 말한다. 임차인이 점포의 소유주에게 제공하는 추가적인 비용으로 보증금의 일부는 권리금에 해당하지 아니한다.

11 「상가건물 임대차보호법」에서는 권리금을 아래의 글상자와 같이 정의하고 있다. (　) 안에 들어갈 내용으로 옳지 않은 것은?

> 권리금이란 임대차 목적물인 상가건물에서 영업을 하는 자 또는 영업을 하려는 자가 (　), 상가건물의 위치에 따른 영업상의 이점 등 유형·무형의 재산적 가치의 양도 또는 이용대가로서 임대인, 임차인에게 보증금과 차임 이외에 지급하는 금전 등의 대가를 말한다.

① 영업시설·비품

② 경쟁상황

③ 거래처

④ 신용

⑤ 영업상의 노하우

🔓 **해설**

권리금이란 임대차 목적물인 상가건물에서 영업을 하는 자 또는 영업을 하려는 자가 영업시설·비품, 거래처, 신용, 영업상의 노하우, 상가건물의 위치에 따른 영업상의 이점 등 유형·무형의 재산적 가치의 양도 또는 이용대가로서 임대인, 임차인에게 보증금과 차임 이외에 지급하는 금전 등의 대가를 말한다.

12 「국토의 계획 및 이용에 관한 법률」에서 규정하고 있는 용도지역 중 상업지역을 구분하는 유형으로 볼 수 없는 것은?

① 중심상업지역　　② 일반상업지역

③ 근린상업지역　　④ 전용상업지역

⑤ 유통상업지역

🔓 **해설**

「국토의 계획 및 이용에 관한 법률 시행령」 제30조에서는 상업지역은 중심상업지역, 일반상업지역, 근린상업지역, 유통상업지역으로 구분하고 있다.

13 다음 중 국내에 거주하는 내국인 개인이 사업자등록을 신청하는 경우의 절차와 내용에 관한 원칙적인 설명으로 가장 옳지 않은 것은?

① 사업자는 사업장마다 등록을 신청해야 함
② 사업 개시일부터 10일 이내에 신청해야 함
③ 신규사업자는 사업 개시일 이전에도 신청이 가능함
④ 신청서는 사업자 본인이 자필로 서명해야 함
⑤ 사업자등록증은 일반적으로 신청일로부터 평일 기준 2일 이내에 발급함

🔓 **해설**

② 「부가가치세법」 제8조 제1항에 따르면 사업자는 사업장마다 대통령령으로 정하는 바에 따라 사업 개시일부터 20일 이내에 사업장 관할 세무서장에게 사업자등록을 신청하여야 한다. 다만, 신규로 사업을 시작하려는 자는 사업 개시일 이전이라도 사업자등록을 신청할 수 있다.

THEME 14   출점을 위한 점포의 투자형태 및 출점전략

01 점포 개점을 위한 경쟁점포의 분석에 관한 설명으로 가장 옳지 않은 것은?

① 1차 상권 및 2차 상권 내의 주요 경쟁업체를 분석하고 필요할 경우 3차 상권의 경쟁업체도 분석한다.
② 점포 개설을 준비하고 있는 잠재적인 경쟁업체가 있다면 조사에 포함시킨다.
③ 목적에 맞는 효과적인 분석을 위해 동일 업태의 점포에 한정해서 분석한다.
④ 경쟁점포의 상품구색 및 배치에 대해서도 분석한다.
⑤ 상권의 계층 구조를 고려하여 분석한다.

🔓 **해설**

③ 점포 개점을 위한 경쟁점포의 분석 시에는 목적에 맞는 효과적인 분석을 위해 동일업태의 점포에 한정해서는 아니 되며, 유사업종 또는 장래 경쟁자가 될 수 있는 업종 등을 종합적으로 분석해야 한다.

02 점포출점을 결정한 후 가장 먼저 준비해야 할 사항은?

① 점포의 포지셔닝 주제(아이덴티티)의 설정
② 종업원의 선발 및 교육·훈련
③ 거래처와의 교섭
④ 점포의 인테리어 공사
⑤ 홍보계획 수립

🔓 **해설**

① 상권을 분석하고 입지를 선정한 후 경제적 타당성 분석과 법률적 규정을 검토하여 점포출점을 결정한 후 가장 먼저 준비해야 할 사항은 점포의 포지셔닝 주제(아이덴티티)를 설정하는 것이다. 즉, 업태와 업종을 결정하고 어느 정도 수준의 제품을 취급할 것인지를 결정하는 과정이다. 이 과정을 거쳐야 점포에 대한 인테리어 공사나 홍보계획, 거래처와의 교섭 등을 할 수 있게 된다.

03 소매점 개점계획의 내용을 사업전략과 출점계획으로 구분할 때 다음 중 출점계획의 내용으로 가장 옳지 않은 것은?

① 점포 입지 ② 점포 업태

③ 점포 규모 ④ 출점 방식

⑤ 점포 확보

🔓 **해설**

점포의 업태 선정, 프랜차이즈 전략 등은 소매점 개점계획의 내용 중 사업전략에 해당하며, 점포 입지 및 규모, 출점 방식, 점포 확보 등은 출점계획에 해당한다.

04 시장력이 약한 상태에서 경비절감을 목적으로 출점입지를 특정 지역으로 한정하여 그곳에 집중적으로 점포를 개설하는 출점전략은?

① 인지도 우선전략

② 다각화 전략

③ 도미넌트전략

④ 브랜드전략

⑤ 시장력 선택전략

🔓 **해설**

✅ **도미넌트전략**

일정 지역에 다수의 점포를 동시에 출점시켜서 경쟁자의 진입을 억제하는 다점포전략으로, 물류비 절감과 매장구성의 표준화를 통해 경쟁력을 유지하는 전략에 해당한다.

05 도미넌트(dominant) 출점의 장점과 가장 거리가 먼 것은?

① 관리가 용이하다.

② 물류와 배송이 편리하다.

③ 경쟁점의 출점을 방어하는 데 유리하다.

④ 특정 상권에서 시장점유율을 확대하는 데 유리하다.

⑤ 단위점포의 매장면적을 키우는 데 유리하다.

🔓 **해설**

도미넌트(dominant) 상권전략은 하나의 특정 상권에 여러 개의 점포를 개설하여 시장점유율을 확대하려는 전략을 의미한다. 주로 스타벅스와 같은 커피전문점이나 파리바게트 등의 외식산업 프랜차이즈 업체에서 사용하고 있다.

⑤ 장점으로는 물류 및 점포관리의 효율성 증대, 상권 내 시장점유율의 확대, 경쟁점의 진입 차단, 브랜드 인지도 개선 및 마케팅 효과 개선 등을 들 수 있다. 그러나 자기잠식, 즉 제 살 깎기와 같은 문제가 발생할 수 있고, 단위점포의 매장면적을 키우기 어렵다.

06 건물을 매입하여 출점하는 경우에 대한 설명으로 옳지 않은 것은?

① 초기 투자금액이 많이 소요될 수 있다.

② 영업활성화를 통해 자산가치 증식을 기대할 수 있다.

③ 상권환경 변화에 대응하기가 어렵다.

④ 안정적 영업을 지속할 수 있다.

⑤ 영업이 부진할 경우 임대 등 다른 방법을 모색하기가 용이하다.

🔓 **해설**

⑤ 건물을 매입하여 출점하는 경우 기존상권에 진입하기 때문에 영업권에 대한 이익을 얻을 수 있으나, 영업이 부진한 경우 업종 전환에 어려움이 있을 수 있다.

• 정답 **03** ② **04** ③ **05** ⑤ **06** ⑤

07 다음 설명에 가장 적합한 점포 관련 투자형태는?

> ㉠ 일반적으로 자산가치가 상승하는 경우가 많다.
> ㉡ 점포형태, 진입로, 주차장, 구조 등 하드웨어에 대한 계획을 새롭게 세울 수 있다.
> ㉢ 다른 경우에 비해 초기에 투자해야 하는 비용이 많은 편에 속한다.
> ㉣ 주변 지역(상권)의 환경변화에 빠르게 대응하기가 어렵다.

① 점포출점을 위한 건물매입
② 점포신축을 위한 부지임대
③ 점포출점을 위한 건물임대
④ 점포신축을 위한 부지매입
⑤ 이미 존재하고 있는 점포매입

🔓 **해설**

④ 출점부지(토지)의 경우 주변 여건의 변화에 따라 자산가치 상승이 뚜렷한 반면에, 점포건물은 감가상각이 이루어지므로 일반적으로 자산가치가 약보합의 경향을 보인다. 또한 부지매입의 경우 초기투자비용이 임대의 경우에 비해 큰 특징이 있다.

08 다음 중 프랜차이즈 출점의 장점이 아닌 것은?

① 영업 초보자도 본사의 경영노하우, 기술을 이전받아 쉽게 창업이 가능하다.
② 독립점포에 비해 실패의 확률이 적다.
③ 본사의 브랜드와 마케팅 홍보효과를 누릴 수 있다.
④ 본사의 운영방침에 따라야 하는 점이 없으므로 영업의 독립성이 침해되지 않는다.
⑤ 점포 개점 시 본사와의 협조체계로 시장의 변화에도 빠르게 대처할 수 있다.

🔓 **해설**

④ 프랜차이즈계약은 계약의 성격상 불평등계약으로, 본사의 운영방침에 따라야 한다. 따라서 영업의 독립성이 침해된다고 볼 수 있다.

09 아래 글상자에서 설명하는 연쇄점(chain)의 형태로 옳은 것은?

> ㉠ 같은 업종의 소매점들이 공동매입을 도모하려고 결성한 체인조직
> ㉡ 일부 기능을 체인 본사에 위탁하여 프랜차이즈 시스템을 갖추고 영업하기도 함.
> ㉢ 경영의 독립성과 연쇄점화로 얻는 이득을 동시에 획득

① 정규연쇄점(regular chain)
② 직영점형 연쇄점(corporate chain)
③ 임의형 연쇄점(voluntary chain)
④ 마스터 프랜차이즈(master franchise)
⑤ 조합형 체인(cooperative chain)

🔓 **해설**

「유통산업발전법」에서는 체인사업을 직영점형, 프랜차이즈형, 임의가맹점형 및 조합형 4가지로 구분하고 있다(법 제2조 제6호). 문제에 제시된 내용은 임의가맹점형 체인사업에 가까운 것으로 임의형 연쇄점(voluntary chain) 또는 자발적 연쇄점이라고도 한다.

10 다양한 내·외적 환경변화에 의해 어려운 경영상황에 직면하면 소매점은 적절한 개선책을 마련하거나 폐업을 고려하는 등의 대책을 세울 수 있다. 다음 중 상황에 맞는 대책으로서 가장 옳지 않은 것은?

① 지역상권의 수명주기가 쇠퇴기에 접어든 경우 – 새로운 아이템 발굴로 업종 변경

② 업종이 상권에 적합하지 않게 된 경우 – 업종전환 또는 점포 매각

③ 경쟁점포가 신규로 출현한 경우 – 판촉활동 등 마케팅 활동 강화

④ 상권 내 유사점포와 비교했을 때 경쟁력이 떨어지는 경우 – 상권분석 및 벤치마킹을 통한 경쟁력 제고

⑤ 재료비 및 인건비 등 상승으로 인한 자금관리 위기 – 원가절감으로 손익분기점 낮추기

🔓해설

① 새로운 아이템 발굴로 업종 변경을 고려하는 경우는 업종이 상권에 적합하지 않게 된 경우의 대책에 해당한다. 지역상권 자체의 수명주기가 쇠퇴기에 접어든 경우에는 상권의 재개발, 재마케팅 등의 개선책이 요구된다.

11 단일점포일 때와는 달리 소매점포가 체인화되는 과정에서는 점포망 전체 차원에서 점포를 추가로 개점하거나 기존 점포를 폐점하는 등 점포망 구성이 중요한 과제가 된다. 이러한 경우 사용할 점포망 분석기법으로 가장 옳은 것은?

① 유사점포법
② 입지할당모델
③ 근접구역법
④ 체크리스트법
⑤ 점포공간매출액비율법

🔓해설

② 입지할당모형은 입지배정모형이라도 하며, 최적입지(location)와 관련된 분석모형이다. 이는 2개 이상의 점포를 체인 형태로 운영하는 경우 소매점포 네트워크의 설계, 신규점포 개설 시 기존 네트워크에 대한 영향분석, 기존점포의 재입지 또는 폐점 의사결정 등에 활용되는 모형이다.

01 점포의 입지조건 평가과정에서 유동인구 및 교통통행량 조사와 관련한 일반적 설명으로 가장 옳지 않은 것은?

① 유동인구의 동선은 일반적으로 출근동선보다 퇴근동선을 중시해서 조사하는 것이 좋다.
② 유동인구의 조사시간은 특정 시간보다 영업시간대를 고려하는 것이 좋다.
③ 승용차, 버스, 화물차 등으로 차량의 유형을 구분하여 교통통행량을 분석하는 것이 좋다.
④ 조사위치는 기본적으로 점포 앞보다는 점포에서 일정 범위에 있는 여러 지점에서 하는 것이 더욱 바람직하다.
⑤ 주중, 주말, 휴일 등을 구분해서 조사일정을 편성하는 것이 바람직하다.

해설
④ 조사는 기본적으로 점포 앞에서 해야 한다. 그리고 점포 앞을 지나는 통행량에 대한 조사는 모든 방향에 대해 각 방향을 기준으로 통행량을 분리하여 조사하여야 한다.

02 상권분석에서 활용하는 소비자 대상 조사기법 중 조사대상의 선정이 내점객조사법과 가장 유사한 것은?

① 고객점표법
② 편의추출조사법
③ 가정방문조사법
④ 지역할당조사법
⑤ 점두조사법

해설
⑤ 점두조사법(instore survey)은 점포를 방문한 고객의 주소와 방문 횟수 등을 직접 질문을 통해 조사하는 방법으로, 내점객조사와 가장 유사한 방법에 해당한다.

03 점포를 이용하는 소비자나 점포 주변 거주자들로부터 자료를 수집하여 현재 영업 중인 점포의 상권 범위를 파악하려는 조사기법으로 보기에 가장 적합하지 않은 것은?

① 점두조사
② 내점객조사
③ 체크리스트(checklist)법
④ 지역표본추출조사
⑤ CST(Customer Spotting Techniques)

해설
점포를 이용하는 소비자나 점포 주변 거주자들로부터 자료를 수집하여 상권분석을 하는 방법에는 점두조사, 내점객조사, CST map 등이 대표적이다.
③ 체크리스트(checklist)법은 대표적인 정성기법으로 상권의 규모에 영향을 미치는 요인들을 수집하여 이들에 대한 평가를 통해 시장잠재력을 측정하는 방법이다. 즉, 특정 상권의 제반 특성을 여러 항목으로 구분하여 조사하고, 이를 바탕으로 신규 점포의 개설 가능성 여부를 평가하는 방법이다.

04 아래 글상자에서처럼 월매출액을 추정하려 할 때 괄호 안에 들어갈 용어로 가장 옳은 것은?

> 월매출액 = (㉠) × 1일 평균 내점객 수 × 월간 영업 일수

① 상권 내 점포점유율
② 회전율
③ 내점률
④ 실구매율
⑤ 객단가

해설
⑤ 월매출액=객단가×1일 평균 내점객 수×월간 영업 일수.
객단가는 고객(내점객) 1인당 평균구매액으로, 매출액을 고객 수(내점객 수)로 나누어 산출한다.

제**3**과목
유통마케팅

대표기출문제

THEME 01 **마케팅 개념과 관리철학**

01 다음 중 마케팅발전 철학에 있어서 규모의 경제(economies of scale)와 관련성이 높은 단계는 어느 것인가?

① 생산개념 마케팅
② 제품개념 마케팅
③ 판매개념 마케팅
④ 마케팅 개념
⑤ 소비자지향 마케팅

🔓 **해설**

① 생산개념의 마케팅은 가장 오래된 마케팅 철학으로서 공급보다 수요가 많은 시장상황의 경우, 기업이 대량생산을 통한 규모의 경제를 실현함에 따라 생산의 효율성을 극대화한다는 마케팅 철학이다.

02 마케팅믹스 요소인 4P 중 유통(place)을 구매자 관점인 4C로 표현한 것으로 가장 옳은 것은?

① 고객맞춤화(customization)
② 커뮤니케이션(communication)
③ 고객문제해결(customer solution)
④ 편의성(convenience)
⑤ 고객비용(customer cost)

🔓 **해설**

4C	4P
• 커뮤니케이션(communication)	– promotion
• 고객가치 증대(customer value)	– product
• 편의성(convenience)	– place
• 고객비용(customer cost)	– price

03 마케팅 담당자가 직면하는 수요의 상황(8가지 유형)과 그 개념이 가장 바르게 기술된 것은?

① 부정적 수요는 소비자들이 그 제품을 알지 못하거나 무관심한 상태(또는 상황)를 의미한다.
② 잠재수요는 소비자들이 시장에 나와 있는 모든 제품을 적절하게 구입하고자 하는 상태(또는 상황)를 의미한다.
③ 감소수요는 소비자들이 간혹 그 제품을 구입하거나 전혀 구입하지 않는 상태(또는 상황)를 의미한다.
④ 불건전 수요는 소비자의 구매가 계절별·월별·주별·일별·시간대별로 변화하는 수요를 의미한다.
⑤ 초과수요는 소비자들이 현존 제품으로 만족할 수 없는 강한 욕구를 갖고 있는 상태(또는 상황)를 의미한다.

🔓 **해설**

① 소비자들이 그 제품을 알지 못하거나 무관심한 상태(또는 상황)는 무수요이다. 이 경우 수요의 창조를 위한 자극적 마케팅이 필요하다.
② 잠재수요는 아직 존재하지 않는 제품에 대한 욕구를 가지고 있는 상황으로 수요의 개발을 위한 개발적 마케팅이 필요하다.
④ 불건전 수요는 수요가 바람직하지 않다고 여겨지는 상황이다. 수요의 파괴를 위한 대항적 마케팅이 필요하다.
⑤ 초과수요는 수요수준이 공급자의 공급능력을 초과하는 상황이다. 수요의 감소를 위한 디마케팅이 필요하다.

• 정답 **01** ① **02** ④ **03** ③

04 마케팅에 대한 설명으로 옳지 않은 것은?

① 마케팅은 소비자의 필요와 욕구를 충족시키기 위해 시장에서 교환이 일어나도록 하는 일련의 활동들을 말한다.

② 마케팅관리란 표적시장을 선택하고 뛰어난 고객가치의 창출, 전달 및 알림을 통해 고객을 획득, 유지, 확대하는 기술과 과학을 의미한다.

③ 생산개념의 마케팅 철학에서는 기술적으로는 뛰어나지만 시장에서는 외면당하는 제품들이 출시되는 경우를 흔히 볼 수 있다.

④ 판매개념은 공격적인 영업 및 촉진활동을 펼쳐야만 고객이 제품이나 서비스를 충분히 구입할 것이라고 가정한다.

⑤ 마케팅 개념을 경영철학으로 채택하고 있는 기업에서는 고객이 상품과 관련하여 갖고 있는 문제들을 완전히 해결하여 만족을 얻을 수 있도록 하는 것을 목표로 한다.

🔓 해설

③ 기술적으로는 뛰어나지만 시장에서는 외면당하는 제품들이 출시되는 경우는 마케팅 근시안(marketing myopia)에 해당하는 것으로 제품개념(product concept)에서 볼 수 있다.

✅ 마케팅 근시안(myopia)

기업의 사업영역을 너무 좁게 규정하여 제품 자체의 품질향상만이 전부라 생각하고 여기에 안주하다 나날이 변하는 소비자들의 기호, 기술수준 등의 요구에 부응하지 못하여 결국 서서히 몰락해 가는 현상을 말한다.

05 다음 사례들과 가장 밀접하게 관련이 있는 것은?

(가) '루이비통'의 파리 본점에서 여행객이 제품을 구입하게 되면 여권번호를 컴퓨터에 입력하고 1년에 한 품목만 구입하도록 제한하는 판매방식

(나) 은행의 자동화코너는 객장 바깥에, 입출금 등 단순업무 창구는 출입문과 가까운 쪽에, 대출과 프라이빗 뱅킹 등 우대고객용 창구는 객장 안쪽에 각각 배치하는 방식

(다) 서울시로 진입하는 도시고속도로의 심각한 교통정체를 해소하기 위해 서울시는 통근자들이 대중교통을 이용하도록 독려하는 웹사이트의 설치·운영

(라) 비우량고객에 대한 마케팅 투자를 최소화함으로써 우량고객집단의 고객만족을 증대시킬 수 있는 기회로 활용하는 것, 즉 고객차별화로 우량고객 중심의 사업구조를 유지하고자 하는 마케팅활동

① 디마케팅(De-marketing)

② 럭셔리마케팅(Luxury-marketing)

③ 프로슈머(Prosumer-marketing)

④ 프레스티지(Prestige-marketing)

⑤ 역마케팅(Reverse-marketing)

🔓 해설

① 디마케팅(De-marketing)은 수요수준이 공급자의 공급능력이나 기대공급수준을 초과하는 초과수요(overfull demand) 상황에서 수요를 감소(reduce demand)시키려는 마케팅이다. 즉, 이 경우 가격인상이나 마케팅 활동의 감소를 통해 수요를 일시적 또는 영구적으로 억제하게 된다.

 유통마케팅 환경과 마케팅 관련 용어

01 아래 글상자와 같이 소매점경영전략 변화에 지대한 영향을 준 환경요인으로 가장 옳은 것은?

> ㉠ A커피프랜차이즈 업체는 매장 안에서는 머그잔을 활용하고 있으며 전체 매장의 플라스틱 빨대를 종이 빨대로 교체하였음.
> ㉡ B대형마트는 일회용 비닐봉투 사용이 금지되어 장바구니 사용을 장려하는 게시물을 부착하고 홍보함.
> ㉢ C대형마트는 중소유통업과의 상생발전을 위해 2주에 한 번 휴점함.

① 경제적 환경
② 법률적 환경
③ 사회·문화적 환경
④ 기술적 환경
⑤ 인구통계적 환경

🔓해설
② 정부(환경부)의 방침과 법률(유통산업발전법)에 근거하여 규제되고 있는 내용이므로 정치·법률적 환경에 해당한다.

02 기업이 오프라인, 온라인, 모바일 등의 모든 채널을 연결해 고객이 마치 하나의 매장을 이용하는 것처럼 느끼도록 하는 쇼핑 시스템을 지칭하는 것으로 옳은 것은?

① Cross border trade
② Omni-channel
③ Multi channel
④ Mass customization
⑤ IoT

🔓해설
① Cross border trade : 온라인이나 모바일을 통해 해외 고객에게 B2C로 상품을 판매하는 것
③ Multi channel : 오프라인 스토어, 온라인 쇼핑, 모바일 등 다양한 유통경로를 이용하는 전략
④ Mass customization : 대량고객화를 뜻하며, 대량마케팅과 개별고객화를 동시에 추구하는 전략
⑤ IoT(사물인터넷) : 인터넷에 연결되어 IoT 애플리케이션이나 네트워크에 연결된 장치, 또는 산업장비 등의 다른 사물들과 데이터를 공유할 수 있는 수많은 사물
✅ 멀티채널은 통합적인 이용이 아닌 개별적으로 다양성을 추구하는 반면, 옴니채널은 다양한 유통채널들을 통합적으로 활용한다.

03 아래 글상자의 (   ) 안에 들어갈 용어로서 가장 옳은 것은?

> (   )은/는 기업 내부의 경영혁신을 유도하는 전략의 하나이다. 고객이 제품이나 서비스를 소비하는 전 과정에서 무엇을 보고 느끼며, 어디에 가치를 두고, 어떠한 상호작용 과정을 통해 관계를 형성하는지 등을 총체적으로 이해함으로써 고객에게 차별화된 가치를 제공하는 고객중심경영의 핵심을 말한다.

① 로열티 프로그램
② 고객마일리지 프로그램
③ 고객불만관리
④ 공유가치경영
⑤ 전사적 고객경험관리

🔓해설
⑤ 고객경험관리(CEM : Customer Experience Management)는 고객이 제품이나 서비스를 소비하는 전 과정에서 무엇을 보고 느끼며, 어디에 가치를 두고, 어떠한 상호작용 과정을 통해 관계를 형성하는지 등을 총체적으로 이해함으로써 고객에게 차별화된 가치를 제공하는 고객중심경영을 말한다.

04 마케팅전략 수립을 위해 분석해야 하는 마케팅 환경분석의 구성요소 중 미시적 환경분석에 해당하는 것은?

① 정치적 환경분석
② 경제적 환경분석
③ 기술적 환경분석
④ 사회·문화적 환경분석
⑤ 구매자 심리분석

🔓 **해설**

⑤ 조직의 외부에서 마케팅 활동에 영향을 미치는 미시적인 요소는 다른 기업과의 경쟁이나 중간상인, 소비자 및 주주, 시민단체, 채권자 등과 같이 기업과 이해관계가 있는 모든 집단(stakeholder)을 들 수 있다. 이러한 요소들을 미시적 환경(micro environment)이라고 한다.

05 유통경영 환경분석을 위한 SWOT 분석 방법의 활용에 관한 설명으로 옳지 않은 것은?

① 기회를 최대화하고 위협을 최소화한 기업 자원의 효율적 사용이 목표이다.
② SO 상황에서는 강점을 적극적으로 활용한 시장기회 선점 전략을 구사한다.
③ WT 상황에서는 약점을 보완하기 위해 투자를 대폭 강화한 공격적 전략을 구사한다.
④ WO 상황에서는 약점을 보완하여 시장의 기회를 활용할 수 있는 전략적 제휴를 실시한다.
⑤ ST 상황에서는 시장의 위협을 회피하기 위해 제품 확장전략을 사용한다.

🔓 **해설**

③ WT 상황은 내부적으로는 약점이, 외부적으로는 위협요인이 존재하는 기업환경이므로 위험을 회피하는 보수적인 전략을 취하는 것이 유리하다. 투자를 대폭 강화한 공격적 전략을 구사하는 상황은 SO 상황에 해당한다.

06 유통환경의 내부분석에 해당하는 것은?

① 고객의 구매편의성 증대로 소매점포 수 확대나 적정 재고유지가 중요해졌다.
② 새롭게 등장하는 소매업태가 무엇인지, 적절히 분석하고 대응해야 한다.
③ 자사의 성과를 분석할 경우에는 유동성 비율, 재무적 건전성 등을 포함한다.
④ 원재료 공급업자의 가격정책을 주시한다.
⑤ 좁은 의미의 경쟁자는 직접 경쟁업태이지만, 넓게 보면 할인점도 백화점의 경쟁상대가 될 수 있다.

🔓 **해설**

① 고객의 변화, ② 경쟁환경의 변화, ④ 원재료 공급자의 가격정책, ⑤ 경쟁환경의 변화 등은 외부환경 분석에 해당되는 것으로 소매상이 통제할 수 없는 변수에 해당한다.

07 최근에 진행되고 있는 유통 마케팅환경의 변화에 관한 설명으로 옳지 않은 것은?

① 고객이 직접 해외에서 구매하는 현상이 증가하고 있다.
② 1인 가구의 증가로 인해 기존의 유통 트렌드가 변화하고 있다.
③ 남여 성별 고정 역할의 구분이 약해짐으로 인해 소비시장도 변하고 있다.
④ 시간의 효율적 사용을 원하는 고객의 요구가 증가하고 있다.
⑤ 온라인과 오프라인 간의 경계가 명확해지고 있다.

🔓 **해설**

⑤ 최근 옴니채널 내지는 O2O의 발전으로 구매의사결정 과정에서 온라인과 오프라인 간의 경계가 모호해지고 무너지는 있는 현상이 가속화되고 있다.

01 고객관리를 위한 고객분석의 내용으로 옳지 않은 것은?

① 고객세분화 분석을 통한 구매자와 사용자, 잠재고객 파악
② 고객의 구매동기를 분석하여 제품의 특성과 추구목적 이해
③ 고객 구매동기의 변화 가능성과 잠재적 욕구의 파악
④ 미충족된 고객욕구를 파악하여 문제점 및 제품만족도 개선 사항 파악
⑤ 고객서비스 및 접객 방식의 개선 효과 분석을 통해 고객응대에 활용

🔓**해설**
⑤ 고객관리는 고객의 구매와 관련된 니즈 파악 및 구매동기 분석 등을 통해 고객의 만족도를 높여 장기적 관계를 구축하는 것이므로, 고객서비스 및 접객 방식의 개선 효과 분석을 통한 고객응대에 활용하는 것과는 거리가 가장 멀다.

02 다음 중 소비자의 구매의사결정단계를 순서대로 바르게 나열한 것은?

① 정보탐색 → 대안평가 → 문제인식 → 구매결정 → 구매 후 행동
② 문제인식 → 대안평가 → 정보탐색 → 구매결정 → 구매 후 행동
③ 문제인식 → 정보탐색 → 대안평가 → 구매결정 → 구매 후 행동
④ 정보탐색 → 문제인식 → 대안평가 → 구매결정 → 구매 후 행동
⑤ 정보탐색 → 문제인식 → 정보탐색 → 구매결정 → 구매 후 행동

🔓**해설**
③ 소비자들은 자신의 욕구를 충족시키기 위해서 제품이나 서비스를 구매하고 이에 따라 필연적으로 합리적인 의사결정을 하게 되는데, 이러한 과정을 구매의사결정이라 한다. 소비자의 구매의사결정 단계는 '문제인식(problem recognition) → 정보탐색(information search) → 대안평가(alternative evaluation) → 구매결정(purchase decision) → 구매 후 행동(post purchase behavior)'의 단계를 거치게 된다.

03 소비자의 인지부조화(cognitive dissonance)는 소비자 구매행동과정 중에서 어느 단계와 가장 밀접한 관련이 있는가?

① 문제인식단계　　② 정보의 탐색
③ 대안평가단계　　④ 구매 후 평가단계
⑤ 구매실행단계

🔓**해설**
④ 소비자는 구매 이후 자신이 선택한 제품이 선택하지 않은 제품보다 더 나은 것인가에 대한 심리적 불편 또는 불안감을 느낄 수 있는데, 이를 구매 후 인지부조화(cognitive dissonance)라 한다.

04 소비자 구매행동 유형 중 부조화 감소 구매행동(Dissonance-Reducing Behavior)과 가장 거리가 먼 것은?

① 소비자의 관여도가 높은 제품을 구매할 때 주로 발생한다.
② 구매 후 결과에 대하여 위험부담이 높은 제품에서 빈번하게 발생한다.
③ 주로 고가의 제품이나 전문품을 구매할 때 빈번하게 발생한다.
④ 주기적, 반복적으로 구매해야 하는 제품을 구매할 때 빈번하게 발생한다.
⑤ 각 상표 간 차이가 미미한 제품을 구매할 때 빈번하게 발생한다.

🔓**해설**
④ 주기적, 반복적으로 구매해야 하는 제품을 구매할 때 발생하는 것은 습관적 구매행동이다.

05 소비자가 비교적 낮은 관여도를 보이며 특정 상품에 대한 구매 경험은 많으나 브랜드 간의 차이를 인식하지 못하는 경우에 자주 일어나는 소비자 구매행동 유형은?

① 고관여 구매행동
② 복잡한 구매행동
③ 습관적 구매행동
④ 다양성 추구 구매행동
⑤ 부조화 감소 구매행동

🔓해설

③ 소비자의 관여도가 낮고 브랜드 간의 차이를 인식하지 못하는 경우에는 습관적 구매행동을 보인다.

구분	고관여 수준	저관여 수준
제품 간 큰 차이가 있는 경우	복잡한 구매행동	다양성 추구 구매행동
제품 간 차이가 별로 없는 경우	부조화 감소 구매행동	습관적 구매행동

06 브랜드 충성도 및 제품관여도에 관한 설명 중 옳지 않은 것은?

① 소비자가 개인적으로 브랜드에 관여되어 있는 정도가 높을수록 그 브랜드에 대한 충성도가 높다.
② 습관적 구매는 고관여 수준하에서 몰입 없이 한 브랜드를 반복적으로 구매하는 것을 의미한다.
③ 브랜드 충성도에 대한 인지적 정의는 몰입과 구매에 대한 관여도를 나타내는 것을 의미한다.
④ 소비자들이 개인적으로 브랜드에 관여되어 있고, 그 구매를 위험한 것으로 인지했을 때 브랜드의 충성도가 가장 높다.
⑤ 고관여 제품은 전문품에 해당하며 구매 시 복잡한 구매행동을 보인다.

🔓해설

② 습관적 구매는 저관여 수준(low involvement)하에서 몰입 없이 한 브랜드를 반복적으로 구매하는 것을 의미한다.

07 상품을 선매품, 전문품, 편의품으로 구분하였을 때, 다음 중 선매품의 특성을 가장 잘 표현하고 있는 것은?

	구매빈도	관여도 수준	가격	유통전략
①	높다	낮다	저가	집중적 유통
②	중간	비교적 높다	비교적 고가	선택적 유통
③	높다	매우 높다	고가	선택적 유통
④	중간	비교적 높다	비교적 고가	전통적 유통
⑤	낮다	매우 높다	고가	전속적 유통

🔓해설

✅ 소비자 구매행동의 유형

구분	고관여 수준 (고관여 제품)	저관여 수준 (저관여 제품)
소비재 유형	전문품 또는 선매품	편의품, 일용품
구매 행동	• 복잡한 구매행동 (learn – feel – do) • 부조화 감소 구매행동	• 다양성 추구 구매행동 • 습관적 구매행동
광고 전략	• 광고의 도달범위는 좁게, 폭넓은 정보 캠페인에 집중하는 것이 중요 • Pull 마케팅	• 광고의 도달범위는 넓게, 몇 가지 중요한 포커스에 집중하는 것이 중요 • Push 마케팅
유통 전략	• 전문품(전속적 유통) • 선매품(선택적 유통)	집중적(집약적) 유통
가격 전략	고가격전략	저가격전략

08 강제적 로열티(compulsive loyalty)에 대한 설명으로 가장 옳은 것은?

① 고객들의 인지적 또는 금전적 전환비용이 낮을 때 발생한다.

② 다수의 경쟁자가 존재하며 경쟁이 심화된 산업에서 발생한다.

③ 고객이 서비스에 불만족하면 다른 서비스로의 전환을 위해 적극적인 탐색 행동을 보인다.

④ 독점적인 기업의 서비스에서 나타나는 로열티 유형이다.

⑤ 패밀리 레스토랑이나 커피전문점처럼 경쟁이 심한 서비스에서 볼 수 있는 로열티 형태이다.

🔓 **해설**

④ 강제적 로열티(compulsive loyalty)는 산업에 경쟁이 거의 없어 브랜드 전환에 있어 높은 전환비용(switching cost)이 존재할 때 만들어지는 로열티이다. 고객들이 어쩔 수 없이 로열티를 보이는 경우이다. 반대 개념인 자발적 로열티(voluntary loyalty)는 경쟁이 심한 산업에서 고객들이 인지적인 전환비용이 낮음에도 불구하고, 특정 기업의 제품이나 서비스를 지속적으로 사용하는 경우를 말한다.

09 아래 글상자에서 설명하는 대안의 평가모형으로 가장 옳은 것은?

> 소비자가 구매의사결정을 내리기 위해 제품의 각 대안이 가지는 여러 가지 속성들의 중요도와 해당 속성에 대한 평가치를 수치화한다. 이후 각 속성의 중요도와 평가치를 곱한 값을 모두 더하여 해당 값이 가장 큰 대안을 선택한다. 이와 같은 대안평가모형에서는 한 가지 속성에서 낮은 점수를 받은 대안이 다른 속성에서 점수를 만회할 수 있다.

① 결합식 모형

② 비보완적 평가모형

③ 사전편찬식 모형

④ 분리식 모형

⑤ 보완적 평가모형

🔓 **해설**

⑤ 글상자의 내용은 대안의 평가모형 중 보완적 평가에 해당하며, 구체적으로는 피시바인(M. Fishbein)의 '다속성태도' 모형에 해당한다. 결합식 모형, 사전편찬식 모형, 분리식 모형은 비보완적 모형에 해당한다.

01 다음은 마케팅전략의 수립과정에 있어서 마케팅전략개발의 내용에 대한 설명이다. (   ) 안에 알맞은 단어를 가장 바르게 나열한 것은?

> • 마케팅전략 수립과정에서 (   )은/는 전체시장을 기업이 제공하는 마케팅믹스에 대하여 유사하게 반응할 것으로 추정되는 동질적 고객집단으로 나누는 과정이다.
> • (   )은/는 여러 개의 세분시장들 중에서 경쟁제품보다 고객의 욕구를 더 잘 충족시킬 수 있는 세분시장을 선정하는 것이다.
> • (   )은/는 소비자의 마음속에 경쟁상표와 비교하여 경쟁우위를 제공하는 위치에 자사상표를 구축하려는 노력을 말한다.

① 시장세분화(market segmentation) – 제품포지셔닝(product positioning) – 타깃시장 선택(selection of target market)

② 시장세분화(market segmentation) – 타깃시장 선택(selection of target market) – 제품포지셔닝(product positioning)

③ 제품포지셔닝(product positioning) – 타깃시장 선택(selection of target market) – 시장세분화(market segmentation)

④ 제품포지셔닝(product positioning) – 시장세분화(market segmentation) – 타깃시장 선택(selection of target market)

⑤ 타깃시장 선택(selection of target market) – 시장세분화(market segmentation) – 품포지셔닝(product positioning)

🔒 **해설**

② STP전략은 시장세분화, 타깃(목표)시장 선정, 제품포지셔닝의 절차에 따라 이루어진다.

02 구매자들을 라이프스타일 또는 개성과 관련된 특징들을 근거로 서로 다른 시장으로 세분화하는 것을 지칭하는 개념으로 옳은 것은?

① 지리적 세분화

② 인구통계적 세분화

③ 행동적 세분화

④ 심리묘사적 세분화

⑤ 시장형태의 세분화

🔒 **해설**

④ 라이프스타일 또는 개성은 심리묘사적 세분화 요인에 해당한다.

① 지리적 세분화 요인은 지역, 기후, 인구밀도 등이 해당하며, ② 인구통계적 세분화 요인에는 연령, 성별, 구성원의 수, 직업, 종교, 교육 등이 해당한다. 또한 ③ 행동적 세분화 요인에는 애호도, 구매빈도, 사용상황 등이 해당한다.

03 시장세분화의 기준으로 자주 사용되기도 하는 '사용률'이나 '구매동기' 혹은 '최종 용도'와 같은 변수는 다음 중 어디에 속한다고 볼 수 있는가?

① 사회경제적 변수

② 개성적 변수

③ 인구통계적 변수

④ 구매자 행동변수

⑤ 심리묘사적 변수

🔒 **해설**

④ 구매행동적 변수로는 추구하는 편익, 사용량, 제품에 대한 태도, 상표충성도, 상품구매단계, 가격에 대한 민감도 등이 있다.

✔ 시장세분화의 기준이 되는 세분화 변수(segmentation variable)는 지리적 변수, 인구통계적 변수, 심리분석적 변수, 행태적 변수 등으로 구분할 수 있다. ㉠ 지리적 변수로는 지역, 인구밀도, 도시의 크기, 기후 등이 있고, ㉡ 인구통계적 변수로는 나이, 성별, 가족규모, 가족수명주기, 소득, 직업, 교육수준, 종교 등이, ㉢ 심리분석적 변수로는 사회계층, 생활양식, 개성 등이 있다.

04 시장세분화 유형과 사용하는 변수들의 연결로서 가장 옳지 않은 것은?

① 행동분석적 세분화 : 라이프스타일, 연령
② 지리적 세분화 : 인구밀도, 기후
③ 인구통계적 세분화 : 성별, 가족규모
④ 심리적 세분화 : 개성, 성격
⑤ 인구통계적 세분화 : 소득, 직업

🔓 **해설**

① 시장세분화 변수 중 라이프스타일은 심리적 세분화에 해당하며, 연령은 인구통계적 세분화에 속한다. 행동분석적 세분화에는 추구하는 편익, 사용량, 제품에 대한 태도, 브랜드 애호도 등이 있다.

05 다음 중 효과적인 시장세분화를 위한 조건으로 옳은 것을 모두 고른 것은?

> ㉠ 측정 가능성 ㉡ 접근 가능성
> ㉢ 실행 가능성 ㉣ 규모의 적정성
> ㉤ 차별화 가능성

① ㉠, ㉡, ㉢, ㉣, ㉤
② ㉠, ㉢, ㉣
③ ㉡, ㉢, ㉤
④ ㉡, ㉣, ㉤
⑤ ㉢, ㉤

🔓 **해설**

✅ 효과적인 시장세분화 요건
- 측정 가능성 : 세분화된 시장의 규모와 구매력 및 세분화 특성이 측정 가능해야 한다.
- 규모의 적정성 : 세분된 시장이 충분한 시장성이 있어야 의미 있는 세분화가 될 수 있다.
- 접근 가능성 : 소비자가 세분시장에 효과적으로 도달해 이들에 대한 서비스가 가능해야 한다.
- 차별화 가능성 : 각 세분시장은 마케팅 변수에 대하여 상이한 반응을 보일 만큼 이질적이고 차별화가 가능해야 하며, 세분시장 내의 소비자들은 마케팅 변수에 대하여 동일한 반응을 보여야 한다.
- 실행 가능성 : 세분시장 공략을 위한 효과적 마케팅 프로그램을 개발할 수 있어야 한다.

06 아래 글상자에서 설명하는 시장표적화 전략으로 가장 옳은 것은?

> 이 전략을 사용하는 기업은 여러 세분시장을 표적시장으로 공략하기를 결정하고, 각 세그먼트별로 서로 다른 제품들을 설계한다. 실제로 P사는 6개의 다른 세탁세제 브랜드를 판매하여 슈퍼마켓 매대에서 서로 경쟁하고 있다.

① 대량마케팅(mass-marketing)
② 차별적 마케팅(differentiated marketing)
③ 집중적 마케팅(concentrated marketing)
④ 미시마케팅(micro marketing)
⑤ 지역마케팅(local marketing)

🔓 **해설**

② 차별적 마케팅(differentiated marketing)은 전체 시장 중에서 여러 개의 표적시장을 선정하고 각각의 표적시장에 적합하고 차별화된 제품 및 마케팅믹스를 개발하는 형태의 마케팅전략이다.

07 표적시장 선정(targeting)에 대한 설명으로 가장 옳지 않은 것은?

① 세분시장들에 대한 평가가 수행된 뒤 기업은 어떤 시장을 공략할지, 몇 개의 세분시장을 공략할 것인가의 문제를 해결하는데, 이를 표적시장 선택이라고 한다.

② 비차별적 마케팅은 세분시장 간의 차이를 무시하고 하나의 제품으로 전체시장을 공략하는 전략이다.

③ 비차별적 마케팅전략을 구사하는 기업은 소비자들 간의 차이보다는 공통점에 중점을 두며, 다수의 구매자에게 소구(訴求)하기 위해 다양한 마케팅 프로그램으로 시장을 공략한다.

④ 차별적 마케팅은 여러 개의 표적시장을 선정하고 각각의 표적시장에 적합한 마케팅전략을 개발하여 적용하는 전략이다.

⑤ 집중적 마케팅전략은 기업의 자원이 한정되어 있는 경우에 주로 사용된다.

🔓 **해설**

③ 비차별적 마케팅(undifferentiated marketing) 또는 대량 마케팅은 세분시장 간의 차이를 무시하고 하나의 제품으로 전체시장을 공략하는 전략이므로 소비자들 간의 차이보다는 공통점에 중점을 두어 다수의 구매자에게 소구(appeal)하기 위해 일원화된 마케팅 프로그램으로 시장을 공략한다.

08 다음 중 STP전략에 있어서 표적시장 선정 시 고려요소와 전략으로 틀린 것은?

① 기업의 자원이 제한된 경우 집중적 마케팅전략이 유효하다.

② 제품의 동질성이 높은 경우 차별적 마케팅전략이 적정하다.

③ 도입기에는 비차별적 마케팅, 성숙기에는 차별적 마케팅전략이 바람직하다.

④ 경쟁자가 많을수록 해당 기업 측면에서는 비차별적 마케팅전략이 좋다.

⑤ 집중적 마케팅은 세분시장 축소 또는 소멸에 대한 리스크 부담이 크다.

🔓 **해설**

④ 표적시장 선정 시 동질적 제품시장으로 경쟁자가 많은 경우 차별적 마케팅과 시장침투전략이 중요 전략이 된다.

09 서비스업체들의 포지셔닝 전략과 그에 따른 내용으로 옳지 않은 것은?

① 서비스 용도 : A헬스클럽은 다이어트 여성 고객을 대상으로 "여성 전용 다이어트 전문 클럽"으로 포지셔닝함.

② 신뢰성 : B택배업체는 "반드시 24시간 이내 배달"로 포지셔닝함.

③ 확신성 : C대학병원은 "우리 병원에 여러분의 건강을 맡기십시요."라고 포지셔닝함.

④ 서비스 속성 : D커피는 "이탈리안 커피 하면 D커피"라고 포지셔닝함.

⑤ 서비스 경쟁자 : E피자는 "정통 수제 화덕 피자 레스토랑"이라고 포지셔닝함.

🔓 **해설**

⑤ E피자가 "정통 수제 화덕 피자 레스토랑"이라고 포지셔닝하는 것은 서비스 공급자에 대한 포지셔닝이다.

10 아래 글상자의 기업들이 실행한 소매점 포지셔닝 전략의 유형으로 가장 적합한 것은?

> • W사는 최상의 품질, 최소로 가공된, 풍미가 가득한, 그리고 천연 그대로 보존된 음식을 제공한다는 철학으로 자사를 포지셔닝했다.
> • T사는 맛과 품질이 좋은 오가닉 식품을 합리적인 가격에 제시하는 전문식품소매점이라는 가치제안을 기반으로 자사를 포지셔닝했다.

① 사용상황에 의한 포지셔닝
② 제품군에 의한 포지셔닝
③ 제품속성에 의한 포지셔닝
④ 제품사용자에 의한 포지셔닝
⑤ 경쟁적 포지셔닝

🔓 **해설**

③ 글상자의 내용은 제품속성에 의한 포지셔닝으로, 제품의 속성을 기준으로 포지셔닝하는 방법으로 가장 널리 사용된다. 예컨대, 현대 아반테는 저가격과 실용성을 강조하며, 볼보(Volvo)는 안전성 측면, BMW는 성능이 우수하다는 것을 강조하는 유형의 포지셔닝이다.

11 다음 중 소매점의 업태 선정에 해당하는 마케팅전략으로 가장 옳은 것은?

① 브랜딩
② 포지셔닝
③ 시장세분화
④ 목표시장 선정
⑤ 유통경로 전략 설정

🔓 **해설**

② 소매점의 업태란 사업을 영위하는 것 중 판매 방법 또는 전략에 따른 분류를 의미하며, 편의점, 백화점, 대형마트 등의 분류가 이에 해당한다. 이는 마케팅전략 중 특정 업태의 위상을 정립하는 포지셔닝(positioning) 전략과 관련성이 높다.

12 다음 글상자의 (   ) 안에 해당하는 분석기법은 무엇인가?

> (   )은 제품대안들에 대한 소비자의 선호 정도로부터 소비자가 각 속성(Attribute)에 부여하는 상대적 중요도와 각 속성수준의 효용(Utility)을 추정하는 분석방법이다. 특히 (   )에서는 응답자들에게 여러 속성수준들의 결합으로 구성되는 제품 프로파일(대안)들을 제시하고 응답자들은 각 프로파일에 대한 그들의 선호 정도를 답한다.

① 판별분석
② 군집분석
③ 다차원척도법
④ 컨조인트분석
⑤ 횡단조사분석

🔓 **해설**

④ 컨조인트분석은 제품의 최적 속성 결정, 대상제품에 대한 수익성·사업성 분석, 시장세분화, 광고·커뮤니케이션의 효율화 등에 활용할 수 있다.

---

01 아래 글상자의 ⊙과 ⓒ에서 설명하는 유통경로 경쟁으로 옳게 짝지어진 것은?

> ⊙ 동일한 경로수준상의 서로 다른 유형을 가지는 기업들 간 경쟁
> ⓒ 하나의 마케팅 경로 안에서 서로 다른 수준의 구성원들 간 경쟁

① ⊙ 수직적 경쟁,   ⓒ 수평적 경쟁
② ⊙ 업태 간 경쟁,   ⓒ 수직적 경쟁
③ ⊙ 경로 간 경쟁,   ⓒ 수평적 경쟁
④ ⊙ 업태 간 경쟁,   ⓒ 경로 간 경쟁
⑤ ⊙ 수직적 경쟁,   ⓒ 경로 간 경쟁

🔓 **해설**

⊙ 동일한 경로수준상의 서로 다른 유형을 가지는 기업들 간 경쟁은 업태 간 경쟁이다. 할인점과 편의점 간의 경쟁을 예로 들 수 있다.
ⓒ 하나의 마케팅 경로 안에서 서로 다른 수준의 구성원들 간 경쟁은 수직적 경쟁이다. 예를 들면, 제조업자와 도매상 간의 경쟁은 수직적 경쟁이다.

02 소매경쟁의 유형 중 소매상과 도매상 혹은 소매상과 제조업자 간의 경쟁을 뜻하는 것은?

① 업태 내 경쟁(intratype competition)
② 업태 간 경쟁(intertype competition)
③ 수직적 경쟁(vertical competition)
④ 수평적 경쟁(horizontal competition)
⑤ 시스템 경쟁(system competition)

🔓 **해설**

③ 소매상과 도매상 혹은 소매상과 제조업자 간의 경쟁은 수직적 경쟁(vertical competition)이다. 반면, 소매상과 소매상 혹은 제조업자와 제조업자 간의 경쟁은 수평적 경쟁(horizontal competition)이다.

03 가전제품 전문점과 할인점의 가전코너와의 경쟁을 의미하는 것은?

① 업태 내 경쟁(intratype competition)
② 업태 간 경쟁(intertype competition)
③ 수직적 경쟁(vertical competition)
④ 시스템 경쟁(system competition)
⑤ 가치사슬 경쟁(value chain competition)

🔓 **해설**

② 전문점과 할인점은 서로 다른 소매업태(retail types)로 분류된다. 따라서 가전제품 전문점과 할인점의 가전코너와의 경쟁은 업태 간 경쟁(intertype competition)이다.

04 성장전략에 대한 설명으로 옳은 것을 모두 나열한 것은?

> ⊙ 시장침투 : 자사점포에서 쇼핑하지 않는 고객을 유인하고 기존고객들은 더 자주 점포를 방문하여 더 많은 상품을 구매하도록 유인하는 전략
> ⓒ 시장확장 : 새로운 시장에서 기존의 소매업태를 이용하는 전략
> ⓒ 소매업태개발 : 동일한 표적시장의 고객에게 다른 소매믹스를 가진 새로운 소매업태를 제공하는 전략

① ⊙   ② ⊙, ⓒ
③ ⊙, ⓒ   ④ ⓒ, ⓒ
⑤ ⊙, ⓒ, ⓒ

🔓 **해설**

시장침투전략(market penetration)은 현재의 소매업태를 사용하여 기존의 고객을 향해 직접 투자하는 것이다. 즉, 해당 소매업체의 표적시장의 고객 중에서 자사의 점포에서 쇼핑하지 않는 고객을 유인하고, 현재의 고객들로 하여금 보다 자주 점포를 방문하여 보다 많은 상품을 구입하도록 유도하여 매출을 증대시키려는 전략이다.

	기존 표적 세분시장	신규 표적 세분시장
기존 소매업태	시장침투	시장확장
신규 소매업태	소매업태개발	다각화

05 포터(M. E. Porter)는 경쟁우위의 원천과 경쟁영역의 범위를 기준으로 4가지의 경쟁전략을 제시하였다. '어떤 유통업체가 경쟁업체에 비해 상품을 저렴한 가격으로 매입할 수 있으면서 동시에 경쟁영역의 범위가 좁은 경우'에는 어떠한 전략적 대안을 선택하는 것이 가장 바람직한가?

① 비용경쟁우위전략
② 차별적 경쟁우위전략
③ 집중적 원가우위전략
④ 집중적 차별화 전략
⑤ 차별적 원가우위전략

🔓해설

③ 경쟁업체에 비해 상품을 저렴한 가격으로 매입할 수 있으면서 동시에 경쟁영역의 범위가 좁은 경우, 원가우위와 함께 경쟁영역이 좁으므로 한정된 목표시장만을 대상으로 하는 집중화 전략을 효과적으로 결합하는 전략이 선택가능할 수 있다.

THEME 06   **소매업태 발전이론**

01 아래 글상자의 괄호 안에 들어갈 소매업 발전이론으로 옳은 것은?

> ( )은 소매시스템에서 우세한 소매업태가 취급하는 상품계열 수의 측면에서 현대 상업시스템의 진화를 설명하는 이론으로, 소매상은 제품구색이 넓은 소매업태에서 전문화된 좁은 제품구색의 소매업태로 변화되었다가 다시 넓은 제품구색의 소매업태로 변화되는 과정을 설명하고 있다.

① 소매아코디언이론(retail accordion theory)
② 소매수명주기이론(retail life cycle theory)
③ 소매차륜이론(the wheel of retailing theory)
④ 변증법적 이론(dialectic theory)
⑤ 진공지대이론(vacuum zone theory)

🔓해설

② **소매수명주기이론** : 소매업태의 발전이 도입기, 성장기, 성숙기, 쇠퇴기 등의 단계를 거친다는 이론이다.
③ **소매차륜이론** : 최초의 소매업태이론으로 진입단계에서는 저가격, 저서비스, 저마진의 특징을 성장단계에서는 고가격, 고서비스, 고마진의 특징을 보이다가 새로운 소매업태의 등장으로 쇠퇴한다는 이론이다.
④ **변증법적 이론** : 정반합의 모형으로, 서로 다른 경쟁적인 소매업태가 각자의 경쟁우위요인을 수용하여 결국 서로의 특성이 화합된 새로운 소매업태로 발전한다는 이론이다.
⑤ **진공지대이론** : 닐슨이 주장한 진공지대이론은 원래의 가격과 서비스 수준을 제공하던 양극단의 점포의 특색이 없어지고 중간영역에 위치하고자 하는데, 그 영역을 진공지대라 칭한다.

정답   **05** ③   /   **01** ①

02 아래 글상자가 공통적으로 설명하는 소매상의 변천과정 가설 및 이론으로 가장 옳은 것은?

> (가) 소매업태가 환경변화에 따라 일정한 주기를 두고 순환적으로 변화한다는 가설. 저가격, 저비용, 저서비스의 점 포운영방식으로 시장에 진입
> (나) 성공적인 시장진입 이후 동일 유형의 소매점 간에 경쟁이 격화됨에 따라 경쟁우위 확보를 위해 점점 고비용, 고가격, 고서비스의 소매점으로 전환
> (다) 모든 유형의 소매업태 등장과 발전과정을 설명할 수 없다는 한계를 지님.

① 자연도태설
② 소매수명주기이론
③ 소매아코디언이론
④ 변증법적 이론
⑤ 소매업수레바퀴가설

🔓 **해설**

⑤ 소매업수레바퀴가설은 소매업태들이 처음에는 혁신적인 형태의 저비용, 저가격, 저마진 업태로 출발하여 성장하다가 시간이 지나면서 고비용, 고가격 업태로 변화되어 새로운 개념을 가진 신업태에게 그 자리를 넘기고 시장에서 사라진다는 이론이다.

03 다음 중 소매업 변천과정에 관련된 이론에 대한 내용으로 옳은 것은?

① 수레바퀴가설 : 소매상은 유통시장 진입 초기에 고가격, 고마진, 고서비스의 점 포운영방식으로 진입하여, 경쟁우위 확보를 위해 저가격, 저마진, 저서비스 운영방식으로 전환된다.
② 수레바퀴가설 : 소매기관들이 처음에는 혁신적인 형태에서 출발하여 성장하다가 새로운 개념을 가진 신업태에게 그 자리를 양보하고 사라진다고 주장한다.
③ 빅미들이론 : 정반합의 모형으로 서로 다른 업태 또는 공통적인 특징이 구체화되는 과정을 설명한 이론이다.
④ 소매수명주기가설 : 도입기, 성장기, 성숙기, 쇠퇴기로 구분하는데 모바일유통(M-commerce)은 현재 쇠퇴기에 있다고 평가된다.
⑤ 소매아코디언가설 : 소매상은 제품가격 변화에 초점을 맞춘 이론으로, 높은 가격으로 판매하는 업태에서 낮은 가격으로 판매하는 업태로 변화된다는 이론이다.

🔓 **해설**

② 소매기관들이 처음에는 혁신적인 형태에서 출발하여 성장하다가 새로운 개념을 가진 신업태에게 그 자리를 양보하고 사라진다고 주장하는 것은 수레바퀴가설이다.
① 수레바퀴가설에 의하면 소매상은 유통시장 진입 초기에 경쟁우위 확보를 위해 저가격, 저마진, 저서비스의 점포운영방식으로 진입하여, 경쟁우위를 확보한 후에는 고가격, 고마진, 고서비스 운영방식으로 전환된다.
③ 정반합의 모형으로 서로 다른 업태 또는 공통적인 특징이 구체화되는 과정을 설명한 이론은 변증법적 이론에 해당한다.
④ 소매수명주기가설에서 모바일유통(M-commerce)은 현재 도입기에 있다고 평가된다.
⑤ 소매아코디언가설(Retail Accordion Theory)은 상품의 가격이나 마진이 아니라 상품믹스의 변화에 초점을 맞추고 있다.

04 두 사람의 대화와 관련 있는 소매업 변천과정 이론은?

> • 철수 : 요즘 국내외로 혁신적인 소매업태들이 많이 등장해서 구매하기 참 좋아.
> • 영희 : 맞아. 그런데 이런 현상이 마치 사람의 인생 같지 않니? 모바일 상거래는 국내에 도입된 지 얼마 되지도 않는데 빠르게 확산되고 있어. 복합쇼핑몰은 성장하고 있고, 대형마트나 편의점은 전국적으로 너무 많아진 것 같아. 하지만 전통시장은 매출도 줄고 시장 수도 많이 줄어들고 있잖아.
> • 철수 : 정말 그러네. 사람이 태어나고 자라서 성숙하고 늙는 것처럼 소매업태도 그렇구나.

① 소매업 변증법적 이론
② 소매수레바퀴이론
③ 소매진공지대이론
④ 소매수명주기이론
⑤ 소매아코디언이론

🔓 **해설** ________________________

④ 소매수명주기이론(life cycle theory)은 한 소매기관이 출현하여 사라지기까지 일반적으로 도입단계(초기 성장단계), 성장단계(발전단계), 성숙단계, 그리고 쇠퇴단계를 거친다는 이론이다.

05 서로 경쟁하던 슈퍼마켓과 할인점의 복합 형태인 슈퍼센터의 등장을 설명해 줄 수 있는 소매업태 혁신과정이론으로서 가장 옳은 것은?

① 진공지대이론
② 변증법적 이론
③ 소매차륜이론
④ 아코디언이론
⑤ 소매수명주기이론

🔓 **해설** ________________________

② 변증법 이론(Dialectic Theory)은 소매업태가 발전해 가는 모습을 변증법에 적용한 모형이다. 정(thesis)은 이미 형성된 기존의 유통기관, 반(antithesis)은 새로운 혁신적 유통기관, 합(synthesis)은 정과 반의 서로 다른 또는 공통적인 특징이 구체화되는 과정을 설명한 이론이다. 예를 들면 전문점, 백화점이 '정'이라면 이에 대한 경쟁업태로 등장한 종합할인점은 '반'이 되고, 치열한 경쟁을 거쳐 양자의 특성이 합쳐져 등장한 카테고리 전문점은 '합'이 된다.

06 소매업 발전이론에 대한 설명이나 한계점으로 옳지 않은 것은?

① 소매수명주기이론 : 소매점 유형이 도입기, 성장기, 성숙기, 쇠퇴기 단계를 거친다.
② 아코디언이론 : 원스톱 쇼핑이나 전문점을 찾는 다양한 소비자층이 존재한다는 것은 설명하지 못한다.
③ 빅미들(big middle)이론 : 최초의 소매업 발전이론으로, 과거에는 백화점이 지배적인 대형 중간상이었으나 현재는 온라인 쇼핑몰이 지배적인 이유를 설명한다.
④ 아코디언이론 : 저관여 제품, 고관여 제품의 소매업태를 설명하지 못한다.
⑤ 소매업수레바퀴이론 : 편의점의 고가격이나 상품구색, 24시간 영업 등의 비가격적인 요소들은 설명하지 못한다.

🔓 **해설** ________________________

③ 최초의 소매업 발전이론으로, 과거에는 백화점이 지배적인 대형 중간상이었으나 현재는 온라인 쇼핑몰이 지배적인 이유를 설명하는 이론은 1957년 하버드대학의 맥나이어(M. P. McNair) 교수가 발표한 소매업수레바퀴이론(The Wheel of Retailing Theory)이다.

✅ **빅미들이론**

빅미들(big middle)이론은 레비(M. Levy) 등의 학자들에 의해 주장된 이론으로, 신규 소매업태는 저가격(low price)을 실현할 수 있거나 혁신적인(innovative) 특성이 있을 때 신규시장(빅미들)으로 진입이 가능하다는 것이다.

▸ 정답 **04** ④ **05** ② **06** ③

07 아래 글상자의 ㉠과 ㉡에 해당하는 소매업 변천이론으로 옳은 것은?

> • (㉠)은 소매업태가 도입기, 초기성장기, 가속성장기, 성숙기, 쇠퇴기 단계를 거쳐 진화한다는 이론이다.
> • (㉡)은 제품구색이 넓은 소매업태에서 전문화된 좁은 제품구색의 소매업태로 변화되었다가 다시 넓은 제품구색의 소매업태로 변화되어 간다는 이론이다.

① ㉠ 자연도태설(진화론)
　 ㉡ 소매아코디언이론
② ㉠ 소매아코디언이론
　 ㉡ 변증법적 과정
③ ㉠ 소매수명주기이론
　 ㉡ 소매아코디언이론
④ ㉠ 소매아코디언이론
　 ㉡ 소매업수레바퀴이론
⑤ ㉠ 소매업수레바퀴이론
　 ㉡ 변증법적 과정

🔓 **해설**
㉠ 소매업태가 도입기, 초기성장기, 가속성장기, 성숙기, 쇠퇴기 단계를 거쳐 진화한다는 이론은 소매수명주기이론이다.
㉡ 소매아코디언이론(Accordion Theory)은 제품구색의 변화를 중심으로 소매업의 변천을 설명하였다.

08 소매업 발전이론 중에서 진공지대(vacuum zone theory)이론에 대한 설명으로 가장 바르지 않은 것은?

① 진공지대이론은 동일한 시장에 소비자집단이 있다는 것을 가정하고 있다.
② 특정 제품계열의 상품을 판매하는 복수의 소매점이 있고, 이들 소매점이 제공하는 서비스 정도는 각각 상이한 수준에서 행해지고 있다.
③ 서비스의 제공은 그 점포의 평균판매가격 수준에 반영되어 서비스가 고도화될수록 그만큼 가격은 높아지고, 반대로 서비스가 낮아질수록 그만큼 가격은 낮아진다.
④ 예를 들어, 저가서비스를 제공하는 A점포와 고가서비스를 제공하는 B점포, 이 두 점포 사이에 중립적인 C점포가 있다면, C점포의 가격과 서비스의 수준은 A 또는 B에 가까워지려고 노력할 것이다.
⑤ 원래의 가격과 서비스 수준을 제공하던 점포의 특색이 없어진다고 해서 진공지대이론이라 한다.

🔓 **해설**
진공지대론(vacuum zone theory)은 닐센(O. Nielsen)이 주장한 것으로 수레바퀴이론과 유사하다.
④ 이 경우 경쟁은 A와 C, B와 C 간에 행하여지는데 이들 경쟁은 A와 B로 하여금 선호분포의 중심(C)을 향하여 이동시키는 결과를 초래한다는 것이다. 따라서 A와 B 모두 중립적인 C점포에 가까워지려고 노력한다.

THEME 07 서비스 마케팅

01 서비스 특성에 대한 마케팅관리적인 의미를 서로 엮은 내용들이다. 상호 연결이 올바르지 않은 것은?

① 무형성 – 서비스는 쉽게 전시되거나 전달할 수도 없다.

② 동시성 – 고객이 거래에 참여하고 영향을 미치며 또한 대량생산이 어렵다.

③ 소멸성 – 수요와 공급을 맞추기가 어려우며 서비스는 반품될 수 없다.

④ 이질성 – 서비스는 저장할 수 없으며 특허를 내기가 어렵다.

⑤ 이동성 – 서비스는 수요에 따라 이동하므로 측정이 어렵다.

🔓해설

④ 서비스 특징 중 비저장성은 소멸성에 기인한 특성에 해당한다.

02 아래 글상자의 서비스 마케팅 사례의 원인이 되는 서비스 특징으로 가장 옳은 것은?

> 호텔이나 리조트는 비수기 동안 고객을 유인하기 위해 저가격 상품 및 다양한 부가서비스를 제공한다.

① 서비스 무형성

② 서비스 이질성

③ 서비스 비분리성

④ 서비스 소멸성

⑤ 서비스 유연성

🔓해설

④ 서비스는 상품의 재고처럼 보관할 수 없는 소멸성을 지니고 있다. 따라서 비수기에는 고객을 유인할 수 있는 다양한 서비스를 제공할 수밖에 없다.

03 다음 중 서비스품질 구성차원(SERVQUAL)과 가장 관련이 없는 것은?

① 유형성(tangible)

② 신뢰성(reliability)

③ 공감성(empathy)

④ 확신성(assurance)

⑤ 정보성(information)

🔓해설

PZB의 SERVQUAL 모형은 RATER의 5개 차원으로, 서비스에 대한 신뢰를 바탕으로 정확하게 업무를 수행하는 능력을 나타내는 신뢰성(Reliability), 고객에 대해 직원들의 능력·예절·신빙성·안전성을 전달하는 능력을 나타내는 확신성(Assurance), 눈으로 구분 가능한 설비나 장비 등 물리적으로 구성되어 있는 외양을 나타내는 유형성(Tangible), 고객에게 제공하는 개별적인 배려와 관심을 나타내는 공감성(Empathy), 고객에게 언제든지 준비된 서비스를 제공하겠다는 것을 나타내는 대응성(Responsiveness)으로 구성된다.

04 고객서비스 특성에 따른 품질평가요소에 대한 설명으로 옳은 것은?

① 유형성(tangibles) : 서비스 장비 및 도구, 시설 등 물리적인 구성

② 신뢰성(reliability) : 고객의 요구에 신속하게 서비스를 제공하려는 의지

③ 반응성(responsiveness) : 지식과 예절 및 신의 등 직원의 능력에 따라 가늠되는 특성

④ 확신성(assurance) : 고객에 대한 서비스 제공자의 배려와 관심의 정도

⑤ 공감성(empathy) : 계산의 정확성, 약속의 이행 등 정확하고 일관성 있는 서비스 제공

정답　**01** ④　**02** ④　**03** ⑤　**04** ①

해설

② 신뢰성(reliability) : 계산의 정확성, 약속의 이행 등과 같이 정확하고 일관성 있는 서비스 제공
③ 반응성(responsiveness) : 고객의 요구에 신속하게 서비스를 제공하려는 의지
④ 확신성(assurance) : 지식과 예절 및 신의 등 직원의 능력에 따라 가늠되는 특성
⑤ 공감성(empathy) : 고객에 대한 서비스 제공자의 배려와 관심의 정도

05 아래 글상자에서 설명하는 이 용어로 가장 적합한 것은?

> 리차드 노먼(R. Norman)에 의해 주장된 이 용어는 고객과 기업이 접촉하는 접점에서 짧은 시간 만에 서비스에 대한 평가가 이루어지는 순간이라 할 수 있다. 이러한 고객과의 접점에서 부정적 인상을 주게 되면 전체 서비스에 대한 고객의 평가가 부정적으로 변할 수 있어서, 종업원의 적절한 대응이 필요하다.

① 평가의 순간(Moment of Evaluation)
② 고객맞춤화의 순간(Moment of Customization)
③ 진실의 순간(Moment of Truth)
④ 탐색의 순간(Moment of Search)
⑤ 표준화의 순간(Moment of Standardization)

해설

③ MOT(Moment of Truth)는 고객과 기업이 접촉하는 '결정적인 순간'을 표현하는 것으로, 기업의 생존이 결정되는 순간이라고 할 수 있다. MOT는 고객접점 서비스, 결정적 순간 또는 진실의 순간이라고 표현된다. 이는 고객과 서비스 요원 사이의 15초 동안의 짧은 순간에서 이루어지는 서비스를 의미한다.

06 유통업체의 서비스품질을 평가하기 위해 고객의 피드백을 수집하는 여러 방식 중 다음에서 가장 높은 대표성과 신뢰성을 갖춘 것은?

① 서비스 피드백 카드
② 미스터리 쇼핑
③ 개별고객의 자발적인 불평 제기
④ 표적집단을 활용한 토의
⑤ 1,000명의 표본을 활용한 설문조사

해설

⑤ 서비스품질 평가에서 가장 높은 대표성과 신뢰성을 갖는 것은 많은 표본을 대상으로 설문조사하여 분석한 결과이다. ①, ②, ③, ④는 한 명 또는 소수에 의한 평가이므로 대표성과 신뢰성을 갖기 어렵다.
② 미스터리 쇼핑(mystery shopping)은 조사원이 고객으로 가장해 해당 매장의 전반적인 서비스 수준을 평가하는 것을 말하며, 미스터리 쇼퍼는 이 일을 전문적으로 하는 사람이다.

07 아래 글상자에서 설명하는 서비스 품질 접근법으로 옳은 것은?

> 양질의 서비스 품질은 소비자가 수용 가능한 만족스러운 가격에 적합한 수준의 서비스를 제공하는 것이라 할 수 있다.

① 선험적 접근
② 상품 중심적 접근
③ 사용자 중심적 접근
④ 제조 중심적 접근
⑤ 가치 중심적 접근

🔓 **해설**

① **선험적 접근** : 품질은 정신도 물질도 아닌 제3의 독립된 실체로 명확하게 정의할 수는 없으나 사람들은 이미 이것이 무엇인지 아는 상태
② **상품 중심적 접근** : 품질은 측정 가능한 요소로 제품이 포함하고 있는 내용물이나 바람직한 속성의 총합이 큰 경우 양품으로 인정
③ **사용자 중심적 접근** : 품질은 소비자의 욕구를 충족할 수 있는 제품이나 서비스의 정도로 측정
④ **제조 중심적 접근** : 제조 요구사항(규격, 디자인)에 대한 적합성의 정도로, 품질은 일정 기준을 중심으로 한 편차의 정도로 가정

THEME 08 **마케팅믹스(Product) – 제품의 분류**

01 상품을 구성하는 요소 중에 서비스도 포함된다. 다음 중 판매 후 서비스를 포함하는 제품의 개념으로 옳은 것은?

① 핵심제품
② 유형제품
③ 확장제품
④ 물리적 제품
⑤ 산업재제품

🔓 **해설**

③ 코틀러(P. Kotler)가 제시하는 상품의 세 차원 중 확장제품(extended product)은 유형제품에 추가하여 제공되는 서비스나 혜택을 포함하는 제품개념으로 증폭제품이라고도 한다.

02 소비재시장과 비교한 산업재시장의 특성과 가장 거리가 먼 것은?

① 공급자와 구매자의 밀접한 관계가 형성되어 있다.
② 산업재 시장의 구매자는 전문적 구매를 하는 경향이 있다.
③ 산업재 수요는 궁극적으로 소비재 수요로부터 파생된다.
④ 산업재 수요는 소비재 수요에 비해 가격 탄력적이다.
⑤ 산업재 수요는 소비재 수요에 비해 수요의 변동이 심하다.

해설

④ 산업재 수요는 소비재 수요에 비해 가격비탄력적이다.

✔ **산업재(B2B)의 특성**
- 산업재는 소비재와 다른 유통경로와 제품의 특성을 가진다. 즉, 유통경로가 짧고 직접적이며 파생수요의 특성을 지닌다.
- 산업재 시장의 구매자는 전문적 구매를 하는 경향이 있고 대량수요를 하는 특성이 있다.
- 산업재는 일회 거래량이 크므로 전문적인 구매자가 요구된다.
- 산업재 수요는 소비재 수요에 비해 가격비탄력적이다. 즉, 소비재의 경우 가격변동에 대해 소비자들은 민감하게 반응하는 반면, 산업재의 경우 가격변동이 있더라도 재고를 통해 이를 흡수할 수 있으므로 가격탄력성이 작다고 할 수 있다.

03 제품관리 및 서비스관리에 관한 설명으로 가장 옳지 않은 것은?

① 쇠퇴기에는 이익극대화를 위해 브랜드를 리뉴얼하고 취약상품의 보완에 힘쓴다.
② 핵심제품(core product/benefit)으로서의 화장품의 편익은 아름다움, 노화방지, 아토피 개선 등을 들 수 있다.
③ 예약시스템 도입은 서비스의 소멸성 특성과 관련이 있다.
④ 신제품 브랜드 전략에서 다른 종류의 신제품에 기존 브랜드를 이용하는 것은 카테고리 확장(category extension)에 속한다.
⑤ 성장기에는 브랜드를 강화하고 집약적 유통으로 확대한다.

해설

① 쇠퇴기(decline stage)의 마케팅목표는 단기 수익을 극대화하는 방안을 찾는 것이다. 가능한 비용을 줄이고 매출을 유지하여 수익을 극대화한다. 따라서 취약한 중간상을 제거하고 우량 중간상만 유지하며 최소한의 이익을 유지하는 저가격정책을 사용하게 된다. 또한 제품을 상기시키는 수준의 최소한의 광고를 하여 경비를 절약하고, 매출액이 적은 품목은 제거하고 기여도가 높은 품목만 남기며, 과잉설비를 제거하고, 하청을 늘린다.

04 소비재는 일반적으로 편의품, 선매품, 전문품 및 비탐색품으로 분류된다. 이들 중 전문품에 대한 설명과 가장 거리가 먼 것은?

① 주로 구매력이 있는 소비자들만을 대상으로 판촉활동을 실시하는 것이 효과가 크다.
② 소비자가 특정 상표에 대해 가장 강한 상표충성도를 보인다.
③ 제품에 대한 사전 지식에 의존하지 않고 주로 구매시점에 제품특성을 비교평가 후 구매하는 제품이다.
④ 제품차별성과 소비자 관여도가 매우 높은 특성을 지닌다.
⑤ 전속적 혹은 선택적 유통경로의 구축이 더욱 바람직하다.

해설

③ 제품에 대한 사전 지식에 의존하지 않고 주로 구매시점에 제품특성을 비교평가 후 구매하는 제품은 편의품이다.

05 상품의 유형에 관한 설명으로 옳지 않은 것은?

① 편의품은 소비자들이 구매욕구를 느낄 때 별다른 노력을 기울이지 않고도 구매할 수 있어야 한다.

② 선매품의 경우 구매 전 제품 간 비교를 통해 최적의 구매가 발생한다.

③ 고급향수, 스포츠카 및 디자이너 의류는 전문품에 해당한다.

④ 선매품에는 가구나 냉장고 등이 포함되며, 편의품에 비해 구매빈도가 그다지 높지 않다.

⑤ 전문품은 상대적으로 고가격이기 때문에 지역별로 소수의 판매점을 통해 유통하는 선택적 유통경로전략이 유리하다.

🔓 해설

⑤ 전문품(specialty goods)은 매우 높은 관여도를 보이며 구매자의 지위와 연관이 높은 매우 높은 가격대의 제품이므로 일정한 지역에서 자사의 제품을 한 점포가 배타적·독점적으로 취급하게 하는 전속적(exclusive) 유통경로전략이 유리하다. 전문품점은 주로 고차원 중심지(CBD)에 입지하고 집심성 점포인 경우가 일반적이다.

06 '선매품'을 유통하기 위해 선택할 수 있는 전략으로 부적절한 것은?

① 품질 대비 가격특성을 강조할 경우 선택적 경로를 채택

② 가격지향 선매품은 개방적 유통전략을 채택

③ 유행을 주도할 수 있는 경로를 선택

④ 차별성 제고를 위한 독점적 경로를 선택

⑤ 유통경로의 수직적 통합을 모색

🔓 해설

① 품질 대비 가격특성을 강조할 경우에는 개방적 경로(집약적 경로)를 선택하는 것이 바람직하다.

07 신제품 개발과정 중 반복구매력을 추정하는 단계는?

① 아이디어 개발

② 콘셉트 개발

③ 콘셉트 스크리닝

④ 시제품평가

⑤ 광고평가

🔓 해설

④ 신제품 개발은 '신제품에 대한 마케팅전략의 수립 → 아이디어 창출 및 선별 → 제품콘셉트 개발 및 테스트 → 사업성 분석 → 시험마케팅(시제품평가) → 상업확의 단계를 거친다. 이 중 시제품평가 단계에서 소비자의 반응과 매출 가능성(반복구매력)을 조사한다.

01 단품관리전략의 기대효과로 옳지 않은 것은?

① 품절이 줄어든다.
② 상품구색이 증가한다.
③ 과잉재고가 줄어든다.
④ 매대 생산성이 증가한다.
⑤ 무리한 가격인하가 줄어든다.

🔓**해설**

단품관리의 기대효과로는 인기상품 발견 및 결품 최소화, 비인기 상품의 판촉 방안 확보, 작업 및 매대의 생산성 증가, 책임소재의 명확성 등을 들 수 있다.
② 단품관리를 하면 상품구색은 감소한다.

02 상품계열관리에 관한 내용으로서 (   ) 안에 알맞은 단어를 바르게 나열한 것은?

> 상품계열은 상품계열의 (㉠)와/과 (㉡) (으)로 구성된다. 상품계열의 (㉠)은/는 상품계열 내의 하부 상품계열의 수, 즉 상품계열의 다양성을 말한다. 상품계열의 (㉡)은/는 특정 상품 내의 품목의 수를 말한다.

① ㉠ 상품폭(goods width)
　㉡ 상품깊이(goods depth)
② ㉠ 상품폭(goods width)
　㉡ 상품길이(goods length)
③ ㉠ 상품깊이(goods depth)
　㉡ 상품길이(goods length)
④ ㉠ 상품길이(goods length)
　㉡ 상품깊이(goods depth)
⑤ ㉠ 상품깊이(goods depth)
　㉡ 상품폭(goods width)

🔓**해설**

① 상품계열의 구성은 상품폭(넓이, width)과 상품깊이(depth)로 구성된다. 상품구성의 폭은 점포가 몇 종류의 상품계열을 취급하는가를 의미하고, 상품구성의 깊이는 각 상품계열에서 점포가 제공하는 품목의 수를 의미한다.

03 다음 중 상품관리에 대한 설명으로 가장 옳지 않은 것은?

① 상품믹스(product mix)란 소매상들이 고객들에게 제공하고자 하는 모든 상품 및 서비스의 구성을 의미한다.
② 상품믹스(product mix)의 결정이란 상품의 다양성(variety), 상품의 구색(assortment), 상품의 지원(support) 등 구성요인을 결정하는 것을 의미한다.
③ 상품계열(product line)이란 상품의 품목(item) 수를 의미한다.
④ 상품믹스의 폭(width)은 서로 다른 상품계열(product line)의 수를 의미한다.
⑤ 상품지원(support)은 특정 상품 품목의 매출을 위해 소매점이 보유해야 하는 상품재고단위의 수를 의미한다.

🔓**해설**

③ **상품계열(＝상품라인)** : 기업이 생산하는 상품(제품) 중 동일한 소비자에게 판매되거나 동일한 유통경로를 이용하는 아주 비슷한 용도의 상품들의 집단으로, 서로 밀접하게 관련된 제품들의 집합을 말한다. 즉, 물리적 특성, 용도, 구매집단, 가격범위, 유통경로 등이 유사한 상품들로, 마케팅의 기술적인 이유로 일련의 제품들을 그룹으로 묶는 것을 말한다.

✓ ・넓이(폭, width) : 기업이 생산하는 총 제품계열의 수
・깊이(depth) : 특정 제품계열 내에 있는 각 제품의 다양한 품목(item)의 수
・길이(length) : 제품믹스 내에 있는 모든 제품의 수

04 상품구색의 다양성(variety)에 대한 설명으로 가장 옳지 않은 것은?

① 취급하는 상품계열의 수가 어느 정도 되는가를 의미한다.

② 취급하는 상품품목의 수가 얼마나 되느냐와 관련된다.

③ 동일한 성능이나 용도를 가진 상품들을 하나의 상품군으로 취급하기도 한다.

④ 동일한 고객층 또는 동일한 가격대 등을 하나의 상품군으로 취급하기도 한다.

⑤ 전문점은 백화점이나 양판점에 비해 상품구색의 다양성이 한정되어 있다.

해설

② 기업 전체가 취급하는 상품품목의 수가 얼마나 되느냐는 제품계열의 길이를 말하며, 특정 제품 카테고리 내에서의 품목 수는 제품믹스의 깊이(전문성)를 의미한다. 상품구색의 다양성(넓이)은 한 점포 내 또는 부문 내에서 취급하는 상품 카테고리 종류의 수를 말하며, 이는 점포가 몇 종류의 상품계열을 취급하는지를 의미한다.

05 제품믹스의 길이 및 깊이와 관련된 의사결정 내용 중 가장 거리가 먼 것은?

① 하향확장전략(Downward Stretch)은 투입원가가 상승하거나 가용자원이 부족해지기 시작할 때 유용하다.

② 기업이 고품질의 기업이미지를 형성하여 이익률과 매출상승을 달성할 수 있다고 판단될 때 상향확장전략(Upward Stretch)을 선택한다.

③ 쌍방향전략(Two-Way-Stretch)은 중간 수준의 품질가격 제품에 고가와 저가의 신제품을 추가하는 전략이다.

④ 수확전략(Harvesting)은 기업의 자원을 더 이상 투입하지 않고 발생하는 이익을 회수하는 전략이다.

⑤ 철수전략(Divestment)은 제품계열이 마이너스 성장을 하거나 기존제품이 전략적으로 부적절할 때 실시하는 전략이다.

해설

① 하향확장(Downward Stretch)은 새로운 경쟁자가 중저가 시장으로 진입할 가능성을 사전에 봉쇄하기 위해, 경쟁사의 고급시장 진출에 대항하기 위해 실시할 수 있다. 또한 저가 세분시장이 급속하게 성장하는 경우에 중저가 제품라인을 추가하여 하향확장할 수 있다.

06 아래 글상자에서 설명하는 단품관리이론으로 옳은 것은?

> 품목별 진열량을 판매량에 비례하게 하면 상품의 회전율이 일정화되어 품목별 재고의 수평적인 감소가 같아진다는 이론

① 풍선효과(ballon)이론
② 카테고리(category) 관리이론
③ 20 : 80 이론
④ 채찍(bullwhip)이론
⑤ 욕조마개(bathtub)이론

🔓 **해설**

⑤ 욕조마개(bathtub)는 욕조의 물이 빠지지 않고 욕조 안의 물을 수평적으로 유지시켜 주는 역할을 한다. 여기에 착안하여, 품목별 진열량을 판매량에 비례하면 상품의 회전율이 일정하게 되어 품목별 재고의 수평적인 감소가 같아지는 원리를 욕조마개이론이라고 한다.

07 다음 내용은 특정 회사의 상품믹스를 파악할 수 있도록 정리된 상품목록표이다. 아래 도표상에서 파악될 수 있는 상품믹스의 넓이(width)는?

구분	세제	치약	비누	기저귀	화장지
내용	아이보리 액츠 비트 유아 퐁퐁 베이비	알카엑션A 콤비크리닉B 소나무 하얀이 진짜 노프라그	아이보리 베이비 스킨 누크 천연 모이스쳐	헬로스 위생 하기 팸프 소프니 아기사랑	팜파스 깨끗한 크리넥 에아쿠 빠삐 잘풀림

① 5개   ② 6개
③ 12개   ④ 30개
⑤ 36개

🔓 **해설**

① 상품믹스의 넓이(width) 또는 폭은 취급하는 상품계열의 수를 의미하고, 상품믹스의 깊이는 각 상품계열에서 점포가 제공하는 품목의 수를 의미한다. 주어진 문제에서 상품믹스의 넓이(width)는 5개이고, 상품믹스의 평균깊이는 6개, 길이(length)는 30개이다.

08 제품믹스(product mix) 또는 제품포트폴리오(product portfolio)의 특성 중에서 "제품라인 내 제품품목(product item)의 수"를 일컫는 말로 옳은 것은?

① 제품믹스의 깊이(product mix depth)
② 제품믹스의 폭(product mix width)
③ 제품믹스의 일관성(product mix consistency)
④ 제품믹스의 길이(product mix length)
⑤ 제품믹스의 구성(product mix composition)

🔓 **해설**

① 제품라인 내 제품품목(product item)의 수는 제품믹스의 깊이를 의미한다. 제품믹스의 폭은 제품라인의 다양성을 뜻하며, 제품믹스의 길이는 전체 제품품목 수의 총합이다.

09 상품 로스(loss)의 발생원인에 대한 설명으로 옳지 않은 것은?

① 상품 로스가 발생하는 원인은 다양하지만 크게 상품 운영상의 문제, 로스 관리상의 문제, 장비 및 시설 문제로 분류할 수 있다.
② 과일과 채소 같은 신선식품의 경우 품질관리를 위한 유통 과정에서의 폐기로 인해 일반적인 상품보다 로스가 발생할 가능성이 높다.
③ 로스 다빈도 상품에 대한 방지대책 미흡은 로스 관리상의 문제에 속한다.
④ 매입 및 반품에 대한 오류는 상품 운영상의 문제에 속한다.
⑤ 고객 및 직원으로부터 발생하는 도난 사고는 장비 및 시설 문제에 속한다.

🔓 **해설**

⑤ 고객 및 직원으로부터 발생하는 도난 사고는 로스 관리상의 문제와 관련되며, 가치관 정립 미흡에 따른 인간성 로스에 해당한다.

 마케팅믹스(Product) – 브랜드전략

01 유통업체 브랜드(PB)에 대한 설명으로 가장 옳지 않은 것은?

① 유통업체의 독자적인 브랜드명, 로고, 포장을 갖는다.
② 유통업체는 PB를 통해 점포충성도를 증가시킬 수 있다.
③ 대형마트, 편의점 등에서 PB의 비중을 증가시키고 있다.
④ 대규모 생산과 대중매체를 통한 광범위한 광고 진행이 일반적이다.
⑤ 중간마진폭을 제거하여 추가 이윤을 남길 수 있다.

🔓 **해설**
④ 대규모 생산과 대중매체를 통한 광범위한 광고 진행은 제조업자에 의해 행하여지므로 제조업자 브랜드(NB)에 해당되는 내용이다.

02 유통업체가 자체 브랜드(Private Brand : PB)를 통해 얻을 수 있는 이점으로 옳지 않은 것은?

① 소매업체는 PB를 통해 상대적으로 낮은 가격에 높은 마진을 얻을 수 있다.
② PB를 통해 다른 유통업체와의 직접적인 가격경쟁을 피할 수 있다.
③ PB가 소비자로부터 사랑받을 경우 점포 충성도를 증가시킬 수 있다.
④ 인기 있는 PB제품뿐만 아니라 다른 제품들도 함께 구매하도록 유도하여 매출액을 증진시킬 수 있다.
⑤ 대형마트는 대개 PB를 유명 제조업체 브랜드와 유사한 브랜드명을 사용함으로써 적은 비용으로 소비자에게 PB를 인식시키려 한다.

🔓 **해설**
⑤ 대형마트나 백화점의 유통업체 브랜드(PB)는 제조업체 브랜드(NB)와는 전혀 다른 브랜드명을 사용하고 있다. 이 경우 브랜드를 구축하기 어렵고, 제품의 저장과 촉진에 많은 비용이 들 수 있지만 더 큰 이익을 제공한다.

03 브랜드 관리와 관련된 설명으로 가장 옳지 않은 것은?

① 브랜드 자산(brand equity)이란 해당 브랜드를 가졌기 때문에 발생하는 차별적 브랜드 가치를 말한다.
② 브랜드 재인(brand recognition)은 브랜드가 과거에 본인에게 노출된 적이 있음을 알아차리는 것이다.
③ 브랜드 인지도(brand awareness)가 높을수록 브랜드 자산(brand equity)이 증가한다고 볼 수 있다.
④ 브랜드 인지도(brand awareness)는 브랜드 이미지의 풍부함을 의미한다.
⑤ 브랜드 회상(brand recall)이란 브랜드 정보를 기억으로부터 인출하는 것을 말한다.

🔓 **해설**
④ 브랜드 인지도(brand awareness)는 소비자가 한 제품범주에 속한 특정 브랜드를 재인(recognition)하거나 회상(recall)할 수 있는 능력을 의미한다.

04 다음은 브랜드 개발전략과 관련된 설명이다. 올바르지 않은 것은?

① 기업은 브랜드 개발과 관련하여 4가지 선택 대안을 고려할 수 있는데, 이는 라인확장, 브랜드확장, 복수브랜드 및 신규브랜드를 의미하는 것이다.

② 기존의 제품범주 내에서 새로운 형태, 컬러, 사이즈 및 원료 그리고 새로운 향 등을 가진 신제품에 기존 브랜드명을 함께 사용하는 경우를 라인확장이라고 한다.

③ 동일 제품범주에서 여러 개의 브랜드 제품을 도입하는 경우가 종종 있는데, 이 경우 브랜드확장이라고 한다.

④ 기존 브랜드명의 파워가 점차 약해진다고 판단될 경우 새로운 브랜드명을 도입, 개발하는 것을 신규브랜드 도입이라고 한다.

⑤ 브랜드확장은 높은 브랜드 가치를 갖는 기존 브랜드의 네임을, 다른 제품군에 속하는 신제품 브랜드에 확장하여 사용하는 전략을 말한다.

🔓 **해설**

③ 동일 제품범주에서 여러 개의 브랜드 제품을 도입하는 경우는 복수브랜드(multibrand strategy) 전략을 의미한다. 한편 생산된 제품에 모두 상이한 상표를 사용하는 경우를 개별브랜드(individual brand) 전략이라고 한다.

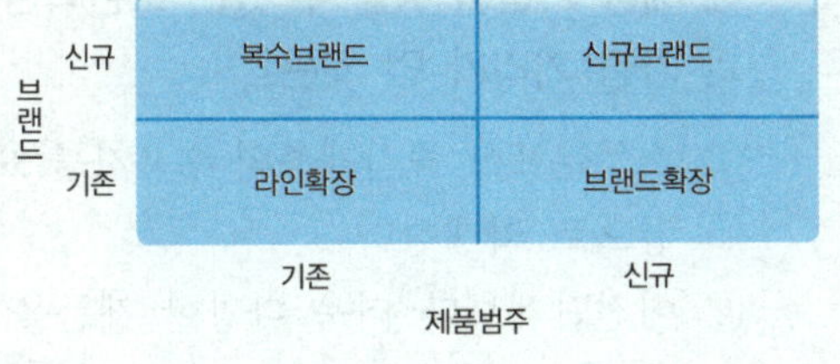

05 신제품 및 브랜드 개발에서 선택할 수 있는 전략과 그에 대한 설명으로 가장 옳지 않은 것은?

① 라인확장(line extension)은 제품범주 내에서 형태, 색상, 사이즈 등을 변형한 신제품에 대해 기존 브랜드명을 함께 사용하는 것이다.

② 브랜드확장(brand extension)은 기존의 브랜드명을 새로운 제품범주의 신제품으로 확장하는 것이다.

③ 복수브랜딩(multibranding)은 다양한 소유 욕구를 가진 소비자들을 위해 동일 제품범주 내에 여러 개의 브랜드 제품을 도입하는 것이다.

④ 공동브랜딩(co-branding)은 기존 브랜드명의 파워가 약해졌을 때 기존 브랜드와 동일한 브랜드명의 신제품을 도입하는 것이다.

⑤ 신규브랜드는 새로운 브랜드명을 도입하는 것으로 신제품에 사용될 적절한 기존 브랜드명이 없을 때 주로 선택한다.

🔓 **해설**

④ 공동브랜딩(co-branding)은 한 제품에 두 가지 이상의 유명브랜드들이 함께 부착되는 것으로, 보다 많은 소비자들을 유인하고 브랜드의 자산적 가치를 강화할 수 있다. 또한 독자적으로 진출하기 어려운 제품범주에 자사브랜드를 비교적 쉽게 진출시킬 수 있다.

06 다음 중 브랜드와 머천다이징과의 관계에 있어 브랜드의 기능으로 다른 하나는?

① 강력한 브랜드는 시장 내 진입장벽을 구축하여 경쟁적 우위를 점할 수 있게 한다.

② 선호 브랜드는 신제품 도입을 보다 쉽게 만든다.

③ 유통업자와의 관계에서 우위를 차지할 수 있다.

④ 브랜드 이미지가 좋을 경우 고가를 책정하여 이익을 추구할 수 있다.

⑤ 소비자는 브랜드명을 통해서 제품의 속성 및 편익을 쉽게 인지할 수 있다.

🔓 해설

①, ②, ③, ④는 브랜드가 기업에게 제공하는 기능이며, ⑤는 브랜드가 소비자에게 제공하는 기능을 의미한다.

THEME **11**　　제품의 수명주기(PLC) 전략

01 다음 중 제품수명주기별 전략에 관한 설명 중 가장 옳은 것은?

① 도입기는 제품이 시장에 도입되는 단계로 가격은 시장침투가격이 가장 유리하다.

② 성장기는 매출액이 급격히 증가하는 단계로 기존 고객관리가 중점 활동이 된다.

③ 성숙기는 매출액 성장이 급증하는 단계로 시장세분화를 실시해야 하는 단계이다.

④ 성숙기는 이익이 극대화되었다가 감소하는 시기로 신제품 개발전략이 요구되는 단계이다.

⑤ 쇠퇴기는 매출이 감소하므로 점유율 확대를 통한 매출 증대가 필요한 단계이다.

🔓 해설

① 도입기에는 상황에 따라 초기고가정책(skimming pricing), 또는 초기저가정책을 선택할 수 있다.

② 기존 고객관리가 가장 중요한 단계는 성숙기에 해당한다.

③ 성숙기는 매출액 성장률이 둔화되기 시작하므로 새로운 고객보다 기존고객의 사용빈도를 높이는 데 주력해야 한다.

⑤ 쇠퇴기는 가능한 비용을 줄이고 매출을 유지하여 수익을 극대화해야 한다.

02 다음 중 상품수명주기이론상 상품의 '성장기'에 해당 기업이 취할 수 있는 보편적인 전략과 가장 거리가 먼 것은?

① 소득분포상 중간계층의 수용자를 표적시장으로 확대한다.

② 이전단계보다 더욱 다양한 제품을 공급한다.

③ 제한적인 유통경로를 통해서 품목을 공급한다.

④ 설득 위주의 촉진전략을 구사한다.

⑤ 집약적 유통 및 저가격전략을 활용한다.

해설
③ 경쟁자들이 많은 시점이므로 시장점유율을 통한 매출액을 극대화시키기 위해서는 집중적(집약적)인 유통경로가 요구되는 것이지, 도입단계의 제한적인 선택적 유통경로가 요구되는 시점은 아니다.

03 제품수명주기(PLC) 단계 중 '성숙기'에 이루어지는 판매촉진전략으로 옳은 것은?

① 상표전환을 유도하기 위한 판촉을 증대한다.
② 수요확대에 따라 점차적으로 판촉을 감소한다.
③ 매출 증대를 위한 판매촉진활동은 최저수준으로 감소시킨다.
④ 제품의 인지도 향상을 위한 강력한 판촉을 전개한다.
⑤ 제품가격을 높이는 대신 짧은 기간에 모든 판촉수단을 활용하는 전략을 실행한다.

해설
① 성숙기의 특징 중 하나는 시장의 경쟁이 치열하고 포화된 상태이므로 매출액 증대 및 시장점유율 유지를 위해서는 기존고객의 사용확대, 경쟁사의 고객을 유인(상표전환 유도)하기 위한 판매촉진을 실시하는 것이 중요하다.

04 다음 중 각 상품수명주기에 따른 관리전략을 연결한 것으로 옳지 않은 것은?

① 도입기 – 기본형태의 상품 출시
② 성장기 – 상품확대, 서비스 향상
③ 성숙기 – 브랜드 및 모델의 강화, 품질보증의 도입
④ 쇠퇴기 – 경쟁력 없는 취약상품의 철수
⑤ 쇠퇴기 – 재활성화(reactivation)전략

해설
③ 성장기(growth stage)의 마케팅목표는 인지된 브랜드를 강화하고 상품차별화를 통해 시장점유율을 확대하는 것이다. 이를 위해 브랜드를 통합하여 브랜드를 강화하고 품질보증을 도입하여 고객을 확보할 필요가 있다.

05 카테고리 수명주기 단계 중 소매점들이 취급하는 상품 카테고리에 포함되는 품목의 다양성이 가장 높은 단계는?

① 도입기　　　　② 성장기
③ 성숙기　　　　④ 쇠퇴기
⑤ 소멸기

해설
③ 성숙기는 더 이상 시장성장률이 높아지지 않는 상태로, 시장에서의 점유율을 유지하는 것이 중요하다. 이를 위해서는 시장세분화를 통해 시장에 차별화된, 다양한 제품을 공급하여 이윤을 극대화시키는 전략이 중요하다.

06 아래 글상자의 내용은 상품수명주기에 따른 경로관리 방법을 기술한 것이다. 세부적으로 어떤 수명주기 단계에 대한 설명인가?

> ㉠ 충분한 제품 공급을 위해 시장 범위 역량을 지닌 경로구성원을 확보
> ㉡ 통제가 성장을 방해하는 것이 아니라는 점을 경로구성원에게 확신시킴.
> ㉢ 경쟁제품들의 경로구성원 지원 현황 조사 및 감시

① 도입기　　　　② 성장기
③ 성숙기　　　　④ 쇠퇴기
⑤ 재도약기

해설
② 글상자의 내용 중 ㉠의 충분한 제품 공급을 위해 시장 범위 역량을 지닌 경로구성원을 확보 부분은 많은 상인의 수를 확보하려는 '개방적 유통전략에 해당하는 것으로 성장기의 특징에 해당한다.

THEME 12 머천다이징(MD)

01 다음의 설명이 의미하는 것은?

> 시장조사와 같은 과학적 방법에 의거하여 수요 내용에 적합한 상품 또는 서비스를 알맞은 시기와 장소에서 적정가격으로 유통시키기 위한 일련의 전략이다. 즉 제품을 상품화하여 매출을 올리고 이익을 창출하기 위한 전략이라 할 수 있다.

① 머천다이징　　② 디스플레이
③ 유통다각화　　④ 프로모션 믹스
⑤ 카테고리 관리

🔓 **해설**

① 머천다이징(MD)이란 마케팅목표를 실현하는 데 가장 도움이 되도록 특정 상품 및 서비스를 표적고객에 대응하여 적정한 매장, 시기, 가격, 그리고 수량으로 구색을 갖추기 위해 적절하게 구매하고 재고를 관리하는 것이다.

02 머천다이징의 개념에 관한 설명 중 가장 옳지 않은 것은?

① 소매점포가 소비자들의 특성에 적합한 제품들을 잘 선정해서 매입하고 진열하는 것이다.
② 소매업체가 좋은 제품을 찾아서 좋은 조건에 매입해서 진열하는 것과 관련된 모든 것을 말한다.
③ 고객의 니즈를 만족시킬 뿐만 아니라 수요를 적극적으로 창출하기 위한 상품화 계획을 의미한다.
④ 제품계획 혹은 상품화활동은 상품의 시장성을 향상시킬 수 있는 계획활동이다.
⑤ 제품 및 제품성과에 대한 소비자들의 지각과 느낌을 상징한다.

🔓 **해설**

⑤ 머천다이징이란 신제품과 관련된 모든 상품화계획을 의미한다. 따라서 고객의 니즈에 부합하는 신제품의 기획 또는 매입, 매장입지의 선정, 매장에 적합한 제품의 선정, 디스플레이와 같은 실질적인 마케팅 활동이 모두 포함된다. 그러나 소비자들의 지각과 느낌을 상징하는 것은 아니다.

03 머천다이징에 대한 설명으로 가장 올바르지 않은 것은?

① 제조업자나 중간상인이 그들의 상품을 시장수요에 부응하도록 시도하는 모든 활동을 포함한다.
② 기업의 마케팅목표를 달성하기 위해 특정 상품과 서비스를 가장 효과적인 장소, 시기, 가격 그리고 수량으로 제공하는 일에 관한 계획과 관리이다.
③ 최적의 이익을 얻기 위해 상품의 매입, 관리, 판매방식 등에 대한 계획을 세우는 마케팅 활동을 의미한다.
④ 도매업뿐만 아니라 백화점 등 소매업에서 널리 채택되고 있다.
⑤ 고객이 실제로 이동하는 경로에 따라 관심과 집중을 받을 수 있게 상품을 배치하거나 진열하는 방법이다.

🔓 **해설**

⑤ 고객이 실제로 이동하는 경로에 따라 관심과 집중을 받을 수 있게 상품을 배치하거나 진열하는 방법은 디스플레이(display)를 의미한다.

04 다양화되고 개성화된 소비자들의 기본욕구에 대처하기 위해 도입된 것으로서, 제조업체의 입장 대신 소비자의 입장에서 상품을 다시 분류하는 머천다이징으로 가장 옳은 것은?

① 크로스 머천다이징
② 인스토어 머천다이징
③ 스크램블드 머천다이징
④ 리스크 머천다이징
⑤ 카테고리 머천다이징

🔓 **해설**

③ 스크램블드 머천다이징은 소매상이 소비자 입장에서 상품품목을 고려하여 취급상품을 조합하여 재편성하는 것을 말한다. 취급상품의 재편성에 적용하는 관점은 제품용도, 고객층, 가격대, 브랜드, 구매동기, 구매습관별 등을 고려하여 재편성하게 된다.

05 크로스 머천다이징(Cross Merchandising)에 대한 설명으로 옳지 않은 것은?

① 소비자가 함께 구매할 것으로 예상되는 상품들을 가까이 진열한다.
② 사재기하는 비중이 높은 상품이나 용량이 큰 상품에 적합하다.
③ 동시구매를 노리는 방법으로 객단가를 높일 수 있으며 라이프스타일 제안이 가능하다.
④ 백화점 신사복 코너에서 넥타이와 와이셔츠를 함께 구성하여 진열하는 경우가 해당된다.
⑤ 의류업계의 코디네이트 진열과 동일한 개념이다.

🔓 **해설**

연관된 상품을 함께 진열하거나 연관된 상품을 취급하는 점포들을 인접시키는 것을 크로스 머천다이징(Cross Merchandising) 또는 관련 품목 진열이라고 한다. 이를 통해 고객들이 연관된 상품들을 동시에 구매하도록 유도할 수 있다.

06 아래 글상자의 설명으로 가장 옳은 것은?

> 동일한 고객층을 대상으로 하되 경쟁업체와 다르게 그들 고객이 가장 원하는 제품과 서비스에 중점을 두거나 고객에게 제시되는 가격대에 대응하는 상품이나 품질을 차별화하는 방향을 전개하는 머천다이징 유형의 하나이다.

① 혼합식 머천다이징
  (scrambled merchandising)
② 선별적 머천다이징
  (selective merchandising)
③ 세그먼트 머천다이징
  (segment merchandising)
④ 계획적 머천다이징
  (programed merchandising)
⑤ 상징적 머천다이징
  (symbol merchandising)

🔓 **해설**

① **혼합식 머천다이징** : 소매점이 상품의 구색, 즉 구성을 확대하여 가는 유형의 상품화를 의미하며 이는 업태 간 경쟁 심화에 의해 강조되고 있다.
② **선별적 머천다이징** : 소매업, 2차 상품 제조업자, 가공업자 및 소재 메이커가 수직적으로 연합하여 상품계획을 수립하는 머천다이징 방식으로 패션 머천다이징에 주로 활용된다.
④ **계획적 머천다이징** : 대규모 소매업과 선정된 주요 상품 납품회사 간에 계획을 조정 통합화시켜 머천다이징을 수행하는 것으로 특히 대규모 소매점의 경우에 일반화되고 있다.
⑤ **상징적 머천다이징** : 대형 슈퍼마켓이나 지방의 백화점이 전문점 또는 대형 도시 백화점과 차별화를 위해 양판품목군 중심의 종합적인 구색을 갖추되, 그중 일부를 자사점포의 상징으로 구색을 정하여 중점을 두는 형태의 머천다이징을 말한다.

07 소매업체의 카테고리 관리와 관련된 다음의 내용 중 옳지 않은 것은?

① 구색계획(Assorting plan)은 특정 상품 카테고리에 대한 재무 및 상품기획상의 목표를 계획하는 것을 말한다.

② 카테고리 관리는 카테고리의 매출과 수익을 극대화하는 것을 목표로 한다.

③ 일반적으로 카테고리 관리는 매입담당자보다는 상품계획관리자가 성과에 대한 책임을 진다.

④ 카테고리 캡틴(Category captain)은 소매업체가 특정 카테고리에서 지원하는 특정 공급업체를 일컫는다.

⑤ 카테고리 캡틴의 활용으로 소매점은 구매협상의 노력이 절감되고, 고객에 대한 이해 증대로 해당 카테고리 전반의 수익이 증진된다.

🔓 **해설**
③ 카테고리 관리에 대한 성과 책임은 매입담당자와 상품계획관리자가 함께 부담하는 것이 일반적이다.

08 업체별 머천다이징의 특징으로 가장 옳지 않은 것은?

① 전문점의 머천다이징은 전문성의 표현과 개성전개, 표적의 명확화를 바탕으로 구성한다.

② 할인점은 저비용, 저마진, 대량판매의 효율성을 바탕으로 구성한다.

③ 선매품점은 계절욕구, 패션지향에 대한 특성과 개성표현이 잘 되도록 구성한다.

④ 백화점은 계절성, 편리성, 친절성을 바탕으로 효율적 판매가 가능하도록 구성한다.

⑤ 슈퍼마켓은 합리적 상품회전율과 상품품목별 효율 중심을 바탕으로 구성한다.

🔓 **해설**
④ 백화점은 고마진, 저회전율 풀서비스를 제공하는 업태로 친절성과 전문성이 강조되지만 편리성과는 거리가 멀다. 편리성은 편의품을 위주로 하는 대형마트에 해당하는 특성이라 할 수 있다.

09 아래 글상자에서 설명하는 머천다이징(Merchandising) 유형으로 옳은 것은?

> • 소매상 자신의 책임하에 상품을 매입하고 이에 대한 판매까지 완결짓는 머천다이징 정책을 의미한다.
> • 판매 후 남은 상품을 제조업체에 반품하지 않는다는 전제로 상품 전체를 사들인다.
> • 제조업체와 특정한 조건하에서의 매입이 이루어질 수 있기 때문에 제조업체로부터 가격적인 프리미엄(가격할인)도 제공받을 수 있다.

① 크로스 머천다이징
(Cross Merchandising)
② 코디네이트 머천다이징
(Coordinate Merchandising)
③ 날씨 머천다이징
(Weather Merchandising)
④ 리스크 머천다이징
(Risk Merchandising)
⑤ 스크램블드 머천다이징
(Scrambled Merchandising)

🔓 **해설**
④ 반품 불가라는 위험요인을 전제하는 머천다이징 기법을 리스크 머천다이징이라고 한다.
① 크로스 머천다이징은 연관 상품을 진열하여 판매하는 기법이고, ⑤ 스크램블드 머천다이징은 소비자의 기호에 적합하게 제품을 재조합 또는 재진열하는 머천다이징 기법을 의미한다.

THEME 13 마케팅믹스(Price) – 가격결정과 가격차별화

01 가격(price)에 관한 설명으로 가장 옳지 않은 것은?

① 마케팅 관점에서 가격은 특정 제품이나 서비스의 소유 또는 사용을 위한 대가로 교환되는 돈이나 기타 보상을 의미한다.

② 대부분의 제품이나 서비스는 돈으로 교환되고, 지불가격은 항상 정가나 견적가치와 일치한다.

③ 기업관점에서 가격은 총수익을 변화시키므로 가격결정은 경영자가 직면한 중요하고 어려운 결정 중의 하나이다.

④ 소비자관점에서 가격은 품질, 내구성 등의 지각된 혜택과 비교되어 순가치를 평가하는 기준으로 사용된다.

⑤ 가격결정방법에는 크게 수요지향적 접근방법, 원가지향적 접근방법, 경쟁지향적 접근방법 등이 있다.

🔓 해설

② 대부분의 제품이나 서비스는 돈으로 교환되지만, 고객이 지불하는 가격은 항상 정가나 견적가치와 일치하기보다는 협상을 통해 결정되는 경우가 많다.

02 다음 중 가격결정방식에 대한 설명으로 가장 옳지 않은 것은?

① 가격탄력성이 1보다 클 경우 그 상품에 대한 수요는 가격비탄력적이라고 한다.

② 가격을 결정할 때 기업의 마케팅목표, 원가, 시장의 경쟁구조 등을 고려해야 한다.

③ 제품의 생산과 판매를 위해 소요되는 모든 비용을 충당하고 기업이 목표로 한 이익을 낼 수 있는 수준에서 가격을 결정하는 방식을 원가중심 가격결정이라고 한다.

④ 소비자가 제품에 대해 지각하는 가치에 따라 가격을 결정하는 것을 수요중심 가격결정이라고 한다.

⑤ 자사제품의 원가나 수요보다도 경쟁제품의 가격을 토대로 가격을 결정하는 방식을 경쟁중심 가격결정이라고 한다.

🔓 해설

① 가격탄력성이 1보다 큰 경우 그 상품에 대한 수요는 가격탄력적이라고 하며, 이는 가격변화에 대하여 소비자의 수요가 더욱 민감하게 반응함을 나타낸다.

03 가격결정방법 및 가격전략과 그 내용의 연결로 옳지 않은 것은?

① 원가기반 가격결정 – 제품원가에 표준이익을 가산하는 방식

② 경쟁중심 가격결정 – 경쟁사 가격과 비슷하거나 차이를 갖도록 결정

③ 목표수익률 가격결정 – 초기 투자자본에 목표수익을 더하여 가격을 결정하는 방식

④ 가치기반 가격결정 – 구매자가 지각하는 가치를 가격결정의 중심 요인으로 인식

⑤ 스키밍가격결정 – 후발주자가 시장침투를 위해 선두기업보다 낮은 가격으로 결정

🔓 해설

⑤ 후발주자가 시장침투를 위해 선두기업보다 낮은 가격으로 결정하는 것은 시장침투가격결정(penetration pricing)에 해당한다. 한편, 스키밍가격결정(skimming pricing)은 초기 고가격전략으로 신제품 개발을 위해 투자된 자금의 조기회수를 꾀하는 가격정책이다.

04 아래의 글상자는 원가가산 가격결정을 위한 원가구조와 예상 판매량이다. 원가가산 가격결정방법에 의해 책정한 가격으로 옳은 것은?

> • 고정비 : 1,000,000원
> • 단위당 변동비 : 500원
> • 예상 판매량 : 1,000개
> • 판매가 대비 마진율 : 20%

① 875원 ② 3,000원
③ 1,875원 ④ 7,500원
⑤ 1,125원

🔓 해설

단위당 고정비＝1,000,000원 / 1,000개＝1,000원/개
단위당 총비용＝1,000원＋500원＝1,500원/개
판매가 대비 마진율이 20%이므로,
가격＝1,500원 / (1－0.2)＝1,875원

05 제품의 단위당 가격이 4,000원이고, 제품의 단위당 변동비가 2,000원일 때, 이 회사의 손익분기점은 몇 개일 때인가? (단, 총고정비는 200만 원이다)

① 100개 ② 500개
③ 1,000개 ④ 5,000개
⑤ 10,000개

🔓 해설

$$BEP = \frac{2,000,000}{4,000 - 2,000} = 1,000개$$

06 기업의 시장점유율과 수익성을 결정짓는 가장 중요한 요소의 하나로 가격정책을 들 수 있다. 가격을 결정하는 다양한 방법 및 기준들이 이론적으로 체계화되어 있는데, 다음 중 '원가중심 가격결정(cost-oriented pricing) 방법'에 해당하지 않는 것은?

① 원가가산법
② 손익분기 가격결정법
③ 목표이익 가격결정법
④ 가산이익률 가격결정법
⑤ 경쟁자기준 가격결정법

🔓 해설

⑤ 경쟁자기준 가격결정은 원가기준 가격결정에 해당하지 않는다.

⊘ 가격결정방법
• 수요자기준 가격결정방법 : 지각가치에 따른 가격결정이 대표적
• 경쟁자기준 가격결정방법 : 시장가격에 따른 가격결정, 경쟁입찰에 따른 가격결정
• 원가기준 가격결정법 : 원가가산 결정법, 가산이익률법, 목표가격(이익률)결정법, 손익분기점 분석법

07 판매자가 가격을 2% 인상했을 때 수요가 10% 감소한다고 가정할 때, 수요의 가격탄력성은?

① －1.8 ② －5
③ 0.2 ④ 5
⑤ －0.2

🔓 해설

수요의 가격탄력성은 가격의 변화에 대한 수요량의 변화 정도를 측정하는 절대값 개념으로 크기만 고려하기 때문에 양수(＋) 값을 가져야 한다.
수요의 가격탄력성

$$= \left| \frac{수요량의\ 변화율(\%)}{가격의\ 변화율(\%)} \right| = \left| \frac{-10\%}{2\%} \right| = 5$$

08 가격탄력성은 가격변화에 따른 수요변화의 탄력적인 정도를 나타낸다. 가격탄력성에 대한 설명으로 가장 옳지 않은 것은?

① 고려할 수 있는 대안의 수가 많을수록 가격탄력성이 높다.
② 대체재의 이용이 쉬울수록 가격탄력성이 높다.
③ 더 많은 보완적인 재화, 서비스가 존재할수록 가격탄력성이 높다.
④ 가격변화에 적응하는 데 시간이 적게 드는 재화가 가격탄력성이 높다.
⑤ 필수재보다 사치품의 성격을 갖는 경우가 가격탄력성이 높다.

🔓 **해설**
③ 일반적으로 이용 가능한 대체재가 많이 존재하는 경우 수요탄력성이 크다(탄력적이다). 그러나 보완재의 존재 여부는 수요의 가격탄력성과는 무관하다.

THEME 14 **마케팅믹스(Price) - 가격설정방법**

01 아래 글상자에서 설명하는 가격전략으로 가장 옳은 것은?

> 소매점 고객들의 내점빈도를 높이고, 소비자들이 소매점포 전체의 가격이 저렴하다는 인상을 가지도록, 브랜드 인지도가 있는 인기제품을 위주로 파격적으로 저렴한 가격에 판매하는 가격전략이다.

① 상품묶음(bundling) 가격전략
② EDLP(Every Day Low Price) 가격전략
③ 노세일(no sale) 가격전략
④ 로스리더(loss leader) 가격전략
⑤ 단수가격(odd pricing)전략

🔓 **해설**
④ 로스리더 가격전략(loss leader pricing)은 특정제품의 가격을 낮게 책정하여 그 품목의 수익성은 하락하지만, 이를 통해 고객을 유인함으로써 다른 품목의 매출액 증대를 꾀하는 전략이다.

02 항시저가전략(EDLP : Every Day Low Price)과 비교한 고저가격전략(high-low pricing)의 장점으로 가장 옳지 않은 것은?

① 고객의 가격민감도 차이에 기반한 가격차별화를 통해 수익 증대가 가능하다.
② 할인행사에 대한 고객 기대를 높이는 효과가 있다.
③ 광고 및 운영비를 절감하는 효과가 있다.
④ 동일상품을 다양한 고객층에게 판매할 수 있다.
⑤ 제품수명주기의 변화에 따른 가격설정이 용이하다.

🔓해설

③ 고저가격전략(high-low pricing)의 단점 중 하나가 고가격 및 저가격 제품 각각의 판매촉진을 위한 촉진비용 및 재고관리비용이 커진다는 것이다.

03 아래 글상자의 ㉠과 ㉡에 들어갈 용어를 순서대로 올바르게 나열한 것은?

> • (㉠)은/는 신제품 개발을 위해 투자된 자금의 조기회수를 꾀하는 가격정책으로, 대량생산으로 인한 원가절감 효과가 크지 않은 조건에서 유리하다.
> • (㉡)은/는 신제품을 시장에 도입하는 초기에 저가격을 책정하여 빠른 속도로 시장에 진입해 많은 구매자를 신속하게 끌어들여 높은 시장점유율을 확보하는 전략이다.

① ㉠ skimming pricing policy
　㉡ penetration pricing policy
② ㉠ skimming pricing policy
　㉡ two-party price policy
③ ㉠ penetration pricing policy
　㉡ bundling price policy
④ ㉠ penetration pricing policy
　㉡ two-party price policy
⑤ ㉠ two-party price policy
　㉡ captive pricing

🔓해설

㉠ 신제품 개발을 위해 투자된 자금의 조기회수를 꾀하는 가격정책은 초기 고가격전략(skimming pricing) 또는 상층흡수 가격전략이다. 이 전략은 수요의 가격탄력성이 비탄력적일 때 사용한다.

㉡ 초기에 저가격을 책정하여 빠른 속도로 시장에 진입해 높은 시장점유율을 확보하는 전략은 시장침투가격전략(penetration pricing)이다. 이 전략은 규모의 경제 효과가 크거나 수요의 가격탄력성이 탄력적인 경우에 사용한다.

04 종속가격(captive pricing) 결정에 적합한 제품의 묶음으로 옳지 않은 것은?

① 면도기와 면도날
② 프린터와 토너
③ 폴라로이드 카메라와 필름
④ 케이블TV와 인터넷
⑤ 캡슐커피기계와 커피캡슐

🔓해설

종속가격(포획가격, 구속가격, captive pricing)은 프린터와 프린터 잉크, 카메라와 필름, 컴퓨터와 소프트웨어 등 완전 보완재의 경우 주품목의 가격은 저렴하게, 부품목의 가격은 비싸게 책정하여 판매하는 방식이다.

05 다음 중 특정 상품계열 내에서는 사전에 결정된 극소수의 가격대에 해당하는 품목들만을 취급하는 소매전략을 가리키는 용어는?

① 다중가격결정(multiple-unit pricing)
② 묶음가격결정(price bundling)
③ 가격라인결정(price lining)
④ 단수가격결정(odd pricing)
⑤ 세분시장가격(market segmentation pricing)

🔓해설

① **다중가격결정** : 동일제품을 동시에 다량 구입하는 경우, 책정된 낮은 가격으로 판매하는 가격전략
② **묶음가격결정** : 기본적인 제품과 선택사양, 서비스 등 보완관계에 있는 제품들을 묶어서 하나의 가격으로 제시하는 것을 의미한다. 예컨대, 컴퓨터 구입 시 본체와 배달, A/S 등을 한꺼번에 판매하는 것
④ **단수가격결정** : 심리적 가격수단 중의 하나로서 화폐단위 이하로 가격을 책정함으로써 상대적으로 가격을 저렴하게 지각시키는 방법이다. 예컨대, 100,000원보다는 99,900원으로 표기하는 것을 의미한다.

06 "100만 원대"라고 광고한 컴퓨터를 199만 원에 판매하는 가격정책으로서 가장 옳은 것은?

① 가격라인결정
② 다중가격결정
③ 단수가격결정
④ 리베이트결정
⑤ 선도가격결정

🔓해설

③ 단수가격은 1,000원, 10,000원 등 화폐단위에 맞게 결정하는 것이 아니라 조금 낮은 999원, 9,990원 등으로 가격을 책정하는 방법을 말한다. 가격이 상당히 낮은 것으로 느낄 수 있고, 정확한 계산에 의해 가격이 책정되었다는 느낌을 줄 수 있다.

07 다양한 가격전략을 소개하는 다음의 설명 중에서 그 내용이 올바른 것은?

① 할인을 강조하기 위해 가격을 홀수로 책정하고, 품질을 강조하기 위해 가격을 짝수로 책정하는 전략을 침투가격전략(penetration pricing)이라고 한다.
② 고가를 책정함으로써 소비자들이 제품을 고품질, 높은 신분, 고가치를 인식하도록 하는 전략은 단수가격전략(odd pricing)이라고 한다.
③ 신제품에 대하여 시장 도입 초기 높은 가격을 책정한 후 시간이 지남에 따라 점차적으로 가격을 낮추는 전략을 스키밍가격전략(skimming pricing)이라고 한다.
④ 대규모 매출을 기대하고 낮은 가격으로 시장에 출시하는 전략을 명성가격정책(prestige pricing)이라고 한다.
⑤ 특정 상품계열 내에서는 사전에 결정된 극소수의 가격대에 해당하는 품목들만을 취급하는 가격전략을 가격차별화라 한다.

🔓해설

① 침투가격전략(penetration pricing) : 제품 도입 초기에 시장의 점유율을 증대시키기 위한 저가격정책
② 단수가격전략(odd pricing) : 심리적 가격수단 중의 하나로서 화폐단위 이하로 가격을 책정함으로써 상대적으로 가격을 저렴하게 지각시키는 방법
④ 명성가격정책(prestige pricing) : 고가의 제품은 고품질을 지닐 것이라는 소비자인식을 이용하는 고가격전략
⑤ 제품라인 가격책정(product line pricing) : 특정 상품계열 내에서는 사전에 결정된 극소수의 가격대에 해당하는 품목들만을 취급하는 가격전략

08 아래 글상자에서 설명하는 가격정책으로 옳은 것은?

> ㉠ 제조업체가 가격을 표시하지 않고 최종 판매자인 유통업체가 가격을 책정하게 하여 유통업체 간 경쟁을 통해 상품가격을 전반적으로 낮추기 위한 가격정책
> ㉡ 실제 판매가보다 부풀려서 가격을 표시한 뒤 할인해 주는 기존의 할인판매 폐단을 근절하기 위한 가격정책

① 오픈 프라이스(open price)
② 클로즈 프라이스(close price)
③ 하이로우 프라이스(high-low price)
④ EDLP(every day low price)
⑤ 단위가격표시제도(unit price system)

🔓해설

① 오픈 프라이스 제도란 제품에 제조업체가 권장소비자가격 혹은 희망소비자가격 같은 기준가격을 표시하지 않고, 대신 최종 판매업자가 가격을 결정하는 방식을 말한다.

09 다음 중 고객 심리의 행동에 의해 형성된 가격과 관련된 용어의 설명으로 가장 옳지 않은 것은?

① 준거가격 - 구매자가 가격이 비싼지 싼지를 판단하는 데 기준으로 삼는 가격

② 유보가격 - 구매자가 어떤 상품에 대하여 지불할 용의가 있는 최고가격

③ 최저수용가격 - 구매자들이 품질을 의심하지 않고 구매할 수 있는 가장 낮은 가격

④ 명성가격 - 제품에 고급 이미지를 부여하는 구매자들이 지불할 수 있는 가장 높은 가격

⑤ 단수가격 - 가격변화를 느끼게 만드는 최소의 가격

🔓 **해설**
⑤ 단수가격은 100원, 1,000원 등에서 조금 낮은 95원, 950원 등으로 가격을 책정하는 방법이며, 낮은 가격이라는 인식을 준다. 한편 가격변화를 느끼게 만드는 최소의 가격을 '차등적 문턱'이라 한다.

10 아래 글상자에서 설명하는 가격전략으로 가장 옳은 것은?

- 동일상품군에 속하는 상품들에 다양한 가격대를 설정하는 가격전략
- 소비자가 디자인, 색상, 사이즈 등을 다양하게 비교하는 선매품, 특히 의류품의 경우 자주 활용
- 몇 개의 구체적인 가격만이 제시되므로 복잡한 가격비교를 하지 않아도 되어 소비자의 상품선택과정이 단순화된다는 장점을 가짐

① 가격품목화 전략(price itemizing strategy)
② 가격계열화 전략(price lining strategy)
③ 가격단위화 전략(price unitizing strategy)
④ 가격구색화 전략(price assortment strategy)
⑤ 가격믹스전략(price mix strategy)

🔓 **해설**
② 가격계열화 전략(가격라인결정)은 특정 상품계열 내에서는 사전에 결정된 극소수의 가격대에 해당하는 품목들만을 취급하는 소매전략이다

11 가격설정 정책 중 관습가격(customary price) 정책에 대한 설명으로 옳은 것은?

① 1,000원보다 약간 모자라게 990원으로 가격을 결정하는 것처럼 고객에게 상품의 가격이 최대한 인하된 가격이라는 인상을 주어 판매량을 증가시키는 것을 말한다.

② 가격이 높을수록 품질의 우수성이나 높은 지위를 상징하는 경우에 사용되는 가격설정 정책을 말한다.

③ 특정 제품군에 대해 오랫동안 같은 가격을 지속적으로 유지함으로써 소비자가 그 가격을 당연한 것으로 받아들이는 것을 말한다.

④ 단일 제품이 아닌 몇 개의 제품을 품질에 따라 1만 원, 3만 원, 5만 원 등과 같이 가격을 설정하는 것을 말한다.

⑤ 고객을 모으기 위해서 특정 제품을 아주 저렴한 가격으로 판매하는 방법을 말한다.

🔓 **해설**

①은 단수가격(odd pricing), ②는 명성가격전략(prestige pricing), ④는 가격대(price linning), ⑤는 손실유도가격(loss leader pricing)에 대한 설명에 해당한다.

12 아래 글상자에 설명된 가격조정전략으로 옳은 것은?

> 제조업자가 일반적으로 수행해야 할 업무(마케팅 기능)의 일부를 중간상이 수행할 경우, 발생한 경비의 일부를 제조업자가 부담하는 것이다.

① 현금할인
② 거래할인
③ 판매촉진지원금
④ 수량할인
⑤ 계절할인

🔓 **해설**

② 거래할인(trade discount)은 중간상이 제조업자가 수행해야 할 업무(마케팅 기능)의 일부를 수행할 경우 이에 대한 보상으로 경비의 일부를 제조업자가 부담하는 것을 말한다.

① 현금할인은 중간상이 제품을 현금으로 구매하거나 대금을 만기일 이전에 지불하는 경우 제조업자가 판매대금의 일부를 할인해 주는 것을 말한다.

③ 판매촉진지원금은 중간상이 제조업자를 위해 지역광고를 하거나 판촉을 실시할 경우 이를 지원하기 위해 지급되는 보조금이다. 지원금은 중간상 물품대금을 지불할 때 그 금액만큼 공제하는 방식으로 행하여진다.

④ 수량할인은 중간상들이 일시에 대량으로 구매를 하는 경우 현금할인을 해주는 것으로 할인율은 구매량에 따라 증가한다.

⑤ 계절할인은 제품판매에 있어 계절성이 있는 경우 비수기에 제품을 구매하면 가격을 할인해 주는 것이다.

THEME 15 마케팅믹스(Promotion) - 4가지 촉진방법

01 산업재에 적합한 촉진수단으로 가장 옳은 것은?

① 광고　　　　② 홍보
③ 인적판매　　④ PR
⑤ 콘테스트

🔓 **해설**

③ 광고, PR, 인적판매, 판매촉진 중에서 산업재(B2B)에 가장 적합한 촉진수단은 전문적인 구매를 지원할 수 있는 인적판매이다.

02 상품의 판매촉진을 위한 광고(advertising)에 대한 설명으로 가장 옳지 않은 것은?

① 메시지가 복잡한 경우에는 빈도(frequency)보다는 도달범위(reach)를 높이는 것이 바람직하다.
② 광고의 노출빈도가 어느 수준을 넘어서면 광고효과가 떨어지는데, 이러한 현상을 광고의 이월효과(carryover effect)라고 한다.
③ 유머소구(humor appeal)광고는 소비자의 주의를 끄는 데 효과적이며 제품특성을 이해시키는 메시지를 전달하기에 적합하다.
④ 인포머셜(informercial)이란 의도적으로 제품에 대한 부정적인 정보를 선별하여 다양한 근거를 통해 반박하는 형태의 광고를 말한다.
⑤ 총접촉률(Gross Rating Points : GRP)은 도달범위(reach)에 도달횟수(frequency)를 곱한 것이다.

🔓 **해설**

④ 인포머셜이란 인포메이션(information)과 커머셜(commercial)의 합성어로, 상대적으로 정보량이 많은 상업광고를 의미한다. 이는 정보전달을 목적으로 시간에 구애받지 않고 동영상이나 TV광고 등을 통해 이루어진다.

03 촉진관리를 위한 마케팅 커뮤니케이션 수단들에 대한 아래의 설명 중에서 옳지 않은 것은?

① 판촉은 시험적 구매를 유발하는 데 효과적인 도구이다.
② 대면접촉을 활용하는 인적판매는 고객의 구매를 유도하기에 적절한 도구이다.
③ 광고, 홍보, 판촉, 인적판매가 가장 기본적인 마케팅 커뮤니케이션 수단이라고 할 수 있다.
④ 광고는 시간과 공간을 초월할 수 있으나 다른 수단에 비해 노출당 비용이 가장 많이 소요된다.
⑤ 홍보는 대중매체에 대한 높은 신뢰성을 활용하여 우호적 태도를 형성하는 수단이다.

🔓 **해설**

④ 광고는 시간과 공간을 초월할 수 있는 매체이나, 노출당 비용이 가장 많이 소요되는 촉진수단은 인적판매라 할 수 있다.

정답　**01** ③　**02** ④　**03** ④

04 아래의 사례에서 (   ) 안에 알맞은 용어는?

> 고객 커뮤니케이션에서 표적시장 내에서 광고 매체에 노출된 실제 고객 수를 의미하는 것으로, 예를 들어, 지역신문에 판촉광고를 냈는데 그날 그 신문을 읽은 독자가 잠재고객 5,000명 중 40%에 해당했다면, (   )은/는 2,000명이다.

① CPM(천 명당 비용)
② Reach(도달률)
③ Coverage(포괄범위)
④ Frequency(빈도)
⑤ GRP(총접촉률)

해설
② 도달률(Reach)이란 정해진 기간 동안 적어도 한 번 이상 광고에 접촉되는 사람들의 수를 뜻한다.

05 공중관계(PR : Public Relations)에 해당하지 않는 것은?

① 언론관계
② 제품 퍼블리시티(Publicity)
③ 커뮤니티 관계
④ 투자자관계
⑤ UCC(User Created Contents)

해설
PR(Public Relations)은 기업이 자사의 이미지 제고와 호의적인 평판을 얻기 위한 커뮤니케이션 활동으로, 기업과 직간접적인 관계에 있는 여러 집단들과 좋은 관계를 유지해 나가는 것을 말한다. 반면, UCC(User Created Contents)는 사용자가 직접 제작한 콘텐츠를 말하며, 이는 공중관계가 아니고 광고에 해당한다.

06 고객 커뮤니케이션 방법들(광고, 홍보, 판매원, 구전, 웹사이트 등)의 상대적 비교로 가장 올바른 것은? (단, 통제력은 광고주가 커뮤니케이션 메시지에 대한 통제의 정도이고, 유연성은 개별고객에 맞춘 커뮤니케이션의 유연한 정도이며, 신뢰성은 고객이 커뮤니케이션의 원천에 대한 신뢰하는 정도를 의미함)

① 광고는 통제력과 유연성이 높은 데 비하여 신뢰성은 낮다.
② 홍보는 유연성이 낮은 데 비해 통제력과 신뢰성은 높다.
③ 매장의 판매원은 통제력과 유연성이 높은 데 비하여 신뢰성이 낮다.
④ 구전은 신뢰성과 유연성이 높은 데 비하여 통제력은 낮다.
⑤ 자사 웹사이트는 통제력과 신뢰성이 높은 데 비하여 유연성은 낮다.

해설
① 광고는 통제력과 유연성이 낮다.
② 홍보는 통제력이 낮다.
④ 구전은 신뢰성이 낮다.
⑤ 웹사이트는 유연성이 높다.

07 판매촉진전략에 대한 설명으로 옳지 않은 것은?

① 판매촉진은 제품이나 서비스의 판매를 촉진하기 위한 단기적 활동을 말한다.
② 판매촉진은 기업이 설정하는 목표에 따라 소비자, 중간상, 판매원 등을 대상으로 실시한다.
③ 소비자 판촉에는 가격할인, 무료샘플, 쿠폰제공 등이 포함된다.
④ 대개 중간상 판촉은 소비자 판촉에 비해 비교적 적은 비용이 든다.
⑤ 영업사원 판촉은 보너스와 판매경쟁 등을 포함한다.

🔒 **해설**

④ 대부분의 경우 중간상 판매촉진은 다양한 촉진전략이 활용되므로 소비자 판매촉진에 비해 비교적 많은 비용이 든다. 제조업자가 중간상들과의 거래에서 사용하는 촉진전략으로는 현금할인, 거래할인, 판매촉진지원금(물량비례보조금, 머천다이징보조금, 리스팅보조금, 재고보호보조금, 리베이트), 수량할인, 상품지원금 등이 있다.

08 다음 중 판매촉진에 대한 설명으로 가장 옳지 않은 것은?

① 판매촉진은 고객들로 하여금 즉각적인 반응을 일으킬 수 있고 반응을 쉽게 알아낼 수 있다.

② 판매촉진은 단기적으로 고객에게 대량 또는 즉시 구매를 유도하기 때문에 다른 촉진활동보다 매출 증대를 기대할 수 있다.

③ 판매촉진 예산을 결정할 때 활용하는 가용예산법(affordable method)은 과거의 매출액이나 예측된 미래의 매출액을 근거로 예산을 결정하는 방법을 말한다.

④ 소비자를 대상으로 하는 판매촉진의 유형 중 쿠폰(coupon)은 가격할인을 보장하는 일종의 증서로 지면에 표시된 가격만큼 제품가격에서 할인해 주는 방법이다.

⑤ 중간상의 판매촉진의 유형으로 협동광고는 제조업자가 협동하여 지역의 소매상들이 공동으로 시행하는 광고를 말한다.

🔒 **해설**

③ 판매촉진 예산을 결정할 때 활용하는 방법 중 과거의 매출액이나 예측된 미래의 매출액을 근거로 예산을 결정하는 방법은 매출액 기준법에 해당한다. 가용예산법은 운영비용과 이익을 산출한 후에 사용 가능한 금액이 얼마인지에 따라 고객 커뮤니케이션 예산을 설정하는 방법이라 할 수 있다.

09 아래 글상자 내용이 설명하는 판매촉진 기법은?

- 비가격 판매촉진 방법 중 하나
- 상품의 이미지를 향상시키고 호감을 심어주기 위해 사용
- 판촉물로 자사의 로고가 새겨진 무료선물이나 상품을 제공

① 견본품　　② 콘테스트
③ 프리미엄　　④ 시연회
⑤ 쿠폰

🔒 **해설**

③ 프리미엄(premium)은 예컨대 백화점의 화장품 매장에서 일정금액 이상 구입하면 화장품 가방 또는 여행용 가방이나 머플러 등을 지급하는 것 등을 말한다.

10 판매촉진에 관한 설명 중 가장 적절하지 않은 것은?

① 쿠폰이란 피자배달 시 포장지에 있는 일정금액을 정해진 기간에 할인해 준다는 표시 등을 말한다.

② 리베이트란 구매 후 우편 등으로 구매영수증을 제조회사에 제출하면 할인율만큼 소비자에게 보상해 주는 것을 말한다.

③ 프리미엄이란 자동차를 구입한 고객에게 무료로 선팅을 해주는 것을 말한다.

④ 판촉물 프로그램이란 자동차 영업직원이 고객에게 골프공을 선물하는 것을 말한다.

⑤ 상품포장에 있는 즉석쿠폰과 매체나 우편으로 제공되는 쿠폰은 모두 소비자에게 다음 구매시점까지 기다려야 할 필요 없이 곧바로 이득을 제공함으로써 시용(trial)을 유발하는 것이다.

🔒 **해설**

⑤ 상품포장에 있는 즉석쿠폰은 상품을 구매한 후 다음 구매시점에서 사용할 수 있으므로 곧바로 이득을 제공하는 것은 아니다.

11 제조업체의 중간상 촉진활동으로 옳지 않은 것은?

① 중간상광고
② 협동광고
③ 프리미엄
④ 판매원 인센티브
⑤ 소매점 판매원 훈련

해설
③ 프리미엄(premium)은 소비자에게 혜택을 주는 판매촉진활동의 하나로, 무엇인가 가치 있는 것을 추가적으로 소비자들에게 사은품으로 제공하는 것으로 소비자를 대상으로 하는 판매촉진 방법에 해당한다.

12 소매업체 대상 판촉프로그램에 대한 설명으로 옳지 않은 것은?

① 가격할인이란 일정기간의 구매량에 대해 가격을 할인해 주는 방법을 말한다.
② 리베이트란 진열위치, 판촉행사, 매출실적 등 소매상의 협력 정도에 따라 판매금액의 일정률에 해당하는 금액을 반환해 주는 것을 말한다.
③ 인적지원이란 월 매출이 일정 수준 이상인 점포에는 판촉사원을 고정적으로 배치하고 그 외 관리대상이 될 만한 점포에는 판촉사원을 순회시키는 것을 말한다.
④ 소매점 경영지도란 소매상에게 매장연출 방법, 상권분석 등의 경영지도를 통해 매출 증대를 돕는 것을 말한다.
⑤ 할증판촉이란 소매점이 진행하고 있는 특정 제품 및 세일 관련 광고비용 일부를 부담하는 것을 말한다.

해설
⑤ 소매점이 진행하고 있는 특정 제품 및 세일 관련 광고비용 일부를 부담하는 것은 협력광고에 해당한다.

13 다른 판촉수단과 달리 고객과 직접적인 접촉을 통하여 상품과 서비스를 판매하는 '인적판매'의 장점으로 가장 옳지 않은 것은?

① 고객의 판단과 선택을 실시간으로 유도할 수 있다.
② 정해진 시간 내에 많은 사람들에게 접근할 수 있다.
③ 고객의 요구에 즉각적으로 대응할 수 있다.
④ 고객이 될 만한 사람에게만 초점을 맞추어 접근할 수 있다.
⑤ 고객에게 융통성 있게 대처할 수 있다.

해설
② 정해진 시간 내에 많은 사람들에게 접근할 수 있는 것은 판매촉진(sales promotion)의 장점이다.

인적판매(personal selling)
제품이나 서비스의 판매를 목적으로 기존의 또는 잠재고객에 대한 판매 프레젠테이션 또는 대화 등의 개인적 커뮤니케이션을 말한다. 인적판매는 개별고객의 특성에 따른 적절한 메시지를 전달할 수 있고, 시장상황 및 여건에 따라 보다 유연하고 탄력적인 적용이 가능하다는 장점이 있다.

14 중고품을 반납하고 신제품을 구매한 고객에게 가격을 할인해 주거나 판매촉진행사에 참여한 거래처에게 구매대금의 일부를 깎아주는 형식의 할인으로 가장 옳은 것은?

① 기능할인(functional discount)
② 중간상할인(trade discount)
③ 공제(allowances)
④ 수량할인(quantity discount)
⑤ 계절할인(seasonal discount)

해설
③ 공제(allowances)란 일반적으로 중간상인에 대한 판매촉진의 한 방법으로 행해진다. 중고품을 반납하고 신제품을 구매한 고객에게 가격을 할인해 주거나 판매촉진행사에 참여한 거래처에게 구매대금의 일부를 깎아주는 형식의 할인으로 이루어진다.

15 온라인광고의 유형에 대한 설명으로 가장 옳지 않은 것은?

① 배너광고(banner advertising)는 웹페이지의 상하좌우 또는 중간에서도 볼 수 있다.

② 삽입광고(insertional advertising)는 웹사이트 화면이 바뀌고 있는 동안에 출현하는 온라인 전시광고이다.

③ 검색관련광고(search-based advertising)는 포털사이트에 검색엔진 결과와 함께 나타나는 링크와 텍스트를 기반으로 하는 광고이다.

④ 리치미디어 광고(rich media advertising)는 현재 보고 있는 창 앞에 나타나는 새로운 창에 구현되는 온라인광고이다.

⑤ 바이럴 광고(viral advertising)는 인터넷상에서 소비자가 직접 입소문을 퍼트리도록 유도하는 광고이다.

🔓 **해설**

④ 리치미디어 광고는 배너광고에 비해 풍부한 내용을 담을 수 있는 멀티미디어형 광고를 말한다. 리치미디어를 표현하는 방법은 배너, 인터액티브 멀티미디어 등이 있다. 현재 보고 있는 창 앞에 나타나는 새로운 창에 구현되는 온라인광고는 팝업광고에 해당한다.

16 아래 글상자의 온라인 배너광고에 대한 설명 중 옳지 않은 것만을 나열한 것은?

㉠ 인터넷에 접속된 최초의 화면이나 정보 검색 화면 한 부분에 나와 있는 띠 형태의 광고이다.

㉡ 사람들의 왕래가 잦은 장소에 넣어 관심 있는 사람들이 클릭하도록 유도한다.

㉢ 광고의 크기가 제한적이기 때문에 보지 못하고 그냥 지나치기 쉬워서 노출도가 낮다.

㉣ 클릭을 통해 자사의 홈페이지나 광고 페이지에 접속하도록 유도한다.

㉤ 클릭하거나 마우스를 올리면 큰 화면의 광고가 동영상으로 제공되는 방식으로도 나타난다.

㉥ 브랜드 이미지를 확립하는 데 TV 및 인쇄 매체를 활용한 광고만큼 효과적이다.

① ㉠, ㉣   　② ㉡, ㉤

③ ㉢, ㉥   　④ ㉣, ㉤

⑤ ㉣, ㉥

🔓 **해설**

㉢ 온라인 배너광고는 화면 내에서 크기가 자유로운 편이며, 노출도가 높은 편에 해당한다.

㉥ 제품 또는 서비스의 브랜드 이미지를 확립하는 데는 TV 및 인쇄 매체가 가장 효과적이다.

| THEME 16 | 마케팅믹스(Promotion) – 풀전략과 푸시전략 |

01 제조업자가 실행하는 촉진전략으로 푸시(push)와 풀(pull)전략이 있다. 다음 중 푸시전략의 흐름으로 옳은 것은?

① 제조업자 → 소매상 → 소비자 → 도매상
② 제조업자 → 도매상 → 소매상 → 소비자
③ 소비자 → 소매상 → 도매상 → 제조업자
④ 소비자 → 제조업자 → 도매상 → 소매상
⑤ 도매상 → 소매상 → 제조업자 → 소비자

🔓 해설

② 푸시전략(push strategy)은 제조업자가 유통업자들에게 자사의 제품에 대한 확신을 줌으로써 제품을 유통시키고 소비자들이 상품을 선택하도록 유도하는 전략으로, 그 방향성은 제조업자 → 도매상 → 소매상 → 소비자 순으로 진행된다.

02 아래 글상자의 괄호 안에 들어갈 용어로 가장 옳은 것은?

제조업체가 최종 소비자들을 상대로 촉진활동을 하여 이 소비자들로 하여금 중간상(특히 소매상)에게 자사제품을 요구하도록 하는 전략을 (㉠)이라고 한다. 반면에 어떤 제조업체들은 중간상들을 대상으로 판매촉진활동을 하고 그들이 최종 소비자에게 적극적인 판매를 하도록 유도하는 유통전략을 사용하는데, 이를 (㉡) 전략이라고 한다.

① ㉠ 풀전략,   ㉡ 푸시전략
② ㉠ 푸시전략, ㉡ 풀전략
③ ㉠ 집중적 마케팅전략,
   ㉡ 차별적 마케팅전략
④ ㉠ 풀전략,   ㉡ 차별적 마케팅전략
⑤ ㉠ 푸시전략, ㉡ 집중적 마케팅전략

🔓 해설

✅ 촉진방법 : Push전략과 Pull전략의 비교

구분	Push전략	Pull전략
전략의 대상	중간상인 (도 · 소매상)	최종 소비자
전략의 진행방향	생산자 → 중간상 → 소비자	소비자 → 중간상 → 생산자
프로모션 방법	인적판매, 인센티브	광고, 이벤트 행사
관여도 및 브랜드 충성도	낮음	높음
적용시장	산업재	소비재

03 아래 글상자에서 제조업자의 중간상을 대상으로 한 푸시전략의 예로 옳은 것을 모두 고르면?

㉠ 협동광고
㉡ 수량할인
㉢ 프리미엄
㉣ 판매원 훈련프로그램

① ㉠, ㉡, ㉢
② ㉠, ㉡, ㉣
③ ㉠, ㉢, ㉣
④ ㉡, ㉢, ㉣
⑤ ㉠, ㉡, ㉢, ㉣

🔓 해설

② 풀전략(pull strategy)은 소비자의 상표인지도와 충성도를 높이기 위해 최종 소비자를 상대로 판매촉진활동을 한다. 반면 중간상을 대상으로 판매촉진활동을 한다든가 수량할인, 인적판매, 구매시점 디스플레이, 협동광고 등에 치중하는 것은 푸시전략(push strategy)이다.

04 고객에 대한 커뮤니케이션을 효과적으로 수행하기 위해서는 커뮤니케이션 구성요소들에 대한 이해가 필요하다. 커뮤니케이션 과정에서 발생하는 예기치 못했던 정보왜곡현상이나 정체현상을 무엇이라고 하는가?

① 원천효과(source effect)
② 장애물(noise)
③ 피드백(feedback)
④ 부호화(encoding)
⑤ 해독(decoding)

해설

② 장애물(noise)이란 의사전달과정에서 계획되지 않은 현상이나 왜곡이 일어나는 것으로, 수신인은 발신인이 전달하고자 하는 내용을 수신하지 못하거나 발신인의 의도와는 다른 메시지를 획득하는 것을 말한다(잡음).
③ 피드백(feedback) : 수신인의 발신인에 대한 반응의 한 부분
④ 부호화(encoding) : 전달하고자 하는 생각을 문자, 그림, 말 등으로 상징화하는 과정
⑤ 해독(decoding) : 발신인이 부호화하여 전달한 의미를 수신인이 해석하는 과정

05 촉진예산을 결정하는 방법에 대한 설명으로 가장 옳지 않은 것은?

① 가용예산법 : 기업의 여유 자금에 따라 예산을 결정하는 방법
② 매출액 비율법 : 과거의 매출액이나 예측된 미래의 매출액을 근거로 예산을 결정하는 방법
③ 단위당 고정비용법 : 고가격 제품의 촉진에 특정 비용이 수반될 때 이를 고려하여 예산을 결정하는 방법
④ 경쟁대항법 : 경쟁사의 촉진예산 규모를 기반으로 결정하는 방법
⑤ 목표과업법 : 촉진목표를 설정하고 이를 달성하기 위한 과업을 분석하여 예산을 결정하는 방법

해설

③ 촉진예산 책정방식에는 크게 가용예산법, 매출액 비율법, 경쟁대항법, 목표과업법이 있으며, 단위당 고정비용법은 해당사항이 없다.
① **가용예산법** : 운영비용과 이익을 산출한 후에 사용 가능한 금액이 얼마인지에 따라 고객 커뮤니케이션 예산을 설정하는 방법
② **매출액 비율법** : 예상매출액 중 고정비율로 고객 커뮤니케이션 예산을 설정하는 방식
④ **경쟁대항법** : 경쟁업체의 고객 커뮤니케이션 비용 비율과 시장점유율이 같도록 결정하는 방식
⑤ **목표과업법** : 커뮤니케이션 목표를 달성하기 위해 특별한 업무수행에 요구되는 예산을 결정짓는 방법이며 가장 합리적이다.

| THEME 17 | 점포설계와 점포 내·외부 환경 관리 |

01 점포의 구성요소로 가장 부적합한 것은?

① 점포의 시장점유율
② 목표고객에게 소구(訴求)하는 상품구성
③ 고객에게 부합하는 가격정책
④ 점포입지의 편리성
⑤ 점포 외부 이미지

해설
① 점포의 시장점유율은 점포구성의 요소가 아니라 결과이다. 유통점포관리는 점포의 입지, 점포 레이아웃 관리, 점포 내·외부의 환경관리, 상품구색 및 진열, 가격정책을 포괄한다.

02 다음 중 점포디자인의 4대 요소에 해당하지 않는 것은?

① 외장디자인(exterior) : 점두, 윈도, 간판시설, 출입구의 숫자와 크기 등
② 내부디자인(interior) : 벽, 천장, 바닥, 파이프, 빔, 진열장, 창고 등의 매장 설비물
③ 진열부분 : 디스플레이, VMD, POP 광고물, 선반, 쇼케이스 등
④ 레이아웃 : 고객 동선, 종업원 동선, 공간의 효율성과 생산성 등
⑤ 주차공간 : 공간의 편의성, 주차대수, 매장과의 거리 등

해설
점포디자인의 4대 요소는 외장 및 내장디자인과 진열공간, 레이아웃(배치)을 의미한다.

03 점포 레이아웃의 설계 및 관리를 위한 의사결정의 구성항목으로 옳지 않은 것은?

① 상품 및 집기의 배치와 공간 결정
② 계산대 배치 및 공간 결정
③ 통로의 배치와 공간 결정
④ 점포의 간판과 그래픽 결정
⑤ 쇼핑 공간 및 고객 동선의 결정

해설
점포 레이아웃(layout)은 매장과 통로, 진열장 및 상품 등과 점포의 시설들이 적절한 연관성을 갖도록 배치하는 것을 말한다. 고객의 심리를 파악하고 무의식적으로 점포 안을 많이 걷게 함으로써 보다 많은 상품을 보여주고 구매하도록 하는 기술이다.
④ 점포의 간판과 그래픽 결정은 레이아웃 설계 및 관리를 위한 의사결정에 해당되지 않는다.

04 매장의 내부 환경요소로 가장 옳지 않은 것은?

① 매장의 입출구와 주차시설
② 매장의 색채와 조명
③ 매장의 평면배치
④ 매장의 상품진열
⑤ 매장의 배경음악 및 분위기

해설
① 매장의 입출구와 주차시설은 대표적인 매장의 외부 환경요소에 해당한다.

정답 01 ① 02 ⑤ 03 ④ 04 ①

05 점포 공간을 구성할 경우 점포에서의 역할을 고려한 각각의 공간에 대한 설명으로 가장 옳지 않은 것은?

① 서비스 공간은 휴게실, 탈의실 등과 같이 소비자의 편의와 편익을 위해 설치하는 곳이다.

② 진열 판매 공간은 상품을 진열하여 주로 셀프 판매를 유도하는 곳이다.

③ 판매 예비 공간은 소비자에게 상품에 대한 정보를 전달하거나 결제를 도와주는 곳이다.

④ 판촉 공간은 판촉상품을 전시하는 곳이다.

⑤ 인적판매 공간은 판매원이 소비자에게 상품을 보여주고 상담을 하는 곳이다.

🔓 **해설**

③ 판매 예비 공간은 소비자에게 정보를 전달하거나 결제를 도와주는 공간이 아니라 판매를 지원하기 위해 마련한 공간을 의미한다.

06 쇼핑몰의 시스템 구성에서 프론트 오피스(front office) 요소로 가장 옳지 않은 것은?

① 상품검색

② 상품등록

③ 상품리뷰

④ 상품진열

⑤ 회원로그인

🔓 **해설**

인터넷 쇼핑몰의 시스템 구성에서 프론트 오피스(front office)는 사용자, 즉 고객들이 접하는 부분을 말하며 회원로그인, 상품검색 및 상품리뷰 등이 해당한다.

② 상품등록은 관리자가 관리모듈을 통해 관리하는 백 오피스(back office)의 구성요소에 해당한다.

07 다음 중 소매점포 공간계획을 수립할 때 가장 먼저 고려해야 할 요인으로 옳은 것은?

① 고객흡인력

② 상품별 판매생산성

③ 상품별 월별 재고수준

④ 진열비품의 점포 내 위치

⑤ 상품별 고객의 구매목적 특성

🔓 **해설**

② 소매점포 공간계획을 수립하는 가장 큰 이유는 점포의 매출액을 극대화하기 위한 것이므로, 상품별 판매생산성을 가장 먼저 고려하는 것이 타당하다.

08 매장 환경 구성 및 관리에 대한 설명으로 가장 옳지 않은 것은?

① 잠재고객이 무리한 노력을 기울이지 않더라도 상품을 쉽게 찾을 수 있도록 구성해야 한다.

② 누구를 위한 매장이며 무엇을 판매하고 있는지 명확하게 표현하여야 한다.

③ 다층점포의 경우 수직 이동시설과 인접한 공간을 고객 편의공간으로 구성하여 고객편의성을 강화해야 한다.

④ 사고에 대한 사전 예방 시설을 갖추고 사고 조치나 대책이 포함된 작업환경을 마련해야 한다.

⑤ 후방시설의 창고는 판매영역과 구분하여 구역화하고 상품 정리 시 낱개 상품이 보관되지 않도록 한다.

🔓 **해설**

③ 다층점포의 경우 수직 이동시설과 인접한 공간은 접근성으로 인하여 많은 고객의 진출입이 빈번하므로 고객 편의공간으로 적합한 장소라 할 수 없다. 고객 편의시설은 쾌적성이 높은 곳에 배치하는 것이 좋다.

• 정답 **05** ③ **06** ② **07** ② **08** ③

09 점포를 구성하는 물리적 환경의 역할에 대한 설명으로 옳지 않은 것은?

① 패키지 : 제품의 패키지가 소비자의 감각적 반응에 호소하도록 고안된 것처럼 물리적 환경은 점포의 첫인상을 만들거나 고객의 기대를 설정하는 역할을 한다.

② 편의제공 : 환경 내에서 활동하는 사람들의 성과를 돕는 역할을 한다.

③ 사회화 : 잘 갖춰진 물리적 환경은 고객과 직원으로 하여금 기대된 역할과 행동을 하도록 돕는다.

④ 차별화 : 물리적 환경을 통해서 기업은 경쟁자와 차별화할 수 있고, 이를 통해 의도된 고객세분화가 가능하다.

⑤ 지표화 : 이용 가능한 공간의 크기, 공간 내 사람의 수 등에 대한 객관적 평가를 제공한다.

🔓 **해설**

⑤ 서비스기업의 물리적 환경의 역할은 패키지 역할, 편의제공, 사회화 역할, 차별화 역할로 구분할 수 있다. 따라서 지표화는 점포를 구성하는 물리적 환경의 역할에 해당하지 않는다.

10 매장 내부인테리어(interior) 관리에 대한 설명으로 가장 옳지 않은 것은?

① 내부인테리어는 고객의 구매욕구를 적극적으로 유발할 수 있도록 구성한다.

② 내부인테리어 중 향기와 음악은 고객의 기분에 영향을 미친다.

③ 파이프나 배관과 같은 매장의 설비물은 내부인테리어를 구성하는 데 영향을 주지 않는다.

④ 내부인테리어 중 매장의 온도는 고객의 기분에 영향을 미친다.

⑤ 내부인테리어 중 조명시설은 고객의 구매욕구에 영향을 미친다.

🔓 **해설**

③ 파이프나 배관과 같은 매장의 설비물 또한 내부인테리어를 구성하는 요소들에 해당한다.

THEME 18 점포 레이아웃

01 소매업체의 점포나 상품배치 방법에 대한 설명으로 가장 적절하지 못한 것은?

① 격자형(grid) 배치는 주로 식료품과 드럭스토어(drug store)에서 배치하는 유형이다.

② 경주로형(racetrack) 배치 설계는 주된 통로를 중심으로 여러 매장 입구가 연결되게 배치하는 방법이다.

③ 자유형(free form) 배치는 비품과 통로를 비대칭으로 배치하는 방법으로, 이 배치방법은 규모가 작은 전문매장이나 여러 개의 작은 매장들이 있는 대형점포에 주로 사용한다.

④ 격자형(grid) 배치는 고객들이 매장 안을 자연스럽게 둘러볼 수 있다.

⑤ 경주로형(racetrack) 배치는 충동구매를 유도할 수 있는 배치방법이다.

🔓 해설

격자형 배치의 최대 장점은 공간의 효율성을 극대화시킬 수 있고 이에 따라 공간활용 및 배치비용을 절감할 수 있다는 데 있다. → 생산의 효율성(×)

④ 고객을 매장 안으로 자연스럽게 유인하는 배치형태는 경주로형의 장점에 가깝다.

02 점포 레이아웃에 대한 설명으로 가장 옳지 않은 것은?

① 구석구석까지 고객의 흐름을 원활하게 유도하도록 설계한다.

② 상품운반이 용이하고 고객의 이동은 방해받지 않도록 통로를 구성한다.

③ 구매를 촉진시키기 위해 연관성 있는 상품을 한곳에 모은다.

④ 고객의 라이프스타일에 따라 상품을 결합하여 고객의 불필요한 동선을 줄인다.

⑤ 고객 동선은 가능한 한 짧게, 작업 동선은 가능한 한 길게 한다.

🔓 해설

효율적인 점포 레이아웃을 통해 고객의 동선은 주 통로와 부 통로를 구분하여 보다 많은 상품을 보게 하기 위해 가급적 길게 설계하여야 한다. 또한 시선집중을 위한 포인트를 설정하고 사각이 없도록 해야 한다.

⑤ 작업 동선은 가능한 한 짧게 해야 하고, 고객 동선과 겹치지 않도록 설계해야 한다.

03 플래노그램(planogram)은 다음 중 어떤 경우에 활용 가능한 수단인가?

① 진열 공간 생산성 평가

② 매장 입지선정 시 최적입지평가 및 선정도구

③ 최적 공급업체 평가 및 선정도구

④ 종업원 생산성 평가

⑤ 최대한 많은 양의 제품을 진열

🔓 해설

✅ **플래노그램(planogram)**
점포매장 내 상품의 종류 및 상품별 배치방법을 통하여, 매장의 수익성을 극대화시킬 수 있도록 시스템으로 만든 매장 내 진열관리 프로그램(지침서)을 의미한다.

04 아래 글상자의 내용 중 격자형 레이아웃의 장점만을 나열한 것으로 옳은 것은?

> ㉠ 원하는 상품을 쉽게 찾을 수 있다.
> ㉡ 느긋하게 자신이 원하는 상품을 둘러보기에 용이하다.
> ㉢ 충동구매를 촉진시킬 수 있다.
> ㉣ 고객이 쇼핑에 걸리는 시간을 최소화할 수 있다.
> ㉤ 쇼핑의 쾌락적 요소를 배가시킬 수 있다.
> ㉥ 통로 등의 공간이 비교적 동일한 넓이로 설계되어 공간적 효율성을 높일 수 있다.

① ㉠, ㉣, ㉤ 　　② ㉠, ㉣, ㉥
③ ㉡, ㉣, ㉤ 　　④ ㉢, ㉤, ㉥
⑤ ㉣, ㉤, ㉥

🔓 **해설**
㉡, ㉢, ㉤은 자유형 레이아웃(free form layout)의 특징을 표현하고 있다.

05 다음 점포배치(layout) 방법 중 경주로형(racetrack) 배치에 관한 설명과 가장 거리가 먼 것은?

① 고객들이 여러 매장들을 손쉽게 둘러볼 수 있다.
② 주된 통로를 중심으로 여러 매장 입구가 연결되어 있다.
③ 동선 극대화를 통해 구매를 조장하는 점포배치에 해당한다.
④ 동일하게 규격화된 내부 비품들을 사용하기 때문에 비용을 절감할 수 있다.
⑤ 고객의 동선을 극대화할 수 있으며 루프형 배치라고도 한다.

🔓 **해설**
④ 동일하게 규격화된 내부 비품들을 사용하기 때문에 비용을 절감할 수 있는 형태는, 반복적인 직사각 형태의 배치를 통해 공간의 효율성을 극대화하는 방법인 격자형 배치이다.

06 점포 레이아웃의 형태 중 자유형(free form) 배치와 가장 거리가 먼 것은?

① 진열 쇼케이스, 진열대, 계산대, 집기 등이 자유롭게 배치되어 고객의 시선을 끄는 배치형태이다.
② 고객들이 원하는 제품을 찾기 위해 소비하는 시간이 오래 걸려 전체적인 쇼핑시간은 길어진다.
③ 제품 진열 공간이 적어 제품당 판매비용이 많이 소요되는 형태이다.
④ 충동구매를 유도하여 매장의 매출을 증가시키는 장점이 있다.
⑤ 단조로운 구성으로 인해 소비자가 쇼핑과정에서 지루함을 느낄 수 있다.

🔓 **해설**
⑤ 단조로운 구성으로 인해 소비자가 쇼핑과정에서 지루함을 느낄 수 있는 레이아웃 형태는, 매장 공간의 효율성을 극대화시키는 배치방법인 격자형 레이아웃이다.

07 점포의 레이아웃 및 진열에 대한 설명으로 가장 옳지 않은 것은?

① 주 통로 주변에는 점포의 개성을 나타내는 주력상품을 위주로 진열한다.
② 격자형 레이아웃은 통로에 반복적으로 상품을 배치해야 더 효율적이다.
③ 프리 플로(free flow)형 레이아웃은 집기를 추가하거나 제거하는 방법으로 동선을 구성한다.
④ 루프(loop)형 레이아웃은 주요 통로를 통해 동선을 유도하여 진열제품을 최대한 노출시킨다.
⑤ 직선형으로 병렬 배치하는 부티크(boutique) 레이아웃은 지하상가나 아케이드매장에 주로 사용한다.

🔓 **해설**

⑤ 직선형으로 병렬 배치하는 것은 그리드(grid)형 레이아웃이다. 부티크(boutique) 레이아웃은 루프(loop)형 레이아웃을 의미하는 것으로, 굴곡통로로 고리처럼 연결되어 점포 내부가 경주로처럼 뻗어나간 형태이다. 주로 백화점에서 사용하는 형태의 레이아웃이다.

08 **매장배치와 관련한 내용이다. 가장 틀린 것은?**

① 매장의 전면부는 통행하는 소비자들의 시선을 끌 수 있도록 배치한다.
② 매장 전면부의 통로에는 진입고객의 위험성을 줄이기 위해 충동성이 있는 제품들은 진열하지 않는다.
③ 매장 앞에는 입간판을 놓아서 지나가는 사람들이 볼 수 있도록 한다.
④ 점포 내에서 가장 잘 팔리는 물건은 점포의 입구 쪽이나 가장 끝 쪽에 진열한다.
⑤ 매장 내 배치의 기본원칙은 고객이 매장에 머무르는 시간을 극대화하는 것이 중요하다.

🔓 **해설**

② 매장 전면부에는 고객의 주목(attention)을 위해 충동성이 있는 제품을 진열하는 것이 좋다.

09 **매장배치에 관한 아래의 내용 중에서 옳게 설명된 것은?**

① 백화점 등 고급점포는 매장의 효율을 높이기 위해 그리드(grid) 방식의 고객 동선 설계가 바람직하다.
② 복합점포매장의 경우, 고가의 전문매장, 가구매장 등은 고층이나 층 모서리에 배치하는 것이 바람직하다.
③ 충동구매를 일으키는 상품은 점포 후면에 진열, 배치하는 것이 바람직하다.
④ 층수가 높은 점포는 층수가 높을수록 그 공간가치가 높아진다.
⑤ 넓은 바닥면적이 필요한 상품은 통행량이 많은 곳에 배치하여야 한다.

🔓 **해설**

② 복합점포매장의 경우, 고가의 전문매장, 가구매장 등은 고객 동선이 겹치지 않고 편안한 쇼핑이 가능한 고층이나 층 모서리(구석)에 배치하는 것이 합리적이다.

10 **점포에서의 활동 역할에 따른 공간구성에 대한 설명으로 옳지 않은 것은?**

① 판매 예비 공간은 소비자에게 정보를 전달하거나 결제를 도와주는 공간이다.
② 인적판매 공간은 판매원이 상품을 보여주고 상담을 하기 위한 공간이다.
③ 서비스 공간은 휴게실, 탈의실과 같이 소비자의 편익을 위하여 설치되는 공간이다.
④ 판촉 공간은 판촉상품을 전시하거나 보호하는 공간이다.
⑤ 진열 판매 공간은 상품을 진열하여 셀프판매를 유도하는 곳이다.

🔓 **해설**

① 판매 예비 공간은 진열대기 상품을 일시 보관하거나 판매에 사용될 소도구 등 설비 등을 일시 보관할 수 있는 여유공간이다.

THEME 19 점포 디스플레이

01 매장구성의 단계적 활동으로 그 순서가 바르게 나열된 것은?

> 가. 그루핑(grouping) : 상품분류
> 나. 페이싱(facing) : 진열면의 배분
> 다. 조닝(zoning) : 매장배치

① 가 – 나 – 다
② 나 – 가 – 다
③ 다 – 나 – 가
④ 가 – 다 – 나
⑤ 나 – 다 – 가

🔓 **해설**

④ 진열의 요소는 품목(무엇을), 진열의 양(얼마나), 진열의 위치(어디에)와 형태(어떤 형태로), 페이스(어느 면을 보이게)로 이루어진다. 우선 어떤 품목을 어느 정도 진열할 것인가를 결정하고, 그 다음 진열위치와 형태, 진열페이스를 결정하는 것이 일반적이다. 즉, 매장의 구성은 상품을 분류하고(grouping), 매장배치를 결정(zoning)한 후, 진열면을 배분(facing)하는 순서로 이루어진다.
진열에서의 그루핑(grouping)이란 각 상품의 묶음(부문화)을 말한다. 공통점이 있는 품목끼리 모아 관련 상품끼리 묶되, 고객의 입장에서 상품탐색기준과 선택기준을 생각해야 한다. 그리고 조닝(zoning)이란 각 묶음의 배치를 말한다. 그룹단위 매출구성비, 그룹 간 연관(용도별)을 생각해서 각 부문을 어디에 배치할 것인가를 정하고 각 부문에 어떻게 스페이스를 할당할지 정한다. 페이싱(facing)은 페이스 수와 진열 위치를 결정하는 것을 말한다.

02 상품 유형에 따른 진열방법(display)으로 가장 옳지 않은 것은?

① 고객이 많이 찾는 중점판매상품은 엔드매대에 대량 진열하여 판매한다.
② 잘 팔리는 고회전의 상품은 페이싱(facing)을 넓혀 고객의 눈에 잘 띄게 한다.
③ 다른 상품으로 대체가 불가하나 판매량이 적은 구색상품은 진열량을 제한한다.
④ 이익 금액이 높아 육성해야 하는 상품은 POP나 시식판매로 판매를 촉진한다.
⑤ 기간별로 판매량이 달라지는 시즌 상품은 다른 상품 카테고리와 동일한 공간에 진열하여 매장에 변화를 준다.

🔓 **해설**

⑤ 기간별로 판매량이 달라지는 계절상품은 별도의 진열 공간을 만들어 진열하는 테마별 진열(theme-setting display)이 바람직하다. 테마별 진열은 제품을 테마별로 특별한 분위기에 맞추어 진열하는 방식이다.

03 상품진열방법과 관련된 설명 중 가장 옳지 않은 것은?

① 서점에서 고객의 주의를 끌기 위해 게시판에 책의 표지를 따로 떼어 붙이는 것은 전면 진열이다.
② 의류를 사이즈별로 진열하는 것은 아이디어지향적 진열이다.
③ 벽과 곤돌라를 이용해 고객의 시선을 효과적으로 사로잡을 수 있는 방법은 수직적 진열이다.
④ 많은 양의 상품을 한꺼번에 쌓아 놓는 것은 적재 진열이다.
⑤ 여름을 맞아 바다의 파란색, 녹음의 초록색, 열정의 빨간색 등으로 제품들을 구분하여 진열하는 것은 색상별 진열이다.

유통·물류일반관리 제1과목 / 상권분석 제2과목 / 유통마케팅 제3과목 / 유통정보 제4과목

🔓해설

② 의류의 경우 사이즈별로 진열을 하는 것은 품목별 진열로 고객이 상품을 찾기 쉽게 진열하는 것이다. 아이디어지향적 진열은 여성의류의 경우 점포의 전체적인 인상을 표현하기 위해 사용하기도 한다.

04 다음 글상자 안의 진열에 대한 설명으로 옳은 것을 모두 고르면?

> ㉠ 품목별 분류 진열 : 할인점, 식품점, 드럭 스토어, 의류 소매점이 흔히 사용하는 방법으로서 스타일이나 품목별로 진열하는 방법
> ㉡ 수직적 진열 : 벽과 높은 곤돌라를 사용해서 상품을 수직으로 진열하는 방법
> ㉢ 적재 진열 : 고객의 눈을 끌기 위해 상품 전체를 노출하여 진열하는 방법
> ㉣ 전면 진열 : 대량의 상품을 한꺼번에 쌓아 진열하는 방법으로, 계절상품을 진열해서 고객의 이목을 집중시켜 구매 충동을 유발시키는 진열방법

① ㉠, ㉡   ② ㉠, ㉢
③ ㉡, ㉢   ④ ㉢, ㉣
⑤ ㉡, ㉣

🔓해설

㉢ 적재 진열은 많은 양의 상품을 한꺼번에 높이 쌓아 놓고 날개 돋친 듯이 팔려 나가게 하거나 점포의 가격 이미지를 강화하는 데 사용된다. 이 방법은 상품 그 자체가 하나의 진열방식이다.
㉣ 전면 진열은 소매업체가 고객의 눈길을 끌기 위해 상품을 노출시키고자 할 때 사용하는 방식이다.

05 과자나 라면 같은 상품들을 정돈하지 않고 뒤죽박죽으로 진열하여 소비자들에게 저렴한 특가품이라는 인상을 주려는 진열방식의 명칭으로 가장 옳은 것은?

① 돌출 진열(extended display)
② 섬 진열(island display)
③ 점블 진열(jumble display)
④ 후크 진열(hook display)
⑤ 골든라인 진열(golden line display)

🔓해설

③ 점블(jumble)이란 상품 따위들을 아무렇게나 너저분하게 뒤섞는다는 뜻으로, 할인점이나 슈퍼의 한편에 상품들을 아무렇게나 쌓아 놓아 특가품이라는 인식을 주어 충동구매를 조장하는 진열방법이다. 저가격, 저마진 상품에 적용하는 경우가 많다.

06 종적인 공간효율을 개선시키고 진열선반의 높이가 낮을 때는 위에서 아래로 시선을 유도하는 페이싱 방법으로 가장 옳은 것은?

① 페이스 아웃(face out)
② 슬리브 아웃(sleeve out)
③ 쉘빙(shelving)
④ 행깅(hanging)
⑤ 폴디드 아웃(folded out)

🔓해설

상품진열은 매대나 진열선반에 올려서 디스플레이하는 쉘빙(shelving)과 상품을 걸어서 진열하는 행깅(hanging) 형태로 구분된다. 또한 다음과 같은 다양한 진열방식이 있다.
• 페이스 아웃(face out) : 고객들에게 상품의 전면 디자인이 잘 보이도록 진열하는 방식
• 슬리브 아웃(sleeve out) : 집어 들기 쉽게 상품의 옆면이 잘 보이도록 진열하는 방법
• 폴디드 아웃(folded out) : 동일한 품목이지만 색상과 원단 패턴이 다양한 상품에 주로 적용되며, 접은 부분이 정면에 보이도록 진열하는 방법

07 선반진열의 유형에 대한 설명으로 올바르지 않은 것은?

① 샌드위치 진열 – 진열대 내에서 잘 팔리는 상품 곁에 이익은 높으나 잘 팔리지 않는 상품을 진열해서 판매를 촉진하는 진열이다.

② 라이트업(right up) 진열 – 좌측보다 우측에 진열되어 있는 상품에 시선이 머물기 쉬우므로 우측에 고가격, 고이익, 대용량의 상품을 진열한다.

③ 전진입체 진열 – 상품인지가 가장 빠른 페이스 부분을 가능한 한 고객에게 정면으로 향하게 하는 진열의 원칙이다.

④ 브레이크업(break up) 진열 – 진열라인에 변화를 주어 고객시선을 유도함으로써 상품과 매장에 주목률을 높이고자 하는 진열이다.

⑤ 트레이팩 진열 – 그룹별로 색을 나타낼 때 고객 눈에 쉽게 보이도록 어두운 색에서 밝은 색으로, 탁한 색에서 맑은 색으로, 짙은 색에서 옅은 색으로 진열하는 방식이다.

🔓 **해설**

⑤ 트레이팩 진열은 하단 부분을 파렛트 또는 받침대로만 처리하고 진열 상품의 박스 하단을 트레이형태로 커트해 박스째 쌓아 올려 진열하는 방법을 말한다.

08 아래 글상자에서 설명된 진열방법으로 옳은 것은?

가. 연관되는 상품을 하나의 세트로 진열하는 방식
나. 고객이 상품을 자유롭게 선택할 수 있도록 진열하는 방식
다. 상품계열에 속한 상품들을 분류하여 진열하는 방식으로 특히 슈퍼마켓이나 대형마트에서 주로 사용
라. 고객층의 상품에 대한 관심과 태도 등을 반영하여 진열하는 방식
마. 계절별, 행사별, 상품별로 적합한 콘셉트를 만들어 부문별로 진열하는 방식

① 가 – 조정형 진열(coordinated display)
② 나 – 라이프스타일형 진열(life style display)
③ 다 – 개방형 진열(open display)
④ 라 – 주제별형 진열(theme display)
⑤ 마 – 품목별 분류 진열(classification display)

🔓 **해설**

나. **개방형 진열**(open display) : 고객이 상품을 자유롭게 선택할 수 있도록 진열
다. **분류 진열**(classification display) : 상품계열에 속한 상품들을 분류하여 진열하는 방식으로 특히 슈퍼마켓이나 대형마트에서 주로 사용
라. **라이프스타일형 진열**(life style display) : 고객층의 상품에 대한 관심과 태도 등을 반영하여 진열하는 방식
마. **주제별 진열**(theme display) : 계절별, 행사별, 상품별로 적합한 콘셉트를 만들어 부문별로 진열하는 방식

09 아래 글상자의 (가)와 (나)에 들어갈 용어가 순서대로 옳게 나열된 것은?

> • 마트에서도 (가) 매대의 매출이 다른 매대에 비해 3~4배 정도 더 높다.
> • 고객이 점원의 도움 없이 스스로 물건을 고르는 매장이라면 매대는 입구의 (나)에 두는 것이 좋다.

① (가) 중앙(center), (나) 왼쪽
② (가) 중앙(center), (나) 오른쪽
③ (가) 엔드(end),   (나) 양쪽
④ (가) 엔드(end),   (나) 오른쪽
⑤ (가) 엔드(end),   (나) 왼쪽

🔓 **해설**

(가) **엔드진열** : 진열대의 좌우 벽면인 엔드캡(end cap)에 진열하는 것으로, 고객이 3면에서 상품을 볼 수 있도록 진열하여 다른 매대에 비해 3~4배 정도 더 높다.
(나) **라이트업**(right-up) : 고객이 점원의 도움 없이 스스로 물건을 고르는 매장이라면 대부분의 고객은 입구에서 오른쪽으로 향하므로 매대는 입구의 오른쪽에 두는 것이 좋다.

10 아래 글상자에서 설명하는 POP(Point-of-Purchase)진열 방식으로 가장 옳은 것은?

> 소매업자는 계절이나 특별한 이벤트에 따라서 제품을 다르게 진열한다. 발렌타인데이나 크리스마스 혹은 여름의 바캉스 시즌에 특별한 매장을 진열하는 것이 이에 해당한다.

① 구색 진열(assortment display)
② 테마별 진열(theme-setting display)
③ 패키지 진열(ensemble display)
④ 옷걸이 진열(rack display)
⑤ 케이스 진열(case display)

🔓 **해설**

② 글상자는 테마별 진열(Theme-Setting Display)에 대한 설명으로 다음과 같은 특징을 갖는다.
　㉠ 제품을 테마별로 특별한 분위기에 맞추어 진열하는 방식
　㉡ 계절(바캉스, 스키 시즌 등)이나 특별한 이벤트(예 발렌타인데이, 크리스마스)에 따라 제품을 진열
　㉢ 판매를 촉진하고 쇼핑을 더욱 즐겁게 함

THEME 20　비주얼 머천다이징과 POP 광고

01　VMD(Visual Merchandising)와 VP(Visual Presentation)에 대한 설명으로 가장 옳지 않은 것은?

① VMD는 고객들의 구매욕구를 자극할 수 있도록 시각적인 요소를 연출하고 관리하는 활동이다.

② VMD는 레이아웃이나 진열은 물론 건물 외관, 쇼윈도, 조명 등 모든 시각적인 요소들을 관리의 대상으로 하는 포괄적인 개념이다.

③ VP는 점포의 쇼윈도나 매장 입구에서 유행, 인기, 계절상품 등을 제안하여 고객이 매장으로 접근하게 한다.

④ VP를 통해 중점상품과 중점테마에 따른 매장 전체 이미지를 보여주기 때문에 상품보다는 진열기술이 중요하다.

⑤ VP는 벽면 및 테이블 상단에서 보여주는 PP(Point of sales Presentation) 또는 행거, 선반 등에 상품이 진열된 IP(Item Presentation)와는 다르게 매장과 상품의 이미지를 높이는 데 주력한다.

🔒 **해설**

④ VP를 통해 중점상품과 중점테마에 따른 매장 전체 이미지를 보여주기 때문에 진열기술보다는 상품(유행·인기·계절상품 등)이 중요하다. VP의 역할은 다른 매장과의 차별성으로 고객의 시선을 유도하는 것이며 시즌테마에 의한 매장의 메시지를 시각적으로 소구하는 MD 전개의 장소이다.

02　매장에서 고객에게 상품을 효과적으로 진열하는 방식을 IP(Item Presentation), PP(Point of sale Presentation), VP(Visual Presentation)로 구분하였다. ㉠, ㉡, ㉢을 순서대로 올바르게 나열한 것은?

㉠	• 점포의 쇼윈도나 매장 입구에서 유행, 인기, 계절상품 등을 제안하여 고객이 매장으로 접근하게 하기 위한 진열 • 중점상품과 중점테마에 따른 매장 전체 이미지 표현
㉡	• 매장 내 고객의 시선이 자연스럽게 닿는 벽면, 쇼케이스 그리고 테이블 상단 등을 활용하여 어디에 어떤 상품이 있는가를 알려주는 진열 • 상품을 정면으로 진열하여 주력 상품의 특징을 시각적으로 표현하고 상품의 이미지를 효과적으로 표현
㉢	• 상품을 분류, 정리하여 보기 쉽게 진열하여 하나하나 상품에 대해 고객이 구입의지를 결정하도록 하는 진열 • 각각 상품들을 보고 만지고 고르기 쉽도록 지원

① ㉠ IP, ㉡ PP, ㉢ VP
② ㉠ IP, ㉡ VP, ㉢ PP
③ ㉠ PP, ㉡ IP, ㉢ VP
④ ㉠ VP, ㉡ IP, ㉢ PP
⑤ ㉠ VP, ㉡ PP, ㉢ IP

🔒 **해설**

비주얼 머천다이징(VMD)은 시각적으로 소비자의 구매를 유도해 판매에 이르게 하는 전략을 의미한다. VMD는 고객의 라이프스타일을 파악하고 유인전략을 펼쳐 소매유통기업의 고유 이미지를 창출해 낸다. VMD는 상품표현과 관련하여 VP, IP, PP로 나누어 볼 수 있다.
㉠ VP의 역할은 타 매장과의 차별성으로 고객의 시선을 유도하는 것이며 시즌테마에 의한 매장의 메시지를 시각적으로 소구하는 MD 전개의 장소이다.
㉡ PP는 분류된 상품에 판매포인트를 주어 구매를 유도하는 것이다.
㉢ IP의 역할은 상품을 정리하여 보기 편하고 쉽게 선택하도록 하는 것이다.

유통·물류일반관리 제1과목
상권분석 제2과목
유통마케팅 제3과목
유통정보 제4과목

03 비주얼 머천다이징(VMD : Visual Merchandising)에 대한 설명으로 가장 옳지 않은 것은?

① 비주얼 머천다이징은 상업공간에 적합한 특정의 상품이나 서비스를 조합하고 판매증진을 위한 시각적 연출계획으로 기획하고 상품·선전·판촉 기능을 수행한다.

② 비주얼 머천다이징은 기업의 독자성을 표현하고 타 경쟁점과의 차별화를 위해 상품진열에 관해 시각적 요소를 반영하여 연출하고 관리하는 전략적인 활동이다.

③ 비주얼 머천다이징의 구성요소인 PP(Point of sale Presentation)는 고객의 시선이 머무르는 곳에 볼거리를 제공하여 상품에 관심을 갖도록 유도하기 위해 활용된다.

④ 비주얼 머천다이징의 구성요소인 IP(Interior Presentation)는 실제 판매가 이루어지는 장소에서 상품구역별로 진열대에 진열하는 방식으로 주로 충동구매 상품을 배치하여 매출을 극대화하기 위해 활용된다.

⑤ 비주얼 머천다이징의 구성요소인 VP(Visual Presentation)는 상점의 콘셉트를 부각시키기 위해 쇼윈도 또는 테마 공간 연출을 통해 브랜드 이미지를 표현하기 위해 활용된다.

🔓 **해설**

④ 비주얼 머천다이징의 구성요소인 IP는 Item Presentation의 약자로 개별상품을 분류, 정리하여 고객으로 하여금 보기 쉽고, 선택이 용이하도록 신선한 정보를 제공하도록 진열하는 방식을 의미한다.

04 효과적인 진열을 위해 활용하는 IP(Item Presentation), PP(Point of sale Presentation), VP(Visual Presentation)에 대한 설명으로 가장 옳지 않은 것은?

① IP의 목적은 판매포인트 전달과 판매유도이다.

② IP는 고객이 하나의 상품에 대한 구입의사를 결정할 수 있도록 돕기 위한 진열이다.

③ VP의 목적은 중점상품과 테마에 따른 매장 전체 이미지 표현이다.

④ VP는 점포나 매장 입구에서 유행, 인기, 계절상품 등을 제안하기 위한 진열이다.

⑤ PP는 어디에 어떤 상품이 있는가를 알려주는 진열이다.

🔓 **해설**

① IP는 상품개발을 기초로 매장의 기본품목별로 분류, 정리하여 보기 쉽고 고르기 쉽게 연출하는 것이다. 판매포인트 전달과 판매유도가 목적인 것은 PP(Point of sale Presentation)이다.

05 효과적인 POP 광고에 대한 설명 중 가장 옳지 않은 것은?

① 소비자들에게 충동구매를 이끌어낼 수 있다.

② 벽면과 바닥을 제외한 모든 공간을 활용할 수 있어 매우 효과적이다.

③ 계산대 옆에 설치하여 각종 정보나 이벤트를 안내하기에 효과적이다.

④ 계절적인 특성을 살려 전체적인 분위기를 연출하기에 효과적이다.

⑤ 소비자의 주목을 끌 수 있어 효과적이다.

🔓 해설 ______________

② POP 광고는 점두는 물론 벽면과 바닥을 포함한 모든 공간을 활용할 수 있어 매우 효과적이며, 소비자에게 이성적인 구매욕구가 아닌 충동구매 욕구를 자극하는 역할을 수행한다.

06 POP(Point of Purchase) 및 그 유형별 활용방안에 대한 설명으로 가장 옳지 않은 것은?

① POP는 소비자가 구매하는 시점에서 판매를 촉진하는 수단으로서, 소비자에게 보다 직접적인 커뮤니케이션 메시지를 전할 수 있다는 장점이 있다.

② 광고 POP는 소비자를 유인하는 수단이 될 뿐만 아니라 광고를 상기시키는 역할을 한다.

③ 광고 POP물은 사인(sign)물처럼 장기간 사용되기에 강렬한 인상을 줄수록 바람직하다.

④ 판촉 POP의 메시지는 알기 쉽고 명확해야 하며, 디자인도 복잡하지 않아야 한다.

⑤ 상품 POP는 헤드라인, 보디 카피, 그리고 그래픽으로 구성된다.

🔓 해설 ______________

③ POP 광고는 매장에서 짧은 시간 내에 소비자에게 제품에 대한 강렬한 인상을 주기 위해 어필하는 광고 활동으로 <u>단기간 사용하는 것이 바람직하다.</u>

07 점포의 비주얼 머천다이징 요소로서 가장 옳지 않은 것은?

① 점두, 출입구, 건물 외벽 등의 점포 외장

② 매장 및 후방, 고객 동선, 상품배치 등의 레이아웃

③ 매장 인테리어, 조명, 현수막 등의 점포 내부

④ 진열 집기, 트레이, 카운터 등 각종 집기

⑤ 종업원의 복장, 머리카락, 청결 상태 등의 위생

🔓 해설 ______________

② 점포의 VMD는 마케팅 효과를 극대화하기 위해 특정 상품이나 서비스를 시각적으로 연출하고 관리하는 것으로, 점포의 비주얼 머천다이징 요소에는 색채, 재질, 선, 형태, 공간 등과 점포 내·외부 디자인도 포함되며 핵심 개념은 매장 내 전시를 중심으로 이루어진다. 따라서 매장 및 후방, 고객 동선, 상품배치 등의 레이아웃은 비주얼 머천다이징 요소에는 해당하지 않는다.

THEME 21 상품판매기법

01 고객응대기법에 대한 설명으로 가장 옳지 않은 것은?

① 고객대기란 언제, 어떠한 경우에도 판매자가 고객을 맞이할 수 있는 준비와 마음가짐이 되어 있는 상태를 포함한다.

② 접근은 실질적인 판매의 출발점으로 고객이 판매원에게 느끼는 첫인상이 판매활동의 진행에 큰 영향을 미친다.

③ 판매를 성공시키기 위해서는 판매원은 고객욕구와 구매계획 등에 대해 가능한 많은 지식과 정보를 획득해야 한다.

④ 판매제시는 상품을 고객에게 실제 보여주고 상품에 대해 이해시키는 활동으로 상품의 실연과 설명이 핵심이다.

⑤ 판매결정이란 고객이 구매를 결정하여 제품의 대금을 수령·입금하고 상품의 포장과 인계가 마무리된 것까지를 말한다.

해설
⑤ 고객응대기법 중에서 판매 관련 절차상 최종 마무리단계인 클로징(closing)단계에 해당한다.

02 판매원의 판매활동에 대한 설명으로 가장 옳지 않은 것은?

① 상품과 대금의 교환을 실현시키는 활동이다.

② 상품의 효용과 가치에 대한 정보를 제공하는 활동이다.

③ 제한된 공간에서 소매점의 이익을 극대화하기 위한 활동이다.

④ 고객이 상품과 서비스를 구매하도록 설득하는 활동이다.

⑤ 대화를 통해 고객의 욕구를 파악하고 그에 부합되는 제품을 추천하는 활동이다.

해설
③ 판매활동은 제한된 공간인 매장뿐만 아니라 외부에서도 이루어질 수 있는 소매점의 이익극대화를 위한 활동이라 할 수 있다

03 셀프서비스를 활용한 상품판매의 특징으로 가장 옳지 않은 것은?

① 영업시간의 유연성 증가

② 소매점의 판매비용 절감

③ 고객에게 전달되는 상품정보의 정확성 향상

④ 구매과정에 대한 고객의 자기통제력 향상

⑤ 직원의 숙련도와 상관없는 비교적 균일한 서비스제공

해설
③ 셀프서비스 도입은 영업시간의 유연성 증가, 판매비용 절감 등을 도모할 수 있는 장점이 있다. 반면 고객에게 전달되는 상품정보의 정확성 향상은 풀서비스(full service)와 관련된 장점에 해당한다.

04 영업사원의 역할 및 관리에 대한 설명으로 가장 옳지 않은 것은?

① 영업사원은 제품과 서비스의 판매를 위해 구매 가능성이 높은 고객을 개발, 확보하고 접촉하는 역할을 수행한다.

② 영업사원에 대한 보상체계는 성과에 따른 커미션을 중심으로 구성되는 경우가 많다.

③ 다른 직종의 업무에 비해 독립적으로 업무를 수행하는 경향이 있다.

④ 영업분야 전문인으로서의 역할과 조직구성원으로서의 역할 간 갈등이 발생할 수 있다.

⑤ 영업사원이 확보한 고객정보는 회사의 소유이므로 동료 영업사원들과의 협업을 위해 자주 공유한다.

정답 **01** ⑤ **02** ③ **03** ③ **04** ⑤

🔓 **해설**

⑤ 영업사원이 확보한 고객정보는 고객정보 보호를 위해 협업차원이라 할지라도 동료 영업사원들과는 공유해서는 안 된다.

05 상품판매에 대한 설명으로 옳지 않은 것은?

① 판매는 고객과의 커뮤니케이션을 통해 상품을 판매하고, 고객과의 관계를 구축하고자 하는 활동이다.

② 판매활동은 크게 신규고객을 확보하기 위한 활동과 기존고객을 관리하는 활동으로 나누어진다.

③ 인적판매는 다른 커뮤니케이션 수단에 비해 고객 1인당 접촉비용은 높은 편이지만, 개별적이고 심도 있는 쌍방향 커뮤니케이션이 가능하다는 장점을 가지고 있다.

④ 과거에는 전략적 관점에서 고객과 관계를 형성하는 영업을 중요시하였으나, 판매기술이 고도화되면서 이제는 판매를 빠르게 달성하는 기술적 판매방식이 더욱 부각되고 있다.

⑤ 판매는 회사의 궁극적 목적인 수익창출을 실제로 구현하는 기능이다.

🔓 **해설**

④ 반대로 된 설명으로, 과거에는 판매를 빠르게 달성하는 기술적 판매방식이 강조되었으나, 최근에는 전략적 관점에서 고객과 지속적인 관계를 형성하는 고객관계관리(CRM)가 중시되고 있다.

06 상품판매에 대한 설명으로 옳지 않은 것은?

① 인적판매는 개별적이고 심도 있는 쌍방향 커뮤니케이션이 가능한 것이 장점이다.

② 판매는 회사의 궁극적 목적인 수익창출을 실제로 구현하는 기능이다.

③ 전략적 관점에서 고객과의 관계를 형성하는 영업을 중요시하던 과거 방식에 비해 판매기술이 고도화되는 요즘은 판매를 빠르게 달성하는 전술적, 기술적 관점이 더욱 부각되고 있다.

④ 판매는 고객과의 커뮤니케이션을 통해 상품을 판매하고, 고객과의 관계를 구축하고자 하는 활동이다.

⑤ 판매활동은 크게 신규고객을 확보하기 위한 활동과 기존고객을 관리하는 활동으로 나눌 수 있다.

🔓 **해설**

③ 전략적 관점에서 과거에는 판매를 빠르게 달성하는 전술적·기술적 관점이 중요했으나, 최근에는 고객과의 관계를 형성하여 장기적인 관계를 구축하는 CRM이 더욱 부각되고 있다.

07 판매서비스는 거래계약의 체결 또는 완결을 지원하는 거래 지원서비스 및 구매과정에서 고객이 지각하는 가치를 향상시키는 가치증진 서비스로 구분할 수 있다. 가치증진 서비스에 해당되는 것으로 가장 옳은 것은?

① 상품의 구매와 사용 방법에 관한 정보제공
② 충분한 재고 보유와 안전한 배달을 보장하는 주문처리
③ 명료하고 정확하며 이해하기 쉬운 청구서를 발행하는 대금청구
④ 친절한 접객서비스와 쾌적한 점포 분위기 제공
⑤ 고객이 단순하고 편리한 방식으로 대금을 납부하게 하는 대금지불

🔓 **해설**

①, ②, ③, ⑤는 판매서비스 중 거래계약의 체결 또는 완결을 지원하는 거래 지원서비스에 해당하며, 매 과정에서 고객이 지각하는 가치를 향상시키는 '가치증진 서비스'에는 ④ 친절한 접객서비스와 쾌적한 점포 분위기 제공이 해당한다.

08 관계지향적 판매방식에 관한 내용으로 가장 옳지 않은 것은?

① 판매보다는 고객 요구를 이해하는 데 초점을 맞춘다.
② 설득, 화술, 가격 조건 등을 통해 신규고객을 확보하고 매출을 늘리고자 노력한다.
③ 제품에 대해 설명하는 데 치중하기보다는 고객의 욕구를 이해하고 문제를 해결하는 데 중점을 둔다.
④ 상호 신뢰와 신속한 반응을 통해 고객과 장기적인 관계를 형성하고자 한다.
⑤ 단기적인 매출은 낮아질 수 있으나, 장기적인 매출은 높아지는 것이 일반적이다.

🔓 **해설**

② 설득, 화술, 가격 조건 등을 통해 신규고객을 확보하고 매출을 늘리고자 노력하는 것은 판매지향적 판매방식에 해당한다.

09 다단계 판매의 특징으로 옳지 않은 것은?

① 다단계 판매의 상품구색은 다양하지만, 일반적으로 양호한 품질의 중저가 소비재를 중심으로 구성된다.
② 다단계 판매에서 판매원의 수입은 자신 및 하위 판매원의 판매액을 기초로 책정된다.
③ 다단계 판매는 신규 판매원에게 가입비, 교육비, 상품 구매비 등 과도한 가입비용을 요구한다.
④ 다단계 판매는 강제적인 재고부담이 없다.
⑤ 다단계 판매는 공제조합에 소비자피해보상보험 가입을 의무화하고 있다.

🔓 **해설**

③ 다단계 판매는 제조업자 → 도매업자 → 소매업자 → 소비자의 일반적인 유통경로를 거치지 아니하고, 여러 단계를 거쳐서 판매원이 거래에 참여하는 유통방식이다. 일반적으로 다단계 판매는 「방문판매 등에 관한 법률」상 적법한 판매방식이지만 신규 판매원에게 가입비, 교육비, 상품 구매비 등 과도한 가입비용을 요구하는 등 이를 악용한 폰지사기, 피라미드 판매 등은 불법적인 행태라 할 수 있다.

THEME 22 고객관계관리(CRM) – CRM의 개념 및 기대효과

01 고객관계를 강화하기 위한 고객관리전략으로 가장 옳지 않은 것은?

① 잠재가능고객 파악 및 차별적 프로모션 실행
② 구매 후 고객관리를 통한 관계 심화
③ 고객충성도의 주기적 측정 및 관리
④ 적극적이고 체계적인 불평관리
⑤ 고객이탈을 방지하는 인센티브 제공

🔓 해설

① 고객관계관리는 잠재고객보다도 기존고객의 이탈을 방지하고 장기적인 관계를 구축하려는 노력에 해당한다고 할 수 있다.

02 기업에 대해 고객이 창출해주는 모든 미래의 경제적 가치를 현재가치로 할인한 것으로 고객에 대한 장기간의 경제적 가치를 설명하는 개념의 약어로 옳은 것은?

① RFM   ② CLV
③ CE   ④ NPS
⑤ RLC

🔓 해설

② CLV(Customer Lifetime Value, 고객생애가치)는 고객관계관리(CRM)에서 등장하는 개념으로, 한 고객이 한 기업의 고객으로 존재하는 전체 기간 동안 기업에게 제공할 것으로 추정되는 미래 현금흐름의 현재가치 또는 재무적인 공헌도의 종합계를 의미한다.

03 다음 중 고객관계관리(CRM)에 관한 설명으로 가장 옳지 않은 것은?

① 기업 내 고객정보를 통합적으로 관리한다.
② 정보 원천별로 고객정보를 통합적으로 관리한다.
③ 고객을 획득·유지·육성하는 전반적 과정이다.
④ 고객이 주도하는 고객 관여(또는 참여) 마케팅을 의미한다.
⑤ 탁월한 고객가치 및 고객만족의 제공을 위한 도구로 사용된다.

🔓 해설

④ 고객관계관리(Customer Relationship Management, CRM)는 단순한 고객정보관리시스템을 넘어, 고객과의 장기적이고 수익성 있는 관계를 구축하고 유지하기 위한 전략적 접근 방식으로, 기존 고객의 이탈을 방지하기 위해 기업이 주도하여 마케팅, 영업, 서비스전략을 수립하는 것을 의미한다.

04 고객관계관리(CRM)에서 고객가치를 평가하는 척도에 해당하지 않는 것은?

① 지갑점유율
② 고객활동척도
③ RFM 분석
④ 고객생애가치
⑤ 경쟁사고객 확보율

🔓 해설

⑤ 고객관계관리(CRM)는 신규고객의 창출보다 기존고객의 유지를 중요시하므로 경쟁사고객 확보율은 CRM에서 고객가치를 평가하는 척도가 될 수 없다. CRM에서 고객가치를 평가하는 척도로는 RFM 분석, LTV 분석, HPM 분석과 함께 지갑점유율 및 고객활동척도 등을 들 수 있다.

정답   01 ①   02 ②   03 ④   04 ⑤

05 CRM(Customer Relationship Management) 실행 순서를 나열한 것으로 가장 옳은 것은?

① 고객 니즈 분석 – 대상고객 선정 – 가치창조 – 가치제안 – 성과평가
② 가치제안 – 가치창조 – 고객 니즈 분석 – 대상고객 선정 – 성과평가
③ 고객 니즈 분석 – 가치제안 – 대상고객 선정 – 가치창조 – 성과평가
④ 가치창조 – 고객 니즈 분석 – 대상고객 선정 – 가치제안 – 성과평가
⑤ 대상고객 선정 – 고객 니즈 분석 – 가치창조 – 가치제안 – 성과평가

🔓 해설

⑤ CRM(Customer Relationship Management) 실행 순서는 대상고객 선정 – 고객 니즈 분석 – 가치창조 – 가치제안 – 성과평가 순으로 이루어진다.

06 CRM(Customer Relationship Management)을 통하여 얻을 수 있는 효과로 옳지 않은 것은?

① 상승판매(up-selling) 증가
② 교차판매(cross-selling) 강화
③ 고객유지율(customer retention) 증가
④ 판매사이클(selling cycle) 증가
⑤ 소비지출 점유율(share of wallet) 증가

🔓 해설

고객관계관리(CRM)를 통해 교차판매(cross-selling)와 상승판매(up-selling)를 증가시킬 수 있다. 또한 CRM의 기대효과로 고객 획득 및 기존고객 유지율 증가, 고객생애가치의 증가 등을 들 수 있다.

07 고객관계관리(CRM)에 대한 설명으로 가장 옳지 않은 것은?

① 신규고객의 유치로부터 시작하는 고객관계를 고객 전 생애에 걸쳐 유지함으로써 장기적으로 고객의 수익성을 극대화하는 것이 중요한 목적이다.
② 고객충성도를 극대화하기 위해 개별고객의 구체적 정보를 관리하고 고객과의 접촉점을 세심하게 관리하는 과정, 고객 획득, 유지, 육성 모두를 다룬다.
③ 신규고객 확보, 기존고객 유지 및 고객 수익성 증대를 위하여, 지속적인 커뮤니케이션을 통해 고객행동을 이해하고 영향을 주기 위한 광범위한 접근으로 정의하고 있다.
④ 소비자에 대한 정보를 분석하고 장기적인 관계를 통해 이익을 극대화하기 위한 기법으로 전적으로 기업에게만 유익한 마케팅 방법이라는 비판을 받는다.
⑤ 고객에 대한 매우 구체적인 정보를 바탕으로 개개인에게 적합하고 차별적인 제품 및 서비스를 제공하여 고객관계를 유지하고 일대일 커뮤니케이션을 가능하게 해준다.

🔓 해설

④ CRM은 데이터베이스 마케팅의 활동을 모두 수행하며, 나아가 기업 전체의 조직과 활동이 고객 중심으로 움직이는 시스템이므로 기업에게만 유익한 마케팅 기법이라고는 할 수 없다.

08 고객관계관리(CRM)를 성공적으로 적용하기 위해서 고려해야 하는 요인으로 옳지 않은 것은?

① 판매자를 중심으로 모든 거래 데이터가 통합되어야 한다.
② 고객 분석을 위한 고객의 상세정보가 수집되어야 한다.
③ 고객의 정의와 고객그룹별 관리 방침이 수립되어야 한다.
④ 고객데이터의 분석모형 개발 및 모형의 유효성 검증체제가 갖추어져야 한다.
⑤ 고객 분석결과를 활용할 수 있도록 제반 업무절차가 정립되고 시행되어야 한다.

🔓 **해설**

① 고객관계관리(CRM)는 고객 데이터베이스 분석을 통해 고객과의 장기적 관계를 구축하기 위한 것으로, 이를 성공적으로 적용하기 위해서는 고객정보를 중심으로 모든 거래 데이터가 통합되어야 한다.

09 개별고객의 관계가치에 대한 RFM 분석의 설명으로 가장 옳지 않은 것은?

① R은 Recency의 약자로서 고객이 가장 최근에 기업과 거래한 시점을 말한다.
② F는 Friendly의 약자로서 고객이 기업을 친근해하고 선호하는 정도를 말한다.
③ M은 Monetary의 약자로서 고객이 기업에서 구매하는 평균금액을 말한다.
④ 분석을 위해서 표본고객에게 R, F, M의 척도에 따라 등급을 부여한다.
⑤ 일반적으로 일정한 기간 내에 한 번 이상 거래한 고객을 대상으로 분석한다.

🔓 **해설**

RFM 분석은 고객이 최근에(Recency), 얼마나 자주(Frequency), 얼마의 금액(Monetary)을 구매했는가를 분석하는 방법으로 구매 가능성이 높은 고객을 찾아내는 데는 유용한 기법이다.
② F(Frequency)는 일정기간 동안 얼마나 자주 자사제품을 구매했는가를 나타내는 정도이다.

10 CRM(Customer Relationship Management)과 매스마케팅을 비교한 내용 중 가장 올바르지 않은 것은?

① 매출달성을 위한 고객접근방법 측면에서 미사일식과 융단폭격식으로 비교해 본다면 융단폭격식이 CRM에 가까우며 미사일식이 매스마케팅에 가깝다.
② 수익의 원천은 상품이며 우수한 상품을 개발·판매하면 기업은 성장할 수 있다고 생각하는 것은 매스마케팅에 가깝다.
③ 성과평가 측면에서 고객점유율 중심에 무게를 두면 CRM에 더욱 가까운 반면, 매스마케팅의 경우에는 시장점유율이 더욱 중요한 판단자료가 된다.
④ 매스마케팅은 단기적 성과중심인 반면, 장기적 관계중심으로 움직이는 것이 바로 CRM이다.
⑤ 매스마케팅은 수익의 원천을 제품에서 찾는 반면, CRM은 수익의 원천을 고객에서 찾는다.

🔓 **해설**

① 고객접근방법 측면에서 미사일식과 융단폭격식으로 비교해 본다면 CRM은 1 : 1 맞춤형 공략전략으로 단일 목표를 지향하는 미사일식에 가깝고, 매스마케팅은 불특정 다수를 마케팅 대상으로 하므로 융단폭격식에 가깝다.

✅ 매스마케팅과 CRM

구분	매스마케팅	CRM
마케팅 대상	불특정 다수	개별고객
마케팅 특징	대량 마케팅	1 : 1 맞춤형 마케팅
추구하는 목적	단기적 이익극대화	장기적 고객생애가치 극대화
의사소통 방향	일방적 의사소통	쌍방향 의사소통
성과평가 지표	시장점유율	고객점유율
촉진수단	Push 마케팅	Pull 마케팅

THEME 23 고객관계관리(CRM) - 운영단계 및 성과척도

01 고객생애가치 이론에 관한 설명으로 가장 옳은 것은?

① 고객생애가치는 특정 고객으로부터 얻게 되는 이익흐름의 미래가치를 의미한다.
② 고객애호도가 높다는 것은 곧 고객생애가치가 높다는 것을 가리킨다.
③ 기업은 고객생애가치를 높이기 위하여 경쟁자보다 더 높은 가치를 제공해 주어야 한다.
④ 올바른 고객생애가치를 산출하기 위해서는 기업의 수입흐름만 고려하면 된다.
⑤ 고객생애가치는 고객과의 한 번의 거래에서 나오는 이익을 의미한다.

해설
① 고객생애가치는 특정 고객으로부터 얻게 되는 미래 이익흐름의 현재가치를 의미한다.
② 고객애호도가 높다고 해서 곧 고객생애가치가 높은 것은 아니다.
④ 고객생애가치를 산출하기 위해서는 기업의 수입과 비용흐름을 모두 고려해야 한다.
⑤ 고객생애가치는 고객과의 장기적인 거래에서 나오는 이익을 의미한다.

02 고객관계관리(CRM)에 대한 다음의 내용 중에서 올바른 것으로 짝지은 것은?

㉠ 고객관계관리의 궁극적인 목적은 신규고객 증가를 통한 시장점유율 확대에 있다.
㉡ 교차판매란 한 제품을 구입한 고객이 다른 제품을 추가로 구입할 수 있도록 유도하는 것이 목적이다.
㉢ 과거의 구매고객은 휴면고객으로 고객관계관리 대상에서 제외된다.
㉣ CRM을 효과적으로 수행하기 위해서는 고객, 상품 등의 자료 확보가 중요하다.

① ㉠, ㉣   ② ㉠, ㉡
③ ㉡, ㉢   ④ ㉡, ㉣
⑤ ㉠, ㉢, ㉣

해설
㉠ 고객관계관리의 궁극적인 목적은 고객점유율 확대에 있다.
㉢ 기존고객의 이탈을 방지함이 CRM의 목표이며, 과거의 구매고객을 다시 전환시키는 것 또한 CRM전략에 있어서 중요한 사안에 해당한다.

03 고객관계관리(CRM)에서 직접적인 성과평가 기준으로 사용하기 위한 것과 가장 관계가 먼 것은?

① 교차판매(cross-selling)를 통한 고객획득비율
② 직접마케팅(direct marketing)을 통한 고객접촉 및 관리비율
③ 고객평생가치의 증가 혹은 감소
④ 신규고객 획득 및 기존고객 유지비율
⑤ 고객점유율의 증감

해설
◎ 고객관계관리(CRM)에서 직접적인 성과평가기준
교차판매 및 상향판매를 통한 고객획득비율, 고객가치의 증가, 신규고객 획득 및 기존고객 유지비율, 고객점유율의 증감 등

04 아래 글상자는 마케팅과 고객관리를 위해 필요한 고객정보들이다. 다음 중 RFM(Recency, Frequency, Monetary) 분석법을 사용하기 위해 수집해야 할 고객정보로 옳은 것은?

> ㉠ 얼마나 최근에 구매했는가?
> ㉡ 고객과의 지속적인 관계를 유지하는 동안 얻을 수 있는 총수익은 얼마인가?
> ㉢ 일정기간 동안 얼마나 자주 자사제품을 구매했는가?
> ㉣ 일정기간 동안 고객이 자사제품을 얼마나 정확하게 상기하는가?
> ㉤ 일정기간 동안 얼마나 많은 액수의 자사제품을 구매했는가?

① ㉠, ㉡, ㉢ 　② ㉡, ㉣, ㉤
③ ㉡, ㉢, ㉤ 　④ ㉢, ㉣, ㉤
⑤ ㉠, ㉢, ㉤

🔓 **해설**

⑤ RFM 분석은 고객이 최근에(Recency), 얼마나 자주(Frequency), 얼마의 금액(Monetary)을 구매했는가를 분석하는 방법으로 구매 가능성이 높은 고객을 찾아내는 데 유용한 기법이다. 따라서 ㉠, ㉢, ㉤ 등의 고객정보를 수집하여 분석하여야 한다.

05 다음 중 고객생애가치에 대한 설명으로 가장 옳지 않은 것은?

① 특정 고객으로부터 얻게 되는 이익흐름의 미래가치이다.
② 고객생애가치를 증대시키기 위해 애호도 증진 프로그램을 실시할 필요성이 있다.
③ 기업은 고객생애가치 산출을 통해 어떤 고객이 자사에게 이로운 고객인지를 판단할 수 있다.
④ 고객생애가치 산출을 통해 기업은 마케팅의 효율성과 효과성을 증진시킬 수 있다.
⑤ 고객생애가치를 올바르게 산출하기 위해서는 이익뿐만 아니라 비용도 함께 고려해야 한다.

🔓 **해설**

① 고객생애가치(CLV)는 한 고객이 고객으로 존재할 것으로 예상되는 전체 기간 동안 기업에 줄 것으로 예상되는 이익의 현재가치의 총합을 의미한다.

06 다음 중 현재의 고객과 잠재적인 고객의 고객생애가치를 현재가치로 할인하여 모두 합한 것을 일컫는 말은?

① 고객자산(customer equity)
② 고객가치(customer value)
③ 고객점유율(customer share)
④ 고객만족(customer satisfaction)
⑤ 고객관계관리(customer relationship management)

🔓 해설

② **고객가치**(customer value) : 기업에서 제공해 주는 제품 및 서비스에 대해 고객이 느끼는 만족도와 인식에 대한 정도를 계량화한 가치(=all the benefits – all the costs)를 말한다.

③ **고객점유율**(customer share) : 특정 고객이 하나의 제품 카테고리에서 구매하는 총량 중 자사제품이 차지하는 비율을 의미한다.

④ **고객만족**(customer satisfaction) : 구매자가 상품 구매행동 이후에 지각되는 만족감(성과)과 구매 전 기대감의 일치하는 정도를 의미한다.

⑤ **고객관계관리**(customer relationship management) : 마케팅인식에 있어서 종전의 기업 중심적인 마케팅사고에서 벗어나 Data를 기초로 한 개별 고객의 욕구를 파악하여 맞춤형 서비스를 제공함으로써 고객의 생애가치를 극대화시킬 수 있는 마케팅전략을 의미한다.

07 다음은 무엇에 대한 설명인가?

> 고객이 카메라 구입을 위해 검색할 경우 카메라뿐만 아니라 그 카메라 관련 렌즈를 추천하는 것과 같이, 고객이 원하는 상품을 검색할 경우 보완 목록도 고객이 구매하도록 유도하는 기능이다.

① 업셀링(up-selling)

② 이셀링(e-selling)

③ 크로스셀링(cross-selling)

④ 텔레마케팅(telemarketing)

⑤ 데이터 웨어하우징(data warehousing)

🔓 해설

③ 교차판매전략(cross-selling)은 기존고객과의 지속적이고 장기적인 관계를 유지하고 나아가 확대시키는 마케팅 활동으로서, 특정 상품 구매 이외의 보완관계에 있는 관련 상품도 구매하도록 유도하는 전략을 의미한다. 예컨대, 텐트를 구입할 때 코펠을 함께 구매하도록 유도하는 마케팅을 들 수 있다.

08 전략적 고객관리(strategic account management)의 특징으로 옳지 않은 것은?

① 전략적 고객관리는 지속 가능한 경쟁우위의 원천이다.

② 전략적 고객관리의 관점에서 모든 종업원의 활동과 팀워크가 정렬되는 경우, 종업원의 만족이 증가하고 기업의 생산성과 수익성이 높아질 수 있다.

③ 전략적 고객관리를 통해 일단 성공적으로 정렬된 조직구성원의 노력은 향후 고객의 욕구가 변화하더라도 적은 비용으로 변화시킬 수 있다.

④ 전략적 고객관리를 통해 고객충성도를 높이는 것은 매우 어렵다.

⑤ 전략적 고객관리를 통해 고객수익성을 높일 수 있다.

🔓 해설

④ 전략적 고객관리는 고객과의 관계를 장기적으로 구축하고 유지관리하기 위한 것으로, 이를 통해 고객충성도를 제고시킬 수 있다.

01 유통마케팅조사 절차의 첫 번째 단계로서 가장 옳은 것은?

① 조사 설계
② 자료 수집
③ 모집단 설정
④ 조사문제 정의
⑤ 조사 타당성 평가

해설

✅ 마케팅조사 절차

조사목적 정의(문제 정의) → 조사 설계 → 조사 실시 → 자료분석 및 결과해석 → 전략수립 및 실행 → 실행결과 평가

02 시장정보자료를 획득하기 위한 3가지 서로 다른 시장조사의 방법들을 올바르게 묶어 놓은 것은?

① 인터뷰하는 방법, 설문지를 통한 자료획득방법 및 고객 동선을 분석한 자료획득방법
② 설문지를 통한 자료획득방법, 샘플링조사방법, 관찰을 통한 자료수집방법
③ 관찰을 통한 자료획득방법, 질문을 통한 정보획득방법, 실험을 통한 결과자료획득방법
④ 설문지를 통한 자료획득방법, 전화, 팩스 및 인터넷을 통한 자료획득방법, 개별 인터뷰를 통한 자료획득방법
⑤ 관찰을 통한 자료획득방법, 인터뷰하는 방법, 유추법을 통한 샘플조사

해설

• **관찰을 통한 자료획득방법** : 관찰법
• **질문을 통한 정보획득방법** : 전문가의견조사, 심층면접법, FGI, 서베이법
• **실험을 통한 결과자료획득방법** : 실험법

03 ㈜신원 백화점의 경영 현황을 파악하기 위해 2차 자료를 수집하였다. 2차 자료에 해당하지 않는 것은?

① 제품계열별 판매액
② 지난 분기 지점별 주요 제품 재고액
③ 직접 조사한 지점별 고객만족도
④ 고객별 지출액
⑤ 연간 성장률

해설

마케팅조사에서 수집되는 자료에는 1차 자료와 2차 자료가 있다. 1차 자료는 현재 직면한 문제를 해결하기 위하여 새로이 수집되는 자료를 말하며, 2차 자료는 이미 공개되어 있는 기존의 모든 자료를 말한다. 2차 자료에는 정부에서 발표하는 각종 통계자료, 이미 발표된 논문, 신문기사, 각종 기관이나 조사회사에서 발표되는 결과 등이 포함된다.
③ 직접 조사한 지점별 고객만족도는 새로 수집된 자료로 1차 자료이다.

04 마케팅조사에 대한 설명으로 가장 옳지 않은 것은?

① 기술조사는 표적모집단이나 시장의 특성에 관한 자료를 수집·분석하고 결과를 기술하는 조사이다.
② 2차 자료는 당면한 조사목적이 아닌 다른 목적을 위해 과거에 수집되어 이미 존재하는 자료이다.
③ 1차 자료는 당면한 조사목적을 달성하기 위하여 조사자가 직접 수집한 자료이다.
④ 마케팅조사에는 정성조사와 정량조사 모두 필수적으로 제시되어야 한다.
⑤ 탐색조사는 조사문제가 불명확할 때 기본적인 통찰과 아이디어를 얻기 위해 실시하는 조사이다.

🔒해설

④ 마케팅조사에는 정성조사와 정량조사 모두 필수적으로 제시되어야 하는 것은 아니다. 다만 정량조사와 정성조사는 양자 간 상호보완적인 효과가 있으므로 조사의 신뢰성을 위해서는 함께 진행되는 것이 좋다.

05 유통마케팅 조사의 절차 중 조사설계에 해당하는 활동으로 가장 옳지 않은 것은?

① 조사의 성격 규정
② 데이터 수집방법 결정
③ 데이터 수집도구 결정
④ 표본 설정
⑤ 데이터 검증

🔒해설

마케팅조사설계는 마케팅조사의 목적을 달성하기 위한 정보 자료를 수집하고 분석하는 데 있어서의 기본 지침으로, 조사 계획 설정 단계에서는 조사문제의 성격을 규명하고 해결을 위하여 수집되어야 할 자료의 종류, 수집방법 및 분석방법, 표본 설정 및 표본추출에 관한 계획이 수립되어야 한다.

06 유통마케팅 조사방법 중 표적집단면접법(FGI)에 대한 설명으로 가장 옳지 않은 것은?

① 소수의 응답자를 대상으로 하나의 장소에서 진행한다.
② 특정 기준에 따라 주제에 관심이 있거나 관련 경험이 있는 소수의 참가자를 선정한다.
③ 응답자들끼리 편하게 대화를 진행하게 한다.
④ 대화가 주제를 벗어나는 경우만 사회자가 최소한 개입한다.
⑤ 조사자와 응답자가 자유롭고 심도 있는 질의응답을 진행한다.

🔒해설

⑤ 조사자와 응답자가 자유롭고 심도 있는 질의응답을 진행하는 것은 심층면접법(depth interview)에 해당한다.

07 다음은 소매업자가 고객에게 제공한 서비스 자료를 수집하는 방법 중 하나이다. 어느 방법에 대한 설명인가?

> 조사자와 응답자 간 1 : 1로 질문과 응답을 통해 소매점 서비스에 대한 만족 정도, 서비스 개선사항에 대한 의견 등을 응답자로 하여금 진술하게 하는 방법

① 심층면접법
② 서베이법
③ 관찰법
④ 패널조사법
⑤ 표적집단면접법

🔒해설

② **서베이법** : 표본집단에 설문지를 통하여 자료를 수집하는 방법으로 종단조사와 횡단조사법이 있다.
③ **관찰법** : 조사자가 직접 조사대상자들을 일정기간 동안 실제 관찰하는 조사방법을 말한다.
④ **패널조사법** : 동일한 대상자(패널)에 대하여 동일한 질문을 반복하여 조사기간 동안에 의견의 변화 추이를 연구하는 조사방법을 말한다.
⑤ **표적집단면접법**(Focus Group Interview) : 사회자가 참석하는 가운데 자유로운 분위기에서 6명에서 12명 정도의 패널들이 원하는 제품의 특징이나 현 점포운영에 대한 제안이나 점포설계에 대한 의견 등 어떤 특정 주제나 문제를 이야기하는 방식을 말한다.

08 아래 글상자의 괄호 안에 들어갈 용어들의 나열로 옳은 것은?

> • (㉠)는 조사문제가 불명확하거나 주어진 문제영역에 대해 잘 모를 때 기본적인 통찰과 아이디어를 얻기 위하여 실시하는 조사이다.
> • (㉡)는 수집한 자료를 정리하고 기술하는 조사이다.

① ㉠ 탐색 조사,　㉡ 기술 조사
② ㉠ 기술 조사,　㉡ 탐색 조사
③ ㉠ 인과관계 조사,　㉡ 기술 조사
④ ㉠ 기술 조사,　㉡ 인과관계 조사
⑤ ㉠ 인과관계 조사,　㉡ 탐색 조사

🔓해설

㉠ 탐색 조사 : 조사문제가 불명확하거나 주어진 문제영역에 대해 잘 모를 때 기본적인 통찰과 아이디어를 얻기 위하여 실시하는 조사이다.

㉡ 기술 조사 : 조사문제가 명확한 경우 가설을 검증하기 위해 수집한 자료를 정리하고 기술하는 조사이다.

09 아래 글상자의 ㉠과 ㉡에 해당되는 용어로 가장 옳은 것은?

> • (㉠)은 미래 수요를 예측하는 질적 예측 방법의 하나이다. 불확실한 특정 문제(특정 기술의 개발 가능성, 새로운 소비패턴의 출현 가능성 등)에 대해 여러 전문가의 의견을 되풀이해 모으고, 교환하고, 발전시켜 수요를 예측한다.
> • (㉡)은 시간의 경과에 따라 일정한 간격을 두고 동일한 현상을 반복적으로 측정하여 각 기간에 일어난 변화에 대한 추세를 예측하는 방법이다.

① ㉠ 투사법,　㉡ 시계열분석
② ㉠ 패널조사법,　㉡ 사례유추법
③ ㉠ 투사법,　㉡ 수요확산모형분석
④ ㉠ 델파이기법,　㉡ 시계열분석
⑤ ㉠ 사례유추법,　㉡ 수요확산모형분석

🔓해설

④ 여러 전문가의 의견을 이메일이나 우편을 통해 여러 차례 반복하여 모으고, 교환하여 수요를 예측하는 기법은 델파이기법(Delphi method)이다. 시간의 경과에 따라 일어난 변화에 대한 추세를 예측하는 기법은 시계열분석(Time series analysis)이다.

THEME 25　마케팅조사 – 조사자료의 분석

01 마케팅조사에서 표본선정에 관한 설명으로 가장 적합하지 않은 것은?

① 표본추출과정은 '모집단의 설정 → 표본프레임의 결정 → 표본추출방법의 결정 → 표본크기의 결정 → 표본추출'의 순으로 이루어진다.

② 표본의 크기가 커질수록 조사비용과 시간이 증가하며, 표본오류도 함께 증가한다.

③ 비표본오류에는 조사현장의 오류, 자료기록/처리의 오류, 불포함 오류, 무응답 오류가 있다.

④ 층화표본추출은 확률 표본추출법으로 모집단을 상이한 소집단으로 나누고, 이들 각 소집단별로 표본을 무작위로 추출하는 방법이다.

⑤ 표본프레임이란 모집단에 포함된 조사대상자들의 명단이 수록된 목록을 의미한다.

🔓 **해설**

② 표본의 크기가 커질수록 조사비용과 시간이 증가하나, 신뢰성 측면에서 표본오류는 상대적으로 감소하게 된다.

02 아래 글상자의 설명을 모두 만족하는 유통마케팅조사의 표본추출방법으로 가장 옳은 것은?

> • 모집단을 적절한 기준 변수에 따라 서로 상이한 소집단으로 나누고, 각 소집단별로 할당된 숫자의 표본을 단순무작위로 추출한다.
> • 기준 변수를 잘 선택할 경우 모집단을 대표하는 표본을 얻을 수 있는 장점이 있다.

① 할당표본추출　　② 군집표본추출
③ 판단표본추출　　④ 층화표본추출
⑤ 편의표본추출

🔓 **해설**

④ 층화표본추출은 확률적 표본추출법 중 하나로 모집단을 통제변수에 의해 배타적이고 포괄적인 소그룹으로 구분한 다음 각 소그룹별로 표본을 단순무작위로(random) 추출하는 방식이라 할 수 있다.

03 다음 글상자에서 설명하는 표본추출방법은?

> • 신제품 조사를 위해 표적시장을 잘 반영하리라고 생각되는 집단을 대상으로 설문조사를 한다.
> • 모집단의 대표성보다는, 면접과정에서 풍부한 정보를 수집하기 위해 제품이나 산업에 대해 많은 정보를 갖고 있는 표본을 선정하는 비확률 표본추출방법이다.
> • 향후 경제 전망에 대한 면접조사를 위해, 일반인보다 경제부분의 전문가들을 선별하여 면접에 참여하도록 한다.

① 편의표본추출(convenience sampling)
② 판단표본추출(judgement sampling)
③ 할당표본추출(quota sampling)
④ 집락표본추출(cluster sampling)
⑤ 층화표본추출(stratified sampling)

🔓 **해설**

② 판단표본추출방식은 비확률 표본추출법으로 조사문제를 잘 알고 있거나 모집단의 의견을 잘 반영할 수 있을 것으로 판단되는 특정 집단(예 경제 전문가)을 표본으로 선정하는 방식이다.

04 다음에서 설명하는 표본추출방법으로 맞는 것은?

> 대형마트 H사의 회원은 20대가 20만 명, 30대가 30만 명, 40대 이상이 50만 명으로 집계되었다. 이 중 100명의 표본을 추출하기 위해 20대 20명, 30대 30명, 40대 이상에서 50명을 추출하였다.

① 판단추출법　　　② 군집추출법
③ 할당추출법　　　④ 편의추출법
⑤ 단순무작위추출법

🔓해설

③ 할당추출법은 비확률 표본추출법의 하나로 상업적 마케팅조사 시에 가장 많이 사용되며, 전체 모집단에 비추어 동일 비율만큼 표본을 할당하는 방법에 해당한다.

05 아래 글상자에서 ㉠~㉣에 해당하는 용어를 순서대로 올바르게 나열한 것은?

> (㉠)척도는 대상을 규명하고 분류하는 숫자들을 의미하며, (㉡)척도는 응답자가 질문의 대답들 간의 상대적 정도를 표시할 수 있게 해주는 척도이다. 한편 (㉢) 척도는 대상 간 격차를 비교할 수 있고, 이때 0점은 임의적으로 사용할 수 있다. 마지막으로 (㉣)척도는 절대영점(기준점)을 고정시켜 응답자 간의 절대적 격차를 규명하고, 원래 응답들을 비교할 수 있다.

① ㉠ 명목 - ㉡ 서열 - ㉢ 비율 - ㉣ 등간
② ㉠ 명목 - ㉡ 서열 - ㉢ 등간 - ㉣ 비율
③ ㉠ 명목 - ㉡ 비율 - ㉢ 등간 - ㉣ 서열
④ ㉠ 서열 - ㉡ 등간 - ㉢ 명목 - ㉣ 비율
⑤ ㉠ 서열 - ㉡ 명목 - ㉢ 비율 - ㉣ 등간

🔓해설

측정에 사용되는 척도(scale)는 크게 명목척도, 서열척도, 등간척도 및 비율척도로 나누어진다. 제시된 내용은 순서대로 명목척도, 서열척도, 등간척도, 비율척도를 설명하고 있다.

✅ 측정에 사용되는 척도

- 명목척도(nominal scale) : 조사대상의 소속 여부나 대상의 분류를 위해 사용된 수를 말하며, 성별, 직업, 구매상표 등이 명목척도의 예이다. 조사대상에 할당된 수는 대상들 간의 구분 이외의 의미는 전혀 없으므로 네 가지 척도 중 내재된 정보량이 가장 적다.
- 서열척도(ordinal scale) : 집단구분 외에 측정대상들 간의 순위개념을 측정하기 위해 사용된 수를 말한다.
- 등간척도(interval scale) : 서열척도에 포함된 정보 외에 측정대상들 간의 속성의 차이비교를 가능하게 하는 척도이다. 등간척도는 덧셈과 뺄셈이 가능하지만 측정값들 간의 절대적 비교는 불가능하다.
- 비율척도(ratio scale) : 등간척도가 갖는 모든 특성을 포함하는데 대푯값은 평균이고 사칙연산이 모두 가능하다.

06 아래 글상자의 내용에 해당되는 마케팅조사 기법으로 가장 옳은 것은?

> 제품, 서비스 등의 대안들에 대한 소비자의 선호 정도로부터 소비자가 각 속성에 부여하는 상대적 중요도와 속성 수준의 효용을 추정하는 분석방법

① t-검증　　　　② 분산분석
③ 회귀분석　　　④ 컨조인트분석
⑤ 군집분석

🔓해설

④ 컨조인트분석은 어떤 제품이나 서비스에 대해서 여러 대안이 있을 경우, 그 대안들에 부여하는 소비자들의 선호도를 조사하고 소비자가 각 속성들에 부여하는 상대적 중요도와 각 속성 수준의 효용을 측정하여 신제품개발 시 활용하는 방법이다. 이는 제품 속성의 중요도 파악 및 시장세분화에 의한 고객 특성 파악을 통해 신제품 아이디어를 도출하고, 가장 선호도가 높은 제품을 결정하기 위한 목적으로 이용된다.

유통·물류일반관리 제1과목 / 상권분석 제2과목 / 유통마케팅 제3과목 / 유통정보 제4과목

07 ㈜HD백화점에서 A제품에 대하여 '가격할인'과 '프리미엄 제공'이라는 2개 판촉전략을 한 달간 실행하였다. 그 기간 동안 카드로 A제품을 구매한 20대, 30대, 40대, 50대로 분류하여 판촉활동의 매출액 증감효과 차이를 분석하고자 할 경우, 가장 적합한 분석기법은?

① 요인분석　　② 회귀분석
③ 군집분석　　④ 분산분석
⑤ 판별분석

🔒 해설

④ 분산분석(ANOVA)은 3 이상의 독립적인 집단들 간에 특정 변수의 평균값에 서로 차이가 있는지를 검정하는 통계기법이다. 예컨대, 연령대별 선호하는 청바지의 가격대 등을 들 수 있다.

08 아래 글상자에 설명하는 마케팅조사 기법으로 가장 옳은 것은?

> 다수의 대상(소비자, 제품 등)들을 그들이 소유하는 특성을 토대로 유사한 대상들끼리 집단으로 분류하는 통계기법

① 분산분석　　② 회귀분석
③ 군집분석　　④ t-검증
⑤ 컨조인트분석

🔒 해설

① 분산분석(ANOVA) : 3 이상의 독립적인 집단들 간에 특정 변수의 평균값에 서로 차이가 있는지를 검정하는 통계기법
② 회귀분석 : 하나(단순회귀분석) 또는 둘 이상(다중회귀분석)의 독립변수가 특정한 하나의 종속변수에 미치는 영향의 정도와 방향을 파악하기 위해서 사용되는 분석방법
④ t-검증 : 두 집단 간의 평균비교를 위해 시행되는 통계분석기법
⑤ 컨조인트분석 : 제품을 구매할 때 소비자가 중요시하는 제품 속성의 선호도를 측정하고 각 속성 수준에 대해 소비자들이 부여하는 효용(utility)을 파악하여 최상의 신제품을 개발하는 데 사용하는 방법

09 조사에 사용된 여러 가지 변수들을 유사한 변수들까지 묶어 적은 수의 차원으로 축소시키는 데 사용되는 통계기법으로 옳은 것은?

① 회귀분석　　② 상관관계분석
③ 요인분석　　④ 군집분석
⑤ 분산분석

🔒 해설

③ 요인분석 : 다수의 변수들을 유사한 특성을 가진 항목들끼리 묶어 적은 수의 요인으로 축약시키는 기법이다. 즉, 수집된 자료에 유사한 성격의 변수들이 많이 포함되어 있을 경우 변수에 포함되어 있는 정보의 손실을 최소화하면서 소수의 요인으로 축약하는 통계기법으로, 차후의 분석을 용이하게 한다.
① 회귀분석 : 하나(단순회귀분석) 또는 둘 이상(다중회귀분석)의 독립변수가 특정한 하나의 종속변수에 미치는 영향의 정도와 방향을 파악하기 위해서 사용되는 분석방법이다.
② 상관관계분석 : 가격 변화와 이에 따른 수요량 변화 등의 관계와 같이 상호 영향을 미칠 수 있는 두 변수들 간의 연관성의 정도를 측정하는 기법이다.
④ 군집분석 : 조사대상들을 서로의 상호연관성에 근거하여 동질적인 집단(군집)으로 묶어주는 방법으로, 소비자나 상표들을 서로 유사한 것끼리 묶어서 군집화하려는 경우에 사용한다.
⑤ 분산분석(ANOVA) : 3 이상의 독립적인 집단들 간에 특정 변수의 평균값에 서로 차이가 있는지를 검정하는 통계기법이다.

10 아래 글상자에서 설명하는 외생변수로서 가장 옳은 것은?

> 실험변수의 처치와는 무관하게 시간 경과에 따라 자연스럽게 이루어지는 종속변수의 변화

① 역사적 오염
② 성숙효과
③ 측정의 편향
④ 통계적 회귀
⑤ 실험대상의 소멸

해설

② **성숙효과**(Maturation Effect) : 시간의 흐름에 따라 연구 대상자의 특성이 자연스럽게 변화하는 현상 **예** 아동의 독서 능력을 향상시키는 프로그램을 평가할 때, 시간이 지나면서 아이가 자연스럽게 성장해 독서력이 향상될 수 있음

① **역사적 오염**(Historical Contamination) : 실험 기간 중 외부에서 발생한 사건이나 변화가 실험 결과에 영향을 미치는 현상 **예** 금연 캠페인 효과를 측정하는 실험 중, 정부에서 대대적인 금연 홍보를 시작한 경우

③ **측정의 편향**(Measurement Bias) : 측정 도구나 방법이 일관되지 않거나 부정확하여 결과가 왜곡되는 현상 **예** 설문조사에서 질문 방식이 응답자의 특정 반응을 유도하거나, 면접관마다 질문을 다르게 해 응답 결과가 달라지는 경우

④ **통계적 회귀**(Statistical Regression) : 극단적인 점수를 가진 대상이 시간이 지나면서 평균에 가까운 값으로 회귀하는 경향 **예** 시험 성적이 매우 낮은 학생들이 다음 시험에서 평균에 가까운 점수를 받는 경우

⑤ **실험대상의 소멸**(Mortality/Attrition) : 실험 도중 참여자가 중도 이탈하여 실험군과 대조군 간의 균형이 깨지는 현상 **예** 장기 실험에서 일부 참가자가 이사, 질병, 무관심 등으로 실험을 중단하는 경우

---

01 소매업체 입장에서 특정 공급자의 개별품목 또는 재고관리 단위를 평가하는 방법으로 가장 옳은 것은?

① 직접제품이익
② 경로구성원 성과평가
③ 평당 총이익
④ 상시 종업원당 총이익
⑤ 경로구성원 총자산 수익률

해설

① 제품별 직접이익(DPP : Direct Product Profit, 직접제품이익)은 소매업체의 제품 성과를 평가하는 중요한 측정 도구 중의 하나이며, 경로구성원이 취급하는 개별제품의 수익성을 평가하는 지표이다.

02 재고총이익률(GMROI : Gross Margin Return On Inventory investment)에 대한 내용으로 옳은 것은?

① 매출 총마진을 직접제품이익으로 나눈 값이다.
② 이익관리와 재고관리를 결합한 성과측정치이다.
③ 매출을 일정 수준 이상으로 유지하면서도 판매비와 광고비를 감소시키는 것을 목적으로 한다.
④ 가격경쟁이 치열하다면 총마진 증대가 어려우므로 시설고정비를 최소화하여 재고투자총이익을 높일 수 있다.
⑤ 순매출을 총자산으로 나눈 비율을 의미한다.

해설

② 소매업의 전반적인 성과를 측정하는 가장 중요한 지표 중의 하나가 재고총이익률 또는 재고투자총이익률(GMROI : Gross Margin Return On Inventory investment)이다.

이는 이익과 재고의 회전율을 모두 고려한 것으로, 다음과 같이 계산한다.

재고투자총이익률(GMROI)

$$= \frac{총이익}{평균재고자산} \times 100$$

$$= \frac{총이익}{매출액} \times \frac{매출액}{평균재고자산} \times 100$$

$$= 매출액이익률 \times 재고자산회전율$$

03 A슈퍼의 영업결과보고서에 따르면 우유의 연간 총이익은 1,000,000원, 순매출액은 5,000,000원, 평균재고액(원가기준)은 200,000원이다. 이들 자료를 토대로 우유의 GMROI(재고총이익률)는 얼마인가?

① 250% ② 300%
③ 400% ④ 500%
⑤ 1,000%

🔓 **해설**

재고투자총이익률(GMROI)

$$= \frac{총이익}{평균재고자산} \times 100$$

$$= \frac{총이익}{매출액} \times \frac{매출액}{평균재고자산} \times 100$$

$$= \frac{1,000,000}{5,000,000} \times \frac{5,000,000}{200,000} \times 100$$

$$= 500\%$$

04 재고자산을 차감한 총유동자산을 총유동부채로 나눈 비율로, 기업의 유동성을 측정할 수 있는 척도가 되는 것은?

① 유동비율 ② 순운전자본
③ 수익성비율 ④ 당좌비율
⑤ 부채비율

🔓 **해설**

④ 총유동자산에서 재고자산을 뺀 것이 당좌자산으로, 이를 총유동부채로 나눈 것이 당좌비율이다. 즉, 당좌비율 = 당좌자산 / 총유동부채이다. 유동비율과 함께 단기채무의 지급능력을 나타내는 유동성을 측정할 수 있는 척도가 된다.

05 아래 글상자에서 설명하는 경로구성원의 공헌도 평가기법이 평가하는 요소로 가장 옳은 것은?

> 구매자 입장에서 특정 공급자의 개별품목 혹은 재고관리단위(SKU : Stock Keeping Unit) 각각에 대해 평가하는 기법

① 평당 총이익
② 직접제품이익
③ 경로구성원 종합성과
④ 경로구성원 총자산수익률
⑤ 상시종업원당 총이익

🔓 **해설**

② 유통업의 성과평가 도구는 크게 유통비용분석, 전략적 수익모형, DPP(Direct Product Profit, 제품별 직접이익) 등을 사용하고 있다. 이 중에서 직접제품이익(DPP)은 경로구성원이 취급하는 제품별 이익성(profitability)을 평가하는 유통경로시스템에 대한 평가방법으로, 손익계산서상의 매출총이익(총마진)에서 다양한 할인부분을 고려한 직접기타수익을 더하여 조정된 매출총이익을 산정하는 방법이다.

06 유통경로의 성과평가에 있어 정성적 척도에 해당하는 것은?

① 상표 내 경쟁의 정도
② 부실채권의 비율
③ 새로운 중간상들의 수와 비율
④ 재고부족 방지를 위한 비용
⑤ 주문처리의 오류 횟수

🔓 **해설**

① 상표 내 경쟁의 정도는 구체적인 수치로 측정하기 어려운 척도로서 대표적인 정성적(qualitative) 척도에 해당한다.

정답 03 ④ 04 ④ 05 ② 06 ①

07 생산업체가 경로구성원들의 성과를 평가하는 기준으로서 가장 옳지 않은 것은?

① 경로구성원에 대한 투자수익률
② 유통업체의 영업에서 차지하는 자사제품 판매 비중의 변화
③ 유통업체의 영업에 대한 자사 통제의 허용 정도
④ 환경변화에 대한 경로구성원의 적응력
⑤ 경로구성원의 재고투자총이익률

🔓 **해설**

⑤ 재고투자총이익률(GMROI)은 경로구성원인 소매상이 중요시하는 성과지표에 해당하지만 생산업체가 경로구성원들을 평가하는 기준에는 해당하지 않는다.

$$재고투자총이익률(GMROI) = \frac{총이익}{평균재고자산} \times 100$$

08 공급업체 평가표가 다음과 같은 경우, 다중속성방식으로 분석할 때 어떤 공급업체가 가장 선호되는가?

점검 사항	점검사항 중요도	A 업체	B 업체	C 업체	D 업체
납기 준수	0.4	5	6	7	8
상품 품질	0.6	7	4	6	3

① A업체
② B업체
③ C업체
④ D업체
⑤ 선호도가 무차별적이다.

🔓 **해설**

✅ **공급업체 평가 – 다중속성방식**

다중속성방식은 계열별 공헌이익을 가중평균 계산하여 성과를 측정하는 방법이다.
• A업체=0.4×5+0.6×7=6.2
• B업체=0.4×6+0.6×4=4.8
• C업체=0.4×7+0.6×6=6.4
• D업체=0.4×8+0.6×3=5.0

09 유통경로 성과를 평가하는 차원을 설명하는 아래 글상자에서 괄호 안에 들어갈 단어를 순서대로 나열한 것으로 가장 옳은 것은?

> • (㉠) : 하나의 경로시스템이 표적시장에서 요구하는 서비스 산출을 얼마나 제공하였는가를 측정하는 것에 중점을 두는 목표지향적 성과기준
> • (㉡) : 유통시스템에 의해 제공되는 혜택이 여러 세분시장에 어느 정도 골고루 배분되는지를 측정하는 성과기준
> • (㉢) : 일정한 비용에 의해 얼마나 많은 산출이 발생하였는가를 측정하는 기준

① ㉠ 형평성, ㉡ 효율성, ㉢ 효과성
② ㉠ 효과성, ㉡ 형평성, ㉢ 효율성
③ ㉠ 형평성, ㉡ 효과성, ㉢ 효율성
④ ㉠ 효과성, ㉡ 효율성, ㉢ 형평성
⑤ ㉠ 효율성, ㉡ 형평성, ㉢ 효과성

🔓 **해설**

㉠ **효과성**(effectiveness) : 하나의 경로시스템이 표적시장에서 요구하는 서비스 산출을 얼마나 제공하였는가를 측정하는 것에 중점을 두는 목표지향적 성과기준
㉡ **형평성**(equity) : 유통시스템에 의해 제공되는 혜택이 여러 세분시장에 어느 정도 골고루 배분되는지를 측정하는 성과기준
㉢ **효율성**(efficiency) : 일정한 비용에 의해 얼마나 많은 산출이 발생했는가를 측정하는 기준

10 유통경로의 성과평가를 위한 항목 중 유통경로의 효과성에 대한 평가항목으로 가장 옳지 않은 것은?

① 고객의 전반적인 만족도
② 신시장 개척 건수 및 비율
③ 중간상의 거래전환 건수
④ 단위당 총물류비용
⑤ 클레임(claim) 건수

유통경로의 '목적 달성' 여부를 측정하는 효과성 (effectiveness)에 대한 평가항목은 정성적 측면에서 고객만족도가 가장 중요하고, 정량적인 측면에서는 클레임(claim) 건수, 신시장 개척 건수 및 비율, 중간상의 거래전환 건수 등이 중요한 지표에 해당한다. ④ 단위당 총물류비용은 효율성 또는 경제성 측면의 평가항목에 해당한다.

11 회계데이터를 기초로 유통마케팅 성과를 측정하는 방법으로 옳은 것은?

① 고객만족도 조사
② 고객획득률 및 유지율 측정
③ 매출액 분석
④ 브랜드 자산 측정
⑤ 고객생애가치 측정

③ 매출액 분석은 손익계산서의 회계데이터를 기초로 한 유통마케팅 성과측정방법에 해당한다.
①, ②, ⑤는 고객관계관리(CRM) 분석을 통해 가능하다.

12 다음 중 유통경로의 갈등 해결을 위한 방법이 아닌 것은?

① 경로구성원 공동의 추구목표 설정
② 제3자의 중재, 조정에 맡기는 방법
③ 경로구성원들이 상대에게 인력을 상호 교환하는 방법
④ 거래상대방의 의사결정에 자신의 대표를 참여시키는 호선
⑤ 경로당사자 간에 힘의 영향력에 따라 갈등을 해결

유통경로의 갈등 해결을 위해서는 ①, ②, ③, ④의 방법을 이용하여야 하며, 힘의 크기가 아니라 상대방을 파트너로 인식하는 성숙한 자세가 요구된다.

---

01 최근 활발하게 전환되고 있는 디지털마케팅 시장의 환경적 특징에 해당하지 않는 것은?

① 시장 참가자의 다양성과 역동성 및 새로운 가치의 창출의 기회가 확대되고 있다.
② 디지털 재화 구매는 관련 유형의 재화에 비해 양방향적 소통이 이루어진다.
③ 디지털 재화시장은 시장세분화가 더욱 심화되고 세분시장 간 강력한 네트워크 효과가 발생한다.
④ 유통기관을 거치지 않고 소비자들에게 직접 판매할 수 있는 직접 거래가 활성화되고 있다.
⑤ 디지털마케팅은 오프라인 마케팅과 달리 사회적, 기술적, 행정적, 경제적 환경에 구애를 받지 아니한다.

⑤ 디지털마케팅은 개인정보 보호와 관련하여 민감한 법률적 프라이버시 문제뿐만 아니라 기술적 환경 변화에 가장 빠르게 영향을 받는 대상에 해당한다.

02 다음 중 디지털마케팅의 장점에 해당하지 않는 것은?

① 기존 촉진수단과 비교할 때 촉진비용 절감효과가 크다.
② 마케팅 효과의 측정 및 추적이 용이하다.
③ 구매활동의 시간적, 공간적 제약이 없으나 비용 측면에서 불리하다.
④ 소비자와의 즉각적인 양방향 의사소통 가능하다.
⑤ 타깃층에 대한 인구통계학적 분석의 장점이 있다.

🔓 **해설**

③ 구매활동의 시간적, 공간적 제약이 없으며 비용 측면에서도 유리하다.

구분	소비자 측면
장점	• 다양한 제품구색에 따른 선택의 용이성 • 구매활동의 시간 및 비용 절감 • 저렴한 가격으로 구매 가능 • 구매행위의 편의성 증대 • 제품의 비교 및 선택 용이 • 다양한 검색 및 활용 가능

03 오프라인 구매의사결정과 달리 일본의 광고 대행사 '덴츠'사가 구축한 온라인 구매의사결정 모델로 그 절차가 가장 옳은 것은?

① 인지(Attention) → 흥미(Interest) → 검색(Search) → 행동(Action) → 공유(Share)

② 인지(Attention) → 흥미(Interest) → 검색(Search) → 공유(Share) → 행동(Action)

③ 인지(Attention) → 검색(Search) → 흥미(Interest) → 행동(Action) → 공유(Share)

④ 흥미(Interest) → 인지(Attention) → 검색(Search) → 공유(Share) → 행동(Action)

⑤ 흥미(Interest) → 인지(Attention) → 행동(Action) → 검색(Search) → 공유(Share)

🔓 **해설**

① 일본의 광고대행사 '덴츠'사가 구축한 온라인 구매결정과정 모델은 'AISAS'라 하며, '인지(Attention) → 흥미(Interest) → 검색(Search) → 행동(Action) → 공유(Share)'의 구매의사결정을 거친다.

04 아래 글상자가 의미하는 디지털마케팅 용어로 옳은 것은?

> 네이버, 구글, 야후 등을 활용한 검색엔진 결과 페이지에 자사 사이트의 가시성(visibility)을 증가시켜 사이트를 홍보하는 온라인 마케팅방법으로, '키워드 광고'가 대표적이다. 검색엔진 광고를 통해 상품이나 서비스를 검색 결과 사이트 상단에 노출할 수 있는 장점이 있는 마케팅기법을 말한다.

① 넛지 마케팅
② 콘텐츠 마케팅
③ 버즈 마케팅
④ 공생 마케팅
⑤ 검색엔진 마케팅

🔓 **해설**

① **넛지 마케팅** : 누군가의 강요가 아닌 자연스러운 상황을 만들어 고객들이 올바른 구매 선택을 할 수 있도록 이끌어주는 것을 말한다.

② **콘텐츠 마케팅** : 콘텐츠를 제작해 불특정 다수에게 상품·서비스를 알리는 방법으로 블로그, 유튜브, 팟캐스트 등에서 다양한 형태의 콘텐츠를 이용한 고객과의 양방향 의사소통을 뜻한다.

③ **버즈 마케팅** : 구전 마케팅의 하나로 이용 경험이 있는 소비자가 자발적으로 그 상품에 대해 주위 사람들에게 긍정적인 메시지를 전달하게 함으로써 입소문을 퍼트리도록 유도하는 마케팅을 말한다.

④ **공생 마케팅** : 마케팅 부분에서의 기업 간 협력, 즉 전략적 제휴를 말하며, 심바이오틱 마케팅이라고도 한다.

05 검색엔진 최적화를 위한 키워드 조사에 대한 설명으로 가장 옳지 않은 것은?

① 검색엔진 최적화는 소비자가 어떤 키워드로 검색하는지를 알아내는 것이 중요하다.

② 판매하려는 제품이나 서비스와 관련하여 검색하는 유관 키워드 또한 파악해야 한다.

③ 검색한 소비자가 궁극적으로 얻고자 하는게 무엇인지 고민해야 한다.

④ 키워드는 온라인마케팅 전반에 활용되므로 불특정 다수를 중심으로 조사해야 한다.

⑤ 경쟁기업이 어떤 메시지와 키워드를 사용하는지 경쟁사 키워드 조사도 필요하다.

🔓**해설**

④ 검색엔진 최적화(SEO; Search Engine Optimization)는 검색엔진을 <u>사용자 편의성</u>에 맞추어 최적화하여 검색엔진 상단에 자사의 사이트를 노출시키는 것을 의미하며, 이를 통해 마케팅 효과 및 매출액 제고를 꾀할 수 있다는 장점이 있다. SEO는 특정 키워드 검색에 대한 필요성을 느끼는 사용자들이 대상이 된다는 점에서 불특정 다수를 대상으로 하는 일반 검색과는 차이점이 있다.

06 검색엔진 최적화(SEO; Search Engine Optimization)의 성과지표 중 하나로, 검색엔진을 통해 웹사이트에 유입된 방문자 수치를 의미하는 것으로 옳은 것은?

① 이탈률(bounce rate)

② 오가닉 트래픽(organic traffic)

③ 페이드 트래픽(paid traffic)

④ 평균 세션 시간(average session duration)

⑤ 페이지 로드 시간(page load time)

🔓**해설**

① **이탈률**(BR; Bounce Rate) : 웹사이트에서 고객이 웹사이트 방문 시 한 페이지만 보고 웹사이트를 이탈하는 비율

③ **페이드 트래픽**(paid traffic) : 검색결과의 가장 상단이나 하단에 노출되는 Google 검색 광고나 Facebook의 스폰서 포스트를 통해 웹사이트로 들어온 방문자를 말한다.

④ **평균 세션 시간**(average session duration) : 웹사이트 방문자들이 사이트에서 보내는 평균적인 시간을 의미하며, 이는 웹사이트의 성과를 평가하는 데 중요한 지표이다.

⑤ **페이지 로드 시간**(page load time) : 페이지를 로드하는 데 걸리는 시간으로, 탐색 시작부터 로드 이벤트 시작까지 측정한다.

07 디지털마케팅의 측정지표에 관한 설명으로 가장 옳지 않은 것은?

① 도달(reach) – 광고 및 콘텐츠가 고객들에게 노출된 정도

② 클릭률(CTR) – 광고 콘텐츠 또는 링크가 노출된 횟수 대비 클릭된 비율

③ 전환(conversion) – 전체 고객 대비 구매를 수행한 고객의 횟수 및 비율

④ 추천지수(NPS) – 바이럴 가능성 및 반복 이용 가능성 측정

⑤ 고객생애가치(CLV) – 고객이 기업과 관계를 맺는 전체 기간 동안에 기업이 획득하는 수익 가치

해설

③ 전환(conversion)은 기업의 광고나 마케팅 활동을 통해 소비자가 목표 행동(구매, 회원가입, 다운로드 등)을 실제로 수행한 비율을 말한다. 이에 따라 전환율(conversion rate)은 '전체 방문자(노출 고객)' 대비 목표 행동 수행 고객의 비율로 나타낸다.

08 미디어 믹스에 대해 설명한 아래 글상자의 ㉠과 ㉡에 해당하는 용어의 짝으로서 옳은 것은?

구분	진행방법	주요 미디어
㉠	비용을 지불하고 구매하여 집행하는 미디어를 활용	배너광고, 검색광고 등
㉡	고객이 자발적으로 공유확산하는 미디어채널과 연계	소셜미디어, 커뮤니티, 인플루언서 등

① ㉠ 페이드미디어(paid media), ㉡ 언드미디어(earned media)

② ㉠ 페이드미디어(paid media), ㉡ 온드미디어(owned media)

③ ㉠ 언드미디어(earned media), ㉡ 온드미디어(owned media)

④ ㉠ 언드미디어(earned media), ㉡ 페이드미디어(paid media)

⑤ ㉠ 온드미디어(owned media), ㉡ 페이드미디어(paid media)

해설

㉠은 페이드미디어(paid media), ㉡은 언드미디어(earned media)이다.
- 온드미디어(Owned Media) : 기업이나 브랜드가 직접 소유하고 관리하는 채널과 자산을 의미
  예 웹사이트, 블로그, 소셜 미디어 페이지, 이메일 뉴스레터 등

01 소셜미디어에 대한 설명 중 가장 옳지 않은 것은?

① 소셜미디어는 4대매체인 TV, 라디오, 신문, 잡지가 아닌 블로그나 트위터, 인스타그램 등 새로운 뉴미디어를 의미한다.

② 소셜미디어의 생산주체는 주로 미디어 제작자나 광고주가 아닌 개인이다.

③ 소셜미디어의 콘텐츠 내용은 일반적으로 객관적·계획적이지 않고 주관적·개인적이다.

④ 소셜미디어의 커뮤니케이션 형태는 일방향적이다.

⑤ 소셜미디어 콘텐츠의 소유 주체는 보통 자본가가 아닌 개인이다.

해설

④ 소셜미디어는 쌍방향적·참여적·네트워크형 커뮤니케이션이 이루어지므로 일방향적 커뮤니케이션이라는 지문은 옳지 않다.

02 다음 중 마케팅을 위한 소셜미디어의 장점에 대한 설명으로 가장 옳지 않은 것은?

① 소셜미디어는 표적화되고 개별화되어 있다는 장점이 있다.

② 소셜미디어는 상호작용적이어서 소비자의 의견 및 피드백을 얻는 데 이상적인 도구이다.

③ 소셜미디어는 브랜드의 근황 및 활동에 관한 마케팅 콘텐츠를 시의적절하게 제공할 수 있다.

④ 소셜미디어를 활용한 마케팅은 비용이 무료라는 장점이 있다.

⑤ 소셜미디어는 고객의 경험을 형성하고 공유하는 데 적합하다.

해설

④ 소셜미디어 마케팅(SNS 마케팅)은 인스타그램, 유튜브, 페이스북과 같은 다양한 플랫폼에서 스폰서 게시물, 디스플레이광고, 캐러셀광고 등 유료 소셜광고를 제공하며, 광고주는 유기적인 콘텐츠를 강화하여 지속적으로 새로운 캠페인을 만들 필요 없이 도달 범위를 확장할 수 있는 장점이 있다.

03 아래 글상자에서 설명하는 로그 분석을 위한 측정단위로 가장 옳은 것은?

> 사이트 내에서 일정 시간 동안 있었던 지속적인 움직임을 하나의 단위로 정해 그 수를 측정한 것이다. 예를 들어, 이것은 사람들이 해당 사이트에 얼마나 자주, 그리고 얼마나 오래 머물렀는지를 나타내는 지표이다.

① 순방문자(unique user)
② 히트(hit)
③ 페이지 뷰(page view)
④ 방문자(visitor)
⑤ 세션(session)

해설

⑤ 웹사이트 로그 분석에 있어서 사이트 내에서 일정 시간 동안 있었던 지속적인 움직임을 하나의 단위로 정해 그 수를 측정한 것을 세션(session)이라 한다.
② 히트(hit)는 웹서버로부터 어느 한 파일이 요청된 상태를 말하며, 예를 들어 메인 페이지 히트 수가 1,000번이라는 것은 방문자들이 메인 페이지에 접속함으로써 웹서버로부터 파일들이 1,000번 요청되었음을 나타낸다.
③ 페이지 뷰(page view)는 방문자(visitor)가 조회한 페이지의 수를 말한다.

04 소셜미디어 마케팅의 장점으로 옳은 것은?

① 소셜미디어는 표적화되어 있고 인적(personal)인 속성이 강하다.
② 소셜미디어 캠페인의 성과는 측정이 용이하다.
③ 마케터의 메시지 통제 정도가 강하다.
④ 기업과 제품에 대한 정보를 푸시를 통해 적극적으로 제공한다.
⑤ 소셜미디어 캠페인은 실행이 단순하고 역효과가 없다.

해설

① 소셜미디어 마케팅은 텔레비전, 신문 등과 같은 전통적인 대중매체를 통해 광고나 홍보를 했던 기존의 마케팅과는 달리 인스타그램, 트위터, 페이스북 등과 같은 소셜미디어를 활용하는 마케팅전략을 말한다. 소셜미디어 마케팅은 사용자 간 관계를 형성할 수 있는 웹 기반의 플랫폼인 소셜 네트워크 서비스를 활용하여 고객들과 소통하므로 대상이 표적화되어 있고 인적 속성이 강한 것이 특징이다.

05 소셜커머스(social commerce)에 관한 설명으로 옳지 않은 것은?

① 음식점, 커피숍, 공연 등 지역 기반의 서비스 상품에 대한 공동구매로 시작하였다.
② 1, 2위 업체의 경우 소수의 상품을 낮은 가격에 판매할 때 활용하곤 한다.
③ 판매자들과의 협상보다는 주로 치열한 가격경쟁을 통해 가격하락을 유도한다.
④ 스마트폰을 이용한 소셜커머스 판매비중의 증가율이 스마트폰을 이용한 오픈마켓보다 높아지는 추세이다.
⑤ 큐레이션 커머스(curation commerce) 형태를 띠고 있다.

해설

③ 소셜커머스(social commerce)는 주로 판매자들과의 협상을 통해 가격하락을 유도하게 된다.

06 아래 글상자가 의미하는 디지털마케팅 용어로 옳은 것은?

> 콘텐츠를 제작해 불특정 다수에게 상품·서비스를 알리는 방법으로 블로그, 유튜브, 팟캐스트 등에서 다양한 형태의 콘텐츠를 이용한 고객과의 양방향 의사소통을 뜻한다. 장기적 관점에서 잠재고객 발굴에 따른 마케팅 효과가 제고된다.

① 바이럴 마케팅
② 검색엔진 마케팅
③ 이메일 마케팅
④ 콘텐츠 마케팅
⑤ O2O 마케팅

🔓 해설

① **바이럴 마케팅** : 구전 마케팅의 인터넷 버전으로 바이럴 마케팅은 웹사이트 구축, 전자메일 메시지, 다른 마케팅 이벤트를 포함하는데 매우 전염성이 강한 마케팅기법이다.
② **검색엔진 마케팅** : 검색엔진 마케팅은 네이버, 구글, 야후 등의 검색엔진을 활용해 광고를 집행하는 마케팅기법으로 검색엔진 광고와 검색엔진 최적화를 통해 실행된다.
③ **이메일 마케팅** : 이메일-뉴스레터, 이벤트, 할인행사 등을 고객 이메일을 통해 알리는 온라인 마케팅 방법으로 고객들에게 원하는 정보를 제공해 관심을 유발하고, 고객들이 제품을 구매하거나 서비스를 이용할 수 있도록 유도하는 마케팅기법이다.
⑤ **O2O 마케팅** : 쇼루밍과 역쇼루밍의 확대에 따라 온·오프라인을 통합해 소비자와의 접점을 확대하는 O2O(Online to Offline) 옴니채널 방식의 마케팅전략을 말한다.

07 아래 글상자에서 설명하는 용어로 옳은 것은?

> 광고를 클릭하여 사이트로 유입된 방문자들이 특정 행위를 하는 비율을 의미한다. 특정 행위로는 뉴스레터 가입이나 소프트웨어 다운로드, 회원가입, 장바구니 담기, 제품 구매, 결제하기 등이 있다.

① 핵심성과지표　　② 고객생애가치
③ 반송률　　　　　④ 잔존율
⑤ 전환율

🔓 해설

⑤ 전환율(Conversion Rate, CVR)은 디지털 마케팅에서 방문자 중 실제로 원하는 행동(전환)을 완료한 비율을 의미하는 핵심성과지표로, 단순한 유입 수치보다 얼마나 효과적으로 고객을 유치하고 있는지를 보여주는 지표에 해당한다.
• 전환율 = (전환 수/총 방문자 수) × 100

08 서비스 유통의 형태인 플랫폼 비즈니스(platform business)에 대한 설명으로 가장 옳지 않은 것은?

① 플랫폼을 통해 사람과 사람, 사람과 사물을 연결함으로써 새로운 유형의 서비스가 창출된다.
② 정보통신기술의 발달은 사람 간의 교류를 더 빠르고 효율적으로 실현시키면서 플랫폼 비즈니스 성장에 긍정적인 영향을 미치고 있다.
③ 플랫폼 비즈니스의 구성원은 플랫폼 구축자와 플랫폼 사용자로 크게 나뉜다.
④ 플랫폼은 소식, 물건, 서비스 등 다양한 유형의 콘텐츠 교류가 가능하게 해주는 일종의 장터이다.
⑤ 플랫폼 비즈니스 사업자는 플랫폼을 제공해 주는 대가를 직접적으로 취할 수 없으므로, 광고 등을 통해 간접적으로 수익을 올리는 비즈니스 모델이다.

🔓해설
⑤ 플랫폼 비즈니스 사업자는 플랫폼을 제공해 주는 대가를 직접적으로 취할 수 있는 비즈니스 모델에 해당한다.

09 뉴미디어와 그에 대한 설명으로 적절하게 연결된 것은?

> (가) 인터넷상의 배포–구독 모델을 통해 오디오나 비디오 프로그램을 배포하는 기술
> (나) 비디오를 공유하는 웹사이트로, 이 사이트를 통해 싸이는 일약 세계적 스타로 성장
> (다) 페이스북, 링크드인 등 다수의 연결망을 통해 커뮤니케이션 가능

① (가) UCC, (나) SNS, (다) 위키
② (가) 팟캐스팅, (나) 유튜브, (다) SNS
③ (가) SNS, (나) 블로그, (다) 위키
④ (가) SNS, (나) UCC, (다) 블로그
⑤ (가) 웹커뮤니티, (나) 유튜브, (다) SNS

🔓해설
(가)는 팟캐스팅으로 인터넷을 통해 영화, 드라마, 음원 등의 콘텐츠를 MP3 플레이어나 PMP 등으로 내려받아 감상하는 미디어 서비스를 말한다. (나)는 유튜브(YouTube), (다)는 소셜미디어 또는 소셜 네트워크 서비스(SNS)에 대한 설명이다.

10 소셜미디어에서 광고가 1,000회 노출되는 데 소요되는 광고비용을 지칭하는 용어로 가장 옳은 것은?

① CTR(Click–Through Rate)
② CVR(Conversion Rate)
③ CPC(Cost Per Click)
④ CPM(Cost Per Mille)
⑤ CPA(Cost Per Action)

🔓해설
④ CPM(Cost Per Mille) : 1,000건당 노출비용으로, 광고를 1,000번 표시하기 위해 지급하는 가격을 말함
① CTR(Click Through Ratio) : 클릭률, 광고가 발생한 클릭 수를 광고가 게재된 횟수로 나눈 값
② CVR(Conversion Rate) : 웹사이트 방문자 중에서 원하는 목표를 달성한 비율
 – 측정방법 : (전환 수 / 방문자 수) × 100
③ CPC(Cost Per Conversion) : 전환 건수당 비용으로, 총지급가격을 전환 수로 나눈 값
⑤ CPA(Cost Per Action) : 행동당 비용을 말하며, 사용자가 광고를 클릭한 후 특정 행동(구매, 회원가입 등)을 완료할 때 광고주가 지불하는 비용

11 플랫폼 비즈니스전략을 수립할 때 고려해야 할 사항으로 가장 옳지 않은 것은?

① 새로운 비즈니스 모델 및 양질의 콘텐츠가 성공의 핵심 요인이다.
② 규모의 경제로 인해 선두주자는 반드시 성공한다.
③ 초기에 충분한 사용자를 확보하기 위해 빠른 시간 내에 네트워크 효과가 나타나게 해야 한다.
④ 제공 서비스 및 콘텐츠의 품질은 지속적으로 유지되어야 한다.
⑤ 독점적 지위를 이용하여 사용자에게 과다한 부담을 강요하는 것은 장기적으로 해가 될 수 있다.

🔓해설
② 플랫폼 비즈니스전략을 수립 시 규모의 경제로 인한 비용절감 부분도 중요요소이지만 이것만으로 반드시 시장에서 성공하는 것은 아니며, 다른 기업과 차별화 정도가 가장 중요한 경쟁우위 요인이 될 수 있다.

• 정답　**09** ②　**10** ④　**11** ②

제4과목 유통정보 — 대표기출문제

THEME 01 **정보의 개념과 정보화 사회**

01 아래 글상자의 괄호 안에 들어갈 용어를 순서대로 짝지은 결과로 옳은 것은?

> - (㉠)은/는 상황정보, 경험, 규칙, 가치가 포함되어 체계화된 결과로 인과, 원인관계를 형성하여 새로운 가치를 창출해 낸 또 다른 사실
> - 피터 드러커는 관련성과 목적성이 부여된 사실들을 (㉡)(이)라고 하였음.
> - (㉢)은/는 "45개의 재고가 남아있다."와 같이 구체적이고 객관적인 사실 또는 관찰 결과

① ㉠ 데이터, ㉡ 정보, ㉢ 지식
② ㉠ 지혜, ㉡ 지식, ㉢ 데이터
③ ㉠ 정보, ㉡ 지식, ㉢ 사실
④ ㉠ 지식, ㉡ 정보, ㉢ 데이터
⑤ ㉠ 지식, ㉡ 데이터, ㉢ 사실

🔓 해설

④ 지식(knowledge)은 상황정보, 경험, 규칙 등이 체계화된 결과이고, 관련성과 목적성이 부여된 사실은 정보(information)이다. 구체적이고 객관적인 사실 또는 관찰 결과는 자료(data)이다.
토머스 데이븐포트(Thomas H. Davenport)는 "정보도 그 특성에 따라 데이터, 정보 및 지식으로 계층을 나누어 볼 수 있다."고 주장하였다. 일반적으로, 수집한 자료(data)를 의사결정에 유용한 형태로 처리한 것을 정보(information)라고 하고, 이러한 정보가 체계화되어 축적되면 지식(knowledge)이 된다.

02 데이터(자료), 지식, 정보에 대한 설명으로 가장 옳지 않은 것은?

① 일반적으로 데이터에서 정보를 추출하고, 정보에서 지식을 추출한다.
② 1차 데이터는 이미 생성된 데이터를 의미하고, 2차 데이터는 특정한 목적을 달성하기 위해 직접적으로 고객으로부터 수집한 데이터를 의미한다.
③ 일반적으로 정보는 이전에 수집한 데이터를 재가공한 특성을 갖고 있다.
④ 암묵적 지식은 명확하게 체계화하기 어려운 지식을 의미한다.
⑤ 지식 창출 프로세스에는 공동화, 표출화, 연결화, 내면화가 포함된다.

🔓 해설

② 2차 데이터는 이미 생성된 데이터를 의미하고, 1차 데이터는 특정한 목적을 달성하기 위해 직접적으로 고객으로부터 수집한 데이터를 의미한다.

03 정보의 유용성을 판별하기 위한 판단기준에 대한 설명으로 가장 옳지 않은 것은?

① 적시성 : 정보가 의사결정자에게 의미를 갖도록 적시에 제공될 수 있어야 한다.
② 적합성 : 의사결정에 적합하지 않은 데이터가 데이터베이스에 있어서는 안 된다.
③ 신뢰성 : 데이터의 기밀성을 확인해야 한다.
④ 비용효율성 : 데이터의 획득에 소요되는 비용과 그 가치에 대해 평가가 필요하다.
⑤ 비교 가능성 : 적합성이 확보된 다른 정보와 비교할 수 있어야 한다.

🔒 해설

③ 신뢰성(reliability)은 정보의 기초가 된 원천자료의 수집방법과 관련이 있는 것으로, 정보는 신뢰할 수 있어야 한다는 것이다. 정보의 신뢰성을 확인하기 위해서는 누가 만든 정보인가, 언제 만들어진 정보인가, 어떤 목적으로 만들어진 정보인가를 파악해야 한다.

04 산업혁명에 따른 기업의 비즈니스 환경 변화에 대한 설명으로 가장 옳은 것은?

① 1차 산업혁명 시기에는 컴퓨터와 같은 전자기기 활용을 통해 업무 프로세스 개선을 달성하였다.

② 2차 산업혁명 시기에는 업무 프로세스에 대한 부분 자동화가 이루어졌고, 네트워킹 기능이 프로세스 혁신을 위해 활성화되기 시작하였다.

③ 3차 산업혁명 시기에는 노동에서 분업이 이루어지기 시작하였고, 전문성이 강조되기 시작하였다.

④ 4차 산업혁명 시기에는 전화, TV, 인터넷 등과 같은 의사소통 방식이 기업에서 활성화되었다.

⑤ 4차 산업혁명 시기에는 인공지능과 사물인터넷 등 신기술 이용을 통해 비즈니스 프로세스에 혁신이 이루어졌다.

🔒 해설

⑤ 4차 산업혁명 시기에는 인공지능과 사물인터넷 등 신기술 이용을 통해 비즈니스 프로세스에 혁신이 진행되고 있다.
①, ②, ④는 인터넷의 발명으로 촉발된 정보혁명인 3차 산업혁명에 대한 설명이고, ③은 1차 산업혁명에 대한 설명이다.

05 정보화 사회의 역기능에 대한 설명으로 가장 옳지 않은 것은?

① 컴퓨터 범죄 및 사생활 침해 현상이 증가하고 있다.

② 인간과 기계는 엄연히 구별되는 독립적인 실체로서 인식되고 있다.

③ 정보기술이 발전하지 못한 국가들은 문화적 정체성을 상실할 수 있다.

④ 소수의 정보독점에 의한 정보 집중화의 문제가 제기되고 있다.

⑤ 사회 전체가 단일 네트워크로 묶이다 보니 이에 따른 사회적 위험 또한 증가하고 있다.

🔒 해설

② 최근 4차 산업혁명을 통해 개인과 개인 간, 정보와 정보 간, 매체와 매체 간의 초연결성을 통해 인간과 기계 등 다양한 실체들이 인공지능(AI)이나 사물인터넷(IoT) 등을 통해 긴밀히 연결되고 있다.

06 오늘날을 제4차 산업혁명 시기로 구분한다. 제4차 산업혁명에 대한 설명으로 가장 옳지 않은 것은?

① 2016 세계경제포럼에서 4차 산업혁명을 3차 산업혁명을 기반으로 디지털, 바이오와 물리학 사이의 모든 경계를 허무는 융합기술 혁명으로 정의한다.

② ICT를 기반으로 하는 사물인터넷 및 만물인터넷의 진화를 통해 인간-인간, 인간-사물, 사물-사물을 대상으로 한 초연결성이 기하급수적으로 확대되는 초연결적 특성이 있다.

③ 인공지능과 빅데이터의 결합과 연계를 통해 기술과 산업구조의 초지능화가 강화되었다.

④ 초연결성, 초지능화에 기반하여 기술 간, 산업 간, 사물-인간 간의 경계가 사라지는 대융합의 시대라고 볼 수 있다.

⑤ 4차 산업혁명 시대의 생산요소는 토지, 노동, 자본 중 노동의 가치가 토지와 자본에 비해 중요도가 커지는 특징이 있다.

🔓**해설**

⑤ 과거 1차 산업혁명 시대에는 토지와 노동의 가치가, 2차 산업혁명 시대에는 자본의 가치가 강조되었으나 3차 산업혁명(정보혁명)을 기반으로 한 4차 산업혁명 시대에는 노동의 가치는 낮아지고 기술과 정보 등 새로운 생산요소의 가치가 중요시되고 있다.

01 정보통신기술의 발전과 이에 따른 의식의 변화로 나타난 유통산업의 변화 현상과 가장 거리가 먼 것은?

① 브랜드 가치 증대
② 퓨전(fusion) 유통
③ 소비자의 주권 강화
④ 채널 간의 갈등 감소
⑤ 디지털 유통의 가속화

🔓**해설**

④ 최근 멀티채널, 옴니채널 등이 확산됨에 따라 채널 간의 갈등은 증가되는 추세를 보이고 있다.
② 퓨전(fusion) 유통은 유통업태 간의 컨버전스(convergence)를 의미하는 것으로 확산추세를 보이고 있다.

02 유통정보혁명의 시대에서 유통업체의 경쟁우위 확보 방안으로 가장 옳지 않은 것은?

① 마케팅 개념 측면에서 유통업체는 제품 및 판매자 중심에서 고객 중심으로 변화해야 한다.

② 마케팅 개념 측면에서 유통업체는 매스 마케팅에서 일대일 마케팅으로 변화해야 한다.

③ 마케팅 개념 측면에서 유통업체는 기존의 다이렉트(direct) 마케팅에서 푸시(push) 마케팅으로 변화해야 한다.

④ 비즈니스 환경 측면에서 유통업체는 전략적 제휴와 글로벌화를 추진해야 한다.

⑤ 비즈니스 환경 측면에서 유통업체는 제품 및 공정 기술의 보편화로 인해 도래하는 물류 경쟁 시대의 급격한 변화에 대비해야 한다.

🔓 해설

③ 유통정보혁명 시대에서 유통업체가 경쟁우위를 확보하기 위해서는 기존의 푸시(push) 마케팅에서 상품정보와 고객정보를 결합하는 다이렉트(direct) 마케팅 또는 고객지향 풀(pull) 마케팅으로 변화해야 한다.

03 아래 글상자의 ㉠, ㉡에 해당되는 각각의 용어로 가장 옳은 것은?

> 전통적인 경제학에서 기업의 생산활동은 (㉠)이 주로 적용된다고 가정하고 있다. 정보화 사회에 들어서면서 컴퓨터 산업을 포함한 정보통신 산업분야에서는 이러한 현상이 적용되지 않는다. 오히려 (㉡)이 적용되고 있다. 브라이언 아서 교수는 농업이나 자연자원을 많이 소모하는 대량생산 체제에서는 (㉠)이 지배하고, 첨단기술의 개발과 지식중심의 생산 체제에서는 반대로 (㉡)이 지배한다고 주장하였다.

① ㉠ 수확체증의 법칙, ㉡ 수확불변의 법칙
② ㉠ 수확체증의 법칙, ㉡ 수확체감의 법칙
③ ㉠ 수확체감의 법칙, ㉡ 수확불변의 법칙
④ ㉠ 수확체감의 법칙, ㉡ 수확체증의 법칙
⑤ ㉠ 수확불변의 법칙, ㉡ 수확체감의 법칙

🔓 해설

㉠ 전통적인 경제학에서 기업의 생산활동을 지배하는 법칙은 수확체감의 법칙이다.

㉡ 최근 혁신적으로 성장하고 있는 정보화 디지털 사회에서는 생산요소의 투입량을 증가시킬 때 추가적인 한 단위 투입에 대해 추가적인 산출량의 크기가 급증하는 수확체증의 법칙(law of increasing returns)이 나타나고 있다.

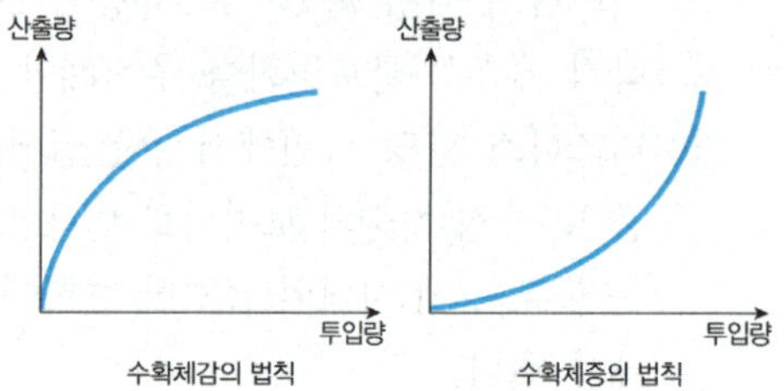

04 디지털 시대의 경영환경 특징으로 가장 옳지 않은 것은?

① 지식상품이 부상하고 개인의 창의력이 중시된다.
② 기술발전 속도가 빠를 뿐만 아니라 사업 범위가 글로벌화되어 경쟁이 심화된다.
③ 정보의 전달 속도가 빨라 제품수명주기가 단축된다.
④ 무형의 자산보다 유형의 자산이 중시된다.
⑤ 기업 간 경쟁이 심화되어 예측이 어려워짐으로써 복잡계시스템으로서의 경영이 요구된다.

🔓 해설

④ 현대 디지털 시대에는 자산의 의미가 유형자산(tangible assets)뿐만 아니라 지식재산권이나 지식자산 등의 무형자산(intangible assets)으로까지 확대되고 있으며 이들의 중요성이 더욱 커지고 있다.

05 아래 글상자에서 공통적으로 설명하는 개념으로 가장 옳은 것은?

> - 공급사슬 네트워크의 복잡성을 설명하는 개념으로, 공급사슬 네트워크의 특정한 부분에서 하나의 이벤트가 발생하면, 공급사슬 네트워크의 다른 부분에서 예측하지 못했던 문제가 발생한다는 것을 설명해 준다.
> - 공급사슬 혼동 현상을 설명해 주는 용어로, 아마존강 유역 어딘가에서 나비가 날개를 펄럭이면, 수천 마일 떨어진 곳에서 허리케인이 만들어질 수 있다는 개념이다.

① 무어의 법칙(Moore's Law)
② 기하급수 기술(exponential technology)
③ 메트칼프의 법칙(Law of Metcalfe)
④ 롱테일 법칙(The long tail)
⑤ 나비효과(butterfly effect)

🔓**해설** ______________

① 무어의 법칙은 18개월마다 반도체의 성능은 2배로 증가하나 가격은 불변이라는 법칙이다.
② 기하급수 기술은 기하급수적 성장곡선을 따르는 모든 기술, 즉 일정 주기적으로 그 능력이 배가 되는 모든 기술이다.
③ 메트칼프(Metcalfe)의 법칙은 수확체증의 법칙으로 인하여 일정 숫자 이상의 사람이 해당 네트워크를 이용하면, 그 네트워크의 효용은 기하급수적으로 상승한다는 법칙이다.
④ 롱테일 법칙은 주목받지 못하는 다수가 핵심적인 소수보다 더 큰 가치를 창출하는 현상이다. '역파레토 법칙'이라고 부르기도 한다.

🔓**해설** ______________

① 전통적인 경제는 수확체감의 법칙이 지배했지만 디지털 경제에서는 생산요소의 투입량을 증가시킬 때 그 생산요소의 추가적인 한 단위의 투입이 발생시키는 추가적인 산출량의 크기(한계생산)가 점점 증가하는 수확체증 현상이 나타나고 있다.

06 디지털 경제하에서의 유통업 패러다임 변화로 가장 옳지 않은 것은?

① 생산요소를 투입하다 보면 어느 순간 투입 단위당 산출량이 감소하는 수확체감의 법칙이 적용된다.
② 자산의 의미도 유형자산(Tangible Assets)에 국한되지 않고 무형자산(Intangible Assets)으로까지 확대되고 있다.
③ "네트워크의 가치는 가입자 수에 비례해 증대하고 어떤 시점에서부터 그 가치는 비약적으로 높아진다."는 메트칼프(Metcalfe)의 법칙이 적용된다.
④ 인터넷의 쌍방향성이라는 특성으로 인해 구매자는 복수의 판매자를 비교하고 가격협상까지 할 수 있는 구매자 주도 시장으로 변화하고 있다.
⑤ 생산자는 제품당 이윤이 줄어들 가능성이 있지만, 거래비용이 낮아져 소비자 수요가 확대되고, 제품의 판매량이 증가함으로써 오히려 전체적으로는 이윤이 늘어날 수 있다.

07 아래 글상자의 내용에 부합되는 용어로 가장 옳은 것은?

> 이전에는 해당업계의 전문가들이나 내부자들에게만 접근을 허용하였던 지식을 대중에게 공유하고, 제품이나 서비스의 새로운 개발 혹은 업그레이드 과정에 전문가뿐만 아니라 비전문가나 외부전문가들의 적극적인 참여를 유도하는 것을 의미한다.

① 롱테일(long tail) 현상
② 지시관리시스템
③ 어텐션(attention) 이코노미
④ 크라우드소싱(crowd-sourcing)
⑤ 블로그

🔓**해설** ______________

④ 크라우드소싱(crowd-sourcing)은 대중(crowd)＋외부자원활용(sourcing)의 합성어로, 제품개발 시 아이디어 제공, 서비스 개선과정에서 조직 내부의 의견에만 국한하지 않고 외부 일반 소비자나 네티즌 등의 집단지성을 참여케 하는 의견개진 방식을 뜻한다.

THEME 03 　정보와 의사결정시스템

01 다음은 기업에서 일어날 수 있는 의사결정의 예이다. 운영, 관리, 전략계층으로 구분해 볼 때, 다음의 의사결정 사례는 각기 어느 계층에서 일어날 수 있는지 가장 적절하게 짝지어진 것은?

> ㉠ 오늘 물류창고관리부서의 직원이 몇 명 병가를 냈는가?
> ㉡ 오늘 어떤 종류의 제품을 몇 개 창고에서 매장으로 보내야 하는가?
> ㉢ 새로운 세법 때문에 기업이 준비해야 할 것은 무엇인가?
> ㉣ 매월 예상 판매량과 실제 판매량 간의 차이는 얼마나 있는가?
> ㉤ 판매점별 가장 우수한 판매자는 누구인가?

	㉠	㉡	㉢	㉣	㉤
①	운영	관리	전략	관리	운영
②	운영	운영	전략	전략	관리
③	운영	운영	관리	관리	운영
④	운영	운영	전략	관리	관리
⑤	운영	관리	관리	관리	운영

🔓 **해설**

- **전략**(strategy) : 거시적, 비일상적, 비정형적, 비구조적, 장기적인 계획으로 기업의 미래와 직결된 의사결정
- **관리**(management) : 운영 결과에 의해 수집된 정보를 포괄적으로 분석한 사항에 대한 의사결정(기업의 주요 활동)
- **운영**(operation) : 미시적, 일상적, 반복적, 정형적, 구조적이며 단기적인 기업활동에 관한 의사결정(일상적 업무절차)

02 기업의 구조는 운영, 관리, 전략의 3계층의 피라미드 구조로 보는 것이 일반적이라 할 때, 조직이 수행하는 비즈니스 의사결정 특성에 대한 설명으로 가장 옳지 않은 것은?

① 운영계층의 의사결정은 대부분 단기적이고, 그날 그날의 운영정보를 주로 다룬다.
② 운영계층의 핵심성과지표는 대부분 효과에 중점을 둔다.
③ 관리계층은 중간관리자, 임원 등이 속하며, 의사결정 유형은 준구조적인 형태로 간헐적으로 우발적인 형태의 의사결정을 수행해야 할 때가 있다.
④ 고위경영자, 사장 및 리더들을 포함한 전략계층의 의사결정은 비구조적이거나 일회적인 경우가 많다.
⑤ 전략계층은 조직 외부 및 범산업적 영역에서 발생하는 정보를 수집하고 분석하여 의사결정을 내려야 하는 경우가 많다.

🔓 **해설**

② 운영(operation)은 가장 하위수준의 활동에 대한 의사결정이다. 따라서 운영계층의 핵심성과지표는 계획실행 및 효율성에 중점을 둔다.

03 유통정보시스템의 구성요소로 가장 옳지 않은 것은?

① 하드웨어(Hardware)
② 소프트웨어(Software)
③ 데이터베이스(Database)
④ 커뮤니티(Community)
⑤ 운영요원

🔓 **해설**

④ 커뮤니티(Community)는 인터넷 마케팅 구성요소 4C(Contents, Commerce, Community, Communication)에 속하는 구성요소이다.

정답　**01** ④　**02** ②　**03** ④

04 유통정보시스템의 도입효과에 대한 설명으로 가장 옳지 않은 것은?

① 주문, 선적, 수취의 정확성을 꾀할 수 있다.
② 리드타임(lead time)이 대폭 증가하여 충분한 재고를 확보할 수 있다.
③ 기업 간 전자연계를 통해 거래함으로써 서류 작업을 대폭 축소시킬 수 있다.
④ 기업 간 전자연계를 이용하면 서류업무에 따른 관리인력을 축소시킬 수 있다.
⑤ 기업 간의 연계는 공급자로 하여금 수요자의 정확한 요구사항을 파악할 수 있게 해준다.

🔓 **해설**

② 유통정보시스템의 도입 및 구축으로 리드타임(lead time)이 대폭 감소하고 재고를 최소화할 수 있다는 장점이 있다.

05 아래 글상자에서 설명하는 의사결정지원기법으로 가장 옳은 것은?

- 의사결정의 목표, 또는 평가기준이 다수이며 복합적인 경우 상호 배반적인 대안들의 체계적인 평가를 지원하는 의사결정지원기법이다.
- 정성적(qualitative) 요소를 포함하는 다기준 의사결정(multi criteria decision making)에 널리 사용된다.
- 문제를 해결할 때 계층적 구조의 설정과 상대적 중요도의 설정, 그리고 논리적 일관성 유지라는 세 가지 원칙을 따른다는 것을 이론적 근간으로 한다.

① AHP(Analytical Hierarchy Process)
② PEST 분석
③ SWOT 분석
④ 시나리오 분석
⑤ 피쉬본 다이어그램

🔓 **해설**

① 쌍대비교방식으로 의사결정을 지원하는 AHP에 대한 설명이다.
② **PEST 분석**(거시환경분석/외부환경분석 프레임워크) : 정치(Political), 경제(Economic), 사회(Social), 기술(Technological) 요인을 분석하는 외부 환경 분석 프레임워크를 의미한다.
③ **SWOT 분석** : 기업의 내외부 요인을 강점(Strength), 약점(Weakness), 기회(Opportunity), 위협(Threat)을 정성적으로 나누어 전략 수립에 활용하는 도구이다.
④ **시나리오 분석** : 미래 상황에 대한 불확실성(수익과 잠재적 손실 등)을 고려하여 다양한 가설을 세우고 시뮬레이션하여 대안을 검토하는 방법이다.
⑤ **피쉬본 다이어그램**(원인-결과도) : 문제의 원인을 분류하여 도식화하면서 체계적으로 분석할 때 사용하는 인과 분석 도구이다.

유통·물류일반관리 제1과목

상권분석 제2과목

유통마케팅 제3과목

유통정보 제4과목

06 아래 글상자의 ㉠, ㉡, ㉢에 들어갈 용어로 옳은 것은?

> (㉡)와/과 (㉢)의 역할은 흔히 유통업에 비유된다.
> (㉠)이/가 데이터라는 상품을 생산하는 곳이라면, (㉡)은/는 이를 소비자들에게 판매하기 위해 체계적으로 분류해서 저장하고 분배하는 기능을 수행하는 도매상으로, (㉢)은/는 도매상과 소비자 사이에 위치하는 소매상으로 비유할 수 있다. 소비자들은 일상적으로 필요한 대부분의 물품들을 소매상으로부터 쉽고 빠르고 간편하게 구매할 수 있다.

① ㉠ 거래처리시스템, ㉡ 데이터 웨어하우스, ㉢ 빅데이터
② ㉠ 거래처리시스템, ㉡ 데이터 웨어하우스, ㉢ 데이터 마트
③ ㉠ 의사결정시스템, ㉡ 그룹의사결정시스템, ㉢ 데이터 웨어하우스
④ ㉠ 거래처리시스템, ㉡ 의사결정시스템, ㉢ 그룹의사결정시스템
⑤ ㉠ 데이터 마트, ㉡ 데이터 웨어하우스, ㉢ 빅데이터

🔓 **해설**

② 거래처리시스템(TPS)은 실무 담당 하위 운영관리자를 지원하는 시스템으로, 컴퓨터를 통해 기능적이고 구조적이며 반복적인 업무처리를 수행하는 데 활용하는 시스템이다. 한편, 체계적으로 분류해서 저장하고 분배하는 기능을 수행하는 곳은 데이터 웨어하우스(Data warehouse)이며, 데이터의 한 부분으로서 특정 사용자가 관심을 갖는 데이터들을 담은 비교적 작은 규모의 데이터 웨어하우스를 데이터 마트(Data mart)라 한다.

07 아래 글상자의 내용을 근거로 유통정보시스템의 개발절차를 순차적으로 나열한 것으로 가장 옳은 것은?

> ㉠ 필요정보에 대한 정의
> ㉡ 정보 활용목적에 대한 검토
> ㉢ 정보 활용주체에 대한 결정
> ㉣ 정보제공 주체 및 방법에 대한 결정

① ㉠ – ㉡ – ㉢ – ㉣
② ㉠ – ㉢ – ㉡ – ㉣
③ ㉠ – ㉣ – ㉡ – ㉢
④ ㉡ – ㉠ – ㉣ – ㉢
⑤ ㉡ – ㉢ – ㉠ – ㉣

🔓 **해설**

⑤ 일반적으로 유통정보시스템의 개발절차는 우선 ㉡ 정보 활용목적을 명확히 하고, ㉢ 정보 활용주체를 결정한 후 ㉠ 필요정보를 정의한다. 최종적으로 ㉣ 정보의 제공 주체 및 방법을 결정한 후 이에 맞는 적정한 수준의 시스템을 개발하는 과정을 거친다.

08 다음 중 데이터 마이그레이션(migration)에 대한 설명으로 가장 옳지 않은 것은?

① 데이터 일치는 외부로부터 유입된 데이터를 기업 표준으로 변환하는 작업이다.
② 데이터 정제는 린 코드번호, 의미없는 데이터, 데이터중복 및 데이터 오기처럼 부정확한 데이터를 올바르게 고치는 작업이다.
③ 데이터 정제는 데이터를 ERP시스템에서 사용할 수 있도록 수정하는 작업이다.
④ 데이터 운반은 기존의 레거시 시스템과 데이터베이스에서 데이터를 꺼내는 작업이다.
⑤ 데이터 수집은 새로운 데이터를 디지털 포맷으로 변환하기 위해 모으는 작업이다.

🔓 **해설** ____________________

ETL(Extract, Transform, Load, 추출·변환·적재) 기업활동에 관련된 내·외부자료를 관리 영역별로 각기 수집·저장 관리하고 있다. 관리되고 있는 자료를 한곳에 모아 활용하기 위해서, 자료를 목적에 맞게 적당한 형태로 변환하거나 통합하는 과정을 거쳐야 한다. ETL은 수집된 자료를 표준화시키거나 변환하여 목표 저장소에 저장할 수 있도록 도와주는 기술이다.
④ 데이터베이스에서 데이터를 꺼내는 작업은 추출(Extract)에 가깝다.

09 의사결정시스템에 대한 설명으로 가장 옳지 않은 것은?

① 최고경영층은 주로 비구조적 의사결정에 대한 문제에 직면해 있고, 운영층은 주로 구조적 의사결정에 대한 문제에 직면해 있다.
② 의사결정지원시스템을 이용해 의사결정의 품질을 높이기 위해서는 의사결정지원시스템에서 활용하는 데이터의 품질을 개선해야 한다.
③ 의사결정지원시스템은 수요예측 문제, 민감도 분석 등에 활용된다.
④ 운영층은 주로 의사결정지원시스템을 이용해 마케팅 계획 설계, 예산 수립 계획 등과 같은 업무를 수행한다.
⑤ 의사결정지원시스템의 의사결정 품질 개선을 위해 딥러닝(deep learning)과 같은 고차원적 알고리즘(algorithm)이 활용된다.

🔓 **해설** ____________________

④ 의사결정지원시스템을 이용해 마케팅 계획 설계, 예산 수립 계획 등과 같은 업무를 수행하는 것은 최고경영층에 해당한다.

계층	의사결정의 유형	특징
최고 관리층	전략적 의사결정	총자원의 제품시장 기회 할당, 예산결정 등의 중요 장기 계획
중간 관리층	관리적 의사결정	자원의 조직화·조달·개발
하위 관리층	운영적 의사결정	주요 기능 분야에 자원을 할당하고 일정계획을 수립하는 단기 결정

THEME 04 지식경영과 프로세스(SECI 모형)

01 아래 글상자에서 '암묵지'에 해당하는 내용만을 모두 나열한 것으로 가장 옳은 것은?

> ㉠ 매뉴얼 ㉡ 숙련된 기술
> ㉢ 조직문화 ㉣ 조직의 경험
> ㉤ 데이터베이스 ㉥ 컴퓨터 프로그램

① ㉠, ㉢, ㉣
② ㉠, ㉢, ㉤
③ ㉡, ㉢, ㉣
④ ㉡, ㉢, ㉣, ㉥
⑤ ㉢, ㉣, ㉤, ㉥

🔓 해설

③ 암묵지(Tacit knowledge)는 개인적인 경험에 의해 얻어지는 지식으로, 말로 표현하기 어려운 직감적인 지식을 말하며 노하우, 체화된 경험 등을 의미한다.
- 개인의 머릿속에 체화되어 있는 지식으로 지적 자본이라고도 함.
- 비구조적이며 고착성 지식에 해당
- 매우 개인적이며 형식화가 어려움.
- 주관적, 인지적, 경험적 학습에 관한 영역에 존재

02 노나카의 지식변환 프로세스인 'SECI 모델'에 대한 설명으로 가장 옳지 않은 것은?

① 사회화는 암묵지에서 암묵지를 얻는 과정이다.
② 외재화는 암묵지에서 형식지를 얻는 과정이다.
③ 공동화는 형식지에서 형식지를 얻는 과정이다.
④ 내재화는 형식지에서 암묵지를 얻는 과정이다.
⑤ 지식변환과정은 직선적이 아닌 복합상승작용이 나타나는 나선형 프로세스로 진행된다.

🔓 해설

③ 공동화(socialization)는 사회화와 같은 용어로, 암묵지에서 암묵지를 얻는 과정에 해당한다.

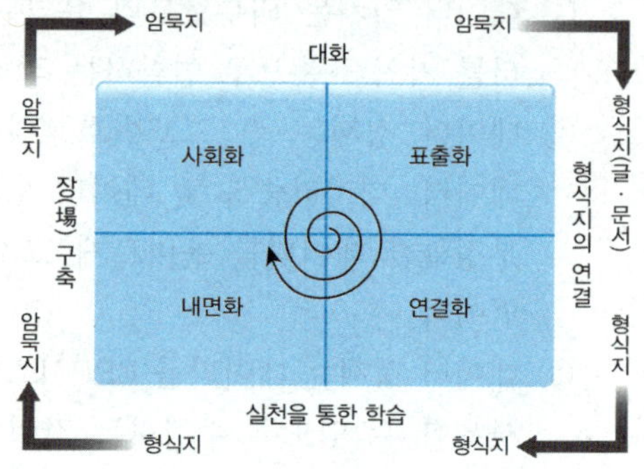

03 노나카의 지식변환과정에 대한 설명으로 옳지 않은 것은?

① 지식변환은 지식 획득, 공유, 표현, 결합, 전달하는 창조프로세스 메커니즘을 지칭한다.
② 지식변환은 암묵지와 형식지의 상호작용으로 원천이 되는 지와 변환되어 나온 결과물로서의 지의 축을 이루는 매트릭스로 표현된다.
③ 지식변환과정은 개인, 집단, 조직의 차원으로 나선형으로 회전하면서 공유되고 발전해 나가는 창조적 프로세스이다.
④ 사회화는 암묵지에서 암묵지로 변환하는 과정으로 주로 경험을 공유하면서 지식이 전수되고 창조가 일어난다.
⑤ 4가지 지식변환과정은 각기 독립적으로 진행되며 상호배타적으로 작용한다.

🔓 해설

⑤ 노나카의 지식변환(SECI) 모형에서 4가지 지식변환과정은 순차적으로 진행되며 상호 간 밀접하게 연결되어 있다. '사회화(Socialization) → 외재화(Externalization) → 종합화(Combination) → 내재화(Internalization)'의 과정을 거치게 된다.

04 경쟁우위와 지능화 수준에 따른 지식경영 분석기술의 출현 및 발전단계로 가장 옳은 것은?

① 리포트 → 스코어카드와 대시보드 → 데이터 마이닝 → 빅데이터
② 스코어카드와 대시보드 → 데이터 마이닝 → 빅데이터 → 리포트
③ 리포트 → 빅데이터 → 데이터 마이닝 → 스코어카드와 대시보드
④ 빅데이터 → 스코어카드와 대시보드 → 데이터 마이닝 → 리포트
⑤ 데이터 마이닝 → 스코어카드와 대시보드 → 리포트 → 빅데이터

🔓 **해설**

① 지식경영 분석기술은 초기 리포트에서 스코어카드와 대시보드를 거쳐, 데이터를 분석하여 가치 있는 정보를 찾아내는 데이터 마이닝(data mining) 단계를 거쳐 2010년대 이후에는 테라바이트 이상의 크기를 가진 빅데이터를 분석하는 수준에 이르고 있다.

05 지식경영에 대한 설명으로 가장 옳지 않은 것은?

① 피터 드러커(Peter Drucker, 1954)는 재무 지식뿐만 아니라 비재무 지식을 활용해 경영성과를 측정하는 균형성과표를 제시하였다.
② 위그(Wigg, 1986)는 지식경영을 지식 및 지식 관련 수익을 극대화시키는 경영활동이라고 정의하였다.
③ 노나카(Nonaka, 1991)는 지식경영을 형식지와 암묵지의 순환과정을 통해 경쟁력을 확보하는 경영활동이라고 정의하였다.
④ 베크만(Bechman, 1997)은 지식경영을 조직의 역량, 업무성과 및 고객가치를 제고하는 경영활동이라고 정의하였다.
⑤ 스베이비(Sveiby, 1998)는 지식경영을 무형자산을 통해 가치를 창출하는 경영활동이라고 정의하였다.

🔓 **해설**

① BSC(균형성과표)는 재무, 고객, 내부 프로세스, 학습·성장 등 4분야에 대해 측정지표를 선정해 평가한 뒤 각 지표별로 가중치를 적용해 산출한다. 이는 재무 지식뿐만 아니라 비재무 지식을 활용해 경영성과를 측정하는 것으로, 캐플란과 노튼(Robert Kaplan & David Norton)이 개발하였다.

06 균형성과표(BSC)와 관련된 내용으로 옳지 않은 것은?

① 캐플란과 노튼에 의해 정립된 이론이다.

② 재무적 관점은 정량화된 수치로 표현하는 데 재무적 측정지표들을 이용한다.

③ 조직의 장기적인 성장과 발전을 도모하고 지속적인 개선을 이루어내기 위해 외부 프로세스 관점을 제시한다.

④ 시장점유율, 고객확보율, 고객수익성 등은 대표적인 고객관점에서 목표와 측정지표를 제시한다.

⑤ 지식경영과 가장 밀접한 관점은 학습 및 성장관점으로 다른 관점에서 설정한 목표치를 달성할 수 있도록 중요한 기반을 제공한다.

🔒 **해설**

③ 균형성과표(BSC)는 재무, 고객, 내부 프로세스, 학습·성장 등 4분야에 대해 측정지표를 선정해 평가한 뒤 각 지표별로 가중치를 적용해 산출하는 것이다. 조직의 장기적인 성장과 발전을 도모하고 지속적인 개선을 이루어내기 위해 내부 프로세스 관점을 제시한다.

07 지식경영을 위한 자원으로서 지식을 체계화하기 위해 다양한 분류 방식을 활용해 볼 수 있다. 다음 중 분류 방식과 그 내용에 대한 설명으로 가장 옳지 않은 것은?

① 도서관형 분류 – 알파벳, 기호로 하는 분류

② 계층형 분류 – 대분류, 중분류, 소분류로 분류

③ 인과형 분류 – 원인과 결과 관계로 분류

④ 요인분해형 분류 – 의미 네트워크에 기반하여 공간적으로 의미를 구성

⑤ 시계열적 분류 – 시계열적으로 과거, 현재, 미래의 사상·의의의 변화를 기술

🔒 **해설**

④ 요인분해형 분류는 계층 트리(tree)로 지식의 개념 구성요소를 구조화한 것이다. 의미 네트워크에 기반하여 공간적으로 의미를 구성하는 것은 네트워크형 분류이다.

08 지식경영이 중요한 경영기법의 하나로 자리잡게 된 배경으로 가장 옳지 않은 것은?

① 지식경영은 프로젝트 지식을 재활용할 수 있도록 유지하는 기회를 제공하기 때문이다.

② 지식경영은 복잡하고 중요한 의사결정을 빠르고, 정확하고, 반복적으로 수행할 수 있도록 지원하기 때문이다.

③ 지식경영은 조직의 효율성과 효과성 향상을 위해 지식을 기반으로 혁신하여 경쟁할 수 있기 때문이다.

④ 지식경영은 대화와 토론을 장려하여 효과적 협력과 지식공유를 위한 단초를 제공하기 때문이다.

⑤ 지식경영은 조직이 지식경제에서 빠르게 변화하는 경쟁환경에 효과적으로 대응하기 위해 지식노동자 개인의 암묵적 지식 축적을 장려하기 때문이다.

🔒 **해설**

⑤ 지식노동자가 창출한 개인의 암묵적 지식을 사회적으로 공유할 수 있는 형식지로 변환시켜야만 빠르게 변화하는 경쟁환경에 대응할 수 있기 때문이다.

● 정답 **06** ③ **07** ④ **08** ⑤

THEME 05 　지식관리시스템

01 지식관리에 대한 설명으로 옳지 않은 것은?

① 명시적 지식은 쉽게 체계화할 수 있는 특성이 있다.

② 암묵적 지식은 조직에서 명시적 지식보다 강력한 힘을 발휘하기도 한다.

③ 명시적 지식은 경쟁기업이 쉽게 모방하기 어려운 지식으로 경쟁우위 창출에 기반이 된다.

④ 암묵적 지식은 사람의 머릿속에 있는 지식으로 지적 자본(intellectual capital)이라고도 한다.

⑤ 기업에서는 구성원의 지식공유를 활성화하기 위하여 인센티브(incentive)를 도입한다.

🔓 **해설**

③ 암묵적 지식(tacit knowledge)은 경쟁기업이 쉽게 모방하기 어려운 지식으로 경쟁우위 창출에 기반이 되는 반면, 명시적 지식(형식지)은 공식화되어 공유되는 지식으로 상대적으로 모방이 쉽게 가능하다.

02 스튜어트(Stewart)의 지식 자산 특성에 대한 설명으로 가장 옳지 않은 것은?

① 지식 자산의 유형으로 고객 자산, 구조적 자산, 인적 자산 등이 있다.

② 대표적인 고객 자산에는 고객브랜드 가치, 기업이미지 등이 있다.

③ 대표적인 인적 자산에는 구성원의 지식, 경험 등이 있다.

④ 대표적인 구조적 자산에는 조직의 경영시스템, 프로세스 등이 있다.

⑤ 구조적 자산으로 외재적 존재 형태를 갖고 있는 암묵적 지식이 있다.

🔓 **해설**

⑤ 스튜어트(Stewart)의 지식 자산 특성에 따르면 구조적 자산으로 외재적 존재 형태를 갖고 있는 것은 형식적 지식(형식지)이라 할 수 있다.

03 유통업체의 지식관리시스템 구축 및 활용과 관련된 설명으로 가장 옳은 것은?

① 기업은 지식에 대한 유지관리를 위해 불필요한 지식도 철저하게 잘 보존해야 한다.

② 지식관리시스템을 도입하면 조직 내부의 지식관리에 대한 모든 문제를 해결할 수 있다.

③ 지식관리시스템 활용에 있어, 직원이 보유한 업무처리 지식에 대한 공유 방지를 위해 철저하게 통제한다.

④ 성공적인 도입을 위해서 초기에는 소규모로 시스템을 도입하고, 성과가 나타나기 시작하면 전사적으로 지식관리시스템을 확장하는 것이 유용하다.

⑤ 지식관리시스템 구축은 단기적 관점에서 경쟁력을 강화하기 위한 프로젝트로, 단기 매출 증대에 기여하도록 시스템을 구축해야 한다.

🔓 **해설**

① 기업은 지식에 대한 유지관리를 위해 핵심적인 중요 지식을 철저하게 잘 보존해야 한다.

② 지식관리시스템을 도입하더라도 내부의 지식관리에 대한 모든 문제를 해결할 수는 없다.

③ 지식관리시스템은 직원이 보유한 업무처리 지식에 대한 공유할 수 있도록 활용해야 한다.

⑤ 지식관리시스템은 단기적인 성과가 아닌 장기적인 경쟁력 강화와 지속 가능한 성장을 목표로 해야 한다.

04 지식관리시스템의 단계별 사이클에 대한 설명으로 가장 옳지 않은 것은?

① 지식 생성 : 사람들이 일하는 방식을 새롭게 바꾸고 노하우를 개발하는 과정에서 창조된다.

② 지식 포착 : 새로운 지식은 현실에 기여할 수 있도록 필요한 상황과 잘 연계되어야 한다.

③ 지식 저장 : 유용한 지식은 사람들이 접근할 수 있도록 합리적인 형태로 저장되어야 한다.

④ 지식 관리 : 잘 보관되어야 하고 적절성과 정확성을 입증하기 위한 검토가 수행되어야 한다.

⑤ 지식 유포 : 필요로 하는 사람이 언제 어디서든지 유용한 형태로 사용할 수 있도록 제공되어야 한다.

🔓 **해설**

지식관리시스템의 단계별 사이클은 '지식의 창출 → 지식의 포착 → 지식의 정제 → 지식의 저장 → 지식의 관리 → 지식의 유포' 등 6단계로 구분한다.

② 지식 포착(knowlege capture)은 개인으로부터 창출된 암묵지 중 조직 전체에 공유될 만한 지식을 탐색하는 과정을 뜻한다.

05 지식관리시스템은 지식이 시간의 흐름에 따라 역동적으로 개선되기 때문에 6단계의 사이클을 따르는데, 이에 맞는 주기 단계가 가장 옳은 것은?

① 지식 생성–정제–포착–관리–저장–유포

② 지식 생성–정제–포착–저장–관리–유포

③ 지식 생성–정제–저장–관리–포착–유포

④ 지식 생성–포착–정제–저장–관리–유포

⑤ 지식 생성–포착–정제–관리–저장–유포

🔓 **해설**

✅ **지식관리 프로세스의 단계**

지식의 창출(생성) → 지식의 포착 → 지식의 정제 → 지식의 저장 → 지식의 관리 → 지식의 유포

01 다음 중 바코드(bar code)에 포함된 정보로 옳지 않은 것은?

① 국가식별코드

② 제조업체코드

③ 상품품목코드

④ 제조일자

⑤ 체크디지트

🔓 **해설**

④ 제조일자는 바코드에 포함된 정보에 해당되지 않는다. 국제표준 바코드인 GS1-13 코드는 국가식별코드 3자리(한국 : 880), 제품 제조업체코드 4자리, 상품품목코드 5자리, 검증코드(체크디지트) 1자리로 구성된다.

02 바코드와 관련된 설명으로 가장 옳지 않은 것은?

① 국내에서 사용되는 표준형 KAN코드는 13자리로 바와 스페이스로 구성되어 있다.

② 국가식별, 상품품목, 제조업체, 체크디지트 순서로 구성되어 있다.

③ 효과적인 사용을 위해서는 코드번호에 따른 상품정보 등을 미리 등록해 둔다.

④ 주로 제조업자나 중간상에 의해 부착된다.

⑤ 생산시점에 바코드를 인쇄하는 것을 소스 마킹이라고 한다.

🔓 **해설**

② 국제표준 바코드인 GS1-13 코드는 국가식별코드 3자리(한국 : 880), 제품 제조업체코드는 4자리, 상품품목코드 5자리, 검증코드(체크디지트) 1자리 순으로 구성된다.

03 다음 중 바코드에 대한 설명으로 가장 옳지 않은 것은?

① 유통업체의 재고관리와 판매관리에 도움을 제공한다.

② 국가표준기관에 의해 관리되고 있다.

③ 컬러 색상은 인식하지 못하고, 흑백 색상만 인식한다.

④ 스캐너 또는 리더기를 이용하여 상품 관련 정보를 간편하게 읽어들일 수 있다.

⑤ 바코드에는 국가코드, 제조업체코드, 상품품목코드 등에 대한 정보가 저장되어 있다.

🔓 **해설**

③ 바코드의 막대는 흑백 색상으로 구성되어 있으나, 바코드 인쇄 및 바코드 스캐너는 다양한 색상 인식이 가능하다.

04 바코드 종류와 크기 결정에 관한 설명으로 가장 옳지 않은 것은?

① GS1-13 바코드는 슈퍼마켓이나 대형마트 등 일반 유통매장에서 사용한다.

② GS1-13 바코드는 표준크기로부터 최대 200% 확대하여 출력할 수 있다.

③ ITF-14는 표준사이즈를 기준으로 50~200%까지 축소, 확대하여 사용할 수 있다.

④ GS1-13 바코드를 축소할 때에는 전체 배율을 무시하고 인위적으로 높이만 줄여 출력하면 된다.

⑤ 바코드에 추가정보(일련번호, 유통기한, 단위 등)을 나타내어야 할 경우에는 GS1-128 바코드를 사용한다.

🔓 **해설**

④ GS1-13 바코드를 축소할 때에는 전체 배율을 고려하여 줄여야 한다. 최소 크기의 바코드는 소매유통 POS에서만 사용되어야 한다.

05 상거래와 관련된 식별을 위한 글로벌 표준코드의 종류와 그 내용이 가장 옳은 것은?

① GTIN(Global Trade Item Number) – 물류운송 단위 식별 표준

② GSIN(Global Shipment Identification Number) – 회사 및 위치 식별 표준

③ GINC(Global Identification Number for Consignment) – 해상 컨테이너로 함께 운송되는 물류 단위 즉 컨테이너 적하물에 대한 식별 표준

④ GDTI(Global Document Type Identifier) – 디지털 쿠폰 식별 표준

⑤ GRAI(Global Returnable Asset Identifier) – 업체와 고객사이의 서비스 관계에 대한 식별 표준

🔓 **해설**

① GTIN(Global Trade Item Number) : 상품 및 서비스 식별에 사용

② GSIN(Global Shipment Identification Number) : 운송(Shipment) 식별에 사용

④ GDTI(Global Document Type Identifier) : 문서 식별에 사용

⑤ GRAI(Global Returnable Asset Identifier) : 재활용 또는 판매 가능한 자산 식별에 사용

06 상품식별코드에 관한 설명으로 가장 옳지 않은 것은?

① 표준상품식별코드는 상품을 식별하기 위한 상품 고유의 번호이다.
② 표준상품식별코드가 바코드에 입력되면 GS1표준 바코드가 만들어진다.
③ 바코드는 식별코드를 기계가 읽을 수 있도록 막대 모양으로 표현한 것이다.
④ 상품식별코드만으로 해당 상품의 상품명, 가격 등의 정보를 알 수 있다.
⑤ 식별코드는 주민등록번호나 자동차등록번호 등과 같이 사람 또는 사물의 식별을 위한 번호체계이다.

🔓 **해설**
④ 상품식별코드 자체만으로는 상품명, 가격 등의 정보를 알 수 없다. 상품식별코드와 연동된 데이터베이스(DB)를 통해 상품명, 가격 등을 확인할 수 있다.

07 2차원 코드에 관한 설명으로 가장 옳지 않은 것은?

① 문자, 숫자 등의 Text는 물론 그래픽, 사진, 음성, 지문, 서명 등 다양한 형태의 정보를 담을 수 있다.
② 정보의 자체복구 및 보안인증 기능이 있다.
③ 높은 인식률과 신뢰성을 보증한다.
④ 데이터의 처리속도가 빠르다.
⑤ 종류에는 PDF-417코드, Code 93, Code 128 및 QR 코드 등이 있다.

🔓 **해설**
⑤ 2차원 바코드의 종류는 다음과 같으며, Code 93과 Code 128은 1차원 바코드에 속한다.

Code Name	QR Code	Data Matrix	PDF-417	Maxi Code
심벌 (Symbol)				

08 GS1 유통표준코드는 대한상공회의소 유통물류진흥원(GS1 Korea)에서 발급받아 사용할 수 있다. GS1 유통표준코드를 상품에 적용할 때 신제품으로 판단되는 사례로 가장 옳지 않은 것은?

① 기존제품에서 새로운 향이나 맛이 추가된 아이스크림
② Wi-Fi나 스트리밍처럼 새로운 기능이 추가된 TV
③ 현재 한국어로 된 포장을 영어로 된 포장으로 바꾼 제품
④ 포장 상자의 높이가 27cm에서 30cm로 변경된 세탁세제
⑤ 생산 연도가 바뀌면 신제품 또는 별개의 제품으로 취급되는 와인

🔓 **해설**
✅ GTIN 관리표준(신제품 출시예시)
신제품이 출시되거나 기존 제품에 변경 사항이 있을 경우 GTIN 발급 규칙에 의해 GTIN을 새로 발급받아야 한다. 여기서 신제품이란 브랜드 소유자가 판매한 적 없는, 시장에 새로 출시되는 제품을 말한다.
GTIN 부여가 필요한 상황의 예 – GTIN 관리표준
1. 휴대전화 제조사가 새로운 기능을 갖춘 모델을 상품 구성에 추가함
2. 현재 브랜드 소유자의 상품 구성에 없는 맛이나 향을 지닌 제품을 처음으로 출시함(①)
3. 현재 영어로 된 제품의 포장에 스페인어만으로 된 포장을 추가함(③)
4. 계절에 맞춰 부분 변경된 제품을 선보이고 소비자/거래 업체는 해당 제품을 구별해 주문할 수 있음
5. 새로운 기능(예 WiFi 및 스트리밍 기능)이 탑재된 신규 텔레비전 모델(②)
6. 스타일과 색은 같지만 사이즈가 여럿인 청바지 신제품(30x30, 30x32, 32x30, 32x32 등). 스타일, 색, 사이즈가 다르면 서로 다른 제품으로 간주해 서로 다른 GTIN을 부여함
7. 빈티지(생산연도)가 바뀌면 소비자에게 다른 품질로 인식되고 신제품 또는 별개의 제품으로 취급되는 와인(⑤)

09 바코드 마킹과 관련된 설명 중에서 가장 옳은 것은?

① 제조업체가 생산시점에 바코드를 인쇄하는 것은 인스토어 마킹이다.

② 소매상이 자신의 코드를 부여해 부착하는 것은 소스 마킹이다.

③ 소스 마킹은 생산시점에서 저렴한 비용으로 바코드 부착이 가능하다.

④ 인스토어 마킹은 업체 간 표준화가 되어 있다.

⑤ 인스토어 마킹은 동일상품에 동일코드가 지정될 수 있다.

🔓 **해설**

① 제조업체가 생산시점에 바코드를 인쇄하는 것은 소스 마킹이다.
② 소매상이 자신의 코드를 부여해 부착하는 것은 인스토어 마킹이다.
④ 업체 간 표준화되어 있는 것은 소스 마킹이다.
⑤ 동일상품에 동일코드가 지정될 수 있는 것은 소스 마킹이다.

10 국내의 유통, 물류, 서적 등에서 적용되는 바코드(Bar Code)에 대한 일반적인 설명으로 가장 옳지 않은 것은?

① 최대규격은 표준규격의 200%까지, 최소치에서의 세로 길이는 1.8cm까지 사용하도록 권장된다.

② 최소치는 표준규격의 80%를 기준으로 하지만, 경우에 따라 그 이하로의 규격도 가능하나 계산대(POS)에서 판독 불가능한 경우를 대비해야 한다.

③ GS1−14의 체계로서 물류식별코드 1자리, 국가식별코드 3자리, 제조업체코드 6자리, 상품품목코드 3자리, 체크디지트 1자리 등으로 구성된다.

④ ISBN 부여대상 자료를 보면 도서, 팸플릿, 수험서, 문학도서, 카세트에 녹음된 도서 등 다양하다.

⑤ QR code는 일본에서 개발되었으며, Data Matrix code는 미국에서 개발된 흑백 격자무늬 패턴으로 정보를 나타내는 매트릭스 형식의 이차원 바코드이다.

🔓 **해설**

③ GS1−14의 체계는 물류식별코드 1자리, 국가식별코드 3자리, 제조업체코드 4자리, 상품품목코드 5자리, 체크디지트 1자리 등으로 구성된다.

11 2차원 QR 코드에 대한 설명으로 가장 옳지 않은 것은?

① 1994년 일본의 덴소 웨이브(DENSO WAVE)에서 데이터를 빠르게 읽는 데 중점을 두고 개발 보급한 기술이다.

② 360˚ 어느 방향에서나 빠르게 데이터를 읽을 수 있다.

③ 기존 바코드 기술과 비교할 때, 대용량 데이터의 저장이 가능하고, 고밀도 정보 표현이 가능하다.

④ 일부 찢어지거나 젖었을 때 오류를 복원하는 기능이 포함되어 있다.

⑤ 바이너리(binary), 제어 코드를 제외한 모든 숫자와 문자를 처리할 수 있다.

🔓해설
⑤ 일본 덴소사에서 개발한 QR 코드는 바이너리(binary), 제어 코드를 포함한 모든 숫자와 문자를 처리할 수 있다.

12 소스 마킹과 인스토어 마킹에 관련된 설명으로 가장 옳지 않은 것은?

① 인스토어 마킹은 소분포장, 진열 단계에서 마킹이 이루어진다.

② 인스토어 마킹은 원칙적으로 소매업체가 자유롭게 표시한다.

③ 소스 마킹은 전 세계적으로 공통 사용이 가능하다.

④ 소스 마킹은 생산 및 제품 포장 단계에서 마킹이 이루어진다.

⑤ 소스 마킹은 과일이나 농산물에 주로 사용된다.

🔓해설
⑤ 과일이나 농산물에 주로 사용되는 것은 인스토어 마킹에 해당한다. 이는 소매업체에서 상품 하나하나에 자체적으로 설정한 바코드 마킹을 의미한다. 이는 소스 마킹을 실시할 수 없는 생선·정육·채소나 과일 등 청과물에 제한적으로 사용한다. 반면, 소스 마킹(source marking)은 바코드 부착 방법의 하나로, 제조업체에서 직접 바코드를 붙이는 것을 말한다.

13 GS1 국제표준기구의 3대 사상의 하나인 공유표준 중에서 아래 글상자에서 설명하는 용어로 가장 옳은 것은?

> 바코드에 입력된 상품 식별코드를 숫자들의 배열 형태가 아닌 웹 주소 형식으로 표시하여 소비자들이 온라인으로 상품정보를 확인할 수 있도록 한다.

① GS1 Digital Link

② GS1 Web Vocabulary

③ GDM(Global Data Model)

④ GS1 Mobile Ready Hero Images

⑤ GDSN(Global Data Synchronization Network)

🔓해설
① 상품정보 공유의 표준인 GS1 Digital Link에 대한 설명이다.

② GS1 Web Vocabulary : 검색 결과에서 더 정확하고 상세한 제품 정보를 보여줌으로써 제품 판매를 재고할 수 있도록 도와준다.

③ GDM(Global Data Model) : 전 세계의 제품 데이터 거래를 단순화하고 조화시켜 원활한 제품 구매를 위해 제품 콘텐츠를 활용하도록 돕는다.

④ GS1 Mobile Ready Hero Images : 웹사이트, 특히 모바일 기기에 제품 이미지를 배치하는 가이드라인을 제공한다.

⑤ GDSN(Global Data Synchronization Network) : 거래파트너 간의 표준화된 제품 전송 및 정보의 지속적인 동기화를 도와주는 정보망이다.

 판매시점 정보관리시스템(POS)

01

자기의 수요를 예측하여 해당하는 양을 주문하고자 할 때, 수요정보의 처리과정에서 왜곡현상이 나타날 수 있다. 소비자에게 판매될 시점의 데이터를 실시간으로 수집할 수 있도록 기능을 지원하는 정보기술로 가장 옳은 것은?

① ONO(Online and Offline)
② IoT(Internet of Things)
③ BYOD(Bring Your Own Device)
④ POS(Point of Sales) 시스템
⑤ JRE(Java Runtime Environment)

🔓 해설

④ POS 시스템은 소비자에게 판매되는 시점의 데이터를 실시간으로 수집할 수 있도록 기능을 지원하는 판매시점 정보관리시스템을 말한다.
① ONO는 Online and Offline의 약어로, 온라인에서의 활동이 오프라인에서의 행동으로 연결되는 비즈니스 모델을 의미한다.
② 사물인터넷을 뜻하는 IoT는 물리적인 장치들이 인터넷에 연결되어 데이터를 주고받는 기술을 의미한다.
③ BYOD는 직장 내에서 직원들이 개인 소유의 장치를 업무에 사용하는 것을 허용하는 정책이다.
⑤ JRE는 Java 애플리케이션을 실행하기 위한 환경이다.

02

판매시점 정보관리시스템(POS)의 설명으로 가장 옳지 않은 것은?

① 물품을 판매한 시점에 정보를 수집한다.
② RFID 기술이 등장함에 따라 상용화되어 도입되기 시작한 시스템이다.
③ 상품이 얼마나 팔렸는가, 어떠한 상품이 팔렸는가 등의 정보를 수집·저장한다.
④ 개인의 구매실적, 구매성향 등에 관한 정보를 수집·저장한다.
⑤ 업무처리속도 증진, 오타 및 오류 방지, 점포의 사무 단순화 등의 단순이익 효과를 얻을 수 있다.

🔓 해설

② 판매시점 정보관리시스템(POS)은 바코드에 기반을 둔 것으로 바코드가 도입된 후에 활성화된 시스템이고, 그 이후 RFID(주파수인식) 기술이 등장하였다.

03

POS(Point of Sales)에 대한 설명으로 옳지 않은 것은?

① 판매시점에서 판매와 관련된 정보를 관리하는 시스템이다.
② 단품관리, 자동판독, 판매시점에서의 정보입력 등이 가능하다는 장점이 있다.
③ 북미지역에서 사용하는 UPC(Universal Product Code)와 유럽에서 사용하는 EAN(European Article Number)이 있다.
④ 유통업체에서는 물품 입고 후 소스 마킹(source marking)을 하여야 POS가 제대로 작동될 수 있다.
⑤ 판매 및 재고에 관한 데이터를 제조업체에 바로 전송하여 제조업체가 생산계획을 조절할 수 있게 도움을 준다.

🔓 **해설**

④ 유통업체에서는 물품 입고 후 인스토어 마킹 (instore marking)을 하여야 POS가 제대로 작동 될 수 있다.

- POS 시스템에서 백화점과 할인점 등 매장의 판매원 이 포장되지 않은 제품을 매장에서 포장하여 마킹하 는 것을 인스토어 마킹(instore marking)이라고 한다.
- 바코드 심벌을 포장이나 용기의 인쇄와 동시에 인쇄 하는 것을 소스 마킹(source marking)이라고 한다.

04 바코드 기반의 POS 시스템을 통해 관리되는 데이터에 대한 설명으로 옳지 않은 것은?

① 제조사별 단품순위
② 판매실적 구성비
③ 단품별 판매순위
④ 단품별 판매동향
⑤ 제품별 유통이력

🔓 **해설**

⑤ 판매시점 정보관리시스템(POS)을 통하여 상품의 공급처 정보와 구매한 소비자 정보 등은 파악이 가능하지만 유통과정 전체의 제품별 유통이력은 파악할 수 없다.

05 POS 시스템과 관련된 설명 중 가장 올바르 지 않은 것은?

① POS 시스템의 3요소는 스캐너, 포스 터 미널, 스토어 컨트롤러이다.
② POS 시스템을 이용하면 거래정보 및 영 업정보를 즉시 파악할 수 있다.
③ 레지스터에 의해 단품별로 수집된 판매 정보는 스토어 컨트롤러에 전달되어 유 효한 정보로 가공된다.
④ 스토어 컨트롤러는 영수증을 발행하고 인쇄한다.
⑤ 광학판독기(스캐너)로 바코드를 판독 한다.

🔓 **해설**

④ 영수증을 발행하고 인쇄하는 것은 포스 터미널이 다. 스캐너에 의해 자동판독된 상품코드와 거래 관련 자료가 스토어 컨트롤러로 보내지면, 스토어 컨트롤러는 데이터베이스화되어 있는 상품 마스 터 파일을 검색하여 상품명, 가격 등을 포스 터미 널로 다시 보내준다.

06 POS(Point of Sales) System 도입에 따른 제조업체의 효과에 대한 설명으로 가장 옳지 않은 것은?

① 경쟁상품과의 판매경향 비교
② 판매가격과 판매량의 상관관계
③ 기후변동에 따른 판매동향 분석
④ 신제품·판촉상품의 판매경향 파악
⑤ 상품구색의 적정화에 따른 매출 증대

🔓 **해설**

⑤ 상품구색의 적정화에 따른 매출 증대는 POS 시스 템 도입에 따라 소매업체가 얻는 효과이다.

제조업체에 대한 효과	• 단위별 판매동향에 대한 정보수집과 이를 기초로 한 정보분석 • POS 자료와 기타 자료의 교차분석으로 자사제품의 시장정보 및 경쟁력을 파악 • 생산계획 및 보충계획을 효율적으로 세울 수 있음
소매업체에 대한 효과	• 체크아웃의 처리속도가 크게 빨라지고, 오퍼레이션 교육비 감소 • 오류등록을 최대한 방지할 수 있음 • ABC 재고분석이 가능하여 단품관리에 유리 • 전자주문시스템과 연계하여 신속한 주문이 가능 • 상품구색의 적정화에 따른 매출 증대

07 POS(Point of Sale) 시스템 도입에 따른 장점으로 가장 옳지 않은 것은?

① 매상등록시간이 단축되어 고객 대기시간이 줄며 계산대의 수를 줄일 수 있다.

② 단품관리에 의해 잘 팔리는 상품과 잘 팔리지 않는 상품을 즉각 찾아낼 수 있다.

③ 적정 재고수준의 유지, 물류관리의 합리화, 판촉전략의 과학화 등의 효과를 가져올 수 있다.

④ CPFR(Collaborative Planning, Forecasting and Replenishment)과 연계하여 신속하고 적절한 구매를 할 수 있다.

⑤ POS 터미널의 도입에 의해 판매원 교육 및 훈련시간이 짧아지고 입력 오류를 방지할 수 있다.

🔓 **해설**

④ 협력적 계획, 예측 및 보충 시스템(CPFR)은 소매기업의 판매 및 재고 관련 정보를 소비자 수요예측과 주문관리에 이용하고, 제조업체와 공동으로 생산 계획에 반영하는 등 제조와 유통업체가 예측·계획·상품보충을 공동으로 운영(협업)하고자 하는 SCM 측면의 프로세스이다. POS는 매출실적, 판매경향, 판매량 등을 비교하는 정보를 제공해 주지만, 적정구매 등 구매전략을 수립하는 정보를 제공해 주지는 않는다.

<table><tr><td>THEME 08</td><td>EDI(전자문서교환)와 QR(신속대응)
시스템</td></tr></table>

01 B2B의 대표적인 수행수단으로 활용되는 정보기술인 EDI에 대한 설명으로 가장 옳지 않은 것은?

① EDI 사용은 문서거래시간의 단축, 자료의 재입력 방지, 업무처리의 오류감소 등의 직접적 효과가 있다.

② EDI 표준전자문서를 컴퓨터와 컴퓨터 간에 교환하는 전자적 정보전달 방식이다.

③ 웹 EDI는 사용자가 특정 문서의 구조를 만들어 사용할 수 있기 때문에 타 업무 프로그램과의 연계가 용이하다.

④ 웹 EDI는 복잡한 EDI 인프라 구축 없이도 활용 가능하다.

⑤ 기존 EDI에 비해 웹 EDI의 단점은 전용선 서비스 기반이라 구축 비용이 높다는 것이다.

🔓 **해설**

⑤ 기존 VAN 기반의 EDI에 비해 웹 EDI, 즉 최근 활용되고 있는 인터넷 기반의 EDI의 통신비용은 VAN의 경우보다 매우 낮다. 인터넷 기반 EDI에서는 최신 EDI의 사용을 보완하거나 대체가 용이하다.

✅ **EDI의 도입효과**

직접적 효과	간접적 효과	전략적 효과
• 문서거래의 감소 (paperless) • 자료의 재입력 방지 • 업무처리의 오류 감소 • 업무처리비용의 감소	• 재고 감소 • 효율적인 인력 활용 • 관리의 효율성 증대 • 고객서비스 향상 • 현금흐름 향상	• 거래당사자 간 관계개선 • 전략적 정보시스템 구축 • 새로운 사업으로 확대 • 경영혁신 • 경쟁우위 확보

02 아래 글상자의 괄호 안에 모두 들어갈 수 있는 용어는?

> CAO는 POS 데이터를 통해 얻어지는 상품정보를 분석해 자동으로 생산 및 판매를 위한 발주정보를 제공해 주는 시스템을 말한다. CAO는 (   ) 기반 정보시스템이기 때문에 유통업체와 제조업체가 규격화된 표준문서를 사용해야 하고, 인프라가 다를 경우 (   ) 문서를 표준화해야 하고, 유통업체와 제조업체 간 데이터베이스가 다를 때도 동기화가 요구된다. 이를 위해서는 표준화된 전자문서교환이 가능하도록 (   )와/과 같은 소프트웨어를 통한 데이터베이스의 변환이 요구된다.

① 크로스도킹 ② MRO
③ EDI ④ KAN
⑤ EAN

🔓 **해설**

③ 'CAO(Computer Assisted Ordering, 자동발주시스템)는 EDI 기반 시스템이기 때문에 CAO 추진을 위한 사전 검토사항에 EDI주문서 전송 가능 여부 확인이 포함되며 지문에 '규격화된 표준문서', '표준화된 전자문서교환'과 같이 EDI에 대해 반복해서 암시해 주고 있다.

03 EDI 도입 시 기대할 수 있는 효과로 가장 옳지 않은 것은?

① 데이터 입력의 정확성
② 서류처리에 관련된 비용의 감소
③ 정보교환의 신속성
④ 효율적인 인력활용 가능
⑤ 사용자의 정보 가공 용이

🔓 **해설**

⑤ 사용자의 정보 가공이 용이한 것은 전자우편(e–mail)의 특징이며, EDI는 표준화된 전자문서를 활용하므로 사용자가 가공할 수 없는 구조이다.

04 기업들이 인터넷에서 EDI 역량을 구축하는 이유로 가장 옳지 않은 것은?

① 인터넷은 대규모의 접속 가능성으로 폭넓은 비즈니스 활동 범위의 확장에 대한 기반이 된다.
② 인터넷은 거래가 가능한 파트너들에 대해 가장 폭넓게 도달할 수 있는 잠재력을 제공한다.
③ 인터넷을 이용하면 통신비용은 VAN의 경우보다는 고가이지만 민감한 데이터들의 전송은 VPN을 통해 보호될 수 있다.
④ 인터넷 기반 EDI에서는 최신 EDI의 사용을 보완하거나 대체가 용이하다.
⑤ 인터넷 기반 EDI에서는 협업, 워크플로, 검색엔진과 같은 기능들을 가지고 있다.

🔓 **해설**

③ 최근 활용되고 있는 인터넷 기반의 EDI의 통신비용은 VAN의 경우보다 매우 낮다. 가상사설망(VPN)을 통해 비용도 절감하고 보안문제도 해결할 수 있다. VPN(Virtual Private Network)은 인터넷망과 같은 공중망을 사설망처럼 이용해 회선비용을 크게 절감할 수 있는 기업통신 서비스를 의미한다.

05 QR(Quick Response) 시스템에 대한 내용으로 옳지 않은 것은?

① SCM보다는 주로 CRM과 연계되어 있다.
② EAN, POS, EDI 등의 정보기술을 활용한다.
③ 섬유, 의류산업에서 활용되고 있다.
④ 생산업체와 유통업체의 유기적인 상호협력이 필요하다.
⑤ 제품 공급사슬상의 효율성 극대화 및 소비자 만족 극대화를 위한 것이다.

해설

① SCM의 기원은 QR(Quick Response)이며, SCM은 적용되는 산업별로 그 표현을 달리하여 의류부문에서는 QR, 가공식품부문에서는 ECR, 의약품부문에서는 EHCR, 신선식품부문에서는 EFR 등으로 불리고 있다.

CRM(Customer Relationship Management)은 고객관계관리를 의미하며, 개별 고객에 대한 상세한 정보를 토대로 그들과의 장기적인 관계를 구축하고 충성도를 높여 고객생애가치(CLV)를 극대화하여 장기적인 고객관계 형성을 위해 도입하는 개념이다.

06 아래 글상자의 내용에 부합되는 SCM 주요기법의 종류로 가장 옳은 것은?

> 이것은 1985년 미국의 패션어패럴 산업에서 '공급체인의 상품 흐름을 개선하기 위하여 소매업자와 제조업자의 정보공유를 통해 효과적으로 원재료를 충원하고, 제품을 제조하고, 유통함으로써 효율적인 생산과 공급체인의 재고량을 최소화시키려는 전략이다.

① QR(Quick Response)
② CAO(Computer Assisted Ordering)
③ CMI(Co-Managed Inventory)
④ CRP(Continuous Replenishment Program)
⑤ ECR(Efficient Consumer Response)

해설

① QR(Quick Response)은 1985년 수입의류상품의 급속한 시장잠식에 신속하게 대응하기 위해 섬유 및 의류산업 중심으로 도입된 최초의 SCM이다. 이에 자극받아 1993년 가공식품산업을 중심으로 효율적인 고객 대응을 위해 ECR을 도입하였다.
② CAO(Computer Assisted Ordering)는 컴퓨터의 지원을 받는 자동발주시스템, ③ CMI(Co-Managed Inventory)는 CRP의 한 유형인 협력적 재고관리, ④ CRP(Continuous Replenishment Program)는 지속적 상품보충시스템이다.

07 신속반응(Quick Response) 시스템의 효과에 대한 설명으로 가장 옳지 않은 것은?

① 소매업자 측면에서는 수익 증대와 고객서비스 개선효과를 누릴 수 있다.
② 제조업자 측면에서는 생산 및 수요예측이 용이하고 상품 품절을 방지할 수 있다.
③ 원자재로부터 최종 제품에 이르는 리드타임의 단축과 재고 감소가 일어난다.
④ 안전재고가 늘어나 고객서비스가 높아진다.
⑤ 소매업자와 제조업자가 시장변화를 감지할 수 있다.

해설

QR(Quick Response) 시스템은 고객이 원하는 시간과 장소에 필요한 제품을 공급하기 위한 물류정보시스템으로, 미국의 패션의류업계가 수입의류상품의 급속한 시장잠식에 대한 방어 목적으로 1980년대 중반에 개발하였다. QR 시스템이 '원자재 조달 → 생산 → 배송'이라는 공급사슬 전체에 걸쳐 채택되면, 처리시간의 단축을 통해 누적 리드타임이 단축되고 재고의 감소로 이어지며, 그 결과 고객에 대한 반응시간 감축 등의 효과를 얻을 수 있다.
④ QR 시스템이 도입되면 안전재고는 감소한다.

유통·물류일반관리 제1과목 / 상권분석 제2과목 / 유통마케팅 제3과목 / 유통정보 제4과목

08 성공적인 SCM 구축을 통해 기업이 얻을 수 있는 기대 효과에 대한 설명으로 가장 옳지 않은 것은?

① 공급업체와 유통파트너의 실시간 정보 공유로 협업이 강화되고 공급망 전반의 가시성이 향상된다.

② 기존보다 정확한 수요예측으로 생산 및 유통계획을 최적화하여 납기 준수율이 높아진다.

③ 고객들의 다양한 니즈와 그 변화에 신속하게 대응할 수가 있으며 이는 고객 만족도를 향상시키게 된다.

④ 공급망의 자동화, 중간 유통망의 제거로 전체 주문 이행의 사이클 타임 단축과 구매 리드타임의 증가 효과가 나타난다.

⑤ 불필요한 재고를 줄이고, 운영비용을 절감하여 기업의 수익성을 향상시킨다.

🔓 **해설**

④ 공급망의 자동화, 중간 유통망의 제거로 전체 주문 이행의 사이클 타임 단축과 구매 리드타임의 감소 효과가 나타난다.

09 (가), (나)에 들어갈 가장 적절한 SCM 전략은?

구분	(가)	(나)
주체	제조업체	유통업체, 소매업체
요구 사항	신속한 대응	효율적인 고객 대응
출현	1985년 섬유 및 의류업계 중심	1993년 식품, 잡화, 슈퍼마켓 중심
핵심	생산자 사이에 걸쳐 있는 유통경로상의 제약조건 및 재고를 줄임으로써 제품 공급체인의 효율성 극대화	제조업체 및 유통업체가 공급체인의 문제점을 개선하도록 협력관계 구축을 통하여 상호이익 추구

① (가) QR,　(나) ECR
② (가) QR,　(나) CRP
③ (가) QR,　(나) CAO
④ (가) ECR,　(나) CAO
⑤ (가) CAO,　(나) ECR

🔓 **해설**

① 고객 요구에 신속한 대응을 위해 섬유 및 의류업계 중심으로 도입된 최초의 SCM은 QR이고, 1993년 식품, 잡화, 슈퍼마켓을 중심으로 효율적인 고객 대응을 위해 도입한 것은 ECR이다.

· 정답　**08** ④　**09** ①

 데이터관리 Ⅰ

01 아래 글상자의 내용은 인먼(W. H. Inmon)이 정의한 데이터 웨어하우징에 대한 개념이다. 괄호에 들어갈 수 있는 단어로 옳지 않은 것은?

> 경영자의 의사결정을 지원하는 (　)이고, (　)이고, (　)이며, (　)인 데이터의 집합

① 통합적(integrated)
② 비휘발성(nonvolatile)
③ 주제 중심적(subject-oriented)
④ 일괄 분석처리
　(batch-analytical processing)
⑤ 시간에 따라 변화적(time-variant)

🔓 **해설**

인먼(W. H. Inmon)은 데이터 웨어하우스의 개념과 관련하여, "경영자의 의사결정을 지원하는 주제 중심적(subject-oriented)이고, 통합적(integrated)이며, 비휘발성(nonvolatile)이고, 시간에 따라 변화(time-variant)하는 데이터의 집합이다."라고 정의한 바 있다.

02 데이터 웨어하우스(Data Warehouse)의 특성으로 옳지 않은 것은?

① 데이터 웨어하우스 내의 데이터는 주제 지향적으로 구성되어 있다.
② 데이터 웨어하우스 내의 데이터는 시간의 흐름에 따라 시계열적으로 저장된다.
③ 데이터 웨어하우스 내의 데이터는 거래 및 사건의 흐름에 따라 체계적으로 저장된다.
④ 데이터 웨어하우스는 다양한 정보시스템의 데이터의 통합관리를 지원해 준다.
⑤ 데이터 웨어하우스는 데이터 마트(Data Mart)의 하위시스템으로 특정 이용자를 위해 디자인된 특화된 데이터베이스이다.

🔓 **해설**

⑤ 데이터 마트(Data Mart)는 데이터 웨어하우스의 하위시스템(또는 부분집합)으로 특정 이용자를 위해 디자인된 특화된 데이터베이스이다.

03 파일의 데이터 계층구조를 순차적으로 나열한 것으로 가장 올바른 것은?

① 바이트(byte) → 비트(bit) → 필드(field) → 레코드(record) → 파일(file)
② 바이트(byte) → 비트(bit) → 레코드(record) → 필드(field) → 파일(file)
③ 바이트(byte) → 필드(field) → 비트(bit) → 레코드(record) → 파일(file)
④ 비트(bit) → 바이트(byte) → 필드(field) → 레코드(record) → 파일(file)
⑤ 비트(bit) → 바이트(byte) → 레코드(record) → 필드(field) → 파일(file)

🔓 **해설**

✔ **파일의 데이터 계층구조**
비트(bit) → 바이트(byte) → 필드(field) → 레코드(record) → 파일(file)의 순이다.

04 아래 글상자의 (　) 안에 들어갈 가장 알맞은 용어는?

> (　)은/는 데이터 웨어하우스를 축소한 소규모 버전을 통해 데이터 웨어하우스 구축의 높은 비용 대비 낮은 비용으로 창출할 수 있으며, 주로 전략적 사업단위나 부서를 위해 설계된 작은 웨어하우스이다.

① 데이터 마트　　② 데이터 마이닝
③ 데이터 큐브　　④ 데이터 무결성
⑤ 스냅샷

🔓**해설**

① 거래처리시스템으로부터 운영데이터를 모아 주제 영역으로 구축한 데이터 웨어하우스는 조직 전체의 정보를 저장하고 있어 방대한 반면, 데이터 마트는 이를 특정한 조직이 사용하기 위해 몇몇 정보를 도출하여 사용할 수 있도록 한 사용자 맞춤형 데이터 서비스를 말한다.

05 유통기업인 ㈜JY는 기업활동에 관련된 내·외부자료를 관리 영역별로 각기 수집·저장 관리하고 있다. 관리되고 있는 자료를 한곳에 모아 활용하기 위해서, 자료를 목적에 맞게 적당한 형태로 변환하거나 통합하는 과정을 거쳐야 한다. 수집된 자료를 표준화시키거나 변환하여 목표 저장소에 저장할 수 있도록 도와주는 기술로 가장 옳은 것은?

① 정규화(Normalization)
② OLAP(Online Analytical Processing)
③ OLTP(Online Transaction Processing)
④ ETL(Extract, Transform, Load)
⑤ 플레이크(Flake)

🔓**해설**

④ ETL은 자료의 추출(Extract), 변환(Transform), 적재(Load)의 약자로, DB로 수집된 자료를 표준화시키거나 변환하여 데이터 웨어하우스에 저장할 수 있도록 도와주는 기술이다.
① 정규화는 데이터베이스 내의 데이터 구조를 조직화하고 최적화하는 과정이다.
② OLAP는 최종 사용자가 다차원 정보에 직접 접근하여 대화식으로 정보를 분석하고 의사결정에 활용하는 과정과 시스템을 말한다.
③ OLTP는 네트워크상 온라인으로 접속된 여러 사용자들의 요청에 따라 웹 서비스가 데이터베이스에 접근하고 바로 처리 결과를 돌려보내는 형태를 의미한다.

06 Data Warehouse, Data Warehousing, Data Mining, Data Mart에 대한 설명으로 가장 잘못된 것은?

① Data Warehouse는 사용자의 의사결정을 지원하기 위해 기업이 축적한 많은 데이터를 사용자 관점에서 주제별로 통합해 별도의 장소에 저장해 놓은 데이터베이스로 이해할 수 있다.
② Data Warehousing은 데이터 웨어하우스에 있는 데이터들로부터 적합한 의사결정을 위한 데이터를 구축하고 활용하는 일련의 과정으로, 전사적인 아키텍처 상에서 의사결정을 지원하기 위한 환경을 구축하는 것이다.
③ Data Mining은 데이터 속에 숨어 있는 정보를 추출하여 연관 규칙(association Rule), 신경망(neural network) 등을 이용하여 분석하며, 유통정보 분석에 많이 이용된다. 대량의 실제 데이터로부터 잠재되어 드러나지 않은 유용한 정보를 찾아내는 것이다.
④ Data Warehouse 내의 데이터는 일단 적재가 완료되면 일괄처리 작업에 의한 갱신 이외에는 DB에 삽입이나 삭제 등의 변경이 수행되지 않는다는 주제지향성(subject-oriented)이 있다.
⑤ Data Mart는 데이터 웨어하우스 구축의 높은 비용 대비 낮은 비용으로 창출할 수 있으며, 주로 전략적 사업단위나 부서를 위해 설계된 작은 규모의 데이터 웨어하우스이다.

🔓 해설

④는 Data Warehouse의 '비휘발성(nonvolatile)'에 해당하는 '읽기 전용'의 특징을 기술한 것이다.

✅ 주제지향성(subject-oriented)
데이터 웨어하우스는 고객, 제품 등과 같은 중요한 주제를 중심으로 그 주제와 관련된 데이터들로 조직된다는 것이다.

07 다음은 데이터 웨어하우스를 구축하고, 사용자에게 필요에 맞는 정보를 제공해 주는 데이터 마트를 구축한 개념도이다. 그림의 (가)에 해당하는 기술 용어로 가장 옳은 것은?

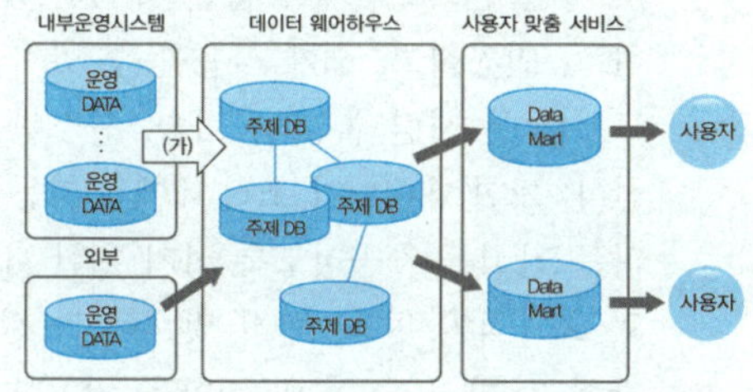

① Classify
② Multi-D(demension)
③ IC(Integration Cycle)
④ STAR(Simple Target Apply Regular)
⑤ ETL(Extract, Transform, Load)

🔓 해설

⑤ ETL은 자료의 추출(Extract), 변환(Transform), 적재(Load)의 약자로, DB로 수집된 자료를 표준화시키거나 변환하여 데이터 웨어하우스에 저장할 수 있도록 도와주는 기술이다.

---

01 다음 중 데이터 마이닝에 대한 설명으로 거리가 먼 것은?

① 데이터베이스 구축 전에 적용
② 데이터 속에 숨어 있는 정보를 추출
③ 인공신경망, 귀납규칙 등을 이용하여 분석
④ 유통정보 분석에 많이 이용
⑤ 숨겨진 상관관계 및 트렌드를 발견하기 위해 대규모 데이터를 분석

🔓 해설

① 데이터 마이닝(data mining)은 많은 데이터 가운데 숨겨져 있는 유용한 상관관계를 발견하여, 미래에 실행 가능한 정보를 추출해 내고 의사결정에 이용하는 과정으로, 데이터베이스(database)를 기초로 이루어지므로 데이터베이스가 먼저 구축되어야 한다.

02 데이터 마이닝 기법과 CRM에서의 활용용도를 연결한 것으로 가장 옳지 않은 것은?

① 분류 규칙 - 고객이탈 수준 등급
② 군집화 규칙 - 제품 카테고리
③ 순차 패턴 - 로열티 강화 프로그램
④ 일반화 규칙 - 연속 판매 프로그램
⑤ 연관 규칙 - 상품 패키지 구성 정보

🔓 해설

④ 다양한 데이터 마이닝 기법을 통해 일반화시킬 수 있는 규칙을 찾아내는 것이기 때문에 별도로 일반화 규칙은 존재하지 않는다.

03 유통정보 분석을 위해 활용되는 데이터 분석 기법으로 성격이 다른 것은?

① 협업적 필터링(collaborative filtering)
② 딥러닝(deep learning)
③ 의사결정나무(decision tree)
④ 머신러닝(machine learning)
⑤ 군집분석(clustering analysis)

해설
①, ②, ③, ④는 데이터 마이닝 기법 중 분류와 예측을 통해 데이터를 분석하는 기법인 반면, ⑤ 군집분석은 많은 데이터 중에서 유사한 특성을 가진 것들을 몇 개의 집단으로 그룹화하여, 각 집단의 성격을 파악함으로써 데이터 전체의 구조에 대해 이해하려는 것이다.

04 데이터 마이닝 기법 중의 하나인 인공신경망 모형에 대한 다음의 내용 중에서 가장 옳지 않은 것은?

① 예측보다는 명쾌하고 쉽게 이해할 수 있는 결과물을 제공함으로써 정확한 설명력을 더욱 중요하게 고려하는 경우에 이용된다.
② 인간이 경험으로부터 학습해 가는 두뇌의 신경망 활동을 모방한 것이다.
③ 자신이 소유한 데이터로부터의 반복적인 학습과정을 거쳐 패턴을 찾아내고 이를 일반화한다.
④ 고객의 신용평가, 불량거래의 색출, 우량고객의 선정 등 다양한 분야에 적용된다.
⑤ 다계층 인식인자의 신경망은 입력계층, 출력계층, 그리고 은닉계층으로 구성된다.

해설
① 데이터 마이닝 기법에서 신경망 분석은 복잡하고 다양한 자료를 쉽게 해결해 주고, 질적 변수와 양적 변수에 관계없이 모두 분석이 가능하며, 예측력이 우수하다는 장점이 있다. 그러나 결과에 대한 분류와 예측결과만 보여주고, 결과 생성의 원인과 이유를 설명하기가 어렵다는 단점이 있다.

05 아래 글상자의 괄호가 의미하는 용어는 무엇인가?

> (   )은/는 조직 내에 있는 데이터를 정확하고, 안전하고, 쉽게 사용할 수 있게끔 만드는 모든 사람과 절차, 기술, 시스템을 말한다. 또한 데이터가 조직 내에서 가능한 한 많은 가치를 제공하도록 하기 위한 데이터의 효과적인 획득, 관리 및 활용과 관련된 관행, 정책 및 역할의 집합을 의미한다.

① 데이터 마트
② 데이터베이스
③ 데이터 웨어하우스
④ 데이터 거버넌스
⑤ 데이터 댐

해설
④ 데이터 거버넌스는 조직 내에 있는 데이터를 정확하고, 안전하고, 쉽게 사용할 수 있게끔 만드는 모든 사람과 절차, 기술, 시스템 전반을 뜻한다. 만약 데이터 거버넌스가 없다면 데이터의 신뢰성이나 효력이 없어지며 데이터를 쉽게 찾을 수 없게 되기도 하여 구성원들의 일상적 업무환경에 악영향을 미치게 된다.

데이터 댐
우리나라의 유무형 자산이나 문화유산, 국가행정정보 등의 공공정보를 데이터화하여 수집·보관하고, 필요한 곳에 사용할 수 있도록 하는 것

THEME 11 개인정보 보호와 프라이버시

01 아래 글상자의 OECD 개인정보 보호 8원칙 중 옳은 것만을 바르게 나열한 것은?

> ㉠ 정보 정확성의 원칙 – 개인정보는 적법하고 공정한 방법을 통해 수집되어야 한다.
> ㉡ 수집제한의 법칙 – 이용 목적상 필요한 범위 내에서 개인정보의 정확성, 완전성, 최신성이 확보되어야 한다.
> ㉢ 목적 명시의 원칙 – 개인정보는 수집 과정에서 수집 목적을 명시하고, 명시된 목적에 적합하게 이용되어야 한다.
> ㉣ 안전성 확보의 원칙 – 정보주체의 동의가 있거나, 법 규정이 있는 경우를 제외하고 목적 외 이용되거나 공개될 수 없다.
> ㉤ 이용제한의 원칙 – 개인정보의 침해, 누설, 도용 등을 방지하기 위한 물리적, 조직적, 기술적 안전 조치를 확보해야 한다.
> ㉥ 공개의 원칙 – 개인정보의 처리 및 보호를 위한 정책 및 관리자에 대한 정보는 공개되어야 한다.
> ㉦ 책임의 원칙 – 정보주체의 개인정보 열람·정정·삭제 청구권은 보장되어야 한다.
> ◎ 개인참가의 원칙 – 개인정보 관리자에게 원칙 준수 의무 및 책임을 부과해야 한다.

① ㉠, ㉡ ② ㉠, ◎
③ ㉡, ㉣ ④ ㉢, ㉥
⑤ ㉤, ㉦

해설

경제협력개발기구(OECD) 개인정보 보호 8원칙에 따르면 ㉠ 수집제한의 원칙, ㉡ 정보 정확성의 원칙, ㉣ 이용제한의 원칙, ㉤ 안전성 확보의 원칙, ㉦ 개인참가의 원칙, ◎ 책임의 원칙이다.

02 아래 글상자에서 데이터 3법에 해당하는 것을 모두 고른 것은?

> ㉠ 전자금융거래법
> ㉡ 개인정보 보호법
> ㉢ 정보통신망 이용촉진 및 정보보호 등에 관한 법률
> ㉣ 클라우드 컴퓨팅 발전 및 이용자 보호에 관한 법률
> ㉤ 신용정보의 이용 및 보호에 관한 법률

① ㉠, ㉡, ㉢ ② ㉠, ㉡, ㉣
③ ㉠, ㉢, ㉣ ④ ㉡, ㉢, ㉤
⑤ ㉡, ㉣, ㉤

해설

④ 우리나라는 데이터 이용에 관한 규제 혁신과 개인정보 보호 협치 체계 정비의 문제를 해결하기 위해 관련 법을 제정하였다.
- 「개인정보 보호법」
- 「정보통신망 이용촉진 및 정보보호 등에 관한 법률」
- 「신용정보의 이용 및 보호에 관한 법률(이하, 신용정보법)」

03 개인정보보호법에서 정의하는 개인정보의 정의와 처리에 대한 내용으로 가장 옳지 않은 것은?

① 성명, 주민등록번호 및 영상 등을 통하여 개인을 알아볼 수 있는 정보이다.

② 살아있는 자를 포함하여 사망한 자, 자연인과 법인등에 관한 정보이다.

③ 해당 정보만으로는 특정 개인을 알아볼 수 없더라도 다른 정보와 쉽게 결합하여 알아볼 수 있는 정보이다.

④ 가명처리를 통해 원래의 상태로 복원하기 위한 추가 정보의 사용, 결합 없이는 특정 개인을 알아볼 수 없는 정보이다.

⑤ 개인정보처리자는 개인정보가 분실·도난·유출·위조·변조 또는 훼손되지 아니하도록 안전성 확보에 필요한 기술적·관리적 및 물리적 조치를 하여야 한다.

🔓 **해설**

정의(법 제2조 제1호)

> "개인정보"란 살아 있는 개인에 관한 정보로서 다음 각 목의 어느 하나에 해당하는 정보를 말한다.
> 가. 성명, 주민등록번호 및 영상 등을 통하여 개인을 알아볼 수 있는 정보
> 나. 해당 정보만으로는 특정 개인을 알아볼 수 없더라도 다른 정보와 쉽게 결합하여 알아볼 수 있는 정보. 이 경우 쉽게 결합할 수 있는지 여부는 다른 정보의 입수 가능성 등 개인을 알아보는 데 소요되는 시간, 비용, 기술 등을 합리적으로 고려하여야 한다.
> 다. 가목 또는 나목을 가명처리함으로써 원래의 상태로 복원하기 위한 추가 정보의 사용·결합 없이는 특정 개인을 알아볼 수 없는 정보

따라서, 법인이나 사망한 개인의 경우 개인정보라고 보기 어렵다.

04 아래 글상자의 내용과 관련 있는 용어로 가장 옳은 것은?

> • 금융소비자 개인의 금융정보(신용정보)를 통합 및 관리하여 주는 서비스
> • 개인데이터를 생산하는 정보주체인 개인이 본인 데이터에 대한 권리를 가지고, 본인이 원하는 방식으로 관리하고 처리하는 패러다임
> • 개인데이터의 관리 및 활용체계를 기관 중심에서 사람 중심으로 전환한 개념

① 디지털 전환
② BYOD(Bring Your Own Device)
③ 개인 핀테크
④ 마이데이터(MyData)
⑤ 빅테크

🔓 **해설**

④ 마이데이터(MyData)는 개인데이터의 관리와 활용 권한이 정보주체인 개인에게 있음을 강조하는, 개인데이터 활용체계의 새로운 패러다임이라 할 수 있다. 또한 마이데이터는 개인이 자신의 정보를 적극적으로 관리·통제하는 것은 물론 이러한 정보를 신용이나 자산관리 등에 능동적으로 활용하는 일련의 과정을 말한다.

05 SET(Secure Electronic Transaction)와 SSL(Secure Socket Layer) 간의 비교 설명으로 가장 옳지 않은 것은?

① SSL은 정보보안 소켓계층으로 신용카드의 정보도용을 방지하기 위하여 개인정보인 카드번호 등을 암호화하여 주는 기술이다.

② SET는 인터넷과 같은 개방 네트워크에서 안전한 카드결제를 지원하기 위하여 개발된 전자결제 프로토콜이다.

③ 사용편리성 측면에서 SSL은 암호 프로토콜이 복잡하여 다소 어려운 반면에, SET는 간편하다.

④ SSL은 사용자 지불정보가 상점에 노출되나, SET는 상점에 지불정보가 노출되지 않는다.

⑤ 조작 가능성 측면에서 SSL은 상점 단독으로 가능하나, SET는 다자간의 협력이 필요하다.

🔓 **해설**

- SSL(Secure Sockets Layer)은 인터넷 상거래 시 필요한 개인정보를 보호하기 위한, 개인정보 유지 프로토콜이다. SSL은 인터넷 프로토콜(Internet protocol)이 보안 면에서 기밀성을 유지하지 못한다는 문제점을 극복하기 위해 Netscape가 개발하였다.
- SET(Secure Electronic Transaction)는 전자결제(지불) 프로토콜로서 사이버캐시 방식을 발전시킨 것이다. 카드이용자와 신용카드 회사, 상점 등이 연계하여 신용카드 결제를 효과적으로 처리하는 방식이다.
③ SET는 표준으로 인정을 받았으나 사용의 번거로움, 처리시간의 지연, 고비용 등으로 거의 활용되지 않고 있다.

06 다음은 SSL(Secure Socket Layer)와 SET(Secure Electronic Transaction) 간의 상대적 차이점을 비교 설명한 것이다. 이 중 가장 옳지 않은 것은?

	내용	SSL	SET
①	비용	고비용	저비용
②	사용편리성	간편함	다소 어려움
③	안정성	다소 낮음	높음
④	조작 가능성	상점 단독 가능	다자간의 협력 필요
⑤	활용 분야	신용카드 정보보안	전자결제 지불

🔓 **해설**

① SET는 표준으로 인정을 받았으나 사용의 번거로움, 처리시간의 지연, 특히 고비용 등의 문제가 있어 현재 활용되지 않고 있다.

07 아래 글상자의 내용 중에서 유통업체의 정보 시스템 활용과 관련된 특성을 나열한 것으로 가장 옳은 것은?

> ㉠ 유통업체에서의 개인정보 활용이 증가함에 따라 보안시스템을 강화할 필요성이 증대되었다.
> ㉡ 유통업체에서는 디지털 신기술 활용 증대에 따라 마케팅기법이 보다 정교해졌다.
> ㉢ 유통업체에서는 개인정보 보호의 중요성이 높아짐에 따라 보안시스템 구축에 많은 관심을 갖게 되었다.
> ㉣ 유통업체에서의 업무처리에 있어서 인공지능 활용이 증가하였고, 사물인터넷과 빅데이터 활용은 감소하였다.
> ㉤ 유통업체에서는 개인정보 보호를 위해서 고객관계관리시스템 활용에 부정적인 인식이 강화되었다.

① ㉠, ㉡, ㉢
② ㉠, ㉡, ㉣
③ ㉠, ㉢, ㉣
④ ㉡, ㉢, ㉤
⑤ ㉡, ㉣, ㉤

🔓 **해설**

㉣ 유통업체에서의 업무처리에 있어서 인공지능 활용이 증가하였고, 재고관리 등 측면에서 사물인터넷과 고객분석 및 수요예측 측면에서 빅데이터 활용이 증가하고 있는 추세이다.

㉤ 개인정보보호가 강화되고 있는 것은 맞지만, 고객관계관리(CRM)를 더 안전하고 효율적으로 활용하기 위한 방법들이 모색되고 있고, 고객관계관리는 여전히 유통의 핵심가치이므로 '고객관계관리시스템 활용에 부정적 인식이 강화되었다'는 표현은 부적절하다.

08 쿠키(cookie)로부터 파악할 수 있는 정보가 아닌 것은?

① 회원정보
② 사용한 컴퓨터 서버
③ 사용한 컴퓨터 사양
④ 서치(search) 정보
⑤ 상품 구매정보

🔓 **해설**

③ 쿠키(cookies)는 사용자가 방문한 웹사이트에서 사용자의 브라우저에 전송하는 작은 텍스트 조각으로, 쿠키파일에는 PC 사용자가 인터넷을 사용한 기록들이 남게 된다. 따라서 쿠키(cookie)로부터 회원정보나 검색정보 및 상품 구매정보 등은 파악할 수 있지만, 사용한 컴퓨터의 사양은 파악할 수 없다.

09 아래 글상자에서 설명하는 용어로 가장 옳은 것은?

> 데이터값 삭제, 총계 처리, 데이터 마스킹 등을 통해 개인정보의 일부 또는 전부를 삭제하거나 대체함으로써 다른 정보와 쉽게 결합하여도 특정 개인을 식별할 수 없도록 하는 조치를 일컫는다.

① 데이터 라벨링
② 비식별화
③ 데이터 범주화
④ 실명처리
⑤ 데이터 통합화

🔓 **해설**

② 비식별화(De-identification)란 데이터를 일부 삭제, 대체, 범주화 등을 함으로써 특정 개인을 유추할 수 없도록 처리하는 것을 뜻하며, 이는 다른 정보와 결합했을 때 개인을 쉽게 특정할 수 있는지를 검사하는 '비식별 조치 적정성 평가'를 함께 진행하여야 한다.

01 전자상거래를 통해 경쟁력을 갖추기 위한 경영전략으로 가장 옳지 않은 것은?

① 다양한 제품과 서비스를 공급해야 한다.
② 제품과 서비스에 대한 가격의 차별화를 추구해야 한다.
③ 끊임없이 생각하고 혁신하는 새로운 경영전략이 필요하다.
④ 사용자가 원하는 보다 가치 있는 정보를 제공하여야 한다.
⑤ 전통적인 상거래의 모든 관행을 따라가야 한다.

🔓 해설
⑤ 전자상거래를 통해 경쟁력을 갖추기 위해서는 전통적인 상거래의 관행에서 벗어나 새로운 흐름을 따르면서 끊임없이 생각하고 혁신하는 새로운 경영전략이 필요하다.

02 일반 상거래와 비교할 때, 전자상거래의 차별화된 특성을 설명한 것으로 가장 옳지 않은 것은?

① 고객과 대화형 비즈니스 모델로의 변이가 가능하다.
② 인터넷 비즈니스는 시간적, 공간적 제약 없이 실시간으로 운영 가능하다.
③ 재고부담을 최소화하면서 기술개발과 마케팅에 더 많은 투자를 한다.
④ 변화에 대한 융통성은 프로세스에 의존하기보다는 유형자산에 의존한다.
⑤ 동시다발적 비즈니스 요소가 성립하며 포괄적 비즈니스 모델에 의한 운영이 가능하다.

🔓 해설
④ 변화에 대한 융통성은 전자상거래가 더욱 우수하다. 전통적인 상거래는 유형의 오프라인 점포, 설비 등이 중요한 역할을 했으나 전자상거래(e-커머스)는 무점포 거래이므로 변화에 대한 융통성은 주로 프로세스에 의존하고 있다.

03 경쟁력 있는 수익창출 방안을 개발하는 데 활용되는 비즈니스 모델 캔버스를 구성하는 9가지 요인 중에 ㉠ 가장 먼저 작성해야 하는 요인과 ㉡ 마지막으로 작성해야 하는 요인이 있다. 여기서 ㉠과 ㉡에 해당하는 내용으로 가장 옳은 것은?

① ㉠ 가치제안, 　㉡ 수익원
② ㉠ 고객관계, 　㉡ 고객세분화
③ ㉠ 수익원, 　㉡ 고객세분화
④ ㉠ 고객세분화, 　㉡ 비용구조
⑤ ㉠ 고객세분화, 　㉡ 가치제안

🔓 해설
④ 비즈니스 모델 캔버스를 구성하는 9가지 요인 중에 가장 먼저 작성해야 하는 요인은 고객세분화이고, 마지막으로 작성해야 하는 요인은 비용구조이다.

가치 전달	1. 고객 세그먼트	고객세분화라 하며, 기업이 도달하고 서비스를 제공하고자 하는 다양한 사람 또는 조직 그룹
	2. 가치제안	고객의 문제를 해결해 주는 것 또는 고객 니즈를 충족해 주는 것
	3. 채널	기업이 가치제안을 전달하기 위해 고객 세그먼트와 소통하고 도달하는 방식
	4. 고객관계	기업이 특정 고객 세그먼트와 맺는 관계의 유형
가치 생산	5. 수익원	회사가 각 고객 세그먼트에서 수익을 창출하는 방식으로 판매, 임대, 수수료, 특허사용 계약 등
	6. 핵심자원	비즈니스 모델을 작동시키는 데 필요한 가장 중요한 자산을 뜻함
	7. 핵심활동	회사의 가치제안을 실행하는 데 가장 중요한 활동. 생산활동, 문제해결, 플랫폼 유지 및 보수 등
	8. 핵심파트너	비즈니스 모델을 작동시키는 공급업체 및 파트너의 네트워크를 말함
	9. 비용구조	비즈니스 모델을 운영하기 위해 발행하는 모든 비용

04 아래 글상자의 내용에서 괄호 안에 들어갈 용어로 가장 옳은 것은?

> 해외 온라인 쇼핑 기업인 P사는 소비자 데이터를 기반으로 바로 생산 주문하는 (　　) 모델을 활성화해 중소기업들의 경쟁력을 높이고 있어 주목받고 있다. 이렇게 공장 직거래를 통해 기본 매입 가격을 낮추고 많은 사람들이 구매하는 공동 구매로 규모의 경제를 창출한 사례이다.

① C2M(consumer to manufacturer)
② C2G(consumer to group)
③ M2C(merchandising to consumer)
④ M2G(merchandising to group buying)
⑤ C2C(consumer to cooperative buying)

🔓해설

① 고객들을 생산자에게 다이렉트로 연결하는 C2M (consumer to manufacturer)에 대한 설명이다. C2M은 유통 플랫폼이 소비자 의견을 공장에 전달하면 공장은 이를 반영해 제품을 만드는 방식이기도 하다.
② **C2G**(consumer to group) : 개인소비자가 그룹을 대상으로 물건이나 서비스를 제공하는 거래방식
③ **M2C**(merchandising to consumer) : 제조사/유통사가 소비자에게 직접 판매하는 방식
④ **M2G**(merchandising to group buying) : 제조사/유통사가 공동구매 그룹에게 대량으로 제품을 제공하는 방식
⑤ **C2C**(consumer to cooperative buying) : 소비자들의 자발적 협력(Cooperative)을 통해 공동 구매를 진행하는 모델

05 아래 글상자에서 설명하는 e-비즈니스 간접 수익창출 방식으로 가장 옳은 것은?

> 네트워크에 의한 수확체증 효과를 얻을 수 있는 가장 빠른 방법으로, 멀티미디어 기술을 이용해 밀접한 관련이 있거나 인지도가 높은 웹사이트에 자사의 광고를 끼워 넣은 형태이다.

① 프로그램 무상 배포
② 스폰서십
③ 무료메일 제공
④ 배너광고
⑤ 제휴 프로그램

🔓해설

④ e-비즈니스에 있어서 멀티미디어 기술을 이용해 밀접한 관련이 있거나 인지도가 높은 웹사이트에 자사의 광고를 끼워 넣은 형태의 간접 수익창출 방식은 배너광고이다. 이는 네티즌을 자극할 수 있는 키워드나 그림이 포함된 작은 광고 형태로, 자사의 웹사이트로 고객을 유인하는 역할에 초점을 둔다.

06 전자상거래의 다양한 수익모델에 관한 설명 중 가장 옳지 않은 것은?

① 광고를 노출시켜 광고주들로부터 광고료를 거둬들이는 광고수익모델
② 콘텐츠나 서비스를 제공하여 구독료를 거둬들이는 구독수익모델
③ 거래를 가능하게 해주거나, 대행해 주는 대가로 수수료를 받는 거래수수료 수익모델
④ 제품이나 정보 서비스를 고객에게 직접 판매하여 수익을 얻는 판매수익모델
⑤ 비즈니스 소개에 대한 수수료를 기반으로 하는 유통수익모델

🔓 **해설**

⑤ 전자상거래 모델 중 비즈니스 소개에 대한 수수료를 기반으로 하는 수익모델은 거래수수료 수익모델로, 자사의 웹사이트를 통해 거래당사자들이 거래할 수 있는 환경을 제공하고, 거래성사 시 거래금액의 일부를 수수료로 받는다. 사례로는 경매 중개업체 옥션과 주식 중개업체 E-Trade 등이 대표적이다.

🔓 **해설**

③ e-비즈니스 유형과 주요 수익원천과 관련하여 커뮤니티 운영 수익의 원천은 구독료, 판매수익, 광고비 등의 하이브리드 수익모델에 의존하고 있다.

07 전자상거래 비즈니스 모델별로 중점을 두어야 할 e-CRM의 포인트에 관한 설명 중 가장 거리가 먼 것은?

① 서비스 모델의 경우 서비스 차별화나 서비스 이용행태 정보제공을 고려한다.
② 상거래 모델의 경우 유사 커뮤니티에 대한 정보제공을 고려한다.
③ 정보제공 모델의 경우 맞춤정보 제공에 힘쓴다.
④ 커뮤니티 모델의 경우 회원관리도구 제공에 힘쓴다.
⑤ 복합 모델의 경우 구성하는 개별 모델에 적합한 요소를 찾아 적용시킨다.

🔓 **해설**

② 유사 커뮤니티에 대한 정보제공을 고려하는 것은 통상 정보제공 모델에 해당한다. 상거래 모델에서는 고객의 구매 이력을 분석하여 그에 맞는 맞춤형 상품 추천에 힘쓴다.

09 전자상거래 시스템 내에서 구현해야 할 보안 요건들 중 아래 글상자에서 설명하는 것으로 가장 옳은 것은?

> 데이터가 완전하고 정확하며 전송 도중에 위·변조되는 것을 방지하는 것으로 암호화 체크섬(Cryptographic Checksum) 기법으로 메시지를 검증한다.

① 인증　　　　　　② 기밀성
③ 무결성　　　　　④ 복호화
⑤ 부인방지

🔓 **해설**

③ 무결성에 대한 설명이다.
① **인증** : 송신자와 수신자의 진위를 파악하는 것으로, 통신시스템에서 서명이나 이메일이 실제로 정확한 곳에서 전송되어 오는지 확인하는 것이다.
② **기밀성** : 비인가자가 부당한 방법으로 정보를 입수한 경우에도 정보의 내용을 알 수 없도록 하는 서비스이다.
④ **복호화** : 부호화된 정보를 부호화되기 전으로 되돌리는 처리방식을 말한다.
⑤ **부인방지** : 송·수신 당사자가 각각 전송된 송·수신 사실을 추후 부인하는 것을 방지하는 서비스이다.

08 다음 중 e-비즈니스 유형과 주요 수익원천의 연결이 옳지 않은 것은?

① 온라인 판매 – 판매수익
② 검색서비스 – 광고료와 스폰서십
③ 커뮤니티 운영 – 거래수수료
④ 온라인광고서비스 – 광고수입
⑤ 전자출판 – 구독료

10 아래 글상자에서 설명하는 e-비즈니스 시스템 내에서 구현해야 할 보안 기능으로 가장 적합한 것은?

> 정보의 송·수신 도중에 데이터가 훼손되거나 데이터에 변화가 생기지 않았는지에 대해 확인을 하는 것이다.

① 인증
② 기밀성
③ 부인방지
④ 무결성
⑤ 전자서명

🔓 해설
④ 무결성(integrity)은 데이터의 변조를 방지하여 전달하는 것으로, 인터넷을 통해 송·수신된 정보가 송·수신 과정에서 승인되지 않은 다른 사람에 의한 위·변조를 방지하는 것이다.

11 전자상거래를 수행하기 위한 보안 요건에 대한 설명으로 가장 옳지 않은 것은?

① 무결성(Integrity) : 데이터가 전송 도중 또는 데이터베이스에 저장되어 있는 동안 악의의 목적으로 위·변조되는 것을 방지하는 서비스이다.
② 기밀성(Confidentiality) : 비인가자가 부당한 방법으로 정보를 입수한 경우에도 정보의 내용을 알 수 없도록 하는 서비스이다.
③ 인증(Authentication) : 고객들이 자신이 구매하는 것에 대하여 다른 사람들이 모른다는 것이 보장되기를 원하는 서비스이다.
④ 부인방지(Non-Repudiation) : 송·수신 당사자가 각각 전송된 송·수신 사실을 추후 부인하는 것을 방지하는 서비스이다.
⑤ 안전(Safety) : 고객들이 인터넷에 신용카드 번호를 제공하는 것이 안전하다고 보장받기를 원하는 서비스이다.

🔓 해설
③ 인증(Authentication)은 사용자 혹은 프로세스에 대한 확인을 의미한다. 통신시스템에서 서명이나 이메일이 실제로 정확한 곳에서 전송되어 오는지 확인하는 것이다.

12 전자상거래 판매시스템에 대한 설명으로 가장 옳은 것은?

① 상향판매(up-selling)는 고객들이 구매하고자 하는 제품에 대해, 보다 저렴한 상품을 고객들에게 제시해 주는 마케팅 기법이다.
② 역쇼루밍(reverse showrooming)은 고객들이 특정 제품을 구매하고자 할 때, 보다 다양한 마케팅 정보를 제공해 주는 마케팅 기법이다.
③ 교차판매(cross-selling)는 고객들이 저렴한 제품을 구매하는 데 도움을 제공한다.
④ 옴니채널(omni-channel)은 온라인과 오프라인 채널을 통합함으로써 보다 개선된 쇼핑환경을 고객들에게 제공해 준다.
⑤ 프로슈머(prosumer)는 전문적인 쇼핑을 하는 소비자를 의미한다.

🔓 해설
① 상향판매(up-selling)는 고객들이 구매하고자 하는 제품에 대해, 보다 고품질·고가의 상품을 고객들에게 제시해 주는 마케팅 기법이다.
② 역쇼루밍(reverse showrooming)은 고객들이 온라인에서 제품에 대한 정보를 얻고 구매는 오프라인을 통해 실행하는 행위를 말한다.
③ 교차판매(cross-selling)는 한 기업이 여러 제품을 생산하는 경우, 고객의 데이터베이스를 이용하여 기업이 제공하는 다른 제품의 구매를 유도하는 전략을 뜻한다.
⑤ 프로슈머(prosumer)는 소비자 중 제조·생산과정에 영향을 미치는 이를 말한다.

13 쇼루밍(Showrooming)과 역쇼루밍(Reverse-Showrooming)에 대한 설명으로 가장 옳지 않은 것은?

① 역쇼루밍은 온라인 쇼핑 채널에서 상품을 선택한 후에, 오프라인 쇼핑 매장에서 상품을 구입하는 행동을 의미한다.

② 상품 선택은 오프라인 매장에서 하고, 실제 상품 구매는 온라인 쇼핑 채널에서 하는 쇼핑 행동을 쇼루밍이라고 한다.

③ 역쇼루밍 트렌드는 화장품, 유아용품, 명품 브랜드 등에서 많이 나타나고 있다.

④ 역쇼루밍족은 온라인 쇼핑 채널에서 다양한 상품구매후기 등을 검색해서 정보를 습득한다.

⑤ 쇼루밍족과 역쇼루밍족의 등장은 온라인과 오프라인 쇼핑 채널의 경계를 무너뜨리면서 유통업계의 크로스 채널(cross channel) 구축을 방해하고 있다.

🔓 **해설**

⑤ 쇼루밍과 역쇼루밍은 온라인과 오프라인 채널을 모두 활용하는 '크로스 채널(cross channel)' 쇼핑 행동의 한 형태이다. 따라서, '방해'가 아닌 '촉진' 이다.

14 아래 글상자의 괄호 안에 들어갈 용어로 가장 옳은 것은?

> (　)은/는 전자상거래 이용 고객이 기업에서 발송하는 광고성 메일에 대해 수신거부 의사를 전달하여 더 이상 광고성 메일을 받지 않을 수 있는 것을 말한다.

① 옵트 오프(opt off)

② 옵트 온(opt on)

③ 옵트 인(opt in)

④ 옵트 오버(opt over)

⑤ 옵트 아웃(opt out)

🔓 **해설**

⑤ 광고성 메일에 대해 수신거부 의사를 전달하면 광고성 메일을 받지 않을 수 있는 것을 나타내는 용어는 옵트 아웃(opt out)이다. 한편 수집을 허용하기 전까지 데이터 수집을 금지하는 것은 옵트 인(opt in)이다.

15 전자조달(e-Procurement)에 대한 설명으로 가장 옳지 않은 것은?

① 전자조달이 효율적으로 운영되면, 담당자는 보다 전략적 구매 업무에 치중할 수 있다.

② 전자적 매체를 통해서 제품을 구매하는 것이다.

③ 역경매를 통해 구매 단가를 낮출 수 있다.

④ 공급자와의 협업적 구매관계의 구축이 용이해진다.

⑤ 조달업무 분야의 예산이 분산처리되어 혼란이 야기되는 경향이 있다.

🔓 **해설**

⑤ 전자조달 또는 전자구매(e-Procurement) 시스템을 활용하면 구매업무가 집중화되므로 구매가격을 낮출 수 있을 뿐만 아니라 조달업무 분야의 예산이 집중처리되어 구매업무가 단순화될 수 있다.

정답 **13** ⑤ **14** ⑤ **15** ⑤

유통·물류일반관리 제1과목 / 상권분석 제2과목 / 유통마케팅 제3과목 / 유통정보 제4과목

16 아래 글상자의 괄호 안에 들어갈 용어로 가장 옳은 것은?

> (㉠)은 QR코드(Quick Response Code)를 통해 악성 앱을 내려받도록 유도하는 금융사기로, 스마트폰 문자메시지로 개인정보를 탈취했던 (㉡)보다 한 단계 진화된 방식으로 QR코드를 활용해 개인정보 및 금융정보를 탈취한다.

① ㉠ 큐싱(Qshing), ㉡ 스미싱(Smishing)
② ㉠ 스미싱(Smishing), ㉡ 피싱(Phishing)
③ ㉠ 피싱(Phishing), ㉡ 해킹(Hacking)
④ ㉠ 스미싱(Smishing), ㉡ 해킹(Hacking)
⑤ ㉠ 큐싱(Qshing), ㉡ 파밍(Pharming)

🔓 해설

㉠ 큐싱(Qshing)에 대한 설명이다. QR코드와 피싱(Phishing)의 합성어로 QR코드를 이용한 해킹을 의미한다. 해커가 만든 악성QR 코드를 촬영하도록 유도하여 악성 앱을 내려 받도록 하거나 악성 프로그램을 설치하게 하는 행위이다.
㉡ 스미싱(Smishing)에 대한 설명이다. 문자메시지(SMS)와 피싱(Phishing)의 합성어로, '무료쿠폰 제공', '돌잔치 초대장', '모바일 청첩장' 등을 내용으로 하는 문자메시지 내 인터넷주소 클릭하면 악성코드가 스마트폰에 설치되어 피해자가 모르는 사이에 소액결제 피해 발생 또는 개인·금융정보 탈취가 일어난다.

THEME 13 ERP 시스템

01 아래 글상자가 의미하는 용어는 무엇인가?

> ( )은/는 회계, 인사, 생산, 판매, 구매, 재무, 물류 등 기업업무 전반을 통합관리하는 경영정보시스템을 의미하는 것으로, 모든 정보가 발생시점에서 실시간으로 데이터베이스화되고 각 부서가 공유할 수 있도록 하는 통합정보시스템을 의미한다.

① MIS(Management Information System)
② SCM(Supply Chain Management)
③ ERP(Enterprise Resource Planning)
④ MRP(Material Resource Planning)
⑤ BPR(Business Process Reengineering)

🔓 해설

③ 전사적 자원계획인 ERP(Enterprise Resource Planning)는 회계, 인사, 판매, 재무, 제조, 물류 등 기업운영에 필요한 핵심정보를 전사적으로 처리해 줄 수 있는 통합정보시스템으로, MRP로부터 발전해 왔고 최근에는 Extended ERP로 그 범위를 확대하고 있다.

02 ERP 시스템 구축 프로젝트 수행 중 여러 가지 문제의 발생으로 ERP 프로젝트 구축 범위가 변경되어 프로젝트가 종료되지 않고 지속되는 현상을 나타내는 용어로 가장 옳은 것은?

① 빅뱅 접근법(Big Bang Approach)
② 바닐라 접근법(Vanilla Approach)
③ 반추(Rumination)
④ 베스트 오브 브리드 접근법
　 (Best-of-Breed Approach)
⑤ 네버 엔딩 프로젝트 신드롬
　 (Never-ending Project Syndrome)

정답 **16** ① / **01** ③ **02** ⑤

해설

① 빅뱅 접근법(Big Bang Approach) : ERP 시스템을 한 번에 모든 조직에 도입하는 방식이다.
② 바닐라 접근법(Vanilla Approach) : ERP 시스템 패키지의 기능을 별도 커스터마이징 없이 기본 기능 그대로 사용하는 방식이다.
③ 반추(Rumination) : ERP와 관련이 없는 용어이다.
④ 베스트 오브 브리드 접근법(Best-of-Breed Approach) : 여러 ERP 모듈 중 가장 우수한 모듈만 선택해 조합하는 방식이다.

03 ERP 시스템 구현 시 기업 환경에 따라 클라우드(cloud) ERP 시스템과 온프레미스(on-premise) ERP 시스템 방식을 고려할 수 있다. 이 중 클라우드 컴퓨팅 기반의 ERP 시스템을 선호하는 기업의 특징으로 가장 옳지 않은 것은?

① 구축 시간을 최소화해 상대적으로 빠른 시일 내에 운영을 원할 경우
② 사용량이 분기별로 매우 큰 폭으로 증가하고 있어 확장성 확보가 용이해야 하는 경우
③ 지역적으로 분산된 기업이 원격접속방식으로 네트워크에 연결하는 것을 원하지 않을 경우
④ ERP 시스템 운영에 필요한 기술력을 보유하고 기업이 지속적으로 시스템을 운영할 수 있는 경우
⑤ ERP 시스템을 위한 IT 인프라에 투자와 자원을 지양하고, 비용이 예측가능한 정기사용료 지불방식을 원할 경우

해설

④ 클라우드 ERP는 기술력을 외부 공급자에 의존하는 경향이 있다. 기업이 ERP를 계속 운영하고 관리할 기술력이 충분히 있으면 클라우드 ERP보다 온프레미스 ERP를 선호하는 경향이 있다.

04 협의의 MIS(Management Information System)와 ERP(Enterprise Resource Planning)에 대한 비교 설명으로 가장 옳지 않은 것은?

구분		MIS	ERP
①	업무 중심	TASK	PROCESS
②	업무처리 형태	부문최적화	전체최적화
③	업무가치 기준	내부통제	고객 중심
④	DB구조	파일시스템	원장형
⑤	전산처리 형태	분산처리 구조	중앙집중식

해설

⑤ MIS는 수직적 업무처리, ERP는 수평적 업무처리를 특징으로 한다. 따라서 전산처리 형태도 MIS는 중앙집중식이고, ERP는 분산처리구조를 특징으로 한다.

05 유통업체들은 정보시스템 운영을 효율화하기 위해 ERP 시스템을 도입하고 있는데, ERP 시스템의 발전순서를 나열한 것으로 옳은 것은?

㉠ ERP ㉡ Extended ERP
㉢ MRP ㉣ MRP Ⅱ

① ㉢ - ㉣ - ㉠ - ㉡
② ㉢ - ㉠ - ㉣ - ㉡
③ ㉢ - ㉡ - ㉠ - ㉣
④ ㉠ - ㉣ - ㉢ - ㉡
⑤ ㉠ - ㉡ - ㉢ - ㉣

해설

① ERP는 회계, 인사, 생산, 판매, 구매, 물류 등 기업 업무 전반을 통합관리하는 경영정보시스템을 의미하는 것으로, 모든 정보가 발생시점에서 실시간으로 데이터베이스화되고 각 부서가 공유할 수 있도록 하는 통합정보시스템을 말한다. 전사적 자원계획(ERP)의 시작은 1960년대 MRP(자재소요계획) → 1980년대 MRP Ⅱ → 1990년대 ERP → Extended ERP로 점차 발전되었다.

THEME 14 CRM 시스템

01 CRM 시스템을 구축하는 이유에 대한 설명으로 가장 옳지 않은 것은?

① 고객과의 장기적인 관계 형성
② 거래 업무 효율화와 수익 증대
③ 의사결정 향상을 위한 고객에 대한 이해 활성화
④ 기존고객 유지보다 신규고객 유치 활성화를 통한 비용절감
⑤ 우수한 고객서비스 제공 및 확고한 경쟁 우위 점유

해설

④ CRM은 신규고객의 창출보다는 기존고객의 유지 및 이탈 방지에 더 중점을 두며, 제품판매보다는 장기적인 고객관계관리에 중점을 둔다. 또한 시장점유율보다는 고객점유율이 중요하고 이는 데이터베이스 구축을 통한 맞춤형 서비스 제공을 통해 고객생애가치 극대화를 위해 이뤄진다.

02 CRM을 구축하기 위한 전제조건과 CRM에 대한 특징으로 가장 옳지 않은 것은?

① 시장점유율보다는 고객점유율에 좀 더 비중을 둔다.
② 고객평생가치 극대화를 통한 고객유지보다는 신규고객 획득에 좀 더 중점을 둔다.
③ 제품판매보다는 고객관계관리에 중점을 둔다.
④ 고객 통합 데이터베이스가 구축되어 있어야 한다.
⑤ 고객 특성을 분석하기 위해 마이닝 도구를 활용한다.

해설

② CRM은 신규고객의 창출도 중요하지만 기존고객의 유지 및 이탈 방지에 더 중점을 둔다. 원가 측면에서도 신규고객의 확보비용보다 기존고객의 유지관리가 비용 면에서 효율적이다.

03 가망고객 발굴을 위해 기존고객에 대한 CRM 분석 전략에 대한 설명으로 옳지 않은 것은?

① 고객프로필 분석 – 연령, 직업, 취미, 학력 등 전체 고객층 분석
② 하우스-홀딩 분석 – 현 고객의 가족상황, 프로필, 성향 등 분석
③ 인바운드 분석 – 담당영업사원, A/S사원의 피드백이나 불만 접수 대응 분석
④ 현 고객 구성원 분석 – 고객의 성격, 사용실태, 충성도 분석
⑤ 외부 데이터 분석 – 제휴업체의 고객데이터 분석

해설

③ 인바운드(In-bound) 분석은 고객으로부터 걸려온 전화 문의, 인터넷 조회, 영업소 방문 등의 내용을 바탕으로 기존고객의 피드백이나 불만제기 내용 등을 분석, 가망고객을 발굴하는 것으로 담당영업사원에 대한 것은 해당하지 않는다.

04 고객발굴을 위해 CRM 시스템의 고객정보를 활용하여 분석을 수행하고자 한다. 고객으로부터 전화 문의, 인터넷 조회, 영업소 방문 등의 내용을 바탕으로 하는 분석을 지칭하는 용어로 가장 옳은 것은?

① 외부 데이터 분석
② 고객프로필 분석
③ 현재 고객 구성원 분석
④ 하우스-홀딩 분석
⑤ 인바운드 고객 분석

해설

✔ CRM 데이터 분석

1. In-bound 분석 : 고객으로부터의 걸려온 전화 문의, 인터넷 조회, 영업소 방문 등의 내용을 바탕으로 하는 분석
2. Out-bound 분석 : 조사대상 고객에게 피드백이나 불만제기 내용 등을 직접 문의하여 분석하는 것

05 아래 글상자의 내용이 공통적으로 설명하고 있는 CRM 분석 도구로 가장 옳은 것은?

> (가) 사용자가 고객DB에 담겨 있는 다차원 정보에 직접 접근하여 대화식으로 정보를 분석할 수 있도록 지원하는 분석 도구
> (나) 분석을 위해 활용되는 정보는 다차원적으로 최종 사용자가 기업의 전반적인 상황을 이해할 수 있게 하여 의사결정을 지원
> (다) 예를 들어 사용자가 자사의 매출액을 지역별·상품별·연도별로 알고 싶을 경우 활용할 수 있는 분석 도구

① 데이터 마이닝(data mining)
② 데이터 웨어하우징(data warehousing)
③ OLTP(Online Transaction Processing)
④ OLAP(Online Analytical Processing)
⑤ EDI(Electronic Data Interchange)

🔓 **해설**

④ CRM의 성공적 수행을 위한 데이터의 분석 도구로 OLAP과 데이터 마이닝이 활용된다. 이 중 OLAP은 데이터 웨어하우스 내에 구축된 자료를 대상으로 User의 의사결정에 필요한 분석을 지원하는 기능을 한다. 반면 데이터 마이닝은 데이터 속에 숨겨져 있는 데이터 간 관계, 패턴 등을 탐색하여 모형화하는 기능을 한다.

06 CRM(Customer Relationship Management)에 사용되는 대표적인 요소기술에 대한 설명이다. 무엇에 대한 설명인가?

> 데이터 웨어하우스 등 대용량의 데이터베이스로부터 패턴이나 관계, 규칙 등을 발견하여 유용한 지식 및 정보를 찾아내는 과정이나 기술로, 데이터 분석을 통한 판매량 예측, 원인과 결과 분석, 특성에 따른 고객분류 또는 집단화하는 데 사용된다.

① 데이터 마이닝(Data Mining)
② 데이터 마트(Data Mart)
③ OLAP(Online Analytical Processing)
④ 데이터 큐브(Data Cube)
⑤ 데이터 무결성(Data Integrity)

🔓 **해설**

① 데이터 마이닝은 대용량의 데이터베이스로부터, 과거에는 알지 못했던 데이터 모델을 새로이 발견하여 실행 가능한 유용한 지식을 추출해 내는 과정을 의미한다.
④ 데이터 큐브는 일반적으로 데이터를 쉽게 해석하는 데 사용되며, 이를 통해 추세분석과 효율성 분석 등에 활용할 수 있다.

07 CRM의 성과를 추적하고 관리하기 위해 사용할 수 있는 지표를 크게 판매지표, 고객서비스 지표, 마케팅 지표로 구분할 때, '고객서비스 지표'에 해당하는 것은?

① 판매요청 건수, 유지된 고객 수, 평균 해결시간
② 서비스요청 건수, 유효한 판매기회 건수
③ 고객만족도 수준, 고객 유지율
④ 일별 평균 서비스요청 건수, 평균 해결시간
⑤ 잠재적 고객 수, 신규고객 유치율

🔓 **해설**

④ '고객서비스 지표'에 해당하는 것은 일별 평균 서비스요청 건수, 평균 해결시간 등이다.

판매지표	제품당 신규 판매 건수, 판매요청 건수, 유효한 판매기회 건수
고객서비스 지표	일별 평균 서비스요청 건수, 평균 고객 불만 처리시간, 서비스요청 건수 등
마케팅 지표	신규고객 유치율, 기존고객 유지율, 유지된 고객 수, 잠재적 고객 수, 마케팅 캠페인당 반응 건수, 고객만족도 수준 등

08 OLAP(Online Analytical Processing)와 OLTP(Online Transaction Processing) 간 비교 설명한 것으로 가장 옳지 않은 것은?

	구분	OLAP	OLTP
가	데이터의 구조	단순(사업분석에 적합)	복잡(운영시스템 계산에 적합)
나	데이터의 갱신	주기적/정적	순간적/동적
다	데이터의 내용	실시간 데이터	배치(batch)성 데이터
라	데이터의 특성	주제 중심	거래 중심
마	데이터의 사용법	고도로 비구조화된 분석처리	고도로 구조화된 연속처리

① 가   ② 나
③ 다   ④ 라
⑤ 마

🔓 **해설**

다. 온라인 거래처리(OLTP)에서는 실시간 데이터를 활용하고, 온라인 분석처리(OLAP)에서는 일반적으로 묶음 형태인 배치(batch)성 데이터를 활용한다.

09 아래 글상자의 내용을 읽고 괄호 안에 들어갈 용어로 가장 옳은 것은?

> (㉠)는 데이터 분석 및 의사결정을 지원하는 시스템으로, 대량의 데이터를 빠르게 분석하고 다차원적으로 조회할 수 있도록 지원하는 기술이다. 주로 데이터 웨어하우스(Data Warehouse)와 연계하여 사용되며, 기업이 데이터를 수집, 분석 및 시각화하여 의사결정을 지원하는 기술과 프로세스의 집합인 (㉡) 시스템의 핵심 요소로 활용된다.

① ㉠ OLAP(Online Analytical Processing), ㉡ BI(Business Intelligence)
② ㉠ OLTP(Online Transaction Processing), ㉡ BI(Business Intelligence)
③ ㉠ OLAP(Online Analytical Processing), ㉡ 시각화(Visualization)
④ ㉠ OLTP(Online Transaction Processing), ㉡ 시각화(Visualization)
⑤ ㉠ OLTP(Online Transaction Processing), ㉡ 빅데이터분석

🔓 **해설**

㉠ 사용자가 고객DB에 담겨 있는 다차원 정보에 직접 접근하여 대화식으로 정보를 분석할 수 있도록 지원하는 분석 도구인 OLAP(Online Analytical Processing)에 대한 설명이다.

㉡ 고객 관리 등을 최적화하기 위해 활용되는 기술로, 데이터 마이닝, OLAP 등 다양한 분석 도구를 통해 방대한 데이터를 체계적으로 분석하고 시각화하여, 의사결정자가 적절한 시점에 필요한 정보를 효율적으로 활용할 수 있도록 지원하는 시스템인 BI(Business Intelligence)에 대한 설명이다.

• OLTP(Online Transaction Processing) : 일상적인 비즈니스 트랜잭션을 처리하고 관리하는 시스템으로 실시간으로 데이터를 입력, 수정, 삭제하는 작업에 집중한다.

10 고객충성도 프로그램과 관련된 내용으로 가장 옳지 않은 것은?

① 포인트 기반 프로그램은 고객이 구매할 때마다 포인트를 적립하여 혜택을 제공하는 방식이다.

② 구매 패턴 분석 후 맞춤형 혜택 제공을 통해 고객이 지속적으로 브랜드를 이용하도록 유도하려 한다.

③ 고객과의 장기적인 관계를 구축하고 브랜드 경쟁력을 높이는 중요한 전략이다.

④ 아마존 프라임은 유료 멤버십 구독으로 무료 배송과 독점 콘텐츠를 제공하는 대표적인 구독형 방식이다.

⑤ 기존 고객 유지도 중요하지만 신규 고객 확보를 위한 전략이다.

🔓 **해설**

⑤ 고객충성도 프로그램은 신규 고객 확보보다 기존 고객과의 관계를 유지·강화하는 것이 핵심인 전략이다. 신규 고객 확보는 프로모션이나 광고 등의 마케팅 전략이다.

11 고객관리를 위해 인터넷 쇼핑몰을 운영하는 A사는 웹로그 분석을 실시하고 있다. 아래 글상자의 (   ) 안에 들어갈 용어로 가장 옳은 것은?

> 방문자가 웹 브라우저를 통해 웹사이트에 방문할 때 브라우저가 웹서버에 파일을 요청한 기록을 시간과 IP 등의 정보와 함께 남기는데, 이것을 (   )라고 한다. 이 로그는 웹사이트의 트래픽에 대한 가장 기초적인 정보를 제공하며 서버로부터 브라우저에 파일이 전송된 기록이므로 Transfer Log라고도 한다.

① 리퍼럴 로그(referrer log)

② 에이전트 로그(agent log)

③ 액세스 로그(access log)

④ 에러 로그(error log)

⑤ 호스트 로그(host log)

🔓 **해설**

③ 액세스 로그(access log)는 방문자가 특정 사이트에 접속할 때부터 나갈 때까지 사용자의 아이디, 웹사이트 방문 경로 및 방문 시간, 웹사이트에서 수행한 작업 내용 등 모든 행적을 기록하고 있다.

12 아래 글상자의 (   ) 안에 들어갈 용어로 가장 옳은 것은?

> e-CRM은 단 한 명의 고객까지 세분화하여 고객의 개별화된 특성을 파악하고 이들 고객에게 맞춤 서비스를 제공하는 데 목적을 두고 구현한다. 이를 위해 다양한 정보를 수집하고 분석하여 활용하는데, 고객이 인터넷을 서핑하면서 만들어내는 고객의 (   )는 고객의 성향을 파악할 수 있는 훌륭한 정보가 된다.

① 웹 서버(Web Server)

② 웹 로그(Web log)

③ 웹 사이트(Web Site)

④ 웹 서비스(Web Service)

⑤ 웹 콘텐츠(Web Contents)

🔓 **해설**

② 웹 로그(Web log)란 웹사이트에 방문한 고객의 흔적(log)인 유입자, 유입경로 등 누가, 언제, 무엇을, 어디서, 어떤 경로로, 어떤 페이지를 방문했는지 등을 분석할 수 있는 도구로 이를 통해 고객의 성향을 파악할 수 있다.

13 e–CRM을 기업에서 성공적으로 도입하기 위해 필요한 발전 전략으로 가장 적합하지 않은 것은?

① 다양한 커뮤니케이션 수단을 활용하여 고객접촉 경로의 다양화가 필요하다.
② 소비자의 트렌드를 분석하기보다는 소비자의 유행을 따라가는 서비스를 구사하여야 한다.
③ 고객의 입장에서 꼭 필요한 콘텐츠 구성이 필요하다.
④ 개인의 특성에 맞게 맞춤 서비스로 타사와의 차별화 전략이 필요하다.
⑤ 커뮤니티, 오락 등 콘텐츠의 다양화를 통한 활성화 전략이 필요하다.

해설
② e–CRM을 성공적으로 도입하기 위해서는 소비자의 유행을 따라가는 서비스를 구사하기보다는 선제적으로 소비자의 트렌드를 분석하여야 하는 것이 타당하다. e–CRM은 인터넷을 통해 획득한 고객에 대한 정보와 지식을 기반으로, 고객 개인이 필요로 하는 1 : 1 맞춤 서비스를 제공할 수 있는 장점이 있다.

THEME 15 공급사슬관리(SCM)

01 SCM(공급사슬관리)의 도입효과에 대한 설명으로 가장 옳지 않은 것은?

① 주문량과 안전재고의 증가
② 공급업체에 자재 품목별로 분리하여 주문 가능
③ 수주 처리기간의 단축
④ 제조업체의 생산계획이 가시화되어 공급업체의 자재재고 축소 가능
⑤ 채찍효과의 감소로 유통경로 전체의 효율성 제고

해설
SCM은 제조, 물류, 유통업체 등 유통공급망에 참여하는 전 구성원들의 협력과 정보공유 등을 통해 생산과 재고관리의 최적화를 추구하는 경영기법이다. 제조업체는 유통업체 등을 통해 실시간으로 제품수요를 파악한 뒤 이를 바탕으로 제품을 생산하여 재고비용을 줄일 수 있다.
① SCM이 도입되면 주문량은 물론 안전재고가 감소되어 재고비용을 절감할 수 있다.

02 다음 중 정보기술로 인한 SCM(공급사슬관리)의 개선효과에 대한 설명으로 부적절한 것은?

① 안전재고량 감소
② 수요와 공급의 불확실성 감소
③ 정보의 가시성 감소
④ 채찍효과의 감소
⑤ 리드타임의 축소

해설
③ 정보기술(IT)에 기반을 둔 공급사슬관리(SCM)가 도입되면 정보의 가시성은 높아진다.

03 아래 글상자의 괄호 안에 들어갈 적절한 용어가 순서대로 연결된 것은?

> 공급망관리(SCM)는 적용되는 산업별로 그 표현을 달리하고 있다. 즉, 의류부문에서는 (　), 식품부문에서는 (　), 의약품부문에서는 (　), 신선식품부문에서는 (　) 등으로 불리고 있다.

① QR – ECR – EHCR – EFR
② QR – ECR – EFR – EHCR
③ QR – EHCR – ECR – EFR
④ CRP – EFR – EHCR – ECR
⑤ ECR – QR – EFR – EHCR

🔒 **해설** ────────────────

① SCM은 적용되는 산업별로 그 표현을 달리하고 있다. 즉, 섬유·의류부문에서는 QR(Quick Response), 식품·잡화부문에서는 ECR(Efficient Consumer Response), 신선식품부문에서는 EFR(Efficient Food service Response), 의약품부문에서는 EHCR(Efficient Healthcare Consumer Response) 등으로 표현한다.

04 ECR(Efficient Customer Response) 활용의 직접적인 이점에 해당하는 것은?

① 소비자 충성도 향상
② 브랜드 이미지 제고
③ 재고보충 최적화
④ 소비자에 대한 이해의 폭 증진
⑤ 거래 관행의 변화

🔒 **해설** ────────────────

③ ECR(Efficient Consumer Response)은 QR(Quick Response)이 모태가 되어 개발된 것으로서 미국 슈퍼마켓의 식료품 유통을 개선하기 위해 도입되었다. 주로 효율적인 상품구색 및 재고보충에 중점을 둔다. ECR의 활용분야는 매장의 상품구색 최적화, 재고보충 최적화 및 비용절감, 판촉활동 최적화 등이다.

05 아래 글상자에서 설명하는 개념으로 옳은 것은?

> 제품에 대한 최종 소비자의 수요 변동 폭은 크지 않지만, 소매상, 도매상, 제조업자, 원재료 공급업자 등 공급사슬을 거슬러 올라갈수록 변동 폭이 크게 확대되어 수요예측치와 실제 판매량 사이의 차이가 커지게 된다.

① 블랙스완 효과(black swan effect)
② 밴드왜건 효과(band wagon effect)
③ 채찍효과(bullwhip effect)
④ 베블렌 효과(Veblen effect)
⑤ 디드로 효과(Diderot effect)

🔒 **해설** ────────────────

③ 공급사슬의 상류로 갈수록 변동 폭이 크게 확대되어 수요예측치와 실제 판매량 사이의 차이가 커지게 되는 현상은 채찍효과(bullwhip effect)이다.

06 공급사슬관리의 변화 방향에 대한 설명으로 가장 옳지 않은 것은?

① 재고 중시에서 정보 중시 방향으로 변화하고 있다.
② 공급자 중심에서 고객 중심으로 변화하고 있다.
③ 거래 중시에서 관계 중시 방향으로 변화하고 있다.
④ 기능 중시에서 프로세스 중시 방향으로 변화하고 있다.
⑤ 풀(pull) 관행에서 푸시(push) 관행으로 변화하고 있다.

🔒 **해설** ────────────────

⑤ 공급사슬관리(SCM)는 전통적인의 공급자 중심의 푸시(push)방식에서 소비자 주문내용을 중시하는 풀(pull)방식으로 전환하였다. SCM의 운영전략인 CRP(VMI, CMI), CFPR 등은 모두 풀(pull)전략에 해당한다.

유통·물류일반관리 제1과목 / 상권분석 제2과목 / 유통마케팅 제3과목 / 유통정보 제4과목

07 오늘날 공급사슬관리는 IT의 지원 없이 작동할 수 없다. 공급사슬관리에 일어난 주요 변화로 옳지 않은 것은?

① 공급자 중심에서 고객 중심으로 – 비용보다는 유연한 대응력, 즉 민첩성이 핵심요인

② 재고에서 정보로 – 실질 수요에 대한 더 나은 가시성(visiblity) 확보가 중요

③ 풀(pull) 관행에서 푸시(push) 관행으로 – 생산 풀로부터 소비자 주문 또는 구매를 근거로 하는 푸시 관행으로 이동

④ 운송과 창고관리에서 엔드투엔드 파이프라인관리가 강조 – 가시성과 시간단축 중요

⑤ 기능에서 프로세스로 – 급변하는 환경에 다기능적이고 시장지향적인 프로세스에 초점

🔓 **해설**

③ ICT 발전에 따라 공급사슬관리(SCM)는 과거 공급자 중심의 푸시(push)방식 관리에서 소비자 주문을 중심으로 운영되는 체계인 풀(pull)방식 관리로 변화하였다.

08 공급사슬관리상의 채찍효과가 일어나는 원인으로 가장 옳지 않은 것은?

① 가격할인을 통해 일시적으로 수요량이 증가한 것을 인지하지 못하고 주문을 할 때

② 인기가 높은 제품을 판매하기 위해 소매상이 실제 수요보다 과대 주문을 할 때

③ 주문을 할 때 긴 리드타임의 안전재고까지 포함해서 주문할 때

④ 공급사슬을 통합해서 수요예측을 한 구성원이 담당할 때

⑤ 공급사슬의 구성원이 증가하여 단계가 늘어날 때

🔓 **해설**

④ 공급사슬의 여러 단계 또는 부문에서의 중복적인 수요예측이 채찍효과의 원인이다.

✅ **채찍효과(bullwhip effect)의 원인**
- 여러 부문에서의 중복적인 수요예측
- 일괄주문에 의한 주문량의 변동 폭 증가
- 결품에 대한 우려로 경쟁적인 주문 증대에 의한 가수요
- 고가 또는 저가정책에 의한 선행 구입
- 긴 리드타임 등

09 채찍효과(bullwhip effect)의 대처 방안으로 옳지 않은 것은?

① 일괄주문 방식을 소량 다빈도 주문방식으로 전환한다.

② 고객이 선호할 만한 대규모 할인정책을 실시한다.

③ 과거의 판매실적을 활용한 배분을 실시한다.

④ 전략적 파트너십을 활용한다.

⑤ 일괄수요예측을 실시한다.

🔓 **해설**

② 채찍효과를 줄이기 위해서는 빈번한 가격할인을 자제하고 EDLP(항시저가정책)를 유지해야 한다.

✅ **채찍효과를 줄이는 방법**
- 공급사슬상의 수요 및 재고정보의 실시간 공유
- 실시간(real time) 주문처리
- 불확실성의 제거
- 주문량의 변동 폭 감소
- 리드타임의 단축 등

10 공급사슬관리를 위한 정보기술로 적절성이 가장 낮은 것은?

① VMI(Vendor Managed Inventory)
② RFID(Radio-Frequency Identification)
③ PBES(Private Branch Exchange Systems)
④ EDI(Electronic Data Interchange)
⑤ CDS(Cross Docking Systems)

🔓**해설**

③ 엑스트라넷(extranet)을 기반으로 하는 구내전화교환망인 PBES(Private Branch Exchange Systems)는 유통경로 전체를 효율화하는 공급사슬관리와는 무관한 기술이다.

11 QR(Quick Response)의 효과에 대한 설명으로 가장 옳지 않은 것은?

① 거래업체 간 정보 공유 체제가 구축된다.
② 제품 조달이 매우 빠른 속도로 이루어진다.
③ 고객 참여를 통한 제품 기획이 이루어진다.
④ 제품 공급체인의 효율성을 극대화할 수 있다.
⑤ 제품 재고를 창고에 저장해 미래 수요에 대비하는 데 도움을 제공한다.

🔓**해설**

⑤ 섬유·의류분야에 최초로 적용된 SCM인 신속대응(QR; Quick Response)은 고객의 욕구 변화에 빠르게 대응하는 전략으로, 공급사슬상의 재고를 최소화하려는 전략에 해당한다.

12 다음 글상자의 (   ) 안에 들어갈 용어는 무엇인가?

> • (   )은/는 창고나 물류센터에서 수령한 제품을 재고로 보관하지 않고 즉시 운송할 준비를 하는 물류시스템을 의미한다.
> • (   )(으)로 인해 빠른 재배송 및 물류비용 절감이 가능해진다.

① DPS(Digital Picking System)
② Cross Docking System
③ EOS(Electronic Ordering System)
④ CIM(Computer Integrated Manufacturing System)
⑤ ECR(Efficient Consumer Response)

🔓**해설**

② 크로스도킹(CD; Cross Docking)은 창고나 물류센터로 입고되는 상품을 보관하지 않고, 곧바로 소매점포에 배송하는 흐름형 물류시스템을 말한다. 이를 통해 보관 및 피킹작업 등을 제거함으로써 물류비용을 상당히 절감할 수 있다.

13 아래 글상자 (   ) 안에 들어갈 알맞은 용어는?

> 월마트는 점포가 위치한 해당 지역의 고객정보를 많이 가지고 있고, 모기약 공급사인 워너램버트사는 자사의 제품정보에 강점을 가지고 있다. 따라서 이들을 이용한 (   )(으)로 알려진 새로운 프로그램을 도입하여, 월마트의 수요예측 정확성이 크게 향상되었다.

① RossettaNet   ② CPFR
③ QR   ④ ECR
⑤ Cross Docking

유통·물류일반관리 제1과목
상권분석 제2과목
유통마케팅 제3과목
유통정보 제4과목

🔓 해설

② 협력적 계획·예측 및 보충 시스템인 CPFR(Colla-borative Planning, Forecasting and Replenishment)은 판매·재고 데이터를 소비자 수요예측과 주문관리에 이용하고, 제조업체와 공동으로 생산계획에 반영하는 등 제조와 유통업체가 예측·계획·상품보충을 공동으로 운영(협업)하고자 하는 업무 프로세스로, 최근 각광받고 있는 SCM 공급측면 응용기술의 하나이다. CPFR은 소매업자, 도매업자, 제조업자가 고객서비스를 향상하고 업자들 간에 유통총공급망(SCM)에서의 정보의 흐름을 가속화하여 재고를 감소시키는 경영전략이자 기술이다.

01 공급사슬관리(SCM)를 위해 활용할 수 있는 지연전략에 대한 설명으로 가장 옳은 것은?

① 지연전략은 고객의 수요를 제품설계에 반영하기 위해 완제품의 재고보유 시간을 최대한 연장시키는 전략이다.

② 주문 이전에는 모든 스웨터를 하얀색으로 생산한 후 주문이 들어오면 염색을 통해 수요에 맞춰 공급하는 것은 지리적 지연전략이다.

③ 가장 중요한 창고에 재고를 유지하며, 지역 유통업자들에게 고객의 주문을 넘겨주거나 고객에게 직접 배송하는 것은 제조지연전략이다.

④ 컴퓨터의 경우, 유통센터에서 프린터, 웹캠 등의 장치를 조립하거나 포장하는 것은 지리적 지연전략이다.

⑤ 자동차를 판매할 때 사운드 시스템, 선루프 등을 설치 옵션으로 두는 것은 결합 지연전략이다.

🔓 해설

① 지연전략은 고객의 수요를 제품설계에 반영하기 위해 완제품 형태가 아닌 반제품 형태로 제품의 완성을 최대한 지연시키는 전략이다.
② 지연전략 중 제조지연전략에 대한 설명이다.
③ 지연전략 중 지리적 지연전략에 대한 설명이다.
④ 포장·라벨링 지연전략에 대한 설명이다.

14 공급업체와 구매업체의 재고관리 영역에서 구매업체가 가진 재고보충에 대한 책임을 공급업체에게 이전하는 전략을 일컫는 용어로 가장 옳은 것은?

① CPP(Cost Per Rating Point)

② ASP(Application Service Provider)

③ CMI(Co-Managed Inventory)

④ ABC(Activity Based Costing)

⑤ VMI(Vender Managed Inventory)

🔓 해설

⑤ VMI는 지속적 제품보충(CRP)기법의 하나로, 유통업체가 공급업체에게 판매와 재고에 관한 정보를 제공하면 공급자(Vendor)인 제조업체가 이를 토대로 과거 데이터를 분석하고 수요를 예측하여 상품의 적정 납품량을 결정하는 시스템이다.

02 공급사슬을 효율적 공급사슬과 반응적 공급사슬로 구분하여 설계할 때 반응적 공급사슬에 대한 특징으로 가장 옳지 않은 것은?

① 리드타임을 적극적으로 단축하려고 노력한다.
② 여유생산능력이 높다.
③ 저가격, 일관된 품질이 납품업체 선정기준이다.
④ 제품 혹은 서비스의 다양성을 강조하는 생산전략이다.
⑤ 신속한 납기가 가능할 정도의 재고 투자를 한다.

🔓 **해설**
③ 저가격, 일관된 품질이 납품업체 선정기준인 것은 효율적 공급사슬에 해당한다.

구분	효율적 공급사슬	반응적 공급사슬
주요 목표	최저가격으로 예측 가능한 수요에 효율적으로 공급	예측 불가능한 수요에 신속하게 대응
제품 디자인	비용 최소화를 달성할 수 있는 제품디자인 성과극대화	제품 차별화를 달성하기 위해 모듈 활용
가격 전략	저가격, 저마진	고가격, 고마진
재고 전략	높은 재고회전율과 재고최소화	부품 및 완제품 안전재고 유지
생산 전략	높은 가동률	유연한 생산능력
공급자 전략	비용과 품질	속도, 유연성, 신뢰성, 품질
리드타임 초점	비용 증가 없이 리드타임 단축	비용이 증가되더라도 리드타임 단축

03 e-SCM 추구전략 중, 고객이 상품을 주문한 후 상품을 받을 수 있기를 기대하는 도착시간인 고객허용리드타임이 실제로 공급업체로부터 유통경로를 거쳐 고객에게 배달되는 총시간인 공급리드타임보다 짧은 경우에 활용할 수 있는 전략으로 가장 옳은 것은?

① 연속 재고보충 계획 전략
② 대량 개별화 전략
③ 구매자 주도 재고관리 전략
④ 제3자 물류전략
⑤ 동시 계획 전략

🔓 **해설**
e-SCM을 위한 정보시스템으로 대표적인 것은 지속적 상품보충(CRP), 자동발주시스템(CAO), 크로스도킹(Cross Docking), 전사적 자원관리(ERP) 등이다. 이 중 고객허용리드타임이 공급리드타임보다 짧은 경우에 활용할 수 있는 전략은 연속 재고보충 계획(CRP) 전략이다.
CRP(Continuous Replenishment Programs), 즉 지속적인 상품보충 또는 연속적 재고보충은 유통공급망 내의 주문량에 근거한 상품의 판매 데이터를 근거로 하여 적절한 양을 항시 보충해 주는 시스템이다. 즉, 경로구성원 간의 정보공유에 의해 공급자가 공급시점과 양을 결정하는 방식이다.

04 SCM(Supply Chain Management) 추진성과측정 기법 중 내부적 관점(기업 측면)에서는 비용과 자산 측면을, 외부적 관점(고객 측면)에서는 유연성, 반응성, 신뢰성을 통하여 추진성과를 측정하는 방법론으로 옳은 것은?

① EVA(Economic Value-Added)
② CVAR(Customer Value-Added Ratio)
③ CLV(Customer Lifetime Value)
④ SCOR(Supply Chain Operation Reference)
⑤ BSC(Balanced Score Card)

해설

④ SCOR(Supply Chain Operation Reference)은 SCM의 성과측정을 위한 대표적인 도구이다. SCOR은 내부적 관점(기업 측면)에서는 비용과 자산 측면을, 외부적 관점(고객 측면)에서는 유연성, 반응성, 신뢰성을 통하여 추진성과를 측정하는 방법이다.

05 SCM(공급사슬관리) 시스템의 성과측정에 대한 설명으로 옳지 않은 것은?

① 균형성과표를 이용하면, 고객, 내부 비즈니스, 학습, 재무 등의 측면에서 성과를 측정할 수 있다.

② 균형성과표가 개발된 후, 경제적 부가가치 기법이 개발되어 재무부문의 성과측정은 객관성이 보다 증가되었다.

③ 성과측정을 하는 이유는 보다 나은 공급사슬을 설계하고, 잘못된 부분의 성과를 개선하기 위해서이다.

④ SCOR(Supply Chain Operation Reference) 모형이 도입되어 보다 체계적 성과측정이 가능해지고 있다.

⑤ SCOR 모델에서는 계획(Plan), 조달(Source), 제조(Make), 배송(Deliver), 반품(Return)의 5가지 기본관리 프로세스를 가지고 있다.

해설

② 과거에는 비용, 자산회전율 등 재무 중심의 성과측정치를 사용하였으나 이러한 성과측정은 다양한 측면을 고려하지 못하고 있기에 최근 균형성과표(BSC)를 이용하는 방안이 제시되었다. 균형성과표(BSC)는 재무적 지표뿐만 아니라 고객, 내부 프로세스, 학습·성장 등 4분야에 대해 측정지표를 선정해 평가한 뒤 각 지표별로 가중치를 적용해 산출하며, 비재무적 성과까지 고려하고 성과를 만들어낸 동인을 찾아내 관리하는 것이 가장 큰 특징이다.

06 공급사슬관리(SCM)의 실행과 관련한 설명으로 가장 옳지 않은 것은?

① 공급업체와 효과적인 커뮤니케이션이 적시에 이루어져야 한다.

② 장기적으로 강력한 파트너십을 구축한다.

③ 각종 정보기술의 효과적인 활용보다 인적 네트워크의 활용을 우선시한다.

④ 경로 전체를 통합하는 정보시스템의 구축이 중요하다.

⑤ 고객의 가치와 니즈를 이해하고 만족시킨다.

해설

③ SCM은 공급망을 정보시스템으로 통합하고 이를 통해 발생하는 정보를 실시간 공유하여 물류의 효율화를 제고하기 위한 것으로, 각종 정보기술의 효과적인 활용이 인적 네트워크의 활용보다 우선시한다.

07 다음의 설명과 관련 있는 수요-공급 특성에 적합한 공급사슬전략은?

> • 혁신적인 제품에 적합한 공급사슬이다.
> • 수요 변동에 대비하여 충분한 양의 재고를 유지한다.

① 효율적 공급사슬 ② 반응적 공급사슬
③ 린 공급사슬　　　④ 민첩공급사슬
⑤ 역공급사슬

해설

② 대응적(반응적) 공급사슬(responsive supply chain)은 공급사슬 유형 중 의류와 같이 제품수명주기가 짧고 고객의 수요 변동성이 큰 경우와 같이 시장 수요 변화에 대해 민감하고 유연하게 반응하도록 설계된 공급사슬에 해당한다. 반응적 공급사슬의 주요 목표는 재고품절, 시즌 말 가격할인 등을 최소화하기 위해 예측 불가능한 수요에 신속하게 대응하는 것이다.

01 아래 글상자는 빅데이터의 처리절차를 나타낸 것으로 괄호 안에 들어갈 절차에 대한 내용으로 가장 옳은 것은?

> 데이터 수집 → 저장(공유) → 처리 → 분석 → (　　)

① 빅데이터를 효과적으로 분석하기 위하여 사전에 빅데이터 분산처리 기술이 필요한 단계
② 분석 결과를 표, 그래프 등을 이용해 쉽게 시각적으로 표현하고 해석이나 의사결정에 활용하는 단계
③ 의사결정에 필요한 정보를 추출하기 위하여 다양한 데이터 원천으로부터 대량의 데이터를 수집하는 단계
④ 머신러닝, 딥러닝, 통계분석기법 등의 기술을 이용하여 처리된 빅데이터에서 가치 있는 정보를 추출하는 단계
⑤ 저렴한 비용으로 대량의 다양한 유형의 데이터를 쉽고 빠르게 많이 저장하기 위하여 대용량 저장시스템을 이용하는 단계

🔓 **해설**

빅데이터 **처리절차** : 데이터 수집 → 저장(공유) → 처리 → 분석 → 시각화 및 활용
② 분석 결과를 표, 그래프 등을 이용해 쉽게 시각적으로 표현하고 해석이나 의사결정에 활용하는 단계 – 시각화 및 활용
① 빅데이터를 효과적으로 분석하기 위하여 사전에 빅데이터 분산처리 기술이 필요한 단계 – 처리
③ 의사결정에 필요한 정보를 추출하기 위하여 다양한 데이터 원천으로부터 대량의 데이터를 수집하는 단계 – 데이터 수집
④ 머신러닝, 딥러닝, 통계분석기법 등의 기술을 이용하여 처리된 빅데이터에서 가치 있는 정보를 추출하는 단계 – 분석

⑤ 저렴한 비용으로 대량의 다양한 유형의 데이터를 쉽고 빠르게 많이 저장하기 위하여 대용량 저장시스템을 이용하는 단계 – 저장

02 아래 글상자에서 빅데이터에 대한 설명으로 옳지 않은 것을 모두 나열한 것은?

> ㉠ 과거에는 비정형 데이터의 활용을 강조하였으나 최근에는 정형 데이터의 활용을 강조한다.
> ㉡ 빅데이터 분석에서 빅데이터는 분석 결과의 정확도를 떨어뜨리기 때문에 데이터 전처리 과정이 매우 중요하다.
> ㉢ 대표적인 비정형 데이터 유형에는 텍스트, 오디오, 숫자 등이 있다.
> ㉣ 더그 레이니가 빅데이터를 설명하기 위해 제시한 3대 특징은 크기(Volume), 속도(Velocity), 가치(Value)이다.
> ㉤ 빅데이터 분석에서 인공지능기술의 활용은 보다 정확한 데이터 분석을 가능하게 한다.

① ㉠, ㉡, ㉢
② ㉠, ㉡, ㉤
③ ㉠, ㉢, ㉣
④ ㉠, ㉢, ㉤
⑤ ㉠, ㉣, ㉤

🔓 **해설**

㉠ 빅데이터는 정형화된 데이터보다 비정형화된 데이터 분석 및 활용에 더 큰 포커스를 맞추는 기술이다.
㉢ 대표적인 비정형 데이터 유형에는 텍스트, 오디오 등이 있다. 숫자는 정형데이터에 가깝다.
㉣ 3V는 크기, 속도, 다양성이다.
　• **규모**(Volume, 크기) : 데이터의 크기
　• **다양성**(Variety) : 다양한 종류의 데이터를 수용할 수 있는 특성
　• **속도**(Velocity) : 데이터를 빠르게 처리·분석할 수 있는 능력

03 디지털 데이터들 중 비정형데이터의 예로 옳지 않은 것은?

① 동영상 데이터
② 이미지 데이터
③ 사운드 데이터
④ 집계 데이터
⑤ 문서 데이터

🔓 해설

④ 집계 데이터는 정형데이터(structured data)이다. 정형데이터는 데이터 모델 또는 스키마를 따르며 주로 테이블 형식으로 저장되고, ERP, CRM 시스템과 같은 기업의 정보시스템에서 자주 생성된다. 빅데이터 솔루션에서 처리하는 다양한 데이터는 정형, 반정형, 비정형 데이터로 구별해 볼 수 있다.

04 빅데이터 분석기술들 중 아래 글상자에서 설명하는 용어로 가장 옳은 것은?

> 관찰된 연속형 변수들에 대해 두 변수 사이의 모형을 구한 뒤 적합도를 측정해 내는 방법으로, 시간에 따라 변화하는 데이터나 변수들의 어떤 영향 및 가설적 실험, 인과관계 모델링 등의 통계적 예측에 이용될 수 있다.

① 감성분석
② 회귀분석
③ 기계학습
④ 오피니언 마이닝(opinion mining)
⑤ 텍스트 마이닝(text mining)

🔓 해설

② 회귀분석은 종속변수가 독립변수들에 의해서 어떻게 설명 또는 예측되는지를 알아보기 위해 변수들 간의 관계를 적절한 회귀식으로 표현하는 통계적 방법이다.

05 빅데이터 분석과 관련된 설명으로 가장 옳지 않은 것은?

① 텍스트 마이닝(text mining)은 자연어를 분석하고, 자연어 속에 숨겨진 정보를 파악하는 데이터 분석기법이다.
② 오피니언 마이닝(opinion mining)은 특정한 상품 및 서비스에 대한 시장 규모 예측, 고객 구전효과 분석에 활용되는 데이터 분석기법이다.
③ 소셜 네트워크 분석(social network analysis)은 그래프 이론을 활용해서 소셜 네트워크의 연구구조 및 강도를 분석하는 데이터 분석기법이다.
④ 군집분석(cluster analysis)은 비슷한 특성을 가지고 있는 데이터를 통합해서 유사한 특성으로 군집화하는 데이터 분석기법이다.
⑤ 회귀분석(regression analysis)은 종속변수와 독립변수의 상관관계를 분석하는 데이터 분석기법이다.

🔓 해설

⑤ 상관관계는 두 변수 간의 관련성을 파악하는 통계적 방법으로, 두 변수 간에 어떤 관계가 있는지를 분석한다. 반면에 회귀분석은 한 변수가 다른 변수에 미치는 영향을 분석하는 통계적 방법으로, 독립변수와 종속변수 간의 관계를 분석하여 예측 모델을 만들거나 변수 간의 인과관계를 파악하는 데 사용된다. 즉, 회귀분석은 상관관계보다는 인과관계를 추론할 때 주로 사용될 수 있다.

06 아래 글상자에서 설명하는 빅데이터를 활용한 마케팅 분석기법으로 가장 옳은 것은?

> 시스템 또는 여러 데이터 소스에서 발생하는 다양한 이벤트 로그를 실시간으로 수집 분석하여 시나리오 또는 규칙에 기반하여 의미 있는 이벤트 패턴을 식별하고, 이에 따라 자동으로 대응하는 기능을 수행하는 기법이다.

① CEP(Complex Event Processing)
② 데이터 마이닝
③ 텍스트 마이닝
④ 프로세스 마이닝
⑤ 사회 연결망 분석

🔒 **해설**

① '실시간으로 수집 분석', '시나리오 또는 규칙에 기반', '의미 있는 이벤트 패턴 식별', '자동으로 대응'이라는 키워드로 CEP(Complex Event Processing)임을 알 수 있다. CEP는 복잡한 사건(Complex Event)을 빠르게 분석해서 의미 있는 결과를 뽑아내는 기술이다(활용분야 : 주식시장 모니터링, 사기거래탐지).
② 데이터 마이닝 : 데이터 속에 숨어 있는 정보를 추출하여 연관 규칙(Association Rule), 신경망(Neural Network) 등을 이용하여 분석하며, 유통 정보 분석에 이용하는 과정을 말한다.
③ 텍스트 마이닝 : 반·비정형적이고 비구조적인 대량의 텍스트 데이터에서 특징을 추출하고, 추출된 특징으로부터 유용한 정보를 발견해 내도록 하는 기술이다.
④ 프로세스 마이닝 : 이벤트 로그를 분석하여 비즈니스 프로세스를 발견하고 모니터링하는 기술이지만, 주로 실시간 대응보다는 프로세스 최적화에 중점을 둔다.
⑤ 사회 연결망 분석 : 사람, 조직, 시스템 등 다양한 개체들 간의 관계와 구조를 분석하는 기법을 의미한다.

07 다음 글상자의 ㉠, ㉡을 뜻하는 용어로 옳은 것은?

> ㉠ 인간과 유사하게 사고하는 컴퓨터 지능을 일컫는 포괄적 개념이다. 최근 알파고(AlphaGo), 왓슨(Watson) 등이 등장하여 이슈가 되었다.
> ㉡ 분류를 통한 예측이 핵심이다. 인공신경망이론 기반으로 인간의 뉴런과 유사한 입출력 계층 및 복수의 은닉 계층을 활용하는 학습방식을 택하고 있으며, 복잡한 비선형 문제를 非지도방식학습으로 해결하는 데 효과적이다. 딥페이스와 같은 얼굴인식 알고리즘이 대표적인 예이다.

① ㉠ 머신러닝, ㉡ 인공지능
② ㉠ 셀프러닝, ㉡ 엑스퍼트러닝
③ ㉠ 딥러닝, ㉡ 시각화
④ ㉠ 인공지능, ㉡ 딥러닝
⑤ ㉠ 머신러닝, ㉡ 엑스퍼트러닝

🔒 **해설**

㉠은 인공지능(Artificial Intelligence)에 대한 설명으로, 컴퓨터 시스템이 인간의 언어나 지능을 모델링해 주는 기술을 말한다.
㉡은 딥러닝(deep learning)에 대한 설명으로, 컴퓨터가 여러 데이터를 이용해 마치 사람처럼 스스로 학습할 수 있게 하기 위해 인공신경망(ANN : Artificial Neural Network)을 기반으로 구축한 기계 학습기술이다.

08 4차 산업혁명 시대에는 다양한 인공지능 알고리즘을 활용해 혁신적인 유통 솔루션이 개발되고 있다. 유통 솔루션 개발에 활용되는 다음의 알고리즘 중 딥러닝이 아닌 것은?

① CNN(Convolutional Neural Network)
② DBN(Deep Belief Network)
③ RNN(Recurrent Neural Network)
④ LSTM(Long Short–Term Memory)
⑤ GA(Genetic Algorithm)

🔓해설

⑤ GA(Genetic Algorithm)는 유전 알고리즘에 해당하는 것으로 생물의 진화를 모방하여 문제를 해결하는 진화 연산의 대표적인 방법이다.
① CNN(Convolutional Neural Network) : 합성곱 신경망
② DBN(Deep Belief Network) : 심층 신뢰망
③ RNN(Recurrent Neural Network) : 순환 신경망
④ LSTM(Long Short-Term Memory) : 장단기 메모리

🔓해설

ⓒ 생성형 AI가 로우코드 플랫폼과 결합되어 비전문가들도 쉽게 애플리케이션을 개발할 수 있도록 지원하기 때문에 로우코드 기반 애플리케이션은 오히려 증가하고 있다.
ⓜ 빅테크 기업들은 자사가 개발한 파운데이션 모델(예 챗지피티)을 통해 생성형 AI를 활용하는 것이 일반적이다.

09 유통업체에서의 생성형 인공지능 기술 활용이 증가하고 있다. 다음 생성형 인공지능 기술 활용에 대한 설명으로 가장 옳지 않은 것은?

> ㉠ 번역, 동영상 생성 등 다양한 분야에서 멀티모달 기술이 활발히 적용되고 있다.
> ㉡ 노코드 기반 인공지능 애플리케이션 개발로 비전문가도 쉽게 인공지능을 활용할 수 있게 되었다.
> ㉢ 생성형 AI 기술 발전에 따라 로우코드 기반 애플리케이션은 감소되었다.
> ㉣ 빅테크 기업들은 대형언어모델(LLM) 개발을 통해 생성형 인공지능기술기반의 다양한 서비스를 출시하였다.
> ㉤ 대부분의 빅테크 기업들은 파운데이션 모델을 자체적으로 개발하는 것보다 스타트업이 개발한 파운데이션 모델을 활용하는 것이 일반적인 경향으로 자리잡고 있다.

① ㉠, ㉡
② ㉠, ㉢
③ ㉡, ㉣
④ ㉢, ㉤
⑤ ㉣, ㉤

10 NoSQL에 관련된 내용으로 가장 옳지 않은 것은?

① 화면과 개발로직을 고려한 데이터 셋(set)을 구성하여 일반적인 데이터 모델링이라기보다는 파일구조 설계에 가깝다고 볼 수 있다.
② 데이터 항목을 클러스터 환경에 자동적으로 분할하여 적재한다.
③ 스키마 없이 데이터를 상대적으로 자유롭게 저장한다.
④ 대규모의 데이터를 유연하게 처리할 수 있는 전통적인 관계형 데이터베이스 시스템이다.
⑤ 간단한 API Call 또는 HTTP를 통한 단순한 접근 인터페이스를 제공한다.

🔓해설

④ 노에스큐엘(NoSQL)은 테이블-컬럼과 같은 스키마 없이 분산 환경에서 단순 검색 및 추가 작업을 위한 키 값을 최적화한다. 빅데이터 처리를 위한 비관계형 데이터베이스 관리시스템(DBMS)이다.

11 RFID(Radio Frequency Identification)가 유통물류에 제공하는 직접적인 효용으로 옳지 않은 것은?

① 제품이력관리 수월
② 생산품질의 향상
③ 분실 및 멸실의 방지
④ 모조품의 방지
⑤ 품절의 감소

해설

② RFID를 도입한다고 해서 제품의 품질향상을 이룰 수 있는 것은 아니다. RFID를 도입하면 상품의 이동과정을 실시간으로 추적할 수 있고, 위조품을 방지하며 화물의 도난 및 손실을 예방할 수 있다.

12 인공지능은 오용될 경우 많은 역기능을 유발하기에 이에 대한 규제가 필요하다. 이에 따라 제정된 「인공지능 발전과 신뢰 기반 조성 등에 관한 기본법(약칭 : 인공지능기본법)」의 내용으로 가장 옳지 않은 것은?

① 인공지능기본법에서는 생성형 AI로 합성한 동영상은 생성형 AI의 결과물임을 표시해야 한다.
② 인공지능기본법에서는 사람의 생명, 안전, 기본권에 중대한 영향을 미치거나 위험을 초래할 우려가 있는 인공지능시스템을 "고영향 인공지능"이라 정의하였다.
③ 인공지능기본법에서는 국내 주소 또는 영업소가 없는 인공지능사업자는 국내대리인을 지정하여 필요한 내용을 갖추어 절차에 따라 신고하여야 한다.
④ 인공지능기본법에서는 모든 딥페이크 생성물 그 자체를 불법으로 판단한다.
⑤ 인공지능기본법에서는 대통령 소속 국가인공지능전략위원회를 설치해 주요 정책 사항에 대한 심의 및 의결을 이행한다.

해설

④ 「인공지능기본법」상 해당 규정 없음.
① 인공지능사업자는 생성형 인공지능 또는 이를 이용한 제품 또는 서비스를 제공하는 경우 그 결과물이 생성형 인공지능에 의하여 생성되었다는 사실을 표시하여야 한다(「인공지능기본법」 제31조 제2항).
② "고영향 인공지능"이란 사람의 생명, 신체의 안전 및 기본권에 중대한 영향을 미치거나 위험을 초래할 우려가 있는 인공지능시스템으로서 보건의료의 제공 및 이용체계의 구축 · 운영 등 각종 영역에서 활용되는 것을 말한다(「인공지능기본법」 제2조 제4호).
③ 국내에 주소 또는 영업소가 없는 인공지능사업자로서 이용자 수, 매출액 등이 대통령령으로 정하는 기준에 해당하는 자는 국내대리인을 서면으로 지정하고, 이를 과학기술정보통신부장관에게 신고하여야 한다(「인공지능기본법」 제36조 제1항).
⑤ 인공지능 발전과 신뢰 기반 조성 등을 위한 주요 정책 등에 관한 사항을 심의 · 의결하기 위하여 대통령 소속으로 국가인공지능전략위원회를 둔다(「인공지능기본법」 제7조 제1항).

13 RFID의 특징에 대한 설명으로 가장 옳지 않은 것은?

① 태그는 데이터를 저장하거나 읽어낼 수 있어야 한다.
② 태그는 인식 방향에 관계없이 ID 및 정보 인식이 가능해야 한다.
③ 태그는 직접 접촉을 하지 않아도 자료를 인식할 수 있어야 한다.
④ 태그는 많은 양의 데이터를 보내고, 받을 수 있어야 한다.
⑤ 수동형 태그는 능동형 태그에 비해 일반적으로 데이터를 보다 멀리까지 전송할 수 있다.

🔓해설

⑤ 능동형 태그는 자체 배터리에 의해 동력을 전달받으므로 수동형 태그에 비해 상대적으로 데이터를 보다 멀리까지 전송할 수 있다.

능동형	자체 전원(배터리) 있음. 수동형에 비해 큰 크기, 장거리 인식 가능
수동형	수신된 전파 통해 전류 생성, 크기는 작은 편, 짧은 인식 거리
반수동형	배터리 내장하고 있음. 판독기로부터 수신할 때까지 미작동해 장시간 사용

14 다음의 사례 내용에 대한 설명으로 가장 옳은 것은?

㈜ABC마트는 '여름철 과일 기획전'을 열며 미국산 체리 450g 1팩을 7,500원에 팔았다. g당 가격으로 환산할 때 자두보다 4배, 수박보다 10배, 바나나보다 80배 비싼 가격에 팔린 것이다. 이를 가능하게 한 것은 온도에 민감한 체리 운송 시, 자동 온도조절이 가능한 cool 컨테이너를 이용하였고, 체리 컨테이너의 온도와 습도상태를 자동 조절하고 실시간으로 알려주는 시스템이 있었기 때문이었다.

① 사물인터넷 서비스(IoT)
② BYOD(Bring Your Own Device)
③ O2O 커머스
④ 증강현실
⑤ PayWord

🔓해설

① 사물인터넷(IoT)은 현실세계의 사물들과 가상세계를 네트워크로 상호 연결해 사람과 사물, 사물과 사물 간 언제 어디서나 서로 소통할 수 있도록 하는 미래 인터넷 기술을 뜻한다. 이는 유무선 네트워크를 이용해 홈 오토메이션에서부터 자동차, 물류, 헬스케어에 이르기까지 다양한 분야에서 활용이 가능하다.

15 아래 글상자의 (　) 안에 들어갈 용어로 옳은 것은?

(　)은/는 원래 봉화나 화톳불 등 위치와 정보를 수반한 전달 수단을 가리키는 말이었고, 사전적 의미로는 등대·경광등·무선 송신소 등이지만 21세기 초부터는 주로 '무선 표식'을 지칭하는 용어이다. 이는 본질적으로 위치를 알려주는 기준점 역할을 하며, 정보를 전달하기 위해서는 통신기술[단거리 전용 통신방식(DSRC), 초음파, 적외선, 블루투스, CDMA, LTE, WiFi, LiFi 등] 활용이 필요하다. 신호를 전송하는 방법에 따라 사운드 기반의 저주파 (　), LED (　), 와이파이 (　), 블루투스 (　) 등으로 구분한다. 이 서비스는 스마트폰 앱이 (　) 신호를 수신해 전용서버에 질의하면 서버가 정보를 취득, 앱에 표시하는 방식으로 작동한다. 물류, 유통 분야에서는 창고 내 재고·물류 관리, 센서를 이용한 온도 관리, 전용 AP를 복수로 설치해 어디에 무엇이 있는지 확인하는 등에 활용되고 있다.

① 드론(Drone)
② 무인자동체
③ 비콘(Beacon)
④ 딥러닝(Deep learning)
⑤ NFC(Near Field Communication)

🔓해설

③ 비콘(Beacon)은 봉화나 등대와 같이 위치정보를 전달하기 위해 어떤 신호를 주기적으로 전송하는 블루투스 기반 근거리 무선통신 기기를 뜻한다. 최근 IT 기술 기반의 위치 인식 기술의 발전으로 다양한 정보와 데이터를 전송하는 데 활용되고 있다.

16 아래 글상자에서 설명하는 용어로 가장 옳은 것은?

> 디지털 관련 모든 것(all things about digital)으로 인해 발생하는 다양한 변화를 동인으로 기업의 비즈니스 모델, 전략, 프로세스, 시스템, 조직, 문화 등을 근본적으로 변화시키는 디지털 기반 경영전략 및 경영활동이다.

① 디지털 전환
② 4차 산업혁명
③ BPI(Business Process Innovation)
④ loT(Internet of Things)
⑤ loE(Internet of Everything)

🔓 해설

① 디지털 전환(digital transformation)은 기업이 디지털 기술과 도구를 활용하여 비즈니스 모델과 프로세스를 혁신하는 과정으로, 기업은 디지털 전환을 통해 기존 업무방식을 자동화하고, 데이터 분석과 인공지능 그리고 클라우드 컴퓨팅 등과 같은 기술을 활용하는 효율적 경영활동을 뜻한다.

17 대표적인 반정형데이터로, 웹과 컴퓨터 프로그램에서 용량이 적은 데이터를 교환하기 위해 데이터 객체를 속성(attribute)과 값(value)의 쌍 형태로 나열해서 표현하는 형식을 지칭하는 용어로 가장 옳은 것은?

① JSON　　② XML
③ API　　④ FILES
⑤ LOG

🔓 해설

① JSON(JavaScript Object Notation, 제이슨)은 반정형데이터 형식으로, 자바스크립트(JavaScript) 토대로 개발되었다. 여러 프로그래밍 언어에도 사용할 수 있어 독립형 언어이며, 텍스트로 기술하여 사람도 쉽게 읽고 작성할 수 있다. 브라우저와 웹 서버 간 비동기 통신, 웹 서버 간의 데이터 교환 등에 주로 사용된다.

01 아래 글상자의 괄호 안에 들어갈 용어로 가장 옳은 것은?

> (　　)은/는 공공거래 장부로 불리는 데이터 분산처리 기술로서 네트워크에 참여하는 모든 사용자가 모든 거래내역 등의 데이터를 분산·저장하는 기술을 지칭한다. DHL은 물류 분야의 (　　)의 역할을 ㉠ 신속, 간결한 국제무역 물류, ㉡ 공급사슬 내에서의 투명성과 추적 가능성, ㉢ 스마트 계약으로 인한 물류업의 프로세스 자동화로 규정하고 있다. Unilever, Wal-Mart가 도입하여 제품 추적성, 안전성 확보를 도모한 사례가 있다.

① 드론(drone)
② 비트코인(bitcoin)
③ 핀테크(FinTech)
④ EDI(Electronic Data Interchange)
⑤ 블록체인(block chain)

🔓 해설

⑤ 블록체인(block chain)은 분산원장(공공거래장부)이라고 불리며, 암호화폐로 거래할 때 발생할 수 있는 해킹을 막는 기술에서 출발했다. 다수의 상대방과 거래를 할 때 중앙서버가 아닌 개인 사용자들의 디지털 장비에 저장하여 공동으로 관리하는 분산형 정보기술이다.

02 유통업체에서 활용이 증가하고 있는 블록체인에 대한 설명으로 가장 옳지 않은 것은?

① 일반적으로 블록체인은 네트워크 관리 권한 및 접근자격에 따라 개방형(public), 폐쇄형(private), 컨소시엄형(consortium)으로 구분할 수 있다.

② 폐쇄형 블록체인은 네트워크 확장이 용이하고, 거래속도가 빠르다.

③ 컨소시엄형 블록체인은 거래 속도가 빠르고, 네트워크 확장성이 높다.

④ 개방형 블록체인 검증을 위해서는 작업 증명(Proof of Work), 지분 증명(Proof of Stake) 등의 방법이 활용된다.

⑤ 개방형 블록체인은 네트워크 확장이 용이하고, 익명성이 보장되며, 거래속도가 빠르다.

🔓 **해설**

⑤ 개방형 블록체인은 네트워크 확장이 용이하고, 익명성이 보장되지만, 거래속도가 느리다. 즉, 누구나 참여할 수 있고 모든 참여자의 상호검증을 거치기 때문에 상대적으로 신뢰도가 높은 반면 모든 참여자가 거래를 검증해야 하므로 처리속도가 느리다.

03 드론의 구성요인에 대한 설명으로 가장 옳지 않은 것은?

① 드론의 항법센서로는 전자광학 센서, 초분광 센서, 적외선 센서 등이 있다.

② 드론 탑재 컴퓨터는 드론을 운영하는 브레인 역할을 하며 드론의 위치, 모터, 배터리 상태 등을 확인할 수 있게 한다.

③ 드론 모터는 드론의 움직임이 가능하도록 지원하고, 배터리는 모터에 에너지를 제공한다.

④ 드론 임무장비는 드론이 비행을 하면서 특정한 임무를 하도록 장착된 관련 장비를 의미한다.

⑤ 드론 프로펠러 및 프레임은 드론이 비행하도록 프레임워크를 제공한다.

🔓 **해설**

① 드론의 항법센서는 GPS 및 가속도 센서, 자이로 센서 등을 의미한다. 전자광학 센서, 초분광 센서, 적외선 센서는 임무수행용 장비이다.

04 아래 글상자에서 설명하는 서비스와 관련된 용어로 가장 옳은 것은?

> (가) 유통데이터를 활용한 다양한 비즈니스 모델을 수행할 수 있도록 지원하기 위해 온라인에서 생산과 소비 유통이 한곳에서 이루어지는 '양면시장(two-sided market)' 개념의 장(場)을 지칭하는 용어이다.
>
> (나) 비즈니스에서 여러 사용자 또는 조직 간의 관계를 형성하고 비즈니스적인 거래를 형성할 수 있는 정보시스템 환경으로 자신의 시스템을 개방하여 개인은 물론 기업 모두가 참여하여 원하는 일을 자유롭게 할 수 있도록 환경을 구축하여 참여자들 모두에게 새로운 가치와 혜택을 제공해 줄 수 있는 시스템을 의미한다.

① 옴니채널
② 데이터 웨어하우스
③ 플랫폼 서비스
④ 클라우드 컴퓨팅
⑤ e-커머스

🔓 **해설**
③ 글상자의 설명은 플랫폼 서비스에 대한 것으로, 일반적으로 양면시장(two-sided market)은 판매자와 구매자 사이의 상호작용이 가능한 플랫폼으로, 이때 플랫폼은 판매자와 구매자 양측 또는 어느 한 쪽에 수수료를 부과하여 수익을 얻는 비즈니스 모델을 말한다.

05 (가), (나), (다)에 들어갈 용어를 올바르게 나열한 것은?

> 유통채널 관리를 위한 시스템 구축 시, 정보자원의 효율적 활용을 위해 클라우드 컴퓨팅을 고려하는 기업이 늘어나고 있다. 자원을 효율적으로 활용하기 위한 방안으로 등장한 클라우드 컴퓨팅 서비스 유형은 크게 3가지로 대별된다. 클라우드를 통해 서버, 네트워크, 저장공간을 포함하는 웹개발 환경, 즉 하드웨어 네트워크 능력을 제공하는 (가), 페이퍼클릭 수익모델을 이용해 클라우드에 애플리케이션들을 제공하는 (나), 사용량에 따라 비용을 지불하는 하드웨어, 네트워킹, 애플리케이션을 제공하는 (다) 등으로 구분된다.

① (가) IaaS, (나) SaaS, (다) PaaS
② (가) PaaS, (나) SaaS, (다) IaaS
③ (가) SaaS, (나) PaaS, (다) IaaS
④ (가) SaaS, (나) IaaS, (다) PaaS
⑤ (가) PaaS, (나) IaaS, (다) SaaS

🔓 **해설**
② 클라우드 컴퓨팅(Cloud Computing)은 이용자의 모든 정보를 인터넷상의 서버에 저장하고, 이 정보를 각종 IT 기기를 통하여 언제 어디서든 이용할 수 있다는 개념이다. 클라우드 컴퓨팅 서비스 유형은 (가) 클라우드를 통해 하드웨어 네트워크 능력을 제공하는 Platform as a Service(PaaS), (나) 클라우드에 애플리케이션들을 제공하는 Software as a Service(SaaS), (다) 하드웨어, 네트워킹, 애플리케이션을 제공하는 Infrastructure as a Service(IaaS)로 구분한다.

유통·물류일반관리 제1과목

상권분석 제2과목

유통마케팅 제3과목

유통정보 제4과목

06 웹 3.0과 관련된 설명으로 가장 옳지 않은 것은?

① 시맨틱 웹(semantic web) – 의미론적인 웹을 뜻하며 기계가 인간들이 사용하는 자연어를 이해하고 상황과 맥락에 맞는 개인 맞춤형 정보를 제공하는 웹이다.

② 온톨로지(ontology) – 메타데이터들의 집합, 예를 들어 사과를 떠올리면 사과의 색상, 종류 등 관련된 여러 가지 정보를 컴퓨터가 이해하고 처리할 수 있는 정형화된 수단으로 표현한 것이다.

③ 중앙집중화(centralization) – 웹 3.0에서 사용자 간 연결은 플랫폼을 중심으로 연결하여 자유롭게 소통할 수 있도록 지원, 결과적으로 플랫폼이 강력한 권한을 가지게 된다.

④ 웹 3.0을 실현하기 위해서는 블록체인, 인공지능, AR·VR, 분산 스토리지 네트워크 등의 기반 기술이 필요, 사용성을 높여야 실효성이 있을 것으로 본다.

⑤ 온라인 검색과 요청들을 각 사용자들의 선호와 필요에 따라 맞춰 재단하는 것이 웹 3.0의 목표이다.

🔓 **해설**

③ 사용자 간 연결을 플랫폼 중심으로 연결하여 자유롭게 소통할 수 있도록 지원하는 것은 웹 2.0에 대한 것이다.

✅ **Web 3.0의 발전과정**

1. Web 1.0 : 월드와이드웹(WWW)은 User가 디렉토리 검색을 통해 정보를 받는 웹상태
2. Web 2.0 : 참여, 공유, 개방형 플랫폼 기반으로 정보를 함께 제작하고 공유하는 것
3. Web 3.0(웹 3.0) : AI와 블록체인을 기반으로 맞춤형 정보를 제공하고 데이터 소유를 개인화하는 3세대 인터넷을 지칭한다. 기존에 사용하던 서비스에서 인공지능을 통해 개인 맞춤형 정보를 얻고, 블록체인을 통해 개인의 정보 소유 및 보안을 강화하는 지능형 웹 기술을 말한다.

07 아래 글상자에서 설명하는 용어로 가장 옳은 것은?

> 모든 디바이스가 정보의 뜻을 이해하고 논리적인 추론까지 할 수 있는 지능형 기술로 사람의 머릿속에 있는 언어에 대한 이해를 컴퓨터 언어로 표현하고 이것을 컴퓨터가 사용할 수 있게 만드는 것이다. 이 기술은 웹페이지에 담긴 내용을 이해하고 개인 맞춤형 서비스를 제공받아 지능화된 서비스를 제공하는 웹 3.0의 기반이 된다.

① 고퍼　　　　② 냅스터
③ 시맨틱 웹　　④ 오페라
⑤ 웹클리퍼

🔓 **해설**

③ 시맨틱 웹(semantic web)은 Web 3.0을 기반으로 하여 사람이 읽고 해석하기에 편리하게 설계되어 있는 현재의 웹 대신에 컴퓨터가 이해할 수 있는 형태의 새로운 언어로 표현해 기계들끼리 서로 의사소통을 할 수 있는 지능형 웹을 뜻한다.

08 아래 글상자에서 설명하고 있는 기술로 올바른 것은?

> 다품종 소량생산 및 개인 맞춤형 제작이 용이하도록 지원하는 신기술이다. 1984년 최초로 개발된 이래로, 2000년대까지 단순 제품 모형 및 시제품 제작 등에 일부 활용되어 왔으며, 최근 기술 진보 및 경제성 확보 등으로 광범위한 영향력을 가지게 되었다. 재료로는 플라스틱, 파우더, 왁스, 고무, 금속 등 기술의 발달과 더불어 다양해지고 있다.

① 시뮬레이터　　② 가상현실
③ 증강현실　　　④ 3D프린팅
⑤ 3D모델링

해설

④ 3D프린팅이란 프린터로 입체적인 물체를 만드는 기술을 말하며, 잉크를 사용하는 통상적인 프린터와 달리 플라스틱을 비롯한 경화성 소재를 써서 입체적인 3차원 모델링 파일을 출력하는 데 활용된다.

09 아래 글상자의 (   ) 안에 들어갈 용어로 가장 적절한 것은?

> - (   )은/는 마이론 크루거(Myron Krueger) 박사에 의해 제시된 개념으로 인조 두뇌공간이라고도 한다.
> - (   )은/는 3차원의 가상공간에서 사용자가 원하는 방향대로 조작하거나 실행할 수 있다.
> - (   )의 특성은 영상물의 실시간 랜더링이 가능하므로 원하는 위치에 원하는 모습을 즉시 생산해 낼 수 있다.

① 증강현실
② 옴니채널
③ 가상현실
④ 공간 가상화
⑤ 3차원 랜더링

해설

③ 가상현실(Virtual Reality)에 대한 내용으로, 이는 어떤 특정한 환경이나 상황을 컴퓨터로 만들어서, 그것을 사용하는 사람이 마치 실제 주변 상황·환경과 상호작용을 하는 것처럼 만들어주는 사이버 인터페이스를 말한다.

10 최근 스마트폰이 인기를 끌면서, 유통업체들은 이를 활용하여 다양한 사업을 벌이고 있다. 아래 기사는 스마트폰의 어떤 기능을 주로 활용하여 사업을 벌이고 있는지 설명하고 있는가?

> (가) 미국의 마케팅 회사인 주가라(Zugara)는 최근 이 기술을 이용, 온라인 쇼핑몰을 만들었다. 옷을 사고 싶은 소비자가 집에서 쇼핑몰에 접속한 뒤 웹카메라를 켜고 마음에 드는 제품을 선택하면 가상으로 다양한 색상과 디자인을 적용해 가며 옷을 입어볼 수 있다.
>
> (나) 위치정보시스템(GPS)과 이 기술 기반으로 개발된 '포켓몬 고'는 출시와 동시에 선풍적인 인기를 끌었다. 이는 우리 주변에 포켓몬이 진짜로 있는 것같이 합성하여 보여준다.

① 위젯(Widget)
② 가상현실
③ 증강현실
④ 앱스토어
⑤ BYOD

해설

③ 증강현실(Augmented Reality)은 실세계에 3차원 가상물체를 겹쳐 보여주는 기술을 말한다. 즉 사용자가 눈으로 보는 현실세계에 가상 물체를 겹쳐 보여주는 기술이다. 현실세계에 실시간으로 부가정보를 갖는 가상세계를 합쳐 하나의 영상으로 보여주므로 혼합현실(MR; Mixed Reality)이라고도 한다.

11 지리적, 공간적 제약을 극복하고 어디서 누구와도 연결이 가능하도록 해주는 광역 컴퓨팅 기술과 관련 있는 기술로 가장 옳지 않은 것은?

① 인터넷 기술
② 미들웨어 기술
③ 분산처리 기술
④ 네트워크 컴퓨팅 기술
⑤ 데이터 압축복원 기술

정답 **09** ③ **10** ③ **11** ⑤

🔓 **해설**

⑤ 지리적, 공간적 제약을 극복하고 어디서 누구와도 연결이 가능하도록 해주는 광역 컴퓨팅을 위해서는 인터넷 기반 기술과 데이터를 주고받을 수 있도록 중간에서 매개 역할을 하는 미들웨어 및 네트워크 컴퓨팅, 분산처리 기술 등이 필요하다.

12 오늘날 유통업체에서는 블록체인 기술을 활용해 정보시스템을 구현하고 있다. 블록체인에 대한 설명으로 가장 옳지 않은 것은?

① 퍼블릭 블록체인은 누구나 참여할 수 있고 모든 참여자의 상호 검증을 거치기 때문에 상대적으로 신뢰도가 높은 반면, 처리속도가 느리다.

② 프라이빗 블록체인은 서비스 제공자의 승인을 받아야만 참여할 수 있도록 구축되는 형태이다.

③ 한 번 연결된 블록은 수정하거나 삭제하기 어려워 불변성을 가진다.

④ 새로운 블록은 생성되는 동시에 모든 참여자에게 전송되어 공유되므로 참여자들 누구나 볼 수 있어 투명성을 가진다.

⑤ 블록체인은 기존의 분권화된 방식을 탈피한 중앙집중식 방식으로 데이터를 보다 빠르게 처리할 수 있다.

🔓 **해설**

⑤ 블록체인은 공공거래장부 또는 분산원장으로 불리는 데이터 분산처리 기술로, 네트워크에 참여하는 모든 사용자가 모든 거래 내역 등의 데이터를 분산 및 저장하는 기술을 지칭한다. 이는 신용 기반이 아니라 시스템으로 네트워크를 구성하며, 중앙시스템이 존재하지 않는 탈중앙시스템에 해당한다.

13 데이터의 전략적 활용을 위해 사용하는 비즈니스 애널리틱스(business analytics)에 대한 설명으로 가장 옳지 않은 것은?

① 비즈니스 애널리틱스는 조직에서 기존의 데이터를 기초로 최적 또는 현실적 의사결정을 위한 모델링을 이용하도록 지원해준다.

② 비즈니스 애널리틱스는 질의 및 보고와 같은 기본적인 분석 기술과 예측 모델링처럼 수학적으로 정교한 수준의 분석을 지원한다.

③ 비즈니스 애널리틱스는 리포트, 쿼리, 알림, 대시 보드, 스코어 카드뿐만 아니라 데이터 마이닝 등의 예측 모델링과 같은 진보된 형태의 분석기능도 제공한다.

④ 비즈니스 애널리틱스는 미래 예측을 지원해주는 데이터 패턴 분석과 예측 모델을 위한 데이터 마이닝을 통해 고차원 분석기능을 포함하고 있다.

⑤ 비즈니스 애널리틱스는 정보자원을 의사결정에 유용한 지식으로 변환하는 것을 뜻하는 바, 이의 핵심은 발생된 사건에 대해 내부 데이터, 구조화된 데이터, 히스토리컬 데이터만을 단순하게 분석하는 것이다.

🔓 **해설**

⑤ 발생된 사건에 대해 내부 데이터, 구조화된 데이터, 히스토리컬 데이터(역사적 자료)만을 단순하게 분석하는 것은 비즈니스 인텔리전스에 가까운 설명이다. 반면, 비즈니스 애널리틱스(business analytics)는 경영활동의 효율성을 높이기 위하여 지원하는 솔루션으로, 과거 데이터 분석 위주의 비즈니스 인텔리전스(BI)에 통계 기반의 '예측, 진단, 처방기능'을 부가한 솔루션으로 비즈니스 문제를 더욱 빠르고 정확하게 해결하도록 지원하고 있다.

• 정답 **12** ⑤ **13** ⑤

14 유통업체에서 업무에 활용하고 있는 데이터 시각화에 대한 설명으로 가장 옳은 것은?

① 정보 시각화는 데이터를 활용하여 객관적인 사실을 통계표, 그래프, 이미지 등을 통해 요약적으로 표현하여 주어 직관적 통찰력을 높여준다.

② 인포그래픽은 과학적 현상의 시각화로 컴퓨터 과학의 한 부분인 컴퓨터 그래픽의 하위 집합으로 간주한다.

③ 과학적 시각화는 다량의 정보를 차트, 지도 다이어그램, 로고, 일러스트레이션 등을 활용하여 정적으로 만들어 한눈에 파악할 수 있게 해준다.

④ 인포그래픽은 공학, 통계학, 수학 등을 이용해 데이터 분석기능을 제공하는 통계 분석도구이다.

⑤ 도수분포를 그래프로 나타낸 것은 산포도이다.

🔓 **해설**

② 과학적 시각화는 과학적 현상의 시각화로 컴퓨터 과학의 한 부분인 컴퓨터 그래픽의 하위 집합으로 간주한다.

③ 인포그래픽은 다량의 정보를 차트, 지도 다이어그램, 로고, 일러스트레이션 등을 활용하여 정적으로 만들어 한눈에 파악할 수 있게 해준다.

④ 인포그래픽은 공학, 통계학, 수학 등을 이용해 데이터 분석기능을 제공하는 통계 분석도구에 해당하지 않는다.

⑤ 도수분포를 그래프로 나타낸 것은 히스토그램이다.

15 유통업체에서 활용하는 간편결제 방식에 대한 설명으로 가장 옳은 것은?

① 온라인과 오프라인 상거래에서 빠르고 간편하게 결제하는 전자결제 서비스이다.

② 스마트워치 기기에 저장된 생체정보, 신용카드 정보 등을 이용하여 결제되는 경우 반드시 2차 인증 수단을 추가로 인증해야 사용할 수 있다.

③ 우리나라는 간편결제 서비스에 활용되는 QR코드 발급 시 개인·신용정보를 포함할 수 있도록 규정하고 위변조 방지 기술을 반드시 적용하도록 하고 있다.

④ 다른 방식의 결제 서비스에 비해 상대적으로 접속 속도가 느리고 복잡하지만 높은 보안성을 확보하고 있다.

⑤ 간편결제 편의성과 안전성을 높이기 위해서 모바일 결제 시 QR코드 방식은 지원하지 않는다.

🔓 **해설**

① 유통업체에서 활용하는 간편결제 방식은 간편결제 애플리케이션이 신용카드사로부터 결제 토큰을 제공받아 NFC, QR, MST 등의 방법으로 신용카드 가맹점에서 결제하는 방식으로 지문, 홍채 등 생체정보를 이용한 결제, 근접무선통신(NFC) 방식, QR 코드 방식 등이 이용된다. 아직 보안성 측면에서 취약점이 있으나 온라인과 오프라인 상거래에서 빠르고 간편하게 결제하는 수단으로 활용되고 있다.

제1과목 유통·물류일반관리

제2과목 상권분석

제3과목 유통마케팅

제4과목 유통정보

16 아래 글상자의 괄호 안에 들어갈 용어로 가장 옳은 것은?

> • 온·오프라인에 관계없이 소비자가 이용 가능한 모든 채널을 쇼핑의 창구로 유기적으로 연결하여 쇼핑에 불편이 없도록 채널을 통합하는 것을 (㉠), 상거래 형태를 온–오프 연계형이라고 한다.
> • 1인 가구 증가 등 개성 있는 소비자들의 다양한 요구에 맞춤형으로 서비스를 제공하는 (㉡) 서비스 수요가 증가하고 있다.

① ㉠ e–마켓플레이스, ㉡ 옴니채널
② ㉠ 오픈마켓, ㉡ 초연결화
③ ㉠ e–온디맨드, ㉡ 옴니채널
④ ㉠ 옴니채널, ㉡ 온디맨드
⑤ ㉠ 오픈마켓, ㉡ 온디맨드

🔓**해설**
④ 온·오프라인에 관계없이 소비자가 이용 가능한 모든 채널을 쇼핑의 창구로 유기적으로 연결하여 쇼핑에 불편이 없도록 채널을 통합하는 것을 옴니채널이라 한다. 또한 고객 수요에 초점을 맞춘 서비스로 소비자가 원하면 언제든지 서비스 제공이 가능하도록 고객 중심 니즈를 제공하는 것을 온디맨드(on–demand) 서비스라 한다.

17 아래 글상자 설명은 유통업체의 정보시스템 구현과 관련된 설명이다. 괄호 안에 들어갈 개념으로 가장 옳은 것은?

> • ( )은(는) 물리적인 하드웨어의 한계를 넘어, 가상 하드웨어 인프라스트럭처를 구축하는 소프트웨어 시스템 운영에 대한 기술이다.
> • ( )은(는) 한 대의 컴퓨팅 자원을 여러 대의 컴퓨터처럼 운영하거나 또는 여러 대의 컴퓨팅 자원을 한 대의 컴퓨터처럼 운영하는 기술이다.

① 서비스 수준관리
② 엣지 컴퓨팅
③ 블록체인
④ 분산처리
⑤ 가상화 기술

🔓**해설**
⑤ 가상화 기술에 대한 설명이다.
② **엣지 컴퓨팅** : 엣지 컴퓨팅은 데이터 처리를 중앙의 클라우드 서버가 아닌, 데이터가 생성되는 곳 근처에서 실시간으로 빠르게 처리하는 컴퓨터 모델이다. 이를 통해 실시간 데이터 처리와 더불어 대기시간을 줄일 수 있어 IoT, 자율주행차, 스마트 공장 등에서 주로 활용한다.

18 오늘날 유통업체에서는 마케팅을 위해서 메타버스를 활용하고 있다. 메타버스에 대한 설명으로 적절하지 않은 것은?

① 가속연구재단(ASF : Acceleration Studies Foundation)은 메타버스 서비스를 정보 표현 형태(외부 환경 정보와 개인/개체 중심 정보)와 공간활용 특성(현실공간과 가상공간)에 따라 4가지로 구분하였다.

② 가상현실은 현실세계에 가상의 정보를 증강하여 서비스를 제공하는 메타버스 유형이다.

③ 라이프로깅은 개인 및 개체들에 대한 현실생활의 정보를 가상세계에 증강하여 정보를 통합 제공하는 메타버스 유형이다.

④ 거울세계는 가상세계에서 외부의 환경정보를 통합하여 서비스를 제공하는 메타버스 유형으로 실제세계의 디지털화라 할 수 있다.

⑤ 가상세계는 가상공간에서 다양한 개인 및 개체들의 정보를 제공하는 메타버스 유형이다.

🔓 **해설**

② 현실세계에 가상의 정보를 증강하여 서비스를 제공하는 것은 증강현실(AR)의 특징이다.

19 오늘날 유통업체에서는 클라우드 컴퓨팅 이용이 증가하고 있다. 클라우드 컴퓨팅에서 제공하는 서비스 중에서 사용자가 소프트웨어를 개발할 수 있는 토대를 제공해 주는 서비스 모델로 가장 옳은 것은?

① DaaS   ② IaaS

③ NaaS   ④ PaaS

⑤ SaaS

🔓 **해설**

④ 애플리케이션 개발을 위한 플랫폼을 클라우드에서 제공하는 서비스인 PaaS(Platform as a Service)에 대한 설명이다.

① DaaS(Desktop as a Service) : 가상 데스크톱 환경을 제공하는 서비스로 사용자 PC 환경을 가상 공간에 구축하여 시간/단말 환경을 극복한다.

② IaaS(Infrastructure as a Service) : 가상화된 컴퓨팅 리소스(서버, 네트워크, 스토리지)를 제공하는 서비스로 사용자 입장에서 가장 유연한 서비스이다.

③ NaaS(Network as a Service) : 사용자가 네트워크 인프라를 직접 구축하고 관리할 필요 없이 클라우드에서 네트워크 연결 및 서비스를 제공받을 수 있게 한다.

⑤ SaaS(Software as a Service) : 사용자가 소프트웨어를 직접 설치하지 않고도 인터넷을 통해 응용 프로그램에 대한 액세스를 제공한다.

20 기업들이 소셜미디어 플랫폼에서 이루어지는 브랜드, 제품, 산업, 또는 특정 주제와 관련된 온라인 대화, 토론, 언급에 관심을 가지고 데이터 수집·분석을 통해 고객의 니즈를 파악하고 통찰력을 얻는 활동을 수행하고 있다. 이러한 활동을 가리키는 용어로 가장 옳은 것은?

① SNPS(Social Net Promoter Score)

② FGI(Focus Group Interview)

③ 소셜리스닝(Social Listening)

④ 워크숍(Workshop)

⑤ SOV(Share of Voice)

🔓**해설**

③ 소셜리스닝에 대한 설명이다.

① SNPS(Social Net Promoter Score, 소셜 순추천지수) : 사용자가 브랜드나 제품을 다른 사람에게 추천할 가능성을 소셜미디어 데이터를 기반으로 측정하는 지표이다.

② FGI(Focus Group Interview) : 소규모 그룹 인터뷰를 통해 특정 주제나 제품에 대한 소비자의 의견과 반응을 수집하는 품질 개선 및 마케팅 연구 기법이다.

④ 워크숍(Workshop) : 특정 주제나 문제를 다루며 참가자들이 토론 및 실습을 통해 문제해결을 도모하는 활동이다.

⑤ SOV(Share of Voice, 목소리 점유율) : 제품이나 산업, 카테고리별로 미디어상 특정 브랜드가 차지하는 대화량 또는 특정 산업 등에서 전체적으로 집행된 광고지출비 중에서 개별 기업이 차지하는 비중을 말한다.

21 스마트 물류 구현을 위한 통신기술에 대한 설명으로 옳지 않은 것은?

① LiDAR(Light Detection And Ranging)는 레이저를 이용한다.

② RADAR(Radio Detection And Ranging)는 무선 주파수(RF)를 이용한다.

③ 측정 거리 측면에서 RADAR는 장거리에 적합하고, LiDAR는 상대적으로 단거리 및 중거리에 적합하다.

④ RADAR는 LiDAR와 비교할 때, 상대적으로 날씨에 강하며, LiDAR는 조명조건과 날씨에 신호가 산란되거나 약해질 수 있다.

⑤ 사용목적에 따라 달라지겠지만 일반적으로 비용측면에서 RADAR는 상대적으로 높고, LiDAR는 상대적으로 낮다.

🔓**해설**

⑤ 일반적으로 LiDAR(고정밀)가 RADAR보다 비용이 높고, RADAR는 비용이 상대적으로 저렴하다.

22 디지털 핵심기술 중 하나로 아래 글상자에서 설명하는 내용과 부합하는 기술로 가장 옳은 것은?

> 0과 1로 이루어진 바이너리 코드로 작동되는 기존 컴퓨팅 시스템과 달리 인간의 두뇌와 구조·기능을 모방하여 인공 신경망과 같은 학습 및 인식을 수행하는 에너지 효율적인 컴퓨팅 방식으로 향후 전력 소모 절감과 더욱 빠른 의사 결정 및 인식도 향상으로 비즈니스에 광범위한 영향을 미칠 것으로 전망됨

① AI 에이전트
② 강인공지능
③ 공간컴퓨팅
④ 휴머노이드
⑤ 뉴로모픽 컴퓨팅

🔓**해설**

⑤ 인간의 뇌 구조와 신경망을 모방한 컴퓨팅 방식인 뉴로모픽 컴퓨팅의 설명이다.

① **AI 에이전트** : 자율적으로 작업하는 소프트웨어이지만, 뇌 구조 모방과 무관하다.

② **강인공지능** : 일반 AI로 인간과 유사한 사고를 하나 문제에서 언급한 컴퓨팅 방식을 의미하지 않는다.

③ **공간컴퓨팅** : 디지털과 물리 세계를 연계하는 기술이다.

④ **휴머노이드** : 인간 형태를 갖춘 로봇을 의미한다.

23 아래 글상자의 괄호 안에 들어갈 용어로 가장 옳은 것은?

> (㉠)은 기존의 중앙 데이터 처리방식인 클라우드의 한계를 보완한 시스템으로 데이터를 중앙 서버가 아닌 가까운 곳에서 처리하는 기술을 일컫는다. 기기 자체에서 AI 기능을 실행하는 (㉡)와(과) 함께 실시간 데이터처리가 필요한 자율주행, 로보틱스 등의 분야에서 중요성이 강조되고 있다. 스마트 매장관리 및 고객경험개선이나 실시간 재고관리 및 수요예측 등 유통분야에 기여한 사례들이 있다.

① ㉠ 엣지컴퓨팅, ㉡ 온디바이스 AI
② ㉠ 공간지능, ㉡ 지속가능 AI
③ ㉠ 블록체인, ㉡ 제로트러스트네트워크
④ ㉠ 컨테이너보안, ㉡ 엣지컴퓨팅
⑤ ㉠ 공간지능, ㉡ 블록체인

🔓 **해설**

㉠ 데이터를 중앙 서버가 아닌 가까운 곳에서 처리하는 기술은 엣지컴퓨팅에 대한 설명이다.
㉡ 클라우드나 외부 서버에 의존하지 않고, 기기 자체에서 AI 기능을 실행하는 온디바이스 AI에 대한 설명이다.

24 AI는 고도화 수준에 따라 '제한적 인공지능(ANI)', '범용인공지능(AGI)', '초인공지능(ASI)'으로 구분할 수 있다. 아래 글상자의 내용 중 AGI에 해당되는 설명을 모두 나열한 것은?

> ㉠ 인간의 지능을 초월하는 능력을 가진 인공지능
> ㉡ 특정한 작업이나 제한된 영역에서 문제를 해결하는 방향으로 특화된 인공지능
> ㉢ 인간 수준의 일반 지능을 갖추고 논리력과 창의적 추론능력을 보유한 인공지능
> ㉣ 사전 학습된 데이터와 알고리즘에 의존하지 않고도 새로운 문제를 분석하고 해결책을 제시할 수 있는 인공지능

① ㉠, ㉡　　　　② ㉡, ㉢
③ ㉢, ㉣　　　　④ ㉠, ㉡, ㉢
⑤ ㉠, ㉡, ㉢, ㉣

🔓 **해설**

- AGI(범용인공지능, Artificial General Intelligence) : AGI는 인간처럼 다양한 영역에서 문제를 해결할 수 있는 지능을 말한다. 논리력과 창의적 추론능력을 보유한 인공지능을 말하며, 새로운 문제의 분석과 대안을 제시할 수 있다. 따라서, ㉢, ㉣이 이에 해당한다.
- ANI(제한적 인공지능, Artificial Narrow Intelligence) : 챗봇, 바둑 등 특정한 작업이나 제한된 영역에서만 활용가능한 AI을 말한다. ㉡이 이에 해당한다.
- ASI(초인공지능, Artificial Super Intelligence) : 인간의 지능을 뛰어넘는 수준의 AI이다. ㉠이 이에 해당한다.

유통·물류일반관리 제1과목 / 상권분석 제2과목 / 유통마케팅 제3과목 / 유통정보 제4과목

25 아래 글상자의 괄호 안에 공통적으로 들어갈 용어로 가장 옳은 것은?

> (　　)은(는) 통합된 단일 플랫폼에서 실시간으로 IT 운영환경 전반을 파악할 수 있도록 지원하는 기술을 뜻한다. 기존의 전통적인 모니터링 방식이 특정 자원이나 시스템의 현재상태 중심으로 국한된 반면 (　　)은(는) 전체 IT 운영환경을 아우르는 혁신적인 접근법으로 이유와 맥락까지 추적하여 문제를 진단할 수 있고 추적할 수 있도록 지원함으로써 안정성과 효율성을 지원한다.

① 대시보드(dashboard)
② 옵저버빌리티(observability)
③ 비쥬얼라이제이션(visualization)
④ 키퍼모먼스(key performance)
⑤ 인텔리전스(intelligence)

🔓 해설

② 옵저버빌리티(observability)는 단순히 시스템의 현재 상태를 모니터링하는 것을 넘어서, 데이터를 실시간으로 수집하고 분석하여 시스템의 현재 상태뿐만 아니라 문제가 발생한 원인과 맥락까지 추적할 수 있도록 돕는 기술이다.
① 대시보드(dashboards) : 데이터 분석 결과에 대한 이용자 이해도를 높이기 위한 데이터 시각화 기술이다.
③ 비쥬얼라이제이션(visualization) : 데이터를 그래픽으로 표현하는 기술을 통칭한다.
④ 키퍼모먼스(key performance) : 성과를 측정하는 지표이다.
⑤ 인텔리전스(intelligence) : 지능을 뜻하는 일반용어이다.

유통관리사 2급 실전모의고사

제 1 회　실전모의고사

---

01 유통의 도매기능 중 상적유통기능이 아닌 것은?

① 신상품 개발 기능
② 장기보관의 기능
③ 신유통경로 개발 기능
④ 거래처 발굴 및 육성 기능
⑤ 판매촉진의 기능

02 아래 글상자의 ㉠, ㉡, ㉢에서 설명하는 유통경로의 효용으로 옳게 짝지어진 것은?

> ㉠ 소비자가 제품이나 서비스를 구매하기에 용이한 곳에서 구매할 수 있게 함.
> ㉡ 소비자가 제품을 소비할 수 있는 권한을 갖는 것을 도와줌.
> ㉢ 소비자가 원하는 시간에 제품과 서비스를 공급받을 수 있게 함.

① ㉠ 시간효용, ㉡ 장소효용, ㉢ 소유효용
② ㉠ 장소효용, ㉡ 소유효용, ㉢ 시간효용
③ ㉠ 형태효용, ㉡ 소유효용, ㉢ 장소효용
④ ㉠ 소유효용, ㉡ 장소효용, ㉢ 형태효용
⑤ ㉠ 장소효용, ㉡ 형태효용, ㉢ 시간효용

03 입지를 선정할 때 취급상품의 물류비용을 고려할 필요성이 가장 낮은 도매상 유형으로 옳은 것은?

① 직송도매상(drop shipper)
② 판매대리점(selling agents)
③ 제조업체 판매사무소(manufacturer's branches)
④ 일반잡화도매상(general merchandise wholesaler)
⑤ 전문도매상(specialty wholesaler)

04 유통경로(distribution channel)에 관한 설명으로 옳지 않은 것은?

① 유통경로는 제품이나 서비스가 생산자에서 소비자에 이르기까지 거치게 되는 통로 또는 단계를 말한다.
② 유통경로는 생산자의 직영점과 같이 소유권의 이전 없이 판매활동만을 수행하는 형태도 있다.
③ 유통경로는 탄력성이 있어서 다른 마케팅믹스 요소와 마찬가지로 시장환경이 변화하면 다른 유통경로로의 전환이 용이하다.
④ 유통경로는 시간적, 장소적 효용뿐만 아니라 소유적, 형태적 효용도 창출한다.
⑤ 유통경로에서 중간상은 교환과정의 촉진, 제품구색의 불일치 완화 등의 기능을 수행한다.

05 다양한 공급원으로부터 제공된 이질적인 제품들을 상대적으로 동질적인 것으로 구분하는 것에 대한 가장 적합한 용어는?

① 등급(Sorting Out)
② 수합(Accumulation)
③ 분배(Allocation)
④ 구색화(Assortment)
⑤ 통합(Integration)

06 유통경로와 중간상이 필요한 이유에 대한 설명으로 가장 옳지 않은 것은?

① 거래의 일상화를 통해 제반 비용의 감소와 비효율을 개선할 수 있기 때문이다.
② 중간상의 개입으로 공간적, 시간적 불일치를 해소할 수 있기 때문이다.
③ 생산자의 다품종 소량생산과 소비자의 소품종 대량구매 니즈로 인한 구색 및 수량 불일치를 해소할 수 있기 때문이다.
④ 생산자와 소비자 상호 간의 정보의 불일치에 따른 불편을 해소해 줄 수 있기 때문이다.
⑤ 중간상을 통해 탐색과정의 효율성을 높일 수 있기 때문이다.

07 유통경로의 수직적 통합에 대한 설명 중 가장 올바르게 설명한 것은?

① 적어도 3단계 이상의 유통경로를 통합하는 것을 말한다.
② 두 가지 이상의 기능을 동시에 수행하므로 관리비용이 적게 드는 장점이 있다.
③ 기능수행에 대한 통제가 용이하지 않다.
④ 전방통합은 유통업체의 관점에서 상품의 공급 흐름 방향에 존재하는 경로구성원을 통합하는 것이다.
⑤ 경로구성원이 다품종 소량생산의 제품을 취급할 경우에 실시한다.

08 유통경로 집약도 중 '선택적 유통'에 대한 설명으로 가장 옳은 것은?

① 제조업자가 한 지역에 제한된 수의 점포들에게 판매권을 주는 형태이다.
② 유통업자에 대한 제조업자의 지배력이 강하다.
③ 모든 제조업자의 상품을 제한 없이 취급하는 것이 특징이다.
④ 브랜드의 가치를 유지하기 때문에 고가품에서 많이 볼 수 있는 유통형태이다.
⑤ 화장품이나 자동차 유통에서 흔히 볼 수 있는 형태이다.

모의고사

09 유통경로의 길이를 결정하는 상황에 대한 설명이 잘못된 것은?

① 경로구성원들이 경로활동 수행을 가능한 한 제조업자에게 연기하려고 한다면 경로길이는 짧아진다.

② 경로구성원들이 제조업자 대신 투기적 성향이 강한 경우에 경로활동을 적극적으로 수행하게 되어 경로길이가 길어지는 경향이 있다.

③ 소비재의 경우에는 산업재와 달리 개별 소비자의 지역적 분산, 소량의 빈번한 구매 등의 특성을 가지며 소비자는 가능한 한 최소의 재고를 유지하려고 하므로 긴 유통경로를 띠게 된다.

④ 중간상이 제조업자보다 마케팅 기능을 저렴하게 수행할 수 있다면, 제조업자는 원가우위가 있는 제조부분만을 수행하고 나머지 마케팅 기능들은 중간상들에게 위임함으로써 유통경로의 길이는 길어지게 된다.

⑤ 유통경로 길이의 결정에 있어서 거래비용이론에서는, 내부화비용이 시장거래비용보다 높아지면 유통경로의 길이를 가능한 짧게 설계하여 내부화비용을 낮추는 것이 유리하다고 한다.

10 상품구색 측면에서 소매업체들이 다양한 제품을 취급하는 종합점포 유형에서 몇몇 종류의 전문제품에 집중하는 전문업체 유형으로 변했다가 다시 다양한 제품을 취급하는 종합점포로 전환하는 형식으로 발달하는, 즉 수축과 확장을 반복하면서 업태의 발달과정이 전개되고 있다고 설명하는 소매업 발달이론은?

① 변증법이론(dialectic theory)

② 소매업아코디언이론(retail accordion theory)

③ 진공지대론(vacuum zone theory)

④ 소매수명주기이론(retail life cycle theory)

⑤ 소매수레바퀴이론(the wheel of retailing theory)

11 「유통산업발전법」에서는 대규모점포 등과 중소유통업의 상생발전을 위하여 필요하다고 인정하는 경우 대형마트 등에 대한 영업시간 제한이나 의무휴업일 지정을 규정하고 있다. 이에 대한 내용으로 옳지 않은 것은?

① 특별자치시장·시장·군수·구청장은 오전 0시부터 오전 10시까지의 범위에서 영업시간을 제한할 수 있다.

② 특별자치시장·시장·군수·구청장은 매월 이틀을 의무휴업일로 지정하여야 한다.

③ 동일 상권 내에 전통시장이 존재하지 않는 경우에는 위의 내용이 적용되지 아니한다.

④ 영업시간 제한 및 의무휴업일 지정에 필요한 사항은 해당 지방자치단체의 조례로 정한다.

⑤ 의무휴업일은 공휴일 중에서 지정하되, 이해당사자와 합의를 거쳐 공휴일이 아닌 날을 의무휴업일로 지정할 수 있다.

12 다음 중 완전기능도매상에 대한 설명으로 적합하지 않은 것은?

① 도매상이 할 수 있는 모든 기능과 서비스를 제공한다.
② 일반상품 도매상, 한정상품 도매상, 현금무배달 도매상 등이 있다.
③ 관련성이 있는 제품들을 몇 가지 동시에 취급하는 한정상품 도매상도 완전기능도매상에 속한다.
④ 서로 간에 관련성이 없는 다양한 제품을 취급하는 도매상을 일반상품 도매상이라 한다.
⑤ 전문품 도매상(specialty wholesaler)은 소수 혹은 하나의 제품계열 내에서 소수의 특정 제품만을 깊이 있게 취급한다.

13 최근 국내외 유통산업의 동향과 추세에 대한 설명으로 옳지 않은 것은?

① 소비 양극화에 따라 개인 가치에 부합하는 상품에 대해서는 과도한 수준의 소비가 발생하고 관심이 적은 생필품은 저가격 상품을 탐색하는 성향이 증가하고 있다.
② 소비자의 멀티채널 소비 증가로 유통업체의 옴니채널 구축이 가속화되고 있다.
③ 복합쇼핑몰, 카테고리 킬러 등 신규업태가 탄생하고 업태 간 경계가 모호해지고 있다.
④ 업태 간 경쟁 심화에 따라 이익보다는 매출에 초점을 둔 경쟁이 심화되고 있다.
⑤ 모바일과 IT 기술 확산에 따른 리테일테크(Retail Tech) 발달이 가속화되고 있다.

14 다음은 산업구조분석 방법인 마이클 포터의 5-force model과 시장매력도 간의 관계에 해당하는 내용이다. 가장 옳지 않은 것은?

① 기업들은 새로운 경쟁자들이 시장에 쉽게 들어오지 못하도록 높은 수준의 진입장벽을 구축하기 위해 노력한다.
② 구매자의 교섭력이 높아질수록 그 시장의 매력도는 낮아진다.
③ 산업구조분석에서 다루어지는 시장매력도는 산업 전체의 평균 수익성을 의미한다.
④ 5-force model은 누가 경쟁자이고 누가 공급자이며 누가 구매자인지 분명하게 구분된다는 것을 가정하고 있다.
⑤ 대체재가 많을수록 시장의 매력도는 높아진다.

15 산업환경분석 모델 중에서 STEP 모델에 대한 설명으로 가장 거리가 먼 것은?

① STEP 분석은 사회·문화적 환경 – 기술적 환경 – 거시경제적 환경 – 경쟁가격 환경의 순서에 따라 분석하는 기법이다.
② 사회·문화적 환경을 구성하는 요소로는 인구증가율 추이, 소비자 라이프스타일 변화, 환경에 대한 사회적 인식변화, 여성의 사회적 진출 등이 있다.
③ 기술적 환경에는 정보기술, 기술발전 가능성, 새로운 제품혁신, 대체기술 개발 가능성 등을 포함하여 분석한다.
④ 거시경제적 환경에서 분석해야 하는 변수로는 GDP 성장률, 물가상승률, 이자율/환율, 에너지가격 동향 등이 있다.
⑤ 추가적으로 정책/규제환경 분석은 법적 규제, 정책 개정, 무역규제 완화, 규제 철폐 등을 포함한다.

16 사업 포트폴리오 분석에 대한 설명으로 올바른 것은?

> a. BCG 매트릭스는 시장성장률과 절대적 시장점유율을 두 축으로 총 4개의 사업영역으로 분류한다.
> b. BCG 매트릭스의 자금젖소 영역에서는 현상유지 또는 수확전략을 취한다.
> c. BCG 매트릭스의 문제아 영역은 시장성장률은 낮지만 절대적 시장점유율이 높은 전략사업단위를 지칭한다.
> d. BCG 매트릭스가 시장점유율을 사업단위의 경쟁적 지표로 취한 것은 경험곡선효과 때문이다.
> e. GE-Mckinsey의 산업매력도-사업강점 분석은 BCG 매트릭스보다 각 차원별로 여러 구성요인을 반영하여 사업영역을 9개로 구분한다.

① a, b, e
② a, c, d
③ b, d, e
④ b, c, d
⑤ c, d, e

17 직계·참모식 조직(line & staff organization)의 단점에 대한 설명으로 옳지 않은 것은?

① 명령체계와 조언, 권고적 참여가 혼동되기 쉽다.
② 집행부문이 스태프(staff) 부문에 자료를 신속·충분하게 제공하지 않으면 참모 부문의 기능은 잘 발휘되지 못한다.
③ 집행부문의 종업원과 스태프(staff) 부문의 직원 간에 불화를 가져올 우려가 있다.
④ 라인(line)의 창의성을 결여하기 쉽다.
⑤ 명령이 통일되지 않아 전체의 질서적 관리가 혼란스러워지는 경우가 발생할 수 있다.

18 유통경로시스템의 힘의 원천과 예시로 옳지 않은 것은?

① 보상력 : 높은 마진의 허용, 판촉물 제공
② 강압력 : 마진폭 인하, 판매독점권 철회
③ 합법력 : 거래당사자의 관행, 계약에 따라 인정되는 권리
④ 준거력 : 유명 소매업체에 유통시킨다는 긍지
⑤ 전문력 : 오랜 경영관리에 대한 상담과 조언, 밀어내기

19 소비자에게 인도된 제품의 전체 또는 일부가 일정시간이 경과한 후 다시 생산자에게 돌아오거나 폐기되는 과정을 관리하는 것은?

① 생산물류
② 역물류
③ 조달물류
④ 판매물류
⑤ 사내물류

20 아래 글상자의 내용을 6시그마 도입 절차대로 나열한 것으로 가장 옳은 것은?

> ㉠ 필요성(needs)의 구체화
> ㉡ 비전의 명확화
> ㉢ 계획수립
> ㉣ 계획실행
> ㉤ 이익평가
> ㉥ 이익유지

① ㉤ - ㉥ - ㉠ - ㉡ - ㉢ - ㉣
② ㉡ - ㉢ - ㉣ - ㉤ - ㉥ - ㉠
③ ㉢ - ㉣ - ㉤ - ㉥ - ㉠ - ㉡
④ ㉣ - ㉤ - ㉥ - ㉠ - ㉡ - ㉢
⑤ ㉠ - ㉡ - ㉢ - ㉣ - ㉤ - ㉥

21 물적유통관리에 대한 설명으로 옳지 않은 것은?

① 상품을 적절한 시기에 맞추어 운반해야 하므로 어떤 운송수단을 이용하느냐가 비용과 상품의 상태, 기업의 이익에도 영향을 준다.

② 물적유통관리를 합리화하게 되면 고객서비스 수준을 증가시킬 수 있다.

③ 인건비 상승 때문에 나타나는 인플레 환경하에서도 물적유통관리를 통해 원가절감을 할 수 있다.

④ 소비자 욕구가 다양화됨에 따라, 보다 많은 종류의 상품을 재고로 보유하기 위한 경우 효율적인 물적유통관리가 필요하다.

⑤ 상품의 운송이나 보관에는 하역작업이 따르게 되는데, 물류비용 중 가장 큰 비율을 차지하는 활동이 하역이다.

22 재고관리 효율성을 높이기 위해 중요하게 사용되는 수요예측방법 중 소위 지수평활법(exponential smoothing)에 대한 설명으로 가장 적합한 것은?

① 주요 경기 지표들을 기준으로 수요를 예측하는 기법이다.

② 과거 같은 기간의 수요 추세를 미래로 확대하는 기법이다.

③ 경쟁 유통업체들의 주문량의 평균값을 계산하여 이를 근거로 수요를 예측한다.

④ 최근의 매출자료에 가중치를 보다 많이 부여하여 미래 기간의 수요를 예측한다.

⑤ 수집된 자료가 많을수록 수요예측치가 정확해진다.

23 재고관리에 대한 설명으로 가장 옳지 않은 것은?

① 소비자가 원하는 상품을 적시에 제공하기 위하여 소매점은 항상 적절한 양의 재고를 보유해야 할 필요가 있다.

② 재고가 지나치게 많을 경우, 적절한 시기에 처분하기 위해 상품가격을 인하시켜 판매하기 때문에 투매손실이 발생할 수 있다.

③ 재고가 너무 적은 경우 소비자의 수요에 대응할 수 없는 기회손실이 발생할 수 있다.

④ 투매손실이나 기회손실이 발생하지 않도록 하기 위해서 유지해야 하는 적정재고량은 표준재고이다.

⑤ 재고가 적정수준 이하가 되면 미리 결정해 둔 일정 주문량을 발주하는 방법은 정기발주법이다.

24 아래 글상자에 제시된 내용을 활용하여 경제적 주문량을 고려한 연간 총재고비용을 구하라. (기준 : 총재고비용＝주문비＋재고유지비)

- 연간 부품 수요량 : 1,000개
- 주문비 : 200원/1회
- 단위당 재고유지비 : 40원

① 500원 ② 1,000원
③ 2,000원 ④ 3,000원
⑤ 4,000원

25 아래 글상자의 괄호 안에 들어갈 보관의 원칙 정의가 순서대로 바르게 나열된 것은?

> • 출입구가 동일한 경우 입출하 빈도가 높은 상품을 출입구에서 가까운 장소에 보관하는 것은 (㉠)의 원칙이다.
> • 표준품은 랙에 보관하고 비표준품은 특수한 보관기기 및 설비를 사용하여 보관하는 것은 (㉡)의 원칙이다.

① ㉠ 유사성, ㉡ 명료성
② ㉠ 위치표시, ㉡ 네트워크 보관
③ ㉠ 회전대응 보관, ㉡ 형상특성
④ ㉠ 명료성, ㉡ 중량특성
⑤ ㉠ 동일성, ㉡ 유사성

01 점포가 특정 상권에 입지할 때, 업종이나 업태에 따라 입지의존형인지 또는 상권의존형인지를 구분할 필요가 있다. 상권의존형에 적합한 업종이나 업태는?

① 식품점
② 택배업
③ 식당
④ 수선 전문점
⑤ 의류점

02 쇼핑센터와 같은 대형상업시설의 테넌트(tenant) 관리와 관련된 설명으로 옳지 않은 것은?

① 테넌트(tenant)는 상업시설의 일정한 공간을 임대하는 계약을 체결하고 해당 상업시설에 입점하여 영업을 하는 임차인을 일컫는 말이다.
② 테넌트믹스(tenant mix)는 상업시설의 머천다이징 정책을 실현하기 위해 시설 내 테넌트 간에 끊임없이 경쟁을 유발하도록 해야 한다.
③ 앵커 테넌트(anchor tenant)는 상업시설 전체의 성격을 결정짓는 요소로 작용하며 해당 상업시설로 많은 유동인구를 발생시키기도 한다.
④ 앵커 테넌트(anchor tenant)는 핵점포(key tenant)라고도 하며 백화점, 할인점, 대형서점 등 해당 상업시설의 가치를 높여주는 역할을 한다.
⑤ 마그넷 스토어(magnet store)는 쇼핑센터의 이미지를 높이고 쇼핑센터의 회유성을 높이는 점포를 말한다.

03 상권(trade area)에 대한 내용으로 올바르게 열거된 것은?

> ㄱ. 한 점포가 고객을 흡인할 수 있는 지역의 한계범위(geographic area)만을 지칭하는 말이다.
> ㄴ. 지역상권(general trading area), 지구상권(district trading area), 개별점포상권(individual trading area) 등 계층적으로 분류될 수 있다.
> ㄷ. 상권은 단순한 원형의 형태로만 구분하는 것이고, 아메바와 같이 정형화되지 않은 형태로 되는 경우는 없다고 본다.
> ㄹ. 한 점포뿐만 아니라 점포집단이 고객을 유인할 수 있는 지역적 범위(geographic area)를 의미하기도 한다.
> ㅁ. 전체 점포고객을 대상으로 상권에 포함할 수 있는 고객비율에 따라 1차, 2차, 한계상권으로 구분할 수 있다.

① ㄱ, ㄴ, ㄷ
② ㄴ, ㄷ, ㄹ
③ ㄱ, ㄷ, ㅁ
④ ㄷ, ㄹ, ㅁ
⑤ ㄴ, ㄹ, ㅁ

04 상권분석에 사용되는 '회귀모형'에 대한 설명으로 옳지 않은 것은?

① 회귀모형을 통해 점포특성, 상권 내 경쟁수준 등 다양한 변수들이 점포성과에 미치는 상대적 영향을 측정할 수 있다.
② 단계적 회귀분석(stepwise regression)은 변수가 너무 많아 해석이 어려워지는 것을 방지할 수 있다.
③ 회귀모형의 설명변수들은 서로 상호연관성, 즉 상관관계가 높을 때 신뢰성 있는 결과를 도출할 수 있다.
④ 과거의 연구결과 혹은 분석가의 판단 등을 토대로 소수의 변수를 선택하여 회귀모형을 도출할 수 있다.
⑤ 신규점포의 입지타당성을 분석하는 경우, 유사한 거래특성과 상권을 가진 표본을 충분히 확보해야 하는 문제점을 해결해야 한다.

05 소비자의 위치정보를 공간적으로 분석하는 CST map의 활용에 대한 설명으로 옳지 않은 것은?

① 상권의 규모를 파악하여 1차 상권, 2차 상권 및 한계상권을 결정할 수 있다.
② 상권 규모를 파악하여 광고 및 판촉전략을 수립할 수 있다.
③ 상권 간의 중복상태를 파악하여 점포들 간의 경쟁 정도를 측정할 수 있다.
④ 2차 자료인 공공데이터를 활용하여 경쟁점포들의 마케팅 전략을 이해할 수 있다.
⑤ 신규점포의 기존점포 고객에 대한 잠식 정도를 파악하여 점포 확장계획을 수립할 수 있다.

06 레일리(Reilly) 법칙을 이용하여, C지점의 구매력이 A도시와 B도시에 흡인되는 비율을 구하면?

> • A도시의 인구 : 25만 명
> • B도시의 인구 : 100만 명
> • A도시와 B도시 사이에 C지점이 위치해 있음.
> • C지점부터 A도시까지의 거리 : 4km
> • C지점부터 B도시까지의 거리 : 16km

① 4 : 1   ② 1 : 4
③ 16 : 1   ④ 1 : 16
⑤ 1 : 1

07 중심지이론에 관한 내용으로 가장 옳지 않은 것은?

① 상권중심지의 최대도달거리가 최소수요 충족거리보다 커야 상업시설이 입점할 수 있다.
② 소비자는 유사점포 중에서 하나를 선택할 때 가장 가까운 점포를 선택한다고 가정한다.
③ 어떤 중심지들 사이에는 계층적 위계성이 존재한다.
④ 인접하는 두 도시의 상권의 규모는 그 도시의 인구에 비례하고 거리의 제곱에 반비례한다.
⑤ 상업중심지로부터 상업서비스 기능을 제공받는 배후상권의 이상적인 모양은 정육각형이다.

08 상권분석기법에 대한 설명 중 가장 적절한 것은?

① 중심지이론(central place theory)은 한 지역 내의 상권거주자의 입지 및 수적인 분포, 도시 간의 거리관계와 같은 공간구조를 중심지 개념에 의해 설명하는 이론이다.
② 레일리의 소매인력법칙은 도시들 간의 경계를 결정하기보다는 개별점포의 상권경계를 결정하는 데 이용되는 이론이다.
③ 컨버스의 제2법칙은 경쟁도시인 A와 B에 대해 어느 도시로 소비자가 상품을 구매하러 갈 것인가에 대한 상권분기점을 구하는 이론이다.
④ CST 기법은 A지역과 B지역보다 작은 C지역의 소비자가 A와 B지역 중에서 어느 도시에서 구매할 것인가를 측정하는 이론이다.
⑤ 허프의 중력모델에서는 점포가 가진 경쟁의 매력도 및 고객으로부터 점포나 쇼핑센터까지의 거리와 매장면적, 서비스의 질 등을 고려한다.

09 다음 자료를 허프의 중력모델에 대입할 경우 특정 지역 주민이 구매할 확률과 그 지역의 주민으로부터 발생할 수 있는 매출액이 가장 큰 쇼핑센터를 차례대로 올바르게 묶은 것은? (거리는 멀수록, 크기는 작을수록 주민의 선호는 떨어진다고 보고, 거리에 대한 모수는 1, 점포 크기에 대한 모수는 1, 특정 지역의 인구수는 10만 명이라고 가정한다.)

쇼핑센터	쇼핑센터의 규모(m^2)	특정 지역으로부터의 거리(km)
A	3,000	5
B	1,200	6
C	600	3
D	4,900	7
E	1,500	5

① A – D ② A – B
③ D – D ④ A – A
⑤ C – D

10 정보기술의 발달과 각종 데이터의 이용 가능성이 확대되면서 지도작성체계와 데이터베이스관리체계의 결합체인 지리정보시스템(GIS)을 상권분석에 적극 활용할 수 있는 환경이 조성되고 있다. 아래 글상자의 괄호 안에 적합한 GIS 관련 용어로 가장 옳은 것은?

> ㉠ GIS를 이용한 상권분석에서 각 점포에 대한 속성값 자료는 점포 명칭, 점포 유형, 매장면적, 월매출액, 종업원 수 등을 포함할 수 있다.
> ㉡ 이때 면, 선, 점의 형상들을 구성하는 각 점의 x–y 좌표값들은 통상적으로 경도와 위도 좌표체계를 기반으로 작성되는데 우수한 GIS 소프트웨어는 대체로 (   )을/를 포함하고 있다.
> ㉢ (   )은/는 지도지능(map intelligence)의 일종이며, 이는 개별 지도형상에 대해 경도와 위도 좌표체계를 기반으로 다른 지도형상과 비교하여 상대적인 위치를 알 수 있는 기능을 부여하는 역할을 한다.

① 버퍼(buffer) ② 레이어(layer)
③ 중첩(overlay) ④ 기재단위(entry)
⑤ 위상(topology)

11 상업지의 입지선정에서 중요한 조건의 하나인 도로가의 구조에 대해 설명한 것이다. 바르지 못한 것은?

① 가로에 접한 토지의 경우 정방형이 가로장방형보다 유리하다.
② 비탈길의 경우에는 아래쪽에 점포를 내는 것이 유리하다.
③ 동서로 이어진 가로에는 일반적으로 서쪽에 점포를 내는 것이 유리하다.
④ 커브를 이룬 가로의 경우에는 바깥쪽보다 안쪽에 점포를 내는 것이 유리하다.
⑤ 상업지는 주택지와는 달리 가로보다 높으면 마이너스 요인이 된다.

12 주변에 인접한 점포가 없이 큰 길가에 위치한 자유입지(free standing site)인 고립된 점포입지에 관한 설명 중 가장 옳지 않은 것은?

① 대형점포를 개설할 경우 관련 상품의 일괄구매(one-stop shopping)를 가능하게 한다.
② 토지 및 건물의 가격이 상대적으로 싸다.
③ 개점 초기에 소비자를 점포 내로 유인하기가 쉽다.
④ 고정자산에 투입된 비용이 적어서 상대적으로 상품가격의 할인에 융통성이 있다.
⑤ 비교구매를 원하는 소비자에게는 매력적이지 않다.

13 입지개발 방법에 따라 각 점포 특성을 고려한 소매점포의 입지로서 가장 옳지 않은 것은?

① 표적시장이 유사한 선매품점은 서로 인접한 입지가 좋다.

② 표적시장이 유사한 보완점포는 서로 인접한 입지가 좋다.

③ 표적시장이 겹치는 편의점은 서로 상권이 겹치지 않아야 한다.

④ 쇼핑몰의 핵점포 중 하나인 백화점은 쇼핑몰의 한 가운데 입지해야 한다.

⑤ 근린쇼핑센터 내의 기생점포는 핵점포에 인접한 입지가 좋다.

14 소매포화지수(IRS)는 지역시장의 공급 대비 수요수준을 총체적으로 측정하기 위해 많이 사용되는 지표의 하나이다. 소매포화지수를 구하는 공식의 분모(分母)에 포함되는 요소로 가장 적합한 것은?

① 관련 점포의 총매출액

② 관련 점포의 총매장면적

③ 관련 점포의 고객 수

④ 관련 점포의 총영업이익

⑤ 관련 점포의 종업원 수

15 입지적 특성에 따라 소매점포 유형을 집심성, 집재성, 산재성, 국부적 집중성 점포로 구분하기도 한다. 업태와 이들 입지 유형의 연결로서 가장 옳지 않은 것은?

① 백화점 – 집심성 점포

② 화훼점 – 집심성 점포

③ 편의점 – 산재성 점포

④ 가구점 – 집재성 점포

⑤ 공구도매점 – 국부적 집중성 점포

16 동선(動線)에 대한 설명으로 가장 옳지 않은 것은?

① 경제적 사정으로 많은 자금이 필요한 주동선에 입지하기 어려운 점포는 부동선(副動線)을 중시한다.

② 주동선이란 자석입지(magnet)와 자석입지를 잇는 가장 기본이 되는 선을 말한다.

③ 동선은 주동선, 부동선, 접근동선, 출근동선, 퇴근동선 등 다양한 기준으로 분류할 수 있다.

④ 복수의 자석입지가 있는 경우의 동선을 부동선(副動線)이라 한다.

⑤ 접근동선이란 동선으로의 접근 정도를 가리키는 말이다

17 상권이나 점포입지를 분석할 때는 고객의 동선을 파악하는 것이 중요하다. 인간심리와 동선과의 관계를 설명하는 일반원리로 가장 옳지 않은 것은?

① 최단거리 실현의 법칙

② 집합의 법칙

③ 안전 중시의 법칙

④ 보증실현의 법칙

⑤ 규모선호의 법칙

18 점포의 신축을 계획하고 있다. 대지면적이 100m^{2}인 곳에 바닥면적이 70m^{2}인 건물을 지하 1층, 지상 3층으로 짓고 1층 전체를 주차장으로 만들었다고 하면 이 건물의 용적률은?

① 100%　　② 140%

③ 210%　　④ 280%

⑤ 300%

19 대형소매점의 출점형태 중 점포 확보를 위한 비용은 상대적으로 낮은 편이고 지속적 영업도 가능하다는 장점은 있지만, 입지여건이나 점포구조 등이 이미 정해져 있어 출점조건이 열악할 가능성이 높다는 단점을 가진 것은?

① 부지를 임차하고 건물을 신축한 후 입점
② 이미 출점되어 있는 기존점포를 인수
③ 부지를 매입하고 건물을 신축한 후 입점
④ 출점한 경험이 있는 기업과 제휴 후 출점
⑤ 건물을 임차하여 새롭게 점포를 단장한 후 출점

20 「상가건물 임대차보호법」(법률 제18675호, 2022. 1.4., 일부개정)은 임대인은 임차인이 임대차기간이 만료되기 6개월 전부터 1개월 전까지 사이에 계약갱신을 요구할 경우 정당한 사유 없이 거절하지 못한다고 규정하면서, 예외적으로 그러하지 아니한 경우를 명시하고 있다. 이 예외적으로 그러하지 아니한 경우로서 가장 옳지 않은 것은?

① 임차인이 2기의 차임액에 해당하는 금액에 이르도록 차임을 연체한 사실이 있는 경우
② 서로 합의하여 임대인이 임차인에게 상당한 보상을 제공한 경우
③ 임차인이 임대인의 동의 없이 목적 건물의 전부 또는 일부를 전대(轉貸)한 경우
④ 임차인이 임차한 건물의 전부 또는 일부를 고의나 중대한 과실로 파손한 경우
⑤ 임차인이 거짓이나 그 밖의 부정한 방법으로 임차한 경우

01 소매업체들의 서비스 마케팅관리를 위한 서비스 마케팅믹스(7P)로 옳지 않은 것은?

① 장소(place)
② 가능 시간(possible time)
③ 사람(people)
④ 물리적 환경(physical evidence)
⑤ 과정(process)

02 아래 글상자의 사례와 관련된 기업의 마케팅관리 철학으로 옳은 것은?

> 코카콜라는 비만과의 전쟁에 적극 동참하겠다고 발표했다. 코카콜라가 비만과의 전쟁에 동참하게 된 이유는 탄산음료가 비만의 주원인이고 건강에 나쁘다는 인식이 전 세계적으로 확산됨에 따라 매출이 지속적으로 감소해왔기 때문인데, 코카콜라의 전체매출 중 60%가 탄산음료에서 나온다.
> 이에 따라 코카콜라는 모든 자사제품에 칼로리 정보를 표시하고 12세 미만 어린이를 대상으로 한 광고를 중단하기로 결정했다. 그리고 저칼로리제품 개발에 집중하고 지역주민이 참여할 수 있는 다양한 운동프로그램을 개발, 운영하기로 했다.

① 생산개념(production concept)
② 제품개념(product concept)
③ 판매개념(selling concept)
④ 마케팅 개념(marketing concept)
⑤ 사회지향적 마케팅 개념(societal marketing concept)

03 유통환경 분석의 범위를 거시환경과 미시환경으로 나누어 볼 때 그 성격이 다른 하나는?

① 경제적 환경
② 정치・법률적 환경
③ 시장의 경쟁환경
④ 기술적 환경
⑤ 사회・문화적 환경

04 소비자의 구매행동에 대한 설명으로 가장 옳지 않은 것은?

① 관여도가 높고 브랜드 간의 차별화가 클수록 복잡한 구매행동을 보인다.
② 간헐적 구매가 이루어지며 브랜드 간 차이가 없는 경우에는 인지부조화 감소행동을 보인다.
③ 제품에 자기표현적 측면이 강하고 제품의 가격이 낮은 경우 부조화 감소행동을 보인다.
④ 제품에 대한 소비자 관여도가 낮지만 브랜드 간에 차이가 있는 구매상황에서는 다양성 추구 구매행동을 보인다.
⑤ 소비자의 관여도가 낮고 브랜드 간 차이가 없는 경우에는 습관적 구매행동을 보인다.

05 소비재 시장에서 주로 사용하는 세분화 변수 중 행동적 변수(behavioral variables)에 해당하지 않는 것은?

① 가족생애주기　② 사용률
③ 충성도 수준　④ 사용상황
⑤ 추구 편익

06 소매업태 발전에 관한 이론 중 소매차륜(수레바퀴)이론에 해당하는 내용만을 나열한 것은?

㉠ 가격이나 마진이 아니라 상품믹스의 변화에 초점을 두고 있다.
㉡ 소매기관들이 처음에는 혁신적인 형태에서 출발하여 성장하다가 새로운 개념을 가진 신업태에 그 자리를 양보하고 사라지게 된다.
㉢ 진입단계 – 성장단계 – 쇠퇴단계의 세 단계로 구성되어 있다.
㉣ 한 소매기관이 출현하여 사라지기까지의 전 과정에 대해 설명하는 이론으로 두 개의 서로 다른 경쟁적인 소매업태가 하나의 새로운 소매업태로 합쳐지는 현상을 설명한다.
㉤ 고서비스・고가격과 저서비스・저가격 소매기업 사이의 경쟁이 선호분포의 중심을 향해 이동하여 기존의 서비스・가격 수준을 제공해 주는 소매기관은 없어지게 된다고 설명한다.

① ㉠, ㉡
② ㉡, ㉢
③ ㉢, ㉣
④ ㉣, ㉤
⑤ ㉠, ㉢, ㉤

07 아래 글상자가 설명하는 서비스품질을 평가하는 요소로 가장 옳은 것은?

> ㈜ABC는 고객의 개별적 욕구를 충족시키고자 노력하는 기업으로 포지셔닝하며 고객의 개별 선호에 맞춘 고객 응대를 실천하고 있다. 예를 들어, 양쪽 발 사이즈가 다른 고객에게 사이즈가 각각 다른 두 켤레를 나누어 팔았다. 비록 나머지 짝이 맞지 않은 두 신발을 팔 수 없더라도 고객에게 잊지 못할 감동을 주고 있다.

① 신뢰성(reliability)
② 확신성(assurance)
③ 유형성(tangibility)
④ 공감성(empathy)
⑤ 응답성(responsiveness)

08 제품믹스(product mix) 또는 제품 포트폴리오(product portfolio)의 특성 중에서 '제품라인 내 제품품목(product item)의 수'를 일컫는 말로 옳은 것은?

① 제품믹스의 깊이(product mix depth)
② 제품믹스의 폭(product mix width)
③ 제품믹스의 일관성(product mix consistency)
④ 제품믹스의 길이(product mix length)
⑤ 제품믹스의 구성(product mix composition)

09 브랜드확장전략에 대한 설명으로 옳지 않은 것은?

① 기존 제품범주 내에서 새로운 색상, 크기, 맛 등의 제품을 추가적으로 도입하는 전략이다.
② 소비자들이 기존의 상표명에 친숙하다면 신제품을 즉시 인지할 수 있다는 장점이 있다.
③ 개별 브랜드의 신제품 도입보다 신제품에 대한 마케팅 비용이 절감된다.
④ 신제품이 호의적인 평가를 받게 되면 기존의 상표명의 이미지를 강화시킬 수 있다.
⑤ 지나친 상표확장은 원래의 상표명이 가졌던 강한 이미지를 약화시킬 우려가 있다.

10 다음 중 제품수명주기와 관련한 설명으로 옳지 않은 것은?

① 도입기는 주로 혁신고객층을 대상으로 기업활동을 전개한다.
② 성장기는 시장점유율 확대가 마케팅 목표이다.
③ 성숙기는 경쟁 격화로 이익이 점차 감소하며 제품의 인지를 위한 구전이 중요하다.
④ 쇠퇴기는 비용통제와 제품 철수의 시기로 역세분화를 실시하는 단계이다.
⑤ 최근 제품수명주기가 짧아짐에 따라 기업들의 개발비 부담은 커지고 있다.

11 머천다이징(merchandising)은 좁은 의미 (협의) 또는 넓은 의미(광의)로 정의할 수 있 다. 협의의 머천다이징의 의미로서 가장 옳 은 것은?

① 상품화계획 수립
② 판매활동계획 수립
③ 재고관리계획 수립
④ 상품확보계획 수립
⑤ 상품구매계획 수립

12 가격결정방식에 대한 설명으로 옳지 않은 것 은?

① 가격결정을 위해서는 마케팅 수익목표, 원가, 경영전략과 같은 내부요인을 고려 해야 한다.
② 가격결정을 위해서는 시장의 수요 및 경 쟁과 같은 외부요인을 고려해야 한다.
③ 구매가격에 일정 이익률을 반영하여 판 매가격을 결정하는 방식은 원가기준 가 격결정이다.
④ 상품에 대한 소비자의 지각가치에 따라 가격을 결정하는 방식은 수요기준 가격 결정이다.
⑤ 시장의 경쟁강도 및 독과점과 같은 경쟁 구조에 따라 가격을 결정하는 방식은 가 격차별화 가격결정이다.

13 가격전략에 대한 설명으로 옳지 않은 것은?

① 수요탄력성이 낮은 경우 고가전략을 사 용한다.
② 진입장벽이 낮은 경우 저가전략을 사용 한다.
③ 성장률 및 시장점유율 극대화를 위해서 는 고가전략을 사용한다.
④ 원가우위를 통한 생존전략을 목표로 하 기 위해서는 저가전략을 사용한다.
⑤ 가격-품질 연상효과를 극대화하기 위해 서 고가전략을 사용한다.

14 광고매체를 선정할 때 고려해야 할 여러 가 지 요인에 대한 설명으로 옳지 않은 것은?

① 도달범위(reach)란 일정기간 동안 특정 광고에 적어도 한 번 이상 노출된 청중의 수 또는 비율을 말한다.
② GRP(gross rating points)란 광고효과 를 계량화하여 측정하기 위한 기준으로 보통 시청자들의 광고인지도를 중심으로 측정한다.
③ 광고스케줄링이란 일정기간 동안 광고예 산을 어떻게 배분하여 집행할 것인가에 대한 결정이다.
④ 도달빈도(frequency)란 일정기간 동안 특정 광고가 한 사람에게 노출된 평균 횟 수를 말한다.
⑤ CPRP(cost per rating points)란 매체 비용을 시청률로 나눈 비용이라 할 수 있다.

15 다음 중 소비자를 대상으로 하는 판매촉진방법만으로 가장 올바르게 나열된 것은?

① 경품, 쿠폰(coupon), 견본(sample), 리베이트, 프리미엄(premium)
② 경품, 견본(sample), 공제(allowance), 협력광고
③ 공제(allowance), POP(point of purchase) 광고, 판촉지원금, 판매 인센티브
④ POP(point of purchase) 광고, 인센티브(incentive), 리베이트(rebate), 특가판매
⑤ 견본(sample), 경품, 공제(allowance), 쿠폰(coupon), 리베이트(rebate)

16 다음은 제조업체와 소매유통업체 사이의 두 가지 극단적인 관계, 즉 풀(pull)전략과 푸시(push)전략에 관한 설명이다. 가장 올바른 것은?

① 소비자가 제품의 브랜드명성을 보고 판매매장으로 찾아오도록 소비자의 등을 미는 것을 푸시 마케팅(push marketing)이라고 한다.
② 잘 알려지지 않은 브랜드의 제품을 손님이 많이 드나드는 매장에 전시함으로써 고객들을 끌어당기는 것을 풀 마케팅(pull marketing)이라고 한다.
③ 제조업체가 자사신규제품에 대한 시장을 창출하는 것을 소매유통업체에게 주로 의존하는 것은 푸시전략에 가깝다.
④ 유통업체의 경제성 측면, 즉 마진율은 푸시채널전략의 경우가 풀채널전략의 경우보다 상대적으로 낮다.
⑤ 최종 구매자들의 브랜드 애호도가 낮은 경우 풀전략을 사용하는 것이 타당하다.

17 매장 레이아웃에 대한 설명으로 가장 옳지 않은 것은?

① 격자형 배치는 고객이 매장 전체를 둘러보고 자신이 원하는 상품을 쉽게 찾을 수 있게 한다.
② 격자형 배치는 다른 진열방식에 비해 공간효율성이 높고 비용 면에서 효과적이다.
③ 경주로형 배치는 고객들이 다양한 매장의 상품을 볼 수 있게 하여 고객의 동선을 극대화시키는 layout 형태이다.
④ 자유형 배치는 규모가 작은 전문매장이나 여러 개의 소규모 전문매장이 있는 대형점포의 배치 방식이다.
⑤ 자유형 배치는 고객들이 주 통로를 지나다니면서 다양한 각도의 시선으로 상품을 살펴볼 수 있다.

18 아래 글상자의 ㉠과 ㉡에서 설명하는 진열방식으로 옳은 것은?

> ㉠ 주 통로와 인접한 곳 또는 통로 사이에 징검다리처럼 쌓아두는 진열방식으로 주로 정책상품을 판매하기 위해 활용됨.
> ㉡ 3면에서 고객이 상품을 볼 수 있기 때문에 가장 눈에 잘 띄는 진열방식으로 가장 많이 팔리는 상품들을 진열할 때 많이 사용됨.

① ㉠ 곤돌라 진열, ㉡ 엔드 진열
② ㉠ 섬 진열, ㉡ 벌크 진열
③ ㉠ 측면 진열, ㉡ 곤돌라 진열
④ ㉠ 섬 진열, ㉡ 엔드 진열
⑤ ㉠ 곤돌라 진열, ㉡ 벌크 진열

19 시각적 머천다이징(visual merchandising)에 대한 설명 중 옳지 않은 것은?

① 점포 내·외부 디자인도 포함하는 개념이지만 핵심 개념은 매장 내 전시(display)를 중심으로 이루어진다.

② 상품과 판매환경을 시각적으로 연출하고 관리하는 일련의 활동을 말한다.

③ 상품과 점포 이미지가 일관성을 유지할 수 있게 진열하는 것이 중요하다.

④ 요소로는 색채, 재질, 선, 형태, 공간 등을 들 수 있다.

⑤ 상품의 포장형태, 상품의 잠재적 이윤보다는 기획의도나 인테리어와의 전체적 조화 등을 고려하여 이루어진다.

20 아래 글상자가 나타내는 구매시점(POP : Point of Purchase) 촉진의 유형으로 옳은 것은?

- 사용목적은 행사분위기와 시즌감의 연출이다.
- 높이 조절을 통해 고객에게 심리적 부담이 없도록 유의한다.
- 주로 주동선에 부착한다.
- 위치를 설정하고 걸고리를 점검한다.

① 현수막   ② 포스터
③ 배너   ④ 정보안내지
⑤ 가격표 쇼카드

21 단기적 관점의 거래 중심 마케팅보다는 관계 중심 마케팅의 성과평가 기준으로 가장 옳지 않은 것은?

① 고객자산   ② 고객충성도
③ 고객점유율   ④ 시장점유율
⑤ 고객생애가치

22 다음 글상자의 내용이 의미하는 용어는 무엇인가?

- 웹사이트를 통해 전자상거래가 이루어지는 과정에서 웹사이트의 이면에서 시스템적으로 지원되는 작업이나 기능 등을 의미
- 웹사이트를 이용한 전자상거래 작업이 보다 효과적으로 이루어질 수 있도록 도와주는 각종 데이터베이스, 업무처리시스템, 웹사이트 관리시스템 등이 해당

① 프론트 오피스(front office)
② 백 오피스(back office)
③ 전자자금이체(electronic fund transfer)
④ 검색엔진(search engine)
⑤ 웹 솔루션(web solution)

23 유통마케팅 조사과정 순서로 가장 옳은 것은?

① 조사목적 정의 - 조사 설계 - 조사 실시 - 데이터 분석 및 결과해석 - 전략수립 및 실행 - 실행결과 평가

② 조사목적 정의 - 조사 실시 - 조사 설계 - 데이터 분석 및 결과해석 - 전략수립 및 실행 - 실행결과 평가

③ 조사목적 정의 - 조사 설계 - 조사 실시 - 전략수립 및 실행 - 데이터 분석 및 결과해석 - 실행결과 평가

④ 조사목적 정의 - 실행결과 평가 - 전략수립 및 실행 - 조사 실시 - 데이터 분석 및 결과해석 - 대안선택 및 실행

⑤ 조사목적 정의 - 조사 실시 - 데이터 분석 및 결과해석 - 조사 설계 - 전략수립 및 실행 - 실행결과 평가

24 아래 글상자에서 설명하는 유통마케팅 자료 분석 기법으로 옳은 것은?

> • 경쟁상품들의 포지셔닝맵을 작성하는 데 주로 사용된다.
> • 유통서비스들에 대한 고객의 인지구조를 지도화하여 핵심 개념들의 차원을 규명하는 데 사용된다.
> • 유사성 자료 또는 근접성 자료를 공간적 거리로 시각화한다.

① 시계열분석 ② 다차원척도법
③ 컨조인트분석 ④ 회귀분석
⑤ 군집분석

25 유통경로 성과를 측정하는 변수 중 정량적 측정변수로 가장 옳지 않은 것은?

① 새로운 세분시장의 수, 악성 부채 비율
② 상품별, 시장별 고객 재구매 비율
③ 고객 불평 건수, 재고 부족 방지비용
④ 손상된 상품 비율, 판매예측의 정확성
⑤ 브랜드의 경쟁력, 신기술의 독특성

제 4 과목 유통정보(01~20)

01 아래 글상자의 괄호 안에 들어갈 내용을 순서대로 나열한 것으로 가장 옳은 것은?

	자료	정보	지식
구조화	(㉠)	단위 필요	(㉡)
부가가치	(㉢)	중간	(㉣)
객관성	(㉤)	가공 필요	(㉥)

	㉠	㉡	㉢	㉣	㉤	㉥
①	어려움	쉬움	적음	많음	객관적	주관적
②	쉬움	어려움	많음	적음	주관적	객관적
③	어려움	쉬움	많음	적음	주관적	객관적
④	쉬움	어려움	적음	많음	객관적	주관적
⑤	어려움	쉬움	적음	많음	주관적	객관적

02 아래 글상자가 뜻하는 정보의 특성으로 가장 옳은 것은?

> 소비자의 기호나 시장의 변화와 관련해서 의사결정이 필요한 경우, 가장 최근의 정보가 필수적이다.

① 정보의 관련성
② 정보의 신뢰성
③ 정보의 적시성
④ 정보의 정확성
⑤ 정보의 검증 가능성

03 제4차 산업혁명 시대의 사회 특성에 대한 설명으로 옳지 않은 것은?

① 기술발전에 따라 단순 반복 작업을 수행하는 직종이 줄어든다.
② 공유경제의 확대에 따라 상품 및 서비스를 협력 소비하는 개념이 활성화된다.
③ 인공지능 기술을 활용하는 혁신적인 산업이 발전한다.
④ 사이버 물리시스템(Cyber Physical Systems)의 이용이 줄어든다.
⑤ 정보기술의 융복합으로 새로운 산업이 나타난다.

04 다음은 데이터 마이닝(data mining)의 원리와 기법에 대해 설명한 것이다. 올바르지 못한 것은?

① 데이터 마이닝은 데이터베이스를 분석하여 유용한 지식을 추출하는 것을 의미한다.
② 가장 낮은 곳에 매장되어 있는 지식은 데이터베이스 관리시스템에 내장되어 있는 관계형 데이터베이스를 위한 질의문(SQL : Structured Query Language)으로 추출할 수 있다.
③ 가장 깊이 매장되어 있어서 캐내기 어려운 지식은 OLAP(Online Analytical Process)를 사용하여 추출할 수 있다.
④ 데이터 마이닝 기법에는 전통적 통계기법인 연관 규칙 분석이나 순차적 패턴 분석과 같은 군집분석(clustering) 등이 있다.
⑤ 데이터 마이닝의 프로세스는 '데이터 추출 – 데이터 탐색 – 데이터 교정 – 모형화 단계 – 모형 평가'의 순이다.

05 David and Olson이 제시한 정보시스템을 구성하는 요소에 대한 설명으로 가장 올바르지 않은 것은?

① 하드웨어 – 물리적인 컴퓨터 기기 및 관련된 기기
② 사람 – 시스템 분석가, 프로그래머, 컴퓨터 운용요원, 데이터 준비요원, 정보시스템 관리요원, 데이터 관리자 등
③ 비용 – 정보시스템을 운영·유지하는 데 소요되는 재무자원
④ 데이터베이스 – 응용 소프트웨어에 의하여 생성되고 활용되는 모든 데이터들의 집합체
⑤ 소프트웨어 – 하드웨어의 동작과 작업을 지시하는 명령어의 모음인 프로그램 및 절차

06 쇼핑몰의 시스템 구성에서 프론트 오피스(front office) 요소로 가장 옳지 않은 것은?

① 상품검색　　　　② 상품등록
③ 상품리뷰　　　　④ 상품진열
⑤ 회원로그인

07 노나카의 SECI 모델을 근거로 아래 글상자의 내용 중 외재화(externalization)의 사례를 모두 고른 것으로 가장 옳은 것은?

㉠ 실무를 통한 학습
㉡ 숙련된 기능공의 지식
㉢ 숙련된 기능공의 노하우의 문서화
㉣ 형식적 지식을 통합하는 논문 작성
㉤ 이전에 기록된 적이 없는 구체적 프로세스에 대한 매뉴얼 작성

① ㉠, ㉡　　　　　② ㉡, ㉣
③ ㉢, ㉤　　　　　④ ㉠, ㉢, ㉤
⑤ ㉡, ㉣, ㉤

08 다음 중 바코드(Bar code)에 대한 설명으로 가장 옳지 않은 것은?

① 바코드는 바와 스페이스로 구성된다.

② 바코드는 상하좌우로 4곳에 코너 마크가 표시되어 있다.

③ 바코드는 판독기를 통해 바코드를 읽기 위해서는 바코드의 시작과 종료를 알려 주기 위해 일정 공간의 여백을 둔다.

④ 바코드 시스템은 체계적인 재고관리를 지원해 준다.

⑤ 바코드 시스템 구축은 RFID 시스템 구축과 비교해, 구축비용이 많이 발생한다.

09 POS 시스템에 대한 설명으로 가장 옳지 않은 것은?

① POS 시스템은 유통업체에서 소비자의 상품구매 과정에서 활용되는 판매관리 시스템이다.

② POS 시스템으로부터 얻은 데이터는 유통업체에서 판매전략 수립에 활용된다.

③ POS 시스템에서 바코드의 정보를 인식하는 스캐너(scanner)는 출력장치이다.

④ POS 시스템은 시간별, 주기별, 계절별 상품의 판매특성을 파악하는 데 도움을 제공한다.

⑤ 제조업체는 유통업체로부터 협조를 얻어 POS 시스템으로부터 얻은 데이터를 공유할 수 있고, 이를 통해 제품 제조전략을 수립하는 데 도움을 제공한다.

10 아래 글상자는 소매점의 경쟁력 강화를 위한 유통물류기법에 대해 설명하고 있다. 해당 유통물류기법으로 가장 옳은 것은?

> 고객이 원하는 시간과 장소에 필요한 제품을 공급하기 위한 물류정보시스템이다. 수입의류의 시장잠식에 대응하기 위해, 미국의 패션의류업계가 섬유업계, 직물업계, 의류제조업계, 의류소매업계 간의 제휴를 바탕으로 리드타임의 단축과 재고감축을 목표로 개발·도입한 시스템이다.

① SCM(Supply Chain Management)

② QR(Quick Response)

③ ECR(Efficient Consumer Response)

④ CRM(Customer Relationship Management)

⑤ JIT(Just in Time)

11 데이터 웨어하우스의 특징으로 가장 옳지 않은 것은?

① 주제별로 정리된 데이터베이스

② 다양한 데이터 원천으로부터의 데이터 통합

③ 과거부터 현재에 이르기까지 시계열 데이터

④ 필요에 따라 특정 시점을 기준으로 처리해 놓은 데이터

⑤ 실시간 거래처리가 반영된 최신 데이터

12 아래 글상자의 내용은 인먼(W. H. Inmon)이 정의한 데이터 웨어하우징에 대한 개념이다. 괄호 안에 들어갈 수 있는 단어로 옳지 않은 것은?

> 데이터 웨어하우징이란 경영자의 의사결정을 지원하는 (　　)이고, (　　)이고, (　　)이며, (　　)인 데이터의 집합을 의미한다.

① 통합적(integrated)
② 비휘발성(nonvolatile)
③ 주제 중심적(subject-oriented)
④ 일괄 분석처리(batch-analytical processing)
⑤ 시간에 따라 변화적(time-variant)

13 오늘날 많은 사람들과 기업들이 인터넷이라는 가상공간 속에서 전자상거래가 이루어지는 속성상 여러 요인들에 의해 소비자 피해 및 분쟁들이 발생할 수 있다. 이러한 문제들 중 개인의 '프라이버시 보호'와 전자문서의 위조 및 변조 등 '정보의 보안'문제를 해결하기 위한 방안으로만 묶인 것은?

> ㉠ 기밀성　　　㉡ 무결성
> ㉢ 수용성　　　㉣ 비휘발성
> ㉤ 부인방지

① ㉠, ㉡, ㉢
② ㉡, ㉢, ㉣
③ ㉠, ㉡, ㉣
④ ㉠, ㉡, ㉤
⑤ ㉠, ㉡, ㉢, ㉣, ㉤

14 인터넷 상거래의 비즈니스 모델 유형별로 세부 비즈니스 모델을 짝지어 놓은 것으로 가장 옳지 않은 것은?

① 소매 모델 – 소비자에게 제품이나 서비스 판매 – 온·오프 병행소매
② 중개 모델 – 판매자와 구매자 연결 – 이마켓플레이스
③ 콘텐츠서비스 모델 – 이용자에게 콘텐츠 제공 – 포털
④ 광고 모델 – 인터넷을 매체로 광고 – 배너광고
⑤ 커뮤니티 모델 – 공통관심의 이용자들에게 만남의 장 제공 – 검색 에이전트

15 ERP 도입 시 유의해야 할 사항으로 가장 옳지 않은 것은?

① 사용자의 편의성과 효율적인 운영을 고려하여 현재의 업무방식을 그대로 고수해야 한다.
② ERP 패키지 도입 시 구축 전에 데이터의 표준화 및 업무의 표준화가 정립되어야 한다.
③ ERP 패키지 도입에 있어 IT 중심으로 패키지를 도입하는 데 중점을 두어 추진되는 프로젝트로 진행되어서는 안 된다.
④ 업무상의 효과보다 소프트웨어의 기능성 위주로 적용대상을 판단해서는 안 된다.
⑤ 최고경영층을 프로젝트에서 배제시켜서는 안 된다.

16 다음 중 SCM(Supply Chain Management)에 대한 설명으로 부적절한 것은?

① 상품기능에 고객서비스 개선을 추가함으로서 부가가치를 높이려는 방법

② 글로벌화의 가속화로 글로벌 기업들의 주요 경쟁수단

③ 공급사슬 간의 경쟁을 효과적으로 추진하고자 하는 방법

④ 상류의 비용을 하류로 이전시켜서 경쟁력을 얻는 방법

⑤ 생산과 재고관리의 불확실성을 줄이고 고객만족도를 높이기 위한 시스템

17 아래 글상자의 ㉠과 ㉡에 해당되는 용어로 가장 옳은 것은?

> • (㉠)은/는 종종 잘못된 제품 수요정보가 공급사슬을 통해 한 파트너에서 다른 참여자들에게로 퍼져나가면서 왜곡되고 증폭되는 것을 말한다. 예를 들면 고객과의 최접점에서 어떤 제품의 수요가 약간 증가할 것이라는 정보가 공급사슬의 다음 단계마다 부풀려 전달되어 과도한 잉여재고가 발생하게 되는 현상이다.
> • e-SCM을 구축함으로써 공급사슬의 (㉡)을 확보하여 이러한 현상을 감소시키거나 제거할 수 있게 된다.

① ㉠ 풀현상,　　　㉡ 가시성

② ㉠ 푸시현상,　　㉡ 가시성

③ ㉠ 채찍효과,　　㉡ 가시성

④ ㉠ 리스크풀링,　㉡ 접근성

⑤ ㉠ 채찍효과,　　㉡ 확장성

18 공급사슬관리(SCM)에서 활용하는 지연전략(postponement strategy)에 대한 내용으로 옳은 것은?

① 지연전략은 고객의 수요를 제품설계에 반영시킴으로써 생산 후 재고보유 시간을 최대한 연장시키는 전략이다.

② 주문을 받기 전까지 모든 자동화의 기본 색을 유지시키고 이후 색상주문이 들어오면 페인트칠을 하는 것은 지리적 지연전략이다.

③ 가장 중요한 창고에 재고를 유지하며, 지역 유통업자들에게 고객의 주문을 넘겨주거나 고객에게 직접 배송하는 것은 제조지연전략이다.

④ 컴퓨터의 경우, 유통센터에서 프린터, 웹캠 등의 장치를 최종적으로 조립하거나 포장하는 경우는 결합지연전략이다.

⑤ 신차 판매 시 사운드 시스템, 선루프 등을 설치 옵션으로 두는 것은 지리적 지연전략이다.

19 아래 글상자의 괄호 안에 들어갈 용어를 순서대로 나열한 것으로 가장 옳은 것은?

> 전자상거래는 소비자와의 쇼핑을 위한 접점이 통합되는 추세이다. 오프라인의 연계형인 온·오프 통합추세로 모바일쇼핑, TV쇼핑, 콜센터 등이 모두 소비자의 욕구를 채집하는 채널로 사용된다. 인터넷이든 모바일이든 오프라인 매장이든 간에 소비자가 이용 가능한 모든 채널을 쇼핑의 창구로 유기적으로 연결하여 쇼핑에 불편이 없도록 하는 것이다. 이러한 채널의 통합을 (㉠), 상거래형태를 (㉡)(이)라 한다.

① ㉠ 옴니채널(Omni-channel)
　㉡ 비콘(Beacon)
② ㉠ O2O(Online to Offline)
　㉡ 비콘(Beacon)
③ ㉠ One채널(One channel)
　㉡ ONO(Online and Offline)
④ ㉠ 옴니채널(Omni-channel)
　㉡ O2O(Online to Offline)
⑤ ㉠ One채널(One channel)
　㉡ BYOD(Bring Your Own Device)

20 식별코드에 관한 설명으로 가장 옳지 않은 것은?

① EAN-13은 식품, 문구, 자동차용품 및 일반 소매산업에서 활용되고 있다.
② EAN-14는 멀티팩/수송용기의 고정길이 데이터를 식별하기 위해 사용되는 식별코드이다.
③ ITF(Interleaved Two of Five)는 유통업체 소매판매대에서 소비자에게 판매되는 개별상품에 활용된다.
④ SSCC(Serial Shipping Container Code)는 거래처 간에 수송용기의 가변정보를 전달하기 위해 사용되는 식별코드이다.
⑤ EPC(Electronic Product Code)는 동일 품목의 개별상품까지 원거리에서 식별할 수 있는 코드이다.

제**2**회 실전모의고사

 유통 · 물류일반관리(01~25)

01 유통의 기능은 크게 상적유통기능과 물적유통기능, 그리고 유통조성기능으로 나누어진다. 다음 중 그 기능이 다른 하나는?

① 표준화 및 등급화 기능
② 위험부담기능
③ 시장정보기능
④ 교환주선기능
⑤ 유통가공기능

02 도매상의 마케팅믹스 전략에 관한 설명으로 가장 옳지 않은 것은?

① 소매상이나 제조업자와 마찬가지로 거래 규모나 시기에 따른 가격할인 또는 매출 증대를 위한 가격인하 등의 가격변화를 시도하기도 한다.
② 제조업자가 제공하는 촉진물과 촉진프로그램을 적극 활용할 뿐만 아니라 자체적인 촉진프로그램의 개발을 통해 고객인 소매상을 유인하여야 한다.
③ 도매상은 소매상에게 제공해야 할 제품 구색과 서비스 수준을 결정해야 한다.
④ 도매상은 최종 소비자를 대상으로 영업 활동을 하는 것이기 때문에 점포와 같은 물리적인 시설에 비용투자를 해야 한다.
⑤ 일반적으로 도매상은 소요비용을 충당하기 위해 원가에 일정 비율을 마진으로 가산하는 원가중심 가격결정법을 사용한다.

03 새로운 마케팅 기회를 개발하기 위해 동일한 경로단계에 있는 두 개 이상의 무관한 개별 기업들이 재원이나 프로그램을 결합하고자 하는 시스템을 가장 잘 설명하고 있는 것은?

① 기업형 수직적 마케팅 시스템
② 프랜차이즈 마케팅 시스템
③ 계약형 수직적 마케팅 시스템
④ 수평적 마케팅 시스템
⑤ 전통적 마케팅 시스템

04 다음 중 경로 커버리지(coverage)에 대한 설명으로 적절하지 않은 것은?

① 선택적 유통을 통해 일정 지역에서 특정 점포가 자사제품을 독점 취급하도록 할 수 있다.
② 경로 커버리지 전략 시 점포에서의 고객의 구매행동은 중요한 고려요인이다.
③ 집중적 유통을 통해 가능한 많은 점포들이 자사의 제품을 취급하도록 할 수 있다.
④ 경로집약도란 각각의 개별경로 형태에 있어서 얼마나 많은 수의 경로구성원을 활용할 것인가에 대한 결정을 말한다.
⑤ 경로 커버리지를 선택할 때 마케터는 점포에서의 고객쇼핑(구매)행동, 기업의 경로통제의 욕구, 점포의 포화 정도와 같은 요인들을 고려해야 한다.

05 최근 국내 유통의 변화와 그에 따른 시사점으로 옳지 않은 것은?

① 유통업의 국제화와 정보화가 진전되었고 무점포 판매가 증가하고 있다.
② 제조업체, 도매업체, 소매업체, 소비자의 관계와 역할이 변화됨에 따라 전통적 유통채널이 약화되고 있다.
③ 유통업체의 대형화로 인해 유통업체 영향력이 증가하였다.
④ 소비자들의 다양한 구매패턴에 따라 '어느 점포, 어떤 매장을 이용할 것인가'의 선택이 중요하게 부각되고 있다.
⑤ 제조업자, 도매업자, 소매업자 각각의 역할이 점점 뚜렷하게 구분되고 있다.

06 다음 중 한정기능도매상에 대한 설명으로 가장 옳은 것은?

① 도매상이 할 수 있는 모든 기능과 서비스를 제공한다.
② 직송도매상, 진열도매상, 현금무배달 도매상 등이 있다.
③ 관련성이 있는 제품들을 몇 가지 동시에 취급하는 한정상품 도매상은 한정기능도매상에 속한다.
④ 서로 간에 관련성이 없는 다양한 제품을 취급하는 도매상을 전문품 도매상이라 한다.
⑤ 직송도매상은 주로 의류, 식음료 등의 제품군을 보유 및 운송하는 기능을 한다.

07 아래 글상자의 (   ) 안에 공통적으로 들어갈 용어로 가장 옳은 것은?

> • (   )는 창의성을 가지고 있는 소비자를 의미하며, 미국의 미래학자 앨빈 토플러가 '제3의 물결'이라는 저서에서 제시한 용어이다.
> • (   )는 기업의 신상품 개발과 디자인, 판매 등의 활동에 적극적으로 개입하는 소비자를 의미한다.

① 파워 크리에이터(power creator)
② 크리슈머(cresumer)
③ 얼리어답터(early adopter)
④ 에고이스트(egoist)
⑤ 창의트레이너(creative trainer)

08 다음은 물류활동을 물류의 영역별로 설명한 것이다. 바르지 않은 것은?

① 물자가 조달처로부터 운송되어 매입자의 보관창고에 입고, 보관되었다가 생산공정에 투입될 때까지의 물류활동을 조달물류라고 한다.
② 물자가 생산공정에 투입되어 제품으로 만들어지기까지의 물류활동을 생산물류라고 한다.
③ 물자의 조달에서부터 완성품의 공장출하에 이르기까지의 물류활동을 사내물류라고 한다.
④ 완제품의 판매를 위하여 출고할 때부터 고객에게 인도될 때까지의 물류활동을 판매물류라고 한다.
⑤ 조달물류·생산물류·판매물류와 반대 방향으로 이루어지는 것을 역물류라 한다.

09 유통기업경영에 있어서 유통환경의 변화는 내부환경, 과업환경, 거시환경으로 구분하여 정리할 수 있다. 다음 중 과업환경을 구성하는 요소들로만 올바르게 조합된 것은?

① 고객, 유통경로구성원, 유통조성기관, 정부
② 경기순환주기, 인플레이션, 정부의 규제, 소비트렌드, 기술의 변화
③ 공급업자, 정부, 주주, 생산시스템, 생산비용구조
④ 마케팅 능력, 운전자금의 확보 능력, 인적자원관리
⑤ 잠재적 진입자, 공급자 및 구매자, 개발업체

10 제3자 물류(3PL)에 대한 설명으로 가장 틀린 것은?

① 물류경로 내의 대행자 또는 매개자를 의미하며, 화주와 단일 혹은 복수의 제3자가 일정기간 동안 일정 비용으로 일정 서비스를 상호 합의하에 수행하는 과정을 말한다.
② 제조업체가 이용하는 전략적 동기는 아웃소싱, 부가가치물류, 물류제휴효과 등을 기대하기 때문이다.
③ 물류 관련 자산비용의 부담이 줄어들 수 있으므로 비용절감, 고객서비스 향상, 핵심사업 분야 집중을 통한 기업경쟁력 향상 등을 기대할 수 있다.
④ 화주기업이 고객서비스 향상, 물류비 절감, 효율적 물류활동 등의 목표를 달성할 수 있도록 물류경로 내의 다른 주체와 일시적이거나 장기적인 관계를 맺는 것을 말한다.
⑤ 물류 정보기술 및 컨설팅 능력을 보유한

업체가 공급망의 모든 활동에 대한 계획과 관리를 전담하여, 다수 물류업체의 운영 및 관리를 최적화함으로써 물류효율화를 도모한다.

11 기업이 다각화 전략을 추진하는 이유에 대한 설명으로 가장 옳지 않은 것은?

① 보유한 능력과 자원을 새로운 업태 혹은 다른 업종의 사업에 투자함으로써 기존의 자원과 능력을 확장 또는 발전시킬 수 있기 때문이다.
② 동일 기업 내의 여러 사업체가 공동으로 활용하거나 축적된 경영노하우 및 관리시스템 등의 기능을 서로 보완하여 활용하는 경우 상승효과가 발생한다.
③ 개별 사업부문의 경기순환에서 오는 위험을 분산시킬 수 있는 수단이 되며, 기존사업의 성장이 둔화되거나 점차 쇠퇴해 감에 따라 새로운 사업 분야로 진출할 필요성이 대두되기 때문이다.
④ 기술 또는 브랜드와 같은 많은 무형의 경영자원을 확보하고 있는 경우, 이를 활용할 수 있는 비관련 사업으로 다각화를 하는 것이 범위의 경제성을 활용하여 수익률을 증대시킬 수 있기 때문이다.
⑤ 복합기업화가 이루어지면 시장지배력 증가에 도움이 되며, 다양한 사업 분야에 진출함으로써 기업경영상의 유연성 제고와 사업의 포트폴리오를 추구할 수 있기 때문이다.

12 최고경영자(CEO)가 사원에 대해 지켜야 하는 기업윤리에 해당하는 것을 모두 고르면?

> ㉠ 차별대우 금지
> ㉡ 회사기밀 유출 금지
> ㉢ 부당한 반품 금지
> ㉣ 위험한 노동 강요 금지
> ㉤ 허위광고 금지
> ㉥ 자금 횡령 금지

① ㉠, ㉡, ㉥
② ㉡, ㉥
③ ㉠, ㉣
④ ㉠, ㉡, ㉣, ㉥
⑤ ㉢, ㉤

13 전사적 자원관리(ERP : Enterprise Resource Planning) 시스템에 관한 설명으로 옳지 않은 것은?

① ERP 시스템은 기업의 모든 활동에 소요되는 인적·물적 자원을 효율적으로 관리하는 역할을 한다.
② ERP 시스템 운영은 전체 공급사슬의 가시성을 증가시키며 재고를 줄이는 데 기여한다.
③ ERP 시스템을 활용하여 회계, 생산, 공급, 고객주문 등과 관련된 정보를 통합할 수 있다.
④ ERP 시스템은 생산 및 재고계획, 구매, 창고, 재무, 회계, 인적자원, 고객관계관리 등과 같은 다양한 업무의 개별 시스템화를 추구한다.
⑤ ERP 시스템은 채찍효과(bullwhip effect)를 줄이고 공급사슬 참여자들의 효율적 물류활동 실행에 기여한다.

14 조직의 구성과 관리 측면에는 계획, 조직화, 지휘, 통제 등의 관리요소가 있다. 이 중 조직화에 해당되지 않는 것은?

① 자원 배분, 업무 할당, 목표달성을 위한 절차를 구축하는 것
② 종업원에게 동기를 부여할 수 있는 업무를 할당하는 것
③ 권한과 책임을 표시하는 조직구조를 설정하는 것
④ 선발, 훈련, 직원역량을 개발하는 것
⑤ 적재적소에 인재를 배치하는 것

15 아래 글상자에서 의미하는 조직 내 집단갈등 해결을 위한 방법으로 옳은 것은?

> 가장 오래되고 흔히 쓰이는 방법으로, 갈등 해소를 목적으로 위쪽의 힘의 사용에 복종하므로 갈등 원인 대신 갈등 결과에 초점을 맞춘다. 따라서 갈등의 재발 가능성이 높은 방법이다.

① 행동변화 유도
② 조직구조 개편
③ 협상
④ 권력을 이용한 갈등 해결
⑤ 갈등의 회피

16 리더십 이론에 관한 다음 설명 중 가장 적절한 것은?

① 허시(Hersey)와 블랜차드(Blanchard)는 리더와 부하의 관계가 나쁠수록 엄격하게 감독하고 관리하는 지시형 리더십이 적절하다고 하였다.

② 리더-구성원 교환관계이론(Leader-Member Exchange Theory) 또는 수직쌍 관계이론(Vertical Dyads Linkage Theory)에 의하면, 리더와 부하가 내집단(in-group)의 관계일 때, 상사는 부하와 공식적인 범위 내에서만 관계를 유지하는 경향이 있다.

③ 블레이크(Blake)와 머튼(Mouton)의 관리격자모형에서는 상황의 특성과 관계없이 생산과 인간 모두에 높은 관심을 가지는 팀형(9, 9)을 이상적인 리더십 스타일로 정의하고 있다.

④ 피들러(Fiedler)의 리더십 상황모형에 의하면, 상황이 리더에게 매우 호의적이거나 매우 비호의적인 경우에는 LPC 점수가 낮은 관계지향적 리더십 스타일이 적합하다.

⑤ 거래적 리더십(transactional leadership) 스타일을 지닌 리더는 부하의 역할과 목표를 명확하게 제시하고, 부하 개개인의 욕구에 관심을 가지며, 부하들을 지속적으로 격려하는 행동을 한다.

17 기업의 종업원 동기부여이론과 그 설명으로 옳은 것은?

① 맥그리거(D. McGregor)의 X이론 : 관리적 관점에서 종업원의 직무를 엄격히 통제하고, 금전적 보상체계를 강화해야 한다.

② 맥그리거(D. McGregor)의 Y이론 : 종업원은 안전을 원하고 변화에 저항적이다.

③ 오우치(W. Ouchi)의 Z이론 : 종신고용, 최고경영자의 단독 의사결정, 빠른 성과평가가 중요하다.

④ 드러커(P. Drucker)의 목표에 의한 관리 : 최고경영진이 직접 목표를 설정·지시하고 직원들의 성과를 평가한다.

⑤ 브룸(V. Vroom)의 강화이론 : 종업원이 승진을 무척 원하고, 중간관리층이 성과를 승진에 반영할 가능성이 크며 자기 자신의 능력에 대한 자신이 있다면, 동기수준은 높게 나타난다.

18 재고회전율에 대한 설명으로 가장 옳지 않은 것은?

① 재고회전율은 재고의 평균회전속도이다.

② 재고회전율이 높으면 품절 현상을 초래할 위험이 있다.

③ 재고량과 재고회전율은 서로 정비례한다.

④ 재고회전율이 낮으면 보관비용의 증대를 가져올 수 있다.

⑤ 재고회전율과 수요량은 서로 양(+)의 상관관계가 성립한다.

19 물류에 대한 내용으로 옳지 않은 것은?

① 수송비는 제품의 밀도, 가치, 부패 가능성, 충격에의 민감도 등에 영향을 받는다.

② 선적되는 제품 양이 많을수록 주어진 거리 내의 단위당 운송비는 낮아진다.

③ 수송거리는 운송비에 영향을 미치는 요인으로 수송거리가 길수록 단위거리당 수송비는 낮아진다.

④ 재고의 지리적 분산 정도가 낮기를 원하는 기업은 소수의 대형 배송센터를 건설하고 각 배송센터에서 취급되는 품목들의 수와 양을 확대할 것이다.

⑤ 수송비와 재고비는 비례관계이기 때문에 이들의 비용의 합을 고려한 비용을 최소화하며 고객서비스 향상을 충족하는 것은 중요하다.

20 고객서비스 요인은 거래 전 요인, 거래요인 그리고 거래 후 요인으로 구분된다. 다음 중 거래 후 요인에 해당하지 않는 것은?

① 배달 후 무료로 포장 수거

② 고객이 원하는 시간에 적시 배달

③ 수리기간 중 대체품 제공

④ 고객의 불평을 해결해 주는 것

⑤ 제품 보증서비스

21 수요예측에 관한 내용으로 옳지 않은 것은?

① 수요예측은 과거의 경험이나 인과관계가 미래에도 지속될 것이라고 가정한다.

② 개별품목에 대한 수요예측보다 품목집단에 대한 총괄수요예측이 더 정확하다.

③ 완벽한 수요예측이란 거의 불가능하다.

④ 예측대상기간이 길수록 예측의 정확도는 떨어진다.

⑤ 델파이조사법, 패널조사법, 회귀분석법은 정성적 수요예측기법에 속한다.

22 (주)대한의 상품 A의 연간 판매량은 60,000개이다. 또한, 주문한 상품 A가 회사에 도착하기까지는 10일이 소요되며, 상품 A의 안전재고량은 3,000개이다. (주)대한이 연간 300일을 영업할 경우, 상품 A에 대한 재주문점의 크기를 구한 값으로 옳은 것은?

① 2,000개   ② 3,000개

③ 4,000개   ④ 5,000개

⑤ 6,000개

23 JIT(Just in Time) 생산 및 유통의 장점으로 옳지 않은 것은?

① 재고 보관공간을 줄일 수 있다.

② 일시적인 부품 부족이 발생하여도 신속히 문제를 해결할 수 있다.

③ 낮은 수준의 재고를 유지하면서도 생산 및 유통활동을 할 수 있다.

④ 재고회전율이 높아지고 대기시간이 짧아진다.

⑤ 재고관리에 자금이 많이 소요되지 않는다.

24 제품이 고객에게 인도되기 전에 품질요건이 충족되지 못함으로써 발생하는 품질관리비용으로 옳은 것은?

① 생산준비비용
② 평가비용
③ 예방비용
④ 내부 실패비용
⑤ 외부 실패비용

25 제3자 물류가 제공하는 혜택으로 옳지 않은 것은?

① 여러 기업들의 독자적인 물류업무 수행으로 인한 중복투자 등 사회적 낭비를 방지할 뿐만 아니라 수탁업체들의 경쟁을 통해 물류효율을 향상시킬 수 있다.
② 유통 등 물류를 아웃소싱함으로써 리드타임의 증가와 비용의 절감을 통해 고객만족을 높여 기업의 가치를 높일 수 있다.
③ 기업들은 핵심부문에 집중하고 물류를 전문업체에 아웃소싱하여 규모의 경제 등 전문화 및 분업화 효과를 극대화할 수 있다.
④ 아웃소싱을 통해 제조·유통업체는 자본비용 및 인건비 등이 절감되고, 물류업체는 규모의 경제를 통해 화주기업의 비용을 절감해 준다.
⑤ 경쟁력 강화를 위해 IT 및 수송 등 전문업체의 네트워크를 활용하여 비용절감 및 고객서비스를 향상시킬 수 있다.

제 2 과목　상권분석(01~20)

01 상권과 상품 유형의 관련성에 대한 내용으로 옳지 않은 것은?

① 편의품의 경우 소규모점포의 상권 범위는 대개 도보로 5분 정도의 거리범위 내라고 볼 수 있다.
② 선매품의 경우 승용차와 대중교통을 이용한 접근성이 상권 범위를 결정하는 영향요인이 되기도 한다.
③ 일상의 편의품을 취급하는 경우 임대료와 지가가 높지 않은 곳에 입지하여야 한다.
④ 선매품의 경우 소비자가 이미 충분히 탐색하였으므로 공간적 편리를 주기 위해 취급하는 점포의 숫자가 최소인 곳이 좋다.
⑤ 전문품의 경우 브랜드에 대한 애호도가 강하여 상권 범위는 도시 전체로 넓어질 수 있다.

02 부도심에 대한 다음 설명 중에서 옳지 않은 것은?

① 소비자의 입장에서 볼 때, 도심보다 방문주기가 덜 빈번하나 체류하는 시간은 길다.
② 역세권을 중심으로 부도심이 형성되는 경향도 있다.
③ 공공시설, 상업시설, 업무시설 등이 입지하여 기능을 수행하고 있다.
④ 업종 간 연계성도 높은 편이고, 업종 간의 집단화도 이루어진다.
⑤ 교외 주택지에서 도심으로 향하는 인구 유동의 요충지이다.

모의고사

03 소매상권을 분석하는 기법을 학문적 분석, 규범적 분석, 기술적 분석으로 구분할 때, 기술적 분석에 해당하는 것은?

① Applebaum의 유추법
② Christaller의 중심지이론
③ Reilly의 소매중력법칙
④ Converse의 무차별점 공식
⑤ Huff의 확률적 공간상호작용이론

04 도심으로부터 새로운 교통로가 발달하면 교통로를 축으로 도매, 경공업 지구가 부채꼴 모양으로 확대된다는 공간구조이론으로 가장 옳은 것은?

① 버제스(E. W. Burgess)의 동심원지대이론 (concentric zone theory)
② 해리스(C. D. Harris)의 다핵심이론 (multiple nuclei theory)
③ 호이트(H. Hoyt)의 선형이론(sector theory)
④ 리카도(D. Ricardo)의 차액지대설 (differential rent theory)
⑤ 마르크스(K. H. Marx)의 절대지대설 (absolute rent theory)

05 크리스탈러의 중심지이론에서 말하는 중심지기능의 최대도달거리(the range of goods and services)란 무엇을 말하는가?

① 중심지에서 제공되는 상업기능이 배후지역 거주자에게 제공될 수 있는 한계거리
② 소비심리를 자극할 수 있는 마케팅 활동이 영향을 미칠 수 있는 최대거리
③ 정육각형으로 구성된 상위 중심지와 하위 중심지 사이의 거리
④ 상업중심지의 정상이윤 확보에 필요한 최소한의 고객이 확보된 배후지까지의 거리
⑤ 고객이 중심지를 이용함에 불편을 느낄 수 없는 거리

06 다음 중 Huff 모델에서 고려되지 않는 것은?

① 매장규모
② 종업원의 서비스 정도
③ 매장과의 거리
④ 접근제약성
⑤ 소비자 출발점

07 다음 중 상권구획모형의 일종인 티센 다각형(Thiessen polygon)에 대한 설명으로 옳지 않은 것은?

① 최근접상가 선택가설에 근거하여 상권을 설정한다.
② 상권에 대한 기술적이고 예측적인 도구로 사용될 수 있다.
③ 시설 간 경쟁 정도를 쉽게 파악할 수 있다.
④ 티센 다각형의 크기는 경쟁수준과 비례한다.
⑤ 하나의 상권을 하나의 매장에만 독점적으로 할당하는 방법이다.

08 소매점의 상권을 공간적으로 구획하는 과정에서 상권의 지리적 경계를 분석할 때 활용할 수 있는 기법이나 도구에 해당하지 않는 것은?

① 내점객 및 거주자 대상 서베이법
  (survey technique)
② 티센 다각형(thiessen polygon)
③ 소매매트릭스분석(retail matrix analysis)
④ 고객점표법
  (CST : Customer Spotting Technique)
⑤ 컨버스의 분기점분석
  (Converse's breaking-point analysis)

09 점포입지의 매력성에 영향을 미치는 요인들을 상권요인과 입지요인으로 구분할 수 있다. 입지요인으로 가장 옳은 것은?

① 가구특성   ② 경쟁강도
③ 소득수준   ④ 인구특성
⑤ 점포면적

10 도심입지(CBD : Central Business District)는 대도시와 중·소도시의 전통적인 도심 상업지역을 말한다. 도심입지에 대한 설명으로 가장 옳지 않은 것은?

① 고급백화점, 고급전문점 등이 입지하고 있는 전통적인 상업 집적지로, 다양한 분야에 걸쳐 고객흡인력을 지닌다.
② 도심입지는 다양한 계층의 사람들이 왕래하며, 오피스타운이 인근지역에 발달해 있고 지가와 임대료가 상대적으로 비싸다.

③ 도심입지는 최근에 부도심과 외곽도심의 급격한 발달, 중·상류층의 거주지 이전, 교통체증 등의 원인으로 과거에 비해 고객흡인력이 떨어진다.
④ 도심입지의 상업활동은 많은 사람들을 유인하고, 대중교통의 중심지로서 도시 어느 곳에서든지 접근성이 높은 지역이다.
⑤ 도심입지는 지역의 핵심적인 상업시설을 가지고 있으며, 자세한 계획을 미리 수립하여 계획성 있게 입지를 조성하는 것이 일반적이다.

11 다음 ㉠~㉢은 쇼핑센터의 테넌트믹스와 관련된 내용들이다. 각각이 의미하는 바가 올바르게 짝지어진 것은?

㉠ 트래픽 풀러(traffic puller) : 상업시설의 일정한 공간을 임대하는 계약을 체결하고 해당 상업시설에 입점하여 영업하는 임차인
㉡ 앵커스토어(anchor store) : 일반적으로 쇼핑센터의 성격이나 경제성에 가장 큰 영향력을 가진 대형소매업으로서 쇼핑센터 가운데서도 매장면적을 최대로 점하여 일반에게 지명도가 높은 유명기업의 점포를 말함.
㉢ 테넌트(tenant) : 원래는 백화점을 일컫는 말이지만 최근에는 주로 전문점 빌딩 등의 스페셜리티 센터(speciality center)에 배치되어 흡인력이 높은 임차인

① ㉠   ② ㉡
③ ㉠, ㉢   ④ ㉡, ㉢
⑤ ㉠, ㉡, ㉢

모의고사

12 어떤 지역의 매력도를 평가할 때 측정하는 시장성장잠재력지수(MEP)와 소매포화지수(IRS)에 대한 설명으로 옳지 않은 것은?

① 어떤 지역에서 특정 소매업종의 단위 매장면적당 잠재수요는 IRS로 알 수 있다.

② 점포가 초과공급되어 매력적인 시장이 아닌 경우의 IRS는 낮게 나타난다.

③ 현재 거주자의 지역외구매(outshopping)가 많으면 MEP가 작게 나타난다.

④ 시장의 포화 정도가 낮아 아직 경쟁이 치열하지 않으면 IRS가 높게 나타난다.

⑤ 지역시장의 성장 가능성을 추정할 수 있는 잠재력 측정지표로 MEP를 볼 수 있다.

13 고객유도시설을 점포의 유형에 따라 도시형, 교외형, 인스토어형으로 구분할 때 도시형 점포의 고객유도시설로 볼 수 없는 것은?

① 지하철역   ② 철도역
③ 버스정류장   ④ 버스터미널
⑤ 인터체인지

14 가맹점이 프랜차이즈에 가입할 때 고려해야 할 점으로 가장 옳지 않은 것은?

① 프랜차이즈가 갖는 투자 리스크를 사전에 검토한다.

② 기존의 점포와 겹치지 않는 입지인지 검토한다.

③ 자신의 가맹점만이 개선할 수 있는 부분을 활용한 차별점을 검토한다.

④ 본사에 지불해야 할 수수료를 고려해야 한다.

⑤ 본부의 사업역량이 충분한지 검토해야 한다.

15 아래 글상자는 점포의 매매와 임대차 시에 반드시 확인해야 하는 공적서류, 즉 부동산 공부서류에 대한 내용이다. ㉠~㉤에 해당하는 부동산 공부서류를 그 순서대로 올바르게 나열한 것은?

> ㉠ 현 소유주의 취득일과 매매과정, 압류, 저당권 등의 설정, 해당 건물의 특징 등
> ㉡ 건축물의 위치, 면적, 구조, 용도, 층수 등
> ㉢ 토지의 소재, 지번, 지목, 면적, 소유자의 주소, 주민등록번호, 성명 등
> ㉣ 지역·지구 등의 지정 여부, 지역·지구 등에서의 행위제한내용, 확인도면 등
> ㉤ 토지의 소재, 지번, 옆 토지와의 경계, 토지의 모양 등

① 등기사항전부증명서 – 토지이용계획확인원 – 지적도 – 건축물대장 – 토지대장

② 건축물대장 – 등기사항전부증명서 – 지적도 – 토지이용계획확인원 – 토지대장

③ 등기사항전부증명서 – 건축물대장 – 토지이용계획확인원 – 지적도 – 토지대장

④ 건축물대장 – 등기사항전부증명서 – 토지이용계획확인원 – 토지대장 – 지적도

⑤ 등기사항전부증명서 – 건축물대장 – 토지대장 – 토지이용계획확인원 – 지적도

16 상가임대차 관계에서 권리금을 산정할 때 근거가 되는 유무형의 재산적 가치로 가장 옳지 않은 것은?

① 거래처
② 상가건물의 위치
③ 영업상의 노하우
④ 영업시설·비품
⑤ 임대료 지불수단

17 레일리의 소매인력법칙에 대한 설명과 가장 거리가 먼 것은?

① 소매인력법칙은 두 경쟁도시 사이에 위치한 소도시로부터 두 경쟁도시가 끌어들일 수 있는 상권 범위를 규정하는 것이다.

② 소매인력법칙은 개별점포의 상권경계보다는 이웃하는 두 도시들 간의 경계를 결정하는 데 주로 활용되는 이론이다.

③ 특정 도시가 끌어들일 수 있는 상권 범위는 해당 도시의 인구에 비례하고 도시 간의 거리의 제곱에 반비례한다.

④ 두 도시 사이의 거래가 분기되는 분기점은 두 도시에 상대적으로 흡인되는 구매력 정도가 동일한 지점을 나타낸다.

⑤ 상권경계를 산정하기 위한 계산이 용이하고 이론이 실증적인 방법이다.

18 다음 중 상권 및 상권설정에 관한 설명으로 바르지 못한 것은?

① 상권은 한 점포가 고객을 끌어들일 수 있는 범위, 즉 판매권역을 말한다.

② 상세권은 복수의 점포 또는 시장이나 상점가 등 특정 상업집단이 고객을 끌어들일 수 있는 범위를 말한다.

③ 상권은 거래관계에 따라 구매권과 판매권으로 구별되는데 일반적으로 상권은 판매권을 말한다.

④ 계층적 구조에 따라 상권을 구분하면 지역상권, 지점상권, 지구상권의 순으로 상권의 범위가 좁아진다.

⑤ 일반적으로 중심방향쪽으로는 상권이 좁고, 중심과 반대방향쪽으로는 상권이 넓다.

19 소매점의 입지 유형의 특성에 대한 설명 중 틀린 것은?

① 교외터미널 – 교외를 왕래하는 자동차 고객을 대상으로 하는 상업입지지역으로서, 주로 쇼핑센터를 중심으로 주말이나 휴일에 특히 번성하는 지역이다.

② 도심터미널 – 철도 환승지점을 중심으로 발달한 상업집적지로서, 역사 백화점 또는 터미널 빌딩 등이 핵점포 역할을 담당한다.

③ 도심번화가 – 전통적인 상업집적지로서, 고급전문점이나 백화점 등이 입지하고 있어 다양한 분야에 걸쳐 고객흡인력을 지닌다.

④ 교외주택지 – 주택대부 부담이 많은 소비자나 젊은 세대가 많은 지역으로, 원래부터 상점가가 적고 저렴한 가격과 새로운 감각이 중요시되는 지역이다.

⑤ 도심주택지 – 인구밀집지역으로서 원래부터 상점가가 있어 대규모 소매점의 출점이 매우 곤란한 지역이다.

20 시장력이 약한 상태에서 경비절감을 목적으로 출점입지를 특정 지역으로 한정하여 그곳에 집중적으로 점포를 개설하는 출점전략은?

① 인지도 우선 전략

② 다각화 전략

③ 도미넌트 전략

④ 브랜드 전략

⑤ 시장력 선택전략

01 유통경영환경에 대한 설명으로 옳지 않은 것은?

① 거시환경은 모든 기업에 공통적으로 영향을 미치는 환경이다.

② 과업환경은 기업의 성장과 생존에 직접적 영향을 미치는 환경으로 기업이 어떤 제품이나 서비스를 생산하는가에 따라 달라진다.

③ 인구분포, 출생률과 사망률, 노년층의 비율 등과 같은 인구통계학적인 특성은 사회적 환경으로 거시환경에 속한다.

④ 제품과 종업원에 관련된 규제 및 환경규제, 각종 인허가 등과 같은 법과 규범은 정치적·법률적 환경으로 과업환경에 속한다.

⑤ 경제적 환경은 기업의 거시환경에 해당된다.

02 고객충성도(customer loyalty)와 관련된 설명으로 가장 옳지 않은 것은?

① 충성도는 상호성과 다중성이라는 두 가지 속성을 가지고 있다.

② 충성도는 기업이 고객에게 물질적·정신적 혜택을 제공하고, 고객이 긍정적인 반응을 해야 발생한다.

③ 고객만족도가 높아지면 재구매 비율이 높아지고, 이에 따라 충성도도 높아진다.

④ 타성적 충성도(inertial loyalty)는 특정 상품에 대해 습관에 따라 반복적으로 나타나는 충성도이다.

⑤ 잠재적 충성도(latent loyalty)는 호감도는 낮지만 반복구매가 높은 경우에 발생하는 충성도이다.

03 다음 중 STP전략에 대한 내용으로 적절하지 않은 것은?

① 포지셔닝(positioning)은 자사와 경쟁기업과의 매출 우위를 비교할 때 사용한다.

② 표적시장 선정(selection of target market)은 세분시장 종사자의 사업목표가 가장 효과적으로 달성될 수 있는 시장을 선택하는 것을 말한다.

③ 세분된 시장은 측정 가능성과 접근이 가능해야 하며, 충분한 규모의 수익성이 있어야 한다.

④ 제품의 위치 선정에서 제품지각도(product perceptual map)를 활용하면 자사의 현재 위치와 고객의 욕구 위치가 어디인지를 파악할 수 있다.

⑤ 세분화 변수 중 개성, 라이프스타일 등은 심리묘사적 변수에 해당한다.

04 서비스업체의 각 포지셔닝 전략 대안에 대한 예시가 옳지 않은 것은?

① 서비스 등급 : 우리는 신속하게 고객을 도울 준비가 되어 있습니다.

② 서비스 이용자 : 우리는 비즈니스 여행자를 위한 호텔입니다.

③ 서비스 용도 : 우리 헬스클럽은 다이어트 전문입니다.

④ 경쟁자 : 우리는 2위 편의점입니다. 1위가 되기 위해 최선을 다합니다.

⑤ 공감성 : 고객 한분 한분을 가족처럼 모시겠습니다.

05 다음은 마케팅관리에 대한 내용이다. 가장 올바르지 않은 것은?

① 시장세분화에서 고려되는 기본적 3C는 고객(customer), 경쟁사(competitor), 자사(company)이다.

② 기업이 표적시장을 설정하는 단계는 시장세분화(segmentation), 표적시장 선정(targeting), 시장위치 선정(positioning) 순으로 진행한다.

③ 차별화 전략이란 특정한 세분시장에 기업의 역량을 집중하는 전략으로 한정된 자원을 극대화하여 효율적 운용을 하는 것이 장점이다.

④ 풀(pull)전략은 광고나 홍보, 이벤트를 통해 소비자가 자사상품을 구매하도록 유도하는 전략이다.

⑤ 단일시장 집중화 마케팅전략은 기업의 자원이나 능력이 제한되어 있는 경우, 하나 또는 소수의 시장부문에서 높은 시장점유율을 얻고자 하는 전략이다.

06 아래 글상자의 사례들에 해당하는 유통경쟁 전략으로 가장 옳은 것은?

- A사는 30대 전후의 여성들에게 스포츠웨어를 주로 판매한다.
- B사는 대형 사이즈의 의류를 주력상품으로 판매한다.
- C사는 20대 여성을 대상으로 대중적인 가격대의 상품을 판매한다.
- D사는 가격대와 스타일이 서로 다른 7개의 전문의류점 사업부를 가지고 있다.

① 편의성 증대
② 정보기술의 도입 및 확대
③ 점포 포지셔닝 강화
④ 유통업체 브랜드의 확대
⑤ e-커머스 확대

07 소매수명주기이론의 단계별 특징과 전략적 시사점을 올바르게 나열한 것은?

	구분	도입기	성장기	성숙기	쇠퇴기
①	판매량	낮음	저성장	고성장	감소
②	이익	극소	급성장	감소	없음
③	경쟁사 수	소수	증가	다수	감소
④	통제 정도	중간	최대	중간	최소
⑤	관리스타일	집권적	전문적	관리적	분권적

08 소매유통회사를 중심으로 PB상품을 강화하고 있는데, 그 이유로 옳지 않은 것은?

① 수익성을 증가시키기 위해서
② 재고를 감소시키기 위해서
③ 소매유통회사의 차별화 수단으로 활용하기 위해서
④ 점포 이미지를 개선하는 데 활용하기 위해서
⑤ 소비자의 구매성향 변화에 적극적으로 대응하기 위해서

09 아래 글상자 (가)와 (나)에 들어갈 용어가 순서대로 바르게 나열된 것은?

> 상품수명주기이론의 (가) 단계에서는 시장수요가 증가함에 따라 시장 커버리지를 확대하고 이용 가능성을 높이기 위해 개방경로정책을 수립해야 하며, (나) 단계에서는 판매가 안정되고 경쟁이 심화되기 때문에 새로운 시장을 찾거나, 그 상품에 대한 새로운 용도를 개발하거나 사용빈도를 제고하기 위한 다양한 노력을 기울여야 한다.

① (가) 도입기, (나) 쇠퇴기
② (가) 도입기, (나) 성숙기
③ (가) 성장기, (나) 성숙기
④ (가) 성장기, (나) 쇠퇴기
⑤ (가) 성숙기, (나) 쇠퇴기

10 다음 글상자에서 설명하고 있는 용어는?

> • 유통업체와 상품공급업체 간 분리되어 있는 머천다이징과 재고관리 등의 기능을 상품별로 모두 통합하는 것을 뜻한다.
> • 매입에서 판매까지의 기능을 상품별로 수직통합하는 것을 의미한다.
> • 유통업체와 상품공급업체가 새로운 정보기술을 활용하여 구매의사결정에 관련된 활동을 공동으로 추진하는 활동을 말한다.

① 상품 카테고리 관리
② 구색 계획
③ 단품 관리
④ 상품 라인 확장
⑤ 세그먼트 머천다이징

11 다음 중 가격차별화(price differentiation)에 대한 설명으로 가장 올바르지 않은 것은?

① 기업은 가격차별화정책을 통해 가격차별화정책을 사용하지 않는 경우보다 수익이 증대될 수 있는 장점이 있다.
② 상품에 따라 가격을 차별적으로 결정하는 것을 가격차별화라고 한다.
③ 가격차별화를 적용하기 위해서는 시장세분화 작업이 가능해야 할 뿐만 아니라 또한 선행되어야 한다.
④ 가격차별화는 시장구조에 따라 효과가 동일하지 않으나 일반적으로 불완전경쟁 시장에서 효과적이다.
⑤ 각 세분시장의 상이한 가격탄력도는 가격차별화의 전제조건에 해당한다.

12 소매가격정책 중 소위 'High-Low 가격전략'에 비해서 'EDLP(Every Day Low Price)전략'이 갖는 장점과 가장 관련이 없는 것은?

① 개별상품에 대한 가격경쟁의 압박을 감소시키는 효과

② 광고비를 절감하는 효과

③ 품절의 감소 및 재고관리 개선 효과

④ 다양한 특성의 고객에게 소구할 수 있는 효과

⑤ 안정적인 수요의 예측은 평균재고의 감소를 통해 회전율을 향상

13 가격전략과 내용이 가장 옳지 않은 것은?

① 유인가격전략 : 보다 많은 소비자를 자사 점포로 유인하기 위한 가격전략

② 변동가격전략 : 가격을 동일하게 제시하는 것이 아니라 소비자와의 흥정을 통해 최종가격을 설정하는 가격전략

③ 명성가격전략 : 상품의 고품질과 높은 명성을 상징적으로 나타내기 위해 고가격을 설정하는 가격전략

④ 묶음가격전략 : 상품 단위당 이익을 높이기 위해 상품을 큰 묶음 단위로 제공하는 가격전략

⑤ 가격대(price lining)전략 : 상품계열별로 취급상품들을 몇 종류의 가격대로 묶어 가격을 설정하는 전략

14 아래 글상자에서 말하는 여러 효과를 모두 보유하고 있는 마케팅 활동은?

㉠ 가격인하 효과
㉡ 구매유발 효과
㉢ 미래수요 조기화 효과
㉣ 판매촉진 효과

① 쿠폰　　　　　② 프리미엄
③ 콘테스트　　　④ 인적판매
⑤ 리베이트

15 푸시(push)전략에 관한 설명 중 거리가 먼 것을 모두 고른 것은?

가. 제조업자가 유통업자들을 대상으로 하는 촉진정책이다.
나. 최종 구매자들의 브랜드 애호도가 높은 경우에 사용한다.
다. 브랜드에 대한 선택이 점포 안에서 주로 이루어지는 경우에 더욱 적합하다.
라. 충동구매가 잦은 상품의 경우에 사용한다.

① 나　　　　　　② 가, 라
③ 나, 다, 라　　④ 가, 나, 라
⑤ 가, 나, 다

모의고사

16 매장배치와 관련하여 옳은 설명만을 묶어 놓은 것은?

> (가) 매장의 전면부는 통행하는 소비자들의 시선을 끌어야 한다.
> (나) 매장 전면부의 통로에는 진입고객의 위험성을 줄이기 위해 충동성이 있는 제품들은 진열하지 않는다.
> (다) 매장 앞에는 입간판을 놓아서 지나가는 사람들이 볼 수 있도록 한다.
> (라) 점포 내에서 가장 잘 팔리는 물건은 점포의 입구 쪽이나 가장 끝 쪽에 진열한다.
> (마) 매장 내 배치의 기본원칙은 고객이 원하는 상품을 신속히 발견하고, 최대한 빠른 시간 내에 매장을 떠날 수 있게 하는 것이다.

① (가), (나), (다)
② (가), (다), (라)
③ (나), (다), (라)
④ (나), (다), (마)
⑤ (다), (라), (마)

17 엔드매대(end cap)에 진열할 상품을 선정하기 위한 점검사항으로 가장 옳지 않은 것은?

① 주력 판매가 가능한 상품의 여부
② 시즌에 적합한 상품의 여부
③ 대량 판매가 가능한 상품의 여부
④ 새로운 상품 또는 인기상품의 여부
⑤ 전체 매장의 테마 및 이미지를 전달할 수 있는 상품의 여부

18 다음 중 POP(구매시점) 광고의 역할이 아닌 것은?

① 상품을 설명하고 구매를 촉진시키는 역할
② 보조기구나 진열배경 및 매장, 행사 등을 안내하는 등의 역할
③ 광고와 관련시켜 판매를 촉진하는 역할
④ 점 내에 안정된 분위기를 높여주는 역할
⑤ 판매를 보다 효율화하기 위한 역할

19 CRM 활동을 고객관계의 진화과정으로 보면 신규고객의 창출, 기존고객의 유지, 기존고객의 활성화 등으로 구분되는데, 다음 중 기존고객 유지활동의 내용으로 가장 옳지 않은 것은?

① 직접반응광고
② 이탈 방지 캠페인
③ 맞춤 서비스의 제공
④ 해지방어전담팀의 운영
⑤ 마일리지프로그램의 운용

20 전략적 CRM(Customer Relationship Management)의 적용 과정으로서 가장 옳지 않은 것은?

① 정보관리 과정
② 전략개발 과정
③ 투자타당성 평가 과정
④ 가치창출 과정
⑤ 다채널 통합 과정

21 고객관계관리(CRM)에 대한 접근방법으로 가장 옳지 않은 것은?

① 마케팅부서만이 아닌 전사적 관점에서 고객지향적인 전략적 마케팅 활동을 수행한다.
② 전사적 자원관리(ERP)시스템을 통해 고객정보를 파악하고 분석한다.
③ 데이터 마이닝 기법을 활용해 고객행동에 내재돼 있는 욕구(needs)를 파악한다.
④ 고객과의 관계 강화를 지속적으로 모색하는 고객중심 비즈니스모델을 수립한다.
⑤ 표적고객에 대한 고객관계 강화에 집중하며 고객점유율 향상에 중점을 둔다.

22 마케팅 전략수립을 위한 다양한 조사활동 중 1차 자료를 수집하기 위한 조사방식으로 옳지 않은 것은?

① 현장조사　　② 관찰조사
③ 설문조사　　④ 문헌조사
⑤ 실험조사

23 아래 글상자의 조사 내용 중에서 비율척도로 측정해야 하는 요소만을 나열한 것으로 옳은 것은?

> ㉠ 구매자의 성별 및 직업
> ㉡ 상품 인기 순위
> ㉢ 타깃고객의 소득구간
> ㉣ 소비자의 구매확률
> ㉤ 충성고객의 구매액
> ㉥ 매장의 시장점유율

① ㉠, ㉡, ㉢　　② ㉢, ㉣, ㉤
③ ㉣, ㉤, ㉥　　④ ㉡, ㉣, ㉥
⑤ ㉢, ㉤, ㉥

24 주요 재무비율과 관련된 설명 중 옳지 않은 것은?

① 유동성비율은 단기부채상환을 위해 자산을 현금화할 수 있는 기업의 능력을 측정한다.
② 수익성비율은 기업이 이익을 얻기 위해 다양한 자원을 얼마나 효율적으로 사용하는지를 측정한다.
③ 레버리지비율은 총부채를 자기자본으로 나누어서 구한다.
④ 활동성비율은 평균재고를 매출원가로 나누어서 구한다.
⑤ 유동비율은 유동자산을 유동부채로 나누어서 구한다.

25 유통경로상의 갈등(conflict)에 대한 설명으로 옳은 것은?

① 대형마트와 전통시장 간의 갈등은 수직적 갈등 유형에 속한다.
② 갈등은 성과에 항상 부정적인 영향을 미치므로 갈등이 발생하지 않도록 하는 것이 중요하다.
③ 성과와의 관계에 따라 역기능적 갈등, 순기능적 갈등, 중립적 갈등으로 분류할 수 있다.
④ 위협, 정보교환, 토론은 갈등의 수준을 높이고, 약속, 요청은 갈등의 수준을 낮춘다.
⑤ 강압적 및 준거적 파워는 경로구성원 간 갈등의 수준을 높인다.

01 유통정보시스템 도입의 이점과 가장 거리가 먼 것은?

① 고객과 공급업체 간의 더욱 정확한 정보 교환을 위해 팀위주로 판매형태가 전환되기도 한다.

② 주문으로부터 배달까지의 시간을 단축시킬 수 있어 고객서비스 수준을 향상시킬 수 있다.

③ 주문, 선적, 수취의 정확성을 꾀할 수 있다.

④ 주문이 빠르게 전송, 처리되기 때문에 주문내용을 변경하는 데 있어 유연성을 꾀할 수 있다.

⑤ 인건비의 절감을 꾀할 수 있다.

02 유통정보혁명의 시대에서 유통업체의 경쟁우위 확보 방안으로 가장 옳지 않은 것은?

① 마케팅 개념 측면에서 유통업체는 제품 및 판매자 중심에서 고객 중심으로 변화해야 한다.

② 마케팅 개념 측면에서 유통업체는 매스 마케팅에서 일대일 마케팅으로 변화해야 한다.

③ 마케팅 개념 측면에서 유통업체는 기존의 다이렉트(direct) 마케팅에서 푸시(push) 마케팅으로 변화해야 한다.

④ 비즈니스 환경 측면에서 유통업체는 전략적 제휴와 글로벌화를 추진해야 한다.

⑤ 비즈니스 환경 측면에서 유통업체는 제품 및 공정 기술의 보편화로 인해 도래하는 물류 경쟁 시대의 급격한 변화에 대비해야 한다.

03 다음 중 거래처리시스템(TPS)의 특징을 설명한 것으로 가장 옳지 않은 것은?

① 조직의 일상적인 거래처리를 행한다.

② 문제해결이나 의사결정을 지원하지 않는다.

③ 대부분 실시간으로 처리해야 하기 때문에 비교적 짧은 시간에 많은 양의 자료를 처리한다.

④ 기업의 운영현황에 관한 정보를 관리한다.

⑤ 시스템 구축 목적에 맞게 드릴 다운(Drill down) 기법과 같은 정보제공 기능이 반드시 지원되어야 한다.

04 암묵지에 관한 설명으로 가장 옳지 않은 것은?

① 전수하기 어려운 지식

② 경험을 통해 체화된 지식

③ 숙련된 기능 또는 노하우(know-how)

④ 논리적 추론 및 계산에서 생기는 인식

⑤ 말 또는 언어로 표현할 수 없는 주관적인 지식

05 상품의 코드를 공통적으로 관리하는 표준상품분류 중 유럽상품코드(EAN)에 대한 설명으로 가장 옳지 않은 것은?

① 소매점의 POS 시스템과 연동되어 판매시점관리가 가능하다.

② 첫 네 자리가 국가코드로 대한민국의 경우 8800이다.

③ 두 번째 네 자리는 제조업체코드로 한국유통물류진흥원에서 고유번호를 부여한다.

④ 국가, 제조업체, 품목, 체크숫자로 구성되어 있다.

⑤ 체크숫자는 마지막 한 자리로 판독오류 방지를 위해 만들어진 코드이다.

06 지식 포착 기법에 대한 설명으로 가장 옳지 않은 것은?

① 인터뷰 – 개인의 암묵적 지식을 형식적 지식으로 전환하는 데 사용하는 기법이다.

② 현장관찰 – 관찰대상자가 문제를 해결하는 행동을 할 때 관찰, 해석, 기록하는 프로세스이다.

③ 스캠퍼 – 비판을 허용하지 않는다는 가정으로 둘 이상의 구성원들이 자유롭게 아이디어를 생산하는 비구조적 접근방법이다.

④ 스토리 – 조직학습을 증대시키고, 공통의 가치와 규칙을 커뮤니케이션하고, 암묵적 지식의 포착, 코드화, 전달을 위한 뛰어난 도구이다.

⑤ 델파이 방법 – 다수 전문가의 지식 포착 도구로 사용되며, 일련의 질문서가 어려운 문제를 해결하는 데 대한 전문가의 의견을 수렴하기 위해 사용된다.

07 소매점의 POS(Point of Sales) 시스템에 대한 설명으로 가장 옳지 않은 것은?

① POS 시스템을 통해 소매점별로 수집된 판매 제품의 품목명, 수량, 가격, 판촉 등에 관한 정보를 수집할 수 있다.

② POS 시스템은 POS 단말기, 바코드 스캐너, 스토어 컨트롤러(store controller)로 구성되어 있다.

③ POS 시스템을 통해 확보한 정보는 고객관계관리(CRM)를 위한 기반 데이터로 활용된다.

④ 전년도 목표 대비 판매량 분석 또는 전월 대비 매출액 변화분석과 같은 시계열 정보를 수집하고 분석하는 데 한계가 있다.

⑤ POS 시스템을 통해 신제품에 대한 마케팅효과, 판촉효과 등을 분석할 수 있다.

08 조직의 데이터를 수집하고 관리하는 일련의 절차에 관한 사항으로 가장 옳지 않은 것은?

① 운영계층에서 매일 실시간으로 발생하는 데이터를 수집하고, 관리하는 거래처리 정보시스템은 정확하고 구체적인 데이터를 다룰 수 있도록 구축되어야 한다.

② 각각의 운영DB로부터 발생하는 대량의 데이터를 ETL 도구를 활용하여 통합관리할 수 있도록 데이터 웨어하우스를 구축한다.

③ 중요한 데이터를 다른 사용자가 알아보지 못하도록 은닉하고, 변형시켜 조직 내부구성원 중 인가받은 경우만 접근할 수 있도록 지원하는 기능을 정보세탁이라 한다.

④ 데이터 마이닝은 원래의 자료 그 자체만으로는 제공되지 않는 정보를 추출하기 위해 다양한 기술을 활용하여 대량의 정보 속에서 일정한 경향과 관계를 찾아내고, 미래 행위를 예측하고 의사결정을 이끌어내도록 지원한다.

⑤ W. H. Inmon에 의하면 데이터 웨어하우스를 경영자의 의사결정을 지원하는 주제 중심적이고 통합적이며, 비휘발성이고, 시간에 따라 변화하는 데이터의 집합이라 정의하였다.

모의고사

09 인터넷상의 상거래 과정에서 사용되는 전자서명의 기본조건과 그에 대한 설명으로 가장 옳지 않은 것은?

① 위조불가 – 서명자만이 서명문을 생성할 수 있다.

② 인증 – 서명문의 서명자를 확인할 수 있다.

③ 재사용가능 – 서명문의 해시값을 전자서명으로 이용하므로 다른 문서에도 서명을 재사용할 수 있다.

④ 변경불가 – 서명된 문서는 내용을 변경할 수 없기 때문에 데이터가 변조되지 않았음을 보장하는 무결성을 만족시켜 준다.

⑤ 부인방지 – 서명자가 나중에 서명한 사실을 부인할 수 없다.

10 고객관계관리(CRM)를 위한 성과지표에 대한 설명으로 가장 옳지 않은 것은?

① 신규 캠페인 빈도는 마케팅 성과를 측정하기 위한 지표이다.

② 고객불만 처리시간은 서비스 성과를 측정하기 위한 지표이다.

③ 고객유지율은 판매 성과를 위한 성과지표이다.

④ 신규 판매자 수는 판매 성과를 측정하기 위한 지표이다.

⑤ 캠페인으로 창출된 수익은 마케팅 성과를 측정하기 위한 지표이다.

11 데이터를 수집하여 지식으로 활용하는 기술에 대한 설명으로 가장 거리가 먼 것은?

① OLAP는 거래정보와 이벤트 정보를 수납하고 사전에 정의된 비즈니스 규칙에 따라 정보를 처리하고, 저장하고, 새로운 정보로 갱신한다.

② 데이터 마트는 데이터의 한 부분으로서 특정 사용자가 관심을 갖는 데이터들을 담은 비교적 작은 규모의 데이터 웨어하우스를 지칭한다.

③ 데이터 웨어하우스와 데이터 마트의 구분은 사용자의 기능 및 제공범위를 기준으로 한다.

④ 데이터 마이닝은 원래의 자료 그 자체만으로는 제공되지 않은 정보를 추출하기 위해 자료를 분석하는 과정이다. 업무를 하나의 관점에서 축약하여 경향을 파악하고 더 나은 예측을 위해 활용한다.

⑤ 빅데이터는 기존의 정형화된 데이터뿐만 아니라, 비정형적 데이터까지 포함한 방대한 양의 데이터를 수집하여 다양한 관점에서 신속하게 패턴이나 예측정보를 제공한다.

12 액세스 로그파일(access log file)을 통해 얻을 수 있는 정보로 가장 옳지 않은 것은?

① 방문 경로

② 사용자의 아이디

③ 웹사이트 방문 시간

④ 웹브라우저의 설치 시기

⑤ 웹사이트에서 수행한 작업 내용

13 공급체인관리(SCM : Supply Chain Management)에 관한 설명으로 옳지 않은 것은?

① 공급체인관리는 원재료 구매에서부터 최종 고객까지의 전체 물류 흐름을 계획하고 통제하는 통합적인 관리방법이다.

② 공급체인관리의 주요 응용기술로는 자동발주시스템, 크로스도킹(Cross Docking), 공급자 재고관리(VMI : Vendor Managed Inventory) 등이 있다.

③ 공급체인관리의 기원은 1980년대 미국의 의류제품부문에서 도입된 QR(Quick Response)에서 찾을 수 있다.

④ 공급체인관리가 효과적으로 운영되기 위해서는 파트너들 간의 상호 협력과 신뢰가 중요하다.

⑤ 공급체인 전반에 걸쳐 수요에 관한 정보를 분권화하고 공유함으로써 공급 리드타임(Lead Time)이 증가한다.

14 e-SCM을 위해 도입해야 할 주요 정보기술로 가장 옳지 않은 것은?

① 의사결정을 지원해 주기 위한 자료 탐색(data mining) 기술

② 내부 기능부서 간의 업무통합을 위한 전사적 자원관리(ERP)시스템

③ 기업 내부의 한정된 일반적인 업무활동에서 발생하는 거래자료를 처리하기 위한 거래처리시스템

④ 수집된 고객 및 거래데이터를 저장하기 위한 데이터 웨어하우스(data warehouse)

⑤ 고객, 공급자 등의 거래 상대방과의 거래 처리 및 의사소통을 위한 인터넷 기반의 전자상거래(e-Commerce)시스템

15 빅데이터는 다양한 유형으로 존재하는 모든 데이터가 대상이 된다. 데이터 유형과 데이터 종류, 그에 따른 수집기술의 연결이 가장 옳지 않은 것은?

① 정형데이터 – RDB – ETL
② 정형데이터 – RDB – Open API
③ 반정형데이터 – 비디오 – Open API
④ 비정형데이터 – 이미지 – Crawling
⑤ 비정형데이터 – 소셜데이터 – Crawling

16 성공적인 VMI(Vendor Managed Inventory) 도입을 위한 선결과제에 해당되지 않는 것은?

① 품질 안정화를 위해 조달된 원·부자재의 전수검사가 요구되고 있다.

② 자재창고의 재고정보가 정확하여야 한다.

③ 자재코드의 체계화(표준화)가 되어 있어야 한다.

④ 정보인프라 구축을 통한 실판매정보의 공유가 이루어져야 한다.

⑤ 과거 데이터 분석과 수요예측을 위한 시스템이 구축되어야 한다.

17 RFID의 작동원리에 대한 설명으로 가장 옳지 않은 것은?

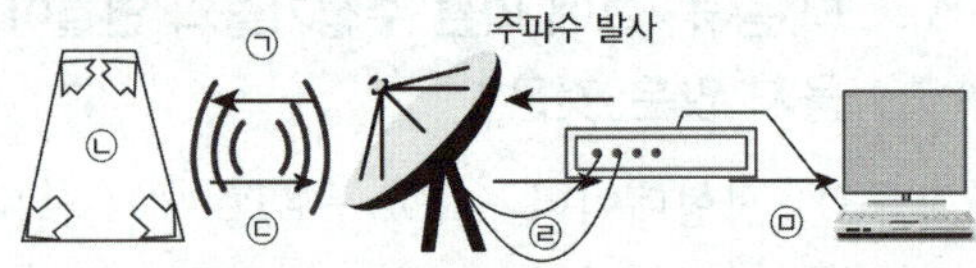

① ㉠ – 리더에서 안테나를 통해 발사된 주파수가 태그에 접촉한다.
② ㉡ – 무선신호는 태그의 자체 안테나에서 수신한다.
③ ㉢ – 태그는 주파수에 반응하여 입력된 데이터를 안테나로 전송한다.
④ ㉣ – RF 필드에 구성된 안테나에서 무선신호를 생성하고 전파한다.
⑤ ㉤ – 리더는 데이터를 해독하여 Host 컴퓨터로 전달한다.

18 유통업체의 관리문제를 해결하기 위해 활용되는 의사결정지원시스템 모델 중 수학적 모형으로 작성하여 그 해를 구함으로써 최적의 의사결정을 도모하는 수리계획법의 예로 가장 옳지 않은 것은?

① 목표계획법(Goal Programming)
② 선형계획법(Linear Programming)
③ 시뮬레이션모형(Simulation model)
④ 정수계획법(Integer Programming)
⑤ 비선형계획법(Non-Linear Programming)

19 RFID(Radio Frequency Identification)의 특성으로 적절하지 않은 것은?

① 원거리 및 고속 이동 시에도 인식이 가능하다.
② 바코드에 비해 수천 배 이상의 저장능력을 갖고 있다.
③ 충돌방지 기능이 있어 여러 개의 Tag를 동시에 인식할 수 있다.
④ 바코드에 비해서 비용이 높고 스마트카드에 비해서 메모리 용량이 크다.
⑤ 직접 접촉하지 않더라도 데이터를 인식할 수 있다.

20 인터넷 보안사고의 유형에 대한 설명으로 가장 옳지 않은 것은?

① Virus : 컴퓨터 내부 프로그램에 자신을 복사했다가 그 프로그램이 수행될 때 행동을 취하며 최악의 경우 프로그램 및 PC의 작동을 방해함.
② Worm : 바이러스와 형태 및 작동이 유사하나 프로그램 및 PC의 작동을 방해하지는 않음.
③ Trojan Horse : 일종의 바이러스로 PC 사용자의 정보를 유출함.
④ Sniffing : 어떤 프로그램이나 시스템을 통과하기 위해 미리 여러 가지 방법과 수단 또는 조치를 취해두는 방식
⑤ Spoofing : 어떤 프로그램이 정상적인 상태로 유지되는 것처럼 믿도록 속임수를 쓰는 방식

제**3**회 실전모의고사

제1 과목　유통 · 물류일반관리(01~25)

01 소매상의 기능으로 가장 옳지 않은 것은?

① 생산자, 도매상들이 소비자 가까이에서 접촉할 수 있게 인력과 점포를 제공한다.
② 소매상은 소비자에게 시장확대기능을 제공한다.
③ 소매상은 소비자의 요구를 파악하여 공급선에 제공한다.
④ 소매상은 공급선의 상품을 판매하기 위한 광고, 상품진열 등을 제공한다.
⑤ 소매상은 상품구색에 대한 재고를 부담함으로써 공급선의 비용감소와 소비자의 구매편의를 돕는다.

02 유통경로의 기능은 작용하는 방향에 따라 전방기능 흐름, 후방기능 흐름 및 양방기능 흐름으로 구분할 수 있다. 다음 유통경로의 기능 중 양방기능 흐름에 해당하는 것은?

① 위험부담
② 주문 및 시장정보
③ 소유권 이전
④ 촉진
⑤ 대금 결제

03 아래 글상자 ㉠과 ㉡에 들어갈 단어가 옳게 나열된 것은?

> • (㉠)은/는 이질적인 생산물을 동질적인 단위로 나누는 과정을 말하는데, 통상적으로 생산자가 직접 수행하며 흔히 생산자의 표준화 기능이라고도 한다.
> • (㉡)은/는 동질적으로 쌓여진 것을 다시 나누는 과정이며, 중계기구라 불리는 중간상인들이 이 기능을 수행한다. 이런 중계기구를 중계도매상이라 한다.

① ㉠ 집적, ㉡ 분류(등급)
② ㉠ 배분, ㉡ 구색
③ ㉠ 구색, ㉡ 분류(등급)
④ ㉠ 분류, ㉡ 배분
⑤ ㉠ 구색, ㉡ 배분

04 유통경로의 유형 중 가맹본부로 불리는 경로구성원이 계약을 통해 생산-유통과정의 여러 단계를 연결시키는 형태의 수직적 마케팅 시스템(vertical marketing system)으로 가장 옳은 것은?

① 기업형 VMS
② 위탁판매 마케팅 시스템
③ 복수유통 VMS
④ 프랜차이즈 시스템
⑤ 관리형 VMS

05 유통경로구조에 관련된 '거래비용이론'에 대한 설명으로 가장 거리가 먼 것은?

① 거래비용이론에 의하면 불확실한 환경하에서 거래당사자 간의 기회주의적 성향을 통제하기 위해서는 시장을 통합해야 한다고 주장한다.

② 거래비용이론은 유통경로시스템 구성원들 간의 기회주의적 행동경향을 기본적인 가정으로 하고 있으며, 거래비용으로 인하여 시장실패의 가능성을 초래할 수 있음을 주장하고 있다.

③ 거래비용이론에 의하면 기회주의적 행동은 관계 규범에 의해 자율적인 규제가 가능하므로, 거래비용을 감소시키기 위해서 법률적 규범보다는 자율적 규제가 앞서야 한다고 주장한다.

④ 거래비용이론에 의하면 거래 특유적 자산이 이전될 경우 교환파트너의 기회주의적 행동에 의한 피해 가능성이 높아져, 철저한 감시체계나 타율적 제재 등 권위 통제 메커니즘을 통한 보호장치의 필요성을 증가시킴으로써 수직적 통합의 가능성을 높인다.

⑤ 효율적 시장에서는 외부조달원의 성과를 평가하여 미흡할 시에는 다른 구성원으로 대체함으로써 시스템의 효율성을 높일 수 있지만, 외부조달원의 성과측정이 어려우면 외부조달의 효율성을 감소시키게 되므로 수직적 통합이 촉진된다.

06 기업이 활용할 수 있는 차별화 전략의 유형별로 요구되는 역량에 대한 설명으로 가장 옳지 않은 것은?

① 기술위주 차별화 : 고객이 선호하는 유용한 기술을 개발할 수 있는 능력

② 규모위주 차별화 : 규모의 경제를 활용할 수 있는 사업규모를 가질 수 있는 능력

③ 유통위주 차별화 : 경쟁사보다 우월하게 좋은 제품을 다양하게 만들어낼 수 있는 능력

④ 시장위주 차별화 : 고객들의 요구와 선호도를 파악하여 만족시킬 수 있는 능력

⑤ 의사소통위주 차별화 : 고객들에게 제품과 서비스를 효과적으로 알릴 수 있는 능력

07 다음 중 BCG 매트릭스에서 시장성장률은 낮은 수준이고 시장점유율은 높은 수준에 있는 전략적 사업단위와, 시장성장률은 높은 수준이고 시장점유율은 낮은 수준의 사업단위끼리 옳게 연결된 것은?

> ㉠ 캐시 카우(cash cow)
> ㉡ 별(stars)
> ㉢ 물음표(question mark)
> ㉣ 개(dogs)

① ㉠ – ㉡　　　　② ㉠ – ㉢
③ ㉡ – ㉢　　　　④ ㉢ – ㉣
⑤ ㉡ – ㉣

08 아웃소싱과 인소싱을 비교해 볼 때 아웃소싱의 단점을 설명한 것으로 옳지 않은 것은?

① 부적절한 공급업자를 선정할 수 있는 위험에 노출된다.
② 과다 투자나 과다 물량생산의 위험이 높다.
③ 핵심지원활동을 잃을 수도 있다.
④ 프로세스 통제권을 잃을 수도 있다.
⑤ 리드타임이 장기화될 수도 있다.

09 다음 설명에 적합한 경영혁신기법은?

> 주로 조직의 효율성을 높이고 성과를 개선하기 위하여 조직의 규모나 사업구조 운용내용을 바꾸는 것을 말한다. 경영자의 입장에서 내키지 않을 수도 있지만 경쟁이 치열해지고 미래의 경영환경이 불확실해지면서 경영상태가 양호한 상태에서도 행하는 기업이 늘어나고 있다.

① 벤치마킹(benchmarking)
② 리스트럭처링(restructuring)
③ 영업양도(divestiture)
④ 현상유지전략(stability strategy)
⑤ 수직적 통합(vertical integration)

10 다음 중 운송수단의 특징으로 틀린 것은?

① 해상운송은 원유·광물 등 부피가 큰 벌크화물운송에 유리하다.
② 철도운송은 기후에 상관없이 대량, 장거리 운송에 경제적이다.
③ 항공운송은 신속하지만 단위거리당 비용이 높다.
④ 파이프라인 운송은 유류, 가스 등을 운반하고 친환경적이다.
⑤ 공로운송(육상)은 국내 전체 운송수단 중 비중이 가장 높지는 않다.

11 목표에 의한 관리(MBO) 이론에 대한 설명으로 가장 옳은 것은?

① 종업원은 다른 사람과 보상을 비교하여 노력과 보상 간에 공정성을 유지하려 한다는 이론이다.
② 긍정적 또는 부정적 강화요인들이 사람들을 특정 방식으로 행동하게 한다는 이론이다.
③ 높지만 도달 가능한 목표를 제공하는 것이 종업원을 동기부여할 수 있다는 이론이다.
④ 종업원이 특정 작업에 투여하는 노력의 양은 기대하는 결과물에 따라 달라진다는 이론이다.
⑤ 목표 설정 및 수행을 위한 장기계획을 수립할 수 있을 만큼 안정적인 기업에 더 적합한 이론이다.

12 유통경로에서 발생하는 각종 힘(power)에 관한 설명으로 가장 옳지 않은 것은?

① 합법력은 법률이나 계약과 같이 정당한 권리에 의해 발생하거나 조직 내의 공식적인 지위에서 발생한다.

② 강제력의 강도는 처벌이 지닌 부정적 효과의 크기에 반비례한다.

③ 정보력은 공급업자가 중요한 정보를 가지고 있다는 인식을 할 경우 발생한다.

④ 준거력은 공급업자에 대해 일체감을 갖는 경우에 발생한다.

⑤ 보상력은 재판매업자가 자신의 보상을 조정할 수 있는 능력을 가지고 있다고 인식할수록 증가한다.

13 참여형 리더십(Participative Leadership)에 대한 설명으로 옳은 것은?

① 관리자가 잠정적인 결정사항에 대해 발표하는 형태를 취하기도 한다.

② 부하들의 절대적인 복종이 필요한 위기 상황에서 특히 유효하다.

③ 관리자가 목표를 설정하면 종업원은 비교적 자유로운 방법으로 일한다.

④ 의사나 엔지니어 등의 전문직을 상대하는 관리직에 적합하다.

⑤ 비숙련 근로자들을 지휘해야 하는 상황에서 효과적이다.

14 다음 (   ) 안의 내용을 순서대로 올바르게 나열한 것은?

> 자산은 재무상태표 작성일로부터 1년을 기준으로 (   )과 (   )으로 구분한다.
> (   )은 1년 이내에 현금화할 수 있는 자산을 의미하며, 다시 (   )과 (   )으로 분류한다.

① 유동자산 – 비유동자산 – 유동자산 – 투자자산 – 당좌자산

② 유형자산 – 무형자산 – 유형자산 – 투자자산 – 당좌자산

③ 유동자산 – 비유동자산 – 유동자산 – 당좌자산 – 재고자산

④ 유형자산 – 무형자산 – 유형자산 – 당좌자산 – 재고자산

⑤ 유동자산 – 고정자산 – 유동자산 – 무형자산 – 유형자산

15 직무평가의 방법 중 직무내용의 각 구성요소를 분해하여 가중치를 부여한 후 요소별 점수와 가중치를 곱하여 각 직무의 가치를 평가하는 방법은?

① 분류법　　　　② 점수법
③ 요소비교법　　④ 서열법
⑤ 강제할당법

16 카테고리 킬러(Category Killer)에 관한 설명으로 옳은 것은?

① 통상 제조업자나 백화점이 소유한 오프 프라이스 스토어가 대부분이며 팩토리 아울렛이라고도 한다.

② 한정된 제품계열에서 깊이 있는 상품구색으로 전문점과 유사하나 저렴한 가격으로 판매하는 소매점으로 대량판매, 다점포화, 셀프서비스 방식을 채택하고 있다.

③ 주로 교통이 편리한 도심에 위치하여 화려하고 거대한 점포를 갖고 있으며, 각종 상품을 부문별로 구성하여 관리하고 주로 선매품(shopping goods)을 취급하고 있는 소매점이다.

④ 우리나라에서는 주로 주택가 주변에 다점포화 전략을 취하고 있으며, 시간, 장소, 상품구색 등의 편의를 제공한다.

⑤ 회원제로 일정한 회비를 내는 회원에게만 구매할 수 있는 자격을 주고 거대한 창고형 점포에서 할인된 가격에 상품을 판매하는 소매업이다.

17 다음의 자재소요계획(Material Requirements Planning)에 대한 설명 중 가장 옳지 않은 것은?

① 자재소요계획(MRP)은 주생산계획을 토대로 하여 제품생산에 필요한 원자재의 종류, 수량, 주문시기 등을 결정하는 과정을 말한다.

② 경제적 주문량과 주문점 산정을 기초로 하는 전통적인 재고통제기법의 약점을 보완하기 위해 개발된 것이다.

③ 재고자산이 독립수요(Independent Demand)의 성격을 지니고 있다는 점을 많이 이용하고 있다.

④ 자재소요계획(MRP)을 활용함으로써 작업장에 안정적이고 정확하게 작업을 부과할 수 있다.

⑤ 자재소요계획을 효과적으로 수립하기 위해서는 주생산계획(주일정계획, MPS), 자재명세서(BOM), 재고기록철, 조달기간을 지속적으로 확보하고 검토하여야 한다.

18 재고관리 및 통제에 관한 설명으로 옳지 않은 것은?

① 정량발주법은 현재의 재고상태를 파악하여 재고량이 재주문점에 도달하면 미리 설정된 일정량을 주문하는 시스템이다.

② ABC 재고관리에서 A품목은 매출액이 매우 적어서 가능한 노력이 적게 드는 관리방법을 택하며, B품목은 매출액이 비교적 적지만 품목이 많으므로 정량발주시스템 적용이 바람직하고, C품목은 매출액이 높은 품목으로 정기발주시스템 이용이 적합하다.

③ 정기발주법은 재고량이 특정 수준에 이르도록 적정량을 일정기간마다 재주문하는 방법이다.

④ 안전재고는 수요의 변동, 수요의 지연, 공급의 불확실성 등으로 품절이 발생하여 계속적인 공급중단사태를 방지하기 위한 예비목적의 재고량이다.

⑤ 조달기간(Lead Time)은 발주 후 창고에 주문품목들이 들어오기까지의 기간으로 기간이 짧을수록 재고수준은 낮아진다.

19 유통업 소매상의 구매관리에서 적정 공급처를 확보하기 위한 평가기준으로 적절하지 않은 것은?

① 유통시장에 적합한 제품의 품질

② 최적의 가격

③ 적정한 서비스수준

④ 납기의 신뢰성

⑤ 역청구(chargebacks)의 활성화

20 제3자 물류에 대한 설명으로 옳은 것을 모두 고른 것은?

㉠ 물류를 아웃소싱함으로써 화주기업이 자신들의 핵심 강점 사업에 더 집중할 수 있는 기회를 제공한다.

㉡ 고객요구가 자주 변화하고 기술이 발전함에 따라 제3자 물류 제공자들은 정보기술이나 장비를 업데이트하기 때문에 화주기업에게 기술적 유연성을 제공할 수 있다.

㉢ 화주기업은 아웃소싱하는 특정 기능에 통제력을 강화할 수 있다.

㉣ 화주회사의 핵심경쟁력 중 하나가 물류라면 이 활동을 아웃소싱하는 것이 합리적이다.

㉤ 제3자 물류는 TPL이라고도 한다.

① ㉠, ㉡, ㉤

② ㉠, ㉢, ㉤

③ ㉢, ㉣

④ ㉠, ㉡, ㉢

⑤ ㉠, ㉡, ㉢, ㉣, ㉤

21 포장물류의 모듈화가 지체되고 있는 이유로
서 옳지 않은 것은?

① 물품형태가 모듈화에 적합하지 않은 것
이 많기 때문이다.
② 포장물류 모듈화의 필요성에 대한 인식
이 아직은 다른 물류분야에 비하여 낮기
때문이다.
③ 포장의 모듈화를 위해서는 기존의 생산
설비 및 물류설비를 변경하여야 하는 문
제가 있기 때문이다.
④ 수·배송, 보관, 하역 등에 있어서는 물
품의 거래단위가 한 포장단위가 안 되는
소화물인 경우가 많기 때문이다.
⑤ 다품종 대량생산과 경쟁 격화로 인하여
공업포장 중심의 생산지향형 포장으로
가는 경향이 강하기 때문이다.

22 운송수단을 결정하기 전에 검토해야 할 사항
에 대한 설명으로 가장 거리가 먼 것은?

① 운송할 화물이 일반 화물인지 냉동 화물
인지 등의 화물의 종류
② 운송할 화물의 중량과 용적
③ 화물의 출발지, 도착지와 운송 거리
④ 운송할 화물의 가격
⑤ 운송할 화물이 보관된 물류센터의 면적

23 다음은 집중구매와 분산구매에 관한 설명이
다. 가장 올바르지 않은 것은?

① 분산구매를 선택한 경우에는 목표시장의
요구변화에 신속하고 유연한 대응이 상
대적으로 쉽다.
② 안정적인 품질관리 측면에서 보면 집중구
매의 경우가 더욱 유리하다고 볼 수 있다.
③ 통합적인 경영관리시스템을 구축하는 비
용 측면에서 보면 분산구매를 결정할 경
우 더욱 많은 비용이 요구된다.
④ 분산구매의 경우 신제품·기술개발 및
상품공급에 대한 종속성이 더욱 강화
된다.
⑤ 집중구매의 경우 구매의 자주성이 없고
구매과정이 상대적으로 복잡하다.

24 「소비자기본법」상 소비자중심경영의 인증
내용으로 옳지 않은 것은?

① 소비자중심경영인증의 유효기간은 그 인
증을 받은 날부터 1년으로 한다.
② 소비자중심경영인증을 받은 사업자는 대
통령령으로 정하는 바에 따라 그 인증의
표시를 할 수 있다.
③ 소비자중심경영인증을 받으려는 사업자
는 대통령령으로 정하는 바에 따라 공정
거래위원회에 신청하여야 한다.
④ 공정거래위원회는 소비자중심경영인증을
신청하는 사업자에 대하여 대통령령으로
정하는 바에 따라 그 인증의 심사에 소요
되는 비용을 부담하게 할 수 있다.
⑤ 공정거래위원회는 소비자중심경영을 활
성화하기 위하여 대통령령으로 정하는
바에 따라 소비자중심경영인증을 받은
기업에 대하여 포상 또는 지원 등을 할
수 있다.

모의고사

25 (　) 안에 들어갈 용어를 순서대로 나열한 것은?

> - (㉠)은/는 생산부문의 품질관리만으로는 기업이 성공하기 어렵기 때문에 모든 부문으로 품질관리를 확대하여 조직 및 구성원 모두가 품질관리의 실천자가 되어야 한다는 것이 적용된 경영기법이다.
> - (㉡)은/는 무결점 품질을 목표로 고객에게 인도되는 재화 및 서비스 불량을 줄이는 것뿐만 아니라 회사 내 전 분야에 걸쳐 발생되는 불량의 원인을 찾아 제거하고 품질을 향상시키는 경영기법이다.
> - (㉢)은/는 기업목표 달성에 방해가 되는 제약요인(constraints)을 찾아 집중적으로 개선하여 기업의 성과를 높이는 경영기법이다.

① ㉠ TQM, ㉡ 6시그마, ㉢ TOC
② ㉠ TQM, ㉡ TOC, ㉢ 6시그마
③ ㉠ 6시그마, ㉡ TQM, ㉢ TOC
④ ㉠ 6시그마, ㉡ TOC, ㉢ TQM
⑤ ㉠ TOC, ㉡ TQM, ㉢ 6시그마

제 2 과목 상권분석(01~20)

01 상권을 규정하는 요인에 대한 설명으로 옳지 않은 것은?

① 상권이란 시장지역이라고도 할 수 있으며, 상권을 규정하는 요인에는 시간요인과 비용요인이 있다.
② 시간요인 측면에서 봤을 때, 상품가치를 좌우하는 보존성이 강한 재화일수록 오랜 운송에 견딜 수 있으므로 상권이 확대된다.
③ 재화의 이동에서 사람을 매개로 하는 소매상권은 재화의 종류에 따라 비용이나 시간 사용이 달라지므로 상권의 크기가 달라진다.
④ 비용요인에는 생산비, 운송비, 판매비용 등이 포함되며 비용이 상대적으로 저렴할수록 상권은 축소된다.
⑤ 고가의 제품일수록 소비자는 많은 시간과 비용을 투입하므로 상권의 범위가 넓어진다.

02 다음 중 상권의 특성에 대한 설명으로 옳지 않은 것은?

① 일반적으로 점포매출액에 대한 기여도, 즉 중요도를 기준으로 1차, 2차 및 3차 상권으로 구분한다.

② 상권에 대한 실제적인 경계는 점포의 접근성, 자연적·인공적인 장애, 점포의 유형 등에 의해 결정된다.

③ 점포의 유형을 구분하는 방법 중의 하나로 목적점포와 기생점포를 들 수 있으며, 고객이동 및 고객유인을 핵심적으로 이끌어내는 점포를 목적점포라고 한다.

④ 비슷한 상품을 판매하는 매장들이 한 곳에 모여 있게 되면 일반적으로 경쟁이 심화되어 상권의 범위가 축소되고 수익률 저하뿐만 아니라, 보다 적은 고객방문 숫자로 인해 개별상점에 부정적인 영향만을 미치게 된다.

⑤ 상권이란 점포 또는 다수의 점포집단이 고객을 흡인할 수 있는 지리적 범위를 뜻한다.

03 입지의 유형을 공간균배의 원리나 이용목적에 의해 구분할 때 (ㄱ) 적응형 입지와 (ㄴ) 집재성 입지의 대표적인 특징을 순서대로 올바르게 나열한 것은?

> 가. 지역주민들이 주로 이용함.
> 나. 동일 업종끼리 모여 있으면 불리함.
> 다. 배후지의 중심지에 위치하는 것이 유리함.
> 라. 고객이 특정한 목적을 갖고 방문함.
> 마. 점포들이 모여 집적효과를 거둠.
> 바. 거리에서 통행하는 유동인구에 의해 영업이 좌우됨.

① (ㄱ) 가, (ㄴ) 다
② (ㄱ) 바, (ㄴ) 마
③ (ㄱ) 가, (ㄴ) 마
④ (ㄱ) 라, (ㄴ) 나
⑤ (ㄱ) 바, (ㄴ) 다

04 주거, 업무, 여가생활 등의 활동을 동시에 수용하는 건물을 의미하는 복합용도개발이 필요한 이유로서 가장 옳지 않은 것은?

① 도심지의 쇠락을 막고 주거와 상업, 업무의 균형을 이루기 위해서

② 신시가지와의 균형발전과 신시가지의 행정수요를 경감하기 위해서

③ 도시 내 상업기능만의 급격한 증가현상을 피하고 도시의 균형적 발전을 위하여

④ 도심지의 활력을 키우고 다양한 삶의 장소로 바꾸기 위해서

⑤ 도심의 공동화를 막기 위해서

05 둥지내몰림 또는 젠트리피케이션(gentrifi-cation)에 관한 내용으로 가장 옳지 않은 것은?

① 낙후된 도심지역의 재건축·재개발·도시재생 등 대규모 도시개발에 연관된 현상
② 도시개발로 인해 지역의 부동산 가격이 급격하게 상승할 때 주로 발생하는 현상
③ 도시개발 후 지역사회의 원주민들의 재정착비율이 매우 낮은 현상을 포함
④ 상업지역의 활성화나 관광명소화로 인한 기존 유통업체의 폐점 증가 현상을 포함
⑤ 임대료 상승으로 인해 대형점포 대신 다양한 소규모 근린상점들이 입점하는 현상

06 소매입지를 평가할 때 활용되는 지표 중 다른 지역과 비교한 특정 지역 내의 일인당 소매매출액을 측정하는 지표는?

① 시장확장잠재력지수(MEP)
② 판매활동지수(SAI)
③ 소매포화지수(IRS)
④ 구매력지수(BPI)
⑤ 지역 내 소득지수

07 넬슨이 제시한 입지선정의 원칙 중 경쟁회피성과 중간저지성에 해당하는 것을 가장 옳게 묶은 것은?

㉠ 장래 경쟁점이 신규 입점함으로써 고려대상 점포나 유통단지에 미칠 영향 정도
㉡ 인구증가 또는 소득수준 향상으로 고려대상 점포, 유통단지, 시장규모 등의 매출액이 성장할 가능성
㉢ 기존점포 또는 유통단지가 고객과의 중간에 위치하여 기존점포로 접근하는 고객을 중간에서 차단할 수 있는 정도
㉣ 점포가 많이 몰려 있어 고객을 끌어들일 수 있는 가능성
㉤ 상호 보완관계가 있는 점포가 위치하고 있어 고객이 흡인될 가능성
㉥ 경쟁점(또는 경쟁 유통단지)의 입지, 규모, 형태 등을 감안하여 고려대상 점포나 유통단지가 기존점포와의 경쟁에서 우위를 확보할 수 있는 가능성
㉦ 현재 관할 상권 내에서 취급하는 상품, 점포 또는 유통단지의 수익성 확보 가능성

① 경쟁회피성 : ㉠, ㉥ / 중간저지성 : ㉢
② 경쟁회피성 : ㉠, ㉤ / 중간저지성 : ㉢
③ 경쟁회피성 : ㉤, ㉥ / 중간저지성 : ㉦
④ 경쟁회피성 : ㉠, ㉥ / 중간저지성 : ㉡
⑤ 경쟁회피성 : ㉣, ㉥ / 중간저지성 : ㉤

08 소매점포의 입지선정과정에서 광역 또는 지역시장의 매력도를 비교분석할 때 특정 지역의 개략적인 수요를 측정하기 위해 구매력지수(BPI : Buying Power Index)를 이용하기도 한다. 구매력지수를 산출할 때 가장 높은 가중치를 부여하는 변수로 옳은 것은?

① 인구수
② 소매점면적
③ 지역면적(상권면적)
④ 소매매출액
⑤ 소득(가처분소득)

09 소매점은 상권의 매력성을 고려하여 입지를 선정해야 한다. 상권의 매력성을 측정하는 소매포화지수(IRS : Index of Retail Saturation)와 시장성장잠재력지수(MEP : Market Expansion Potential)에 대한 설명으로 가장 옳은 것은?

① IRS는 현재 시점의 상권 내 경쟁강도를 측정한다.
② MEP는 미래 시점의 상권 내 경쟁강도를 측정한다.
③ 상권 내 경쟁이 심할수록 IRS도 커진다.
④ MEP가 클수록 입지의 상권 매력성은 낮아진다.
⑤ MEP보다는 IRS가 더 중요한 상권 매력성지수이다.

10 다음 중 신규점포의 출점순서를 가장 올바르게 나열한 것은?

⊙ 출점방침 결정
ⓒ 출점지역 설정
ⓒ 점포 물색
ⓔ 점포운영계획 수립
ⓜ 점포매입 및 인테리어
ⓗ 개점

① ㉠ → ㉡ → ㉢ → ㉣ → ㉤ → ㉥
② ㉠ → ㉡ → ㉣ → ㉢ → ㉤ → ㉥
③ ㉠ → ㉢ → ㉣ → ㉡ → ㉤ → ㉥
④ ㉢ → ㉡ → ㉠ → ㉣ → ㉤ → ㉥
⑤ ㉢ → ㉡ → ㉠ → ㉣ → ㉥ → ㉤

11 다음 중 '소비자가 어느 상업입지에서 구매하는 확률은 그 상업입지의 전체 매장면적에 비례하고 그곳에 도달하는 거리의 제곱에 반비례한다'는 것을 공식화한 모델은 어느 것인가?

① 레일리의 소매인력법칙
② 컨버스의 제1법칙
③ 루스 모델
④ 수정 허프 모델
⑤ 역사적 유추법

12 다음 중 상권분석자의 주관적 판단이 개입될 가능성이 가장 큰 상권분석방법은?

① 체크리스트(checklist)법
② Huff 모델
③ 수정 Huff 모델
④ MNL(Multi Nomial Logit) 모델
⑤ 회귀분석법

13 최근 민주는 조금 더 넓은 집으로 이사를 가려고 결정하였다. 현재 민주가 살고 있는 도시는 주변에 인구 250만 명인 A시, 1,000만 명인 B시 사이에 있는 위성도시이다. 현재 민주네 집에서 A시까지는 12km, B시까지는 24km 떨어져 있다고 할 때 민주의 이사에 따른 변화에 대해 올바르게 설명한 것은?

① A시에서 13km, B시에서 23km 떨어진 곳으로 이사를 하면 B시의 점포를 이용할 가능성이 커진다.

② A, B도시를 연결하는 직선상에서 B시 쪽으로 이사를 가야 A시와 B시의 점포 이용에 대한 무차별적인 선택을 할 수 있다.

③ 현재 거주하는 집에서 민주는 A시에서 점포를 이용할 가능성이 더 높았다고 판단할 수 있다.

④ B시 점포를 더 많이 이용하려면 A시와 B시까지의 거리가 1 : 2 비율로 떨어진 지역을 선택하면 된다.

⑤ 민주가 A시 점포를 더 많이 이용하려면 역설적으로 B시와 더 가까운 곳으로 이사 가야 한다.

14 다음은 상권과 입지 유형에 대한 내용이다. 가장 옳지 않은 것은?

① 1차 상권은 상점고객의 60~70% 정도를 점유할 수 있는 반경 약 500m 이내의 상권 범위로 1인당 판매금액이 제일 높은 지역이다.

② 상권은 실질구매력을 가지고 있는 유효수요가 분포되어 있는 공간을 말한다.

③ 생활형 입지는 주택밀집지역에 있기 때문에 도보에 대한 편의만 고려하고 주차시설은 없다.

④ 상권의 공간적 규모에 따라 지역상권, 지구상권, 지점상권으로 구분해 볼 수 있다.

⑤ 적응형 입지는 거리를 지나다니는 유동인구에 의해 영업이 좌우되는 입지이다.

15 허프 모델을 이용할 경우 다음 지역의 점포 중에서 A할인점을 찾을 확률은 몇 %인가? (이때 각 점포에서 동일한 제품을 판매하는 매장을 기준으로 하고, 거리에 대한 모수와 매장면적에 대한 모수는 각각 3과 1이라 가정한다. 또한 거리와 매장면적은 서로 반비례하는 특성을 가지고 있다.)

점포	거리	매장 크기
A할인점	3km	2,700m^2
B백화점	4km	6,400m^2
C쇼핑센터	5km	12,500m^2

① 25.0% ② 30.0%

③ 33.3% ④ 42.0%

⑤ 51.5%

16 고객 스포팅(customer spotting) 기법과 관련된 다음의 설명 중 틀린 것은?

① 고객의 거주지역 분포를 파악하는 방법이다.

② 내점객을 상대로 설문조사를 하거나 고객충성도 프로그램을 이용하여 수집된 자료를 사용할 수 있다.

③ 특정 소매점이 자기상권에 포함된 사람들의 거주지역과 숫자를 파악하는 데 사용하기에 적합한 기법이다.

④ 자료수집의 표본규모가 작을수록 상권윤곽을 파악하는 데 더 많은 객관성이 개입된다.

⑤ 2차 자료보다는 1차 자료를 이용하는 게 정확도가 더 높다.

17 다음은 입지대안을 평가하기 위한 어떤 원칙에 대한 설명인가?

> 유사한 점포와 보완점포가 너무 많이 모여 있어서 고객흡인력이 떨어지고 교통혼잡과 같은 문제가 발생할 수 있다.

① 고객차단의 원칙
(principle of interception)

② 동반유인의 원칙
(principle of cumulative attraction)

③ 점포밀집의 원칙
(principle of store congestion)

④ 보충 가능성의 원칙
(principle of compatibility)

⑤ 접근 가능성의 원칙
(principle of accessibility)

18 다음 중 상권의 계층적 구조에 따라 상권을 구분한 것은?

① 지역상권, 도시권역상권, 지방상권

② 지방상권, 지역상권, 도시권역상권

③ 지역상권, 지구상권, 개별점포상권

④ 도시권역상권, 지방상권, 한계상권

⑤ 지방상권, 지구상권, 개별점포상권

19 신규점포의 입지 후보지들에 대한 상권분석 기법 중 하나인 유추법(analog method)에 대한 내용으로 바르지 못한 것은?

① 분석하고자 하는 점포의 특성이 유사한 점포를 선정하여 분석함으로써 분석의 용이성을 높인다.

② 유사점포에서 얻은 정보를 이용하여 신규점포에 대한 예측과 벤치마킹 자료로 활용할 수 있다.

③ 어떤 점포를 선택했는지에 따라 결과가 다르게 나올 수 있기 때문에 결과의 활용이 제한될 수 있다.

④ 유사점포의 상권규모는 소비자와의 면접이나 실사를 통하여 추정한다.

⑤ 결과의 객관성을 유지하기 위해 대상지역의 질적자료보다는 양적자료를 활용하도록 유도한다.

20 상품구매를 위해 점포를 방문한 소비자를 대상으로 상권분석에 필요한 자료를 수집하는 방법으로 알맞게 짝지어진 것은?

① 점두조사법, 고객점표법
② 방문조사법, 고객점표법
③ 방문조사법, 내점객조사법
④ 내점객조사법, 점두조사법
⑤ 고객점표법, 내점객조사법

제3과목 **유통마케팅(01~25)**

01 마케팅관리 철학에 대한 설명 중 가장 올바르지 않은 것은?

① 일반적으로 마케팅 개념의 발전단계는 생산개념, 제품개념, 판매개념, 마케팅 개념 및 사회적 마케팅 개념으로의 역사적 발전과정으로 설명하고 있다.

② 마케팅의 생산개념은 소비자들이 저렴하고 쉽게 구할 수 있는 제품을 선호하기 때문에, 생산과 유통의 효율성을 향상시키는 데 주력해야 한다는 철학을 가지고 있다.

③ 소비자는 최고의 품질, 성능, 혁신적 특성을 가진 제품을 선호하기 때문에 지속적인 제품개선에 마케팅 전략의 초점을 맞추어야 한다는 주장이 바로 제품개념 마케팅관점이다.

④ 마케팅의 판매개념은 소비자 욕구, 기업의 목표, 소비자와 사회의 장기적 이익 간에 균형을 맞춘 현명한 마케팅 의사결정을 내림으로써 판매가 더욱 촉진될 수 있다고 보는 관점이다.

⑤ 마케팅 개념은 기업이 목표시장의 욕구를 파악하고 경쟁사보다 그들의 욕구를 더 잘 충족시켜야만 조직의 목표가 달성될 수 있다고 보는 마케팅철학·관점을 말한다.

02 공여자가 다른 나라 기업에게 기술이나 상표권, 경영 노하우 등의 경제적 가치가 있는 경영자산을 사용하도록 허락해 줌으로써 국제화를 이루는 전략을 무엇이라 하는가?

① 생산계약
② 프랜차이징 계약
③ 라이선싱 계약
④ 수입계약
⑤ 특허계약

03 매장에 방문한 고객에게 상품판매를 위한 종업원의 행동으로 옳지 않은 것은?

① 상품의 특징을 명확하게 인식할 수 있도록 설명한다.
② 고객이 매장에 들어가면 상품을 이용하는 상황을 설정하여 고객에게 선보인다.
③ 상품을 시연할 수 있도록 손을 대보게 한다.
④ 상품을 제시하기 전에 가격에 대해 설명한다.
⑤ 상품에 부수적으로 제공되는 서비스에 대해 설명한다.

04 포지셔닝(positioning)에 관한 설명 중 틀린 것은?

① 포지셔닝이란 기업이 시장세분화를 기초로 정해진 표적시장 내에서 고객들의 마음속에 시장분석, 고객분석, 경쟁분석 등을 기초로 하여 전략적 위치를 계획하는 것이다.
② 포지셔닝 맵이란 소비자의 마음속에 내재해 있는 자사제품과 경쟁회사 제품들의 위치를 2차원 또는 3차원의 도면으로 작성한 것이다.
③ 포지셔닝 전략의 수립절차는 '경쟁제품의 포지션 분석 → 자사제품과 포지셔닝 개발 → 소비자 분석 및 경쟁자 확인 → 재포지셔닝 → 포지션의 확인'의 단계를 거친다.
④ 포지셔닝 맵은 크게 제품 위주의 포지셔닝 맵과 소비자의 지각을 통해 작성하는 인지도가 있다.
⑤ 포지셔닝의 유형에는 제품속성, 이미지, 사용상황이나 목적, 제품사용자, 경쟁제품 등에 의한 포지셔닝이 있다.

05 서비스의 특성에 대한 내용 중 가장 옳지 않은 것은?

① 무형성 때문에 인간의 감각만으로는 서비스 구매의사결정을 하기는 쉽지 않다.

② 분리성은 서비스의 경우 생산과 소비가 각각 분리되기 때문에 서비스를 판매하거나 서비스를 수행하는 과정이 다르게 이루어지는 것을 의미한다.

③ 비분리성은 서비스를 판매하거나 서비스를 수행하는 이들로부터 분리하기 어렵다는 것을 의미한다.

④ 품질 가변성이란 서비스 공급이 노동집약적이기 때문에 구매할 때마다 품질이 다르며, 심지어 동일한 공급자에게 구매하는 경우에도 품질이 상이한 것을 말한다.

⑤ 서비스는 서비스의 생산이 시간요소에 기초하고 저장이 어렵기 때문에 소멸 가능성이 매우 높다.

06 상품을 핵심제품, 유형제품, 확장제품의 3차원으로 분류할 때, 다음 중 차원이 나머지 넷과 다른 하나는?

① 품질보증(warranty)

② 상표명(brand name)

③ 포장(package)

④ 스타일(style)

⑤ 제품디자인(design)

07 소비재(B2C)의 유형별로 일반적인 경로목표를 설정할 경우에 대한 설명으로 가장 옳지 않은 것은?

① 편의품의 경우 최대의 노출을 필요로 하기에 개방적 유통을 사용한다.

② 일부 의약품은 고객 편의를 위해 편의점을 통한 개방적 유통을 사용하기도 한다.

③ 이질적 선매품의 경우 품질비교가 가능하도록 유통시킨다.

④ 동질적 선매품의 경우 가격비교가 용이하도록 유통시킨다.

⑤ 전문품은 구매 횟수가 정기적인 것이 특징이기에 개방적 유통을 사용한다.

08 브랜드 자산에 대한 내용으로 가장 옳지 않은 것은?

① 브랜드 자산은 브랜드 인지도와 브랜드 이미지로 구성되어 있다.

② 브랜드 이미지는 호의적이고, 독특하고, 강력해야 한다.

③ 인지도가 높다는 것은 강력한 브랜드가 되기 위한 필요조건이지만 충분조건은 아니다.

④ 브랜드 자산이 강력하면 더 높은 가격 프리미엄을 획득할 수 있다.

⑤ 브랜드 자산이 강력한 경우 브랜드 보호를 위해 상표확장을 지양한다.

09 제품수명주기 단계 중 '성숙기'에 사용할 수 있는 마케팅믹스 전략으로 옳지 않은 것은?

① 브랜드와 모델의 다양화
② 경쟁사에 대응할 수 있는 가격
③ 브랜드 차별화와 편익을 강조한 광고
④ 기본형태의 제품 제공
⑤ 집중적 유통의 강화

10 다음 중 SWOT 분석에서 WT 상황이라고 판단되는 경우에 가장 적당하지 않은 것은?

① 청산전략　　② 비용통제
③ 수확전략　　④ 복합적 다각화
⑤ 방어전략

11 머천다이징 관리자가 수행해야 할 주요 업무 사항으로 가장 올바르지 않은 것은?

① 사회·경제적 환경과 경쟁상황 및 시장 트렌드 파악
② 효율적 적정 재고수준 결정 및 판매에 대비한 재고수준 관리
③ 우수한 제품의 원활한 조달을 위한 지속적인 바이어 관리 및 협력
④ 효율적 매입을 위한 공급업체와의 관계유지 및 중간상 판촉의 계획수립 및 진행
⑤ 향상된 머천다이징을 위한 이번 회기의 성과평가 및 다음 회기를 위한 제품선정

12 다음 내용의 (　　) 안에 들어갈 가격의 종류는 무엇인가?

> (　　　　)은/는 생산자가 소매상이 판매하는 소매가격을 강제적으로 통제하는 행위를 말한다. 이는 시장 경제의 기본원칙인 보이지 않는 손(Invisible hands)에 의한 가격결정을 저해하는 불공정행위에 해당한다.

① 오픈 프라이스
② 이부제가격
③ 묶음가격
④ 스키밍가격
⑤ 재판매가격유지행위

13 제품믹스에 관한 설명으로 옳지 않은 것은?

① 제품믹스(product mix)란 기업이 판매하는 개별제품들의 집합을 말한다.
② 제품계열이란 일반적으로 제품의 특성, 경로, 소비자 또는 사용자 등을 공유한 제품집단이다.
③ 제품믹스의 넓이(width of product mix)란 제품계열의 수에 평균 깊이를 곱한 것을 말한다.
④ 제품믹스의 깊이(depth of product mix)란 제품계열 내의 각 제품이 제공하는 품목 수를 말한다.
⑤ 제품믹스의 길이(length of product mix)는 각 제품계열이 포괄하는 품목의 평균 수를 말한다.

14 마케팅믹스전략에 대한 설명으로 가장 옳지 않은 것은?

① 소매상의 상품전략은 표적시장의 욕구를 충족시키기 위해 상품 믹스를 개발하고 관리하는 것이다.

② 대형 유통업체의 PB(Private Brand) 출시는 상품 전략 중에서 상표전략에 속한다.

③ 가격전략에서 특정 소매상이 시장점유율을 증대시키고자 한다면 고가격전략을, 이익 증대가 목표라면 저가격전략을 수립한다.

④ 촉진이란 소비자가 특정 소매상이나 상품을 인지하고 구매하도록 유도하는 활동을 말한다.

⑤ 광고와 인적판매, 판촉, 홍보는 대표적인 촉진방법이다.

16 충동구매를 유발하려는 목적의 점포 레이아웃 방식으로 가장 옳은 것은?

① 자유형 레이아웃(free flow layout)

② 경주로식 레이아웃(racefield layout)

③ 격자형 레이아웃(grid layout)

④ 부티크형 레이아웃(boutique layout)

⑤ 창고형 레이아웃(warehouse layout)

15 소매점포의 공간 분류와 그 용도에 대한 연결이 가장 옳지 않은 것은?

구분	용도
㉠ 고객존	고객용 출입구, 통로 계단
㉡ 상품존	상품매입, 보관장소
㉢ 직원존	사무실, 종업원을 위한 식당과 휴게실
㉣ 매장존	매장, 고객 휴게실과 화장실, 비상구
㉤ 후방존	물류 공간, 작업 공간

① ㉠   ② ㉡

③ ㉢   ④ ㉣

⑤ ㉤

17 소매점의 상품진열(display)에 대한 설명으로 옳지 않은 것은?

① 고객이 상품에 대한 호기심을 갖고 구매의욕을 불러일으킬 수 있도록 진열한다.

② 상품이 갖고 있는 색채와 소재 등을 올바르게 보여주기 위해 채광과 조명에 신경 쓴다.

③ 충동적 구매 대신 이성적인 구매를 유도하기 위해 다양한 POP 광고물을 이용한다.

④ 대부분의 소비자는 부담감이 없고 상품 구색이 풍부한 점포에 관심을 기울인다.

⑤ 점두에 진열된 상품은 그 자체가 큰 소구력을 가지므로 점두에 중점상품을 진열하여 고객을 유인한다.

18 아래 글상자에서 ㉠이 설명하는 비주얼 머천다이징(Visual Merchandising) 요소로 옳은 것은?

> (㉠)은/는 판매포인트를 연출하기 위해 벽면이나 집기류의 상단 등 고객의 시선이 자연스럽게 닿는 곳에 상품의 포인트를 알기 쉽게 강조하여 보여주는 것을 말한다.

① VMP(Visual Merchandising Presentation)
② VP(Visual Presentation)
③ PP(Point of sale Presentation)
④ IP(Item Presentation)
⑤ SI(Store Identity)

19 판매 결정을 촉구하는 판매원의 행동기법으로 가장 옳지 않은 것은?

① 두 가지 대안 중 어느 한쪽을 선택하도록 유도한다.
② 제품을 구매함으로써 얻게 되는 여러 이점을 설명한다.
③ 고객이 어느 정도 사고 싶은 마음이 있는지 파악할 수 있는 질문을 한다.
④ 고객에게 어필할 수 있는 주요 이익을 요약 설명한다.
⑤ 구매하지 않아도 된다는 태도를 취하여 소비자를 유혹하는 게 아니라는 신뢰감을 갖게 한다.

20 CRM(Customer Relationship Management)과 대중마케팅(mass marketing)의 차별적 특성으로 옳지 않은 것은?

① 목표고객 측면에서 대중마케팅이 불특정 다수를 대상으로 한다면 CRM은 고객 개개인을 대상으로 하는 일대일 마케팅을 지향한다.
② 커뮤니케이션 방식 측면에서 대중마케팅이 일방향 커뮤니케이션을 지향한다면 CRM은 쌍방향적이면서도 개인적인 커뮤니케이션이 필요하다.
③ 생산방식 측면에서 대중마케팅은 대량생산, 대량판매를 지향했다면 CRM은 다품종 소량생산 방식을 지향한다.
④ CRM은 개별고객에 대한 상세한 데이터베이스를 구축해야만 가능하다는 점에서 대중마케팅과 두드러진 차이를 보인다.
⑤ 소비자 욕구 측면에서 대중마케팅은 목표고객의 특화된 구매욕구의 만족을 지향하는 반면, CRM은 목표고객들의 동질적 욕구를 만족시키려고 한다.

21 표본추출방법 중 각 표본들이 동일하게 선택될 확률을 가지도록 선정된 표본프레임 안에서 각 표본단위들에 일련번호를 부여한 다음, 난수표를 이용해서 선정된 번호에 따라서 무작위로 추출하는 방법은?

① 층화표본추출
② 군집표본추출
③ 편의표본추출
④ 단순무작위 표본추출
⑤ 판단표본추출

22 마케팅투자수익률(MROI)에 대한 설명으로서 가장 옳지 않은 것은?

① 마케팅투자수익을 마케팅투자비용으로 나눈 값이다.

② 마케팅투자비용의 측정보다 마케팅투자수익의 측정이 더 어렵다.

③ 측정과 비교가 용이한 단일 마케팅성과척도를 사용하는 것이 바람직하다.

④ 고객생애가치, 고객자산 등의 평가를 통해 마케팅투자수익을 측정할 수 있다.

⑤ 브랜드인지도, 매출, 시장점유율 등을 근거로 마케팅투자수익을 측정할 수 있다.

23 다음은 무엇에 대한 설명인가?

> 영희는 3년 만기적금이 만기가 되어 은행을 갔다. 은행창구에서 직원이 적금 만기를 축하하며, 다른 금융상품을 소개하면서 당해 은행에 재예치를 유도하였다.

① 업셀링(up-selling)

② 이셀링(e-selling)

③ 크로스셀링(cross-selling)

④ 텔레마케팅(telemarketing)

⑤ 데이터 웨어하우징(data warehousing)

24 디지털마케팅을 위한 효과적인 분석도구인 측정지표에 대한 설명으로 틀린 것은?

① 전환율 : 웹사이트 방문자 중에서 원하는 목표를 달성한 비율
(전환 수 / 방문자 수) × 100

② 투자수익률(ROI) : 마케팅에 투자비용 대비 발생수익의 비율
(수익 / 투자액) × 100

③ 트래픽 측정 : 페이지 뷰(웹사이트 페이지 조회 횟수)

④ 컨버전율 : 이메일 내 링크를 클릭한 사용자의 비율
(광고클릭 수 / 노출 수) × 100

⑤ 바운스율 : 웹사이트에 들어와서 즉시 떠난 사용자의 비율
(바운스한 세션 수 / 전체 세션 수) × 100

25 광고매체를 선정할 때는 도달범위(reach)와 도달빈도(frequency)의 상대적 중요성을 고려해야 한다. 도달빈도보다 도달범위가 더 중요한 상황으로 옳은 것은?

① 강력한 경쟁자가 있는 경우

② 표적 청중을 명확히 정의하기 어려운 경우

③ 광고 메시지가 복잡한 경우

④ 표적 청중이 자사에 대해서 부정적 태도를 갖고 있는 경우

⑤ 구매주기가 짧은 상품을 광고하는 경우

제4과목　유통정보(01~20)

01 CRM의 도입 배경에 대한 설명으로 가장 옳은 것은?

① 고객 데이터를 통해서 계산원의 부정을 방지하기 위한 것이다.

② 고객과의 지속적 관계를 발전시켜 생애가치를 극대화하려는 것이다.

③ 상품계획 시 철수상품과 신규취급 상품을 결정하는 데 도움을 주려는 것이다.

④ 매장의 판촉활동을 평가하는 정보를 제공하여 효율적인 판매촉진을 하려는 것이다.

⑤ 각종 판매정보를 체계적으로 관리하여 상품회전율을 높이고자 하는 것이다.

02 지식을 크게 암묵지와 형식지로 구분할 경우 이에 대한 설명으로 가장 옳지 않은 것은?

① 철학자 폴라니가 우리는 우리가 말할 수 있는 것 이상의 것을 알 수 있다라고 한 말은 암묵지와 더 관련이 깊다.

② 암묵지는 언어나 구조화된 체계를 가지고 존재한다.

③ 제품 사양, 문서, 데이터베이스, 매뉴얼, 화학식 등의 공식, 컴퓨터 프로그램 등의 형태로 표현되는 것은 형식지로 분류된다.

④ 암묵지는 개인, 집단, 조직의 각 차원에서 개인적 경험이나 이미지, 혹은 숙련된 기능, 조직문화, 풍토 등의 형태로 나타난다.

⑤ 형식지는 서술하기 쉽고 객관적, 논리적인 디지털 지식 등이 포함된다.

03 인터넷과 유통물류 등의 발달로 20 : 80의 집중현상에서 발생확률이나 발생량이 상대적으로 적은 부분(80 부분)도 경제적으로 의미가 있게 되었다는 것으로 아마존닷컴이 다양한 서적을 판매한 사례를 갖고 있는 법칙을 무엇이라 하는가?

① 무어의 법칙

② 파레토 법칙

③ 롱테일 법칙

④ 메트칼프의 법칙

⑤ 하인리히의 법칙

04 경영자의 의사결정을 지원하는 역할을 담당하는 DSS(의사결정지원시스템)의 특성으로 가장 옳지 않은 것은?

① DSS는 의사결정과정을 비용 중심의 효율적인 면보다 목표 중심의 효과적인 측면에서 향상시킨다고 할 수 있다.

② DSS는 문제를 분석하고 여러 대안들을 제시해서 기준에 의한 최적의 대안을 선택하는 과정을 효과적으로 지원하는 것이다.

③ DSS는 의사결정자의 판단을 지원하는 도구이지 그들의 역할을 대체하기 위한 도구가 아니다.

④ DSS는 의사결정자가 정보기술을 활용하여 구조적인 의사결정 유형의 문제를 해결하도록 지원하는 시스템이다.

⑤ DSS는 정보기술을 기반으로 한 의사결정과정을 지원하는 인간과 기계의 상호작용 시스템이다.

05 4차 산업혁명에 따라 파괴적인 혁신을 이루는 기하급수 기술(exponential technology)로 가장 옳지 않은 것은?

① 3D 프린팅(3D printing)
② 인공지능(artificial intelligence)
③ 로봇공학(robotics)
④ 사물인터넷(internet of things)
⑤ 레거시 시스템(legacy system)

06 국내의 유통, 물류, 서적 등에서 적용되는 바코드(Bar Code)에 대한 일반적인 설명으로 가장 옳지 않은 것은?

① 최대규격은 표준규격의 200%까지, 최소치에서의 세로 길이는 1.8cm까지 사용하도록 권장된다.
② 최소치는 표준규격의 80%를 기준으로 하지만, 경우에 따라 그 이하로의 규격도 가능하나 계산대(POS)에서 판독 불가능한 경우를 대비해야 한다.
③ GS1-14의 체계로서 물류식별코드 1자리, 국가식별코드 3자리, 제조업체코드 6자리, 상품품목코드 3자리, 체크디지트 1자리 등으로 구성된다.
④ ISBN 부여대상 자료를 보면 도서, 팸플릿, 수험서, 문학도서, 카세트에 녹음된 도서 등 다양하다.
⑤ QR code는 일본에서 개발되었으며, Data Matrix code는 미국에서 개발된 흑백 격자무늬 패턴으로 정보를 나타내는 매트릭스 형식의 이차원 바코드이다.

07 EDI 시스템의 사용 이점에 대한 설명으로 가장 옳지 않은 것은?

① 데이터의 입력에 소요되는 시간과 오류를 줄일 수 있다.
② 주문기입 오류로 인해 발생되는 문제점 및 지연을 없앰으로써 데이터 품질을 향상시킨다.
③ 문서 관련 업무를 자동화 처리함으로써 직원들은 부가가치 업무에 집중할 수 있고 중요한 비즈니스 데이터를 실시간으로 추적할 수 있다.
④ EDI는 세계 도처에 있는 거래당사자와 연계를 촉진시키는 공통의 비즈니스 언어를 제공하기 때문에 새로운 영역 및 시장에 진입을 원활하게 한다.
⑤ EDI는 전자 기반 프로세스를 문서 기반 프로세스로 대체함으로써 많은 비용을 절약하고 이산화탄소 배출량을 감소시켜 궁극적으로 기업의 사회적 책임을 이행하게 한다.

08 데이터 마이그레이션(migration) 절차에 대한 설명으로 가장 옳지 않은 것은?

① 데이터 운반은 외부로부터 유입된 데이터를 기업 표준으로 변환하는 작업이다.
② 데이터 정제는 데이터를 ERP 시스템에서 사용할 수 있도록 수정하는 작업이다.
③ 데이터 수집은 새로운 데이터를 디지털 포맷으로 변환하기 위해 모으는 작업이다.
④ 데이터 추출은 기존의 레거시 시스템과 데이터베이스에서 데이터를 꺼내는 작업이다.
⑤ 데이터 정제는 린 코드번호, 의미 없는 데이터, 데이터 중복 및 데이터 오기(misspellings) 등 부정확한 데이터를 올바르게 고치는 작업이다.

09 빅데이터 내에 포함된 개인정보를 식별하기 어렵게 하는 조치를 비식별화(de-Identification)라 한다. 이에 대한 설명으로 가장 옳지 않은 것은?

① 정형데이터는 개인정보 비식별 조치 가이드라인의 대상 데이터이다.

② 비식별화를 위해 개인이 식별 가능한 데이터를 삭제처리하는 방법이 있다.

③ 성별, 생년월일, 국적, 고향, 거주지 등 개인특성에 대한 정보는 비식별화 대상이다.

④ 혈액형, 키, 몸무게, 허리둘레, 진료내역 등 신체 특성에 대한 정보는 비식별화 대상이다.

⑤ JSON, XML 포맷의 반정형데이터는 개인정보 비식별화 대상이 아니다.

10 유통업체에서 새로운 비즈니스 모델을 개발하고자 할 때 사용하는 '비즈니스 모델 캔버스'를 구성하는 요인에 대한 설명으로 가장 옳지 않은 것은?

① 유통채널이란 기업이 고객에게 가치를 전달하는 경로이다.

② 고객세분화란 고객이 무언가를 수행하는 것을 도움으로써 가치를 창출할 수 있다는 것이다.

③ 핵심자원은 기업이 비즈니스를 수행하는 데 핵심이 되는 중요한 자산이다.

④ 고객관계 구축이란 우량 고객과 비우량 고객을 구분하고, 차별화된 관리방안을 마련하는 것을 의미한다.

⑤ 핵심 파트너십은 비즈니스 생태계에서 원만한 기업관계를 구축하기 위한 핵심 역량을 말한다.

11 e-비즈니스 모델별로 중점을 두어야 할 e-CRM의 포인트에 관한 설명 중 가장 거리가 먼 것은?

① 서비스 모델의 경우 서비스 차별화나 서비스 이용행태 정보제공을 고려한다.

② 상거래 모델의 경우 유사 커뮤니티에 대한 정보제공을 고려한다.

③ 정보제공 모델의 경우 맞춤정보 제공에 힘쓴다.

④ 커뮤니티 모델의 경우 회원관리도구 제공에 힘쓴다.

⑤ 복합 모델의 경우 구성하는 개별모델에 적합한 요소를 찾아 적용시킨다.

12 전자상거래 보안과 관련된 주요관점에 대한 설명이다. 글상자의 (가), (나)에 들어갈 용어로 가장 올바른 것은?

> • (가)은/는 인터넷을 이용해 전송되거나 수신되어, 웹에 표시된 정보가 승인되지 않은 다른 사람에 의해 변형이 없음을 보장하는 것이다.
> • (나)은/는 메시지나 정보가 볼 수 있는 권한이 있는 사람에게만 보이게 하는 것이다.

① (가) 인증,　　(나) 프라이버시

② (가) 가용성,　　(나) 기밀성

③ (가) 부인방지,　(나) 인증

④ (가) 가용성,　　(나) 프라이버시

⑤ (가) 무결성,　　(나) 기밀성

13 고객충성도 프로그램에 대한 설명으로 가장 옳지 않은 것은?

① 충성도 프로그램으로는 마일리지 프로그램과 우수고객 우대 프로그램 등이 있다.
② 충성도에는 행동적 충성도와 태도적 충성도가 있다.
③ 충성도 프로그램은 단기적 측면보다는 장기적 측면에서 운영되어야 유통업체가 고객경쟁력을 확보할 수 있다.
④ 충성도 프로그램을 운영하는 데 있어, 우수고객을 우대하는 것이 바람직하다.
⑤ 충성도 프로그램 운영에 있어 비금전적 혜택보다는 금전적 혜택을 제공하는 것이 유통업체 측면에서 보다 효율적이다.

14 공급사슬관리(SCM)의 효과를 제대로 발휘하고 충족시키기 위한 기본요건으로 옳지 않은 것은?

① 공급체인 구성원은 경쟁관계에서 동반관계로 전환해야 한다.
② 수요기업과 공급기업 간의 진실한 협력(true-collaborative) 체제가 이루어져야 한다.
③ 소매업체와 제조업체 간 협력과 원활한 커뮤니케이션이 이루어져야 한다.
④ 물류활동의 통합을 위해, 체인 내의 파트너들이 수요, 판매, 재고, 수송 등의 자료를 공유해야 한다.
⑤ 전사적 자원관리(ERP), 고객관계관리(CRM) 등의 통합정보시스템 지원은 필수적인 것은 아니다.

15 공급자 재고관리(VMI)의 목적으로 가장 옳지 않은 것은?

① 비즈니스 가치 증가
② 고객서비스 향상
③ 재고 정확성의 제고
④ 재고회전율 저하
⑤ 공급자와 구매자의 공급사슬 운영의 원활화

16 다음 중 시장대응적 공급사슬 형태에 대한 설명으로 부적절한 것은?

① 불확실한 수요에 대응하기 위해서 완충 생산능력을 보유하도록 구축된다.
② 혁신적 제품에 적합한 공급사슬 형태이다.
③ 스피드와 유연성을 가진 공급자를 통해서 원자재를 조달하는 것이 바람직하다.
④ 제품 설계 시에 제품성능은 극대화하고 제품의 차별화를 신속히 추진한다.
⑤ 제품 및 서비스의 다양성을 강조하는 생산전략이다.

17 SCM(Supply Chain Management) 추진성과측정 기법 중 내부적 관점(기업 측면)에서는 비용과 자산 측면을, 외부적 관점(고객 측면)에서는 유연성, 반응성, 신뢰성을 통하여 추진성과를 측정하는 방법론으로 옳은 것은?

① EVA(Economic Value-Added)
② CVAR(Customer Value-Added Ratio)
③ CLV(Customer Lifetime Value)
④ SCOR(Supply Chain Council & Supply Chain Operation Reference)
⑤ BSC(Balanced Score Card)

18 블록체인과 관련된 것으로 아래 글상자의 괄호 안에 해당하는 용어는?

> (   )는 개인이 자신의 정보에 대한 완전한 통제권을 가지는 비대면 시대에 가장 적합한 기술로, 분산원장의 암호학적 특성을 기반으로 한 신뢰된 ID 저장소를 이용하여 제3기관의 통제 없이 분산원장에 참여한 누구나 신원정보의 위조 및 변조 여부를 검증할 수 있도록 지원한다.

① DID(Decentralized Identity)
② OID(Open Identity)
③ PID(Personality Identity)
④ XID(X-Open Identity)
⑤ 공인인증서

19 데이터 웨어하우스 기술을 이용해서 판매관리용 정보시스템이 구축된다면 이 시스템이 가질 수 있는 특성으로 거리가 먼 것은?

① 과거 매출액에 대한 자료가 풍부하게 있어서 시계열분석이 가능하다.
② 지역, 고객 등 각 주제별로 관련 자료의 분석이 가능하다.
③ 데이터 마이닝 기법들의 지원이 가능해서 다양한 분석자료를 얻을 수 있다.
④ 가능하면 모든 유형의 자료를 이용하기 위해서 최신의 객체지향형 데이터베이스를 기반으로 구축되어 이용이 편리하다.
⑤ 컴퓨터 시스템이나 자료구조에 대한 지식이 없는 사용자들이 쉽게 접근할 수 있다.

20 아래 글상자의 괄호 안에 들어갈 용어가 순서대로 바르게 나열된 것은?

> 오픈AI는 대화형 인공지능 챗봇 서비스인 Chat GPT를 개발하였다. Chat GPT의 등장은 (㉠) 서비스의 대중화를 알리는 첫 시작이라는 데 가장 큰 의의가 있다. 기존에는 (㉡) 서비스가 주를 이뤘으나 Chat GPT의 등장으로 이 같은 방식의 서비스가 각광받을 것으로 예상된다.

① ㉠ 식별 AI(discriminative AI)
　 ㉡ 생성 AI(generative AI)
② ㉠ 강한 AI(strong AI)
　 ㉡ 약한 AI(weak AI)
③ ㉠ 생성 AI(generative AI)
　 ㉡ 식별 AI(discriminative AI)
④ ㉠ 약한 AI(weak AI)
　 ㉡ 강한 AI(strong AI)
⑤ ㉠ 논리적 AI(logical AI)
　 ㉡ 물리적 AI(physical AI)

제 **1** 회 실전모의고사 정답 및 해설

제1과목 유통·물류일반관리(01~25)

✎ 정답

01	②	02	②	03	①	04	③	05	①
06	③	07	④	08	①	09	⑤	10	②
11	③	12	②	13	④	14	⑤	15	①
16	③	17	⑤	18	⑤	19	②	20	⑤
21	⑤	22	④	23	⑤	24	⑤	25	③

01 도매상의 상류기능은 소유권 이전과 관련된다. 한편, 보관기능은 물적유통기능에 해당한다.

02 ㉠ **장소효용** : 소비자가 제품이나 서비스를 구매하기에 용이한 곳에서 구매할 수 있게 함.
㉡ **소유효용** : 소비자가 제품을 소비할 수 있는 권한을 갖는 것을 도와줌.
㉢ **시간효용** : 소비자가 원하는 시간에 제품과 서비스를 공급받을 수 있게 함.

03 직송도매상(drop shipper)은 제조업자로부터 제품을 구매하여 도매상이 제품의 소유권을 가지고 있지만 구매하여 유지하지 않는 도매상이다.

04 ③ 유통경로는 비탄력적이어서 한번 결정되면 다른 유통경로의 전환이 용이하지 않다. 따라서 제품, 가격, 프로모션 등 탄력성이 큰 다른 마케팅믹스 요소와는 달리 처음부터 신중하게 결정하여야 한다.

05 다양한 공급원으로부터 제공된 이질적인 제품들을 상대적으로 동질적인 것으로 구분하는 것은 등급 또는 분류(sorting out)라고 한다.

✅ **구색형성 과정**

구분	산개(나눔)	집중(모음)
이질적 생산물	1. 등급 또는 분류(sorting out) : 이질적인 것을 동질적 단위로 나누는 과정, 생산자의 표준화 기능	4. 구색(assortment) : 이질적인 것을 모두 다시 모으는 단계
동질적 생산물	3. 배분(allocation) 또는 분배 : 동질적으로 쌓여진 것을 다시 나누는 과정	2. 집적(accumulation) 또는 수합 : 동질적인 것끼리 다시 모으는 수집 기능

06 생산자의 소품종 소량생산에 대해 중간상인들의 수합, 분류 및 구색맞춤 기능을 통해 소비자의 다품종 소량 구매 니즈를 충족시켜 구색 및 수량 불일치를 해소할 수 있다.

07 ① 적어도 2단계 이상의 유통경로를 통합하는 것을 말한다.
② 두 가지 이상의 기능을 동시에 수행하므로 관리비용이 많이 드는 단점이 있다.
③ 수직적 통합의 장점으로 관리통제의 용이함이 있다.
⑤ 경로구성원이 소품종 대량생산의 제품을 취급할 경우에 주로 실시한다.

08 선택적(selective) 유통은 일정한 자격(점포규모, 경영능력, 평판)을 갖춘 소수의 중간상에게만 자사의 제품을 취급하게 하는 것이다. 주로 의류·가구 및 가전제품의 경우에 적용되고 있다.
②, ④, ⑤는 전속적 유통, ③은 개방적 유통(집중적 유통)에 대한 설명이다.

09 ⑤ 내부화비용이 시장거래비용보다 높아지면 경로구성원들을 통합하여 내부화하는 것보다는 통합하지 않고 유통경로의 길이를 가능한 길게 설계하는 것이 유리하다.

10 소매업 아코디언이론은 홀랜더(S. C. Hollander) 교수가 주장했으며, 소매상의 변천은 제품구색의 변화에 초점을 맞추어 제품구색이 넓은 소매상(종합점)에서 제품구색이 좁은 소매상(전문점)으로, 다시 종합점으로 되풀이하는 것으로 아코디언처럼 제품구색이 늘었다 줄었다 하는 과정을 되풀이하는 이론이다.

11 ③ 동일 상권 내에 전통시장의 존재 여부와 관계없이 대형마트 등에 대한 영업시간 제한이나 의무휴업일 지정은 적용된다(유통산업발전법 제12조의2).

12 완전기능도매상(full-service wholesaler)은 유통경로상에서 거의 모든 유통기능을 수행하며 소매상 고객들을 위해 재고유지, 판매원 지원, 신용제공, 배송, 경영지도와 같은 종합적인 서비스를 제공하기도 한다.
② 완전기능도매상은 일반상품(general merchandise) 도매상, 한정상품 도매상(limited line wholesaler), 전문품 도매상(specialty wholesaler) 등으로 구분하며 현금무배달 도매상은 한정기능도매상에 해당한다.

13 ④ 최근 국내외 유통산업에서 업태 간의 경쟁이 심화되며 매출보다는 이익을 얻고 유지하는 것이 중요하게 되었다.

14 ⑤ 대체재가 많다는 것은 경쟁의 정도가 높아진다는 것으로 대체재가 많을수록 시장의 매력도(산업수익률)는 낮아지게 된다.

15 STEP 모델은 대표적인 산업환경분석 모델로 해당 기업이 속해 있는 산업을 둘러싼 거시적 산업환경에 영향을 미칠 수 있는 주요 요인들을 도출하고, 그 내용을 분석함으로써 전략적 의사결정을 위한 정보로 활용하려는 것이다. STEP 모델의 분석대상 영역은 사회·문화적 환경, 기술적 환경, 경제적(economic) 환경, 정치적·법적 환경 등으로 나누어지는 것이지 순서가 있는 것은 아니다.

16 a. BCG 매트릭스는 시장성장률과 상대적 시장점유율을 결합하여 4개의 사업영역으로 분류한다.
c. BCG 매트릭스의 문제아 영역(물음표 영역)은 시장성장률은 높지만 상대적 시장점유율이 낮은 전략사업단위를 지칭한다.

17 직계·참모식 조직(line and staff organization)은 라인–스태프조직이라고 하며, 라인조직의 명령일원화 원칙에 전문적 지식을 지닌 스태프의 지원을 결합한 조직형태이다. 따라서 직계·참모식 조직은 원천적으로 라인조직이 기반이므로 명령일원화의 원칙이 적용된다.

18 ⑤의 오랜 경영관리에 대한 상담과 조언은 전문력이지만, 밀어내기는 강압력·강권력(coercive power)이라 한다.

보상적 파워	판매지원, 영업활동지원, 시장정보, 금융지원, 신용조건, 마진폭의 증대, 특별할인, 리베이트, 광고지원, 판촉물 지원, 신속한 배달, 지역 독점권 제공
강압적 파워	상품공급의 지연, 대리점 보증금의 인상, 마진폭의 인하, 대금결제일의 단축, 전속적 지역권의 철회, 끼워팔기, 밀어내기, 보상적 파워의 철회
합법적 파워	오랜 관습이나 상식에 따라 당연하게 인정되는 권리, 계약, 상표등록, 특허권, 프랜차이즈 협약, 기타 법률적 권리
준거적 파워	유명상표를 취급한다는 긍지와 보람, 유명업체 또는 관련 산업의 선도자와 거래한다는 긍지, 상호 간 목표의 공유, 상대방과의 관계지속 욕구, 상대방의 신뢰 및 결속
전문적 파워	경영관리에 관한 상담과 조언, 영업사원의 전문지식, 종업원의 교육과 훈련, 상품의 진열 및 전시조언, 시장정보, 우수한 제품, 신제품 개발 능력

19 조달물류·생산물류·판매물류와 반대 방향으로 이루어지는 물류활동을 역물류(reverse logistics)라고 한다. 역물류에는 반품물류, 회수물류 및 폐기물류가 있다.

20 6시그마 도입 절차는 '필요성(needs)의 구체화 → 비전의 명확화 → 계획수립 → 계획실행 → 이익평가 → 이익유지'의 순으로 진행된다.

21 ⑤ 물류비용 중 가장 큰 비율을 차지하는 물류활동은 운송이다. 기능별 물류비 중 운송비의 비중이 가장 높다. 최근 통계청의 기업물류비 실태조사에 의하면 운송비(약 60%)>보관비(약 20%)>포장비(6~7%)>하역비(4~5%) 등의 순으로 나타났다.

모의고사

22 지수평활법(exponential smoothing)은 일종의 가중 평균법(weighted average method)으로서 최근에 가까울수록 가중치를 높이 줘서 수요를 예측하는 방법이다.

23 ⑤ 재고가 적정수준 이하가 되면 미리 결정해 둔 일정 주문량을 발주하는 방법은 정량발주법이다.

24 $EOQ = \sqrt{\dfrac{2 \times 1,000 \times 200}{40}} = 100$

- 연간 주문 횟수 = 1,000개 / 100개 = 10회
  ∴ 주문비용 = 200원 × 10회 = 2,000원
- 평균재고 = EOQ / 2 = 100개 / 2 = 50개
  ∴ 재고유지비 = 40원 × 50개 = 2,000원
∴ 총재고비용 = 주문비용 + 재고유지비용
       = 2,000원 + 2,000원 = 4,000원

25 보관의 원칙 중 회전대응 보관의 원칙은 회전율이 높은 상품, 즉 입출하 빈도가 높은 상품을 출입구에서 가까운 장소에 보관하는 것이 유리하다는 원칙이다. 또한 형상특성의 원칙은 보관품의 형상이 박스나 파렛트 형태 등 규격이 표준화된 경우 랙(rack)을 이용하고, 형상이 불규칙한 비표준품은 포대나 특수 용기를 이용하여 보관한다는 것이다.

제 2 과목 상권분석(01~20)

✏️ **정답**

01	②	02	②	03	⑤	04	③	05	④
06	①	07	④	08	①	09	③	10	⑤
11	①	12	③	13	④	14	②	15	②
16	④	17	⑤	18	②	19	②	20	①

01 택배업과 같은 물류업과, 도매업과 같은 유통업의 경우에는 특정 입지(location)보다는 상권으로의 진입과 같은 요인이 중요한 상권의존형에 해당한다.

02 ② 테넌트믹스(tenant mix)를 통해 상업시설의 머천다이징 정책을 실현하기 위해서는 시설 내 테넌트 간에 과도한 경쟁이 되지 않도록 해야 한다.

03 ㄱ. 상권은 한 점포 또는 점포들의 집단이 고객을 흡인(또는 유인)할 수 있는 지역적 범위(geographic area)를 의미한다.
ㄷ. 상권은 보통 원형으로 파악하지만 아메바 형태처럼 정형화되지 않은 경우도 있다.

04 ③ 회귀분석은 하나 또는 그 이상의 독립변수(원인변수)가 종속변수(설명변수)에 미치는 영향력의 크기를 조사하여 종속변수의 값을 예측하는 인과모형이다. 따라서 종속변수들 간의 상호연관성이 높을 때 신뢰성 있는 결과가 도출되는 것이 아니라, 종속변수의 변화상태를 잘 설명할 수 있는 독립변수의 선택이 잘 되어야 하고, 독립변수 간 상관관계가 적어야 신뢰성 있는 결과가 도출될 수 있다.

05 ④ 2차 자료인 공공데이터를 활용해서는 경쟁점포들의 마케팅 전략을 파악할 수 없다. 경쟁점포의 마케팅 전략을 파악하려면 1차 자료를 수집하여야 한다.

06 레일리(Reilly)의 소매인력법칙은 상권의 흡인력은 두 도시의 크기(인구수)에 비례하고 두 도시로부터의 거리의 제곱에 반비례한다는 것이다. 따라서

$$\dfrac{R_B}{R_A} = \dfrac{P_B}{P_A} \times \left(\dfrac{D_A}{D_B}\right)^2$$

$$= \dfrac{100만 \ 명}{25만 \ 명} \times \left(\dfrac{4}{16}\right)^2 = \dfrac{1}{4}\text{이고,}$$

A도시와 B도시에 흡인되는 비율은 4 : 1이다.

07 ④는 레일리(Reilly)의 소매인력법칙 혹은 수정 허프(D. Huff) 모형 등에서 상권 및 점포 간의 경계를 설정할 때 구하는 공식에 해당한다.

08 ② Reilly의 소매인력법칙은 이웃하는 두 도시 간의 상권경계를 결정하는 데 이용되는 이론이다.
③ Converse의 제2법칙은 소비자가 선매품을 구입하는 데 있어 인근 대도시에서 얼마나 지출하는지를 설명하는 이론이다.
④ CST 기법은 유추법에서 상권의 규모를 파악할 때 적용하는 방법으로, 지도상에 고객들의 거주지를 표시하고 일정 거리를 두고 동심원을 그어 시각적으로 상권의 범위를 추정하는 방법이다.
⑤ 허프의 중력모델에서는 매장면적과 거리(또는 시간)을 고려할 뿐 경쟁의 매력도, 서비스 질과 같은 정성적 요인을 고려하지 않는다.

09

쇼핑센터	각 점포의 효용	구매확률	예상 매출액
A	3,000/5=600	600/2,000=0.3	0.3×10만=3만
B	1,200/6=200	200/2,000=0.1	0.1×10만=1만
C	600/3=200	200/2,000=0.1	1만
D	4,900/7=700	700/2,000=0.35	0.35×10만=3.5만
E	1,500/5=300	300/2,000=0.15	0.15×10만=1.5만

10 지도지능(map intelligence)의 일종이며, 이는 개별 지도형상에 대해 경도와 위도 좌표체계를 기반으로 다른 지도형상과 비교하여 상대적인 위치를 알 수 있는 기능을 부여하는 역할을 하는 것은 위상(topology)이다.

11 ① 가로에 접한 토지의 경우 가로장방형이 정방형보다 유리하다.

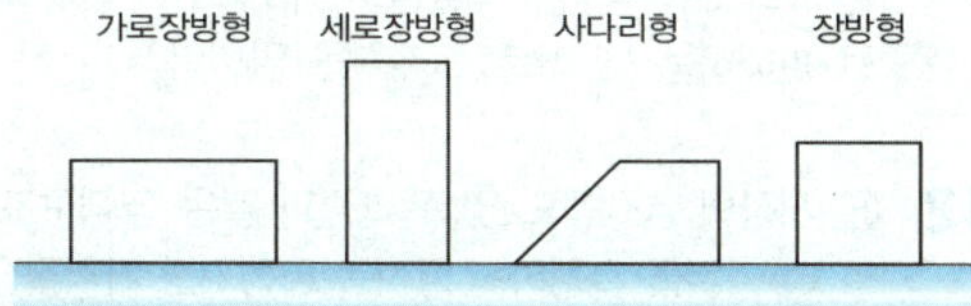

12 ③ 고립된 점포입지는 (노면)독립입지(isolated sites)를 의미한다. (노면)독립입지의 경우 초기에는 소비자들이 그 점포의 존재를 인지하고 있지 않기 때문에 소비자들을 점포 내로 유인하기 위해서는 적극적인 광고 및 촉진활동이 필요하다.

13 ④ 핵점포(anchor stores)란 유통소매단지 안으로 고객을 유인하는 역할을 담당하는 핵심 점포를 의미하며, 이는 쇼핑몰단지 내에서 백화점이 핵점포라면 쇼핑몰 내 어디에 위치해도 상관은 없다.

14

$$IRS = \frac{지역시장의\ 총가구\ 수 \times 가구당\ 특정\ 업태에\ 대한\ 지출액}{특정\ 업태의\ 총매장면적}$$

소매포화지수(IRS)는 한 지역의 현재 점포 공급에 대한 수요수준을 나타내는 지수로 분모에는 특정 업태에 대한 총매장면적이 위치하며, IRS가 클수록 그 지역의 상권의 매력도가 높음을 파악할 수 있다.

15 ②의 화훼점은 동일 또는 유사한 업종끼리 어떤 특정 지역의 국부적 중심지에 입지해야 유리한 상점인 국부적 집중성 점포에 해당한다.

16 ④ 복수의 자석이 있는 경우의 동선을 복수동선(유희동선)이라고 한다. 고객유도시설은 고객을 모으는 자석과 같은 역할을 한다고 하여 소매자석(CG : Customer Generator)이라고도 한다. 인스토어형 고객유도시설은 주 출입구, 주차장 출입구, 계산대, 에스컬레이터 주 통로 등이다.

17 인간심리와 동선과의 관계를 나타내는 법칙으로 ㉠ 최단거리 실현의 법칙, ㉡ 보증실현의 법칙, ㉢ 안전 중시의 법칙, ㉣ 집합의 법칙 등 네 가지가 제시되고 있다.

18 건축법상 용적률은 전체 연면적을 대지면적으로 나눈 값으로, 이때 전체 연면적 개념은 지하부분의 면적과 지상의 필로티부분(1층의 주차장 면적)의 면적은 제외시킨다. 따라서 이 문제에서 전체 연면적은 지상 2~3층을 합친 면적인 140m²이며, 이를 대지면적인 100m²로 나누면 용적률은 140%가 된다.

19 비용은 상대적으로 낮은 편이고 지속적 영업도 가능하다는 장점은 있지만, 입지여건이나 점포구조 등이 이미 정해져 있어 출점조건이 열악할 가능성이 높은 경우는 이미 출점된 기존점포 인수에 대한 설명이다.

20 「상가건물 임대차보호법」 제10조에 따르면 임차인이 3기의 차임액에 해당하는 금액에 이르도록 차임을 연체한 사실이 있는 경우에는 계약 갱신을 거절할 수 있다.

제3 과목 유통마케팅(01~25)

✎ 정답

01	②	02	⑤	03	③	04	③	05	①
06	②	07	④	08	①	09	①	10	③
11	①	12	⑤	13	③	14	②	15	①
16	③	17	⑤	18	④	19	⑤	20	③
21	④	22	②	23	①	24	②	25	⑤

01 서비스 마케팅믹스(7P)는 마케팅믹스(4P)인 product, price, place, promotion에 서비스와 관련된 3P인 people, process, physical evidence를 합한 것을 말한다.

모의고사

02 사회지향적 마케팅(societal marketing)은 기업이 마케팅 정책 수립 시 기업의 이익, 소비자 욕구충족 및 대중이익과 사회적 복리가 균형되도록 해야 한다는 것으로, 기업이 이익을 추구함에 있어 고객욕구의 충족뿐 아니라 사회 전체의 복리도 고려해야 한다는 것이다.

03 시장의 경쟁환경은 경쟁업자나 중간상인, 소비자(구매자) 및 주주, 시민단체, 채권자 등과 함께 기업에 직접적인 영향을 미치는 미시적 환경에 해당한다.

04 소비자의 구매행동은 소비자의 관여도에 따라 고관여 구매행동과 저관여 구매행동으로 구분할 수 있다. 이 중 고관여 구매행동은 복잡한 구매행동과 부조화 감소 구매행동으로, 그리고 저관여 구매행동은 습관적 구매행동과 다양성 추구 구매행동으로 나눌 수 있다.
③ 제품의 가격이 높은 경우이며 상표 간 차이가 적은 경우 소비자는 부조화 감소행동을 보인다.

05 ① 가족생애주기(family life cycle)는 연령, 성, 소득, 인종, 주거지역 등과 함께 인구통계적(demographics) 변수이다.

06 소매업바퀴가설(The Wheel of Retailing Theory) 또는 소매차륜가설은 혁신업태가 시장에 진입하는 단계에서는 저가격, 저마진, 낮은 서비스의 소구방식을 도입한다고 본다. 그러다 성장단계에 진입하면 경쟁적 우위를 확보하기 위하여 고비용, 고가격, 높은 서비스의 소매점으로 전환된다.
㉠은 소매아코디언이론, ㉣과 ㉤은 변증법이론(Dialectic Theory)의 내용에 해당한다.

07 PZB의 SERVQUAL 모형에 있어서 공감성(empathy)은 고객에게 제공하는 개별적인 배려와 관심, 원활한 의사소통, 고객에 대한 충분한 이해 등으로 이해할 수 있다.

08 제품라인 내 제품품목(product item)의 수는 제품믹스의 깊이를 의미한다. 제품믹스의 폭은 제품라인의 다양성을 뜻하며, 제품믹스의 길이는 전체 제품품목 수의 종합이다.

09 ① 기존의 제품범주 내에서 새로운 형태, 컬러, 사이즈, 원료, 향의 신제품에 대하여 기존 브랜드명을 함께 사용하는 것은 라인확장(line extension)이다. 브랜드확장은 높은 브랜드 가치를 갖는 특정 기존

브랜드의 네임을, 다른 제품군에 속하는 신제품 브랜드에 확장하여 사용하는 전략이다.

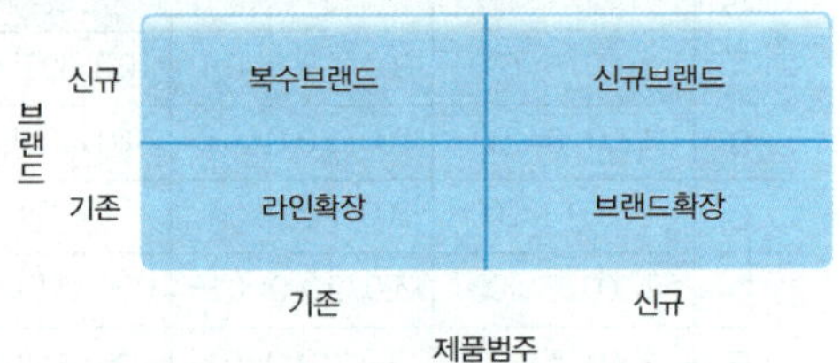

10 ③ 성숙기(maturity stage)에는 매출액 성장률이 둔화되기 시작하는 단계로, 시장점유율 방어와 이익극대화를 목표로 한다. 또한 제품의 인지를 위한 구전이 중요한 시기는 도입기에 해당한다.

11 머천다이징(merchandising)은 좁은 의미로 상품화계획 또는 제품계획이라고도 한다. 넓은 의미로는 적절한 재화 또는 용역을 적절한 시기·장소·가격·수량으로 판매하는 데 따르는 계획을 말한다.

12 ⑤ 시장의 경쟁강도 및 독과점과 같은 경쟁구조에 따라 가격을 결정하는 방식은 경쟁기준 가격결정이다. 가격결정의 방법으로는 크게 원가중심 가격결정, 소비자중심 가격결정, 경쟁자중심 가격결정 등의 방법이 있다. 한편 가격차별화는 동일상품에 대해 세분시장 간 다른 가격을 설정하는 것을 의미한다.

13 ③ 성장률 및 시장점유율 극대화를 위해서는 시장침투가격전략(penetration pricing), 즉 초기 저가전략을 사용해야 한다.

14 ② GRP는 광고의 종접촉률을 뜻하며, 도달범위(reach)에 도달횟수(frequency)를 곱한 것이지 시청자들의 광고인지도를 중심으로 측정하는 것은 아니다.

15 공제(allowance), 판촉지원금, 판매 인센티브, 협력광고 등은 유통기관(중간상)을 위한 촉진방법에 해당한다.

16 ① 소비자의 욕구를 파악한 후 이를 반영하여 마케팅에 활용하는 것을 풀(pull) 마케팅이라고 한다. 소비자가 매장으로 찾아오도록 만드는 것은 풀 마케팅이다.
② 알려지지 않은 제품을 전시하여 고객이 사도록 만드는 것은 푸시 마케팅이다.
④ 마진율을 따진다면 푸시 마케팅이 더 높은 편이다.

⑤ 브랜드의 애호도가 높은 경우 풀전략이 타당하다.

17 자유형 배치는 통로를 따라 원형, 타원형, U자형 등 불규칙한 비대칭 배열을 구성함으로써 쇼핑의 즐거움과 충동구매를 유발하는 배치형태에 해당한다.

18 ㉠ 주 통로와 인접한 곳 또는 통로 사이에 징검다리처럼 쌓아두는 진열방식은 섬 진열(island display)이다.
㉡ 엔드 진열(end display)은 진열대의 좌우 벽면인 엔드캡(end cap)에 진열하는 것으로, 고객이 통로를 걷는 중에 3면에서 상품을 볼 수 있도록 진열하여 매출을 크게 높일 수 있다는 장점이 있다.

19 ⑤ 시각적 머천다이징(visual merchandising)은 기획 의도나 상품의 잠재적 이윤뿐만 아니라 상품의 포장형태, 인테리어와의 조화 등도 종합적으로 고려하여야 한다.

20 POP 광고의 한 유형인 배너(banner)는 천이나 종이, 비닐 등으로 만든 작은 깃발을 연속하여 매단 것 또는 폭이 좁은 천에 거치대를 세워 설치하는 홍보물을 말한다.

21 ④ 시장점유율은 단기적 관점의 거래 중심 마케팅, 즉 매스마케팅(mass marketing)에서의 성과평가 기준이다.
③ CRM에서는 고객점유율이 중요한 성과평가 기준에 해당한다.

22 백 오피스(back office)는 웹사이트를 이용한 전자상거래 작업이 보다 효과적으로 이루어질 수 있도록 도와주는 관리기능을 담당하는 것으로, 웹사이트의 이면에서 정보를 수집·가공·저장·배포하는 작업이나 기능을 의미한다. 각종 데이터베이스, 업무처리시스템, 웹사이트 관리시스템 등이 이에 해당된다.

23 마케팅 조사는 먼저 조사목적(또는 조사문제 정의)을 정하고, 조사 설계 및 조사를 실시한 후 조사결과 수집된 자료를 분석 및 결과를 해석한 다음 전략수립 및 실행의 순서로 진행된다.

24 글상자의 내용은 자료분석 방법 중 다차원척도법(MDS : Multi-Dimensional Scaling)에 대한 설명이다. 이 방법은 변수가 여러 개인 경우의 다변량 분석기법 중 다차원척도법은 소비자가 제품이나 상표에 대해 가지

고 있는 인식을 근거로 하여 제품, 상품의 상대적 위치를 파악하려는 경우에 사용된다.

25 ⑤ 브랜드의 경쟁력, 신기술의 독특성은 구체적인 수치로 측정하기 어려운 정성적(qualitative) 측정변수에 해당한다.

제 4 과목　유통정보(01~20)

✎ 정답

01	④	02	③	03	④	04	③	05	③
06	②	07	③	08	⑤	09	③	10	②
11	⑤	12	④	13	④	14	⑤	15	①
16	④	17	③	18	④	19	④	20	③

01 자료(data)는 사실(facts) 그 자체이므로 구조화가 쉽고, 부가가치는 적으며, 객관적이다. 반면 지식(knowledge)은 구조화가 어렵고, 부가가치는 많으며, 주관적이다. 수집한 자료(data)를 의사결정에 유용한 형태로 처리한 것을 정보(information)라고 하고, 이러한 정보가 체계화되어 축적되면 지식(knowledge)이 된다.

02 글상자의 내용은 정보의 적시성에 대한 것이다. 정보의 적시성(timeliness)은 아무리 양질의 정보라도 필요한 시간에 이용자에게 제공되어야 한다는 것이다. 즉, 정보는 필요로 하는 시간에 제공될 때 비로소 그 가치를 발휘하게 된다.

03 ④ 제4차 산업혁명 시대의 사회에는 사이버 물리시스템의 이용이 크게 확대되고 있다. 현재 사이버 물리시스템은 다양한 분야의 시스템들이 상호 연결되는 초연결(hyper connection) 및 사물인터넷(Iot) 기술을 기반으로 하는 물리시스템과 이를 제어하는 컴퓨팅이 강력하게 결합된 네트워크 기반 분산 제어시스템이 중요하게 응용되고 있다.

04 ③ OLAP(Online Analytical Process)는 중간 정도의 깊이에 매장되어 있는 지식을 추출할 때 사용할 수 있는 기술이며, 가장 깊이 매장되어 있어서 캐내기 어려운 지식은 의사결정나무, 전문가시스템, 인공

지능 기법을 활용하여 추출할 수 있다.

05 ③ David and Olson이 제시한 정보시스템을 구성하는 요소에 따르면, 비용(cost)은 정보시스템을 구성하는 필수적인 요소에 포함되지 않는다.

06 ② 상품등록은 관리자가 관리툴을 이용하여 관리하는 백 오피스(back office)의 구성요소이다. 쇼핑몰 홈페이지에서 프론트 오피스(front office)는 쇼핑몰 고객들이 접하는 웹페이지 부분으로 회원로그인, 상품검색 및 상품리뷰 등으로 사용자 편의성이 중요하다. 반면 백 오피스는 관리자 페이지라 하며 프론트 오피스 관리를 위한 상품관리, 콘텐츠관리, 마케팅관리, 경영관리 등의 서비스 운영과 관련된 모든 내용을 포함한다.

07 외재화 또는 표출화(externalization)는 개인이나 집단의 암묵지가 공유되거나 통합되어 그 위에 새로운 지식이 창출되는 단계로 암묵지가 형식지로 전환되는 과정이다. 희소가치가 있는 지식이나 노하우는 형식지 형태로 외재화하여 다른 사람들이 쉽게 공유할 수 있도록 하여야 한다.
㉠과 ㉡은 사회화(socialization), ㉣은 연결화 또는 종합화(combination)에 해당한다.

08 ⑤ 바코드 시스템 구축은 유통소매점에서 활용 가능토록 만들어진 시스템으로, RFID 시스템 구축에 비해서 구축비용이 상대적으로 적게 소요된다. 반면 RFID는 그 구축비용이 크게 들어 초기에는 월마트 같은 대형 유통업체나 대형 물류터미널 등에서만 활용이 가능했다.

09 ③ 유통매장에서 이용하는 POS 시스템에서 광학 스캐너(scanner)는 아날로그 신호를 읽을 수 있는 입력장치에 해당한다.

10 글상자의 내용은 1980년대 중반 미국에서 처음으로 도입된 QR(Quick Response), 즉 신속대응에 대한 설명이다. 패션의류업계에서 도입한 SCM의 최초사례이다.

11 데이터 웨어하우스는 수년간 기업활동을 통해 발생된 기업 내부 데이터와 기업활동을 위해 축적된 외부 데이터를 의사결정에 필요한 주제 영역별로 통합하여 다양한 방법으로 데이터를 분석·활용하기 위한 통합정보시스템이다.
W. H. Inmon에 의하면 데이터 웨어하우스를 경영자의 의사결정을 지원하는 주제 중심적(subject-oriented)이고 통합적(integrated)이며, 비휘발성(nonvolatile)이고, 시간에 따라 변화(time-variant)하는 데이터의 집합이라 정의하였다.
⑤ 데이터 웨어하우스는 초기 데이터의 적재(loading) 이후에는 데이터 갱신이 발생하지 않고 검색만 실행하게 된다. 따라서 실시간 거래처리는 반영되지 않는다.

12 인먼(W. H. Inmon)은 데이터 웨어하우스를 경영자의 의사결정을 지원하는 주제 중심적(subject- oriented)이고 통합적(integrated)이며, 비휘발성(nonvolatile)이고, 시간에 따라 변화(time-variant)하는 데이터의 집합이라 정의하였다.

13 전자결제시스템이 전자상거래에 이용되기 위해서는 상호인증(authentication), 기밀성(confidentiality), 무결성(integrity) 및 부인방지(non-repudiation) 또는 부인봉쇄 등의 조건이 갖추어져야 한다.
㉣ 비휘발성은 데이터 웨어하우스의 특징에 해당한다.

14 ⑤ 커뮤니티(community) 모델은 사용자들이 자사의 사이트에 커뮤니티를 생성할 수 있도록 지원하여 사업을 전개, 광고, 정보중개, 포털 서비스 등을 제공하여 수익원을 확보, 이용자의 충성도에 기초한 비즈니스 모델이다.

15 ① ERP 도입은 기존의 업무처리 방법이나 기업의 구조를 본질적으로 혁신해 생산성을 극대화하기 위한 정보시스템 구축이라 할 수 있다.

16 공급사슬관리(SCM : Supply Chain Management)란 기업 간 또는 기업 내부에서 제품·부품의 생산자로부터 사용자에 이르는 공급체인에 대하여 불필요한 시간과 비용을 절감하려는 관리기법이라 할 수 있다.
④ SCM은 비용의 이전이 아니라 공급사슬 전체의 흐름을 최적화하여 비용절감을 이루고자 하는 것이다.

17 • 공급사슬의 상류로 갈수록 변동 폭이 크게 확대되어 수요예측치와 실제 판매량 사이의 차이가 커지게 되는 현상은 채찍효과(bullwhip effect)이다.
• e-SCM을 구축하면 공급사슬의 가시성(visibility)을 확보하여 채찍효과를 해결할 수 있다.

18 ① 지연(postponement)전략은 고객의 정확한 욕구가
파악되는 시점까지 제품의 완성을 연기하고 이를
통해 고객들의 다양한 수요에 유연하게 대응하려는
전략이다.
②는 포장·라벨링 지연전략이다.
③은 물류지연전략, ⑤는 형태지연전략이다.

19 글상자의 내용은 O2O(Online to Offline)의 대표적인
사례인 옴니채널(omni-channel)에 대한 내용이다. 옴
니채널은 소비자가 Online과 Offline, 모바일 등 다양
한 채널을 넘나들며 상품을 검색하고 구매할 수 있는
유통환경을 말한다.

20 ③ 유통업체 소매판매대에서 소비자에게 판매되는 개
별상품에 활용되는 것은 EAN-13(현재는 GS1-13)
표준형 바코드이다. ITF 코드는 소매유통을 의한
것이 아니라 물류센터에서 상품의 검품 시 주로 이
용되는 바코드이다.

제2회 실전모의고사 정답 및 해설

제1과목 유통·물류일반관리(01~25)

✏ 정답

01	⑤	02	④	03	④	04	①	05	⑤
06	②	07	②	08	③	09	①	10	⑤
11	④	12	③	13	④	14	②	15	④
16	③	17	①	18	③	19	⑤	20	②
21	⑤	22	④	23	②	24	④	25	②

01 표준화 및 등급화 기능, 금융기능, 위험부담(risk bearing) 기능, 시장정보기능, 교환주선기능 등은 유통조성기능 이다.
⑤ 유통가공기능은 수송기능과 보관기능, 하역기능, 포장기능, 물류정보기능 등과 함께 물적유통기능에 포함된다.

02 최종 소비자를 대상으로 영업활동을 하는 상인은 소매 상에 해당한다. 도매상은 다른 상인을 대상으로 판매 활동을 영위하는 상인을 뜻한다.

03 ✅ 수평적 마케팅 시스템(HMS : Horizontal Marketing System)
새로운 마케팅 기회를 개발하기 위해 동일한 경로 단계에 있는 두 개 이상의 무관한 개별기업들이 재 원이나 프로그램을 결합하고자 하는 시스템을 말 하며, 공생적 마케팅 시스템이라 하기도 한다.

04 ①은 전속적 유통에 대한 설명이다. 선택적 유통은 특 정 지역 내 소수 중간상인들에게 자사제품을 취급하는 전략이다. 경로 커버리지 전략의 선택 시 고려할 요인 에는 점포 내 고객의 구매행동, 제조업자의 경로구성 원의 마케팅 수행기능 통제 정도, 특정 지역 내 점포의 포화 정도 등이 있다.

05 ⑤ 최근 유통에서는 SCM, CPFR 및 CRP 등의 도입이 확산됨에 따라 제조업자, 도매업자, 소매업자 각각 의 경계는 모호해지고 있다.

06 ① 완전기능도매상에 대한 설명이다.
③ 한정상품 도매상은 완전기능도매상에 해당한다.
④ 일반상품 도매상에 대한 설명이다.
⑤ 직송도매상은 목재, 석탄, 중기계 등을 취급하며, 운송은 담당하지 않는다.

07 앨빈 토플러는 정보화 사회의 소비자로 프로슈머 (prosumer)와 함께 제시한 용어로, creative+consumer 의 합성어이다. 창의성을 가지고 있는 소비자를 크리 슈머(cresumer)라고 한다.

08 ③ 사내물류란 제조업체의 공장에서 생산된 완제품의 출하에서부터 물류센터의 보관창고에 이르기까지 의 물류활동을 말한다. 여기에는 물류센터에서의 입·출고와 보관활동이 포함된다.

09 기업이 창조적으로 적응해 나가야 하는 마케팅환경은 크게 거시적 환경과 내부환경인 미시적 환경, 그리고 과 업환경과 제약환경 및 소비자 환경 등이 있다. 과업환경 은 기업마다 처한 환경이 다른 세부적 환경으로, 원료공 급업자, 유통기관, 고객 및 시장 등으로 구성된다.

10 ⑤ 물류 정보기술 및 컨설팅 능력을 보유한 업체가 글 로벌 공급망(supply chain)의 모든 활동에 대한 계 획과 관리를 전담하여, 다수 물류업체의 운영 및 관 리를 최적화함으로써 물류효율화를 도모하는 것은 제4자 물류(4PL)이다.

11 ④ 범위의 경제성(economies of scope)은 관련 사업 으로 사업을 확장하는 경우 비용을 줄이고 수익률 을 높일 수 있는 것을 의미한다.

12 최고경영자(CEO)가 사원에 대해 지켜야 하는 기업윤리는 헌법상 기본권과 관련된 차별대우 금지, 위험한 노동 강요 금지 등이다.
ⓛ 회사기밀 유출 금지는 사원이 지켜야 할 의무이고, ⓒ 부당한 반품 금지는 거래처에 대하여, ⓜ 허위광고 금지는 소비자에 대하여, ⓗ 자금 횡령 금지는 주주에 대하여 지켜야 할 윤리에 해당된다.

13 ERP는 인사·재무·생산 등 기업의 전 부문에 걸쳐 독립적으로 운영되던 인사정보시스템·재무정보시스템·생산관리시스템 등을 하나로 통합, 기업 내의 인적·물적 자원의 활용도를 극대화하고자 하는 경영혁신기법이다.

14 조직화(organizing)는 조직을 어떠한 형태로 구성할 것인가를 결정하고 인적·물적 자원, 자본, 정보, 지식 등을 배분·조정하는 활동을 의미한다.
② 종업원에게 동기를 부여할 수 있는 업무를 할당하는 것은 지휘에 해당한다. 지휘(leading)는 조직의 목표를 달성하기 위해서 요구되는 업무를 잘 수행하도록 조직구성원들을 지휘하고 동기를 유발하는 활동을 의미한다.

15 갈등 해소를 목적으로 위쪽의 힘의 사용에 복종하므로 갈등 원인 대신 갈등 결과에 초점을 맞추는 것은 권력을 이용한 갈등 해결로, 이는 해결 이후에도 갈등의 재발 가능성이 높은 방법에 해당한다.

16 ① 허시와 블랜차드는 부하의 성숙도가 낮을수록 지시형 리더십이 적절하다고 하였다.
② 리더–구성원 교환관계이론(또는 수직쌍 관계이론)에 의하면, 리더와 부하가 내집단(in–group)의 관계일 때, 높은 수준의 교환관계를 유지하기 때문에 상사는 부하와 공식적인 범위 이외의 관계도 유지하는 경향이 있다.
④ 피들러의 리더십 상황모형에 의하면, 상황이 리더에게 매우 호의적이거나 매우 비호의적인 경우에는 LPC 점수가 낮은 과업지향적 스타일이 적합하다.
⑤ 부하의 역할과 목표를 명확하게 제시하고, 부하 개개인의 욕구에 관심을 가지며, 부하들을 지속적으로 격려하는 행동을 하는 리더십은 변혁적 리더십(transformational leadership)이다.

17 ② 맥그리거(D. McGregor)의 Y이론에 따르면 개인은 조직의 목적달성을 위해 헌신할 수 있다고 하며, 종업원은 안전을 원하고 변화에 저항적인 것은 X이론에 해당한다.
③ 오우치(W. Ouchi)의 Z이론은 일본식 경영방식과 미국식 경영방식 중 바람직한 것을 결합하여 Z이론(수정형 미국식)을 주장하였고 장기고용, 합의적 의사결정, 개인적 책임, 다소 특별한 경력관리, 전체적 관심 등을 제시했다.
④ 드러커(P. Drucker)의 목표에 의한 관리(MBO)에서는 종업원이 참여하여 상사와 함께 목표를 설정한다.
⑤ 브룸(V. Vroom)의 기대이론에 따르면 동기부여는 기대감, 수단성, 유의성을 곱한 것이므로 셋 중 어느 하나라도 작으면 동기수준은 작게 나타난다.

18 재고회전율 산식을 보면 연간 총재고량(액)은 일정하다는 가정하에(분자) 평균재고량이 커질수록(분모) 회전율은 떨어지는 반비례관계를 가진다.

$$\text{재고회전율} = \frac{\text{연간 총재고량(액)}}{\text{평균재고량(액)}}$$

19 ⑤ 수송비와 재고비는 반비례관계에 있다. 또한 물류비용의 절감과 고객서비스의 향상은 모두 물류관리의 목표로 강조되지만, 두 목표는 상충관계(trade–off)에 있으므로 적절한 수준에서의 배합이 중요하다.

20 ② 고객이 원하는 시간에 적시 배달하는 것은 거래요인(=거래 시 요인)에 해당한다.

21 ⑤ 회귀분석법은 정량적 예측기법이다.
수요예측이나 판매예측 기법은 수치를 이용한 계산방법인가 아닌가에 따라 크게 정성적 예측기법(qualitative method)과 정량적 예측기법(quantitative method)으로 분류한다. 그리고 정량적 예측기법은 다시 인과형 예측기법과 시계열 예측기법으로 분류한다. 그리고 시계열분석법에는 단순이동평균법, 가중이동평균법, 지수평활법이 있다.
정성적 예측기법은 주로 중장기 예측에 적용되는데 델파이(Delphi)법, 시장조사(market research)법, 패널조사(panel consensus)법 등이 있다.

22 재주문점=일일 수요량 × 리드타임+안전재고
　　　=200개 × 10일+3,000개=5,000개
＊ 일일 수요량(d)＝연간 판매량 / 영업 일수
　　　＝60,000개 / 300일＝200개

모의고사

23 ② JIT 시스템은 일시적이라도 부품 부족을 허용하지 않는 시스템이다. 만일 일시적인 부품 부족이 발생하면 생산시스템 전체가 멈추기 때문에 문제해결이 쉽지 않다.

24 품질관리에 있어 품질비용(costs of quality)은 제품을 처음부터 잘 만들지 않아 발생하는 비용이다. 이 중 예방비용은 제품이 생산되기 전 불량품질의 발생을 미연에 방지하기 위하여 발생하는 비용으로 품질계획, 품질교육, 신제품 설계 검토 등에 소요되는 비용을 말한다.

25 제3자 물류(3PL)는 화주가 그와 대통령령으로 정하는 특수관계에 있지 아니한 물류기업에 물류활동의 일부 또는 전부를 위탁하는 것을 말한다. 제3자 물류를 통해 물류를 아웃소싱하면 리드타임(lead time)은 감소한다.

제2과목　상권분석(01~20)

✎ 정답

01	④	02	①	03	①	04	③	05	①
06	②	07	④	08	③	09	⑤	10	⑤
11	②	12	③	13	⑤	14	③	15	⑤
16	⑤	17	④	18	④	19	①	20	③

01 ④ 선매품의 경우 집재성 점포에 속하는 경우가 많으므로 유사상품을 취급하는 점포가 충분히 밀집되어 있어야 한다. 또한, 비교적 원거리에서 고객이 찾아오기 때문에 교통수단과 접근이 좋아야 한다.

02 ① 부도심(secondary central business district)은 대도시의 주변에서 도심의 기능을 나누어 담당하는 지구를 의미한다. 도심과 비교할 때 방문주기는 덜 빈번하고 체류하는 시간도 짧은 것이 일반적이다.

03 ① Applebaum의 유추법(analog method)은 체크리스트법, 현지조사법, 비율법 등과 함께 기술적 방법(descriptive method)에 해당한다.

04 도시 내부의 공간구조를 설명하는 이론 중 CBD(중심상업지)로부터 새로운 교통로가 발달하면 이를 축으로 도매, 경공업 지구가 부채꼴 모양으로 확대된다는 공간구조이론은 호이트(H. Hoyt)의 선형이론(sector theory)에 해당한다.

05 ① **최대도달거리** : 중심지에서 제공되는 상업기능이 배후지역 거주자에게 제공될 수 있는 한계거리
③ **정육각형 모양의 상권** : 최대도달거리＝최소수요충족거리
④ **최소수요 충족거리** : 상업중심지의 정상이윤 확보에 필요한 최소한의 고객이 확보된 배후지까지의 거리

06 Huff의 확률이론은 소비자의 구매행태를 효용(매력도)과 관련시킨 이론으로, 소비자는 효용의 상대적 크기를 상업시설의 매장면적 규모와 소비자의 거주지로부터의 거리에 따라 확률적으로 결정하고, 소비자의 특정 점포에 대한 효용은 상업시설의 매장면적과 점포까지의 거리(시간)에 의해 좌우된다. 한편, 허프 모형은 종업원 서비스와 같은 질적인 측면은 고려하지 못한다는 단점이 지적되었고, 이의 단점을 보완하는 모형으로 여러 요인을 고려한 MCI·MNL 모형이 등장하였다.

07 티센 다각형은 상권분석에 있어서 근접구역법에서 점포 간 경쟁의 정도를 판단하는 데 활용하는 기법으로, 근접구역법에 기반하여 소비자들이 유사점포 중에서 선택할 때 자신들에게 가장 가까운 점포를 선택한다는 가정을 토대로 소매점포매출액을 추정하는 기법이다.
④ 티센 다각형을 통한 근접구역 경계 결정 시 경쟁수준이 높으면 티센의 다각형이 작아지는 경향을 보이게 된다(반비례관계).

08 상권의 획정을 위하여 상권의 지리적 경계를 분석하는 기법으로는 레일리의 소매인력법칙, 컨버스의 분기점모형, 애플바움(W. Applebaum)의 고객점표법(CST map), 티센의 다각형모형, 서베이법 등이 있다.

09 상권요인은 사회적, 경제적, 행정적 요인들을 포함하는 거시적인 요인이며, 입지요인은 해당 부지의 위치, 형태, 도로조건, 점포의 면적 등 구체적인 요인들이 해당한다.

10 중심상업지역(CBD : Central Business District)은 도심입지라고 하며, 대도시나 소도시의 전통적인 도심시

설이 집적된 상업지역을 의미한다. 이는 자연발생적이고 비계획적으로 형성된 지역이라는 특성을 지닌다.

11 • **앵커스토어**(핵점포) : 일반적으로 쇼핑센터의 성격이나 경제성에 가장 큰 영향력을 가진 대형소매업으로서 쇼핑센터 가운데서도 매장면적을 최대로 점하여 일반에게 지명도가 높은 유명기업의 점포
• **테넌트**(임차인) : 상업시설의 일정한 공간을 임대하는 계약을 체결하고 해당 상업시설에 입점하여 영업하는 임차인
• **트래픽 풀러**(traffic puller) : 원래는 백화점을 일컫는 말이지만 최근에는 주로 전문점 빌딩 등의 스페셜리티 센터(speciality center)에 배치되어 흡인력이 높은 임차인

12 ③ 현재 거주자의 지역외구매(outshopping)가 많은 지역의 경우 장래에는 이 지역에서 쇼핑할 가능성이 높다. 따라서 이런 지역은 시장성장잠재력이 높으므로 MEP는 크게 나타난다.

13 도시형점포 유도시설에는 지하철역, 대규모 소매점(백화점, 대형마트), 대형 교차로, 기타(대형상가점의 입구, 버스정류장, 고속버스터미널, 경기장, 공원, 관공서, 오락시설, 유원지, 관광지의 관광시설) 등이 있다. ⑤ 인터체인지는 교외형점포 유도시설에 해당한다.

14 프랜차이즈는 가맹본부에서 제공하는 표준화된 노하우, 기술, 원료제공 등의 시스템 또는 서비스 제공을 기반하는 시스템으로 개별 가맹점만이 개선할 수 있는 차별화된 부분을 검토하는 것은 프랜차이즈 계약에 위반되는 사항에 해당한다.

15 ㉠은 등기사항전부증명서, ㉡은 건축물대장, ㉢은 토지대장, ㉣은 토지이용계획확인원, ㉤은 지적도에 대한 내용에 해당한다.

16 권리금이란 임대차 목적물인 상가건물에서 영업을 하는 자 또는 영업을 하려는 자가 영업시설·비품, 거래처, 신용, 영업상의 노하우, 상가건물의 위치에 따른 영업상의 이점 등 유형·무형의 재산적 가치의 양도 또는 이용대가로서 임대인, 임차인에게 보증금과 차임 이외에 지급하는 금전 등의 대가를 말한다(상가건물임대차보호법 제10조의3 제1항). ⑤ 임대료 지불수단은 법규정에 정하고 있는 권리금 산정의 기초가 되는 재산적 가치와는 아무 관련성이 없다.

17 두 도시 사이의 거래가 분기되는 분기점은 이웃하는 두 도시의 인구수와 거리에 의해 결정되는 것으로서, 흡인되는 구매력 정도가 동일한 지점이 아니다. 즉, 구매력(buying power)은 고객의 소득 및 생활수준, 소비행태에 따른 변수이지 분기점에 따른 변수는 아니다. 두 도시에 상대적으로 흡인되는 구매력 정도가 동일한 지점인 분기점(breaking point)과 관련된 이론은 P. D. 컨버스의 수정 소매인력법칙에 해당한다.

18 ④ 상권을 계층적 구조에 따라 구분하면 '지역상권 > 지구상권 > 지점상권(개별점포상권)'의 순으로 그 범위가 좁아진다.

19 ①은 간선도로변에서의 소매점 입지 유형에 대한 설명이다. 한편 교외터미널은 도심 외곽에 입지하는 경향이 많다.

20 도미넌트(dominant) 전략은 지배적인 전략이라는 뜻을 지닌 비즈니스 용어로, 어느 한 지역에 신속하게 집중적으로 출점하여 경쟁점포의 개설을 막고 시장을 지배하려는 전략을 의미한다.

모
의
고
사

제 3 과목   유통마케팅(01~25)

✏️ 정답

01	④	02	⑤	03	①	04	①	05	③
06	③	07	③	08	②	09	③	10	①
11	②	12	④	13	④	14	①	15	①
16	②	17	⑤	18	④	19	①	20	③
21	②	22	④	23	③	24	④	25	③

01 유통환경 중 거시환경은 기업의 경쟁 및 시장환경을 둘러싼 환경을 말한다. 거시환경은 모든 기업에 공통적으로 영향을 미치는 것으로 사회·문화적 환경, 정치·법률적 환경, 경제적 환경이나 기술적 환경 등이 포함된다.
④ 제품과 종업원에 관련된 규제 및 환경규제, 각종 인허가 등과 같은 법과 규범은 정치·법률적 환경으로 거시환경 또는 일반환경에 속한다.

02 Dick & Basu는 고객충성도의 유형을 진성 충성도, 잠재적 충성도, 타성적 충성도, 비충성도의 4가지로 구분하였다. 이 중 잠재적 충성도는 호감도는 높지만 반복구매가 낮은 경우에 발생하는 충성도라 할 수 있다.

03 ① 포지셔닝(positioning)은 소비자의 의식 속에 자사 또는 자사제품의 위치를 설정하는 것을 말하며, 기업은 경쟁업체보다 소비자의 의식 위에 있을 수 있도록 마케팅 활동을 활발히 전개한다.

04 ① "우리는 신속하게 고객을 도울 준비가 되어 있습니다."는 서비스 등급이 아니라 '응답성'에 대한 것이다. 서비스 등급은 고객 클래스가 높기 때문에 높은 가격을 매길 수 있다는 측면을 강조하는 포지셔닝이다.

05 차별화 전략은 기업이 소비자에게 제공하는 제품 또는 서비스를 차별화하여 제공함으로써 소비자가 효율적으로 선택할 수 있도록 해주는 전략으로 다양한 소비자들의 욕구를 충족시켜 줄 수 있다는 장점이 있지만, 마케팅믹스가 복잡해질 수 있으며 비용이 증가될 수 있다는 단점이 있다. 반면 집중화 전략은 기업이 보유하고 있는 한정된 자원을 극대화하여 효율적으로 운영하기 위해 세분시장 중 특정 시장을 선정하여 기업의 역량을 집중하는 전략이다.

06 글상자의 사례들에 해당하는 유통경쟁전략은 포지셔닝(positioning) 강화전략에 해당한다. 포지셔닝 전략은 소비자의 마음속에 경쟁상표와 비교하여 경쟁우위를 제공하는 위치에 자사상표를 구축하려는 노력을 말하며, 기업의 경쟁력과 관련하여 매우 중요하다.

07 ③ 도입기에는 경쟁사가 별로 없으나 성장기에는 크게 증가한다. 그러다 성숙기로 접어들면 가장 많은 경쟁사가 있게 되고 쇠퇴기에는 감소한다.

08 ② PB상품을 강화한다고 해서 재고가 감소하는 것은 아니다. 유통업체 자체 브랜드를 부착한 상품인 PB(Private Brand)상품은 유통업체의 수익증진과 공급자와 협상력 강화, 브랜드 차별화, 소비자 변화에 적극 대응하기 위한 목적 등을 위해 최근 강화되고 있는 추세에 있다.

09 시장수요가 증가함에 따라 시장 커버리지를 확대하고 이용 가능성을 높이기 위해 개방경로 정책을 수립해야 하는 것은 성장기의 전략이다. 판매가 안정되고 경쟁이 심화되기 때문에 새로운 시장을 찾아야 하는 것은 성숙기의 전략이다.

10 카테고리 관리(category management)는 유통업체와 공급업체가 새로운 정보기술을 사용하여 머천다이징 전략과 구매의사결정을 공동으로 추진하여 효과성을 높이려는 활동을 말한다. 카테고리 관리는 각기 분리되어 있는 머천다이징의 각 활동과 재고관리 등의 기능을 모두 통합시킨 것이다.

11 ② 가격차별화는 수요의 가격탄력성을 이용하여 동일 상품에 대하여 다른 가격을 설정하는 것을 의미한다. 즉, 가격탄력도에 따라서 서로 다른 세분시장에 상이한 가격을 책정하여 이익을 극대화하는 전략이다.

✅ **가격차별화의 전제조건**
- 각 세분시장의 가격탄력도는 상이하다.
- 각 세분시장 간에는 재판매가 불가능하다.
- 기업이 독점력을 가지고 있다(독점시장).
- 시장 간의 분리가 가능해야 한다(장소적 차이).

12 ④ 다양한 특성의 고객에게 소구할 수 있는 효과를 지닌 가격전략은 High-Low 가격전략에 가깝다.

13 ④ 묶음가격전략(product-bundle pricing)이란 기본적인 제품과 선택사양, 서비스 등 보완관계에 있는 제품들을 묶어서 하나의 가격으로 제시하는 가격전략이다. 묶음 제품을 분리판매할 수 있는 혼합묶음과 분리할 수 없는 순수묶음으로 구분할 수 있다.

14 쿠폰은 소비자를 대상으로 하는 판매촉진방법으로 가격인하 효과와 구매유발을 촉진시키는 가격형 판매촉진에 해당한다.

15 최종 구매자들의 브랜드 애호도가 높거나, 관여도가 높은 상품의 경우, 광고를 주된 촉진전략으로 하는 경우에는 풀(pull)전략이 바람직하다.

16 (나) 매장 전면부에는 고객의 주목(attention)을 위해 충동성이 있는 제품을 진열하는 것이 좋다.
(마) 매장 내 배치의 기본원칙은 고객이 매장에 머무르는 시간을 극대화하는 것이 중요하다.

17 엔드매대는 진열대 양쪽 끝단을 의미하며, 여기에 상품을 진열하면 통행고객 수가 많고 접근성이 뛰어나기 때문에 매출을 크게 높일 수 있다. 따라서 주로 고객이 많이 찾는 중점판매상품은 엔드매대에 대량 진열하여 판매한다.
⑤ 전체 매장의 테마 및 이미지를 전달할 수 있는 상품은 VP(Visual Presentation)에 진열하는 것이 좋다.

18 POP진열은 소비자들에게 어떤 특정 상품에 주목하게 하고 유용한 정보를 제공하여 구매시점에 고객들이 그 브랜드를 선택하도록 영향을 미치고 충동구매를 자극하는 역할을 한다.

19 ① 직접반응광고는 신규고객의 창출을 위한 활동이다. 직접반응광고는 반응수단과 반응경로를 통해 소비자의 행동을 즉각 유인하려 하는 광고이다. 따라서 광고의 목적은 즉각적이고 직접적인 소비자의 반응행동이 된다.

20 전략적 CRM이란 고객과의 장기적 관계 형성 및 고객생애가치(CLV) 극대화를 달성하기 위해 데이터베이스를 구축하고 다양한 온·오프 유통채널을 활용하는 전략을 의미한다. 따라서 투자타당성과는 거리가 먼 개념에 해당한다.

21 ② ERP 시스템은 제조기업의 재고관리·물류·회계·인사·재무·판매관리 등 모든 업무를 통합적으로 관리하는 생산관리시스템으로, 고객관계관리(CRM)를 위해 고객정보를 파악하고 분석하는 활동에는 활용되지 않는다.

22 1차 자료는 현재 직면한 문제를 해결하기 위하여 조사자가 직접 조사·수집한 자료를 말하며, 2차 자료는 이미 공개되어 있는 기존의 모든 자료를 말한다. 2차 자료는 통계청 통계자료, 기발표된 논문, 신문, 잡지기사, 각종 기관이나 리서치에서 발표한 자료 등이 포함된다. 문헌조사는 2차 자료의 수집방법 중 하나이다.

23 비율척도는 등간척도가 갖는 특성에 추가적으로 측정값 사이의 비율계산이 가능한 척도로서, 절대 영점이 존재하며, 사칙연산이 가능하고 정보의 수준이 가장 높은 척도로 매출액, 구매확률, 시장점유율, 소득 등의 측정에 활용된다.
㉠ 구매자의 성별 및 직업은 명목척도, ㉡ 상품 인기순위는 서열척도, ㉢ 타깃고객의 소득구간은 등간척도(구간척도)를 통해 측정한다.

24 ④ **활동성비율** : 기업의 자산들의 효율적 이용도 측정

$$= \frac{\text{매출액(보통 1년)}}{\text{각종 주요 자산}}$$

25 ① 수평적 갈등에 해당한다.
② 갈등의 유형에는 긍정적인 순기능적 갈등도 있다.
④, ⑤ 정보교환, 토론, 준거적 파워는 갈등의 수준을 낮춘다.

✏️ **정답**

01	④	02	③	03	⑤	04	④	05	②
06	③	07	④	08	③	09	③	10	③
11	①	12	④	13	⑤	14	③	15	③
16	①	17	④	18	③	19	④	20	④

01 ④ 유통정보시스템을 도입하면 주문이 빠르게 전송, 처리되기 때문에 주문내용을 변경하는 데 있어 유연성을 꾀하기가 어렵다.

02 ③ 유통정보혁명 시대에서 유통업체가 경쟁우위를 확보하기 위해서는 기존의 푸시(push) 마케팅에서 상품정보와 고객정보를 결합하는 다이렉트(direct) 마케팅 또는 고객지향 풀(pull) 마케팅으로 변화해야 한다.

03 ⑤는 온라인 분석처리시스템인 OLAP(Online Analytical Processing)에 대한 설명이다. OLAP에서 드릴 다운(Drill down) 기법은 요약 자료의 상세정보를 확인하게 하는 기능이라 할 수 있다.

04 ④ 형식지(explicit knowledge)는 문서, 데이터베이스, 매뉴얼 등을 통해 사회적으로 공식화된 지식을 뜻하며, 논리적 추론 및 계산에서 생기는 인식은 형식지에 해당한다. 반면 암묵지는 개인의 경험을 통해 체화된 지식 또는 숙련된 기술 및 노하우 등을 말한다.

05 ② 유럽상품코드인 EAN코드에서 첫 번째 세 자리는 국가코드이며, 우리나라(Korea)의 경우 880이다. 현재는 UPC와 통합된 GS1코드가 사용되고 있다.

06 ③ 비판을 허용하지 않는다는 가정하에 둘 이상의 구성원들이 자유롭게 아이디어를 생산하는 비구조적 접근방법은 브레인스토밍(brainstorming)에 해당한다. 한편, 스캠퍼(SCAMPER)는 다각적으로 사고할 수 있도록 새로운 아이디어 창출을 돕는 창의적 사고기법이다.

07 ④ 전년도 목표 대비 판매량 분석 또는 전월 대비 매출액 변화분석과 같은 시계열 정보를 수집하고 분

석이 가능하다는 점이 POS의 장점이라 할 수 있다.

08 ③ 정보세탁이란 누군가 특정 의도를 가지고 흘린 정보를 언론이 그대로 보도함으로써 그것이 진실인 것처럼 퍼져 사람들의 사상과 사고에 영향을 미치는 것을 말한다.

09 전자서명의 5가지 조건은 위조불가, 변경불가, 재사용불가, 서명자 인증, 부인방지이며, 재사용불가는 전자문서의 서명을 다른 전자문서의 서명으로 사용할 수 없어야 한다는 것이다.

10 ③ 고객유지율은 마케팅 지표에 해당한다.

11 ① 거래정보와 이벤트 정보를 수납하고 사전에 정의된 비즈니스 규칙에 따라 정보를 처리하고, 저장하고, 새로운 정보로 갱신하는 것은 OTLP, 즉 온라인 거래처리이다. 한편, OLAP는 OLTP(Online Transaction Processing), 즉 온라인 거래처리에 상대되는 개념으로, OLAP 분석을 위해 활용되는 정보의 형태는 다차원적이다.

12 액세스 로그는 특정 사이트에 접속할 때부터 나갈 때까지의 모든 행적에 대한 기록이므로, Explorer와 같은 웹브라우저의 설치 시기와 같은 정보는 기록하지 않는다. 액세스 로그는 누가 어떤 것을 읽었는지를, 에러 로그는 오류가 있었는지를, 리퍼럴 로그는 경유지 사이트와 검색 엔진 키워드 등의 단서를, 에이전트 로그는 웹브라우저의 이름, 버전, 운영체계(OS), 화면 해상도 등의 정보를 제공한다.

13 ⑤ 공급체인관리(SCM)는 공급망 전체에 걸쳐 수요정보를 집중화하고 공유함으로써 공급망 전체의 리드타임(조달기간)을 감소시킬 수 있다.

14 e-SCM은 신속하고도 효율적인 공급망관리를 통해 공급망 전체의 효율성을 높이고자 하는 시스템이다. 따라서 공급사슬상의 기업들과 긴밀한 협업을 해야 하므로 일상적인 기능적 거래처리시스템(TPS)보다는 CRP, CAO, 크로스도킹, ERP 시스템 등의 구축이 필수적이다.

15 ③ 반정형데이터의 종류에는 HTML, XML, JSON 등이 있으며, 수집기술은 Open API, Chukaw 등이 대표적이다. 비디오는 비정형데이터에 해당한다.

①, ② **정형데이터** : 관계형 데이터베이스관리시스템 (RDBMS)의 고정 필드에 저장되는 데이터를 말하며, 데이터의 길이와 형식이 정해져 있어 그에 맞추어 데이터가 저장된다. 정형네이터에는 관계형 데이터베이스(RDB), 스프레드시트 등이 있고, 수집기술에는 ETL, API 등이 대표적이다.

④, ⑤ **비정형데이터** : 형태와 구조가 복잡한 이미지, 동영상, 사운드, 텍스트 문서 등 데이터의 형태가 고정되어 있지 않은 데이터로, 수집기술은 Crawling, RSS, Open API 등이 있다.

16 ① VMI의 도입과 관련하여 품질 안정화를 위해 조달된 원·부자재에 대한 전수검사는 선결과제에 해당하지 않는다.

   ✔ VMI(Vendor Management Inventory, **공급자 중심 재고관리시스템**)

유통업체가 제조업체에 판매와 재고에 관한 정보를 제공하면 제조업체가 이를 토대로 과거 데이터를 분석하고 수요를 예측하여 상품의 적정 공급량을 결정하는 시스템을 말한다.

17 RFID의 작동 순서 중 ㉣ 단계는 전송받은 데이터를 안테나에서 변조하여 리더기로 전달하는 과정에 대한 것이다.

18 의사결정지원시스템(DSS) 모델 중 수리계획법에는 선형계획법, 목표계획법, 정수계획법, 비선형계획법 등이 있다. 반면 시뮬레이션(Simulation)모형은 기술적(descriptive) 의사결정에 사용되는 모형에 해당한다.

19 ④ RFID 시스템은 바코드에 비해 비용이 높고, 스마트카드(smart card)에 비해서는 메모리 용량이 작은 단점이 있다.

20 ④ **스니핑**(sniffing) : 스니핑은 코를 킁킁거리다, 냄새를 맡다 등의 뜻으로, 해킹의 한 기법이다. 네트워크 상에서 자신이 아닌 다른 상대방들의 패킷 교환을 몰래 도청하는 행위를 의미한다.

모의고사

제**3**회 실전모의고사 정답 및 해설

제1과목 유통·물류일반관리(01~25)

✎ **정답**

01	②	02	①	03	④	04	④	05	③
06	③	07	②	08	②	09	②	10	⑤
11	⑤	12	②	13	①	14	③	15	②
16	②	17	③	18	②	19	⑤	20	①
21	⑤	22	⑤	23	④	24	①	25	①

01 ② 소매상이 제공하는 시장확대기능은 제조업자나 도매상에게 제공하는 기능이다.

02 위험부담기능은 금융, 협상 등과 함께 양방기능 흐름이다. 소유권 이전과 촉진은 전방기능 흐름이고, 주문 및 시장정보와 대금 결제는 후방기능 흐름에 해당한다.

03 이질적인 생산물을 동질적인 단위로 나누는 과정은 분류(등급), 동질적으로 쌓여진 것을 다시 나누는 과정은 배분이다.

04 수직적 마케팅 시스템(vertical marketing system)은 그 지배력의 강도에 따라 기업형, 계약형, 관리형 VMS로 구분된다. 이 중 계약형 VMS의 대표적인 형태가 가맹본부와 가맹점 간 계약형태로 구성되는 프랜차이즈형 조직이라 할 수 있다.

05 ③ 거래비용이론에 의하면 경로구성원의 기회주의적 행동은 규제가 어려우므로 이로 인한 거래비용의 증가는 거래의 내부화를 통해 해결하는 것이 타당하다고 한다. 수직적 계열화, 즉 기업내부화에 의해 마케팅 기능을 직접 수행하는 것이 시장거래에 의존하는 것(즉, 경로구성원들에게 마케팅 기능을 위양하는 것)보다 비용이 훨씬 저렴하기 때문에 유통경로의 수직적 통합이 이루어진다.

06 ③ 경쟁사보다 우월하게 좋은 제품을 다양하게 만들어낼 수 있는 능력은 품질위주 차별화이다. 유통위주 차별화는 경쟁사보다 더 신속하게 제품을 전달할 수 있는 능력이다.

07 시장성장률은 낮은 수준이고 시장점유율은 높은 수준에 있는 전략적 사업단위는 자금젖소(cash cow)이고, 시장성장률은 높은 수준이고 시장점유율은 낮은 수준의 사업단위는 물음표(question mark)에 해당한다.

08 ② 과다 투자나 과다 물량생산의 위험이 높은 것은 아웃소싱이 아니라 직접 비핵심부분에 투자하는 인소싱의 단점에 해당한다.

09 리스트럭처링(restructuring)은 기업경영의 기본적 구조를 조정하는 구조조정 전략으로 기업의 존속과 발전을 도모하기 위한 경영전략을 말한다.

10 ⑤ 국내 전체 운송수단 중 공로운송(육상) 비중이 90% 이상으로 가장 높다.

11 ⑤ MBO는 개인과 조직의 목표를 명확히 규정함으로써 구성원의 목표를 상급자 및 조직 전체의 목표와 일치하도록 하기 때문에 조직목표 달성에 효과적으로 기여한다는 것이다.
① 동기부여 과정이론인 아담스의 공정성이론에 대한 내용이다.
② 조직행동과 관련하여 학습이론인 강화이론에 대한 내용이다.
③ 동기부여 과정이론 중 로크의 목표설정이론에 대한 내용이다.
④ 동기부여 과정이론 중 브룸의 기대이론에 대한 내용이다.

12 ② 강압적인 힘(강권력)의 강도는 처벌이 지닌 부정적 효과의 크기에 비례하여 작용하는 것이 일반적이다.

13 허시와 블랜차드의 상황이론에 따르면 참여적 리더십 (Participative Leadership)은 부하들에게 자문을 구하며 제안을 이끌어내고 부하들의 제안을 진지하게 받아들이는 리더십이다.
②는 지시적 리더십, ③은 성취지향적 리더십, ④는 위임형 리더십, ⑤는 지시적 리더십에 대한 내용이다.

14 자산은 1년 이내에 현금화할 수 있는 유동자산과 그렇지 못한 고정자산(비유동자산)으로 구분하고, 유동자산은 현금 및 1년 이내에 현금화할 수 있는 예금·받을어음·외상매출금·미수금·유가증권 등의 당좌자산과, 상품·제품·반제품·원재료·재공품·저장품 등의 재고자산으로 구분한다.

15 직무내용의 각 구성요소를 분해하여 가중치를 부여한 후 요소별 점수와 가중치를 곱하여 각 직무의 가치를 평가하는 방법은 점수법이다. 점수법은 직무평가방법들 중에서 가장 체계적이고 또한 사용하기도 비교적 쉽기 때문에 널리 사용되고 있다.

16 ①은 아울렛센터, ③은 백화점, ④는 편의점, ⑤는 회원제 창고형 할인점(MWC)에 대한 설명이다.

17 ③ MRP는 수요예측된 독립적 수요를 바탕으로 이에 따라 각 구성 부품들의 종속적 수요(dependent demand)를 계산하여 필요한 때 필요한 양만큼 재고를 보유하려는 계획을 말한다.

18 ② ABC 분석은 재고자산을 ABC의 3등급으로 분류하여 각기 다른 재고관리방법을 적용하는 것이다. A품목은 가장 중요한 품목으로 연간 사용량이 아주 많거나 가격이 비싼 품목으로서 연간 매출액도 가장 많은 품목이므로 정기발주법에 의해 발주한다. B품목은 정기 또는 정량발주법을 사용할 수 있다. C품목은 연간 사용량도 가장 적고 사용횟수도 아주 낮기 때문에 정량발주방식의 변형인 Two-Bin법을 사용하면 된다.

19 ⑤ 역청구란 공급업체가 공급한 제품에 발생한 수량 차이에 대하여 일방적으로 대금을 공제하는 행위로 비윤리적 문제가 제기되지만, 적정 공급처 확보를 위한 평가 기준과는 무관하다.

20 ⓒ 제3자 물류를 활용하는 경우 화주기업은 아웃소싱하는 특정 기능에 대해서는 통제력을 강화하기 어렵다는 단점이 있다.
ⓔ 화주회사의 핵심경쟁력 중 하나가 물류라면 이 활동을 아웃소싱하는 것은 바람직하지 못하다.

21 ⑤ 다품종 소량생산과 경쟁 격화로 인하여 상업포장 중심의 포장으로 가는 경향은 물류모듈화를 촉진시키는 요인이 되고 있다.

22 주요 운송수단으로는 철도, 트럭, 해상운송, 파이프라인, 항공 등이 있으며 이러한 운송수단을 결정하는 요소로는 ① 화물의 종류, ② 운송 대상 화물의 중량과 용적(부피), ③ 화물의 운송 거리, ④ 대상 화물의 가격(가치), 운송의 신속성, 복합운송 여부 등이 있다.

23 집중구매는 일정한 거래처로부터 지속적이고 다량을 구매하는 방식으로, 안정적인 품질관리나 통합적인 경영관리시스템을 적용할 경우에 유리하다. 반면에 분산구매는 각각 독립적으로 분산시켜 구매하는 방식으로, 정해진 목표시장의 변화에 대한 유연성이 증가되고, 기업의 제품개발이나 기술개발에 있어 상품공급 측면에서는 독립성이 강하게 작용을 한다.

24 ① 소비자중심경영인증의 유효기간은 그 인증을 받은 날부터 2년으로 한다(소비자기본법 제20조의2 제4항).

25 순서대로 전사적 품질경영(TQM), 6시그마 품질관리, 골드랫의 제약이론(TOC)에 대한 설명이다.

제 2 과목 상권분석(01~20)

✎ 정답

01	④	02	④	03	②	04	②	05	⑤
06	②	07	①	08	⑤	09	①	10	①
11	④	12	①	13	①	14	③	15	③
16	④	17	③	18	③	19	⑤	20	④

01 비용요인에는 생산비, 운송비, 판매비용 등이 포함되며 비용이 상대적으로 저렴할수록 상권은 확장된다.

02 누적적 흡인력(cumulative attraction)을 나타내는 집재성 점포들은 동일 또는 비슷한 재화, 서비스를 제공하는 소매점포들이 집단적으로 모여 있는 경우, 상호보완적인 효과 내지는 시너지(synergy)효과의 발생으로 상권의 범위가 확대되는 긍정적인 영향을 미치게 된다. 반면에, 산재성 점포 내지는 양립할 수 없는 점포의 경우에는 밀집될 경우 매출액에 부정적인 효과를 나타내게 된다. ④에서 집재성 점포의 경우에는 부정적인 영향만을 미치게 된다는 부분이 틀린 표현이라고 할 수 있다.

03 입지는 주요 대상고객의 유형에 따라 유동인구 중심의 '적응형', 목적구매고객 중심의 '목적형', 주민 중심의 '생활형' 등으로 분류할 수 있다. 적응형 입지는 거리에서 통행하는 유동인구에 의해 영업이 좌우되는 입지이다. 또한 입지를 공간균배의 원리에 따라 구분하면 집심성 입지, 집재성 입지, 산재성 입지 등으로 구분한다. 집재성 입지는 점포들이 모여 집적효과를 거둘 수 있는 입지이다.

04 ② 신시가지와의 균형발전과 도심의 공동화 현상을 완화시키기 위해서는 복합용도개발이 필요하나, 신시가지의 행정수요를 경감하기 위해서라는 표현은 관련성이 없다.

05 젠트리피케이션(gentrification)은 지주계급 또는 신사계급을 뜻하는 젠트리(gentry)에서 파생된 용어로, 도심 인근의 낙후지역이 활성화되면서 외부인과 돈이 유입되고, 임대료 상승 등으로 원주민이 밀려나는 현상을 말한다.
⑤ 임대료가 상승하면 기존의 소규모 근린상점들은 외곽으로 밀려나고 높은 임대료를 부담할 수 있는

대형점포나 고급점포들이 입점하게 된다.

06 판매활동지수(SAI : Sales Activity Index)는 다른 지역과 비교한 특정 지역 내의 일인당 소매매출액을 측정한 것이다. 즉,

$$SAI = \frac{\text{총소매매출액에서 차지하는 그 지역의 비율(\%)}}{\text{총인구에서 차지하는 그 지역 인구의 비율(\%)}} \text{로}$$

계산된다. 일반적으로 SAI가 높을수록 지역의 구매력은 크다는 것을 의미한다.

07 ㉡, ㉠ : 상권의 잠재력, ㉣ : 누적적 흡인력, ㉤ : 양립성
- **경쟁의 회피성** : 해당 점포가 입지한 상권에 경쟁점포가 입지함으로써 입지에 미치게 되는 영향력을 의미한다.
- **중간저지성**(interception) : 상권지역 내의 경쟁점포나 경쟁상권이 고객과의 중간에 위치하여 접근고객을 중간에서 가로채기(intercept)할 수 있는 가능성을 의미한다.

08 BPI = 0.5X + 0.3Y + 0.2Z
- X : 지역의 가처분소득 비율
- Y : 전체 소매매출액 대비 지역의 소매매출액 비율
- Z : 총인구 대비 지역의 인구 비율

09 ② MEP는 미래 시점의 상권의 경쟁보다는 시장의 성장잠재력을 측정한다.
③ 상권 내 경쟁이 심해질수록 IRS는 작아진다.
④ MEP가 클수록 입지의 상권 매력성은 높아진다.
⑤ MEP는 미래성장잠재력 측면에서 중요성이 크고, IRS는 현재 시점 상권의 매력도와 관련되므로 모두 중요한 지표이며 상호보완적 활용이 필요하다.

10 ✅ **소매입지 출점절차**
출점방침의 결정 → 출점지역(region) 결정 → 시장지역 내 상권(trade area) 결정 → 구체적인 출점부지(site) 또는 점포의 물색 → 계획의 수립 및 출점(개점)

11 ① **레일리의 소매인력법칙** : 두 도시 간 상권의 흡인력은 인구수에 비례하고 두 도시 간 거리의 제곱에 반비례한다.
② **컨버스의 제1법칙** : 레일리의 소매인력법칙을 활용하여 이웃하는 두 도시 간의 상권의 경계(분기점)를 결정하는 이론이다.
③ **루스의 확률적 점포선택모델** : 수리심리학에서 널리 알려진 루스의 선택공리(Luce choice axiom)에

이론적 근거를 두고 개발되었다. 소비자가 특정 점 포를 선택하게 될 확률은 그가 고려하는 점포 대안들의 개별효용의 총합에 대한 개별점포의 효용비율로 결정된다는 것이다.

12 상권분석 담당자의 주관적 판단이 개입될 가능성이 큰 것은 기술적 방법에 속하는 애플바움(W. Applebaum)의 유추법과 체크리스트(checklist)법이다. 체크리스트법은 상권의 규모에 영향을 미치는 요인들을 수집하여 이들에 대한 평가를 통해 시장잠재력을 측정하는 방법으로, 특정 상권의 제반특성을 여러 항목으로 구분하여 조사하고, 이를 바탕으로 신규점포의 개설 가능성 여부를 평가하는 방법으로 각각의 요인을 평가하는 과정에서 주관이 많이 개입될 가능성이 높다.

13
도시 B의 상권의 한계점 $D_B = \dfrac{d}{1+\sqrt{\dfrac{P_A}{P_B}}}$ 이다.

$$D_B = \frac{36km}{1+\sqrt{\dfrac{250}{1,000}}} = 24km 이다.$$

즉, 상권의 경계는 B시로부터 24km 떨어진 곳이므로 민주는 두 상권의 분기점에 위치하고 있다. 따라서 민주가 A시에서 1km를 벗어난 13km 지점으로 이사를 하면 B시의 점포를 이용할 가능성이 커진다.

14 ③ 생활형 입지라고 하더라도 도보와 차량에 대한 접근성을 고려해야 한다. 차량보급의 확대에 따라 경쟁적 우위를 확보하고자 하는 소매점의 경우 주차시설은 거의 필수라 할 수 있다. 차량을 가지고 온 고객은 그만큼 소매점에 머무르는 시간이 증대하여 소매점의 판매향상에 도움을 줄 수 있기 때문에 규모가 있는 소매점의 경우 주차시설을 해놓는 것이 좋다.

15 고객들이 세 점포를 찾을 확률(개별점포의 효용)은 모두 동일하다.

점포	거리 (모수 : 3)	매장 크기 (모수 : 1)	효용
A할인점	3km	2,700m²	2,700 / 3³ = 100
B백화점	4km	6,400m²	6,400 / 4³ = 100
C쇼핑센터	5km	12,500m²	12,500 / 5³ = 100

16 ④ 고객 스포팅(customer spotting) 기법에 있어서 자료수집의 표본규모가 작으면 상권을 파악하는 데 주관성이 더 많이 개입된다.

17 점포밀집의 원칙은 동반유인의 원칙(누적적 흡인력) 또는 보충 가능성(양립성)과는 반대로 지나치게 유사한 점포나 보충할 수 있는 점포들이 밀집되어 있어서 고객의 유인효과를 감소시키는 현상을 의미한다.

18 계층적 구조에 따라 상권을 구분하면, 지역상권과 지구상권 그리고 개별점포상권(또는 지점상권)으로 구분할 수 있다. 그리고 개별점포상권(또는 지점상권)은 고객의 흡인 정도에 따라 1차·2차 상권, 그리고 한계상권으로 분류될 수 있다.

19 애플바움(W. Applebaum)에 의해 개발된 유추법(analog method)은 점포의 형태·매출·업태·지역여건 등이 유사한 기존 유사점포를 통해 신규점포의 예상매출액(가능매상고)을 추계하는 방법이다.
⑤의 경우 결과의 객관성을 유지하기 위해 양적자료보다는 질적자료를 활용하도록 유도해야 한다.

20 내점객조사법은 해당 점포를 직접 방문한 고객들을 대상으로 하는 자료수집 방법이며, 점두조사법은 방문객의 주소를 파악하여 점포상권을 조사하는 방법으로, 구체적으로 쇼핑을 마친 내점객들을 대상으로 직접 면접을 통해 주소를 물어 점포예정지의 상권 범위를 조사하는 방법을 말한다.

모
의
고
사

제3 과목　유통마케팅(01~25)

✎ 정답

01	④	02	③	03	④	04	③	05	②
06	①	07	⑤	08	⑤	09	④	10	④
11	④	12	③	13	③	14	③	15	④
16	①	17	③	18	③	19	⑤	20	⑤
21	④	22	③	23	③	24	④	25	②

01 ④ 소비자 욕구, 기업의 목표, 소비자와 사회의 장기적 이익(복리) 간에 균형을 맞춘 현명한 마케팅 의사결정을 내린다는 것은 사회적 마케팅 개념에 해당한다.

02 라이선싱(licensing) 계약은 기술 또는 상표권을 가진 공여자가 다른 나라 기업에게 기술이나 상표권, 경영 노하우 등의 경제적 가치가 있는 경영자산을 사용하도록 허락해 줌으로써 기업을 국제화하려는 전략이다. 이는 경제적 가치가 있는 라이선스를 파는 것이 아니라 돈을 받고 빌려준다는 뜻이다.

03 ④ 상품가격에 대한 설명은 고객이 상품에 대해 관심이나 흥미가 발생하여 구매욕구가 커졌다고 판단될 경우 이루어져야 한다.

04 ③ 포지셔닝 전략의 수립은 '소비자 분석 → 경쟁자 확인 → 경쟁제품의 포지션 분석 → 자사제품의 포지셔닝 개발 → 포지션의 확인 → 재포지셔닝'의 단계를 거친다.

05 ② 서비스는 생산과 동시에 소비가 이루어지는데, 이러한 특성을 비분리성이라고 한다.

06 ①은 품질보증은 확장제품에 대한 것이고, ②, ③, ④, ⑤는 유형제품에 대한 특징을 말한다.

07 ⑤ 구매 횟수가 정기적인 것이 특징이기에 개방적 유통을 사용하는 것은 소비재 중에서 편의품(convenience goods)에 해당한다.

08 ⑤ 강한 브랜드 자산을 가진 제품에 대해 기업은 신제품을 동일한 브랜드명으로 판매하는 브랜드확장 (brand extensions)을 통해 브랜드 자산을 활용할 수 있다. 강한 브랜드 자산은 강하고(strong), 독특하고(unique), 우호적인(favorable) 특성을 지닌다.

09 기본형태의 제품 제공은 도입기에 해당하는 전략에 해당하며, 성숙기에는 다양한 제품과 브랜드 강화를 통해 경쟁기업과 차별화를 강조해야 한다.

10 SWOT 분석은 기업의 내·외적 요인을 고려한 경영전략기법으로 토우스 매트릭스(TOWS matrix)라고도 한다. SWOT 분석에서 WT 상황, 즉 내부 환경은 약점이고 외부 환경은 위협인 상황에서는 위협과 약점을 최소화하기 위한 WT전략이 필요하다. WT전략(mini–mini)은 투자나 회사의 규모를 축소하거나, 경우에 따라서는 청산까지도 해야 한다.

11 ④ 효율적 매입을 위한 공급업체와의 관계유지 및 중간상 판촉의 계획수립 및 진행은 마케팅 관리자가 수행해야 할 업무이고, 머천다이징 관리자의 주요 업무사항은 아니다.

12 재판매가격유지행위는 공급의 주도권을 지니고, 갑(甲)의 위치에 있는 제조업자가 통제 권한의 강화 및 유통기관 구속을 목적으로 행해지는 불공정행위에 해당한다.

13 제품믹스란 특정 기업이 생산하는 제품의 배합으로, 넓이(=폭, width), 깊이(depth), 길이(length), 일관성(consistency)의 4가지 측면을 말한다. 제품믹스의 넓이(또는 폭)는 서로 다른 제품계열의 수를 말하며 다양성과 관련성이 있다. 깊이는 각 제품계열 내의 각 제품의 품목(item) 수를 말하며, 길이는 각 제품계열이 포괄하는 품목의 평균 수를 뜻한다.

14 ③ 가격전략에서 특정 소매상이 시장점유율을 증대시키고자 한다면 저가격전략(시장침투가격전략)을, 이익 증대가 목표라면 고가격전략(스키밍가격전략)을 수립하는 것이 바람직하다. 물론 각각의 가격전략을 도입하는 데 있어서는 필요한 조건이 충족되어야 한다.

15 ㄹ 매장은 매장존에 해당하지만, 고객 휴게실과 화장실 등은 고객의 편의시설인 고객존에 해당한다.

16 자유형 레이아웃은 자유로운 쇼핑 분위기 속에서 고객의

시선을 끌어 충동구매를 유도하는 배치형태로 규모 전문매장이나 여러 개의 매장들이 있는 대형점포에서 주로 활용되고 고객들에게 가장 편안히 둘러볼 수 있도록 배치하는 방법이다.

17 ③ POP 광고물은 이성적인 설득이 아니라 충동적 구매를 촉진하려는 데 주목적이 있다. POP(Point of Purchase) 광고, 즉 구매시점 광고는 소매상의 점두나 점내를 활용하여 판촉 활동을 수행하는 점내 광고이며, 매스미디어 광고에 대응한 광고 용어이다. POP 광고는 고객에게 정보를 제공해 주고, 매장의 분위기를 반영하며, 제품에 대한 홍보역할을 수행한다.

18 판매포인트를 연출하기 위해 벽면이나 집기류의 상단 등 고객의 시선이 자연스럽게 닿는 곳에 상품의 포인트를 알기 쉽게 강조하여 보여주는 것은 PP(Point of sales Presentation)이다.

19 ⑤ '구매하지 않아도 된다는 태도를 취하여 소비자를 유혹하는 게 아니라는 신뢰감을 갖게 한다.'는 내용은 판매 결정 촉구를 통해 구매를 클로징하려는 단계에서 바람직하지 않은 행동이라 할 수 있다.

20 ⑤ 소비자 욕구 측면에서 CRM은 목표고객의 특화된 구매욕구의 만족을 지향하는 반면, 대중마케팅은 목표고객들의 동질적 욕구를 만족시키려고 한다.

21 확률 표본추출법의 하나인 단순무작위(random) 표본추출법은 일정 수의 표본을 난수표를 이용해 무작위로 표본을 추출하는 방법으로 시간·비용이 많이 드는 단점이 있다.

22 마케팅투자수익률(MROI)은 마케팅투자수익을 마케팅투자비용으로 나눈 값으로 회전율과 순이익률의 곱으로 나타난다. 또한 성과측정의 신뢰성을 향상시키기 위해서는 단일 성과척도보다는 여러 측정방식을 함께 고려하는 것이 타당하다.

23 교차판매전략(cross−selling)은 기존고객과의 지속적이고 장기적인 관계를 유지하고 나아가 확대시키는 마케팅 활동으로서, 특정 상품 구매 이외의 보완관계에 있는 관련 상품도 구매하도록 유도하는 전략을 의미한다. 예컨대, 텐트를 구입할 때 코펠을 함께 구매하도록 유도하는 마케팅을 들 수 있다.

24 ④ 컨버전율은 콘텐츠의 효과를 측정하는 지표로 원하는 목표를 달성한 사용자의 비율로 측정할 수 있다. 이메일 내 링크를 클릭한 사용자의 비율, (광고 클릭 수 / 노출 수) × 100은 '클릭률'에 해당한다.

25 도달범위(reach) 또는 접촉범위란 정해진 기간 동안 적어도 한 번 이상 광고에 접촉되는 사람들의 수를 의미하고, 도달빈도(trequency) 또는 접촉빈도는 일정 기간 동안 한 사람에게 몇 번이나 접촉되었는가를 나타낸다.
② 표적 청중을 명확히 정의하기 어려운 경우에는 최대한 많은 사람들이 광고에 접촉되는 것이 중요하므로 도달범위가 더 중요하다.

제 4 과목 **유통정보(01~20)**

✎ **정답**

01	②	02	②	03	③	04	④	05	⑤
06	③	07	⑤	08	①	09	⑤	10	②
11	②	12	⑤	13	⑤	14	⑤	15	④
16	④	17	④	18	①	19	④	20	③

01 고객관계관리(CRM)는 신규고객의 확보보다 기존고객의 유지관리가 비용 면에서 효율적이라는 것을 알게 되면서 등장하였고, 다양한 고객의 욕구에 맞춤형 서비스를 제공함으로써 장기적인 관계 구축을 통해 고객생애가치(CLV) 극대화를 추구하려는 것이다.

02 형식적 지식(형식지)이란 말, 즉 언어로 표현할 수 있는 명시적·객관적·논리적인 지식을 의미한다. 반면, 암묵적 지식(암묵지)은 개인적인 경험에 의해 얻어지는, 말로 표현하기 어려운 직감적인 지식을 말하는 것으로 노하우 등을 의미한다.
② 언어나 구조화된 체계를 가지고 존재하는 것은 형식지이다.

03 롱테일 법칙은 파레토 법칙과는 거꾸로 80%의 사소한 다수가 20%의 핵심 소수보다 뛰어난 가치를 창출한다는 이론으로서, 이 때문에 역(逆)파레토 법칙이라고도 한다. 한편, 파레토 법칙은 20%의 상품이 총매출의 80%를 창출하고, 20%의 충성스러운 고객들이 총매출

모
의
고
사

의 80% 차지한다는 것으로, 결과물의 80%는 조직의 20%에 의하여 생산된다는 이론으로 ABC 재고관리 및 고객관리 등에 활용되는 법칙이다.

04 ④ DSS는 상위계층의 의사결정자가 정보기술을 활용하여 비구조적(unstructured)이고 비정형적(non-programmed)인 의사결정 유형의 문제를 해결하도록 지원하는 시스템이다.

05 ⑤ 레거시 시스템(legacy system)의 legacy라는 단어의 뜻은 전통적 유산으로 물려받은 것을 의미한다. 정보와 관련하여 레거시 시스템은 기존에 사용되고 있는 모든 시스템을 의미하는 용어이다. 결국 한 기업이 파괴적인 혁신적 시스템을 도입하면 기존의 것은 모두 레거시 시스템이 되는 것이다.

06 ③ GS1-14의 체계는 물류식별코드 1자리, 국가식별코드 3자리, 제조업체코드 4자리, 상품품목코드 5자리, 체크디지트 1자리 등으로 구성된다.

07 ⑤ 반대되는 내용으로, EDI는 종이문서 기반의 업무처리에서 전자문서 기반의 프로세스로 대체됨으로써 비용절감 및 이산화탄소 배출량을 감소시켜 궁극적으로 기업의 사회적 책임을 이행하게 한다.

08 ① 데이터 마이그레이션은 외부로부터 유입된 데이터를 기업 표준으로 변환하는 작업이 아니라 현 시스템의 저장 데이터를 선택, 준비, 추출, 변환한 후 다른 컴퓨터 저장시스템으로 이동시키는 작업을 뜻한다.

09 ⑤ 최근 빅데이터가 활용되면서 JSON, XML 포맷의 반정형데이터도 개인정보 비식별화 대상에 포함되고 있다.

10 비즈니스 모델 캔버스에서 고객세분화는 기업이 도달하고 서비스를 제공하고자 하는 다양한 사람, 즉 핵심 타깃인 고객을 정의하는 것을 뜻한다. 이는 누구를 위해 가치를 창조하는가, 즉 누가 가장 중요한 고객인가를 정의하는 것이다.

11 ② 유사 커뮤니티에 대한 정보제공을 고려하는 것은 정보제공 모델에 해당한다.

12 전자상거래 보안과 관련한 보안원칙 중 (가) '무결성'은 데이터가 전송 도중 또는 데이터베이스에 저장되어 있는 동안 악의의 목적으로 위·변조되지 않았음을 보장하는 것을 뜻한다. 한편, (나) '기밀성'은 비인가자가 부당한 방법으로 정보를 입수한 경우에도 정보의 내용을 알 수 없도록 하는 서비스에 해당한다.

13 ⑤ 고객충성도(loyalty) 프로그램 운영에 있어 금전적 혜택뿐만 아니라 고객이탈 방지를 위한 서비스 측면의 비금전적 혜택을 제공하는 것이 보다 효율적이다.

14 ⑤ 공급사슬관리(SCM)가 효율적으로 이루어지기 위해서는 구성원들 간에 파트너십 관계를 구축하고 실시간으로 정보를 공유해야 한다. 따라서 전사적 자원관리(ERP), 고객관계관리(CRM) 등의 통합정보시스템 지원은 필수적이라고 할 수 있다.

15 VMI를 도입하면 물류정보시스템 구축 및 구성원 간 정보공유에 따라 재고가 감소하므로 재고회전율은 높아진다.

16 ④ 시장대응적 공급사슬에서는 생산량을 변화시켜 수요의 변화에 대응하는 것이 핵심이고, 제품의 설계 시 성능의 극대화에 대한 부분과는 관련성이 없다. 대응적 공급사슬관리는 시장(소비자)의 수요에 신속히 대응할 수 있도록 운영되는 공급사슬관리이다. 즉 수요의 변화에 대응하여 즉각적으로 원자재를 구매하여 제품을 생산하는 것이 그 핵심이다.

구분	효율적 공급사슬	대응적 공급사슬
주요 목표	최저가격으로 예측 가능한 수용에 효율적으로 공급	예측 불가능한 수용에 신속하게 대응
제품 디자인	비용 최소화를 달성할 수 있는 제품디자인 성과극대화	제품 차별화를 달성하기 위해 모듈(module) 활용
가격 전략	저가격, 저마진	고가격, 고마진
재고 전략	높은 재고회전율과 재고최소화	부품 및 완제품 안전재고 유지
생산 전략	높은 가동률	유연한 생산능력
공급자 전략	비용과 품질	속도, 유연성, 신뢰성, 품질

리드타임 초점	비용 증가 없이 리드 타임 단축	비용이 증가되더라도 리드타임 단출

17 SCOR(Supply Chain Operation Reference)은 SCM
의 성과측정을 위한 대표적인 도구이다. SCOR은 내부
적 관점(기업 측면)에서는 비용과 자산 측면을, 외부적
관점(고객 측면)에서는 유연성, 반응성, 신뢰성을 통하
여 추진성과를 측정하는 방법이다.

18 글상자의 내용은 블록체인과 관련한 분산 식별자(DI
D : Decentralized Identity)에 대한 설명이다. DID는
블록체인 기반으로 구축된 전자신분증 시스템으로 개
인정보를 제3기관의 중앙서버가 아니라 개인 스마트
폰과 같은 개인 기기에서 분산시켜서 관리하며, 정보
를 매개하는 중개자 없이 본인 스스로 신분을 증명할
수 있는 시스템이다.

19 ④ 데이터 웨어하우스는 객체지향형 데이터베이스
기반이 아니라 '주제 중심형' 정보저장창고에 해당
한다.

✓ **데이터 웨어하우스의 개념**
기업 내 여러 부문에 널려 있는 개별 시스템들을
목적별로 통합하여, 마케팅이나 상품진열방식 등의
의사결정에 유용한 정보를 보관해 놓은 대형 전자
정보창고를 말한다.

20 생성형 AI는 비정형 딥러닝 모델을 사용하여 사용자
입력을 기반으로 콘텐츠를 생성하는 인공지능의 일종
으로, 이용자의 특정 요구에 따라 결과를 능동적으로
생성하는 인공지능 기술을 통칭한다(예 Chat GPT).
한편 생성형 AI 이전에는 식별형 AI(discriminative AI)
가 주류를 이루었다.

저자 | 전표훈

[학력]
• 경영학 박사

[경력]
• (현) (사)한국물류혁신학회 운영위원
• (현) (사)한국유통학회 회원
• (현) (사)한국광고학회 회원
• (현) EBS 물류관리사 화물운송론, 물류관련법규
  대표강사
• (현) 에듀윌 공기업 · 공무원 경영학 대표강사
• (현) 물류산업진흥재단 물류관련법규 대표강사
• (전) 한국산업인력공단 기업발굴협의회 위원
• (전) 한국가스공사 외부전문위원
• (전) 인하대, 이화여대, 한국항공대, 한국산업기술대,
  한성대, 대전대, 서경대 등 강의
• (전) CJ대한통운, 현대글로비스, 물류산업재단,
  신영와코루, 인천서구청 등 강의
• (전) 고용노동부 지역산업맞춤형 물류인력양성 교수

[저서]
• EBS 물류관리사 단기완성(화물운송론/물류관련법규,
  신지원, 2017~2025)
• 물류관리사 물류관련법규(신지원, 2017~2025)
• 물류관리사 벼락치기(신지원, 2017~2025)
• 유통관리사 단기완성(유통마케팅/상권분석, 신지원, 2017)
• 유통관리사 한권합격(신지원, 2022~2025)
• NCS 공기업 경영학(에듀윌, 2023)

저자 | 변달수

[경력]
• (현) 종합물류법인 ㈜티지엘 자문위원
• (현) 다미관세사무소 대표관세사
• (현) 관세청 공익관세사
• (현) 대한무역투자진흥공사(코트라), 한국무역협회,
  대전상공회의소 출강
• (현) 충남대학교, 목원대학교 출강
• (현) 신지원에듀 물류관리사 전임 교수
• 제29회 관세사 자격시험 최연소합격(2012)
• (전) 대전상공회의소 FTA통상진흥센터 기업경영자문
  위원
• (전) 국제물류운송주선법인 ㈜에쎄코리아 대표 역임
• (전) 국가공인 원산지관리사 자격시험 출제선정위원
  (2021)
• (전) 국가공인 원산지실무사 자격시험 출제선정위원
  (2023)

[수상]
• 2021 한국소비자평가 우수전문인 관세사 부문 수상
• 2023 관세청장 관세행정발전 표창

2026 유통관리사 2급
한권합격 테마별 이론+문제

인 쇄	2026년 2월 5일
발 행	2026년 2월 10일
편 저	전표훈 · 변달수
발 행 인	최현동
발 행 처	신지원
주 소	07532 서울특별시 강서구 양천로 551-17, 813호(가양동, 한화비즈메트로 1차)
전 화	(02) 2013-8080
팩 스	(02) 2013-8090
등록번호	제315-2014-000091호
교재구입문의	(02) 2013-8080~1

저자와의
협의하에
인지 생략

정가   30,000원
ISBN   979-11-6633-632-4 13320